Hartmut Oetker · Felix Maultzsch

Vertragliche Schuldverhältnisse

Zweite, aktualisierte Auflage

Springer

Universitätsprofessor Dr. Hartmut Oetker
Felix Maultzsch
Friedrich-Schiller-Universität Jena
Lehrstuhl für Bürgerliches Recht,
Handels-, Gesellschafts- und Arbeitsrecht
Carl-Zeiss-Straße 3
07743 Jena
h.oetker@recht.uni-jena.de

ISBN 3-540-20918-2 Springer-Verlag Berlin Heidelberg New York
ISBN 3-540-42900-X 1. Auflage Springer-Verlag Berlin Heidelberg New York

Bibliografische Information Der Deutschen Bibliothek
Die Deutsche Bibliothek verzeichnet diese Publikation in der Deutschen Nationalbibliografie; detaillierte bibliografische Daten sind im Internet über <http://dnb.ddb.de> abrufbar.

Springer-Verlag ist ein Unternehmen von Springer Science+Business Media

springer.de

© Springer-Verlag Berlin Heidelberg 2002, 2004
Printed in Germany

Umschlaggestaltung: Design & Production GmbH, Heidelberg

SPIN 10985427   64/3130-5 4 3 2 1 0 – Gedruckt auf säurefreiem Papier

Vorwort zur 2. Auflage

Das am 1.1.2002 in Kraft getretene Gesetz zur Modernisierung des Schuldrechts sowie die hiermit vollzogene grundlegende Umgestaltung zentraler Bereiche des Schuldrechts hat erwartungsgemäß zu einem breiten literarischen Echo geführt. Insbesondere zu den neuen Vorschriften des Kaufrechts und des Werkvertragsrechts sind innerhalb kürzester Zeit zahlreiche Kontroversen entstanden, die nicht nur die Rechtspraxis vor Herausforderungen stellen, sondern auch in der Ausbildung relevant sind. Dem trägt die nunmehr vorgelegte 2. Auflage des Lehrbuches Rechnung und greift zudem die seit der Vorauflage eingetretenen Rechtsänderungen auf, die unter anderem im Schadensersatzrecht sowie im Recht der Kreditverträge zu verzeichnen sind. Gesetzgebung, Literatur und Rechtsprechung konnten bis zum 1.1.2004 eingearbeitet werden. Entsprechendes gilt für Anregungen aus dem Kreise der Leserschaft, die auch zukünftig willkommen sind.

Jena, im Februar 2004   Hartmut Oetker
                                                              Felix Maultzsch

Aus dem Vorwort zur 1. Auflage

Das Recht der vertraglichen Schuldverhältnisse zählt zu den zentralen Bausteinen des Bürgerlichen Rechts mit einer entsprechend großen Bedeutung in der universitären Ausbildung und in der Rechtspraxis. Dieser Materie durch ein eigenständiges, von den gesetzlichen Schuldverhältnissen losgelöstes Lehrbuch Rechnung zu tragen, rechtfertigt sich insbesondere aufgrund der jüngsten Aktivitäten des Gesetzgebers: Mit dem am 1.9.2001 wirksam gewordenen Mietrechtsreformgesetz sowie vor allem aber dem am 1.1.2002 in Kraft getretenen und europarechtlich fundierten Schuldrechtsmodernisierungsgesetz hat sich das Recht der vertraglichen Schuldverhältnisse in zentralen Partien verändert. Die Regelung des Kauf- und Werkvertrages, der Kreditverträge sowie des Mietvertrages hat eine zum Teil einschneidende inhaltliche bzw. systematische Umgestaltung erfahren. Auch die anderen Vertragstypen werden von den im Zuge der Schuldrechtsreform erfolgten Änderung des Allgemeinen Schuldrechts erheblich beeinflußt. Wie auch immer man sich in der teilweise leidenschaftlich geführten Debatte um die Konsistenz und Qualität der Reform positionieren mag, werden Ausbildung, Wissenschaft und Praxis in Zukunft mit den neuen Vorschriften leben und arbeiten müssen: Alea iacta est. Dies hat die Verfasser des vorliegenden Lehrbuches – dessen erste Anfänge bereits mehrere Jahre zurückliegen – bewogen, die Darstellung vollständig und ausschließlich auf der Grundlage des neuen Rechts anzufertigen. Damit einher geht auch der Abschied von nunmehr obsoleten, wenn auch liebgewonnenen Begriffen wie z.B. demjenigen des Gewährleistungsrechts, das im neuen Recht der Leistungsstörungen aufgeht. Auf das „alte" Recht wird im Haupttext nur noch insoweit eingegangen, als dies für das Verständnis der nun geltenden Regelungen unmittelbar erforderlich ist. Dies befreit insbesondere denjenigen Leser, der sich die Materie unter Geltung des neuen Rechts erstmals aneignet, von der nur wenig ertragreichen Auseinandersetzung mit nicht mehr maßgeblichen Regelungen.

Das Lehrbuch verfolgt innerhalb der bereits zahlreich vorhandenen und bewährten Ausbildungsliteratur zum Recht der vertraglichen Schuldverhältnisse nicht nur das Anliegen, zu einem relativ frühen Zeitpunkt eine Darstellung des selbstverständlich noch „im Fluß" befindlichen neuen Rechts zu bieten. Zwar können die vertraglichen Schuldverhältnisse nicht zuletzt aufgrund der großen Bedeutung privatautonomer Gestaltungen in der Vertragspraxis und internationaler Einflüsse keineswegs als ein abgeschlossenes, homogenes Rechtsgebiet begriffen werden. Dies berührt aber nicht das Vorhandensein übergreifender systematischer und methodischer Zusammenhänge, die aufzuzeigen ein Hauptanliegen der vorliegenden Darstellung ist. Die Autoren haben sich daher bemüht, so wenig Stoff wie möglich als nicht näher begründete „Fakten" darzustellen. Nur die Vermittlung der dogmatischen und methodischen Zusammenhänge verschafft insbesondere dem studentischen Leser das argumentative Rüstzeug, das für die Beantwortung neuer Fragestellungen unerläßlich ist und als „Schlüsselqualifikation" für alle beruflichen Betätigungsfelder zu den Grundvoraussetzungen gehört. Besonderer Wert wurde dabei auf die Verzahnung mit dem Allgemeinen Schuldrecht, vor allem mit den jüngsten Veränderungen des Leistungsstörungsrechts gelegt. Dieser Ansatz hat dazu geführt, daß sich der Umfang des Lehrbuches über denjenigen hinaus entwickelt hat, der für eine komprimierte Darstellung der vertraglichen Schuldverhältnisse verbreitet ist. Das Durcharbeiten des Buches erfordert daher einige Ausdauer, die aufzubringen jedoch insbesondere für ambitionierte Studierende als Vorbereitung auf juristische Prüfungen, seien es Übungen oder Examina, nicht unverhältnismäßig erscheint. Hierzu bedarf es aber stets einer aufmerksamen Lektüre des jeweils in bezug genommenen Gesetzestextes. Sollte es über das didaktische Anliegen hinaus gelungen sein, auch der noch in den Anfängen stehenden wissenschaftlichen Diskussion zum neuen Recht die eine oder andere Anregung für die Beantwortung offener Fragen zu geben, würde dies die Autoren freuen.

Soweit für die Nachweise auf Kommentarliteratur zum alten Recht zurückgegriffen wurde, mag die Paragraphenbenennung zuweilen irritieren; dies war aber hinzunehmen, wenn die jeweilige Regelung unter anderer Zählung im neuen Recht wiederkehrt.

Jena, im Februar 2002   Hartmut Oetker
                                                        Felix Maultzsch

Inhaltsübersicht

Inhaltsverzeichnis

Abkürzungsverzeichnis

a.A.	anderer Ansicht
ABl. EG	Amtsblatt der Europäischen Gemeinschaften
Abs.	Absatz
AcP	Archiv für die civilistische Praxis (Zeitschrift)
ADHGB	Allgemeines Deutsches Handelsgesetzbuch v. 5. Juni 1869 (BGBl. 1869 S. 404)
a.E.	am Ende
a.F.	alte Fassung
AG	Amtsgericht
AktG	Aktiengesetz v. 6. September 1965 (BGBl. I S. 1089)
allg.	allgemein(e)
Alt.	Alternative
AnfG	Gesetz über die Anfechtung von Rechtshandlungen des Schuldners außerhalb des Insolvenzverfahrens v. 5. Oktober 1994 (BGBl. I S. 2911)
AnwKomm.	*Barbara Dauner-Lieb, Thomas Heidel, Manfred Lepa, Gerhard Ring* (Hrsg.), Anwaltkommentar – Schuldrecht, 2002
AP	Arbeitsrechtliche Praxis (Entscheidungssammlung)
ArbGG	Arbeitsgerichtsgesetz in der Fassung der Bekanntmachung v. 2. Juli 1979 (BGBl. I S. 853)
ARS	Arbeitsrechtssammlung. Entscheidungen des Reichsarbeitsgerichts, der Landesarbeitsgerichte und der Arbeitsgerichte
Art.	Artikel
Aufl.	Auflage
BAG	Bundesarbeitsgericht
BAGE	Entscheidungen des Bundesarbeitsgerichts – Amtliche Sammlung
BB	Betriebs-Berater (Zeitschrift)
Bd.	Band
BGB	Bürgerliches Gesetzbuch in der Fassung der Bekanntmachung v. 2. Januar 2002 (BGBl. I S. 45)
BGB-InfoV	Verordnung über Informations- und Nachweispflichten nach bürgerlichem Recht in der Fassung v. 5. August 2002 (BGBl. I S. 342)
BGBl.	Bundesgesetzblatt
BGH	Bundesgerichtshof
BGHZ	Entscheidungen des Bundesgerichtshofes in Zivilsachen – Amtliche Sammlung
Baur/Stürner	*Jürgen F. Baur/Rolf Stürner* Sachenrecht, 17. Aufl. 1999
BeurkG	Beurkundungsgesetz v. 28. August 1969 (BGBl. I S. 1513)
BörsG	Börsengesetz in der Fassung v. 27. Mai 1908 (RGBl. S. 215)

Bork	*Reinhard Bork* Allgemeiner Teil des Bürgerlichen Gesetzbuchs, 2001
BR	*Heinz Georg Bamberger/Herbert Roth* (Hrsg.), Kommentar zum Bürgerlichen Gesetzbuch, 2003
BRAGO	Bundesgebührenordnung für Rechtsanwälte v. 26. Juli 1957 (BGBl. I S. 907)
BRAO	Bundesrechtsanwaltsordnung v. 1. August 1959 (BGBl. I S. 565)
BR-Drucks.	Drucksachen des Deutschen Bundesrates
Brox/Walker	*Hans Brox/Wolf-Dietrich Walker* Besonderes Schuldrecht, 28. Aufl. 2003
BT-Drucks.	Drucksachen des Deutschen Bundestages
BUrlG	Mindesturlaubsgesetz für Arbeitnehmer v. 8. Januar 1963 (BGBl. I S. 2)
BVerfG	Bundesverfassungsgericht
BVerfGE	Entscheidungen des Bundesverfassungsgerichts – Amtliche Sammlung
bzw.	beziehungsweise
DAR	Deutsches Autorecht (Zeitschrift)
DB	Der Betrieb (Zeitschrift)
DepotG	Gesetz über die Verwahrung und Anschaffung von Wertpapieren v. 4. Februar 1937 (RGBl. I S. 171)
EGBGB	Einführungsgesetz zum Bürgerlichen Gesetzbuch in der Fassung der Bekanntmachung v. 21. September 1994 (BGBl. I S. 2494)
EGV	Vertrag zur Gründung der Europäischen Gemeinschaft in der konsolidierten Fassung v. 16. Juni 1997 (ABl. EG Nr. C 340 v. 10.11.1997, S. 173)
Ehmann/Sutschet	*Horst Ehmann/Holger Sutschet* Modernisiertes Schuldrecht, 2002
Emmerich	*Volker Emmerich* BGB – Schuldrecht Besonderer Teil, 10. Aufl. 2003
Enneccerus/ Lehmann	*Ludwig Enneccerus/Heinrich Lehmann* Recht der Schuldverhältnisse, 15. Aufl. 1958
Enneccerus/ Nipperdey	*Ludwig Enneccerus/Hans Carl Nipperdey* Allgemeiner Teil des Bürgerlichen Rechts, Bd. I – 15. Aufl. 1959, Bd. II – 15. Aufl. 1960
ErbbauVO	Verordnung über das Erbbaurecht v. 15. Januar 1919 (RGBl. S. 72)
Erman	*Walter Erman* Handkommentar zum BGB, 10. Aufl. 2000
Esser/Weyers BT 1	*Josef Esser/Hans-Leo Weyers* Schuldrecht, Bd. II, Besonderer Teil, Teilbd. 1, 8. Aufl. 1998
EuGH	Europäischer Gerichtshof
FamRZ	Ehe und Familie im privaten und öffentlichen Recht – Zeitschrift für das gesamte Familienrecht

Fikentscher	*Wolfgang Fikentscher* Schuldrecht, 9. Aufl. 1997
Flume AT 2	*Werner Flume* Allgemeiner Teil des Bürgerlichen Rechts, Bd. 2 – Das Rechtsgeschäft, 4. Aufl. 1992
Fn.	Fußnote
Gernhuber/ Coester-Waltjen	*Joachim Gernhuber/Dagmar Coester-Waltjen* Lehrbuch des Familienrechts, 4. Aufl. 1994
GG	Grundgesetz für die Bundesrepublik Deutschland v. 23. Mai 1949 (BGBl. I S. 1)
GmbHG	Gesetz betreffend die Gesellschaften mit beschränkter Haftung v. 20. April 1896 (RGBl. S. 477)
GrdstVG	Gesetz über Maßnahmen zur Verbesserung der Agrarstruktur und zur Sicherung land- und forstwirtschaftlicher Betriebe v. 28. Juli 1961 (BGBl. I S. 1091)
GRUR	Gewerblicher Rechtsschutz und Urheberrecht (Zeitschrift)
Gursky BT	*Karl-Heinz Gursky* Schuldrecht Besonderer Teil, 4. Aufl. 2002
GVBl.	Gesetz- und Verordnungsblatt
GVG	Gerichtsverfassungsgesetz v. 9. Mai 1975 (BGBl. I S. 1077)
GWB	Gesetz gegen Wettbewerbsbeschränkungen in der Fassung der Bekanntmachung v. 26. August 1998 (BGBl. I S. 2546)
HGB	Handelsgesetzbuch v. 10. Mai 1897 (RGBl. S. 219)
HK	*Reiner Schulze* (Hrsg.), Bürgerliches Gesetzbuch. Handkommentar, 3. Aufl. 2003
h.M.	herrschende Meinung
HOAI	Verordnung über die Honorare für Leistungen der Architekten und der Ingenieure in der Fassung der Bekanntmachung v. 4. März 1991 (BGBl. I S. 533)
Hoeren/Martinek	*Thomas Hoeren/Michael Martinek* (Hrsg.), Systematischer Kommentar zum Kaufrecht, 2002
Hrsg.	Herausgeber
Huber/Faust	*Peter Huber/Florian Faust* Schuldrechtsmodernisierung, 2002
InsO	Insolvenzordnung v. 5. Oktober 1994 (BGBl. I S. 2866)
i.S.	im Sinne
i.V.	in Verbindung
JA	Juristische Arbeitsblätter (Zeitschrift)
Jauernig	*Othmar Jauernig* (Hrsg.), Bürgerliches Gesetzbuch, 10. Aufl. 2003
JBl.	Juristische Blätter (österreichische Zeitschrift)
Jura	Juristische Ausbildung (Zeitschrift)
JuS	Juristische Schulung (Zeitschrift)
JW	Juristische Wochenschrift (Zeitschrift)
JZ	Juristen Zeitung (Zeitschrift)
KG	Kammergericht

Lange/Kuchinke	*Heinrich Lange/Kurt Kuchinke* Lehrbuch des Erbrechts, 5. Aufl. 2001
Larenz BT 1	*Karl Larenz* Lehrbuch des Schuldrechts, Bd. II, Besonderer Teil, Halbbd. 1, 13. Aufl. 1986
Larenz SchR AT	*Karl Larenz* Lehrbuch des Schuldrechts, Bd. I, 14. Aufl. 1987
Larenz/Canaris BT 2	*Karl Larenz/Claus-Wilhelm Canaris* Lehrbuch des Schuldrechts, Bd. II, Besonderer Teil, Halbbd. 2, 13. Aufl. 1994
Larenz/Wolf	*Karl Larenz/Manfred Wolf* Allgemeiner Teil des Bürgerlichen Rechts, 8. Aufl. 1997
LG	Landgericht
LM	*Fritz Lindenmaier/Philipp Möhring* (Hrsg.), Nachschlagewerk des Bundesgerichtshofs (Entscheidungssammlung)
Lorenz/Riehm	*Stephan Lorenz/Thomas Riehm* Lehrbuch zum neuen Schuldrecht, 2002
LPartG	Gesetz über die Eingetragene Lebenspartnerschaft v. 16. Februar 2001 (BGBl. I S. 266)
MaBV	Verordnung über die Pflichten der Makler, Darlehens- und Anlagenvermittler, Bauträger und Baubetreuer in der Fassung der Bekanntmachung v. 7. November 1990 (BGBl. I S. 2479)
Medicus	*Dieter Medicus* Schuldrecht II – Besonderer Teil, 11. Aufl. 2003
Medicus BürgR	*Dieter Medicus* Bürgerliches Recht, 19. Aufl. 2002
Mot.	Motive zum Bürgerlichen Gesetzbuch
MünchKomm.	*Kurt Rebmann/Roland Rixecker/Franz Jürgen Säcker* (Hrsg.), Münchener Kommentar zum Bürgerlichen Gesetzbuch, 3. Aufl. 1993 ff.
MünchKomm.[4]	*Kurt Rebmann/Roland Rixecker/Franz Jürgen Säcker* (Hrsg.), Münchener Kommentar zum Bürgerlichen Gesetzbuch, 4. Aufl. 2000 ff.
MünchKomm. ZPO	*Gerhard Lüke/Peter Wax* (Hrsg.), Münchener Kommentar zur Zivilprozeßordnung, 2. Aufl. 2000
m.w.N.	mit weiteren Nachweisen
n.F.	neue Fassung
NJW	Neue Juristische Wochenschrift (Zeitschrift)
NJW-RR	Neue Juristische Wochenschrift – Rechtsprechungs-Report (Zeitschrift)
NZA	Neue Zeitschrift für Arbeitsrecht
NZS	Neue Zeitschrift für Sozialrecht
Oechsler	*Jürgen Oechsler* Schuldrecht Besonderer Teil – Vertragsrecht, 2003
Oertmann	*Paul Oertmann* Recht der Schuldverhältnisse, 2. Abteilung, 5. Aufl. 1929
OLG	Oberlandesgericht

Palandt	*Otto Palandt* Bürgerliches Gesetzbuch, 63. Aufl. 2004
PartGG	Gesetz über Partnerschaftsgesellschaften Angehöriger Freier Berufe v. 25. Juli 1994 (BGBl. I S. 1744)
ProdhaftG	Gesetz über die Haftung für fehlerhafte Produkte v. 15. Dezember 1989 (BGBl. I S. 2198)
Prot.	Protokolle zum Bürgerlichen Gesetzbuch
RAG	Reichsarbeitsgericht
RdA	Recht der Arbeit (Zeitschrift)
Rdnr.	Randnummer
RG	Reichsgericht
RGBl.	Reichsgesetzblatt
RGRK	Das Bürgerliche Gesetzbuch mit besonderer Berücksichtigung der Rechtsprechung des Reichsgerichts und des Bundesgerichtshofes, hrsg. von Mitgliedern des Bundesgerichtshofes, 12. Aufl. 1978 ff.
RGZ	Entscheidungen des Reichsgerichts in Zivilsachen – Amtliche Sammlung
RIW	Recht der internationalen Wirtschaft (Zeitschrift)
RL	Richtlinie
S.	Seite
ScheckG	Scheckgesetz v. 14. August 1933 (RGBl. I S. 597)
Schlechtriem	*Peter Schlechtriem* Schuldrecht Besonderer Teil, 6. Aufl. 2003
SeuffBl.	Seufferts Blätter für Rechtsanwendung (Zeitschrift)
SGB III	Sozialgesetzbuch (SGB) – Drittes Buch (III). Arbeitsförderung v. 24. März 1997 (BGBl. I S. 594)
SGB IV	Sozialgesetzbuch – Viertes Buch (IV.). Gemeinsame Vorschriften für die Sozialversicherung v. 23. Dezember 1976 (BGBl. I S. 3845)
Soergel	*Hans Soergel* (Hrsg.), Bürgerliches Gesetzbuch mit Einführungsgesetz und Nebengesetzen, 12. Aufl. 1987 ff.
sog.	sogenannte(r)
Staudinger	*J. v. Staudinger* (Hrsg.), Kommentar zum Bürgerlichen Gesetzbuch mit Einführungsgesetz und Nebengesetzen, 13. Bearbeitung 1993 ff.; bei einer Neubearbeitung ist das Erscheinungsjahr in Klammern nach der Angabe des Bearbeiters hinzugefügt.
StGB	Strafgesetzbuch in der Fassung der Bekanntmachung v. 13. November 1998 (BGBl. I S. 3322)
StVG	Straßenverkehrsgesetz v. 19. Dezember 1952 (BGBl. I S. 837)
TVG	Tarifvertragsgesetz in der Fassung v. 25. August 1969 (BGBl. I S. 1323)

UKlaG	Gesetz über Unterlassungsklagen bei Verbraucherrechts- und anderen Verstößen v. 27. August 2002 (BGBl. I S. 3422)
UrhG	Gesetz über Urheberrecht und verwandte Schutzrechte v. 9. September 1965 (BGBl. I S. 1273)
UStG	Umsatzsteuergesetz 1999 in der Fassung der Bekanntmachung v. 9. Juni 1999 (BGBl. I S. 1270)
v.	vom(n)
VerbrKrG	Verbraucherkreditgesetz v. 29. Juni 2000 (BGBl. I S. 940)
VersR	Versicherungsrecht (Zeitschrift)
vgl.	vergleiche
VOB	Verdingungsordnung für Bauleistungen
VVG	Gesetz über den Versicherungsvertrag v. 30. Mai 1908 (RGBl. S. 263)
WEG	Gesetz über das Wohnungseigentum und das Dauerwohnrecht v. 15. März 1951 (BGBl. I S. 175)
WG	Wechselgesetz v. 21. Juni 1933 (RGBl. I S. 399)
WiStG	Gesetz zur weiteren Vereinfachung des Wirtschaftsstrafrechts in der Fassung der Bekanntmachung v. 3. Juni 1975 (BGBl. I S. 1313)
WM	Wertpapier-Mitteilungen (Zeitschrift)
WoVermittG	Gesetz zur Regelung der Wohnungsvermittlung v. 4. November 1971 (BGBl. I S. 1745)
z.B.	zum Beispiel
ZfA	Zeitschrift für Arbeitsrecht
ZGR	Zeitschrift für Unternehmens- und Gesellschaftsrecht
ZGS	Zeitschrift für das gesamte Schuldrecht
ZHR	Zeitschrift für das gesamte Handels- und Wirtschaftsrecht
ZIP	Zeitschrift für Wirtschaftsrecht
ZPO	Zivilprozeßordnung in der Fassung v. 12. September 1950 (BGBl. S. 533)
ZRP	Zeitschrift für Rechtspolitik

§ 1 Überblick zu den vertraglichen Schuldverhältnissen

Übersicht

A. Die Stellung der vertraglichen Schuldverhältnisse im System des Bürgerlichen Rechts

Das Recht der Schuldverhältnisse bildet im Bürgerlichen Gesetzbuch den Gegenstand des Zweiten Buches (§§ 241 bis 853 BGB). § 241 Abs. 1 Satz 1 BGB definiert das Schuldverhältnis als eine Rechtsbeziehung, kraft derer der Gläubiger berechtigt ist, von dem Schuldner eine Leistung zu fordern. Hiermit wird der Begriff des Schuldverhältnisses im engeren Sinne in bezug genommen, das die Grundlage eines einzelnen Anspruchs bildet. Davon zu unterscheiden ist der gesetzlich nicht definierte Begriff des Schuldverhältnisses im weiteren Sinne. Dieses stellt einen „Organismus"[1] bzw. ein „sinnhaftes Gefüge"[2] dar, welches regelmäßig die Quelle mehrerer subjektiver Rechte bildet (Ansprüche, Gestaltungsrechte etc.).[3]

In diesem weiteren Sinne ist das Schuldverhältnis in der Überschrift „Einzelne Schuldverhältnisse" zum Achten Abschnitt des Zweiten Buches (§§ 433 bis 853 BGB) zu verstehen.[4] Die besondere Stellung der hier behandelten vertraglichen Schuldverhältnisse im Rahmen dieses Abschnittes beruht wiederum auf dem Entstehungsgrund dieser „Einzelnen Schuldverhältnisse". Es handelt sich um solche,

---

[1]   Grundlegend *Siber* Der Rechtszwang im Schuldverhältnis, 1903, S. 92 sowie *Herholz* AcP 130 (1929), 257 ff.

[2]   *Larenz* SchR AT, § 2 V, S. 26 ff.

[3]   Zum Begriff des Schuldverhältnisses weiterführend *Gernhuber* Das Schuldverhältnis, 1989, § 2 I, S. 7 ff.

[4]   *Fikentscher* Rdnr. 646; *Kramer* MünchKomm.⁴ Einl. zu Bd. 2a Rdnr. 13; *Staudinger/ Mayer-Maly* Einl. zu §§ 433 ff. Rdnr. 4.

die durch inhaltlich übereinstimmende, mit bezug aufeinander abgegebene Willenserklärungen mindestens zweier Personen (Vertrag)[5] zustande kommen. Die übrigen Schuldverhältnisse im weiteren Sinne beruhen hingegen auf anderen Entstehungsgründen. Hierzu zählen einerseits Schuldverhältnisse, die zwar auch durch ein Rechtsgeschäft, aber nicht durch einen Vertrag, sondern aufgrund der einseitigen Willenserklärung einer Person entstehen. Hauptbeispiel hierfür ist die Auslobung, die in den §§ 657 bis 661a BGB geregelt ist. Andererseits existieren Schuldverhältnisse, die nicht durch Rechtsgeschäft begründet und deshalb als gesetzliche Schuldverhältnisse bezeichnet werden. Dazu gehören neben bereicherungsrechtlichen (§§ 812 bis 822 BGB) und deliktischen Schuldverhältnissen (§§ 823 bis 853 BGB) auch die Geschäftsführung ohne Auftrag (§§ 677 bis 687 BGB) sowie die Haftung des Gastwirtes nach den §§ 701 bis 704 BGB, die nicht auf einem Vertrag, sondern der tatsächlichen Aufnahme des Gastes beruht.[6] Auch eine Bruchteilsgemeinschaft i.S. der §§ 741 bis 758 BGB entsteht regelmäßig kraft Gesetzes.[7] Die §§ 433 bis 853 BGB trennen somit die vertraglichen von den nicht-vertraglichen Schuldverhältnissen in ihrer systematischen Regelungsabfolge zwar weitgehend, nicht aber ausnahmslos.

Mit dem Allgemeinen Teil des Schuldrechts sind die vertraglichen Schuldverhältnisse eng verbunden, da die §§ 241 bis 432 BGB Regelungen enthalten, die vorbehaltlich spezieller Vorschriften für einzelne Vertragstypen auf alle Schuldverhältnisse Anwendung finden. So beurteilen sich z.B. die Rechtsfolgen einer Verletzung schuldvertraglicher Pflichten nach den §§ 280 ff. BGB, wenn die Vorschriften für einzelne Schuldverhältnisse keine Sonderregelung treffen, wie z.B. die §§ 437 bis 441 BGB für die Ansprüche und Rechte des Käufers wegen eines mangelhaften Kaufgegenstandes.

Aufgrund des vertraglichen Entstehungsgrundes weisen die vertraglichen Schuldverhältnisse zudem eine enge Beziehung zum Allgemeinen Teil des Bürgerlichen Gesetzbuches auf. Dieser enthält in den §§ 104 ff. BGB Vorschriften über Rechtsgeschäfte und in den §§ 145 ff. BGB speziell für den Abschluß von Verträgen. Nach diesen beurteilen sich auch der Abschluß und die Wirksamkeit vertraglicher Schuldverhältnisse, wiederum unter dem Vorbehalt, daß für den jeweiligen Vertragstyp keine Sonderregelungen existieren, wie z.B. solche zur Form (§ 766 BGB etc.).

Verträge können nicht nur zur Begründung von Schuldverhältnissen abgeschlossen werden, sondern sind auch in anderen Rechtsgebieten anzutreffen. Neben familienrechtlichen Verträgen (z.B. Ehevertrag gemäß den §§ 1408 ff. BGB) und erbrechtlichen Verträgen (z.B. Erbvertrag nach den §§ 2274 ff. BGB) haben sachenrechtliche Verträge eine besondere Bedeutung. Als Hauptbeispiel ist die sog. dingliche Einigung zu nennen, die zur rechtsgeschäftlichen Übertragung von absoluten Rechten erforderlich ist (§§ 873 Abs. 1, 929 Satz 1 BGB etc.). Derartige

---

[5]　Allgemein zum Begriff des Vertrages *Flume* AT 2, § 33/2, S. 601 ff.; *Larenz/Wolf* § 23 Rdnr. 8 ff.

[6]　Statt aller *Erman/H.P. Westermann* Vor § 701 Rdnr. 2.

[7]　*Medicus* Rdnr. 2; *Schlechtriem* Rdnr. 608.

Verträge[8] begründen anders als ein vertragliches Schuldverhältnis nicht lediglich ein relatives Rechtsverhältnis zwischen den Vertragsparteien, sondern sie übertragen ein Recht mit Wirkung gegenüber jedermann (Verfügung). Hingegen berechtigt oder verpflichtet ein vertragliches Schuldverhältnis nur in seltenen, gesondert angeordneten Fällen auch am Vertragsschluß unbeteiligte Dritte (Grundsatz der Relativität des Schuldverhältnisses).[9] Ein Beispiel für die Berechtigung Dritter bilden sog. echte Verträge zugunsten Dritter gemäß den §§ 328 ff. BGB; unter den Voraussetzungen der §§ 566, 578 BGB tritt der Erwerber einer Wohnung oder eines Grundstücks kraft Gesetzes in die Rechte und Pflichten aus einem Mietvertrag ein, den der Veräußerer zuvor mit einem Dritten abgeschlossen hat.

B. Vertragliche Schuldverhältnisse und Kodifikation

I. Veränderungen durch die Bedürfnisse des Wirtschaftsverkehrs

Das Bürgerliche Gesetzbuch trat am 1.1.1900 mit dem Anspruch in Kraft, eine Kodifikation des Bürgerlichen Rechts, d.h. eine *relativ* vollständige und abgeschlossene Regelung dieses Rechtsgebietes zu etablieren.[10] Im Vordergrund standen dabei bezüglich der vertraglichen Schuldverhältnisse die „klassischen" Vertragstypen wie der Kaufvertrag, der Dienstvertrag und der Werkvertrag.

Da die vertraglichen Schuldverhältnisse bei der Abwicklung des modernen Wirtschaftsverkehrs eine herausragende Bedeutung einnehmen,[11] muß deren rechtliche Ausgestaltung jedoch auch Änderungen des Wirtschaftslebens Rechnung tragen und entzieht sich daher einer langzeitig unveränderten Erfassung. So wurde z.B. bereits im Jahre 1908 das Gesetz über den Versicherungsvertrag (VVG) erlassen,[12] später (1933) erfolgte im Zuge einer internationalen Rechtsvereinheitlichung die Schaffung von Sondergesetzen für wertpapierrechtliche Verbindlichkeiten aus Schecks und Wechseln, welche neben die allgemeinen Vorschriften der §§ 783 ff. BGB traten.[13] Auch das Recht der Arbeitsverhältnisse als Sonderform der Dienstverträge hat sich vor allem seit dem ersten Drittel des 20. Jahrhunderts zu einer eigenständigen Rechtsmaterie verselbständigt.[14] Ferner stand das wichtige Sonderprivatrecht der Kaufleute als Regelungsgegenstand des Handelsgesetzbuches, das z.B. Vorschriften über den Handelskauf enthält (§§ 373 bis 381 HGB),

---

[8]   Gegebenenfalls i.V. mit weiteren Voraussetzungen wie im Fall der Übereignung einer beweglichen Sache der Übergabe gemäß § 929 Satz 1 BGB bzw. einem Übergabesurrogat der §§ 929 Satz 2, 930 f. BGB.

[9]   Weiterführend *Kramer* MünchKomm.[4] Einl. zu Bd. 2a Rdnr. 15 ff.; *Spielbüchler* Der Dritte im Schuldverhältnis, 1973.

[10]   Einschränkend jedoch *Gernhuber* Das Schuldverhältnis, 1989, § 7 IV 4, S. 154.

[11]   Grundlegend *Henry Sumner Maine* Ancient Law, 15. Aufl. 1894, Kapitel 5.

[12]   Gesetz über den Versicherungsvertrag v. 30. Mai 1908, RGBl. S. 263 ff.

[13]   Scheckgesetz v. 14. August 1933, RGBl. I, S. 597 ff.; Wechselgesetz v. 21. Juni 1933, RGBl. I, S. 399 ff.

[14]   Zur Entstehung des Arbeitsrechts im Überblick *Richardi* Münchener Handbuch zum Arbeitsrecht Bd. I, 2. Aufl. 2000, §§ 2 ff.

von Beginn an neben den bürgerlichrechtlichen Normen bzw. diente in Gestalt des ADHGB zum Teil auch als Regelungsvorbild für das später in Kraft getretene Bürgerliche Gesetzbuch (so im Bereich des Leistungsstörungsrechts).

In jüngerer Zeit wurden zur Verwirklichung des insbesondere europarechtlich fundierten Verbraucherschutzes zudem eine Vielzahl von Regelungen für einzelne vertragliche Schuldverhältnisse erlassen, an denen ein Verbraucher und ein Unternehmer beteiligt sind, was zunächst überwiegend außerhalb des Bürgerlichen Gesetzbuches geschah. Während die Vorschriften über den Reisevertrag als Ausprägung des Werkvertrages noch in das Bürgerliche Gesetzbuch integriert wurden (§§ 651a ff. BGB),[15] schuf der Gesetzgeber für Fernunterrichtsverträge (Fern-USG),[16] Verbraucherkreditverträge (VerbrKrG)[17] und Teilzeit-Wohnrechteverträge (TzWrG)[18] zunächst eigenständige Gesetze.

II. Auswirkungen der Schuldrechtsreform

Das am 1.1.2002 in Kraft getretene Gesetz zur Modernisierung des Schuldrechts reformierte nicht nur die Vorschriften des Allgemeinen Schuldrechts über Pflichtverletzungen grundlegend i.S. einer Angleichung an internationale Standards und gestaltete verschiedene der „klassischen" Vertragstypen inhaltlich neu (insbesondere den Kaufvertrag auf Basis der Verbrauchsgüterkauf-Richtlinie der EG). Ferner integrierte es zahlreiche Vorschriften des Verbraucherschutzrechts in das Bürgerliche Gesetzbuch. Neben Materien des Allgemeinen Schuldrechts wie dem Vertragsschluß unter Verwendung Allgemeiner Geschäftsbedingungen sowie den sog. besonderen Vertriebsformen der §§ 312 ff. BGB (Haustürgeschäfte, Fernabsatzverträge, elektronischer Geschäftsverkehr) betrifft dies auch einzelne vertragliche Schuldverhältnisse. So wurden die Vorschriften des Teilzeit-Wohnrechtegesetzes in die neu gefaßten §§ 481 bis 487 BGB übertragen und die Regelungen des Verbraucherkreditgesetzes in den Titel über Kreditverträge (§§ 488 bis 507 BGB) eingefügt, um dem Kodifikationsgedanken als Ausdruck des Strebens nach Rechtsklarheit wieder stärker zur Geltung zu verhelfen.[19]

Eine auch nur annähernd abschließende Regelung von vertraglichen Schuldverhältnissen kann in einer komplexen Verkehrswirtschaft heutigen Zuschnitts jedoch ein einziges Gesetzbuch nicht leisten. Bei der Lösung schuldvertraglicher Probleme sind daher stets auch außerhalb des Bürgerlichen Gesetzbuches befindliche Vorschriften in Betracht zu ziehen. Hierbei muß es sich nicht immer um Bundesgesetze handeln, teilweise formen auch Ländergesetze einzelne Vertragstypen aus,

---

[15] Gesetz v. 4. Mai 1979, BGBl. I, S. 509 ff.

[16] Fernunterrichtsschutzgesetz in der Fassung v. 4. Dezember 2000, BGBl. I, S. 1670 ff.

[17] Verbraucherkreditgesetz in der Fassung v. 29. Juni 2000, BGBl. I, S. 940 ff.

[18] Gesetz über die Veräußerung von Teilzeitnutzungsrechten an Wohngebäuden (Teilzeit-Wohnrechtegesetz – TzWrG) in der Fassung v. 29. Juni 2000, BGBl. I, S. 957 ff.

[19] Zu diesem Anliegen *Schmidt-Räntsch* in: Schulze/Schulte-Nölke (Hrsg.), Die Schuldrechtsreform vor dem Hintergrund des Gemeinschaftsrechts, 2001, S. 169 ff.; differenzierend *Pfeiffer* in: Ernst/Zimmermann (Hrsg.), Zivilrechtswissenschaft und Schuldrechtsreform, 2001, S. 481 (489 f.).

so z.B. in verschiedenen Bundesländern den Altenteilsvertrag[20] und in Bayern (!) den Bierlieferungsvertrag.[21] Gleichwohl sind diejenigen vertraglichen Schuldverhältnisse mit der grundlegendsten Bedeutung im Bürgerlichen Gesetzbuch geregelt; auf diese Vertragstypen sowie Mischformen von ihnen konzentriert sich die Darstellung in diesem Lehrbuch.

C. Möglichkeiten der Gruppierung vertraglicher Schuldverhältnisse

I. Kriterien der Gruppenbildung

Innerhalb des Achten Abschnittes des Rechts der Schuldverhältnisse regelt das Bürgerliche Gesetzbuch die verschiedenen Formen vertraglicher Schuldverhältnisse zumeist in eigenen Titeln oder Untertiteln, so z.B. den Kaufvertrag im Ersten Titel oder die Verwahrung im Vierzehnten Titel. Dies beruht auf dem Umstand, daß sich die einzelnen Vertragsverhältnisse jeweils aufgrund ihres Inhaltes von den anderen Vertragsformen unterscheiden und daher trotz ihrer im Rechtsverkehr zum Teil recht unterschiedlichen Ausgestaltung sog. Typen von Schuldverträgen darstellen.[22] So bestimmt sich z.B. der Typus des Kaufvertrages dadurch, daß er für eine Partei die Verpflichtung begründet, einen Gegenstand des Rechtsverkehrs gegen eine Geldzahlung auf den Vertragspartner dauerhaft zu übertragen, während der Verwahrungsvertrag eine Partei dazu verpflichtet, eine bewegliche Sache aufzubewahren, was gegen oder ohne eine Vergütung geschehen kann (vgl. § 689 BGB).

Die Unterscheidung verschiedener Schuldvertragstypen schließt es allerdings nicht aus, mehrere dieser Typen auf einer höheren Abstraktionsstufe wiederum zu einer einheitlichen Vertragsgruppe mit bestimmten Gemeinsamkeiten zusammenfassen. Nach dem Dargelegten stellt bereits die Einordnung verschiedener Rechtsverhältnisse jeweils als vertragliches Schuldverhältnis eine Zurückführung derselben auf die Gemeinsamkeit dar, daß ein durch Vertrag begründetes Schuldverhältnis im weiteren Sinne vorliegt. Eine Zusammenfassung verschiedener Schuldvertragsformen zu einer einheitlichen Gruppe kann sich an verschiedenen Kriterien orientieren.

Zunächst ist zwischen gegenseitigen Verträgen, bei denen eine synallagmatische Verknüpfung zwischen jeweils mindestens einer Leistungspflicht der Parteien besteht,[23] und Verträgen zu unterscheiden, die keine derartige Verknüpfung aufweisen, sei es, weil zwar beide Parteien eine Leistungspflicht trifft, diese aber nicht in einem Verhältnis des „do ut des" stehen (sog. unvollkommen zweiseitige Verträge) oder weil von vornherein nur eine Partei eine Leistungspflicht übernimmt (sog. einseitige Verträge). Nur auf gegenseitige Verträge, z.B. Kaufverträge, fin-

---

[20] Siehe die Nachweise bei *Pecher* MünchKomm. Art. 96 EGBGB Rdnr. 2.

[21] Art. 5 und 6 des Gesetzes zur Ausführung des Bürgerlichen Gesetzbuches und anderer Gesetze v. 20. September 1982, GVBl. S. 805.

[22] Näher zum Begriff des Rechtstypus *Larenz* Methodenlehre der Rechtswissenschaft, 6. Aufl. 1991, S. 461 ff.

[23] Hierzu *Larenz* SchR AT, § 15, S. 202 ff.

den die §§ 320 ff. BGB Anwendung. Innerhalb dieses Rahmens fehlt es jedoch an verallgemeinerungsfähigen Gemeinsamkeiten aller gegenseitigen Schuldverträge. Auch zwischen den unvollkommen zweiseitigen Verträgen (z.B. einem Auftrag gemäß § 662 BGB) und den einseitigen Verträgen (insbesondere der Schenkung i.S. des § 516 BGB) lassen sich über die jeweilige Nichtanwendbarkeit der §§ 320 ff. BGB hinausgehende generelle Gemeinsamkeiten nur schwer feststellen. Eher schon knüpft das Gesetz an die unentgeltliche Übernahme einer Leistungspflicht häufig Privilegierungen zugunsten des Verpflichteten, z.B. eine erleichterte Lösbarkeit von der Verpflichtung (vgl. z.B. die §§ 528 ff. BGB bei der Schenkung, § 604 BGB bei der Leihe, § 671 BGB bei einem Auftrag) oder eine Haftungsprivilegierung zugunsten des unentgeltlich Leistenden (vgl. bei der Schenkung die §§ 523, 524 BGB, bei der Leihe § 600 BGB).[24] Jedoch bestehen auch diese Gemeinsamkeiten zumeist nicht ausnahmslos (z.B. keine Haftungsprivilegierung des Beauftragten).[25]

Als anerkanntes Kriterium zur Gruppierung verschiedener Schuldvertragstypen hat sich daher dasjenige durchgesetzt, das bestimmte Gemeinsamkeiten des Inhaltes der geschuldeten Leistung einer der Vertragsparteien aufgreift. Bei Verträgen, die nicht nur eine Partei verpflichten, ist hierfür auf die sog. vertragstypische Leistung abzustellen. Darunter ist diejenige Leistung zu verstehen, welche den jeweiligen Vertragstyp von möglichst vielen anderen Vertragsformen abgrenzt und ihm daher sein typisches „Gesicht" verleiht.[26] Während z.B. sowohl bei einem Kaufvertrag als auch bei einem Dienstvertrag eine der Parteien eine Geldzahlung schuldet, verpflichtet sich die andere Partei zur dauerhaften Verschaffung eines Gegenstandes (Kaufvertrag) bzw. zur Erbringung einer Tätigkeit (Dienstvertrag). Die letzteren Leistungen bilden daher die vertragstypischen Leistungen dieser Verträge.

II. Gruppen von Schuldvertragstypen

Auf der vorstehenden Grundlage lassen sich die vertraglichen Schuldverhältnisse in folgende Gruppen unterteilen:
- Veräußerungsverträge,
- Überlassungsverträge,
- Tätigkeitsverträge,
- Verträge gemeinsamer Zweckverfolgung,
- Risikoverträge sowie
- Verträge zur Bereinigung von Schuldverhältnissen und zur abstrakten Schuldbegründung.

1. Veräußerungsverträge

Die Gemeinsamkeit der Veräußerungsverträge besteht darin, daß sich eine der Vertragsparteien in dem Vertrag verpflichtet, einen Gegenstand des Rechtsver-

---

[24] Weiterführend *Grundmann* AcP 198 (1998), 457 ff.
[25] Näher dazu unten § 11 B IV 5, S. 607.
[26] *Medicus* Rdnr. 5; *Schlechtriem* Rdnr. 1.

kehrs (eine Sache, ein Recht oder einen sonstigen Gegenstand) dauerhaft auf die andere zu übertragen. Steht diese Verpflichtung im Synallagma mit einer Geldzahlungspflicht des anderen Vertragspartners, so liegt ein *Kaufvertrag* vor (§§ 433 bis 479 BGB); ist ein anders geartetes Entgelt geschuldet, so handelt es sich gegebenenfalls um einen *Tauschvertrag* (§ 480 BGB). Schließlich zeichnet sich eine *Schenkung* (§§ 516 bis 534 BGB) dadurch aus, daß die Verpflichtung zur Übertragung des jeweiligen Gegenstandes unentgeltlich übernommen wird.[27] Bei allen Veräußerungsverträgen erlangt der Umstand besondere Bedeutung, daß der Schuldvertrag als solcher noch nicht die dingliche Übertragung des betreffenden Gegenstandes bewirkt (sog. Trennungsprinzip); letztere ist sogar in ihrer Rechtswirksamkeit von dem Schuldvertrag unabhängig (sog. Abstraktionsprinzip).[28]

2. Überlassungsverträge

Der Begriff der Überlassungsverträge faßt diejenigen vertraglichen Schuldverhältnisse zusammen, bei denen sich ein Vertragspartner zwar auch zur Übertragung eines Gegenstandes auf die andere Partei verpflichtet, dies aber anders als bei den Veräußerungsverträgen nicht dauerhaft, sondern nur auf Zeit geschehen soll. Diese Verträge zielen daher nicht auf die Übertragung der dinglichen Rechtszuständigkeit (Eigentum, Rechtsinhaberschaft etc.), sondern lediglich auf die Einräumung der Nutzungsmöglichkeit an Sachen, Rechten oder sonstigen Gegenständen ab (sog. Überlassung). Aufgrund der zeitlichen Komponente dieser Verträge handelt es sich regelmäßig um Dauerschuldverhältnisse.[29]

Sofern der Vertrag lediglich ein Gebrauchsrecht ohne die Befugnis zur Fruchtziehung einräumt (vgl. die §§ 99, 100 BGB), spricht man im Fall einer entgeltlichen Überlassung von einem *Mietvertrag* (§§ 535 bis 580a BGB), bei Unentgeltlichkeit von einer *Leihe* (§§ 598 bis 606 BGB). Soll der durch die Überlassung Begünstigte zusätzlich zur Fruchtziehung i.S. des § 99 BGB berechtigt sein, liegt bei Entgeltlichkeit ein *Pachtvertrag* (§§ 581 bis 597 BGB), bei Unentgeltlichkeit ein atypischer Leihvertrag vor. Charakteristisch für diese Überlassungsverträge ist z.B. die Verpflichtung des Mieters, Pächters, Entleihers zu einer besonderen Obhut über die zum Gebrauch überlassene Sache (vgl. die §§ 536c, 540 f., 603 BGB), welche er dem Vertragspartner nach Ablauf des Vertragsverhältnisses zurückgeben muß. Ebenso bedarf es bei diesen Verträgen Regelungen zur Beendigung des Vertragsverhältnisses (insbesondere Kündigung).

Eine Sonderstellung nehmen in diesem Zusammenhang die in den §§ 488 ff., 607 ff. BGB geregelten *Darlehensverträge* ein. Sie zeichnen sich dadurch aus, daß nicht die überlassenen individuellen Gegenstände, sondern gleichartige vertretbare Gegenstände zurückzugewähren sind (z.B. ein Geldbetrag im Fall des § 488 BGB). Bei rein formaler Betrachtung würde es sich daher um Veräußerungsverträge handeln.[30] Da jedoch die von dem Darlehensnehmer zurückzugewährenden Gegenstände mit den erhaltenen funktionell vergleichbar sind, werden die Darlehens-

---

27 Näher zum Begriff der Unentgeltlichkeit unten § 4 B III, S. 275 ff.
28 Siehe unten § 2 B VI, S. 27 ff.
29 *Oetker* Das Dauerschuldverhältnis und seine Beendigung, 1994, S. 145 f.
30 So *E. Wolf* Schuldrecht II, 1978, S. VI f.

verträge aufgrund einer materiellen Betrachtung im allgemeinen den Überlassungs-verträgen zugeordnet.[31] Weil nicht die individuell überlassenen Gegenstände zu-rückerstattet werden müssen, besteht bei diesen Verträgen aber z.B. nicht die er-wähnte Verpflichtung zur Obhut.

3. Tätigkeitsverträge

Bei den Tätigkeitsverträgen verpflichtet sich eine Vertragspartei zum Einsatz „menschlicher Fähigkeiten"[32]. Sie können vorsehen, daß der sich Verpflichtende persönlich tätig werden muß (vgl. die §§ 613, 664 BGB); notwendige Vorausset-zung für einen Tätigkeitsvertrag ist dies jedoch nicht. Auch bei Tätigkeitsverträgen handelt es sich häufig um Dauerschuldverhältnisse.[33] Der Oberbegriff der Tätig-keitsverträge faßt unter Anknüpfung an römischrechtliche Wurzeln allerdings ganz unterschiedliche Vertragsverhältnisse zusammen.[34]

Erschöpft sich die vertragstypische Verpflichtung in der jeweiligen Tätigkeit als solcher und ist für diese ein Entgelt geschuldet, so liegt ein *Dienstvertrag* vor (§§ 611 bis 630 BGB). Auf eine unselbständige Tätigkeit gerichtete Dienstverträge sind Gegenstand des Arbeitsrechts, das sich zu einer auf die Erfüllung sozialer Schutzbedürfnisse abzielenden Sondermaterie außerhalb des Bürgerlichen Rechts entwickelt hat.[35] Aber auch bei sonstigen, sog. freien Dienstverträgen bestehen nicht selten (zumeist öffentlich-rechtliche) Sondervorschriften, die neben die Re-gelungen des Bürgerlichen Gesetzbuches treten (z.B. Berufsordnungen der freien Berufe).

Darüber hinaus umfassen Tätigkeitsverträge auch solche Leistungen, zu deren Inhalt nicht nur die Tätigkeit als solche, sondern ein bestimmter aus dieser resul-tierender Erfolg zählt. So ist z.B. der Bauunternehmer nicht nur verpflichtet, eine Bautätigkeit zu entfalten, sondern seine vertragliche Schuld umfaßt auch die tat-sächliche Entstehung des betreffenden Bauwerkes. Eine gegen Entgelt erbrachte erfolgsbezogene Tätigkeit ist Gegenstand eines *Werkvertrages* (§§ 631 bis 651 BGB). Ist ein derartiger Vertrag jedoch auf die Lieferung einer herzustellenden be-weglichen Sache gerichtet, so tritt nach dem Parteiwillen das Tätigkeitsmoment in so starkem Maße hinter das Erfolgsmoment zurück, daß der Vertrag einem Veräu-ßerungsvertrag, insbesondere einem Kaufvertrag ähnelt. Aus diesem Grunde ord-net § 651 Satz 1 BGB für derartige Verträge die Anwendung des Kaufrechts an. Eine besondere Form des Werkvertrages, die aufgrund ihrer großen praktischen Bedeutung in den §§ 651a bis 651m BGB eine eigenständige Regelung erfahren hat, ist der *Reisevertrag*.

Der *Maklervertrag* (§§ 652 bis 656 BGB) zeichnet sich durch die Besonderheit aus, daß der Makler zwar nicht den Erfolg seiner Vermittlungstätigkeit schuldet, eine Vergütung aber (nur) im Erfolgsfall beanspruchen kann. Die *Verwahrung*

---

[31]   Vgl. *Larenz* BT 1, § 51 I, S. 296 ff.
[32]   *Esser/Weyers* BT 1, § 27 I, S. 229.
[33]   Ausführlich *Oetker* Das Dauerschuldverhältnis und seine Beendigung, 1994, S. 150 ff.
[34]   *Esser/Weyers* BT 1, § 27 I, S. 229 f.; *Fikentscher* Rdnr. 864.
[35]   Zur Abgrenzung noch unten § 7 IV, S. 401 ff.

(§§ 688 bis 700 BGB) umfaßt die – entgeltliche oder unentgeltliche – Obhut über bewegliche Sachen.

Schließlich können sich besondere Rechtsfragen stellen, wenn die Tätigkeit, welche den Gegenstand des Vertrages bildet, einen besonders engen Bezug zur Interessensphäre des Gläubigers aufweist und somit ein besonderes Vertrauensverhältnis zwischen den Vertragsparteien begründet wird (sog. Geschäftsbesorgung).[36] Sofern eine derartige Tätigkeit unentgeltlich erbracht wird, liegt ein *Auftrag* vor (§§ 662 bis 674 BGB), bei einer entgeltlichen Geschäftsbesorgung im Rahmen eines Dienst- oder Werkvertrages handelt es sich um einen *Geschäftsbesorgungsvertrag* (§ 675 BGB). Große Bedeutung hat die Geschäftsbesorgung im Bankenverkehr, die das Bürgerliche Gesetzbuch jedoch nur ansatzweise regelt (§§ 676a bis 676h BGB) und im übrigen Gegenstand des Bankvertragsrechts ist. Einen Werkvertrag mit gewissen Elementen der Geschäftsbesorgung stellt auch der durch das Verlagsgesetz (VerlG)[37] ausgestaltete *Verlagsvertrag* dar.

4. Verträge gemeinsamer Zweckverfolgung

Für vertragliche Schuldverhältnisse ist in der Regel der Transfer von Leistungen charakteristisch; aufgrund des durch den Vertrag begründeten besonderen Kontaktes existieren zwar auch über die Leistungsbeziehungen hinausgehende Rechtspflichten (z.B. Schutz- und Interessenwahrungspflichten i.S. des § 241 Abs. 2 BGB), verleihen der betreffenden Vertragsbeziehung aber nicht ihr charakteristisches Gepräge. Es gibt allerdings auch Verträge, bei denen nicht der Leistungstransfer, sondern die Verfolgung eines gemeinsamen Zwecks im Vordergrund steht. Im Bürgerlichen Gesetzbuch ist dies die *Gesellschaft* i.S. der §§ 705 bis 740 BGB (BGB-Gesellschaft oder auch GbR), auf deren rechtlicher Ausgestaltung auch die *Offene Handelsgesellschaft* (vgl. § 105 Abs. 3 HGB) und die *Kommanditgesellschaft* (vgl. § 161 Abs. 2 HGB) als Handelsgesellschaften basieren. Soweit diese als solche am Rechtsverkehr teilnehmen (sog. Außengesellschaften) zeichnen sie sich unbeschadet des Umstandes, daß es sich nicht um juristische Personen handelt, durch ein besonderes organisationsrechtliches Moment aus, welches sie von den „reinen" Schuldverträgen unterscheidet.[38] Die Verträge gemeinsamer Zweckverfolgung sind Gegenstand des Gesellschaftsrechts und werden hier nicht behandelt.

5. Risikoverträge

Jedem vertraglichen Schuldverhältnis wohnt insoweit ein Risikomoment inne, als dessen rechtliche Behandlung nicht von der Erreichung von Zielen abhängt, die eine der Vertragsparteien zwar mit dem Rechtsgeschäft bezweckt, aber weder zum

---

[36]   Siehe unten § 11 B II 1, S. 593 ff.

[37]   Gesetz über das Verlagsrecht v. 19. Juni 1901, RGBl. S. 217 ff.

[38]   Ein solches Moment wird von der h.M. mittlerweile auch bei der BGB-Außengesellschaft anerkannt: BGH v. 29. Januar 2001, BGHZ 146, 341 ff. und dazu z.B. *Habersack* BB 2001, 477 ff.; *Hadding* ZGR 2001, 712 ff.; *K. Schmidt* NJW 2001, 993 ff.; *Ulmer* ZIP 2001, 585 ff.; *H.P. Westermann* NZG 2001, 289 ff.; *Wiedemann* JZ 2001, 661 ff.

Inhalt noch zur Geschäftsgrundlage (vgl. § 313 BGB) des Vertrages erhoben wurden. Beispiel: Der Käufer von Eheringen kann nicht mit der Begründung von dem Vertrag Abstand nehmen, daß die geplante Ehe aufgrund eines kurzfristigen Sinneswandels der Beteiligten gescheitert ist. Manche Vertragstypen sind jedoch ihrem Inhalt nach darauf angelegt, daß die geschuldeten Leistungen bei Abschluß des Vertrages jeweils in bestimmter Hinsicht ungewiß sind.

So verpflichtet der *Bürgschaftsvertrag* (§§ 765 bis 777 BGB) den Bürgen, für die Erfüllung der Verbindlichkeit eines Dritten gegenüber seinem Vertragspartner einzustehen; erbringt der Dritte seine Leistung, erlischt auch die Schuld des Bürgen (vgl. § 767 Abs. 1 Satz 1 BGB). Von geringerer praktischer Bedeutung sind *Leibrentenversprechen* (§§ 759 bis 761 BGB), die hinsichtlich ihrer Laufzeit ungewiß sein können (vgl. § 759 Abs. 1 BGB), sowie *Spiel und Wette* (§ 762 bis 763 BGB). Eine im Finanzverkehr bedeutende Form von Differenzgeschäften stellen *Börsentermingeschäfte* dar, welche die §§ 50 ff. BörsG näher regeln und als Sondermaterie zum privaten Wirtschaftsrecht zählen.[39] Ebenfalls außerhalb des Bürgerlichen Gesetzbuches ist der *Versicherungsvertrag* ausgestaltet; insoweit gilt vor allem das Gesetz über den Versicherungsvertrag.[40]

Bei allen Risikogeschäften besteht aufgrund der Ungewißheit über die zu erbringende Leistung ein besonderes Schutzbedürfnis, dem das Gesetz in verschiedener Weise Rechnung trägt. Für Leibrentenversprechen und Bürgschaftsverträge werden Formerfordernisse statuiert (§§ 761, 766 BGB), während Spiel und Wette – vorbehaltlich einer staatlichen Konzessionierung (§ 763 BGB) – lediglich als unvollkommene Verbindlichkeiten[41] ausgestaltet sind (§ 762 BGB). Das Versicherungswesen sowie Börsentermingeschäfte unterliegen schließlich einer umfangreichen staatlichen Regulierung.

6. Verträge zur Bereinigung von Schuldverhältnissen und zur abstrakten Schuldbegründung

Nicht selten werden eine Zahl weiterer Schuldvertragstypen unter dem Begriff der „Feststellungsgeschäfte" zusammengefaßt. Hierbei handelt es sich insbesondere um den Vergleich (§ 779 BGB), das Schuldversprechen und das Schuldanerkenntnis (§§ 780 bis 782 BGB) sowie verschiedene wertpapierrechtliche Verbindlichkeiten. Angemessen erscheint jedoch die folgende Unterteilung:

Der *Vergleich* dient, wie unten näher darzulegen sein wird, nicht notwendig einer verbindlichen „Feststellung" bestimmter Rechtsbeziehungen, sondern er zeichnet sich durch einen Bereinigungszweck aus, der auch rechtsgestaltende Momente umfassen kann.[42]

Eine weitere Gruppe von Schuldverträgen dient der Begründung sog. abstrakter Verbindlichkeiten. Diese Verträge tragen anders als die bisher behandelten Vertragstypen ihren Rechtsgrund (vgl. § 812 BGB) nicht „in sich selbst", sondern erzeugen Rechte und Pflichten, deren Bestand nicht unmittelbar davon abhängt, ob

---

[39]   Überblick bei *Esser/Weyers* BT 1, § 45 II, S. 392 ff.
[40]   Einführend *Ebel* JuS 1983, 260 ff.
[41]   Hierzu auch im Zusammenhang mit § 656 BGB unten § 10 C II, S. 584 ff.
[42]   Siehe unten § 14 A, S. 687 f.

eine materielle Legitimation für sie vorliegt.[43] Dies trifft einerseits auf das *Schuldversprechen und Schuldanerkenntnis* i.S. der §§ 780 bis 782 BGB zu.

Eine besondere Form solcher abstrakter Schuldverträge ist nach ganz h.M. die Grundlage *wertpapierrechtlicher Verpflichtungen* nach den §§ 793 ff. BGB bzw. aus Schecks und Wechseln (sog. Begebungsverträge).[44] Gleiches trifft auf eine *angenommene Anweisung* gemäß § 784 BGB zu. Auch das Wertpapierrecht stellt eine eigenständige Rechtsmaterie dar, die hier ausgeklammert bleibt.

D. Grenzen der Typisierbarkeit vertraglicher Schuldverhältnisse

Können somit verschiedene Schuldvertragstypen zu gemeinsamen Vertragsgruppen mit teilweise identischen Regelungsproblemen zusammengefaßt werden, ist aber auch umgekehrt schon die Möglichkeit, jedes vertragliche Schuldverhältnis einem Vertragstypus zuzuordnen, Beschränkungen unterworfen. Diese resultieren aus dem Prinzip der Vertragsfreiheit (§ 311 Abs. 1 BGB) als Ausprägung der Privatautonomie. Die gesetzlichen Vorschriften über einzelne vertragliche Schuldverhältnisse sind überwiegend dispositiv, greifen also nur ein, wenn die Parteien in ihrem Vertrag keine eigenständige Regelung für die betreffende Rechtsfrage getroffen haben. Die berühmte Regelung in Art. 1134 des französischen Code civil, nach welcher der Vertrag das Gesetz der Vertragsparteien ist, hat deshalb trotz der Eingrenzungen durch die moderne Gesetzgebung zum Schutz einzelner Gruppen von Vertragsparteien ihre Berechtigung nicht eingebüßt.

Hierdurch ist es den Vertragspartnern nicht nur möglich, von einzelnen dispositiven Vorschriften des Bürgerlichen Gesetzbuches *innerhalb* eines Vertragstyps abzuweichen. Sie können ihre Rechtsbeziehungen in den Grenzen des zwingenden Gesetzesrechts weitergehend auch so ausgestalten, daß die Zuordnung zu einer der typischen Vertragsformen (Kaufvertrag, Mietvertrag etc.) nicht mehr ohne weiteres möglich ist.[45] Es handelt sich in diesem Fall um sog. atypische oder gemischte Verträge, bei denen fraglich sein kann, welche der zwingenden und dispositiven Gesetzesbestimmungen auf sie anwendbar sind. Einige dieser gemischten Verträge haben jedoch in der Vertragspraxis, d.h. außerhalb des Gesetzes, so feste Konturen gewonnen, daß sie als „verkehrstypische" Vertragsformen bezeichnet werden können.[46] Es handelt sich insbesondere um das *Factoring*, das *Franchising* und das *Leasing*.[47]

---

[43]   Dazu § 15 A, S. 699 ff.

[44]   Überblick zum Meinungsstand bei *Hueck/Canaris* Recht der Wertpapiere, 12. Aufl. 1986, § 3, S. 28 ff.

[45]   Ausführlich unten § 16 A I, S. 714 ff.

[46]   *Emmerich* MünchKomm.⁴ § 311 Rdnr. 40.

[47]   Näher unten § 16 B bis D, S. 726 ff.

§ 2 Der Kaufvertrag und verwandte Verträge

A. Überblick zu den gesetzlichen Vorschriften

An die Spitze des Abschnittes zu den gesetzlich ausgeformten Schuldverhältnissen stellt das Bürgerliche Gesetzbuch im 1. Titel den Kaufvertrag und trägt mit dieser herausgehobenen systematischen Stellung der überragenden Bedeutung Rechnung, die Kaufverträge in einer modernen Verkehrswirtschaft haben.

Die für diesen Vertragstyp in den §§ 433 bis 479 BGB getroffenen, zumeist dispositiven Vorschriften sind zum 1.1.2002 grundlegend neu gestaltet worden. Die Neuregelung dient zum einen der Umsetzung der EG-Richtlinie 1999/44/EG zum Verbrauchsgüterkauf,[1] die neben Änderungen in den allgemeinen Kaufrechtsvorschriften[2] insbesondere die Einführung des Untertitels zum Verbrauchsgüterkauf (§§ 474 bis 479 BGB) bewirkt hat.[3] Dieser ergänzt die zugleich in das Bür-

---

[1] Richtlinie 1999/44/EG des Europäischen Parlaments und des Rates vom 25. Mai 1999 zu bestimmten Aspekten des Verbrauchsgüterkaufs und der Garantien für Verbrauchsgüter, ABl. EG Nr. L 171 v. 7. Juli 1999, S. 12 ff. Die Richtlinie ist bei der Auslegung der §§ 433 ff. BGB zu berücksichtigen (sog. richtlinienkonforme Auslegung; hierzu im Überblick *Götz* NJW 1992, 1853 ff. sowie vertiefend z.B. *Lutter* JZ 1992, 593 ff.).

[2] Da der Gesetzgeber die Vorgaben der Verbrauchsgüterkauf-RL insoweit nicht nur für Verbrauchsgüterkaufverträge i.S. des § 474 BGB umgesetzt hat, soll das Gebot richtlinienkonformer Auslegung nach verbreiteter Auffassung (so *Bärenz* DB 2003, 375 f.; BR/*Faust* Vor § 433 Rdnr. 7) für alle Kaufverträge gelten.

[3] Näher unten § 2 H V, S. 199 ff.

gerliche Gesetzbuch integrierten allgemeinen Verbraucherschutzbestimmungen
über die Verwendung Allgemeiner Geschäftsbedingungen (§§ 305 bis 310 BGB),
sog. besondere Vertriebsformen (§§ 312 bis 312f BGB), drittfinanzierte Geschäfte
(§§ 358 f. BGB) etc. Zum anderen hat das Gesetz zur Modernisierung des Schuldrechts die Ansprüche des Käufers bei Mängeln des verkauften Gegenstandes in
Abkehr von der römischrechtlich verwurzelten Sachmängelgewährleistung der
§§ 459 ff. BGB a.F. (sog. aedilizische Rechtsbehelfe)[4] neu mit den Vorschriften
des Allgemeinen Schuldrechts über Pflichtverletzungen (§§ 280 ff. BGB) ver-
zahnt.[5] Hierbei diente zu großen Teilen das UN-Kaufrecht (CISG)[6] als Vorbild,
das für kommerzielle Vertragsbeziehungen zwischen Parteien gilt, die in verschiedenen Staaten ansässig sind, und das rechtssystematisch dem Handelsrecht zuzuordnen ist.[7]
  Der Abschnitt über den Kaufvertrag enthält zudem weitere spezifische Ausge-
staltungen und Sonderformen von Kaufverträgen:[8] den Kauf unter Eigentumsvorbehalt (§ 448 BGB), den Kauf auf Probe (§§ 454 f. BGB), den Wiederkauf
(§§ 456 bis 462 BGB) sowie den Vorkauf (§§ 463 bis 473 BGB). Für den Handelskauf ergänzen die §§ 373 bis 381 HGB die bürgerlichrechtlichen Normen.[9]
Auf dem Gebiet des Erbrechts wird der Erbschaftskauf in den §§ 2371 bis 2385
BGB speziell geregelt.[10] Schließlich ordnet § 480 BGB für den Tausch die entsprechende Anwendung der Vorschriften über den Kauf an.[11]

B. Begriff des Kaufs

I. Überblick

Ungeachtet der Vielfältigkeit der im Wirtschaftsleben auftretenden Vertragsgestaltungen besteht das Wesen des Kaufvertrages darin, daß er eine Partei verpflichtet,
einen Gegenstand endgültig gegen eine Geldzahlung auf die andere Partei zu über-

---

[4] Dazu weiterführend *Honsell/Mayer-Maly/Selb* Römisches Recht, 4. Aufl. 1987, § 116
     I 3, S. 316 ff.
[5] Siehe unten § 2 E II, S. 72 ff.
[6] United Nations Convention on Contracts for the International Sale of Goods v. 11.
     April 1980. Die Konvention ist in Deutschland seit 1991 als Bundesrecht in Kraft
     (BGBl. 1989 II, S. 586).
[7] Siehe im Überblick *K. Schmidt* Handelsrecht, 5. Aufl. 1999, § 30 II 2, S. 847 ff.
[8] Im einzelnen unten § 2 H I bis IV, S. 170 ff.
[9] Dazu *Canaris* Handelsrecht, 23. Aufl. 2000, § 31, S. 527 ff.; *Oetker* Handelsrecht,
     3. Aufl. 2003, § 8, S. 199 ff.; *K. Schmidt* Handelsrecht, 5. Aufl. 1999, § 29, S. 781 ff.
     Wegen Art. 2 EGBGB ist auch bei einem Handelskauf von den bürgerlichrechtlichen
     Vorschriften auszugehen, die jedoch zum Teil von den §§ 373 bis 381 HGB als leges
     speciales verdrängt werden.
[10] Hierzu z.B. *Lange/Kuchinke* § 45, S. 1107 ff.
[11] Näher unten § 2 I, S. 223 ff.

tragen.[12] Der Kaufvertrag ist deshalb stets ein gegenseitiger Vertrag i.S. der §§ 320 ff. BGB.

Gegenstand eines Kaufvertrages können nach § 433 Abs. 1 Satz 1 BGB an sich *Sachen* sein; § 453 Abs. 1 BGB erklärt aber unter dem Oberbegriff des Rechtskaufs die unmittelbar nur für den Sachkauf geltenden §§ 433 ff. BGB auf den Kauf von *Rechten* und *sonstigen Gegenständen* für entsprechend anwendbar. Aufgrund dieser Harmonisierung der Rechtsfolgen verliert die Abgrenzung zwischen den verschiedenen Kaufobjekten an Bedeutung, ist jedoch nicht vollkommen entbehrlich, da § 453 Abs. 1 BGB eine „entsprechende Anwendung" der §§ 433 ff. BGB anordnet und hierdurch den methodischen Spielraum eröffnet, die für den Sachkauf geltenden Bestimmungen an Besonderheiten beim Kauf von Rechten und sonstigen Gegenständen anzupassen. Zudem können sich z.b. auch in bezug auf die Kosten der Vertragsdurchführung aus § 448 BGB einerseits und § 453 Abs. 2 BGB andererseits unterschiedliche Rechtsfolgen ergeben.

II. Gegenstand des Sachkaufs

Aus der Regelungssystematik der §§ 433 Abs. 1, 453 Abs. 1 BGB folgt, daß „Sachen" i.S. der §§ 433 ff. BGB nur bewegliche oder unbewegliche körperliche Gegenstände i.S. der §§ 90 ff. BGB sind;[13] über § 90a Satz 3 BGB zählen hierzu auch Tiere. Stets muß die betreffende Sache jedoch Gegenstand des Rechtsverkehrs sein. Deshalb kann der menschliche Körper als solcher weder vor noch nach dem Tod verkauft werden; anderes gilt aber für einzelne abgetrennte Körperteile.[14] Nach § 311c BGB ist mit einer Sache im Zweifel auch deren *Zubehör* i.S. des § 97 BGB verkauft, wofür § 98 BGB einige historisch überkommene Beispiele aufzählt.

Wurde der verkaufte Gegenstand im Zeitpunkt des Vertragsschlusses bereits konkretisiert (z.B. ein bestimmtes Gemälde), so liegt ein sog. *Stück- oder Spezieskauf* vor. Denkbar ist aber auch, daß die verkaufte Sache nur i.S. des § 243 BGB gattungsmäßig bestimmt ist (z.B. ein PKW des Typs X). In diesem Fall handelt es sich um einen sog. *Gattungskauf*.

Als Gegenstand eines Sachkaufs kommen auch erst künftig entstehende Sachen in Betracht (Beispiel: Kauf einer erwarteten Ernte). Bei einer derartigen Abrede ist nach Maßgabe der vertraglichen Risikoverteilung zu unterscheiden:[15] Soll der Vertrag nur wirksam werden, wenn die betreffende Sache tatsächlich existiert (sog. emptio rei speratae), liegt ein Sachkauf vor, der unter der aufschiebenden Bedingung abgeschlossen wurde, daß die Sache entsteht. Schuldet hingegen der Käufer den Kaufpreis nach dem Parteiwillen unabhängig von der Entstehung der Sache (sog. emptio spei), so ist nicht die künftige Sache selbst, sondern die bloße Erwerbschance als „sonstiger Gegenstand" i.S. des § 453 Abs. 1 Alt. 2 BGB Gegen-

---

[12]   Vgl. *Schlechtriem* Rdnr. 2; *Staudinger/Köhler* Vorbem. zu §§ 433 ff. Rdnr. 1; *H.P. Westermann* MünchKomm. Vor § 433 Rdnr. 1.

[13]   BT-Drucks. 14/6040, S. 242; BR/*Faust* Vor § 433 Rdnr. 19.

[14]   *Soergel/Huber* § 433 Rdnr. 46.

[15]   *Brox/Walker* § 1 Rdnr. 5; *Larenz* BT 1, § 39 I, S. 8 f.; *H.P. Westermann* MünchKomm. § 433 Rdnr. 5; weiter differenzierend *Staudinger/Köhler* § 433 Rdnr. 44.

stand des Kaufs. Für die Auslegung, welche der beiden Fallgestaltungen vorliegt, gewinnt mangels ausdrücklicher Vereinbarung insbesondere der Umstand Bedeutung, ob der Kaufpreis einen Risikoabschlag enthält.

III. Gegenstand eines Rechtskaufs im engeren Sinne

Als Beispiele für einen Rechtskauf im engeren Sinne des § 453 Abs. 1 Alt. 1 BGB sind schuldrechtliche Forderungen (z.b. Mietzahlungsforderung), beschränkte dingliche Rechte an einem Grundstück (z.B. Hypothek) oder einer beweglichen Sache (z.B. Pfandrecht), aber auch der Geschäftsanteil an einer GmbH (siehe § 15 Abs. 4 GmbHG) oder gewerbliche Schutzrechte wie z.B. Patente zu nennen.[16] Wenn ein Recht zwar nicht übertragen, einem anderen aber zur Nutzung überlassen werden kann (wie z.b. beim Nießbrauch [§ 1059 BGB] oder bei Urheberrechten [§§ 29 Abs. 2, 31 ff. UrhG]), so ist dieses Nutzungsrecht möglicher Gegenstand eines Kaufvertrages.[17] Die Abgrenzung zur Rechtspacht i.S. des § 581 BGB ergibt sich in diesem Fall daraus, daß das Nutzungsrecht dem Begünstigten nicht nur zum Gebrauch überlassen, sondern endgültig übertragen werden soll.[18]

Unter den Kauf eines Rechts könnte rein begrifflich auch der entgeltliche Erwerb des Eigentums an einer Sache gefaßt werden, der jedoch dem Sachkauf unterfällt.[19] Für den Kauf noch nicht entstandener Rechte gelten die Ausführungen zum Kauf künftiger Sachen entsprechend.[20] Deshalb hat der Kauf eines Loses die Gewinnchance zum Gegenstand und ist § 453 Abs. 1 Alt. 2 BGB zuzuordnen.[21] Der Kauf von Wertpapieren ist in der Regel primär auf den Erwerb der abstrakten Forderung, die aus dem Wertpapier resultiert,[22] gerichtet und somit ein Rechtskauf. Wenn – wie bei Inhaberpapieren – hierzu die Übereignung des Wertpapiers erforderlich ist, liegt daneben auch ein Sachkauf vor.[23]

IV. Kauf „sonstiger Gegenstände"

Besondere Bedeutung gewinnt schließlich der vom Gesetz ebenfalls dem Rechtskauf zugeordnete Kauf „sonstiger Gegenstände" i.S. des § 453 Abs. 1 Alt. 2 BGB. Hierunter fallen aufgrund der Vertragsfreiheit (§ 311 Abs. 1 BGB) alle Verträge,

---

[16] Überblick bei *Staudinger/Köhler* § 433 Rdnr. 46 ff.
[17] *Erman/Grunewald* § 433 Rdnr. 13; *Soergel/Huber* § 433 Rdnr. 55; *Staudinger/Köhler* § 433 Rdnr. 48; *H.P. Westermann* MünchKomm. § 433 Rdnr. 7.
[18] *Schlechtriem* Rdnr. 28.
[19] *Medicus* Rdnr. 148.
[20] Siehe oben § 2 B II, S. 22 f.
[21] *Larenz* BT 1, § 39 I, S. 8 f.; *Staudinger/Köhler* Vorbem. zu §§ 433 ff. Rdnr. 57; für die Einordnung des Vertrages als Spiel i.S. des § 762 BGB *Soergel/Huber* vor § 433 Rdnr. 57.
[22] Siehe unten § 15 A, S. 702.
[23] RG v. 10. Dezember 1924, RGZ 109, 295 (297); *Larenz* BT 1, § 45 I, S. 162; *Medicus* Rdnr. 152; *Staudinger/Köhler* § 433 Rdnr. 38; für reinen Rechtskauf *Soergel/Huber* § 433 Rdnr. 41 f.

die auf den Erwerb eines Gegenstandes gegen Geld gerichtet sind, der weder eine Sache i.S. der §§ 90 ff. BGB noch ein Recht im engeren Sinne ist.[24]

Dazu gehören unkörperliche Gegenstände wie z.B. Elektrizität oder Fernwärme,[25] aber auch Informationen, insbesondere know-how,[26] sowie unabhängig von der Form des Datenträgers auch Standardsoftware, während die Erstellung von Individualsoftware dem Werkvertragsrecht unterliegt.[27] Beim Erwerb von Software sind neben kaufrechtlichen Fragen aber insbesondere auch urheberrechtliche Aspekte zu beachten.[28] Des weiteren zählen zu den sonstigen Gegenständen i.S. des § 453 Abs. 1 Alt. 2 BGB Sach- und Rechtsgesamtheiten. Das Hauptbeispiel bilden neben dem Erbschaftskauf, für den die §§ 2371 ff. BGB ergänzende Regelungen treffen, bestimmte Gestaltungen des Unternehmenskaufs.[29]

Ein taugliches Kaufobjekt i.S. des § 453 Abs. 1 Alt. 2 BGB setzt jedoch immer die Abtrennbarkeit des jeweiligen Gegenstandes von der Person des Verkäufers voraus.[30] Aus diesem Grunde ist z.B. die mit einer Person verbundene Arbeitskraft kein sonstiger Gegenstand i.S. des § 453 Abs. 1 Alt. 2 BGB, sondern wird regelmäßig aufgrund eines Dienst- oder Werkvertrages eingesetzt.[31]

V. Insbesondere: Der Unternehmenskauf

Für den Kauf eines Unternehmens[32] kommen grundsätzlich zwei Gestaltungen in Betracht: Zum einen kann sich der Unternehmensträger verpflichten, die *Gesamtheit* der Vermögenswerte, die das Unternehmen bilden, auf den Käufer zu übertragen (asset-deal). Bei diesen kann es sich um unbewegliche und bewegliche Sachen (Betriebsgrundstück, Fuhrpark), Rechte (Forderungen des Unternehmens gegen Kunden, Patente), aber auch sonstige Werte wie Geschäftsgeheimnisse, den Kundenstamm oder die Vertriebsstruktur des Unternehmens (good-will) handeln. Aufgrund dessen liegt der Kauf eines sonstigen Gegenstandes (scil.: des Unternehmens) i.S. des § 453 Abs. 1 Alt. 2 BGB vor.[33] Dieser ist formbedürftig, wenn für einen Vertrag über einen der Vermögensgegenstände, die zu dem Unternehmen gehören, ein Formerfordernis besteht. Deshalb ist der Unternehmenskauf nach

---

[24] BT-Drucks. 14/6040, S. 242; BR/*Faust* § 453 Rdnr. 23.

[25] Vgl. BGH v. 6. Dezember 1978, NJW 1979, 1304 (1305); *Schlechtriem* Rdnr. 31.

[26] Statt aller *Staudinger/Köhler* § 433 Rdnr. 57.

[27] BGH v. 4. November 1987, BGHZ 102, 135 (141 ff.); BGH v. 18. Oktober 1989, BGHZ 109, 97 (99); *Erman/Grunewald* § 433 Rdnr. 21; *Oechsler* § 2 Rdnr. 57; weiterführend *Bydlinski* AcP 198 (1998), 309 ff.

[28] Vgl. im einzelnen *Junker* JZ 1989, 316 ff.

[29] Dazu sogleich näher unter § 2 B V, S. 24 ff.

[30] *Larenz* BT 1, § 45 II, S. 164; *Staudinger/Köhler* § 433 Rdnr. 52. Zum sog. Spielerkauf im Profisport *H.P. Westermann* MünchKomm. § 433 Rdnr. 20.

[31] Näher unten §§ 7, 8, S. 393 ff., 437 ff.

[32] Ausführlich zum Unternehmensbegriff *K. Schmidt* Handelsrecht, 5. Aufl. 1999, § 4 I 2, S. 65 ff.

[33] BT-Drucks. 14/6040, S. 242; *H.P. Westermann* MünchKomm. § 433 Rdnr. 11; der Sache nach bereits RG v. 15. November 1907, RGZ 67, 86 (89 f.).

§ 311b Abs. 1 Satz 1 BGB notariell zu beurkunden, wenn zu dem Unternehmen ein Grundstück gehört.

Eine Alternative zu dieser Übertragungsform kommt in Betracht, wenn eine Personen- oder Kapitalgesellschaft (z.B. eine GmbH) Rechtsträger des Unternehmens ist. Dann können der oder die Gesellschafter ihre Gesellschaftsanteile ganz oder teilweise auf den Käufer übertragen (share-deal). Konstruktiv liegt in diesem Fall ein Rechtskauf der Gesellschaftsanteile i.S. des § 453 Abs. 1 Alt. 1 BGB vor, während die Unternehmensträgerschaft bei der betreffenden Gesellschaft verbleibt.[34] Folglich müssen zur Erfüllung eines solchen Kaufvertrages nur die Gesellschaftsanteile nach den Vorschriften des Gesellschaftsrechts (z.B. § 15 Abs. 3 GmbHG) und nicht die einzelnen Vermögensgegenstände des Unternehmens (Sachen, Forderungen etc.) auf den Erwerber übertragen werden. Dementsprechend finden Formvorschriften, die sich auf Verpflichtungsverträge über Gegenstände des Unternehmensvermögens beziehen (§ 311b Abs. 1 BGB etc.) keine Anwendung.

Eine besondere Fallgestaltung liegt beim share-deal vor, wenn entweder alle Geschäftsanteile oder doch ein solcher Prozentsatz derselben übertragen wird, der dem Käufer einen alleinigen Einfluß auf die Unternehmenspolitik gestattet, *und* der nach den §§ 133, 157 BGB zu ermittelnde Parteiwille darauf gerichtet ist, daß der Käufer eine *beherrschende Beteiligung* erlangt. Hierfür reicht es nicht aus, daß der Erwerber aufgrund der Größe des Anteils nicht überstimmt werden kann, sondern es dürfen nur ganz unerhebliche Anteile bei dem Verkäufer oder Dritten verbleiben.[35] Mit einer solchen Vertragsgestaltung wird ein Ergebnis erzielt, das wirtschaftlich mit dem asset-deal, d.h. der direkten Übertragung der Unternehmensträgerschaft vergleichbar ist. Dies rechtfertigt es, bei der von § 453 Abs. 1 BGB angeordneten entsprechenden Anwendung der Vorschriften über den Sachkauf nach denselben Grundsätzen zu verfahren wie bei einem direkten Unternehmenskauf. Deshalb kann eine mangelhafte Beschaffenheit des Unternehmens selbst auch für den Käufer eines Geschäftsanteils, der die Beherrschung des Unternehmens ermöglicht, einen Mangel des Kaufgegenstandes i.S. des § 453 Abs. 1 BGB i.V. mit den §§ 434, 435 BGB bewirken, obwohl das Unternehmen als solches nicht den unmittelbaren Kaufgegenstand bildet.[36] Das Hauptproblem stellt in diesem Zusammenhang die Frage dar, ob eine von den vertraglichen Vereinbarungen negativ abweichende Ertragskraft des Unternehmens oder Mängel einzelner Unternehmensgegenstände (defekter Fuhrpark etc.) den §§ 434, 435 BGB unterfallen.[37] Daneben muß berücksichtigt werden, daß es sich bei der mängelrechtlichen Gleichstellung

---

[34] BGH v. 12. November 1975, BGHZ 65, 246 (250); *Erman/Grunewald* § 433 Rdnr. 15; *Larenz* BT 1, § 45 II a, S. 169; *Soergel/Huber* § 433 Rdnr. 61; *H.P. Westermann* MünchKomm. § 433 Rdnr. 14.

[35] Im einzelnen umstritten; siehe BR/*Faust* § 453 Rdnr. 32 m.w.N.; weiterführend *Zimmer* NJW 1997, 2345 ff.

[36] BGH v. 12. November 1975, BGHZ 65, 246 (251 f.); BGH v. 25. März 1998, NJW 1998, 2360 (2362); BR/*Faust* § 453 Rdnr. 32; *Esser/Weyers* BT 1, § 4 IV 3b, S. 27; *Oechsler* § 2 Rdnr. 58; *Staudinger/Honsell* § 459 Rdnr. 15 ff.

[37] Dazu näher unten § 2 D I 2b, bb, S. 63 ff.

des Erwerbs einer beherrschenden Beteiligung mit einem asset-deal um eine Ausnahme handelt, die der funktionellen Austauschbarkeit dieser beiden Vertragsgestaltungen geschuldet ist. Entgegen einer in der Literatur[38] vertretenen Ansicht ist es daher nicht möglich, auch bei sonstigen Anteilskäufen über § 453 Abs. 1 BGB eine bestimmte Beschaffenheit des Unternehmens als Mangel in Ansatz zu bringen.[39] Die abweichende Auffassung berücksichtigt nicht hinreichend, daß es sich bei einem Anteilskauf um einen Rechtskauf handelt, so daß im Grundsatz nach § 453 Abs. 1 Alt. 1 BGB i.V. mit § 433 Abs. 1 Satz 2 BGB nur der Gesellschaftsanteil frei von Mängeln (z.B. Pfandrechten) sein muß. Und eine bestimmte Beschaffenheit des Unternehmens kann nicht zugleich als „Beschaffenheit" des Anteils interpretiert werden,[40] da ansonsten die rechtliche Selbständigkeit der unternehmenstragenden Gesellschaft vernachlässigt würde. Diese Sichtweise harmoniert mit dem Umstand, daß auch § 453 Abs. 3 BGB den Verkäufer bei einem Anteilskauf nicht zu einer Mangelfreiheit des Unternehmens als solchem verpflichtet: Besitzberechtigt an den Unternehmensgegenständen ist die betreffende Gesellschaft und nicht der einzelne Anteilsinhaber.[41]

Nach heute h.M. ist der Verkauf der freiberuflichen Praxis eines Arztes oder Rechtsanwaltes nicht per se gemäß § 138 Abs. 1 BGB sittenwidrig.[42] Dies kommt erst in Betracht, wenn die wirtschaftlichen Verpflichtungen, die der Erwerber vertraglich übernommen hat, eine dem Berufsethos entsprechende Ausübung der freiberuflichen Tätigkeit gefährden.[43] Die Vereinbarung einer marktüblichen Umsatzbeteiligung des Veräußerers bewirkt dies in der Regel jedoch nicht.[44] Nach der Rechtsprechung darf aufgrund des informationellen Selbstbestimmungsrechts eine Verpflichtung zur Weitergabe der Patienten- bzw. Mandantenkartei an einen außenstehenden Erwerber aber nur begründet werden, wenn die Betroffenen dem zugestimmt haben.[45] Ansonsten ist die Vereinbarung nach § 134 BGB i.V. mit § 203 StGB nichtig. Entsprechendes gilt für den Verkauf von Honorarforderungen; für Rechtsanwälte trifft § 49b Abs. 4 BRAO insoweit eine Sonderregelung.

---

[38] *Gaul* ZHR 166 (2002), 35 (39); *Gronstedt/Jörgens* ZIP 2002, 52 (55); *Gruber* MDR 2002, 433 (437); *Triebel/Hölzle* BB 2002, 521 (523 f.); *Wolf/Kaiser* MDR 2002, 411 (416 ff.).

[39] BR/*Faust* § 453 Rdnr. 21; *Eidenmüller* ZGS 2002, 290 (294); *Grunewald* NZG 2003, 372 (373); *Schlechtriem* Rdnr. 25; weiterführend *U. Huber* AcP 202 (2002), 179 (229 ff.). Möglich bleibt eine selbständige Garantie; siehe unten § 2 F I 1c, S. 145 f.

[40] Näher zum Begriff der Beschaffenheit unten § 2 D I 1d, bb (2), S. 37 ff.

[41] BR/*Faust* § 453 Rdnr. 21; *Wälzholz* DStR 2002, 500 (502).

[42] BGH v. 13. Juli 1988, NJW 1989, 763; *Erman/Grunewald* § 433 Rdnr. 16; *Soergel/ Huber* § 433 Rdnr. 56; *H.P. Westermann* MünchKomm. § 433 Rdnr. 12; a.A. noch RG v. 12. August 1939, RGZ 161, 153 (155 ff.).

[43] BGH v. 20. Januar 1965, BGHZ 43, 46 (50); *Larenz* BT 1, § 45 III, S. 170; *Staudinger/Köhler* § 433 Rdnr. 56; *H.P. Westermann* MünchKomm. § 433 Rdnr. 13; kritisch *Erman/Grunewald* § 433 Rdnr. 16.

[44] Siehe BGH v. 26. Oktober 1972, NJW 1973, 98 (100).

[45] BGH v. 11. Dezember 1991, BGHZ 116, 268 (274); BGH v. 17. Mai 1995, NJW 1995, 2026 (2027).

VI. Der Kaufvertrag als Verpflichtungsgeschäft

Wie dem Wortlaut des § 433 Abs. 1 BGB zu entnehmen ist, begründet der Kaufvertrag lediglich Verpflichtungen der Vertragsparteien und bewirkt nicht unmittelbar die Übertragung des verkauften Gegenstandes auf den Käufer. Selbstverständlich ist dies, soweit die Übertragung tatsächliche Akte erfordert, wie z.B. die Weitergabe von Informationen bei dem Kauf von know-how. Auch die Erlangung des Besitzes an einer gekauften Sache setzt regelmäßig deren tatsächliche Übergabe voraus (Ausnahme: § 854 Abs. 2 BGB). Nicht denknotwendig ist allerdings, daß das Eigentum an einer gekauften Sache bzw. die Inhaberschaft eines gekauften Rechts nicht automatisch mit dem Abschluß des Kaufvertrages auf den Käufer übergehen. Vielmehr ist auch eine gesetzliche Regelung vorstellbar, nach der z.B. der Käufer eines PKW ohne weiteres dessen Eigentümer wird oder eine gekaufte Forderung automatisch auf den Käufer übergeht.[46]

Das Bürgerliche Gesetzbuch hat sich für eine Trennung des Kaufvertrages als obligatorischem Verpflichtungsgeschäft von der Übertragung des Eigentums an einer gekauften Sache (Übereignung gemäß den §§ 873, 925 BGB oder den §§ 929 ff. BGB) bzw. der Übertragung eines gekauften Rechts (z.B. der Abtretung einer Forderung gemäß § 398 BGB) entschieden: sog. *Trennungsprinzip*. Der Kunde, der in einem Autohaus einen individualisierten Gebrauchtwagen aussucht und diesen kauft, wird somit erst dessen Eigentümer, wenn ihm der Wagen gemäß § 929 Satz 1 BGB mit einer entsprechenden – zumeist konkludenten – Einigung (dinglicher Vertrag) übergeben wird. Zuvor hat er nach § 433 Abs. 1 Satz 1 BGB lediglich einen Anspruch auf die Verschaffung des Eigentums. Das Trennungsprinzip beansprucht nicht nur beim Kauf, sondern bei allen auf die Veräußerung von Sachen oder Rechten gerichteten Verträgen Geltung, z.B. auch bei einer Schenkung.[47] Die danach neben dem Verpflichtungsvertrag (Kauf, Schenkung etc.) erforderlichen Übertragungsakte in bezug auf die verkaufte Sache (Übereignung) oder das verkaufte Recht (z.B. Abtretung) sind sog. Verfügungen, die den Verpflichtungsvertrag i.S. des § 362 BGB erfüllen.[48]

Aus dem Trennungsprinzip folgt auch, daß der Eigentümer einer Sache dieselbe mehrfach verkaufen kann und das Eigentum nur derjenige Käufer erhält, an den die Sache gemäß den §§ 929 ff. BGB übereignet wird, während dem anderen Ansprüche wegen einer Pflichtverletzung des Verkäufers nach den §§ 280 ff. BGB zustehen. Hingegen begründet das bloß relative, d.h. nur gegenüber dem Verkäufer bestehende Recht aus dem Kaufvertrag keinen Anspruch auf Übereignung der Sache gegen den Dritterwerber, sofern dessen Eigentumserlangung nicht ausnahmsweise als sittenwidrige Schädigung des anderen Käufers i.S. des § 826 BGB zu bewerten ist.[49]

---

[46] Darstellung und rechtspolitische Diskussion einer solchen Regelung bei *Larenz* BT 1, § 39 II c/d, S. 16 ff.

[47] Zu dieser näher unten § 4, S. 271 ff.

[48] Zum Begriff der Verfügung allg. *Larenz/Wolf* § 23 Rdnr. 36 ff.

[49] In diesem Fall kann von dem Dritterwerber nach § 826 BGB i.V. mit § 249 Abs. 1 BGB (Grundsatz der Naturalrestitution) die Übereignung der Kaufsache verlangt wer-

In Verbindung mit dem Grundsatz, daß sich eine Verfügung immer nur auf einen konkreten Gegenstand beziehen kann (Spezialitätsprinzip), führt das Trennungsprinzip bei dem Kauf von Sach- und Rechtsgesamtheiten (z.B. dem Kauf eines Unternehmens) dazu, daß die Sachen und Rechte in Erfüllung des einheitlichen Kaufvertrages jeweils einzeln nach den für sie geltenden Vorschriften (§§ 398, 929 ff. BGB etc.) zu übertragen sind.[50] Dies bedeutet allerdings nicht, daß in bezug auf jeden gleichartigen Gegenstand eine separate Verfügungserklärung abgegeben werden müßte; vielmehr ist die Übereignung eines Warenlagers z.B. auch durch die Übergabe des Schlüssels zu dem Lagerraum und eine entsprechende Einigungserklärung gemäß § 929 Satz 1 BGB möglich.[51]

Noch weitergehend können bei einem sofort erfüllten Verpflichtungsvertrag (der Kunde legt an einem Kiosk eine 1 Euro-Münze hin und nimmt sogleich die Tageszeitung entgegen) die Erklärungen, die den Verpflichtungsvertrag begründen und diejenigen, die zu seiner Erfüllung führen (Übereignung der Tageszeitung und des Geldes jeweils nach § 929 Satz 1 BGB) *äußerlich* zusammenfallen (sog. Handgeschäft).[52] Sie sind *rechtlich* jedoch streng zu unterscheiden. Im vorstehenden Beispiel liegen drei Verträge vor: der Kaufvertrag über die Zeitung, die Einigung gemäß § 929 Satz 1 BGB im Hinblick auf die Übereignung derselben und die Einigung nach § 929 Satz 1 BGB, welche die Übereignung des Geldstücks betrifft.

Das Trennungsprinzip beruht vor allem auf dem Bedürfnis nach Rechtsklarheit und Rechtssicherheit. Um dieses Ziel optimal zu erreichen, geht das Bürgerliche Gesetzbuch im Anschluß an *Savigny*[53] noch über das Trennungsprinzip hinaus, indem es die Verfügung, die den Verpflichtungsvertrag erfüllt, in ihrer Rechtswirksamkeit eigenständig beurteilt.[54] Die Unwirksamkeit des Verpflichtungsgeschäfts strahlt nicht ipso iure auf das Verfügungsgeschäft aus: sog. *Abstraktionsprinzip*. Ist das Verfügungsgeschäft (z.B. die Übereignung einer beweglichen Sache gemäß den §§ 929 ff. BGB) rechtswirksam, leidet das Verpflichtungsgeschäft (z.B. ein Kaufvertrag) hingegen an einem rechtlichen Mangel (z.B. fehlende Genehmigung bei beschränkt Geschäftsfähigen, § 108 Abs. 1 BGB), dann muß die infolge des Verfügungsgeschäfts eingetretene Vermögensmehrung des neuen Eigentümers

---

den; dazu *Medicus* BürgR, Rdnr. 625. Derjenige, der einen Anspruch auf die Übertragung des Rechts an einem Grundstück hat, kann sich zudem durch eine Vormerkung gemäß § 883 BGB gegen die Veräußerung des Grundstücks an einen Dritten absichern (näher *Baur/Stürner* § 20 Rdnr. 1 ff.).

[50] Eine Besonderheit gilt für das Zubehör von Grundstücken. Unter den Voraussetzungen des § 926 BGB geht das Eigentum an diesem gemeinsam mit dem Grundstückseigentum auf den Erwerber über; siehe *Baur/Stürner* § 22 Rdnr. 22 f.

[51] Vgl. *Baur/Stürner* § 57 Rdnr. 13.

[52] Dazu, daß in diesem Fall richtigerweise kein Verpflichtungsvertrag im strengen Sinne, sondern ein bloßer Kausalvertrag vorliegt, unten § 4 C I, S. 281 in bezug auf die sog. Handschenkung.

[53] Das Obligationenrecht als Theil des heutigen römischen Rechts, Bd. II, 1853, S. 254 ff.

[54] Zu diesem Zusammenhang statt aller *Flume* AT 2, § 12 III 3, S. 176 f.

über das Bereicherungsrecht (§ 812 BGB) rückgängig gemacht werden, da der Eigentumsübergang als solcher rechtswirksam ist.[55] Diese Auswirkungen des Abstraktionsprinzips können die Parteien jedoch bis zu einem gewissen Grade abschwächen, indem sie ihre Verfügungsgeschäfte in bestimmter Hinsicht mit dem zugrundeliegenden Kaufvertrag verknüpfen: So kann der Verkäufer die verkaufte Sache an den Käufer nach den §§ 929 Satz 1, 158 Abs. 1 BGB unter der Bedingung übereignen, daß der Käufer den Kaufpreis zahlt, sofern dies nicht sofort geschieht. In diesem Fall geht das Eigentum an der Sache erst mit der Zahlung des Kaufpreises auf den Erwerber über; die Parteien haben einen sog. Eigentumsvorbehalt vereinbart.[56] Darüber hinaus ist es den Vertragschließenden aufgrund der Privatautonomie grundsätzlich gestattet, durch eine *explizite* Vereinbarung das Verfügungsgeschäft analog § 139 BGB in seiner Wirksamkeit von derjenigen des zugrundeliegenden Verpflichtungsgeschäfts abhängig zu machen (sog. Geschäftseinheit).[57] Nach § 925 Abs. 2 BGB können diese Abschwächungen des Abstraktionsprinzips jedoch nicht bei der Übereignung eines Grundstücks vereinbart werden; das Bedürfnis nach einer klaren, aus dem Grundbuch ersichtlichen Rechtslage genießt in diesem Fall besonderen Schutz.

C. Abschluß und Wirksamkeit des Kaufvertrages

Den Abschluß des Kaufvertrages als solchen regeln nicht die §§ 433 ff. BGB; vielmehr finden hierfür die Vorschriften des Allgemeinen Teils des Bürgerlichen Gesetzbuches über Willenserklärungen und den Abschluß von Verträgen Anwendung (§§ 104 ff., 145 ff. BGB). Gerade bei Kaufgeschäften im Massenverkehr erlangt die Abgrenzung eines bindenden Antrages auf Abschluß eines Kaufvertrages von einer unverbindlichen invitatio ad offerendum (z.B. einer Schaufensterauslage) besondere Bedeutung.[58] So ist bei Selbstbedienungsläden regelmäßig nicht bereits in der Auslegung der Ware, sondern erst in deren Vorlage durch den Kunden an der Kasse ein auf Abschluß eines Kaufvertrages gerichteter Antrag zu sehen, da es dem Geschäftsinhaber bzw. seinen Angestellten möglich sein muß, mit Rücksicht auf die Person des Kunden über den Vertragsabschluß zu entscheiden.[59] Die Willenserklärungen müssen die sog. essentialia negotii umfassen, zu denen bei ei-

---

[55] Im Zuge des Bereicherungsausgleichs findet der Umstand, daß die Vermögensmehrung auf einem fehlgeschlagenen gegenseitigen Verpflichtungsvertrag beruht, jedoch in verschiedener Hinsicht Berücksichtigung; siehe dazu *Larenz/Canaris* BT 2, § 73 III, S. 321 ff.

[56] Zum Kauf unter Eigentumsvorbehalt siehe unten § 2 H I, S. 170 ff.

[57] *H.P. Westermann* MünchKomm. § 433 Rdnr. 4; kritisch hingegen *Flume* AT 2, § 12 III 4, S. 177 f.

[58] Dazu *Bork* § 18 Rdnr. 705 ff.; *Larenz/Wolf* § 29 Rdnr. 19 f.

[59] *Erman/Hefermehl* § 145 Rdnr. 10; *H.P. Westermann* MünchKomm. § 433 Rdnr. 34; a.A. (Antrag durch Auslegung der Ware, der bereits mit Vorlage derselben an der Kasse angenommen wird) RGRK/*Mezger* vor § 433 Rdnr. 55; *Soergel/Huber* vor § 433 Rdnr. 97; offengelassen durch BGH v. 28. Januar 1976, BGHZ 66, 51 (55 f.).

nem Kaufvertrag neben den Vertragsparteien auch der Kaufgegenstand und der Kaufpreis zählen.[60] Allerdings kann auch deren Festlegung über eine nachträgliche Leistungsbestimmung gemäß den §§ 315 bis 319 BGB vereinbart werden.

Im Allgemeinen Teil des Schuldrechts geregelte Besonderheiten zum Vertragsschluß (vgl. die §§ 312 ff., 355 ff. BGB) greifen bei verschiedenen Formen des Kaufs durch Verbraucher i.S. des § 13 BGB ein, so z.B. bei Haustürgeschäften oder drittfinanzierten Kaufverträgen. In diesen Fällen ist insbesondere die gegenüber der Grundregel des § 130 BGB abgeschwächte Bindung des Verbrauchers an seine Willenserklärung zu beachten, die aus dem zweiwöchigen Widerrufsrecht folgt (§ 355 BGB).[61]

Nach den §§ 450, 451 BGB ist bei einem Verkauf im Wege der Zwangsvollstreckung (§ 450 Abs. 1 BGB) oder aufgrund einer gesetzlichen Vorschrift für Rechnung eines anderen (§ 450 Abs. 2 BGB; z.B. ein Pfandverkauf nach den §§ 1228 ff. BGB) der Kauf des Gegenstandes durch den Leiter des Verkaufs oder seine Gehilfen sowohl als Eigen- wie als Vertretergeschäft nur wirksam, wenn die als Schuldner, Eigentümer oder Gläubiger Beteiligten diesem Geschäft nach den §§ 182 ff. BGB sämtlich zustimmen. Diese, mit dem Rechtsgedanken des § 181 BGB verwandte Regelung soll die Unparteilichkeit der genannten Verkaufsverfahren sicherstellen.[62]

Für den Kaufvertrag gelten zudem die allgemeinen Außenschranken der Privatautonomie, insbesondere die §§ 134, 138 BGB. So ist z.B. der Verkauf von Diebesgut nach § 134 BGB i.V. mit § 259 StGB nichtig. Im Bereich des Anfechtungsrechts unterliegt § 119 Abs. 2 BGB jedoch in Abgrenzung zu der Mängelhaftung gemäß den §§ 434 ff. BGB gewissen Einschränkungen.[63]

Die §§ 433 ff. BGB verzichten darauf, für den Kaufvertrag als alltägliches Umsatzgeschäft generell eine bestimmte Form vorzuschreiben. Er kann deshalb grundsätzlich sowohl mündlich als auch schriftlich abgeschlossen und die zum Vertragsschluß führenden Willenserklärungen können ausdrücklich oder konkludent abgegeben werden. Abweichende Regelungen greifen nur bei bestimmten Kaufgegenständen ein. Das bedeutendste Beispiel hierfür liefert § 311b Abs. 1 Satz 1 BGB, der für Verträge, die auf die Übertragung des Eigentums an einem Grundstück gerichtet sind, also insbesondere Kaufverträge, die notarielle Beurkundung vorschreibt.[64] Der bei Mißachtung der Formvorschrift nach § 125 Satz 1 BGB nichtige Vertrag wird jedoch gemäß § 311b Abs. 1 Satz 2 BGB geheilt, wenn der Käufer in „Vollzug" des unwirksamen Vertrages das Eigentum an dem Grundstück erlangt.[65] Entsprechende Anwendung findet § 311b Abs. 1 BGB auf den Verkauf von Wohnungseigentum (§ 4 Abs. 3 WEG) oder Erbbaurechten (§ 11 Abs. 2

---

[60]   Näher dazu *Jung* JuS 1999, 28 ff.
[61]   Siehe noch unten § 2 H V 1, S. 199.
[62]   Mot. II, S. 331; *Staudinger/Honsell* § 456 Rdnr. 1; *H.P. Westermann* MünchKomm. § 456 Rdnr. 1.
[63]   Näher unten § 2 E II 5a, aa, S. 130 ff.
[64]   Der Verkauf eines land- oder forstwirtschaftlichen Grundstücks bedarf zudem einer öffentlich-rechtlichen Genehmigung gemäß § 2 GrdstVG.
[65]   Zu den Einzelheiten *Erman/Battes* § 313 Rdnr. 71 ff.

ErbbauVO). Einer notariellen Beurkundung bedarf nach § 311b Abs. 3 BGB auch der Kaufvertrag über das gegenwärtige Vermögen einer Partei oder einen Bruchteil desselben. Hiermit wird eine Warnung der Parteien bezweckt, die wegen des nur abstrakt umschriebenen Vertragsgegenstandes und der hiermit verbundenen Ungewißheit notwendig ist.[66] Ebenso unterliegt der Verkauf einer angefallenen Erbschaft durch den Erben nach § 2371 BGB dem Erfordernis einer notariellen Beurkundung.[67] Vergleichbare Formvorschriften sind auch außerhalb des Bürgerlichen Gesetzbuches anzutreffen. So bedarf z.B. der Vertrag, der die Verpflichtung zur Abtretung eines Geschäftsanteils an einer GmbH begründet, einer notariellen Beurkundung (§ 15 Abs. 4 Satz 1 GmbHG). Die Einzelheiten zum notariell beurkundeten Vertragsschluß regeln die §§ 127a, 128 BGB sowie die §§ 8 ff. BeurkG.

D. Pflichten des Verkäufers

I. Hauptpflichten des Verkäufers

1. Hauptpflichten des Verkäufers beim Sachkauf

a) Überblick

Die Hauptpflichten des Verkäufers legt § 433 Abs. 1 BGB fest. Auf ihre Erfüllung hat der Käufer nach der vorgenannten Bestimmung einen Anspruch; lediglich die Pflicht nach § 433 Abs. 1 Satz 2 BGB (Freiheit von Sach- und Rechtsmängeln) wird ab Lieferung des Kaufgegenstandes durch die §§ 437 bis 441 BGB modifiziert.[68]

Beim Sachkauf ist der Verkäufer nach § 433 Abs. 1 Satz 1 BGB verpflichtet, dem Käufer die verkaufte(n) Sache(n) zu übergeben und ihm das Eigentum daran zu verschaffen; § 311c BGB erstreckt diese Pflicht im Zweifel auch auf das Zubehör des verkauften Gegenstandes i.S. der §§ 97, 98 BGB. Zu der Hauptleistungspflicht des Verkäufers eines technischen Gerätes zählt es daher z.B. auch, die dazugehörige Bedienungsanleitung zu übergeben und zu übereignen.[69] Des weiteren muß der Verkäufer die Sache dem Käufer frei von Sach- und Rechtsmängeln i.S. der §§ 434, 435 BGB verschaffen (§ 433 Abs. 1 Satz 2 BGB).

b) Verschaffung des Eigentums

Der Verkäufer hat dem Käufer nach § 433 Abs. 1 Satz 1 BGB das Eigentum an der Sache zu verschaffen (sog. Rechtsverschaffungspflicht). Bei einem nur gattungsmäßig bestimmten Kaufgegenstand (Radiogerät Typ X) bezieht sich die Verpflichtung auf einen dieser Gattung zugehörigen Gegenstand.[70] Die Übertragung des Ei-

---

[66]   Mot. II, S. 188; BGH v. 19. Juni 1957, BGHZ 25, 1 (4 f.).

[67]   Für künftige Erbschaften gelten § 311b Abs. 4 und 5 BGB.

[68]   Siehe dazu näher unten § 2 E II, S. 72 ff.

[69]   BGH v. 4. November 1992, NJW 1993, 461 ff.; *Erman/Grunewald* § 459 Rdnr. 25; *Soergel/Huber* § 459 Rdnr. 52; *Staudinger/Honsell* § 459 Rdnr. 100.

[70]   Zu den Rechtsfolgen einer Falschlieferung siehe unten § 2 E II 2b, aa, S. 80 ff.

gentums erfolgt regelmäßig durch ein Rechtsgeschäft. In Ausnahmefällen kann es jedoch genügen, wenn der Verkäufer die Voraussetzungen für einen kraft Gesetzes eintretenden Eigentumsübergang herbeiführt.

aa) Rechtsgeschäftliche Eigentumsübertragung

Für die Durchführung der rechtsgeschäftlichen Übertragung des Eigentums an Sachen durch Übereignung[71] ist zwischen beweglichen und unbeweglichen Sachen zu unterscheiden. Bei *beweglichen Sachen* richtet sich diese nach den §§ 929 ff. BGB, was zunächst eine Einigung über den Eigentumsübergang in Form eines dinglichen Vertrages voraussetzt (§ 929 Satz 1 BGB). Hinzukommen muß entweder die Übergabe der Sache gemäß § 929 Satz 1 BGB, d.h. die einverständliche Neubegründung eines unmittelbaren oder mittelbaren Sachbesitzes des Käufers unter Aufgabe jeglichen Sachbesitzes seitens des Verkäufers, oder ein in den §§ 929 Satz 2, 930 sowie 931 BGB geregeltes sog. Übergabesurrogat.[72] Bei *unbeweglichen Sachen* (Grundstücke und deren wesentliche Bestandteile) vollzieht sich der Eigentumswechsel nach den §§ 873, 925 BGB durch Abschluß eines nach § 925 Abs. 1 BGB formbedürftigen dinglichen Vertrages, der sog. Auflassung, und die Eintragung der Rechtsänderung in das Grundbuch.[73]

Schwierigkeiten können sich ergeben, wenn der Verkäufer nicht Eigentümer der verkauften Sache ist und auch nicht aus einem anderen Grund die Verfügungsbefugnis über den Gegenstand innehat (z.B. aufgrund einer Zustimmung des Rechtsinhabers nach § 185 BGB). Bei diesen Sachverhalten ist zunächst zu berücksichtigen, daß das Bürgerliche Gesetzbuch für bewegliche Sachen in den §§ 932 bis 935 BGB und für Grundstücke in § 892 BGB einen gutgläubigen Eigentumserwerb vom Nichtberechtigten ermöglicht. Erwirbt der Käufer nach diesen Vorschriften gutgläubig das Eigentum, so hat der Verkäufer seine Eigentumsverschaffungspflicht erfüllt.[74] Entstehen dem Käufer durch den gutgläubigen Erwerb nicht ganz unerhebliche Belästigungen (z.B.: der ursprüngliche Eigentümer strengt eine nicht offensichtlich aussichtslose Vindikationsklage nach § 985 BGB an), hat der Verkäufer jedoch eine leistungsbezogene Nebenpflicht verletzt.[75]

Liegen die Voraussetzungen eines gutgläubigen Erwerbs nicht vor, dann muß sich der Verkäufer bis zur Unzumutbarkeitsgrenze des § 275 Abs. 2 BGB darum bemühen, die Voraussetzungen für eine Eigentumsübertragung an den Käufer herbeizuführen, z.B. durch Erwerb des verkauften Gegenstandes von dem wahren Ei-

---

[71] Siehe oben § 2 B VI, S. 27 ff.

[72] Im einzelnen zu der Eigentumsübertragung nach den §§ 929 ff. BGB *Baur/Stürner* § 51 Rdnr. 6 ff.

[73] Näher *Baur/Stürner* § 19 Rdnr. 9 ff., § 22 Rdnr. 1 ff.

[74] BGH v. 15. Januar 1957, WM 1957, 634; *Erman/Grunewald* § 433 Rdnr. 24; *Staudinger/ Köhler* § 433 Rdnr. 100; *H.P. Westermann* MünchKomm. § 433 Rdnr. 58.

[75] Ein Rechtsmangel gemäß § 435 Satz 1 BGB scheidet hingegen aus, da es insoweit des wirklichen Vorliegens eines Drittrechts bedarf, das die Position des Käufers schmälert; siehe unten § 2 D I 1d, cc, S. 51.

gentümer.[76] Ist dies nicht möglich (z.B. weil die Person des wahren Eigentümers unbekannt ist) oder die verkaufte Sache vielleicht gar nicht existent, so ist der Verkäufer von seiner Eigentumsverschaffungspflicht nach § 275 Abs. 1 oder 2 BGB befreit. Die Wirksamkeit des Kaufvertrages bleibt hiervon wegen § 311a Abs. 1 BGB selbst dann unberührt, wenn der Tatbestand der Leistungsbefreiung bereits bei Abschluß des Vertrages vorlag (sog. anfänglicher Ausschluß der Leistungspflicht),[77] weil z.B. das verkaufte Auto der Marke Bugatti zuvor in der Garage des Verkäufers abgebrannt ist. Vielmehr bemessen sich die Rechte des Käufers in diesen Fällen eines anfänglichen Ausschlusses der Leistungspflicht nach den §§ 311a Abs. 2, 320 ff. BGB. Tritt der Ausschluß der Leistungspflicht nach Vertragsschluß ein, z.B. durch eine Zerstörung des Bugatti nach Abschluß des Kaufvertrages, so beurteilt sich die Rechtsstellung des Käufers nach den §§ 280 ff., 320 ff. BGB.[78]

bb) Eigentumsübergang kraft Gesetzes

In seltenen Fällen kann der Verkäufer seiner Pflicht zur Verschaffung des Eigentums auch dadurch nachkommen, daß er einen *gesetzlichen Übergang* des Eigentums an der verkauften Sache auf den Käufer herbeiführt. Z.B. kann der Käufer das Eigentum an einer gekauften Badewanne nach § 946 BGB i.V. mit § 94 BGB durch Verbindung erwerben, wenn der Verkäufer die Badewanne in das Haus des Käufers einbaut, ohne daß zuvor eine Übereignung nach den §§ 929 ff. BGB stattgefunden hat. In derartigen Fällen liegt jedoch in der Regel kein Kaufvertrag, sondern ein Werkvertrag i.S. des § 631 BGB vor.[79]

c) Übergabe der Sache

aa) Verschaffung des unmittelbaren Besitzes

Neben der Verschaffung des Eigentums schuldet der Verkäufer nach § 433 Abs. 1 Satz 1 BGB auch die Übergabe der Sache an den Käufer. Vorbehaltlich einer abweichenden Vereinbarung der Parteien ist hiermit die Verschaffung des *unmittelbaren Besitzes* i.S. des § 854 BGB gemeint.[80] Die Parteien können jedoch auch vereinbaren, daß die Sache direkt einem Dritten ausgehändigt wird (sog. Geheißer-

---

[76] Näher zu § 275 Abs. 2 BGB BT-Drucks. 14/6040, S. 129 ff. sowie *Canaris* JZ 2001, 499 (500 ff.).

[77] Nach altem Recht war der Kaufvertrag gemäß § 306 BGB a.F. nichtig, wenn die Übereignung der Sache anfänglich objektiv unmöglich war, d.h. diese z.B. schon im Zeitpunkt des Vertragsschlusses nicht existierte. Die Behandlung der anfänglichen subjektiven Unmöglichkeit (Beispiel: die verkaufte Sache gehört einem anderen als dem Verkäufer und kann von diesem auch nicht beschafft werden) war streitig: *Marburger* 20 Probleme aus dem BGB, Schuldrecht Allgemeiner Teil, 6. Aufl. 1998, 7. Problem.

[78] Näher zum ganzen unten § 2 E I, S. 68 ff.

[79] Dazu unten § 8, S. 437 ff.

[80] *Erman/Grunewald* § 433 Rdnr. 19; *Esser/Weyers* BT 1, § 4 II 2, S. 15; *Staudinger/Köhler* § 433 Rdnr. 88; *H.P. Westermann* MünchKomm. § 433 Rdnr. 52. Zur Wirkung der Übergabe sog. kaufmännischer Traditionspapiere (vgl. die §§ 448, 475g HGB) siehe *Soergel/Huber* § 433 Rdnr. 90 ff.

werb), z.B. wenn der Käufer die Sache seinerseits bereits an einen Dritten verkauft hat und die Lieferung an den Abkäufer des Käufers erfolgen soll (sog. Streckengeschäft).[81]

Die Pflicht zur Übergabe erlangt neben derjenigen zur Eigentumsverschaffung besondere Bedeutung beim Verkauf von Grundstücken. Bei diesem vollzieht sich die Eigentumsübertragung durch Auflassung und Eintragung im Grundbuch (§§ 873, 925 BGB), d.h. ohne als solche einen Besitzübergang auf den Käufer zu bewirken. Wird eine bewegliche Sache verkauft, geschieht die Übertragung des unmittelbaren Besitzes auf den Käufer bereits regelmäßig im Rahmen der Übereignung, wenn diese nach § 929 Satz 1 BGB erfolgt.[82] In diesem Fall kann die Erfüllung der Pflicht zur Übergabe von derjenigen zur Übereignung nach § 433 Abs. 1 Satz 1 BGB zwar begrifflich, nicht aber tatsächlich getrennt werden. Wurde der verkaufte Gegenstand dem Käufer bereits vor der Übertragung des Eigentums übergeben, so vermittelt ihm der Kaufvertrag ein Recht zum Besitz i.S. des § 986 Abs. 1 Satz 1 BGB und schützt ihn vor einem auf § 985 BGB gestützten Herausgabeverlangen des Verkäufers.[83]

bb) Einräumung des mittelbaren Besitzes als Übergabe

Problematisch ist die Rechtslage, wenn dem Käufer das Eigentum übertragen wird, ohne daß dieser zugleich unmittelbaren Besitz i.S. des § 854 BGB (=tatsächliche Sachherrschaft) erlangt, was insbesondere bei der Übereignung unter Verwendung eines Übergabesurrogates i.S. der §§ 930, 931 BGB in Betracht kommt. Läßt sich z.B. der Käufer ein Gemälde unter Vereinbarung eines Besitzmittlungsverhältnisses i.S. des § 868 BGB (z.B. Leihe, Mietvertrag) nach den §§ 929 Satz 1, 930 BGB übereignen und beläßt er das Bild noch für einige Tage in der Galerie, so stellt sich die Frage, ob als „Übergabe" i.S. des § 433 Abs. 1 Satz 1 BGB auch die Einräumung eines *mittelbaren Besitzes* i.S. des § 868 BGB genügt und der Verkäufer damit seiner Besitzverschaffungspflicht nachgekommen ist.

Neben der Bestimmung des Zeitpunkts des Gefahrübergangs (§ 446 Satz 1 BGB)[84] ist dies insbesondere bedeutsam, wenn der Kaufgegenstand nach der Übereignung, aber vor der Einräumung des unmittelbaren Besitzes an den Käufer ohne Verschulden einer Partei untergeht oder verschlechtert wird, z.B. das Gemälde in der Galerie verbrennt, bevor es der Käufer abholen kann. In derartigen Fällen ist die Frage zu beantworten, ob der Verkäufer durch die Einräumung des mittelbaren Besitzes auch seine Pflicht zur Übergabe und damit von seiner Seite den gesamten Kaufvertrag bereits erfüllt hat und deshalb den Kaufpreis beanspruchen kann[85]

---

[81] Zu den diesbezüglichen Rechtsfragen ausführlich *Padeck* Jura 1987, 454 ff.

[82] Siehe oben § 2 D I 1b, aa, S. 32.

[83] Statt aller *Larenz* BT 1, § 40 I a, S. 23 f.

[84] Dazu näher unten § 2 G I 1c, cc (2), S. 156 ff.

[85] Dies gilt allerdings nur, wenn der Verkäufer den Untergang oder die Verschlechterung nicht i.S. der §§ 276 ff. BGB zu vertreten hat. Sonst wäre er dem Käufer nach § 280 Abs. 1 BGB aufgrund der Verletzung einer Obhutspflicht zum Schadensersatz verpflichtet, und der Käufer könnte mit diesem Anspruch gegen den Anspruch des Ver-

oder ob die Übergabe i.S. des § 433 Abs. 1 Satz 1 BGB die Einräumung des unmittelbaren Besitzes vorausgesetzt hätte, so daß dem Verkäufer die Erfüllung seiner synallagmatischen Hauptpflicht nach § 275 Abs. 1 BGB teilweise (nämlich in
bezug auf die Übergabe) unmöglich geworden ist und der Kaufpreisanspruch nach
§ 326 Abs. 1 Satz 1 BGB entfällt (eine bloße Minderung entsprechend § 441
Abs. 3 BGB käme mangels eines bezifferbaren Wertes des von dem Besitz
getrennten Eigentums nicht in Betracht[86]).

Für die Lösung dieses Problems ist zunächst zu beachten, daß es sich bei dieser
Frage – ob eine Übergabe i.S. des § 433 Abs. 1 Satz 1 BGB die Verschaffung des
unmittelbaren Besitzes voraussetzt – nicht ausschließlich um ein objektives
Rechtsproblem handelt, das generell in der einen oder anderen Richtung beantwortet werden kann.[87] Vielmehr steht zunächst die Auslegung des individuellen Vertrages im Vordergrund, zu welcher Form der Besitzübertragung der Verkäufer aus
dem *Kaufvertrag* verpflichtet sein soll.[88] Wenn hierzu eine ausdrückliche Regelung fehlt, so läßt sich aus dem Rechtsgedanken des § 446 Satz 2 BGB folgende
Zweifelsregelung ableiten, die jedoch stets unter dem Vorbehalt der Besonderheiten des Einzelfalles steht: Nach § 446 Satz 1 BGB geht mit der Übergabe der
Kaufsache an den Käufer nicht nur die Gefahr des zufälligen Untergangs oder der
zufälligen Verschlechterung auf ihn über,[89] sondern ihm gebühren von diesem
Zeitpunkt an nach § 446 Satz 2 BGB auch die aus der Sache fließenden Nutzungen
i.S. des § 100 BGB, und er hat umgekehrt auch die Lasten der Sache, insbesondere
öffentliche Abgaben, zu tragen (näher § 103 BGB). Dieses gesetzliche Leitbild
spricht im Zweifel dafür, daß die Übertragung mittelbaren Besitzes i.S. des § 868
BGB nur dann für eine Übergabe nach § 433 Abs. 1 Satz 1 BGB ausreicht, wenn
das Besitzmittlungsverhältnis aus Sicht des Käufers *eigennützig* angelegt ist, er
also aus diesem Vorteile für sich ziehen kann.[90]

Im obigen Beispiel des Gemäldekaufes ist dies z.B. zu bejahen, wenn der Käufer das Gemälde für die Dauer einer Ausstellung gegen ein Entgelt mietweise in
der Galerie beläßt und daher aus der Sache bereits Nutzungen i.S. des § 99 Abs. 3
BGB zieht (die Miete als mittelbare Sachfrucht).[91] Da der Verkäufer seine Pflicht
zur Übergabe nach § 433 Abs. 1 Satz 1 BGB bereits durch die Begründung des
mittelbaren Besitzes erfüllt hat, schuldet der Verkäufer die Verschaffung des unmittelbaren Besitzes nicht mehr nach § 433 Abs. 1 Satz 1 BGB, sondern nach Ablauf der Mietzeit aus § 546 Abs. 1 BGB und § 985 BGB. Anders ist in der Regel

---

käufers auf Zahlung des Kaufpreises aufrechnen. Nach Maßgabe des § 324 BGB käme
auch ein Rücktritt von dem Vertrag in Betracht.

[86] Siehe BGH v. 30. Oktober 1998, NJW-RR 1999, 346 f.; BR/*Faust* § 433 Rdnr. 5.

[87] So aber *Oertmann* § 446 Anm. 1a, wonach die Einräumung mittelbaren Besitzes stets
für eine Übergabe i.S. des § 433 Abs. 1 Satz 1 BGB ausreicht.

[88] *Enneccerus/Lehmann* § 103 II 1, S. 416; *Erman/Grunewald* § 446 Rdnr. 19; *Schlechtriem* Rdnr. 16; *Staudinger/Köhler* § 433 Rdnr. 92; *H.P. Westermann* MünchKomm.
§ 433 Rdnr. 52.

[89] Dazu näher unten § 2 G I 1c, cc (2), S. 156 ff.

[90] *Brox* JuS 1975, 1 (4); *Larenz* BT 1, § 42 II a, S. 96 f.

[91] Vgl. *Larenz/Wolf* § 20 Rdnr. 104.

zu entscheiden, wenn der Käufer das Gemälde für den Zeitraum der Ausstellung noch unentgeltlich und damit fremdnützig in Form einer Leihe i.S. der §§ 598 ff. BGB in der Galerie beläßt. In dieser Konstellation kann der Käufer Nutzungen i.S. des § 100 BGB erst mit der Einräumung des unmittelbaren Besitzes ziehen, so daß nach dem Leitbild des § 446 Satz 2 BGB von einer Übergabe i.S. des § 433 Abs. 1 Satz 1 BGB durch die Erlangung des mittelbaren Besitzes nicht gesprochen werden kann.[92] Folglich wird die Übertragung des unmittelbaren Besitzes nach Ablauf der Leihfrist im Wege der Anspruchskonkurrenz[93] sowohl aus § 433 Abs. 1 Satz 1 BGB als auch nach § 604 Abs. 1 BGB und § 985 BGB geschuldet.

d) Mängelfreie Verschaffung der Sache

aa) Die Mängelfreiheit als Erfüllungsanspruch des Käufers

Schließlich zählt es nach § 433 Abs. 1 Satz 2 BGB zu den Hauptpflichten des Verkäufers, die Sache frei von Sach- und Rechtsmängeln i.S. der §§ 434, 435 BGB zu verschaffen. Auch insoweit besteht ein Erfüllungsanspruch des Käufers, so daß ein Verstoß gegen diesen eine Pflichtverletzung i.S. der §§ 280 ff. BGB darstellt.[94] Dieser Anspruch entfällt vor der Lieferung der Sache lediglich nach § 275 Abs. 1 oder 2 BGB. Weist z.B. der verkaufte Gebrauchtwagen einen Sachmangel auf (defekter Motor), so muß der Verkäufer diesen vor der Übereignung an den Käufer reparieren (lassen). Nach der Lieferung erfährt die Erfüllungspflicht in bezug auf die Mängelfreiheit wegen § 437 Nr. 1 BGB durch § 439 BGB jedoch gewisse Modifikationen (Nacherfüllungsanspruch).[95] Soweit im folgenden im Zusammenhang mit den Hauptleistungspflichten des Verkäufers Sach- und Rechtsmängel behandelt werden, geht es deshalb darum, die Leistungspflicht des Verkäufers nach § 433 Abs. 1 Satz 2 BGB in Form einer negativen Abgrenzung zu konkretisieren.

bb) Freiheit von Sachmängeln (§ 434 Abs. 1 und 2 BGB)

(1) Aufbau der gesetzlichen Regelung

Wann die Sache frei von Sachmängeln ist, bestimmen § 434 Abs. 1 und 2 BGB. Ausgangspunkt ist hiernach § 434 Abs. 1 Satz 1 BGB; in erster Linie kommt es darauf an, ob die Sache im Zeitpunkt des Gefahrübergangs die vereinbarte Be-

---

[92] Entgegengesetzt ist wiederum zu entscheiden, wenn der Käufer die Sache bei dem Verkäufer in Verwahrung beläßt. Obwohl der Käufer auch in diesem Fall kein Entgelt erhält, ist das Rechtsverhältnis aus seiner Sicht eigennützig, da der Verkäufer nach § 688 BGB eine besondere Obhut über die Sache schuldet und diese nicht gebrauchen darf (näher unten § 12 B I, S. 622 ff).

[93] Siehe *Larenz/Wolf* § 18 Rdnr. 28 ff.

[94] BT-Drucks. 14/6040, S. 208 ff. Demgegenüber war der Verkäufer nach dem bis zum 1.1.2002 geltenden Recht zu einer rechts- und sachmängelfreien Leistung nach h.M. nur bei einem Gattungskauf verpflichtet, während beim Stückkauf (siehe oben § 2 B II, S. 22) nur die Freiheit von Rechts-, nicht aber von Sachmängeln geschuldet war. Für letztere griff nach § 462 BGB a.F. eine verschuldensunabhängige „Gewährleistung" ein; dazu im Überblick *Brox/Elsing* JuS 1976, 1 ff.

[95] Dazu näher unten § 2 E II 3b, S. 88 ff.

schaffenheit aufweist. Der Gefahrübergang tritt alternativ durch die Übergabe der Sache an den Käufer (§ 446 Satz 1 BGB), den Annahmeverzug des Käufers i.S. der §§ 293 ff. BGB (§ 446 Satz 3 BGB) sowie außerhalb des Verbrauchsgüterkaufs (vgl. § 474 Abs. 2 BGB) bei einem vereinbarten Versendungskauf durch die Übergabe der Sache an den Transporteur (§ 447 Abs. 1 BGB) ein.[96] In § 434 Abs. 1 Satz 2 und 3 BGB werden subsidiäre Vorgaben für die Beurteilung der Mängelfreiheit der Sache für den Fall getroffen, daß eine Beschaffenheitsvereinbarung fehlt. So ist die verkaufte Sache nach § 434 Abs. 1 Satz 2 Nr. 1 BGB frei von Sachmängeln, wenn sie sich für die nach dem Vertrag vorausgesetzte Verwendung eignet. Wurde eine bestimmte Verwendung vertraglich nicht vorausgesetzt (§ 434 Abs. 1 Satz 2 Nr. 1 BGB a.E.: „sonst"), dann ist die Sache gemäß § 434 Abs. 1 Satz 2 Nr. 2 BGB mangelfrei, wenn diese sich für die gewöhnliche Verwendung eignet sowie eine Beschaffenheit aufweist, welche bei Sachen dieser Art üblich ist und der Käufer deshalb erwarten kann, was § 434 Abs. 1 Satz 3 BGB zusätzlich konkretisiert.

Somit legt § 434 Abs. 1 BGB folgende „Hierarchie" für die Beurteilung eines Sachmangels fest: In erster Linie ist eine ausdrückliche oder konkludente Beschaffenheitsvereinbarung der Parteien maßgeblich (§ 434 Abs. 1 Satz 1 BGB); soweit diese nicht vorliegt, ist die Eignung für die vertraglich vorausgesetzte Verwendung entscheidend (§ 434 Abs. 1 Satz 2 Nr. 1 BGB) und erst wenn es auch an einer derartigen vertraglichen Voraussetzung fehlt, ist auf die Eignung für eine gewöhnliche Verwendung und eine übliche Beschaffenheit abzustellen. § 434 Abs. 2 BGB trifft schließlich Regelungen für den Fall, daß die Kaufsache durch den Verkäufer zu montieren bzw. daß dem Käufer eine Montageanleitung zu liefern ist.

(2) Übereinstimmung mit der vereinbarten Beschaffenheit (§ 434 Abs. 1 Satz 1 BGB)

Nach § 434 Abs. 1 Satz 1 BGB ist die Sache frei von Sachmängeln, wenn sie im Zeitpunkt des Gefahrübergangs die vereinbarte Beschaffenheit aufweist. Als maßgeblichen Bezugspunkt legt das Gesetz für die Frage der Mangelhaftigkeit somit nicht eine objektive Beurteilung, sondern den Parteiwillen fest (sog. subjektiver Mangelbegriff).[97]

Deshalb liegt z.B. auch ein Sachmangel i.S. des § 434 Abs. 1 Satz 1 BGB vor, wenn die Parteien einen Kaufvertrag über eine Schiffsladung „Haakjöringsköd" in der irrigen gemeinsamen Annahme abschließen, daß es sich um Walfleisch handele, während es in Wirklichkeit Haifischfleisch ist.[98] In diesem Fall ist die Ladung als Walfleisch verkauft (die falsche Bezeichnung „Haakjöringsköd" ist unschädlich: falsa demonstratio non nocet) und nach Maßgabe der Parteivereinbarung das

---

[96] Näher zu den Gefahrtragungsregelungen unten § 2 G I 1c, cc, S. 155 ff.

[97] BT-Drucks. 14/6040, S. 210 ff.; *H.P. Westermann* JZ 2001, 530 (532 f.); *Oechsler* § 2 Rdnr. 79. Nach dem bis zum 1.1.2002 geltenden Recht war die Definition des Sachmangels, insbesondere des Fehlers i.S. des § 459 Abs. 1 Satz 1 BGB a.F. umstritten; dazu *Marburger* 20 Probleme aus dem BGB, Schuldrecht Besonderer Teil I, 5. Aufl. 1998, 5. Problem.

[98] Vgl. RG v. 8. Juni 1920, RGZ 99, 147 ff.

Haifischfleisch zugleich „mangelhaftes Walfleisch", selbst wenn es an sich von einwandfreier Qualität ist. Es kommt somit auf die Vertragsgemäßheit der Beschaffenheit der Sache an, was verbreitet mit dem Schlagwort der Übereinstimmung der *Ist-Beschaffenheit* mit der (vertraglich festgelegten) *Soll-Beschaffenheit* umschrieben wird.[99]

Zu beachten ist jedoch, daß nach Art. 2 Abs. 2a der Verbrauchsgüterkauf-RL diejenige Beschaffenheit bis zum Beweis einer abweichenden Vereinbarung als vertragsgemäß zu vermuten ist, die eine dem Käufer vorgelegte *Probe* oder ein ihm vorgelegtes *Muster* hatte. In diesem Sinne ist auch § 434 Abs. 1 Satz 1 BGB in den betreffenden Fällen im Wege einer richtlinienkonformen Auslegung anzuwenden.[100] Obwohl der Anwendungsbereich der Richtlinie auf den Kauf von Gütern durch Verbraucher beschränkt ist, gilt diese richtlinienkonforme Auslegung des § 434 Abs. 1 Satz 1 BGB auch für Kaufverträge zwischen anderen Vertragsparteien (z.B. unter Kaufleuten, sog. beiderseitiger Handelskauf), da sich der deutsche Gesetzgeber entschieden hat, den Anspruch auf eine mangelfreie Lieferung einheitlich und nicht gesondert für den Verbrauchsgüterkauf zu regeln.[101] Des weiteren erzwingt der Normzweck des § 434 Abs. 1 Satz 1 BGB eine Einschränkung seines Wortlauts: Ein Sachmangel liegt nur vor, wenn die Abweichung von der vereinbarten Beschaffenheit für den Käufer *negativ* i.S. einer Beeinträchtigung des Gebrauchs- oder Verkehrswertes ist.[102] Daran fehlt es z.B., wenn der verkaufte PKW sogar eine Höchstgeschwindigkeit von 190 km/h erreicht, statt wie angegeben nur 180 km/h.

Ungeachtet der Maßgeblichkeit des Parteiwillens kann sich ein Sachmangel nur aus einer bestimmten „*Beschaffenheit*" der verkauften Sache ergeben. Dies ist stets zu bejahen, wenn die negative Abweichung aus der physischen Beschaffenheit der Sache resultiert, wie z.B. im Fall des Lackschadens eines PKW. Darüber hinaus sind zur Beschaffenheit i.S. des § 434 BGB auch solche *Beziehungen der Sache zu ihrer Umwelt* zu zählen, die sowohl von Dauer sind als auch ihren Grund in der physischen Beschaffenheit der Sache selbst haben und für deren Wertschätzung von Bedeutung sind.[103] Aus der subjektiven Bestimmung des Sachmangels darf hingegen nicht gefolgert werden, daß auch solche Umweltbeziehungen einen Sachmangel darstellen können, die nicht auf die physische Beschaffenheit zurück-

---

[99] *Larenz* BT 1, § 41 I a, S. 39; *Lorenz/Riehm* Rdnr. 483; *Medicus* Rdnr. 43; *Schlechtriem* Rdnr. 33.

[100] *Gsell* JZ 2001, 65 (66); *H.P. Westermann* JZ 2001, 530 (532 f.); kritisch *Hoffmann* ZRP 2001, 347 (348).

[101] BT-Drucks. 14/6040, S. 211; *Grigoleit/Herresthal* JZ 2003, 118 (119).

[102] *Erman/Grunewald* § 459 Rdnr. 28; *Staudinger/Honsell* § 459 Rdnr. 52; *H.P. Westermann* MünchKomm. § 459 Rdnr. 26 jeweils zum alten Recht, von dem § 434 BGB n.F. aber in diesem Punkt nicht abweichen sollte.

[103] Zu § 459 Abs. 2 BGB a.F. (Eigenschaften des Kaufgegenstandes): RG v. 13. August 1935, RGZ 148, 286 (294); BGH v. 26. April 1991, BGHZ 114, 263 (266); *H.P. Westermann* MünchKomm. § 459 Rdnr. 18 f.; zum neuen Recht: OLG Hamm v. 13. Mai 2003, ZGS 2003, 394 f.; BR/*Faust* § 434 Rdnr. 13 ff.; *Gaul* ZHR 166 (2002), 35 (51 f.); *Grigoleit/Herresthal* JZ 2003, 118 (124); *Kindl* WM 2003, 409 (411).

gehen.[104] Zwar gleicht das neue Kaufrecht die Rechtsfolgen eines Sachmangels in den §§ 437 ff. BGB weitgehend sonstigen Pflichtverletzungen an, gibt jedoch bewußt nicht die Unterscheidung zwischen Sach- und Rechtsmängeln sowie sonstigen Pflichtverletzungen (insbesondere Aufklärungspflichten) auf, weshalb der Begriff des Sachmangels eines handhabbaren Rahmens bedarf.[105] Und für das Erfordernis einer zumindest mittelbaren Anknüpfung des jeweiligen Umstandes an die physische Beschaffenheit der Kaufsache spricht insbesondere der Gedanke, daß nur insoweit ein besonderer Kontroll- und Informationsvorsprung des Verkäufers gegeben ist, der die Erfüllungspflicht rechtfertigt, die § 433 Abs. 1 Satz 2 BGB in bezug auf die Sachmängelfreiheit festlegt.[106] Somit stimmt der Begriff der Beschaffenheit nach § 434 BGB i.S. einer systematisch harmonierenden Regelung mit demjenigen der Eigenschaft in § 119 Abs. 2 BGB überein, der ebenfalls voraussetzt, daß das betreffende Merkmal in der Sache selbst „angelegt" ist.[107] Ein nicht aus der Erscheinung der Sache herrührender *Verdacht* einer negativen Abweichung von der vereinbarten Beschaffenheit – z.B. des Salmonellenbefalls von verkauftem Fleisch – begründet daher entgegen der Rechtsprechung als bloße Umweltbeziehung keinen Sachmangel.[108]

Ein Gebrauchtwagen ist nach dem Vorstehenden mangelhaft, wenn er ein höheres als das vereinbarte Alter aufweist,[109] ein Gemälde nicht von der vereinbarten Beschaffenheit, wenn es von einem anderen Künstler als dem angegebenen gemalt wurde.[110] Auch *rechtliche* Beziehungen, die ihren Grund in der physischen Beschaffenheit der Sache selbst finden, können unter den Begriff des Sachmangels fallen. So stuft die Rechtsprechung die mangelnde Bebaubarkeit eines Grundstücks aufgrund öffentlichen Baurechts als einen Sachmangel i.S. des § 434 BGB ein, wenn die räumliche Lage des Grundstücks hierfür ursächlich ist.[111] Umweltbezie-

---

[104] So aber *Coester-Waltjen* Jura 2002, 535 (539); *Dauner-Lieb/Thiessen* ZIP 2002, 108 (110); *Emmerich* § 4 Rdnr. 15; *Häublein* NJW 2003, 388 (389 ff.); *Oechsler* § 2 Rdnr. 80 ff.; *Schlechtriem* Rdnr. 35; *Wolf/Kaiser* DB 2002, 411 (412).

[105] Kritikwürdig daher der „Agnostizismus" in BT-Drucks. 14/6040, S. 213; siehe *Grigoleit/Herresthal* JZ 2003, 118 (122 ff.); *Häublein* NJW 2003, 388 (389).

[106] Näher *Grigoleit/Herresthal* JZ 2003, 118 (121 ff.); etwas weitergehend bei der Interpretation des Beschaffenheitsbegriffs nach diesem „Sphärengesichtspunkt" aber wohl *Canaris* in E. Lorenz (Hrsg.), Karlsruher Forum 2002: Schuldrechtsmodernisierung, 2003, S. 5 (58 ff.).

[107] Siehe *Flume* AT 2, § 24/3a, S. 484 f. sowie *Larenz/Wolf* § 36 Rdnr. 49.

[108] A.A. BGH v. 16. April 1969, BGHZ 52, 51 (54 f.); zurückhaltender BGH v. 23. November 1988, NJW 1989, 218 (220); wie hier *Erman/Grunewald* § 459 Rdnr. 5.

[109] Die abweichende Ansicht der Rechtsprechung zum alten Recht – vgl. BGH v. 9. Oktober 1980, BGHZ 78, 216 (218 f.) – war durch die Schwächen der damals geltenden Gewährleistungsvorschriften motiviert. Für die Einbeziehung des Alters einer Sache in den Beschaffenheitsbegriff bereits *Erman/Grunewald* Vor § 459 Rdnr. 19; *Soergel/Huber* vor § 459 Rdnr. 194; *Staudinger/Honsell* Vorbem. zu §§ 459 ff. Rdnr. 38.

[110] BGH v. 15. Januar 1975, BGHZ 63, 369 (371).

[111] RG v. 19. Februar 1931, RGZ 131, 343 (348); BGH v. 17. März 1989, NJW 1989, 2388; BGH v. 7. Februar 1992, BGHZ 117, 159 (162 f.); a.A. noch RG v. 15. November 1902, RGZ 52, 429 (431).

hungen, welche die genannten Voraussetzungen nicht erfüllen, bilden keine „Beschaffenheit" i.S. des § 434 BGB, sondern können einen Rechtsmangel i.S. des § 435 BGB darstellen,[112] was insbesondere bei Rechten Dritter an der Sache, wie z.B. einem Pfandrecht, der Fall ist.

Da die §§ 433 Abs. 1 Satz 2, 437 BGB Rechts- und Sachmängel einheitlichen Rechtsfolgen unterwerfen, hat die in Grenzfällen schwierige Unterscheidung zwischen ihnen zumeist nur wenig praktische Bedeutung.[113] Ein solcher Grenzfall liegt z.B. vor, wenn ein physischer Mangel eines verkauften Wertpapiers (Unleserlichkeit etc.) dazu führt, daß die durch das Papier verbriefte Forderung nicht erfolgreich geltend gemacht werden kann.[114] Die Abgrenzung kann jedoch aufgrund des Umstandes relevant werden, daß der Verkäufer die Freiheit von Sachmängeln nur bis zum Zeitpunkt des Gefahrübergangs schuldet,[115] die Freiheit von Rechtsmängeln hingegen bis zur Eigentumsverschaffung vorliegen muß.[116] Wenn die Übertragung des Eigentums erst nach dem Gefahrübergang (z.B. der Übergabe gemäß § 446 Satz 1 BGB) erfolgt und ein bestimmter, dem Käufer ungünstiger Umstand zwischen Gefahrübergang und Eigentumsverschaffung eintritt, muß deshalb entschieden werden, ob der Umstand dem Anwendungsbereich des § 434 BGB oder dem des § 435 BGB unterfällt, da der Verkäufer seine Pflicht aus § 433 Abs. 1 Satz 2 BGB nur im letzteren Fall verletzt.

Eine Beschaffenheitsvereinbarung, welche die Hauptpflicht des Verkäufers aus § 433 Abs. 1 Satz 2 BGB konkretisiert, liegt nur vor, wenn bezüglich der Beschaffenheit des Kaufgegenstandes eine Willensübereinstimmung der Vertragsparteien zu bejahen ist. Erwartungen und Hoffnungen einer Vertragspartei führen deshalb nur dann zu einer Beschaffenheitsvereinbarung, wenn sich die andere Seite mit diesen einverstanden erklärt. Die Beschaffenheitsvereinbarung muß nicht ausdrücklich getroffen werden; gerade in den vorgenannten Fällen genügt es, wenn sich die Einigung über die Beschaffenheit konkludent aus anderen Erklärungen oder Handlungen der Parteien ableiten läßt. Im Prozeß kann dies zu erheblichen Beweisproblemen führen, da für das Vorliegen einer Beschaffenheitsvereinbarung diejenige Partei beweisbelastet ist, die sich auf ihr Vorliegen beruft und aus der Abweichung von dieser Rechte herleitet. Darüber hinaus erstreckt sich die Formbedürftigkeit eines Vertrages (z.B. nach § 311b BGB) auch auf die Beschaffenheitsvereinbarung, was nach der herrschenden Andeutungstheorie[117] vor allem konkludent getroffenen Abreden Grenzen zieht. Diese sind nur dann wirksamer Bestandteil des formbedürftigen Vertrages, wenn sie in dem Text der Urkunde zumindest einen Anklang gefunden haben.

---

[112]   Dazu näher unten § 2 D I 1d, cc, S. 50 ff.
[113]   Vgl. BT-Drucks. 14/6040, S. 213.
[114]   Für einen Rechtsmangel plädieren in diesem Fall *Esser/Weyers* BT 1, § 4 IV 3a, S. 27; *Larenz* BT 1, § 45 I, S. 162 f.; *Medicus* Rdnr. 152; für Sachmangel z.B. *Staudinger/ Köhler* § 437 Rdnr. 42.
[115]   Siehe oben § 2 D I 1d, bb (1), S. 36 f.
[116]   Dazu unten § 2 D I 1d, cc, S. 53.
[117]   Siehe dazu RG v. 3. April 1939, RGZ 160, 109 (111); BGH v. 9. April 1981, BGHZ 80, 242 (245); *Larenz/Wolf* § 28 Rdnr. 82; weiterführend *Brox* JA 1984, 549 ff.

(3) Eignung für die vertraglich vorausgesetzte Verwendung
(§ 434 Abs. 1 Satz 2 Nr. 1 BGB)

Eine nach dem Vertrag „vorausgesetzte" Verwendung i.S. des § 434 Abs. 1 Satz 2 Nr. 1 BGB liegt nur vor, wenn die Parteien eine gemeinsame Vorstellung von dieser hatten, die im Zusammenhang mit dem Vertragsschluß artikuliert wurde. Dies ergibt sich auch aus Art. 2 Abs. 2b der Verbrauchsgüterkauf-RL, der § 434 Abs. 1 Satz 2 Nr. 1 BGB zugrunde liegt und darauf abstellt, daß der Käufer den von ihm angestrebten Zweck dem Verkäufer zur Kenntnis gebracht und letzterer diesem zugestimmt hat.

Ob es sich bei dieser konsentierten Zweckbestimmung um einen Bestandteil des Vertragsinhaltes oder eine dem Rechtsgeschäft vorgelagerte Vereinbarung handelt, an die § 434 Abs. 1 Satz 2 Nr. 1 BGB entsprechende rechtliche Konsequenzen knüpft, geht aus der gesetzlichen Regelung nicht hervor.[118] Jedenfalls kann die Vereinbarung des Verwendungszwecks auch konkludent erfolgen, z.B. wenn der Käufer die beabsichtigte Verwendung mit der Bitte um Beratung darlegt und der Verkäufer daraufhin ein bestimmtes Produkt empfiehlt. Darüber hinaus auf jegliche Vereinbarung hinsichtlich der Verwendung zu verzichten und eine bloß tatsächliche Übereinstimmung ausreichen zu lassen,[119] würde allgemeinen Grundsätzen der Rechtsgeschäftslehre widersprechen und große Rechtsunsicherheit heraufbeschwören. Auch der Wortlaut des Gesetzes fordert, daß die Verwendung „nach dem Vertrag" und nicht bloß i.S. eines inneren Willens vorausgesetzt ist. Eine Parteivereinbarung über den Verwendungszweck wird insbesondere dann in Betracht kommen, wenn die Sache in einer Art und Weise genutzt werden soll, die in bestimmter Hinsicht von der gewöhnlichen Verwendung (vgl. § 434 Abs. 1 Satz 2 Nr. 2 BGB) abweicht. Das ist z.B. gegeben, wenn ein Computer für einen ununterbrochenen Betrieb geeignet sein muß.

Ebenso wie die Beschaffenheitsvereinbarung i.S. des § 434 Abs. 1 Satz 1 BGB erfordert auch die Verwendungsvereinbarung i.S. des § 434 Abs. 1 Satz 2 Nr. 1 BGB, daß Formerfordernissen entsprochen wird, die gegebenenfalls für den Vertrag bestehen. Auch die Verwendungsvereinbarung muß deshalb bei notariell zu beurkundenden Kaufverträgen in dem Text der Urkunde einen Anklang gefunden haben.[120] Die gegenteilige Ansicht[121] würde zu dem unsinnigen Ergebnis führen, daß sich formunwirksame Beschaffenheitsvereinbarungen in (formfreie) Verwendungsübereinstimmungen umdeuten ließen. Ein etwaiger Formmangel kann zwar unter Umständen geheilt werden (vgl. z.B. § 311b Abs. 1 Satz 2 BGB), es verbleibt aber im Prozeß hinsichtlich der Beweislast bei der Vermutung der Vollständigkeit und Richtigkeit der Urkunde.[122]

---

[118] Vgl. BT-Drucks. 14/6040, S. 213.

[119] So *Oechsler* § 2 Rdnr. 92; wie hier BR/*Faust* § 434 Rdnr. 50; *Grigoleit/Herresthal* JZ 2003, 233 (235).

[120] Siehe oben § 2 D I 1d, bb (2), S. 40; BR/*Faust* § 434 Rdnr. 50; *Canaris* in: E. Lorenz (Hrsg.), Karlsruher Forum 2002: Schuldrechtsmodernisierung, 2003, S. 5 (58).

[121] *Büdenbender* AnwKomm. § 434 Rdnr. 7; *Oechsler* § 2 Rdnr. 92.

[122] BGH v. 14. Oktober 1988, NJW 1989, 898; *Flume* AT 2, § 15 III 1, S. 263; *Larenz/Wolf* § 27 Rdnr. 30.

Die Unterscheidung zwischen der Verwendungsvereinbarung i.S. des § 434 Abs. 1 Satz 2 Nr. 1 BGB und einer vorrangigen Beschaffenheitsvereinbarung i.S. des § 434 Abs. 1 Satz 1 BGB bemißt sich danach, ob sich die Vereinbarung unmittelbar auf konkrete Eigenschaften der Sache (dann § 434 Abs. 1 Satz 1 BGB) oder lediglich allgemein auf eine bestimmte Wirkungsweise des Gegenstandes bezieht (dann § 434 Abs. 1 Satz 2 Nr. 1 BGB).[123] Die Abgrenzung verläuft allerdings fließend und ist mangels unterschiedlicher Rechtsfolgen nur von untergeordneter Bedeutung. So kann etwa die Angabe, ein bestimmtes technisches Gerät gemeinsam mit einem anderen nutzen zu wollen, sowohl dazu führen, daß eine nach dem Vertrag vorausgesetzte Verwendung i.S. des § 434 Abs. 1 Satz 2 Nr. 1 BGB vorliegt, aber auch als Grundlage einer Beschaffenheitsvereinbarung nach § 434 Abs. 1 Satz 1 BGB gedeutet werden, nämlich derjenigen der Gerätekompatibilität.

Wenn die nach dem Vertrag vorausgesetzte Verwendung in einer Weiterveräußerung durch den Käufer (Zwischenhändler) besteht, können auch Hindernisse für diesen Weiterverkauf § 434 Abs. 1 Satz 2 Nr. 1 BGB widersprechen.[124] Das gilt jedoch nur insoweit, als eine Beschaffenheit der Sache der Verwendung entgegenstehen könnte. Zwar trifft es zu, daß das Gesetz die Begriffe der Verwendung und der Beschaffenheit in § 434 Abs. 1 Satz 2 Nr. 2 BGB nebeneinander stellt. Hieraus sollte jedoch nicht geschlossen werden, daß die nach dem Vertrag vorausgesetzte Verwendung auch auf Gründen beruhen kann, die zwar „in der Sache liegen", sich aber nicht auf ihre Beschaffenheit beziehen.[125] Denn ohne eine Anknüpfung an die Beschaffenheit läßt sich nicht sinnvoll bestimmen, ob ein Umstand „in der Sache liegt" und somit von einem Rechtsmangel oder einer Nebenpflicht (insbesondere: Aufklärungspflichten) verschieden ist. Die Anforderungen des § 434 Abs. 1 Satz 2 Nr. 1 BGB erstrecken sich somit nicht auf Verwendungsvoraussetzungen, die ichren Grund nicht in der physischen Beschaffenheit der Sache, sondern in reinen Umweltbeziehungen haben.[126] Wenn z.B. ein Gegenstand nach dem Willen der Parteien zum Zwecke der Weiterveräußerung seitens des Käufers verkauft wird und das Recht eines Dritten (etwa ein Pfandrecht) an diesem Gegenstand die Weiterveräußerung hindern würde, schuldet der Verkäufer die Abwesenheit solcher Rechte nicht nach § 433 Abs. 1 Satz 2 BGB i.V. mit § 434 Abs. 1 Satz 2 Nr. 1 BGB, sondern i.V. mit § 435 BGB (Rechtsmangel).

---

[123]   Demgegenüber will *Gsell* JZ 2001, 65 (66) zwischen § 434 Abs. 1 Satz 1 und Satz 2 Nr. 1 BGB danach unterscheiden, ob die Verwendungsart vertraglich vereinbart (dann Satz 1) oder lediglich „vorausgesetzt" wurde (dann Satz 2 Nr. 1). Dies berücksichtigt jedoch nicht, daß § 434 Abs. 1 Satz 1 BGB nicht auf eine Verwendungs-, sondern eine Beschaffenheitsvereinbarung abstellt; ähnlich wie hier *Brox/Walker* § 4 Rdnr. 12; *Medicus* Rdnr. 45; *Palandt/Putzo* § 434 Rdnr. 20.

[124]   BGH v. 16. April 1969, BGHZ 52, 51 (53); *Staudinger/Honsell* § 459 Rdnr. 56; *H.P. Westermann* MünchKomm. § 459 Rdnr. 12.

[125]   So aber BR/*Faust* § 434 Rdnr. 29 ff. und wohl auch *Wolf/Kaiser* DB 2002, 411 (412).

[126]   Siehe oben § 2 D I 1d, bb (2), S. 38 ff. sowie *Grigoleit/Herresthal* JZ 2003, 233 f., die in § 434 Abs. 1 Satz 2 Nr. 1 BGB einen gesetzlich typisierten Fall einer konkludenten Beschaffenheitsvereinbarung sehen.

(4) Objektiv bestimmte Freiheit von Sachmängeln (§ 434 Abs. 1 Satz 2 Nr. 2 und Satz 3 BGB)

(a) Überblick

Liegen weder eine Beschaffenheitsvereinbarung noch eine nach dem Vertrag vorausgesetzte Verwendung vor, dann muß die Sache nach § 434 Abs. 1 Satz 2 Nr. 2 BGB bis zu drei kumulativen Anforderungen genügen, um frei von Sachmängeln zu sein:

– Sie muß sich erstens für die gewöhnliche Verwendung eignen. Darunter ist der Gebrauch zu verstehen, der unter durchschnittlichen Lebensverhältnissen von Sachen dieser Art gemacht zu werden pflegt.[127] Die Eignung setzt dabei regelmäßig voraus, daß die Sache öffentlich-rechtlichen Schutzvorschriften oder einschlägigen DIN-Normen genügt.[128] Zusätzlich darf der Käufer ein Mindestmaß an Sicherheit erwarten (sog. Basissicherheit); darüber hinausgehende Eigenschaften jedoch nur unter Berücksichtigung des vereinbarten Preisniveaus.[129]

– Zweitens stellt das Gesetz darauf ab, ob die Sache eine Beschaffenheit aufweist, die für Sachen dieser Art üblich ist und die

– drittens der Käufer nach der Art der Sache erwarten kann. Diese letzte Voraussetzung gewinnt jedoch nur selbständige Bedeutung, wenn die beiden ersten Kriterien aufgrund der Art des verkauften Gegenstandes nicht einschlägig sind.[130] Ansonsten kann der Käufer genau diejenige Beschaffenheit erwarten, die üblich ist und eine gewöhnliche Verwendung ermöglicht.

Bei einer fehlenden Parteivereinbarung greifen folglich objektive Beurteilungskriterien ein, um die vertragliche Vereinbarung „aufzufüllen".[131] Dabei korrespondiert die gewöhnliche Verwendung mit der nach dem Vertrag vorausgesetzten Verwendung i.S. des § 434 Abs. 1 Satz 2 Nr. 1 BGB und die übliche Beschaffenheit mit der vereinbarten Beschaffenheit gemäß § 434 Abs. 1 Satz 1 BGB.

(b) Bestimmung des Vergleichsmaßstabes

Der Vergleichsmaßstab der „Sachen der gleichen Art", der nach dem Gesagten sowohl für die Bestimmung der „gewöhnlichen Verwendung" als auch der „üblichen Beschaffenheit" maßgeblich ist, setzt die Zuordnung des Kaufgegenstandes zu ei-

---

[127] *Staudinger/Honsell* § 459 Rdnr. 55; *H.P. Westermann* MünchKomm. § 459 Rdnr. 13.

[128] *Erman/Grunewald* § 459 Rdnr. 4; *Medicus* Rdnr. 47; *Schlechtriem* Rdnr. 80; *Staudinger/Honsell* § 459 Rdnr. 85.

[129] Näher BR/*Faust* § 434 Rdnr. 59 f.; *Oechsler* § 2 Rdnr. 95.

[130] *Jorden/Lehmann* JZ 2001, 952 (954); ähnlich BR/*Faust* § 434 Rdnr. 54.

[131] Man kann mit *Grigoleit/Herresthal* JZ 2003 JZ 2003, 233 (233 f.) hierin einen typisierten Fall einer konkludenten Beschaffenheitsvereinbarung erblicken, muß sich ab ·r zugleich des Unterschieds bewußt sein, der zwischen indivdualisierten und gesetzlich typisierten konkludenten Vereinbarungen verbleibt. Hiermit ist der allgemeine Problemkreis des Verhältnisses von indivduellen Willensentscheidungen und dispositivem Recht angesprochen; dazu ausführlich *Graf* Vertrag und Vernunft, 1997.

ner Gattung voraus. Das ist stets möglich, wenn der Kaufvertrag selbst eine nur gattungsmäßig bestimmte Sache zum Gegenstand hat (ein PKW des Typs X). In diesem Fall ergibt sich aus § 243 Abs. 1 BGB zugleich, daß die übliche Beschaffenheit i.S. des § 434 Abs. 1 Satz 2 Nr. 2 BGB als eine solche mittlerer Art und Güte zu begreifen ist. Auch beim Verkauf eines konkreten Gegenstandes (der PKW des Typs X mit der Fahrgestellnummer 123) werden in der Regel andere Sachen gleicher Art existieren (im Beispiel andere PKW des Typs X), deren durchschnittliche Beschaffenheit als Vergleichsmaßstab dienen kann. Daran fehlt es jedoch bei Unikaten, wie z.B. Gemälden. In einem solchen Fall bildet die Beschaffenheit, die der Käufer „nach der Art der Sache erwarten kann" den allein maßgeblichen Bezugspunkt. Hierbei ist der Erwartungshorizont des Durchschnittskäufers maßgeblich (vgl. Art. 2 Abs. 2d Verbrauchsgüterkauf-RL: „die der Verbraucher vernünftigerweise erwarten kann"); besondere Wünsche des konkreten Käufers können mangels einer entsprechenden Parteivereinbarung keine Berücksichtigung finden.[132]

Beim Kauf gebrauchter Gegenstände ist darüber hinaus zu berücksichtigen, daß als „Sachen gleicher Art" nur solche in Betracht kommen, welche der Kaufsache in bezug auf das Alter entsprechen.[133] Ist die Intensität der bereits erfolgten Nutzung gebrauchter Gegenstände ersichtlich (Kilometerstand eines PKW), so bestimmt auch diese die maßgebliche Vergleichsgattung. Ist das Maß der bereits erfolgten Nutzung hingegen nicht erkennbar und auch nicht Gegenstand einer Parteivereinbarung, bestimmt die durchschnittliche Abnutzung, die eine Sache des betreffenden Alters typischerweise aufweist, die geschuldete Beschaffenheit, so daß eine übermäßige Nutzung in der Vergangenheit einen Sachmangel i.S. des § 434 Abs. 1 Satz 2 Nr. 2 BGB begründen kann. Welche Umstände in den Begriff der „Sachen gleicher Art" einfließen und damit *Vergleichsmaßstab* für das Vorliegen eines Sachmangels sind und welche Umstände zu der am Maßstab des § 434 BGB zu beurteilenden *Beschaffenheit selbst* gehören, kann folglich je nach Kaufgegenstand unterschiedlich zu beurteilen sein.[134]

(c) Konkretisierung durch öffentliche Äußerungen

§ 434 Abs. 1 Satz 3 BGB konkretisiert die Beschaffenheit i.S. des § 434 Abs. 1 Satz 2 Nr. 2 BGB dahingehend, daß zu dieser auch Eigenschaften gehören, welche der Käufer nach öffentlichen Äußerungen des Verkäufers, des Herstellers der Sache oder dessen Gehilfen erwarten kann. Da diese Vorschrift § 434 Abs. 1 Satz 2 Nr. 2 BGB ergänzt, sind jedoch entsprechende individuelle Beschaffenheitsangaben oder Verwendungsvereinbarungen stets vorrangig.

Als öffentliche Äußerungen nennt das Gesetz insbesondere solche in der Werbung oder bei der Kennzeichnung der Produkte (Etikettangaben etc.). Diese Beispiele sind jedoch nicht abschließend; vielmehr liegt eine öffentliche Äußerung

---

[132]   BT-Drucks. 14/6040, S. 214.

[133]   BT-Drucks. 14/6040, S. 214; BR/*Faust* § 434 Rdnr. 64; *Kesseler* ZRP 2001, 70 (71); *Oechsler* § 2 Rdnr. 98; *H.P. Westermann* JZ 2001, 530 (535).

[134]   Vgl. BR/*Faust* § 434 Rdnr. 72 ff.; *Grigoleit/Herresthal* JZ 2003, 233 (235); *H.P. Westermann* MünchKomm. § 459 Rdnr. 13.

immer dann vor, wenn sie gegenüber einem im einzelnen nicht bestimmten Adressatenkreis erfolgt.[135] Erforderlich ist jedoch stets, daß sich die Äußerung auf „Eigenschaften", d.h. auf Merkmale der Sache bezieht, die einer Nachprüfung zugänglich sind. In diesem Sinne spricht Art. 2 Abs. 2d der Richtlinie zum Verbrauchsgüterkauf ausdrücklich von „konkreten Eigenschaften". Allgemeine reißerische Anpreisungen („bestes Produkt aller Zeiten") fallen hingegen nicht unter § 434 Abs. 1 Satz 3 BGB.[136]

In dem dargelegten Rahmen richtet sich die geschuldete Beschaffenheit der Sache somit auch nach Angaben, welche der Verkäufer (einschließlich seiner Gehilfen[137]) nicht im Zusammenhang mit dem konkreten Vertragsschluß getätigt hat oder die von Dritten, nämlich dem *Hersteller* oder dessen *Gehilfen* stammen. Die Zurechnung von Angaben des Herstellers oder seiner Gehilfen zum Verkäufer beruht auf dem Gedanken, daß dieser von den Herstellerangaben bei dem Vertrieb der Produkte profitiert und ihm eine Überprüfung des Wahrheitsgehaltes eher möglich ist als dem Käufer.[138] Den Hersteller der Sache definiert § 434 Abs. 1 Satz 3 BGB dabei durch eine Bezugnahme auf § 4 Abs. 1 und 2 ProdHaftG; ihm unterfallen somit auch diejenigen, die ein Teilprodukt herstellen, ihre Marke an dem Produkt anbringen oder dieses in den Geltungsbereich des Abkommens über den Europäischen Wirtschaftsraum importieren. Der Begriff des Herstellergehilfen ist nicht mit demjenigen des Erfüllungsgehilfen i.S. des § 278 BGB identisch, da der Käufer zu dem vom Verkäufer verschiedenen Hersteller regelmäßig in keiner Sonderverbindung steht. Er umfaßt vielmehr alle Personen, die der Hersteller zur Information über seine Produkte einsetzt, z.B. autorisierte Kundendienststellen oder Werbeagenturen.[139] Nicht erforderlich ist hingegen aufgrund des Gedankens der Organisationszurechnung, daß die *konkrete* Äußerung des Gehilfen durch den Hersteller autorisiert war.[140]

Auf diesem Wege werden teilweise diejenigen Nachteile kompensiert, die dem Käufer bei Abschluß eines Vertrages mit einem von dem Hersteller verschiedenen Verkäufer entstehen, weil dem Käufer gegenüber ersterem vorbehaltlich einer besonderen Herstellergarantie keine vertraglichen oder quasi-vertraglichen Ansprü-

---

[135] BR/*Faust* § 434 Rdnr. 81; *Lehmann* JZ 2000, 280 (283); *Reinking* DAR 2001, 8 (11); zur an Fachkreise adressierten Werbung *Weiler* WM 2002, 1784 (1786 f.).

[136] *Lorenz/Riehm* Rdnr. 487; näher zur Abgrenzung *Lehmann* JZ 2000, 280 (284 f.).

[137] Siehe *Grigoleit/Herresthal* JZ 2003, 233 (237 f.).

[138] Vgl. *Lehmann* JZ 2000, 280 (287 f.); *Pfeifer* JR 2001, 265 (268 f.). Es ist jedoch zu berücksichtigen, daß die Äußerungen des Herstellers oder seiner Gehilfen dem Verkäufer nach § 434 Abs. 1 Satz 3 BGB nur insoweit zugerechnet werden, als sie die *geschuldete Beschaffenheit* des verkauften Gegenstandes bestimmen. Damit wird der Hersteller aber nicht schon zum Erfüllungsgehilfen des Verkäufers i.S. des § 278 BGB, soweit es um die *Schadensersatzhaftung* für eine mangelhafte Beschaffenheit der Sache nach § 437 Nr. 3 BGB i.V. mit den §§ 280 ff. BGB geht. Siehe auch noch unten § 2 E II 3e, aa (4a), S. 120 f.

[139] Näher *Jorden/Lehmann* JZ 2001, 952 (954); *Weiler* WM 2002, 1784 (1789 f.).

[140] *Grigoleit/Herresthal* JZ 2003, 233 (237); a.A. *Weiler* WM 2002, 1784 (1789 f.).

che (etwa aus einem Vertrag mit Schutzwirkung für Dritte) zustehen.[141] In diesem Sinne bestimmt z.B. die Herstellerangabe über den Kraftstoffverbrauch die vertragsgemäße Beschaffenheit eines PKW.[142] Dabei ist es aufgrund des abstrakt-generalisierenden Regelungskonzeptes des § 434 Abs. 1 Satz 3 BGB, der sich an anonymen Massengeschäften orientiert, unerheblich, ob der Käufer die öffentliche Äußerung zur Grundlage seiner Vertragserklärung gemacht hat oder diese überhaupt kannte.[143] Dies ergibt sich im Umkehrschluß aus § 434 Abs. 1 Satz 3 BGB a.E., wonach die öffentliche Äußerung unbeachtlich ist, wenn sie die Kaufentscheidung nicht beeinflussen *konnte*,[144] nicht aber schon, wenn sie diese nicht beeinflußt hat. Entscheidend ist somit, daß die Angabe quasi *„im Raum stand"* und dazu geeignet war, für potentielle Käufer als Orientierung zu dienen.

Schließlich legt § 434 Abs. 1 Satz 3 BGB drei alternative Voraussetzungen fest, unter denen die betreffende öffentliche Äußerung die geschuldete Beschaffenheit nicht bestimmt, und die nach der Systematik der Vorschrift („es sei denn") von dem Verkäufer zu beweisen sind.

– Unerheblich sind zunächst Angaben des Herstellers oder seiner Gehilfen, die der Verkäufer bei Abschluß des Vertrages weder kannte noch kennen mußte, d.h. ohne Fahrlässigkeit nicht kannte (vgl. § 122 Abs. 2 BGB). Nach dem Grundgedanken der Vorschrift, daß Herstellerangaben eher in den Risikobereich des Verkäufers als in denjenigen des Käufers fallen, ist jedoch im Regelfall anzunehmen, daß der Verkäufer alle Äußerungen des Herstellers kennen muß, die durch allgemein zugängliche Medien dem potentiellen Käuferkreis gegenüber abgegeben wurden. Eine andere Beurteilung kann aber insbesondere beim Verkauf gebrauchter Produkte durch Privatleute geboten sein. Ein solcher Verkäufer muß in der Regel nicht über sämtliche öffentlichen Herstellerangaben zu der betreffenden Sache informiert sein, die bis zum Abschluß des Kaufvertrages gemacht worden sind.

– Keinen Einfluß auf die Leistungspflicht des Verkäufers haben zudem (fehlerhafte) Angaben, die im Zeitpunkt des Vertragsschlusses „in gleichwertiger Weise" berichtigt worden waren. Eine „Berichtigung" erfordert hierbei eine Bezugnahme auf die ursprüngliche fehlerhafte Angabe, da ansonsten nicht die gebotene Signalwirkung der Richtigstellung vorliegt.[145] Das Merkmal „in gleichwertiger Weise" bezieht sich seinerseits auf die Art der ursprünglichen öffentlichen Äußerung über das Produkt. Ihm ist nur Genüge getan, wenn die Korrektur entweder individuell gegenüber dem Käufer oder in einer Art und Weise erfolgt, deren Wirkungsgrad mit demjenigen vergleichbar ist, den die

---

[141] Siehe § 2 F I 2, S. 146 f.
[142] So bereits zum alten Recht BGH v. 14. Februar 1996, BGHZ 132, 55 (60).
[143] In letzterer Hinsicht a.A. *Schlechtriem* in: Ernst/Zimmermann (Hrsg.), Zivilrechtswissenschaft und Schuldrechtsreform, 2001, S. 205 (216).
[144] Näher dazu sogleich.
[145] BR/*Faust* § 434 Rdnr. 86; *Grigoleit/Herresthal* JZ 2003, 233 (238); a.A. *Weiler* WM 2002, 1784 (1792).

ursprüngliche öffentliche Äußerung aufgewiesen hat.[146] Diese Anforderungen sind z.B. nicht erfüllt, wenn eine Anzeige in einer – sei es auch überregionalen – Tageszeitung eine in Rundfunk- und Fernsehwerbespots getroffene Aussage berichtigt. Sofern aber eine effektive allgemeine Berichtigung erfolgte, ist es nach dem abstrakt-generalisierenden Maßstab des § 434 Abs. 1 Satz 3 BGB auf der anderen Seite unerheblich, ob der individuelle Käufer diese Berichtigung zur Kenntnis genommen hat oder auch nur nehmen konnte. Diese Unbeachtlichkeit der Kenntnisnahmemöglichkeit des Käufers von der allgemein zugänglichen Berichtigung widerspricht nicht dem Umstand, daß umgekehrt eine Zurechnung von Herstellerangaben über Eigenschaften der Sache zu dem Verkäufer nach § 434 Abs. 1 Satz 3 BGB bereits dann ausscheidet, wenn dieser sie nicht kennen mußte. Vielmehr steht die Zurechnung der Angaben insoweit unter strengeren Voraussetzungen als der Ausschluß der Zurechnung.

– Schließlich sind die öffentlichen Angaben auch dann unbeachtlich, wenn sie die Kaufentscheidung nicht beeinflussen *konnten*. Aufgrund einer abstrakten Betrachtungsweise reicht es somit für den Ausschlußtatbestand nicht aus, daß die Äußerungen die Vertragsentscheidung des Käufers tatsächlich nicht beeinflußt haben.[147] Ob die mangelnde Relevanz der Angabe für eine konkrete Verwendungsabsicht des Käufers dazu führt, daß diese Angabe die Entscheidung nicht i.S. des § 434 Abs. 1 Satz 3 BGB beeinflussen konnte,[148] erscheint zweifelhaft, da der Käufer an einen Verwendungszweck, der nicht i.S. des § 434 Abs. 1 Satz 2 Nr. 1 BGB vereinbart wurde, nicht gebunden ist. Die Regelung greift aber z.B. ein, wenn fehlerhafte Angaben in einer Art und Weise richtiggestellt wurden, die in ihrem Verbreitungsgrad nicht der ursprünglichen Angabe entspricht, so daß keine Berichtigung „in gleichwertiger Weise" gegeben ist, wohl aber der Käufer vor dem Vertragsschluß konkret von der Richtigstellung Kenntnis genommen hat. Dieser Fall unterscheidet sich von demjenigen, daß der Käufer die (nicht berichtigte) öffentliche Äußerung von vornherein nicht zur Kenntnis genommen hat und in dem die Angabe nach der hier vertretenen Auffassung die vertragsgemäße Beschaffenheit bestimmt[149] dadurch, daß die öffentliche Äußerung hier für den Käufer nicht mehr „im Raum steht". Gleiches gilt für solche öffentlichen Äußerungen über Eigenschaften der Sache, die erst nach dem Abschluß des betreffenden Kaufvertrages gemacht wurden.

(5) Anforderungen an Montage und Montageanleitungen (§ 434 Abs. 2 BGB)

(a) Bedeutung des § 434 Abs. 2 BGB

Schließlich bezieht § 434 Abs. 2 BGB gewisse Anforderungen an eine vereinbarte Montage des Kaufgegenstandes durch den Verkäufer sowie eine zu liefernde Mon-

---

[146] BT-Drucks. 14/7052, S. 196.
[147] A.A. *Grigoleit/Herresthal* JZ 2003, 233 (238 f.).
[148] So *Haas* BB 2001, 1313 (1314).
[149] A.A. die h.L. BR/*Faust* § 434 Rdnr. 87; *Schlechtriem* Rdnr. 42; *Weiler* WM 2002, 1784 (1792).

tageanleitung in die Pflicht zur Verschaffung eines Gegenstandes ein, der gemäß § 433 Abs. 1 Satz 2 BGB frei von Sachmängeln ist. Die Hauptbedeutung dieser Vorschrift, die auf Art. 2 Abs. 5 Verbrauchsgüterkauf-RL beruht, besteht darin, daß sie die betreffenden Verpflichtungen (sachgemäße Montage, Lieferung einer mangelfreien Montageanleitung) in die synallagmatische Hauptleistungspflicht des Verkäufers einbezieht und die damit den §§ 320 ff. BGB unterliegen.[150] Erfüllt also z.b. der Verkäufer seine Montagepflicht i.S. des § 433 Abs. 1 Satz 2 BGB i.V. mit § 434 Abs. 2 Satz 1 BGB nicht wie geschuldet, so kann der Käufer nach § 320 BGB den Kaufpreis zurückhalten und ist nicht auf die Geltendmachung des schwächeren Zurückbehaltungsrechts in § 273 BGB angewiesen. Entsprechendes gilt für eine Montageanleitung. Daneben besitzt § 434 Abs. 2 BGB auch in zeitlicher Hinsicht Bedeutung, weil er entgegen der Grundregel des § 434 Abs. 1 BGB solche Vorgänge (fehlerhafte Montage etc.) in den Begriff des Sachmangels einbezieht, die gegebenenfalls erst nach dem Gefahrübergang stattfinden.[151]

(b) Sachgemäße Montage (§ 434 Abs. 2 Satz 1 BGB)

Nach § 434 Abs. 2 Satz 1 BGB liegt ein Sachmangel vor, wenn der Verkäufer oder dessen Erfüllungsgehilfen die vereinbarte Montage unsachgemäß durchgeführt haben.

Dies setzt zunächst eine vertragliche Pflicht des Verkäufers zur Montage voraus.[152] Nimmt der Verkäufer die Montage ohne Rechtsbindungswillen aus Kulanz vor, so gehört deren Sachgemäßheit nicht zu der Erfüllungspflicht aus § 433 Abs. 1 Satz 2 BGB. In der Regel ist jedoch davon auszugehen, daß die Durchführung der Montage aufgrund einer vertraglichen Vereinbarung erfolgt. Der Umstand, daß die Montage erst nach Abschluß des Kaufvertrages verabredet wird, steht dem nicht entgegen. Insoweit liegt eine teilweise Änderung des Kaufvertrages vor.

Darüber hinaus muß es sich bei dem Vertrag trotz der Montage um einen Kaufvertrag handeln (sog. Kauf mit Montageverpflichtung), so daß es einer Abgrenzung zu einem Vertrag über die Erstellung eines körperlichen Werkes i.S. des § 631 BGB bedarf. Diese ist im Ausgangspunkt danach vorzunehmen, ob der Schwerpunkt des Vertrages auf der Verschaffung der betreffenden Sache liegt (dann Kauf mit Montageverpflichtung) oder die Montage als solche aufgrund ihrer Komplexität im Vordergrund steht (dann Werkvertrag).[153] Zwar findet in diesem Fall über § 651 BGB letztlich doch das Recht des Kaufvertrages Anwendung, wenn die zu montierende Sache eine bewegliche ist.[154] Es wäre aber zirkulär, hier-

---

[150]   *H.P. Westermann* JZ 2001, 530 (533).
[151]   BR/*Faust* § 434 Rdnr. 92.
[152]   BT-Drucks. 14/6040, S. 215; *Gsell* JZ 2001, 65 (66).
[153]   Zum alten Recht: RG v. 2. Juli 1907, RGZ 66, 279 (283 f.); BGH v. 22. Juli 1998, NJW 1998, 3197 (3198); *Soergel/Huber* vor § 433 Rdnr. 279. Der Sache nach handelt es sich dabei um die rechtliche Behandlung eines gemischten Vertrages, die § 434 Abs. 2 BGB für seinen Anwendungsbereich gesetzlich regelt; vgl. *Staudinger/Honsell* Vorbem. zu §§ 433 ff. Rdnr. 70; *H.P. Westermann* MünchKomm. Vor § 433 Rdnr. 22 f. sowie allgemein unten § 16 A III, S. 717 ff.
[154]   Näher unten § 8 C, S. 443 ff.

aus zu folgern, daß auch ein Vertrag mit dem Schwerpunkt auf der Montage bereits von vornherein einen Kaufvertrag darstellt.[155] Denn dann würde der Rechtsgedanke des § 651 BGB genutzt, um dessen eigene Anwendung auszuschließen.

Wann die Montage „sachgemäß" ist, bestimmt sich in Anlehnung an § 434
Abs. 1 BGB, indem dessen Anforderungen statt auf die Kaufsache auf deren Mon-
tage bezogen werden. Entscheidend ist somit vorrangig eine Vereinbarung über die
Beschaffenheit der Montage, hilfsweise die übliche Beschaffenheit derselben.[156]
Diese gedankliche Anlehnung an § 434 Abs. 1 BGB führt z.B. dazu, daß sich die
Unsachgemäßheit einer Montage auch aus der negativen Abweichung von Werbeaussagen ergeben kann, welche der Hersteller der Kaufsache über die Beschaffenheit der Montage durch den Verkäufer abgibt (vgl. § 434 Abs. 1 Satz 3 BGB). Die
Unsachgemäßheit der Montage setzt hingegen nicht voraus, daß diese die Beschaffenheit der Kaufsache selbst beeinträchtigt (Beispiel: schiefe Anbringung eines
Hängeschrankes).[157] Auch auf ein Verschulden kommt es in diesem Zusammenhang nicht an, da die Konkretisierung der primären Hauptleistungspflicht des Verkäufers und kein sekundärer Ersatzanspruch des Käufers in Rede steht.

(c) Mängelfreie Montageanleitung (§ 434 Abs. 2 Satz 2 BGB)

Nach § 434 Abs. 2 Satz 2 BGB umfaßt die Erfüllungspflicht aus § 433 Abs. 1
Satz 2 BGB bei Sachen, die zur Montage bestimmt sind, auch eine mängelfreie
Montageanleitung.

Die Pflicht zur Lieferung einer Montageanleitung *als solche* ergibt sich hingegen bereits aus § 433 Abs. 1 Satz 1 BGB i.V. mit den §§ 133, 157 BGB und unterliegt nicht § 434 BGB.[158] Ob die gekaufte Sache zur Montage bestimmt ist, folgt
mangels einer besonderen Abrede aus der gewöhnlichen Verwendung des Kaufgegenstandes. Hauptbeispiel sind zerlegt gelieferte Möbelstücke. Nicht erforderlich
ist, daß gerade der konkrete Käufer die Montage ausführen soll.[159] § 434 Abs. 2
Satz 2 BGB ist dementsprechend auch auf den Verkauf einer Sache durch einen
Großhändler an einen Zwischenhändler anwendbar, dessen Abkäufer diese dann
bestimmungsgemäß montiert.

Die Montageanleitung ist frei von Mängeln, wenn sie optisch lesbar ist und ihr
Inhalt einen durchschnittlichen Käufer befähigt, den Kaufgegenstand sachgemäß
zu montieren. Deshalb muß sie (auch) in der Landesprache am Ort des Vertragsabschlusses abgefaßt sein.[160] Nach dem Zweck der Pflicht zur Lieferung einer mangelfreien Montageanleitung gemäß § 433 Abs. 1 Satz 2 BGB i.V. mit § 434 Abs. 2
Satz 2 BGB bleibt ein Verstoß gegen diese Verpflichtung jedoch folgenlos, d.h. es

---

[155] So aber *Huber/Faust* 12/52; *Rappenglitz* JA 2003, 36 f.; wie hier BR/*Faust* § 434
     Rdnr. 90; *H.P. Westermann* NJW 2002, 241 (244); *Schellhammer* MDR 2002, 241
     (245).
[156] Siehe oben § 2 D I 1d, bb (1), S. 36 f.
[157] BT-Drucks. 14/6040, S. 215; *H.P. Westermann* NJW 2002, 241 (244).
[158] Siehe oben § 2 D I 1a, S. 31; a.A. *Brüggemeier* WM 2002, 1376 (1378); für § 434
     Abs. 1 Satz 2 Nr. 2 BGB *Palandt/Putzo* § 434 Rdnr. 48.
[159] BT-Drucks. 14/6040, S. 215.
[160] BR/*Faust* § 434 Rdnr. 99; *H.P. Westermann* JZ 2001, 530 (534).

entfällt ein Sachmangel und der Verkäufer hat den Vertrag insoweit erfüllt, wenn die Sache gleichwohl fehlerfrei montiert worden ist. Nach der Systematik des § 434 Abs. 2 Satz 2 BGB muß der Verkäufer dies beweisen („es sei denn"). Darüber hinaus entlastet nur die *bereits erfolgte* fehlerfreie Montage den Verkäufer i.S. eines nachträglichen Heilungstatbestandes.[161] Zu einem Montageversuch ist der Käufer, dem eine mangelhafte Montageanleitung geliefert wurde, gemäß § 242 BGB allenfalls bei geringfügigen Mängeln derselben verpflichtet. § 434 Abs. 2 Satz 2 BGB a.E. setzt nicht voraus, daß die fehlerfreie Montage gerade durch den Käufer vorgenommen wurde, so daß ein Sachmangel z.B. auch dann zu verneinen ist, wenn der Abkäufer des Käufers den Gegenstand korrekt montiert hat. Im Wege einer teleologischen Reduktion greift der Ausschlußtatbestand jedoch nicht ein, wenn die fehlerfreie Montage aufgrund der mangelhaften Anleitung mit einem erheblichen Mehraufwand verbunden war (z.B. Hinzuziehung eines Spezialisten): Dann gebietet es der Normzweck des § 434 Abs. 2 BGB, daß der Käufer diesen Mehraufwand im Rahmen der Mängelrechte geltend machen kann.[162]

Der unmittelbare Anwendungsbereich des § 434 Abs. 2 Satz 2 BGB bezieht sich lediglich auf die Anleitung zu einer Montage, d.h. einer mechanischen Zusammensetzung. Bei technischen und elektronischen Geräten (Computer etc.) gewinnt hingegen das Vorhandensein einer korrekten *Bedienungsanleitung* besondere Bedeutung. Wie in den von § 434 Abs. 2 Satz 2 BGB erfaßten Sachverhalten besteht auch in diesem Fall das Problem, daß dem Interesse des Käufers nicht schon mit der Verschaffung des betreffenden Gegenstandes genügt ist, sondern erst, wenn ihn eine Anleitung in die Lage versetzt, die Sache sinnvoll zu gebrauchen. Aus diesem Grunde folgt aus einer Analogie zu § 433 Abs. 1 Satz 2 BGB i.V. mit § 434 Abs. 2 Satz 2 BGB auch die Pflicht zur Lieferung einer im dargelegten Sinne mangelfreien Bedienungsanleitung bei technischen und elektronischen Geräten.[163] Umgekehrt greift dann aber auch der Heilungstatbestand des § 434 Abs. 2 Satz 2 BGB a.E. ein, wenn sich die mangelhafte Bedienungsanleitung in der Handhabung des Gerätes nicht auswirkt.[164] Dies wird jedoch seltener der Fall sein als bei Montageanleitungen, da die Bedienung nicht einmalig, sondern fortlaufend erfolgt.

cc) Freiheit von Rechtsmängeln (§ 435 BGB)

Nach § 433 Abs. 1 Satz 2 BGB ist der Verkäufer auch verpflichtet, dem Käufer die Sache frei von Rechtsmängeln zu verschaffen, wobei § 435 BGB den Umfang dieser Verpflichtung umschreibt. Gemäß Satz 1 dieser Vorschrift ist die Sache nur frei von Rechtsmängeln, wenn Dritte in bezug auf die Sache keine oder nur die im Kaufvertrag von dem Käufer übernommenen Rechte gegen diesen geltend machen können. Das Recht eines Dritten ist in diesem Sinne von dem Käufer „übernom-

---

[161] Vgl. BT-Drucks. 14/6040, S. 216.
[162] *Medicus* Rdnr. 49.
[163] *Büdenbender* AnwKomm. § 434 Rdnr. 19; *Emmerich* § 4 Rdnr. 27; *Honsell* JZ 2001, 278 (280); offen *Coester-Waltjen* Jura 2002, 535 (539); a.A. *Brox/Walker* § 4 Rdnr. 25; *Rappenglitz* JA 2003, 36 (38).
[164] A.A. BR/*Faust* § 434 Rdnr. 96.

men", wenn der Verkäufer nach dem Inhalt des Kaufvertrages zu dessen Beseitigung nicht verpflichtet sein soll, z.B. weil die durch das Recht des Dritten eintretende Wertminderung die Bemessung des Kaufpreises beeinflußt hat. Nicht übernommene Rechte, welche die Voraussetzungen des § 435 BGB erfüllen, muß der Verkäufer demgegenüber nach § 433 Abs. 1 Satz 2 BGB vor der Übereignung der Sache an den Käufer beseitigen.

Entscheidend ist i.S. des § 435 Satz 1 BGB nicht die Art des Rechts des Dritten (dingliches oder obligatorisches Recht etc.), sondern ob dieses auch gegenüber dem Käufer wirkt. Deshalb liegt ein Rechtsmangel bereits vor, wenn das Recht gegenüber dem Käufer rechtlich geltend gemacht werden *kann*; unerheblich ist, ob es tatsächlich geltend gemacht wird.[165] Diese Rechtswirkung gegenüber dem Käufer entfalten in erster Linie die dinglichen Rechte. Insoweit erfaßt allerdings § 435 Satz 1 BGB nicht die Konstellation, daß ein Dritter Eigentümer des verkauften Gegenstandes ist und der Käufer das Eigentum auch nicht gutgläubig erwirbt.[166] Vielmehr ist in diesem Fall die Pflicht zur Eigentumsverschaffung nach § 433 Abs. 1 Satz 1 BGB betroffen.[167]

Sog. *beschränkte dingliche Rechte* unterfallen § 435 BGB, wenn diese auch dem Erwerber eines Gegenstandes entgegengehalten werden können wie z.B. bei beweglichen Sachen ein Pfandrecht oder bei Grundstücken ein dingliches Vorkaufsrecht, ein Nießbrauch oder ein Grundpfandrecht (Hypothek, Grundschuld etc.). Diese Rechte können gegenüber dem Käufer aber dann nicht geltend gemacht werden und bilden somit keinen Rechtsmangel, wenn er das Eigentum an der Sache gutgläubig lastenfrei erworben hat, z.B. nach den §§ 892, 936 BGB. Als Rechtsmangel i.S. des § 435 BGB kommen auch *Immaterialgüterrechte* Dritter in Betracht, die sich auf die verkaufte Sache beziehen und die dem Erwerber entgegengehalten werden können, so z.B. ein Patentrecht oder das Persönlichkeitsrecht desjenigen, dessen Name oder Bild sich ohne seine Einwilligung auf der Kaufsache befindet.[168]

Obligatorische Rechte eines Dritten, insbesondere vertragliche Forderungen, wirken typischerweise nur zu Lasten desjenigen, gegenüber dem sie entstanden sind und können daher, wenn sie den Verkäufer verpflichten, regelmäßig nicht dem Käufer i.S. des § 435 Satz 1 BGB entgegengehalten werden. Wenn also z.B. der Eigentümer eine Sache zweimal verkauft und diese sodann an einen der Käufer übereignet, stellt die Forderung des anderen Käufers aus § 433 Abs. 1 Satz 1 BGB aus Sicht des Erwerbers keinen Rechtsmangel dar, da sie nur gegenüber dem Ver

---

[165] BT-Drucks. 14/6040, S. 217 f.; *Oechsler* § 2 Rdnr. 121; *Schlechtriem* Rdnr. 46.

[166] BGH v. 29. Mai 1954, BGHZ 13, 341 (343); BR/*Faust* § 435 Rdnr. 15; *Knöpfle* NJW 1991, 889; offen: *Erman/Grunewald* § 434 Rdnr. 1; *H.P. Westermann* MünchKomm. § 434 Rdnr. 1; a.A. *Oechsler* § 2 Rdnr. 119.

[167] Siehe oben § 2 D I 1b, S. 31 ff.

[168] RG v. 11. Juli 1939, RGZ 163, 1 (8); BGH v. 31. Januar 1990, BGHZ 110, 196 (200); *Brox/Walker* § 4 Rdnr. 28; *Esser/Weyers* BT 1, § 4 II 5, S. 16; *Schlechtriem* Rdnr. 45; *Staudinger/Köhler* § 434 Rdnr. 9; *H.P. Westermann* MünchKomm. § 434 Rdnr. 6; für Sachmangel BR/*Faust* § 434 Rdnr. 11; ausführlich zu technischen Schutzrechten *Laub/Laub* GRUR 2003, 654 ff.

käufer wirkt. Eine Drittwirkung gegenüber Erwerbern der Sache entfalten jedoch nach den §§ 566, 578, 581 Abs. 2, 593b BGB ausnahmsweise das aus einem Miet- oder Pachtvertrag resultierende Recht eines Mieters oder Pächters von Räumen oder Grundstücken sowie nach § 986 Abs. 2 BGB das Besitzrecht des Besitzers einer nach § 931 BGB veräußerten Sache. Diese obligatorischen Rechte sind deshalb von § 433 Abs. 1 Satz 2 BGB i.V. mit § 435 Satz 1 BGB erfaßt.[169] Eine Sonderstellung zwischen dinglichen und obligatorischen Rechten nimmt im Liegenschaftsrecht die zugunsten eines Dritten eingetragene *Vormerkung* ein, die der Sicherung eines Anspruchs auf Übertragung eines dinglichen Rechts an dem Grundstück dient.[170] Soweit eine solche gemäß § 883 Abs. 2 BGB dazu führt, daß der Eigentumserwerb des Käufers gegenüber dem Vormerkungsbegünstigten relativ unwirksam ist, handelt es sich um einen Rechtsmangel i.S. des § 435 Satz 1 BGB.

Dem Bestehen eines Rechts, das gegenüber dem Käufer eines Grundstücks wirkt, stellt § 435 Satz 2 BGB die *unrichtige Eintragung* eines solchen Rechts im Grundbuch gleich (sog. Scheinbelastungen). Eine solche Situation kann z.B. eintreten, wenn die Bestellung einer Hypothek mangels Existenz einer zu sichernden Forderung unwirksam war (vgl. die §§ 1113 Abs. 1, 1163 Abs. 1 Satz 1 BGB), gleichwohl aber eingetragen wurde. Die Regelung des § 435 Satz 2 BGB beruht darauf, daß die eingetragene Scheinbelastung eine Weiterveräußerung der Kaufsache behindert (vgl. § 891 Abs. 1 BGB) und ein Dritter das eingetragene, aber nicht bestehende Recht nach den §§ 892, 893 BGB gutgläubig zu Lasten des Käufers als neuem Eigentümer des Grundstücks erwerben könnte.[171] Auch Scheinbelastungen muß der Verkäufer daher vor der Übereignung des Grundstücks an den Käufer nach § 433 Abs. 1 Satz 2 BGB „beseitigen", indem er deren Löschung im Grundbuch herbeiführt.

Als Rechte eines „Dritten", deren Nichtvorhandensein der Verkäufer nach den §§ 433 Abs. 1 Satz 2, 435 Satz 1 BGB schuldet, kommen auch *gesetzliche Beschränkungen* in Betracht, die durch privatrechtliche oder öffentlich-rechtliche Vorschriften begründet werden.[172] Hierzu gehören jedoch nicht die allgemeingültigen Eigentumsschranken, denen jeder Rechtsinhaber unterworfen ist, wie z.B. die nachbarrechtlichen Duldungspflichten nach den §§ 906 ff. BGB oder die abstrakte Störerverantwortlichkeit nach den Ordnungs- und Polizeigesetzen der Länder.[173] Folgerichtig stellt § 436 Abs. 2 BGB klar, daß der Verkäufer eines Grundstücks nicht für dessen Freiheit von anderen als den in § 436 Abs. 1 BGB genannten öffentlichen Abgaben und öffentlichen Lasten, die zur Eintragung in das Grundbuch nicht geeignet sind, „haftet" (d.h. bereits deren Abwesenheit nicht nach § 433

---

[169] RG v. 4. Mai 1920, RGZ 99, 56 (60); BGH v. 17. Mai 1991, NJW 1991, 2700; *Erman/Grunewald* § 434 Rdnr. 3; *Larenz* BT 1, § 40 II b, S. 28 f.; *Schlechtriem* Rdnr. 45; *Staudinger/Köhler* § 434 Rdnr. 7.

[170] Zur Rechtsnatur der Vormerkung *Baur/Stürner* § 20 Rdnr. 9 ff.

[171] BT-Drucks. 14/6040, S. 218.

[172] *Erman/Grunewald* § 434 Rdnr. 5; *Soergel/Huber* § 434 Rdnr. 52; *Staudinger/Köhler* § 434 Rdnr. 19.

[173] BGH v. 13. Februar 1981, NJW 1981, 1362; *Larenz* BT 1, § 40 II b, S. 29; *Staudinger/Köhler* § 434 Rdnr. 19; *H.P. Westermann* MünchKomm. § 434 Rdnr. 10.

Abs. 1 Satz 2 BGB schuldet). Bei diesen Lasten, insbesondere der Grundsteuerpflicht, handelt es sich um allgemeine Beschränkungen, die auf dem Grundstück ruhen und mit deren Existenz der Käufer rechnen muß.[174] Entsprechendes gilt gemäß § 452 BGB für den Kauf von Schiffen und Schiffsbauwerken, die in das Schiffsregister bzw. Schiffsbauregister eingetragen sind. Als Rechtsmangel i.S. des § 435 Satz 1 BGB kommen daher nur Individualbelastungen in Betracht.[175] Hierzu kann etwa eine öffentlich-rechtliche Beschlagnahmebefugnis in bezug auf den verkauften Gegenstand zählen. Für die Abgrenzung zu Sachmängeln i.S. des § 434 BGB ist darauf abzustellen, ob die gesetzliche Beschränkung ihren Grund in der Beschaffenheit der Sache selbst findet (dann Sachmangel).[176] Eine Beschlagnahmebefugnis unterfällt damit § 434 BGB, wenn sie auf einer gefährlichen Beschaffenheit des Kaufgegenstandes beruht (verseuchte Lebensmittel), während § 435 BGB z.B. einschlägig ist, wenn die Sache beschlagnahmt werden darf, um einen Notbedarf der Allgemeinheit zu decken.[177]

Ohne daß § 435 BGB dies ausdrücklich erwähnt, ist der *Zeitpunkt*, in dem der Verkäufer die Freiheit des Kaufgegenstandes von Rechtsmängeln nach § 433 Abs. 1 Satz 2 BGB schuldet, nicht wie bei Sachmängeln der Gefahrübergang (§ 434 Abs. 1 Satz 1 BGB), sondern der Zeitpunkt der Eigentumsverschaffung gemäß § 433 Abs. 1 Satz 1 BGB.[178] Als Rechtsmangel kommen aber auch solche Drittberechtigungen in Betracht, die zu diesem Zeitpunkt bereits begründet waren, selbst wenn der Dritte diese erst später geltend machen konnte (Beispiel: aufschiebend bedingtes Pfandrecht).[179]

dd) Ausschluß oder Beschränkung der Verkäuferpflicht aus § 433 Abs. 1 Satz 2 BGB

(1) Überblick

Einschränkungen erfährt die Pflicht des Verkäufers zur Verschaffung einer von Sach- und Rechtsmängeln freien Kaufsache insbesondere nach § 442 BGB oder aufgrund einer vertraglichen Vereinbarung. Im *Handelsverkehr* kann sich eine Verschlechterung der Rechtsstellung des Käufers zudem ergeben, wenn er seine

---

[174] Rückständige Lasten, die für den Zeitraum vor der Übergabe des Grundstücks an den Käufer entstanden sind, muß im Innenverhältnis des Verkäufers zum Käufer mangels abweichender Vereinbarung gemäß § 446 Satz 2 BGB aber der erstere unabhängig davon tragen, wer nach öffentlichem Recht deren Schuldner geworden ist.

[175] *Soergel/Huber* § 434 Rdnr. 52; *Staudinger/Köhler* § 434 Rdnr. 19.

[176] Näher oben § 2 D I 1d, bb (2), S. 38 ff.

[177] BGH v. 5. Dezember 1990, BGHZ 113, 106 (112 f.); *Erman/Grunewald* § 434 Rdnr. 5; *Larenz* BT 1, § 40 II b, S. 29; *Staudinger/Köhler* § 434 Rdnr. 26; *H.P. Westermann* MünchKomm. § 434 Rdnr. 11.

[178] BGH v. 5. Dezember 1990, BGHZ 113, 106 (113); BR/*Faust* § 435 Rdnr. 5; *Staudinger/Köhler* § 434 Rdnr. 31; *H.P. Westermann* MünchKomm. § 434 Rdnr. 16; a.A. *Schlechtriem* Rdnr. 48 (Zeitpunkt des Gefahrübergangs).

[179] RG v. 9. Juni 1925, RGZ 111, 86 (89); *Soergel/Huber* § 434 Rndr. 86; *H.P. Westermann* MünchKomm. § 434 Rdnr. 16.

Rügeobliegenheit (§ 377 HGB) versäumt.[180] Bei einem Verkauf im Rahmen der *Zwangsvollstreckung* wird schließlich nach den §§ 806 ZPO, 56 Satz 3 ZVG keine Mängelfreiheit geschuldet, während bei dem Verkauf eines Pfandes in *öffentlicher Versteigerung* außerhalb der Zwangsvollstreckung Rechte des Käufers „wegen eines Mangels" nach § 445 BGB nur bei Arglist oder Garantieübernahme seitens des Verkäufers bestehen.[181]

(2) Ausschluß gemäß § 442 BGB

(a) Kenntnis oder grob fahrlässige Unkenntnis des Käufers

Nach § 442 Abs. 1 Satz 1 BGB sind die „Rechte des Käufers wegen eines Mangels" ausgeschlossen, wenn er den Mangel bei Abschluß des Vertrages positiv kennt.[182] Gleiches gilt gemäß § 442 Abs. 1 Satz 2 BGB, wenn dem Käufer das Vorhandensein des Mangels bei Abschluß des Vertrages infolge grober Fahrlässigkeit unbekannt geblieben ist und der Verkäufer den Mangel weder arglistig verschwiegen noch eine Garantie für die Beschaffenheit der Sache übernommen hat.

Da den Käufer außerhalb des Anwendungsbereiches des § 377 HGB grundsätzlich keine besondere Untersuchungsobliegenheit trifft, können grob fahrlässig nur ganz offensichtliche Mängel verkannt werden.[183] Es ist z.B. umstritten, ob diese Voraussetzungen erfüllt sind, wenn ein Kunde in Selbstbedienungsläden das abgelaufene Mindesthaltbarkeitsdatum von Lebensmitteln übersieht.[184] Ein *arglistiges Verschweigen* des Mangels liegt vor, wenn der Verkäufer zumindest bedingt vorsätzlich sowohl mit dem Vorliegen des Mangels als auch der Erheblichkeit desselben für die Kaufentscheidung des Käufers und dessen Unkenntnis von diesem rechnet, ohne daß es einer Schädigungsabsicht bedarf.[185] Diese Voraussetzungen erfüllen auch Behauptungen „ins Blaue hinein", bei denen der Verkäufer Erklärungen über die Kaufsache ohne jegliche Informationsbasis abgibt.[186] Eine *Garantie für die Beschaffenheit* der Kaufsache i.S. des § 442 Abs. 1 Satz 2 BGB setzt einen

---

[180] Dazu *Canaris* Handelsrecht, 23. Aufl. 2000, § 31 VII, S. 534 ff.; *Oetker* Handelsrecht, 3. Aufl. 2003, § 8 D, S. 207 ff.; *K. Schmidt* Handelsrecht, 5. Aufl. 1999, § 29 III, S. 793 ff.

[181] Dazu sogleich näher unter § 2 D I 1d, dd (2a), S. 54 f.

[182] Diese Regelung kann allerdings abbedungen werden; so z.B., wenn der Mangel bei den Vertragsverhandlungen angesprochen wird und der Verkäufer seine Beseitigung zusagt; siehe BR/*Faust* § 434 Rdnr. 32; *Schlechtriem* Rdnr. 49.

[183] RG v. 19. Februar 1931, RGZ 131, 343 (353); BR/*Faust* § 442 Rdnr. 21; *Larenz* BT 1, § 41 I d 2, S. 47; *Oechsler* § 2 Rdnr. 286; *Staudinger/Honsell* § 460 Rdnr. 7.

[184] Dafür: *H.P. Westermann* MünchKomm. § 460 Rdnr. 9; dagegen: *Erman/Grunewald* § 460 Rdnr. 15; *Soergel/Huber* § 460 Rdnr. 20; offen: *Staudinger/Honsell* § 460 Rdnr. 9.

[185] BGH v. 19. März 1991, BGHZ 117, 363 (368); BGH v. 3. März 1995, NJW 1995, 1549 (1550); BGH v. 7. März 2003, WM 2003, 1680 (1681); *Erman/Grunewald* § 463 Rdnr. 5; *Staudinger/Honsell* § 463 Rdnr. 25; *H.P. Westermann* MünchKomm. § 463 Rdnr. 8.

[186] BGH v. 21. Januar 1975, BGHZ 63, 382 (388); *Medicus* Rdnr. 92; *H.P. Westermann* MünchKomm. § 463 Rdnr. 8.

unbedingten Einstandswillen gemäß § 276 Abs. 1 Satz 1 BGB a.E. voraus.[187]
Rechtsgedanke des § 442 Abs. 1 BGB ist eine in Rechtsprechung und Literatur im
einzelnen unterschiedlich gedeutete mangelnde Schutzwürdigkeit des Käufers, die
bei Kenntnis des Mangel stets, bei grob fahrlässiger Unkenntnis dann gegeben ist,
wenn den Verkäufer nicht gleichwohl eine überwiegende Verantwortlichkeit für
den Mangel trifft (Arglist, Garantie).[188]

(b) Erstreckung des Ausschlußtatbestandes auf den Erfüllungsanspruch

Es erscheint problematisch, ob sich die Ausschlußregelung des § 442 BGB auch
auf die Pflicht des Verkäufers zur rechts- und sachmängelfreien Verschaffung des
Gegenstandes gemäß § 433 Abs. 1 Satz 2 BGB, d.h. die ursprüngliche Erfüllungspflicht, bezieht oder ob die Vorschrift lediglich die nach der Lieferung der mangelhaften Sache bestehenden Rechte aus § 437 BGB ausschließen soll. Die Gesetzesmaterialien verzichten hierzu auf eine eindeutige Stellungnahme.[189]

Für eine Begrenzung der Ausschlußwirkung auf die Ansprüche aus § 437
BGB, d.h. die Ausklammerung der Erfüllungspflicht nach § 433 Abs. 1 Satz 2
BGB, spricht der Wortlaut des § 442 Abs. 1 BGB, der sich auf die Rechte „we-
gen" eines Mangels bezieht, während § 433 Abs. 1 Satz 2 BGB dem Käufer einen
Anspruch auf die Mangelfreiheit der Sache als solche gewährt. In diese Richtung
weist auch die systematische Stellung des § 442 BGB direkt nach den §§ 437 ff.
BGB. Zudem war die auf Rechtsmängel bezogene Vorgängervorschrift des jetzi-
gen § 442 Abs. 1 BGB in § 439 BGB a.F. so formuliert, daß der Verkäufer den
Mangel unter den besagten Voraussetzungen nicht „zu vertreten" hatte, wodurch
der Erfüllungsanspruch als solcher nach allerdings umstrittener Auffassung der
Rechtsprechung nicht berührt wurde.[190]

Nach der jetzt geltenden gesetzgeberischen Konzeption sprechen überwiegende
Gründe dafür, daß § 442 Abs. 1 BGB bereits den Erfüllungsanspruch aus § 433
Abs. 1 Satz 2 BGB ausschließt. Erstens dient § 442 BGB der Umsetzung des Art. 2
Abs. 3 der Verbrauchgüterkauf-RL, wonach schon keine Vertragswidrigkeit der
Sache vorliegt, wenn der Käufer von dem Mangel Kenntnis hatte oder vernünfti-
gerweise nicht in Unkenntnis über diesen sein konnte.[191] Zweitens ist eines der
durch § 442 Abs. 1 BGB unzweifelhaft ausgeschlossenen Rechte des Käufers der
Nacherfüllungsanspruch (§ 437 Nr. 1 BGB i.V. mit § 439 BGB). Dieser stellt aber
lediglich eine Modifizierung des Erfüllungsanspruchs aus § 433 Abs. 1 Satz 2
BGB dar,[192] so daß es systematisch zweifelhaft wäre, wenn die Ausschlußwirkung
des § 442 BGB nicht auch den letzteren erfassen würde. Drittens schließt § 442
Abs. 1 BGB die Rechte wegen eines Sachmangels auch bei Verträgen aus, die sich

---

[187] Näher zu den verschiedenen Formen der Garantie unten § 2 F I 1, S. 144 ff.
[188] Statt aller *Staudinger/Köhler* § 439 Rdnr. 2 sowie *Staudinger/Honsell* § 460 Rdnr. 1
       jeweils m.w.N.; zum ökonomischen Hintergrund BR/*Faust* § 442 Rdnr. 2.
[189] Vgl. BT-Drucks. 14/6040, S. 236.
[190] RG v. 30. März 1931, RGZ 132, 145 (148); BGH v. 21. Mai 1987, WM 1987, 986
       (988); a.A. *Erman/Grunewald* § 439 Rdnr. 1; *Soergel/Huber* § 434 Rdnr. 9.
[191] Siehe BT-Drucks. 14/6040, S. 236.
[192] Siehe unten § 2 E II 1, S. 72 f.

auf konkrete und nicht nur gattungsmäßig bestimmte Sachen beziehen (Stückkauf), wie dies früher § 460 BGB a.F. tat. Für den Stückkauf bestand aber nach h.M. vor der Neugestaltung des Kaufrechts zum 1.1.2002 kein Anspruch auf eine von Sachmängeln freie Verschaffung des Gegenstandes, sondern lediglich eine Gewährleistungshaftung nach den §§ 459 ff. BGB a.F.[193] Deshalb schloß § 460 BGB a.F. unstrittig alle denkbaren Rechte des Käufers in bezug auf den Mangel aus. Es kann aber nicht angenommen werden, daß dieser „Gesamtausschluß" nach dem neuen Recht nicht mehr gelten soll. Das wäre jedoch der Fall, wenn § 442 Abs. 1 BGB nicht auf die Erfüllungspflicht aus § 433 Abs. 1 Satz 2 BGB bezogen würde. Unter den Voraussetzungen des § 442 Abs. 1 BGB entfällt somit bereits die Pflicht des Verkäufers, dem Käufer die Sache frei von Sach- oder Rechtsmängeln zu verschaffen.[194]

(c) Besonderheiten bei Rechtsmängeln

Da das fehlende Eigentum des Verkäufers an dem Kaufgegenstand keinen Rechtsmangel bildet, sondern nur in bezug auf die Rechtsverschaffungspflicht nach § 433 Abs. 1 Satz 1 BGB Bedeutung erlangt, greift insoweit richtigerweise auch § 442 Abs. 1 BGB nicht ein.[195] Wenn der Käufer über das mangelnde Eigentum des Verkäufers informiert ist, kann jedoch eine Auslegung des Vertrages im Einzelfall ergeben, daß dieser nicht die unbedingte Rechtsverschaffung i.S. des § 433 Abs. 1 Satz 1 BGB, sondern nur das Bemühen schuldet, dem Käufer das Eigentum zu übertragen (z.B. durch den Versuch des vorherigen Erwerbs des Gegenstandes vom Eigentümer).

Nach § 442 Abs. 2 BGB hat der Verkäufer eines Grundstücks im Grundbuch eingetragene Rechte, die i.S. des § 435 BGB gegen den Käufer geltend gemacht werden können und nicht von diesem übernommen worden sind (Nießbrauch, Grundpfandrechte etc.), auch dann zu beseitigen, wenn die Voraussetzungen des § 442 Abs. 1 BGB vorliegen. Nach § 435 Satz 2 BGB gehört hierzu auch die Herbeiführung der Löschung von bloßen Scheinbelastungen. Der Regelung liegt der Gedanke zugrunde, daß der Verkäufer diese Rechte Dritter typischerweise mittels des Kaufpreises ablösen soll.[196]

(3) Ausschluß oder Beschränkung durch Vertrag

(a) Individualvereinbarungen

Außerhalb des Anwendungsbereiches der Vorschriften über den Verbrauchsgüterkauf (§§ 474, 475 BGB)[197] kann die Pflicht des Verkäufers zu einer von Sach- und

---

[193]   Dazu oben in Fn. 94.
[194]   Im Ergebnis zustimmend BR/*Faust* § 442 Rdnr. 30; wohl auch *Ernst/Gsell* ZIP 2000, 1410 (1416).
[195]   Siehe oben § 2 D I 1d, cc, S. 51. A.A. die h.M. zu § 439 Abs. 1 BGB a.F.: *Staudinger/ Köhler* § 439 Rdnr. 4 m.w.N.
[196]   Mot. II, S. 216; *Erman/Grunewald* § 439 Rdnr. 7; *Medicus* Rdnr. 22; *Staudinger/Köhler* § 439 Rdnr. 3; *H.P. Westermann* MünchKomm. § 439 Rdnr. 7.
[197]   Siehe unten § 2 H V 3b, bb (1), S. 205 f.

Rechtsmängeln freien Verschaffung des Kaufgegenstandes grundsätzlich bis zur Grenze des § 138 BGB abbedungen werden. Nach § 444 BGB können die Rechte des Käufers wegen eines Mangels, zu denen auch die Erfüllungspflicht gemäß § 433 Abs. 1 Satz 2 BGB zählt, darüber hinaus nicht ausgeschlossen oder beschränkt werden, wenn der Verkäufer den Mangel arglistig verschwiegen oder für die Beschaffenheit der Sache eine Garantie übernommen hat.[198] Die Formulierung des § 444 BGB („kann sich der Verkäufer nicht berufen") stellt klar, daß die Unwirksamkeit des Ausschlusses der Käuferrechte nicht zu einer Nichtigkeit des Vertrages im übrigen führt (vgl. § 139 BGB).[199] Wurde die Erfüllungspflicht des Verkäufers in bezug auf die Freiheit von Sach- und Rechtsmängeln wirksam abbedungen, so führt dies auch dazu, daß die an eine Verletzung der Pflicht aus § 433 Abs. 1 Satz 2 BGB anknüpfenden sekundären Rechtsbehelfe des § 437 BGB in dem entsprechenden Umfang ausgeschlossen sind.[200]

Für eine erhebliche Kontroverse hat insoweit das Problem gesorgt, ob es die Übernahme einer Garantie in bezug auf eine bestimmte vertragsgemäße Beschaffenheit nach § 444 BGB ausschließt, daß der Verkäufer die Rechte des Käufers aus § 437 BGB für den Fall des Fehlens dieser Beschaffenheit in anderer Hinsicht zugleich beschränkt (z.B. Garantieübernahme für eine bestimmte Eigenschaft der Kaufsache unter einer summenmäßigen Begrenzung etwaiger Schadensersatzansprüche). Teilweise wurde diese Frage in der Literatur mit Verweis auf den Wortlaut des § 444 BGB bejaht,[201] was insbesondere bei Unternehmenskäufen zu erheblichen Problemen führen würde. Bei diesen garantiert der Verkäufer nicht selten zahlreiche Umstände, begrenzt zum Ausgleich aber zugleich die Rechtsbehelfe, die dem Käufer im Fall des Abweichens zustehen. Mittlerweile kann dieses Problem jedoch als geklärt gelten: Die Unwirksamkeit von Haftungsausschlüssen bei Vorliegen einer Garantie beruht auf dem Rechtsgedanken, daß Unklarheiten, die sich aus der Kombination von Garantien und Haftungseinschränkungen ergeben, zu Lasten des Verkäufers gehen.[202] Was der Verkäufer im Vertrag garantiert, soll er nicht im „Kleingedruckten" wieder zurücknehmen dürfen.[203] Hingegen steht es ihm frei, seine Garantie sachlich zu beschränken; § 444 BGB greift immer nur so-

---

[198] Dazu bereits oben § 2 D I 1d, dd (2a), S. 54 f.

[199] BT-Drucks. 14/6040, S. 240.

[200] Vgl. BGH v. 5. April 1967, BGHZ 47, 312 (318); *Erman/Grunewald* Vor § 459 Rdnr. 79; *Staudinger/Honsell* § 476 Rdnr. 32.

[201] *Gronstedt/Jörgens* ZIP 2002, 52 (56); *Knott* ZIP 2002, 696 (697); *Graf von Westphalen* ZIP 2001, 2107; *ders.* ZIP 2002, 545 ff.

[202] Ausführlich *Faust* ZGS 2002, 271 (272 ff.); die h.L. stützt sich auf das Verbot eines venire contra factum proprium, was jedoch im vorliegenden Zusammenhang zu keinem unterchiedlichen Ergebnis führt: *Hermanns* ZIP 2002, 52 (57); *Wolf/Kaiser* DB 2002, 411 (419); für eine unbeachtliche protestatio facto contraria *Triebel/Hölzle* BB 2002, 521 (530).

[203] Siehe *Brüggemeier* WM 2002, 1376 (1381); *U. Huber* AcP 202 (2002), 179 (239); *Schlechtriem* Rdnr. 88; *Zerres* MDR 2003, 368 (370).

weit, wie die betreffende Garantie im Ergebnis der Auslegung reicht,[204] was bereits aus dem systematischen Zusammenhang mit § 443 Abs. 1 BGB folgt („zu den in der Garantieerklärung [...] angegebenen Bedingungen").[205] Und dies ermöglicht es dem Verkäufer nicht nur, frei zu entscheiden, für welche Umstände er einen unbedingten Einstandswillen erklärt, sondern auch eine Beschränkung der an die Garantie geknüpften Rechtsfolgen. Dies gilt nicht nur für sog. selbständige Garantien, die von Garantien i.S. des § 276 Abs. 1 Satz 1 BGB a.E. verschieden sind.[206] Der § 444 BGB zwingt den Verkäufer, der für einen bestimmten Umstand unbedingt einstehen, zugleich aber die hieraus drohenden Rechtsfolgen begrenzen will, daher nicht dazu, die gesetzlichen Mängelrechte aus § 437 BGB *insgesamt* abzubedingen und an deren Stelle ein ersatzweises Arrangement an Käuferrechten zu vereinbaren.[207] Vielmehr ist es auch möglich, eine unselbständige Garantie gemäß § 276 Abs. 1 Satz 1 BGB a.E. mit begrenzten Rechtsfolgen zu verbinden (summenmäßige Begrenzung ersatzfähiger Schäden, Ausschluß des Rücktritts nach § 437 Nr. 2 Alt. 1 BGB etc.).[208] Erforderlich ist nach dem Gesagten dann aber, die Beschränkungen der Rechte aus § 437 BGB klar festzulegen. Die betreffende Begrenzung muß mit mindestens derselben Deutlichkeit erfolgen, wie die Garantieübernahme als solche.

(b) Allgemeine Geschäftsbedingungen

Ein Ausschluß oder eine Beschränkung der Pflicht zur mangelfreien Lieferung in Allgemeinen Geschäftsbedingungen unterliegt verschiedenen Einschränkungen, die über § 444 BGB hinausgehen.

(aa) Neu hergestellte Sachen

In bezug auf den Verkauf *neu hergestellter Sachen* stellt § 309 Nr. 8b BGB detaillierte Vorgaben für die Zulässigkeit vertraglicher Modifizierungen auf. Da § 309 BGB jedoch nach § 310 Abs. 1 Satz 1 BGB keine direkte Anwendung auf Allgemeine Geschäftsbedingungen gegenüber einem Unternehmer findet, und die §§ 474, 475 BGB bei dem Kauf eines Verbrauchers von einem Unternehmer ohnehin zwingende Regelungen treffen, verbleibt für § 309 Nr. 8b BGB nur der eher seltene Fall eines Kaufvertrages über neu hergestellte Sachen, der zwischen zwei Verbrauchern abgeschlossen wird. Bei einem Kaufvertrag zwischen Unternehmern können die Rechtsgedanken des § 309 Nr. 8b BGB allerdings bei der Kontrolle der Vertragsklauseln auf eine unangemessene Benachteiligung des Käu-

---

[204] BR/*Faust* § 444 Rdnr. 20; *Gaul* ZHR 166 (2002), 35 (62 f.); *U. Huber* AcP 202 (2002), 179 (238 f.); *Oechsler* § 2 Rdnr. 284; *Palandt/Putzo* § 444 Rdnr. 12.

[205] *Kindl* WM 2003, 409 (414); *Wolf/Kaiser* DB 2002, 411 (419).

[206] Näher dazu unten § 2 F I 1, S. 144 ff.

[207] So aber *Gasteyer/Branscheid* AG 2003, 307 (308 f.) m.w.N.; *Triebel/Hölzle* BB 2002, 521 (530 f.); wie hier BR/*Faust* § 444 Rdnr. 19.

[208] Bei einem Verbrauchsgüterkauf i.S. des § 474 Abs. 1 BGB kann allerdings gemäß § 475 BGB selbst in Individualvereinbarungen nur der Anspruch auf Schadensersatz ausgeschlossen oder beschränkt werden.

fers i.S. des § 307 Abs. 1 BGB weitgehend Berücksichtigung finden.[209] Nach § 310 Abs. 1 Satz 2 BGB ist dabei jedoch auf die im Handelsverkehr geltenden Gewohnheiten und Gebräuche Rücksicht zu nehmen.

(bb) Gebrauchte Sachen

Bei einem Kaufvertrag über *gebrauchte Sachen* (insbesondere Gebrauchtwagenkauf), der nicht bereits den Regelungen über den Verbrauchsgüterkauf unterfällt, ist bei der Verwendung Allgemeiner Geschäftsbedingungen zu unterscheiden:

Ein Ausschluß oder eine Beschränkung der Pflicht zur Verschaffung eines sachmängelfreien Gegenstandes entspricht in dieser Konstellation einem legitimen Interesse des Verkäufers und ist zulässig.[210] § 433 Abs. 1 Satz 2 BGB stellt insoweit für den Kauf gebrauchter Sachen keinen wesentlichen Grundgedanken der gesetzlichen Regelung i.S. des § 307 Abs. 2 Nr. 1 BGB dar.[211] Es bedarf jedoch stets einer genauen Auslegung der Klausel, um den Umfang der Freizeichnung zu ermitteln. So schließt etwa die Formulierung „gekauft wie besichtigt" nur die Pflichten des Verkäufers hinsichtlich solcher Mängel aus, die der Käufer bei ordnungsgemäßer Besichtigung mit seinem Wissen und seinem Sachverstand entdecken konnte.[212]

Für *Rechtsmängel* ist bei gebrauchten Gegenständen hingegen eine analoge Anwendung des § 309 Nr. 8b BGB in Erwägung zu ziehen. Zwar ist sein Wortlaut auf neu hergestellte Sachen begrenzt, die Nichteinbeziehung gebrauchter Gegenstände beruht aber vor allem darauf, daß bei diesen ein größerer Spielraum für die Modifizierung der Rechte in bezug auf Sachmängel bestehen soll, mit denen ein Käufer gebrauchter Sachen eher rechnen muß. Dieser Gedanke trifft bei Rechtsmängeln weit weniger zu; insoweit besteht kein maßgeblicher teleologischer Unterschied zu neuen Sachen.[213] Daher ist auch nicht davon auszugehen, daß § 309 Nr. 8b BGB eine bewußte Nichtregelung für die Grenzen des Ausschlusses oder die Modifizierung der Rechtsmängelhaftung beim Verkauf gebrauchter Gegenstände statuiert, zumal die Vorgängervorschrift (§ 11 Nr. 10 AGBG) von vornherein auf die Sachmängelgewährleistung begrenzt war. § 309 Nr. 8b BGB ist daher bei einem zwischen Verbrauchern abgeschlossenen Kaufvertrag über eine gebrauchte Sache analog anzuwenden, während bei einem Vertrag zwischen Unternehmern die Rechtsgedanken der dortigen Regelungen im Rahmen der Generalklausel des § 307 Abs. 1 BGB nach Maßgabe des § 310 Abs. 1 Satz 2 BGB heranzuziehen sind.

---

[209] BT-Drucks. 14/6040, S. 157 f.; *Larenz/Wolf* § 43 Rdnr. 133 ff.

[210] BGH v. 11. Juni 1979, BGHZ 74, 383 (386 ff.); *Erman/Grunewald* Vor § 459 Rdnr. 78; *Medicus* Rdnr. 91; *Staudinger/Honsell* § 476 Rdnr. 17 ff.; *H.P. Westermann* MünchKomm. § 476 Rdnr. 15.

[211] So wohl auch *Kesseler* ZRP 2001, 70 f.; *Reinking* DAR 2001, 8 (9).

[212] RG v. 21. Januar 1919, RGZ 94, 285 (287); *Erman/Grunewald* Vor § 459 Rdnr. 72; *Soergel/Huber* § 459 Rdnr. 119; *Staudinger/Honsell* § 476 Rdnr. 6.

[213] Siehe *Basedow* MünchKomm.⁴ § 309 Nr. 8 Rdnr. 11: höheres *Sach*mängelrisiko bei gebrauchten Sachen.

e) Tragung von Erschließungs- und Anliegerbeiträgen (§ 436 Abs. 1 BGB)

Nach § 436 Abs. 1 BGB ist der Verkäufer im Innenverhältnis zum Käufer mangels abweichender Vereinbarungen verpflichtet, öffentlich-rechtliche Erschließungs- und Anliegerbeiträge zu tragen, die bei dem Käufer für Maßnahmen erhoben werden, welche bis zum Tage des Vertragsschlusses bautechnisch bereits begonnen wurden. Diese Vorschrift gehört nicht zum Regelungskomplex der Rechtsmängel, da der Verkäufer *nicht* gemäß § 433 Abs. 1 Satz 2 BGB das Nichtbestehen derartiger Beitragspflichten schuldet, sondern lediglich den Käufer von diesen analog § 257 BGB gegenüber dem Beitragsgläubiger (Gemeinde etc.) befreien muß.[214] Gleichwohl handelt es sich um eine im Synallagma stehende Hauptpflicht, da sie das Äquivalenzverhältnis des Vertrages berührt, so daß sich die Rechtsfolgen bei einer Verletzung dieser Pflicht nach den §§ 280 ff., 320 ff. BGB bemessen. Durch § 436 Abs. 1 BGB wird für die Lastentragungspflicht im Rechtsverhältnis zwischen dem Verkäufer und dem Käufer das öffentlich-rechtliche Entstehen der Beitragsschuld für unmaßgeblich erklärt, die den jeweiligen Grundstückseigentümer zum Zeitpunkt des Erlasses des Beitragsbescheides trifft. Vielmehr soll der Verkäufer für alle bautechnischen Maßnahmen aufkommen müssen, die im Zeitpunkt des Vertragsschlusses bereits begonnen wurden und bezüglich derer der Käufer daher davon ausgehen konnte, daß sie für ihn keine zusätzlichen Kosten über den Kaufpreis hinaus verursachen werden.[215]

2. Hauptpflichten des Verkäufers beim Rechtskauf

a) Rechtskauf im engeren Sinne (§ 453 Abs. 1 Alt. 1 BGB)

aa) Die Rechtsverschaffungspflicht des Verkäufers

Beim Kauf eines Rechts ist der Verkäufer verpflichtet, dem Käufer das Recht zu verschaffen (§ 453 Abs. 1 Alt. 1 BGB i.V. mit § 433 Abs. 1 Satz 1 BGB). Er schuldet insoweit sowohl den einredefreien Bestand als auch die Übertragbarkeit des Rechts (sog. Verität), mangels einer abweichenden Vereinbarung aber nicht die sog. Bonität des Rechts, d.h. die Leistungsfähigkeit des aus dem verkauften Recht Verpflichteten, z.B. des Schuldners einer verkauften Forderung.[216] Soweit die Verität des Rechts fehlt, ist der Kaufvertrag nach § 311a Abs. 1 BGB gleichwohl wirksam. Ein gutgläubiger Erwerb von Rechten, die nicht dem Verkäufer zustehen, kommt bei im Grundbuch eingetragenen Rechtspositionen nach Maßgabe der §§ 892, 893 BGB, ansonsten – anders als bei Sachen – aber nur in eng begrenzten Ausnahmefällen in Betracht (z.B. § 405 BGB). Die Rechte des Käufers bei fehlender Verität des Rechts bemessen sich je nach dem Zeitpunkt des Eintritts

---

[214] BT-Drucks. 14/6040, S. 219; BR/*Faust* § 436 Rdnr. 3; *Oechsler* § 2 Rdnr. 125.

[215] BT-Drucks. 14/6040, S. 219; kritisch daher für nicht offensichtliche Baumaßnahmen *Medicus* Rdnr. 23.

[216] *Eidenmüller* ZGS 2002, 290 (293); *Esser/Weyers* BT 1, § 4 IV, S. 24; *Larenz* BT 1, § 45 I, S. 160 f.; *Medicus* Rdnr. 150; *Staudinger/Köhler* § 437 Rdnr. 10; *H.P. Westermann* MünchKomm. § 437 Rdnr. 2.

des Leistungshindernisses nach den §§ 311a Abs. 2, 320 ff. BGB bzw. den §§ 280 ff., 320 ff. BGB.[217]

Welche Handlungen der Verkäufer zur Verschaffung vornehmen muß, hängt von dem veräußerten Recht ab. Sofern keine abweichenden gesetzlichen Anordnungen vorliegen, werden Rechte im Grundsatz durch einen verfügenden Abtretungsvertrag übertragen (vgl. die §§ 398, 413 BGB). Wird z.B. eine Forderung verkauft, dann besteht das Verfügungsgeschäft in deren Abtretung nach den §§ 398 ff. BGB. Bei dem Verkauf eines GmbH-Geschäftsanteils erfolgt die Abtretung eines sonstigen Rechts i.S. des § 413 BGB i.V. mit § 398 BGB, die nach § 15 Abs. 3 GmbHG – wie der zugrundeliegende Kaufvertrag (§ 15 Abs. 4 GmbHG) – einer notariellen Beurkundung bedarf. Die Erfüllung der Pflicht zur Verschaffung des Rechts kann aber auch tatsächliche Handlungen umfassen. So erfordert z.B. die Übertragung einer Briefhypothek gemäß § 1154 Abs. 1 Satz 1 BGB neben dem Abschluß des Abtretungsvertrages die Übergabe des Hypothekenbriefes oder ein Übergabesurrogat i.S. des § 1117 BGB. Bei der Übertragung anderer Grundstücksrechte, z.B. einer Reallast i.S. des § 1105 BGB, kann eine Eintragung der Rechtsänderung in das Grundbuch gemäß § 873 Abs. 1 BGB Erwerbsvoraussetzung sein. In diesem Fall schuldet der Verkäufer allerdings nicht die von ihm nicht vornehmbare Grundbucheintragung selbst, sondern die Abgabe der für die Eintragung erforderlichen Erklärungen (vgl. die §§ 19, 20 GBO), wenngleich die Rechtsverschaffungspflicht erst mit dem Rechtserwerb als solchem i.S. des § 362 Abs. 1 BGB erfüllt ist.[218] Über die Vornahme der Übertragungshandlungen im engeren Sinne hinaus hat der Verkäufer nach § 242 BGB bei dem Rechtserwerb mitzuwirken, soweit dies erforderlich ist und Hindernisse, die dem Erwerb des Käufers entgegenstehen, möglichst zu beseitigen.[219] Diese Pflicht kann insbesondere bedeutsam werden, wenn der Rechtserwerb eine Eintragung in das Grundbuch oder in ein anderes öffentliches Register (z.B. Patentrolle) erfordert und dafür gewisse formale Voraussetzungen hergestellt werden müssen (z.B. die Voreintragung des Veräußerers im Grundbuch gemäß § 39 GBO).

bb) Übergabe der Sache (§ 453 Abs. 3 BGB)

Sofern der Verkäufer ein Recht verkauft, das zum Besitz einer Sache berechtigt, muß er diese dem Käufer gemäß § 453 Abs. 3 BGB übergeben. Derartige Rechte sind beispielsweise das Pfandrecht an einer beweglichen Sache (§ 1251 Abs. 1 BGB) und der Nießbrauch (§ 1036 Abs. 1 BGB). Wenn der Käufer des Rechts danach einen Anspruch auf Übergabe der Sache hat, auf die sich das Recht bezieht, stellt sich wiederum das für den Sachkauf bereits erörterte Problem, unter welchen

---

[217] BR/*Faust* § 453 Rdnr. 12 m.w.N. Bis zum 1.1.2002 traf den Verkäufer für die Verität des Rechts gemäß § 437 BGB a.F. eine Garantiehaftung.

[218] Vgl. RG v. 8. Mai 1926, RGZ 113, 403 (405); BGH v. 17. Juni 1994, NJW 1994, 2947 (2948); *Baur/Stürner* § 20 Rdnr. 17.

[219] *Erman/Grunewald* § 433 Rdnr. 30; *Staudinger/Köhler* § 433 Rdnr. 110; *H.P. Westermann* MünchKomm. § 433 Rdnr. 59.

Voraussetzungen der Verkäufer mit der Übertragung eines bloß mittelbaren Besitzes seine Übergabepflicht erfüllt.[220]

cc) Freiheit von Rechts- und Sachmängeln

Über die Verweisung des § 453 Abs. 1 Alt. 1 BGB auf das Recht des Sachkaufs findet auch bei einem Rechtskauf § 433 Abs. 1 Satz 2 BGB Anwendung. Deshalb ist der Verkäufer verpflichtet, das Recht *frei von Rechtsmängeln i.S. des § 435 BGB* zu übertragen.[221] Diese Pflicht ist z.B. verletzt, wenn bei dem Verkauf eines Mobiliarpfandrechts i.S. der §§ 1204 ff. BGB dieses Recht seinerseits mit einem Pfandrecht i.S. der §§ 1273 ff. BGB belastet ist.

Die Verweisung des § 453 Abs. 1 BGB auf die entsprechende Anwendung des § 433 Abs. 1 Satz 2 BGB bewirkt hingegen grundsätzlich *nicht* die *Anwendbarkeit des § 434 Abs. 1 und 2 BGB*. Denn Gegenstand des Kaufvertrages ist keine Sache i.S. dieser Vorschrift, sondern ein Recht. Insoweit sind jedoch zwei Ausnahmen zu beachten:

– Erstens wurde bereits dargelegt, daß ein Kauf von Gesellschaftsanteilen dem Kauf des Unternehmens, das von dieser Gesellschaft betrieben wird, gleichgestellt werden kann, wenn der Anteilskauf dem Erwerber einen beherrschenden Einfluß auf die Gesellschaft und damit das Unternehmen selbst ermöglichen soll.[222] Soweit dies der Fall ist, finden über § 453 Abs. 1 BGB die §§ 434, 435 BGB auch entsprechende Anwendung auf Sach- und Rechtsmängel, die dem Unternehmen *selbst* anhaften, dessen Geschäftsanteile erworben wurden.[223] Hinzu kommt wie allgemein beim Rechtskauf der Anspruch des Käufers auf eine Rechtsmängelfreiheit der Gesellschaftsanteile (§ 453 Abs. 1 Alt. 1 BGB i.V. mit den §§ 433 Abs. 1 Satz 2, 435 BGB), z.B. von dem Pfandrecht eines Dritten i.S. der §§ 1273 ff. BGB.

– Zweitens legt § 453 Abs. 3 BGB fest, daß der Verkäufer eines Rechts, das zum Besitz einer Sache berechtigt, verpflichtet ist, dem Käufer die Sache frei von Sach- und Rechtsmängeln zu übergeben. Dabei kommt es nach der Konzeption des Gesetzes nicht darauf an, ob das jeweilige Recht den Käufer nach dessen Inhalt auch zur Nutzung der Sache berechtigt (was z.B. bei einem Pfandrecht nicht zutrifft).[224] Diese Regelung beruht auf dem Umstand, daß zwar nicht der Bestand, wohl aber der Wert des verkauften Rechts in diesen Fällen maßgeblich von der Mängelfreiheit der Sache abhängt, auf die sich das Recht bezieht. Nicht hinreichend für § 453 Abs. 3 BGB ist allerdings ein relatives Besitzrecht (z.B. aus einer erworbenen Forderung i.S. des § 433 Abs. 1 Satz 1 BGB oder § 535 Abs. 1 Satz 1 BGB), da anderenfalls der Unterschied zwischen dem Erwerb von dinglichen und obligatorischen Rechten verwischt würde.[225] Soweit

---

[220]   Siehe oben § 2 D I 1c, bb, S. 34 ff.
[221]   Näher oben § 2 D I 1d, cc, S. 50 ff.
[222]   Siehe oben § 2 B V, S. 25.
[223]   Dazu noch § 2 D I 2b, bb, S. 63 ff.
[224]   A.A. BR/*Faust* § 453 Rdnr. 5; *Eidenmüller* ZGS 2002, 290 (291).
[225]   BR/*Faust* § 453 Rdnr. 5; teilweise auch *Eidenmüller* ZGS 2002, 290 (291).

§ 453 Abs. 3 BGB eingreift, schuldet der Verkäufer daher quasi eine doppelte Mängelfreiheit:[226] Erstens muß das Recht selbst nach § 453 Abs. 1 Alt. 1 BGB i.V. mit den §§ 433 Abs. 1 Satz 2, 435 BGB frei von Rechtsmängeln sein. Zweitens darf nach § 453 Abs. 3 BGB i.V. mit den §§ 434, 435 BGB auch die Sache, zu deren Besitz das Recht nach seinem Inhalt berechtigt, keine Sach- und Rechtsmängel aufweisen. Der Verkäufer eines Pfandrechts an einer beweglichen Sache ist folglich nicht nur verpflichtet, dieses frei von Rechtsmängeln auf den Käufer zu übertragen (§ 453 Abs. 1 Alt. 1 BGB i.V. mit den §§ 433 Abs. 1 Satz 2, 435 BGB), sondern er hat auch die verpfändete Sache selbst frei von Sach- und Rechtsmängeln i.S. der §§ 434, 435 BGB zu übergeben (§ 453 Abs. 3 BGB).

b) Kauf sonstiger Gegenstände (§ 453 Abs. 1 Alt. 2 BGB)

aa) Verschaffungspflicht des Verkäufers

Wenn ein „sonstiger Gegenstand" i.S. des § 453 Abs. 1 Alt. 2 BGB verkauft ist, muß dieser dem Käufer i.V. mit § 433 Abs. 1 Satz 1 BGB verschafft werden. Ist z.B. know-how verkauft, muß der Verkäufer dem Käufer dieses in dem vereinbarten Umfang zugänglich machen, gegebenenfalls sind zu diesem Zweck Datenträger zu übergeben.[227] Bei dem Kauf von Sach- und Rechtsgesamtheiten muß der Verkäufer die jeweiligen Sachen und Rechte nach dem Spezialitätsprinzip[228] unter Einhaltung der jeweils für sie geltenden Bestimmungen übertragen und unter Umständen übergeben. Bei Standardsoftware begründet eine mangelnde Funktionsfähigkeit des Programms einen Sachmangel, während eine unterbliebene Verschaffung der urheberrechtlichen Nutzungsmöglichkeit durch den Verkäufer als Rechtsmangel zu qualifizieren ist (§ 453 Abs. 1 Alt. 2 BGB i.V. mit § 433 Abs. 1 Satz 2 BGB).[229]

Besondere Bedeutung erlangt wiederum der Unternehmenskauf in Form des asset-deals.[230] Bei diesem hat der Käufer gemäß § 453 Abs. 1 Alt. 2 BGB i.V. mit § 433 Abs. 1 Satz 1 BGB nicht nur einen Anspruch auf die Übergabe und Übertragung der zu dem Unternehmen gehörenden Sachen und Rechte, sondern auch auf die Schaffung der sonstigen Voraussetzungen, die eine Fortführung des Unternehmens erst ermöglichen, z.B. eine Einführung in den Tätigkeitsbereich und in die laufenden Geschäftsbeziehungen (Kunden, Kreditgeber etc.).[231]

bb) Freiheit von Sach- und Rechtsmängeln, insbesondere beim Unternehmenskauf

Wegen der in § 453 Abs. 1 Alt. 2 BGB angeordneten entsprechenden Anwendung des § 433 Abs. 1 Satz 2 BGB schuldet der Verkäufer auch bei einem über „sonstige Gegenstände" abgeschlossenen Kaufvertrag, daß der Gegenstand frei von Sach-

---

[226]   Vgl. BT-Drucks. 14/6040, S. 242.

[227]   *Staudinger/Köhler* § 433 Rdnr. 122.

[228]   Siehe oben § 2 B VI, S. 28.

[229]   *Esser/Weyers* BT 1, § 4 IV 3a, S. 26; *Staudinger/Honsell* § 459 Rdnr. 100.

[230]   Zu diesem Begriff oben § 2 B V, S. 24.

[231]   BGH v. 9. Oktober 1985, NJW 1986, 308 f.; *Larenz* BT 1, § 45 II, S. 165; *Staudinger/Köhler* § 433 Rdnr. 114; *H.P. Westermann* MünchKomm. § 433 Rdnr. 54.

und Rechtsmängeln ist. Besonders problematisch ist die Konkretisierung dieser Pflicht beim Unternehmenskauf.[232] Da der Kaufgegenstand nach dem Parteiwillen nicht in den einzelnen Sachen und Rechten, sondern in dem Unternehmen in seiner Gesamtheit besteht, muß sich auch die Beurteilung, ob ein Sach- oder Rechtsmangel i.S. der §§ 434, 435 BGB vorliegt, auf diese Gesamtheit und nicht auf die Einzelgegenstände beziehen.[233] Aus diesem Grunde liegt z.B. bei dem Kauf eines größeren Speditionsunternehmens nicht schon in jedem Defekt eines der dazugehörigen LKW ein Sachmangel des Unternehmens i.S. des § 453 Abs. 1 Alt. 2 BGB i.V. mit § 434 BGB, den der Verkäufer zu beseitigen hätte. Ähnlich kann auch der Umstand, daß eines oder mehrere der Fahrzeuge zur Sicherheit an eine Bank übereignet sind,[234] dann keinen Rechtsmangel des Speditionsunternehmens i.S. des § 435 BGB begründen, wenn das Unternehmen nach der kaufvertraglichen Vereinbarung entsprechende Kreditverbindlichkeiten hat, die typischerweise durch derartige Sicherungsgeschäfte flankiert werden.

Vielmehr liegt ein Sach- oder Rechtsmangel, dessen Abwesenheit der Verkäufer schuldet, nur vor, wenn das Unternehmen insgesamt negativ von der vertragsgemäß geschuldeten „Beschaffenheit" abweicht.[235] Hierbei ist der gemäß den §§ 133, 157 BGB auszulegende Vertrag maßgebend (vgl. § 434 Abs. 1 Satz 1 und Satz 2 Nr. 1 BGB); hilfsweise der Zustand des Unternehmens, den der Käufer objektiv erwarten durfte (vgl. § 434 Abs. 1 Satz 2 Nr. 2 BGB),[236] wobei einem Unternehmenskauf ein gewisses Risikoelement innewohnt, das nicht einseitig dem Verkäufer aufgebürdet werden darf.[237] In dem Beispiel des Kaufs eines Speditionsunternehmens führt dies mangels einer speziellen Vereinbarung zu einem nach § 433 Abs. 1 Satz 2 BGB zu beseitigenden Sachmangel, wenn der Zustand des Fuhrparkes *im Durchschnitt* nicht demjenigen entspricht, der bei Fahrzeugen des betreffenden Alters generell zu erwarten ist.[238] Ein Rechtsmangel i.S. des § 435 BGB liegt demgegenüber z.B. vor, wenn einzelne LKW an eine Bank sicherungsübereignet sind, obwohl der Verkäufer das Unternehmen laut Vertrag als schuldenfrei verkauft hat.

---

[232] Die folgenden Ausführungen gelten entsprechend auch für einen solchen Kauf von Geschäftsanteilen einer unternehmenstragenden Gesellschaft (share-deal), der unter wirtschaftlichen Gesichtspunkten einem Unternehmenskauf im engeren Sinne (asset-deal) gleichzustellen ist. Siehe oben § 2 B V, S. 24 ff. und § 2 D I 2a, cc, S. 62.

[233] RG v. 9. März 1928, RGZ 120, 283 (287); BGH v. 16. Januar 1991, ZIP 1991, 321 f.; *Erman/Grunewald* § 459 Rdnr. 22; *Larenz* BT 1, § 45 II, S. 166; *Soergel/Huber* § 434 Rdnr. 74; *Staudinger/Köhler* § 434 Rdnr. 12; weiterführend zum ganzen *Canaris* ZGR 1982, 395 ff.

[234] Zur Sicherungsübereignung allgemein *Baur/Stürner* § 57 Rdnr. 1 ff.

[235] *Erman/Grunewald* § 459 Rdnr. 22; *Larenz* BT 1, § 45 II, S. 166; *Soergel/Huber* § 459 Rdnr. 270 ff.; *H.P. Westermann* MünchKomm. § 459 Rdnr. 50.

[236] Näher zu den einzelnen Varianten der Bestimmung einer vertragsgemäßen Beschaffenheit i.S. des § 434 BGB oben § 2 D I 1d, bb, S. 36 f.

[237] *Esser/Weyers* BT 1, § 4 IV 3b, S. 27; *H.P. Westermann* MünchKomm. § 459 Rdnr. 50.

[238] Zu den Auswirkungen des Kaufs gebrauchter Sachen auf die Pflichten des Verkäufers siehe oben § 2 D I 1d, bb (4b), S. 44.

Soweit ein Sach- oder Rechtsmangel eines einzelnen, zu dem Unternehmens-
vermögen gehörenden Gegenstandes nach dem Dargelegten keinen Sach- oder
Rechtsmangel des Unternehmens selbst bildet und somit dessen Abwesenheit nicht
zu der Hauptpflicht des Verkäufers i.S. des § 433 Abs. 1 Satz 2 BGB zählt, kann
sein Vorliegen im Einzelfall gleichwohl Gegenstand einer vorvertraglichen Aufklärungspflicht i.S. des § 311 Abs. 2 BGB sein oder gegebenenfalls die Geschäftsgrundlage i.S. des § 313 BGB berühren.[239] Hingegen finden die §§ 434, 435 BGB
i.V. mit den §§ 433 Abs. 1 Satz 2, 437 BGB *für die Einzelgegenstände* regelmäßig
keine isolierte Anwendung, da nicht deren Summe, sondern die Einheit der Unter-
nehmensmittel Kaufgegenstand i.S. des § 453 Abs. 1 Alt. 2 BGB i.V. mit § 433
BGB ist.[240]

Schließlich besteht bei einem Unternehmenskauf in bezug auf bestimmte, dem
Vertragsinhalt widersprechende Umstände Streit, inwieweit diese *begrifflich* einem
Sach- oder Rechtsmangel unterfallen. So ist problematisch, ob eine *Ertragskraft
des Unternehmens*, die den für vergangene Geschäftsjahre vorgelegten (unrichtigen) Bilanzen entspricht, zu der geschuldeten Beschaffenheit i.S. des § 453 Abs. 1
Alt. 2 BGB i.V. mit den §§ 433 Abs. 1 Satz 2, 434 BGB gehört, d.h. ihr Vorhandensein von dem Verkäufer geschuldet wird bzw. ihr Fehlen einen Sachmangel begründet. Im Zentrum des Streites steht die Frage, ob das Ertragspotential in der
Beschaffenheit des Unternehmens selbst „angelegt" ist – wie dies § 434 BGB voraussetzt – oder ob es vor allem auf externen Faktoren (Engagement des Unternehmers, Marktlage etc.) beruht. Die Rechtsprechung zum alten Sachmängelrecht
bezog die der vertraglichen Vereinbarung entsprechende Ertragskraft nicht in die
geschuldete „Beschaffenheit" des Unternehmens ein, sondern ließ bei negativen
Abweichungen derselben von der vertraglichen Vereinbarung andere Rechtsbehelfe (Irrtumsanfechtung gemäß § 119 Abs. 2 BGB, culpa in contrahendo, Fehlen der
Geschäftsgrundlage) eingreifen.[241] Diese Auffassung war jedoch maßgeblich davon geprägt, daß sich das alte Gewährleistungsrecht mit einer Verjährungsfrist von
nur sechs Monaten (§ 477 Abs. 1 Satz 1 BGB a.F.) und der Möglichkeit einer
Rückgängigmachung des Kaufvertrages bei jedwedem Sachmangel (Wandelung
gemäß den §§ 462, 465 ff. BGB a.F.) nicht dazu eignete, das Problem einer unzu-
reichenden Ertragskraft angemessen zu bewältigen.[242] Durch die Neuverzahnung
der Rechtsfolgen bei Sachmängeln mit den allgemeinen Vorschriften über Pflichtverletzungen nach den §§ 433 Abs. 1 Satz 2, 437 BGB und die auf zwei Jahre ver-

---

[239] BGH v. 5. Oktober 1988, NJW-RR 1989, 306 (307); *Soergel/Huber* § 459 Rdnr. 258
ff.; *Staudinger/Honsell* § 459 Rdnr. 8; *H.P. Westermann* MünchKomm. § 459 Rdnr.
46.

[240] Dies verkennen *Erman/Grunewald* § 459 Rdnr. 22; *Gronstedt/Jörgens* ZIP 2002, 52
(61); *Medicus* Rdnr. 154 und *Oechsler* § 2 Rdnr. 161; wie hier BR/*Faust* § 453 Rdnr.
27; *Canaris* ZGR 1982, 395 (431); *Gaul* ZHR 166 (2002), 35 (40); *Wolf/Kaiser* DB
2002, 411 (414 f.).

[241] RG v. 22. Oktober 1931, RGZ 134, 83 (86); BGH v. 18. März 1977, NJW 1977, 1538
(1539); BGH v. 3. Juli 1992, NJW 1992, 2564 (2565); zustimmend *Enneccerus/Leh-
mann* § 108 II 1b, S. 435; *Erman/Grunewald* § 459 Rdnr. 35; *Medicus* Rdnr. 154.

[242] Statt aller *Staudinger/Honsell* Vorbem. zu §§ 459 ff. Rdnr. 61 ff. m.w.N.

längerte Verjährungsfrist (§ 438 Abs. 1 Nr. 3 BGB) sind diese rechtsfolgenorientierten Erwägungen jedoch weitgehend überholt.[243] Deshalb sprechen gute Gründe dafür, die Ertragskraft des verkauften Unternehmens, die anders als dessen Umsatz nicht überwiegend von der Person des Unternehmers, sondern von objektiven Faktoren (Marktpositionierung etc.) abhängt, zu der Beschaffenheit i.S. der §§ 433 Abs. 1 Satz 2, 434 BGB zu rechnen.[244]

Ein vergleichbares Problem betrifft hinsichtlich der Pflicht zu einer rechtsmängelfreien Verschaffung des Unternehmens gemäß § 453 Abs. 1 Alt. 2 BGB i.V. mit den §§ 433 Abs. 1 Satz 2, 435 BGB die Frage, ob zu den Rechten Dritter „in Bezug auf die Sache" (scil.: dem Unternehmen als Kaufgegenstand) i.S. des § 435 Satz 1 BGB auch Unternehmensverbindlichkeiten gehören, für die der Erwerber den Gläubigern gegenüber nach § 25 Abs. 1 HGB einstehen muß, ohne daß deren Übernahme von dem Kaufvertrag gedeckt ist.[245] Zum alten Recht verneinte die h.M. dies mit dem Argument, daß die Verbindlichkeiten nicht den Betrieb des Unternehmens als solchen, sondern nur dessen Rentabilität beeinträchtigten und verwies wiederum auf eine etwaige Anwendung der §§ 119 Abs. 2, 311 Abs. 2, 313 BGB.[246] Jedoch haben auch die unter § 25 Abs. 1 HGB fallenden, in dem Unternehmen begründeten Verbindlichkeiten einen hinreichend engen Bezug zu dem Unternehmen, um sie § 435 Satz 1 BGB zuzurechnen, selbst wenn der Schuldner dieser Forderungen nicht das Unternehmen selbst, sondern dessen Käufer als Unternehmensträger ist.[247] Entscheidend muß sein, daß nach dem Rechtsgedanken des § 25 Abs. 1 HGB unter den dort genannten Voraussetzungen (insbesondere Firmenfortführung) die Verbindlichkeiten kontinuierlich an die Unternehmensträgerschaft gebunden sind.

II. Nebenpflichten des Verkäufers beim Sach- und Rechtskauf

Die Nebenpflichten des Verkäufers haben je nach Gegenstand des Kaufvertrages und dessen Ausgestaltung einen höchst unterschiedlichen Inhalt. Sie sind durch Auslegung des Vertrages nach den §§ 133, 157 BGB sowie unter Rückgriff auf § 242 BGB zu konkretisieren. So muß nach § 241 Abs. 2 BGB i.V. mit § 311 Abs. 2 BGB z.B. ein Kaufhaus seinen Boden von unfallträchtigen Bananenschalen säubern.[248] Eine ausdrückliche Regelung enthält das Gesetz in den §§ 448 Abs. 1,

---

[243] BT-Drucks. 14/6040, S. 242; *Gruber* MDR 2002, 433 (436 f.); kritisch *U. Huber* AcP 202 (2002), 179 (231 ff.).

[244] So bereits zum alten Recht *Larenz* BT 1, § 45 II, S. 167 ff.; *H.P. Westermann* Münch-Komm. § 459 Rdnr. 54; jetzt *Gaul* ZHR 166 (2002), 35 (42 ff.); *Oechsler* § 2 Rdnr. 86; *Weitnauer* NJW 2002, 2511 (2513 f.); a.A. *Grigoleit/Herresthal* JZ 2003, 118 (124 ff); *U. Huber* AcP 202 (2002), 178 (224 ff.).

[245] Zur Haftung bei Firmenfortführung nach § 25 Abs. 1 HGB *Canaris* Handelsrecht, 23. Aufl. 2000, § 7, S. 121 ff.; *Oetker* Handelsrecht, 3. Aufl. 2003, § 4 D II 1, S. 92 ff.; *K. Schmidt* Handelsrecht, 5. Aufl. 1999, § 8 II, S. 239 ff.

[246] RG v. 11. Dezember 1934, RGZ 146, 120 (124); BGH v. 2. Juni 1980, NJW 1980, 2408 (2409); *Erman/Grunewald* § 434 Rdnr. 9; *Soergel/Huber* § 434 Rdnr. 76.

[247] *Staudinger/Köhler* § 434 Rdnr. 14.

[248] BGH v. 26. September 1961, NJW 1962, 31 f.

453 Abs. 2 BGB zu der Frage, inwieweit der Verkäufer die Kosten der Vertrags-durchführung zu tragen hat. Die Pflicht des Verkäufers eines PKW zur Überlassung des Fahrzeugscheins und des Fahrzeugbriefes ist öffentlich-rechtlich in § 27 Abs. 3 Satz 1 StVZO geregelt und folgt privatrechtlich aus dem Kaufvertrag.

Ein Verkäufer, der als sachkundig am Markt auftritt (z.B. Fachhändler) oder ein besonders risikoreiches Produkt vertreibt (z.B. spekulative Geldanlagen) muß einen Kunden in bezug auf seine Kaufentscheidung *beraten* bzw. *aufklären*.[249] Im Rahmen einer laufenden Geschäftsbeziehung hat der Verkäufer den Kunden über Änderungen der Beschaffenheit eines von diesem regelmäßig bezogenen Produkts zu informieren.[250] Vorvertragliche Aufklärungs- und Beratungspflichten des Verkäufers i.S. des § 311 Abs. 2 BGB treten allerdings häufig in ein Konkurrenzver-hältnis zu dessen Mängelhaftung gemäß § 437 BGB.[251]

Zu den *Schutzpflichten* i.S. des § 241 Abs. 2 BGB bei dem Verkauf einer spä-ter an den Käufer zu liefernden Ware gehört eine ordnungsgemäße Adressierung und Verpackung des Kaufgegenstandes.[252] Zum Inhalt der im Synallagma stehen-den Hauptleistungspflicht zählt die korrekte Verpackung hingegen nur, wenn ihr eine ganz besondere Bedeutung zukommt, weil sie z.B. besonders konstruiert wer-den muß (aufwendiger Versand von Spezialgeräten etc.).

Bei einem Kaufvertrag über im weiteren Sinne technische Geräte kann den Verkäufer die nachvertragliche Pflicht zur Bereitstellung von *Ersatzteilen* treffen, soweit diese nicht ohne weiteres am Markt erhältlich sind. Allerdings ist insoweit zu unterscheiden: Bei einer Identität von Verkäufer und Hersteller schuldet er die Bereitstellung von Ersatzteilen über einen angemessenen Zeitraum, wenn der Käu-fer aufgrund der Wertigkeit des erworbenen Produkts nach Treu und Glauben auf deren Verfügbarkeit vertrauen durfte (§ 242 BGB).[253] Einen von dem Hersteller verschiedenen Verkäufer trifft eine derartige Pflicht – sofern eine besondere Ver-einbarung fehlt – hingegen regelmäßig nur bei einer längeren Geschäftsbeziehung zu dem Kunden, welche die Lieferung von Ersatzteilen bereits zum Gegenstand hatte.[254] Soweit diese Voraussetzungen nicht vorliegen, kann den Verkäufer aber gemäß § 242 BGB im Einzelfall eine Pflicht treffen, seine Verbindungen zu dem Hersteller der Kaufsache zu nutzen, um dem Käufer auf dessen Kosten ein Ersatz-teil zu besorgen.

Beim Unternehmenskauf bzw. dem Kauf einer freiberuflichen Praxis kann auch ohne besondere Vereinbarung ein *Wettbewerbsverbot* des Verkäufers für einen an-gemessenen Zeitraum eingreifen. Das kommt insbesondere in Betracht, wenn die

---

[249] BGH v. 11. Juli 1988, BGHZ 105, 108 (110); *Erman/Grunewald* § 433 Rdnr. 51; *Es-ser/Weyers* BT 1, § 4 II 6, S. 17; *Larenz* BT 1, § 40 I c, S. 27.

[250] BGH v. 13. März 1996, BGHZ 132, 175 (177).

[251] Dazu näher unten § 2 E II 5d, S. 135 ff.

[252] BGH v. 27. März 1968, BGHZ 50, 32 (36); BGH v. 7. März 1983, NJW 1983, 1496 (1497); *Erman/Grunewald* § 433 Rdnr. 57; *Larenz* BT 1, § 40 I c, S. 26; *Staudinger/ Köhler* § 447 Rdnr. 21; *H.P. Westermann* MünchKomm. § 433 Rdnr. 68.

[253] *Staudinger/Köhler* § 433 Rdnr. 154; *H.P. Westermann* MünchKomm. § 433 Rdnr. 71.

[254] BR/*Faust* § 433 Rdnr. 23; *Staudinger/Köhler* § 433 Rdnr. 154; *H.P. Westermann* MünchKomm. § 433 Rdnr. 71.

Höhe des Kaufpreises maßgeblich auf der starken Marktposition des Unternehmens beruht oder der Verkäufer über einen gewissen Zeitraum nach dem Vertrag noch am Umsatz des Unternehmens partizipiert.[255] In diesen Fällen darf der Käufer nach Treu und Glauben darauf vertrauen, daß sein Vertragspartner allenfalls mit einem entsprechenden zeitlichen Abstand wieder zu ihm in Konkurrenz tritt.

E. Pflichtverletzungen und Haftung des Verkäufers

Hinsichtlich der Rechtsfolgen, die bei Pflichtverletzungen des Verkäufers eingreifen, ist zunächst zwischen Hauptpflichten und Nebenpflichten[256] zu unterscheiden; in bezug auf die Hauptpflichten wiederum danach, ob eine Nichtleistung mit der Konsequenz der direkten Anwendung der Vorschriften des allgemeinen Leistungsstörungsrechts gegeben ist[257] oder ein unter die lex specialis des § 437 BGB zu fassender Sonderfall vorliegt.[258]

I. Nichtleistung des Verkäufers

1. Tatbestände der Nichtleistung

Erfüllt der Verkäufer die ihm auferlegten Hauptpflichten aus den §§ 433 Abs. 1, 436 Abs. 1, 453 Abs. 1 und 3 BGB nicht, dann greifen im Grundsatz die allgemeinen Vorschriften in den §§ 280 ff., 320 ff. BGB ein. Das betrifft insbesondere den Fall, daß der Verkäufer beim Sachkauf seine Pflicht aus § 433 Abs. 1 Satz 1 BGB zur Übergabe und Übereignung des geschuldeten Gegenstandes überhaupt nicht oder verspätet erfüllt, also eine dauerhafte Nichtleistung oder ein Verzug vorliegt.

Eine Nichtleistung liegt ferner vor, wenn der Verkäufer seiner Pflicht zur Verschaffung einer mängelfreien Sache nicht oder nicht rechtzeitig nachkommt. Dies ergibt sich aus § 433 Abs. 1 Satz 2 BGB, der diese Pflicht des Verkäufers ausdrücklich in den Kreis seiner Hauptleistungspflichten einbezieht. Ist die verkaufte Sache mit einem Sach- oder Rechtsmangel behaftet, so stehen dem Käufer daher grundsätzlich neben dem primären Anspruch auf Erfüllung alle durch das allgemeine Leistungsstörungsrecht vorgesehenen Rechtsbehelfe in den §§ 280 ff., 320 ff. BGB zu. Eine Ausnahme gilt bei Sach- und Rechtsmängeln jedoch, wenn die Voraussetzungen des § 437 BGB erfüllt sind, da diese Vorschrift als lex specialis verschiedene Modifikationen im Hinblick auf die Rechte des Käufers anordnet.[259] Wegen der Gleichstellung in § 434 Abs. 3 BGB gilt dies auch, wenn der Verkäufer eine andere als die geschuldete Sache (aliud) oder in zu geringer Menge liefert.

---

[255] RG v. 31. Mai 1927, RGZ 117, 176 (179); RG v. 15. April 1940, RGZ 163, 311 (313 f.); BGH v. 18. Dezember 1954, BGHZ 16, 71 (76); eingehend *Staudinger/Köhler* § 433 Rdnr. 115 ff.

[256] Zu Nebenpflichtverletzungen siehe unten § 2 E III, S. 143 f.

[257] Dazu § 2 E I, S. 68 ff.

[258] Siehe § 2 E II, S. 72 ff.

[259] Näher zum Anwendungsbereich des § 437 BGB unten § 2 E II 2, S. 73 ff.

Für die Abgrenzung zwischen der alleinigen Anwendung der allgemeinen Vorschriften und den in §§ 437 ff. BGB geregelten Modifizierungen ist die „Lieferung" des Kaufgegenstandes von entscheidender Bedeutung.[260]

2. Rechte des Käufers im Überblick

a) Einrede des nicht erfüllten Vertrages (§ 320 BGB)

Sofern die allgemeinen Vorschriften Anwendung finden, berührt die unterbliebene Leistung des Verkäufers zunächst grundsätzlich nicht den Erfüllungsanspruch des Käufers; es sei denn, nach § 275 Abs. 1 oder 2 BGB tritt eine Leistungsbefreiung des Verkäufers ein. Nach Maßgabe des § 320 BGB kann der Käufer somit auch den Kaufpreis zurückhalten, bis der Verkäufer seinen Pflichten aus den §§ 433 Abs. 1, 436 Abs. 1, 453 Abs. 1 und 3 BGB nachkommt.

b) Ansprüche auf Schadensersatz

aa) Zum Schadensersatz verpflichtende Leistungsstörungen

Befindet sich der Verkäufer mit seiner Leistung (Rechtsverschaffung, Übergabe etc.) nach § 286 BGB in Verzug, so kann der Käufer gemäß § 280 Abs. 2 BGB Ersatz seines Verzögerungsschadens verlangen und es tritt die Haftungsverschärfung des § 287 BGB ein. Unter den Voraussetzungen der §§ 281, 283, 311a Abs. 2 BGB (fruchtloser Ablauf einer Nachfrist, nachträgliche oder anfängliche Leistungsbefreiung gemäß § 275 BGB etc.) kann der Käufer Ersatz seines Erfüllungsinteresses (Schadensersatz statt der Leistung) bzw. den Ersatz vergeblicher Aufwendungen fordern (§ 284 BGB)[261]. Zu dem Schadensersatz statt der Leistung zählt neben dem Wert der nicht erbrachten Leistung auch ein entgangener Gewinn i.S. des § 252 BGB.[262]

Erfüllt der Verkäufer seine Hauptleistungspflicht teilweise nicht, so setzt der Anspruch auf einen Schadensersatz statt der ganzen Leistung nach § 281 Abs. 1 Satz 2 BGB einen Wegfall des Interesses an der Teilleistung voraus. Hierfür muß die erbrachte Teilleistung mit der ausgebliebenen Teilleistung in einem derartigen inneren Zusammenhang stehen, daß sie isoliert für den Gläubiger keinen Wert hat.[263] Dies ist z.B. regelmäßig zu bejahen, wenn der Verkäufer dem Käufer zwar den Besitz, nicht aber das Eigentum an der Kaufsache verschafft. In diesem Fall ist allerdings die bereits erbrachte Teilleistung gemäß § 281 Abs. 5 BGB nach Maßgabe der Rücktrittsvorschriften (§§ 346 bis 348 BGB) dem Verkäufer zurückzugewähren. Sofern dies im gegebenen Beispiel nicht möglich ist, weil der Käufer

---

[260] Dazu ausführlich unten § 2 E II 2a, S. 74 ff.

[261] Im Rahmen des § 284 BGB ist insbesondere umstritten, inwieweit Aufwendungen für eine weitere Verwendung der Kaufsache für den Schuldner konkret erkennbar gewesen sein müssen, um ersatzfähig zu sein; siehe dazu *Huber/Faust* 4/20 ff. einerseits und *Ernst* MünchKomm.⁴ § 284 Rdnr. 22 andererseits.

[262] Allgemein zum Begriff des Erfüllungsinteresses *Lange/Schiemann* Schadensersatz, 3. Aufl. 2003, § 2 IV 3, S. 65 f.

[263] BT-Drucks. 14/6040, S. 140; näher *Ernst* MünchKomm.⁴ § 281 Rdnr. 137.

die Sache nach § 985 BGB an den wahren Eigentümer herausgegeben hat, liegt in dieser pflichtgemäßen Herausgabe kein zum Wertersatz nach § 346 Abs. 2 Satz 1 Nr. 2 BGB verpflichtender Verstoß gegen die eigenübliche Sorgfalt gemäß § 346 Abs. 3 Satz 1 Nr. 3 BGB (diligentia quam in suis i.S. des § 277 BGB).[264]

bb) Die Verantwortlichkeit des Verkäufers für die Verletzung der Hauptpflicht

Der Anspruch auf Schadens- oder Aufwendungsersatz wegen der Nichterfüllung einer Hauptpflicht setzt ein Vertretenmüssen der Pflichtverletzung durch den Verkäufer voraus, was nach der Systematik des § 280 Abs. 1 Satz 2 BGB („dies gilt nicht") beweisrechtlich allerdings zu vermuten ist. Maßstab des Vertretenmüssens ist nach § 276 Abs. 1 Satz 1 BGB grundsätzlich ein Verschulden i.S. von Vorsatz und Fahrlässigkeit. Über § 278 BGB haftet der Verkäufer auch für das Verschulden seiner Erfüllungsgehilfen. Eine Modifizierung dieses Maßstabes kommt neben gesetzlichen Haftungsmilderungen (z.B. § 300 Abs. 1 BGB) oder Haftungsverschärfungen (z.B. § 287 BGB) insbesondere aufgrund einer vertraglichen Abrede in Betracht; § 276 Abs. 1 Satz 1 BGB nennt insoweit die Übernahme einer Garantie oder eines Beschaffungsrisikos.

Eine *Garantie i.S. des § 276 Abs. 1 Satz 1 BGB* kann Teil einer Beschaffenheitsgarantie des Verkäufers nach § 443 Abs. 1 Alt. 1 BGB sein. Während diese dem Käufer jedoch gegebenenfalls eigenständige Rechte gewährt, welche über die üblichen Rechtsfolgen einer Pflichtverletzung hinausgehen,[265] führt die Übernahme einer Garantie i.S. des § 276 Abs. 1 Satz 1 BGB lediglich dazu, daß der Verkäufer die objektive Verletzung einer seiner Pflichten (Rechtsverschaffungspflicht gemäß § 433 Abs. 1 Satz 1 BGB etc.) unabhängig von einem Verschulden zu vertreten hat, d.h. ohne dessen Vorliegen auf Schadensersatz haftet.[266] Ob und inwieweit der Verkäufer eine derartige Garantie übernommen hat, ist durch Auslegung des jeweiligen Vertrages nach den §§ 133, 157 BGB zu ermitteln.

Aus § 311a Abs. 2 Satz 2 BGB ergibt sich im Umkehrschluß, daß den Verkäufer für seine subjektive anfängliche, d.h. im Zeitpunkt des Vertragsschlusses bestehende Fähigkeit, dem Käufer den verkauften Gegenstand zu verschaffen, ohne eine besondere Abrede *keine* Garantiehaftung trifft.[267] § 311a Abs. 2 Satz 2 BGB stellt für die Schadensersatzpflicht wegen des anfänglichen Leistungshindernisses

---

[264] Dies entspricht im Ergebnis den bis zum 1.1.2002 geltenden Voraussetzungen der sog. Eviktionshaftung des Verkäufers nach § 440 Abs. 2 BGB a.F.; dazu BGH v. 28. März 1952, BGHZ 5, 337 (340 f.); *H.P. Westermann* MünchKomm. § 440 Rdnr. 10.

[265] Näher unten § 2 F I 1a, S. 145.

[266] BT-Drucks. 14/6040, S. 132; *Canaris* DB 2001, 1815 (1819); *Grundmann* MünchKomm.⁴ § 276 Rdnr. 176.

[267] BT-Drucks. 14/6040, S. 165; *Canaris* DB 2001, 1815 (1819); *Grunewald* JZ 2001, 433 (435 f.). Für eine Garantiehaftung des Verkäufers im Fall einer anfänglichen subjektiven Unmöglichkeit (Unvermögen) trat die h.M. zu § 440 Abs. 1 BGB a.F. ein: dazu *Marburger* 20 Probleme aus dem BGB, Schuldrecht Allgemeiner Teil, 6. Aufl. 1998, 7. Problem.

auf den Maßstab des Vertretenmüssens der Unkenntnis des Schuldners ab,[268] der nach § 276 Abs. 1 Satz 1 BGB nur bei einer besonderen Vereinbarung von dem Verschuldensprinzip abweicht. Ist der Verkäufer somit z.B. nicht Eigentümer des verkauften PKW und kann der Käufer das Eigentum auch nicht nach den §§ 932 ff. BGB erwerben, z.B. weil die Sache dem Eigentümer i.S. des § 935 Abs. 1 BGB abhanden gekommen ist, so schuldet der Verkäufer keinen Schadensersatz statt der Leistung, wenn er nachweist, daß er sein fehlendes Eigentum im Zeitpunkt des Vertragsschlusses weder kannte noch kennen mußte (§ 311a Abs. 2 Satz 2 BGB i.V. mit § 276 Abs. 1 Satz 1 BGB). Auch der Verkäufer eines Rechts haftet für dessen Verität[269] nur bei einer besonderen Abrede verschuldensunabhängig.[270] Dies ergibt sich implizit aus der Streichung des § 437 BGB a.F., der bis zum 1.1.2002 eine gesetzliche Garantiehaftung des Verkäufers begründete.[271]

Eine verschuldensunabhängige Haftung greift nach § 276 Abs. 1 Satz 1 BGB auch bei der *Übernahme eines Beschaffungsrisikos* ein, was insbesondere anzunehmen sein kann, wenn ein nur der Gattung nach bestimmter Gegenstand verkauft wurde (ein PKW des Typs X), den der Verkäufer erst noch beschaffen muß.[272] Allerdings sind stets die Umstände des Einzelfalls zu berücksichtigen. Aus diesen kann sich auch ergeben, daß der Verkäufer nicht die Verschaffung als solche, sondern lediglich hierauf gerichtete Bemühungen schulden will; z.B. wenn er bei den Vertragsverhandlungen zu erkennen gegeben hat, daß er nicht Eigentümer bzw. Inhaber des verkauften Gegenstandes ist oder diesen erst noch besorgen muß. Ist die Verpflichtung des Verkäufers derart beschränkt, dann führt der Fehlschlag des ordnungsgemäßen Bemühens nicht zu einer verschuldensunabhängigen Haftung, sondern es liegt bereits keine Pflichtverletzung vor.[273]

c) Rücktritt oder Wegfall der Pflicht zur Zahlung des Kaufpreises

Erfüllt der Verkäufer seine Hauptpflichten nicht, so steht dem Käufer unter den Voraussetzungen des § 323 BGB (regelmäßig Nachfristsetzung nach § 323 Abs. 1 BGB) auch ein Recht zum Rücktritt von dem Vertrag zu. Dies hängt nicht davon ab, ob der Verkäufer die Pflichtverletzung zu vertreten hat. Der Rücktritt schließt das Recht, nach den §§ 280 ff. BGB Schadensersatz zu verlangen, nicht aus (§ 325 BGB). Ist der Verkäufer gemäß § 275 Abs. 1 oder 2 BGB von seiner Leistungspflicht befreit, so entfällt die Pflicht des Käufers zur Zahlung des Kaufpreises aus § 433 Abs. 2 BGB nach § 326 Abs. 1 Satz 1 BGB automatisch. Dabei statuiert die

---

[268] Zu der Kontroverse um den Haftungsgrund des § 311a Abs. 2 BGB statt aller *Ernst* MünchKomm.⁴ § 311a Rdnr. 15 m.w.N.

[269] Zu diesem Begriff oben § 2 D I 2a, aa, S. 60.

[270] Zu weitgehend daher *Zimmer* in: Ernst/Zimmermann (Hrsg.), Zivilrechtswissenschaft und Schuldrechtsreform, 2001, S. 191 (193 f.).

[271] BT-Drucks. 14/6040, S. 202; *Emmerich* § 2 Rdnr. 3; *Ernst* MünchKomm.⁴ § 311a Rdnr. 56.

[272] BT-Drucks. 14/6040, S. 132; *Canaris* JZ 2001, 499 (518).

[273] Vgl. *Canaris* JZ 2001, 499 (518 f.).

in § 275 Abs. 2 BGB geregelte Unverhältnismäßigkeit der Leistungserbringung[274] zunächst allerdings nur ein Leistungsverweigerungsrecht, das die Gegenleistung gemäß § 326 Abs. 1 Satz 1 BGB erst entfallen läßt, wenn sich der Schuldner auf dieses – gegebenenfalls konkludent – beruft.[275] Die Rechtsfolge des § 326 Abs. 1 Satz 1 BGB tritt überdies nach der allgemeinen Vorschrift in § 326 Abs. 2 Satz 1 BGB nicht ein, wenn der Käufer für das Leistungshindernis zumindest weit überwiegend verantwortlich ist oder sich im Zeitpunkt des Eintritts der Leistungsbefreiung (§ 275 BGB) im Annahmeverzug befand; gleiches gilt, wenn die Gegenleistungsgefahr nach kaufrechtlichen Vorschriften auf den Käufer übergegangen ist.[276]

d) Herausgabe des stellvertretenden commodums (§ 285 Abs. 1 BGB)

Erlangt der Verkäufer aufgrund des Umstandes, der ihn nach § 275 BGB von seiner Leistungspflicht befreit, einen Ersatz oder einen Ersatzanspruch (z.B.: Versicherungssumme für die untergegangene Kaufsache; Anspruch aus § 823 Abs. 1 BGB gegen einen Dritten, der diese zerstört hat), so kann der Käufer nach § 285 Abs. 1 BGB auch die Übertragung dieses stellvertretenden commodums verlangen. Die Leistungsbefreiung kann dabei sowohl die Gesamtpflicht aus § 433 Abs. 1 BGB umfassen als sich auch nur auf die Pflicht zur mangelfreien Leistung i.S. des § 433 Abs. 1 Satz 2 BGB beziehen (Beispiel: ein Dritter beschädigt das verkaufte Gemälde irreparabel in einer Art und Weise, die § 823 Abs. 1 BGB unterfällt).[277] Verlangt der Käufer das stellvertretende commodum, so bleibt nach § 326 Abs. 3 BGB folgerichtig seine Pflicht zur Zahlung des Kaufpreises (anteilig) bestehen bzw. ein etwaiger Schadensersatzanspruch nach den §§ 280 ff. BGB mindert sich gemäß § 285 Abs. 2 BGB um den Wert des Ersatzes.

II. Rechte des Käufers bei Mängeln nach § 437 BGB

1. Bedeutung der Sondervorschrift in § 437 BGB

Rein begrifflich würden die allgemeinen Vorschriften in den §§ 280 ff., 320 ff. BGB an sich auch eingreifen, wenn der Verkäufer seiner Pflicht aus den §§ 433 Abs. 1 Satz 2, 453 Abs. 1 und Abs. 3 BGB zu einer Verschaffung des Kaufgegenstandes frei von Sach- und Rechtsmängeln nicht nachkommt, da es sich bei dieser um eine im Synallagma mit der Kaufpreiszahlungspflicht stehende Hauptpflicht des Verkäufers handelt.[278] Das Gesetz sieht jedoch in § 437 BGB für den Fall einer Verletzung der Pflicht zur Mangelfreiheit der Leistung unter bestimmten Voraussetzungen besondere Rechtsbehelfe für den Käufer vor, die zwar zu großen Teilen wiederum auf die allgemeinen Vorschriften verweisen, diese aber in den §§ 438 bis 441 BGB modifizieren. Den Anwendungsbereich dieser Sonderregelun-

---

[274] Zur Abgrenzung von einer Störung der Geschäftsgrundlage i.S. des § 313 BGB statt aller *Huber/Faust* 2/77 ff.

[275] BT-Drucks. 14/6040, S. 188; *Canaris* JZ 2001, 499 (504 f.); *Ernst* MünchKomm.[4] § 326 Rdnr. 8.

[276] Siehe dazu noch unten § 2 G I 1c, S. 153 ff.

[277] Näher BR/*Faust* § 437 Rdnr. 147 ff.

[278] Siehe oben § 2 D I 1d, aa, S. 36.

gen erweitert zudem § 434 Abs. 3 BGB auf Falsch- und Minderlieferungen, was über die Verweisung des § 453 Abs. 1 BGB auch beim Kauf eines Rechts oder eines sonstigen Gegenstandes gilt.

Dogmatisch ist diese „Modifikation" des ursprünglichen Anspruchs aus den §§ 433 Abs. 1, 453 Abs. 1 und 3 BGB so zu verstehen, daß sich *der Inhalt des Schuldverhältnisses* bei Eintritt der entsprechenden Voraussetzungen *kraft Gesetzes ändert*, und zwar dahingehend, daß der Käufer fortan nur noch die Ansprüche und Rechte aus § 437 BGB i.V. mit den §§ 438 bis 441 BGB geltend machen kann. Infolgedessen ist er nicht mehr nach den §§ 433 Abs. 1, 453 Abs. 1 und 3 BGB i.V. mit den allgemeinen Vorschriften aus den §§ 280 ff., 323 ff. BGB berechtigt. Diese Inhaltsänderung des Schuldverhältnisses führt allerdings nicht dazu, daß der Anspruch des Käufers aus den §§ 433 Abs. 1 Satz 2, 453 Abs. 1 und 3 BGB auf die Verschaffung eines mangelfreien Gegenstandes[279] i.S. des § 362 BGB erfüllt wäre: Vielmehr entfällt dieser Anspruch in seiner ursprünglichen Gestalt auf andere Weise, nämlich dadurch, daß das Gesetz an seine Stelle jetzt die Ansprüche und Rechte des Käufers nach § 437 BGB setzt. Dieser Umstand erlangt Bedeutung insbesondere für die Kondizierbarkeit mangelhafter Leistungen durch den Verkäufer.[280] Ebensowenig tritt bei einem Gattungskauf eine Konkretisierung der Schuld des Verkäufers auf den mangelhaften Gegenstand ein (vgl. § 243 BGB). Hierfür spricht bereits die h.M.[281] zu der Rechtslage für den Gattungskauf vor dem 1.1.2002, die erklärtermaßen als Vorbild für die Neuordnung der Ansprüche des Käufers bei Mängeln gedient hat.[282]

2. Anwendungsvoraussetzungen des § 437 BGB

Die Rechte des Käufers bemessen sich nur dann nach § 437 BGB i.V. mit den §§ 438 bis 441 BGB, wenn diesem

- entweder ein sach- oder rechtsmängelbehafteter Gegenstand geliefert worden ist oder

- ein anderer als der geschuldete Gegenstand bzw. eine zu geringe Menge geliefert wurde (§ 434 Abs. 3 BGB) und

- jeweils „nicht ein anderes bestimmt ist" (§ 437 BGB).

---

[279] Bzw. der Anspruch auf Verschaffung des geschuldeten Gegenstandes oder der geschuldeten Menge aus den §§ 433 Abs. 1 Satz 1, 453 Abs. 1 BGB bei Lieferung eines anderen Gegenstandes oder einer zu geringen Menge gemäß § 434 Abs. 3 BGB.

[280] Näher unten § 2 E II 2b, aa (2b), S. 82 ff.

[281] BGH v. 9. Juni 1999, BGHZ 142, 36 (38 ff.); *Esser/Weyers* BT 1, § 5 IV 6, S. 63 f.; *Larenz* BT 1, § 41 III, S. 77 f.; *Soergel/Huber* § 480 Rdnr. 28 f.; *Staudinger/Honsell* § 480 Rdnr. 10; *H.P. Westermann* MünchKomm. § 480 Rdnr. 6; a.A. *Kirchhof* NJW 1970, 2052 (2053); *Köhler* JuS 1979, 496 (499).

[282] BT-Drucks. 14/6040, S. 208 ff.; *Brüggemeier* JZ 2000, 530 (531); *H.P. Westermann* JZ 2001, 530 (531).

a) „Lieferung" eines sach- oder rechtsmängelbehafteten Kaufgegenstandes

aa) Vorliegen eines Sach- oder Rechtsmangels

Die in § 437 BGB aufgezählten Ansprüche und Rechte greifen nur ein, wenn der Kaufgegenstand i.S. der §§ 434 Abs. 1 oder 2, 435 BGB mangelhaft ist. Die Voraussetzungen eines Sach- oder Rechtsmangels wurden bereits erörtert;[283] ein solcher ist stets zu bejahen, wenn der vom Verkäufer geschuldete Gegenstand nicht die in § 434 Abs. 1 und 2 BGB (frei von Sachmängeln) und § 435 BGB (frei von Rechtsmängeln) vorgesehene Beschaffenheit aufweist. Dementsprechend kann ein Sachmangel z.B. vorliegen, wenn die Sache zum Zeitpunkt des Gefahrübergangs

– nicht die vereinbarte Beschaffenheit hat (§ 434 Abs. 1 Satz 1 BGB) oder

– nicht für die vertraglich vorausgesetzte Verwendung tauglich ist (§ 434 Abs. 1 Satz 2 Nr. 1 BGB) oder

– sich nicht für die gewöhnliche Verwendung eignet (§ 434 Abs. 1 Satz 2 Nr. 2 BGB).

Beim *Gattungskauf* ist jedoch eine Besonderheit zu beachten: Hier setzt der Gefahrübergang nach den §§ 446, 447 BGB,[284] der gemäß § 434 BGB den maßgeblichen Zeitpunkt für das Bestehen eines Sachmangels bildet, eine Konkretisierung der Schuld auf einen bestimmten Gegenstand voraus, die aber durch die nicht vertragsgemäße Leistung wie oben dargelegt nicht bewirkt wird.[285] Daher ist in diesem Fall der Zeitpunkt des Gefahrübergangs bei *unterstellter Erfüllungstauglichkeit* maßgeblich, um zu bestimmen, ob der Gegenstand einen Mangel aufweist, für den der Verkäufer einzustehen hat (fiktiver Gefahrübergang).[286]

bb) Die „Lieferung" des Kaufgegenstandes

(1) Die Lieferung als Abgrenzungskriterium

Auch soweit ein Mangel vorliegt, ist § 437 BGB erst anwendbar, wenn der Kaufgegenstand dem Käufer bereits „geliefert" worden ist. Dies ergibt sich im Umkehrschluß aus § 437 Nr. 1 BGB i.V. mit § 439 BGB, der als primären Rechtsbehelf der Sondervorschriften bei Mangelhaftigkeit eine „Nacherfüllung" vorsieht, die begrifflich voraussetzt, daß zuvor eine – wenn auch mangelhafte – Leistung erfolgt ist. Diese Abgrenzung zwischen dem Anwendungsbereich des allgemeinen Leistungsstörungsrechts und den Ansprüchen bei Sach- bzw. Rechtsmängeln entspricht der Rechtslage, die für den Gattungskauf vor Neufassung des Kaufrechts zum 1.1.2002 nach der Interpretation der h.L. galt[287] und die als Vorbild für die

---

[283] Ausführlich dazu oben § 2 D I 1d, S. 36 ff.

[284] Dazu näher unten § 2 G I 1c, cc, S. 155 ff.

[285] Siehe oben § 2 E II 1, S. 73.

[286] BR/*Faust* § 434 Rdnr. 35; *P. Huber* NJW 2002, 1004 (1005); zu § 480 BGB a.F. *Larenz* BT 1, § 41 III, S. 79; *Soergel/Huber* § 459 Rdnr. 83 jeweils m.w.N.

[287] *Köhler* JuS 1979, 496 (498 f.); *Reinicke/Tiedtke* Kaufrecht, 6. Aufl. 1997, Rdnr. 525; *Rieble* JZ 1997, 485 (486); a.A. *Soergel/Huber* § 480 Rdnr. 11 ff.

einheitliche Neuregelung der §§ 433 ff. BGB diente.[288] An den Zeitpunkt der „Lieferung" knüpft auch Art. 3 Abs. 1 der Richtlinie zum Verbrauchsgüterkauf die Rechte des Käufers an, die § 437 BGB in das deutsche Recht umsetzt. Vor dieser Lieferung gelten für den Anspruch auf eine von Sach- und Rechtsmängeln freie Verschaffung des Gegenstandes gemäß § 433 Abs. 1 Satz 2 BGB daher die allgemeinen Vorschriften der §§ 280 ff., 320 ff. BGB unmittelbar.[289]

(2) Voraussetzungen für eine Lieferung

Deshalb ist die Frage, wann eine Lieferung der mangelhaften Sache vorliegt, von zentraler Bedeutung, da diese eine notwendige Voraussetzung für die kraft Gesetzes eintretende Umgestaltung der Rechte des Käufers i.S. des § 437 BGB ist. Eine Lösung für dieses Problem sieht das Gesetz nicht unmittelbar vor. Deshalb ist an den Grund anzuknüpfen, der es teleologisch rechtfertigt, die Pflicht des Verkäufers aus § 433 Abs. 1 Satz 2 BGB durch § 437 BGB i.V. mit den §§ 438 bis 441 BGB zu modifizieren. Ohne einer detaillierten Erörterung der einzelnen Rechte des Käufers vorzugreifen, kann insoweit festgehalten werden, daß die auf § 437 BGB aufbauenden Besonderheiten in den §§ 438 bis 441 BGB dem Umstand Rechnung tragen sollen, daß bereits ein Leistungstransfer stattgefunden hat. Aufgrund dessen haben die Parteien ein erhöhtes Interesse an der *Rechtsbeständigkeit* der erfolgten Transaktion, dem eine unmodifizierte Anwendung der allgemeinen Vorschriften nicht hinreichend Rechnung tragen würde.[290] Dies drückt sich z.B. in der Verkürzung der Verjährungsfrist nach § 438 Abs. 1 Nr. 3 BGB (zwei Jahre) um ein Jahr im Verhältnis zu der Regelfrist des § 195 BGB (drei Jahre) aus, die für den Anspruch des Käufers aus den §§ 433 Abs. 1, 453 Abs. 1 und 3 BGB gilt.

Ein Leistungstransfer, der ein erhöhtes Interesse an Rechtsbeständigkeit auslöst, d.h. eine Lieferung als Anwendungsvoraussetzung des § 437 BGB, liegt vor, wenn der Verkäufer seine Hauptleistungspflicht aus den §§ 433 Abs. 1 Satz 1, 453 Abs. 1 BGB unter Billigung des Käufers zumindest teilweise erfüllt hat. Bei einem Sachkauf setzt dies z.B. zunächst voraus, daß der Verkäufer die Sache dem Käufer übergeben und/oder übereignet hat bzw. bei einem Rechtskauf, daß die Inhaberschaft an dem Recht oder dem sonstigen Gegenstand übertragen worden ist. Erforderlich ist darüber hinaus aber auch, daß der Käufer die Leistung als (teilweise) Erfüllung der Verkäuferpflicht billigt (vgl. § 363 BGB),[291] was regelmäßig

---

[288] Siehe oben § 2 E II 1, S. 72.

[289] Zustimmend BR/*Faust* § 437 Rdnr. 4 ff.; wohl auch *Gsell* JZ 2001, 65 (67); *Jorden/ Lehmann* JZ 2001, 952 (959); *H.P. Westermann* JZ 2000, 530 (531); vgl. auch BT-Drucks. 14/6040, S. 220, wo nur die „Neulieferung" § 437 BGB i.V. mit § 439 BGB unterstellt wird, nicht aber die ursprüngliche Lieferung.

[290] Näher *Maultzsch* ZGS 2003, 411 (414 ff.).

[291] Die „Billigung" ist weitgehend identisch mit der „Annahme" des Kaufgegenstandes nach § 464 BGB a.F., die als ein Verhalten interpretiert wurde, durch das der Käufer zu erkennen gibt, die Leistung als der Hauptsache nach vertragsgemäße Erfüllung gelten lassen zu wollen; vgl. *Staudinger/Honsell* § 464 Rdnr. 4 m.w.N. Zudem besteht eine Identität der Billigung mit dem unten vertretenen Begriff der Abnahme in § 640 BGB beim Werkvertrag (siehe unten § 8 F II 2a, S. 461 f.).

konkludent in der Entgegennahme der betreffenden Leistung zu sehen ist. Denn inhaltlich bezieht die Billigung sich nicht auf die Mangelfreiheit des geleisteten Gegenstandes, sondern lediglich eine zumindest teilweise Erfüllung der Hauptleistungspflicht durch den Verkäufer. Die Umgestaltung der Verkäuferpflichten i.S. der §§ 437 ff. BGB scheitert daher z.b. nicht daran, daß sich der Gläubiger bei der Annahme seine Rechte wegen des Mangels vorbehält, etwa im Rahmen einer Mängelrüge nach § 377 HGB.[292] Die Anwendbarkeit der speziellen Mängelrechte, die den ursprünglichen Erfüllungsanspruch als Ausdruck des Prinzips der Rechtsbeständigkeit modifizieren, kann somit nur durch eine Zurückweisung der angebotenen mangelhaften Leistung verhindert werden.

Dogmatisch ist die Billigung des Geleisteten als eine rechtsgeschäftsähnliche Handlung einzustufen, für welche die §§ 104 ff. BGB entsprechend gelten. Dies erscheint notwendig, weil die Umgestaltung der Rechtsstellung des Käufers durch § 437 BGB nicht lediglich rechtlich vorteilhaft ist (vgl. z.B. die kürzere Verjährungsfrist des § 438 Abs. 1 Nr. 3 BGB). Eine zur Anwendung des § 437 BGB führende Lieferung liegt somit z.B. nicht vor, wenn der Verkäufer die mangelhafte Kaufsache an einen minderjährigen Käufer ohne Zustimmung des gesetzlichen Vertreters übereignet.[293] Sofern man der Erfüllung i.S. des § 362 BGB mit einer älteren Auffassung die Rechtsnatur eines Vertrages beimessen würde,[294] wäre die Billigung des Käufers im hier vorgetragenen Sinne identisch mit der entsprechenden Vertragserklärung desselben in bezug auf die Erfüllung der Verkäuferpflicht aus den §§ 433 Abs. 1 Satz 1, 453 Abs. 1 BGB.

Liegt ein den vorstehenden Anforderungen genügender Leistungstransfer vor, so ist ein Interesse an Rechtsbeständigkeit geschaffen, das die aus § 437 BGB i.V. mit den §§ 438 bis 441 BGB folgenden Modifikationen gegenüber den allgemeinen Vorschriften rechtfertigt, z.B. die zweijährige Verjährungsfrist des § 438 Abs. 1 Nr. 3 BGB gegenüber der dreijährigen Regelverjährung gemäß § 195 BGB. Zuvor gelten hingegen die Regelungen des allgemeinen Leistungsstörungsrechts. Wenn also dem Käufer die Rechtsverschaffung bzw. Übergabe eines i.S. der §§ 434 Abs. 1 oder 2, 435 BGB mangelhaften Gegenstandes angeboten wird, kann dieser die Annahme ablehnen (sog. Zurückweisung)[295] und nach § 433 Abs. 1 Satz 2 BGB (nicht § 439 BGB!) auf einer vorherigen Beseitigung des Sach- oder Rechtsmangels bestehen.[296] Hierfür kann er eine angemessene Nachfrist setzen,

---

[292] Dies verkennt *Soergel/Huber* § 480 Rdnr. 13.

[293] Genauso wie dem Minderjährigen ohne Zustimmung seines gesetzlichen Vertreters die Empfangszuständigkeit für die Erfüllung der Verkäuferpflicht i.S. des § 362 BGB fehlt (siehe dazu *Medicus* BürgR, Rdnr. 171), kann an ihn mangels seiner Fähigkeit zur „Billigung" des Leistungstransfers auch nicht die „Lieferung" als Anwendungsvoraussetzung des § 437 BGB erfolgen.

[294] Z.B. *Endemann* Bürgerliches Recht, 1. Band, 6. Aufl. 1899, § 141 I 1, S. 628. Allgemein zum Streit um die Rechtsnatur der Erfüllung *Wenzel* MünchKomm.[4] § 362 Rdnr. 5 ff.

[295] Hierzu ausführlich *Ernst* NJW 1997, 896 ff.

[296] A.A. HK/*Saenger* § 433 Rdnr. 10; *Jansen* ZIP 2002, 877 (878 f.) für den Fall, daß der Käufer den angebotenen Gegenstand *nach* erfolgter Lieferung nicht zurückgeben dürf-

nach deren Ablauf er gemäß § 281 Abs. 1 Satz 1 BGB Schadensersatz verlangen und/oder (vgl. § 325 BGB) nach § 323 Abs. 1 BGB von dem Vertrag zurücktreten kann (nicht nach § 437 Nr. 2 und 3 BGB!). Sofern der Anspruch auf eine Mangelbeseitigung vor der Lieferung des Kaufgegenstandes gemäß § 275 BGB ausgeschlossen ist, entfällt andererseits der Anspruch auf Zahlung des Kaufpreises nach § 326 Abs. 1 Satz 1 BGB.[297]

(3) Unbeachtlichkeit des Zeitpunkts des Gefahrübergangs

Die mittlerweile h.L. nimmt hingegen an, daß die Anwendbarkeit der §§ 437 ff. BGB nach der gesetzlichen Konzeption nicht an einen Leistungstransfer mit eingeschlossener Billigung, sondern an den Übergang der Gegenleistungsgefahr auf den Käufer nach den §§ 446, 447 BGB geknüpft ist.[298] Dabei kann der Gefahrübergang in Ansehung der Mängelrechte vor allem dann früher eintreten als eine Leistung, wenn ein Versendungskauf gemäß § 447 Abs. 1 BGB vereinbart wurde. Bei Gattungskäufen setzt die Konkretisierung als Voraussetzung des Gefahrübergangs zwar an sich Mangelfreiheit des Gegenstandes voraus. Für die Frage der Mängelrechte ist aber wie oben dargelegt der Zeitpunkt des Gefahrübergangs bei unterstellter Erfüllungstauglichkeit maßgeblich.[299] Dementsprechend müßte die h.L. eine Ersetzung des allgemeinen Leistungsstörungsrechts durch die §§ 437 ff. BGB auch dann befürworten, wenn der Verkäufer die mangelhafte Sache dem Käufer bei einer Hol- oder Bringschuld anbietet. Denn bei unterstellter Erfüllungstauglichkeit wäre der Käufer durch die Zurückweisung dann in Annahmeverzug geraten, was nach § 446 Satz 3 BGB zum Gefahrübergang führen würde.

Die Konzeption der h.L. vermag jedoch nicht zu überzeugen. Zwar bemißt sich die Frage, ob ein bestimmter Umstand einen Sachmangel des Kaufgegenstandes darstellt, in zeitlicher Hinsicht nach dem Gefahrübergang (§ 434 Abs. 1 Satz 1 BGB). Dies beantwortet jedoch nicht die separate Frage, ab welchem Zeitpunkt die Rechte aus den §§ 437 ff. BGB den allgemeinen Erfüllungsanspruch auf eine

---

te, etwa weil der Mangel i.S. des § 323 Abs. 5 Satz 2 BGB unerheblich ist; insoweit zustimmend *Lamprecht* ZIP 2002, 1790. Diese Sichtweise berücksichtigt jedoch nicht, daß ein Recht zur präventiven Zurückweisung geringeren Voraussetzungen unterliegen kann als ein Recht zur Rückabwicklung, welches das Interesse an Rechtsbeständigkeit des erfolgten Leistungstransfers berücksichtigen muß. Siehe *Canaris* in: E. Lorenz (Hrsg.), Karlsruher Forum 2002: Schuldrechtsmodernisierung, 2003, S. 5 (74 f.); *Huber/Faust* 13/149 ff. und weiterführend *Maultzsch* ZGS 2003, 411 (414 ff.).

[297] Zur Nichtanwendung des § 326 Abs. 1 Satz 2 BGB in diesem Fall siehe unten § 2 E II 2a, cc, S. 78 ff.

[298] *Büdenbender* AnwKomm. § 433 Rdnr. 3; *Canaris* in: E. Lorenz (Hrsg.), Karlsruher Forum 2002: Schuldrechtsmodernisierung, 2003, S. 5 (72); *Emmerich* § 2 Rdnr. 9; *Hoeren/Martinek/Müller* § 439 Rdnr. 25; *P. Huber* NJW 2002, 1004 (1005); *Jacobs* in: Dauner-Lieb u.a. (Hrsg.), Das neue Schuldrecht in der Praxis, 2003, S. 371 (373 f.); *Jauernig/Berger* § 437 Rdnr. 2; *Palandt/Putzo* § 433 Rdnr. 21; *Oechsler* § 2 Rdnr. 75.

[299] Siehe oben § 2 E II 2a, aa, S. 74.

mangelfreie Leistung verdrängen.[300] Das „Ob" des Mangels betrifft die Verantwortungsbereiche von Schuldner und Gläubiger für Verschlechterungen des Kaufgegenstandes. Demgegenüber verändert der Übergang von dem allgemeinen Erfüllungsanspruch auf die speziellen Mängelrechte den Inhalt der feststehenden Verantwortlichkeit des Verkäufers. Und insoweit sprechen die oben dargelegten Gründe dafür, als Abgrenzungskriterium auf eine teilweise Erfüllung der Hauptleistungspflicht unter Billigung des Käufers abzustellen.

cc) Der unbehebbare Sachmangel als exemplarischer Anwendungsfall

Die Konsequenzen der vorstehenden Abgrenzung zwischen den Vorschriften des allgemeinen Leistungsstörungsrechts und § 437 BGB sind nachfolgend anhand des Verkaufs einer mit einem unbehebbaren Sachmangel behafteten Sache zu verdeutlichen. Beispiel: A verkauft B ein bestimmtes Gemälde als Original des Malers X, während es sich in Wirklichkeit um eine Fälschung handelt. Die nicht mit der vertraglichen Beschaffenheitsvereinbarung i.S. des § 434 Abs. 1 Satz 1 BGB übereinstimmende Urheberschaft des Gemäldes stellt einen Sachmangel dar.[301] Daß dieser i.S. des § 275 Abs. 1 BGB nicht behoben werden kann und die Erfüllung seiner Pflicht aus § 433 Abs. 1 Satz 2 BGB dem A daher anfänglich unmöglich ist, läßt die Wirksamkeit des Kaufvertrages nach § 311a Abs. 1 BGB unberührt.

Wenn A die Übergabe und Übereignung des Bildes anbietet und B dies mit Verweis auf den zuvor entdeckten Mangel ablehnt, so findet nicht § 437 BGB, sondern das allgemeine Leistungsstörungsrecht Anwendung. Gemäß § 311a Abs. 2 Satz 1 BGB kann B nun Schadensersatz statt der Leistung (d.h. Ersatz des Erfüllungsinteresses an einem von X gemalten Bild) oder nach § 284 BGB Aufwendungsersatz verlangen (z.B. für eine eigens zum Schutz des Gemäldes angeschaffte Alarmanlage); einer Haftung kann A nur entgehen, wenn er nachweist, daß er die nicht vertragsgemäße Urheberschaft weder kannte noch kennen mußte.[302] Die Pflicht des B zur Zahlung des Kaufpreises entfällt gemäß § 326 Abs. 1 Satz 1 BGB.[303] Des weiteren kann B auch nach § 326 Abs. 5 BGB von dem Kaufvertrag zurücktreten, was sich z.B. empfiehlt, wenn er keinen Schaden erlitten hat, der über den geschuldeten Kaufpreis hinausgeht.

---

[300]   BR/*Faust* § 437 Rdnr. 6.

[301]   Siehe oben § 2 D I 1d, bb (2), S. 37 ff.

[302]   Hingegen findet die einschränkende Vorschrift des § 281 Abs. 1 Satz 3 BGB, auf die § 311a Abs. 2 Satz 3 BGB verweist, keine Anwendung: Voraussetzung hierfür ist, daß bereits eine – nicht wie geschuldet erbrachte – Leistung bewirkt worden ist, d.h. bereits ein Leistungstransfer stattgefunden hat, was die durch § 281 Abs. 1 Satz 3 BGB angeordnete Modifikation des Schadensersatzanspruchs (Schadensersatz statt der ganzen Leistung nur bei erheblicher Pflichtverletzung) legitimiert; statt aller *Ernst* Münch-Komm.[4] § 281 Rdnr. 144. Wenn dieser Leistungstransfer bereits stattgefunden hätte (Übergabe und/oder Übereignung des mangelhaften Bildes), würde vorliegend zudem § 437 BGB als lex specialis eingreifen (dazu sogleich näher).

[303]   § 326 Abs. 1 Satz 2 BGB würde wiederum eine bereits bewirkte nicht vertragsgemäße Leistung voraussetzen; siehe vorige Fußnote.

Läßt sich B das Gemälde hingegen übereignen oder übergeben, so liegt ein vom Käufer gebilligter Leistungstransfer in bezug auf die Erfüllung des Kaufvertrages vor, mithin ist eine Lieferung als Anwendungsvoraussetzung des § 437 BGB zu bejahen. Dem stünde es auch nicht entgegen, wenn B bei der Übergabe auf den Mangel hinweist und sich diesbezüglich seine „Rechte" vorbehält.[304] Denn nachdem der Verkäufer seine Pflicht aus § 433 Abs. 1 BGB im Einverständnis mit dem Käufer teilweise erfüllt hat, stehen diesem aufgrund des erfolgten Leistungstransfers und des hieraus folgenden Interesses an Rechtsbeständigkeit wegen des Mangels „nur" noch die in § 437 BGB genannten Rechte zu, welche die allgemeinen Vorschriften modifizieren. So würden z.B. die Rechte aus § 437 BGB (Schadensersatz etc.) nach § 438 Abs. 1 Nr. 3 BGB bereits in zwei Jahren verjähren. Eine Nacherfüllung (§ 437 Nr. 1 BGB i.V. mit § 439 BGB) kommt aufgrund der Unbehebbarkeit des Mangels nicht in Betracht.

Die mit der Lieferung verbundenen Rechtsfolgen beschränken sich indes nicht auf die Rechte des Käufers, sondern können auch auf den Kaufpreisanspruch des Verkäufers ausstrahlen, wenn ein unbehebbarer Sachmangel vorliegt. In dem vorstehenden Beispiel ist die folgende Besonderheit zu beachten: Der an sich gemäß § 326 Abs. 1 Satz 1 BGB i.V. mit den §§ 275 Abs. 1, 433 Abs. 1 Satz 2 BGB eintretende Wegfall des Kaufpreisanspruchs wird durch die Lieferung in Form einer Art „Heilung" wieder rückgängig gemacht. Denn wenn der unbehebbar mangelhafte Kaufgegenstand geliefert worden ist, schließt § 326 Abs. 1 Satz 2 BGB einen automatischen Entfall der Gegenleistungspflicht aus und stehen B nur noch die Rechte aus § 437 BGB zu. D.h. er muß nach Maßgabe des § 437 Nr. 2 Alt. 1 BGB i.V. mit § 326 Abs. 5 BGB von dem Kaufvertrag zurücktreten, wenn er seine Kaufpreisschuld beseitigen will. Diese (vorläufige) „Heilung" der Gegenleistungspflicht läßt sich durch den in Gestalt der Lieferung vollzogenen Leistungstransfer legitimieren (scil.: die Erfüllung des Anspruchs aus § 433 Abs. 1 Satz 1 BGB unter Billigung des Käufers). Ein ähnlicher Gedanke liegt auch der Heilung eines formnichtigen Grundstückskaufvertrages nach § 311b Abs. 1 Satz 2 BGB zugrunde: Hier entstehen nach § 125 Satz 1 BGB zunächst keine Leistungsansprüche. Wenn der Leistungstransfer seitens des Verkäufers unter Bezugnahme auf den Vertrag aber stattgefunden hat, führt das Interesse an Rechtsbeständigkeit zu einer Vertragswirksamkeit und somit auch zu einer wirksamen Kaufpreisforderung.[305] Die (vorläufige) „Heilungswirkung" des § 326 Abs. 1 Satz 2 BGB in bezug auf die Gegenleistungspflicht betrifft jedoch nur den Fall einer schon erbrachten und unbehebbar mangelhaften Leistung. Erkennt der Gläubiger hingegen vor der Erbringung der Leistung, daß diese vertragswidrig erfolgen wird, kann er sie ablehnen und ist nach § 326 Abs. 1 Satz 1 BGB von seiner Gegenleistungspflicht befreit.[306]

---

[304] Ist der Mangel beiden Vertragsparteien bei der Übergabe bekannt und erfolgt diese vorbehaltlos, kann gegebenenfalls ein konkludenter Änderungsvertrag vorliegen, nach dem die tatsächliche Beschaffenheit fortan als vertragsgemäß i.S. des § 434 Abs. 1 Satz 1 BGB gelten soll; vgl. BT-Drucks. 14/6040, S. 205.

[305] Vgl. *Kanzleiter* MünchKomm.[4] § 311b Rdnr. 74.

[306] So wohl auch *Canaris*, Schuldrechtsreform 2002, XXIII f.; a.A. *Lorenz/Riehm* Rdnr. 327.

Dies folgt bereits aus dem Wortlaut des § 326 Abs. 1 Satz 2 BGB, der den Anwendungsbereich dieser Norm auf den Ausschluß (§ 275 BGB) einer *Nach*erfüllung beschränkt. Erst das Interesse an Rechtsbeständigkeit, das aus einem erfolgten Leistungstransfer entstanden ist, rechtfertigt eine (vorläufige) „Heilungswirkung" in bezug auf die Gegenleistungspflicht.

b) Lieferung einer anderen Sache oder Minderlieferung i.S. des § 434 Abs. 3 BGB

Der Anwendungsbereich des § 437 BGB wird zu Lasten einer direkten und unmodifizierten Anwendung der allgemeinen Vorschriften bei Nichtleistungen weiterhin durch § 434 Abs. 3 BGB in erheblichem Maße ausgedehnt. Danach steht es einem Sachmangel gleich, wenn der Verkäufer eine andere als die vertraglich geschuldete Sache (aliud) oder eine zu geringe Menge liefert. Bei einem anderen Kaufgegenstand als einer Sache i.S. der §§ 90 ff. BGB gilt nach § 453 Abs. 1 BGB Entsprechendes.

aa) Lieferung eines aliuds durch den Verkäufer

(1) Rechte des Käufers bei einer aliud-Lieferung

Eine aliud-Lieferung liegt bei einem Stückkauf stets vor, wenn eine andere als die nach dem Kaufvertrag geschuldete Sache geleistet wird. Beispiel: Der Verkäufer verwechselt das verkaufte Gemälde „Sonnenaufgang" des Malers X mit dem Gemälde „Sonnenuntergang" desselben Künstlers und übereignet das letztgenannte Bild dem Käufer. Bei einem Gattungskauf kann die Abgrenzung zwischen der Lieferung einer mangelhaften Sache (peius) und einer anderen als der geschuldeten Gattungssache (aliud) sehr schwierig sein. Stellt z.B. die Lieferung von glykolhaltigem Wein ein peius oder ein aliud gegenüber dem nach § 433 Abs. 1 BGB geschuldeten „reinen" Wein dar?[307] Wegen der Gleichstellung der Falschlieferung mit der mangelhaften Lieferung in § 434 Abs. 3 BGB kann dieses Abgrenzungsproblem dahingestellt bleiben, da die Rechtsbehelfe des § 437 BGB in beiden Fällen eingreifen.[308] Seinen wesentlichen Grund erfährt § 434 Abs. 3 Alt. 1 BGB daher in der Entbehrlichkeit von Differenzierungen zwischen einem peius und einem aliud bei Gattungskäufen. Dies berechtigt aufgrund der weiten Gesetzesfassung jedoch nicht zu dem Schluß, die Norm bei einer Vertauschung von geleistetem und geschuldetem Gegenstand im Rahmen von Stückkäufen (sog. Identitätsaliud) nicht anzuwenden.[309]

Hinsichtlich der Rechte des Käufers ist wiederum zu berücksichtigen, daß der originäre Erfüllungsanspruch gemäß § 433 Abs. 1 Satz 1 BGB auf Lieferung der geschuldeten Sache mit den allgemeinen Folgen der §§ 280 ff., 320 ff. BGB bei

---

[307] Vgl. BGH v. 23. November 1988, NJW 1989, 218 ff.

[308] BT-Drucks. 14/6040, S. 86 und 208; *H.P. Westermann* JZ 2001, 530 (534). Zu der Rechtslage, wenn es an einer Lieferung des aliud/peius fehlt, sogleich.

[309] BR/*Faust* § 434 Rdnr. 107; *Brors* JR 2002, 133 (134); *Brox/Walker* § 4 Rdnr. 26; *Dauner-Lieb/Arnold* JuS 2002, 1175 f.; *Musielak* NJW 2003, 89 (90); *S. Lorenz* JuS 2003, 36 (38 f.); a.A. *Lettl* JuS 2002, 866 (871); *Oechsler* § 2 Rdnr. 114 und weiterführend *Thier* AcP 203 (2003), 399 (403 ff.).

Nichterfüllung fortbesteht und § 437 BGB mit seinen Modifizierungen nicht eingreift, solange das aliud nicht geliefert ist. Ob eine Lieferung i.S. des § 434 Abs. 3 BGB vorliegt, bestimmt sich nach den oben dargelegten Kriterien: Erforderlich ist ein (teilweiser) Leistungstransfer i.S. des § 433 Abs. 1 Satz 1 BGB, den der Käufer durch eine rechtsgeschäftsähnliche Handlung als diesbezügliche Erfüllung billigt.[310] § 437 BGB einschließlich der dort genannten Rechte des Käufers ist deshalb bei einer Falschleistung erst anwendbar, wenn der Käufer dieselbe (irrtümlich) als Erfüllung der Verkäuferpflicht aus § 433 Abs. 1 Satz 1 BGB annimmt. Dieser Umstand erlangt vor allem im folgenden Zusammenhang besondere Bedeutung: Für die Anwendung des § 434 Abs. 3 BGB und damit eine Verdrängung des ursprünglichen Erfüllungsanspruchs aus § 433 Abs. 1 Satz 1 BGB und einer direkten Anwendung der Vorschriften des allgemeinen Leistungsstörungsrechts durch § 437 BGB kommt es nach der gesetzgeberischen Konzeption nicht darauf an, in welchem Maße das tatsächlich Geleistete von der geschuldeten Kaufsache abweicht.[311] Würde man nun mit der h.L. die §§ 437 ff. BGB bereits ab dem Eintritt des (fiktiven) Gefahrübergangs eingreifen lassen[312] und für die Gleichstellung eines aliuds mit einem Mangel nach § 434 Abs. 3 Alt. 1 BGB einzig an den nach §§ 133, 157 BGB ermittelten Erfüllungswillen des Verkäufers anknüpfen,[313] könnte dieser beispielsweise bei einem vereinbarten Versendungskauf durch die Absendung eines Fahrrades anstatt des geschuldeten Oberklassewagens einseitig die Anwendung der §§ 437 ff. BGB an Stelle der allgemeinen Vorschriften erzwingen, sofern er nur durch eine entsprechende Tilgungsbestimmung den Bezug des abgesendeten Gutes zu seiner Verkäuferschuld deutlich genug macht (beispielsweise durch beigefügte Lieferdokumente). Dies erscheint kaum zu rechtfertigen.[314] Die besagte Problematik löst sich jedoch zwanglos auf, wenn die Anwendung der speziellen Mängelrechte an Stelle des allgemeinen Erfüllungsanspruchs aus § 433 Abs. 1 BGB wie hier vertreten an einen gebilligten Leistungstransfer geknüpft wird. Dann sind die §§ 437 ff. BGB über § 434 Abs. 3 Alt. 1 BGB erst anwendbar, wenn der Käufer das aliud (irrtümlich) als Erfüllung der Verschaffungspflicht aus § 433 Abs. 1 Satz 1 BGB gebilligt hat. Theoretisch können dann allerdings auch extreme Abweichungen einem Mangel gleichgestellt werden (z.B.: der Käufer von

---

[310] Siehe oben § 2 E II 2a, bb (2), S. 75 ff.

[311] *Huber/Faust* 12/60; *Lettl*, JuS 2002, 866 (868); *H.P. Westermann* JZ 2001, 530 (534). Hingegen stellte die wohl h.L. das aliud dem peius nach altem Kaufrecht nur gleich, wenn es „genehmigungsfähig" i.S. des § 378 HGB a.F. war; dazu *Marburger* 20 Probleme aus dem Schuldrecht, Besonderer Teil I, 5. Aufl. 1998, 11. Problem.

[312] Siehe oben § 2 E 2a, bb (3), S. 77 f.

[313] So BT-Drucks. 14/6040, S. 216; *Lettl* JuS 2002, 866 (870); *S. Lorenz* JuS 2003, 36 (37 f.); *Thier* AcP 203 (2003), 399 (414 ff.).

[314] Insoweit zutreffend *Ehmann/Sutschet* S. 221; *Medicus* Rdnr. 51 und *ders.* BürgR Rdnr. 288, die jedoch – dogmatisch nicht vertretbar – § 434 Abs. 3 BGB nach dem Rechtsgedanken des § 378 HGB a.F. auf genehmigungsfähige aliud- und Minderleistungen begrenzen wollen. Für eine Anwendung des § 242 BGB bei „Mißbrauchsabsicht" des Verkäufers *Oechsler* § 2 Rdnr. 109. Wie hier hingegen BR/*Faust* § 434 Rdnr. 110.

100 Blumentöpfen nimmt irrtümlich 100 Topfblumen als Erfüllung an). Dieses im Gesetz angelegte Ergebnis ist jedoch aufgrund der erfolgten Mitwirkung des Käufers auch wertungsmäßig vertretbar.

Weist der Käufer hingegen die angebotene Sache (z.B. das vom Verkäufer mit dem vertraglich geschuldeten verwechselte Gemälde) als nicht geschuldet zurück, so fehlt es an einer Lieferung i.S. des § 437 BGB, und es liegt eine Nichterfüllung der Pflicht aus § 433 Abs. 1 Satz 1 BGB vor, mit den Rechtsfolgen der §§ 280 ff., 320 ff. BGB. Auch in diesem Fall ist bei einem Gattungskauf die Unterscheidung zwischen einem aliud und einem peius wegen der identischen Rechtsfolgen entbehrlich: Sowohl bei der Andienung eines aliud als auch derjenigen eines peius hat der Verkäufer seine Hauptleistungspflicht verletzt. Ob sich diese Verletzung auf § 433 Abs. 1 Satz 1 BGB (aliud) oder auf § 433 Abs. 1 Satz 2 BGB (peius) bezieht, kann offenbleiben, da jeweils die §§ 280 ff., 320 ff. BGB eingreifen.

(2) Auswirkungen der aliud-Lieferung auf den geschuldeten Kaufpreis

(a) Grundfall

Eine Differenzierung der Rechtsfolgen bei einer aliud-Lieferung ist auch im Hinblick auf die Pflicht zur Zahlung des Kaufpreises zu beachten, je nachdem ob die Voraussetzungen des § 434 Abs. 3 BGB bei einer aliud-Lieferung erfüllt sind. Konnte der vertraglich geschuldete Gegenstand überhaupt nicht geliefert werden (das verkaufte Gemälde „Sonnenaufgang" ist verbrannt, der Käufer nimmt jedoch irrtümlich das Gemälde „Sonnenuntergang" als Erfüllung an), so lebt der eigentlich nach § 326 Abs. 1 Satz 1 BGB entfallene Kaufpreisanspruch aufgrund der Regelung in § 434 Abs. 3 BGB i.V. mit den §§ 437, 326 Abs. 1 Satz 2 BGB ebenso wie bei einem unbehebbaren Mangel wieder auf („Heilung" zugunsten der Rechtsbeständigkeit).

(b) Lieferung eines höherwertigen aliuds

Zweifelhaft sind die Rechtsfolgen in bezug auf den vom Käufer geschuldeten Kaufpreis, wenn der Verkäufer eine höherwertige als die geschuldete Sache gemäß § 434 Abs. 3 BGB geliefert hat. Beispiel: Statt des verkauften PKW des Typs X in der Basisausstattung wird ein Fahrzeug mit einem Luxusausstattungspaket geliefert. In diesem Fall tritt mangels einer entsprechenden gesetzlichen Vorschrift keine Erhöhung des Kaufpreises ein.[315] Andererseits bezweckt § 434 Abs. 3 BGB aber nicht, dem Käufer ohne weitere Gegenleistung eine höherwertige Sache als den gekauften Gegenstand zu sichern. Vielmehr soll die Vorschrift lediglich eine Abgrenzung zwischen aliud und peius entbehrlich machen und dem erfolgten Gütertransfer insoweit Rechnung tragen, als die Verkäuferpflicht aus § 433 Abs. 1 Satz 1 BGB nach der Falschlieferung nicht unverändert fortbesteht, sondern § 437

---

[315] Die zu § 378 HGB a.F. teilweise vertretene a.A. (vgl. die Nachweise bei *K. Schmidt* Handelsrecht, 5. Aufl. 1999, § 29 III 5c, S. 822) ist auf § 434 Abs. 3 BGB nicht übertragbar, da nach § 378 HGB a.F. i.V. mit § 377 Abs. 2 HGB die nicht rechtzeitig gerügte aliud-Lieferung als „genehmigt" galt, woraus von der betreffenden Auffassung die Erhöhung des Kaufpreises abgeleitet wurde.

BGB mit den dort genannten Rechten eingreift. Deshalb wird ein Rückforderungs-recht des Verkäufers in bezug auf die geleistete Sache anzunehmen sein.[316] Aller-dings begründet § 439 Abs. 4 BGB ein solches nach Maßgabe der §§ 346 bis 348 BGB nur, wenn der Käufer seinen Nachlieferungsanspruch auf die vertraglich ge-schuldete Sache geltend macht, was bei einem geleisteten höherwertigen aliud im Zweifel unterbleibt.

Dies steht einem Rückforderungsanspruch des Verkäufers jedoch im Grundsatz nicht entgegen. Nach der hier vertretenen Auffassung führt § 437 BGB i.V. mit § 434 Abs. 3 BGB nicht dazu, daß der Verkäufer durch die Falschlieferung seine Pflicht aus § 433 Abs. 1 BGB erfüllt hat.[317] Deshalb kann der Verkäufer im Prin-zip nach § 812 Abs. 1 Satz 1 Alt. 1 BGB die Herausgabe verlangen, sofern er das aliud irrtümlich geleistet hat (vgl. § 814 BGB): Denn ein Rechtsgrund der Leistung läge für den Käufer nur vor, wenn der Verkäufer mit dieser seine Schuld erfüllt, d.h. sich der Leistungsanspruch in einen Behaltensgrund gewandelt hätte.[318] Tat-sächlich ist die Schuld aber nur kraft Gesetzes i.S. des § 437 BGB modifiziert worden. Hieraus ergibt sich zugleich, daß der Kondiktionsanspruch des Verkäufers tatbestandsmäßig nicht an die Lieferung eines *höherwertigen* aliuds geknüpft ist, sondern im Grundsatz immer dann besteht, wenn durch die mangelhafte Leistung nicht die Verschaffungspflicht aus § 433 Abs. 1 Satz 1 BGB (gegebenenfalls i.V. mit § 453 Abs. 1 BGB) erfüllt worden ist. Dies gilt nicht nur bei einem aliud, son-dern auch bei mangelhaften Gattungssachen, deren Lieferung keine Konkretisie-rung und damit keine Erfüllung bewirkt.[319] Selbst bei Verbrauchergeschäften greift der Ausschlußtatbestand des § 241a Abs. 1 BGB nicht ein, der unter teleologi-schen Gesichtspunkten auf Lieferungen zum Zwecke eines Vertragsschlusses zu begrenzen ist und die Konstellationen des § 434 Abs. 3 Alt. 1 BGB daher nicht erfaßt.[320] Macht der Verkäufer seinen Kondiktionsanspruch geltend und somit die Lieferung als Voraussetzung des § 437 BGB quasi rückgängig, so lebt der ur-sprüngliche Erfüllungsanspruch des Käufers aus den §§ 433 Abs. 1 Satz 1, 453 Abs. 1 BGB wieder auf.

---

[316] *Lettl* JuS 2002, 866 (870); *H.P. Westermann* JZ 2001, 530 (534); ebenso zu § 378 HGB a.F. *Oetker* Handelsrecht, 3. Aufl. 2002, § 8 D V 2, S. 219 f; *K. Schmidt* Han-delsrecht, 5. Aufl. 1999, § 29 III 5c, S. 822 f. jeweils m.w.N.

[317] Siehe oben § 2 E II 1, S. 73 mit Fn. 279.

[318] Siehe *Lettl* JuS 2002, 866 (869); *Lorenz/Riehm* Rdnr. 493; *Oechsler* § 2 Rdnr. 110; *Staudinger/Lorenz* § 812 Rdnr. 78; a.A. BR/*Faust* § 437 Rdnr. 196; *Huber/Faust* 13/156; *Musielak* NJW 2003, 89 (90); *Thier* AcP 203 (2003), 399 (417), die aus den Mängelrechten des Käufers einen Behaltensgrund ableiten wollen; dazu sogleich nä-her.

[319] Siehe oben § 2 E II 1, S. 73; dies übersieht *Thier* AcP 203 (2003), 399 (403 f.). Bei einem Stückkauf hat der Verkäufer hingegen bei Vorliegen eines Mangels i.S. des § 434 Abs. 1 und 2 BGB seine Pflicht zur Verschaffung des verkauften Gegenstandes (§ 433 Abs. 1 Satz 1 BGB) als solche erfüllt, so daß er diesen nicht kondizieren kann.

[320] *Emmerich* § 4 Rdnr. 30; *S. Lorenz* JuS 2003, 36 (40) m.w.N.; differenzierend *Thier* AcP 203 (2003), 399 (410 ff.).

In der Literatur wird aber zu Recht kritisiert, daß der Rechtsstellung des Käufers auf diesem Wege eine „Aushöhlung" droht. Der Käufer habe ein „Recht", erbrachte und i.S. des § 434 BGB mangelhafte Leistungen – unter Umständen i.V. mit einem Nachbesserungsverlangen gemäß § 439 Abs. 1 Alt. 1 BGB bzw. einer Minderung nach § 441 BGB – zu behalten, weshalb § 812 Abs. 1 Satz 1 Alt. 1 BGB grundsätzlich unanwendbar sei. Das Regelungsgefüge der §§ 437 ff. BGB fungiere insoweit als Rechtsgrund im Rahmen des § 812 BGB. Lediglich in Ausnahmefällen (z.B. der Lieferung eines höherwertigen aliuds) könne der Verkäufer seine mit der Lieferung verbundene Tilgungsbestimmung nach § 119 Abs. 2 BGB anfechten und die Leistung sodann kondizieren.[321] Andererseits fehlt eine Begründung dafür, warum die Kondiktion im Anfechtungsfall mit den Käuferrechten aus den §§ 439 Abs. 1, 441 BGB vereinbar sein soll. Wenn man den §§ 437 ff. BGB unabhängig davon den Charakter eines Rechtsgrundes beimißt, ob der Verkäufer mit der vertragswidrigen Leistung seine Pflicht aus den §§ 433 Abs. 1 Satz 1, 453 Abs. 1 BGB erfüllt hat, löst auch die Anfechtung der Tilgungsbestimmung nicht das Spannungsverhältnis zwischen den Mängelrechten und dem Bereicherungsrecht.

Vielmehr erscheint folgende Unterscheidung angebracht: Bei Leistung eines aliuds bzw. einer mangelhaften Gattungssache steht dem Verkäufer *tatbestandlich* ein Herausgabeanspruch aus § 812 Abs. 1 Satz 1 Alt. 1 BGB zu. Durch diesen werden aber unter Umständen eine Minderung durch den Käufer gemäß § 441 BGB bzw. dessen Wahlrecht auf eine Nachbesserung aus § 439 Abs. 1 Alt. 1 BGB unterlaufen,[322] was jedoch der Richtlinie zum Verbrauchsgüterkauf widerspricht.[323] Ein grundsätzlich bestehender Kondiktionsanspruch des Verkäufers wird daher im Wege einer teleologisch bedingten *Subsidiarität*[324] gesperrt, *wenn* dem Käufer entweder ein Minderungsrecht nach § 441 BGB oder ein Nachbesserungsanspruch aus § 439 Abs. 1 Alt. 1 BGB zustehen.[325] Bei vertragswidrigen Leistungen, die höherwertig als die geschuldete sind, bestehen diese Rechtspositionen nicht.[326] Will der Verkäufer das aliud (bzw. die mangelhafte Gattungssache) nach Bereicherungsrecht zurückverlangen, muß dies nach dem Bemerken seines Irrtums jedoch aufgrund des Bedürfnisses nach Rechtsklarheit gemäß § 242 BGB unverzüglich

---

[321] BR/*Faust* § 437 Rdnr. 197; *Canaris*, Schuldrechtsmodernisierung 2002, XXIII f.; *Huber*/*Faust* 13/157 (§ 119 Abs. 1 BGB analog); *Thier* AcP 203 (2003), 399 (422 f.).

[322] Denn eine Kondiktion unter Lieferung eines Ersatzgegenstandes kommt einer Neulieferung i.S. des § 439 Abs. 1 Alt. 2 BGB gleich.

[323] Siehe deren Erwägungsgrund 10.

[324] Zu dieser Form der Gesetzeskonkurrenz *Dietz* Anspruchskonkurrenz bei Vertragsverletzung und Delikt, 1934, S. 62.

[325] Ähnlich *Lettl* JuS 2002, 866 (869 f.); *S. Lorenz* JuS 2002, 36 (39 f.); *Lorenz/Riehm* Rdnr. 574.

[326] Dabei scheitert ein Anspruch auf Nachbesserung regelmäßig an § 275 Abs. 1 BGB. Sollte dies nicht der Fall sein (Beispiel: beim Kauf eines PKW des Typs X könnte eine vertraglich nicht geschuldete Spezialausstattung des gelieferten Fahrzeugs unter hohen Kosten ausgebaut werden), so wird eine Nachbesserung gemäß § 439 Abs. 3 BGB unverhältnismäßig sein. Hierzu näher unten § 2 E II 3b, ff (3), S. 97 ff.

geschehen (vgl. § 121 Abs. 1 Satz 1 BGB); ansonsten ist sein Kondiktionsanspruch verwirkt.[327] Darüber hinaus kann er nach dem Rechtsgedanken des § 320 BGB und des § 348 BGB i.V. mit § 439 Abs. 4 BGB den Bereicherungsanspruch nur Zug-um-Zug gegen Lieferung einer vertragsgemäßen Sache geltend machen, sofern der Käufer bereits den Kaufpreis entrichtet hat.

(c) Vertragsänderung und aliud-Lieferung

Einen höheren Kaufpreis kann der Verkäufer bei der Lieferung eines höherwertigen aliuds somit nur beanspruchen, wenn ein gegebenenfalls konkludent abgeschlossener Änderungsvertrag vorliegt, nach dem die gelieferte Sache fortan auch als die geschuldete gelten soll. In diesem Fall stehen dem Käufer einerseits nicht die Rechte aus § 437 BGB zu und andererseits tritt bei der Lieferung eines höherwertigen Gegenstandes unter Umständen eine verhältnismäßige Erhöhung der Kaufpreisschuld ein. Insoweit bedarf es jedoch stets einer Auslegung des Verhaltens der Parteien nach den §§ 133, 157 BGB, ob diesem ein entsprechender Geschäftswille zugrunde liegt.

Die in der Lieferung des aliuds enthaltene Billigung des Käufers[328] reicht hierfür grundsätzlich ebensowenig aus wie die Übersendung einer den höheren Kaufpreis ausweisenden Rechnung, was regelmäßig selbst dann gilt, wenn der Verkäufer dort die aliud-Lieferung richtig bezeichnet.[329] Etwas anderes kommt bei einer derartigen sog. offenen Falschlieferung erst in Betracht, wenn der Käufer die Rechnung in der Kenntnis begleicht, daß der Verkäufer ein aliud geliefert hat. In der Praxis steht der Verkäufer jedoch vor der Schwierigkeit, daß er die Beweislast für das Vorliegen eines Änderungsvertrages trägt, wenn er aus diesem Rechte herleitet; sei es in Gestalt einer Anspruchsgrundlage für den höheren Kaufpreis, sei es als Einwendung gegenüber Rechten, die der Käufer aus § 437 BGB herleitet.

bb) Minderlieferung durch den Verkäufer

Nach § 434 Abs. 3 Alt. 2 BGB gilt § 437 BGB auch bei der Lieferung einer geringeren als der verkauften Menge. Eine Zuviellieferung erfaßt der Wortlaut des § 434 Abs. 3 BGB hingegen nicht. Diese erfolgt – vorbehaltlich einer Änderung des Kaufvertrages – ohne Rechtsgrund, so daß der Verkäufer den zuviel gelieferten Teil gemäß § 812 Abs. 1 Satz 1 Alt. 1 BGB kondizieren kann. Auch insoweit wirkt § 434 Abs. 3 BGB also nur zu Lasten des Käufers.

Unter einer „zu geringen Menge" i.S. des § 434 Abs. 3 Alt. 2 BGB ist schon nach dem Wortlaut der Vorschrift nur ein Quantitätsmangel in Bezug auf *gleichartige* Kaufgegenstände zu verstehen, weil in bezug auf Quantitätsabweichungen keine vergleichbar großen Abgrenzungsprobleme zu „echten" Sachmängeln i.S. des § 434 Abs. 1 und 2 BGB wie bei einer aliud-Lieferung bestehen. So stellt z.B. das Fehlen einer Bedienungsanleitung bei einem verkauften technischen Gerät stets ei-

---

[327] *K. Schmidt* Handelsrecht, 5. Aufl. 1999, § 29 III 5c, S. 823 für § 378 HGB a.F.
[328] Siehe oben § 2 E II 2a, bb (2), S. 75 ff.
[329] *Oetker* Handelsrecht, 3. Aufl. 2002, § 8 D V 2, S. 219.

ne teilweise Nichterfüllung und keine Leistungsstörung i.S. des § 434 Abs. 3 Alt. 2 BGB dar.[330]

Auch die Minderleistung im dargelegten Sinne unterfällt jedoch der Gleichstellungsvorschrift nur, wenn die zu geringe Menge geliefert ist. Dies setzt voraus, daß der Käufer das Geleistete (irrtümlich) als *volle* Erfüllung der Verschaffungspflicht des Verkäufers aus § 433 Abs. 1 Satz 1 BGB billigt.[331] Beanstandet er indessen bei der Übergabe oder der Übereignung die Quantitätsabweichung, so liegt in bezug auf die Differenz eine nach den allgemeinen Vorschriften zu beurteilende teilweise Nichtleistung vor. Greift hingegen § 434 Abs. 3 BGB bei einer Minderleistung ein, so besteht der Kaufpreisanspruch des Verkäufers vorbehaltlich eines Vorgehens des Käufers nach § 437 Nr. 2 BGB in voller Höhe; eine automatische Minderung gemäß § 326 Abs. 1 Satz 1 Halbsatz 2 BGB a.E. tritt auch dann nicht ein, wenn die Leistung der Differenz nach § 275 BGB ausgeschlossen ist.[332] Nach einer a.A. gilt die Gleichstellung der Minderleistung mit einer mangelhaften Leistung durch § 434 Abs. 3 Alt. 2 BGB hingegen nur im Rahmen der kaufrechtlichen Vorschriften (was insbesondere ein Minderungsrecht nach § 441 BGB eröffnet), während im Rahmen der durch die Verweisungsnorm des § 437 BGB in bezug genommenen Vorschriften des allgemeinen Leistungsstörungsrechts wiederum von einer Teilleistung auszugehen sei.[333] Dann würden statt der §§ 281 Abs. 1 Satz 3, 323 Abs. 5 Satz 2, 326 Abs. 1 Satz 2 BGB (nicht vertragsgemäße Leistung) doch die §§ 281 Abs. 1 Satz 2, 323 Abs. 5 Satz 1 BGB, 326 Abs. 1 Satz 1 Halbsatz 2 BGB (Teilleistung) Anwendung finden.[334] Dies sei vertretbar, weil sich eine Minderleistung (anders als ein aliud) hinreichend klar von einer mangelhaften Leistung abgrenzen lasse und zudem geboten, weil die Vorschriften über Teilleistungen im allgemeinen Leistungsstörungsrecht ansonsten zum Großteil ihres Anwendungsbereiches beraubt würden. Da das Gesetz in § 434 Abs. 3 Alt. 2 BGB jedoch eine umfassende Gleichstellung der Minderleistung mit Mängeln anordnet, entbehrt die vorgeschlagene Differenzierung zwischen den §§ 434 ff. BGB und den §§ 280 ff., 320 ff. BGB einer tragfähigen Grundlage.[335]

---

[330]   So auch zum alten Kaufrecht *Soergel/Huber* § 459 Rdnr. 52; *Staudinger/Honsell* § 459 Rdnr. 100; offen jetzt *Coester-Waltjen* Jura 2002, 535 (540).

[331]   Siehe oben § 2 E II 2a, bb (2), S. 75 ff.; BR/*Faust* § 434 Rdnr. 113.

[332]   BT-Drucks. 14/6040, S. 222 f.

[333]   *Canaris* ZRP 2001, 329 (334 f.); *Coester-Waltjen* Jura 2002, 535 (542); *Schlechtriem* in: Ernst/Zimmermann (Hrsg.), Zivilrechtswissenschaft und Schuldrechtsreform, 2001, S. 205 (214); *Thier* AcP 203 (2003), 399 (425 ff.); ausführlich *Grigoleit/Riehm* ZGS 2002, 114 ff.

[334]   Dabei wirkt sich der Streit nicht nur auf den Maßstab, nach dem die Minderlieferung Rechte bezüglich des Gesamtvertrages begründet (mangelndes Interesse bei Teilleistungen; Unerheblichkeit der Pflichtverletzung bei nicht vertragsgemäßen Leistungen), sondern auch auf die Beweislast (die für das mangelnde Interesse den Gläubiger trifft, für die Unerheblichkeit hingegen den Schuldner) aus; siehe die §§ 281 Abs. 1, 323 Abs. 5 BGB.

[335]   Näher BR/*Faust* § 434 Rdnr. 115 m.w.N.; *Palandt/Heinrichs* § 281 Rdnr. 38.

c) Keine anderweitige Bestimmung

Nach § 437 BGB finden die Rechte des Käufers wegen eines Mangels oder einer gemäß § 434 Abs. 3 BGB gleichgestellten Vertragswidrigkeit nur Anwendung, „soweit nicht ein anderes bestimmt ist", was sich sowohl aus dem Gesetz als auch aus einer vertraglichen Vereinbarung ergeben kann.

Als Gründe für einen *gesetzlichen Ausschluß* der Mängelrechte des Käufers kommen alle Bestimmungen in Betracht, die als Ausschlußtatbestände den primären Anspruch auf eine mangelfreie Lieferung aus den §§ 433 Abs. 1 Satz 2, 453 Abs. 1 und 3 BGB beseitigen: Neben den §§ 377 HGB, 445 BGB, 806 ZPO, 56 Satz 3 ZVG kann eine Verkürzung der Rechte des Käufers nach § 442 BGB insbesondere aus dessen Kenntnis des Mangels oder einer grob fahrlässigen Unkenntnis im Zeitpunkt des Vertragsschlusses folgen.[336]

Ein *vertraglicher Ausschluß* oder eine Beschränkung der Rechte des Käufers bei Mängeln unterliegt den oben dargelegten allgemeinen Grenzen (§§ 138, 444 BGB) und den besonderen Einschränkungen bei der Verwendung Allgemeiner Geschäftsbedingungen.[337]

3. Rechte des Käufers gemäß § 437 BGB

a) Überblick

Wenn der Anwendungsbereich des § 437 BGB eröffnet ist, so stehen dem Käufer in Umsetzung von Art. 3 Verbrauchsgüterkauf-RL verschiedene Rechte zu:

- Primärer Rechtsbehelf ist die Nacherfüllung gemäß § 439 BGB (§ 437 Nr. 1 BGB).

- Erst in zweiter Linie und unter weiteren Voraussetzungen kann der Käufer von dem Kaufvertrag zurücktreten (§ 437 Nr. 2 Alt. 1 BGB) oder gemäß § 441 BGB den Kaufpreis mindern (§ 437 Nr. 2 Alt. 2 BGB) und Schadensersatz oder Aufwendungsersatz verlangen (§ 437 Nr. 3 BGB).

Da § 437 BGB die von dem Käufer geltend gemachten Ansprüche bzw. Gestaltungsrechte selbst nicht vollständig regelt, ist die Anspruchsgrundlage bzw. das Gestaltungsrecht nicht unmittelbar aus § 437 BGB, sondern aus den dort genannten Verweisungsobjekten zu entnehmen. Für den Anspruch auf Nacherfüllung bedeutet dies z.B., daß dieser aus § 439 Abs. 1 BGB folgt.[338]

---

[336] Dazu ausführlich oben unter § 2 D I 1d, dd (2), S. 54 ff.

[337] Siehe § 2 D I 1d, dd (3), S. 56 ff.

[338] In einem Gutachten ist die Abhängigkeit dieses Anspruchs von § 437 BGB dadurch zum Ausdruck zu bringen, daß § 437 BGB durch den Zusatz „i.V. mit" in die Paragraphenkette aufgenommen wird. Zudem ist exakt diejenige Norm anzugeben, die zur Anwendung des § 437 BGB führt, also z.B. § 435 Satz 1 BGB bei einem Rechtsmangel, § 434 Abs. 1 Satz 1 BGB bei einer Abweichung von der vereinbarten Beschaffenheit, § 434 Abs. 1 Satz 2 Nr. 2 BGB bei fehlender Eignung zur gewöhnlichen Verwendung oder § 434 Abs. 3 Alt. 1 BGB bei einer aliud-Lieferung. Verlangt der Käufer nach Lieferung der Sache von dem Verkäufer die Beseitigung des Mangels wegen einer Abweichung von der vereinbarten Beschaffenheit, so ist die Anspruchsgrundlage wie folgt zu

b) Anspruch des Käufers auf Nacherfüllung gemäß § 439 Abs. 1 BGB i.V. mit § 437 Nr. 1 BGB

aa) Einbeziehung des Anspruchs in das Synallagma des Kaufvertrages

Nach § 439 Abs. 1 BGB kann der Käufer nach seiner Wahl *Mängelbeseitigung* oder *Lieferung einer mangelfreien Sache* verlangen. Dieser Anspruch stellt eine Modifikation des ursprünglichen Käuferanspruchs aus § 433 Abs. 1 BGB dar.[339] Er steht genauso wie der originäre Anspruch auf mangelfreie Verschaffung des Kaufgegenstandes (bzw. auf Verschaffung desselben im Fall des § 434 Abs. 3 BGB) im Synallagma mit der Pflicht des Käufers nach § 433 Abs. 2 BGB, den Kaufpreis zu zahlen. Soweit dem Käufer ein Anspruch auf Nacherfüllung zusteht und der Verkäufer diesen noch nicht erfüllt hat, kann der Käufer folgerichtig auch den Kaufpreis nach Maßgabe des § 320 BGB zurückhalten.

Ebenso wie der originäre Erfüllungsanspruch aus den §§ 433 Abs. 1, 453 Abs. 1 und 3 BGB besteht der Anspruch auf Nacherfüllung unabhängig davon, ob der Verkäufer den Mangel i.S. der §§ 276 ff. BGB zu vertreten hat.[340] Er knüpft zwar an die Lieferung eines mangelhaften Gegenstandes bzw. ein nach § 434 Abs. 3 BGB gleichgestelltes Verhalten an, das jeweils eine Pflichtverletzung darstellt. Mit der Nacherfüllung wird aber nicht funktionell diese Pflichtverletzung i.S. eines sekundären Ersatzanspruchs (z.B. auf Schadensersatz) sanktioniert, sondern dem Umstand Rechnung getragen, daß der Verkäufer durch die vertragswidrige Lieferung seine Hauptpflicht nicht (vollständig) erfüllt hat.[341] In bezug auf den *Erfüllungsort* kann der Nacherfüllungsanspruch für den Käufer sogar noch günstiger sein als der ursprüngliche Anspruch aus § 433 Abs. 1 BGB, da er abweichend von § 269 BGB nach der Vorgabe des Art. 3 Abs. 4 Verbrauchsgüterkauf-RL stets an dem momentanen Belegenheitsort der Kaufsache zu erfüllen ist und zwar unabhängig davon, wo der Verkäufer seine ursprüngliche Verschaffungspflicht zu erfüllen hatte.[342] Wertungsmäßig erscheint dies allerdings insbesondere dann problematisch, wenn der Käufer den Kaufgegenstand vom Ort des Vertragsschlusses entfernt hat, ohne daß dies für den Verkäufer vorhersehbar war.

bb) Inhalt des Anspruchs auf Mängelbeseitigung (§ 439 Abs. 1 Alt. 1 BGB)

Mit einer *Beseitigung des Mangels*, die der Käufer nach § 439 Abs. 1 Alt. 1 BGB beanspruchen kann, ist bei einem Sachkauf und dem Vorliegen eines Sachmangels i.S. des § 434 Abs. 1 BGB eine Angleichung der Beschaffenheit der Kaufsache – bzw. der Montage oder Montageanleitung im Fall des § 434 Abs. 2 BGB – an den vertraglich geschuldeten Zustand gemeint, ohne daß ein komplett neuer Gegen-

---

formulieren: § 439 Abs. 1 Alt. 1 BGB i.V. mit den §§ 437 Nr. 1, 434 Abs. 1 Satz 1 BGB.

[339] BR/*Faust* § 439 Rdnr. 6; *P. Huber* NJW 2002, 1004 (1005); *Oechsler* § 2 Rdnr. 75.

[340] *H.P. Westermann* JZ 2001, 530 (536).

[341] Siehe oben § 2 E II 1, S. 73.

[342] BT-Drucks. 14/6040, S. 231; BR/*Faust* § 439 Rdnr. 13; HK/*Saenger* § 439 Rdnr. 3; *P. Huber* NJW 2002, 1004 (1006); a.A. *Jacobs* in: Dauner-Lieb u.a. (Hrsg.), Das neue Schuldrecht in der Praxis, 2003, S. 371 (374 f.).

stand geliefert wird. Art. 3 Abs. 3 Verbrauchsgüterkauf-RL spricht insoweit plastisch von einer „Nachbesserung". Bei dem Defekt eines technischen Gerätes kann die Mängelbeseitigung somit in einer Reparatur bestehen.

Ein Rechtsmangel i.S. des § 435 BGB wird durch die Beseitigung des Drittrechts behoben. Z.B. kann der Verkäufer einer vertragswidrig mit einem Pfandrecht (§§ 1204 ff. BGB) belasteten Sache diesen Rechtsmangel beseitigen, indem er den Pfandnehmer zu einem Verzicht auf das Pfandrecht bewegt. Wurde ein Kaufvertrag über ein Recht oder einen sonstigen Gegenstand (Unternehmenskauf etc.) abgeschlossen, so gilt dies nach § 453 Abs. 1 BGB entsprechend.

cc) Inhalt des Anspruchs auf Nachlieferung (§ 439 Abs. 1 Alt. 2 BGB)

Lieferung einer mangelfreien Sache, die der Käufer nach § 439 Abs. 1 Alt. 2 BGB beanspruchen kann, bedeutet die komplette Neuleistung eines anderen vertragsgemäßen Gegenstandes, mit dem der Verkäufer seine Vertragspflichten aus § 433 Abs. 1 BGB erfüllt, soweit dies möglich ist.[343] So kann z.B. der Käufer eines nur gattungsmäßig bestimmten technischen Gerätes (ein Fernsehapparat des Typs X) die Lieferung eines Ersatzgerätes verlangen, wenn das von dem Verkäufer geleistete Gerät einen Mangel aufweist. Über § 453 Abs. 1 BGB gilt für andere Kaufgegenstände als Sachen wiederum Entsprechendes.

dd) Inhalt des Anspruchs bei Minderlieferung und Falschlieferung

Wenn § 439 BGB über § 437 Nr. 1 BGB wegen eines Umstandes anwendbar ist, den § 434 Abs. 3 BGB einem Sachmangel gleichstellt, ist zwischen einer Minderlieferung und der Lieferung eines aliuds zu unterscheiden:

Bei einer Minderlieferung wird die Nacherfüllung typischerweise in einer Nachleistung der Differenz als „Beseitigung des Mangels" (d.h.: der Quantitätsabweichung) i.S. des § 439 Abs. 1 Alt. 1 BGB bestehen, da eine Neulieferung nach § 439 Abs. 1 Alt. 2 BGB einen „Austausch" der mangelbehafteten Lieferung voraussetzt, was bei einer Minderlieferung regelmäßig nicht im Interesse der Parteien liegt. Etwas anderes kommt jedoch in Betracht, wenn gerade die Zusammenfügung mehrerer Teilleistungen dem Käufer erhebliche Unannehmlichkeiten bereitet (z.B.: Fliesen aus unterschiedlichen Produktionsabschnitten weisen Farbnuancierungen auf).[344] In diesem Fall kann auch bei Minderleistungen i.S. des § 439 Abs. 1 Alt. 2 BGB eine Zurücknahme der gelieferten zu geringen Menge unter kompletter Neulieferung des korrekten Volumens beansprucht werden.

Bei einer aliud-Lieferung ist hingegen eine Nachbesserung nur selten möglich, so daß der Käufer gemäß § 439 Abs. 1 Alt. 2 BGB einen „Austausch" gegen den geschuldeten Gegenstand verlangen kann (Lieferung einer mangelfreien Sache). Da die Gleichstellung durch § 434 Abs. 3 BGB bezweckt, eine Abgrenzung des aliuds von einem mangelbehafteten Gegenstand im engeren Sinne (peius) entbehrlich zu machen,[345] muß im Einzelfall wegen der fehlenden Unterschiede in den

---

[343] Zum Ausschluß des Nachlieferungsanspruchs nach § 275 BGB siehe unten § 2 E II 3b, ff (1/2), S. 92 ff.

[344] BT-Drucks. 14/6040, S. 216.

[345] Siehe oben § 2 E II 2b, aa (1), S. 80.

Rechtsfolgen nicht entschieden werden, ob ein Nacherfüllungsanspruch besteht, weil ein peius i.S. des § 434 Abs. 1 BGB geliefert wurde oder eine Falschlieferung i.S. des § 434 Abs. 3 BGB vorliegt.

Bei anderen Kaufgegenständen als Sachen kommt über § 453 Abs. 1 BGB wiederum eine entsprechende Anwendung des § 439 BGB in Betracht: Hat z.B. A dem B eine Forderung gegen X verkauft, ihm aber unter irrtümlicher Billigung des B eine Forderung in gleicher Höhe gegen Y abgetreten („Lieferung" i.S. der §§ 434 Abs. 3, 453 Abs. 1 BGB), so kann B nach § 439 Abs. 1 Alt. 2 BGB von A die Abtretung der Forderung gegen X verlangen.[346]

ee) Das Verhältnis der durch § 439 Abs. 1 BGB begründeten Ansprüche zueinander

Nach § 439 Abs. 1 BGB steht dem Käufer zwischen den beiden dort genannten Formen der Nacherfüllung ein Wahlrecht zu, soweit der jeweilige Anspruch auf Nacherfüllung nicht ausgeschlossen ist.[347] Der Käufer, dem ein defektes Gerät geliefert worden ist, muß sich deshalb z.B. nicht auf eine Nachbesserung durch den von ihm nunmehr für unzuverlässig gehaltenen Verkäufer einlassen, sondern kann die Lieferung eines Ersatzgegenstandes verlangen.

§ 439 Abs. 1 BGB begründet jedoch keine Wahlschuld i.S. der §§ 262 ff. BGB mit der Folge, daß durch die Wahl des Berechtigten (hier: des Käufers) die gewählte Leistung als von Anfang an alleine geschuldet gelten würde (vgl. § 263 Abs. 2 BGB).[348] Vielmehr soll durch § 439 BGB das Erfüllungsinteresse des Käufers in bezug auf die Mängelfreiheit des Kaufgegenstandes befriedigt werden.[349] Das ist jedoch erst zu bejahen, wenn diejenige Form der Nacherfüllung, für die sich der Käufer entschieden hat, von dem Verkäufer ordnungsgemäß erbracht worden ist. In diesem Fall ist der Nacherfüllungsanspruch aus § 439 Abs. 1 BGB insgesamt erfüllt (§ 362 Abs. 1 BGB). Solange der Verkäufer die vom Käufer gewählte Form der Nacherfüllung indes nicht ordnungsgemäß erbracht hat, kann der Käufer deren Erfüllung verlangen oder auch zu der anderen Form der Nacherfüllung überwechseln. Dies ist insbesondere dann von Bedeutung, wenn die ursprünglich gewählte Form der Nacherfüllung aufgrund eines nach dieser Wahl eintreten-

---

[346] Die erlangte Forderung gegen Y ist dann nach § 439 Abs. 4 BGB i.V. mit § 346 Abs. 1 BGB an A zurückzugewähren. Wie oben (§ 2 E II 2b, aa [2b], S. 82 ff.) dargelegt, könnte A diese Forderung auch von B gemäß § 812 Abs. 1 Satz 1 Alt. 1 BGB kondizieren (condictio indebiti).

[347] Wählt der Käufer Nachbesserung gemäß § 439 Abs. 1 Alt. 1 BGB, so entscheidet in den Grenzen des § 242 BGB allerdings der *Verkäufer*, in welcher Form diese erbracht wird, sofern dafür verschiedene Modalitäten in Betracht kommen; siehe *Huber/Faust* 13/24.

[348] A.A. jedoch *Büdenbender* AnwKomm. § 439 Rdnr. 1; *Gursky* BT, S. 23; *Jauernig/ Berger* § 439 Rdnr. 9; *Schellhammer* MDR 2002, 301; der Sache nach auch *Oechsler* § 2 Rdnr. 139 („Willenserklärung mit Gestaltungswirkung") sowie *Palandt/Putzo* § 439 Rdnr. 8.

[349] Siehe oben § 2 E II 1, S. 72 f.

den Ereignisses nicht erbracht werden muß (z.B. die Nachlieferung eines bestimmten PKW wird unmöglich, weil dieser mittlerweile nicht mehr produziert
wird).[350] Würde § 439 Abs. 1 BGB als Wahlschuld qualifiziert, wäre der Nacherfüllungsanspruch dann aufgrund der Gestaltungswirkung der Wahl gemäß § 263
Abs. 2 BGB insgesamt erloschen (im Beispiel: der Käufer könnte keine Reparatur
des defekten PKW mehr verlangen), was dem Erfüllungsinteresse des Käufers zu-
widerliefe.[351] Dies kann durch folgende Kontrollüberlegung verdeutlicht werden:
Stünde dem *Verkäufer* das Wahlrecht zwischen Nachbesserung und Nachlieferung
zu,[352] müßte er die Nacherfüllung erbringen, solange nicht für *beide* Varianten ein
Ausschlußgrund (§§ 275, 439 Abs. 3 BGB) vorliegt. Das Wahlrecht des Käufers
soll dessen Position aber stärken, was durch die Anwendung des Rechts der Wahlschuld unter Umständen in sein Gegenteil verkehrt würde. Dogmatisch besteht
deshalb zwischen dem Anspruch auf Mängelbeseitigung (§ 439 Abs. 1 Alt. 1
BGB) und dem Anspruch auf Neulieferung (§ 439 Abs. 1 Alt. 2 BGB) eine sog.
elektive Konkurrenz:[353] Die Erfüllung des einen Anspruchs wirkt auch in bezug auf
den anderen; bis dahin kann der Käufer aber unter den beiden Rechten grundsätzlich frei wählen.[354] Liegt nur für die ursprünglich gewählte Variante der Nacherfüllung ein Ausschlußgrund (§§ 275, 439 Abs. 3 BGB) vor, steht dem Käufer daher ohne weiteres noch ein auf die andere Form der Nacherfüllung begrenzter Anspruch zu (siehe § 275 Abs. 1 und 2: „soweit"). Bestehen keinerlei Ausschlußgründe, kann der Käufer die beiden Ansprüche zwar nicht kumulativ, wohl aber
solange alternativ geltend machen, bis der Verkäufer einen von ihnen erfüllt hat.

Eine Grenze für den Wechsel zwischen Mängelbeseitigung und Neulieferung
besteht jedoch nach § 242 BGB insoweit, als der Käufer dem Verkäufer eine angemessene Frist zur Erfüllung der geltend gemachten Form der Nacherfüllung gewähren muß, sofern der Anspruch auf diese nicht ausgeschlossen ist.[355] Die hierfür
anzusetzende Zeitspanne bemißt sich nach den Umständen des Einzelfalles. Begehrt z.B. der Käufer, dem ein defekter Fernsehapparat geliefert wurde, dessen Reparatur (§ 439 Abs. 1 Alt. 1 BGB) und führt der Verkäufer diese in einer angemessenen Frist nicht oder i.S. des § 434 Abs. 1 BGB nicht ordnungsgemäß durch, so
kann er immer noch diesen Anspruch auf Nachbesserung einklagen, gemäß § 439
Abs. 1 Alt. 2 BGB aber auch Lieferung eines anderen Gerätes verlangen. Erfolgt

---

[350] Liegt der Ausschlußtatbestand hingegen bereits im Zeitpunkt der Wahl vor, geht die
Wahlerklärung nach dem Recht der Wahlschuld gemäß § 265 BGB quasi „in's Leere";
die andere Nacherfüllungsvariante stünde weiter offen; siehe *Spickhoff* BB 2003, 589
(590).

[351] *Oechsler* § 2 Rdnr. 139 plädiert in diesem Fall für eine Irrtumsanfechtung der Wahl
nach § 119 Abs. 2 BGB. Diese Konstruktion ist nach der hiesigen Auffassung unnötig;
kritisch auch *Spickhoff* BB 2003, 589 (591).

[352] Wie dies bei einem Werkvertrag nach § 635 Abs. 1 BGB der Fall ist; siehe unten § 8 F
II 3b, bb, S. 467 f.

[353] Dazu allgemein *Krüger* MünchKomm.[4] § 262 Rdnr. 11.

[354] Zustimmend BR/*Faust* § 439 Rdnr. 9 f.; *Jacobs* in: Dauner-Lieb u.a. (Hrsg.), Das neue
Schuldrecht in der Praxis, 2003, S. 371 (376 f.); *Spickhoff* BB 2003, 589 (591 ff.).

[355] Hierzu näher unter § 2 E II 3b ff., S. 92 ff.

die Reparatur hingegen ordnungsgemäß, ist der Anspruch auf Nacherfüllung insgesamt nach § 362 Abs. 1 BGB erloschen.

ff) Ausschluß des Anspruchs auf Nacherfüllung

Der Anspruch auf Nacherfüllung kann aus verschiedenen Gründen entweder in einer seiner beiden Formen oder aber auch gänzlich ausgeschlossen sein. Neben dem speziellen Ausschlußtatbestand in § 439 Abs. 3 BGB steht der Anspruch des Käufers auf Mängelbeseitigung (§ 439 Abs. 1 Alt. 1 BGB) oder Nachlieferung (§ 439 Abs. 1 Alt. 2 BGB) unter dem Vorbehalt der Bestimmungen des allgemeinen Leistungsstörungsrechts. Dabei kommt ein (teilweiser) Ausschluß des Anspruchs auf Nacherfüllung vor allem nach § 275 Abs. 1 und 2 BGB, aber auch bei einer nach den §§ 323 Abs. 6, 326 Abs. 2 Satz 1 BGB zu beurteilenden Verantwortlichkeit des Käufers für den Mangel[356] in Betracht. Hingegen wird § 275 Abs. 3 BGB mangels persönlicher Verpflichtung des Verkäufers zur Erbringung der Nacherfüllung keine Relevanz erlangen.[357]

(1) Befreiung des Verkäufers von der Pflicht zur Nacherfüllung wegen Unmöglichkeit (§ 275 Abs. 1 BGB)

(a) Unmöglichkeit der Mängelbeseitigung

Eine Mängelbeseitigung nach § 439 Abs. 1 Alt. 1 BGB ist dem Verkäufer nach § 275 Abs. 1 BGB insbesondere bei einem unbehebbaren Mangel objektiv unmöglich.[358] Wurde z.B. ein gefälschtes Gemälde als Original eines Alten Meisters verkauft, so kommt eine Nachbesserung rein tatsächlich nicht in Betracht. Ein Fall subjektiver Unmöglichkeit (Unvermögen) der Mängelbeseitigung liegt z.B. bei einer vertragswidrig mit einem Pfandrecht belasteten Kaufsache vor (Rechtsmangel i.S. des § 435 Satz 1 BGB), wenn sich der Pfandrechtsinhaber kategorisch – auch gegen Zahlung einer Entschädigung – weigert, auf das Pfandrecht zu verzichten. Es ist zwar nicht dem Pfandrechtsinhaber, wohl aber dem Verkäufer unmöglich, den Rechtsmangel zu beseitigen. Eine Nachbesserung scheidet aber *nicht* schon dann wegen Unvermögens aus, wenn der Verkäufer diese nur mit Hilfe Dritter erbringen kann (Beispiel: der Verkäufer eines gebrauchten Wagens kann diesen in einer Werkstatt reparieren lassen).[359]

(b) Unmöglichkeit der Nachlieferung

Problematischer gestaltet sich bei vielen Sachverhalten, unter welchen Voraussetzungen die ersatzweise Lieferung eines mangelfreien Gegenstandes (§ 439 Abs. 1 Alt. 2 BGB) i.S. des § 275 Abs. 1 BGB unmöglich ist. Eindeutig ist die Rechtslage regelmäßig bei einem Gattungskauf, da der Verkäufer lediglich einen der Gattung

---

[356] Dazu näher unten § 2 E II 3b, ff (4), S. 100 f.

[357] Dies kann allerdings bei der entsprechenden Anwendung des § 439 BGB auf bestimmte Werkverträge gemäß § 651 Satz 1 BGB anders sein, wenn der Unternehmer bei diesen die Werkleistung persönlich zu erbringen hat; BT-Drucks. 14/6040, S. 130.

[358] Siehe oben § 2 E II 2a, cc, S. 78 ff.

[359] A.A. wohl *H.P. Westermann* JZ 2001, 530 (535).

zugehörigen Gegenstand schuldet und somit den Kaufvertrag auch durch die Neulieferung einer anderen Sache aus der Gattung erfüllen kann. Schwieriger ist die rechtliche Beurteilung bei einem Stückkauf.

Denkbar ist zunächst ein formaler Standpunkt: Eine Neulieferung wäre danach bei jedem Stückkauf unmöglich, weil die Schuld des Verkäufers auf einen Gegenstand konkretisiert ist und die Lieferung jeder anderen Sache (selbst wenn diese derselben Gattung angehört) nicht vertragsgemäß wäre.[360] Die „Lieferung einer mangelfreien Sache" käme dementsprechend nur bei einem Gattungskauf in Frage, bei dem sich die Schuld durch die Leistung einer nicht vertragsgemäßen Sache nicht konkretisiert.[361] Diese Sichtweise führt zwar zu klaren Ergebnissen, erscheint jedoch nicht sachgerecht: Ein Stückkauf liegt z.B. bei nahezu jedem Kauf in Selbstbedienungsläden vor, bei denen der Vertrag erst dadurch zustande kommt, daß der Käufer den von ihm ausgewählten Gegenstand an der Kasse vorlegt.[362] Es widerspricht aber dem Anliegen des § 439 BGB, dem Käufer möglichst eine mangelfreie Sache in natura zu verschaffen, wenn z.B. der Käufer eines defekten, nicht reparierbaren Rasenmähers in einem Baumarkt schon deshalb keinen Anspruch auf Lieferung eines anderen Rasenmähers desselben Typs hätte, weil ein Stückkauf vorliegt.[363] In diesem Fall kommt der Konkretisierung auf das entsprechende Gerät bei Abschluß des Kaufvertrages nach dem Parteiwillen keine besondere Bedeutung zu. Die rein formale Unterscheidung zwischen Stück- und Gattungsschuld ist daher für § 439 Abs. 1 Alt. 2 BGB untauglich. Diese Sichtweise findet eine Stütze sowohl in den Gesetzesmaterialien zu § 439 BGB als auch in den amtlichen Erwägungen zu Art. 3 Abs. 3 der Richtlinie zum Verbrauchsgüterkauf, die als Fälle der Unmöglichkeit einer Ersatzlieferung jeweils den Verkauf gebrauchter Güter („in der Regel"), nicht aber jeden konkretisierten Kaufgegenstand nennen.[364]

Vielmehr liegt folgende Unterscheidung nahe: Eine Neulieferung gemäß § 439 Abs. 1 Alt. 2 BGB ist nicht bloß bei einem Gattungskauf aus den restlichen Gattungsstücken möglich, sondern auch bei einem solchen Stückkauf, der *funktionell* mit einem Gattungskauf vergleichbar ist. Wann diese funktionelle Vergleichbarkeit und eine daran angeknüpfte Ersetzbarkeit des Vertragsgegenstandes gegeben sind,

---

[360] *Ackermann* JZ 2002, 378 (379 ff.); BR/*Faust* § 439 Rdnr. 27; *Haas* BB 2001, 1313 (1315); *Huber/Faust* 13/20; *S. Lorenz* JZ 2001, 742 (744); *M. Schwab* JuS 2002, 1 (6); *Petersen* Jura 2002, 461 (462).

[361] Siehe oben § 2 E II 1, S. 73.

[362] Vgl. § 2 C, S. 29 sowie *Bitter/Meidt* ZIP 2001, 2114 (2119); kritisch aber *Ackermann* JZ 2002, 378 (381 f.).

[363] Umgekehrt würde die Ablehnung einer Ersatzlieferungsmöglichkeit in diesem Fall bei unterstellter Reparaturmöglichkeit gegebenenfalls dazu führen, daß der Verkäufer mit hohem Aufwand die Reparatur durchführen müßte, obwohl die Lieferung eines Ersatzgerätes ökonomisch sinnvoller wäre. Denn das Recht auf Verweigerung der Mängelbeseitigung wegen Unverhältnismäßigkeit gemäß § 439 Abs. 3 BGB hängt u.a. davon ab, ob auf die andere Art der Nacherfüllung zurückgegriffen werden kann (§ 439 Abs. 3 Satz 2 BGB). Näher zu § 439 Abs. 3 BGB unten § 2 E II 3b, ff (3), S. 97 ff.

[364] BT-Drucks. 14/6040, S. 232; Erwägungsgrund 16 der Verbrauchsgüterkauf-RL.

bemißt sich nach der *Interessenlage der Parteien*: Kam es ihnen maßgeblich darauf an, nur ein ganz bestimmtes Stück zu verkaufen, fehlt es an einer funktionellen Vergleichbarkeit mit einer Gattungsschuld und die Neulieferung ist nach § 275 Abs. 1 BGB aufgrund einer „strengen" Konkretisierung des Kaufgegenstandes unmöglich. So z.B., wenn ein privater Verkäufer von zwei ihm gehörenden identischen Vasen eine verkauft; wird diese mangelhaft geliefert, so kann der Käufer regelmäßig nicht gemäß § 439 Abs. 1 Alt. 2 BGB Neulieferung der anderen verlangen, wenn der Verkäufer nur die eine Vase veräußern wollte. War hingegen die Konkretisierung der Kaufsache aus mehreren Stücken des Verkäufers eher zufällig, liegt zwar formal eine Stückschuld, funktionell aber eine Art „Gattungsschuld" vor, so daß der Käufer Nachlieferung aus den übrigen mangelfreien Stücken verlangen kann, die dann ebenfalls vertragsgemäß ist.

Einen Hinweis auf die funktionelle Ersetzbarkeit liefert die *Vertretbarkeit* des konkretisierten Kaufgegenstandes *i.S. des § 91 BGB*, wie regelmäßig insbesondere in den Selbstbedienungsfällen. Entgegen der wohl h.M.[365] handelt es sich bei diesem Kriterium jedoch nicht um eine eigenständige objektive Bestimmung des Anwendungsbereichs des § 439 Abs. 1 Alt. 2 BGB bei Stückkäufen, die von der funktionellen Austauschbarkeit nach dem Parteiwillen verschieden wäre. Aus den besonderen Umständen des Einzelfalls kann sich vielmehr Abweichendes ergeben, z.B. wenn ein Kunde in einem Supermarkt ein mangelhaftes Stück aus einem „Restposten" gekauft hat, der inzwischen aufgebraucht ist. Dann ist der Verkäufer wegen § 275 Abs. 1 BGB nicht zur Nachlieferung verpflichtet, obwohl es sich um eine vertretbare Sache i.S. des § 91 BGB handelt.[366] Für den Fall eines Stückkaufs über gebrauchte Güter kommt eine Nacherfüllung deshalb nicht schon immer dann in Betracht, wenn am Markt vergleichbare Sachen existieren,[367] sondern nur, wenn der Käufer eine solche Sache bei dem Käufer aus einem Reservoir gekauft hat, das noch nicht erschöpft ist. Beispiel: Ein Gebrauchtwagenhändler verfügt über 20 Jahreswagen des Typs X mit vergleichbarer Laufleistung und Ausstattung.

Nur angedeutet sei an dieser Stelle das Folgeproblem, ob die Differenzierung nach der funktionellen Ersetzbarkeit des verkauften Gegenstandes auch außerhalb der §§ 437 Nr. 1, 439 BGB anwendbar ist, nämlich in bezug auf den vor der Lieferung des mangelhaften Gegenstandes bestehenden Erfüllungsanspruch aus § 433 Abs. 1 Satz 2 BGB. Beispiel: Im Fall des Kaufs eines konkretisierten Rasenmähers in einem Baumarkt beläßt der Käufer das Gerät – ohne daß es ihm übereignet oder übergeben, d.h. i.S. des § 437 BGB geliefert worden wäre – vorläufig noch bei

---

[365] Siehe BT-Drucks. 14/6040, S. 209; LG Ellwangen v. 13. Dezember 2002, NJW 2003, 517; *Bitter/Meidt* ZIP 2001, 2114 (2119 f.); *Oechsler* § 2 Rdnr. 140; *Palandt/Putzo* § 439 Rdnr. 15; *Pammler* NJW 2003, 1992 (1993); *Spickhoff* BB 2003, 589 (590); wie hier *Canaris* JZ 2003, 831 (835).

[366] Im einzelnen kann der Kreis anderer Gegenstände, welche ersetzungstauglich sind, je nach Fallgestaltung unterschiedlich sein; siehe allgemein zur Bestimmung des Reservoirs, aus dem der Schuldner zu leisten hat (unbegrenzte Gattungsschuld, Vorratsschuld etc.) *Emmerich* MünchKomm.[4] § 243 Rdnr. 5 ff.

[367] So aber OLG Braunschweig v. 4. Februar 2003, NJW 2003, 1053 f.; *Bitter/Meidt* ZIP 2001, 2114 (2120); *Canaris* JZ 2003, 831 (836); *Jauernig/Berger* § 439 Rdnr. 13.

dem Verkäufer. Stellt sich danach die irreparable Mangelhaftigkeit des Gerätes heraus, wäre dem Verkäufer die Erfüllung seiner Pflicht aus § 433 Abs. 1 Satz 2 BGB zur mangelfreien Verschaffung der Kaufsache nach § 275 Abs. 1 BGB eigentlich unmöglich (Stückschuld!) und der Käufer gemäß § 326 Abs. 1 Satz 1 BGB von seiner Pflicht zur Zahlung des Kaufpreises befreit.[368] Nach der hier vertretenen Auffassung hätte der Käufer nach Lieferung, d.h. bei Anwendbarkeit der §§ 437 Nr. 1, 439 BGB aber einen Anspruch auf ein anderes Gerät desselben Typs, da eine mit einer Gattungsschuld funktionell vergleichbare Stückschuld vorliegt. Es ließe sich nun argumentieren, daß dem Käufer dieses Recht auch schon vor der Lieferung zusteht, d.h. solange der Anspruch nicht aus § 439 Abs. 1 BGB, sondern § 433 Abs. 1 Satz 2 BGB folgt. Dann müßte dem Kaufvertrag in Anlehnung an den Rechtsgedanken des § 439 Abs. 1 BGB sachlich der Inhalt beizulegen sei, daß der Verkäufer von vornherein für den Fall der unbehebbaren Mangelhaftigkeit des verkauften Rasenmähers subsidiär ein Ersatzgerät schuldet. Hiergegen ließe sich aber anführen, daß eine Unbeachtlichkeit des formalen Vorliegens eines Stückkaufs durch Zuerkennung eines Anspruchs auf Verschaffung einer funktionell gleichwertigen Sache erst gerechtfertigt ist, wenn dem Käufer die mangelhafte Sache bereits geliefert war (er sie quasi „in den Händen gehalten hat") und dadurch ein erhöhtes schutzwürdiges Interesse an einem funktionell vergleichbaren Rechtsbestand besteht.[369] Jedenfalls ist, wenn sowohl eine Reparatur des Mangels als auch die Lieferung einer funktionell vergleichbaren Sache in Betracht kommen (im Beispiel: der Defekt des Rasenmähers kann beseitigt werden), vor der Lieferung anders als nach § 439 Abs. 1 BGB dem *Verkäufer* das Wahlrecht zu belassen, wie er seiner Pflicht aus § 433 Abs. 1 BGB nachkommt (Reparatur oder Verschaffung eines anderen Rasenmähers).[370] In der Wahlmöglichkeit des § 439 Abs. 1 BGB spiegelt sich das erhöhte Interesse des Käufers an der Art der Mangelbeseitigung wider, das erst ab Erlangung des betreffenden Gegenstandes besteht (Gedanke der Rechtsbeständigkeit). Anderes fordert auch Art. 3 Abs. 3 der Richtlinie zum Verbrauchsgüterkauf nicht, da diese dem Käufer das Wahlrecht erst ab der Lieferung gewährt.

(2) Befreiung des Verkäufers von der Pflicht zur Nacherfüllung wegen groben Mißverhältnisses (§ 275 Abs. 2 BGB)

Nach § 275 Abs. 2 BGB ist eine bestimmte Form der Nacherfüllung nicht nur ausgeschlossen, wenn deren Vornahme im strengen Sinne unmöglich ist (§ 275 Abs. 1 BGB), sondern auch, wenn sie nach Maßgabe einer umfassenden Abwägung[371] einen Aufwand erfordert, der nach Treu und Glauben in einem groben Mißverhältnis zu dem Leistungsinteresse des Käufers an einem mangelfreien Gegenstand steht. Die Vorschrift läßt den Anspruch des Käufers auf die betreffende Nacherfüllung

---

[368] Siehe oben § 2 E II 2a, cc, S. 78 ff.

[369] Vgl. zu diesem Rechtsgedanken der §§ 437 ff. BGB oben § 2 E II 2a, bb, S. 74 ff.

[370] Zustimmend BR/*Faust* § 439 Rdnr. 17; *Grigoleit/Riehm* AcP 203 (2003), 727 (757 f.); *Oechsler* § 2 Rdnr. 75.

[371] Bei der insbesondere auch ein Vertretenmüssen des Verkäufers zu berücksichtigen ist: § 275 Abs. 2 Satz 2 BGB.

jedoch – im Unterschied zu § 275 Abs. 1 BGB – nicht ipso iure entfallen; dem Verkäufer wird – ebenso wie in § 439 Abs. 3 BGB – nur das Recht eingeräumt, die Leistung einredeweise zu verweigern.[372]

In Beziehung zu setzen sind bei der Abwägung nicht etwa der vereinbarte Kaufpreis und der Aufwand der Nacherfüllung, sondern letzterer mit dem Interesse des Käufers an einer mangelfreien Sache.[373] Ein – wenn auch hoher – Aufwand zur Nacherfüllung, dem ein entsprechendes Leistungsinteresse des Käufers gegenübersteht, unterfällt als bloße Äquivalenzstörung nicht § 275 Abs. 2 BGB, sondern berechtigt gegebenenfalls über § 313 BGB zu einer Vertragsanpassung. Dies wird in der Literatur allerdings kritisiert, wenn der Verkäufer die Leistungserschwerung nicht zu vertreten hat: Büßt der Verkäufer bei einem unbehebbaren Leistungshindernis in diesem Fall über die §§ 275 Abs. 1, 326 Abs. 1 Satz 1 BGB lediglich seinen Kaufpreisanspruch ein, dürfe er aus Gründen der Wertungsgleichheit auch bei überwindbaren Hindernissen nur bis zur Grenze des Kaufpreisanteils zur Leistung verpflichtet sein, welcher mit der vertragswidrigen Beschaffenheit des Kaufgegenstands korrespondiert (vgl. § 441 Abs. 3 BGB).[374] Dies ist zwar wertungsmäßig schlüssig, entspricht aber nicht dem Gesetz. Dieses stellt in § 275 Abs. 2 BGB auf einen Vergleich von Leistungsaufwand und Leistungsinteresse ab, ohne die Leistungspflicht des Verkäufers auf das zu begrenzen, was der letztere bei einer Unüberwindbarkeit des Leistungshindernisses einbüßen würde (d.h. den – anteiligen – Kaufpreis). Im Rahmen der Rechtsanwendung ist diese Friktion daher hinzunehmen.

Ein dem § 275 Abs. 2 BGB entsprechendes grobes Mißverhältnis liegt daher (lediglich) in den Fällen einer sog. *faktischen Unmöglichkeit* vor, in denen die Leistung nur mit einem gänzlich irrationalen Aufwand zu erbringen wäre. Beispiel: für die Reparatur eines nicht besonders hochwertigen technischen Gerätes müßte erst eine eigene Maschine konstruiert und gebaut werden. Auch insoweit spielt § 275 Abs. 2 BGB im Rahmen des § 439 Abs. 1 BGB aber praktisch eine geringe Rolle, da das Leistungsverweigerungsrecht des § 439 Abs. 3 BGB wegen Unverhältnismäßigkeit bereits unter weniger strengen Voraussetzungen eingreift.[375]

Nicht von § 275 Abs. 2 BGB umfaßt werden hingegen die Fälle einer sog. *wirtschaftlichen Unmöglichkeit*, bei denen die Nacherfüllung für den Verkäufer eine besonders hohe finanzielle Belastung bewirkt, ohne daß diese bei einer Gegenüberstellung mit dem Leistungsinteresse des Käufers in einem „groben Mißverhältnis" stehen würde.[376] Derartige Konstellationen können aber eine Äquivalenzstörung i.S. des § 313 BGB begründen.

---

[372] BT-Drucks. 14/6040, S. 188; *Canaris* JZ 2001, 499 (504 f.).

[373] Zweck des § 275 Abs. 2 BGB ist die Verhinderung ökonomisch sinnloser Leistungen; BT-Drucks. 14/6040, S. 129 ff.; *Bitter/Meidt* ZIP 2001, 2114 (2121) und ausführlich *Huber/Faust* 2/40 ff.

[374] *Ackermann* JZ 2002, 378 (382 ff.).

[375] Siehe unten § 2 E II 3b, ff (3a), S. 97.

[376] BT-Drucks. 14/6040, S. 130; *Ernst* MünchKomm.[4] § 275 Rdnr. 74 ff.

(3) Leistungsverweigerung des Verkäufers wegen unverhältnismäßiger Kosten (§ 439 Abs. 3 BGB)

(a) Normzweck des Leistungsverweigerungsrechts

Die Vorschrift des § 439 Abs. 3 Satz 1 BGB gibt dem Verkäufer auch außerhalb des § 275 Abs. 2 BGB („unbeschadet") das Recht, die vom Käufer gewählte Art der Nacherfüllung zu verweigern, wenn er diese nur mit unverhältnismäßigen Kosten erbringen kann. Hierdurch wird dem Umstand Rechnung getragen, daß die Mängelbeseitigung insbesondere nicht-gewerbliche Verkäufer oder – in bezug auf die Nachbesserung nach § 439 Abs. 1 Alt. 1 BGB – Händler ohne Reparaturlogistik unangemessen belasten kann.[377] Darüber hinaus kompensiert die Bestimmung zum Teil die Nachteile, die sich für den Verkäufer daraus ergeben, daß nicht er die für ihn günstigste Form der Nacherfüllung bestimmen darf, sondern hierzu § 439 Abs. 1 BGB den Käufer berechtigt. Wie bei § 275 Abs. 2 BGB läßt § 439 Abs. 3 BGB den betreffenden Anspruch des Käufers nicht automatisch entfallen, sondern stellt es in das Belieben des durch die Norm geschützten Verkäufers, ob er sein Leistungsverweigerungsrecht ausübt oder die Nacherfüllung trotz der unverhältnismäßigen Kosten vornimmt und dadurch gegebenenfalls die Ausübung der in § 437 Nr. 2 und 3 BGB genannten subsidiären Käuferrechte (z.B. Rücktritt) verhindert.[378]

(b) Kriterien für die Prüfung der Unverhältnismäßigkeit

Als Vergleichskriterien für die Beantwortung der Frage, wann die vom Käufer gewählte Form der Nacherfüllung unverhältnismäßige Kosten verursacht, nennt § 439 Abs. 3 Satz 2 BGB in nicht abschließender Form („insbesondere") den Wert der mangelfreien Sache, die Bedeutung des Mangels (scil.: das Maß der Minderung des Wertes bzw. der Gebrauchstauglichkeit durch diesen) und die Möglichkeit des Käufers, auf die andere Art der Nacherfüllung ohne erhebliche Nachteile zurückgreifen zu können. Wegen dieser Aufzählung bedarf es einer umfassenden Abwägung der gegenseitigen Interessen unter Berücksichtigung aller Umstände des Einzelfalles, um zu ermitteln, ob der dem Käufer aus der Nacherfüllung erwachsende Vorteil die dem Verkäufer dadurch entstehenden Kosten *ausnahmsweise* nicht rechtfertigt.[379] Bei dieser Abwägung ist zu Lasten des Verkäufers nach dem Rechtsgedanken des § 275 Abs. 2 Satz 2 BGB auch zu berücksichtigen, ob er den Mangel zu vertreten hat.[380]

---

[377] BT-Drucks. 14/6040, S. 232.

[378] *Jorden/Lehmann* JZ 2001, 952 (958).

[379] *Honsell* JZ 2001, 278 (279); *Palandt/Putzo* § 439 Rdnr. 16. Hingegen sehen *Jorden/Lehmann* JZ 2001, 952 (958 f.) es für den Bereich des Verbrauchsgüterkaufs i.S. des § 474 BGB wegen Art. 3 Abs. 3 Satz 2 der Richtlinie zum Verbrauchsgüterkauf als geboten an, die dort genannten Abwägungskriterien als abschließend zu betrachten.

[380] BR/*Faust* § 439 Rdnr. 45; *Huber/Faust* 13/40; *Oechsler* § 2 Rdnr. 143; *Zimmer/Eckhold* Jura 2002, 145 (149); zweifelnd *Jacobs* in: Dauner-Lieb u.a. (Hrsg.), Das neue Schuldrecht in der Praxis, 2003, S. 371 (384 f.); a.A. *Petersen* Jura 2002, 461 (464).

Die maßgeblichen „Gegenpole", die bei der Anwendung des § 439 Abs. 3 Satz 1 BGB stets in einen angemessenen Ausgleich zu bringen sind, bilden einerseits das durch § 439 Abs. 1 BGB grundsätzlich geschützte Interesse des Käufers an einem vertragsgemäßen Gegenstand („pacta sunt servanda") und andererseits die gesetzliche Wertentscheidung, daß ein Verkäufer nicht bis zur allgemeinen Grenze der faktischen Unmöglichkeit i.S. des § 275 Abs. 2 BGB an seiner Erfüllungspflicht festgehalten werden soll. Eine Übereinstimmung mit § 275 Abs. 2 BGB besteht aber insoweit, als sich auch die Unverhältnismäßigkeit der Nacherfüllung nach dem Verhältnis zwischen dem Nacherfüllungsaufwand des Verkäufers und dem Nacherfüllungsinteresse des Käufers bemißt, nicht aber nach einem Vergleich des Aufwandes mit dem vereinbarten Kaufpreis.[381] Auch der durch § 439 Abs. 3 BGB erfaßte Sachverhalt ist daher von einer bloßen Äquivalenzstörung i.S. des § 313 BGB zu unterscheiden. Bei der Abwägung ist ferner zu beachten, daß die Verhältnismäßigkeit keine Voraussetzung des Nacherfüllungsanspruchs ist, sondern umgekehrt die Unverhältnismäßigkeit – vergleichbar mit § 251 Abs. 2 Satz 1 BGB – ausnahmsweise einen Befreiungsgrund darstellt. Deshalb trägt der Verkäufer nicht nur die Beweislast für die Unverhältnismäßigkeit, sondern das Leistungsverweigerungsrecht ist auch nur unter restriktiven Voraussetzungen zu bejahen. Eine Form der Nacherfüllung kann dabei aus zwei Gründen unverhältnismäßig sein:[382] Zum einen, weil sie einen erheblich größeren Aufwand erfordert als die andere Variante (sog. relative Unverhältnismäßigkeit)[383] oder weil der aus ihr resultierende Nutzen den erforderlichen Aufwand schon als solchen nicht rechtfertigt (sog. absolute Unverhältnismäßigkeit).

Bezüglich der *relativen Unverhältnismäßigkeit* darf das Wahlrecht des Käufers aus § 439 Abs. 1 BGB allerdings nicht dadurch unterlaufen werden, daß jede Form der Nacherfüllung für unverhältnismäßig erklärt wird, die für den Verkäufer im Einzelfall nicht ganz unerhebliche Mehrkosten gegenüber der anderen Form verursacht. Der Vorschlag, die durch den Käufer gewählte Variante sei immer schon dann unverhältnismäßig, wenn sie 10% höhere Kosten verursacht als die andere,[384] ist daher problematisch. Gleichwohl führt § 439 Abs. 3 BGB in der Regel dazu, daß bei hochwertigen Kaufgegenständen mit kleineren Mängeln die Neulieferung häufig einer Reparatur weichen muß, während bei Massenprodukten eine kostenintensive Reparatur nicht verlangt werden kann, wenn ein Austausch ohne erhebliche Nachteile für den Käufer möglich ist.

Auch hinsichtlich der *absoluten Unverhältnismäßigkeit* einer Nacherfüllungsform ist keine trennscharfe Abgrenzung möglich. Klarheit besteht im systemati-

---

[381] OLG Braunschweig v. 4. Februar 2003, NJW 2003, 1053 (1054); *Bitter/Meidt* ZIP 2001, 2114 (2121); *Huber/Faust* 13/40; wohl auch *Oechsler* § 2 Rdnr. 142.

[382] *Bitter/Meidt* ZIP 2001, 2114 (2120 ff.); *Heinrich* ZGS 2003, 253 (256 ff.).

[383] Dies setzt allerdings stets voraus, daß der Käufer die andere Variante tatsächlich einfordern kann, diese also nicht etwa ihrerseits nach § 439 Abs. 3 BGB ausgeschlossen ist; siehe unten § 2 E II 3b, ff (3c), S. 99 f.

[384] *Bitter/Meidt* ZIP 2001, 2114 (2122); für 5-25% je nach dem Vertretenmüssen des Verkäufers BR/*Faust* § 439 Rdnr. 46; für 20% LG Ellwangen v. 13. Dezember 2002, NJW 2003, 517.

schen Zusammenspiel mit § 275 Abs. 2 BGB nur insoweit, als das Leistungsverweigerungsrecht unterhalb der Schwelle eines „groben Mißverhältnisses", d.h. der
sog. faktischen Unmöglichkeit eingreift. Zwar wird hiergegen eingewandt, daß Art.
3 Abs. 3 der Richtlinie zum Verbrauchsgüterkauf den Ausschluß einer Nacherfüllungsvariante nur wegen Unmöglichkeit oder *relativer* Unverhältnismäßigkeit er-
laube.[385] Dem steht aber entgegen, daß die Richtlinie zum Verbrauchsgüterkauf
den nationalen Gesetzgebern einen weiten Gestaltungsspielraum bei der Bestimmung des Begriffes der „Unmöglichkeit" einräumt.[386] So stellt bereits § 275 Abs. 2
BGB nicht auf eine Unmöglichkeit im engeren Sinne, sondern ein grobes Mißverhältnis ab, ohne daß daraus im Rahmen des Kaufrechts die Europarechtswidrig-
keit der Anwendung dieser Norm gefolgert würde. Es verstößt deshalb nicht gegen
höherrangiges Recht, wenn § 439 Abs. 3 BGB auch die sog. absolute Unverhältnismäßigkeit erfaßt, sofern an diesen Befreiungstatbestand strengere Voraussetzungen als an eine relative Unverhältnismäßigkeit geknüpft werden. In diesem Fall
begründet die absolute Unverhältnismäßigkeit eine „Unmöglichkeit" i.S. des Art. 3
Abs. 3 Satz 1 der Richtlinie zum Verbrauchsgüterkauf, selbst wenn für das Leistungsverweigerungsrecht wesentlich geringere Anforderungen als für ein grobes
Mißverhältnis i.S. des § 275 Abs. 2 BGB gelten.[387] Die im Rahmen des Schadensersatzrechts für Kraftfahrzeuge entwickelte Richtgröße, nach der eine Reparatur
unverhältnismäßig ist, wenn sie mehr als 130% des Wiederbeschaffungswertes
kostet,[388] ist dabei auf § 439 Abs. 3 BGB nicht ohne weiteres übertragbar.[389] Anders als die §§ 249 ff. BGB schützt § 439 Abs. 3 BGB nicht das Integritätsinteresse, sondern ein vertraglich begründetes Erfüllungsinteresse des Käufers, das nicht
vorschnell unterlaufen werden darf. Brauchbare Anhaltspunkte bieten in der Literatur vorgeschlagene Werte, nach denen der Nacherfüllungsaufwand je nach den
sonstigen Umständen bis zu 150% des Wertes der mangelfreien Sache bzw. 200%
des mangelbedingten Minderwertes betragen kann, ohne die Schwelle der Unverhältnismäßigkeit zu übersteigen.[390]

(c) Separate Prüfung der Unverhältnismäßigkeit

§ 439 Abs. 3 Satz 3 BGB stellt klar, daß die Unverhältnismäßigkeit für beide Formen der Nacherfüllung (Mängelbeseitigung, Nachlieferung) gesondert zu beurteilen ist und das Leistungsverweigerungsrecht in bezug auf eine Variante den Anspruch auf die andere Form der Nacherfüllung nicht berührt. Eine Änderung des
Verlangens ist dem Käufer ohne weiteres möglich, wenn der Verkäufer sein Leistungsverweigerungsrecht bezüglich der gewählten Form der Nacherfüllung aus-

---

[385] BR/*Faust* § 439 Rdnr. 37 f. und weiterführend *Pfeiffer* ZGS 2002, 217 ff.
[386] BR/*Faust* § 439 Rdnr. 50.
[387] A.A. BR/*Faust* § 439 Rdnr. 50 und *Heinrich* ZGS 2003, 253 (258).
[388] Dazu *Oetker* MünchKomm.[4] § 251 Rdnr. 41 ff.
[389] Anders P. *Huber* NJW 2002, 1004 (1008); *H.P. Westermann* in: Schulze/Schulte-Nöl-
        ke (Hrsg.), Die Schuldrechtsreform vor dem Hintergrund des Gemeinschaftsrechts,
        2001, S. 109 (125).
[390] *Bitter/Meidt* ZIP 2001, 2114 (2121).

geübt hat (Prinzip der elektiven Konkurrenz).[391] Die grundsätzlich nach den beiden Arten der Nacherfüllung getrennte Prüfung der Unverhältnismäßigkeit steht jedoch zumindest insoweit in einem inneren Zusammenhang, als nach § 439 Abs. 3 Satz 2 BGB bei der Abwägung zu beachten ist, inwieweit der Käufer auf die andere Art der Nacherfüllung zurückgreifen kann. Es wäre daher fehlerhaft, wenn die Unverhältnismäßigkeit einer Variante des § 439 Abs. 1 BGB *wegen* des Offenstehens der anderen Nacherfüllungsform bejaht wird (relative Unverhältnismäßigkeit) und sodann auch die letztere für (absolut) unverhältnismäßig erklärt würde.

(d) Keine „Vorwirkung" des Leistungsverweigerungsrechts

Ebenso wie für den Anspruch des Käufers eines mit einem Gattungsgegenstand funktionell vergleichbaren Stückgegenstandes auf Neulieferung nach § 439 Abs. 1 Alt. 2 BGB[392] ist auch hinsichtlich des Leistungsverweigerungsrechts nach § 439 Abs. 3 Satz 1 BGB zu erwägen, ob dieses eine „Vorwirkung" auf den Zeitraum vor der Lieferung des mangelhaften Gegenstandes und damit der direkten Anwendbarkeit der §§ 437 Nr. 1, 439 BGB entfaltet. Das Problem lautet, ob der Verkäufer auch den bis zur Lieferung nach § 433 Abs. 1 Satz 2 BGB bestehenden Anspruch auf vorherige Mängelbeseitigung unter Berufung auf eine Unverhältnismäßigkeit derselben (analog) § 439 Abs. 3 BGB zu Fall bringen kann. Insoweit läßt sich nach dem hier angenommenen allgemeinen Rechtsgedanken der Sondervorschriften in den §§ 437 ff. BGB gegen die Analogie anführen, daß das Interesse des Verkäufers, keinen unverhältnismäßigen, aber unterhalb der Schwelle des § 275 Abs. 2 BGB liegenden Aufwand zur Mängelbeseitigung erbringen zu müssen, erst dann schutzwürdig ist, wenn der Käufer den Gegenstand als Erfüllung der kaufvertraglichen Verschaffungspflicht angenommen hat (Lieferung).[393]

(4) Sonstige Fälle des Ausschlusses des Anspruchs

(a) Verantwortlichkeit des Käufers für den Mangel

Aus den §§ 323 Abs. 6 Alt. 1, 326 Abs. 2 Satz 1 Alt. 1 BGB folgt der allgemeine Rechtsgedanke, daß der Gläubiger bei einem gegenseitigen Vertrag in bezug auf solche Störungen seines Leistungsanspruchs unter Aufrechterhaltung seiner Gegenleistungspflicht keine Rechte geltend machen können soll, die er alleine oder weit überwiegend zu „verantworten" hat. Deshalb entfällt der Nacherfüllungsanspruch des Käufers in bezug auf solche Mängel, für die er alleine oder weit überwiegend verantwortlich ist.[394] Da ein Verhalten des *Gläubigers* und nicht ein solches des Schuldners in Rede steht, bestimmt sich die Verantwortlichkeit des Käufers nicht unmittelbar nach den §§ 276 ff. BGB; die Maßstäbe dieser Vorschriften

---

[391]   Siehe oben § 2 E II 3b, ee, S. 90 ff.

[392]   Siehe oben § 2 E II 3b, ff (1b), S. 94 f.

[393]   Vgl. oben § 2 E II 2a, bb (2), S. 70 ff.; zustimmend BR/*Faust* § 439 Rdnr. 17; weiterführend *Maultzsch* ZGS 2003, 411 ff.

[394]   BR/*Faust* § 439 Rdnr. 55; zu den Gewährleistungsansprüchen nach altem Kaufrecht *Staudinger/Honsell* Vorbem. zu §§ 459 ff. Rdnr. 23 m.w.N.; kritisch wegen der Vorgaben in der Richtlinie zum Verbrauchsgüterkauf hingegen *Gsell* JZ 2001, 65 (70 f.).

sind jedoch bei dieser Form des sog. Verschuldens gegen sich selbst entsprechend heranzuziehen.[395] Deshalb entfällt der Anspruch des Käufers auf Nacherfüllung z.B., wenn dieser die Kaufsache aus Unachtsamkeit bei der Lieferung selbst beschädigt hat.

(b) Annahmeverzug des Käufers

Der Rechtsgedanke der §§ 323 Abs. 6 Alt. 2, 326 Abs. 2 Satz 1 Alt. 2 BGB i.S. eines Ausschlusses des Nacherfüllungsanspruchs greift bei Sachmängeln nicht ein: Tritt eine negative Abweichung von der vertragsgemäßen Beschaffenheit i.S. des § 434 BGB zu einem Zeitpunkt ein, in dem sich der Käufer in Annahmeverzug befindet, so ging die Gefahr gemäß § 446 Satz 3 BGB bereits zuvor auf den Käufer über, so daß nach § 434 Abs. 1 Satz 1 BGB ein die Haftung des Verkäufers auslösender Mangel nicht vorliegt.[396]

Anders ist die Rechtslage bei Rechtsmängeln: Deren Abwesenheit schuldet der Verkäufer nicht nur bis zum Gefahrübergang, sondern bis zur Eigentums- oder Rechtsübertragung (bzw. der Sachübergabe im Fall des § 453 Abs. 3 BGB),[397] so daß nach dem Rechtsgedanken der §§ 323 Abs. 6 Alt. 2, 326 Abs. 2 Satz 1 Alt. 2 BGB der Nacherfüllungsanspruch ausgeschlossen ist, wenn der Rechtsmangel zu einem Zeitpunkt eintritt, in dem sich der Käufer nach den §§ 293 ff. BGB im Annahmeverzug befindet *und* der Verkäufer diesen Rechtsmangel nach dem Maßstab des § 300 Abs. 1 BGB (Vorsatz und grobe Fahrlässigkeit) nicht zu vertreten hat.[398]

(c) Ausübung subsidiärer Rechtsbehelfe durch den Käufer

Schließlich ist der Anspruch auf Nacherfüllung ausgeschlossen, wenn der Käufer *rechtswirksam* einen der in § 437 Nr. 2 und 3 BGB genannten Rechtsbehelfe ausgeübt hat, der mit einer Nacherfüllung unvereinbar ist (z.B. Rücktritt, Schadensersatz statt der Leistung gemäß § 281 Abs. 1 und 4 BGB).

gg) Durchführung der Nacherfüllung

(1) Pflicht des Verkäufers zum Aufwendungsersatz (§ 439 Abs. 2 BGB)

Gemäß § 439 Abs. 2 BGB hat der Verkäufer Aufwendungen zu tragen, die für die Nacherfüllung erforderlich sind, insbesondere Transport-, Wege-, Arbeits- und Materialkosten. Bei einer Neulieferung (§ 439 Abs. 1 Alt. 2 BGB) umfaßt dies auch den für eine Ersatzbeschaffung durch den Verkäufer aufgewendeten Betrag. Für eigene Kosten kann der Verkäufer von dem Käufer keinen Ersatz verlangen;

---

[395] Allgemein *Ernst* MünchKomm.[4] § 326 Rdnr. 49 ff.

[396] Hat der Verkäufer einen „Sachmangel" nach Gefahrübergang zu vertreten, liegt hierin eine gemäß § 280 Abs. 1 BGB zum Schadensersatz verpflichtende Handlung, aber keine Verletzung der Pflicht aus § 433 Abs. 1 Satz 2 BGB. Näher § 2 G I 1c, cc (3), S. 158 f.

[397] Siehe oben § 2 D I 1d, cc, S. 53.

[398] BR/*Faust* § 439 Rdnr. 55; vgl. auch *Gsell* JZ 2001, 65 (70 Fn. 63).

dem Käufer sind entsprechende Aufwendungen nach § 439 Abs. 2 BGB zu erset-zen.[399]

Analog § 670 BGB kann der Käufer die Aufwendungen aber nur beanspru-chen, soweit er diese für erforderlich halten durfte.[400] Hierbei ist zu berücksichti-gen, daß dem Käufer grundsätzlich kein Recht zur Selbstbeseitigung eines Man-gels unter Kostenersatzpflicht des Verkäufers zusteht,[401] so daß er Aufwendungen hierfür nach den §§ 439 Abs. 2, 670 BGB analog nur verlangen kann, wenn er dies mit dem Verkäufer abgesprochen hatte.[402] Bessert der Käufer eine mangelhafte Kaufsache „eigenmächtig" nach, so kann er hierfür keinen Aufwendungsersatz gel-tend machen, auch nicht wegen einer Geschäftsführung ohne Auftrag, weil die sachnähere Regelung des § 439 BGB den Rückgriff auf die §§ 677 ff. BGB sperrt. Die Aufwendungen können in einem derartigen Fall nur unter den Voraussetzun-gen der §§ 280 ff. BGB i.V. mit § 437 Nr. 3 BGB als Schadensersatz statt der Leistung eingefordert werden.[403] Liegen diese nicht vor (insbesondere: regelmäßig Ablauf einer Nachfrist gemäß § 281 Abs. 1 Satz 1 BGB), so mindert sich aufgrund der Selbstvornahme lediglich die Kaufpreisschuld analog § 326 Abs. 2 Satz 2 BGB um den Betrag, den der Verkäufer für eine Mangelbeseitigung hätte aufwen-den müssen.[404]

Nach den §§ 439 Abs. 2, 670 BGB analog sind aber z.B. die Kosten einer Un-tersuchung des Gegenstandes, die zur Entdeckung des Mangels geführt hat, ersatz-fähig.[405] Infolge der Lieferung eines mangelhaften Gegenstandes entstandene Schäden unterfallen hingegen nicht § 439 Abs. 2 BGB, sondern sind über § 437 Nr. 3 BGB nach den §§ 280 ff. BGB auszugleichen.[406]

(2) Rückgewährpflicht des Käufers (§ 439 Abs. 4 BGB)

Erfolgt die Nacherfüllung durch eine Neulieferung, so hat der Käufer die gelieferte mangelhafte Sache bzw. im Fall des § 434 Abs. 3 BGB das aliud dem Verkäufer nach Maßgabe der §§ 346 bis 348 BGB zurückzugewähren (§ 439 Abs. 4

---

[399] *Erman/Grunewald* § 476a Rdnr. 2; *Staudinger/Honsell* § 476a Rdnr. 4; *H.P. Wester-mann* MünchKomm. § 476a Rdnr. 4.

[400] Zur Konkretisierung des Erforderlichkeitsbegriffes unten § 11 B V 1b, S. 609.

[401] Hingegen besteht im Werkvertragsrecht nach Maßgabe des § 637 BGB ein subsidiäres Recht zum Aufwendungsersatz bei Selbstvornahme einer Nacherfüllung durch den Be-steller; näher § 8 F II 3c, S. 475.

[402] BR/*Faust* § 439 Rdnr. 25 m.w.N.

[403] Näher hierzu unten § 2 E II 3e (2), S. 116 ff.

[404] Eine Analogie zu dieser Vorschrift ist erforderlich, weil der Entfall der Gegenlei-stungspflicht bei einer nicht (mehr) korrigierbaren mangelhaften Leistung gemäß § 326 Abs. 1 Satz 2 BGB nicht eingreift, so daß auch die Folgenorm des § 326 Abs. 2 BGB nicht direkt anwendbar ist; siehe *S. Lorenz* NJW 2003, 1417 (1418 f.); kritisch zu die-ser Lösung aber *Dauner-Lieb/Dötsch* ZGS 2003, 250 (251 ff.): Gefahr einer Umge-hung des § 439 Abs. 2 BGB.

[405] BGH v. 23. Januar 1991, BGHZ 113, 251 (261).

[406] LG Hildesheim v. 13. Februar 2003, DAR 2003, 273 (274).

BGB),[407] was nach § 348 BGB Zug um Zug mit der Ersatzlieferung zu erfüllen ist. Hierfür muß stets eine konditionale Verknüpfung („zum Zweck") des Rückgewährverlangens mit der Erfüllung des vom Käufer geltend gemachten Anspruchs aus § 439 Abs. 1 Alt. 2 BGB auf Lieferung einer mangelfreien Sache bestehen. Hatte der Käufer keinen Anspruch aus § 439 Abs. 1 Alt. 2 BGB geltend gemacht, so liegt keine „Lieferung" des Verkäufers i.S. des § 439 Abs. 4 BGB vor.

Kann der Käufer der Rückgewährpflicht nicht nachkommen, z.B. weil die gelieferte Sache mittlerweile untergegangen ist, so schuldet er unter den Voraussetzungen des § 346 Abs. 2 bis 4 BGB gegebenenfalls Wertersatz oder Schadensersatz. Dies gilt jedoch nicht, wenn die Verschlechterung auf den Mangel des gelieferten Gegenstandes zurückzuführen ist (§ 346 Abs. 3 Satz 1 Nr. 2 BGB). Auch für mangelunabhängige Verschlechterungen schuldet der Käufer nach § 346 Abs. 3 Satz 1 Nr. 3 BGB keinen Wertersatz, wenn sie i.S. dieser Vorschrift zufällig eingetreten sind (etwa: der defekte PKW ist von einem Unbekannten verbeult worden). In einem solchen Fall ist die Neulieferung für den Käufer grundsätzlich besser als eine Nachbesserung, die nur den Mangel als solchen erfaßt.[408] Aus der zufälligen Verschlechterung kann sich jedoch ergeben, daß eine Neulieferung gegenüber einer Nachbesserung unverhältnismäßig i.S. des § 439 Abs. 3 BGB ist. Denn auch in einem derartigen Fall bezweckt § 439 Abs. 1 Alt. 2 BGB funktionell lediglich, dem Käufer den *mangelbedingten* Minderwert auszugleichen. Die Entlastung von dem Zufallsschaden ist daher bei der Abwägung im Rahmen des § 439 Abs. 3 BGB nicht zu seinen Gunsten als Leistungsinteresse zu berücksichtigen, stellt aber einen beachtlichen Nacherfüllungsaufwand für den Verkäufer dar.

Nach den Gesetzesmaterialien soll der Verweis auf § 346 Abs. 1 BGB auch die dort angeordnete Pflicht zur Herausgabe von Nutzungen (§ 100 BGB) umfassen, die der Käufer aus dem mangelhaften Gegenstand gezogen hat.[409] Dies kann problematisch werden, wenn der Käufer den Kaufpreis bereits bei der Lieferung der mangelhaften Sache entrichtet hatte und deshalb nicht „unentgeltlich" in den Genuß der Nutzungen gekommen ist.[410] Für diese Fälle wird teilweise vorgeschlagen, daß der Käufer keinen vollständigen Nutzungsersatz schulde, sondern nur eine aus dem Schadensersatzrecht bekannte Vorteilsausgleichung „neu für alt":[411] Er müsse nur denjenigen Wertbetrag ersetzen, um den er durch die Zurverfügungstellung eines neuwertigen Gegenstandes an Stelle der bereits abgenutzten mangelhaften Sa-

---

[407] Nach der hier vertretenen Auffassung tritt durch die Lieferung eines aliuds oder einer mangelhaften Gattungssache keine Erfüllung der Pflicht zur Rechtsverschaffung bzw. Übergabe gemäß den §§ 433 Abs. 1 Satz 1, 453 Abs. 1 und 3 BGB und somit kein Tilgungseffekt als Rechtsgrund für den Käufer i.S. des § 812 BGB ein, so daß sich in diesen Fällen ein paralleles Herausgaberecht des Verkäufers auch aus § 812 Abs. 1 Satz 1 Alt. 1 BGB ergibt. Siehe oben § 2 E II 2b, aa (2b), S. 82 ff.

[408] Siehe BR/*Faust* § 439 Rdnr. 16.

[409] BT-Drucks. 14/6040, S. 232 f.; dort auch zur Vereinbarkeit dieser Regelung mit der Richtlinie zum Verbrauchsgüterkauf.

[410] Siehe *Gsell* NJW 2003, 1969 (1970); *Hoffmann* ZRP 2001, 347 (349).

[411] Hierzu allgemein *Oetker* MünchKomm.[4] § 249 Rdnr. 333 ff.

che im Zuge der Nachlieferung subjektiv bereichert sei.[412] Obwohl diese Einwände auf guten Argumenten beruhen, sprechen im Ergebnis bessere Gründe für die gesetzlich vorgesehene Pflicht zur Herausgabe von Nutzungen nach § 346 Abs. 1 BGB.[413] Denn Nachteile, welche dem Käufer aus der verzögerten (vollständigen) Erfüllung seines Anspruchs aus den §§ 433 Abs. 1, 453 Abs. 1 und 3 BGB erwachsen, sind nach richtiger, wenn auch umstrittener Ansicht nur unter den Voraussetzungen des Schuldnerverzugs (§ 437 Nr. 3 BGB i.V. mit den §§ 280 Abs. 1 und 2, 286 BGB) zu ersetzen.[414] Diese Beschränkung darf nicht durch einen verzugsunabhängigen Einbehalt der Nutzungen aus dem vertragswidrigen Kaufgegenstand umgangen werden.

c) Recht des Käufers zum Rücktritt vom Vertrag (§ 323 Abs. 1 Alt. 2 BGB i.V. mit § 437 Nr. 2 Alt. 1 BGB)

aa) Allgemeines

Die Vorschrift des § 437 Nr. 2 Alt. 1 BGB gewährt dem Käufer bei der Lieferung eines mangelhaften Gegenstandes oder einer durch § 434 Abs. 3 BGB gleichgestellten Vertragsverletzung (Lieferung eines aliuds oder Minderlieferung) auch ein Recht zum Rücktritt von dem Kaufvertrag. Bei diesem handelt es sich um ein Gestaltungsrecht,[415] dessen wirksame Ausübung durch einseitig empfangsbedürftige Willenserklärung den Kaufvertrag in ein Rückgewährschuldverhältnis umwandelt, für das die §§ 346 ff. BGB gelten.[416] Ab diesem Zeitpunkt kann der Käufer deshalb keine Nacherfüllung i.S. des § 439 Abs. 1 BGB mehr verlangen.

Umstritten ist, ob ein bestehendes Rücktrittsrecht bereits *vor* seiner Ausübung zu einer Verweigerung der Kaufpreiszahlung berechtigt. Hieran kann der Käufer z.B. ein Interesse haben, wenn andere Gründe den Nacherfüllungsanspruch ausschließen (z.B. § 275 BGB) und daher kein Leistungsverweigerungsrecht in bezug auf den Kaufpreis nach § 320 BGB besteht. Da das Rücktrittsrecht gemäß § 438 Abs. 4 Satz 2 BGB selbst dann noch einredeweise geltend gemacht werden kann, wenn seine Ausübung aufgrund einer Verjährung des Nacherfüllungsanspruchs un-

---

[412] *Gsell* NJW 2003, 1969 (1971 ff.); *Oechsler* § 2 Rndr. 147; ähnlich *M. Schwab* JuS 2002, 630 (636 f.).

[413] Im Ergebnis auch *Brox/Walker* § 4 Rdnr. 42; *Jacobs* in: Dauner-Lieb u.a. (Hrsg.), Das neue Schuldrecht in der Praxis, 2003, S. 371 (393); *Palandt/Putzo* § 439 Rdnr. 25.

[414] Siehe unten § 2 E II 3e, aa (1), S. 114 ff.

[415] Zu diesem Begriff *Larenz/Wolf* § 15 Rdnr. 78 ff. Nach dem alten Kaufrecht konnte der Käufer statt zurückzutreten den Kaufvertrag „wandeln"; die Rechtsnatur dieses Rechts war umstritten: dazu *Marburger* 20 Probleme aus dem BGB, Schuldrecht Besonderer Teil I, 5. Aufl. 1998, 8. Problem.

[416] Nach *Wertenbruch* JZ 2002, 862 (864 ff.) soll der Verkäufer einem späteren Wechsel des Käufers zu einer Minderung i.S. des § 441 BGB wegen § 242 BGB (venire contra factum proprium) nicht widersprechen dürfen, wenn er die Rückabwicklung des Vertrages nach Erklärung des Rücktritts grundlos verweigert hat; ähnlich *Medicus* Rdnr. 67.

wirksam wäre, muß auch ein noch bestehendes Rücktrittsrecht a fortiori als Einrede gegen den Kaufpreiszahlungsanspruch erhoben werden können.[417]

Die Rechtsgrundlage für das Rücktrittsrecht ist – nicht anders als bei den Ansprüchen auf Nacherfüllung – aus den in § 437 Nr. 2 Alt. 1 BGB genannten Verweisungsobjekten zu entnehmen; das Rücktrittsrecht beruht deshalb auf § 323 Abs. 1 Alt. 2 BGB i.V. mit § 437 Nr. 2 Alt. 1 BGB bzw. § 326 Abs. 5 Halbsatz 1 BGB i.V. mit § 437 Nr. 2 Alt. 1 BGB.

bb) Verhältnis des Rücktrittsrechts zum Anspruch auf Nacherfüllung

(1) Grundsätzliche Subsidiarität des Rücktrittsrechts

Bei einem ersten Blick auf § 437 BGB steht das Recht des Käufers zum Rücktritt gleichrangig neben dem Anspruch auf Nacherfüllung nach § 439 BGB; § 437 Nr. 1 und 2 BGB nennt beide nacheinander, ohne deren Verhältnis zueinander anzusprechen. Ein anderer Befund ergibt sich, wenn zusätzlich diejenigen Normen betrachtet werden, deren tatbestandlichen Voraussetzungen wegen der Verweisung des § 437 Nr. 2 Alt. 1 BGB für die Ausübung des Rücktrittsrechts vorliegen müssen. Danach kann der Käufer dieses Gestaltungsrecht grundsätzlich nur subsidiär geltend machen. Es ist jedoch terminologisch ungenau, diesen Umstand mit dem Schlagwort eines „Rechts" des Verkäufers zur zweiten Andienung zu umschreiben.[418] Dem Verkäufer steht kein subjektives Recht auf eine Nacherfüllung zu und den Käufer trifft keine Pflicht i.S. des § 280 BGB, eine solche zu dulden.[419] Das Recht des Käufers auf Vertragsauflösung ist lediglich in der Regel gegenüber einer Nacherfüllung nachrangig, weshalb richtigerweise von einer zweiten Erfüllungschance des Verkäufers gesprochen werden sollte.[420]

§ 323 Abs. 1 Alt. 2 BGB, auf den § 437 Nr. 2 Alt. 1 BGB verweist, verknüpft den Rücktritt bei gegenseitigen Verträgen im Fall einer nicht vertragsgemäß erbrachten Leistung mit dem Ablauf einer angemessenen Nachfrist zur ordnungsgemäßen Erfüllung. Erst wenn die Nachfrist durch eine empfangsbedürftige Willenserklärung[421] (vgl. § 130 BGB) gesetzt ist, die dem Verkäufer mit ihrer Länge eine nach den Umständen des jeweiligen Falles angemessene Erfüllungschance einräumt,[422] und erfolglos abgelaufen ist, kann der Käufer wegen der mangelhaften Lieferung nach § 323 Abs. 1 Alt. 2 BGB von dem Kaufvertrag zurücktreten.[423] Dieses Erfordernis der Nachfristsetzung bezieht sich im Anwendungsbereich des

---

[417] BGH v. 18. Januar 1991, BGHZ 113, 232 (235 f.) zu § 478 BGB a.F.; *Huber/Faust* 13/153; a.A. *Lorenz/Riehm* Rdnr. 501.

[418] Siehe BR/*Faust* § 439 Rdnr. 2; *Brox/Walker* § 4 Rdnr. 40; *Medicus* Rdnr. 54.

[419] Statt aller *Oechsler* § 2 Rdnr. 78.

[420] So etwa *Huber/Faust* 13/8.

[421] Zu dieser Qualifizierung der Nachfristsetzung *Ernst* MünchKomm.⁴ § 323 Rdnr. 50 m.w.N.

[422] Im einzelnen BR/*Faust* § 437 Rdnr. 15; *Ernst* MünchKomm.⁴ § 323 Rdnr. 69 ff.

[423] Setzt der Käufer eine unangemessen kurze Nachfrist, wird ex lege eine objektiv angemessene Frist in Lauf gesetzt, nach deren Ablauf der Käufer zurücktreten kann; vgl. *Ernst* MünchKomm.⁴ § 323 Rdnr. 77 f.

§ 437 Nr. 2 Alt. 1 BGB auf eine Nacherfüllung nach § 439 Abs. 1 BGB in der von dem Käufer gewählten und nicht ausnahmsweise ausgeschlossenen[424] Form, d.h. entweder der Mängelbeseitigung oder der Neulieferung.[425]

Problematisch erscheint der folgende Fall: Der Käufer weist eine ihm angebotene Sache mit dem Hinweis auf einen erkannten Mangel zurück und setzt zugleich eine Nachfrist für die Pflicht zur mangelfreien Lieferung (vgl. § 433 Abs. 1 Satz 2 BGB). Später wird die Sache geliefert, der gerügte Mangel besteht jedoch (jetzt unerkannt) fort bzw. alternativ: dieser Mangel wurde vor der Lieferung beseitigt, aber die Sache weist noch einen anderen Mangel auf. Da der Nacherfüllungsanspruch eine modifizierte Fortsetzung des Anspruchs aus § 433 Abs. 1 Satz 2 BGB darstellt,[426] wird man im ersten Fall (der ursprüngliche Mangel besteht fort) keine erneute Nachfristsetzung als Voraussetzung eines Rücktritts nach § 437 Nr. 2 Alt. 1 BGB fordern können. Anders ist es hingegen im zweiten Fall (die Sache weist noch einen anderen Mangel auf), da die mit der Zurückweisung der Ware verbundene Nachfristsetzung zu *diesem* Mangel keinen Bezug aufweist.[427]

Erbringt der Verkäufer die Nacherfüllung erst nach dem Ablauf der angemessenen Nachfrist, bleibt das Rücktrittsrecht aus Gründen der Rechtssicherheit grundsätzlich unberührt; wirkt der Käufer an dieser Nacherfüllung noch mit, ist ihm der Rücktritt jedoch nach § 242 BGB verwehrt (venire contra factum proprium).

(2) Ausnahmen von der Subsidiarität

Von der Nachrangigkeit der Vertragsauflösung gegenüber dem Anspruch auf Nacherfüllung aus § 439 Abs. 1 BGB bestehen allerdings zahlreiche Ausnahmen.

(a) Befreiung von der Nacherfüllung gemäß § 275 BGB

Nach § 437 Nr. 2 Alt. 1 BGB i.V. mit § 326 Abs. 5 Halbsatz 2 BGB entfällt das Erfordernis der Nachfristsetzung, wenn der Verkäufer von der Nacherfüllungspflicht gemäß § 275 BGB befreit ist.[428] Dies ist z.B. bei einem unbehebbaren Mangel zu bejahen.[429] Voraussetzung ist jedoch stets, daß *beide* Formen der Nacherfüllung, die § 439 Abs. 1 BGB nennt, nach § 275 BGB ausgeschlossen sind.[430] Der Umstand, daß z.B. keine Neulieferung, sondern nur eine Nachbesserung in Betracht kommt und der Käufer somit seine Wahlmöglichkeit aus § 439 Abs. 1 BGB kraft Gesetzes verliert, führt nicht zur Anwendbarkeit des § 326 Abs. 5 BGB.

---

424 Siehe oben § 2 E II 3b, ff, S. 92 ff.
425 BT-Drucks. 14/6060, S. 221; *Brox/Walker* § 4 Rdnr. 50; *Huber/Faust* 13/66.
426 § 2 E II 1, S. 72 f.
427 *Palandt/Heinrichs* § 281 Rdnr. 12; a.A. *Bitter/Meidt* ZIP 2001, 2114 (2117); *Canaris* DB 2001, 1815 (1816); *Huber/Faust* 13/83.
428 In diesem Sonderfall beruht das Rücktrittsrecht nicht auf § 323 Abs. 1 BGB, sondern auf § 326 Abs. 5 Halbsatz 1 BGB.
429 Siehe oben § 2 E II 2a, cc, S. 78 ff.
430 BT-Drucks. 14/6040, S. 234; BR/*Faust* § 440 Rdnr. 11; *Oechsler* § 2 Rdnr. 178.

(b) Ausnahmen vom Fristsetzungserfordernis gemäß § 323 Abs. 2 BGB

Die Setzung einer Nachfrist ist ferner unter den allgemeinen Voraussetzungen des § 323 Abs. 2 BGB entbehrlich.[431] In Betracht kommt dies z.B., wenn der Verkäufer die vom Käufer *wirksam* gewählte Form der Nacherfüllung zu Unrecht ernsthaft und endgültig verweigert (§ 323 Abs. 2 Nr. 1 BGB). Die Forderung nach einer unberechtigten Erfüllungsverweigerung in bezug auf beide Nacherfüllungsvarianten würde das Wahlrecht des Käufers nach § 439 Abs. 1 BGB unzulässig aushöhlen.

(c) Entbehrlichkeit der Nachfrist nach § 440 BGB

Schließlich zählt § 437 Nr. 2 Alt. 1 BGB i.V. mit § 440 BGB besondere Tatbestände auf, bei deren Vorliegen dem Käufer ein Rücktrittsrecht ohne eine erfolglose Nachfristsetzung zusteht. Die anderen Voraussetzungen für ein Rücktrittsrecht aus § 323 BGB berührt § 440 BGB hingegen nicht, so daß auch bei den dort genannten Tatbeständen die Ausschlußgründe des § 323 Abs. 5 Satz 2 und Abs. 6 BGB eingreifen können.[432] Nach § 440 Satz 1 BGB kann eine Nachfrist bei drei Sachverhalten unterbleiben:

(aa) Unverhältnismäßigkeit der Nacherfüllung (§ 440 Satz 1 Alt. 1 BGB)

Ergänzend zu § 326 Abs. 5 BGB ist die Nachfristsetzung entbehrlich, wenn die Pflicht des Verkäufers zur Nacherfüllung zwar nicht nach § 275 BGB ausgeschlossen ist, der Verkäufer aber *beide* Formen der Nacherfüllung gemäß § 439 Abs. 3 BGB verweigern kann und sich auf dieses Leistungsverweigerungsrecht auch beruft (§ 440 Satz 1 Alt. 1 BGB). Einer analogen Anwendung bedarf die Vorschrift jedoch, wenn eine Form der Nacherfüllung nach § 439 Abs. 3 BGB ausgeschlossen ist, die andere aber nach § 275 BGB. In diesem Fall greift weder § 326 Abs. 5 Halbsatz 2 BGB[433] noch § 440 Satz 1 Alt. 1 BGB direkt ein, eine Nachfristsetzung wäre mangels eines bestehenden Nacherfüllungsanspruchs aber gleichwohl sinnlos. Verweigert der Verkäufer eine gewählte Form der Nacherfüllung *zu Unrecht* wegen einer angeblichen, in Wirklichkeit aber nicht vorliegenden Unverhältnismäßigkeit, ist die Nachfristsetzung nach § 437 Nr. 2 Alt. 1 BGB i.V. mit § 323 Abs. 2 Nr. 1 BGB entbehrlich (ernsthafte und endgültige Erfüllungsverweigerung).

(bb) Fehlschlagen der Nacherfüllung (§ 440 Satz 1 Alt. 2 BGB)

Des weiteren kann ein Rücktritt ohne die erfolglose Setzung einer Nachfrist erklärt werden, wenn die dem Käufer zustehende, d.h. von ihm wirksam gewählte Art der Nacherfüllung „fehlgeschlagen" ist (§ 440 Satz 1 Alt. 2 BGB). In diesem Fall besteht das Recht zum Rücktritt ohne Nachfrist unabhängig davon, ob die andere

---

[431] Die Vorschrift des § 323 Abs. 2 Nr. 3 BGB, nach der die Fristsetzung bei Vorliegen besonderer Umstände, die unter Abwägung der beiderseitigen Interessen einen soforigen Rücktritt rechtfertigen, entbehrlich ist, dürfte jedoch weitgehend in der speziellen Unzumutbarkeitsregelung des § 440 Satz 1 Alt. 3 BGB aufgehen; dazu näher sogleich.

[432] Dazu näher unten § 2 E II 3c, cc, S. 109 ff.

[433] Siehe § 2 E II 3c, bb (2a), S. 106.

Form der Nacherfüllung noch möglich wäre.[434] § 440 Satz 2 BGB konkretisiert dies für den Fall der Nachbesserung in nicht abschließender Weise dahingehend, daß diese im Zweifel nach dem erfolglosen zweiten Versuch als fehlgeschlagen gilt. Diese Richtgröße dürfte für erfolglose Neulieferungsversuche nach § 439 Abs. 1 Alt. 2 BGB ebenfalls anzuwenden sein. Die Besonderheiten des Einzelfalles können es jedoch gebieten, von diesem Maßstab abzuweichen.

Nach den Gesetzesmaterialien soll ein Fehlschlagen stets auch dann vorliegen, wenn der Verkäufer nach einer bloßen Aufforderung zur Nacherfüllung durch den Käufer *ohne Nachfristsetzung* die gewählte Form der Nacherfüllung nicht in einer objektiv angemessenen Frist erbringt.[435] Dies ist jedoch bedenklich, weil hiermit die Voraussetzung einer Nachfristsetzung durch den Käufer in § 437 Nr. 2 Alt. 1 BGB i.V. mit § 323 Abs. 1 BGB zur Makulatur würde.

(cc) Unzumutbarkeit der Nacherfüllung für den Käufer (§ 440 Satz 1 Alt. 3 BGB)

Schließlich kann der Rücktritt sofort erfolgen, wenn eine nach Maßgabe des § 439 BGB wählbare Form der Nacherfüllung für den Käufer „unzumutbar" ist (§ 440 Satz 1 Alt. 3 BGB). Diese Regelung geht auf Art. 3 Abs. 5 Spiegelstrich 3 der Richtlinie zum Verbrauchsgüterkauf zurück. Danach soll der Käufer nicht vorrangig auf eine ihm eigentlich zustehende – d.h. z.B. nicht gemäß § 439 Abs. 3 BGB ausgeschlossene – Form der Nacherfüllung verwiesen werden können, wenn ihm diese „erhebliche Unannehmlichkeiten" bereitet. Wie bei einem Fehlschlag der wirksam gewählten Form der Nacherfüllung kommt es wiederum nicht darauf an, ob die andere Variante der Nacherfüllung in zumutbarer Weise erfolgen könnte, um nicht das Wahlrecht des Käufers aus § 439 Abs. 1 BGB leerlaufen zu lassen.[436]

Für die Beurteilung der Unzumutbarkeit ist insbesondere die Art des Verkaufsgegenstandes (Art. 3 Abs. 3 Satz 3 der Richtlinie zum Verbrauchsgüterkauf) sowie der vom Käufer mit dessen Anschaffung verfolgte Zweck bedeutsam. Eine Unzumutbarkeit der Nacherfüllung liegt daher insbesondere vor, wenn es dem Käufer auf die sofortige Verfügbarkeit des Kaufgegenstandes ankommt (Beispiel: Erwerb eines Fotoapparates im Urlaub, der aufgrund des Mangels aber erst repariert werden müßte).[437] In diesen Fällen ist jedoch zu fordern, daß dies dem Verkäufer bei Abschluß des Vertrages zumindest erkennbar war. Als weitere Fallgruppe der Unzumutbarkeit kommt eine besondere Erschütterung des Vertrauensverhältnisses des Käufers zu dem Verkäufer in Betracht; so z.B. wenn aufgrund der Umstände

---

[434] BT-Drucks. 14/6040, S. 233; *Jorden/Lehmann* JZ 2001, 952 (960); *Lorenz/Riehm* Rdnr. 512.

[435] BT-Drucks. 14/6040, S. 222; zustimmend *Brox/Walker* § 4 Rdnr. 54; wie hier OLG Köln v. 1. September 2003, ZGS 2003, 392 (393 f.); BR/*Faust* § 440 Rdnr. 31.

[436] *Jorden/Lehmann* JZ 2001, 952 (960); teilweise a.A. *Huber/Faust* 13/72.

[437] Ist die sofortige oder fristgemäße Verfügbarkeit des Kaufgegenstandes derart in den Vertrag eingegangen, daß der Käufer den Fortbestand seines Leistungsinteresses mit der Rechtzeitigkeit der Leistung verknüpft (sog. relative Fixschuld), kann der Rücktritt schon nach § 323 Abs. 2 Nr. 2 BGB ohne Nachfristsetzung erfolgen. Zu den diesbezüglichen Anforderungen und Abgrenzungsfragen *Ernst* MünchKomm.[4] § 323 Rdnr. 109 ff.

der mangelhaften Leistung erhebliche Zweifel an einer ordnungsgemäßen Nacherfüllung bestehen (z.B. der Verkäufer hat den Käufer arglistig über den Mangel getäuscht).[438]

   Umstritten ist, ob Art. 3 Abs. 5 Spiegelstrich 3 der Richtlinie zum Verbrauchsgüterkauf – der zwingende Vorgaben allerdings nur für den Verbrauchsgüterkauf
i.S. des § 474 BGB[439] aufstellt – ein Rücktrittsrecht wegen Unzumutbarkeit i.S.
des § 440 Satz 1 Alt. 3 BGB auch dann noch gebietet, wenn die Nacherfüllung
unter „erheblichen Unannehmlichkeiten" für den Käufer bereits erfolgt ist[440] oder
ob das Rücktrittsrecht nur besteht, wenn der Käufer die Nacherfüllung wegen Unzumutbarkeit ablehnt.[441] Für die letztere Auffassung spricht, daß bei erfolgter
Nacherfüllung eine Auflösung des nunmehr erfüllten Vertrages nicht mehr interessengerecht erscheint. Es kann dann allenfalls noch um den Ausgleich der entstandenen „Unannehmlichkeiten" gehen, der über § 437 Nr. 3 BGB im Wege des
Schadensersatzrechts zu erfolgen hat.[442]

cc) Ausschluß des Rücktrittsrechts

(1) Unerheblichkeit des Mangels

Das Rücktrittsrecht ist in verschiedenen Fällen ausgeschlossen: Nach § 437 Nr. 2
Alt. 1 BGB i.V. mit § 323 Abs. 5 Satz 2 BGB kann der Käufer von dem Vertrag
nicht zurücktreten, wenn der Mangel unerheblich ist.[443] Die Unerheblichkeit ist
stets zu verneinen, wenn der Verkäufer für die betreffende Beschaffenheit eine Garantie übernommen hat. Ansonsten ergibt sich die Unerheblichkeit aus dem geringfügigen Maß, in dem die Gebrauchstauglichkeit bzw. der Wert des Kaufgegenstandes durch den Mangel gemindert sind.[444] Eine solche Unerheblichkeit liegt
z.B. vor, wenn ein Neuwagen an einer versteckten Stelle einen marginalen Lackschaden aufweist.

   Die Unerheblichkeitsklausel trägt dem Umstand Rechnung, daß eine geringfügige Vertragswidrigkeit den Bestand des Schuldverhältnisses nicht mehr in Frage
stellen soll, wenn der Kaufgegenstand bereits transferiert wurde und insoweit ein

---

[438] BR/*Faust* § 440 Rdnr. 37; *Oechsler* § 2 Rdnr. 172; vgl. zu § 634 Abs. 2 Alt. 3 BGB
       a.F. BGH v. 8. Dezember 1966, BGHZ 46, 242 (245).

[439] Dazu näher unten § 2 H V, S. 99 ff.

[440] Hierfür *Ernst/Gsell* ZIP 2000, 1410 (1417 f.); *Gsell* JZ 2001, 65 (70); *Hoffmann* ZRP
       2001, 347 (350); *W. H. Roth* in: Ernst/Zimmermann (Hrsg.), Zivilrechtswissenschaft
       und Schuldrechtsreform, 2001, S. 225 (242 ff.).

[441] BT-Drucks. 14/6040, S. 223 mit ausführlicher Begründung; BR/*Faust* § 437 Rdnr. 24;
       H.P. Westermann JZ 2001, 530 (537) und *Tonner/Crellwitz/Echtermeyer* in: Micklitz
       u.a. (Hrsg.), Schuldrechtsreform und Verbraucherschutz, 2001, S. 293 (324).

[442] Für einen verschuldensunabhängigen Entschädigungsanspruch analog § 439 Abs. 2
       BGB BR/*Faust* § 441 Rdnr. 33.

[443] Dieses Kriterium und nicht dasjenige des Interessenfortfalls gemäß § 323 Abs. 5 Satz 1
       BGB gilt auch für eine gemäß § 434 Abs. 3 BGB einem Sachmangel gleichstehende
       Minderlieferung; siehe oben § 2 E II 2b, bb, S. 86.

[444] BT-Drucks. 14/6040, S. 223; *Oechsler* § 2 Rdnr. 157 und 162 stellt nur auf den Wert
       ab.

Interesse an Rechtsbeständigkeit besteht. Aus diesem Grunde ist der Käufer auf die anderen Ansprüche und Rechte beschränkt, die § 437 BGB aufzählt. Hingegen hindert § 323 Abs. 5 Satz 2 BGB den Käufer, der den unerheblichen Mangel vor der Lieferung erkennt, nicht daran, die Sache als vertragswidrig zurückzuweisen und nach Ablauf einer Nachfrist zu dessen Beseitigung nach § 323 Abs. 1 BGB von dem Kaufvertrag zurückzutreten; § 323 Abs. 5 Satz 2 BGB setzt voraus, daß die vertragswidrige Leistung bereits erbracht wurde („hat der Schuldner [...] bewirkt") und dadurch ein erhöhtes Interesse an Rechtsbeständigkeit entstanden ist.[445]

(2) Verantwortlichkeit des Käufers für den Rücktrittsgrund

Der Rücktritt des Käufers ist ferner ausgeschlossen, wenn er für den Rücktrittsgrund allein oder weit überwiegend verantwortlich ist (§ 437 Nr. 2 Alt. 1 BGB i.V. mit § 323 Abs. 6 Alt. 1 BGB).[446] Die Verantwortlichkeit kann sich dabei nicht nur auf den Mangel, sondern auch ein Ausscheiden der Nacherfüllung beziehen, welches das Rücktrittsrecht entstehen läßt.[447] Diese Regelung ist eine logische Folge der Subsidiarität des Rücktritts gegenüber der Nacherfüllung: Wenn der Gläubiger für den Tatbestand verantwortlich ist, der diese Subsidiarität entfallen läßt, darf dies kein Rücktrittsrecht begründen. Zerstört der Käufer z.B. die mangelhafte Kaufsache vorsätzlich, dann ist der an sich offenstehende Rücktritt (§ 326 Abs. 5 Halbsatz 1 BGB i.V. mit § 437 Nr. 2 Alt. 1 BGB) gemäß § 323 Abs. 6 Alt. 1 BGB i.V. mit 326 Abs. 5 Halbsatz 2 BGB ausgeschlossen.[448] Aus § 346 Abs. 3 Satz 1 Nr. 3 BGB ergibt sich jedoch mittelbar, daß als Verantwortlichkeit des Gläubigers nicht jede einfache Fahrlässigkeit analog § 276 Abs. 2 BGB in Betracht kommt, sondern nur ein Verstoß gegen die eigenübliche Sorgfalt i.S. des § 277 BGB. Denn wenn der Käufer bei einer Beachtung dieser Sorgfalt *im Rahmen des Rücktritts* trotz der Verschlechterung bzw. des Untergangs der Kaufsache nicht einmal Wertersatz leisten muß, kann aufgrund seines Verhaltens nicht schon das Rücktrittsrecht selbst ausgeschlossen sein.[449]

Der Rücktritt scheidet auch aus, wenn ein von dem Verkäufer nicht zu vertretender Rücktrittsgrund eintritt, während sich der Käufer in Annahmeverzug befindet (§ 437 Nr. 2 Alt. 1 BGB i.V. mit § 323 Abs. 6 Alt. 2 BGB). Z.B.: Der Verkäufer hat eine Nacherfüllung in Annahmeverzug begründender Weise angeboten; danach geht der mangelhafte Kaufgegenstand bei dem Käufer durch Zufall unter. Gleiches gilt, wenn ein von dem Verkäufer nicht zu vertretender Rechtsmangel zu einem Zeitpunkt eingetreten ist, zu dem sich der Käufer in Annahmeverzug be-

---

[445] Siehe oben § 2 E II 2a, bb (2), S. 75 ff.; *Ernst* MünchKomm.[4] § 323 Rdnr. 240.

[446] Kritisch hierzu in bezug auf die Vorgaben der Richtlinie zum Verbrauchsgüterkauf *Gsell* JZ 2001, 65 (70 f.).

[447] Näher BR/*Faust* § 437 Rdnr. 33; *Kohler* AcP 203 (2003), 539 (546 ff.).

[448] Der Kaufpreis mindert sich dann aber analog § 326 Abs. 2 Satz 2 BGB um den Nacherfüllungsaufwand, den der Verkäufer erspart hat; BR/*Faust* § 437 Rdnr. 33; *Lorenz* NJW 2002, 2497 (2499); im Ergebnis auch *Jansen* ZIP 2002, 877 (879 f.).

[449] Siehe auch *Kohler* AcP 203 (2003), 539 (551 ff.).

fand.[450] Hingegen ist § 323 Abs. 6 Alt. 2 BGB nicht als Ausschlußgrund für ein Rücktrittsrecht einschlägig, wenn ein „Sachmangel" der Kaufsache erst während des Annahmeverzugs des Käufers eingetreten ist. Die Verschlechterung stellt in diesem Fall wegen des Gefahrübergangs nach § 446 Satz 3 BGB bereits keinen Sachmangel i.S. des § 434 BGB dar, so daß § 437 BGB nicht anwendbar ist und ein Rücktrittsrecht von vornherein ausscheidet.[451]

d) Minderung des Kaufpreises nach § 441 Abs. 1 Satz 1 BGB i.V. mit § 437 Nr. 2 Alt. 2 BGB

aa) Rechtsnatur der Minderung

Nach § 437 Nr. 2 Alt. 2 BGB kann sich der Käufer auch dafür entscheiden, statt von dem Vertrag zurückzutreten, den Kaufpreis nach Maßgabe des § 441 BGB zu mindern. Die Minderung wandelt den Kaufvertrag anders als ein Rücktritt nicht insgesamt in ein Rückgewährschuldverhältnis um. Vielmehr reduziert sich lediglich die Hauptleistungspflicht des Käufers. Dem Verkäufer steht daher auch nach erfolgter Minderung durch den Käufer ein Anspruch aus § 433 Abs. 2 BGB auf Zahlung des Kaufpreises zu. Dessen Höhe bemißt sich nach rechtswirksamer Ausübung des Minderungsrechts jedoch nicht mehr nach der vertraglichen Abrede, sondern nach Maßgabe des § 441 Abs. 3 Satz 1 BGB.[452] Dementsprechend kann der Käufer der Geltendmachung des Kaufpreisanspruchs bereits vor der Ausübung des Minderungsrechts eine Einrede entgegenhalten, die sich auf den nach § 441 Abs. 3 Satz 1 BGB entfallenden Kaufpreisanteil bezieht.[453]

Die Minderung, d.h. die Herabsetzung des geschuldeten Kaufpreises tritt nicht kraft Gesetzes ein, sondern ist im Kaufrecht als Gestaltungsrecht ausgestaltet worden. Dessen Ausübung erfolgt durch eine empfangsbedürftige Willenserklärung (§ 441 Abs. 1 Satz 1 BGB). Sind auf einer Seite des Vertrages mehrere Personen beteiligt, so kann die Minderung nach § 441 Abs. 2 BGB nur von allen oder gegen alle erklärt werden.[454] Mit Zugang der Erklärung beim Verkäufer ist die Minderung wirksam, so daß der Käufer diese nicht mehr einseitig widerrufen kann. Auch eine Anfechtung der Erklärung wegen Irrtums ist nur eingeschränkt möglich; insbesondere ist es dem Käufer verwehrt, sich später auf einen Irrtum über die Rechtsfolgen der Minderung (d.h. die Höhe derselben) zu berufen, wenn er zu der Überzeugung gelangt, der Rücktritt vom Vertrag wäre für ihn günstiger gewesen.[455] Den Vertragsparteien steht es jedoch frei, übereinstimmend zu vereinbaren, daß die Rechtswirkungen der Minderung nicht eintreten sollen. Ist die Minderung

---

[450] § 326 Abs. 2 Satz 2 BGB ist wiederum analog anzuwenden (siehe Fn. 448); BR/*Faust* § 437 Rdnr. 34.

[451] Siehe oben § 2 E II 3b, ff (4b), S. 101.

[452] Zur Berechnung näher unten § 2 E II 3d, cc, S. 112 f.

[453] Siehe oben § 2 E II 3c, aa, S. 104 f. zur Parallelfrage beim Rücktritt.

[454] Diese Regelung entspricht derjenigen in § 351 Satz 1 BGB für das Rücktrittsrecht, weshalb § 351 Satz 2 BGB auf das Minderungsrecht analog anzuwenden sein wird; so BR/*Faust* § 441 Rdnr. 20.

[455] Zur Unbeachtlichkeit eines Rechtsfolgenirrtums im Rahmen des § 119 Abs. 1 BGB *Larenz/Wolf* § 36 Rdnr. 81 ff.

wirksam erklärt, kann der Käufer nur noch wegen eines weiteren, in dem Minderungsbegehren nicht berücksichtigten Mangels Nacherfüllung verlangen oder auf den Rücktritt übergehen.[456]

bb) Voraussetzungen der Minderung

§ 441 Abs. 1 Satz 1 BGB gewährt das Recht zur Minderung „statt" des Rücktritts. Wegen dieser Regelungstechnik, die der Aufzählung in § 437 Nr. 2 BGB entspricht, müssen für das Minderungsrecht alle Voraussetzungen eines Rücktrittsrechts erfüllt sein.[457] Insbesondere ist dieses grundsätzlich gegenüber dem Anspruch auf Nacherfüllung aus § 439 BGB subsidiär.[458]

Lediglich in einer Konstellation läßt § 441 Abs. 1 Satz 2 BGB die Minderung zu, obwohl dem Käufer kein Rücktrittsrecht zusteht: Ist der Mangel nur unerheblich, soll zwar nach § 323 Abs. 5 Satz 2 BGB nicht der gesamte Vertrag rückabgewickelt werden; ein Ausschluß der entsprechenden Herabsetzung des Kaufpreises (Minderung) wird von dem Regelungszweck dieser Vorschrift aber nicht getragen.

cc) Berechnung der Minderung

Die Minderung ist gemäß § 441 Abs. 3 Satz 1 BGB nach einer relativen Methode zu berechnen: Der Kaufpreis ist in dem Verhältnis herabzusetzen, im welchem zur Zeit des Vertragsschlusses der Wert der Sache in mangelfreiem Zustand zu dem wirklichen Wert (d.h. der mangelhaften Sache) gestanden haben würde. Der Wert der mangelhaften Sache (a) verhält sich mithin zu dem Wert der mangelfrei gedachten Sache (b) wie der geminderte Kaufpreis (x) zu dem vereinbarten Kaufpreis (p): $a/b = x/p$. Zur Ermittlung des geminderten Kaufpreises ist daher das Produkt aus Kaufpreis und Wert des mangelhaften Kaufgegenstandes durch den Wert des vertragsgemäß gedachten Kaufgegenstandes zu dividieren: $x = (a*p)/b$.[459] Beispiel: Der Kaufpreis beträgt 100 Euro, der Wert des Kaufgegenstandes in mängelfreiem Zustand 150 Euro und der Wert unter Berücksichtigung des Mangels 100 Euro. In diesem Fall beträgt der geminderte Kaufpreis 66,67 Euro: $(100*100)/150 = 66,67$.

Die relative Berechnungsmethode überträgt somit das spezifische subjektive Äquivalenzverhältnis des Kaufvertrages, das sich aus einer Abweichung des Kaufpreises von dem objektiven Wert der vertragsgemäßen Sache ergeben kann, auf den geminderten Kaufpreis.[460] Im obigen Beispiel findet also der für den Käufer

---

[456] *Brox/Walker* § 4 Rdnr. 77; *H.P. Westermann* in: Schulze/Schulte-Nölke (Hrsg.), Die Schuldrechtsreform vor dem Hintergrund des Gemeinschaftsrechts, 2001, S. 109 (127). Siehe aber oben in Fn. 416 zu einer möglichen Einschränkung der Bindungswirkung nach § 242 BGB.

[457] BT-Drucks. 14/6040, S. 235; *Huber/Faust* 13/87; *Schlechtriem* Rdnr. 79.

[458] Siehe oben § 2 E II 3c, bb, S. 105 ff.

[459] *Erman/Grunewald* § 472 Rdnr. 4; *Staudinger/Honsell* § 472 Rdnr. 3; *H.P. Westermann* MünchKomm. § 472 Rdnr. 5.

[460] *Esser/Weyers* BT 1, § 5 III 2, S. 48; *Medicus* Rdnr. 64; *Staudinger/Honsell* § 472 Rdnr. 4.

günstige Ausgangskaufpreis durch eine anteilige Minderung Berücksichtigung, obwohl der mangelhafte Kaufgegenstand objektiv immer noch mit dem Ausgangskaufpreis gleichwertig ist. Entsprechendes gilt umgekehrt bei einem für den Käufer
ungünstigen Ausgangskaufpreis. Die für die Berechnung der Minderung erforderlichen Werte des Kaufgegenstandes im mangelfreien und mangelbehafteten Zustand sind nach § 441 Abs. 3 Satz 2 BGB erforderlichenfalls durch eine Schätzung
zu ermitteln.

dd) Rückerstattungsanspruch des Käufers (§ 441 Abs. 4 BGB)

Hat der Käufer bereits einen höheren Betrag an den Verkäufer entrichtet, als er
nach der Ausübung des Minderungsrechts schuldet, so ist die Differenz nach § 441
Abs. 4 Satz 1 BGB zurückzuerstatten. Hierauf finden gemäß § 441 Abs. 1 Satz 2
BGB die Vorschriften über die Herausgabe von Nutzungen bei einem Rücktritt
entsprechende Anwendung. Der vertragliche Rückgewähranspruch besteht allerdings nur, wenn der Käufer den Mehrbetrag geleistet hat, bevor die Gestaltungswirkung der Minderung eingetreten ist;[461] zahlt er irrtümlich den ursprünglich vereinbarten Betrag nach der erfolgten Minderung, so ergibt sich sein Rückforderungsrecht in bezug auf den Differenzbetrag aus § 812 Abs. 1 Satz 1 Alt. 1
BGB.[462]

e) Anspruch des Käufers auf Schadens- oder Aufwendungsersatz

Schließlich kann der Käufer, dem ein mit einem Sach- oder Rechtsmangel (§§ 434,
435 BGB) behafteter Kaufgegenstand geliefert worden ist, nach Maßgabe der in
§ 437 Nr. 3 BGB genannten Anspruchsgrundlagen von dem Verkäufer Schadensersatz oder den Ersatz vergeblicher Aufwendungen i.S. des § 284 BGB verlangen.

aa) Ansprüche auf Schadensersatz

In bezug auf den Schadensersatz ist nach *verschiedenen Schadensposten* zu unterscheiden.

Auf einer ersten Stufe kann danach differenziert werden, ob die betreffende
Schadensposition das Interesse des Käufers an einer (zeitlich und sachlich) ordnungsgemäßen Leistung oder an dem Schutz seiner sonstigen Rechtsgüter betrifft,
die *unabhängig* von seinem kaufvertraglichen Erfüllungsinteresse bestehen.[463] Ist
letzteres der Fall (z.B. das gelieferte Tier ist krank und steckt andere Tiere der
Herde an), geht es um den Ersatz von Integritätsschäden, der sich ausschließlich
nach § 280 Abs. 1 BGB richtet.[464]

---

[461] Vgl. BT-Drucks. 14/6040, S. 235 f.
[462] Einer etwaigen Berufung des Verkäufers auf eine Entreicherung (§ 818 Abs. 3 BGB)
können jedoch die Besonderheiten des Bereicherungsausgleichs bei gegenseitigen Verträgen entgegenstehen. Dazu ausführlich *Larenz/Canaris* BT 2, § 73 III, S. 321 ff.
[463] *Huber/Faust* 13/105; weiterführend *Grigoleit/Riehm* AcP 203 (2003), 727 ff.; zu einem anderen Abgrenzungsversuch BR/*Faust* § 437 Rdnr. 45 ff.; *S. Lorenz* NJW 2002,
2497 (2500).
[464] Dazu unten § 2 E II 3e, aa (3), S. 119 f.

Steht hingegen das Erfüllungsinteresse in Rede, muß gefragt werden, ob der Schaden die Verzögerung einer mangelfreien Leistung betrifft. Dann ist neben § 280 Abs. 1 BGB der § 280 Abs. 2 BGB i.V. mit § 286 BGB einschlägig.[465] Geht es aber um einen Ausgleich für das endgültige Vorhandensein eines Mangels, bemessen sich die Voraussetzungen des Schadensersatzes neben § 280 Abs. 1 BGB nach § 280 Abs. 3 BGB i.V. mit den §§ 281, 283 BGB bzw. nach § 311a Abs. 2 BGB (Schadensersatz statt der Leistung).[466]

Besonders zu beachten ist bei einem Schadensersatzanspruch aufgrund der mangelhaften Leistung auch das Vertretenmüssen der Pflichtverletzung durch den Verkäufer, da dieses einheitliche Voraussetzung für alle in § 437 Nr. 3 BGB genannten Schadensersatzansprüche ist (vgl. § 280 Abs. 1 Satz 2 BGB i.V. mit den §§ 281, 283 BGB sowie § 311a Abs. 2 Satz 2 BGB).

(1) Ersatz des Verzugsschadens (§ 280 Abs. 1 und 2 BGB i.V. mit § 437 Nr. 3 BGB)

§ 437 Nr. 3 BGB verweist bezüglich der Ansprüche auf Schadensersatz unter anderem auf § 280 Abs. 1 und 2 BGB. Danach kann der Käufer Ersatz des ihm durch eine Leistungsverzögerung entstehenden Schadens verlangen. Wegen der Verknüpfung mit § 437 Nr. 3 BGB bezieht sich die Leistungsverzögerung auf den Umstand, daß sich der Verkäufer mit seiner seit dem Zeitpunkt der Lieferung bestehenden Pflicht zur Nacherfüllung (§ 439 BGB) nach Maßgabe des § 286 BGB in Verzug befindet und dem Käufer hierdurch ein Schaden entstanden ist. Unter diesen Verzögerungsschaden fallen z.B. Kosten der Rechtsverfolgung des Käufers wegen der Geltendmachung des Nacherfüllungsanspruchs. Eine verzugsbegründende Mahnung kann dabei unter anderem in einer eindeutigen Aufforderung zur Nacherfüllung liegen. Da der Verzug eine fortbestehende Leistungspflicht des Schuldners voraussetzt,[467] entfällt allerdings ein Anspruch auf den Ersatz des Verzugsschadens, wenn den Verkäufer aus einem beliebigen Grund keine Pflicht zur Nacherfüllung (§ 439 BGB) trifft.[468]

Sehr umstritten ist, ob der aus einem Mangel entstehende *Nutzungsausfallschaden* nur nach Verzugsgrundsätzen oder als Integritätsschaden bereits unter den Voraussetzungen des § 280 Abs. 1 BGB[469] zu ersetzen ist. Beispiel: Eine defekte Maschine „stoppt" die Produktion eines Unternehmens, was zu einem Gewinn-

---

[465] Siehe § 2 E II 3e, aa (1), S. 114 ff. Anders BR/*Faust* § 437 Rdnr. 48, der den Verzögerungsschaden als einen „Unterfall" des einfachen Schadensersatzes betrachtet, da dieser auch durch eine spätere Nacherfüllung nicht mehr aus der Welt geschafft werden kann. Jedoch betrifft auch der Verzögerungsschaden das Leistungsinteresse. Es geht um einen Schadensersatz „statt der rechtzeitigen" Leistung, der dogmatisch dem nach § 280 Abs. 3 BGB näher steht als dem einfachen Schadensersatz nach § 280 Abs. 1 BGB. Dies wirkt sich insbesondere auf die Voraussetzungen des Ausgleichs von Nutzungsausfallschäden bei mangelhafter Leistung aus; siehe § 2 E II 3e, aa (1), S. 114 ff.

[466] Vgl. § 2 E II 3e, aa (2), S. 116 ff.

[467] Statt aller *Ernst* MünchKomm.[4] § 286 Rdnr. 18 ff.

[468] Dazu oben § 2 E II 3b ff, S. 92 ff.

[469] Hierzu näher unten § 2 E II 3e, aa (3), S. 119 f.

ausfall führt. Nach den Gesetzesmaterialien[470] soll der Nutzungsausfallschaden § 280 Abs. 1 BGB ohne das Verzugserfordernis der §§ 280 Abs. 2, 286 BGB unterfallen, weil die mangelhafte Lieferung selbst eine Pflichtverletzung i.S. des § 280 Abs. 1 Satz 1 BGB darstelle und es aus diesem Grund für den Schadensersatz keines Anknüpfens an die Verspätung der vertragsgemäßen Leistung bedürfe. Diese Sichtweise geht jedoch an der Systematik der §§ 280 ff. BGB vorbei, da § 280 BGB die unterschiedlichen Voraussetzungen des Ersatzes an die *Art des geltend gemachten Schadens* anknüpft und der Nutzungsausfall aus einer Verzögerung der Erfüllung der Pflicht aus § 439 Abs. 1 Satz 2 BGB i.S. des § 280 Abs. 2 BGB resultiert. Betroffen ist somit das Leistungsinteresse des Käufers an einer termingerechten Erlangung des mangelfreien Gegenstandes, das dem Regelungsgegenstand des Verzugsschadens und nicht dem leistungsunabhängigen Integritätsinteresse zuzurechnen ist.[471] Als Vergleich kann die Rechtslage herangezogen werden, die bestünde, wenn der Verkäufer seiner Lieferpflicht überhaupt nicht (an Stelle von: mangelhaft) nachgekommen wäre. In einem solchen Fall ist der Nutzungsausfall als Leistungsinteresse unstreitig nur unter den Voraussetzungen des § 286 BGB ersatzfähig. Dann kann bei einer vertragswidrigen Leistung aber nichts anderes gelten. Abweichendes ergibt sich auch dann nicht, wenn der Nutzungsausfall wie im angeführten Beispiel die gewerbliche Produktion des Käufers beeinträchtigt. Zwar stellt der sog. eingerichtete und ausgeübte Gewerbebetrieb eine Position dar, die im Rahmen des § 823 Abs. 1 BGB als absolutes Recht, mithin geschützte Integrität anerkannt ist.[472] Der Nutzungsausfallschaden, der aus einer mangelhaften Lieferung resultiert, stellt aber keinen Eingriff in diese Integrität dar.[473] Denn wenn der Unternehmer sich entschließt, einen Kaufgegenstand in seinen Gewerbebetrieb zu integrieren, besteht insoweit keine Integrität mehr, die von seinem Interesse an einer fristgerechten mangelfreien Leistung verschieden wäre. Folglich sind Nutzungsausfallschäden gemäß § 280 Abs. 2 BGB i.V. mit § 286 BGB nur bei einem Verzug des Verkäufers zu ersetzen. In der Literatur wird darüber hinaus vorgeschlagen, daß der Verzug bei einer mangelhaften Leistung aufgrund einer typisierten Interessenabwägung i.S. des § 286 Abs. 2 Nr. 4 BGB stets ohne eine Mahnung eintrete.[474] Zur Begründung wird auf die besondere Schutzbedürftigkeit des Gläubigers hingewiesen, dem der Mangel verborgen bleiben kann und der daher weniger Anlaß für eine Mahnung (zur Mängelbeseitigung) habe als bei gänzlicher Nichtleistung. Darüber hinaus laufe die mit der Mahnung bezweckte Appellfunktion leer, da der Schuldner seine Leistungspflicht mit der mangelhaften Leistung implizit bereits anerkannt habe. Dies erscheint jedoch fragwürdig, da dem

---

[470]   BT-Drucks. 14/6040, S. 225; zustimmend BR/*Faust* § 437 Rdnr. 61; *Ernst* Münch-Komm.[4] § 280 Rdnr. 55 ff.; *S. Lorenz* NJW 2002, 2497 (2501).

[471]   *Büdenbender* in: Dauner/Lieb u.a. (Hrsg.), Das Neue Schuldrecht, 2002, § 8 Rdnr. 66; *Dauner-Lieb/Dötsch* DB 2001, 2535 (2537); *Huber/Faust* 3/223; *Petersen* Jura 2002, 461 (462 f.); *Wieser* JR 2002, 269 (270).

[472]   Statt aller *Fikentscher* Rdnr. 1217 ff. m.w.N.

[473]   A.A. *von Wilmowsky* Jus 2002/Beilage Heft 1, 1 (20) und ähnlich *Canaris* ZIP 2003, 321 (323 f.).

[474]   *Grigoleit/Riehm* AcP 203 (2003), 727 (754 ff.).

Verkäufer der Mangel und damit das Fehlen einer vollständigen Erfüllung seiner Pflicht selbst dann verborgen geblieben sein kann, wenn seine vertragswidrige Leistung auf Fahrlässigkeit beruht und somit das nach § 286 Abs. 4 BGB für den Verzugseintritt ohnehin erforderliche Verschulden vorliegt. Aus diesem Grunde ist eine Mahnung als Voraussetzung für den Ersatz von Nutzungsausfallschäden nicht per se entbehrlich, sondern die Ausnahmetatbestände des § 286 Abs. 2 BGB greifen nur aufgrund der besonderen Umstände des Einzelfalls ein.

Damit entsteht das Folgeproblem, inwieweit ein Verzugstatbestand, der für den ursprünglichen Erfüllungsanspruch aus § 433 Abs. 1 BGB begründet ist, auf die Pflicht zur Nacherfüllung bezüglich des spezifischen Mangels „ausstrahlt". Beispiel: Für die Lieferung einer Maschine war ein Termin i.S. des § 286 Abs. 2 Nr. 1 BGB bestimmt; der Verkäufer liefert unerkannt mangelhaft. In diesem Fall wäre es unangemessen, den Verkäufer gerade wegen des kalendarisch bestimmten Liefertermins ohne eine Anmahnung der Nacherfüllung auf den Nutzungsausfall haften zu lassen,[475] weil die Terminbestimmung *insoweit* nicht die durch § 286 BGB angestrebte Appellfunktion erfüllt. Die Lösung dieses Problems ist darin zu sehen, daß ein Verzug mit der Pflicht, den Mangel i.S. des § 439 BGB auszugleichen, nur vorliegt, wenn der betreffende Tatbestand des § 286 BGB eine hinreichende Verbindung zu dem jeweiligen Mangel als der spezifischen Leistungsstörung aufweist (d.h. gerade die Beseitigung des betreffenden Mangels angemahnt wurde).[476]

(2) Schadensersatz statt der Leistung (§§ 280 Abs. 3, 281, 283 und 311a Abs. 2 BGB)

(a) Allgemeines

Ein Anspruch des Käufers auf Schadensersatz statt der Leistung kann sich aus den in § 437 Nr. 3 BGB genannten Anspruchsgrundlagen, also den §§ 280 Abs. 3, 281, 283 und 311a Abs. 2 BGB ergeben. Hierbei konkretisieren die §§ 434 Abs. 1, 435 BGB jeweils das Merkmal „nicht wie geschuldet" in § 281 Abs. 1 Satz 3 BGB, gegebenenfalls i.V. mit den §§ 283 Satz 2, 311a Abs. 2 Satz 3 BGB. Als Pflichtverletzung kommt dabei die ursprüngliche nicht vertragsgemäße Leistung,[477] aber auch die Nichterbringung einer (ordnungsgemäßen) Nacherfüllung in Betracht. Dieses Differenzierung ist wichtig, wenn der Verkäufer nur einen der beiden Umstände i.S. des § 280 Abs. 1 Satz 2 BGB zu vertreten hat.

---

[475] So aber *Arnold/Dötsch* BB 2003, 2250 (2253 mit Fn. 32).

[476] Siehe bereits oben § 2 E II 3c, bb (1), S. 106 m.w.N. zum Parallelproblem bei der Nachfristsetzung und *Huber/Faust* 3/46. Diese Lösungsmöglichkeit übersieht *Ernst* MünchKomm.⁴ § 280 Rdnr. 56 in seiner Kritik an der Verzugslösung.

[477] Hingegen liegt die Pflichtverletzung i.S. des § 280 Abs. 1 BGB nach einer verhaltensbezogenen Lehre niemals in der nicht vertragsgemäßen Leistung als solcher, sondern nur in einem darüber hinausgehenden objektiven Defizit des Schuldnerverhaltens (z.B. einer mangelnden Untersuchung des geleisteten Gegenstandes); siehe allgemein *Ernst* MünchKomm.⁴ § 280 Rdnr. 9 ff. m.w.N. und speziell für den Kaufvertrag *Finkenauer* WM 2003, 665 (667 ff.).

In der Regel ergibt sich der Schadensersatzanspruch statt der Leistung wegen des Mangels aus § 281 Abs. 1 Satz 1 Alt. 2 BGB. § 283 BGB findet Anwendung, wenn der Mangel nach Vertragsschluß i.S. des § 275 BGB unbehebbar geworden ist,[478] während § 311a Abs. 2 BGB bei anfänglich unbehebbaren Mängeln eingreift[479]. Durch den Schadensersatz statt der Leistung erhält der Käufer sein Erfüllungsinteresse an einem mangelfreien Gegenstand ersetzt,[480] wozu gemäß § 252 BGB auch ein entgangener Gewinn zählt.[481] Anders als beim Ersatz des Verzugsschadens handelt es sich aber nicht nur um einen Ausgleich des durch die Leistungsverzögerung entstandenen Schadens, sondern der Käufer liquidiert dauerhaft sein Erfüllungsinteresse.

(b) Berechnung des Schadensersatzes statt der Leistung

Im Anwendungsbereich des § 437 Nr. 3 BGB kommen grundsätzlich zwei Berechnungsmethoden für den Schadensersatz statt der Leistung in Betracht:[482] Einmal kann der Käufer den mangelhaften Gegenstand (bzw. im Fall des § 434 Abs. 3 BGB das aliud oder die Minderlieferung) behalten und den sich aus der Mangelhaftigkeit ergebenden Differenzschaden geltend machen (sog. kleiner Schadensersatz). Denkbar ist auch, daß der Käufer den mangelhaften Gegenstand zurückgibt und sein gesamtes, nach den §§ 249 ff. BGB zu bemessendes Erfüllungsinteresse ersetzt verlangt (sog. großer Schadensersatz).

Im Ausgangspunkt kann der Käufer nach § 437 Nr. 3 BGB i.V. mit den §§ 281 Abs. 1 Satz 1, 283 Satz 1, 311a Abs. 2 Satz 1 BGB nur den sog. kleinen Schadensersatz beanspruchen. Denn die vorgenannten Bestimmungen gewähren den Ersatzanspruch nur „soweit" der Verkäufer die Leistung nicht wie geschuldet, d.h. mangelhaft erbracht hat.[483] Der Käufer kann aber ein berechtigtes Interesse daran haben, den gesamten Nichterfüllungsschaden gegen Rückgabe des gelieferten Gegenstandes zu liquidieren. Ob das Gesetz dieses Interesse anerkennt, ergibt sich aus § 281 Abs. 1 Satz 3 BGB, den auch die §§ 283 Satz 2, 311a Abs. 2 Satz 3 BGB in Bezug nehmen. Danach ist der sog. große Schadensersatz (Schadensersatz statt der ganzen Leistung) nur ausgeschlossen, wenn die Pflichtverletzung (scil. die

---

[478] In diesem Fall setzt der Schadensersatz statt der Leistung voraus, daß der Verkäufer das Unmöglichwerden der Nacherfüllung zu vertreten hat. Ein Vertretenmüssen hinsichtlich der ursprünglichen mangelhaften Leistung reicht hingegen nicht aus, da andernfalls die gesetzlich garantierte Nacherfüllungschance des Verkäufers umgangen würde; siehe *S. Lorenz* NJW 2002, 2497 (2501).

[479] Zu der Kontroverse, ob es sich insoweit um eine Haftung wegen Verletzung einer Informationspflicht oder ein Einstehenmüssen für das erkennbar unerfüllbare Versprechen handelt, statt aller *Ernst* MünchKomm.[4] § 311a Rdnr. 15 m.w.N.

[480] Vgl. BT-Drucks. 14/6040, S. 135; *Canaris* JZ 2001, 499 (512).

[481] Allgemein zum Begriff des Erfüllungsinteresses *Lange/Schiemann* Schadensersatz, 3. Aufl. 2003, § 2 IV 3, S. 65 f.

[482] Siehe allgemein *Canaris* JZ 2001, 499 (513 f.) sowie BGH v. 9. Oktober 1991, BGHZ 115, 286 (289 f.); *Oechsler* § 2 Rdnr. 226; *Staudinger/Honsell* § 463 Rdnr. 57; *H.P. Westermann* MünchKomm. § 463 Rdnr. 20.

[483] *Canaris* DB 2001, 1815 (1817); *S. Lorenz* JZ 2001, 742 (744).

mangelhafte Leistung) unerheblich ist.[484] Dies harmoniert mit dem Ausschluß des Rücktrittsrechts bei unerheblichen Mängeln durch § 437 Nr. 2 Alt. 1 BGB i.V. mit § 323 Abs. 5 Satz 2 BGB.[485]

(c) Verhältnis zum Rücktrittsrecht

Wegen § 325 BGB kann der Käufer auch dann noch Schadensersatz statt der Leistung beanspruchen, wenn er bereits von dem Kaufvertrag zurückgetreten ist. Es handelt sich in diesem Fall stets um den sog. großen Schadensersatz (Schadensersatz statt der ganzen Leistung).[486] Diese Kombination aus Rücktritt und Schadensersatz darf allerdings nicht zu einem unangemessenen Vorteil des Käufers führen, so daß z.B. ein aufgrund des Rücktritts nach § 346 Abs. 1 BGB zurückgewährter Kaufpreis von der Schadenssumme abzuziehen ist (sog. Differenzmethode).[487] Macht der Käufer Schadensersatz statt der ganzen Leistung geltend, so verpflichtet ihn § 281 Abs. 5 BGB (gegebenenfalls i.V. mit den §§ 283 Satz 2, 311a Abs. 2 Satz 3 BGB) dazu, dem Verkäufer den mangelhaften Gegenstand nach Maßgabe der §§ 346 bis 348 BGB zurückzugewähren. Ist dies nicht mehr möglich oder der Gegenstand mittlerweile verschlechtert, so hat der Käufer unter den Voraussetzungen des § 346 Abs. 2 bis 4 BGB Wert- bzw. Schadensersatz zu leisten.

(d) Verhältnis zum Anspruch auf Nacherfüllung

War der Verkäufer von seiner Pflicht zur mängelfreien Leistung bzw. zur Nacherfüllung gemäß § 275 BGB anfänglich oder aufgrund eines nach Vertragsabschluß eintretenden Ereignisses befreit,[488] so kann der Käufer nach Maßgabe der §§ 311a Abs. 2, 283 BGB sofort Schadensersatz statt der Leistung verlangen. Kommt hingegen eine Nacherfüllung i.S. des § 439 Abs. 1 BGB in Betracht, so besteht das Recht auf Ersatz des Erfüllungsinteresses ebenso wie das Recht zum Rücktritt und zur Minderung nur subsidiär. Gemäß § 281 Abs. 1 Satz 1 BGB kann der Käufer einen Schadensersatz statt der Leistung daher erst nach erfolglosem Ablauf einer Frist zur Nacherfüllung verlangen.[489] Hiervon machen jedoch die §§ 281 Abs. 2, 440 BGB i.V. mit § 437 Nr. 3 BGB für die dort genannten Fälle eine Ausnahme.[490] Sofern deren Voraussetzungen vorliegen, kann der Käufer ohne Nachfristsetzung sein Erfüllungsinteresse liquidieren. Macht er von seinem Recht auf Schadensersatz statt der Leistung durch eine empfangsbedürftige Willenserklärung

---

[484]   Dieses Kriterium und nicht dasjenige des Interessenfortfalls i.S. des § 281 Abs. 1 Satz 2 BGB gilt auch für eine gemäß § 434 Abs. 3 BGB einem Sachmangel gleichstehende Minderlieferung; siehe oben § 2 E II 2b, bb, S. 86. Unter Geltung des alten Kaufrechts war umstritten, unter welchen Voraussetzungen der Käufer den sog. großen Schadensersatz geltend machen konnte; dazu *Marburger* 20 Probleme aus dem BGB, Schuldrecht Besonderer Teil I, 5. Aufl. 1998, 9. Problem.

[485]   Näher dazu oben § 2 E II 3c, cc (1), S. 109 f.

[486]   § 2 E II 3e, aa (2b), S. 117.

[487]   BR/*Faust* § 437 Rdnr. 129; *Canaris* JZ 2001, 499 (514).

[488]   Dazu näher oben § 2 E II 3b, ff (1/2), S. 92 ff.

[489]   Zu den Einzelheiten siehe oben § 2 E II 3c, bb (1), S. 105 f.

[490]   Näher zu den Voraussetzungen des § 440 BGB oben § 2 E II 3c, bb (2c), S. 107 ff.

Gebrauch, so schließt § 281 Abs. 4 BGB den Anspruch auf Nacherfüllung aus.[491] Der Käufer kann deshalb auch keine Naturalrestitution i.S. des § 249 Abs. 1 BGB verlangen.[492] Im übrigen bemessen sich Inhalt und Umfang des Ersatzes nach den §§ 249 ff. BGB. Ein Mitverschulden des Käufers ist gemäß § 254 BGB anspruchsmindernd zu berücksichtigen, wobei eine bloß einfach-fahrlässige Unkenntnis des Mangels allerdings außer Betracht bleibt (argumentum e contrario § 442 Abs. 1 BGB).[493]

(3) Ersatz von Integritätsschäden

Die Verweisung des § 437 Nr. 3 BGB auf § 280 BGB schließt auch den Ersatz nicht unter § 280 Abs. 2 und 3 BGB fallender Schäden nach § 280 Abs. 1 BGB ein. Dabei handelt es sich um solche, die nicht das Erfüllungsinteresse des Käufers an einem mängelfreien Gegenstand betreffen, sondern die dem Käufer nicht durch das Ausbleiben einer vertragsgemäßen Leistung, vielmehr an seinen sonstigen Rechtsgütern gerade durch die *mangelhafte* Lieferung als Pflichtverletzung des Verkäufers entstanden sind (sog. Integritäts- oder Mangelfolgeschäden).[494] Denn der Schutzzweck der Pflicht zu einer mangelfreien Leistung umfaßt nicht nur das Erfüllungsinteresse des Käufers, sondern auch die Verletzung eines rechtlich geschützten Bestandes durch den mangelhaften Kaufgegenstand.[495] Dies betrifft z.B. durch ein defektes technisches Gerät eingetretene Körperschäden oder die Ansteckung anderer Tiere des Käufers infolge der Lieferung eines kranken Tieres. Da insoweit nicht das Erfüllungsinteresse des Käufers betroffen ist, muß für die Geltendmachung solcher Schäden keine Nachfrist gesetzt werden.

Keinen Integritätsschaden stellt aber z.B. der Diebstahl eines Gemäldes dar, der aufgrund eines Defektes der gekauften Alarmanlage ermöglicht wurde. Mit dem Gemälde ist zwar das Eigentum des Käufers betroffen, jedoch nicht unabhängig von seinem Leistungsinteresse: Schadensursache ist nicht gerade die defekte

---

[491] Dazu BT-Drucks. 14/6040, S. 140 f.; *Oechsler* § 2 Rdnr. 228. Diese Gestaltungswirkung tritt allerdings nicht ein, wenn ein Schadensersatzanspruch tatsächlich nicht besteht, etwa aufgrund einer Exkulpation des Verkäufers nach § 280 Abs. 1 Satz 2 BGB; unklar *Oechsler* § 2 Rdnr. 229.

[492] Dies rechtfertigt jedoch nicht den Schluß, der Käufer könne nach § 281 Abs. 1 Satz 1 Alt. 2 BGB i.V. mit § 437 Nr. 3 BGB nicht die Kosten einer Beseitigung des Mangels durch Dritte liquidieren; siehe BR/*Faust* § 437 Rdnr. 52; *Oechsler* § 2 Rdnr. 226; kritisch jedoch *Schlechtriem* Rdnr. 91.

[493] *Staudinger/Honsell* § 463 Rdnr. 34.

[494] BT-Drucks. 14/6040, S. 135; *Canaris* DB 2001, 1815 (1816 f.); *Grigoleit/Riehm* AcP 203 (2003), 727 (751 ff.). Näher zum Begriff des Integritätsschadens *Lange/Schiemann* Schadensersatz, 3. Aufl. 2003, § 2 V 5, S. 70.

[495] *Ernst* MünchKomm.[4] § 280 Rdnr. 53; *S. Lorenz* NJW 2002, 2497 (2500 f.); a.A. BR/*Faust* § 437 Rdnr. 138 ff., der den Schadensersatzanspruch insoweit auf die Verletzung einer separaten Schutzpflicht i.S. des § 241 Abs. 2 BGB stützt. Noch weitergehend will *Wagner* JZ 2002, 475 (479 f.) auf den Schadensersatzanspruch wegen mangelbedingter Integritätsschäden die kurze kaufrechtliche Verjährung nach § 438 Abs. 1 Nr. 3 BGB nicht anwenden. Dies widerspricht der gesetzlichen Regelung.

Alarmanlage, sondern das Ausbleiben einer vertragsgemäßen, einsatzbereiten Anlage. Zweifelhaft erscheint dieses Ergebnis allerdings, wenn der Käufer *im Vertrauen* auf die Funktionsfähigkeit der Alarmanlage sonstige Sicherungsmaßnahmen unterlassen hat, die den Diebstahl verhindert hätten, so daß dieser Vertrauensschaden mit den klassischen Integritätsschäden verglichen werden könnte.[496] Bessere Gründe sprechen aber auch in diesem Fall für die Anwendung des § 280 Abs. 2 und 3 BGB i.V. mit §§ 281, 286 BGB, da sich das Vertrauen im Rechtsverhältnis zum Verkäufer gerade nicht auf ein Ausbleiben schädigender Eingriffe, sondern die Funktionsfähigkeit des Kaufgegenstandes und somit das Leistungsinteresse bezieht.[497]

Problematisch gestaltet sich die Abgrenzung zwischen einem Schadensersatz statt der Leistung und dem Integritätsinteresse ferner, wenn ein Mangel zu weiteren Verschlechterungen an der Kaufsache selbst geführt hat (sog. *Weiterfresserschäden*).[498] Beispiel: die defekten Bremsen eines PKW führen zu einem Unfall mit Blechschaden. Hier spricht vieles dafür, den Ausgleich der Weiterungen (im Beispiel des Blechschadens) als Schadensersatz statt der Leistung anzusehen und diesen nur unter den Voraussetzungen der §§ 281, 283 BGB zu ersetzen. Folgerichtig erstreckt sich umgekehrt die Nacherfüllungspflicht des Verkäufers aus § 439 BGB auch auf die Beseitigung der Folgeschäden, die der Mangel an der Kaufsache selbst verursacht hat.[499]

(4) Maßstab des Vertretenmüssens

(a) Allgemeines

Alle in § 437 Nr. 3 BGB genannten Schadensersatzansprüche setzen ein Vertretenmüssen der mangelhaften Lieferung als Pflichtverletzung durch den Verkäufer voraus (§ 280 Abs. 1 Satz 2 BGB) bzw. erfordern im Fall des bereits anfänglich – d.h. bei Vertragsschluß – vorhandenen und gemäß § 275 BGB nicht zu beseitigenden Mangels eine Kenntnis desselben oder ein Vertretenmüssen der Unkenntnis seitens des Verkäufers (§ 311a Abs. 2 Satz 2 BGB). Obwohl das Vertretenmüssen nach der Systematik dieser Vorschriften beweisrechtlich jeweils zu vermuten ist („dies gilt nicht"), stellt sich die Frage, welcher Maßstab für die Exkulpationsmöglichkeit des Verkäufers eingreift.

Grundsätzlich hat der Verkäufer nach den §§ 276 Abs. 1 Satz 1, 278 Satz 1 BGB eigenen Vorsatz und eigene Fahrlässigkeit sowie ein entsprechendes Verschulden seiner Erfüllungsgehilfen zu vertreten. Erfüllungsgehilfen des Verkäufers sind nach allgemeinen Grundsätzen alle diejenigen, die bei der Erfüllung der gegenüber dem Käufer bestehenden Verpflichtungen mit dem Willen des Verkäufers

---

[496] So für Aufwendungen, die der Käufer im Vertrauen auf die Mangelfreiheit des Kaufgegenstandes getätigt hat *Arnold/Dötsch* BB 2003, 2250 (2251 f.).

[497] Dazu, daß eine Nachfristsetzung in einem solchen Fall auch nicht pauschal gemäß § 281 Abs. 2 Alt. 2 BGB entbehrlich ist, siehe oben § 2 E II 3e, aa (1), S. 115 f. zur Parallelnorm des § 286 Abs. 2 Nr. 4 BGB.

[498] Zu deren deliktsrechtlicher Behandlung siehe unten § 2 E II 5e, bb, S. 141 f.

[499] BR/*Faust* § 439 Rdnr. 15; *Brors* WM 2002, 1780 (1783 f.); *Oechsler* § 2 Rdnr. 247.

tätig werden.[500] Hierzu gehört nach h.M. regelmäßig nicht der Hersteller, da die interne Beschaffung des Kaufgegenstandes durch den Verkäufer keine Pflicht gegenüber dem Käufer betrifft.[501] Erfüllungsgehilfe wäre aber z.B. derjenige, der die Ware zum Versand an den Käufer verpackt. In bezug auf eine Fahrlässigkeit des Verkäufers oder seiner Leute hinsichtlich der mangelhaften Leistung ist zu berücksichtigen, daß diesen im Grundsatz keine Pflicht zur Untersuchung des Kaufgegenstandes trifft.[502] Ein Fahrlässigkeitsvorwurf kann sich daher nur aus besonderen Umständen ergeben, z.B. wenn aufgrund der besonderen Gefährlichkeit des Kaufgegenstandes ausnahmsweise eine Untersuchungspflicht des Verkäufers anzunehmen ist oder besondere Anhaltspunkte für das Bestehen eines Mangels vorlagen.[503]

Steht im Falle eines Gattungskaufs eine Nacherfüllung durch Neulieferung i.S. des § 439 Abs. 1 Alt. 2 BGB in Rede, ist zu beachten, daß der Verkäufer für sein Vermögen zur Beschaffung eines mangelfreien Ersatzgegenstandes nach dem Parteiwillen regelmäßig ein Beschaffungsrisiko nach § 276 Abs. 1 Satz 1 BGB a.E. übernommen hat.[504] Scheitert diese Beschaffung, ist der Anspruch auf Schadensersatz somit nicht von einem Verschulden abhängig.

(b) Erweiterung der Verantwortlichkeit durch Übernahme einer Garantie

§ 276 Abs. 1 Satz 1 BGB erweitert die Verantwortlichkeit des Schuldners (= Verkäufers) neben gesetzlichen Haftungsverschärfungen und Haftungsmilderungen (z.B. §§ 287, 300 Abs. 1 BGB) auch auf die bereits erörterte Möglichkeit einer Garantie. Hat der Verkäufer eine solche in bezug auf die Freiheit von bestimmten Mängeln abgegeben, so haftet er verschuldensunabhängig für den aus diesen entstehenden Schaden.[505] Das Vorliegen der Garantie ist aus den Vertragserklärungen der Parteien zu ermitteln,[506] so daß sich eine für den Vertrag einzuhaltende Formvorschrift (z.B. § 311b Abs. 1 Satz 1 BGB) auch auf die Garantie erstreckt.[507] Inhaltlich muß aus der getroffenen Abrede nach Treu und Glauben mit Rücksicht auf

---

[500] BGH v. 8. Februar 1974, BGHZ 62, 119 (124); *Grundmann* MünchKomm.[4] § 278 Rdnr. 20.

[501] RG v. 4. Januar 1921, RGZ 101, 157 (158); BGH v. 12. Januar 1989, NJW-RR 1989, 1189 (1190); *Erman/Grunewald* Vor § 459 Rdnr. 33; *Palandt/Heinrichs* § 278 Rdnr. 13; a.A. *Grundmann* MünchKomm.[4] § 278 Rdnr. 31.

[502] BGH v. 18. Februar 1981, NJW 1981, 1269 (1270); *Staudinger/Köhler* § 433 Rdnr. 136; *H.P. Westermann* MünchKomm. § 463 Rdnr. 44; a.A. *Schlechtriem* Rdnr. 85.

[503] RG v. 26. Juni 1929, RGZ 125, 76 (78); BGH v. 11. Juni 1979, BGHZ 74, 383 (388); *Erman/Grunewald* § 433 Rdnr. 54; *Staudinger/Köhler* § 433 Rdnr. 137.

[504] BR/*Faust* § 439 Rdnr. 76; *S. Lorenz* NJW 2002, 2497 (2504).

[505] Siehe oben § 2 E I 2b, bb, S. 70 f.

[506] RG v. 1. April 1903, RGZ 54, 219 (223); BGH v. 21. Juni 1967, BGHZ 48, 118 (124); *Erman/Grunewald* § 459 Rdnr. 38; *Soergel/Huber* § 459 Rdnr. 159; *Staudinger/Honsell* § 459 Rdnr. 124. Eine nach Vertragsschluß getroffene Vereinbarung kann jedoch eine Garantie in Form einer Vertragsänderung begründen: RG v. 18. Februar 1919, RGZ 95, 116 (120); *H.P. Westermann* MünchKomm. § 459 Rdnr. 57.

[507] *Larenz* BT 1, § 41 I b, S. 43; *Staudinger/Honsell* § 459 Rdnr. 163; *H.P. Westermann* MünchKomm. § 459 Rdnr. 75.

die Verkehrssitte – gegebenenfalls auch aus einem Handelsbrauch i.S. des § 346 HGB – abzuleiten sein, daß der Verkäufer für die Abwesenheit des betreffenden Mangels *unbedingt* einstehen will (Verpflichtungswille).[508] Eine solche Garantie kommt insbesondere hinsichtlich einer Beschaffenheitsvereinbarung i.S. des § 434 Abs. 1 Satz 1 BGB oder der Tauglichkeit für die vertraglich vorgesehene Verwendung i.S. des § 434 Abs. 1 Satz 2 Nr. 1 BGB in Betracht.

Da das Äquivalent für eine auf die Freiheit von Sachmängeln bezogene Beschaffenheitsgarantie im früheren Kaufrecht eine sog. Eigenschaftszusicherung i.S. des § 459 Abs. 2 BGB a.F. war,[509] spricht auch die Verwendung des Begriffes „Zusicherung" durch die Parteien für einen unbedingten Einstandswillen des Verkäufers. Aufgrund der verschuldensunabhängigen Haftungsfolge ist bei der Annahme konkludenter Garantien jedoch Zurückhaltung geboten.[510] Denknotwendig muß der Inhalt der betreffenden Vereinbarung über die Festlegung des Maßstabes der Vertragsgemäßheit der Sache i.S. der §§ 434, 435 BGB hinausgehen.[511] Allgemeine Anpreisungen begründen deshalb ebensowenig eine verschuldensunabhängige Einstandspflicht[512] wie bloße Warenbezeichnungen[513] und nicht besonders qualifizierte Angaben in den Katalogen eines Kunstauktionators (anders bei dem Verweis auf eine „Expertise").[514] Hingegen stellt die Rechtsprechung an die Übernahme einer Garantie i.S. des § 276 Abs. 1 Satz 1 BGB durch Gebrauchtwagenhändler keine hohen Anforderungen; so soll z.B. ein vom Verschulden unabhängiger Einstandswille aus der Angabe „fahrbereit" folgen.[515] Enthält ein Grundstückskaufvertrag über ein Vermietungsobjekt eine explizite Angabe zu der erzielbaren Miete, so nimmt die Rechtsprechung auch insoweit eine Garantie hinsichtlich der Ertragsfähigkeit des Kaufobjekts an.[516] Liegt nach dem Vorstehenden eine Garantieübernahme vor, so entfaltet ein zugleich vereinbarter Haftungsausschluß oder eine Haftungsbeschränkung gemäß § 444 BGB keine Wirkung.[517]

---

[508] BGH v. 5. Juli 1972, BGHZ 59, 158 (160 f.); *Staudinger/Honsell* § 459 Rdnr. 136; *H.P. Westermann* MünchKomm. § 459 Rdnr. 56.

[509] Vgl. *Staudinger/Honsell* § 459 Rdnr. 125 sowie BT-Drucks. 14/6040, S. 132; *Brambring* DNotZ 2001, 590 (602) und *H.P. Westermann* JZ 2001, 530 (534).

[510] RG v. 5. Oktober 1939, RGZ 161, 330 (337); BGH v. 28. November 1994, BGHZ 128, 111 (114); *Medicus* Rdnr. 71; *Soergel/Huber* § 459 Rdnr. 157; *Staudinger/Honsell* § 459 Rdnr. 149.

[511] BGH v. 21. Juni 1967, BGHZ 48, 118 (122); *Esser/Weyers* BT 1, § 5 II 2c, S. 40; *Soergel/Huber* § 459 Rdnr. 157; *H.P. Westermann* MünchKomm. § 459 Rdnr. 59.

[512] BGH v. 21. Juni 1967, BGHZ 48, 118 (122).

[513] BGH v. 11. Februar 1958, BB 1958, 284 (284).

[514] BGH v. 15. Januar 1975, BGHZ 63, 369 (372); vgl. zu Garantien im Kunsthandel auch BGH v. 15. Februar 1995, NJW 1995, 1673 (1674).

[515] BGH v. 21. April 1993, BGHZ 122, 256 (259 f.). Weitere Fälle: BGH v. 25. Mai 1983, BGHZ 87, 302 (305): „werkstattgeprüft"; BGH v. 24. Februar 1988, BGHZ 103, 275 (280 ff.): „TÜV neu".

[516] Zuletzt BGH v. 5. Oktober 2001, NJW-RR 2002, 522 m.w.N.

[517] Siehe oben § 2 D I 1d, dd (3a), S. 56 ff.

Selbst wenn der Verkäufer eine Garantie erklärt hat, ist nur derjenige Schaden verschuldensunabhängig zu ersetzen, den die jeweilige Garantie nach ihrem Schutzzweck umfaßt.[518] Dies ist für das Erfüllungsinteresse des Käufers (Schadensersatz statt der Leistung) selbst dann ohne weiteres zu bejahen, wenn dieses den vereinbarten Kaufpreis um ein Vielfaches übersteigt.[519] Bezüglich der Einbeziehung von Integritätsschäden bedarf es demgegenüber einer Auslegung der Garantieübernahme im Einzelfall;[520] so soll z.B. die Versicherung, daß ein verkauftes Gerät mit einem anderen kompatibel ist, den Käufer gerade auch vor einem Integritätsschaden an diesem anderen Gerät schützen. Schließlich steht es dem Verkäufer stets frei, seine Garantie inhaltlich – z.B. summenmäßig – zu begrenzen.[521]

bb) Anspruch des Käufers auf Aufwendungsersatz nach § 284 BGB

Nach § 284 BGB i.V. mit 437 Nr. 3 BGB kann der Käufer an Stelle des Schadensersatzes statt der Leistung auch Ersatz von Aufwendungen verlangen, die er im Vertrauen auf den Erhalt der Leistung billigerweise machen durfte und deren Zweck die Pflichtverletzung des Verkäufers vereitelt hat (sog. frustrierte Aufwendungen).[522] Beispiel für eine solche Aufwendung sind die Kosten für eine Alarmanlage, die ein Gemälde sichern sollte, das als Original Picasso verkauft wurde, sich später aber als Fälschung herausstellte. Unter § 284 BGB fallen auch die Kosten für den Vertragsschluß (Notargebühren etc.) oder Finanzierungskosten.[523]

Da der Käufer Aufwendungsersatz nur „anstelle" des Schadensersatzes statt der Leistung verlangen kann (§ 284 BGB), müssen sämtliche Voraussetzungen für dessen Geltendmachung vorliegen. Hierzu zählen insbesondere das nach § 280 Abs. 1 Satz 2 BGB zu vermutende Vertretenmüssen der mangelhaften Lieferung durch den Verkäufer und gegebenenfalls auch der erfolglose Ablauf einer Nachfrist i.S. des § 281 Abs. 1 Satz 1 BGB bei einem behebbaren Mangel bzw. die Voraussetzungen des § 440 BGB.[524]

---

[518] BGH v. 29. Mai 1968, BGHZ 50, 200 (204 f.); BGH v. 12. Februar 1975, BGHZ 63, 393 (395); *Fikentscher* Rdnr. 717 f.; *Larenz* BT 1, § 41 II c, S. 61 f.; *Soergel/Huber* § 463 Rdnr. 60 ff.

[519] BGH v. 19. Mai 1993, NJW 1993, 2103 (2104) m.w.N.

[520] BGH v. 29. Mai 1968, BGHZ 50, 200 (204 f.); BGH v. 19. Mai 1993, NJW 1993, 2103 (2104); *Staudinger/Honsell* § 463 Rdnr. 49 ff.; *H.P. Westermann* MünchKomm. § 463 Rdnr. 29 f.

[521] Im einzelnen oben § 2 D I 1d, dd (3a), S. 56 ff.

[522] Im Rahmen des § 284 BGB ist insbesondere umstritten, inwieweit Aufwendungen für eine weitere Verwendung der Kaufsache für den Schuldner konkret erkennbar gewesen sein müssen, um ersatzfähig zu sein; siehe dazu *Huber/Faust* 4/20 ff. einerseits und *Ernst* MünchKomm.[4] § 284 Rdnr. 22 andererseits.

[523] BT-Drucks. 14/6040, S. 225; BR/*Faust* § 437 Rdnr. 146; *Brox/Walker* § 4 Rdnr. 112.

[524] Siehe oben § 2 E II 3c, bb (2c), S. 107 ff.

4. Verjährung der Rechte des Käufers wegen eines Mangels (§ 438 BGB)

a) Die Verjährung als Einrede

§ 438 BGB trifft besondere Regelungen für die Verjährung der in § 437 BGB genannten Ansprüche und Gestaltungsrechte des Käufers wegen einer mangelhaften Leistung oder einer nach § 434 Abs. 3 BGB gleichgestellten Pflichtverletzung. Der Eintritt der Verjährung beseitigt nicht die Leistungspflicht des Schuldners, sondern gewährt ihm lediglich ein präventives Leistungsverweigerungsrecht, das nicht zur Rückforderung bereits erbrachter Leistungen berechtigt (§ 214 BGB).[525]

b) Abgrenzung zum Anwendungsbereich der allgemeinen Verjährungsfristen

Bei der Reichweite der speziellen Verjährungsbestimmung in § 438 BGB ist zu berücksichtigen, daß sich die Verjährung vor der Anwendbarkeit des § 437 BGB, d.h. vor der Lieferung des Kaufgegenstandes im oben dargelegten Sinne,[526] nicht nach § 438 BGB, sondern den allgemeinen Vorschriften des § 195 BGB bzw. für den Rücktritt des § 218 BGB bemißt und somit einheitlich drei Jahre ab Schluß des Jahres beträgt, in dem der Anspruch entstanden ist und der Gläubiger zumindest ohne grobe Fahrlässigkeit von den anspruchsbegründenden Tatsachen Kenntnis erlangen mußte (§ 199 Abs. 1 BGB).

Dies gilt nicht nur, soweit sich aus § 438 BGB eine kürzere Verjährungsfrist ergeben würde (insbesondere § 438 Abs. 1 Nr. 3 BGB), sondern auch für in dieser Vorschrift angeordnete verlängerte Verjährungsfristen (z.B. § 438 Abs. Nr. 1 BGB: 30 Jahre). Das folgt daraus, daß die Sonderregelungen des § 438 BGB auf dem Interesse an Rechtsbeständigkeit beruhen, das durch die Lieferung geschaffen wurde.[527] Dieses rechtfertigt es z.B., daß der Verkäufer für Mängel, die nicht unter § 438 Abs. Nr. 1 und 2 BGB fallen, nur noch zwei Jahre ab dem in § 438 Abs. 2 BGB genannten Zeitpunkt statt drei Jahre ab Jahresschluß (§§ 195, 199 Abs. 1 BGB) einstandspflichtig ist. Umgekehrt ist die lange Verjährungsfrist des § 438 Abs. 1 Nr. 1a BGB über 30 Jahre nur gerechtfertigt, weil der Käufer nach dem Erhalt der Kaufsache nicht abschätzen kann, ob der Inhaber eines ihm regelmäßig unbekannten (vgl. § 442 BGB) dinglichen Rechts dieses nach mehreren Jahren geltend machen wird. Erkennt der Käufer hingegen einen solchen Rechtsmangel vor der Lieferung, besteht kein sachlicher Grund, von ihm nicht zu verlangen, seinen Anspruch aus § 433 Abs. 1 Satz 2 BGB innerhalb der regelmäßigen Verjährungsfrist des § 195 BGB (drei Jahre) durchzusetzen.[528]

---

[525] Allgemein *Larenz/Wolf* § 17 Rdnr. 1 ff.
[526] Dazu oben § 2 E II 2a, bb (2), S. 75 ff.
[527] Dazu näher § 2 E II 2a, bb (2), S. 75 ff.
[528] Versäumt der Käufer diese Frist und beruft sich der Verkäufer nun auf die Verjährung seiner Pflicht zur mangelfreien Verschaffung des Kaufgegenstandes, kann der Käufer immer noch gemäß § 320 BGB seinen Kaufpreis zurückhalten, soweit er diesen noch nicht entrichtet hat, selbst wenn der Kaufpreisanspruch aufgrund besonderer Umstände seinerseits noch nicht gemäß § 195 BGB verjährt ist; vgl. *Emmerich* MünchKomm.[4] § 320 Rdnr. 35.

Sobald die Lieferung erfolgt ist, greifen allerdings nur noch die Ansprüche und Gestaltungsrechte aus § 437 BGB und mit diesen die Verjährungsfristen des § 438 BGB ein.[529] Soweit § 438 BGB keine Regelungen enthält (z.B. bezüglich der Hemmung und des Neubeginns der Verjährung), gelten wiederum die allgemeinen Vorschriften in den §§ 194 ff. BGB. So kann z.b. in einem Nacherfüllungsversuch seitens des Verkäufers ein Anerkenntnis des Nacherfüllungsanspruchs zu erblicken sein, das gemäß § 212 Abs. 1 Nr. 1 BGB den Neubeginn der Verjährung aus-löst.[530]

c) Länge der Verjährungsfristen nach § 438 BGB

aa) Allgemeine Grundsätze

§ 438 Abs. 1 BGB bemißt die Länge der Verjährungsfrist je nach der Art des Mangels unterschiedlich. Dabei gelten die Verjährungsfristen i.S. der allgemeinen Regel des § 194 Abs. 1 BGB unmittelbar nur für die in § 437 Nr. 1 und 3 BGB aufgezählten *Ansprüche* (Nacherfüllung, Schadensersatz, Aufwendungsersatz).

Für die in § 437 Nr. 2 BGB genannten *Gestaltungsrechte* (Rücktritt, Minderung) verweisen § 438 Abs. 4 Satz 1 und Abs. 5 BGB auf § 218 BGB. Nach Abs. 1 Satz 1 BGB dieser Vorschrift ist die Ausübung des jeweiligen Gestaltungsrechts unwirksam, wenn der Anspruch auf die zugrundeliegende Leistung (hier: der Anspruch auf Nacherfüllung gemäß § 439 Abs. 1 BGB) verjährt ist und der Schuldner (Verkäufer) sich auf diese Verjährung beruft. § 218 Abs. 1 Satz 2 BGB regelt ergänzend, daß die Ausübung des Rücktritts oder der Minderung (§ 438 Abs. 5 BGB) auch dann unwirksam ist, wenn eine Nacherfüllung gemäß den §§ 275, 439 Abs. 3 BGB nicht geleistet werden muß, aber ein unterstellter Nacherfüllungsanspruch nach Maßgabe des § 438 BGB verjährt wäre. Hat der Käufer hingegen ein Rücktritts- oder Minderungsrecht wirksam ausgeübt, bemißt sich die Verjährung der daraus resultierenden Rückgewähransprüche (§§ 346 Abs. 1, 441 Abs. 4 Satz 1 BGB) nach den allgemeinen Regelungen der §§ 194 ff. BGB. Eine analoge Anwendung des § 438 BGB ist insoweit ausgeschlossen, da dessen Abs. 1 ausdrücklich nur diejenigen Ansprüche in bezug nimmt, die aus § 437 Nr. 1 und 3 BGB resultieren.[531]

bb) 30-Jahres-Frist (§ 438 Abs. 1 Nr. 1a und b BGB)

Eine Verjährungsfrist von 30 Jahren gilt, wenn der Mangel in dem dinglichen Recht eines Dritten besteht, aufgrund dessen Herausgabe der Kaufsache verlangt werden kann (§ 438 Abs. 1 Nr. 1a BGB), oder in einem sonstigen Recht, das in das Grundbuch eingetragen ist (§ 438 Abs. 1 Nr. 1b BGB). Dies betrifft z.B. Mobiliarpfandrechte, Grundpfandrechte (Hypotheken, Grundschulden), Grunddienstbarkeiten etc. Die lange Verjährungsfrist von 30 Jahren trägt dem Umstand Rechnung, daß Ansprüche aus derartigen dinglichen Rechten nach § 197 Abs. 1 Nr. 1 BGB selbst erst in dreißig Jahren verjähren bzw. Ansprüche aus im Grundbuch eingetragenen Rechten nach § 902 BGB gänzlich der Verjährung entzogen sind.

---

[529] Zu deren Beginn siehe unten § 2 E II 4d, S. 127 f.
[530] Vgl. *Staudinger/Honsell* § 477 Rdnr. 55.
[531] BR/*Faust* § 438 Rdnr. 49; a.A. *Wagner* ZIP 2002, 789 (790 ff.).

Obwohl die Nichtverschaffung des Eigentums an der Kaufsache keinen Rechtsmangel i.S. des § 435 BGB, sondern eine Nichterfüllung der Rechtsverschaffungspflicht aus § 433 Abs. 1 Satz 1 BGB darstellt, wird die Verjährungsfrist des § 438
Abs. 1 Nr. 1a BGB hierauf analog anzuwenden sein, *wenn* der Verkäufer dem
Käufer die Sache übergeben hat.[532] Denn im Zuge der Übergabe wird der Käufer
regelmäßig seinen Kaufpreis entrichtet haben, aber noch dreißig Jahre der Gefahr
ausgesetzt sein, die Sache an den wahren Eigentümer herausgeben zu müssen (vgl.
§ 197 Abs. 1 Nr. 1 BGB), so daß er sich in einer vergleichbaren Gefährdungslage
befindet. Entsprechendes gilt über § 453 Abs. 1 BGB, wenn ein verkauftes Recht
bzw. ein sonstiger Kaufgegenstand nicht verschafft werden, weil diese entweder
nicht existieren oder einem Dritten zustehen.[533]

cc) 5-Jahres-Frist (§ 438 Abs. 1 Nr. 2a und b BGB)

Eine Verjährung in fünf Jahren schreibt § 438 Abs. 1 Nr. 2a BGB für Mängel bei
einem Bauwerk vor; gleiches gilt für Mängel solcher Sachen, die entsprechend
ihrer üblichen Verwendungsweise für ein Bauwerk eingesetzt worden sind – insbesondere Baumaterial – und die dessen Mangelhaftigkeit verursacht haben (§ 438
Abs. 1 Nr. 2b BGB). Einer üblichen Verwendungsweise muß dabei eine vertraglich besonders vorausgesetzte Verwendungsweise i.S. des § 434 Abs. 1 Satz 2
Nr. 1 BGB gleichstehen.[534] Als Bauwerk ist dabei entweder die Neuerrichtung einer i.V. mit dem Erdboden hergestellten unbeweglichen Sache bzw. eine Erneue-
rungs- oder Umbauarbeit an einer derartigen Sache zu verstehen, wenn diese für
den Bestand oder die Benutzbarkeit des Gebäudes von wesentlicher Bedeutung
ist.[535] Die Verlängerung der Verjährung rechtfertigt sich in diesen Fällen dadurch,
daß sich einerseits Mängel in bezug auf ein Bauwerk häufig erst in größerem zeitlichen Abstand zeigen und andererseits ein effektiver Regreß von Bauhandwer-
kern, die für den Einbau fehlerhaften Materials nach den §§ 634, 634a Abs. 1 Nr. 2
BGB fünf Jahre haften, gegenüber ihren Lieferanten sichergestellt sein muß.[536]

dd) 2-Jahres-Frist (§ 438 Abs. 1 Nr. 3 BGB)

In allen übrigen Fällen gilt gemäß § 438 Abs. 1 Nr. 3 BGB eine zweijährige Verjährungsfrist. Bei einem Verbrauchsgüterkauf (§ 474 BGB) entspricht dies den
Mindestvorgaben in Art. 5 Abs. 1 der Verbrauchsgüterkauf-RL. Diese Regelung
vermittelt zwischen dem Interesse des Käufers an einer mangelfreien Leistung einerseits und dem Bedürfnis des Verkäufers, nicht übermäßig lange mit einer weiteren Verpflichtung gemäß § 437 BGB rechnen zu müssen sowie etwaigen Beweisproblemen in bezug auf den Zeitpunkt der Entstehung des Mangels andererseits.[537]

---

[532] Für eine direkte Anwendung *Eidenmüller* NJW 2002, 1625 (1626); *Oechsler* § 2 Rdnr.
       290; *Palandt/Putzo* § 438 Rdnr. 6; wie hier BR/*Faust* § 438 Rdnr. 14.
[533] BR/*Faust* § 438 Rdnr. 18; *Heerstraßen/Reinhard* BB 2002, 1429 (1430 ff.); a.A. für
       nicht existente Rechte *Eidenmüller* NJW 2002, 1625 (1626).
[534] BR/*Faust* § 438 Rdnr. 25; a.A. wohl BT-Drucks. 14/6040, S. 227.
[535] Vgl. *Erman/Seiler* § 638 Rdnr. 5 m.w.N.
[536] BT-Drucks. 14/6040, S. 227; *Brox/Walker* § 4 Rdnr. 125; *Medicus* Rdnr. 73e.
[537] BT-Drucks. 14/6040, S. 228 f.; *Jorden/Lehmann* JZ 2001, 952 (962).

ee) Sondervorschriften bei Arglist des Verkäufers

Wenn der Verkäufer einen Mangel arglistig verschwiegen hat,[538] so ist er nur vermindert schutzwürdig. Folgerichtig legt § 438 Abs. 3 Satz 1 BGB fest, daß in diesem Fall die Ansprüche des Käufers abweichend von § 438 Abs. 1 Nr. 2 und 3 und Abs. 2 BGB[539] in der dreijährigen Frist des § 195 BGB i.V. mit einem gegenüber § 438 Abs. 2 BGB regelmäßig günstigeren Fristbeginn (§ 199 BGB) verjähren, der auf den Schluß des Jahres abstellt, in dem der Anspruch entstanden ist *und* in dem der Gläubiger von diesem Anspruch Kenntnis erlangt oder ohne grobe Fahrlässigkeit erlangen müßte (§ 199 Abs. 1 BGB). § 199 Abs. 2 bis 4 BGB enthalten ergänzend abgestufte absolute Höchstfristen für die Verjährung, die relevant werden, wenn die subjektiven Voraussetzungen des § 199 Abs. 1 Nr. 2 BGB erst sehr spät vorliegen.

Da der Verkäufer jedoch von seiner Arglist nicht profitieren soll, tritt die Verjährung bei einem unter § 438 Abs. 1 Nr. 2 BGB fallenden Mangel nach § 438 Abs. 3 Satz 2 BGB nicht vor Ablauf der Fünf-Jahres-Frist ein, wenn die Verjährungsfrist nach den §§ 195, 199 BGB aufgrund einer relativ frühen Kenntnis bzw. grobfahrlässigen Unkenntnis des Käufers von dem Mangel kürzer ausfallen sollte.

d) Beginn der Verjährung

Den Beginn der Verjährung legt § 438 Abs. 2 BGB bei Grundstücken auf den Zeitpunkt der Übergabe fest. Hier erlangt wiederum die Streitfrage Bedeutung, ob und unter welchen Voraussetzungen die Einräumung eines mittelbaren Besitzes i.S. des § 868 BGB als „Übergabe" genügt.[540]

Im übrigen knüpft der Beginn der Verjährung an die „Ablieferung" der Sache bzw. im Fall des § 453 BGB des andersgearteten Kaufgegenstandes an. Darunter ist bei Sachen – auch im Fall des Versendungskaufs gemäß § 447 BGB – die Erlangung des mit einer entsprechenden Untersuchungsmöglichkeit verbundenen *unmittelbaren* Besitzes i.S. des § 854 BGB durch den Käufer zu verstehen,[541] bei Rechten und sonstigen Kaufgegenständen die Übertragung i.S. des § 453 Abs. 1 BGB i.V. mit § 433 Abs. 1 Satz 1 BGB bzw. die Besitzübertragung gemäß § 453 Abs. 3 BGB.[542] Der Begriff der Ablieferung ist daher nicht identisch mit demjenigen der Lieferung als Anwendungsvoraussetzung des § 437 BGB, der jeden vom Käufer gebilligten Leistungstransfer mit Bezug auf die Verkäuferpflichten aus den §§ 433 Abs. 1 Satz 1, 453 Abs. 1 und 3 BGB umfaßt und den daher z.B. auch eine

---

[538] Zu den diesbezüglichen Voraussetzungen siehe oben § 2 D I 1d, dd (2a), S. 54.

[539] Die dreißigjährige Frist des § 438 Abs. 1 Nr. 1 BGB bleibt folgerichtig unberührt.

[540] Dazu oben § 2 D I 1c, bb, S. 34 ff.

[541] BGH v. 30. Januar 1985, BGHZ 93, 338 (345); *Esser/Weyers* BT 1, § 5 III 4b, S. 53; *Larenz* BT 1, § 41 II d, S. 63; *RGRK/Mezger* § 477 Rdnr. 13; *Staudinger/Honsell* § 477 Rdnr. 37; *H.P. Westermann* MünchKomm. § 477 Rdnr. 9. Die Besitzübertragung kann allerdings auch auf Geheiß des Käufers an einen Dritten, z.B. dessen Abkäufer, erfolgen; dazu oben § 2 D I 1c, aa, S. 33 f.

[542] BT-Drucks. 14/6040, S. 227; *Oechsler* § 2 Rdnr. 293.

Übereignung der Kaufsache ohne Übertragung des unmittelbaren Besitzes erfüllt.[543]

Umstritten ist, ob im Fall einer wiederum mangelhaften Nacherfüllung i.S. des
§ 439 Abs. 1 BGB ein Neubeginn der Verjährung eintritt (sog. Kettengewährlei-
stung).[544] Da man in der (mangelhaften) Nacherfüllung ein Anerkenntnis der
Pflicht aus § 439 Abs. 1 BGB erblicken kann, sollte dies gemäß § 212 Abs. 1 Nr. 1
BGB bejaht werden. Läuft die Verjährungsfrist an sich bereits vor Beginn der
Nacherfüllung, aber nach dem Setzen einer gemäß den §§ 323 Abs. 1, 281 Abs. 1
Satz 1 BGB notwendigen Nachfrist ab, greift der Hemmungstatbestand des § 203
BGB analog ein.[545] Die teleologische Vergleichbarkeit ergibt sich daraus, daß ein
Käufer, dem das Gesetz ein einseitiges Recht zur Nachfristsetzung einräumt, nicht
schlechter stehen darf als ein Gläubiger, der sich in bloßen Verhandlungen über
die Nacherfüllung befindet (argumentum a fortiori).

e) Vertragliche Abänderung der Verjährungsfristen aus § 438 Abs. 1 BGB

Die Verjährungsfristen des § 438 Abs. 1 Nr. 2 und 3 BGB können nach § 202
Abs. 2 BGB vertraglich auf bis zu dreißig Jahre verlängert werden.[546]

In bezug auf Verjährungserleichterungen zugunsten des Verkäufers ist zu differenzieren: Liegt ein Verbrauchsgüterkauf i.S. des § 474 BGB vor, gilt für eine
Verkürzung der Verjährung – gleich in welcher Form – die Grenze des § 475
Abs. 2 BGB.[547] Im übrigen wird eine Verkürzungsvereinbarung, die nicht die Haftung wegen Vorsatzes betrifft (§ 202 Abs. 1 BGB), vorbehaltlich der allgemeinen
Vorschrift des § 138 Abs. 1 BGB nur bei der Verwendung von Allgemeinen Geschäftsbedingungen durch den Verkäufer und einem Kaufvertrag über eine neu
hergestellte Sache beschränkt: Nach § 309 Nr. 8b, ff BGB darf in diesem Fall die
fünfjährige Verjährungsfrist aus § 438 Abs. 1 Nr. 2 BGB nicht verkürzt und im übrigen die Verjährungsfrist nicht auf unter ein Jahr ab dem gesetzlichen Verjährungsbeginn nach § 438 Abs. 2 BGB abgesenkt werden. Wie in bezug auf einen
Ausschluß der Pflicht zur mangelfreien Lieferung als solcher bereits angedeutet, ist
jedoch zu erwägen, § 309 Nr. 8b, ff BGB bei Gebrauchtwaren auf die Verjährung
der Ansprüche wegen *Rechtsmängeln* analog anzuwenden.[548]

---

[543]   Siehe oben § 2 E II 2a, bb (2), S. 75 ff.

[544]   Dafür BR/*Faust* § 438 Rdnr. 59; *Ernst/Gsell* ZIP 2000, 1410 (1420 f.); dagegen *W. H.
Roth* in: Ernst/Zimmermann (Hrsg.), Zivilrechtswissenschaft und Schuldrechtsreform,
2001, S. 225 (245 ff.).

[545]   *Auktor* NJW 2003, 120 (122); BR/*Faust* § 438 Rdnr. 58; *Wagner* ZIP 2002, 789 (793
f.).

[546]   Insoweit zu § 477 BGB a.F. jedoch im Hinblick auf § 307 Abs. 2 Nr. 1 BGB restriktiv
bei einer Verlängerung auf über zwei Jahre durch Allgemeine Geschäftsbedingungen
des Käufers BGH v. 17. Januar 1990, BGHZ 110, 88 (92 ff.).

[547]   Dazu unten § 2 H V 3b, bb (2), S. 207.

[548]   Näher oben § 2 D I 1d, dd (3b, bb), S. 59.

f) Leistungsverweigerungsrecht des Käufers gemäß § 438 Abs. 4 und 5 BGB

In bezug auf die Gestaltungsrechte Rücktritt und Minderung (§ 439 Nr. 2 BGB) ist zu berücksichtigen, daß deren Ausübung nach Ablauf der Verjährungsfristen in § 438 Abs. 1 BGB unwirksam ist, wenn sich der Verkäufer auf die Verjährung beruft (§ 438 Abs. 4 Satz 1 und Abs. 5 BGB i.V. mit § 218 Abs. 1 BGB). Gleichzeitig kann aber der Anspruch auf die Kaufpreiszahlung nach den §§ 195, 199 Abs. 1 BGB noch unverjährt sein. Soweit der Käufer diesen Anspruch nicht erfüllt hat, wäre es jedoch unangemessen, ihn zu der Kaufpreiszahlung zu verpflichten, obwohl er vor der Entrichtung keinen besonderen Beweggrund hatte, einseitig gegen den Verkäufer vorzugehen und nach den §§ 203 ff. BGB eine Hemmung oder einen Neubeginn der Verjährung seiner Ansprüche aus § 437 BGB herbeizuführen.[549]

Falls ein, wenn auch verjährter Anspruch auf Nacherfüllung besteht, folgt ein Recht des Käufers zur Verweigerung der Kaufpreiszahlung bereits aus § 320 BGB.[550] Unabhängig davon gewährt § 438 Abs. 4 Satz 2 bzw. Abs. 5 BGB dem Käufer in der geschilderten Konstellation das Recht, die Kaufpreiszahlung insoweit zu verweigern, als er aufgrund eines wirksamen Rücktritts oder einer wirksamen Minderung (d.h. in diesem Fall nur in der sich aus § 441 Abs. 3 Satz 1 BGB ergebenden Höhe) dazu berechtigt wäre. Das Leistungsverweigerungsrecht betrifft jedoch nur die Konstellationen, in denen ein Rücktritt bzw. eine Minderung *wegen der Verjährung* („nach § 218 Abs. 1 BGB") unwirksam sind. Solange das betreffende Gestaltungsrecht aufgrund einer Subsidiarität gegenüber der Nacherfüllung ausgeschlossen ist, steht dem Käufer folglich ausschließlich die Einrede aus § 320 BGB zu. Dies führt zu dem Ergebnis, daß der Verkäufer seine Kaufpreisforderung selbst dann noch Zug-um-Zug gegen Erbringung der Nacherfüllung durchsetzen kann, wenn der Nacherfüllungsanspruch des Käufers bereits verjährt ist.[551]

Entscheidet sich der Käufer nach § 438 Abs. 4 Satz 2 BGB für eine Zurückhaltung des gesamten Kaufpreises, muß der Verkäufer eine Möglichkeit haben, den mangelhaften Kaufgegenstand zurückzuerhalten. Diese verschafft ihm § 438 Abs. 4 Satz 3 BGB, der im Fall der Leistungsverweigerung durch den Käufer dem Verkäufer seinerseits das Recht einräumt, von dem Kaufvertrag mit der Folge einer Rückabwicklung nach den §§ 346 ff. BGB zurückzutreten. Dann ist auch der Käufer genauso gestellt, wie wenn sein Rücktritt nicht gemäß § 218 Abs. 1 BGB unwirksam gewesen wäre.

Soweit der Käufer hingegen den Kaufpreis bereits entrichtet hat, entspricht der Umstand, daß er seine Leistung nicht mehr zurückfordern kann, selbst dann dem Zweck der Verjährung seiner in § 437 BGB genannten Rechte, wenn die Zahlung des Kaufpreises erst nach Eintritt der Verjährung erfolgt ist. Aus diesem Grund stellt das Leistungsverweigerungsrecht aus § 438 Abs. 4 Satz 2 und Abs. 5 BGB keine „dauernde Einrede" i.S. des § 813 Abs. 1 Satz 1 BGB dar, die zu einer Kon-

---

[549] *Erman/Grunewald* § 478 Rndr. 1; *Staudinger/Honsell* § 478 Rdnr. 1; *H.P. Westermann* MünchKomm. § 478 Rdnr. 1.

[550] Vgl. *Emmerich* MünchKomm.[4] § 320 Rdnr. 35.

[551] BR/*Faust* § 438 Rdnr. 53; *von Olshausen* JZ 2002, 385 (387 f.).

diktion des Kaufpreises berechtigen würde.[552] Ob das Leistungsverweigerungs-recht auch gegenüber einem zur Erfüllung der Kaufpreisschuld hingegebenen Wechsel oder Scheck wirkt, ist umstritten.[553]

5. Konkurrenz des § 437 BGB mit anderen Rechten der Parteien

Mit den Rechten des Käufers aus den §§ 437 bis 441 BGB wegen einer mangel-haften Leistung oder einer gemäß § 434 Abs. 3 BGB gleichgestellten Pflichtver-letzung hat der Gesetzgeber einen Interessenausgleich zwischen den Parteien des Kaufvertrages geschaffen. Dieser könnte allerdings durch die parallele Anwendung weiterer Rechtsinstitute konterkariert werden, die unter anderen Voraussetzungen stehen. Es bedarf daher einer genaueren Betrachtung, inwieweit andere Rechte neben den in § 437 BGB genannten zur Anwendung gelangen können oder ob die Vorschriften über die Ansprüche und Rechte des Käufers bei Mängeln (§§ 437 bis 441 BGB) unter teleologisch-systematischen Gesichtspunkten eine Sperrwirkung entfalten und hierdurch den Rückgriff auf die allgemeinen Rechtsinstitute aus-schließen. Unberührt bleibt von der folgenden Darstellung der Umstand, daß die Sonderregelungen der §§ 437 bis 441 BGB erst ab der Lieferung des Kaufgegen-standes eingreifen und vor diesem Zeitpunkt bei einer Nichterfüllung der Pflicht zur Verschaffung eines mangelfreien Gegenstandes die §§ 280 ff., 320 ff. BGB direkte Anwendung finden.[554] Auch das Verhältnis der Mängelrechte zu einem bereicherungsrechtlichen Anspruch des Verkäufers auf Herausgabe eines geleiste-ten vertragswidrigen Gegenstandes wurde bereits behandelt.[555]

a) Anfechtungsrechte der Parteien

aa) Anfechtung nach § 119 Abs. 2 BGB wegen eines Eigenschaftsirrtums

Nach § 119 Abs. 2 BGB kann der Erklärende eine Willenserklärung anfechten, wenn er sich bei deren Abgabe in einem Irrtum über solche Eigenschaften einer Person oder einer Sache befand, die – so ist zu ergänzen: in bezug auf den Inhalt der Willenserklärung – im Verkehr als wesentlich angesehen werden. Hierunter ließe sich auch ein *Irrtum des Käufers* über das Vorhandensein einer Eigenschaft des Kaufgegenstandes fassen, deren Fehlen zugleich einen Mangel i.S. des § 434 BGB begründet.[556] Dies wäre nicht auf den Kauf von Sachen i.S. der §§ 90 ff. BGB begrenzt, da „Sachen" i.S. des § 119 Abs. 2 BGB alle Rechtsobjekte und somit z.B. auch Forderungen umfassen.[557]

---

[552] RG v. 22. November 1929, RGZ 128, 211 (215); *Esser/Weyers* BT 1, § 5 III 4c, S. 53; *Larenz* BT 1, § 41 II d, S. 65; *Staudinger/Honsell* § 478 Rdnr. 14.

[553] Siehe dazu bejahend BGH v. 30. Januar 1986, NJW 1986, 1872 f. mit ablehnender Anmerkung *Canaris* JZ 1986, 684 ff.

[554] Näher oben § 2 E II 2a, bb, S. 75 ff.

[555] Siehe oben § 2 E II 2b, aa (2b), S. 82 ff.

[556] Hingegen ist ein Eigenschaftsirrtum über einen Rechtsmangel i.S. des § 435 BGB wohl ausgeschlossen, da ein solcher nicht in der Beschaffenheit des Kaufgegenstandes „angelegt" ist (siehe oben § 2 D I 1d, bb [2], S. 38 f.), was aber die Voraussetzung für eine Eigenschaft i.S. des § 119 Abs. 2 BGB ist: *Larenz/Wolf* § 36 Rdnr. 49.

[557] *Flume* AT 2, § 24/2e, S. 481 f.

Von einer Ansicht wird die parallele Anwendung des § 119 Abs. 2 BGB zugunsten des Käufers neben den Mängelansprüchen bejaht.[558] Hierfür läßt sich anführen, daß beide Rechte einem unterschiedlichen Schutzzweck dienen. Während § 119 Abs. 2 BGB die Privatautonomie des Käufers schützt, ist § 437 BGB auf ein anderes Interesse, nämlich das vertragliche Äquivalenzinteresse ausgerichtet. Zudem stellt § 119 Abs. 2 BGB auf den Zeitpunkt der Erklärungsabgabe ab, während für einen Mangel i.S. der §§ 434, 435 BGB bei Sachmängeln der Zeitpunkt des Gefahrübergangs und bei Rechtsmängeln derjenige der Rechtsverschaffung maßgebend ist.[559]

Eine Anwendung des § 119 Abs. 2 BGB auf solche Eigenschaften, die zugleich einen Mangel i.S. der §§ 434, 435 BGB bilden, würde aber trotz der dargelegten Unterschiede die besonderen Ausformungen der vertraglichen Rechte des Käufers in verschiedener Hinsicht unterlaufen:[560] Erstens ist eine Rückabwicklung des Vertrages im Rahmen der §§ 437 ff. BGB regelmäßig gegenüber einer Nacherfüllung i.S. des § 439 BGB subsidiär, während die Anfechtung zu einer sofortigen Rückabwicklung nach Maßgabe der §§ 812 ff. BGB führt. Zweitens sind die Rechte des Käufers aus § 437 BGB nach § 442 Abs. 1 Satz 2 BGB vorbehaltlich einer Arglist oder einer Garantie des Verkäufers ausgeschlossen, wenn der Käufer den Mangel bei Abschluß des Vertrages grob fahrlässig nicht erkannt hat; ein zur Anfechtung berechtigender Irrtum i.S. des § 119 Abs. 2 BGB wäre aber auch bei grober Fahrlässigkeit noch gegeben. Eine vergleichbare Kollision tritt auf, wenn die Rechte wegen Mängeln vertraglich ausgeschlossen sind.[561] Drittens muß eine Irrtumsanfechtung gemäß § 121 Abs. 1 Satz 1 BGB zwar unverzüglich, d.h. ohne schuldhaftes Zögern erfolgen. Sie ist im übrigen aber nach § 121 Abs. 2 BGB bis zu zehn Jahre lang zulässig. Die Rechte des Käufers wegen eines Mangels verjähren hingegen nach Maßgabe des § 438 BGB in der Regel weitaus schneller. Folglich würde eine Anwendung des § 119 Abs. 2 BGB auf Eigenschaften, die einen Sachmangel bilden, das differenzierte Regelungssystem der §§ 437 ff. BGB und damit den angestrebten Interessenausgleich leerlaufen lassen. Dies gilt auch für den Zeitraum vor Anwendbarkeit des § 437 BGB, da der bis dahin gemäß den §§ 433 Abs. 1 Satz 2, 453 Abs. 1 und 3 BGB bestehende Anspruch auf eine mangelfreie Lieferung ähnlichen Restriktionen (z.B. § 442 Abs. 1 Satz 2 BGB)[562] unterliegt.[563] So-

---

[558] BR/*Faust* § 437 Rdnr. 173 f.; *Emmerich* § 5 Rdnr. 3; *Löhnig* JA 2003, 516 (521 f.); *Oertmann* vor § 459 Anm. 2g; *R. Schmidt* NJW 1962, 710 ff.

[559] Siehe oben § 2 D I 1d, bb (2), S. 40.

[560] Ganz h.M.: RG v. 10. März 1938, RGZ 157, 173 (174); BGH v. 9. Oktober 1980, BGHZ 78, 216 (218); *Brors* WM 2002, 1780 (1781); *Esser/Weyers* BT 1, § 6 I 3a/c, S. 66 f.; *Larenz* BT 1, § 41 I c, S. 45; *Schlechtriem* Rdnr. 116; *Soergel/Huber* vor § 459 Rdnr. 187 ff.; *Staudinger/Honsell* Vorbem. zu §§ 459 ff. Rdnr. 28 ff.; *H.P. Westermann* MünchKomm. § 459 Rdnr. 83; grundlegend *Flume* Eigenschaftsirrtum und Kauf, 1948, S. 132 ff.

[561] BGH v. 15. Januar 1975, BGHZ 63, 369 (376); *Soergel/Huber* vor § 459 Rdnr. 199 f.; *Staudinger/Honsell* Vorbem. zu §§ 459 ff. Rdnr. 34; *H.P. Westermann* MünchKomm. § 459 Rdnr. 85.

[562] Dazu oben § 2 D I 1d, dd (2b), S. 55 f.

mit sprechen die besseren Gründe dafür, eine Irrtumsanfechtung des Käufers in bezug auf solche Eigenschaften des Kaufgegenstandes, die zugleich einen Mangel darstellen, unabhängig davon auszuschließen, ob der Verkäufer für diesen im Einzelfall nach § 437 BGB haften muß. Dogmatisch läßt sich dies dadurch begründen, daß ein solcher Irrtum unter Berücksichtigung der Gesetzessystematik „im Verkehr" nicht als wesentlich i.S. des § 119 Abs. 2 BGB anzusehen ist.[564]

Sofern sich der Eigenschaftsirrtum nicht auf einen Mangel bezieht (Beispiel: der Käufer hat eine Eigenschaft der Kaufsache angenommen, die der Verkäufer nach Maßgabe des § 434 Abs. 1 und 2 BGB nicht schuldet), treffen die vorstehenden Erwägungen nicht zu.[565] Es wäre verfehlt, in diesem Fall einen Erst-recht-Schluß dergestalt zu ziehen, daß wenn die Anfechtung bereits bei einer Verkäuferhaftung aus § 437 BGB ausgeschlossen ist, dies a fortiori auch gelten müsse, wenn es schon an einer solchen Verpflichtung des Verkäufers fehle. Der Ausschluß des Anfechtungsrechts knüpft gerade daran an, *daß* die Vorstellung des Käufers der vertragsgemäßen Beschaffenheit entspricht und die Balance von Vor- und Nachteilen, die in den Beschränkungen der Mängelrechte zum Ausdruck kommt, nicht unterlaufen werden darf. Ist somit eine Anfechtung wegen des Irrtums über eine Eigenschaft, die keinen Mangel begründet, nicht kategorisch ausgeschlossen, bleibt jedoch stets sorgfältig zu prüfen, ob die betreffende Eigenschaft als verkehrswesentlich zu betrachten ist (§ 119 Abs. 2 BGB), was insbesondere bei atypischen Vorstellungen des Käufers in bezug auf den Kaufgegenstand, mit denen der Verkäufer nicht rechnen mußte, nicht zutrifft.[566]

Dem *Verkäufer* ist ein Anfechtungsrecht aus § 119 Abs. 2 BGB zu versagen, wenn sich der Irrtum auf eine mangelbegründende Eigenschaft bezieht und er mit der Anfechtung dem Käufer Rechte aus § 437 BGB bzw. den §§ 433 Abs. 1 Satz 2, 453 Abs. 1 und 3 BGB entziehen würde.[567] Auch insoweit fehlt stets die Verkehrswesentlichkeit des Irrtums.[568] Falls die betreffende Eigenschaft keinen Man-

---

[563] Die differenzierenden Auffassungen zum alten Recht, die mit Unterschieden in Detailfragen eine Anfechtung vor der Anwendbarkeit der §§ 459 ff. BGB a.F. zuließen, sind dadurch überholt; vgl. BT-Drucks. 14/6040, S. 210; *Huber/Faust* 14/6; *Oechsler* § 2 Rdnr. 299; a.A. *Brox/Walker* § 4 Rdnr. 134. Zum alten Streitstand *Marburger* 20 Probleme aus dem BGB, Schuldrecht Besonderer Teil I, 5. Aufl. 1998, 12. Problem.

[564] Zur Bestimmung der Verkehrswesentlichkeit anhand der Art des betreffenden Rechtsgeschäftes *Larenz/Wolf* § 36 Rdnr. 57 f.

[565] *Esser/Weyers* BT 1, § 6 I 3b, S. 67; *Staudinger/Honsell* Vorbem. zu §§ 459 ff. Rdnr. 38; *H.P. Westermann* MünchKomm. § 459 Rdnr. 85; a.A. *Huber/Faust* 14/5; *Soergel/Huber* vor § 459 Rdnr. 38.

[566] *Larenz/Wolf* § 36 Rdnr. 61; noch enger: *Erman/Grunewald* Vor § 459 Rdnr. 21; *Flume* AT 2, § 24/3a, S. 485.

[567] BT-Drucks. 14/6040, S. 165; BGH v. 8. Juni 1988, NJW 1988, 2597 (2598); *Brox/Walker* § 4 Rdnr. 137; *Erman/Grunewald* Vor § 459 Rdnr. 17; *Staudinger/Honsell* Vorbem. zu §§ 459 ff. Rdnr. 37; *H.P. Westermann* MünchKomm. § 459 Rdnr. 85.

[568] Für den flexibleren Ausschlußgrund des Rechtsmißbrauchs (§ 242 BGB) z.B. BR/*Faust* § 437 Rdnr. 192.

gel bildet, z.B. den Wert der Kaufsache erhöht,[569] greift § 119 Abs. 2 BGB wie bei einem entsprechenden Irrtum des Käufers ohne besondere Modifikationen ein. Beispiel: Das als Kopie verkaufte Bild erweist sich als Original.

bb) Sonstige Anfechtungstatbestände

Ein Anfechtungsrecht wegen eines Inhalts- oder Erklärungsirrtums aus § 119 Abs. 1 BGB (Beispiel: der Käufer verwechselt den Kaufgegenstand) bezieht sich nicht auf einen Mangel des Kaufgegenstandes und ist daher für keine der Parteien wegen der in § 437 BGB genannten speziellen Rechtsbehelfe ausgeschlossen.[570]

Eine arglistige Täuschung oder eine widerrechtliche Drohung i.S. des § 123 Abs. 1 BGB kann zwar zum Abschluß eines Kaufvertrages führen, bei dem ein Sach- oder Rechtsmangel auftritt (Beispiel: der Verkäufer täuscht dem Käufer arglistig vor, der verkaufte Ring sei aus massivem Gold). Der Täuschende oder Drohende ist jedoch nicht schutzwürdig, so daß ein Anfechtungsrecht aus § 123 BGB in der Frist des § 124 BGB uneingeschränkt ausgeübt werden kann.[571] Mit der Ausübung des Anfechtungsrechts entfallen Ansprüche aus dem Kaufvertrag ex tunc (§ 142 Abs. 1 BGB). Bei der bereicherungsrechtlichen Rückabwicklung sind die Besonderheiten für fehlgeschlagene Austauschverträge zu berücksichtigen.[572]

b) Störung der Geschäftsgrundlage (§ 313 BGB)

Die Regelungen des § 313 BGB sind nicht anwendbar, soweit die Vertragsstörung einen Mangel des Kaufgegenstandes darstellt.[573] Denn insoweit liegt eine Abweichung vom vertraglich Vereinbarten und nicht eine bloße Störung der Geschäftsgrundlage vor. Das gilt auch, wenn gesetzliche oder vertragliche Bestimmungen die Rechte des Käufers wegen Mängeln ausschließen.[574]

Bezüglich der Rechtsstellung des Verkäufers bei einer unerwartet aufwendigen Nacherfüllung gilt folgendes: Sofern die Erschwernis zu einer Disproportionalität von Nacherfüllungsaufwand des Schuldners und Nacherfüllungsinteresse des Gläubigers führt, greift ausschließlich § 439 Abs. 3 BGB als lex specialis ein. Beispiel: Ein mittlerweile nicht mehr produzierter defekter Fernseher kann nur mit exorbitantem Aufwand repariert werden, während ein ähnliches Modell am Markt zu wesentlich niedrigeren Kosten verfügbar ist. § 313 BGB ist daher allenfalls einschlägig, wenn der Nacherfüllungsaufwand nicht am Maßstab des Käuferinteresses

---

[569] Vgl. RG v. 22. Februar 1929, RGZ 124, 115 (116 f.).

[570] *Erman/Grunewald* Vor § 459 Rdnr. 13; *Soergel/Huber* vor § 459 Rdnr. 201; *Staudinger/Honsell* Vorbem. zu §§ 459 ff. Rdnr. 39 f.

[571] BGH v. 2. Februar 1990, BGHZ 110, 220 (221 f.); *Soergel/Huber* vor § 459 Rdnr. 204; *H.P. Westermann* MünchKomm. § 459 Rdnr. 86; kritisch hierzu im Hinblick auf die Regelung der Arglist des Verkäufers in § 442 Abs. 1 Satz 2 BGB *Staudinger/Honsell* Vorbem. zu §§ 459 ff. Rdnr. 43.

[572] Dazu *Larenz/Canaris* BT 2, § 73 III, S. 321 ff.

[573] RG v. 5. Oktober 1939, RGZ 161, 330 (337); BGH v. 6. Juni 1986, BGHZ 98, 100 (103 f.); *Soergel/Huber* vor § 459 Rdnr. 203; *Staudinger/Honsell* Vorbem. zu §§ 459 ff. Rdnr. 41.

[574] BGH v. 6. Juni 1986, BGHZ 98, 100 (103 f.); *Erman/Grunewald* Vor § 459 Rdnr. 37.

unverhältnismäßig ist, sondern eine schwere Äquivalenzstörung in bezug auf den vereinbarten Kaufpreis eintritt.[575] In der Regel darf sich der Verkäufer aber seiner Pflicht zur Nacherfüllung nicht mit Verweis auf eine Störung der Geschäftsgrundlage entziehen.[576]

In bezug auf Umstände, die nicht zu einem Mangel i.S. der §§ 434, 435 BGB führen, bleibt hingegen § 313 BGB anwendbar.[577] Dies gilt z.B., wenn die Parteien davon ausgehen, daß ein verkauftes Grundstück erst zu einem Zeitpunkt nach Gefahrübergang bebaubar werden soll (daher kein Sachmangel i.S. des § 434 Abs. 1 Satz 1 BGB), sich diese Erwartung aber nicht erfüllt.[578]

c) Rücktrittsrecht nach § 13a UWG wegen unwahrer Werbeangaben[579]

Nach § 13a Abs. 1 Satz 1 UWG kann ein „Abnehmer" von einem Vertrag zurücktreten, wenn er zu dessen Abschluß durch eine unwahre und zur Irreführung geeignete Werbeangabe i.S. des § 4 UWG bestimmt worden ist, die für den Personenkreis, an den sie sich richtet, wesentlich ist. Geht die Werbung nicht von dem Vertragspartner, sondern von einem Dritten aus, so besteht das Rücktrittsrecht nach § 13a Abs. 1 Satz 2 UWG nur, wenn ersterer die Unwahrheit der Angabe und ihre Eignung zur Irreführung kannte oder kennen mußte bzw. sich die Werbung durch bestimmte Maßnahmen zu eigen gemacht hat (z.B. Verteilung des Werbematerials).[580] Die Modalitäten des Rücktritts sind in § 13a Abs. 2 und 3 UWG näher geregelt.

Dieses Rücktrittsrecht kann mit § 434 Abs. 1 Satz 3 BGB insoweit in Konflikt geraten, als nach dieser Vorschrift unzutreffende Werbeaussagen des Verkäufers oder des Herstellers sowie seiner Gehilfen nicht unmittelbar ein Recht gewähren, sondern nur die vertragsgemäße Beschaffenheit bestimmen und damit eine Anwendung des § 437 BGB eröffnen, in deren Rahmen der Rücktritt grundsätzlich gegenüber der Nacherfüllung subsidiär ist.[581] Die Anwendung des § 13a UWG ist aber gleichwohl aus zwei Gründen nicht durch § 434 Abs. 1 Satz 3 BGB gesperrt: Erstens wird eine Nacherfüllung bei unzutreffenden Werbeangaben in der Regel ohnehin unmöglich sein, so daß auch nach § 437 BGB ein sofortiger Rücktritt erfolgen kann, soweit der Mangel nicht gemäß § 323 Abs. 5 Satz 2 BGB unerheblich ist. Im letzteren Fall fehlt aber auch die „Wesentlichkeit" der Werbeaussage i.S. des § 13a Abs. 1 Satz 1 UWG als Voraussetzung des dort geregelten Rücktritts-

---

[575] Siehe oben § 2 E II 3b, ff (3b), S. 98.

[576] BR/*Faust* § 437 Rdnr. 176; *Oechsler* § 2 Rdnr. 300.

[577] *Staudinger/Honsell* Vorbem. zu §§ 459 ff. Rdnr. 42; *H.P. Westermann* MünchKomm. § 459 Rdnr. 87.

[578] BGH v. 15. Oktober 1976, WM 1977, 118.

[579] Im Gesetzgebungsverfahren befand sich bei Abschluß des Manuskripts ein Reg.-Entwurf zur Neufassung des UWG, in dem auf ein mit § 13a UWG vergleichbares Rücktrittsrecht bewußt verzichtet wird, weil § 434 Abs. 1 Satz 3 BGB zum Schutz vor irreführenden Werbeangaben ausreichend sei; siehe BT-Drucks. 15/1487, S. 14.

[580] Näher zu den Tatbestandsvoraussetzungen des Rücktrittsrechts *Köhler/Piper* UWG, 3. Aufl. 2001, § 13a Rdnr. 2 ff.

[581] Im einzelnen oben § 2 E II 3c, bb, S. 105 ff.

rechts.[582] Zweitens hat der Gesetzgeber bei der Einführung des § 434 Abs. 1 Satz 3 BGB nicht zu erkennen gegeben, daß dieser den Anwendungsbereich des § 13a UWG einschränken soll.

Umgekehrt steht durch die Neuschaffung des § 434 Abs. 1 Satz 3 BGB fest, daß der Verkäufer für ihm zurechenbare unrichtige Werbeangaben des Herstellers dem Käufer nach Maßgabe des § 437 Nr. 3 BGB und der dort angeführten schadensersatzrechtlichen Normen auch auf Schadensersatz haftet, während der Gesetzgeber bei Schaffung des § 13a UWG ein Rücktrittsrecht für ausreichend hielt.[583] Schadensersatzansprüche gegen den werbenden Hersteller folgen aus § 437 Nr. 3 BGB und den dort genannten Vorschriften allerdings nicht.[584]

d) Verletzung vorvertraglicher Pflichten und Nebenpflichtverletzungen

Ein Konkurrenzproblem zwischen den Ansprüchen des Käufers bei Mängeln und Ersatzansprüchen wegen der Verletzung vorvertraglicher Pflichten (§ 311 Abs. 2 BGB) sowie Nebenpflichten ergibt sich nur, wenn sich die Verletzung der vorgenannten Pflichten zugleich auf einen Mangel bezieht und damit neben eine Verletzung der Hauptpflicht zur Lieferung eines mangelfreien Gegenstandes aus den §§ 433 Abs. 1 Satz 2, 453 Abs. 1 und 3 BGB tritt, die durch § 437 BGB und die dort genannten Rechte sanktioniert wird.

Eine solche Kollision kann z.B. eintreten, wenn den Verkäufer eine Beratungspflicht in bezug auf die Beschaffenheit der Kaufsache trifft (Beispiel: der Verkäufer müßte über eine besonders gefährliche Beschaffenheit aufklären, mit welcher der Käufer nicht zu rechnen braucht und deren Abwesenheit damit gemäß § 433 Abs. 1 Satz 2 BGB i.V. mit § 434 Abs. 1 Satz 2 Nr. 2 BGB geschuldet wird)[585] oder ausnahmsweise eine Untersuchungspflicht des Verkäufers hinsichtlich der vertragsgemäßen Beschaffenheit besteht.[586] Denkbar ist auch, daß eine fehlerhafte Verpackung des Kaufgegenstandes zu einem Sachmangel führt.[587]

In diesen Fällen führt ein Verstoß gegen die Beratungs-, Untersuchungs- oder Verpackungspflicht nicht nur dazu, daß der Verkäufer die mangelhafte Leistung i.S. der §§ 280 Abs. 1 Satz 2, 276 Abs. 1 Satz 1 BGB *zu vertreten hat* und somit nach Maßgabe des § 437 Nr. 3 BGB Schadensersatz schuldet. Zumindest rein begrifflich liegt zugleich die *Verletzung einer Schutzpflicht* i.S. des § 241 Abs. 2 BGB gegebenenfalls i.V. mit § 311 Abs. 2 BGB vor, die eigentlich zu einem eigenständigen Schadensersatzanspruch nach § 280 Abs. 1 BGB bzw. nach Maßgabe des § 324 BGB im Fall der Unzumutbarkeit zu einem Rücktrittsrecht führen würde.

Diese Ansprüche bzw. Rechte unterliefen jedoch das differenzierte Regelungsgefüge der §§ 437 bis 441 BGB, z.B. den grundsätzlichen Vorrang der Nacherfül-

---

[582] Vgl. *Köhler/Piper* UWG, 3. Aufl. 2001, § 13a Rdnr. 5.
[583] BT-Drucks. 10/5771, S. 22.
[584] Zum Rechtsverhältnis des Käufers zu dem Hersteller der Kaufsache § 2 F I 2, S. 146 f.
[585] Siehe oben § 2 D II, S. 66 ff.
[586] Dazu oben § 2 E II 3e, aa (4a), S. 121.
[587] Vgl. BGH v. 7. März 1983, BGHZ 87, 88 (92 f.).

lung vor einem Rücktritt.[588] Auch in bezug auf *Integritätsschäden* (z.B. eine Körperverletzung durch das defekte Produkt) ist eine direkte Anwendung des § 280 Abs. 1 BGB aufgrund der Verletzung einer Schutzpflicht nicht geboten, weil diese Schäden nach § 437 Nr. 3 BGB i.V. mit § 280 Abs. 1 BGB geltend gemacht werden können.[589] Soweit dieser Anspruch ausgeschlossen ist (z.B. wegen Verjährung gemäß § 438 BGB oder eines Haftungsausschlusses nach § 442 BGB) darf dieses sachgerechte Ergebnis nicht durch die Bejahung eines Schadensersatzanspruchs wegen einer Schutzpflichtverletzung umgangen werden. Aus diesem Grunde sind Ansprüche gegen den Verkäufer wegen der Verletzung vorvertraglicher Pflichten oder Nebenpflichten durch die §§ 433 Abs. 1 Satz 2, 437 BGB gesperrt, *wenn sie sich auf einen Mangel des Kaufgegenstandes i.S. der §§ 434, 435 BGB beziehen.*[590] Methodologisch ergibt sich dies aus einer teleologisch bedingten Subsidiarität.[591] Denn auch die Haftung für die Verletzung vorvertraglicher Pflichten oder von Nebenpflichten würde auf einem besonderen Kontakt beruhen, den – soweit er sich auf einen Mangel des Kaufgegenstandes bezieht – die §§ 433 ff. BGB sachnäher und abschließend ausgestalten.[592]

Nach der hier vertretenen Auffassung betrifft dies z.B. auch eine negativ von der vertragsgemäßen Beschaffenheit abweichende Ertragskraft eines Unternehmens.[593] Hat der Verkäufer insoweit unrichtige Angaben gemacht, so kann der

---

[588] Im einzelnen oben § 2 E II 3, S. 87 ff.

[589] Die h.M. zum alten Kaufrecht löste das Problem, daß der Verkäufer bei Sachmängeln nach den §§ 463, 480 Abs. 2 BGB a.F. auf Schadensersatz nur im Fall des Vorliegens einer Zusicherung oder der Arglist haftete dadurch, daß ein Anspruch auf Ersatz des durch die mangelhafte Leistung beeinträchtigten Integritätsinteresses (sog. Mangelfolgeschäden) aus den allgemeinen Rechtsinstituten (culpa in contrahendo, positive Forderungsverletzung) mit einzelnen Einschränkungen gewährt wurde, auf diesen aber die kurze kaufrechtliche Verjährung des § 477 BGB a.F. analoge Anwendung fand: statt aller *Staudinger/Honsell* Vorbem. zu §§ 459 ff. Rdnr. 56 ff. Jetzt deckt der weite Schadensersatzanspruch aus § 437 Nr. 3 BGB i.V. mit § 280 Abs. 1 BGB diese Fälle ab; a.A. *Wagner* JZ 2002, 475 (479 f.).

[590] Vgl. BT-Drucks. 14/6040, S. 209 f., 224 f., 228 f.; *Brors* WM 2002, 1780 (1782 f.); *Grigoleit/Herresthal* JZ 2003, 118 (126); *Jorden/Lehmann* JZ 2001, 952 (962); *Wolf/Kaiser* DB 2002, 411 (418 f.); a.A. *Barnert* WM 2003, 416 (424 f.); *Häublein* NJW 2003, 388 (391 ff.) sowie beschränkt auf vorvertragliche Pflichten BR/*Faust* § 437 Rdnr. 181. Im alten Kaufrecht waren dies die Fälle, in denen die h.M. die allgemeinen Institute (culpa in contrahendo, positive Forderungsverletzung) auf Integritätsschäden mit Unterschieden im einzelnen zwar anwendete, aber mit der kurzen kaufrechtlichen Verjährungsfrist des § 477 BGB a.F. verband; statt aller *Larenz* BT 1, § 41 II e, S. 70 f.

[591] Zu dieser Form der Gesetzeskonkurrenz *Dietz* Anspruchskonkurrenz bei Vertragsverletzung und Delikt, 1934, S. 62.

[592] Die auf Basis der Rechtslage vor dem 1.1.2002 vorgebrachte grundlegende Kritik von *Esser/Weyers* BT 1, § 6 II 3, S. 69 ff. an der Ausschlußwirkung des kaufvertraglichen Mängelrechts ist durch dessen Neufassung und Abstimmung mit dem allgemeinen Leistungsstörungsrecht weitgehend gegenstandslos.

[593] Siehe oben § 2 D I 2b, bb, S. 65 f.

Käufer nicht nach den §§ 311 Abs. 2, 249 Satz 1 BGB die Auflösung des Vertrages verlangen[594] (Vertragsabschluß als Schaden),[595] sondern ist auf sein Rücktrittsrecht verwiesen, das vor der Übergabe des Unternehmens direkt aus § 323 Abs. 1 BGB (i.V. mit den §§ 453 Abs. 1 Alt. 2, 433 Abs. 1 Satz 2 BGB), danach aus § 323 Abs. 1 BGB i.V. mit § 437 Nr. 2 Alt. 1 BGB folgt, dann jedoch der kurzen Verjährung nach § 438 Abs. 1 Nr. 3 BGB unterliegt.[596] Nur auf diesem Wege läßt sich die mit der Neufassung des Kaufrechts bezweckte harmonische Verbindung der Mängelansprüche mit den allgemeinen Vorschriften erreichen.

Anderweitige Pflichtverletzungen, d.h. solche, die nicht (auch) von § 437 BGB erfaßt werden, bleiben hiervon unberührt und unterliegen den allgemeinen Regelungen.[597] Beispiel: Der Verkäufer zerstört bei der Anlieferung des verkauften Klaviers drei Vasen des Käufers aus der Ming-Dynastie. Oder: Eine *fehlende* Bedienungsanleitung (kein Mangel, sondern teilweise Nichtleistung!)[598] führt zu einer Beschädigung der Kaufsache.[599] Ebenso greift § 311 Abs. 2 BGB i.V. mit § 280 Abs. 1 BGB ein, wenn eine Beratungspflicht verletzt wurde, *ohne* daß die Beschaffenheit des Kaufgegenstandes, über die nicht aufgeklärt wurde, einen Mangel i.S. des § 434 BGB darstellt. Den §§ 433 Abs. 1 Satz 2, 437 BGB kann keine Sperrwirkung dahingehend beigemessen werden, daß eine Haftung aufgrund einer vorvertraglichen Pflichtverletzung für alle Umstände ausgeschlossen sein soll, die bei einer entsprechenden Vereinbarung einen Mangel begründen hätten *können*.[600] In diesem Fall kann der geschuldete Schadensersatz auch die Rückgängigmachung des Vertrages umfassen (§ 249 Abs. 1 BGB).

Eine von § 437 BGB unabhängige Haftung nach den allgemeinen Vorschriften kommt ferner in Betracht, wenn der Käufer mit dem Verkäufer einen *selbständigen Beratungsvertrag* abgeschlossen hat.[601] Bei dessen Annahme ist jedoch größte Zurückhaltung geboten, soweit sich die Beratungspflicht auf einen Mangel des

---

[594] A.A. zum alten Kaufrecht BGH v. 12. November 1969, NJW 1970, 653 (655).

[595] BGH v. 16. März 1973, BGHZ 60, 319 (320); *Staudinger/Honsell* Vorbem. zu §§ 459 ff. Rdnr. 76; *H.P. Westermann* MünchKomm. § 459 Rdnr. 89.

[596] Vgl. § 2 E II 2a, bb, S. 74 ff.

[597] Statt aller *Esser/Weyers* BT 1, § 6 II 1, S. 68.

[598] Siehe oben § 2 E II 2b, bb, S. 85 f.

[599] Hingegen wird man eine *mangelhafte* Bedienungsanleitung mit entsprechenden Schadensfolgen analog § 434 Abs. 2 Satz 2 BGB als Mangel der Kaufsache selbst anzusehen haben (siehe § 2 D I 1d, bb [5c], S. 50 f.); a.A. vor Geltung des § 434 Abs. 2 Satz 2 BGB: BGH v. 5. April 1967, BGHZ 47, 312 (319).

[600] *Canaris* in: E. Lorenz (Hrsg.), Karlsruher Forum 2002: Schuldrechtsmodernisierung, 2003, S. 5 (89 f.); *Grigoleit/Herresthal* JZ 2003, 118 (126); a.A. *Huber/Faust* 13/26. Inwieweit eine Haftung wegen Verschuldens bei Vertragsschluß (culpa in contrahendo; jetzt § 311 Abs. 2 BGB) nach altem Kaufrecht neben den §§ 463, 480 Abs. 2 BGB a.F. in Betracht kam, war umstritten: siehe *Marburger* 20 Probleme aus dem BGB, Schuldrecht Besonderer Teil I, 5. Aufl. 1998, 13. Problem.

[601] BGH v. 23. Juni 1999, NJW 1999, 3192 ff.; *Erman/Grunewald* Vor § 459 Rdnr. 30; *Staudinger/Honsell* Vorbem. zu §§ 459 ff. Rdnr. 73. Allgemein zum Beratungsvertrag unten § 11 B II 4, S. 597 ff.

Kaufgegenstandes beziehen soll, um nicht die oben getroffene Abgrenzung zu unterlaufen. Von der Konkurrenzproblematik bleibt die Eigenhaftung sog. Sachwalter oder Vertreter des Verkäufers nach § 311 Abs. 3 BGB unberührt, da diese nicht Vertragspartner werden.[602]

e) Deliktische und deliktsähnliche Ansprüche

Ein Konkurrenzverhältnis zwischen der vertraglichen Verkäuferhaftung und deliktischen oder deliktsähnlichen Ansprüchen ergibt sich im engeren Sinne nur, wenn sich diese Ansprüche ebenfalls gegen den Verkäufer richten, der gegebenenfalls zugleich der Hersteller einer mangelhaften Sache sein kann.[603] Hierbei ist zwischen solchen Schäden zu unterscheiden, die mit dem kaufvertraglichen Erfüllungsinteresse (vgl. die §§ 281, 283, 311a Abs. 2 BGB)[604] zumindest teilweise identisch sind und solchen, die das Integritätsinteresse des Käufers betreffen.

aa) Verletzung der vertragsunabhängigen Integrität des Käufers

Betrifft ein Schaden nicht das Interesse des Käufers an einer mangelfreien Leistung des Kaufgegenstandes, sondern andere Positionen, so kommt eine Haftung des Verkäufers aus deliktischen oder deliktsähnlichen Vorschriften ohne Einschränkungen in Betracht.[605]

(1) Schadensersatzpflicht nach § 823 Abs. 1 BGB

Nach Maßgabe des § 823 Abs. 1 BGB haftet der Verkäufer für die Verletzung absoluter Rechte und Rechtsgüter, unter anderem für Körperschäden, die der Käufer durch die Benutzung eines Produktes erleidet. Voraussetzung der Haftung ist stets die schuldhafte Verletzung einer Verkehrspflicht zum Schutz des Kunden vor einem fehlerhaften Produkt.[606] Die „Fehlerhaftigkeit" eines Produktes im deliktsrechtlichen Sinne ergibt sich dabei nicht eo ipso aus einer negativen Abweichung von der vertragsgemäßen Beschaffenheit i.S. des § 434 BGB, sondern aus einer über das verkehrstypische Maß hinausgehenden Gefährlichkeit.[607]

Eine solche Verkehrspflichtverletzung kann sich aus einer Untersuchungspflicht ergeben, die einen von dem Hersteller verschiedenen Verkäufer nur unter

---

[602] BGH v. 25. Mai 1983, BGHZ 87, 302 (304); *Staudinger/Honsell* Vorbem. zu §§ 459 ff. Rdnr. 60.

[603] Zu den Rechtsbeziehungen des Käufers zu einem von dem Verkäufer verschiedenen Hersteller unten § 2 F I 2, S. 146 f.

[604] Siehe oben § 2 E II 3e, aa (2), S. 116 ff.

[605] Statt aller BGH v. 24. November 1976, BGHZ 67, 359 (363); *Erman/Grunewald* Vor § 459 Rdnr. 40. Auf diese deliktischen Ansprüche sind die Verjährungsregelungen des § 438 BGB nicht analog anwendbar: *Canaris* in: E. Lorenz (Hrsg.), Karsruher Forum 2002: Schuldrechtsmodernisierung, 2003, S. 5 (96 f.) m.w.N.

[606] Allgemein *Larenz/Canaris* BT 2, § 76 III, S. 399 ff.

[607] *Larenz* BT 1, § 41a, S. 81 f. Eine Verkehrspflicht kann auch darauf gerichtet sein, die Wirkung eines Produktes sicherzustellen; BGH v. 17. März 1981, BGHZ 80, 186 (188 ff.); BGH v. 17. März 1981, BGHZ 80, 199 (201). Beispiel: Ein Schädlingsbekämpfungsmittel versagt und verhindert Schäden an Pflanzen nicht.

besonderen Umständen,[608] den verkaufenden Hersteller hingegen regelmäßig ebenso wie eine Pflicht zur verkehrssicheren Konstruktion, Fabrikation und Instruktion (Bedienungsanleitung etc.) trifft.[609] Der verkaufende Hersteller bzw. der Importeur hat auch eine sog. Produktbeobachtungspflicht, welche ihn dazu verpflichtet, die Wirkungsweise seines Produktes über den Zeitpunkt des Verkaufs hinaus in angemessenem Umfang zu kontrollieren und die Abnehmer auf etwaige Gefahren hinzuweisen.[610] Steht fest, daß ein Defekt aus dem Gefahrenbereich des Hersteller-Verkäufers stammt, so wird zugleich vermutet, daß dieser eine schuldhafte Verkehrspflichtverletzung begangen hat (Beweislastumkehr nach Gefahrenbereichen).[611] Ergänzend hat die Rechtsprechung eine weitere Beweislastumkehr entwickelt, nach der bei Produkten mit besonderen Risiken eine verkehrswidrige Beschaffenheit bereits im Zeitpunkt der Auslieferung zu vermuten ist, wenn der Hersteller-Verkäufer den Zustand des Produktes nicht geprüft und dies dokumentiert hat (sog. Befundsicherungspflicht).[612]

Verletzt der Verkäufer eine Verkehrspflicht schuldhaft oder ist dies unwiderlegt, so greift nach § 823 Abs. 1 BGB eine Haftung wegen Eigentumsverletzung auch für den Schaden an anderen Sachen des Käufers ein, mit denen dieser die mangelhafte Kaufsache verbunden hat.[613] Beispiel: Einbau von defekten Kondensatoren in ein Anlagensystem, das dadurch beschädigt wird.[614]

Daß in den genannten Fällen auch ein Anspruch aus § 280 Abs. 1 BGB i.V. mit § 437 Nr. 3 BGB in Betracht kommt, ist unerheblich, da das Vertragsverhältnis als Rechtsbeziehung aus einem besonderen Kontakt in der Regel nicht die Pflichten im allgemeinen Verkehr (Deliktsrecht) berührt. Insoweit besteht ein Unterschied zu der Verletzung von vertraglichen Nebenpflichten, die sich auf einen Mangel der Kaufsache beziehen und welche die *innervertragliche* Risikoverteilung (Verjährung gemäß § 438 BGB etc.) nicht verschieben dürfen.[615] Allerdings ist nicht zu übersehen, daß die Rechtsprechung die deliktische Haftung des (verkaufenden) Herstellers durch die Begründung umfangreicher Verkehrspflichten und einer weitgehenden Beweislastumkehr zugunsten des Käufers einer reinen Risikohaftung angenähert hat.

---

[608] Dazu oben § 2 E II 3e, aa (4a), S. 121.

[609] Siehe im einzelnen zu den Verkehrspflichten des Herstellers *Fuchs* Deliktsrecht, 4. Aufl. 2003, S. 100 ff.

[610] BGH v. 9. Dezember 1986, BGHZ 99, 167 (171 ff.).

[611] BGH v. 26. November 1968, BGHZ 51, 91 (103 ff.); BGH v. 17. März 1981, BGHZ 80, 186 (196 f.); *Fuchs* Deliktsrecht, 4. Aufl. 2003, S. 108 ff.; *Larenz* BT 1, § 41a, S. 85 ff.

[612] BGH v. 7. Juni 1988, BGHZ 104, 323 (332 ff.).

[613] BGH v. 4. März 1971, BGHZ 55, 392 (394 f.); *Staudinger/Honsell* Vorbem. zu §§ 459 ff. Rdnr. 52; *H.P. Westermann* MünchKomm. § 459 Rdnr. 93.

[614] BGH v. 12. Februar 1992, BGHZ 117, 183 ff.; kritisch *Esser/Weyers* BT 1, § 6 III 1, S. 73 f.

[615] Siehe oben § 2 E II 5d, S. 135 ff.

(2) Schadensersatzpflicht nach § 823 Abs. 2 BGB

Eine Haftung kommt darüber hinaus in Betracht, wenn der Verkäufer ein Schutzgesetz i.S. des § 823 Abs. 2 BGB rechtswidrig und schuldhaft verletzt, indem er z.B. bei Abschluß des Vertrages einen Betrug i.S. des § 263 StGB begeht. In diesem Fall hat der Verkäufer den Käufer nach den §§ 249 ff. BGB so zu stellen, als ob der Vertrag (in dieser Form) nicht zustande gekommen wäre.

Neben dem Ersatz etwaiger Integritätsschäden, die durch den Kaufgegenstand verursacht wurden (Körperverletzungen etc.), umfaßt dies regelmäßig auch eine Auflösung des Vertrages (§ 249 Abs. 1 BGB). Sofern sich die Täuschung zugleich auf einen Mangel der Kaufsache bezieht, kommt somit zwar eine Vertragsauflösung ohne Rücksicht auf die Voraussetzungen eines vertraglichen Rücktrittsrechts in Betracht. Anders als eine Schadensersatzhaftung wegen der Verletzung vorvertraglicher Aufklärungspflichten[616] können die Vorschriften über die Ansprüche des Käufers wegen Mängeln (insbesondere § 437 BGB) die deliktische Haftung jedoch nicht verdrängen, da diese auf der Verletzung von Pflichten im allgemeinen Verkehr und nicht auf der Rechtsbeziehung aus einem besonderen Kontakt beruhen.

Hingegen tritt gemäß § 823 Abs. 2 BGB i.V. mit § 263 StGB keine Haftung für die Vermögensposition ein, welche der Käufer bei unterstellter Wahrheit der Angaben des Verkäufers erlangt hätte.[617] Beispiel: Täuscht der Verkäufer dem Käufer vor, daß der zu erwerbende Ring aus purem Gold sei, während es sich in Wahrheit um ein Imitat handelt, kann der Käufer nach § 823 Abs. 2 BGB i.V. mit § 263 StGB lediglich die Auflösung des Vertrages und die Rückerstattung des Kaufpreises verlangen, da er auch bei einer wahrheitsgemäßen Aussage des Verkäufers keinen goldenen Ring erhalten hätte (§ 249 Abs. 1 BGB). Das Erfüllungsinteresse an einem goldenen Ring kann er nur über § 311a Abs. 2 BGB i.V. mit § 437 Nr. 3 Alt 1 BGB liquidieren.[618]

(3) Ersatzpflicht nach dem Produkthaftungsgesetz[619]

Sofern der Verkäufer zugleich Hersteller i.S. des § 4 ProdHaftG ist, trifft ihn nach § 1 ProdHaftG auch eine verschuldensunabhängige Gefährdungshaftung für Lebens- und Körperverletzungen sowie Sachbeschädigungen nach Maßgabe der §§ 1 ff. ProdHaftG.[620] Diese hat jedoch aufgrund des umfangreichen Ausbaus der deliktischen Herstellerhaftung durch die Rechtsprechung keine besonders große Bedeutung erlangt, da die deliktische Haftung in verschiedener Hinsicht günstiger ausgestaltet ist als diejenige nach dem Produkthaftungsgesetz (z.B. keine Selbstbeteiligung bei Sachschäden i.S. des § 11 ProdHaftG).

---

[616] Dazu oben § 2 E II 5d, S. 135 ff.

[617] *Soergel/Huber* vor § 459 Rdnr. 207; a.A. RG v. 10. November 1921, RGZ 103, 154 (159); *Staudinger/Honsell* Vorbem. zu §§ 459 ff. Rdnr. 48.

[618] Bzw. vor der Lieferung des Rings gemäß § 311a Abs. 2 BGB i.V. mit § 433 Abs. 1 Satz 2 BGB; siehe oben § 2 E II 2a, cc, S. 78 ff.

[619] Gesetz über die Haftung für fehlerhafte Produkte v. 15. Dezember 1989, BGBl. I, S. 2198.

[620] Zum Produkthaftungsgesetz *Fuchs* Deliktsrecht, 4. Aufl. 2003, S. 250 ff.; *Larenz/Canaris* BT 2, § 84 VI 1, S. 643 ff.

(4) Ausschluß der vertraglichen Haftung

Ein Ausschluß der Haftung für Mängel nach § 442 BGB oder aufgrund einer vertraglichen Bestimmung[621] bezieht sich mangels einer ausdrücklichen anderweitigen Vereinbarung nicht auf die vorstehend genannten deliktischen und deliktsähnlichen Ansprüche (vgl. auch § 14 ProdHaftG).[622]

bb) Schäden an der Kaufsache

Problematisch ist, inwieweit Schäden an der Kaufsache selbst, die auf einem Sachmangel i.S. des § 434 BGB beruhen, zu einer Ersatzpflicht des Verkäufers nach § 823 Abs. 1 BGB führen können. Diese Frage betrifft nicht eine „Verdrängung" der deliktischen durch die vertragliche Haftung im eigentlichen Sinne, sondern die Reichweite des Begriffs der Eigentumsverletzung in § 823 Abs. 1 BGB, wenngleich bei dessen Auslegung auch das Zusammenspiel mit den vertraglichen Pflichten Berücksichtigung finden muß.[623]

Fest steht, daß die Lieferung einer mangelhaften Sache als solche keine Eigentumsverletzung, sondern eine Vertragsverletzung darstellt, da der Käufer insoweit von vornherein nur das Eigentum an einer mangelhaften Sache erlangt und dadurch keine Einbuße an seiner Integrität erleidet.[624] Die Rechtsprechung nimmt eine Eigentumsverletzung jedoch dann an, wenn sich ein Mangel des Kaufgegenstandes nach dessen Übereignung noch auf andere, zunächst vertragsgemäß beschaffene Sachteile ausdehnt (sog. weiterfressender Mangel).[625] In diesem Fall soll der durch die Ausbreitung des Mangels eingetretene Wertverlust mit dem ursprünglichen Mangel nicht „stoffgleich" und daher eine Eigentumsverletzung sein, die bei Vorliegen der weiteren Voraussetzungen des § 823 Abs. 1 BGB zum Ersatz des nicht stoffgleichen Schadens verpflichtet, der über das Ausmaß der bei der Übereignung bereits vorhandenen Vertragswidrigkeit hinausgeht.[626] Eine Stoffungleichheit soll vor allem vorliegen, wenn der ursprüngliche Mangel zunächst nur ein funktionell abgrenzbares Teil betrifft und sich nach der Übereignung an den Käufer auf weitere Teile der Kaufsache ausdehnt.[627] Beispiel: Die gekaufte Anlage gerät in Brand, weil ein Schwimmerschalter, der die Stromzufuhr unterbrechen soll, nicht funktioniert.

---

[621] Ausführlich dazu oben § 2 D I 1d, dd, S. 53 ff. sowie § 2 E II 2c, S. 87.

[622] BGH v. 24. November 1976, BGHZ 67, 359 (365); *Soergel/Huber* vor § 459 Rdnr. 258; *Staudinger/Honsell* Vorbem. zu §§ 459 ff. Rdnr. 54.

[623] Vgl. *Soergel/Huber* vor § 459 Rdnr. 259; grundlegend zum Zusammenspiel von vertraglichen Vereinbarungen mit dem Deliktsrecht *Schlechtriem* Vertragsordnung und außervertragliche Haftung, 1972.

[624] BGH v. 25. Oktober 1988, BGHZ 105, 346 (355); *Brox/Walker* § 4 Rdnr. 142; *Staudinger/Honsell* Vorbem. zu §§ 459 ff. Rdnr. 51.

[625] BGH v. 24. November 1976, BGHZ 67, 359 (363 ff.); BGH v. 18. Januar 1983, BGHZ 86, 256 (259 ff.).

[626] BGH v. 18. Januar 1983, BGHZ 86, 256 (259 ff.).

[627] BGH v. 24. November 1976, BGHZ 67, 359 (364 f.).

Die Rechtsprechung zur deliktischen Haftung für weiterfressende Mängel ist jedoch in der Literatur zu Recht auf starke Kritik gestoßen.[628] Allerdings schließt der Umstand, daß der geschädigte Käufer im Zeitpunkt der Verletzung der Verkehrspflicht (mangelnde Untersuchung etc.) noch nicht Eigentümer der betreffenden Sache war, eine Haftung wegen einer Eigentumsverletzung nicht kategorisch aus, da Verkehrspflichten auch in bezug auf zukünftige Rechtsinhaber bestehen können.[629] Jedoch ist einerseits das Abgrenzungskriterium des sich „stoffungleich" ausdehnenden Mangels willkürlich (wenn sich der Mangel bereits vor der Übereignung an den Käufer ausgedehnt hat, scheidet eine Eigentumsverletzung unstreitig aus) und andererseits umgeht die Rechtsprechung die Restriktionen der Mängelhaftung nach den §§ 437 ff. BGB. Z.B. verjähren die Mängelansprüche des Käufers nach § 438 Abs. 1 Nr. 3 und Abs. 2 BGB regelmäßig früher als der deliktische Anspruch aus § 823 Abs. 1 BGB i.V. mit den §§ 195, 199 BGB. Da auch der weiterfressende Mangel nicht eigentlich das Integritätsinteresse des Käufers, sondern sein vertragliches Erfüllungsinteresse an einer vertragsgemäßen Kaufsache betrifft,[630] sollte sich sein diesbezüglicher Schadensersatzanspruch ausschließlich nach § 437 Nr. 3 BGB und den dort genannten Normen beurteilen.[631] Die aus der Parteivereinbarung und den §§ 433 ff. BGB folgende Vertragsordnung stellt für das besagte Problem ein wesentlich sachnäheres und differenzierteres Regelungssystem zur Verfügung als § 823 Abs. 1 BGB. Dogmatisch läßt sich das Nichtvorliegen einer Eigentumsverletzung i.S. dieser Vorschrift damit begründen, daß die von dem Verkäufer verletzte Verkehrspflicht (Untersuchung auf Mängel, Instruktion über vorhandene Mängel[632] etc.) nicht den Schutzzweck hat, einen zukünftigen Erwerber vor einer Ausbreitung des Defektes in derselben Sache zu sichern. Im Rahmen des Produkthaftungsgesetzes besteht aufgrund der Regelung in § 1 Abs. 1 Satz 2 ProdHaftG weitgehend Einigkeit darüber, daß „weiterfressende" Schäden an der Kaufsache selbst keine Beschädigung einer Sache i.S. des § 1 Abs. 1 Satz 1 ProdHaftG darstellen.[633]

---

[628] *Erman/Grunewald* Vor § 459 Rdnr. 40; *Soergel/Huber* vor § 459 Rdnr. 268 f.; *Staudinger/Honsell* Vorbem. zu §§ 459 ff. Rdnr. 54; *H.P. Westermann* MünchKomm. § 459 Rdnr. 93; weiterführend *Hager* AcP 184 (1984), 413 ff.

[629] BGH v. 15. Dezember 1992, NJW 1993, 655 (656 f.).

[630] Ausführlich *Esser/Weyers* BT 1, § 6 III 2, S. 74 ff.; a.A. *Larenz* BT 1, § 41 II e, S. 73.

[631] *Brors* WM 2002, 1780 (1784); *Foerste* ZRP 2001, 342 f.; *Lorenz/Riehm* Rdnr. 582; vgl. auch BT-Drucks. 14/6040, S. 228 f.; a.A. *Büdenbender* AnwKomm. § 437 Rdnr. 26 und weiterführend *Gsell* Substanzverletzung und Herstellung, 2003, S. 319 ff.; *Koch* AcP 203 (2003), 603 (610 ff.).

[632] Auf eine Instruktionspflicht stützt insbesondere *Gsell* Substanzverletzung und Herstellung, 2003, S. 95 ff. die deliktische Haftung für Weiterfresserschäden.

[633] *Larenz/Canaris* BT 2, § 84 VI 1c, S. 646; weiterführend *Marburger* AcP 192 (1992), 1 (6 ff.).

III. Verletzung von Nebenpflichten

Für Verletzungen von Nebenpflichten durch den Verkäufer[634] gelten die allgemeinen Grundsätze mit dem Vorbehalt, daß aus der Verletzung einer Nebenpflicht oder einer vorvertraglichen Pflicht, die sich zugleich auf einen Mangel des Kaufgegenstandes bezieht, keine eigenständigen Ansprüche und Rechte des Käufers neben denjenigen folgen, die ihm aufgrund der Verletzung der Hauptleistungspflicht des Verkäufers zu einer mangelfreien Leistung zustehen.[635]

Verletzt der Verkäufer Schutz- oder Interessenwahrungspflichten i.S. des § 241 Abs. 2 BGB, so schuldet er dem Käufer Ersatz des daraus entstehenden Schadens nach § 280 Abs. 1 Satz 1 BGB, wenn er die Pflichtverletzung nach den §§ 276 ff. BGB oder spezielleren Haftungsmaßstäben[636] zu vertreten hat, was nach § 280 Abs. 1 Satz 2 BGB zu vermuten ist.

Nach § 324 BGB kann dem Käufer bei der Verletzung einer Schutz- oder Interessenwahrungspflicht durch den Verkäufer auch ein Recht zum Rücktritt von dem Kaufvertrag zustehen. Allerdings setzt dies voraus, daß dem Käufer infolge der Pflichtverletzung ein Festhalten an dem Vertrag nicht mehr zuzumuten ist. Hierfür bedarf es einer umfassenden Abwägung der Interessen beider Parteien.[637] Ein Verschulden seitens des Verkäufers ist zwar nicht zwingend erforderlich, kann aber im Rahmen der Interessenabwägung erhebliches Gewicht erlangen. Zudem erfordert eine auf § 324 BGB gestützte Auflösung des Vertrages regelmäßig eine vorherige Abmahnung des Verkäufers durch den Käufer, sofern eine solche nicht aussichtslos erscheint (vgl. auch § 314 Abs. 2 Satz 1 BGB).[638] Ein Rücktritt von dem Kaufvertrag wegen Unzumutbarkeit gemäß § 324 BGB kommt z.B. in Betracht, wenn bei einem länger andauernden Ratenlieferungsvertrag der Verkäufer die Vertrauensbasis nachhaltig untergräbt, so daß dem Käufer ein Festhalten an dem Vertrag nach Treu und Glauben nicht zumutbar ist. Im allgemeinen ist § 324 BGB jedoch nur restriktiv anzuwenden, um die Verbindlichkeit geschlossener Verträge nicht zu unterminieren (pacta sunt servanda). Neben dem Rücktritt (vgl. § 325 BGB) kann der Käufer bei Unzumutbarkeit der Fortsetzung des Vertragsverhältnisses aufgrund der Verletzung einer Pflicht i.S. des § 241 Abs. 2 BGB unter den Voraussetzungen des § 280 Abs. 1 BGB (d.h. insbesondere des nach § 280 Abs. 1 Satz 2 BGB zu vermutenden Vertretenmüssens des Verkäufers) auch Schadensersatz statt der Leistung verlangen und somit sein Erfüllungsinteresse liquidieren (§ 282 BGB).

---

[634] Zu den insoweit bestehenden Pflichten siehe oben § 2 D II, S. 66 ff.

[635] Näher oben § 2 E II 5d, S. 135 ff.

[636] Ob sich die nach § 300 Abs. 1 BGB bei einem Annahmeverzug des Käufer eingreifende Haftungsprivilegierung auch auf das Vertretenmüssen der Verletzung von Nebenpflichten, insbesondere Schutzpflichten i.S. des § 241 Abs. 2 BGB bezieht, ist umstritten; siehe *Ernst* MünchKomm.[4] § 300 Rdnr. 2.

[637] Vgl. BT-Drucks. 14/6040, S. 142; *Ernst* MünchKomm.[4] § 324 Rdnr. 7.

[638] BT-Drucks. 14/6040, S. 142; *Palandt/Heinrichs* § 324 Rdnr. 5; kritisch *Ernst* MünchKomm[4] § 324 Rdnr. 8.

F. Ansprüche des Käufers aus einer Beschaffenheits- oder Haltbarkeitsgarantie (§ 443 BGB)

Den Parteien des Kaufvertrages steht es in den Grenzen des zwingenden Gesetzesrechts frei, ihre Rechtsbeziehung abweichend von den §§ 433 ff. BGB auszugestalten. Neben der Möglichkeit, daß der Verkäufer in bezug auf seine Pflichten eine Garantie i.S. des § 276 Abs. 1 Satz 1 BGB übernimmt und deshalb bei einer Verletzung der betreffenden Pflicht verschuldensunabhängig auf Schadensersatz haftet,[639] haben sich in der Vertragspraxis jedoch auch darüber hinausgehende oder abweichende Formen von Garantien entwickelt. Diese besitzen eine erhebliche Bedeutung, weil sie nicht nur mit dem Verkäufer (sog. Eigengarantie), sondern auch mit einem von diesem verschiedenen Hersteller vereinbart werden können. Entsprechende Abreden sind aufgrund ihrer Vielgestaltigkeit weniger ein Gegenstand gesetzlicher als vielmehr vertraglicher Regelungen. Dementsprechend regelt § 443 BGB nur wenige Fragen in bezug auf typische Garantieformen; für den Bereich des Verbrauchsgüterkaufs enthält zudem § 477 BGB Sonderbestimmungen.[640]

I. Grundformen von Garantien

1. Garantien des Verkäufers

Bei Vereinbarungen zwischen dem Käufer und dem Verkäufer ist zwischen sog. *unselbständigen* und *selbständigen Garantien* zu unterscheiden.[641] Unselbständige Garantien betreffen bloße Modifikationen des Kaufvertrages zugunsten des Käufers.[642] Sie gehören zum Inhalt des Kaufvertrages und unterliegen daher einer für diesen vorgeschriebenen Form (z.B. § 311b Abs. 1 Satz 1 BGB). Diesbezüglich sind wiederum zwei Grundmodelle zu unterscheiden, die § 443 BGB aufgreift: einerseits die Beschaffenheits- und andererseits die Haltbarkeitsgarantie.

a) Beschaffenheitsgarantien i.S. des § 443 Abs. 1 Alt. 1 BGB

Bei der Beschaffenheitsgarantie i.S. des § 443 Abs. 1 Alt. 1 BGB[643] übernimmt der Verkäufer eine Garantie dafür, daß der Kaufgegenstand in dem für die Bestimmung eines Mangels maßgeblichen Zeitpunkt (Sachmängel: Gefahrübergang; Rechtsmängel: Rechtsverschaffung)[644] bestimmte Merkmale aufweist. Hiermit geht die Abrede über eine bloße Vereinbarung zur vertragsgemäßen Beschaffenheit hinaus, da sich der Verkäufer regelmäßig verpflichtet, im Fall des Nichtvorhanden-

---

[639] Siehe dazu § 2 E I 2b, bb, S. 70 f. sowie § 2 E II 3e, aa (4b), S. 121 ff.

[640] Dazu unten § 2 H V 3b, bb (3), S. 207.

[641] BT-Drucks. 14/6040, S. 237. Terminologie und Abgrenzung sind dabei uneinheitlich; vgl. *Larenz/Canaris* BT 2, § 64 II 4c, S. 70 f.; kritisch zu dieser Unterscheidung BR/ *Faust* § 443 Rdnr. 12.

[642] *Staudinger/Honsell* § 459 Rdnr. 175; *H.P. Westermann* MünchKomm. § 459 Rdnr. 96.

[643] Bei der entsprechenden Anwendung des § 443 BGB nach § 453 Abs. 1 BGB auf andere Kaufgegenstände als Sachen ist der Begriff der „Beschaffenheit" gegebenenfalls abweichend zu interpretieren; so kann es sich z.B. auch um die Garantie der Einredefreiheit einer verkauften Forderung handeln (BT-Drucks. 14/7052, S. 184).

[644] Siehe § 2 D I 1d, bb (2), S. 40.

seins des betreffenden Merkmals verschuldensunabhängig auf Schadensersatz zu haften (Garantie i.S. des § 276 Abs. 1 Satz 1 BGB).[645]

Die Beschaffenheitsgarantie kann jedoch einen noch weitergehenden Regelungsgehalt aufweisen, z.B. wenn dem Käufer im Fall des Nichtvorliegens der garantierten Beschaffenheit der Kaufsache ein Anspruch gewährt wird, der über die in § 437 BGB genannten Ansprüche und Rechte hinausgeht.[646] Beispiel: Der Verkäufer einer Maschine garantiert dem Käufer ein bestimmtes Maß an Leistungsfähigkeit; für den Fall des Ausbleibens der Leistung verpflichtet er sich, dem Käufer ersatzweise den nächsthöheren Maschinentyp zu liefern. In diesem Fall geht der durch die Garantie gewährte Anspruch über denjenigen aus § 439 Abs. 1 BGB hinaus, da sich die Nacherfüllung nur auf eine Nachbesserung der gelieferten Maschine oder die Neulieferung eines Gerätes desselben Typs beziehen würde.[647] Eine Beschaffenheitsgarantie entbindet den Käufer jedoch nicht von dem Beweis, daß der betreffende Mangel bereits in dem nach den §§ 434, 435 BGB maßgeblichen Zeitpunkt vorlag.

b) Haltbarkeitsgarantien i.S. des § 443 Abs. 1 Alt. 2 BGB

Demgegenüber hat eine Haltbarkeitsgarantie i.S. des § 443 Abs. 1 Alt. 2 BGB zum Inhalt, daß die Kaufsache eine bestimmte Beschaffenheit über den für die Bestimmung eines Mangels maßgeblichen Zeitpunkt hinaus behält und der Käufer bestimmte, in der Vereinbarung festgelegte Rechte (etwa ein Rücktrittsrecht oder einen Anspruch auf Nacherfüllung) haben soll, wenn die Beschaffenheit vor der besagten Frist wegfällt, ohne daß dies auf einer äußeren Einwirkung beruht.[648] Das betrifft z.B. den Fall, daß die Bildröhre des verkauften Fernsehgerätes zu einem bestimmten Zeitpunkt nach dem Übergang der Gefahr auf den Käufer versagt, ohne daß dieser Defekt bereits in feststellbarer Weise bei Gefahrübergang angelegt war. In einem solchen Fall kann der Käufer gegen den Verkäufer weder aus § 437 BGB noch aus einer Beschaffenheitsgarantie, sondern allenfalls aus einer Haltbarkeitsgarantie Ansprüche geltend machen. Die Abgrenzung zu einer Beschaffenheitsgarantie ergibt sich aus einer Auslegung der vom Verkäufer abgegebenen Erklärung nach den §§ 133, 157 BGB.[649]

c) Selbständiger Garantievertrag

Von den in § 443 Abs. 1 BGB aufgezählten Formen unselbständiger Garantien, welche die kaufvertraglichen Rechte des Käufers im Hinblick auf eine bestimmte Beschaffenheit des Kaufgegenstandes zu dessen Gunsten modifizieren, ist ein *selbständiger Garantievertrag* mit dem Verkäufer zu unterscheiden. Dieser enthält ei-

---

[645] Vgl. § 2 E I 2b, bb, S. 70 f. sowie § 2 E II 3e, aa (4b), S. 121 ff.

[646] BR-Drucks. 338/01, S. 52.

[647] Näher oben § 2 E II 3b, bb/cc, S. 88 f.

[648] *Erman/Grunewald* Vor § 459 Rdnr. 56; *Schlechtriem* Rdnr. 121; *Staudinger/Honsell* § 459 Rdnr. 175; *H.P. Westermann* MünchKomm. § 459 Rdnr. 96.

[649] Näher *Larenz/Canaris* BT 2, § 64 II 2b, S. 68.

ne Einstandspflicht des Verkäufers für einen weitergehenden Erfolg,[650] z.B. für den Jahresverdienst, der durch den Betrieb einer bestimmten Anlage erzielbar ist.[651] Der selbständige Garantievertrag tritt als eigenständiges Schuldverhältnis neben den Kaufvertrag ohne von einer für diesen geltenden Formvorschrift erfaßt zu werden, wenngleich er mit dem Kaufvertrag i.S. des § 139 BGB zu einer Geschäftseinheit verbunden sein kann.[652] Mangels einer besonderen Vereinbarung begründet die selbständige Garantie eine Einstandspflicht, den Käufer entsprechend den §§ 249 ff. BGB schadlos zu halten, wenn der garantierte Erfolg ausbleibt.[653] Der selbständige Garantievertrag wird in § 443 BGB nicht geregelt.[654]

2. Garantien des Herstellers

Bei Garantievereinbarungen mit einem von dem Verkäufer verschiedenen Hersteller der Kaufsache tritt die Abgrenzungsfrage zwischen unselbständigen und selbständigen Garantien nicht auf, da zwischen dem Käufer und einem Drittthersteller – vorbehaltlich der Garantievereinbarung – kein Vertrag besteht. Nach ganz h.M. ist der Endabnehmer weder in den Schutzbereich des Kaufvertrages zwischen dem Hersteller und dem Verkäufer bzw. einem weiteren Zwischenhändler einbezogen noch kann der Vertragspartner des Herstellers etwaige Schäden des Endabnehmers im Wege der Drittschadensliquidation geltend machen.[655] Schließlich begründet ein nicht über das übliche Maß (Werbung etc.) hinausgehender Kontakt des Käufers zu dem Hersteller auch kein Schutzpflichtverhältnis i.S. des § 311 Abs. 3 BGB.[656] Vielmehr ist der Käufer gegenüber dem Drittthersteller auf außervertragliche Ansprüche aus dem Deliktsrecht oder dem Produkthaftungsgesetz angewiesen, die nach richtiger Auffassung aber nicht sein Erfüllungsinteresse an einer mangelfreien und mangelfrei bleibenden Sache abdecken.[657] Aus diesem Grunde ist jedwede Garantievereinbarung zwischen dem Käufer und einem von dem Verkäufer verschiedenen Hersteller „selbständig".[658]

Der Garantievertrag mit dem Hersteller kommt nach den allgemeinen Vorschriften in den §§ 145 ff. BGB zustande. Dabei gewinnt eine Annahme seitens des Käufers i.S. des § 151 BGB besondere Bedeutung, wenn z.B. der Hersteller dem Produkt einen Garantieschein beilegt, den der Käufer zustimmend zur Kennt-

---

[650] *Esser/Weyers* BT 1, § 7 III 2, S. 87; *Soergel/Huber* § 459 Rdnr. 209; *Oechsler* § 2 Rdnr. 268; *Staudinger/Honsell* § 459 Rdnr. 171; *H.P. Westermann* MünchKomm. § 459 Rdnr. 96 f.

[651] RG v. 1. November 1918, JW 1919, 241.

[652] *Erman/Grunewald* Vor § 459 Rdnr. 57; *Staudinger/Honsell* § 459 Rdnr. 172.

[653] RG v. 1. November 1918, JW 1919, 241; *H.P. Westermann* MünchKomm. § 459 Rdnr. 96.

[654] Siehe zu selbständigen Garantieverträgen noch unten § 13 B III, S. 643 ff.

[655] BGH v. 26. November 1968, BGHZ 51, 91 (93 ff.); *Esser/Weyers* BT 1, § 7 IV, S. 90 f.; *Larenz* BT 1, § 41a, S. 83 f.; *Medicus* Rdnr. 97 f.

[656] BGH v. 11. Oktober 1988, NJW 1989, 1029 (1030); *Larenz* BT 1, § 41a, S. 84 f.; *Medicus* Rdnr. 96; a.A. *Canaris* JZ 1968, 494 (501 f.).

[657] Siehe oben § 2 E II 5e, bb, S. 141 ff.

[658] *Esser/Weyers* BT 1, § 7 III 3, S. 88; *Larenz* BT 1, § 41a, S. 83; *Medicus* Rdnr. 96.

nis nimmt.[659] Da Art. 6 Abs. 1 der Richtlinie zum Verbrauchsgüterkauf vorsieht, daß eine Garantie denjenigen, der sie anbietet, binden muß, können die Vorschriften der §§ 147 Abs. 2, 148 BGB keine Anwendung finden, sondern die Bindung an den Antrag besteht, bis der Käufer über dessen Annahme entschieden hat.[660] Denkbar ist aber auch, daß der Hersteller und der Verkäufer einen Garantievertrag zugunsten des Endabnehmers i.S. des § 328 BGB abschließen.[661] Inhaltlich ist eine Garantie des Herstellers typischerweise als Beschaffenheits- oder Haltbarkeitsgarantie ausgestaltet, die § 443 BGB ebenfalls explizit erfaßt, soweit ein anderer als der Verkäufer die Garantie übernimmt.

II. Regelungsgehalt des § 443 BGB für Beschaffenheits- und Haltbarkeitsgarantien

1. Beschaffenheitsgarantie (§ 443 Abs. 1 Alt. 1 BGB)

In bezug auf eine Beschaffenheitsgarantie „regelt" § 443 Abs. 1 Alt. 1 BGB zunächst, daß der Käufer die Rechte aus der Garantie zu den in der Garantieerklärung und der einschlägigen Werbung angegebenen Bedingungen gegenüber dem Garanten hat. Diese Aussage ist rein deklaratorisch, soweit sie die in der Garantieerklärung gewährten Rechte betrifft; Anspruchsgrundlage ist die Garantievereinbarung selbst und nicht § 443 Abs. 1 BGB.[662]

Fraglich ist, wie weit der Begriff der „einschlägigen Werbung"[663] zu ziehen ist, der den Garantieinhalt ebenso bestimmt. Soweit es um Werbung geht, die bei der Vereinbarung der Beschaffenheitsgarantie in bezug genommen wurde, folgt deren Beachtlichkeit für die Rechte des Käufers bereits aus den §§ 133, 157 BGB. Es sprechen jedoch gute Gründe dafür, bei einer von dem Verkäufer übernommenen Beschaffenheitsgarantie § 434 Abs. 1 Satz 3 BGB insoweit entsprechend anzuwenden, als ihn mangels abweichender Vereinbarungen unter den dort genannten Voraussetzungen auch etwaige Werbeangaben des Herstellers binden, die eine mit dem Verkauf standardmäßig verbundene Verkäufergarantie betreffen.[664]

Bei der inhaltlichen Ausgestaltung der Beschaffenheitsgarantie sind den Parteien keine besonderen Grenzen gezogen, da diese dem Käufer ohnehin einen aty-

---

[659] BGH v. 12. November 1980, BGHZ 78, 369 (371 ff.); *Erman/Grunewald* Vor § 459 Rdnr. 58; *Larenz/Canaris* BT 2, § 64 II 5, S. 72; *H.P. Westermann* MünchKomm. § 459 Rdnr. 98.

[660] *Medicus* in: Grundmann u.a. (Hrsg.), Europäisches Kaufgewährleistungsrecht, 2000, S. 219 (229 f.). Für ein Zustandekommen der Garantie aufgrund einer einseitigen Erklärung des Garanten *Büdenbender* AnwKomm. § 443 Rdnr. 3; *Reich* NJW 1999, 2397 (2403).

[661] BGH v. 28. Juni 1979, BGHZ 75, 75 (77 f.); *Larenz* BT 1, § 41a, S. 83; *Staudinger/ Honsell* § 459 Rdnr. 179; *H.P. Westermann* MünchKomm. § 459 Rdnr. 98.

[662] BT-Drucks. 14/6040, S. 238; vgl. auch *Flume* AT 2, § 1/3a, S. 3.

[663] Die Formulierung beruht auf Art. 6 Abs. 1 der Richtlinie zum Verbrauchsgüterkauf.

[664] *Graf von Westphalen* in: Henssler/Graf von Westphalen, Praxis der Schuldrechtsreform, 2. Aufl. 2003, § 443 Rdnr. 38; a.A. BR/*Faust* § 443 Rdnr. 20.

pischen Vorteil einräumt.[665] Wird die Beschaffenheitsgarantie von einer anderen Person als dem Verkäufer, d.h. zumeist dem Hersteller, abgegeben, so begründet diese keine Vermutung dafür, daß auch ihm gegenüber alle Ansprüche und Rechte aus § 437 BGB bestehen sollen (was z.B. in bezug auf den Rücktritt rechtlich unmöglich wäre). Regelmäßig verpflichtet sich der Hersteller nur zu einer Nachbesserung oder Ersatzlieferung.[666] Die Garantie kann auf bestimmte Teile der Kaufsache oder – soweit sie einen Geldzahlungsanspruch zum Inhalt hat – summenmäßig beschränkt werden.[667] Bei der Verwendung von Allgemeinen Geschäftsbedingungen durch den garantierenden Verkäufer oder Hersteller findet eine Inhaltskontrolle am Maßstab der §§ 307 bis 309 BGB vorbehaltlich einer Prüfung der Verständlichkeit der Klausel (siehe § 307 Abs. 3 Satz 2 BGB i.V. mit § 307 Abs. 1 Satz 2 BGB)[668] nicht statt, weil dispositive Gesetzesvorschriften fehlen, von denen abgewichen werden könnte und auch eine „Ergänzung" dispositiven Rechts aus diesem Grunde nicht in Betracht kommt (§ 307 Abs. 3 BGB). Da eine Beschaffenheitsgarantie lediglich die Freiheit von Mängeln in dem Zeitpunkt betrifft, der nach den §§ 434, 435 BGB maßgeblich ist, ist eine Garantiefrist regelmäßig als Verjährungsfrist für die Ansprüche oder Rechte aus der Garantie auszulegen. Fehlt es an einer solchen Frist, so ist § 438 BGB analog anzuwenden.[669]

Darüber hinaus legt § 443 Abs. 1 BGB fest, daß die Beschaffenheitsgarantie „unbeschadet der gesetzlichen Ansprüche" besteht. Hiermit sind die Ansprüche und Gestaltungsrechte[670] des Käufers gegen den Verkäufer wegen einer Verletzung der Pflicht zur mangelfreien Lieferung des Kaufgegenstandes gemeint. Diese Regelung ist insbesondere von Bedeutung, wenn nicht der Verkäufer, sondern der Hersteller die Beschaffenheitsgarantie abgegeben hat. In diesem Fall kann der Verkäufer – soweit nicht die Ansprüche und Rechte des Käufers wegen Mängeln gesondert wirksam abbedungen worden sind (vgl. insbesondere § 309 Nr. 8b, aa BGB) – die Erfüllung seiner in § 437 BGB genannten Pflichten nicht mit einem Verweis auf die Herstellergarantie verweigern.[671] Der aus § 437 BGB verpflichtete Verkäufer und der garantierende Hersteller werden im Außenverhältnis zu dem Käufer regelmäßig Gesamtschuldner i.S. der §§ 421 ff. BGB sein.[672]

---

[665] Vgl. BGH v. 23. März 1988, BGHZ 104, 82 (86); *Medicus* Rdnr. 96; *H.P. Westermann* MünchKomm. § 459 Rdnr. 98.

[666] BT-Drucks. 14/6040, S. 239; *Palandt/Putzo* § 443 Rdnr. 22; weitergehend BR/*Faust* § 443 Rdnr. 34.

[667] BT-Drucks. 14/7052, S. 184; *Brox/Walker* § 4 Rdnr. 118. Zum Verhältnis dieses Umstandes zur Regelung des § 444 BGB oben § 2 D I 1d, dd (3a), S. 57 f.

[668] Siehe dazu BGH v. 23. März 1988, BGHZ 104, 82 ff.

[669] BR/*Faust* § 443 Rdnr. 31.

[670] Siehe zu dieser Erweiterung gegenüber dem Wortlaut *Hammen* NJW 2003, 2588 ff.

[671] Hat der Verkäufer seine Pflichten wegen Mängeln wirksam von der vorherigen erfolglosen Inanspruchnahme einer Herstellergarantie abhängig gemacht, so ist die kaufrechtliche Verjährung i.S. des § 438 BGB gehemmt, solange der Käufer gegen den Hersteller vorgeht: *Staudinger/Honsell* § 459 Rdnr. 178; *H.P. Westermann* MünchKomm. § 459 Rdnr. 98.

[672] BT-Drucks. 14/6040, S. 238; BR/*Faust* § 443 Rdnr. 38; *Oechsler* § 2 Rdnr. 277.

2. Haltbarkeitsgarantie (§ 443 Abs. 1 Alt. 2 BGB)

Für eine Haltbarkeitsgarantie gelten nach § 443 Abs. 1 Alt. 2 BGB zunächst dieselben Regelungen wie für eine Beschaffenheitsgarantie. Auch insoweit ist folglich die „einschlägige Werbung" für die Rechte des Käufers aus der Garantie mitbestimmend; ebenso bleiben die kaufvertraglichen Mängelrechte durch die Garantie unberührt.

Darüber hinaus begründet § 443 Abs. 2 BGB bei der Übernahme einer Haltbarkeitsgarantie die rechtliche Vermutung, daß ein während ihrer Geltungsdauer auftretender Sachmangel die Rechte aus der Garantie begründet. Diese Vermutung ist erforderlich, da die Haltbarkeitsgarantie auch ohne explizite Bestimmung regelmäßig nach den §§ 133, 157 BGB dahingehend auszulegen ist, daß sie keinen Anspruch begründen soll, wenn die Verschlechterung der Beschaffenheit auf einer äußeren Einwirkung (z.B. einer unsachgemäßen Benutzung) beruht.[673] Aus § 443 Abs. 2 BGB ergibt sich deshalb, daß der Gläubiger (= Käufer) einer Haltbarkeitsgarantie nur beweisen muß, daß der betreffende Mangel im Garantiezeitraum aufgetreten ist. Es liegt dann an dem Garanten, seine Inanspruchnahme durch den Beweis abzuwenden, daß die Verschlechterung auf einer äußeren Einwirkung beruht; eine Darlegung technisch einwandfreier Herstellung genügt hierfür nicht.[674] Die Vermutungswirkung des § 443 Abs. 2 BGB wird als zwingend anzusehen sein, sofern tatsächlich eine Haltbarkeitsgarantie vorliegt; will der Garant diese Vermutung abwenden, so muß er sich auf die Vereinbarung einer Beschaffenheitsgarantie beschränken, da bei dieser der Begünstigte den Beweis zu erbringen hat, daß der Mangel bereits anfänglich vorhanden bzw. angelegt war.

Weil die Haltbarkeitsgarantie auch solche Sachmängel erfaßt, die erst nach Gefahrübergang auftreten, ist das Verhältnis der Garantiefrist zu der Verjährung der Ansprüche und Rechte aus der Garantie problematisch. Aus § 443 Abs. 2 BGB ist abzuleiten, daß die Garantieansprüche nicht schon mit dem Ablauf der Garantiefrist verjähren, da auch ein ganz am Ende der Garantiefrist auftretender Mangel entsprechende Rechte des Käufers begründen soll und diese auch in diesem Fall praktisch durchsetzbar sein müssen. Mangels einer anderweitigen ausdrücklichen Vereinbarung wird jedoch anzunehmen sein, daß ab der *Entdeckung des Mangels durch den Käufer* eine Verjährungsfrist analog § 438 Abs. 1 BGB zu laufen beginnt.[675] Dies gilt selbst dann, wenn die Garantiefrist als solche über den derart bestimmten Verjährungszeitraum hinausgeht.[676] Beispiel: Hat der Hersteller eines PKW eine dreijährige Garantie für Mängel übernommen und zeigt sich dem Käufer nach sechs Monaten ein solcher, so muß dieser von nun an innerhalb zweier

---

[673] BGH v. 19. Juni 1996, NJW 1996, 2504 (2505); *Larenz/Canaris* BT 2, § 64 II 3b, S. 69; *Soergel/Huber* § 459 Rdnr. 211; *Staudinger/Honsell* § 459 Rdnr. 175.

[674] BT-Drucks. 14/6040, S. 239; *Reinking* DAR 2001, 8 (15).

[675] Vgl. RG v. 25. Januar 1907, RGZ 65, 119 (121); BGH v. 28. Juni 1979, BGHZ 75, 75 (81); BR/*Faust* § 443 Rdnr. 31; *Larenz/Canaris* BT 2, § 64 II 4a, S. 69; *Soergel/Huber* § 459 Rdnr. 214; *Staudinger/ Honsell* § 459 Rdnr. 176.

[676] BGH v. 12. März 1986, NJW 1986, 1927 (1928); *Erman/Grunewald* Vor § 459 Rdnr. 56; *Staudinger/Honsell* § 459 Rdnr. 176.

Jahre (§ 438 Abs. 1 Nr. 3 BGB analog) gegen den Hersteller vorgehen und kann nicht bis zum Ablauf der Dreijahresfrist warten.

G. Pflichten und Haftung des Käufers

I. Hauptpflichten des Käufers

1. Pflicht zur Zahlung des Kaufpreises

Nach § 433 Abs. 2 BGB trifft den Käufer die Pflicht, den vereinbarten Kaufpreis zu entrichten. Diese steht mit der Pflicht des Verkäufers zur Rechtsverschaffung und gegebenenfalls Übergabe des mangelfreien Kaufgegenstandes nach den §§ 433 Abs. 1, 453 Abs. 1 und 3 BGB im Synallagma i.S. der §§ 320 ff. BGB. Gleiches gilt auch für einen etwaigen Nacherfüllungsanspruch gemäß § 439 Abs. 1 BGB.[677]

a) Allgemeines zum Inhalt der Verpflichtung

Der von dem Käufer zu entrichtende Kaufpreis besteht regelmäßig in der Zahlung eines Geldbetrages. Wurde hingegen eine anderweitige Gegenleistung vereinbart, so handelt es sich um einen gemischten Vertrag in Form eines Vertrages mit anderstypischer Gegenleistung.[678] Bei diesem findet auf die Leistung des Verkäufers aber gleichwohl regelmäßig Kaufrecht Anwendung.[679] Ein gesetzlich geregeltes Beispiel für einen derartigen gemischten Vertrag ist der Tausch i.S. des § 480 BGB.[680] Die Höhe des Kaufpreises können die Vertragsparteien in den Grenzen des § 138 BGB regelmäßig frei aushandeln.

Der Kaufpreis ist – vorbehaltlich einer abweichenden Vereinbarung – nach § 320 BGB Zug um Zug mit der Erfüllung der Pflichten des Verkäufers aus den §§ 433 Abs. 1, 453 Abs. 1 und 3 BGB zu zahlen.[681] Soll die Höhe des Kaufpreises nach der vertraglichen Vereinbarung erst später bestimmt werden, so steht das Leistungsbestimmungsrecht nach § 316 BGB im Zweifel dem Verkäufer zu. Sog. Tagespreisklauseln, bei denen der zunächst vereinbarte Kaufpreis für einen Gegenstand mit Lieferfrist automatisch an den am Tag der Lieferung geltenden Listenpreis angepaßt wird, sind in Allgemeinen Geschäftsbedingungen des Verkäufers nach § 309 Nr. 1 BGB unwirksam, wenn die voraussichtliche Lieferfrist vier Monate nicht übersteigt; bei einer längeren Lieferfrist räumt die Rechtsprechung dem Käufer unter gewissen Voraussetzungen über die §§ 307, 306 Abs. 2 BGB aufgrund einer ergänzenden Vertragsauslegung ein Rücktrittsrecht ein.[682]

---

[677] Siehe oben § 2 E II 3b, aa, S. 88.
[678] Dazu unten § 16 A III 1b, S. 719 f.
[679] Siehe § 16 A III 3, S. 724 f.
[680] Dazu noch unten § 2 I, S. 223 ff.
[681] Siehe zu abweichenden Zahlungsvereinbarungen *Staudinger/Köhler* § 433 Rdnr. 175 ff.
[682] BGH v. 1. Februar 1984, BGHZ 90, 69 (71 ff.); anders für den kaufmännischen Verkehr BGH v. 16. Januar 1985, BGHZ 93, 252 (256 ff.); kritisch *Esser/Weyers* BT 1, § 8 II 1, S. 93.

Grundsätzlich ist der Kaufpreis durch Barzahlung nach Maßgabe des § 270 BGB zu entrichten. Eine bargeldlose Zahlung (Banküberweisung, Scheck, Kreditkarte) setzt das Einverständnis des Verkäufers mit dieser Zahlungsweise voraus,[683] welches er auch konkludent erklären kann, z.b. durch die Angabe einer Bankverbindung auf der Rechnung oder das Anbringen des Logos eines Kreditkartenunternehmens in den Geschäftsräumen. Bei Vereinbarung einer bargeldlosen Zahlung kann gegebenenfalls durch Auslegung der Abrede im Einzelfall noch zu ermitteln sein, ob es sich insoweit um eine direkte Erfüllung der Pflicht zur Zahlung des Kaufpreises bzw. eine Leistung an Erfüllungs Statt oder eine bloße Leistung erfüllungshalber handelt.[684] Wegen der Auslegungsregel des § 364 Abs. 2 BGB stellt die Hingabe eines Schecks grundsätzlich nur eine Leistung erfüllungshalber dar,[685] während bei einer Banküberweisung in der vorbehaltlosen Gutschrift auf dem Konto des Verkäufers aufgrund der funktionellen Äquivalenz mit einer Barzahlung eine Erfüllung der Kaufpreiszahlungspflicht gemäß § 362 Abs. 1 BGB liegen wird.[686] Die Überweisung auf das Konto eines Dritten, z.B. auf ein Notaranderkonto, bewirkt hingegen mangels ausdrücklicher Vereinbarung (vgl. § 362 Abs. 2 BGB) keine Erfüllung; diese tritt erst mit der Weiterleitung des Betrages an den Verkäufer ein.[687]

Erfüllt der Käufer seine Pflicht zur Zahlung des Kaufpreises nicht, so kann der Verkäufer neben einer Klage auf Erfüllung unter den Voraussetzungen des § 280 Abs. 1 und 2 BGB i.V. mit § 286 BGB seinen Verzögerungsschaden geltend machen. Zudem ist die Kaufpreisschuld während des Verzuges nach Maßgabe des § 288 BGB zu verzinsen. Unter den Voraussetzungen des § 323 Abs. 1 BGB kann der Verkäufer auch von dem Kaufvertrag zurücktreten und/oder (vgl. § 325 BGB) nach Maßgabe des § 281 BGB seinen Nichterfüllungsschaden liquidieren.

b) Insbesondere: Der Verkauf unter Inzahlungnahme

Besondere Probleme bereitet die Erfüllung der Kaufpreisverbindlichkeit, wenn es dem Käufer gestattet ist, einen Teil des Kaufpreises durch die Inzahlunggabe eines Gegenstandes zu entrichten und dieser Gegenstand nicht den von den Vertragsparteien vorausgesetzten Anforderungen entspricht. Beispiel: Der Käufer eines Neuwagens im Wert von 40 000 Euro gibt sein Gebrauchtfahrzeug zum vereinbarten Preis von 10 000 Euro in Zahlung, das jedoch einen unerkannten Motorschaden aufweist. Fraglich ist dann, wie die Inzahlungnahme rechtsdogmatisch zu beurtei-

---

[683] BGH v. 5. Mai 1986, BGHZ 98, 24 (30); *Staudinger/Köhler* § 433 Rdnr. 156; *H.P. Westermann* MünchKomm. § 433 Rdnr. 73; für ein regelmäßiges Einverständnis bei „umfangreicheren Käufen" *Esser/Weyers* BT 1, § 8 II 1, S. 92 f.

[684] Umfassend zur bargeldlosen Kaufpreiszahlung *Staudinger/Köhler* § 433 Rdnr. 158 ff.

[685] *Erman/Grunewald* § 433 Rdnr. 41; *Schlechtriem* Rdnr. 128; *Soergel/Huber* § 433 Rdnr. 214.

[686] *Staudinger/Köhler* § 433 Rdnr. 161; für Leistung an Erfüllungs Statt *Schlechtriem* Rdnr. 128; offengelassen durch BGH v. 5. Mai 1986, BGHZ 98, 24 (30).

[687] BGH v. 25. März 1983, BGHZ 87, 156 (162 ff.); BGH v. 30. Juni 1988, BGHZ 105, 60 (64).

len ist, was wiederum auf die Rechtsfolgen einer Vertragswidrigkeit bei dem in Zahlung gegebenen Gegenstand zurückwirkt.

Einigkeit besteht darüber, daß ein einheitliches Vertragsverhältnis besteht und nicht zwei separate, über eine Aufrechnungsabrede miteinander verbundene Kaufverträge vorliegen (im Beispiel: Kauf des Neuwagens einerseits und Kauf des Gebrauchtwagens andererseits). Etwas anderes gilt jedoch, wenn die „Inzahlungnahme" einen eigenständigen Umsatzzweck erreichen soll, was z.B. in Betracht kommt, wenn der in Zahlung gegebene PKW ein begehrter Oldtimer ist, an dessen Erhalt der Neuwagenverkäufer ein besonderes Interesse hat.[688] In der Praxis wird allerdings teilweise auch – früher insbesondere aus steuerlichen Gründen (wegen der Umsatzsteuerpflicht siehe § 25a UStG) – eine abweichende Konstruktion gewählt. Bei dieser verkauft der Neuwagenverkäufer den Gebrauchtwagen als Vertreter des Neuwagenkäufers weiter und garantiert ihm hierbei einen Mindestpreis (sog. Agenturvertrag).[689]

Nach der wohl h.M. stellt die Inzahlungnahme in Höhe des betreffenden Kaufpreisteils eine *Leistung an Erfüllungs Statt* i.S. des § 364 Abs. 1 BGB mit einer korrespondierenden Ersetzungsbefugnis[690] des Käufers dar.[691] Dies hätte in dem angeführten Beispiel zur Folge, daß der Neuwagenverkäufer hinsichtlich des Motorschadens des Gebrauchtwagens als Mangel i.S des § 434 Abs. 1 BGB[692] nach § 365 BGB von seinem Kunden – soweit möglich und nicht unverhältnismäßig – eine Nacherfüllung i.S. des § 439 Abs. 1 BGB i.V. mit § 437 Nr. 1 BGB verlangen bzw. unter den Voraussetzungen des § 323 Abs. 1 BGB i.V. mit § 437 Nr. 2 Alt. 1 BGB von der Inzahlungnahme zurücktreten könnte. Dadurch erhielte der Neuwagenkäufer zwar seinen Gebrauchtwagen zurück, hätte aber auch den restlichen Kaufpreis in Höhe von 10 000 Euro für den Neuwagen bar zu entrichten. Gleiches würde gelten, wenn der Gebrauchtwagen vor der Übergabe an den Neuwagenverkäufer untergeht, da in diesem Fall die Annahme an Erfüllungs Statt nicht zustande käme. Für diese Lösung läßt sich anführen, daß der Neuwagenverkäufer an der Erlangung des Gebrauchtwagens kein besonderes Interesse hatte, d.h. dem Käufer insoweit entgegengekommen ist und daher bei einer Mangelhaftigkeit von dessen Leistung bzw. dem Untergang des Gegenstandes auf seine „ursprüngliche" Kaufpreisforderung in voller Höhe zurückgreifen können muß.

Demgegenüber bewertet eine Gegenauffassung den Verkauf unter Inzahlungnahme regelmäßig als einen *typengemischten Vertrag*, bei dem in bezug auf den Gegenleistungsteil, den der in Zahlung gegebenen Gegenstand abdeckt, ein Tausch

---

[688] *Giesen* Jura 1983, 169 (175).
[689] Vgl. *H.P. Westermann* MünchKomm. § 433 Rdnr. 28.
[690] Dazu allgemein *Krüger* MünchKomm.[4] § 262 Rdnr. 9.
[691] BGH v. 18. Januar 1967, BGHZ 46, 338 (340 f.); BGH v. 30. November 1983, BGHZ 89, 126 (128); HK/*Saenger* § 433 Rdnr. 7; *Oechsler* § 2 Rdnr. 356; *Palandt/Heinrichs* § 262 Rdnr. 8; *Schlechtriem* Rdnr. 133; *Soergel/Huber* vor § 433 Rdnr. 215; *H.P. Westermann* MünchKomm. § 433 Rdnr. 27.
[692] Zu der Möglichkeit eines konkludenten Ausschlusses der Mängelhaftung des in Zahlung gebenden Käufers BGH v. 21. April 1982, BGHZ 83, 334 (338 ff.).

i.S. des § 480 BGB und nur im übrigen ein „reiner" Kaufvertrag vorliegt.[693] Danach könnte der Neuwagenverkäufer von seinem Kunden zwar im Grundsatz gemäß § 439 Abs. 1 BGB i.V. mit den §§ 437 Nr. 1, 480 BGB auch eine Beseitigung des Motorschadens verlangen. Wenn dies aber nicht möglich oder für den Käufer – in der vorliegenden Konstellation naheliegend – i.S. des § 439 Abs. 3 BGB unverhältnismäßig wäre, bezöge sich z.b. ein Rücktrittsrecht des Neuwagenverkäufers nach Maßgabe des § 323 Abs. 1 BGB i.V. mit § 437 Nr. 2 Alt. 1 BGB auf den gesamten typengemischten Vertrag, so daß das Vertragsverhältnis insgesamt nicht durchgeführt bzw. rückabgewickelt würde. Ginge das Gebrauchtfahrzeug vor der Übergabe unter, so entfiele danach die Leistungspflicht des Neuwagenverkäufers nach Maßgabe des § 326 Abs. 1 Satz 1 BGB und zwar wegen deren Unteilbarkeit zur Gänze. Aufgrund derselben Vorschrift würde daraufhin auch die anteilige Barzahlungspflicht des Neuwagenkäufers entfallen. Hierfür spricht, daß der Neuwagenkäufer ersichtlich nicht den gesamten Kaufpreis in Form einer Geldzahlung aufbringen wollte, d.h. es sollte der gesamte Vertrag mit dem Erfolg der Inzahlungnahme „stehen und fallen".[694] Jedenfalls bestehen auch nach dieser Lösung keine Bedenken, dem Neuwagenkäufer eine Ersetzungsbefugnis dergestalt einzuräumen, daß er an Stelle des Gebrauchtwagens auch eine Barzahlung in entsprechender Höhe leisten kann, so z.B. wenn er den Neuwagenkauf trotz des Defektes oder des Untergangs seines Altwagens durchführen möchte.[695]

Tritt der Käufer, der einen Gegenstand in Zahlung gegeben hat, von dem Vertrag zurück (z.B. wegen eines Mangels der von ihm gekauften Sache), so muß er den von ihm hingegebenen Gegenstand zurücknehmen und kann nicht eine entsprechende Geldsumme verlangen.[696]

c) Aufrechterhaltung der Pflicht zur Zahlung des Kaufpreises trotz Leistungsbefreiung des Verkäufers

aa) Überblick

Grundsätzlich folgt aus der synallagmatischen Verknüpfung der Pflicht zur Zahlung des Kaufpreises mit der Hauptleistungspflicht des Verkäufers (§§ 433 Abs. 1, 453 Abs. 1 und 3 BGB), daß der rechtliche Bestand beider Pflichten voneinander abhängt (vgl. die §§ 320, 326 BGB). Fällt somit z.B. die Pflicht des Verkäufers zur Rechtsverschaffung bzw. zur Übergabe nach § 275 BGB weg, so beseitigt dies nach § 326 Abs. 1 Satz 1 BGB ex lege zugleich die Pflicht des Käufers zur Zahlung des Kaufpreises. Während also der Käufer nach § 275 BGB die Gefahr trägt, daß sein Anspruch aus den §§ 433 Abs. 1, 453 Abs. 1 und 3 BGB erfüllt werden kann (sog. *Leistungsgefahr*), verliert der Verkäufer nach § 326 Abs. 1 Satz 1 BGB

[693] *Honsell* Jura 1983, 523 (524); *Larenz* BT 1, § 42 I a, S. 92 f.; wohl auch *Medicus* Rdnr. 88; weiterführend *Behr* AcP 185 (1985), 401 ff.

[694] Für die Möglichkeit der Hereingabe des Gebrauchtwagens als Geschäftsgrundlage i.S. des § 313 BGB *Esser/Weyers* BT 1, § 8 II 1, S. 94.

[695] *Larenz* BT 1, § 42 I a, S. 93.

[696] Statt aller BGH v. 30. November 1983, BGHZ 89, 126 (132).

regelmäßig seinen Kaufpreisanspruch, wenn er selbst nicht leisten muß (sog. *Gegenleistungs- oder Preisgefahr*).[697]

Die Grundregel des § 326 Abs. 1 Satz 1 BGB wird jedoch durch wichtige Ausnahmen durchbrochen, bei denen der Anspruch des Verkäufers auf den Kaufpreis trotz eines Wegfalls seiner korrespondierenden Pflicht fortbesteht. Als Abweichung von der synallagmatischen Verbundenheit der Hauptleistungspflichten bedürfen diese Ausnahmen aber stets einer spezifischen Legitimation durch eine gesetzliche oder gegebenenfalls im Kaufvertrag enthaltene Anordnung. Die im Gesetz geregelten Durchbrechungen der Gegenleistungsgefahr, welche den Kaufpreisanspruch aufrechterhalten, sind sowohl im allgemeinen Leistungsstörungsrecht als auch in den speziell für den Kaufvertrag getroffenen Regelungen enthalten. Im allgemeinen Leistungsstörungsrecht ordnet § 326 Abs. 2 Satz 1 BGB diese Rechtsfolge an, wenn der Verkäufer von seiner im Synallagma stehenden Pflicht zur Hauptleistung (siehe die §§ 433 Abs. 1, 453 Abs. 1 und 3 BGB) frei wird und dies von dem Käufer zu vertreten ist (§ 326 Abs. 2 Satz 1 Alt. 1 BGB) oder die Unmöglichkeit während eines Annahmeverzugs des Käufers eintritt (§ 326 Abs. 2 Satz 1 Alt. 2 BGB). Die kaufrechtlichen Gefahrtragungsregelungen erfordern demgegenüber eine Unterscheidung zwischen den Grundfällen in § 446 BGB und dem Sonderfall des Versendungskaufs (§ 447 BGB).

bb) Vom Käufer zu vertretende Leistungsbefreiung und Annahmeverzug des Käufers (§ 326 Abs. 2 BGB)

Nach § 326 Abs. 2 Satz 1 Alt. 1 BGB entfällt der Anspruch auf den Kaufpreis nicht, wenn der Käufer für den Grund der Leistungsbefreiung des Verkäufers entweder alleine oder weit überwiegend[698] verantwortlich ist. Da es sich insoweit um eine Verantwortlichkeit des *Gläubigers* handelt, kann der hierfür anzulegende Maßstab den §§ 276 ff. BGB nicht unmittelbar, sondern nur in einer analogen Anwendung entnommen werden,[699] da die §§ 276 ff. BGB nach ihrem Wortlaut ausschließlich die Verantwortlichkeit des Schuldners, hier also des Verkäufers, regeln. Die Tatbestände für die Befreiung des Verkäufers von seiner Pflicht zur Hauptleistung sind § 275 BGB zu entnehmen. Neben dem klassischen Fall der objektiven oder subjektiven Unmöglichkeit (§ 275 Abs. 1 BGB) wird der Verkäufer auch dann von seiner Hauptleistungspflicht frei, wenn er wegen eines groben Miß-

---

[697] Allgemein *Larenz* SchR AT, § 21 I b, S. 308 ff.

[698] Problematisch erscheint, ob diese Regelung das früher sehr umstrittene Problem der beiderseitig zu vertretenden Leistungsbefreiung (siehe zum alten Streitstand *Marburger* 20 Probleme aus dem BGB, Schuldrecht Allgemeiner Teil, 6. Aufl. 1998, 8. Problem) i.S. einer „alles oder nichts"-Lösung entschieden hat. Nähme man dies an, bliebe der volle Gegenleistungsanspruch bestehen, wenn der Verantwortungsbeitrag des Gläubigers „weit überwiegt", im anderen Fall würde § 326 Abs. 1 Satz 1 BGB uneingeschränkt gelten. Mit der h.L. ist jedoch davon auszugehen, daß das Schuldrechtsmodernisierungsgesetz nicht in diesen Streitpunkt des allgemeinen Leistungsstörungsrechts eingreifen wollte; siehe *Canaris* JZ 2001, 499 (511); *Huber/Faust* 7/44; *Lorenz/Riehm* Rdnr. 350; a.A. *Gruber* Jus 2002, 1066 ff.

[699] Siehe oben § 2 E II 3b, ff (4a), S. 100 f.

verhältnisses des hierfür erforderlichen Aufwandes sein in § 275 Abs. 2 BGB begründetes Leistungsverweigerungsrecht ausübt.

Nach § 326 Abs. 2 Satz 1 Alt. 2 BGB bleibt die Pflicht zur Zahlung des Kaufpreises zudem bestehen, wenn die von dem Verkäufer nicht zu vertretende Leistungsbefreiung zu einem Zeitpunkt eintritt, in dem sich der Käufer hinsichtlich der betreffenden Leistungspflicht des Verkäufers im Annahmeverzug befand. Dessen Voraussetzungen beurteilen sich nach den §§ 293 ff. BGB und setzen kein Vertretenmüssen des Gläubigers voraus (Obliegenheitsverletzung).[700] Das die Rechtsfolge des § 326 Abs. 2 Satz 1 Alt. 2 BGB ausschließende Vertretenmüssen des Verkäufers ergibt sich während des Annahmeverzuges aus § 300 Abs. 1 BGB; es beschränkt sich auf Vorsatz und grobe Fahrlässigkeit. Beispiel: Der Verkäufer erscheint mit der Kaufsache zum Zwecke der Übergabe und Übereignung zu dem genau festgesetzten Termin (vgl. § 299 BGB) am Wohnort des Käufers, der jedoch aufgrund eines Verkehrsstaus dort nicht eintrifft; auf dem Rückweg des Verkäufers wird der Gegenstand ohne ein Verschulden desselben zerstört. Obwohl dem Verkäufer nunmehr die Erfüllung der Hauptleistungspflicht unmöglich ist und § 275 Abs. 1 BGB seine Leistungsbefreiung anordnet, bleibt sein Anspruch gegen den Käufer auf Zahlung des Kaufpreises nach § 326 Abs. 2 Satz 1 Alt. 2 BGB bestehen. Das gilt wegen des modifizierten Haftungsmaßstabes selbst bei einem fahrlässigen Verhaltens des Verkäufers (§ 276 Abs. 2 BGB) oder seiner Erfüllungsgehilfen (§ 278 BGB), sofern dieses nicht die Schwelle zur groben Fahrlässigkeit überschreitet.

In beiden Fällen des § 326 Abs. 2 Satz 1 BGB mindert sich jedoch der Kaufpreis um Aufwendungen, die der Verkäufer infolge der Leistungsbefreiung erspart (z.B. Transportkosten, § 326 Abs. 2 Satz 2 BGB).[701] Zudem schließen die in § 326 Abs. 2 Satz 1 BGB genannten Tatbestände bei einer bloßen Verschlechterung des Kaufgegenstandes auch den Anspruch des Käufers auf Nacherfüllung aus § 439 Abs. 1 BGB aus.[702]

cc) Übergang der Preisgefahr auf den Käufer nach kaufrechtlichen Regelungen

(1) Einführung

Neben den in § 326 Abs. 2 BGB genannten Fällen spielen die im Kaufrecht geregelten Tatbestände der §§ 446, 447 BGB eine bedeutende Rolle, nach denen die Gefahr des zufälligen Untergangs und der zufälligen Verschlechterung des Kaufgegenstandes auf den Käufer übergeht. Dabei ist der „Untergang" des Kaufgegenstandes nicht im tatsächlichen Sinne zu verstehen, sondern erfaßt jede Form der Leistungsbefreiung nach § 275 BGB.[703] Auch die §§ 446, 447 BGB stellen eine

---

[700] Statt aller *Ernst* MünchKomm.[4] § 293 Rdnr. 18.

[701] War die später untergegangene Kaufsache mangelhaft, sind über § 326 Abs. 2 Satz 2 BGB auch die Kosten anzusetzen, die der Verkäufer aufgrund eines Entfalls seiner Nacherfüllungspflicht erspart hat; siehe § 2 E II 3c, cc (2), S. 110.

[702] Siehe oben § 2 E II 3b, ff (4a/b), S. 100 f.

[703] *Larenz* BT 1, § 42 II a, S. 98; *Soergel/Huber* § 446 Rdnr. 31; *Staudinger/Köhler* § 446 Rdnr. 20; *H.P. Westermann* MünchKomm. § 446 Rdnr. 8.

Ausnahme zu § 326 Abs. 1 Satz 1 BGB dar und erhalten die Kaufpreiszahlungspflicht entgegen dieser Vorschrift trotz der für den Verkäufer eintretenden Leistungsbefreiung aufrecht.

Wie in den Fällen des § 326 Abs. 2 BGB darf jedoch der Verkäufer seine Leistungsbefreiung nicht selbst nach den jeweils geltenden Maßstäben (grundsätzlich
§§ 276 ff. BGB) zu vertreten haben. Dies ergibt sich daraus, daß nach den betreffenden Vorschriften nur die Gefahr der Pflicht zur Zahlung des Kaufpreises trotz
der *zufälligen* Leistungsbefreiung des Verkäufers auf den Käufer übergeht und unter den Begriff des Zufalls nur eine von keiner *Vertragspartei* zu vertretende Leistungsstörung fällt.[704] Hat der Käufer die Leistungsbefreiung zu vertreten, so folgt
die Aufrechterhaltung der Pflicht zur Zahlung des Kaufpreises bereits aus § 326
Abs. 2 Satz 1 Alt. 1 BGB.[705] Hat der Verkäufer das Leistungshindernis zu vertreten, entfällt nicht nur gemäß § 326 Abs. 1 Satz 1 BGB sein Anspruch auf Zahlung
des Kaufpreises, sondern der Käufer kann von ihm auch nach Maßgabe der §§ 280
ff. BGB Schadensersatz für die ausgebliebene Leistung verlangen.[706] Hingegen
liegt ein zufälliger Untergang auch dann vor, wenn ein nicht von § 278 BGB erfaßter Dritter die Leistungsbefreiung des Verkäufers zu vertreten hat, z.B. ein Dieb
die Kaufsache entwendet.

(2) Übergabe der verkauften Sache (§ 446 Satz 1 BGB)

Nach § 446 Satz 1 BGB trägt der Verkäufer die Preisgefahr lediglich bis zur Übergabe der Sache an den Käufer. Diese Regelung gewinnt jedoch nur Bedeutung,
wenn der Verkäufer die Sache nicht zugleich mit der Übergabe an den Käufer
übereignet bzw. im Fall des § 453 Abs. 3 BGB das Recht, das zu dem Besitz der
Sache berechtigt, nicht zugleich übertragen hat. Wäre dies der Fall, so hätte der
Verkäufer den Kaufvertrag – vorbehaltlich einer Mangelhaftigkeit des Gegenstandes – von seiner Seite vollständig erfüllt, so daß eine Befreiung von der Pflicht zur
Übereignung nach § 275 BGB nicht mehr in Betracht kommt, die Voraussetzung
für die Anwendung des § 446 Satz 1 BGB als Ausnahme zu § 326 Abs. 1 Satz 1
BGB ist. Eine Übergabe ohne Übereignung mit der Möglichkeit einer späteren
Leistungsbefreiung gemäß § 275 BGB (z.B. durch eine Zerstörung der Kaufsache)
kommt insbesondere bei einem Kauf unter Eigentumsvorbehalt in Betracht, da bei
diesem das Eigentum bis zur vollständigen Zahlung des Kaufpreises bei dem Verkäufer verbleibt.[707]

Die Rechtfertigung für den in § 446 Satz 1 BGB angeordneten Übergang der
Preisgefahr auf den Käufer ist darin zu sehen, daß sich die Sache mit der Übergabe
im Einflußbereich des Käufers befindet, der sie regelmäßig auch wirtschaftlich
nutzen kann.[708] Folgerichtig legt die dispositive Vorschrift des § 446 Satz 2 BGB

---

[704] *Erman/Grunewald* § 446 Rdnr. 10; *Staudinger/Köhler* § 446 Rdnr. 22; *H.P. Westermann* MünchKomm. § 446 Rdnr. 9.
[705] Siehe § 2 G I 1c, bb, S. 154 f.
[706] Siehe oben § 2 E I 2b, S. 69 ff.
[707] Näher unten § 2 H I, S. 170 ff.
[708] *Brox/Walker* § 3 Rdnr. 14; *Esser/Weyers* BT 1, § 8 III 2a, S. 96; *Larenz* BT 1, § 42
II a, S. 96 f.; *Schlechtriem* Rdnr. 121; *Staudinger/Köhler* § 446 Rdnr. 4.

fest, daß dem Käufer im Verhältnis zu dem Verkäufer von diesem Zeitpunkt ab auch die Nutzungen der Kaufsache gebühren (vgl. § 100 BGB) und er die Lasten zu tragen hat (z.B. Steuern), selbst wenn er noch nicht Eigentümer der Sache geworden ist. Die näheren Modalitäten bestimmen sich nach den §§ 101, 103 BGB. Von diesen Erwägungen ausgehend, ist oben zu der Streitfrage, inwieweit als „Übergabe" i.S. des § 446 Satz 1 BGB auch die Einräumung eines mittelbaren Besitzes gemäß § 868 BGB gilt, die Lösung entwickelt worden, daß dies im Zweifel zu bejahen ist, wenn der Käufer mit dem mittelbaren Besitz zugleich die Möglichkeit der wirtschaftlichen Nutzung des Kaufgegenstandes erlangt.[709]

Bei einem i.S. des § 158 BGB bedingten Kaufvertrag erfordert die Anwendung des § 446 Satz 1 BGB differenzierende Lösungen. Insofern ist zu unterscheiden: Fällt bei einem nach § 158 Abs. 1 BGB *aufschiebend bedingten Kaufvertrag* die Bedingung aus, so entfaltet § 446 Satz 1 BGB keine Rechtswirkungen, d.h. der Käufer muß den Kaufpreis nicht entrichten bzw. kann – sofern er bereits geleistet hat – diesen nach § 812 Abs. 1 Satz 2 Alt. 1 BGB zurückfordern.[710] Tritt die Bedingung hingegen ein, so entfaltet der Gefahrübergang auch dann Wirkung, wenn die Sache vor dem Eintritt der Bedingung unterging, da dem Käufer bereits die Nutzungsmöglichkeit zustand (vgl. § 159 BGB).[711] Bei einem *auflösend bedingten Kaufvertrag* entfällt mit dem Bedingungseintritt die Pflicht des Käufers zur Zahlung des Kaufpreises auch dann, wenn die Sache zuvor untergegangen ist;[712] ein bereits gezahlter Kaufpreis kann jedoch nicht mehr zurückgefordert werden, da die Wertung der §§ 158 Abs. 2, 446 Satz 1 BGB auch bei der bereicherungsrechtlichen Rückabwicklung zu berücksichtigen ist.[713]

Der Übergang der Preisgefahr durch Übergabe der Kaufsache bedeutet stets nur, daß die Pflicht des Käufers zur Zahlung des Kaufpreises bei einem nach der Übergabe eintretenden Untergang der Kaufsache vor vollständiger Erfüllung seitens des Verkäufers entgegen der Grundregel des § 326 Abs. 1 Satz 1 BGB aufrechterhalten bleibt, nicht aber, daß bestehende Ansprüche oder Rechte des Käufers untergehen.[714] So kann der Käufer, dem eine i.S. des § 434 BGB mangelhafte Kaufsache übergeben, aber noch nicht übereignet wurde, nach deren zufälligem Untergang gemäß den §§ 326 Abs. 5, 323 BGB i.V. mit § 437 Nr. 2 Alt. 1 BGB von dem Kaufvertrag zurücktreten; nach § 346 Abs. 3 Satz 1 Nr. 3 BGB hat er auch keinen Wertersatz für die untergegangene Sache zu leisten. Gleiches gilt bei einer aliud-Lieferung i.S. des § 434 Abs. 3 BGB. War der Verkäufer zur Verschaf-

---

[709] Ausführlicher oben § 2 D I 1c, bb, S. 33 ff.

[710] BGH v. 19. Februar 1975, NJW 1975, 776; *Soergel/Huber* § 446 Rdnr. 45; *Staudinger/Köhler* § 446 Rdnr. 7; *H.P. Westermann* MünchKomm. § 446 Rdnr. 6.

[711] *Erman/Grunewald* § 446 Rdnr. 7; *Fikentscher* Rdnr. 671; *Larenz* BT 1, § 42 II a, S. 99; a.A. *Enneccerus/Lehmann* § 103 III 1, S. 419.

[712] *Palandt/Putzo* § 446 Rdnr. 10; *Soergel/Huber* § 446 Rdnr. 47; *Staudinger/Köhler* § 446 Rdnr. 8.

[713] *Erman/Grunewald* § 446 Rdnr. 7; *Larenz* BT 1, § 42 II a, S. 99 f.; a.A. *Enneccerus/Lehmann* § 103 III 1, S. 419.

[714] *Coester-Waltjen* Jura 2002, 535 (538); *Staudinger/Köhler* § 446 Rdnr. 24 f.; *H.P. Westermann* MünchKomm. § 446 Rdnr. 9.

fung des Eigentums dauerhaft unvermögend (§ 275 Abs. 1 BGB), so mindert sich der Kaufpreis gemäß § 326 Abs. 1 Satz 1 Halbsatz 2 BGB i.V. mit § 441 Abs. 3 BGB auf den bloßen Besitzwert; trotz eines nach Übergabe erfolgten Sachuntergangs kann der Käufer in diesem Fall immer noch gemäß den §§ 326 Abs. 5, 323 BGB von dem Kaufvertrag zurücktreten.

(3) Annahmeverzug des Käufers (§ 446 Satz 3 BGB)

Nach § 446 Satz 3 BGB steht es in bezug auf den Übergang der Preisgefahr der Übergabe gleich, wenn der Käufer hinsichtlich der Pflicht des Verkäufers zur Rechtsverschaffung oder Übergabe mit der Annahme im Verzug ist. Diese Rechtsfolge ergibt sich jedoch bereits aus der allgemeinen Vorschrift des § 326 Abs. 2 Satz 1 Alt. 2 BGB.[715] Die Hauptbedeutung des § 446 Satz 3 BGB liegt daher nicht in einer Regelung der Preisgefahr, sondern in den folgenden zwei Punkten:

Erstens gebühren dem Käufer nach § 446 Satz 3 BGB i.V. mit § 446 Satz 2 BGB ab dem Eintritt des Annahmeverzuges die Nutzungen des Gegenstandes (vgl. aber insoweit auch § 302 BGB), und er hat gegenüber dem Verkäufer deren Lasten zu tragen. Wenn also z.B. der Verkäufer eines Grundstücks nach dem Eintritt des Annahmeverzuges des Käufers in bezug auf die Übereignung (§§ 873, 925 BGB) noch Grundsteuer entrichten mußte, kann er sie nach § 446 Satz 3 BGB i.V. mit § 446 Satz 2 BGB von dem Käufer ersetzt verlangen.

Zweitens ist der Gefahrübergang der maßgebliche Zeitpunkt für das Vorliegen von Sachmängeln i.S. des § 434 Abs. 1 und 2 BGB.[716] Sofern also die „vertragswidrige" Beschaffenheit der Kaufsache während des Annahmeverzuges des Käufers eintritt, stellt dies keinen Verstoß mehr gegen die Pflicht des Verkäufers aus den §§ 433 Abs. 1 Satz 2, 453 Abs. 3 BGB dar und begründet nach der Lieferung keine Rechte des Käufers aus § 437 BGB. Dies gilt selbst dann, wenn der Verkäufer die Verschlechterung zu vertreten hat. Beispiel: Der Verkäufer verursacht auf dem Rückweg von dem im Annahmeverzug befindlichen Käufer grob fahrlässig – § 300 Abs. 1 BGB – einen Verkehrsunfall, bei dem das verkaufte Gemälde beschädigt wird. Zwar betrifft die Regelung der Preisgefahr als solche nur eine zufällige Verschlechterung, § 434 Abs. 1 BGB stellt aber in bezug auf Sachmängel *in rein zeitlicher Hinsicht* auf den Gefahrübergang ab, ohne daß der Grund der Vertragswidrigkeit hierfür bedeutsam ist.[717] Folglich sind durch den Verkäufer zu vertretende Verschlechterungen der Beschaffenheit ab dem Zeitpunkt des Annahmeverzuges des Käufers keine Verletzung der Hauptleistungspflicht (§§ 433 Abs. 1 Satz 2, 453 Abs. 3 BGB), sondern Schutzpflichtverletzungen, die jedoch den Verkäufer nach Maßgabe der §§ 280 Abs. 1, 282 BGB zum Schadensersatz verpflichten und den Käufer nach § 324 BGB gegebenenfalls zum Rücktritt berechtigen.[718] Die Freiheit von Rechtsmängeln i.S. des § 435 BGB schuldet der Verkäufer hingegen bis zur Rechtsverschaffung, so daß insoweit eine nach Maßgabe des § 300 Abs. 1 BGB durch den Verkäufer zu vertretende Verschlechterung auch im

---

[715]   Siehe oben § 2 G I 1c, bb, S. 154 f.
[716]   Siehe oben § 2 D I 1d, bb (1), S. 36 f.
[717]   Vgl. BR/*Faust* § 446 Rdnr. 15; *Esser/Weyers* BT 1, § 8 III 2b, S. 97.
[718]   Vgl. § 2 E III, S. 143 f.

Annahmeverzug des Käufers die Rechte nach sich zieht, welche § 437 BGB an eine Verletzung der Pflichten aus den §§ 433 Abs. 1 Satz 2, 453 Abs. 1 und 3 BGB knüpft.[719]

(4) Gefahrübergang beim Versendungskauf (§ 447 BGB)

(a) Das Auseinanderfallen von Erfüllungs- und Erfolgsort als Besonderheit des Versendungskaufs

Eine besondere Ausgestaltung des Kaufvertrages regelt § 447 BGB, der die Unterscheidung des Erfüllungsortes (oder auch Leistungsortes) von dem Erfolgsort voraussetzt. *Erfüllungsort* ist derjenige Ort, an dem der Schuldner nach dem Vertragsinhalt die von ihm geschuldeten Leistungshandlungen (Entäußerung des Besitzes an einer Sache in Richtung auf den Gläubiger, Abgabe einer Einigungserklärung gemäß § 929 Satz 1 BGB etc.) vornehmen muß, hingegen an dem *Erfolgsort* die Bewirkung der geschuldeten Leistung i.S. des § 362 BGB eintritt (Besitz- bzw. Eigentumserlangung durch den Gläubiger).[720] Während sich bei einer *Holschuld* sowohl der Erfüllungs- als auch der Erfolgsort am Wohnsitz oder der Niederlassung (vgl. § 269 Abs. 1 und 2 BGB) des Verkäufers befinden und der Vertrag bei der *Bringschuld* umgekehrt sowohl hinsichtlich der Leistungshandlungen als auch des Leistungserfolges am Wohnsitz oder der Niederlassung des Käufers zu erfüllen ist, kann bei der Durchführung des Kaufvertrages die Besonderheit auftreten, daß der Käufer den Verkäufer bittet, die Ware an ihn zu senden, ohne daß neben dem Erfolgsort zugleich auch der Erfüllungsort am Wohnsitz des Käufers liegen soll.[721] In diesem Fall liegt eine *Schickschuld* vor, die im Kaufrecht unter den Begriff des Versendungskaufs gefaßt wird.

Für diese Konstellation ordnet § 447 Abs. 1 BGB eine Verlagerung der Gegenleistungsgefahr an, d.h. der Anspruch des Verkäufers auf Zahlung des Kaufpreises geht entgegen § 326 Abs. 1 Satz 1 BGB nicht unter, wenn später eine zufällige Leistungsbefreiung des Verkäufers gemäß § 275 BGB eintritt.[722] Aufgrund des Auseinanderfallens von Erfüllungsort (Wohnsitz oder Niederlassung des Verkäufers) und Erfolgsort (Wohnsitz oder Niederlassung des Käufers) kann bei einem Versendungskauf für den Gefahrübergang nicht auf die Übergabe an den Käufer abgestellt werden (dann wäre § 446 Satz 1 BGB anwendbar), sondern es ist bereits an die Versendung als solche anzuknüpfen. Durch diese nimmt der Verkäufer seine auf die Übergabe bezogene Leistungshandlung vor, selbst wenn der Übergabeerfolg erst mit dem Eintreffen des Gegenstandes bei dem Käufer eintritt. Da der Transport der verkauften Sache – anders als bei der Bringschuld – nicht zu den Pflichten des Verkäufers gehört, sondern er diesen auf Verlangen des Käufers

---

[719] Siehe oben § 2 D I 1d, cc, S. 53 f.

[720] Dazu *Krüger* MünchKomm.[4] § 269 Rdnr. 2.

[721] Allgemein zu den aus dem jeweiligen Erfüllungsort/Leistungsort folgenden Arten der Schuld *Krüger* MünchKomm.[4] § 269 Rdnr. 5 ff.

[722] Dazu bereits oben § 2 G I 1c, aa, S. 153 f.

durchführt, ist es gerechtfertigt, die Gegenleistungsgefahr bereits mit der Absendung auf den Käufer übergehen zu lassen, der damit das Transportrisiko trägt.[723]

§ 447 BGB besitzt bei Vorliegen eines Versendungskaufs noch größere Bedeutung als § 446 Satz 1 BGB bei einer Hol- oder Bringschuld, da mit der Versendung als solcher die Pflichten des Verkäufers aus den §§ 433 Abs. 1, 453 Abs. 1 und 3 BGB noch nicht erfüllt sind, d.h. sich bei einer späteren Leistungsbefreiung des Verkäufers das Problem der Tragung der Gegenleistungsgefahr stellt, während im Fall einer Hol- oder Bringschuld mit der Übergabe zumindest bei dem Verkauf beweglicher Sachen häufig zugleich auch die Rechtsverschaffungspflicht erfüllt wird, so daß sich ein Gefahrtragungsproblem nicht mehr stellen kann.[724]

(b) Anwendungsbereich des § 447 BGB

Nach dem Wortlaut des § 447 BGB greift die dort normierte Gefahrtragungsregel bei jedem Versendungskauf ein. Damit würde der Anwendungsbereich der Vorschrift jedoch zu weit umschrieben. Bei Kaufverträgen, bei denen auf Seiten des Verkäufers ein Unternehmer und auf Seiten des Käufers ein Verbraucher steht, mit anderen Worten ein Verbrauchsgüterkauf vorliegt, ist § 447 BGB nicht anwendbar; dies ordnet § 474 Abs. 2 BGB ausdrücklich an.[725] Deshalb ist § 447 BGB entgegen dem weit gefaßten Wortlaut vor allem bei einem Kaufvertrag zwischen Unternehmen oder einem solchen zwischen Privatpersonen anwendbar. Der darüber hinaus von § 447 BGB erfaßte Fall, daß eine Privatperson als Verkäufer und ein Unternehmen als Käufer auftritt, dürfte nur geringe praktische Bedeutung erlangen.

(c) Voraussetzungen des Übergangs der Gegenleistungsgefahr auf den Käufer

(aa) Versendung an einen anderen Ort als den Erfüllungsort

Die Anwendung des § 447 Abs. 1 BGB setzt voraus, daß die Versendung der vom Verkäufer geschuldeten Sache an einen anderen Ort als den Erfüllungsort erfolgt. Damit ist derjenige Ort gemeint, an dem der Verkäufer seine Leistungshandlungen zu vollziehen hat, unabhängig davon, an welchem Ort deren Erfolg (Eigentums-, Besitzerlangung des Käufers etc.) eintritt.[726] Wegen dieses Tatbestandsmerkmals ist § 447 BGB nicht bei einer Bringschuld anwendbar, da der Verkäufer bei dieser seine Leistungshandlungen an dem Wohnsitz oder der Niederlassung des Käufers zu vollziehen hat.[727] Nach der dispositiven Grundregel des § 269 Abs. 1 BGB liegt im Zweifel keine Bringschuld vor; § 269 Abs. 3 BGB ergänzt dies dahingehend, daß allein die Übernahme der Versendungskosten durch den Schuldner (= Verkäufer) nicht zu der Annahme berechtigt, konkludent sei eine Bringschuld vereinbart worden. Eine solche kann sich aber aus besonderen Umständen ergeben, z.B. der

---

[723] *Larenz* BT 1, § 42 II c, S. 101; *Soergel/Huber* § 447 Rdnr. 4; *Staudinger/Köhler* § 447 Rdnr. 3; *H.P. Westermann* MünchKomm. § 447 Rdnr. 1.
[724] Vgl. § 2 G I 1c, cc (1), S. 155 f.
[725] Vgl. dazu auch unten § 2 H V 3a, S. 203 f.
[726] *Krüger* MünchKomm.[4] § 269 Rdnr. 2.
[727] *Erman/Grunewald* § 447 Rdnr. 3; *Staudinger/Köhler* § 447 Rdnr. 7.

Schwierigkeit des Transports bei sperrigen Gütern (Lieferung eines Klaviers in die 3. Etage).[728]

Der Begriff des „anderen Ortes" ist räumlich und nicht politisch zu verstehen.[729] Eine Versendung i.S. des § 447 Abs. 1 BGB kommt daher auch in Betracht, wenn der Kaufgegenstand innerhalb derselben Gemeinde von dem Erfüllungs- an den Erfolgsort transportiert wird (sog. Platzgeschäft).

Ein besonderes Problem tritt auf, wenn die Versendung nicht von dem Erfüllungsort aus, d.h. dem Wohnsitz oder der Niederlassung des Verkäufers, sondern von einem anderen Ort aus erfolgt. So z.B., wenn der Verkäufer den Hersteller anweist, die Ware direkt an den Käufer zu liefern. In diesem Fall stellt sich die Frage, ob § 447 BGB auch auf den Transport auf einer Route anwendbar ist, die von der Strecke Erfüllungsort-Erfolgsort abweicht. Mit der h.M. ist dies nicht stets, sondern nur zu bejahen, wenn der Käufer mit dem abweichenden Transportweg einverstanden war.[730] Auf dieses Einverständnis des Käufers ist selbst dann nicht zu verzichten, wenn sich die Transportgefahr durch die Streckenabweichung nicht maßgeblich erhöht hat,[731] da dies ein zu unscharfes Kriterium darstellt. Das Einverständnis kann jedoch auch konkludent erteilt werden, z.B. wenn der Kaufvertrag die Klausel „ab Werk" enthält.

Einigkeit besteht schließlich darüber, daß § 447 BGB auch anwendbar ist, wenn der Käufer die Ware an einen anderen Ort als seinen Wohnsitz oder seine Niederlassung liefern läßt, etwa direkt an einen weiteren Abnehmer, an den der Käufer die Ware weiterveräußert hat (sog. Streckengeschäft).[732] In diesem Fall ist dieser andere Ort der von dem Erfüllungsort abweichende Erfolgsort.

(bb) Versendung auf Verlangen des Käufers

Die Versendung muß auf Verlangen des Käufers erfolgt sein. Aus diesem Grunde ist § 447 BGB auch bei der Vereinbarung einer Holschuld nicht anwendbar. Liegen nach dem Vertrag sowohl der Erfüllungs- als auch der Erfolgsort bei dem Verkäufer, so kann dieser die Gefahr nicht durch eine Versendung an den Käufer ohne dessen Einverständnis verlagern, selbst wenn er die für die Versendung anfallenden Kosten übernimmt.[733] Liegt eine Holschuld vor und nimmt der Käufer dem Verkäufer den Kaufgegenstand nicht wie vereinbart ab, so gerät der Käufer aller-

---

[728] BGH v. 5. Dezember 1990, NJW 1991, 915 (916); *Krüger* MünchKomm.[4] § 269 Rdnr. 20.

[729] BR/*Faust* § 447 Rdnr. 6; *Erman/Grunewald* § 447 Rdnr. 5; *Palandt/Putzo* § 447 Rdnr. 12; *Schlechtriem* Rdnr. 122; *Staudinger/Köhler* § 447 Rdnr. 6; *H.P. Westermann* MünchKomm. § 447 Rdnr. 6; a.A. *Soergel/Huber* § 447 Rdnr. 24.

[730] BGH v. 5. Dezember 1990, NJW 1991, 915 (916); *Brox/Walker* § 3 Rdnr. 24; *Staudinger/Köhler* § 447 Rdnr. 8; *H.P. Westermann* MünchKomm. § 433 Rdnr. 4; offen *Esser/Weyers* BT 1, § 8 III 3a, S. 98.

[731] Hierfür aber *Erman/Grunewald* § 447 Rdnr. 4; *Soergel/Huber* § 447 Rdnr. 20.

[732] Prot. II, S. 67; *Erman/Grunewald* § 447 Rdnr. 4; *Staudinger/Köhler* § 447 Rdnr. 9.

[733] *Staudinger/Köhler* § 447 Rdnr. 10; *H.P. Westermann* MünchKomm. § 447 Rdnr. 7.

dings regelmäßig in Annahmeverzug, so daß die Gegenleistungsgefahr nach den §§ 326 Abs. 2 Satz 1 Alt. 2, 446 Satz 3 BGB auf den Käufer übergeht.[734]

Umstritten ist, ob ein „Verlangen des Käufers" über das formale Bestehen einer Schickschuld hinaus erfordert, daß die Versendung gerade von dem Käufer in den Vertrag eingeführt wurde. Bestritten wird dies z.B. für den klassischen Versandhandel, bei dem der Verkäufer den Versand unter Vereinbarung einer Schickschuld selbst anbietet.[735] Aus Gründen der Rechtsklarheit sollte man eine Versendung auf „Verlangen des Käufers" jedoch stets annehmen, wenn sich die Parteien auf eine Schickschuld geeinigt haben.[736] Die praktische Relevanz dieses Problems vermindert sich dadurch, daß § 447 BGB bei einem Verbrauchsgüterkauf gemäß § 474 Abs. 2 BGB ohnehin nicht anwendbar ist.[737]

(cc) Versendung der „verkauften Sache"

Gegenstand der Versendung muß die „verkaufte Sache" sein. Allerdings ist hierfür nicht erforderlich, daß diese in jeder Hinsicht der geschuldeten Beschaffenheit genügt. Vielmehr kommt es darauf an, ob die Schuld des Verkäufers auf den versendeten Gegenstand konkretisiert ist.[738] Dies ist bei einem Stückkauf stets der Fall, sofern keine Objektsverwechselung vorliegt;[739] bei einem Gattungskauf richtet sich dies nach § 243 Abs. 2 BGB. Sofern ein Versendungskauf vorliegt, hat der Verkäufer das i.S. dieser Vorschrift seinerseits Erforderliche jedoch nur unternommen, wenn die abgesendete Sache keine Mängel i.S. der §§ 434, 435 BGB aufweist, da bei deren Vorliegen keine Konkretisierung eintritt.[740] Beschränkt sich die Schuld des Verkäufers nicht auf den versendeten Gegenstand, so führt dessen Untergang oder Verschlechterung nicht zu einer Leistungsbefreiung des Verkäufers i.S. des § 275 Abs. 1 BGB. Die Frage einer Tragung der Gegenleistungsgefahr stellt sich dann bereits im Ansatz nicht: Der Verkäufer bleibt uneingeschränkt zur Leistung verpflichtet, § 326 Abs. 1 Satz 1 BGB kann nicht eingreifen, und der Käufer schuldet unverändert die Zahlung des Kaufpreises.

(dd) Auslieferung an die Transportperson

Schließlich setzt der Gefahrübergang auf den Käufer voraus, daß der Verkäufer die Kaufsache an die Transportperson ausgeliefert hat. Hierzu gehört sowohl die physische Übergabe an die Transportperson als auch die Ergreifung aller weiteren Maßnahmen, die erforderlich sind, damit der Gegenstand unter gewöhnlichen Um-

---

[734] Dazu oben § 2 G I 1c, bb, S. 154 f. sowie § 2 G I 1c, cc (3), S. 158 f.

[735] *Medicus* Rdnr. 36.

[736] BR/*Faust* § 447 Rdnr. 7; *Wertenbruch* JuS 2003, 625 (626).

[737] Siehe oben § 2 G I 1c, cc (4b), S. 160.

[738] RG v. 19. September 1916, RGZ 88, 389 (390); *Erman/Grunewald* § 447 Rdnr. 10; *Soergel/Huber* § 447 Rdnr. 29; *Staudinger/Köhler* § 447 Rdnr. 32.

[739] Die Mängelrechte des Käufers bleiben durch den Gefahrübergang indes unberührt; statt aller BR/*Faust* § 447 Rdnr. 15.

[740] Siehe oben § 2 E II 1, S. 73.

ständen bei dem Käufer ankommt, z.B. die korrekte Adressierung der Ware.[741] Sind diese Erfordernisse erfüllt, so tritt der Gefahrübergang auch ein, bevor der Transport als solcher begonnen hat.[742] Beispiel: Die dem Speditionsunternehmen übergebene Ware wird auf dessen Gelände vernichtet, wo sie in Kürze verladen werden sollte.

Umstritten ist, ob der Gefahrübergang nach § 447 Abs. 1 BGB auch dann eintritt, wenn der Verkäufer den Transport selbst oder durch eigene Mitarbeiter durchführt, gleichwohl aber keine Bring-, sondern eine Schickschuld vereinbart wurde (sog. *Selbsttransport*). Beispiel: Der Kleinunternehmer liefert bei einem vereinbarten Versendungskauf die verkaufte Maschine selbst mit einem Kleintransporter an den Käufer aus; auf dem Weg dorthin wird er schuldlos in einen Verkehrsunfall verwickelt, bei dem die Maschine zerstört wird. In diesem Fall ist der Verkäufer nach § 275 Abs. 1 BGB von seiner Leistungspflicht befreit, was nach § 326 Abs. 1 Satz 1 BGB eigentlich zu einem Entfallen des Anspruchs auf den Kaufpreis führen würde. Etwas anderes könnte sich jedoch aus § 447 Abs. 1 BGB ergeben, wenn diese Norm auch auf den Selbsttransport anwendbar ist.

Von einer Auffassung wird dies verneint.[743] Neben historischen Argumenten[744] spricht für diese insbesondere der Wortlaut des § 447 Abs. 1 BGB, der einerseits auf eine „Auslieferung" an eine andere Person abstellt und andererseits als Beispiele für diese Spediteure und Frachtführer, d.h. selbständige Transporteure nennt. Schließlich wird vorgebracht, daß der Kaufgegenstand bei einem Selbsttransport nicht aus dem Einflußbereich des Verkäufers entlassen werde, was jedoch der Grundgedanke des § 447 BGB sei.[745]

Dem ist jedoch mit der h.M. entgegenzuhalten, daß der Gefahrübergang nach § 447 Abs. 1 BGB weniger auf der Entlassung der Sache aus dem eigenen Herrschaftsbereich beruht. Ein solcher liegt auch bei einer Bringschuld vor, bei welcher der Verkäufer den Transport zum Käufer durch einen selbständigen Unternehmer bewirkt. Entscheidend ist vielmehr, daß der Verkäufer den Transport als solchen wegen der vertraglichen Bestimmung des Erfüllungsortes nicht schuldet.[746] Sofern der Verkäufer den Transport jedoch nicht einmal durch eigene Mitarbeiter, sondern wie im Beispiel selbst durchführt, fehlt es an einer „Auslieferung", so daß § 447 Abs. 1 BGB nur analog anwendbar ist und zwar ab dem Zeitpunkt, ab dem er alle diejenigen Vorkehrungen für den Transport getroffen hat, die bei der Beförderung durch einen anderen die Auslieferung bewirken würden.

---

[741] BGH v. 5. Dezember 1990, NJW 1991, 915 (916); *Soergel/Huber* § 447 Rdnr. 26; *Staudinger/Köhler* § 447 Rdnr. 11; *H.P. Westermann* MünchKomm. § 447 Rdnr. 12.

[742] BGH v. 5. Dezember 1990, NJW 1991, 915 (916); *Soergel/Huber* § 447 Rdnr. 26; *Staudinger/Köhler* § 447 Rdnr. 11.

[743] *Medicus* Rdnr. 38; *E. Schmidt* AcP 175 (1975), 165 (167); *Soergel/Huber* § 447 Rdnr. 35 f.; *Wertenbruch* JuS 2003, 625 (628 f.).

[744] Siehe Mot. II, S. 326.

[745] Insbesondere *Soergel/Huber* § 447 Rdnr. 35 f.

[746] BR/*Faust* § 447 Rdnr. 9; *Erman/Grunewald* § 447 Rdnr. 9; *Esser/Weyers* BT 1, § 8 III 3b, S. 98; *Staudinger/Köhler* § 447 Rdnr. 14; *H.P. Westermann* MünchKomm. § 447 Rdnr. 15; weiterführend *Faust* DB 1991, 1556 ff.

(d) Rechtsfolgen des § 447 Abs. 1 BGB

(aa) Grundsatz

Als Rechtsfolge ordnet § 447 Abs. 1 BGB an, daß die „Gefahr" auf den Käufer übergeht. Hiermit ist wie bei § 446 Satz 1 BGB die Gegenleistungsgefahr gemeint. Unstreitig greift § 447 Abs. 1 BGB als Ausnahme zu § 326 Abs. 1 Satz 1 BGB deshalb nicht ein, wenn der Verkäufer die Leistungsbefreiung zu vertreten hat.[747] Das ist immer dann der Fall, wenn er die Ware nicht ordnungsgemäß auf den Weg gebracht, z.B. falsch adressiert oder verpackt oder keine zuverlässige Transportperson ausgewählt hat (sog. Auswahlverschulden).[748] Umstritten ist das Verhältnis des § 447 Abs. 1 BGB zur Zufallshaftung des Verkäufers aus § 287 Satz 2 BGB, wenn dieser die Ware erst im Verzug mit seiner Lieferungspflicht absendet. Da der Verzug mit Vornahme der Leistungshandlung (hier: Absendung des Kaufgegenstandes) endet,[749] ist § 287 Satz 2 BGB während des Transports richtigerweise nicht mehr anwendbar.[750]

(bb) Schuldhaftes Verhalten beim Selbsttransport

Als Folgeproblem der Anwendung des § 447 BGB auf den Selbsttransport[751] stellt sich die Frage, ob der Verkäufer ein eigenes Verschulden oder ein solches seiner Mitarbeiter, das zu dem Untergang der Kaufsache auf dem Transport führt, nach den §§ 276 ff. BGB zu vertreten hat. Bejahendenfalls würde es an einer *zufälligen* Leistungsbefreiung fehlen, so daß in diesen Fällen letztendlich doch die Gegenleistungspflicht nach § 326 Abs. 1 Satz 1 BGB entfiele.[752]

Unstreitig ist, daß der Verkäufer bei der Versendung durch einen selbständigen Unternehmer dessen etwaiges Verschulden nicht nach § 278 BGB zu vertreten hat, da er den Transport als solchen nicht schuldet und der Transporteur wegen der fehlenden Verpflichtung gegenüber dem Käufer kein Erfüllungsgehilfe des Verkäufers ist.[753] Hingegen ist eine Einstandspflicht für eigenes Verschulden und das Verschulden eigener Angestellter bei einem Selbsttransport mit der h.M. wiederum zu bejahen.[754] Denn der Verkäufer schuldet zwar nicht den Transport als solchen, wohl aber trifft ihn eine *Obhutpflicht i.S. des § 241 Abs. 2 BGB*, solange er die

---

[747]   Siehe oben § 2 G I 1c, cc (1), S. 155 f.
[748]   RG v. 21. Dezember 1920, RGZ 101, 152 (153); *Erman/Grunewald* § 447 Rdnr. 12; *Esser/Weyers* BT 1, § 8 III 3c, S. 99; *Larenz* BT 1, § 42 II c, S. 101; *H.P. Westermann* MünchKomm. § 447 Rdnr. 19.
[749]   Statt aller *Ernst* MünchKomm.⁴ § 286 Rdnr. 95.
[750]   *Soergel/Huber* § 447 Rdnr. 25; *Wertenbruch* JuS 2003, 625 (630 f.); a.A. *Staudinger/Köhler* § 447 Rdnr. 25 und die Vorauflage.
[751]   Siehe oben § 2 G I 1c, cc (4c, dd), S. 162 f.
[752]   Dazu oben § 2 G I 1c, cc (1), S. 155 f.
[753]   BGH v. 5. Dezember 1990, NJW 1991, 915 (917); *Erman/Grunewald* § 447 Rdnr. 9; *Soergel/Huber* § 447 Rdnr. 64; *H.P. Westermann* MünchKomm. § 447 Rdnr. 21.
[754]   *Esser/Weyers* BT 1, § 8 III 3c, S. 99; *Fikentscher* Rdnr. 678; *Larenz* BT 1, § 42 II c, S. 103; *RGRK/Mezger* § 447 Rdnr. 9; *Schlechtriem* Rdnr. 122; *Staudinger/Köhler* § 447 Rdnr. 30; a.A. BR/*Faust* § 447 Rdnr. 26; *Enneccerus/Lehmann* § 103 II 3 b/c, S. 418.

Sache nicht aus dem eigenen Einflußbereich entläßt.[755] Dieser Umstand rechtfertigt somit zwar nicht, § 447 BGB auf den Selbsttransport nicht anzuwenden,[756] wohl aber ist eine zufällige Leistungsbefreiung bei einem Verschulden i.S. der §§ 276 ff. BGB zu verneinen. Die Zurechnung des Verschuldens eigener Leute im Gegensatz zu demjenigen selbständiger Transporteure findet in dem Rechtsgedanken des § 664 Abs. 1 Satz 2 und 3 BGB eine gesetzliche Stütze.[757] Danach hat ein Beauftragter bei der gestatteten Übertragung der Ausführung des Auftrags an eine andere selbständige Person (sog. Substitution) nur ein Auswahlverschulden zu vertreten, während bei der Einschaltung eigener Leute § 278 BGB gilt.[758]

(cc) Einbeziehung atypischer Transportrisiken

Fehlt es an einem Vertretenmüssen der Leistungsbefreiung des Verkäufers durch eine der Vertragsparteien, ist des weiteren umstritten, ob sich die Gefahrtragung des Käufers nur auf typische Transportrisiken beschränkt. Beispiel: Nach dem Beginn des Transportes wird die betreffende Ware aufgrund eines Erdbebens zerstört, das ein großes Gebiet einschließlich des Wohnsitzes der beiden Vertragsparteien erfaßt. In diesem Fall hat sich kein spezifisches Transportrisiko verwirklicht, da die Zerstörung ohnehin erfolgt wäre.

Im Gegensatz zu § 446 Satz 1 BGB verzichtet § 447 Abs. 1 BGB darauf, den Umfang des Gefahrübergangs zu präzisieren. Der Wortlaut des § 447 Abs. 1 BGB stellt nur auf die „Gefahr" und nicht wie § 446 Satz 1 BGB auf die Gefahr des zufälligen Untergangs oder einer zufälligen Verschlechterung ab, worunter jede von keiner Vertragspartei zu vertretende Leistungsbefreiung des Verkäufers zu verstehen ist.[759] Diejenige Meinung, die als ratio des § 447 Abs. 1 BGB das Ausscheiden des Kaufgegenstandes aus dem Herrschaftsbereich des Verkäufers annimmt, erstreckt den Gefahrübergang beim Versendungskauf folgerichtig nur auf typische Transportrisiken.[760] Da die Vorschrift jedoch daran anknüpft, daß den Verkäufer bei einer Schickschuld das Schicksal der Kaufsache nach der Vornahme seiner Leistungshandlung (Einleitung der Versendung) nicht mehr betrifft, sind unter § 447 Abs. 1 BGB richtigerweise sämtliche zufälligen Leistungsbefreiungen zu fassen.[761] Es sind somit nicht nur die Risiken erfaßt, die *durch* den Transport eintreten, sondern auch diejenigen, die *während* desselben auftreten.[762] Im Beispielsfall schuldet der Käufer folglich aufgrund des § 447 Abs. 1 BGB und entgegen § 326 Abs. 1 Satz 1 BGB weiterhin den Kaufpreis.

---

[755] *Larenz* BT 1, § 42 II c, S. 103; *Staudinger/Köhler* § 447 Rdnr. 30.

[756] Siehe oben § 2 G I 1c, cc (4c, dd), S. 163.

[757] *Kuchinke* Festschrift für Heinrich Lange, 1970, S. 264 f.

[758] Näher zu § 664 BGB unten § 11 B IV 5, S. 607 f.

[759] Vgl. § 2 G I 1c, cc (1), S. 155 f.

[760] RG v. 16. Oktober 1926, RGZ 114, 405 (407); BGH v. 24. März 1965, NJW 1965, 1324; *Emmerich* § 3 Rdnr. 16; *Enneccerus/Lehmann* § 103 I 3d, S. 418; RGRK/*Mezger* § 447 Rdnr. 13.

[761] *Larenz* BT 1, § 42 II c, S. 102; *Oechsler* § 2 Rdnr. 310; *Staudinger/Köhler* § 447 Rdnr. 17; *H.P. Westermann* MünchKomm. § 447 Rdnr. 17 f.

[762] *Bettermann* ZHR 111 (1948), 102 (104 ff.).

(e) Schadensabwicklung bei Leistungsbefreiung des Verkäufers infolge
Drittverschuldens

Problematisch ist des weiteren, inwieweit ein Dritter, der die unter § 447 Abs. 1
BGB fallende Leistungsbefreiung des Verkäufers verschuldet hat, zum Ersatz herangezogen werden kann.[763]

Dies betrifft zum einen die Fälle, in denen der (selbständige[764]) Transporteur
die Verschlechterung oder den Untergang zu vertreten hat. Sofern es sich bei dem
Transporteur um einen Vertragspartner des Verkäufers handelt, hat letzterer zwar
grundsätzlich einen vertraglichen Ersatzanspruch gegen den Transporteur, aufgrund der Befreiung von seiner Leistungspflicht unter Aufrechterhaltung des Kaufpreisanspruchs nach h.M. aber keinen Schaden.[765] Bei dem Käufer ist hingegen ein
Schaden eingetreten (die Pflicht zur Kaufpreiszahlung bleibt trotz Nichtlieferung
bestehen), er hat gegen den Transporteur jedoch grundsätzlich keinen Anspruch,
da er nicht in den Schutzbereich des Vertrages zwischen dem Transporteur und
dem Verkäufer einbezogen ist. Anders ist die Rechtslage nach h.M. nur, wenn zwischen dem Verkäufer und dem Transporteur ein Frachtvertrag i.S. des § 407 HGB
bestand. Dann soll aus den §§ 425 Abs. 1, 421 Abs. 1 Satz 2 HGB ein eigenständiger Ersatzanspruch des Käufers gegen den Frachtführer folgen.[766]

Auch diese Lösung versagt jedoch, wenn ein Dritter den Untergang der Kaufsache verschuldet hat, der in keinerlei vertraglichen Beziehungen zu den Parteien
des Kaufvertrages steht. Beispiel: Der Transporteur wird durch Verschulden eines
Dritten in einen Unfall verwickelt.[767] In bezug auf § 823 Abs. 1 BGB steht das Eigentum als geschütztes Recht noch dem Verkäufer zu, der aber keinen Schaden
hat, während der Käufer einen solchen erleidet, ohne daß eines seiner absoluten
Rechte verletzt worden wäre.

In den vorstehend umschriebenen Fällen bewirkt die Gefahrtragungsregel des
§ 447 Abs. 1 BGB ein Auseinanderfallen von Anspruch und Schaden, obwohl die
Vorschrift nur bezweckt, den Verkäufer gegenüber § 326 Abs. 1 Satz 1 BGB zu
privilegieren und keine Drittschädiger entlasten soll.[768] Somit ist der Anwendungsbereich der sog. Drittschadensliquidation eröffnet.[769] Der Verkäufer kann folglich
den Schaden des Käufers mit seinem Anspruch (aus Vertrag bzw. § 823 Abs. 1
BGB) geltend machen und hat diesen Anspruch bzw. den eingezogenen Ersatz
nach § 285 Abs. 1 BGB an den Käufer weiterzuleiten. Umstritten ist, ob die Höhe
des Ersatzanspruchs des Verkäufers gegen den Dritten durch die Höhe des Kauf-

---

[763]   Ausführlich *Oetker* JuS 2001, 833 ff.
[764]   Siehe oben § 2 G I 1c, cc (4d, bb), S. 164 f. zur Zurechnung beim Selbsttransport.
[765]   Siehe *Oetker* MünchKomm.⁴ § 249 Rdnr. 287 ff. m.w.N. auch zu der Gegenauffas-
         sung, die einen Eigenschaden des Verkäufers bejaht (sog. Objektschaden).
[766]   Dazu *Oechsler* § 2 Rdnr. 314 ff.; *Oetker* JuS 2001, 833 (836 f.) m.w.N. sowie ausführ-
         lich *Becker* AcP 202 (2002), 722 ff.
[767]   Ein etwaiger frachtrechtlicher Anspruch gegen den Transporteur scheitert hier jeden-
         falls an § 426 HGB.
[768]   Statt aller *Staudinger/Köhler* § 447 Rdnr. 37.
[769]   Allgemein dazu *Larenz* SchR AT, § 27 IV b, S. 462 ff.; *Oetker* MünchKomm.⁴ § 249
         Rdnr. 277 ff.

preises begrenzt ist, dessen Summe den hypothetischen Schaden des Verkäufers als Anspruchsberechtigtem bei Nichteingreifen der Gefahrverlagerung aus § 447 Abs. 1 BGB bilden würde.[770] Die Pflicht des Verkäufers aus § 285 Abs. 1 BGB steht im Synallagma mit der fortbestehenden Pflicht des Käufers zur Zahlung des Kaufpreises, so daß § 320 BGB eingreift. Nach § 285 Abs. 1 BGB steht dem Käufer auch ein Anspruch auf die Abtretung einer Forderung gegen eine Versicherung zu, die für den Schaden an der Kaufsache aufzukommen hat.

(f) Schadensersatzanspruch des Käufers gemäß § 447 Abs. 2 BGB

Schließlich ordnet § 447 Abs. 2 BGB an, daß der Verkäufer dem Käufer für den Schaden verantwortlich ist, der daraus entsteht, daß er ohne dringenden Grund von einer Anweisung des Käufers über die Art der Versendung abweicht. Beispiel: Der Käufer hatte um einen Versand per Bahn gebeten, während der Verkäufer ohne besonderen Anlaß einen Straßentransport veranlaßt, auf dem die Sache untergeht. Ein dringender Grund, der die Haftungsfolge des § 447 Abs. 2 BGB ausschließt, liegt z.B. vor, wenn mit der durch den Käufer gewählten Versendungsart ein von diesem nicht erkanntes Gefahrenpotential verbunden ist.[771] Analog § 665 Satz 2 BGB hat der Verkäufer dem Käufer insoweit jedoch eine Anzeige zu machen und – soweit möglich – dessen Entschließung abzuwarten.[772] Trotz des offenen Wortlauts der Vorschrift haftet der Verkäufer gemäß § 447 Abs. 2 BGB nur, wenn er die Abweichung von der Anweisung nach den §§ 276 ff. BGB zu vertreten hat, was ausscheidet, wenn er ohne ein Verschulden angenommen hat, daß ein dringender Grund vorliegt.[773] Entsprechend § 280 Abs. 1 Satz 2 BGB ist das Vertretenmüssen des Verkäufers allerdings zu vermuten.

Die Regelung des § 447 Abs. 2 BGB berührt als solche nicht den Gefahrübergang nach § 447 Abs. 1 BGB.[774] Ein Verstoß gegen die Anweisung führt jedoch gegebenenfalls dazu, daß der Verkäufer einen Untergang der Kaufsache auf dem Transport zu vertreten hat, was die Pflicht zur Zahlung des Kaufpreises gemäß § 326 Abs. 1 Satz 1 BGB erlöschen läßt. Soweit dies nicht zutrifft, ist der Käufer auf seinen Schadensersatzanspruch beschränkt, mit dem er gegen seine fortbestehende Pflicht zur Zahlung des Kaufpreises aufrechnen kann.

---

[770] Dagegen *Erman/Grunewald* § 447 Rdnr. 13; *Oetker* MünchKomm.⁴ § 249 Rdnr. 291; a.A. insbesondere diejenigen Vertreter im Schrifttum, die einen normativen Eigenschaden des Verkäufers annehmen und daher nicht auf die Drittschadensliquidation zurückgreifen: *Peters* AcP 180 (1980), 329 (336 ff.); *Staudinger/Köhler* § 447 Rdnr. 38. Offengelassen durch BGH v. 29. Januar 1968, BGHZ 49, 356 (360 ff.).

[771] *Erman/Grunewald* § 447 Rdnr. 17; *Soergel/Huber* § 447 Rdnr. 52; *Staudinger/Köhler* § 447 Rdnr. 40.

[772] Näher zu § 665 BGB unten § 11 B IV 2, S. 603 f.

[773] *Palandt/Putzo* § 447 Rdnr. 20; *Soergel/Huber* § 447 Rdnr. 53; differenzierend *Staudinger/ Köhler* § 447 Rdnr. 40.

[774] *Soergel/Huber* § 447 Rdnr. 55; *H.P. Westermann* MünchKomm. § 447 Rdnr. 20.

2. Pflicht des Käufers zur Abnahme des gekauften Gegenstandes

a) Die Abnahme der Sache als Vertragspflicht des Käufers

Den Käufer trifft nicht nur eine Obliegenheit, bei der Erfüllung der Verkäuferpflichten mitzuwirken, deren Verletzung i.S. der §§ 293 ff. BGB zu einem Annahmeverzug des Käufers mit den Rechtsfolgen der §§ 300 ff., 326 Abs. 2, 446 Satz 3
BGB führt, sondern darüber hinaus hat der Käufer – vorbehaltlich abweichender
Vereinbarung – nach § 433 Abs. 2 BGB auch die *Pflicht*, dem Verkäufer die verkaufte Sache abzunehmen. Insoweit ist der Käufer im Hinblick auf die Übergabe
der Sache sowohl Gläubiger als auch Schuldner in dem Sinne, daß er die ihm vom
Verkäufer angebotene Sache übernehmen muß. Ein Annahmeverzug des Käufers
und eine Verletzung seiner Pflicht zur Abnahme sind in ihren Voraussetzungen
und Rechtsfolgen streng zu unterscheiden.

b) Inhalt der Pflicht zur Abnahme

Unter Abnahme i.S. des § 433 Abs. 2 BGB ist bei beweglichen Sachen die den
Verkäufer entlastende Hinwegnahme der Ware zu verstehen, d.h. regelmäßig die
Mitwirkung an der Übergabe.[775] Demgegenüber gehört bei Grundstücken zur Abnahmepflicht auch die Mitwirkung an der Eigentumsübertragung, da erst durch
diese im Außenverhältnis die Pflicht zur Tragung öffentlicher Lasten auf den Käufer übergeht (zum Innenverhältnis siehe § 446 Satz 2 BGB) und der Verkäufer einer unbeweglichen Sache auch bei einem Annahmeverzug des Käufers keine Möglichkeit der Hinterlegung nach § 372 BGB hat.[776] Ort und Zeit der Abnahme sind
nach der vertraglichen Vereinbarung zu bestimmen, ersatzweise nach den §§ 269,
271 BGB. Zur Abnahme ist der Käufer jedoch nur in bezug auf vertragsgemäße
Gegenstände verpflichtet.[777] Eine Abnahmepflicht besteht daher insbesondere
nicht, wenn die Gegenstände mangelhaft sind (§§ 434, 435 BGB).[778]

c) Die Nichtabnahme als Pflichtverletzung

Die Verpflichtung des Käufers zur Abnahme steht grundsätzlich nicht im Synallagma, da der Verkäufer den Vertrag regelmäßig nicht um der Abnahme, sondern des

---

[775] RG v. 22. März 1904, RGZ 57, 400 (402); *Staudinger/Köhler* § 433 Rdnr. 188; *H.P.
Westermann* MünchKomm. § 433 Rdnr. 78. Zum abweichenden Abnahmebegriff im
Werkvertragsrecht unten § 8 G I 1e, cc (2b), S. 504 ff.

[776] RG v. 24. Juni 1908, RGZ 69, 103 (107); BGH v. 17. März 1972, BGHZ 58, 246 (247
ff.); *Erman/Grunewald* § 433 Rdnr. 44; *Soergel/Huber* § 433 Rdnr. 266.

[777] RG v. 22. November 1902, RGZ 53, 70 (73); *Soergel/Huber* § 433 Rdnr. 261; *Stau-
dinger/Köhler* § 433 Rdnr. 192; *H.P. Westermann* MünchKomm. § 433 Rdnr. 78.

[778] Entgegen HK/*Saenger* § 433 Rdnr. 10; *Jansen* ZIP 2002, 877 (878 f.) und *Lamprecht*
ZIP 2002, 1790 ist dies selbst dann der Fall, wenn der Mangel nach erfolgter Annahme
keine Rückabwicklung des Vertrages rechtfertigen würde (siehe § 323 Abs. 5 Satz 2
BGB). Denn der Ausschluß der Rückabwicklung bei unerheblichen Mängeln beruht
auf dem Prinzip der Rechtsbeständigkeit, das erst eingreift, wenn der mangelhafte Gegenstand geleistet worden ist; näher *Maultzsch* ZGS 2003, 411 (414 ff.).

Kaufpreises willen abschließt.[779] Gleichwohl zeitigt eine Verletzung der Abnahmepflicht nicht nur die allgemeinen Folgen von Pflichtverletzungen (§§ 280 ff.
BGB; insbesondere Verzug gemäß § 286 BGB), sondern berechtigt unter den Voraussetzungen des § 323 BGB den Verkäufer auch zu einem Rücktritt vom Vertrag. Denn
diese Norm findet bei gegenseitigen Verträgen sowohl nach ihrem Wortlaut als
auch dem ausdrücklichen Willen des Gesetzgebers auf alle Leistungspflichten unabhängig davon Anwendung, ob gerade die verletzte Pflicht im Synallagma
steht.[780] Regelmäßig nicht anwendbar sind hingegen die §§ 320 bis 322 BGB, die
auf dem Gegenseitigkeitsverhältnis der betreffenden Pflichten aufbauen.

In Ausnahmefällen kann eine Auslegung des Vertrages jedoch ergeben, daß die
Abnahme für den Verkäufer so wesentlich ist, daß sie mit seiner eigenen Leistungspflicht sogar zu einem Synallagma verknüpft ist.[781] Dies ist bei einer ausdrücklichen Parteiabrede oder auch aufgrund der Besonderheiten des Vertragsgegenstandes zu bejahen, wenn dieser so beschaffen ist, daß es dem Verkäufer für
den Käufer erkennbar gerade darauf ankommt, daß dieser den Kaufgegenstand
abnimmt (z.B. leicht verderbliche Ware). In diesen Fällen sind insoweit auch die
§§ 320 bis 322 BGB anwendbar, so daß der Verkäufer z.B. seiner Übereignungspflicht nur Zug um Zug gegen Abnahme des Kaufgegenstandes nachkommen muß.

II. Nebenpflichten des Käufers

Nur wenige der Nebenpflichten des Käufers sind gesetzlich besonders geregelt.
Eine solche Regelung trifft in bezug auf die Pflicht zur Abnahme des Kaufgegenstandes § 433 Abs. 2 BGB, die in der Regel nicht zu den synallagmatischen Hauptpflichten des Käufers gehört.[782] Gemäß § 446 Satz 2 BGB muß der Käufer ab
Übergabe der Sache bzw. Eintritt eines Annahmeverzuges im Verhältnis zu dem
Verkäufer die Lasten der Kaufsache übernehmen.[783] Nach § 448 Abs. 2 BGB hat
der Käufer eines Grundstückes schließlich die Kosten der Beurkundung des Kaufvertrages (vgl. § 311b Abs. 1 Satz 1 BGB) sowie der zu dem Eigentumsübergang
erforderlichen Handlungen zu tragen. Entsprechendes gilt gemäß § 452 BGB für
den Käufer eines eingetragenen Schiffes oder Schiffsbauwerkes.

Im übrigen sind die Nebenpflichten des Käufers – ebenso wie diejenigen des
Verkäufers – durch Vertragsauslegung nach den §§ 133, 157 BGB i.V. mit den

---

[779] RG v. 23. Februar 1904, RGZ 57, 105 (112); *Erman/Grunewald* § 433 Rdnr. 43; *Es-*
ser/Weyers BT 1, § 8 II 2, S. 95; *H.P. Westermann* MünchKomm. § 433 Rdnr. 77; a.A.
Medicus Rdnr. 33; *Soergel/Huber* § 433 Rdnr. 275.

[780] BT-Drucks. 14/6040, S. 183; BR/*Faust* § 433 Rdnr. 33; *Brox/Walker* § 2 Rdnr. 20;
Oechsler § 2 Rdnr. 320; *Palandt/Heinrichs* § 323 Rdnr. 10; a.A. *Ernst* MünchKomm.⁴
§ 323 Rdnr. 13, jedoch ohne Auseinandersetzung mit Wortlaut und Entstehungsgeschichte. Aufgrund der Anwendbarkeit des § 323 BGB ist die in der Vorauflage vorgeschlagene Ableitung eines Rücktrittsrechts aus § 324 BGB analog bei Abnnahmever-
weigerung entbehrlich; so jetzt aber noch *Ernst* a.a.O.

[781] *Larenz* BT 1, § 42 I b, S. 94; RGRK/*Mezger* § 433 Rdnr. 65; *Staudinger/Köhler* § 433
Rdnr. 196; *H.P. Westermann* MünchKomm. § 433 Rdnr. 77.

[782] Siehe oben § 2 G I 2c, S. 168 f.

[783] Dazu oben § 2 G I 1c, cc (2/3), S. 156 ff.

§§ 242, 241 Abs. 2 BGB zu ermitteln.[784] Z.B. hat der Käufer einen ihm gelieferten, nicht vertragsgemäßen Gegenstand für eine angemessene Zeitspanne auf Kosten des Verkäufers in Obhut zu nehmen (vgl. auch § 379 HGB).[785]

Wenn der Käufer eine seiner Nebenpflichten verletzt, kann der Verkäufer unter den Voraussetzungen des § 280 Abs. 1 BGB bzw. im Fall einer Leistungspflicht auch der § 280 Abs. 2 und 3 BGB i.V. mit den §§ 281 ff. BGB Schadensersatz verlangen. Nach Maßgabe des § 324 BGB steht ihm unter Umständen auch ein Rücktrittsrecht zu.[786]

H. Besondere Formen des Kaufvertrages

I. Kauf unter Eigentumsvorbehalt

1. Allgemeines

Nach der dispositiven Vorschrift des § 320 BGB sind die Parteien des Kaufvertrages verpflichtet, ihre synallagmatisch verknüpften Hauptpflichten aus den §§ 433, 453 BGB Zug um Zug zu erbringen. Häufig besteht jedoch ein Interesse daran, daß der Käufer den Kaufgegenstand bereits vor der (vollständigen) Entrichtung des Kaufpreises nutzen kann, z.B. wenn er den Kaufpreis ratenweise aus dem Gewinn aufbringen will, den er mit einer gekauften Maschine erwirtschaftet. Dem steht jedoch ein Sicherungsinteresse des vorleistenden Verkäufers gegenüber, dessen Kaufpreisforderung bei einer Insolvenz des Käufers nahezu wertlos zu werden droht, wenn er sowohl Besitz als auch Eigentum an dem Kaufgegenstand bereits auf den Käufer übertragen hat.

Die Vereinbarung eines Pfandrechts für den Verkäufer an der verkauften Sache würde wegen der damit verbundenen Rechtsfolgen an sich den Interessen der Parteien entsprechen (Verwertungsrecht des Verkäufers bei Nichtbegleichung der Kaufpreisforderung). Dementsprechend wird die Vorleistung des Verkäufers eines Grundstücks auch regelmäßig über ein Grundpfandrecht abgesichert (Kaufpreishypothek, Kaufpreisgrundschuld).[787] Bei beweglichen Sachen trägt ein Pfandrecht den Bedürfnissen der Vertragsparteien demgegenüber nicht adäquat Rechnung, da dieses nach den §§ 1205, 1253 BGB voraussetzt, daß der Verpfänder (hier: der Käufer) den Besitz an der Sache dem Pfandnehmer (hier: dem Verkäufer) überträgt und bei diesem beläßt. Dies entzieht dem Käufer jedoch die Nutzungsmöglichkeit der Sache, auf deren vorzeitige Erlangung aber regelmäßig die Vereinbarung einer Vorleistungspflicht des Verkäufers abzielt.

Aus diesem Grunde hat sich zugunsten des vorleistenden Verkäufers einer beweglichen Sache ein anderes Sicherungsrecht etabliert, der sog. Eigentumsvorbehalt. Diesen definiert § 449 Abs. 1 BGB als Übertragung des Eigentums unter der

---

[784]   Vgl. § 2 D II, S. 66 ff.

[785]   *Erman/Grunewald* § 433 Rdnr. 61; *Schlechtriem* Rdnr. 136; *Staudinger/Köhler* § 433 Rdnr. 212; *H.P. Westermann* MünchKomm. § 433 Rdnr. 84.

[786]   Siehe dazu bereits § 2 E III, S. 143 f.

[787]   Näher *Baur/Stürner* § 36 Rdnr. 20 f.

aufschiebenden Bedingung vollständiger Zahlung des Kaufpreises. Während also der Besitz an der Kaufsache bei der Vereinbarung eines Eigentumsvorbehaltes regelmäßig schon vor der vollständigen Zahlung des Kaufpreises auf den Käufer übertragen wird, erfolgt die Eigentumsübertragung i.S. der §§ 929 ff. BGB unter der aufschiebenden Bedingung (§ 158 Abs. 1 BGB) der Zahlung des Kaufpreises.[788] Bis zu dessen vollständiger Entrichtung bleibt der Verkäufer deshalb Eigentümer des Gegenstandes, obwohl das Verfügungsgeschäft bereits zuvor – regelmäßig im Zusammenhang mit der Übergabe – abgeschlossen worden ist. Umgekehrt hat die Vereinbarung eines Eigentumsvorbehaltes gegenüber einer Verschiebung der Übereignung bis zum Zeitpunkt der Kaufpreiszahlung für den Käufer den Vorteil, daß er mit der vollständigen Erfüllung dieser Verpflichtung *automatisch* neuer Eigentümer der Sache wird und deshalb bereits zuvor eine quasi-dingliche Position innehat (sog. Anwartschaftsrecht).[789] Bei Grundstücken scheidet die vorstehend skizzierte Vertragsgestaltung aus, da § 925 Abs. 2 BGB die Erklärung der Auflassung unter einer Bedingung für unwirksam erklärt, um die Ersichtlichkeit der Eigentumsverhältnisse aus dem Grundbuch zu bewahren.

2. Begründung des Eigentumsvorbehaltes

In bezug auf die Voraussetzungen und Konsequenzen eines Eigentumsvorbehaltes bedarf es stets einer Trennung zwischen der schuldrechtlichen Ebene des Kaufvertrages (Verpflichtung) und der sachenrechtlichen Ebene des den Kaufvertrag erfüllenden Verfügungsgeschäftes (Übereignung).[790] Der Inhalt der dinglichen Einigung gemäß § 929 Satz 1 BGB entscheidet darüber, ob das Eigentum erst mit der vollständigen Zahlung des Kaufpreises übergeht, d.h. ob eine entsprechende aufschiebende Bedingung i.S. des § 158 Abs. 1 BGB vorliegt. Demgegenüber bemißt es sich nach dem Inhalt des Kaufvertrages, ob es *vertragsgemäß* ist, wenn der Verkäufer die Übereignung nicht unbedingt, sondern unter der aufschiebenden Bedingung der Zahlung des Kaufpreises vornimmt.

a) Schuldrechtliche Ebene

Wenn der Verkäufer zwar nach dem Vertrag vorleistungspflichtig ist bzw. unter Verzicht auf sein Recht aus § 320 BGB faktisch vorleistet, zugleich aber berechtigt sein soll, die Übereignung nicht unbedingt, sondern nur unter der aufschiebenden Bedingung der Kaufpreiszahlung vorzunehmen, so bedarf dies einer Vereinbarung in dem Kaufvertrag. Von einer stillschweigenden Einbeziehung eines Eigentumsvorbehaltes in den Kaufvertrag allein aufgrund einer Vorleistung des Verkäufers ist ohne weitere Anhaltspunkte allenfalls im kaufmännischen Geschäftsverkehr auszugehen.[791]

---

[788] Der Kaufvertrag als solcher wird freilich unbedingt abgeschlossen: statt aller *Fikentscher* Rdnr. 754.

[789] Siehe noch unten § 2 H I 3b, bb, S. 177 f.

[790] Siehe allgemein oben § 2 B VI, S. 27 ff.

[791] BGH v. 15. Juni 1964, BGHZ 42, 53 (55 f.); *Erman/Grunewald* § 455 Rdnr. 5; *Esser/Weyers* BT 1, § 9 I 2a, S. 101; *Larenz* BT 1, § 43 II a, S. 109; weitergehend BR/*Faust* § 449 Rdnr. 12; *H.P. Westermann* MünchKomm. § 455 Rdnr. 5.

Ein sog. einfacher Eigentumsvorbehalt i.S. des § 449 Abs. 1 BGB[792] kann ohne Verstoß gegen § 307 BGB auch in Allgemeinen Geschäftsbedingungen des Verkäufers enthalten sein, da dieser seine Vorleistung angemessen ausgleicht.[793] Erklärt der Käufer in eigenen Allgemeinen Geschäftsbedingungen, einen Eigentumsvorbehalt des Verkäufers nicht zu akzeptieren (sog. Abwehrklausel), liegt bezüglich dieser Vertragsbedingung ein offener Dissens vor, der nach der Rechtsprechung entgegen der Zweifelsregelung des § 154 Abs. 1 Satz 1 BGB die Wirksamkeit des Vertrages im übrigen allerdings gemäß § 242 BGB nicht berührt, wenn die Parteien den Vertrag gleichwohl durchführen.[794] In diesem Fall kommt der Kaufvertrag ohne den Eigentumsvorbehalt zustande, wofür auch der Rechtsgedanke des § 306 Abs. 1 BGB spricht.

Möglich ist jedoch auch, einen Eigentumsvorbehalt nachträglich im Wege einer Vertragsänderung in den Kaufvertrag zu integrieren. Das kommt insbesondere bei einer freiwilligen Vorleistung des Verkäufers in Betracht, wenn ihn der Kaufvertrag hierzu nicht verpflichtet. Allerdings kann dies der Verkäufer nach den allgemeinen Regeln für die Begründung und Abänderung vertraglicher Rechtsverhältnisse (§§ 145 ff. BGB) nicht durch eine einseitige Erklärung, z.B. auf einer übersandten Rechnung herbeiführen. Ist der Käufer aber auf dinglicher Ebene mit einer aufschiebend bedingten Übereignung einverstanden, so liegt darin regelmäßig zugleich eine entsprechende Änderung des Kaufvertrages.[795]

b) Sachenrechtliche Ebene

aa) Grundsatz

§ 449 Abs. 1 BGB enthält eine *Auslegungsregel* für das Verfügungsgeschäft. Nach ihr erfolgt die Übereignung im Zweifel unter der aufschiebenden Bedingung der vollständigen Zahlung des Kaufpreises, wenn sich der Verkäufer in dem Kaufvertrag das Eigentum bis zur Zahlung des Kaufpreises vorbehalten hat (Eigentumsvorbehalt i.S. des Gesetzes).

bb) Der vertragswidrige Eigentumsvorbehalt

Die Auslegungsregel in § 449 Abs. 1 BGB erlaubt jedoch nicht den Gegenschluß, daß der Verkäufer eine bedingte Übereignung nur erklären *kann*, wenn in dem Kaufvertrag ein Eigentumsvorbehalt vorgesehen ist. Der Käufer hat anderenfalls zwar aus § 433 Abs. 1 Satz 1 BGB einen *Anspruch* auf unbedingte Übereignung,

---

[792] Zu Sonderformen des Eigentumsvorbehaltes siehe unten § 2 H I 4, S. 178 ff.

[793] Statt aller *H.P. Westermann* MünchKomm. § 455 Rdnr. 13.

[794] BGH v. 26. September 1973, BGHZ 61, 282 (288 f.); BGH v. 20. März 1985, NJW 1985, 1838; *Soergel/Mühl* § 455 Rdnr. 15; *Staudinger/Honsell* § 455 Rdnr. 10; weiterführend *Bonin* JuS 2002, 438 (439 f.). Zuvor hatte die Rechtsprechung die sog. Theorie des letzten Wortes vertreten, nach welcher diejenigen Allgemeinen Geschäftsbedingungen maßgeblich waren, auf die eine der Parteien zuletzt Bezug genommen hatte: BGH v. 17. September 1954, LM BGB § 150 Nr. 3.

[795] RG v. 9. April 1929, JW 1930, 1421; *Baur/Stürner* § 59 Rdnr. 10; *Staudinger/Honsell* § 455 Rdnr. 14; kritisch *Erman/Grunewald* § 455 Rdnr. 2.

und in der nur aufschiebend bedingten Eigentumsübertragung liegt gegebenenfalls eine Pflichtverletzung mit den möglichen Rechtsfolgen der §§ 280 ff., 323 BGB (jeweils vorbehaltlich eines Eingreifens des § 320 BGB, wenn der Verkäufer zur Vorleistung nicht vertraglich verpflichtet war, sondern diese freiwillig geschah). Nach dem Trennungs- und Abstraktionsprinzip[796] berührt die Nichtvereinbarung des Eigentumsvorbehaltes in dem Kaufvertrag jedoch nicht die wirksame Einbeziehung der aufschiebenden Bedingung in die Übereignung. In diesem Fall liegt ein sog. *vertragswidriger Eigentumsvorbehalt* vor. Da jedoch das Trennungs- und das Abstraktionsprinzip nicht verbieten, den Inhalt des Kaufvertrages bei der Auslegung der nachfolgenden Übereignung heranzuziehen, ist diese mangels besonderer Erklärungen als mit dem Inhalt des Kausalvertrages übereinstimmend zu interpretieren, dessen Erfüllung sie dient.[797]

Ein vertragswidriger Eigentumsvorbehalt entsteht somit auf dinglicher Ebene nur, wenn der Verkäufer bei der Abgabe seiner Übereignungserklärung deutlich zum Ausdruck bringt, trotz des entgegenstehenden Inhaltes des Kaufvertrages nur bedingt übereignen zu wollen und dem Erklärungsempfänger die Kenntnisnahme dieser Einschränkung zumutbar ist.[798] Hierfür reicht ein unauffälliger Vermerk auf einer mitübersandten Rechnung regelmäßig nicht aus.[799] Die Rechtsprechung fordert zudem, daß die Erklärung des vertragswidrigen Eigentumsvorbehaltes bei einer Entgegennahme der Kaufsache durch Mitarbeiter des Käufers einer Person zugehen muß, die der Käufer zur Ausgestaltung von Verträgen mit Eigentumsvorbehalt bevollmächtigt hat.[800] Sind diese Kriterien nicht erfüllt, so ist die Übereignungserklärung des Verkäufers gemäß den §§ 133, 157 BGB als unbedingt auszulegen.

Umstritten ist, ob der Käufer die Übereignungsofferte als bedingte verstehen muß, wenn ein Eigentumsvorbehalt in den bei Abschluß des *Kaufvertrages* durch den Verkäufer zugrunde gelegten Allgemeinen Geschäftsbedingungen enthalten war, die Geschäftsbedingungen insoweit aber nicht Vertragsbestandteil geworden sind.[801] Auch in diesem Fall sollte der Grundsatz Anwendung finden, daß eine Übereignung mangels deutlicher abweichender Erklärung als dem zugrundeliegenden Kausalgeschäft entsprechend auszulegen ist, so daß eine unbedingte Übereignung zustande kommt. Hat der Verkäufer die Übereignung aber nur unter der aufschiebenden Bedingung vollständiger Kaufpreiszahlung erklärt, kann in dem Einverständnis des Käufers hiermit gegebenenfalls eine nachträgliche Einbeziehung des Eigentumsvorbehaltes in den Kaufvertrag liegen, was zugleich dessen

---

[796] Vgl. § 2 B VI, S. 26 ff.

[797] Statt aller BR/*Faust* § 449 Rdnr. 9.

[798] BGH v. 9. Juli 1975, BGHZ 64, 395 (397); *Erman/Grunewald* § 455 Rdnr. 2; *Staudinger/Honsell* § 455 Rdnr. 13; *H.P. Westermann* MünchKomm. § 455 Rdnr. 21.

[799] Vgl. BGH v. 2. Oktober 1952, NJW 1953, 217 ff.; *Larenz* BT 1, § 43 II a, S. 109 f.

[800] BGH v. 25. Oktober 1978, NJW 1979, 213 f.; BGH v. 30. Mai 1979, NJW 1979, 2199 (2200).

[801] Befürwortend: BGH v. 3. Februar 1982, NJW 1982, 1749 (1750); BGH v. 9. Februar 1994, BGHZ 125, 83 (89 f.); ablehnend: *Erman/Grunewald* § 455 Rdnr. 3.

Vertragswidrigkeit beseitigt.[802] Wurde hingegen die vertragswidrig bedingt erklärte Übereignungsofferte des Verkäufers in Übereinstimmung mit dem Kaufvertrag nur unbedingt „angenommen", fehlt grundsätzlich eine dingliche Einigung i.S. des § 929 Satz 1 BGB. Da es der Käufer jedoch regelmäßig vorziehen wird, zumindest aufschiebend bedingtes Eigentum statt überhaupt kein Eigentum zu erwerben, ist seine Einigungserklärung analog § 140 BGB in eine Annahme der aufschiebend bedingten Übereignungsofferte umzudeuten, sofern er nicht ausdrücklich auf einer unbedingten Übereignung beharrt hat. Die Vertragswidrigkeit des Eigentumsvorbehaltes bleibt in einem derartigen Fall allerdings bestehen.

cc) Der nachträgliche Eigentumsvorbehalt

Sofern der Verkäufer zunächst unbedingt übereignet hat, danach aber seinen Kaufpreisanspruch doch noch absichern möchte, ist umstritten, unter welchen Voraussetzungen ein derartiger sog. nachträglicher Eigentumsvorbehalt auf dinglicher Ebene zustande kommen kann.

Die Rechtsprechung vertritt die Auffassung, daß der Käufer die Sache dem Verkäufer unter Vereinbarung eines Besitzmittlungsverhältnisses gemäß den §§ 929 Satz 1, 930 BGB zurückübereignen müsse und von diesem die Sache sodann wiederum gemäß § 929 Satz 1 und 2 BGB (brevi manu traditio) unter Vereinbarung der aufschiebenden Bedingung der Kaufpreiszahlung (§ 158 Abs. 1 BGB) auf den bereits besitzenden Käufer zu übertragen sei.[803] Dabei begründet nach Ansicht der Rechtsprechung der (geänderte) Kaufvertrag kein Besitzmittlungsverhältnis i.S. des § 868 BGB, das gemäß § 930 BGB für die Rückübereignung an den Verkäufer erforderlich ist, sondern vielmehr müsse ein eigenständiges Rechtsverhältnis, z.B. in Form einer Leihe, begründet werden. Hieran fehlt es zumeist, so daß ein nachträglicher Eigentumsvorbehalt nach diesen Maßstäben häufig scheitert.[804]

Die h.L. wendet gegen diese Konstruktion einer doppelten Übereignung mit Recht ein, daß es für einen nachträglichen Eigentumsvorbehalt eine Rückübereignung an den Verkäufer ausreiche, die gemäß § 158 Abs. 2 BGB durch die Kaufpreiszahlung *auflösend* bedingt ist, und bei welcher der zugleich geänderte Kaufvertrag als Besitzmittlungsverhältnis i.S. des § 930 BGB fungiert.[805] Da der Verkäufer in diesem Fall jedoch sein Eigentum einmal verloren hatte, wird der Rückübereignung nur die Wirkung einer Sicherungsübereignung beizumessen sein, die

---

[802] Siehe oben § 2 H I 2a, S. 172.

[803] RG v. 28. April 1903, RGZ 54, 396; BGH v. 2. Oktober 1952, NJW 1953, 217 ff.

[804] In einer neueren Entscheidung wird allerdings die Möglichkeit eingeräumt, daß die Parteien einen Feststellungsvertrag abschließen, in dem der Käufer „anerkennt", daß die Lieferung unter Eigentumsvorbehalt erfolgt ist. Diese Abrede begründet jedoch nicht dinglich, d.h. mit Wirkung gegenüber jedermann einen Eigentumsvorbehalt zugunsten des Verkäufers, sondern stellt die Parteien in ihrem relativen Rechtsverhältnis lediglich so, *als ob* eine Lieferung unter Eigentumsvorbehalt erfolgt wäre; BGH v. 9. Juli 1986, BGHZ 98, 160 (164 ff.).

[805] *Baur/Stürner* § 51 Rdnr. 34; *Larenz* BT 1, § 43 II a, S. 110; RGRK/*Mezger* § 455 Rdnr. 5; *Staudinger/Honsell* § 455 Rdnr. 15; *H.P. Westermann* MünchKomm. § 455 Rdnr. 23.

in der Insolvenz des Käufers eine schwächere Rechtsstellung begründet als ein Eigentumsvorbehalt (vgl. die §§ 47, 51 Nr. 1 InsO).[806]

3. Wirkungen und Beendigung des Eigentumsvorbehaltes

a) Schuldrechtliche Ebene

Sofern der Kaufvertrag einen Eigentumsvorbehalt beinhaltet, hat der Verkäufer die von ihm geschuldeten Leistungshandlungen vorgenommen, wenn er die Sache dem Käufer übergeben und diesem gegenüber eine durch die Kaufpreiszahlung aufschiebend bedingte Übereignung erklärt hat. Die Erfüllung der Rechtsverschaffungspflicht aus § 433 Abs. 1 Satz 1 BGB tritt allerdings auch in diesem Fall erst ein, wenn das Eigentum mit dem Bedingungseintritt auf den Käufer übergeht.[807] Wichtig ist dies z.B. für die Frage, ob eine Belastung der Kaufsache nach der bedingten Übereignung einen Rechtsmangel i.S. des § 435 BGB darstellt, da hierfür die Erfüllung der Rechtsverschaffungspflicht der maßgebliche Zeitpunkt ist.[808] Ebenso verstößt der Verkäufer gegen seine Rechtsverschaffungspflicht aus § 433 Abs. 1 Satz 1 BGB, wenn er nach der bedingten Übereignung den Eigentumsübergang auf den Käufer verhindert, indem er z.B. die Sache zerstört.[809] In diesem Fall stehen dem Käufer nicht nur die Rechte aus den §§ 280 ff., 320 ff. BGB zu, sondern zudem resultiert aus § 160 Abs. 1 BGB ein Schadensersatzanspruch, wenn die Kaufpreiszahlung erfolgt, da dann die Bedingung erfüllt ist.

Umgekehrt trifft den Käufer eine Pflicht zur Obhut über den Kaufgegenstand i.S. des § 241 Abs. 2 BGB, solange nicht infolge der Zahlung des Kaufpreises das Eigentum auf ihn übergegangen ist.[810] Verfügen darf er über die bedingt übereignete Sache während der Fortdauer des Eigentums des Verkäufers nur, wenn dieser ihm hierzu eine Ermächtigung i.S. des § 185 Abs. 1 BGB erteilt hat.[811]

Ein Recht auf die Herausgabe der Sache steht dem Verkäufer jedoch auch vor der vollständigen Entrichtung des Kaufpreises nach § 449 Abs. 2 BGB nur zu, wenn er von dem Kaufvertrag zurückgetreten ist. Deshalb entfällt das kaufvertragliche Recht des Käufers zum Besitz i.S. des § 986 Abs. 1 Satz 1 BGB, welches einem Herausgabeanspruch des Verkäufers als Eigentümer aus § 985 BGB entge-

---

[806] *Rühl* Eigentumsvorbehalt und Abzahlungsgeschäft, 1930, S. 72 f.; ablehnend *Larenz* BT 1, § 43 II a, S. 110; *Staudinger/Honsell* § 455 Rdnr. 15.

[807] RG v. 2. Juni 1931, RGZ 133, 40 (43); BGH v. 14. Dezember 1960, NJW 1961, 1252; BR/*Faust* § 449 Rdnr. 22; *Brox/Walker* § 7 Rdnr. 28; *Erman/Grunewald* § 455 Rdnr. 8; a.A. *Staudinger/Honsell* § 455 Rdnr. 29; differenzierend *Fikentscher* Rdnr. 756; *H.P. Westermann* MünchKomm. § 455 Rdnr. 31. Die hier vertretene Auffassung bestätigt § 107 InsO als Ausnahme zu § 103 InsO.

[808] Siehe oben § 2 D I 1d, cc, S. 53.

[809] So auch *Fikentscher* Rdnr. 756; *Soergel/Mühl* § 455 Rdnr. 59; *H.P. Westermann* MünchKomm. § 455 Rdnr. 31 f. und wohl *Larenz* BT 1, § 43 II a, S. 111.

[810] BGH v. 14. Dezember 1960, NJW 1961, 1252; *Erman/Grunewald* § 455 Rdnr. 15; *Staudinger/Honsell* § 455 Rdnr. 33; *H.P. Westermann* MünchKomm. § 455 Rdnr. 42.

[811] Was insbesondere bei der Vereinbarung eines sog. verlängerten Eigentumsvorbehaltes in Betracht kommt; dazu unten § 2 H I 4a, S. 178 f.

gensteht, auch bei einem Kauf unter Eigentumsvorbehalt nicht bereits mit einem Zahlungsverzug des Käufers.[812] Das Recht des Verkäufers aus § 320 BGB, die Übergabe der Kaufsache bis zur Entrichtung des Kaufpreises zurückzuhalten, auf das er verzichtet hatte, lebt daher bei einem Zahlungsverzug des Käufers nicht in der Form wieder auf, daß der Verkäufer die Sache wieder an sich nehmen könnte, um die Befriedigung seiner Kaufpreisforderung zu erzwingen.[813]

Vielmehr besteht ein Herausgabeanspruch des Verkäufers nur nach § 346 Abs. 1 BGB, wenn dieser aufgrund der Nichtbefriedigung seiner Kaufpreisforderung wirksam von dem Kaufvertrag zurückgetreten ist, was nach § 323 Abs. 1 BGB grundsätzlich eine Nachfristsetzung durch den Verkäufer voraussetzt. Sofern es sich bei dem Kaufvertrag um ein Teilzahlungsgeschäft zwischen einem Unternehmer und einem Verbraucher i.S. des § 501 BGB handelt, schränkt § 503 Abs. 2 Satz 1 BGB i.V. mit § 498 Abs. 1 BGB das Rücktrittsrecht zusätzlich ein.[814] Dessen Ausübung hindert den Verkäufer nach § 325 BGB jedoch nicht, daneben Schadensersatz nach Maßgabe der §§ 280 ff. BGB zu verlangen. Zudem kann nach den §§ 216 Abs. 1 Satz 2, 218 Abs. 1 Satz 3 BGB aufgrund des Eigentumsvorbehaltes ein Rücktritt von dem Kaufvertrag wegen der Nichterfüllung der Kaufpreisforderung auch dann erfolgen, wenn dieser aufgrund einer Verjährung der Kaufpreisforderung nach der allgemeinen Vorschrift des § 218 Abs. 1 Satz 1 BGB eigentlich unwirksam sein würde.[815]

b) Sachenrechtliche Ebene

aa) Erlöschen des Eigentumsvorbehaltes

Mit Eintritt der aufschiebenden Bedingung, die im Rahmen der Übereignung vereinbart wurde, d.h. der vollständigen Zahlung des Kaufpreises, endet der Vorbehalt und der Käufer erlangt das Eigentum. Dies geschieht unabhängig von einem fortdauernden Übereignungswillen der Parteien.[816] Im übrigen erlischt das Vorbehaltseigentum des Verkäufers nach allgemeinen Grundsätzen, so z.B. wenn der Käufer die Sache wirksam an einen Dritten veräußert – sei es gemäß § 185 BGB, sei es im Wege eines gutgläubigen Erwerbes vom Nichtberechtigten nach den §§ 932 ff. BGB (gegebenenfalls auch § 366 HGB) – oder ein originärer Eigentumserwerb nach den §§ 946 ff. BGB (Verbindung, Verarbeitung etc.) eintritt. Umstritten ist, ob der Verkäufer einseitig auf sein Vorbehaltseigentum mit der

---

[812]   Dies war vor der Einführung des § 449 Abs. 2 BGB zum 1.1.2002 umstritten: siehe *Marburger* 20 Probleme aus dem BGB, Schuldrecht Besonderer Teil I, 5. Aufl. 1998, 4. Problem.

[813]   Vgl. BT-Drucks. 14/6040, S. 241; zur Abdingbarkeit des § 449 Abs. 2 BGB siehe *Habersack/Schürnbrand* JuS 2002, 833 (836 f.).

[814]   Dazu noch unten § 3 D II 2b, bb, S. 266 f. sowie *Habersack/Schürnbrand* JuS 2002, 833 (835).

[815]   Siehe bereits oben § 2 E II 4c, aa, S. 125.

[816]   RG v. 4. April 1933, RGZ 140, 223 (226); BGH v. 21. September 1959, BGHZ 30, 374 (377); *Staudinger/Honsell* § 455 Rdnr. 29; *H.P. Westermann* MünchKomm. § 455 Rdnr. 30.

Wirkung verzichten kann, daß das Eigentum auch ohne Rücksicht auf die Kaufpreiszahlung auf den Käufer übergeht.[817]

bb) Rechtsstellung des Käufers vor Bedingungseintritt

Vor der Zahlung des Kaufpreises schützt § 161 BGB den Käufer vor weiteren Verfügungen des Verkäufers, die den Rechtserwerb des Käufers beeinträchtigen könnten. So ist z.B. eine weitere Eigentumsübertragung des Verkäufers vor dem Bedingungseintritt an einen Dritten nach den §§ 929 Satz 1, 931 BGB mit der Zahlung
des Kaufpreises gemäß § 161 Abs. 1 Satz 1 BGB unwirksam, d.h. der Käufer erwirbt gleichwohl Eigentum.

Dies steht nach § 161 Abs. 3 BGB allerdings unter dem Vorbehalt eines gutgläubigen Erwerbes durch den Dritten, der sich in diesem Kontext auf die Freiheit
des Erwerbes von der bedingten Berechtigung des Käufers bezieht. Diese Regelung ist geboten, da derjenige, der von einem „Noch"-Berechtigten (dem Vorbe-
haltseigentümer) erwirbt, nicht schlechter stehen darf als bei einem Erwerb von
einem Nichtberechtigten. Der Maßstab des gutgläubigen Erwerbes ergibt sich nach
h.M. nicht aus den §§ 932 bis 934 BGB, sondern aus § 936 BGB, da sie die bedingte Eigentümerstellung des Käufers als „Belastung" des noch bestehenden Eigentums des Verkäufers einordnet.[818] Somit scheidet ein gutgläubiger Erwerb des
Dritten nach § 161 Abs. 3 BGB i.V. mit § 936 Abs. 3 BGB aus, wenn der Vorbe-
haltseigentümer dem Dritten das Eigentum durch die Abtretung seines Herausgabeanspruchs überträgt und der Käufer als bedingt Berechtigter selbst im Besitz der
Sache ist.

Über die Schutzwirkung des § 161 BGB hinaus wird dem Vorbehaltskäufer vor
dem Bedingungseintritt aufgrund der bedingten Übereignung ein sog. Anwartschaftsrecht zugebilligt.[819] Dieses wird schlagwortartig als „wesensgleiches minus"
zum Vollrecht (dem Eigentum) begriffen.[820] Es entsteht unter der Voraussetzung,
daß bereits so viele Elemente des Erwerbstatbestandes (hier: dem Eigentumserwerb) verwirklicht sind, daß der das Recht Übertragende (hier: der Verkäufer) den

---

[817] Siehe BGH v. 14. November 1977, NJW 1978, 696; *Staudinger/Honsell* § 455 Rdnr.
26 m.w.N. Das Reichsgericht – RG v. 4. Oktober 1907, RGZ 66, 344 (348) – erblickte
in der vollstreckungsrechtlichen Pfändung einer unter Eigentumsvorbehalt verkauften
Sache durch den Verkäufer bei dem Käufer zum Zwecke der Befriedigung der Kaufpreisforderung einen Verzicht auf den Eigentumsvorbehalt, um einen Verstoß gegen
§ 160 Abs. 1 BGB durch die Pfändung zu verneinen. Dieses Ergebnis läßt sich allerdings auch ohne die Verzichtskonstruktion erzielen, da der Verkäufer mit der Pfändung lediglich eine ihm vom Gesetz eingeräumte und damit nicht pflichtwidrige Ver-
wertungsbefugnis ausübt: *Baur/Stürner* § 59 Rdnr. 42 m.w.N. auch zu den aus § 503
Abs. 2 Satz 4 BGB folgenden Rückwirkungen der Pfändung auf den Kaufvertrag beim
Vorliegen eines Teilzahlungsgeschäftes i.S. des § 501 BGB.

[818] *Erman/Grunewald* § 455 Rdnr. 25; *Medicus* BürgR, Rdnr. 462; *Palandt/Bassenge*
§ 936 Rdnr. 1; *Staudinger/Honsell* § 455 Rdnr. 35.

[819] Ausführlich *Flume* AcP 161 (1962), 385 ff.; grundlegend *A. Blomeyer* Studien zur Be-
dingungslehre, 1939; kritisch *Eichenhofer* AcP 185 (1985), 162 ff.

[820] *Staudinger/Berg*[11] § 929 Nr. 28c, S. 622.

Eintritt des Rechtserwerbes nicht mehr einseitig vereiteln kann.[821] Dies ist bei der durch die Kaufpreiszahlung aufschiebend bedingten Übereignung der Fall, weil mit dieser Zahlung – die nach § 267 BGB auch ein Dritter erbringen kann – das Eigentum automatisch auf den Käufer übergeht und selbst eine grundlose Ablehnung der Kaufpreisannahme durch den Verkäufer wegen § 162 Abs. 1 BGB als Bedingungseintritt gilt. Das Anwartschaftsrecht des Käufers wird als quasi-dingliche Position qualifiziert,[822] die als sonstiges Recht i.S. des § 823 Abs. 1 BGB geschützt ist und nach einer umstrittenen Ansicht gegenüber dem Eigentümer ein selbständiges Recht zum Besitz i.S. des § 986 Abs. 1 Satz 1 BGB gewährt.[823] Die weitere rechtliche Erfassung eines derartigen Anwartschaftsrechts, z.B. die Übertragung oder die Bedeutung desselben in der Zwangsvollstreckung, ist Gegenstand des Sachenrechts.[824] Der Bestand des Anwartschaftsrechts des Vorbehaltskäufers hängt jedoch stets von dem noch möglichen Eintritt der Bedingung (Erfüllung der Kaufpreisschuld) ab. Es erlischt deshalb z.B., wenn der Verkäufer nach § 323 BGB rechtswirksam von dem Kaufvertrag zurücktritt.[825]

4. Sonderformen des Eigentumsvorbehaltes

Neben dem in § 449 Abs. 1 BGB definierten einfachen Eigentumsvorbehalt haben sich in der Vertragspraxis weitere Sonderformen herausgebildet:

a) Verlängerter Eigentumsvorbehalt

Wie dargelegt erlischt das Vorbehaltseigentum des Verkäufers, wenn der Käufer die Sache wirksam an einen Dritten weiterveräußert bzw. diese mit den Rechtswirkungen des § 950 Abs. 1 BGB zu einer anderen Sache verarbeitet. Da in diesen Fällen aber die Kaufpreiszahlung weiter ausstehen kann, besteht das Sicherungsbedürfnis des Verkäufers fort. Er läßt sich deshalb, wenn er dem Käufer die Weiterveräußerung des Gegenstandes gemäß § 185 Abs. 1 BGB gestattet, häufig die Forderungen des Käufers aus dieser Weiterveräußerung im voraus abtreten bzw. vereinbart für den Fall der Verarbeitung mit dem Käufer, daß er an der neuen Sache Eigentum erlangen soll, dessen Übergang auf den Käufer wiederum durch die Kaufpreiszahlung aufschiebend bedingt ist. Bei einer derartigen Fallgestaltung handelt es sich um einen verlängerten Eigentumsvorbehalt, der auch durch Allgemeine Geschäftsbedingungen des Verkäufers begründet werden kann.[826]

---

[821] Statt aller *H.P. Westermann* MünchKomm. § 455 Rdnr. 48.
[822] *Staudinger/Honsell* § 455 Rdnr. 34 m.w.N.
[823] *Erman/Grunewald* § 455 Rdnr. 16; *Palandt/Bassenge* § 929 Rdnr. 41; *Soergel/Mühl* § 929 Rdnr. 68; a.A. BGH v. 21. Mai 1953, BGHZ 10, 69 (71 f.); *Staudinger/Gursky* (1999) § 986 Rdnr. 10.
[824] Eingehend *Baur/Stürner* § 59 Rdnr. 32 ff.
[825] BGH v. 10. April 1961, BGHZ 35, 85 (94); *Esser/Weyers* BT 1, § 9 I 2b, S. 102; *Schlechtriem* Rdnr. 153; *Staudinger/Honsell* § 455 Rdnr. 39; *H.P. Westermann* MünchKomm. § 455 Rdnr. 50.
[826] BGH v. 24. März 1971, BGHZ 56, 34 (35); *Flume* NJW 1959, 913 (915); *H.P. Westermann* MünchKomm. § 455 Rdnr. 94.

Die Vereinbarung eines verlängerten Eigentumsvorbehaltes wirft zahlreiche Rechtsprobleme außerhalb des Kaufrechts auf.[827] So ist z.B. eine von dem Vorbehaltsverkäufer erteilte Weiterveräußerungsermächtigung i.S. des § 185 Abs. 1 BGB, die mit einer Vorausabtretung der im Zuge dieser Weiterveräußerung erlangten Forderungen verbunden wird, regelmäßig auf eine Veräußerung im „ordnungsgemäßen Geschäftsgang" beschränkt. Eine solche liegt nicht vor, wenn die Vorausabtretung zugunsten des Verkäufers keine Wirkung entfaltet, weil die aus der Weiterveräußerung erlangte Forderung bereits zuvor wirksam an einen anderen Sicherungsnehmer, z.B. eine kreditgewährende Bank, abgetreten wurde.[828] Allerdings nimmt die h.M. an, daß die Globalzession künftiger Forderungen zugunsten eines Kreditgebers, die zu Lasten des Vorbehaltsverkäufers die Wirksamkeit eines verlängerten Eigentumsvorbehaltes beeinträchtigt, regelmäßig gemäß § 138 Abs. 1 BGB sittenwidrig und damit nichtig ist.[829]

Zudem muß die Vorausabtretung zugunsten des Vorbehaltsverkäufers dem Bestimmtheitserfordernis genügen. Dafür reicht es allerdings aus, wenn im Zeitpunkt der Entstehung der Forderung feststeht, ob dieselbe unter die Abtretung fällt oder nicht.[830] Beispiel: Der Vorbehaltskäufer wird zur Weiterveräußerung der gekauften Sachen gemäß § 185 Abs. 1 BGB ermächtigt und tritt im voraus alle Forderungen gegen Schuldner mit den Anfangsbuchstaben A-K ab, die aus der Weiterveräußerung entstehen. Die im Rahmen des verlängerten Eigentumsvorbehaltes an den Vorbehaltsverkäufer abgetretenen Forderungen darf der Vorbehaltskäufer dann regelmäßig bei den Schuldnern einziehen (sog. Einziehungsermächtigung)[831] und hat den Erlös zwecks Tilgung seiner Kaufpreisschuld an den Vorbehaltsverkäufer weiterzuleiten.

Soweit ein verlängerter Eigentumsvorbehalt zum Ausgleich eines Untergangs der Kaufsache im Wege der Verarbeitung nach § 950 Abs. 1 BGB vereinbart wurde, ist umstritten, ob der Vorbehaltsverkäufer an der neuen Sache originär nach § 950 BGB Eigentum erwerben kann, indem er mit dem Vorbehaltskäufer vereinbart, daß er „Hersteller" i.S. dieser Vorschrift sein soll oder ob der Herstellerbegriff im Rahmen des § 950 BGB rein objektiv zu bestimmen ist, so daß der Vorbehaltskäufer zunächst nach § 950 BGB das Eigentum an der neuen Sache erwirbt und es einer antizipierten Übereignung nach den §§ 929 Satz 1, 930 BGB an den Vorbehaltsverkäufer bedarf.[832]

b) Erweiterter Eigentumsvorbehalt

Bei einem erweiterten Eigentumsvorbehalt wird nicht nur die Begleichung der Kaufpreisforderung, sondern auch die Erfüllung weiterer Forderungen als Bedingung des Eigentumsübergangs auf den Käufer vereinbart. In der Praxis ist z.B.

---

[827] *Staudinger/Honsell* § 455 Rdnr. 52 ff.

[828] BGH v. 3. Dezember 1987, BGHZ 102, 293 (308); *Palandt/Putzo* § 449 Rdnr. 18.

[829] *Baur/Stürner* § 59 Rdnr. 49 ff. m.w.N.

[830] BGH v. 7. Dezember 1977, BGHZ 70, 86 (89 ff.); *Staudinger/Honsell* § 455 Rdnr. 54.

[831] Dazu *Flume* AT 2, § 57/1c, S. 904 f.

[832] Eingehend *Serick* Eigentumsvorbehalt und Sicherungsübertragung, Band IV, 1976, S. 138 ff.

häufig eine Ausgestaltung anzutreffen, nach der das Eigentum an der Kaufsache auf den Käufer erst übergehen soll, wenn dieser alle Forderungen des Verkäufers aus einer laufenden Geschäftsverbindung erfüllt hat (sog. *Kontokorrentvorbehalt*). Da auf diesem Wege der Eigentumserwerb des Käufers weit hinter den Zeitpunkt der Begleichung der konkreten Kaufpreisforderung aufgeschoben und damit der Zweck des Kaufvertrages gefährdet sein kann, liegt der Verstoß eines erweiterten Eigentumsvorbehaltes in Allgemeinen Geschäftsbedingungen des Verkäufers gegen § 307 Abs. 2 Nr. 2 BGB nahe.[833] Die Rechtsprechung erkennt den formularmäßigen erweiterten Eigentumsvorbehalt im kaufmännischen Verkehr jedoch als wirksam an.[834]

Eine andere Form des erweiterten Eigentumsvorbehaltes erklärt § 449 Abs. 3 BGB hingegen für nichtig. Danach darf der Vorbehaltsverkäufer den Eigentumsübergang nicht davon abhängig machen, daß der Vorbehaltskäufer Forderungen eines von dem Vorbehaltsverkäufer verschiedenen *Dritten* erfüllt. Beispielhaft („insbesondere") nennt die Vorschrift Forderungen eines Unternehmens gegen den Käufer, das i.S. des § 15 AktG mit dem Verkäufer verbunden ist (sog. *Konzernvorbehalt*). Die Nichtigkeit erfaßt sowohl die Aufnahme der entsprechenden Bedingung in den Kaufvertrag als auch in das Verfügungsgeschäft, ohne daß dies die Wirksamkeit dieser Rechtsgeschäfte im übrigen berührt (keine Anwendung des § 139 BGB).[835]

Eine übermäßige wirtschaftliche Belastung des Vorbehaltskäufers droht auch bei einem umgekehrten Konzernvorbehalt, bei dem der Verkäufer den Eigentumsübergang davon abhängig macht, daß nicht nur der Käufer, sondern auch Dritte, die mit dem Käufer in einer bestimmten Beziehung stehen (z.B. i.S. des § 15 AktG mit diesem verbunden sind), ihren Zahlungspflichten gegenüber dem Verkäufer nachkommen. Angesichts dessen wird verbreitet eine analoge Anwendung des § 449 Abs. 3 BGB bejaht.[836]

c) Nachgeschalteter und weitergeleiteter Eigentumsvorbehalt

Ein *nachgeschalteter Eigentumsvorbehalt* liegt vor, wenn der Vorbehaltskäufer die Sache seinerseits unter Eigentumsvorbehalt an einen Dritten weiterveräußert, ohne sein mangelndes Eigentum offenzulegen. Bei einer Ermächtigung des Vorbehaltskäufers zur Weiterveräußerung gemäß § 185 Abs. 1 BGB bzw. unter den Voraussetzungen der §§ 932 ff. BGB erwirbt der Drittabnehmer hier (gutgläubig) Vorbehaltseigentum dergestalt, daß er mit Zahlung seines Kaufpreises unabhängig davon Eigentümer wird, ob auch der erste Vorbehaltskäufer seine Kaufpreisforderung gegenüber dem Erstverkäufer erfüllt.

---

[833] Hierfür *Brox/Walker* § 7 Rdnr. 32; *Erman/Grunewald* § 455 Rdnr. 64; *Soergel/Mühl* § 455 Rdnr. 49.

[834] BGH v. 8. Oktober 1986, BGHZ 98, 303 (307); BGH v. 4. März 1991, NJW 1991, 2285 f.

[835] *Erman/Grunewald* § 455 Rdnr. 66; *Palandt/Putzo* § 449 Rdnr. 22.

[836] Dafür BR/*Faust* § 449 Rdnr. 37; *Habersack/Schürnbrand* JuS 2002, 833 (838 f.); dagegen *Palandt/Putzo* § 449 Rdnr. 22.

Hingegen verpflichtet ein *weitergeleiteter Eigentumsvorbehalt* den Vorbehalts-käufer, den Eigentumsvorbehalt dem Zweitkäufer mitzuteilen, so daß dieser erst Eigentum erwirbt, wenn der Erstkäufer seine Kaufpreisschuld entrichtet hat. Eine Verpflichtung zur Weiterleitung eines Eigentumsvorbehaltes in Allgemeinen Ge-schäftsbedingungen verstößt jedoch gegen § 307 Abs. 2 Nr. 2 BGB mit der Nich-tigkeitsfolge des § 307 Abs. 1 Satz 1 BGB, wenn der Vorbehaltskäufer die Sache nach dem Vertragsinhalt zum Zwecke der Weiterveräußerung erworben hat, da sich aufgrund des weiterzuleitenden Eigentumsvorbehaltes kaum ein Abnehmer für die Sache finden wird und dies den Vertragszweck vereitelt.[837]

II. Kauf auf Probe

1. Begriff und Rechtsnatur

Nach § 454 Abs. 1 Satz 1 BGB steht bei einem Kauf auf Probe oder auf Besichti-gung die Billigung des gekauften Gegenstandes im Belieben des Käufers; § 454 Abs. 1 Satz 2 BGB ergänzt dies durch die Auslegungsregel, daß die Parteien den Kaufvertrag im Zweifel unter der aufschiebenden Bedingung (§ 158 Abs. 1 BGB) der Billigung abschließen.[838] Folglich kann der Käufer bei einem Kauf auf Probe oder Besichtigung die Verbindlichkeit des Kaufvertrages für beide Parteien durch ein einseitiges, nicht begründungsbedürftiges Verhalten (Billigung nach Belieben) herbeiführen.

Der Umstand, daß das Rechtsgeschäft nicht nur erst durch ein im Belieben des Käufers stehendes Verhalten endgültige Verbindlichkeit erlangt, sondern daß die-ses Verhalten seinem Inhalt nach gerade funktionell in einer Einwirkung auf den Kaufvertrag besteht, hat eine Literaturansicht dazu veranlaßt, den Kauf auf Probe abweichend von der gesetzlichen Vorgabe des § 454 Abs. 1 Satz 2 BGB zu kon-struieren:[839] Nach dieser Auffassung begründet die Einigung der Parteien noch nicht den Kaufvertrag, sondern legt lediglich dessen potentiellen Inhalt fest. Auf einer zweiten Stufe soll der „Käufer" die Möglichkeit haben, durch seine Gestal-tungserklärung (Billigung) den Kaufvertrag einseitig in Geltung zu setzen, wozu ihn die vorgelagerte Vereinbarung ermächtigt. Diese Konstruktion beruht auf der Auffassung, daß als Bedingung für die Wirksamkeit eines Rechtsgeschäftes i.S. des § 158 BGB nicht das freie Einverständnis einer Partei mit diesem in Betracht komme (sog. Wollensbedingung), da in einem derartigen Fall für diese Partei noch keinerlei Bindungswirkung besteht, von deren Vorliegen aber die §§ 160 ff. BGB ausgingen.[840] Bedingung i.S. des § 158 BGB könne das nicht durch rechtliche Vor-gaben gebundene Verhalten einer Partei nur insoweit sein, als es inhaltlich-funktio-nell nicht gerade auf die Geltung des bedingten Rechtsgeschäftes gerichtet ist (sog.

---

[837] BGH v. 4. März 1991, NJW 1991, 2285 f.; *Erman/Grunewald* § 455 Rdnr. 68; *Larenz* BT 1, § 43 II e 2, S. 126; *H.P. Westermann* MünchKomm. § 455 Rdnr. 102.

[838] Denkbar wäre jedoch auch die Vereinbarung der Nichtbilligung als auflösender Bedin-gung (§ 158 Abs. 2 BGB).

[839] *Flume* AT 2, § 38/2d, S. 685 f.; *Larenz* BT 1, § 44 I, S. 144 f.

[840] Dazu *Flume* AT 2, § 38/2d, S. 684 ff. sowie *Larenz/Wolf* § 50 Rdnr. 17 ff.

Potestativbedingung).[841] Beispiel: Der Großvater verspricht dem Enkel in einer notariellen Urkunde (vgl. § 518 Abs. 1 Satz 1 BGB) die schenkweise Übereignung seiner Münzsammlung für den Fall, daß dieser im nächsten Prüfungstermin sein Staatsexamen besteht. In diesem Fall hat das Verhalten, das den Gegenstand der Bedingung bildet (erfolgreiche Absolvierung der Prüfung), inhaltlich nicht gerade die Wirksamkeit des Schenkungsvertrages zum Gegenstand, sondern diese ist nur seine sekundäre Folge. Demgegenüber bezieht sich die Billigung des Käufers i.S. des § 454 Abs. 1 BGB gerade auf die Geltung des Kaufvertrages.

Dem vorstehenden Ansatz ist jedoch nicht zu folgen, da es dem Gesetzgeber frei steht, auch eine Wollensbedingung als Bedingung i.S. der §§ 158 ff. BGB einzustufen, was er durch die Regelung des § 453 Abs. 1 Satz 2 BGB getan hat. Auch zwingt dieser Umstand nicht, die Billigung als rein tatsächliches Verhalten aufzufassen; diese ist vielmehr eine Willenserklärung, auf welche die §§ 104 ff. BGB Anwendung finden.[842] Die aufgrund der Freiheit des Käufers vor der Billigung fehlende Bindung desselben kann bei der Anwendung der §§ 158 ff. BGB hinreichende Berücksichtigung finden.[843] Beispielsweise erfolgt eine Verweigerung der Billigung durch den Käufer regelmäßig nicht wider Treu und Glauben mit der Folge des § 162 Abs. 1 BGB, weil dessen Entscheidungsfreiheit nicht unterlaufen werden darf. Somit bestehen keine durchgreifenden Bedenken, den Kauf auf Probe – entsprechend der gesetzlichen Vorgabe – als durch die Billigung des Käufers aufschiebend bedingt anzusehen.[844] Bei diesem handelt sich um eine Form des Optionsvertrages, dessen Abschluß der für entsprechende Verträge vorgeschriebenen Form bedarf, z.B. derjenigen des § 311b Abs. 1 Satz 1 BGB bei dem Kauf eines Grundstücks auf Probe.[845]

2. Abgrenzung zu verwandten Vertragsgestaltungen

Zu unterscheiden ist der Kauf auf Probe von einem einseitigen Angebot des Verkäufers, das diesen gemäß den §§ 145 ff. BGB bindet und bei dem erst die Annahmeerklärung des Käufers zu dem Abschluß eines (dann unbedingten) Vertrages führt. Aus diesem Grunde können in einem derartigen Fall die §§ 158 ff. BGB keine Anwendung finden. Ebenso bezieht sich ein etwaiges Formerfordernis auf die beiden zeitlich versetzten Willenserklärungen der Parteien.[846] Die Abgrenzung zu einem Kauf auf Probe bemißt sich in Zweifelsfällen gemäß den §§ 133, 157 BGB danach, ob für den (potentiellen) Verkäufer bereits vor der Erklärung des (potentiellen) Käufers eine Bindung i.S. der §§ 158 ff. BGB mit entsprechenden Pflich-

---

841 Vgl. *Larenz/Wolf* § 50 Rdnr. 13 ff.
842 *Medicus* Rdnr. 167; *Soergel/Huber* § 495 Rdnr. 9; *Staudinger/Mader* § 495 Rdnr. 23; a.A. aufgrund der Deutung der Billigung als bloßem Bedingungsinhalt *Oertmann* § 495 Anm. 6, S. 483; *H.P. Westermann* MünchKomm. § 495 Rdnr. 8.
843 Vgl. Mot. II, S. 333 f. sowie Prot. II, S. 77 f.
844 *Erman/Grunewald* § 495 Rdnr. 1; *Soergel/Huber* § 495 Rdnr. 2; *Staudinger/Mader* § 495 Rdnr. 2; *H.P. Westermann* MünchKomm. § 495 Rdnr. 1.
845 *Enneccerus/Nipperdey* § 194 IV 3, S. 1190 f.; *Larenz/Wolf* § 29 Rdnr. 46 f.; im Ergebnis auch *Larenz* BT 1, § 44 I, S. 145.
846 *Enneccerus/Nipperdey* § 194 IV 3, S. 1190 f.; *Larenz/Wolf* § 29 Rdnr. 47.

ten gegenüber dem anderen Teil *in bezug auf den Vertragsgegenstand* erzeugt werden soll oder ob jener lediglich *in bezug auf seinen Willen* gemäß den §§ 145 ff. BGB gebunden sein soll.

Bei einem sog. Prüfungskauf steht die „Billigung" des Käufers nicht wie von § 454 Abs. 1 Satz 1 BGB vorausgesetzt in dessen freiem Belieben, sondern der Käufer muß umgekehrt anhand vertraglich festgelegter Kriterien begründen, warum er die Billigung versagt.[847] Beispiel: Der Käufer soll zur Rückgabe berechtigt sein, wenn sich die Maschine nicht für bestimmte Arbeiten eignet. Hier wird der Kaufvertrag entweder unter der aufschiebenden Bedingung eines positiven Prüfungsergebnisses oder unter der auflösenden Bedingung der begründeten Ablehnung des Kaufgegenstandes nach seiner Erprobung abgeschlossen.[848] Von einer Beschaffenheitsgarantie des Verkäufers i.S. des § 443 Abs. 1 Alt. 1 BGB[849] unterscheidet sich der Prüfungskauf dadurch, daß die betreffende Eignung nicht zum Inhalt einer unbedingt zugesagten Beschaffenheit der Kaufsache gehört, sondern daß ihr Nichtvorhandensein stets die Geltung des Kaufvertrages beseitigen soll, ohne daß der Käufer eine der Zusage entsprechende Beschaffenheit der Kaufsache beanspruchen kann.

Der sog. Kauf mit Umtauschvorbehalt zeichnet sich schließlich durch die Besonderheit aus, daß ein unbedingter Vertrag abgeschlossen worden ist, dem Käufer aber die Ersetzungsbefugnis zusteht, innerhalb einer bestimmten Frist an Stelle des ursprünglichen Gegenstandes die Lieferung einer anderen Ware aus dem Sortiment des Verkäufers verlangen zu können.[850] Dieses Recht steht jedoch unter der aufschiebenden Bedingung der unversehrten Rückgabe der Erstware.[851] Deshalb ist nicht der Kaufvertrag, sondern die Ersetzungsbefugnis des Käufers bedingt.

3. Rechtslage bis zur Entscheidung des Käufers über die Billigung

Nach § 454 Abs. 2 BGB ist der Verkäufer verpflichtet, dem Käufer die Untersuchung des Gegenstandes zu gestatten, um diesem die Entscheidung über eine Billigung desselben zu ermöglichen. Auf diese Pflicht sind die §§ 320 ff. BGB anwendbar, obwohl sich der Kaufvertrag vor der Billigung noch in einem Schwebezustand befindet, da die Freigabe der Untersuchung als eine Art Vorwirkung der

---

[847] BGH v. 25. Mai 1970, WM 1970, 877 (878); *Erman/Grunewald* § 495 Rdnr. 4; *Larenz* BT 1, § 44 I, S. 145 f.; *Soergel/Huber* § 495 Rdnr. 6; *Staudinger/Mader* § 495 Rdnr. 9.

[848] *Esser/Weyers* BT 1, § 10/1, S. 112 f.; *Larenz* BT 1, § 44 I, S. 146; *Staudinger/Mader* § 495 Rdnr. 9; *H.P. Westermann* MünchKomm. § 495 Rdnr. 5.

[849] Dazu oben § 2 F I 1a, S. 144 f.

[850] *Larenz* BT 1, § 44 I, S. 145; *Oertmann* SeuffBl. Bd. 71, 685 (695); *Staudinger/Mader* Vorbem. zu §§ 494 ff. Rdnr. 5; abweichende Konstruktion bei RGRK/*Mezger* § 495 Rdnr. 4; *Soergel/Huber* vor § 497 Rdnr. 17; offen *H.P. Westermann* MünchKomm. § 494 Rdnr. 11. Allgemein zur Ersetzungsbefugnis *Krüger* MünchKomm.[4] § 262 Rdnr. 8 ff.

[851] *Staudinger/Mader* Vorbem. zu §§ 494 ff. Rdnr. 8.

potentiellen Verkäuferpflichten aus § 433 Abs. 1 BGB zu begreifen ist.[852] Der Umfang dieser Pflicht ergibt sich aus § 242 BGB und richtet sich nach der Art des Kaufgegenstandes. Soweit erforderlich, insbesondere bei Maschinen, darf der Käufer die Sache für einen angemessenen Zeitraum in Gebrauch nehmen. Die Kosten der Untersuchung hat der Verkäufer allerdings nicht zu erstatten.[853]

Aus dem aufschiebend bedingt abgeschlossenen Kaufvertrag ergibt sich für den untersuchenden Käufer umgekehrt eine Obhutspflicht i.S. des § 241 Abs. 2 BGB. Deren Verletzung verpflichtet den Käufer nach Maßgabe des § 280 Abs. 1 BGB zum Schadensersatz,[854] wobei dieser Anspruch des Verkäufers in der Frist des § 548 Abs. 1 BGB analog verjährt.[855] Wird dem Käufer der Kaufgegenstand zum Zwecke der Untersuchung übergeben, so bemißt sich der Gefahrübergang i.S. des § 446 Satz 1 BGB nach den oben dargelegten Maßstäben für aufschiebend bedingte Kaufverträge.[856]

4. Billigung und Nichterklärung der Billigung

Die Billigung als empfangsbedürftige Willenserklärung des Käufers[857] bedarf als solche nicht der Form, die das Gesetz für den Abschluß des bedingten Kaufvertrages vorschreibt.[858] Mit ihrem Zugang entfaltet der Kaufvertrag volle Wirksamkeit, und es bestehen für beide Vertragsparteien die Rechte und Pflichten der §§ 433 ff. BGB.

§ 455 Satz 1 BGB bestimmt bezüglich der Billigung zunächst deklaratorisch, daß diese nur innerhalb einer vereinbarten Frist erfolgen kann; maßgeblicher Zeitpunkt ist insofern der Zugang der Erklärung gemäß den §§ 130 ff. BGB.[859] Des weiteren ist der Verkäufer berechtigt, dem Käufer mangels einer vertraglich vereinbarten Billigungsfrist eine angemessene Frist für die Erklärung zu setzen. Ist diese unangemessen kurz, so tritt ex lege eine objektiv angemessene Frist in Gang.[860] Nach Fristablauf kann die Billigung nicht mehr erfolgen, so daß die Bedingung ausfällt und der Kaufvertrag keine Wirkung entfaltet. Gleiches gilt bereits zuvor, wenn der Käufer die Billigung gegenüber dem Verkäufer positiv ablehnt.[861]

---

[852] RGRK/*Mezger* § 495 Rdnr. 5; *Soergel/Huber* § 495 Rdnr. 8; *Staudinger/Mader* § 495 Rdnr. 18; *H.P. Westermann* MünchKomm. § 495 Rdnr. 6; a.A. *Erman/Grunewald* § 495 Rdnr. 6.

[853] *Staudinger/Mader* § 495 Rdnr. 17.

[854] BGH v. 24. Juni 1992, BGHZ 119, 35 (39); *Erman/Grunewald* § 495 Rdnr. 6; *Soergel/Huber* § 495 Rdnr. 12; *Staudinger/Mader* § 495 Rdnr. 17.

[855] BGH v. 24. Juni 1992, BGHZ 119, 35 (39 ff.).

[856] Dazu oben § 2 G I 1c, cc (2), S. 157.

[857] Siehe oben § 2 H II 1, S. 182.

[858] *Staudinger/Mader* § 495 Rdnr. 23; im Ergebnis auch *Flume* AT 2, § 38/2d, S. 687 und *Larenz* BT 1, § 44 I, S. 145.

[859] BR/*Faust* § 455 Rdnr. 4; *Staudinger/Mader* § 495 Rdnr. 6.

[860] *Erman/Grunewald* § 496 Rdnr. 2; *Staudinger/Mader* § 496 Rdnr. 2; *H.P. Westermann* MünchKomm. § 496 Rdnr. 1.

[861] RG v. 4. Oktober 1932, RGZ 137, 297 (299); *Larenz* BT 1, § 44 I, S. 144.

Eine Ausnahme von diesen Grundsätzen regelt § 455 Satz 2 BGB: Wurde die Sache dem Käufer zum Zwecke der Probe oder Besichtigung übergeben, so gilt sein Schweigen bis zum Ablauf der Billigungsfrist i.S. des § 455 Satz 1 BGB als Billigung. In diesem Fall entfaltet das Schweigen aufgrund der durch die Übergabe geschaffenen Vertrauenslage ausnahmsweise Rechtswirkung,[862] so daß der Käufer eine Ablehnungserklärung abgeben muß, wenn er den Bedingungseintritt verhindern möchte. Da das Schweigen selbst keine Billigung beinhaltet, sondern das Gesetz diese nur willensunabhängig als solche fingiert („gilt [...] als"), kann es von dem Käufer nicht nach § 119 Abs. 1 BGB mit der Begründung angefochten werden, daß er sich über die Wirkung seines Schweigens im Unklaren gewesen sei.[863] Aus der Voraussetzung des § 455 Satz 2 BGB, daß die Sache zum Zwecke der Probe oder Besichtigung übergeben worden sein muß, ergibt sich jedoch, daß als Übergabe in diesem Sinne nur die Einräumung unmittelbaren Besitzes, nicht aber eines lediglich mittelbaren Besitzes i.S. des § 868 BGB in Betracht kommt.[864] Verweigert der Käufer die Billigung rechtzeitig, muß er den Besitz an dem Gegenstand nach Maßgabe des § 812 Abs. 1 Satz 2 Alt. 1 BGB wieder herausgeben.

III. Wiederkauf

1. Begriff und Rechtsnatur

Hat sich der Verkäufer in dem Kaufvertrag das Recht des Wiederkaufs vorbehalten, so kommt nach § 456 Abs. 1 Satz 1 BGB dieser Wiederkauf zustande, wenn der Verkäufer das Wiederkaufsrecht gegenüber dem Käufer ausübt. Das in dem ursprünglichen Kaufvertrag oder nachträglich vereinbarte Wiederkaufsrecht ermöglicht es folglich dem Verkäufer, durch eine einseitige Erklärung einen Anspruch gegen den Käufer auf Rückerwerb des verkauften Gegenstandes zu dem vereinbarten Wiederkaufspreis[865] zu begründen.

Da das Zustandekommen des Wiederkaufs wie bei einem Kauf auf Probe von dem einseitigen Verhalten einer Partei (hier: des Verkäufers) abhängt, das mangels abweichender Vereinbarungen unter keinen rechtlichen Vorgaben steht, ist die Rechtsnatur des Wiederkaufs umstritten:[866] Die h.M. würdigt diesen als einen durch die Wiederkaufserklärung aufschiebend bedingten Kaufvertrag.[867] Dem hält eine andere Ansicht entgegen, daß sich die im Belieben des Verkäufers stehende Wiederkaufserklärung als sog. Wollensbedingung mangels einer Bindung des Ver-

---

[862] Grundsätzlich ist dies nicht der Fall: *Larenz/Wolf* § 28 Rdnr. 46 ff.

[863] Sog. normiertes Schweigen: *Erman/Grunewald* § 496 Rdnr. 3; allgemein *Larenz/Wolf* § 28 Rdnr. 56.

[864] *Staudinger/Mader* § 496 Rdnr. 7; *H.P. Westermann* MünchKomm. § 496 Rdnr. 2.

[865] Dazu unten § 2 H III 4b, aa, S. 190.

[866] Siehe bereits oben § 2 H II 1, S. 181 f.

[867] RG v. 2. Juli 1928, RGZ 121, 367 (369); BGH v. 14. Januar 1972, BGHZ 58, 78 (80 f.); *Enneccerus/Lehmann* § 116 II, S. 470; *Fikentscher* Rdnr. 745a; RGRK/*Mezger* § 497 Rdnr. 2; *Soergel/Huber* vor § 497 Rdnr. 8.

käufers nicht in die §§ 158 ff. BGB einfüge, so daß es sich bei dem Wiederkaufsrecht um ein Gestaltungsrecht handele.[868]

Im Rahmen der Erörterung des Kaufs auf Probe wurde jedoch bereits dargelegt, daß die Annahme eines bedingten Vertrages, bei dem die Bedingung in der
Gestaltungserklärung einer Partei besteht, keinen Widerspruch darstellt.[869] Genauso wie bei einem Kauf auf Probe ist der Wiederkauf somit eine Form des Optionsvertrages, bei dem die Entstehung der von den Parteien geschuldeten Hauptpflichten unter der aufschiebenden Bedingung der Gestaltungserklärung des Berechtigten, d.h. der Erklärung des Wiederkaufs durch den Verkäufer steht.[870] Die Vereinbarung eines Wiederkaufrechts bedarf deshalb der für entsprechende Rechtsgeschäfte vorgeschriebenen Form (z.B. derjenigen des § 311b Abs. 1 Satz 1 BGB bei
dem Wiederkaufvertrag über ein Grundstück), d.h. muß von dieser umfaßt sein,
wenn es bereits im Rahmen des ursprünglichen Kaufvertrages vereinbart worden
ist. Bei einer nachträglichen Abrede muß diese selbständig der Form genügen.[871]

2. Abgrenzung zu verwandten Vertragsgestaltungen

Anders als der in den §§ 456 bis 462 BGB geregelte Wiederkauf gibt ein sog. *Wie-
derverkaufsrecht* dem *Käufer* die Möglichkeit, durch eine einseitige Erklärung
dem Verkäufer den gekauften Gegenstand zu einem bestimmten Preis zurückzu-
verkaufen. Die Vorschriften über den Wiederkauf können auf einen derartigen
Vertrag nicht uneingeschränkt, sondern nur im Wege einer Einzelfallanalyse bei
einer teleologischen Vergleichbarkeit analoge Anwendung finden.[872]

Darüber hinaus ist auch der Wiederkauf von einem bloß einseitigen Angebot
des Käufers zum Rückverkauf des Gegenstandes zu unterscheiden, das diesen gemäß den §§ 145 ff. BGB bindet und erst durch die Annahmeerklärung des Verkäufers zu dem Abschluß eines zweiten Kaufvertrages mit umgekehrter Parteirolle
führt. Die Abgrenzung zu einem Wiederkauf bemißt sich in Zweifelsfällen gemäß
den §§ 133, 157 BGB danach, ob für den ursprünglichen Käufer bereits vor der
Erklärung des ursprünglichen Verkäufers eine Bindung i.S. der §§ 158 ff. BGB mit
entsprechenden Pflichten gegenüber dem anderen Teil *in bezug auf den Vertragsgegenstand* erzeugt werden soll oder ob jener lediglich *in bezug auf seinen Willen*
nach den §§ 145 ff. BGB gebunden sein soll.[873]

---

[868] *Esser/Weyers* BT 1, § 10/2, S. 113; *Larenz* BT 1, § 44 II, S. 147 f.; *Medicus* Rdnr.
165; wohl auch *H.P. Westermann* MünchKomm. § 497 Rdnr. 4.

[869] Siehe oben § 2 H II 1, S. 182.

[870] BGH v. 17. Dezember 1958, BGHZ 29, 107 (110); *Erman/Grunewald* § 497 Rdnr. 3;
Fikentscher Rdnr. 745a; *Staudinger/Mader* Vorbem. zu §§ 497 ff. Rdnr. 7.

[871] RG v. 21. März 1925, RGZ 110, 327 (333); *Larenz* BT 1, § 44 II, S. 148 f.; *Medicus*
Rdnr. 165; *Staudinger/Mader* § 497 Rdnr. 2; *H.P. Westermann* MünchKomm. § 497
Rdnr. 7.

[872] Zu den Einzelheiten siehe BGH v. 31. Januar 1990, BGHZ 110, 183 (191); BGH v. 7.
November 2001, NJW 2002, 506; *Soergel/Huber* vor § 497 Rdnr. 16; *Staudinger/Ma-
der* Vorbem. zu §§ 497 ff. Rdnr. 12; *H.P. Westermann* MünchKomm. § 497 Rdnr. 6.

[873] Siehe oben § 2 H II 2, S. 182 f.

3. Zustandekommen des Wiederkaufs

Der Wiederkauf kommt nach § 456 Abs. 1 Satz 1 BGB auf der Basis des vertraglich vereinbarten Wiederkaufsrechts durch eine einseitige, empfangsbedürftige Willenserklärung zustande, wobei die Ausübung des Wiederkaufsrechts wegen der ausdrücklichen Regelung in § 456 Abs. 1 Satz 2 BGB nicht der Form bedarf, die für den Wiederkaufvertrag vorgeschrieben ist, was auch für § 311b Abs. 1 Satz 1 BGB gilt.[874]
    Für die Ausübung des Wiederkaufsrechts kann der Vertrag eine Frist bestimmen (§ 462 Satz 2 BGB). Fehlt diese, so muß die Ausübung nach § 462 Satz 1 BGB bei Grundstücken innerhalb von dreißig Jahren und bei anderen Gegenständen bis zum Ablauf von drei Jahren nach der Vereinbarung des Wiederkaufsvorbehaltes erfolgen. Maßgeblicher Zeitpunkt ist insoweit der Zugang der Wiederkaufserklärung gemäß den §§ 130 f. BGB.
    Das Wiederkaufsrecht ist vererblich und nach h.M.[875] ohne besondere Zustimmung des Käufers nach den §§ 413, 398 BGB übertragbar. Besondere Regelungen für den Fall, daß das Wiederkaufsrecht mehreren Personen zusteht, trifft § 461 BGB.

4. Pflichten und Haftung der Vertragsparteien

a) Pflichten und Haftung des Wiederverkäufers

aa) Pflichten

(1) Rechtsverschaffung und Übergabe

Nach § 457 Abs. 1 BGB ist der Wiederverkäufer (= der ursprüngliche Käufer) verpflichtet, dem Wiederkäufer (= der ursprüngliche Verkäufer) den gekauften Gegenstand nebst Zubehör „herauszugeben". Dies bedeutet jedoch nicht, daß die Ausübung des Wiederkaufsrechts dingliche Wirkung hat, durch die der Wiederkäufer unmittelbar wieder Inhaber des Eigentums an der verkauften Sache bzw. Inhaber des verkauften Rechts würde. Vielmehr stellt der Wiederkauf ein schuldrechtliches Verpflichtungsgeschäft dar, das den Wiederverkäufer nach den §§ 433 Abs. 1 Satz 1, 453 Abs. 1 und 3 BGB zur Rechtsverschaffung und gegebenenfalls Übergabe der wiederverkauften Sache verpflichtet.[876] Maßgeblicher Zeitpunkt für die Zubehöreigenschaft i.S. des § 457 Abs. 1 BGB ist der Zugang der Wiederkaufserklärung.[877]

---

[874] RG v. 21. November 1929, RGZ 126, 308 (312); BGH v. 11. Dezember 1998, NJW 1999, 941; *Erman/Grunewald* § 497 Rdnr. 10; *H.P. Westermann* MünchKomm. § 497 Rdnr. 10; a.A. *Staudinger/Mader* § 497 Rdnr. 18.

[875] BGH v. 30. November 1990, WM 1991, 642 (643); *Erman/Grunewald* § 497 Rdnr. 11; *Soergel/Huber* § 497 Rdnr. 9; *Staudinger/Mader* § 497 Rdnr. 8; *H.P. Westermann* MünchKomm. § 497 Rdnr. 9; a.A. *Larenz* BT 1, § 44 II, S. 148.

[876] *Erman/Grunewald* § 498 Rdnr. 1; *RGRK/Mezger* § 498 Rdnr. 1; *Staudinger/Mader* § 498 Rdnr. 1 f.; *H.P. Westermann* MünchKomm. § 498 Rdnr. 1.

[877] RG v. 21. November 1929, RGZ 126, 308 (314); *Erman/Grunewald* § 498 Rdnr. 2; *RGRK/Mezger* § 498 Rdnr. 2; *Soergel/Huber* § 498 Rdnr. 3; *Staudinger/Mader* § 498 Rdnr. 4; einschränkend *H.P. Westermann* MünchKomm. § 498 Rdnr. 2.

(2) Freiheit von Sach- und Rechtsmängeln

Ob der Wiederverkäufer zu einer von Sach- und Rechtsmängeln freien Rückverschaffung des Kaufgegenstandes verpflichtet ist, wie dies die §§ 433 Abs. 1 Satz 2,
453 Abs. 1 und 3 BGB für den ursprünglichen Kaufvertrag vorsehen,[878] ist problematisch. Insoweit ist zwischen Sach- und Rechtsmängeln zu unterscheiden:

(a) Sachmängel

Aus der differenzierten Haftungsregelung des § 457 Abs. 2 BGB bei einer Verschlechterung der Kaufsache vor Ausübung des Wiederkaufsrechts ergibt sich, daß
der Wiederverkäufer auf der Ebene der Primärpflichten lediglich verpflichtet sein
soll, die Sache in ihrem tatsächlichen Zustand *im Zeitpunkt der Ausübung des
Wiederkaufsrechts* zurückzuübereignen.[879] Vorher eingetretene Verschlechterungen müssen daher nicht beseitigt werden, selbst wenn dies tatsächlich möglich wäre. Diese Privilegierung rechtfertigt sich dadurch, daß den Wiederverkäufer bis zur
Ausübung des Wiederkaufsrechts keine aktuelle Pflicht zur Rückverschaffung des
Gegenstandes trifft, so daß er vor diesem Zeitpunkt nur zur Erhaltung i.S. des
§ 241 Abs. 2 BGB verpflichtet ist.[880] In bezug auf Verschlechterungen, die nach
der Ausübung des Gestaltungsrechts eintreten, ist demgegenüber folgerichtig von
einer Anwendbarkeit der §§ 433 Abs. 1 Satz 2, 453 Abs. 1 und 3 BGB auszugehen.[881]

(b) Rechtsmängel

Anderes gilt nach § 458 Satz 1 BGB für Rechte Dritter, die durch Verfügungen
des Wiederverkäufers vor der Ausübung des Wiederkaufrechts über den Kaufgegenstand begründet worden sind (z.B. Pfandrechte).[882] Diese sind als Rechtsmängel zu beseitigen; für nach Ausübung des Wiederkaufsrechts eintretende Rechtsmängel gelten wiederum die §§ 433 Abs. 1 Satz 2, 453 Abs. 1 und 3 BGB direkt.
Daß ein Wiederverkäufer, der den Kaufgegenstand veräußert hat, sich bis zur
Grenze des § 275 BGB um die Rückverschaffung bemühen muß, folgt nicht erst
aus § 458 Satz 1 BGB,[883] sondern bereits aus der Rechtsverschaffungspflicht nach
§ 457 Abs. 1 BGB.

---

[878]   Näher oben § 2 D I 1d, aa, S. 36.
[879]   RG v. 21. November 1929, RGZ 126, 308 (314); *Soergel/Huber* § 498 Rdnr. 4; *Stau-
        dinger/Mader* § 498 Rdnr. 5; *H.P. Westermann* MünchKomm. § 498 Rdnr. 4.
[880]   *Brox/Walker* § 7 Rdnr. 47; *Larenz* BT 1, § 44 II, S. 149; *Medicus* Rdnr. 165; *Schlecht-
        riem* Rdnr. 173.
[881]   BR/*Faust* § 457 Rdnr. 13; *Erman/Grunewald* § 498 Rdnr. 3; *Soergel/Huber* § 498
        Rdnr. 4.
[882]   Gleichgestellt sind gemäß § 458 Satz 2 BGB Verfügungen im Wege der Zwangsvoll-
        streckung.
[883]   So aber *H.P. Westermann* MünchKomm. § 499 Rdnr. 1.

bb) Pflichtverletzungen und Haftung

(1) Leistungsstörungen vor Ausübung des Wiederkaufsrechts

Auch in bezug auf die Haftung des Wiederverkäufers für Pflichtverletzungen vor der Ausübung des Wiederkaufsrechts ist zwischen tatsächlichen Einwirkungen auf den Kaufgegenstand und Rechtsmängeln zu unterscheiden:

(a) Haftung für Untergang, Verschlechterung oder Veränderung

Für den ersteren Bereich trifft § 457 Abs. 2 BGB einige Sonderregelungen, die an den Umstand anknüpfen, daß den Wiederverkäufer vor der Gestaltungserklärung des Wiederkäufers nur eine Erhaltungspflicht i.S. des § 241 Abs. 2 BGB trifft:[884] Insoweit haftet der Wiederverkäufer für eine Verschlechterung oder die Unmöglichkeit der Herausgabe verschuldensabhängig auf Schadensersatz nach Maßgabe der §§ 249 ff. BGB. Wird der Wiederkauf als aufschiebend bedingter Kaufvertrag aufgefaßt,[885] so folgt ein inhaltsgleicher Anspruch auch aus § 160 Abs. 1 BGB. Der Verschuldensmaßstab ist den §§ 276, 278 BGB ohne eine Haftungsmilderung zu entnehmen, da der Wiederverkäufer mit einer Ausübung des Wiederkaufsrechts rechnen mußte.[886] Bei einer durch den Wiederverkäufer vorgenommenen *wesentlichen* Veränderung tritt die Schadensersatzhaftung nach § 457 Abs. 2 Satz 1 BGB sogar verschuldensunabhängig ein, weil eine solche aufgrund des möglichen Zustandekommens des Wiederkaufs stets auf eigenes Risiko vorgenommen wird. Die Ansprüche und Rechte aus § 437 BGB greifen hingegen bei vor der Ausübung des Wiederkaufsrechts begründeten Sachmängeln nicht ein, da der Wiederverkäufer als Leistungspflicht wie dargelegt nur die Rückverschaffung im Zustand bei der Ausübung des Wiederkaufs schuldet.[887] Für den Fall der Minderung bestätigt dies § 457 Abs. 2 Satz 2 BGB exemplarisch.[888]

(b) Haftung für Rechtsmängel i.S. des § 458 BGB

Entfällt nach § 275 BGB die Pflicht zur Beseitigung von Rechtsmängeln aus § 458 BGB, so greift gemäß § 311a Abs. 2 BGB eine Haftung bei – zu vermutendem – Verschulden ein. Parallel ist wiederum § 160 Abs. 1 BGB in Betracht zu ziehen. Kommt der Wiederverkäufer der Beseitigungspflicht rein tatsächlich nicht nach, so gelten die §§ 280 ff., 320 ff. BGB.

(c) Befreiung des Wiederkäufers von der Pflicht zur Zahlung des Kaufpreises

Ist der Kaufgegenstand vor der Ausübung des Wiederkaufsrechts unverschuldet verschlechtert worden oder untergegangen, so findet in bezug auf die Pflicht des

---

[884] Siehe oben § 2 H III 4a, aa (2a), S. 188 f.

[885] Dazu oben § 2 H III 1, S. 185 f.

[886] *Erman/Grunewald* § 498 Rdnr. 4; *Soergel/Huber* § 498 Rdnr. 5; *Staudinger/Mader* § 498 Rdnr. 6; *H.P. Westermann* MünchKomm. § 498 Rdnr. 5.

[887] Siehe oben § 2 H III 4a, aa (2a), S. 188 f.

[888] Vgl. RG v. 21. November 1929, RGZ 126, 308 (314); *Erman/Grunewald* § 498 Rdnr. 3; *Soergel/Huber* § 498 Rdnr. 4; *Staudinger/Mader* § 498 Rdnr. 5; *H.P. Westermann* MünchKomm. § 498 Rdnr. 4.

Wiederkäufers zur Entrichtung des Wiederkaufpreises § 326 BGB Anwendung.[889] Die Pflicht zur Herausgabe eines stellvertretenden commodums beurteilt sich nach § 285 BGB.

(d) Ausnahmen bei Wiederkauf zum Schätzungswert

All dies gilt gemäß § 460 BGB nicht, wenn als Wiederkaufpreis der Schätzungswert des Gegenstandes im Zeitpunkt der Ausübung des Wiederkaufsrechts vereinbart worden ist, da ein angemessener Interessenausgleich in diesem Fall über die Höhe des Wiederkaufpreises erfolgt.

(2) Leistungsstörungen nach Ausübung des Wiederkaufsrechts

Liegt der Grund für die Verletzung der Pflichten des Wiederverkäufers aus den §§ 433 Abs. 1, 453 Abs. 1 und 3 BGB in einem Ereignis nach der Ausübung des Wiederkaufsrechts, so gelten die allgemeinen Regeln für eine Verletzung der Verkäuferpflichten, d.h. auch § 437 BGB.[890]

b) Pflichten des Wiederkäufers

aa) Hauptpflichten

Gemäß § 433 Abs. 2 BGB ist der Wiederkäufer zur Zahlung des Wiederkaufpreises verpflichtet. Dieser bemißt sich im Zweifel nach dem ursprünglichen Verkaufspreis (§ 456 Abs. 2 BGB).

bb) Nebenpflichten

Den Wiederkäufer treffen stets die allgemeinen Nebenpflichten eines Käufers. Dazu zählt regelmäßig auch die Pflicht zur Abnahme des Kaufgegenstandes aus § 433 Abs. 2 BGB.[891]

Zudem hat der Wiederkäufer dem Wiederverkäufer nach § 459 Satz 1 BGB Verwendungen zu ersetzen, die dieser vor der Ausübung des Wiederkaufrechts auf den gekauften Gegenstand gemacht hat. Allerdings müssen diese den Wert erhöhen. Die Ersatzpflicht gilt auch für solche *werterhöhenden* Verwendungen, die zur Erhaltung des Gegenstandes notwendig waren.[892] Nach § 460 BGB entfällt diese Pflicht bci einem Wiederkauf zum Schätzungswert, da die Werterhöhung in diesem Fall in die Bemessung des Wiederkaufpreises eingeht.

Schließlich ist der Wiederverkäufer nach § 459 Satz 2 BGB berechtigt, Einrichtungen wegzunehmen, mit denen er den Kaufgegenstand versehen hat; ist die Sache bereits an den Wiederkäufer übergeben, so muß dieser gemäß § 258 Satz 2 BGB die Wegnahme derartiger Einrichtungen gestatten. Den Wiederverkäufer trifft in beiden Fällen jedoch die Wiederherstellungspflicht aus § 258 Satz 1 BGB.

---

[889] *Erman/Grunewald* § 498 Rdnr. 8; *Soergel/Huber* § 498 Rdnr. 9; *Staudinger/Mader* § 498 Rdnr. 6.

[890] Siehe oben § 2 H III 4a, aa, S. 187 f.

[891] Dazu oben § 2 G I 2, S. 168 f.

[892] *RGRK/Mezger* § 500 Rdnr. 2; *Soergel/Huber* § 500 Rdnr. 2; *Staudinger/Mader* § 500 Rdnr. 3; a.A. *Palandt/Putzo* § 459 Rdnr. 1.

IV. Vorkauf

1. Begriff und Rechtsnatur

Nach § 463 BGB kann derjenige, der bezüglich eines Gegenstandes (einer Sache oder eines Gegenstandes i.S. des § 453 Abs. 1 BGB) zum Vorkauf berechtigt ist, dieses Recht ausüben, sobald der Verpflichtete mit einem Dritten einen Kaufvertrag über den Gegenstand abgeschlossen hat (sog. Vorkaufsfall).[893] Durch die Ausübung des Vorkaufsrechts kommt nach § 464 Abs. 2 BGB zwischen dem Berechtigten und dem Verpflichteten ein Kaufvertrag mit den Bestimmungen zustande, welche der Verpflichtete mit dem Dritten vereinbart hat.

Anders als bei einem Kauf auf Probe oder einem Wiederkaufsrecht kann der Vorkaufsberechtigte somit nicht einseitig einen wirksamen Kaufvertrag über einen bestimmten Gegenstand herbeiführen, sondern ein Vorkaufsrecht kann er nur ausüben, wenn der Vorkaufsverpflichtete diesen Gegenstand an einen Dritten verkauft. Das Erwerbsinteresse des Vorkaufsberechtigten wird daher nur in Kombination mit einem Abwehrinteresse gegenüber einer „drohenden" Veräußerung der Sache an einen Dritten geschützt. Beispiel: Der Vater überträgt das familieneigene Unternehmen seinem Sohn, behält sich aber für den Fall des Weiterverkaufs durch den Sohn ein Vorkaufsrecht vor, um eine Veräußerung an Dritte zu verhindern. Sofern der Vorkaufsverpflichtete die Sache nicht verkauft, kann der Vorkaufsberechtigte nicht einseitig zu seinen Gunsten einen Kaufvertrag herbeiführen.

Als Rechtsgrundlage für ein Vorkaufsrecht kommen sowohl eine Vereinbarung zwischen dem Berechtigten und dem Verpflichteten als auch eine Rechtsvorschrift in Betracht; im letzteren Fall spricht man von einem gesetzlichen Vorkaufsrecht.[894] So sieht z.B. das Bürgerliche Gesetzbuch in § 2034 BGB ein Vorkaufsrecht der Miterben hinsichtlich des Erbteils eines anderen Miterben vor, das nach § 2035 BGB unter gewissen Voraussetzungen auch gegenüber dem Drittkäufer ausgeübt werden kann.[895] Nach § 577 BGB ist der Mieter einer Wohnung, an der nach der mietweisen Überlassung Wohnungseigentum begründet worden ist, zum Vorkauf berechtigt. Ein gesetzliches Vorkaufsrecht zur Sicherung öffentlicher Aufgaben, das die Realisierung der Bauplanung bezweckt, regeln in bezug auf Grundstücke die §§ 24 ff. BauGB zugunsten der Gemeinden.[896] Auch auf dieses Vorkaufsrecht sind die meisten Vorschriften der §§ 463 bis 473 BGB anwendbar (§ 28 Abs. 2 Satz 2 BauGB).

Wie bei einem Kauf auf Probe und einem Wiederkauf ist die Rechtsnatur des vertraglichen Vorkaufs umstritten: Die h.M.[897] nimmt einen doppelt aufschiebend

---

[893] Näher unten § 2 H IV 3a, S. 194 ff.

[894] Überblick zu den gesetzlichen Vorkaufsrechten bei *Staudinger/Mader* Vorbem. zu §§ 504 ff. Rdnr. 9 ff.

[895] Eingehend dazu *Lange/Kuchinke* § 42 III, S. 1038 ff.

[896] Näher *Groschupf* NJW 1998, 418 ff.

[897] RG v. 13. Juni 1932, RGZ 137, 29 (33); BGH v. 4. März 1955, BGHZ 32, 375 (377); *Fikentscher* Rdnr. 747; RGRK/*Mezger* § 504 Rdnr. 3 f.; *Schlechtriem* Rdnr. 163; *Soergel/Huber* vor § 504 Rdnr. 8; wohl auch *Staudinger/Mader* Vorbem. zu §§ 504 ff. Rdnr. 28 f.

bedingten Kaufvertrag mit zunächst noch teilweise unbestimmtem Inhalt (vgl.
§ 464 Abs. 2 BGB) an. Dabei wird als erste Bedingung der Abschluß eines Kaufvertrages zwischen dem Vorkaufsverpflichteten und einem Dritten i.S. des § 463
BGB angenommen (Vorkaufsfall) und als zweite, kumulative Bedingung die Ausübung des Vorkaufsrechts durch den Berechtigten betrachtet. Die erste Bedingung
stellt hierbei eine sog. Potestativbedingung dar, da der Abschluß des Kaufvertrages
zwischen dem Vorkaufsverpflichteten und dem Dritten nicht inhaltlich-funktionell
auf die Herbeiführung des Vorkaufs gerichtet ist, während die zweite Bedingung
als sog. Wollensbedingung in einer Ingeltungsetzung des Kaufvertrages durch den
Vorkaufsberechtigten besteht.[898]

Aus der angenommenen Unvereinbarkeit der §§ 158 ff. BGB mit Wollensbe-
dingungen sowie dem Wortlaut des § 464 Abs. 2 BGB, nach dem der Kauf (erst)
mit der Ausübung des Vorkaufsrechts „zustande" kommt, schließt eine abweichende Ansicht hingegen, daß es sich bei der rechtsgeschäftlichen Begründung von
Vorkaufsrechten nicht um den Abschluß eines doppelt bedingten Kaufvertrages,
sondern eine Vereinbarung handelt, die dem Berechtigten die Befugnis verleiht,
unter den in § 463 BGB genannten Voraussetzungen den Kaufvertrag einseitig
durch eine Gestaltungserklärung zu begründen.[899] Für die gesetzlichen Vorkaufsrechte ist in der Tat nur das Moment der Gestaltungserklärung seitens des Berechtigten relevant. Jedoch lassen sich in bezug auf rechtsgeschäftliche Vorkaufsrechte die Annahme eines Gestaltungsrechts und eines bedingten Kaufvertrages
vereinbaren (Optionsvertrag),[900] so daß der h.M. zu folgen ist. Da die Vereinbarung eines rechtsgeschäftlichen Vorkaufsrechts somit bereits den Abschluß eines
doppelt bedingten Kaufvertrages enthält, muß sie in einer für entsprechende Kaufverträge vorgeschriebenen Form erfolgen; beispielsweise bei Grundstücken in der
Form des § 311b Abs. 1 Satz 1 BGB.[901]

2. Abgrenzung zu verwandten Vertragsgestaltungen

a) Dingliche Vorkaufsrechte gemäß den §§ 1094 ff. BGB

Die wirksame Ausübung eines Vorkaufsrechts i.S. des § 463 BGB bewirkt nach
§ 464 Abs. 2 BGB lediglich, daß zwischen den Parteien ein Kaufvertrag zu den
Bedingungen zustande kommt, die der Verpflichtete mit dem Drittkäufer vereinbart hat. Es handelt sich somit um ein *schuldrechtliches Vorkaufsrecht*, dessen
Ausübung für die Parteien die Rechte und Pflichten der §§ 433 ff. BGB nach sich
zieht. Dieses Vorkaufsrecht begründet keine unmittelbare Rechtsbeziehung zwischen dem Vorkaufsberechtigten und dem Drittkäufer.[902] Übereignet somit der

---

[898] Siehe im einzelnen oben § 2 H II 1, S. 181 f.
[899] *Larenz* BT 1, § 44 III, S. 151 f.: *Medicus* Rdnr. 156.
[900] Näher oben § 2 H II 1, S. 182.
[901] RG v. 29. Mai 1935, RGZ 148, 105 (108); *Erman/Grunewald* § 504 Rdnr. 7; *Soergel/
       Huber* vor § 504 Rdnr. 2; *Staudinger/Mader* § 504 Rdnr. 6; *H.P. Westermann* Münch-
       Komm. § 504 Rdnr. 10; im Ergebnis auch *Larenz* BT 1, § 44 III, S. 152; a.A. *Häse-
       meyer* Die gesetzliche Form der Rechtsgeschäfte, 1971, S. 235 f.
[902] Siehe noch unten § 2 H IV 6, S. 198 f.

Vorkaufsverpflichtete nach der Ausübung des Vorkaufsrechts den Gegenstand an den Drittkäufer, so verletzt er zwar seine Pflicht gegenüber dem Vorkaufsberechtigten aus § 433 Abs. 1 Satz 1 BGB, der Dritte wird jedoch Eigentümer, ohne daß der Vorkaufsberechtigte die Sache von ihm herausverlangen könnte.

Von dem schuldrechtlichen Vorkaufsrecht der §§ 463 bis 473 BGB ist daher das *dingliche Vorkaufsrecht* i.S. der §§ 1094 bis 1104 BGB zu unterscheiden, das nach § 1094 Abs. 1 BGB nur an Grundstücken bestellt werden kann.[903] Dieses entsteht nicht durch schuldrechtlichen Vertrag, sondern gemäß § 873 BGB durch dingliche Einigung und Eintragung im Grundbuch. Auch bei einem dinglichen Vorkaufsrecht bemißt sich zwar das Rechtsverhältnis zwischen dem Vorkaufsberechtigten und dem Vorkaufsverpflichteten nach den §§ 463 bis 473 BGB (§ 1098 Abs. 1 Satz 1 BGB). Ein dingliches Vorkaufsrecht entfaltet darüber hinaus aber nach § 1098 Abs. 2 BGB gegenüber Dritten die Wirkung einer Vormerkung zur Sicherung des mit der Ausübung des Vorkaufsrechts entstehenden Anspruchs auf Übertragung des Eigentums an dem Grundstück. Daher ist nach § 1098 Abs. 2 BGB i.V. mit § 883 Abs. 2 Satz 1 BGB die Übertragung des Eigentums an dem betreffenden Grundstück auf einen Drittkäufer gegenüber dem Vorkaufsberechtigten relativ unwirksam. Aus diesem Grunde kann der Vorkaufsberechtigte von dem Vorkaufsverpflichteten weiterhin die Übereignung verlangen (Ausschluß des § 275 Abs. 1 BGB), an welcher der Dritte nach Maßgabe des § 888 Abs. 1 BGB grundbuchrechtlich mitwirken muß.[904] Eine derartige Drittwirkung entfaltet ein *schuldrechtliches* Vorkaufsrecht in bezug auf ein Grundstück nur, wenn der zugunsten des Vorkaufsberechtigten bestehende, doppelt bedingte Anspruch auf Übereignung[905] durch eine nach Maßgabe des § 885 BGB *separat* zu bestellende Vormerkung gesichert wird (vgl. § 883 Abs. 1 Satz 2 BGB). Demgegenüber löst ein dingliches Vorkaufsrecht die Rechtswirkungen einer Vormerkung nach § 1098 Abs. 2 BGB automatisch aus.

b) Einseitiges Angebot zum Abschluß eines Kaufvertrages

Zu unterscheiden ist das Vorkaufsrecht weiterhin von einem bloß einseitigen Angebot des Verkäufers, den Gegenstand unter bestimmten Bedingungen an den Adressaten zu verkaufen.[906] In diesem Fall erfolgt keine Gestaltungserklärung seitens des Käufers, die zur Wirksamkeit der Pflichten aus einem bedingten Kaufvertrag führen würde, sondern der Kaufvertrag kommt überhaupt erst durch die Annahmeerklärung des Käufers mit der jeweiligen Bedingung zustande. Eine vereinbarte aufschiebende Bedingung wird hierbei jedoch anders als bei § 463 BGB selten in dem Abschluß eines Kaufvertrages mit einem Dritten bestehen.

c) Vorhand

Als Vorhand wird die Abrede bezeichnet, in der einer Partei in bezug auf einen Gegenstand (z.B. die Komposition eines Musikers) ein vorzugsweiser Vertrags-

---

[903] Näher *Baur/Stürner* § 21 Rdnr. 23 ff.

[904] Im einzelnen *Baur/Stürner* § 20 Rdnr. 34 ff.

[905] Vgl. oben § 2 H IV 1, S. 191 f.

[906] A.A. *Schurig* Das Vorkaufsrecht im Privatrecht, 1975, S. 81 ff.

schluß oder vorzugsweise Vertragsverhandlungen zugesagt werden.[907] Derartige Vereinbarungen können unterschiedliche Bindungsgrade haben, die von einem vorvertraglichen Schuldverhältnis i.S. des § 311 Abs. 2 BGB bis zu einem bedingten Vorvertrag reichen. Die §§ 463 ff. BGB sind auf die Vorhand in aller Regel nicht anwendbar.[908]

3. Zustandekommen des Vorkaufs

Die Wirksamkeit des zwischen den Parteien bestehenden Kaufvertrages steht nach den §§ 463, 464 Abs. 2 BGB unter zwei Voraussetzungen: Erstens muß der Vorkaufsverpflichtete über den Gegenstand einen Vertrag mit einem Dritten abschließen (sog. Vorkaufsfall) und zweitens muß der Vorkaufsberechtigte infolgedessen sein Vorkaufsrecht ausgeübt haben.

a) Eintritt des Vorkaufsfalls

Nach § 463 BGB eröffnet nur der Abschluß eines Kaufvertrages zwischen dem Vorkaufsverpflichteten und einem Dritten die Möglichkeit zur Ausübung des Vorkaufsrechts. Den Begriff des Kaufvertrages interpretiert die h.M. eng, so daß ihm weder Tauschverträge noch Schenkungen unterfallen.[909] Wird jedoch eine Vertragsgestaltung gewählt, die funktionell einem Kaufvertrag nahezu entspricht, so kann eine Umgehung des § 463 BGB vorliegen, die gemäß § 162 Abs. 1 BGB i.V. mit § 242 BGB den Vorkaufsfall auslöst.[910] Beispiel: Die Kaufsache wird i.S. des § 480 BGB gegen Wertpapiere eingetauscht, die sogleich liquidiert werden. Zudem ist § 463 BGB insoweit dispositiv, als die Parteien des Vorkaufvertrages den Vorkaufsfall auch auf andere Vertragstypen (z.B. Schenkungen) erstrecken können.[911]

Der Kaufvertrag mit dem Dritten muß rechtswirksam sein.[912] Ein nichtiger Vertrag oder ein genehmigungsbedürftiger Vertrag, bei dem die Genehmigung nicht erteilt wird, begründet somit keinen Vorkaufsfall. Verkauft der Vorkaufsverpflich-

---

[907] *Erman/Grunewald* § 504 Rdnr. 5; *Larenz* BT 1, § 44 IV 2, S. 156 f.; *Schlechtriem* Rdnr. 172; *Staudinger/Mader* Vorbem. zu §§ 504 ff. Rdnr. 40; *H.P. Westermann* MünchKomm. § 504 Rdnr. 4.

[908] *Staudinger/Mader* Vorbem. zu §§ 504 ff. Rdnr. 40.

[909] RG v. 17. Juni 1929, RGZ 125, 123 (125); BGH v. 27. Oktober 1967, BGHZ 49, 7 (10 f.) – sog. Ringtausch; *Erman/Grunewald* § 504 Rdnr. 8; *Soergel/Huber* § 504 Rdnr. 5; *Staudinger/Mader* § 504 Rdnr. 11 ff.; *H.P. Westermann* MünchKomm. § 504 Rdnr. 19. Zum Sonderfall einer sog. gemischten Schenkung siehe BGH v. 25. September 1986, NJW 1987, 890 (892) sowie unten § 4 B IV, S. 279 ff.

[910] BGH v. 11. Oktober 1991, BGHZ 115, 335 (338 ff.); *Erman/Grunewald* § 504 Rdnr. 8; *Esser/Weyers* BT 1, § 10/3, S. 114; *Staudinger/Mader* § 504 Rdnr. 21; *H.P. Westermann* MünchKomm. § 504 Rdnr. 20.

[911] *Larenz* BT 1, § 44 III, S. 153; *Staudinger/Mader* § 504 Rdnr. 10; *H.P. Westermann* MünchKomm. § 504 Rdnr. 14; weitergehend *Erman/Grunewald* § 504 Rdnr. 8.

[912] *Larenz* BT 1, § 44 III, S. 152; *Erman/Grunewald* § 504 Rdnr. 11; *Schlechtriem* Rdnr. 165; *Staudinger/Mader* § 504 Rdnr. 24; *H.P. Westermann* MünchKomm. § 504 Rdnr. 14.

tete an den Dritten mit dessen Einverständnis nur zum Schein, um den Vorkaufsfall zu provozieren, greift der Nichtigkeitsgrund des § 117 Abs. 1 BGB ein. Unterschiedlich wird die Bedeutung von Anfechtungsrechten in bezug auf den Drittkaufvertrag beurteilt: Einigkeit besteht insoweit, als nur ein wirksam ausgeübtes Anfechtungsrecht, nicht aber bereits die Anfechtungsmöglichkeit den Vorkaufsfall
hindert (vgl. § 142 Abs. 1 BGB). Weitergehend wird vertreten, daß ein Anfechtungsrecht des Drittkäufers auch im Fall seiner Ausübung nicht den Vorkaufsfall
beseitigen soll, da dieses nur den Schutz des Dritten bezwecke, nicht aber das Verhältnis zwischen dem Vorkaufsverpflichteten und dem Vorkaufsberechtigten berühre.[913] Dem ist jedoch entgegenzuhalten, daß das Vorkaufsrecht an einen wirksamen Drittkaufvertrag anknüpft, auf dessen Basis der Vorkaufsverpflichtete an den
Dritten veräußern kann, wenn das Vorkaufsrecht nicht ausgeübt wird. Dies ist aber
nicht der Fall, wenn der Dritte wirksam anficht. Im Interesse einer Balance von
Chance und Risiko sprechen daher bessere Gründe dafür, daß jede wirksame Anfechtung den Eintritt des Vorkaufsfalls verhindert.[914]

Ein bedingter Kaufvertrag mit einem Dritten erzeugt bereits eine Bindungswirkung i.S. der §§ 158 ff. BGB und löst daher das Vorkaufsrecht aus; nach § 464
Abs. 2 BGB bestimmt die Bedingung dann grundsätzlich auch den Inhalt des
Kaufvertrages zwischen dem Vorkaufsberechtigten und dem Vorkaufsverpflichteten.[915] Gleiches gilt für ein mit dem Dritten vereinbartes vertragliches Rücktrittsrecht.[916] Dessen Ausübung beseitigt den Vertrag nicht ex tunc, sondern wandelt
diesen lediglich in ein Rückgewährschuldverhältnis um.[917]

Zwei Formen von Verkäufen nehmen die §§ 470, 471 BGB von dem Bereich
der Kaufverträge i.S. des § 463 BGB aus: Nach der Auslegungsregel („im Zweifel") des § 470 BGB erstreckt sich das Vorkaufsrecht nicht auf einen Verkauf, der
mit Rücksicht auf ein künftiges Erbrecht, d.h. im Rahmen der sog. vorweggenom-
menen Erbfolge an einen gesetzlichen Erben erfolgt. Beispiel: Der Vater überträgt
sein Unternehmen zu einem geringen Kaufpreis an seinen Sohn als alleinigen gesetzlichen Erben, um die Unternehmensnachfolge nicht erst im Zeitpunkt seines
Todes eintreten zu lassen. Weiterhin sieht § 471 BGB zwingend[918] vor, daß ein
Verkauf im Wege der Zwangsvollstreckung oder aus der Insolvenzmasse das Vorkaufsrecht nicht auslöst.

Der Verkauf muß gemäß § 463 BGB an einen „Dritten" erfolgen. Dieses Kriterium ist nicht erfüllt, wenn im Rahmen der Aufhebung einer Bruchteilsgemeinschaft (§§ 741 ff. BGB) der Gegenstand auf einen Bruchteilsinhaber oder bei der

---

[913] *Erman/Grunewald* § 504 Rdnr. 11; *Soergel/Huber* § 540 Rdnr. 20; *Staudinger/Mader*
§ 504 Rdnr. 11; *H.P. Westermann* MünchKomm. § 504 Rdnr. 15.

[914] Vgl. auch *Burkert* NJW 1987, 3157 (3158).

[915] RG v. 24. Februar 1923, RGZ 106, 320 (324); differenzierend *Erman/Grunewald*
§ 504 Rdnr. 13; *Staudinger/Mader* § 504 Rdnr. 29; *H.P. Westermann* MünchKomm.
§ 504 Rdnr. 16. Zum Ausnahmefall des § 465 BGB siehe unten § 2 H IV 4, S. 197 f.

[916] BGH v. 11. Februar 1977, BGHZ 67, 395 (397); *Soergel/Huber* § 504 Rdnr. 15; *H.P.
Westermann* MünchKomm. § 504 Rdnr. 15. Zu § 465 BGB wieder § 2 H IV 4, S. 174.

[917] Allgemein dazu *Gaier* MünchKomm.[4] Vor § 346 Rdnr. 40.

[918] Statt aller *Staudinger/Mader* § 512 Rdnr. 3.

Auseinandersetzung einer Gesamthand (GbR, Erbengemeinschaft etc.) auf einen der Gesamthänder übertragen wird.[919] Das Vorkaufsrecht kann dann aber ausgeübt werden, wenn der neue (alleinige) Rechtsinhaber den Gegenstand weiterverkauft. Verkauft der Vorkaufsverpflichtete an einen von mehreren Vorkaufsberechtigten alleine, ist für die anderen Berechtigten der Vorkaufsfall eingetreten, die sodann nach Maßgabe des § 472 BGB an dem Verkauf zu beteiligen sind.

b) Ausübung des Vorkaufsrechts

Ist der Vorkaufsfall eingetreten,[920] so kann der Vorkaufsberechtigte sein Recht nach § 464 Abs. 1 Satz 1 BGB durch eine einseitige, empfangsbedürftige Willenserklärung gegenüber dem Vorkaufsverpflichteten ausüben.[921] Diese bedarf gemäß § 464 Abs. 1 Satz 2 BGB nicht der für den Kaufvertrag bestimmten Form, was nach h.M. auch im Hinblick auf § 311b Abs. 1 Satz 1 BGB gilt.[922]

Für die Ausübung des Vorkaufsrechts sieht § 469 Abs. 2 Satz 2 BGB die Möglichkeit einer Fristvereinbarung durch die Parteien vor. Fehlt eine solche Bestimmung in dem Vorkaufsvertrag, so gilt gemäß § 469 Abs. 2 Satz 1 bei Grundstücken eine Frist von zwei Monaten, im übrigen eine Frist von einer Woche. Maßgeblicher Zeitpunkt für die Fristwahrung ist der Zugang der Gestaltungserklärung des Vorkaufsberechtigten bei dem Vorkaufsverpflichteten.

Die Frist beginnt nicht bereits mit dem Abschluß des Kaufvertrages mit dem Dritten zu laufen, sondern erst, wenn der Vorkaufsverpflichtete dem Vorkaufsberechtigten den Inhalt des Kaufvertrages mitteilt, den dieser mit dem Dritten abgeschlossen hat. Dies muß nach § 469 Abs. 1 Satz 1 BGB unverzüglich (vgl. § 121 Abs. 1 Satz 1 BGB) geschehen.[923] Als „empfangen" i.S. des § 469 Abs. 2 Satz 1 BGB gilt die Mitteilung, wenn sie zugegangen ist, wobei die §§ 130 f. BGB für diese Wissenserklärung analog gelten.[924] Eine entsprechende Mitteilung des Drittkäufers ersetzt die Mitteilung des Vorkaufsverpflichteten (§ 469 Abs. 1 Satz 2 BGB). Die Frist des § 469 Abs. 2 BGB wird nur durch eine Mitteilung in Gang gesetzt, die *nach* der Rechtswirksamkeit des Kaufvertrages mit dem Dritten (z.B. einer erforderlichen Genehmigungserteilung) erfolgt, da dem Vorkaufsberechtigten erst dann eine hinreichende Informationsbasis zur Verfügung steht, um die Ent-

---

[919] BGH v. 23. April 1954, BGHZ 13, 133 (139); *Staudinger/Mader* § 504 Rdnr. 33; *H.P. Westermann* MünchKomm. § 504 Rdnr. 23 f.

[920] Bei einem genehmigungsbedürftigen Drittvertrag kann das Vorkaufsrecht bereits vor der Genehmigungserteilung mit Wirkung auf den Genehmigungszeitpunkt geltend gemacht werden: BGH v. 15. Mai 1998, BGHZ 139, 29 ff.

[921] Hingegen wird ein gemeindliches Vorkaufsrecht i.S. der §§ 24, 25 BauGB gemäß § 28 Abs. 2 Satz 1 BauGB durch einen Verwaltungsakt ausgeübt.

[922] Prot. II, S. 99; BT-Drucks. 14/6857, S. 62; *Erman/Grunewald* § 505 Rdnr. 1; *Soergel/Huber* § 505 Rdnr. 2; *H.P. Westermann* MünchKomm. § 505 Rdnr. 2; a.A. *Staudinger/Mader* § 505 Rdnr. 4.

[923] Bei einer Verletzung dieser Nebenleistungspflicht haftet der Vorkaufsverpflichtete zudem nach den §§ 280 ff. BGB auf Schadensersatz: RG v. 12. Dezember 1942, RGZ 170, 208 (213); *H.P. Westermann* MünchKomm. § 510 Rdnr. 1.

[924] BR/*Faust* § 469 Rdnr. 7; *Staudinger/Mader* § 510 Rdnr. 12.

scheidung bezüglich der Ausübung des Vorkaufsrechts zu treffen.[925] Erforderlich ist eine Mitteilung des gesamten Inhaltes des Kaufvertrages, da dieser bei Ausübung des Vorkaufsrechts auch den Inhalt des Vertragsverhältnisses der Parteien des Vorkaufs bestimmt (§ 464 Abs. 2 BGB).[926]

Übt der Berechtigte sein Vorkaufsrecht in der jeweils geltenden Frist nicht aus, so erlischt es. Wird der Gegenstand auf den Dritten i.S. des § 463 BGB übertragen und verkauft dieser nun seinerseits, steht dem ursprünglich Vorkaufsberechtigten kein Vorkaufsrecht zu Lasten dieses Dritten zu. Das gilt ebenfalls, wenn der Kaufvertrag mit dem Dritten, der den Vorkaufsfall begründet, rein faktisch nicht durchgeführt wird und der Verpflichtete den Gegenstand erneut verkauft. In diesem Fall gilt das Vorkaufsrecht mangels einer abweichenden Vereinbarung für diesen zweiten Verkauf nicht mehr.[927]

Nach der dispositiven Vorschrift des § 473 Satz 1 BGB ist das Vorkaufsrecht zudem nicht übertragbar und auf der Seite des Berechtigten (sog. Aktivseite) nicht vererblich. Letzteres gilt wiederum im Zweifel nicht, wenn das Recht auf eine bestimmte Zeit beschränkt ist (§ 473 Abs. 2 BGB).

4. Rechtsverhältnis zwischen dem Vorkaufsberechtigten und dem Vorkaufsverpflichteten

Die wirksame Ausübung des Vorkaufsrechts führt dazu, daß gemäß § 464 Abs. 2 BGB der Kauf zwischen dem Berechtigten und dem Verpflichteten mit den Bestimmungen zustande kommt, die der Verpflichtete mit dem Dritten vereinbart hat. Der Vorkaufsberechtigte tritt also nicht etwa in den Drittkaufvertrag ein, sondern der ihn als Käufer berechtigende Vertrag steht neben dem Kaufvertrag mit dem Dritten. Die Vorschrift des § 464 Abs. 2 BGB ist insoweit dispositiv, als der Vorkaufsberechtigte und der Vorkaufsverpflichtete für den zwischen ihnen bestehenden Kaufvertrag Konditionen vereinbaren können, die von dem Kaufvertrag mit dem Dritten abweichen, z.B. einen niedrigeren Kaufpreis (sog. limitiertes Vorkaufsrecht).[928] Die §§ 466 (Nebenleistungen) und 467 BGB (Gesamtpreis) sehen Abweichungen des Kaufvertrages zwischen dem Vorkaufsberechtigten und dem Vorkaufsverpflichteten von dem Kaufvertrag mit dem Dritten vor, die auf einer tatsächlichen Unübertragbarkeit der betreffenden Konditionen beruhen.[929]

Zum Schutz des Vorkaufsberechtigten ordnet § 465 BGB kraft Gesetzes zwei Ausnahmen von dem Grundsatz der inhaltlichen Identität mit dem Drittkaufvertrag an: Erstens ist eine Vereinbarung, welche den Kauf des Dritten von der Nichtausübung des Vorkaufsrechts abhängig macht, *gegenüber dem Vorkaufsberechtigten*

---

[925] BGH v. 20. Februar 1957, BGHZ 23, 342 (348); *Erman/Grunewald* § 510 Rdnr. 7; *Staudinger/Mader* § 510 Rdnr. 5.

[926] BGH v. 29. Oktober 1993, NJW 1994, 315 (316); *Larenz* BT 1, § 44 III, S. 153; *Staudinger/Mader* § 510 Rdnr. 10; *H.P. Westermann* MünchKomm. § 510 Rdnr. 4.

[927] *Erman/Grunewald* § 504 Rdnr. 10; *Staudinger/Mader* § 504 Rdnr. 37.

[928] RG v. 12. Dezember 1942, RGZ 170, 208 (214); *Soergel/Huber* § 505 Rdnr. 23; *Staudinger/Mader* § 505 Rdnr. 17; *H.P. Westermann* MünchKomm. § 505 Rdnr. 4.

[929] Siehe weiterführend BGH v. 25. November 1987, BGHZ 102, 237 (241); BGH v. 14. Juli 1995, NJW 1995, 3183 (3184).

unwirksam (§ 465 Alt. 1 BGB). Gäbe es diese Regelung nicht, würde eine derartige Bedingung gemäß § 464 Abs. 2 BGB auch Inhalt des Vorkaufvertrages und
damit die Ausübung des Vorkaufsrechts vereiteln, da mit ihr zugleich der Kaufvertrag wegfiele. Zweitens gilt gleiches für eine Vereinbarung mit dem Dritten, nach
welcher der Vorkaufsverpflichtete für den Fall der Ausübung des Vorkaufsrechts
berechtigt sein soll, von dem Vertrag zurückzutreten (§ 465 Alt. 2 BGB). In dem
Vertrag zwischen dem Vorkaufsverpflichteten und dem Dritten sind derartige Bestimmungen hingegen wirksam. Deren Vereinbarung ist für den Vorkaufsverpflichteten regelmäßig sogar erforderlich, damit dieser durch eine Erfüllung des Vertrages mit dem Vorkaufsberechtigten gegenüber dem Dritten keine Vertragsverletzung begeht.[930]

Eine Privilegierung für den Vorkaufsverpflichteten gegenüber § 464 Abs. 2
BGB enthält § 468 BGB. Auf eine Stundung des Kaufpreises zugunsten des Dritten kann sich der Vorkaufsberechtigte gemäß § 468 Abs. 1 BGB nur berufen,
wenn er für den Betrag Sicherheit i.S. der §§ 232 ff. BGB leistet. Diese Regelung
beruht auf dem Umstand, daß eine Stundung regelmäßig nur mit Rücksicht auf die
persönliche Bonität des Schuldners gewährt wird. Folgerichtig bedarf es der Sicherheitsleistung nach § 468 Abs. 2 BGB nicht, wenn Grundpfandrechte den Kaufpreis absichern.

5. Rechtsverhältnis zwischen dem Vorkaufsverpflichteten und dem Drittkäufer

Die Ausübung des Vorkaufsrechts berührt die Wirksamkeit des Vertrages zwischen dem Vorkaufsverpflichteten und dem Dritten nicht per se.[931] Hat ersterer mit
letzterem nicht vereinbart, daß ihr Vertrag durch die Ausübung des Vorkaufsrechts
auflösend bedingt sein soll oder eine vergleichbare Abrede getroffen, so stellt eine
Erfüllung des Vertrages mit dem Vorkaufsberechtigten, durch den der Vorkaufsverpflichtete die Erfüllung des anderen Vertrages vereitelt, eine Pflichtverletzung
i.S. der §§ 280 ff., 320 ff. BGB gegenüber dem Dritten dar.[932] Ob sich aus der
Kenntnis des Dritten von dem Vorkaufsrecht die stillschweigende Vereinbarung
einer derartigen Bedingung ableiten läßt, ist im Einzelfall durch eine Auslegung zu
beantworten.[933]

6. Rechtsverhältnis zwischen dem Vorkaufsberechtigten und dem Drittkäufer

Vorbehaltlich einer Schadensersatzpflicht nach § 826 BGB treffen den Dritten gegenüber dem Vorkaufsberechtigten keine Pflichten und umgekehrt.[934] Erfüllt der

---

[930] Siehe dazu § 2 H IV 5, S. 198.
[931] Statt aller *Larenz* BT 1, § 44 III, S. 154.
[932] RG v. 10. Mai 1928, RGZ 121, 137 (139); *Larenz* BT 1, § 44 III, S. 154; *Staudinger/
       Mader* § 504 Rdnr. 38.
[933] *Erman/Grunewald* § 506 Rdnr. 9; *Staudinger/Mader* § 504 Rdnr. 39; *H.P. Wester-
       mann* MünchKomm. § 505 Rdnr. 10.
[934] *Brox/Walker* § 7 Rdnr. 55; *Erman/Grunewald* § 505 Rdnr. 10; *Medicus* Rdnr. 163;
       Schlechtriem Rdnr. 171; *Staudinger/Mader* § 504 Rdnr. 41. Anders bei einem dingli-
       chen Vorkaufsrecht an einem Grundstück oder dem Bestehen einer Vormerkung für

Vorkaufsverpflichtete den Kaufvertrag mit dem Dritten, so hat der Vorkaufsberechtigte keine Ansprüche gegen diesen, sondern ist auf seine Ansprüche und Rechte gegen den Vorkaufsverpflichteten beschränkt, die aus einer Verletzung der Pflicht aus den §§ 433 Abs. 1, 453 Abs. 1 und 3 BGB folgen (Schadensersatz, Rücktritt, Herausgabe des von dem Dritten erlangten Kaufpreises nach § 285 BGB).

V. Verbrauchsgüterkauf

1. Überblick

Der Untertitel über den Verbrauchsgüterkauf, der die §§ 474 bis 479 BGB umfaßt, beruht wie viele weitere Neuregelungen in den §§ 433 ff. BGB auf der Richtlinie der Europäischen Gemeinschaft zum Verbrauchsgüterkauf,[935] deren erklärtes Ziel darin besteht, „einen Beitrag zur Erreichung eines hohen Verbraucherschutzniveaus" und zu der „Vollendung des Binnenmarkts" zu leisten.[936] Diese Zielsetzungen und die spezifischen Vorgaben der Richtlinie sind bei der Auslegung der §§ 474 bis 479 BGB in besonderem Maße zu berücksichtigen (sog. richtlinienkonforme Auslegung[937]). Der Untertitel über den Verbrauchsgüterkauf regelt folgende Gegenstände:

- den Begriff des Verbrauchsgüterkaufs (§ 474 Abs. 1 BGB),
- die Nichtanwendbarkeit bzw. zwingende Anwendbarkeit einzelner Normen in den §§ 433 ff. BGB auf Verbrauchsgüterkaufverträge (§§ 474 Abs. 2, 475 BGB),
- die Beweislast für die Feststellung von Sachmängeln (§ 476 BGB),
- Garantien, die einem Verbraucher eingeräumt werden (§ 477 BGB), und
- den Rückgriff des Verkäufers, der von dem Verbraucher wegen einer Mangelhaftigkeit der Kaufsache in Anspruch genommen worden ist, gegenüber seinem Lieferanten und den weiteren Regreß in der Lieferkette (§§ 478, 479 BGB).

Diese Regelungen sind im Zusammenhang mit weiteren, insbesondere im Allgemeinen Schuldrecht enthaltenen Vorschriften zum Schutz des Verbrauchers zu sehen.[938] Zu nennen ist vor allem das zweiwöchige Widerrufsrecht nach § 355 BGB bei Haustürgeschäften (§ 312 BGB) und Fernabsatzverträgen (§ 312b BGB). Ein umfangreicher Schutz folgt auch aus den §§ 491 ff. BGB i.V. mit den §§ 355 ff. BGB, wenn einem Verbraucher die Zahlung des Kaufpreises mittels eines Darlehens oder einer vergleichbaren Finanzierungshilfe ermöglicht wird (sog. Abzahlungskauf).[939]

---

den doppelt bedingten Übereignungsanspruch des Vorkaufsberechtigten; siehe § 2 H IV 2a, S. 192 f.

[935]   Siehe bereits oben § 2 A, S. 20 f.

[936]   Erwägungsgründe 1 und 4 der Richtlinie.

[937]   Hierzu im Überblick *Götz* NJW 1992, 1853 ff. sowie vertiefend *Lutter* JZ 1992, 593 ff.

[938]   Siehe bereits oben § 2 C, S. 30.

[939]   Dazu näher unten § 3 C bis E, S. 249 ff.

2. Begriff des Verbrauchsgüterkaufs

Den Anwendungsbereich der Vorschriften über den Verbrauchsgüterkauf (§§ 474
bis 479 BGB) legt § 474 Abs. 1 BGB sowohl in persönlicher als auch in sachlicher
Hinsicht fest. Sprachlich ist der Begriff „Verbrauchsgüterkauf" allerdings mißverständlich, da sich der Anwendungsbereich der §§ 474 ff. BGB nicht in erster
Linie nach objektiven Kriterien (dem Vertragsgegenstand) bemißt, sondern nach
dem Status der beteiligten Personen (sog. subjektives System).

a) Persönlicher Anwendungsbereich

aa) Die §§ 13, 14 BGB als Definitionsnormen

Nach der Legaldefinition des Verbrauchsgüterkaufs in § 474 Abs. 1 Satz 1 BGB
muß es sich um einen Vertrag handeln, bei dem der *Käufer ein Verbraucher* i.S.
des § 13 BGB und der *Verkäufer ein Unternehmer* i.S. des § 14 BGB ist.[940] Dies
entspricht den Vorgaben in Art. 1 Abs. 2 der Richtlinie zum Verbrauchsgüterkauf.
Die Vorschriften über den Verbrauchsgüterkauf finden daher keine Anwendung
auf Kaufverträge unter Unternehmern,[941] unter Verbrauchern sowie auf den insbesondere im Gebrauchtwagenhandel nicht nur theoretischen Fall des Verkaufs eines
Verbrauchers an einen Unternehmer.[942]

      Da somit die Inzahlungnahme eines Gebrauchtwagens[943] als solche nicht den
Vorschriften des Verbrauchsgüterkaufs unterfällt, wohl aber die Weiterveräußerung des PKW durch den Händler an einen Verbraucher, könnten sich in der Vertragspraxis Gestaltungen durchsetzen, nach denen der Gebrauchtwagenhändler den
PKW nicht selbst, sondern nur als Vertreter des Neuwagenkäufers weiterverkauft
(sog. Agenturvertrag).[944] Es stellt sich dann die Frage, ob hierin eine unzulässige
Umgehung der §§ 474 ff. BGB liegt, die in analoger Anwendung des § 475 Abs. 1
Satz 2 BGB[945] doch zu einer Geltung der Vorschriften über den Verbrauchsgüterkauf im Verhältnis zwischen dem Gebrauchtwagenhändler und dem Gebrauchtwagenkäufer führt. Teile der Literatur nehmen dies zum Schutz des Gebrauchtwagenkäufers zumindest dann an, wenn der Händler wirtschaftlich die Chancen und
Risiken des Weiterverkaufs trägt (insbesondere indem er dem Neuwagenkäufer
einen Mindestpreis in bezug auf den Weiterverkauf des Gebrauchtwagens garantiert).[946] Andererseits soll im Falle des Agenturvertrages nach dem erklärten Willen der Beteiligten gerade keine direkte vertragliche Beziehung zwischen dem Ge-

---

[940]   Die §§ 13, 14 BGB wurden auf der Basis europarechtlicher Vorgaben durch das Ge-
        setz v. 27. Juli 2000 über Fernabsatzverträge und andere Fragen des Verbraucherrechts
        sowie zur Umstellung von Vorschriften auf den Euro, BGBl. I, S. 897 in das Bürgerli-
        che Gesetzbuch eingefügt.
[941]   Siehe aber unten § 2 H V 6, S. 212 ff. zum Regreß des Unternehmers.
[942]   BT-Drucks. 14/6040, S. 243.
[943]   Dazu oben § 2 G I 1b, S. 151 ff.
[944]   Siehe oben § 2 G I 1b, S. 151 ff.
[945]   Eine direkte Anwendung der Norm scheidet aus, da sie die Eröffnung des Anwen-
        dungsbereichs der §§ 474 ff. BGB durch § 474 Abs. 1 BGB voraussetzt.
[946]   BR/*Faust* § 474 Rdnr. 7; *Reinking* DAR 2002, 15 (22); *Schlechtriem* Rdnr. 98.

brauchtwagenkäufer und dem Händler entstehen. Die §§ 474 ff. BGB sind nicht geeignet, eine vertragliche Beziehung zwischen zwei Personen zu fingieren, sondern gestalten lediglich ein bereits bestehendes Vertragsverhältnis aus.[947] Mehr fordert auch die Richtlinie zum Verbrauchsgüterkauf nicht. Ein Verbrauchsgüterkaufvertrag könnte somit allenfalls im Verhältnis zwischen dem Neuwagenkäufer als Verkäufer des Gebrauchtwagens und dem Gebrauchtwagenkäufer angenommen werden, weil ersterer als „Strohmann" des Händlers tätig werde und daher als Unternehmer i.S. des § 14 Abs. 1 BGB zu behandeln sei.[948] Dies würde jedoch die schutzwürdigen Interessen des Neuwagenkäufers vernachlässigen, der sich nicht treuwidrig zum „Werkzeug" des Händlers macht, sondern legitime eigene Interessen verfolgt. Auf einen Agenturvertrag sind die §§ 474 ff. BGB daher nicht anwendbar; zugunsten des Gebrauchtwagenkäufers greift im Verhältnis zu dem Unternehmer aber unter Umständen ein Schutzpflichtverhältnis nach den §§ 311 Abs. 3, 241 Abs. 2 BGB ein, aus dem insbesondere Aufklärungspflichten folgen können.

bb) Verbrauchereigenschaft i.S. des § 13 BGB

Verbraucher ist gemäß § 13 BGB eine natürliche Person, die das Rechtsgeschäft zu einem Zweck abschließt, der weder ihrer gewerblichen noch ihrer selbständigen beruflichen Tätigkeit zugerechnet werden kann. Wegen der Beschränkung auf natürliche Personen unterfällt z.B. ein eingetragener Verein als juristische Person selbst dann nicht dem Verbraucherbegriff, wenn er nicht unternehmerisch, sondern karitativ tätig ist (sog. Idealverein).[949] Zu den natürlichen Personen zählen hingegen auch Gemeinschaften natürlicher Personen, die keine juristischen Personen darstellen (Bruchteilsgemeinschaft, Erbengemeinschaft, BGB-Gesellschaft), unabhängig davon, ob die Gemeinschaft als solche teilrechtsfähig ist.[950]

Bei natürlichen Personen ist die Verbrauchereigenschaft nur ausgeschlossen, wenn der Kauf entweder ihrer gewerblichen oder selbständigen beruflichen Tätigkeit zugerechnet werden kann, da in diesen Fällen eine erhöhte Schutzbedürftigkeit fehlt. Der Begriff der gewerblichen Tätigkeit ist anhand des handelsrechtlichen Gewebebegriffes aus § 1 Abs. 1 HGB zu konkretisieren. Es muß sich somit um eine auf Dauer angelegte, selbständige berufliche, am Markt rechtsgeschäftlich anbietende Tätigkeit nicht wissenschaftlicher, künstlerischer oder freiberuflicher Art

---

[947] *Jauernig/Berger* § 475 Rdnr. 6; *Medicus* Rdnr. 89; *Ziegler/Rieder* ZIP 2001, 1789 (1797). Näher zu den Konstruktionsschwierigkeiten bei einer analogen Anwendung des § 475 Abs. 1 Satz 2 BGB *Müller* NJW 2003, 1975 (1980).

[948] Vgl. zu § 14 BGB und „Strohmann"-Geschäften BGH v. 13. März 2002, NJW 2002, 2030 f.

[949] EuGH v. 22. November 2001, NJW 2002, 205; *Palandt/Heinrichs* § 13 Rdnr. 2; mit Bedenken wohl auch *Micklitz* MünchKomm.[4] § 13 Rdnr. 11 ff.; kritisch *Flume* ZIP 2000, 1427 (1428).

[950] BGH v. 23. Oktober 2001, NJW 2002, 368 ff.; *Micklitz* MünchKomm.[4] § 13 Rdnr. 15 f.; *Palandt/Heinrichs* § 13 Rdnr. 2.

(vgl. § 1 Abs. 2 PartGG) handeln.[951] Von dem Begriff der (sonstigen) selbständigen beruflichen Tätigkeit werden insbesondere Freiberufler erfaßt, nicht aber unselbständig Beschäftigte (sog. Arbeitnehmer).[952] Sofern ein Arbeitnehmer daher für berufliche Zwecke einen Kauf (z.B. Arbeitskleidung) tätigt, kommt eine Anwendung der Vorschriften über den Verbrauchsgüterkauf durchaus in Betracht.[953]

In bestimmten Fällen kann zweifelhaft sein, ob der Kaufvertrag einer gewerblichen oder selbständigen beruflichen Tätigkeit i.S. des § 13 BGB „zuzurechnen" ist. Das gilt insbesondere für Existenzgründungsgeschäfte (Beispiel: ein Arzt kauft zur Einrichtung seiner neu zu eröffnenden Praxis ein Röntgengerät), welche die h.M. aufgrund der noch bestehenden Schutzbedürftigkeit des Existenzgründers in den Begriff des Verbrauchergeschäftes einbezieht.[954] Problematisch gestaltet sich die Rechtslage weiterhin bei Sachen, die sowohl für den dienstlichen als auch zum privaten Gebrauch genutzt werden (z.B. PKW). Während eine Ansicht dafür plädiert, auf den Schwerpunkt der Verwendung abzustellen,[955] soll nach einer anderen Auffassung die „Rolle" ausschlaggebend sein, aus welcher der Käufer bei Abschluß des Vertrages handelt (Privater oder beruflich Tätiger).[956] Der Rechtsgedanke des § 344 HGB spricht dafür, im Zweifel eine Zurechnung zur gewerblichen oder selbständigen beruflichen Tätigkeit zu bejahen.[957]

cc) Unternehmereigenschaft i.S. des § 14 BGB

Unternehmer ist nach § 14 BGB eine natürliche oder juristische Person oder eine rechtsfähige Personengesellschaft, die bei Abschluß des Rechtsgeschäftes in Ausübung[958] ihrer gewerblichen oder selbständigen beruflichen Tätigkeit handelt. Dabei muß diese Tätigkeit nach der zwingenden Vorgabe des Art. 1 Abs. 2c der Richtlinie zum Verbrauchsgüterkauf nicht gerade schwerpunktmäßig auf Verkäufe der jeweiligen Art ausgerichtet sein; die Vorschriften über den Verbrauchsgüterkauf sind daher z.B. auch anwendbar, wenn ein Freiberufler einen zuvor als Be-

---

[951] Vgl. *Canaris* Handelsrecht, 23. Aufl. 2000, § 2 I, S. 23 ff.; *Oetker* Handelsrecht, 3. Aufl. 2003, § 2 B, S. 11 ff.; *K. Schmidt* Handelsrecht, 5. Aufl. 1999, § 9 IV, S. 280 ff.

[952] Zum Arbeitnehmerbegriff siehe unten § 7 B IV, S. 401 ff.

[953] Insoweit geht § 474 Abs. 1 BGB über Art. 1 Abs. 2a der Richtlinie zum Verbrauchsgüterkauf hinaus, wonach jeder nicht als Verbraucher auftritt, dessen Vertragsschluß seiner „beruflichen" Tätigkeit, d.h. auch einer unselbständigen beruflichen Tätigkeit zugerechnet werden kann. Diese Abweichung ist jedoch unschädlich, da das deutsche Recht den Umfang des Verbraucherschutzes gegenüber der Richtlinie erweitert und nicht einschränkt.

[954] *Larenz/Wolf* § 42 Rdnr. 40 f.; *Micklitz* MünchKomm.[4] § 13 Rdnr. 41; a.A. OLG Oldenburg v. 12. November 2001, NJW-RR 2002, 641.

[955] *Oechsler* § 2 Rdnr. 265; *Palandt/Heinrichs* § 13 Rdnr. 4.

[956] *Micklitz* MünchKomm.[4] § 13 Rdnr. 37.

[957] Im Ergebnis ebenso *Pfeiffer* NJW 1999, 169 (173).

[958] Existenzgründungsgeschäfte – die allerdings selten in einem Verkauf bestehen werden – erfolgen somit nicht in der Eigenschaft als Unternehmer: *Micklitz* MünchKomm.[4] § 14 Rdnr. 22.

triebsfahrzeug genutzten PKW an einen Verbraucher verkauft.[959] Bei Kaufleuten i.S. des § 1 HGB ist gemäß § 344 HGB ein derartiger Zusammenhang mit der gewerblichen Tätigkeit zu vermuten. Den Begriff der rechtsfähigen Personengesellschaft konkretisiert § 14 Abs. 2 BGB, der nach nunmehr h.M. auch die BGB-Außengesellschaft erfaßt.[960] Eine solche kann somit ebenso wie eine natürliche Person je nach der Zwecksetzung ihrer Tätigkeit sowohl Verbraucher als auch Unternehmer sein.

b) Sachlicher Anwendungsbereich

Der Gegenstand, den der Verbraucher von dem Unternehmer kauft, muß eine bewegliche Sache als körperlicher Gegenstand i.S. des § 90 BGB sein. Der Kauf eines Grundstücks oder von Rechten und sonstigen Gegenständen i.S. des § 453 Abs. 1 BGB unterfällt deshalb nicht den Vorschriften über den Verbrauchsgüterkauf. Ausgeschlossen sind daher z.B. auch Elektrizität und Fernwärme sowie nicht gesondert abgefüllte Mengen von Wasser und Gas (Art. 1 Abs. 2b Spiegelstrich 2 und 3 der Richtlinie zum Verbrauchsgüterkauf).[961]

Im übrigen kommt es jedoch nicht darauf an, ob die Sache ein „Verbrauchsgut" im engeren Sinne, d.h. eine solche von nur kurzer Verwendungsdauer ist. Die §§ 474 ff. BGB sind daher z.B. auch anwendbar auf den Kauf eines PKW oder eines teuren Diamantencolliers. Es ist auch unerheblich, ob die Sache neu hergestellt oder gebraucht ist. Deshalb hätte der Begriff Verbraucherkauf den Anwendungsbereich der Vorschriften besser umschrieben als derjenige des Verbrauchsgüterkaufs.

§ 474 Abs. 1 Satz 2 BGB nimmt weiterhin solche *gebrauchten* Sachen aus dem Anwendungsbereich aus, die in einer öffentlichen Versteigerung verkauft werden, an welcher der Verbraucher persönlich teilnehmen kann.[962] Durch diese Regelung unterliegen insbesondere Fundversteigerungen den allgemeinen Vorschriften der §§ 433 ff. BGB, was z.B. die Vereinbarung von weitgehenden Haftungsausschlüssen ermöglicht.[963]

3. Nichtanwendbarkeit bzw. zwingender Charakter einzelner Vorschriften des Kaufrechts

a) Nicht anwendbare Vorschriften des Kaufrechts

Nach § 474 Abs. 2 BGB findet auf den Verbrauchsgüterkauf § 445 BGB über die Beschränkung der Rechte des Käufers bei einem Pfandverkauf in öffentlicher Ver-

---

[959] BR/*Faust* § 474 Rdnr. 13; *Reinking* DAR 2001, 8 (9); a.A. *Brüggemeier* WM 2002, 1376 (1385).

[960] Vgl. BGH v. 29. Januar 2001, BGHZ 146, 341 ff.; dazu z.B. *Ulmer* ZIP 2001, 585 ff.

[961] Siehe auch oben § 2 B IV, S. 24.

[962] Vgl. auch Art. 1 Abs. 2b Spiegelstrich 1 der Richtlinie zum Verbrauchsgüterkauf, Internetauktionen erfüllen nicht das Kriterium *persönlicher* Teilnahme: BR/*Faust* § 474 Rdnr. 16.

[963] Siehe oben § 2 D I 1d, dd (3), S. 56 ff. sowie § 2 E II 2c, S. 87. Zu den Einschränkungen von Haftungsausschlüssen nach § 475 Abs. 1 BGB unten § 2 H V 3b, S. 204 ff.

steigerung keine Anwendung. Eine andere Regelung wäre mit den Vorgaben der Richtlinie zum Verbrauchsgüterkauf nicht vereinbar.[964]

Keine Anwendung findet ferner § 447 BGB über den Gefahrübergang bei einem Versendungskauf.[965] Dies stellt eine eigenständige Entscheidung des deutschen Gesetzgebers dar, da die Richtlinie zum Verbrauchsgüterkauf ausweislich des Erwägungsgrundes 14 die Mitgliedstaaten nicht dazu verpflichtet, die Vorschriften über den Gefahrübergang zu ändern.[966] Auch bei der Vereinbarung einer Schickschuld geht die Preisgefahr daher erst in dem nach § 446 Satz 1 oder 3 BGB maßgeblichen Zeitpunkt auf den Verbraucher über (Übergabe an den Käufer oder Annahmeverzug).[967] Die übrigen Wirkungen einer Schickschuld bleiben bei einem Verbrauchsgüterkauf unberührt; so tritt z.B. bei einem Gattungskauf mit der Absendung eine Konkretisierung der Schuld des Verkäufers i.S. des § 243 Abs. 2 BGB ein,[968] und der Verkäufer schuldet den Transport als solchen nicht mehr, so daß ihm das Verschulden einer selbständigen Transportperson nicht über § 278 BGB zugerechnet werden kann.[969]

b) Zwingende Anwendung einzelner Vorschriften des Kaufrechts

aa) Allgemeines

Gemäß § 475 Abs. 1 Satz 1 BGB kann sich der Unternehmer auf eine Vereinbarung, die vor der Mitteilung eines (Sach- oder Rechts-)Mangels an ihn abgeschlossen wurde, nicht berufen, wenn diese zum Nachteil des Verbrauchers entweder von den §§ 433 bis 435, 437, 439 bis 443 BGB oder den Vorschriften des Untertitels über den Verbrauchsgüterkauf abweicht. Dadurch, daß § 475 Abs. 1 Satz 1 BGB abweichende Vereinbarungen nicht für nichtig erklärt, sondern ihnen nur einseitig, nämlich zugunsten des Verbrauchers die Verbindlichkeit entzieht, ist klargestellt, daß die von § 474 Abs. 1 Satz 1 BGB abweichende Vereinbarung nicht zur Gesamtunwirksamkeit des Vertrages führt (vgl. § 139 BGB).[970] Ob die zum Nachteil des Verbrauchers von den genannten gesetzlichen Vorschriften abweichende Vereinbarung individualvertraglich oder durch Allgemeine Geschäftsbedingungen getroffen wurde, ist unerheblich. Weiterhin sichert § 475 Abs. 1 Satz 2 BGB die zwingende Geltung der von § 475 Abs. 1 Satz 1 BGB in bezug genommenen Vorschriften dadurch ab, daß auch ihre Umgehung, die nicht in einer unmittelbar abweichenden Vereinbarung besteht, für den Verbraucher nicht bindend ist.[971]

---

[964]	Vgl. BT-Drucks. 14/7052, S. 198 f.

[965]	Dazu ausführlich oben § 2 G I 1c, cc (4), S. 159 ff.

[966]	Vgl. auch BT-Drucks. 14/6040, S. 243 f. sowie *Staudenmayer* in: Grundmann u.a. (Hrsg.), Europäisches Kaufgewährleistungsrecht, 2000, S. 27 (37).

[967]	Die Rechtswirkung des § 447 BGB kann wegen § 475 Abs. 1 Satz 1 BGB auch eine vertragliche Abrede nicht wiederherstellen; siehe näher unten § 2 H V 3b, bb (4), S. 207 f.

[968]	Siehe BGH v. 16. Juli 2003, ZGS 2003, 438 (439); BR/*Faust* § 474 Rdnr. 21; *Emmerich* MünchKomm.[4] § 243 Rdnr. 29.

[969]	Vgl. oben § 2 G I 1c, cc (4d, bb), S. 164 f.

[970]	BT-Drucks. 14/7052, S. 199; BR/*Faust* § 475 Rdnr. 12; *Medicus* Rdnr. 80b.

[971]	Siehe zu einem Beispiel der Umgehung unten § 2 H V 3b, bb (1), S. 205 f.

Diese Regelungen dienen der Umsetzung von Art. 7 Abs. 1 der Richtlinie zum Verbrauchsgüterkauf.

Andererseits steht § 475 Abs. 1 Satz 1 BGB Abreden nicht entgegen, die *nach* einer Entdeckung und Mitteilung des betreffenden Sach- oder Rechtsmangels an den Unternehmer – insbesondere im Wege eines Vergleichs i.S. des § 779 BGB – getroffen werden.[972] Darüber hinaus sind nach Wortlaut und Schutzzweck der Vorschrift Vereinbarungen stets wirksam, welche die Rechte des Verbrauchers verbessern, z.B. wenn diese dem Verbraucher für den Fall eines Mangels neben den in § 437 BGB genannten Rechten ein sofortiges, von den Voraussetzungen der §§ 323, 440 BGB unabhängiges Rücktrittsrecht einräumen.

bb) Die von § 475 Abs. 1 Satz 1 BGB in Bezug genommenen Vorschriften

(1) Anspruch des Käufers auf mangelfreie Verschaffung des Kaufgegenstandes

Unabdingbar sind insbesondere die Normen über die Pflicht des Verkäufers zur Verschaffung einer mangelfreien Sache (§ 433 Abs. 1 BGB i.V. mit den §§ 434, 435 BGB).[973] Z.B. kann der Unternehmer nicht vertraglich vereinbaren, keinen Bindungen an Werbeaussagen des Herstellers i.S. des § 434 Abs. 1 Satz 3 BGB zu unterliegen.

Besondere Bedeutung erlangt diese Regelung insbesondere bei der Veräußerung von Gebrauchtwaren, zumeist Kraftfahrzeugen, durch Unternehmer an Verbraucher. Nach der bis zum 1.1.2002 üblichen Vertragspraxis wurden Gebrauchtwagen unter Ausschluß jeglicher Gewährleistung für Mängel verkauft. Dies ist nach § 475 Abs. 1 Satz 1 BGB i.V. mit § 433 Abs. 1 Satz 2 BGB nicht mehr möglich. Diese Regelung wird jedoch nur bedeutsam, wenn wirklich ein Sachmangel vorliegt, wobei für Gebrauchtwaren zu beachten ist, daß die typischerweise vorhandene Abnutzung mangels einer besonderen Vereinbarung gemäß § 434 Abs. 1 Satz 2 Nr. 2 BGB *keinen* derartigen Mangel darstellt.[974] Für eine atypische negative Beschaffenheit kann der Verkäufer seine Pflichten und Haftungsrisiken nunmehr allerdings nur noch dadurch begrenzen, daß er diese Beschaffenheit der Kaufsache zum Inhalt der vertragsgemäßen Beschaffenheit macht, so daß sie nach § 434 Abs. 1 Satz 1 BGB bereits keinen Sachmangel bildet.[975] Jedoch besteht hier stets die Gefahr einer Umgehung der zwingenden Wirkung des § 475 Abs. 1 Satz 1 BGB, die gemäß § 475 Abs. 1 Satz 2 BGB ebenfalls zur Anwendung der gesetzlichen Vorschriften (hier: § 433 Abs. 1 Satz 2 BGB i.V. mit § 434 Abs. 1 Satz 2 BGB) führt. Die wirksame Einbeziehung einer Beschaffenheit in die vertragliche Vereinbarung i.S. des § 434 Abs. 1 Satz 1 BGB, die negativ von dem üblichen Standard einer vergleichbaren Gebrauchtsache abweicht, kann daher nur unter zwei kumulativen Voraussetzungen angenommen werden:

---

[972] BT-Drucks. 14/6040, S. 244; *Lorenz/Riehm* Rdnr. 564; näher zum Vergleich unten § 14, S. 687.

[973] Ausführlich zu diesen Pflichten oben § 2 D I, S. 31 ff.

[974] Vgl. § 2 D I 1d, bb (4b), S. 44.

[975] *H.P. Westermann* JZ 2001, 530 (536).

Erstens muß der Unternehmer den Verbraucher *deutlich und konkret* auf diese Beschaffenheit hinweisen, während z.B. deren formelhafte Erwähnung im „Kleingedruckten" gemäß § 475 Abs. 1 Satz 2 BGB unwirksam sein dürfte.[976] Dies ergibt sich bereits aus den Vorgaben in Art. 2 Abs. 2a der Richtlinie zum Verbrauchsgüterkauf, nach dem eine individuelle Beschaffenheitsvereinbarung eine gehaltvolle „Beschreibung" der Kaufsache voraussetzt.[977]

Zweitens ist eine unzulässige Umgehung des § 475 Abs. 1 Satz 1 BGB immer dann anzunehmen, wenn der Verkäufer trotz einer klaren Beschreibung der betreffenden negativen Beschaffenheit den Eindruck erweckt, daß diese nicht sicher, sondern *nur möglicherweise* gegeben ist. Beispiel: Der Gebrauchtwagenhändler erklärt gegenüber dem Käufer, er könne keine Gewähr dafür übernehmen, daß der Motor noch lange „durchhalte", vielleicht habe der Käufer mit dem Wagen aber auch „Glück". Eine solche Vereinbarung macht das Vorliegen der Beschaffenheit (Tauglichkeit des Motors) gerade zu einem *Risiko* des Käufers. Ein maßgeblicher Unterschied zwischen einer (für den Käufer negativen) Beschaffenheitsvereinbarung und einem nach § 475 Abs. 1 BGB unzulässigen Gewährleistungsausschluß besteht aber gerade darin, daß der Käufer im letzteren Fall nach den §§ 133, 157 BGB in der (berechtigten) Hoffnung gewogen wird, die Kaufsache könne eventuell doch einwandfrei funktionieren. Eine Rechtswirkung der zwingenden Geltung der §§ 437 ff. BGB nach § 475 Abs. 1 BGB besteht daher darin, Verbrauchern Risikogeschäfte zu verunmöglichen, während nach dem Vertragsinhalt zweifelsfrei defekte Gegenstände ohne Mängelansprüche erworben werden können.[978]

(2) Ansprüche und Rechte des Käufers bei Lieferung eines mangelhaften Kaufgegenstandes

Des weiteren dürfen nach § 475 Abs. 1 Satz 1 BGB die Regelungen über die Ansprüche und Rechte des Käufers bei Lieferung einer mangelhaften Kaufsache nicht beeinträchtigt werden (§§ 437, 439 bis 442 BGB).[979] Anderenfalls wäre die Unabdingbarkeit der Pflicht, eine mangelfreie Sache zu verschaffen (§ 433 Abs. 1 Satz 2 BGB), größtenteils bedeutungslos.

In Übereinstimmung mit der Richtlinie zum Verbrauchsgüterkauf gilt dies allerdings gemäß § 475 Abs. 3 BGB nicht für den Ausschluß oder die Beschränkung des Anspruchs auf Schadensersatz i.S. des § 437 Nr. 3 BGB, wobei hierunter auch ein Ersatz von Aufwendungen gemäß § 437 Nr. 3 BGB i.V. mit § 284 BGB fällt, da auch dieser sachlich einen Schaden ersetzt (sog. Frustrierungsschaden).[980] Insoweit bleibt es bei dem Schutz durch § 444 BGB. Danach ist eine Haftungserleichterung unwirksam, wenn der Verkäufer den Mangel arglistig verschwiegen oder für die Mängelfreiheit eine Garantie übernommen hat. Ferner greift bei der Ver-

---

[976] *Huber/Faust* 15/12; *Kesseler* ZRP 2001, 70 (71); ähnlich BR/*Faust* § 475 Rdnr. 8 ff.; *Schlechtriem* in: Ernst/Zimmermann (Hrsg.), Zivilrechtswissenschaft und Schuldrechtsreform, 2001, S. 205 (222).

[977] Weiterführend *Schulte-Nölke* ZGS 2003, 184 ff.

[978] Eingehend *Schinkels* ZGS 2003, 310 (312 ff.).

[979] Ausführlich dazu oben § 2 E II, S. 72 ff.

[980] Vgl. *Canaris* JZ 2001, 499 (516 f.); *ders.* DB 2001, 1814 (1819 f.).

wendung Allgemeiner Geschäftsbedingungen durch den Unternehmer eine zusätzliche Kontrolle der Klausel anhand der §§ 307 bis 309 BGB (insbesondere § 309 Nr. 7 BGB) ein.

§ 475 Abs. 2 BGB erstreckt die Einschränkungen für abweichende Vereinbarungen zunächst auf die Verjährung der in § 437 BGB genannten Ansprüche i.S. des § 438 BGB, wiederum mit Ausnahme des Anspruchs auf Schadensersatz gemäß § 437 Nr. 3 BGB (§ 475 Abs. 3 BGB). Die Dispositionsfreiheit wird jedoch insoweit aufrechterhalten, als im Anwendungsbereich des § 438 Abs. 1 Nr. 1 und 2 BGB eine Verkürzung der Verjährung bis auf zwei Jahre möglich ist[981] und bei dem Verkauf gebrauchter Sachen die Verjährung generell auf ein Jahr, jeweils ab dem gesetzlichen Verjährungsbeginn gemäß § 438 Abs. 2 BGB, begrenzt werden kann. Bei Kraftfahrzeugen begründet jedoch – insbesondere wegen des Umgehungsverbotes in § 475 Abs. 1 Satz 2 BGB – nicht bereits eine rein formale Zulassung (sog. Tageszulassung), sondern erst die Ingebrauchnahme im allgemeinen Straßenverkehr die Eigenschaft als Gebrauchtwagen.[982]

(3) Vorschriften für die Übernahme einer Garantie i.S. des § 443 BGB

Auch von den Regelungen in § 443 BGB über Beschaffenheits- und Haltbarkeitsgarantien darf nicht zu Lasten des Verbrauchers abgewichen werden. Da die Vermutungswirkung des § 443 Abs. 2 BGB bei Übernahme einer Haltbarkeitsgarantie nach der hier vertretenen Auffassung ohnehin zwingende Wirkung entfaltet,[983] erschöpft sich der Regelungsgehalt des § 475 Abs. 1 Satz 1 BGB insoweit darin, daß für die Rechte aus der Garantie auch zwingend die „einschlägige Werbung" maßgeblich ist und aufgrund der Garantieübernahme nicht die gesetzlichen Käuferrechte aus § 437 BGB ausgeschlossen oder eingeschränkt werden dürfen (vgl. § 443 Abs. 1 BGB: „unbeschadet der gesetzlichen Ansprüche"). Das gilt allerdings nicht nur für eine Verkäufer-, sondern auch für eine Herstellergarantie, die somit in den Garantiebedingungen zugunsten des Verkäufers (vgl. § 328 BGB) keine für den Verbraucher negative Abweichung von § 437 BGB vorsehen, insbesondere den Käufer nicht auf die vorrangige Inanspruchnahme der Garantie verweisen darf.[984]

(4) Vorschriften der §§ 474 bis 477 BGB

Schließlich erklärt § 475 Abs. 1 Satz 1 BGB eine Abweichung zu Lasten des Käufers von den besonderen Vorschriften über den Verbrauchsgüterkauf selbst für unwirksam. Neben den §§ 476, 477 BGB[985] betrifft dies insbesondere die in § 474 Abs. 2 BGB angeordnete Nichtanwendbarkeit der §§ 445 und 447 BGB, so daß

---

[981] Eine Verkürzung der fünfjährigen Frist in § 438 Abs. 1 Nr. 2 BGB ist jedoch gemäß § 309 Nr. 8b, ff BGB in Allgemeinen Geschäftsbedingungen des Verkäufers nicht möglich.

[982] BR/*Faust* § 474 Rdnr. 15; HK/*Saenger* § 475 Rdnr. 2; *Reinking* DAR 2001, 8 (10).

[983] Siehe oben § 2 F II 2, S. 149.

[984] BR/*Faust* § 475 Rdnr. 6; *Tonner/Crellwitz/Echtermeyer* in: Micklitz u.a. (Hrsg.), Schuldrechtsreform und Verbraucherschutz, 2001, S. 293 (347).

[985] Dazu näher unter § 2 H V 4 und 5, S. 208 ff.

z.B. bei einem Versendungskauf ein Gefahrübergang mit Übergabe der Ware an den Transporteur auch nicht vertraglich vorgesehen werden kann.[986]

4. Beweislastumkehr bei der Feststellung von Sachmängeln (§ 476 BGB)

Zeigt sich innerhalb von sechs Monaten seit dem Gefahrübergang[987] ein Sachmangel, so ist nach § 476 BGB zugunsten des Verbrauchers zu vermuten, daß die Sache bereits im Zeitpunkt des Gefahrübergangs mangelhaft war, es sei denn, diese Vermutung ist mit der Art der Sache oder des Mangels unvereinbar. Diese Regelung entspricht Art. 5 Abs. 3 der Richtlinie zum Verbrauchsgüterkauf.[988] Damit wird der Verbraucher, der einen Anspruch oder ein Recht aufgrund eines behaupteten Sachmangels geltend machen will, innerhalb der besagten Frist von dem häufig schwierigen, ihm aber aufgrund der Regelung des § 363 BGB nach der Annahme grundsätzlich obliegenden[989] Beweis entlastet, daß die betreffende Beschaffenheit bereits im Zeitpunkt des Gefahrübergangs i.S. des § 446 Satz 1 oder 3 BGB vorlag, der nach § 434 Abs. 1 Satz 1 BGB für die Bestimmung von Sachmängeln maßgeblich ist. Folglich muß der Verkäufer beweisen, daß eine spätere Beschaffenheitsverschlechterung, z.B. durch unsachgemäßen Gebrauch, eingetreten ist.

Der Käufer wird hingegen nicht von dem Beweis entlastet, daß die betreffende Beschaffenheit überhaupt i.S. der Regelungen in § 434 BGB vertragswidrig ist, was insbesondere bei Verschleißerscheinungen von gebrauchten Sachen problematisch sein kann.[990] Ebenso muß der Verbraucher als Anwendungsvoraussetzung des § 476 BGB beweisen, daß sich die vertragswidrige Beschaffenheit innerhalb von sechs Monaten seit Gefahrübergang „gezeigt" hat, d.h. er muß darlegen, daß sie innerhalb dieses Zeitraums bereits vorhanden war.[991] Problematisch gestaltet sich der – dem Verkäufer obliegende – Beweis des Zeitpunkts des Beginns dieser Frist von sechs Monaten, wenn ein Gefahrübergang kraft Annahmeverzuges (§ 446

A.A. *Canaris* Schuldrechtsmodernisierung, 2002, S. XXXIV, da die Nichtgeltung des § 447 BGB nicht von der Richtlinie zum Verbrauchsgüterkauf gefordert sei. Dieses Argument ist jedoch mit dem Wortlaut des § 475 Abs. 1 Satz 1 BGB nicht vereinbar.

[987] Siehe oben § 2 G I 1c, cc, S. 155 ff.

[988] Gleichwohl handelt es sich bei dieser Vermutungsregelung der Sache nach nicht um eine originäre Errungenschaft des modernen Verbraucherschutzes. Eine vergleichbare Bestimmung enthielt bereits § 484 BGB a.F. für den Viehkauf, wenn sich ein sog. Hauptmangel innerhalb einer durch Kaiserliche Verordnung bestimmten Gewährfrist zeigte.

[989] RG v. 10. Dezember 1924, RGZ 109, 295 (296); RGRK/*Mezger* § 459 Rdnr. 33; *Soergel/Huber* § 459 Rdnr. 91 ff.; *Staudinger/Honsell* § 459 Rdnr. 183 ff.; *H.P. Westermann* MünchKomm. § 459 Rdnr. 99.

[990] *Reinking* ZGS 2003, 105 (106); *Tonner/Crellwitz/Echtermeyer* in: Micklitz u.a. (Hrsg.), Schuldrechtsreform und Verbraucherschutz, 2001, S. 293 (342); siehe auch oben § 2 D I 1d, bb (4b), S. 44. BT-Drucks. 14/6040, S. 245 und BR/*Faust* § 476 Rdnr. 4 ordnen dieses Problem hingegen auf der – logisch nachrangigen – Ebene der Ausnahme des § 476 BGB a.E. ein („es sei denn, diese Vermutung ist mit der Art der Sache oder des Mangels unvereinbar").

[991] BR/*Faust* § 476 Rdnr. 5.

Satz 3 BGB) in Betracht kommt:[992] Denn der Annahmeverzug setzt grundsätzlich das Angebot einer mangelfreien Sache voraus,[993] das der Verkäufer somit als Voraussetzung des Ablaufs der sechsmonatigen Frist beweisen müßte, damit die Vermutungswirkung des § 476 BGB nicht mehr zu seinen Lasten eingreift. Sind sechs Monate von dem Zeitpunkt abgelaufen, in dem der Annahmeverzug vorbehaltlich der Mangelhaftigkeit der Sache eingetreten ist, soll der Verkäufer nach der Wertung dieser Vorschrift aber gerade nicht mehr mit dem Beweis belastet sein, daß ein sich jetzt zeigender Mangel nicht schon bei Gefahrübergang vorlag. Deshalb ist § 476 BGB so zu interpretieren, daß der Verkäufer in bezug auf den Ablauf der sechsmonatigen Frist als Ausschlußgrund für die Vermutung von den Voraussetzungen des Annahmeverzuges nicht die Mangelfreiheit der angebotenen Sache darzulegen hat.

Des weiteren gilt die Vermutung nicht, wenn sie mit der Art der Sache oder des Mangels unvereinbar ist, was nach der gesetzlichen Systematik („es sei denn") allerdings wiederum von dem Verkäufer (= Unternehmer) zu beweisen ist. Dies kommt insbesondere für manche Tierkrankheiten, verderbliche Waren oder starke Beschädigungen in Betracht, die normalerweise bereits bei der Übergabe hätten auffallen müssen.[994]

5. Sonderbestimmungen für Garantien (§ 477 BGB)

a) Anwendungsbereich

aa) Grundfall

§ 477 BGB stellt zusätzliche Anforderungen an Garantieerklärungen i.S. des § 443 BGB (Beschaffenheits- oder Haltbarkeitsgarantie)[995] auf, die insbesondere die Transparenz der Erklärung (§ 477 Abs. 1 BGB) und einen Anspruch auf Mitteilung derselben in Textform (§ 477 Abs. 2 BGB) betreffen. Jedoch bereitet die Bestimmung des Anwendungsbereiches dieser Vorschrift Schwierigkeiten. Das gilt allerdings nicht für den vom Wortlaut des § 477 BGB ohne weiteres erfaßten Grundfall, daß ein Verbrauchsgüterkauf i.S. des § 474 Abs. 1 BGB vorliegt *und* der Verkäufer zugleich der Garant ist.

bb) Garantie durch Dritte

Problematisch gestaltet sich die Rechtslage bereits, wenn zwar ein Verbrauchsgüterkauf vorliegt, die Garantie aber ein Dritter, insbesondere der von dem Verkäufer verschiedene Hersteller erteilt. Hier stellt sich die Frage, ob § 477 BGB auch diesen nicht an dem Verbrauchsgüterkaufvertrag beteiligten Dritten verpflichtet. Der Wortlaut des Gesetzes läßt dies nicht eindeutig erkennen. Für eine Verpflichtung des Dritten spricht aber neben den Gesetzesmaterialien, die auch den Herstel-

---

[992] Zu diesem Problem bereits *Gsell* JZ 2001, 65 (73 f.).

[993] Statt aller *Ernst* MünchKomm.[4] § 294 Rdnr. 6 m.w.N.

[994] BT-Drucks. 14/6040, S. 245; *Gsell* JZ 2001, 65 (74); *Grundmann* in: Grundmann u.a. (Hrsg.), Europäisches Kaufgewährleistungsrecht, 2000, S. 281 (302); *Haas* BB 2001, 1313 (1319).

[995] Näher oben § 2 F, S. 144 ff.

ler oder andere Dritte als Garanten i.S. des § 477 BGB erwähnen,[996] eine richtlinienkonforme Auslegung dieser Norm.[997] Art. 6 der Richtlinie zum Verbrauchsgüterkauf, dessen Umsetzung § 477 BGB dient, umschreibt die Person des verpflichteten Garanten in seinem Abs. 1 nur allgemein als „denjenigen", während die übrigen Vorschriften der Richtlinie ausdrücklich auf den „Verkäufer" abstellen. Man
wird einen Drittgaranten aber auch bei einem Verbrauchsgüterkauf i.S. des § 474
Abs. 1 BGB nur dann als durch § 477 BGB gebunden ansehen können, wenn er
die Garantie selbst als Unternehmer i.S. des § 14 BGB erklärt,[998] was jedoch regelmäßig der Fall ist.

cc) Nichteinbeziehung des Kaufvertrages in den persönlichen Anwendungsbereich des § 474 Abs. 1 BGB

Die Anwendung des § 474 Abs. 1 BGB ist ferner zweifelhaft, wenn der Kaufvertrag über ein Verbrauchsgut i.S. des § 474 Abs. 1 BGB, für das ein Dritter eine
Garantie übernommen hat, keinen Verbrauchsgüterkauf darstellt, weil der *persönliche* Anwendungsbereich des § 474 Abs. 1 Satz 1 BGB nicht eröffnet ist. Beispiel: Ein Verbraucher verkauft eine Sache, für die noch eine (übertragbare) Herstellergarantie besteht, an einen anderen Verbraucher. In dieser Konstellation stellt
sich die Frage, ob letzterer sich gegenüber dem Hersteller auf § 477 BGB berufen
kann.[999]

In einem derartigen Fall kommt, da der Anwendungsbereich der §§ 474 ff.
BGB nach dem Wortlaut des § 474 Abs. 1 Satz 1 BGB nicht eröffnet ist, allenfalls
eine analoge Anwendung des § 477 BGB in Betracht. Hierfür sprechen gute Gründe, *wenn* das Rechtsverhältnis des (Letzt-)Käufers zu dem Garanten wie in dem
angeführten Beispiel ein solches eines Verbrauchers zu einem Unternehmer ist.[1000]
Dann besteht insoweit die typisierte Ungleichgewichtslage, auf welche die §§ 474
ff. BGB abgestimmt sind.[1001] Zudem lautet der amtliche Titel der zugrundeliegenden Richtlinie zum Verbrauchsgüterkauf „Richtlinie 1999/44/EG des Europäischen Parlaments und des Rates vom 25. Mai 1999 zu bestimmten Aspekten des
Verbrauchsgüterkaufs und der Garantien für Verbrauchsgüter", so daß die Regelungen über Garantien für Verbrauchsgüter nicht nur bei einem Verbrauchsgüterkauf i.S. des § 474 Abs. 1 BGB, sondern stets einschlägig sind, wenn die *Garantie*
für das Verbrauchsgut von einem Unternehmer gegenüber einem Verbraucher er-

---

[996]   BT-Drucks. 14/6040, S. 245.

[997]   *Grundmann* in: Grundmann u.a. (Hrsg.), Europäisches Kaufgewährleistungsrecht,
        2000, S. 281 (314); *Medicus* in: Grundmann u.a. (Hrsg.), Europäisches Kaufgewähr-
        leistungsrecht, 2000, S. 219 (223).

[998]   Dazu oben § 2 H V 2a, cc, S. 202 f.

[999]   Ein vergleichbares Problem des Verbraucherschutzes in Fällen der Aufspaltung ver-
        schiedener Rechtsverhältnisse stellt sich z.B. auch im Bürgschaftsrecht; siehe unten
        § 13 C I 1, S. 647 f.

[1000] Zustimmend BR/*Faust* § 477 Rdnr. 3.

[1001] Allgemein zu dem Gedanken des typisierten Verhandlungsungleichgewichts als
        Grundlage des Verbraucherschutzrechts *Bork* Rdnr. 1739; *Larenz/Wolf* § 42 Rdnr. 19
        ff.; *Micklitz* MünchKomm.⁴ Vor §§ 13, 14 Rdnr. 62 ff.

klärt wird. Selbst wenn entgegen dieser Auffassung eine analoge Anwendung des § 477 BGB in dieser Konstellation abgelehnt wird, bleibt der Verbraucher nicht schutzlos, wenn die Garantie in Allgemeinen Geschäftsbedingungen enthalten ist. In einem derartigen Fall folgt die Transparenzkontrolle bereits aus § 307 Abs. 1 und 3 BGB,[1002] zu deren Konkretisierung die Vorgaben des § 477 Abs. 1 BGB als einschlägige Rechtsgedanken herangezogen werden können.[1003]

b) Anforderungen an die Garantieerklärung

Nach § 477 Abs. 1 Satz 1 BGB ist eine Garantierklärung i.S. des § 443 BGB einfach und verständlich abzufassen. Dieses auf Art. 6 Abs. 2 der Richtlinie zum Verbrauchsgüterkauf beruhende Transparenzgebot konkretisiert § 477 Abs. 1 Satz 2 BGB:

- Die Garantie muß zum einen auf die gesetzlichen Rechte des Verbrauchers wegen Mängeln der Kaufsache (§§ 437 ff. BGB) sowie darauf hinweisen, daß sie diese gesetzlichen Rechte nicht einschränkt (§ 477 Abs. 1 Satz 2 Nr. 1 BGB). Letzteres gibt für den Verbrauchsgüterkauf die nach § 443 Abs. 1 BGB i.V. mit § 475 Abs. 1 Satz 1 BGB zwingende Gesetzeslage wieder.[1004]
- Des weiteren muß die Erklärung den Inhalt der Garantie, d.h. den Umfang der durch sie gewährten Rechte, sowie die für die Geltendmachung der Garantie wesentlichen Angaben enthalten (§ 477 Abs. 1 Satz 2 Nr. 2 BGB). Exemplarisch („insbesondere") nennt das Gesetz die Dauer und den räumlichen Geltungsbereich der Garantie sowie den Namen und die Anschrift des Garantiegebers.

Über diese speziellen Anforderungen hinaus ist aus dem Verständlichkeitsgebot des § 477 Abs. 1 Satz 1 BGB abzuleiten, daß die Garantie regelmäßig (auch) in der Sprache des Staates abzufassen ist, in dem das Verbrauchsgut verkauft wird.[1005] Bei Vertragsabschlüssen im Internet ist jedoch häufig auch Englisch als eine verständliche Sprache anzusehen.[1006]

Auf Verlangen des Verbrauchers ist diesem eine den Anforderungen des § 477 Abs. 1 BGB genügende Garantieerklärung in der Textform des § 126b BGB mitzuteilen (§ 477 Abs. 2 BGB).

c) Rechtsfolgen eines Verstoßes gegen § 477 Abs. 1 und 2 BGB

Zu den Rechtsfolgen eines Verstoßes gegen die Anforderungen des § 477 Abs. 1 und 2 BGB enthält die Norm keine vollständige Regelung. § 477 Abs. 3 BGB stellt insoweit lediglich klar, daß die genannten Anforderungen keine Wirksamkeitsvoraussetzungen für die Garantie sind, diese also auch bei einem Verstoß ge-

---

[1002] Siehe oben § 2 F II 1, S. 148.

[1003] Es handelt sich hier um eine Form der nicht seltenen Ausstrahlungswirkung einer Spezialvorschrift auf die Angemessenheitskontrolle nach § 307 Abs. 1 BGB; vgl. allg. *Basedow* MünchKomm.⁴ § 307 Rdnr. 68.

[1004] Vgl. § 2 H V 3b, bb (3), S. 207.

[1005] BT-Drucks. 14/6040, S. 246; BR/*Faust* § 477 Rdnr. 5.

[1006] *Tonner/Crellwitz/Echtermeyer* in: Micklitz u.a. (Hrsg.), Schuldrechtsreform und Verbraucherschutz, 2001, S. 293 (348).

gen § 477 Abs. 1 und 2 BGB mit ihrem jeweiligen Inhalt und nach Maßgabe der Regelungen in § 443 BGB wirksam bleibt.

Allerdings verpflichtet ein Verstoß gegen die Pflichten aus § 477 Abs. 1 und 2 BGB nach Maßgabe der §§ 280 ff. BGB zum Schadensersatz.[1007] Ein Schaden des Verbrauchers aufgrund einer intransparenten Herstellergarantie kommt z.B. in Betracht, wenn diese den Eindruck erweckt, sie schließe die in § 437 BGB genannten gesetzlichen Rechte aus, und der Verbraucher daraufhin die Geltendmachung dieser Rechte gegenüber dem Verkäufer innerhalb der Verjährungsfrist unterläßt.[1008] In einem derartigen Fall hat der Hersteller den Verbraucher nach den §§ 249 ff. BGB so zu stellen, als ob die gesetzlichen Ansprüche und Rechte noch nicht verjährt wären, z.B. muß er gemäß § 249 Abs. 1 BGB i.V. mit § 439 Abs. 1 BGB für eine Nachbesserung oder Ersatzlieferung sorgen.

Weiterhin könnte die Unklarheitenregelung des § 305c Abs. 2 BGB bei einem Verstoß gegen das Transparenzgebot aus § 477 Abs. 1 BGB auch dann (analog) anzuwenden sein, wenn die Garantie ausnahmsweise nicht in Allgemeinen Geschäftsbedingungen enthalten ist.[1009] Bleibt z.B. mehrdeutig, ob der Hersteller nur eine Beschaffenheitsgarantie i.S. des § 443 Abs. 1 Alt. 1 BGB oder eine Haltbarkeitsgarantie i.S. des § 443 Abs. 1 Alt. 2 BGB übernommen hat,[1010] wäre letzteres als dem Verbraucher günstigere Variante anzunehmen.

Schließlich ermöglicht ein Verstoß gegen § 477 BGB Verbraucherschutzverbänden eine Verbandsklage nach § 2 UKlaG.

6. Rückgriff des Unternehmers (§§ 478, 479 BGB)

a) Allgemeines

Sofern bei einem Verbrauchsgüterkauf der Verbraucher Rechte wegen einer Mangelhaftigkeit der Sache gegenüber einem Verkäufer geltend macht, der nicht zugleich der Hersteller der Ware ist, kann sich folgendes Problem ergeben: Selbst wenn der Mangel nicht im Verantwortungsbereich des Verkäufers, sondern bereits in dem seines Lieferanten oder einer in der Lieferkette noch weiter zurückstehenden Person entstanden ist, trifft ihn die Last der Verbraucherrechte möglicherweise endgültig, wenn seine Rechtsstellung gegenüber seinem Lieferanten nur nach dem allgemeinen Kaufrecht zu beurteilen ist. Dies wäre z.B. möglich, wenn die von dem Verbraucher geltend gemachten Rechte auf einer der Privilegierungen in den §§ 474 ff. BGB beruhen (z.B. der Beweislastumkehr des § 476 BGB), auf die sich der Unternehmer-Verkäufer seinerseits gegenüber seinem Lieferanten mangels Vorliegens eines Verbrauchsgüterkaufs i.S. des § 474 Abs. 1 BGB nicht berufen kann oder seine Ansprüche und Rechte aus § 437 BGB aufgrund einer größeren zeitlichen Diskrepanz zwischen dem Abschluß der beiden Kaufverträge nach Maßgabe des § 438 BGB bereits verjährt sind (sog. Regreßfalle).[1011]

[1007] BT-Drucks. 14/6040, S. 247; *Huber/Faust* 15/22.

[1008] Vgl. BGH v. 23. März 1988, BGHZ 104, 82 ff.

[1009] Vgl. BT-Drucks. 14/6040, S. 246; *Büdenbender* AnwKomm. § 477 Rdnr. 10.

[1010] Zur Unterscheidung oben § 2 F I 1 a/b, S. 144 f.

[1011] *Ernst/Gsell* ZIP 2001, 1389 (1393); *Lorenz/Riehm* Rdnr. 588.

Allerdings ist es weder möglich noch sachgerecht, jegliche Diskrepanzen der Rechtsstellung verschiedener Glieder einer Lieferkette anzugleichen. Die Richtlinie zum Verbrauchsgüterkauf schreibt jedoch in Art. 4 Satz 1 vor, daß das innerstaatliche Recht eine effektive Regreßmöglichkeit für einen Unternehmer vorsehen muß, der gegenüber einem Verbraucher als seinem Abkäufer für eine Vertragswidrigkeit haftet, die dem Verantwortungsbereich eines weiter zurückstehenden Gliedes in der Lieferkette zuzurechnen ist. Die nähere Ausgestaltung dieses Regresses überläßt Art. 4 Satz 2 der Richtlinie zum Verbrauchsgüterkauf den nationalen Gesetzgebern.

Der deutsche Gesetzgeber hat zur Umsetzung dieser Vorgabe die §§ 478, 479 BGB über den Rückgriff des Unternehmers in den Untertitel zum Verbrauchsgüterkauf eingefügt. Die Vorschriften enthalten im wesentlichen folgende Regelungskomplexe, die grundsätzlich dazu dienen, dem Unternehmer dieselben Rechte gegenüber seinem Lieferanten zu sichern, die auch der Verbraucher gegenüber dem Unternehmer hat:

- verschiedene Erleichterungen, unter denen der Unternehmer seinerseits die Rechte aus § 437 BGB gegenüber seinem Lieferanten geltend machen kann (§ 478 Abs. 1 und 3 BGB),
- einen eigenständigen Ersatzanspruch des Unternehmers gegenüber dem Lieferanten in bezug auf die für eine Nacherfüllung nach § 439 Abs. 2 BGB erbrachten Aufwendungen (§ 478 Abs. 2 BGB),
- eine Übertragung der in § 475 Abs. 1 Satz 1 BGB für den Verbrauchsgüterkauf angeordneten zwingenden Geltung verschiedener Vorschriften des allgemeinen Kaufrechts auf das Regreßverhältnis sowie eine zwingende Geltung der §§ 478, 479 BGB selbst (§ 478 Abs. 4 BGB),
- eine für den regreßnehmenden Unternehmer günstige Abweichung der Verjährung von § 438 BGB (§ 479 BGB).
- Schließlich werden diese Besonderheiten des Regresses auf einen weiteren Rückgriff in der Lieferkette erstreckt, der durch den jeweiligen Verkäufer gegenüber seinem Lieferanten erfolgt (§§ 478 Abs. 5, 479 Abs. 3 BGB).

Die Einbeziehung der §§ 478, 479 BGB in den Untertitel über den Verbrauchsgüterkauf stellt klar, daß diese Vorschriften nur gelten, wenn am Ende der Lieferkette ein Vertrag i.S. des § 474 Abs. 1 BGB abgeschlossen worden ist.[1012] Auf den Regreß des aus diesem Kaufvertrag von dem Verbraucher-Käufer in Anspruch genommenen Unternehmer-Verkäufers bei seinem Lieferanten beziehen sich die Rückgriffsvorschriften unmittelbar, während die §§ 478 Abs. 5, 479 Abs. 3 BGB ihren Anwendungsbereich auf einen weiteren Rücklauf in der Lieferkette erweitern, gegebenenfalls bis zum Hersteller der Sache.

Ein Regreß i.S. der §§ 478, 479 BGB liegt jedoch nur vor, soweit der in Anspruch Genommene seinerseits bereits genau die später weiterverkaufte Sache ge-

---

[1012] Dazu oben § 2 H V 2, S. 200 ff. Für eine analoge Anwendung der §§ 478, 479 BGB auf Lieferketten, die nicht in einen Verbrauchsgüterkauf münden, *Büdenbender* in: Dauner-Lieb u.a. (Hrsg.), Das Neue Schuldrecht, 2002, § 8 Rdnr. 100; wie hier BR/*Faust* § 478 Rdnr. 5; *Matthes* NJW 2002, 2505 f.; *Palandt/Putzo* § 478 Rdnr. 3.

kauft hat (§ 478 Abs. 1 BGB: „*die* Sache"). Dies trifft z.B. nicht zu, wenn der Unternehmer nur Einzelteile erworben und diese vor dem Weiterverkauf zusammengesetzt hat.[1013] In einem derartigen Fall tritt nicht das Problem der Verantwortlichkeitszuweisung in einer Absatzkette, sondern die durch die Regreßvorschriften nicht geregelte Problematik arbeitsteiliger Produktion auf.

Darüber hinaus verdrängen die §§ 478, 479 BGB eine direkte Anwendung der §§ 437 ff. BGB *nicht*, sondern verbessern lediglich die Rechtsstellung des jeweils Begünstigten gegenüber diesen Vorschriften. Sofern zugunsten eines Teilnehmers in der Lieferkette bereits die Voraussetzungen eines Käuferrechts i.S. des § 437 BGB erfüllt sind, kann er dieses somit ohne weiteres gegenüber seinem Vertragspartner geltend machen.

b) Sondervorschriften für die Geltendmachung der Rechte aus § 437 BGB

aa) Privilegierungen des Regreßnehmers

(1) Anwendungsvoraussetzungen

§ 478 Abs. 1 und 3 BGB betreffen Privilegierungen des Unternehmers, der von dem Verbraucher wegen eines Mangels einer *neu hergestellten* Sache[1014] in Anspruch genommen wurde, wenn dieser seinerseits gegenüber demjenigen, von dem er die Sache gekauft hat, Rechte aus § 437 BGB geltend machen will. Dies setzt voraus, daß auch der Verkäufer des Unternehmers i.S. des § 474 Abs. 1 Satz 1 BGB *seinerseits Unternehmer* i.S. des § 14 BGB ist,[1015] was § 478 Abs. 1 BGB durch die Legaldefinition des Lieferanten umschreibt (§ 478 Abs. 1 BGB). Der Regreß eines Händlers, der einen mangelhaften Gebrauchtwagen an einen Verbraucher weiterverkauft hat, gegenüber einem Privaten, von dem er den Wagen angekauft hat, unterfällt deshalb aus zwei Gründen nicht § 478 Abs. 1 BGB: Erstens ist der Gegenstand des Verbrauchsgüterkaufs keine neu hergestellte Sache und zweitens ist derjenige, der dem Unternehmer die Sache verkauft hat, kein Unternehmer (Lieferant).

Des weiteren setzt § 478 Abs. 1 BGB voraus, daß der Unternehmer die Kaufsache infolge ihrer Mangelhaftigkeit[1016] zurücknehmen mußte (Nachlieferung gemäß § 439 Abs. 1 Alt. 2 und Abs. 4 BGB, Rücktritt gemäß § 323 Abs. 1 BGB i.V. mit § 437 Nr. 2 Alt. 1 BGB bzw. großer Schadensersatz gemäß § 281 Abs. 1 Satz 1 und 3, Abs. 5 BGB i.V. mit § 437 Nr. 3 Alt. 1 BGB)[1017] oder der Verbraucher den

---

[1013] *Emmerich* § 6 Rdnr. 4; *Mankowski* DB 2002, 2419 ff.; *Maultzsch* JuS 2002, 1171 (1172); *Wagner/Neuenhahn* ZGS 2002, 395 ff.; a.A. *Heß* NJW 2002, 253 (259).

[1014] Den Ausschluß gebrauchter Sachen betrachten *Ernst/Gsell* ZIP 2001, 1389 (1402) als einen Verstoß gegen Art. 4 der Richtlinie zum Verbrauchsgüterkauf.

[1015] Dazu näher oben § 2 H V 2a, cc, S. 202 f.

[1016] Erfaßt sind sowohl Sach- als auch Rechtsmängel; praktisch relevant wird § 478 BGB jedoch zumeist nur in bezug auf Sachmängel.

[1017] BT-Drucks. 14/6040, S. 247. Für den Fall der Nachlieferung ist im Ergebnis allerdings eine teleologische Reduktion der Norm angebracht; siehe unten § 2 H V 6b, aa (4), S. 216 f.

Kaufpreis gemindert hat (§ 441 BGB i.V. mit § 437 Nr. 2 Alt. 2 BGB). Als Minderung i.S. des § 478 Abs. 1 BGB ist aufgrund der insoweit gegebenen funktionellen Äquivalenz auch die Geltendmachung des sog. kleinen Schadensersatzes gemäß § 281 Abs. 1 Satz 1 BGB i.V. mit § 437 Nr. 3 Alt. 1 BGB zu bewerten, der den Minderwert der Sache enthält.[1018] Die Vorschrift ist aber z.B. nicht anwendbar, wenn der Verbraucher Nachbesserung (§ 439 Abs. 1 Alt. 1 BGB) verlangt hat[1019] oder dieser überhaupt keine der in § 437 BGB genannten Rechte geltend gemacht hat. Des weiteren setzt § 478 Abs. 1 BGB voraus, daß der Verkäufer zur Rücknahme der Sache verpflichtet war („zurücknehmen mußte") bzw. die gesetzlichen Anforderungen an eine Minderung vorlagen.[1020] Läßt der Verkäufer daher z.B. aus Kulanz einen Rücktritt unter freiwilligem Verzicht auf das Fristsetzungserfordernis des § 323 Abs. 1 BGB zu, so greift § 478 Abs. 1 BGB nicht ein.

(2) Entbehrlichkeit der Fristsetzung als Voraussetzung für die in § 437 BGB genannten Rechte

Sind der sachliche und persönliche Anwendungsbereich des § 478 Abs. 1 BGB eröffnet, ordnet § 478 Abs. 1 BGB zunächst an, daß der Unternehmer bei der Geltendmachung der Ansprüche und Rechte aus § 437 BGB gegenüber dem Lieferanten von einem Fristsetzungserfordernis befreit ist, das zur Geltendmachung eines der Rechte in § 437 BGB nach den allgemeinen Vorschriften (§ 281 Abs. 1 BGB [Schadensersatz statt der Leistung] oder § 323 Abs. 1 BGB [Rücktritt, i.V. mit § 441 Abs. 1 BGB auch bei Minderung]) erforderlich wäre.

Allerdings ist diese Regelung nur bedeutsam, wenn sich die Entbehrlichkeit der Fristsetzung nicht schon aus einer anderen Vorschrift, z.B. § 440 BGB, ergibt. Auch soweit dies nicht der Fall ist, soll der seinerseits i.S. des § 478 Abs. 1 BGB in Anspruch genommene Unternehmer ohne Fristsetzung gegen seinen Lieferanten vorgehen können. Dies erscheint insbesondere in den Fällen rechtspolitisch fragwürdig, in denen der Verbraucher nur deshalb zurücktreten oder mindern konnte, weil der Unternehmer seiner Nacherfüllungspflicht grundlos nicht nachgekommen ist.[1021]

Die übrigen Voraussetzungen für die Geltendmachung der in § 437 BGB genannten Ansprüche und Rechte läßt § 478 Abs. 1 BGB jedoch unberührt;[1022] so z.B. das Erfordernis eines – gemäß § 280 Abs. 1 Satz 2 BGB zu vermutenden – Vertretenmüssens des Lieferanten, wenn der Unternehmer einen Anspruch auf Schadensersatz geltend macht. Denkbar ist auch, daß die Beschaffenheit, die im Verhältnis zwischen Verbraucher und Unternehmer einen Sachmangel darstellt, im Verhältnis zwischen Unternehmer und Lieferant überhaupt nicht vertragswidrig i.S. des § 434 BGB ist, z.B. weil der Lieferant auf einen Kratzer an dem verkauf-

---

[1018] *Lorenz/Riehm* Rdnr. 589. Zu den verschiedenen Formen des Schadensersatzes nach § 437 Nr. 3 Alt. 1 BGB oben § 2 E II 3e, aa, S. 113 ff.

[1019] Dann greift § 478 Abs. 2 BGB ein; siehe unten § 2 H V 6c, S. 217 f.

[1020] BT-Drucks. 14/6040, S. 248; *Huber/Faust* 15/27; weiterführend *Schubel* ZIP 2002, 2061 (2063 f.).

[1021] *Büdenbender* AnwKomm. § 478 Rdnr. 33; *Ernst/Gsell* ZIP 2001, 1389 (1398).

[1022] BT-Drucks. 14/6040, S. 248; *Matusche-Beckmann* BB 2002, 2561.

ten PKW hingewiesen hatte, der Unternehmer dies dem Verbraucher aber verschwiegen hat. Auch in diesem Fall stehen dem Unternehmer gegenüber dem Lieferanten keine Rechte zu.[1023]

(3) Erstreckung der Beweislastumkehr auf den Regreß

Steht allerdings fest, daß die Beschaffenheit im Verhältnis zwischen Unternehmer und Lieferant vertragswidrig ist, so erstreckt § 478 Abs. 3 BGB die Beweislastumkehr des § 476 auch auf dieses Regreßverhältnis. Innerhalb von sechs Monaten wird somit nach näherer Maßgabe des § 476 BGB vermutet, daß der jeweilige Mangel bereits im Zeitpunkt des Gefahrübergangs auf den Unternehmer vorlag.[1024] Die sechsmonatige Frist beginnt jedoch nicht mit dem Gefahrübergang auf den Unternehmer, sondern erst mit dem Gefahrübergang auf den Verbraucher als Abkäufer des Unternehmers. Hierdurch soll sich der Unternehmer gegenüber seinem Lieferanten solange auf die Vermutung des § 476 BGB berufen können, wie dies dem Verbraucher ihm gegenüber als Verkäufer möglich ist.

(4) Beschränkung der Privilegierungen auf das Regreßinteresse

Der Wortlaut des § 478 Abs. 1 und 3 BGB bezieht die Privilegierungen des Unternehmers im Regreß (Beweislastumkehr, Entbehrlichkeit der Fristsetzung) auf alle Ansprüche und Rechte, die § 437 BGB aufzählt.[1025] Danach könnte der Unternehmer gegenüber seinem Lieferanten z.B. gemäß § 323 Abs. 1 BGB i.V. mit § 437 Nr. 2 Alt. 1, 478 Abs. 1 und 3 BGB von dem Vertrag zurücktreten, obwohl der Verbraucher ihm gegenüber nur den Kaufpreis gemindert hat. Es stellt sich deshalb die Frage, ob § 478 BGB eine derartige „überschießende" Privilegierung anordnet.

Dem Wortlaut des § 478 Abs. 1 und 3 BGB läßt sich nicht entnehmen, daß dem Unternehmer die Privilegierungen nur bei der Ausübung genau desselben Rechtsbehelfes zugute kommen sollen, den auch der Verbraucher geltend gemacht hat. Erwirkt dieser z.B. unter Zuhilfenahme der Beweislastumkehr des § 476 BGB einen Rücktritt, spricht nichts dagegen, daß der Unternehmer seinerseits unter Berufung auf die Beweislastumkehr gemäß § 478 Abs. 3 BGB i.V. mit § 476 BGB gegenüber seinem Lieferanten nach Maßgabe des § 441 BGB den Kaufpreis mindert.

Die durch § 478 Abs. 1 und 3 BGB begründeten Privilegierungen sind nach dem Zweck der Regreßvorschriften, eine Regreßfalle zu vermeiden, jedoch auf die Geltendmachung von Ansprüchen und Rechten zu beschränken, *die das Regreßinteresse des Unternehmers nicht überschreiten.*[1026] Die §§ 478, 479 BGB sollen den Unternehmer im Verhältnis zu seinem Lieferanten nicht abstrakt gegenüber dem allgemeinen Kaufrecht privilegieren, sondern nur die *konkreten Nachteile*

[1023] BT-Drucks. 14/6040, S. 248; *Schlechtriem* Rdnr. 96; weiterführend zu Werbeaussagen i.S. des § 434 Abs. 1 Satz 3 BGB BR/*Faust* § 478 Rdnr. 10 ff.

[1024] Siehe im einzelnen oben § 2 H V 4, S. 208 f.

[1025] Hierzu bereits kritisch *Ernst/Gsell* ZIP 2001, 1389 (1397 f.).

[1026] *Maultzsch* JuS 2002, 1171 (1173). In diese Richtung deuten auch die Gesetzesmaterialien: BT-Drucks. 14/6040, S. 247 f. Für Teilbereiche ebenso *Büdenbender* Anw-Komm. § 478 Rdnr. 23 ff.

auffangen, die sich für den betreffenden Unternehmer aus den Verbraucherrechten der §§ 433 ff., 474 ff. BGB ergeben, der für den Mangel nicht verantwortlich ist. Danach könnte sich der Unternehmer, dem gegenüber gemindert wurde, z.B. regelmäßig nicht auf die Beweislastumkehr des § 478 Abs. 3 BGB i.V. mit § 476 BGB berufen, um seinen Vertrag mit dem Lieferanten mittels eines Rücktritts aufzulösen. Auch für die Geltendmachung von Schadensersatz durch den Unternehmer erscheinen die Privilegierungen des § 478 Abs. 1 und 3 BGB nicht sachgerecht, wenn der Verbraucher nur den Kaufpreis gemindert hat oder von dem Vertrag zurückgetreten ist.[1027] Schließlich folgt hieraus, daß § 478 *Abs. 1* BGB im Fall der Nachlieferung an den Verbraucher (§ 439 Abs. 1 Alt. 2 BGB) praktisch kaum zur Anwendung kommen kann, selbst wenn der Wortlaut der Vorschrift diese Konstellation erfaßt.[1028] In einem derartigen Fall beschränkt sich das Regreßinteresse des Unternehmers gegenüber seinem Lieferanten seinerseits auf eine Nacherfüllung, für die es ohnehin keiner Fristsetzung bedarf.

Methodologisch handelt es sich bei der Beschränkung der § 478 Abs. 1 und 3 BGB auf das Regreßinteresse um eine teleologische Reduktion. Der systematische Zusammenhang mit § 478 Abs. 2 BGB unterstützt das hier befürwortete Verständnis zusätzlich. Denn diese Vorschrift gewährt dem Unternehmer, der von dem Verbraucher auf Nacherfüllung in Anspruch genommen wurde, nur einen sein Regreßinteresse abdeckenden Aufwendungsersatzanspruch,[1029] privilegiert ihn aber nicht in bezug auf alle in § 437 BGB genannten Ansprüche und Rechte.

Unberührt bleiben von dieser Einschränkung hingegen die durch die §§ 478, 479 BGB nicht modifizierten Rechte des Unternehmers gegenüber seinem Lieferanten aus § 437 BGB. Sind z.B. alle Voraussetzungen eines Rücktritts nach § 323 Abs. 1 BGB i.V. mit § 437 Nr. 2 Alt. 1 BGB erfüllt, so kann der Unternehmer von dem Kaufvertrag mit dem Lieferanten selbst dann zurücktreten, wenn der Verbraucher ihm gegenüber lediglich den Kaufpreis gemindert hat. Nur wenn der Unternehmer sich auf die §§ 478, 479 BGB stützt, ist es sachgerecht, die insoweit begründeten Privilegierungen auf das Regreßinteresse zu beschränken.

c) Aufwendungsersatz für geleistete Nacherfüllung (§ 478 Abs. 2 BGB)

Hat der Verbraucher von dem Unternehmer Nacherfüllung i.S. des § 439 Abs. 1 BGB verlangt, kann dieser von seinem Lieferanten[1030] der neu hergestellten Sache nach § 478 Abs. 2 BGB Ersatz der Aufwendungen verlangen, die er gemäß § 439 Abs. 2 BGB für die Nacherfüllung zu tragen hatte, wenn der Mangel bereits bei dem Übergang der Gefahr von dem Lieferanten auf den Unternehmer vorhanden war.[1031] In letzterer Hinsicht gilt jedoch gemäß § 478 Abs. 3 BGB wiederum die

---

[1027] *Ernst/Gsell* ZIP 2001, 1389 (1398).

[1028] Im Ergebnis ebenso *Büdenbender* AnwKomm. § 478 Rdnr. 23 ff.; a.A. *Lorenz/Riehm* Rdnr. 589; *Oechsler* § 2 Rdnr. 323 sowie die Vorauflage.

[1029] Näher unten § 2 H V 6c, S. 217 f.

[1030] Zu diesem Begriff oben § 2 H V 6b, aa (1), S. 214.

[1031] Zur (anteiligen) Ersatzfähigkeit von Kosten für eine Struktur, die der Unternehmer zur Mängelbehebung vorhält *Marx* BB 2002, 2566 (2568 ff.).

Beweislastumkehr des § 476 BGB entsprechend. Der Aufwendungsersatzanspruch erfordert kein Verschulden des Lieferanten.[1032]

Voraussetzung für einen Anspruch auf Aufwendungsersatz ist – ebenso wie bei § 478 Abs. 1 BGB –, daß der Unternehmer gegenüber dem Verbraucher zur Nacherfüllung verpflichtet war.[1033] Konnte er sich hingegen z.b. insoweit auf eine Unverhältnismäßigkeit i.s. des § 439 Abs. 3 BGB berufen,[1034] steht ihm der Anspruch aus § 478 Abs. 2 BGB nicht zu.[1035] Die Ansprüche aus § 437 BGB bleiben hiervon wiederum unberührt. Wegen des Wortlauts des § 478 Abs. 2 BGB, der Aufwendungen in bezug nimmt, die der Unternehmer „zu tragen *hatte*", kann dieser von dem Lieferanten nicht schon im voraus Befreiung von der Nacherfüllungspflicht gemäß § 257 BGB verlangen.[1036]

Darüber hinaus ist auch der Anspruch aus § 478 Abs. 2 BGB aufgrund einer teleologischen Reduktion auf das Regreßinteresse des Letztverkäufers zu beschränken.[1037] So gebietet es insbesondere der Vorrang der Nacherfüllung,[1038] der auch das Regreßverhältnis zwischen Unternehmer und Lieferant betrifft, daß sich der Unternehmer den für eine Neulieferung an den Verbraucher i.S. des § 439 Abs. 1 Alt. 2 BGB erforderlichen Ersatzgegenstand vorrangig bei seinem Lieferanten besorgt. Ein Deckungsgeschäft am Markt mit der Folge des Aufwendungsersatzes nach § 478 Abs. 2 BGB kommt daher erst in Betracht, wenn in dem Regreßverhältnis eine Ausnahme von dem Vorrang der Nacherfüllung gegeben ist.[1039] Eine derartige folgt nicht allgemein aus § 478 Abs. 1 BGB,[1040] da diese Vorschrift nach der hier vertretenen Auffassung *ihrerseits* auf das Regreßinteresse des Unternehmers zu begrenzen ist und somit bei einer Nacherfüllung nicht eingreift.[1041]

d) Zwingende Geltung der Rückgriffsvorschriften

§ 478 Abs. 4 Satz 1 BGB ordnet an, daß sich der Lieferant gegenüber dem Unternehmer auf eine vor der Mitteilung des Mangels an ihn getroffene Vereinbarung, die zum Nachteil des Unternehmers von den §§ 478, 479 BGB bzw. den in § 474 Abs. 1 Satz 2 BGB genannten Vorschriften des allgemeinen Kaufrecht abweicht, im Grundsatz nicht berufen kann. Ergänzt wird diese Rechtsfolge durch § 478

[1032] BT-Drucks. 14/6040, S. 248 f.; BR/*Faust* § 478 Rdnr. 19.

[1033] BT-Drucks. 14/6040, S. 249; *Huber/Faust* 15/33; *Tröger* ZGS 2003, 296 (299 f.); zu dem diesbezüglichen Prognoserisiko *Schubel* ZIP 2002, 2061 (2065 ff.).

[1034] Dazu ausführlich oben § 2 E II 3b, ff (3), S. 97 ff.

[1035] Nach *Matthes* NJW 2002, 2505 (2507) soll dann aber gemäß § 478 Abs. 2 BGB immerhin derjenige Nacherfüllungsaufwand ersatzfähig sein, der die Unverhältnismäßigkeitsschwelle nicht überschreitet.

[1036] A.A. BR/*Faust* § 478 Rdnr. 21.

[1037] Näher *Büdenbender* Anw.Komm. § 478 Rdnr. 12 ff.; ähnlich BR/*Faust* § 478 Rdnr. 20; *Schubel* ZIP 2002, 2061 (2068) unter Rückgriff auf das Kriterium der Erforderlichkeit der Aufwendungen.

[1038] Dazu oben § 2 E II 3c, bb (1), S. 105 f.

[1039] Ausführlich hierzu § 2 E II 3c, bb (2), S. 106 ff.

[1040] A.A. *Oechsler* § 2 Rdnr. 329.

[1041] Siehe oben § 2 H V 6b, aa (4), S. 216 f.

Abs. 4 Satz 3 BGB, der ein Umgehungsverbot statuiert; insoweit gelten die Ausführungen zu § 475 Abs. 1 BGB entsprechend.[1042]

Die Vorschrift bezweckt, daß dem Unternehmer gegenüber dem Lieferanten im Regreß die gleichen Rechte wie dem Verbraucher ihm gegenüber als Verkäufer zustehen.[1043] Nach dem Regelungsziel der §§ 478, 479 BGB sollte daher auch diese zwingende Wirkung auf das Regreßinteresse des Unternehmers begrenzt werden.[1044] Beispiel: Hat der Verbraucher gegenüber dem Unternehmer wirksam den Kaufpreis gemindert, so ist eine Vereinbarung zwischen dem Unternehmer und seinem Lieferanten, nach der ersterem entgegen § 437 Nr. 2 Alt. 1 BGB zwar der Rücktritt, nicht aber die Minderung infolge eines Sachmangels versagt ist, nicht gemäß § 478 Abs. 4 Satz 1 BGB unwirksam.

Die zwingende Wirkung erfaßt nach § 478 Abs. 4 Satz 2 BGB – vorbehaltlich des § 307 BGB bei der Verwendung von Allgemeinen Geschäftsbedingungen durch den Lieferanten – nicht eine Beschränkung oder den Ausschluß eines Anspruchs auf Schadensersatz gemäß § 437 Nr. 3 BGB. Auch diese Regelung stimmt weitgehend[1045] mit § 475 Abs. 3 BGB überein, so daß die hierzu dargelegten Grundsätze entsprechend gelten.[1046] Schließlich tritt die zwingende Wirkung der angeführten Vorschriften nach § 478 Abs. 4 Satz 1 BGB a.E. nicht ein, wenn der Lieferant dem Unternehmer einen gleichwertigen Ausgleich einräumt. Diesen bewirken z.B. pauschale Ausgleichssysteme für den Regreß bei Mängeln der bezogenen Waren.[1047]

e) Verjährung der Rückgriffsansprüche

§ 479 Abs. 1 und 2 BGB betreffen die Verjährung der in § 478 BGB gewährten bzw. modifizierten Rückgriffsansprüche und -rechte des Unternehmers.

aa) Verjährung des Aufwendungsersatzanspruchs

Dabei legt § 479 Abs. 1 BGB zunächst für den Aufwendungsersatzanspruch aus § 478 Abs. 2 BGB eine zweijährige Verjährung ab Ablieferung der Sache an den Unternehmer fest, was der allgemeinen Regelung für die Rechte aus § 437 BGB in § 438 Abs. 1 Nr. 3 BGB i.V. mit Abs. 2 BGB entspricht.[1048] Sofern der Lieferant den Mangel arglistig verschwiegen hat, ist § 438 Abs. 3 BGB analog anzuwenden.

[1042] Oben § 2 H V 3b, S. 204 ff.

[1043] BT-Drucks. 14/7052, S. 199.

[1044] Dazu bereits oben § 2 H V 6b, aa (4), S. 216 f.

[1045] Die Nichterwähnung der §§ 308, 309 BGB beruht darauf, daß diese im Rechtsverhältnis zwischen Unternehmern gemäß § 310 Abs. 1 BGB keine Anwendung finden. Die Rechtsgedanken der dort enthaltenen Klauselverbote sind jedoch bei der Konkretisierung des § 307 BGB zu berücksichtigen: *Basedow* MünchKomm.⁴ § 307 Rdnr. 68.

[1046] Siehe § 2 H V 3b, bb (2), S. 206 f.

[1047] BT-Drucks. 14/6040, S. 249; näher *K. Schmidt* in: Dauner-Lieb u.a. (Hrsg.), Das neue Schuldrecht in der Praxis, 2003, S. 427 (442 f.); *Schubel* JZ 2001, 1113 (1118).

[1048] Dazu oben § 2 E II 4, S. 124 ff.

bb) Ablaufhemmung der Verjährung

Des weiteren sieht § 479 Abs. 2 Satz 1 BGB vor, daß die Verjährung aller Rück-griffsansprüche des Unternehmers gegenüber dem Lieferanten aus § 437 BGB und § 478 Abs. 2 BGB wegen eines Mangels der an einen Verbraucher verkauften neu hergestellten Sache frühestens zwei Monate nach dem Zeitpunkt eintritt, in dem der Unternehmer die Ansprüche des Verbrauchers erfüllt hat (Ablaufhem-mung).[1049] Als „Ansprüche" i.S. des § 479 Abs. 2 Satz 1 BGB sind auch die Rech-te zum Rücktritt und auf Minderung gemäß § 437 Nr. 2 BGB zu verstehen. Die Ablaufhemmung der Verjährung im Regreßverhältnis ist wichtig, wenn zwischen dem Kauf des Unternehmers von dem Lieferanten und dem Weiterverkauf an den Verbraucher eine größere Zeitspanne verstrichen ist, so daß die Ansprüche und Rechte des Unternehmers nach den §§ 438, 479 Abs. 1 BGB bereits verjährt wä-ren. Zum Schutz des Lieferanten sieht § 479 Abs. 2 Satz 2 BGB für die Verjäh-rung lediglich eine absolute Höchstgrenze von 5 Jahren ab dem Zeitpunkt vor, in dem der Lieferant die Sache bei dem Unternehmer abgeliefert hat.[1050]

Nach dem Zweck des § 479 Abs. 2 BGB, den Regreß des Unternehmers zu er-möglichen, ist die Vorschrift jedoch nur anzuwenden, wenn der Verbraucher den Unternehmer tatsächlich in Anspruch genommen hat, was aus dem Wortlaut des § 479 Abs. 2 Satz 1 BGB nicht deutlich wird.[1051] Beispiel: Der Unternehmer kauft bei einem Lieferanten eine sofort abgelieferte Sache, verkauft diese aber erst drei Jahre später an einen Verbraucher weiter, der seinerseits nach sechs Monaten we-gen eines Sachmangels Minderung begehrt. Das Rückgriffsrecht des Unternehmers gegen den Lieferanten auf seinerseitige Minderung des Kaufpreises gemäß § 441 BGB i.V. mit den §§ 437 Nr. 2 Alt. 2, 478 Abs. 1 und 3 BGB ist in diesem Fall nach Maßgabe des § 438 Abs. 1 Nr. 3 und Abs. 5 BGB i.V. mit § 218 Abs. 1 Satz 1 BGB zunächst nach zwei Jahren verjährt, die Inanspruchnahme seitens des Verbrauchers beseitigt diese Verjährung jedoch gemäß § 479 Abs. 2 Satz 1 BGB. Es bleibt aber bei der Verjährung, wenn der Verbraucher gegen den Unternehmer faktisch nicht vorgeht, da es in diesem Fall an einer besonderen Schutzbedürftig-keit des letzteren fehlt. Zudem ist die Verlängerung der Verjährung nach dem oben Dargelegten nicht auf Ansprüche oder Rechte des Unternehmers zu erstrecken, die sein Regreßinteresse übersteigen.[1052] Der Unternehmer könnte daher im gebildeten Beispiel nicht unter Berufung auf § 479 Abs. 2 Satz 1 BGB von dem Vertrag mit dem Lieferanten gemäß § 323 Abs. 1 BGB i.V. mit § 437 Nr. 2 Alt. 1 BGB zu-rücktreten, sondern selbst ebenfalls nur den Kaufpreis mindern.

[1049] BT-Drucks. 14/6040, S. 250.

[1050] Zum Begriff der Ablieferung oben § 2 E II 4d, S. 127 f.

[1051] Kritisch auch insoweit *Ernst/Gsell* ZIP 2001, 1389 (1400); a.A. BR/*Faust* § 479 Rdnr. 8.

[1052] Näher oben § 2 H V 6b, aa (4), S. 216 f.

f) Weiterer Rückgriff in der Lieferkette

aa) Allgemeines

Die §§ 478 Abs. 5, 479 Abs. 3 BGB erstrecken die Sondervorschriften über den Rückgriff auch auf Glieder in der Lieferkette, die „hinter" dem Unternehmer stehen. Beispiel: Der Hersteller hat ein Produkt an einen Großhändler verkauft, dieser an einen Einzelhändler, der es wiederum an einen Verbraucher absetzt. Geht der Verbraucher gemäß § 437 BGB i.V. mit den §§ 474 ff. BGB gegen den Einzelhändler (Unternehmer i.S. des § 474 Abs. 1 Satz 1 BGB) vor, so kann dieser nach Maßgabe der §§ 478, 479 BGB i.V. mit den allgemeinen Vorschriften bei dem Großhändler (Lieferant) Rückgriff nehmen. Die Erstreckung der Rückgriffsvorschriften auf alle Teile der Lieferkette ermöglicht es aber auch dem Großhändler, sich gegenüber seinem Lieferanten, dem Hersteller, auf die Verbesserung seiner Rechtsstellung durch die §§ 478, 479 BGB zu berufen. Jedoch wird hierdurch immer nur das konkrete Kaufrechtsverhältnis modifiziert (vgl. die §§ 478 Abs. 5, 479 Abs. 3 BGB: „gegen die jeweiligen Verkäufer"), ein direkter Durchgriff auf den Hersteller ist dem Einzelhändler daher nicht möglich.

Zudem setzen die §§ 478 Abs. 5, 479 Abs. 3 BGB für die Anwendung der Sondervorschriften über den Rückgriff voraus, daß der jeweilige Regreßschuldner ein Unternehmer i.S. des § 14 BGB ist.[1053] Jedoch wird es selten vorkommen, daß in einer Lieferkette, die in einen Verbrauchsgüterkauf über eine neu hergestellte Sache mündet, was wie dargelegt Voraussetzung der Anwendung der §§ 478, 479 BGB ist,[1054] in einem früheren Stadium ein Nicht-Unternehmer als Verkäufer aufgetreten ist.

bb) Sonderfragen

Bei einem Regreß, der in der Lieferkette über das Rechtsverhältnis des Unternehmers zu seinem Lieferanten hinaus zurückwandert, treten einige Sonderprobleme auf:

Fraglich ist zunächst, ob der Verkäufer eines Lieferanten, der dem Unternehmer gemäß § 478 Abs. 2 BGB Aufwendungsersatz für eine Nacherfüllung geleistet hat, seinerseits dem Lieferanten *diese* Aufwendung gemäß § 478 Abs. 2 BGB i.V. mit § 478 Abs. 5 BGB ersetzen muß. Denn die Aufwendung des Lieferanten besteht nicht in einer solchen gemäß § 439 Abs. 2 BGB, sondern in einer Erfüllung des Rückgriffsanspruches aus § 478 Abs. 2 BGB. Nach dem Zweck des § 478 Abs. 5 BGB, einen problemlosen Rücklauf des Regresses bis zu dem für den Mangel verantwortlichen Lieferungsglied zu ermöglichen, ist jedoch bei der durch § 478 Abs. 5 BGB angeordneten *entsprechenden* Anwendung des § 478 Abs. 2 BGB auch die Erfüllung eines vorgelagerten Anspruchs aus § 478 Abs. 2 BGB selbst als ersatzfähige Aufwendung zu betrachten.[1055]

[1053] Zu diesem Begriff oben § 2 H V 2a, cc, S. 202 f.

[1054] Siehe oben § 2 H V 6 a, S. 213.

[1055] *Ernst/Gsell* ZIP 2001, 1389 (1395); *H.P. Westermann* NJW 2002, 241 (252).

Problematisch kann auch sein, inwieweit einem hinter dem Unternehmer i.S. des § 474 Abs. 1 Satz 1 BGB stehenden Lieferanten über die §§ 478 Abs. 5, 479 Abs. 3 BGB Privilegierungen erwachsen können, die dem Unternehmer selbst nicht zustanden. Beispiel: Der Verbraucher mindert gegenüber dem Unternehmer, dieser verlangt hingegen von seinem Lieferanten Nachlieferung gemäß § 439 Abs. 1 Alt. 2 BGB. Hat der Lieferant gegenüber seinem Verkäufer nun einen Aufwendungsersatzanspruch gemäß § 478 Abs. 2 BGB i.V. mit § 478 Abs. 5 BGB, obwohl dem Unternehmer mangels eigener Nacherfüllung ein solcher nicht zugestanden hat?[1056] Dieses Problem verkleinert sich zumindest, wenn die Privilegierungen der §§ 478, 479 BGB wie hier vorgeschlagen auf das jeweilige Rückgriffsinteresse des in Anspruch Genommenen beschränkt werden.[1057] Im Beispiel hätte sich daher der Unternehmer z.B. gegenüber seinem Lieferanten für einen Anspruch auf Nachlieferung schon gar nicht auf die §§ 478, 479 BGB berufen können, weil dieser Anspruch sein Regreßinteresse übersteigt, das aus der Minderung des Verbrauchers entsteht. Konnte er die Nachlieferung hingegen schon allein aufgrund der allgemeinen Vorschrift des § 439 Abs. 1 Alt. 2 BGB i.V. mit § 438 BGB verlangen (d.h. ohne sich auf die Beweislastumkehr gemäß § 478 Abs. 3 BGB i.V. mit § 476 BGB oder die Verjährungshemmung gemäß § 479 Abs. 2 Satz 1 BGB berufen zu müssen), handelt es sich im Rechtsverhältnis des Lieferanten zu seinem Verkäufer nicht mehr um ein spezifisches Problem des Regresses nach einem Verbrauchsgüterkauf, was gegen die Anwendung des § 478 Abs. 2 BGB zugunsten des Lieferanten spricht.[1058] Deshalb erwachsen einem in der Lieferkette weiter zurückstehenden Glied unter teleologischen Aspekten aus den §§ 478, 479 BGB keine Privilegierungen, die nicht auch dem jeweiligen Vormann zustanden. Dogmatisch ist dies wiederum bei der durch die §§ 478 Abs. 5, 479 Abs. 3 BGB angeordneten *entsprechenden* Anwendung der Regreßvorschriften zu verorten.

g) Rügeobliegenheit nach § 377 HGB

Die Vorschriften über den Unternehmerregreß berühren nach § 478 Abs. 6 BGB nicht die bei einem beiderseitigen Handelskauf i.S. der §§ 377 Abs. 1, 343 Abs. 1 HGB bestehende Obliegenheit des Regreßnehmers, Mängel der Kaufsache nach Maßgabe des § 377 HGB unverzüglich zu rügen.[1059] Kommt er dieser Obliegenheit nicht nach, so gilt die Ware in bezug auf den betreffenden Mangel als genehmigt

---

[1056] Vgl. *Ernst/Gsell* ZIP 2001, 1389 (1395 und 1399).

[1057] Siehe oben § 2 H V 6b, aa (4), S. 216 f.

[1058] *Maultzsch* JuS 2002, 1171 (1174); in dieser Richtung auch *Ernst/Gsell* ZIP 2001, 1389 (1395).

[1059] Ausführlich *von Sachsen Gessaphe* RIW 2001, 721 (727 f.). In bezug auf Mängel, die sich erst während einer Benutzung der Sache zeigen, ist das Verhalten des Verbrauchers dem Unternehmer nicht zurechenbar, so daß § 377 Abs. 3 HGB erst eingreift, wenn der Unternehmer positive Kenntnis von dem Mangel erlangt: *Oechsler* § 2 Rdnr. 331; noch großzügiger *Schubel* ZIP 2002, 2061 (2070 f.).

(§ 377 Abs. 2 HGB), so daß alle Ansprüche gegen den Lieferanten wegen dieses Mangels ausgeschlossen sind.[1060]

I. Der Tausch

I. Begriff und Abgrenzung

Das Bürgerliche Gesetzbuch regelt den Vertragstyp des Tausches lediglich in einer knappen Vorschrift als Untertitel des Kaufrechts. Gemäß § 480 BGB finden auf den Tausch die Vorschriften über den Kauf entsprechende Anwendung.

Die Gesetzesmaterialien[1061] definieren den Tausch als „Umsatz eines individuellen Wertes gegen einen anderen individuellen Wert". Gemeint ist damit, daß durch einen Tausch Güter ohne Zwischenschaltung des „Tauschmittels" Geld umgesetzt werden.[1062] Der Tauschvertrag ist somit ein gegenseitiger Vertrag i.S. der §§ 320 ff. BGB. Während die Verschaffung eines der in den §§ 433 Abs. 1, 453 Abs. 1 BGB genannten Gegenstände im Austausch gegen Geld einen Kaufvertrag darstellt, verpflichten sich bei einem Tausch *beide* Parteien jeweils dazu, der anderen einen Gegenstand i.S. der §§ 433 Abs. 1, 453 Abs. 1 BGB (Sachen, Rechte, sonstige Gegenstände)[1063] zu verschaffen, der nicht in Geld besteht. Dies ist dahingehend einzuschränken, daß bei einem Tauschvertrag keine Partei Geld als Wertsumme schuldet; der „Tausch" von Sammlermünzen stellt daher ohne weiteres einen Tausch i.S. des § 480 BGB dar. Bei dem Tauschvertrag handelt es sich somit um den gesetzlich geregelten Fall eines sog. gemischten Vertrages, insbesondere eines Vertrages mit – gegenüber der in einem Kaufvertrag enthaltenen Geldzahlungskomponente – anderstypischer Gegenleistung.[1064] Erforderlich ist, daß sich die Parteien wie bei einem Kaufvertrag (vgl. die §§ 433 Abs. 1, 453 Abs. 1 BGB) jeweils dazu verpflichten, der anderen endgültig ein Recht, z.B. das Eigentum an einer Sache zu verschaffen.[1065] Erfolgt hingegen z.B. lediglich eine gegenseitige Besitzüberlassung an Sachen auf Zeit, liegt kein Tausch, sondern ein gemischter Vertrag mit mietrechtlichen Elemente vor.[1066]

Entscheidend für das Vorliegen eines Tauschvertrages ist weiterhin, daß nach der vertraglichen Vereinbarung zwischen der jeweiligen Verpflichtung zur Verschaffung eines Gegenstandes ein Synallagma besteht, wobei sich eine für den Vertrag vorgeschriebene Form (z.B. § 311b Abs. 1 Satz 1 BGB) auch auf diese sy-

---

[1060] Näher zu § 377 HGB *Canaris* Handelsrecht, 23. Aufl. 2000, § 31 VII, S. 534 ff.; *Oetker* Handelsrecht, 3. Aufl. 2003, § 8 D, S. 207 ff.; *K. Schmidt* Handelsrecht, 5. Aufl. 1999, § 29 III, S. 793 ff.

[1061] Mot. II, S. 366.

[1062] *Esser/Weyers* BT 1, § 10/4, S. 114; *Larenz* BT 1, § 46, S. 194; *Staudinger/Mader* § 515 Rdnr. 1; *H.P. Westermann* MünchKomm. § 515 Rdnr. 1.

[1063] Siehe näher oben § 2 B I bis V, S. 21 ff.

[1064] Dazu näher unten § 16 A III 1b, S. 791 f.

[1065] *Erman/Grunewald* § 515 Rdnr. 1.

[1066] Zur rechtlichen Behandlung derartiger Verträge wiederum unten § 16 A III 3, S. 721 f.

nallagmatische Verknüpfung bezieht.[1067] Eine derartige Verknüpfung liegt z.B. nicht vor, wenn sich beide Parteien jeweils zu der Übertragung eines Gegenstandes um des Erhalts einer Geldsumme willen verpflichten und die gegenseitigen Geldansprüche lediglich gemäß den §§ 387 ff. BGB oder auf andere Weise verrechnen (sog. Doppelkauf mit Verrechnungsabrede).[1068] Der Doppelkauf ist im Zweifel von einem Tausch danach abzugrenzen, ob jede der beiden Veräußerungen einen eigenständigen Umsatzzweck dergestalt verfolgt, daß die Verpflichtungen zu den Veräußerungen nach dem Parteiwillen auch selbständig hätten erfolgen können (dann Doppelkauf).[1069] Dies trifft z.B. nicht auf den oben erörterten Fall der Inzahlungnahme eines Gebrauchtwagens bei dem Verkauf eines Neuwagens zu, da der Neuwagenhändler an der Erlangung des Gebrauchtwagens regelmäßig kein eigenständiges Interesse hat, sondern die Inzahlungnahme lediglich als Instrument zum Absatz des Neuwagens einsetzt.[1070] Umgekehrt ist aber auch denkbar, daß sich zwei Parteien formal gegenseitig zur Übertragung eines Gegenstandes gegen eine Geldsumme verpflichten, in Wirklichkeit aber nach dem Parteiwillen ein unmittelbares Synallagma zwischen den gegenständlichen Leistungen besteht, so daß ein Tausch vorliegt.[1071]

Die von den Parteien des Tauschvertrages jeweils geschuldete Leistung muß nicht gleichartig sein. Denkbar ist daher z.B. neben dem Tausch einer Sache i.S. des § 90 BGB gegen eine andere Sache auch der Tausch einer Sache gegen ein Recht. Wenn jedoch eine Sache (insbesondere ein mit einem Grundpfandrecht belastetes Grundstück) gegen die Übernahme einer Schuld derjenigen Partei, die sich zu der Übertragung der Sache verpflichtet, veräußert wird, handelt es sich bei der Schuldübernahme durch die andere Partei in der Regel lediglich um eine besondere Form der Verrechnung des Kaufpreises und somit einen Kaufvertrag.[1072]

Die Abgrenzung des Tausches von besonderen kaufvertraglichen Gestaltungen hat jedoch auch in Grenzfällen nur wenig praktische Bedeutung, da § 480 BGB die entsprechende Anwendung der Kaufrechtsvorschriften auf den Tauschvertrag anordnet und somit hinsichtlich der Rechtsfolgen keine Divergenz eintritt.[1073] Darüber hinaus hat der Tausch in Zeiten relativ großer Geldwertstabilität ohnehin nur eine marginale Bedeutung im Wirtschaftsleben, da sich unter diesen Voraussetzungen Geld als ein effektives „Tauschmittel" erweist und deshalb der Abschluß von Kaufverträgen denjenigen von Tauschverträgen zahlenmäßig bei weitem über-

---

[1067] *Staudinger/Mader* § 515 Rdnr. 3; *H.P. Westermann* MünchKomm. § 515 Rdnr. 2.

[1068] *Erman/Grunewald* § 515 Rdnr. 2; *Staudinger/Mader* § 515 Rdnr. 2.

[1069] *Staudinger/Mader* § 515 Rdnr. 10.

[1070] Siehe § 2 G I 1b, S. 151 ff.

[1071] Der Austausch kann sich auch über Dritte erstrecken, sog. Ringtausch; vgl. RG v. 15. Juni 1939, RGZ 161, 1 (3); BGH v. 27. Oktober 1967, BGHZ 49, 7 (10); *Erman/Grunewald* § 515 Rdnr. 4; *Soergel/Huber* § 515 Rdnr. 10.

[1072] *Soergel/Huber* § 515 Rdnr. 8 f.; *H.P. Westermann* MünchKomm. § 515 Rdnr. 3; a.A. *Staudinger/Mader* § 515 Rdnr. 1.

[1073] Allerdings stellt der Abschluß eines Tauschvertrages bei Bestehen eines Vorkaufsrechts nach h.M. keinen Vorkaufsfall i.S. des § 463 BGB dar; siehe oben § 2 H IV 3a, S. 194.

wiegt. Eine gewisse Bedeutung behält der Tausch bei Sachgütern oder Rechten, die gegen Geld eher schwer umsetzbar sind, so daß z.b. der Verkauf unter Inzahlungnahme gebrauchter Gegenstände nach einer Auffassung ein tauschrechtliches Moment beinhaltet.[1074] Eine in der Praxis häufiger vorkommende Form stellen auch der Tausch „gemieteter Wohnungen" oder der Studienplatztausch dar, wobei es sich jeweils um einen Tausch von Rechten (mietvertragliches Recht, Inkorporation in die Universität) handelt.[1075]

II. Entsprechende Anwendung der Kaufrechtsvorschriften

Nach § 480 BGB finden auf den Tauschvertrag die §§ 433 ff. BGB entsprechende Anwendung. Das Erfordernis einer lediglich entsprechenden Anwendung ergibt sich daraus, daß bei einem Tausch quasi beide Parteien zugleich als „Verkäufer" und als „Käufer" auftreten,[1076] weil sie sich jeweils zur Übertragung eines nicht in Geld bestehenden Gegenstandes verpflichten. So trifft z.B. bei dem Tausch zweier Sachen jede Partei gemäß § 433 Abs. 1 Satz 2 BGB die Pflicht, eine Leistung zu erbringen, die frei von Sach- und Rechtsmängeln i.S. der §§ 434, 435 BGB ist.

Hat eine Partei des Tauschvertrages den Untergang der von ihr zu verschaffenden Sache vor Austausch der Leistungen oder ein anderweitiges dauerhaftes Leistungshindernis zu vertreten, so stehen dem anderen Teil in bezug auf einen Ersatz seines Schadens zwei Möglichkeiten offen:[1077] Zwar entfällt in diesem Fall nach Maßgabe des § 326 Abs. 1 Satz 1 BGB seine *Pflicht* zur Erbringung der Gegenleistung; er *kann* aber auch die von ihm vertraglich geschuldete Leistung erbringen, z.B. wenn er die eingetauschte Sache loswerden möchte, und gemäß § 283 Satz 1 BGB i.V. mit § 280 Abs. 1 BGB den vollen Schaden liquidieren, der ihm durch die Nichtleistung entsteht (sog. Surrogationsmethode).[1078] Beruft sich der Gläubiger des untergegangenen Gegenstandes hingegen auf die Leistungsbefreiung nach § 326 Abs. 1 Satz 1 BGB, mindert sich der Umfang seines Schadensersatzanspruchs um den Wert der ersparten Gegenleistung (sog. Differenzmethode).

Schwierigkeiten bereitet die Durchführung einer Minderung gemäß § 441 BGB i.V. mit § 437 Nr. 2 Alt. 2 BGB bei einem Tausch, da die gegenständliche Leistung des Gläubigers der mangelhaften Leistung häufig nicht teilbar ist und nicht i.S. des § 441 Abs. 3 Satz 1 BGB verhältnismäßig gekürzt werden kann. Beispiel: A tauscht mit B eine seiner Briefmarken mit einem Katalogwert von 100 Euro gegen eine Briefmarke des B mit einem Katalogwert von 50 Euro. Bei der Übergabe der Marke des A stellt sich heraus, daß diese leicht eingerissen ist, was ihren

---

[1074] Näher oben § 2 G I 1b, S. 151 ff.

[1075] Vgl. *Staudinger/Mader* § 515 Rdnr. 6.

[1076] Siehe Mot. II, S. 367.

[1077] Vor der Neufassung des Leistungsstörungsrechts zum 1.1.2002 war insbesondere aufgrund der nach altem Recht angenommenen Unvereinbarkeit von Vertragsauflösung und Schadensersatz (vgl. jetzt § 325 BGB) umstritten, inwieweit eine derartige Wahlmöglichkeit bestand: vgl. *Marburger* 20 Probleme aus dem BGB, Schuldrecht Allgemeiner Teil, 6. Aufl. 1998, 9. Problem.

[1078] Näher *Ernst* MünchKomm.[4] § 326 Rdnr. 13 ff.

Wert um 50% verringert. Die Gegenleistung des B kann in diesem Fall aus tatsächlichen Gründen nicht herabgesetzt werden, obwohl er nach Maßgabe des § 441 Abs. 3 Satz 1 BGB bei Geltendmachung der Minderung rechnerisch nur eine Gegenleistung in Höhe von 25 Euro schulden würde.[1079] In einem derartigen Fall bestünde eine denkbare Lösung darin, A zu einer Barzahlung der Minderungsdifferenz in Höhe von 25 Euro an B zu verpflichten.[1080] Mangels einer geeigneten Rechtsgrundlage für diese Lösung[1081] – vorbehaltlich der im Einzelfall zu ermittelnden Möglichkeit einer entsprechenden ergänzenden Vertragsauslegung gemäß den §§ 133, 157 BGB – spricht jedoch mehr dafür, den Gläubiger der mangelhaften Leistung auf die anderen in § 437 BGB genannten Rechte zu beschränken. Bei der Beurteilung der Unerheblichkeit der Pflichtverletzung als Ausschlußgrund für das Rücktrittsrecht i.S. des § 323 Abs. 5 Satz 2 BGB i.V. mit § 437 Nr. 2 Alt. 1 BGB ist dann allerdings zu berücksichtigen, daß dem Gläubiger die Minderung als Alternative verwehrt ist.

J. Teilzeit-Wohnrechteverträge

I. Begriff und Erscheinungsformen

1. Allgemeines

Die Vorschriften der §§ 481 bis 487 BGB integrieren die bis zum 1.1.2002 im Teilzeit-Wohnrechtegesetz[1082] enthaltenen Regelungen für den Teilzeit-Wohnrechtevertrag (auch sog. Time-Sharing) in das Bürgerliche Gesetzbuch. Sie dienen – ebenso wie das zuvor bestehende Sondergesetz – der Umsetzung einer EG-Richtlinie,[1083] so daß bei ihrer Auslegung insbesondere auch die Vorgaben der Richtlinie einschließlich ihrer Interpretation durch den Europäischen Gerichtshof zu berücksichtigen sind.

§ 481 Abs. 1 Satz 1 BGB definiert den Teilzeit-Wohnrechtevertrag als einen Vertrag, durch den ein Unternehmer i.S. des § 14 BGB einem Verbraucher i.S. des § 13 BGB gegen Zahlung eines Gesamtpreises das Recht einräumt oder zu verschaffen verspricht, für die Dauer von mindestens drei Jahren ein Wohngebäude

---

[1079] Zur Berechnung siehe oben § 2 E II 3d, cc, S. 112.

[1080] *Brox/Walker* § 8 Rdnr. 2; *Palandt/Putzo* § 480 Rdnr. 8. So auch die Lösung der h.M. zum alten Recht auf Basis des – ersatzlos gestrichenen – § 473 Satz 2 BGB a.F.: RG v. 12. März 1910, RGZ 73, 152 (153); *Erman/Grunewald* § 515 Rdnr. 6; *Larenz* BT 1, § 46, S. 195; *Soergel/Huber* § 515 Rdnr. 15; *Staudinger/Mader* § 515 Rdnr. 20; *H.P. Westermann* MünchKomm. § 515 Rdnr. 6.

[1081] Siehe vorige Fn. zur Streichung des § 473 Satz 2 BGB a.F.

[1082] Gesetz über die Veräußerung von Teilzeitnutzungsrechten an Wohngebäuden v. 29. Juni 2000, BGBl. I, S. 957.

[1083] Richtlinie 94/47/EG des Europäischen Parlaments und des Rates vom 26. Oktober 1994 zum Schutz der Erwerber im Hinblick auf bestimmte Aspekte von Verträgen über den Erwerb von Teilzeitnutzungsrechten an Immobilien, ABl. EG Nr. L 280 vom 29. Oktober 1994, S. 83 ff.

jeweils für einen bestimmten oder zu bestimmenden Zeitraum des Jahres zu Erholungs- oder zu Wohnzwecken zu nutzen. Es handelt sich deshalb um einen gegenseitigen Vertrag i.S. der §§ 320 ff. BGB. Aufgrund des durch § 481 Abs. 1 Satz 1 BGB festgelegten persönlichen Anwendungsbereiches (Unternehmer-Verbraucher-Vertrag)[1084] haben die §§ 481 ff. BGB zudem einen spezifisch verbraucherschützenden Charakter.[1085] Aus diesem Grunde werden Verträge mit einer kürzeren Laufzeit als drei Jahren mangels eines besonderen Schutzbedürfnisses nicht erfaßt. Dieses erkennt das Gesetz umgekehrt auch in den Fällen nicht an, in denen sich das jeweilige Nutzungsrecht nicht nur auf einen bestimmten Abschnitt des Jahres, sondern auf das ganze Jahr bezieht; in diesem Fall geht das Gesetz davon aus, daß dem Verbraucher die Tragweite seiner Entscheidung vollständig bewußt und zurechenbar ist. Nach § 481 Abs. 2 BGB kann das eingeräumte Recht auch darin bestehen, die Nutzung eines Wohngebäudes jeweils aus einem Bestand von verschiedenen Gebäuden zu wählen, und gemäß § 481 Abs. 3 BGB steht einem Wohngebäude ein Teil eines Wohngebäudes gleich. Gegenstand eines Teilzeit-Wohnrechtevertrages kann somit z.B. auch das Recht sein, in jedem Jahr der Laufzeit des Vertrages jeweils zwischen der Nutzung einer Ferienwohnung auf Hawaii und einer Skihütte in den Alpen zu wählen. Sofern sich die jeweilige Immobilie im Ausland befindet, kann sich allerdings die Frage des auf den Vertrag anwendbaren Rechts stellen; insoweit gelten die Art. 27 ff. EGBGB.

2. Rechtsnatur des Teilzeit-Wohnrechts

Die systematische Stellung der Vorschriften im unmittelbaren Anschluß an das Kaufrecht erklärt sich dadurch, daß Teilzeitwohnrechte-Verträge im Grundsatz eine besondere Ausprägung des Rechtskaufs sein sollen.[1086] Hiergegen spricht jedoch, daß diese Qualifizierung von der jeweiligen Ausgestaltung des Nutzungsrechts abhängt und das Vorliegen einer kaufrechtlichen Gestaltung keine begriffsnotwendige Voraussetzung für einen Teilzeit-Wohnrechtevertrag ist. Das folgt bereits aus § 481 Abs. 1 Satz 2 BGB. Danach kann das einzuräumende Recht ein dingliches oder ein anderes sein und zudem auch durch die Mitgliedschaft in einem Verein oder den Anteil an einer Gesellschaft eingeräumt werden. Die jeweilige Art des Rechts, das aufgrund des Teilzeit-Wohnrechtevertrages einzuräumen ist, bestimmt insbesondere den Kreis der Vorschriften (Kaufrecht etc.), die für Fragen anzuwenden sind, die in den §§ 481 ff. BGB keine Regelung erfahren. In der Vertragspraxis treten vor allem die folgenden Grundformen auf:

a) Dingliche Ausgestaltung

Dinglich ausgestaltet werden kann das jeweilige Nutzungsrecht zum einen durch ein Bruchteilseigentum der beteiligten Verbraucher an der jeweiligen Immobilie bzw. der jeweiligen Eigentumswohnung i.S. der §§ 1008 ff. BGB i.V. mit den

---

[1084] Zu den Begriffen Unternehmer und Verbraucher siehe oben § 2 H V 2a, S. 200 ff.

[1085] *Palandt/Putzo* Vor § 481 Rdnr. 1; *Schlechtriem* Rdnr. 194.

[1086] So BT-Drucks. 14/6040, S. 250; *Palandt/Putzo* § 481 Rdnr. 1.

§§ 741 ff. BGB.[1087] In diesem Fall handelt es sich streng genommen um eine spezielle Form des Sachkaufs. Die zeitliche Nutzung kann in einer Nutzungsvereinbarung i.S. des § 745 BGB i.V. mit § 1010 BGB geregelt werden. Diese Gestaltung hat jedoch den Nachteil, daß das Recht gemäß § 925 Abs. 2 BGB bzw. § 4 Abs. 2 Satz 2 WEG nicht zeitlich befristet eingeräumt werden kann. Sofern die Nutzung einer Eigentumswohnung in Rede steht, bietet sich daher eher die Bestellung eines Dauerwohn- bzw. Dauernutzungsrechts i.S. des § 31 WEG an, da dieses auch befristet bestellt werden kann (arg. § 41 WEG). Ein solches Recht kann mehreren Verbrauchern zu Bruchteilen eingeräumt werden,[1088] so daß eine entsprechende zeitliche Aufteilung der Nutzung i.S. des § 481 Abs. 1 Satz 1 BGB durch eine Nutzungsvereinbarung gemäß § 745 BGB möglich ist.[1089] Weniger praktikabel ist die Einräumung eines Nießbrauches oder einer Dienstbarkeit in bezug auf die Immobilie.[1090]

b) Schuldrechtliche Ausgestaltung

Denkbar ist auch, daß das dem Verbraucher einzuräumende Nutzungsrecht keine dingliche Grundlage hat, sondern schuldrechtlich ausgestaltet ist. Es kommen z.B. ein modifizierter Mietvertrag (§§ 535 ff. BGB)[1091] oder eine Treuhandvereinbarung in Betracht. Im letzteren Fall ist ein Treuhänder (der Unternehmer i.S. des § 481 Abs. 1 Satz 1 BGB oder ein Dritter) zwar Inhaber des Eigentums bzw. eines Dauerwohnrechts an der Immobilie oder der Eigentumswohnung, muß diese Rechtsstellung im *schuldrechtlichen* Verhältnis zu dem Verbraucher i.S. des § 481 Abs. 1 Satz 1 BGB (Treugeber) jedoch im Interesse des letzteren ausüben (sog. Verwaltungstreuhand).[1092] An die Transparenz einer derartigen Treuhandvereinbarung sind jedoch gemäß § 242 BGB bzw. bei der Verwendung Allgemeiner Geschäftsbedingungen nach § 307 Abs. 1 Satz 2 BGB erhöhte Anforderungen zu stellen.[1093]

c) Gesellschaftsrechtliche Ausgestaltung

Schließlich kann der Teilzeit-Wohnrechtevertrag auch auf die Beteiligung des Verbrauchers an einer Gesellschaft (Genossenschaft, GmbH etc.) gerichtet sein, welche das Wohngebäude hält und dem Verbraucher auf mitgliedschaftlicher Basis eine Nutzung in dem vereinbarten Zeitraum eines jeden Jahres gewährt.[1094]

[1087] *Baur/Stürner* § 29 Rdnr. 87; *Palandt/Putzo* § 481 Rdnr. 2; *Reinkenhof* Jura 1998, 561 (563).

[1088] BGH v. 30. Juni 1995, BGHZ 130, 150 (157 ff.).

[1089] Umstritten ist, ob von vornherein für jeden einzelnen Verbraucher ein zeitlich begrenztes Dauerwohnrecht (z.B. für A im April und für B im Mai) bestellt werden kann, das eine nur schuldrechtlich wirkende Aufteilung der Nutzungszeiten gemäß § 745 BGB überflüssig machen würde; vgl. *Baur/Stürner* § 29 Rdnr. 88 m.w.N.

[1090] Siehe im einzelnen *Reinkenhof* Jura 1998, 561 (563 f.).

[1091] *Baur/Stürner* § 29 Rdnr. 94; *Reinkenhof* Jura 1998, 561 (564 f.).

[1092] *Baur/Stürner* § 29 Rdnr. 91 f.; *Palandt/Putzo* § 481 Rdnr. 2.

[1093] BGH v. 30. Juni 1995, BGHZ 130, 150 (153 ff.).

[1094] *Baur/Stürner* § 29 Rdnr. 93; *Reinkenhof* Jura 1998, 561 (563 f.).

II. Die Sonderregelungen der §§ 482 bis 487 BGB

1. Allgemeines

Die §§ 482 bis 486 BGB treffen überwiegend Regelungen in bezug auf vorvertragliche Pflichten und den Vertragsschluß, von denen gemäß § 487 Satz 1 BGB nicht zum Nachteil des Verbrauchers abgewichen werden darf und die gemäß § 487 Satz 2 BGB auch bei einer Umgehung durch anderweitige Vertragsgestaltungen anzuwenden sind. Andere Rechtsfragen sind nach den für die jeweilige Ausgestaltung des einzuräumenden Teilzeit-Wohnrechts geltenden Vorschriften zu beurteilen, z.B. nach Kaufrecht, wenn ein Bruchteil an einem Dauerwohnrecht i.S. des § 31 WEG übertragen werden soll. Nach der allgemeinen Vorschrift des § 138 Abs. 1 BGB kommt eine Nichtigkeit des Vertrages wegen Sittenwidrigkeit insbesondere in Betracht, wenn zwischen dem von dem Verbraucher zu entrichtenden Preis und dem Marktwert der Gegenleistung ein grobes Mißverhältnis besteht.[1095]

2. Vorvertragliche Informationspflichten und Formvorschriften

§ 482 BGB erlegt dem Unternehmer, der den Abschluß von Teilzeitwohnrechte-Verträgen anbietet, die Pflicht auf, interessierten Verbrauchern einen Prospekt über den (potentiellen) Vertragsinhalt zur Verfügung zu stellen. Gemäß § 482 Abs. 2 BGB muß dieser Prospekt die Angaben enthalten, die § 2 der aufgrund des Art. 242 EGBGB erlassenen BGB-InfoV vorschreibt. Ferner ist der Prospekt nach § 483 Abs. 1 BGB in der Sprache des Staates abzufassen, in dem der Verbraucher seinen Wohnsitz hat bzw. dessen Staatsbürger er ist. Eine Verletzung dieser Pflichten begründet nach Maßgabe des § 280 BGB i.V. mit § 311 Abs. 2 BGB einen Schadensersatzanspruch des Verbrauchers.[1096] Gemäß § 484 Abs. 1 Satz 3 BGB werden die Angaben des Prospektes mangels einer ausdrücklich abweichenden Vereinbarung Inhalt eines später abgeschlossenen Vertrages.

Nach § 483 Abs. 3 BGB ist ein Teilzeit-Wohnrechtevertrag nichtig, wenn er den Sprachanforderungen des § 483 Abs. 1 und 2 BGB nicht genügt. Diese Rechtsfolge tritt gemäß § 125 Satz 1 BGB auch ein, wenn der Vertrag nicht in der erforderlichen Form abgeschlossen worden ist. § 484 Abs. 1 Satz 1 BGB sieht für Teilzeit-Wohnrechteverträge die Schriftform unter Ausnahme der elektronischen Form i.S. des § 126a BGB vor, soweit sich nicht aus anderen Vorschriften ein strengeres Formerfordernis ergibt (§ 484 Abs. 1 Satz 1 und 2 BGB). Letzteres ist z.B. gemäß § 311b Abs. 1 Satz 1 BGB der Fall, wenn das einzuräumende Teilzeit-Wohnrecht in einem Bruchteilseigentum an dem Wohngebäudegrundstück besteht. Nach § 484 Abs. 1 Satz 5 BGB muß der Vertrag zwar auch die in § 2 BGB-InfoV aufgelisteten Pflichtangaben enthalten, ein Verstoß hiergegen zieht aber nicht die Nichtigkeit des Vertrages gemäß § 125 Satz 1 BGB nach sich.[1097] § 484 Abs. 2 BGB gewährt dem Verbraucher einen Anspruch auf Aushändigung einer Vertragsurkunde oder einer Abschrift derselben.

[1095] Konkretisierend BGH v. 25. Februar 1994, BGHZ 125, 218 ff.
[1096] *Brox/Walker* § 7 Rdnr. 69; *Palandt/Putzo* § 482 Rdnr. 1.
[1097] BR/*H.-W. Eckert* § 484 Rdnr. 7; *Oechsler* § 2 Rdnr. 393; *Palandt/Putzo* § 484 Rdnr. 9.

3. Widerrufsrecht des Verbrauchers

Nach § 485 Abs. 1 BGB steht dem Verbraucher ein zweiwöchiges Widerrufsrecht nach Maßgabe des § 355 BGB zu, das in § 485 Abs. 2 bis 5 BGB allerdings einzelne Modifikationen erfährt. Aus § 486 Satz 1 BGB ergibt sich, daß der Unternehmer während des Laufes dieser Widerrufsfrist keine Anzahlungen fordern oder annehmen darf; ein Verstoß hiergegen läßt die Wirksamkeit des Vertrages im übrigen aber unberührt (vgl. § 486 Satz 2 BGB). Der Unternehmer ist dann jedoch gemäß § 280 Abs. 1 BGB zum Schadensersatz verpflichtet. Wird der Teilzeit-Wohnrechtevertrag von dem Verbraucher kreditfinanziert und stellt der Kreditvertrag einen verbundenen Vertrag i.S. des § 358 Abs. 3 BGB dar, so greifen zusätzlich die §§ 358, 359 BGB ein.

§ 3 Kreditverträge

A. Überblick zu den gesetzlichen Vorschriften

Neben dem Kaufrecht wurde zum 1.1.2002 auch das Recht der Kreditverträge[1] grundlegend neu gestaltet. In bezug auf Darlehensverträge unterscheidet das Gesetz systematisch zwischen dem Gelddarlehensvertrag in den §§ 488 bis 498 BGB und dem in den §§ 607 bis 609 BGB geregelten Sachdarlehensvertrag.[2] Der Alltagssprache folgend bezeichnet das Gesetz dabei Verträge über ein Gelddarlehen verkürzt als Darlehensverträge.[3] Unter diesen haben Verbraucherdarlehensverträge, die ein Unternehmer als Darlehensgeber mit einem Verbraucher abschließt, in der Praxis besonders große Bedeutung. Die insoweit maßgebenden §§ 491 bis 498 BGB integrieren zu weiten Teilen die Vorschriften des zuvor geltenden Verbrau-

---

[1]   Zum Begriff „Kreditverträge" als Oberbegriff der in den §§ 488 bis 507 BGB geregelten Vereinbarungen *Köndgen* WM 2001, 1637 (1640 f.).

[2]   Zu letzterem unten § 3 F, S. 268 ff.

[3]   Dazu auch im Überblick *Mülbert* WM 2002, 465 ff.

cherkreditgesetzes[4] in das Bürgerliche Gesetzbuch. Darüber hinaus enthält der Dritte Titel weitere Formen von Verbraucherkreditgeschäften. Bei ihnen handelt es sich um Finanzierungshilfen wie z.b. einen Zahlungsaufschub oder Teilzahlungsgeschäfte (§§ 499 bis 504 BGB) sowie Ratenlieferungsverträge (§ 505 BGB). Diese Formen der Finanzierung von Konsumentengeschäften ersetzen in der Rechtspraxis häufig den Abschluß separater Darlehensverträge, werfen jedoch ähnliche Regelungsprobleme wie diese auf und unterfielen deshalb früher ebenfalls dem Verbraucherkreditgesetz.

B. Der Darlehensvertrag

I. Begriff

Nach § 488 Abs. 1 BGB ist der Darlehensgeber verpflichtet, dem Darlehensnehmer den vereinbarten Geldbetrag zur Verfügung zu stellen (Satz 1), während der Darlehensnehmer einen geschuldeten Zins zu entrichten und bei Fälligkeit das Darlehen zurückzuerstatten hat (Satz 2).

Gegenstand des Darlehensvertrages ist somit die *Überlassung eines bestimmten Kapitalbetrages auf Zeit*.[5] Sowohl die Überlassung als auch die Rückerstattung des Darlehens können dabei in verschiedener Form (Übereignung von Bargeld, Überweisung auf ein Bankkonto, Inanspruchnahme eines Überziehungskredits) erfolgen.[6] Selbst wenn hierfür Geldscheine oder -stücke als vertretbare Sachen i.S. des § 91 BGB hingegeben werden, ist der Darlehensnehmer nicht verpflichtet, diese individualisierten Geldzeichen zurückzugewähren. Anderenfalls wäre ein Gebrauchmachen von dem Darlehen faktisch ausgeschlossen und der Vertragszweck vereitelt. Vielmehr trägt das Darlehen den Charakter einer *Wertsumme*, so daß sich die Rückzahlungsverpflichtung nur auf eine entsprechende Summe und nicht auf die gewährten individuellen Gegenstände bezieht, die als solche endgültig in das Vermögen des Darlehensnehmers übergehen.[7] Wenn z.B. Bargeld den Gegenstand des Darlehens bildet, sind die betreffenden Geldzeichen dem Darlehensnehmer zu übereignen. Dies unterscheidet das Darlehen von einer Leihe, bei der genau die verliehenen Gegenstände nach Ablauf der Vertragslaufzeit zurückzugeben sind[8] und die daher in bezug auf Geld praktisch nicht in Betracht kommt. Fehlt eine

---

[4] Verbraucherkreditgesetz (VerbrKrG) v. 17. Dezember 1990, BGBl. I, S. 2840 ff. in der Fassung der Bekanntmachung v. 29. Juni 2000, BGBl. I, S. 940 ff.

[5] *Esser/Weyers* BT 1, § 26 II 1, S. 213 f.; *Köndgen* in: Ernst/Zimmermann (Hrsg.), Zivilrechtswissenschaft und Schuldrechtsreform, 2001, S. 457 (469); *Larenz* BT 1, § 51 I, S. 297.

[6] Vgl. BT-Drucks. 14/6040, S. 253.

[7] Mot. II, S. 307; *Brox/Walker* § 17 Rdnr. 9; *Esser/Weyers* BT 1, § 26 II 1, S. 214; *Larenz* BT 1, § 51 I, S. 297; *Mülbert* WM 2002, 465 (468); *H.P. Westermann* Münch-Komm. Vor § 607 Rdnr. 5. Zur Abgrenzung von der unregelmäßigen Verwahrung (§ 700 BGB) siehe unten § 12 F, S. 635 f.

[8] Siehe unten § 6 A I, S. 379 f.

Rückerstattungsverpflichtung des Empfängers, so liegt kein Darlehen, sondern eine Schenkung vor.

Die nach § 488 Abs. 1 Satz 2 BGB bestehende Pflicht des Darlehensnehmers zur *Zinszahlung* ist keine unabdingbare Voraussetzung für einen Darlehensvertrag („einen geschuldeten Zins").[9] Sieht weder der Vertrag noch das Gesetz einen Zinsanspruch des Darlehensgebers vor, so erfolgt die zeitweise Überlassung der Geldsumme unentgeltlich,[10] was z.B. bei einem Gefälligkeitsdarlehen unter Freunden der Fall sein kann. Der Darlehensvertrag ist dann zwar ein beiderseitig verpflichtender, aber kein gegenseitiger Vertrag i.S. der §§ 320 ff. BGB, da die Pflicht zur Rückerstattung des Darlehens nach Ablauf der Vertragslaufzeit nicht im Synallagma mit der Pflicht des Darlehensgebers zur Überlassung des Darlehens steht.[11] Regelmäßig ist der Darlehensnehmer jedoch aufgrund des Vertrages zur Zahlung eines Zinses verpflichtet (insbesondere im Bankengeschäft). In diesem Fall besteht zwischen der Zinszahlung des Darlehensnehmers und der zeitweisen Überlassung des Kapitals durch den Darlehensgeber ein Gegenseitigkeitsverhältnis i.S. der §§ 320 ff. BGB,[12] so daß die Rechtsnatur des Darlehensvertrages als gegenseitiger Vertrag von dem Vorliegen einer Verzinsungspflicht abhängt.

Hingegen gehört es zum Wesen eines jeden Darlehensvertrages, daß die Leistung des Darlehensgebers (Überlassung und *Belassung* der Darlehenssumme) nicht nur in einem Zeitpunkt, sondern über einen mehr oder weniger langen Zeitraum erfolgt, so daß es sich stets um ein Dauerschuldverhältnis handelt.[13]

II. Abschluß und Wirksamkeit des Darlehensvertrages

1. Allgemeines

Der Darlehensvertrag kommt nach den allgemeinen Vorschriften über Willenserklärungen und den Abschluß von Verträgen zustande (§§ 104 ff., 145 ff. BGB).[14] Eine in der Praxis häufige Sonderform des Darlehensvertrages stellt im Hinblick auf dessen Abschluß der sog. *Krediteröffnungsvertrag* dar. Bei ihm wird der Vertrag unter der aufschiebenden Bedingung (§ 158 Abs. 1 BGB) abgeschlossen, daß

---

[9] BT-Drucks. 14/6040, S. 253.

[10] Zum Begriff der Unentgeltlichkeit näher unten § 4 B III, S. 275 ff.

[11] *Esser/Weyers* BT 1, § 26 II 2, S. 215; *Fikentscher* Rdnr. 845; *Medicus* Rdnr. 288.

[12] RG v. 30. Juni 1939, RGZ 161, 52 (56); *Emmerich* § 8 Rdnr. 23; *Larenz* BT 1, § 51 I, S. 298 f.; *Mülbert* WM 2002, 465 (469 f.); BR/*Rohe* § 488 Rdnr. 90; *Schlechtriem* Rdnr. 201; *Staudinger/Hopt/Mülbert*[12] § 607 Rdnr. 18.

[13] *Esser/Weyers* BT 1, § 26 II 2, S. 215; *Staudinger/Hopt/Mülbert*[12] § 607 Rdnr. 11; *H.P. Westermann* MünchKomm. Vor § 607 Rdnr. 11 sowie ausführlich *Oetker* Das Dauerschuldverhältnis und seine Beendigung, 1994, S. 148 ff.

[14] Vor der Neufassung des Darlehensrechts wurde teilweise die Auffassung vertreten, daß es sich bei dem Darlehensvertrag um einen sog. Realvertrag handelt, der als solcher erst durch die Gewährung des Darlehens zustande kommt; vgl. *Marburger* 20 Probleme aus dem BGB, Schuldrecht Besonderer Teil I, 5. Aufl. 1998, 18. Problem.

der Darlehensnehmer die betreffende Summe abruft (Optionsvertrag).[15] Ein Anwendungsfall dieser Gestaltung ist z.B. der dem Inhaber eines Girokontos eingeräumte Überziehungskredit.

Bei minderjährigen Darlehensnehmern bedarf ein rechtswirksamer Vertragsschluß neben der Zustimmung der gesetzlichen Vertreter (§§ 107, 108 BGB) nach § 1643 Abs. 1 BGB i.V. mit § 1822 Nr. 8 BGB auch der Genehmigung des Familiengerichts; solange diese fehlt, ist der Darlehensvertrag schwebend unwirksam (§ 1643 Abs. 3 BGB i.V. mit § 1829 Abs. 1 BGB). Sind die Darlehensbedingungen in Allgemeinen Geschäftsbedingungen des Darlehensgebers enthalten, so kommt der Transparenzkontrolle nach § 307 Abs. 1 Satz 2 BGB besondere Bedeutung zu.[16] Bei Verbraucherdarlehensverträgen i.S. des § 491 Abs. 1 BGB bestehen zudem besondere Regelungen für die Form des Vertragsschlusses sowie über die Bindung des Verbrauchers an seine Willenserklärung.[17]

2. Insbesondere: Nichtigkeit aufgrund der vereinbarten Zinshöhe

Die Wirksamkeit des Darlehensvertrages kann insbesondere in Frage gestellt sein, wenn die vereinbarte Zinshöhe in besonderem Maße den Marktzins übersteigt. Dessen Höhe ergibt sich aus den von der Bundesbank monatlich veröffentlichten Schwerpunktzinsen. Grundsätzlich ist eine Überschreitung des Marktzinses durch den Vertragszins unbedenklich; insofern gelten keine anderen Grundsätze als für alle Austauschverträge. Eine Inhaltskontrolle findet nur anhand der sog. Außenschranken der Privatautonomie, insbesondere der §§ 134, 138 BGB statt. Da ein wucherisches Geschäft i.S. des § 138 Abs. 2 BGB (bzw. des § 134 BGB i.V. mit § 291 StGB) die nur selten vorliegende bzw. beweisbare Ausbeutung einer individuellen Zwangslage voraussetzt,[18] steht bei der Kontrolle der Zinshöhe der Maßstab der „guten Sitten" (§ 138 Abs. 1 BGB) im Zentrum.

Die durch § 138 Abs. 1 BGB gezogene Grenze ist erst überschritten, wenn ein auffälliges Mißverhältnis von Leistung und Gegenleistung vorliegt, das dem Darlehensvertrag einen „wucherähnlichen" Charakter verleiht. Hierfür sind grundsätzlich alle Umstände des Einzelfalls zu würdigen.[19] Bei *Bankkrediten* hat die Rechtsprechung jedoch abstrakte Leitlinien herausgearbeitet, die sich an einem Ver-

---

[15] *Schlechtriem* Rdnr. 204; *Staudinger/Hopt/Mülbert*[12] Vorbem. zu §§ 607 ff. Rdnr. 243; *H.P. Westermann* MünchKomm. Vor § 607 Rdnr. 18 jeweils m.w.N. zu abweichenden Konstruktionen. Zum Optionsvertrag als aufschiebend bedingtem Vertrag siehe bereits oben § 2 H II 1, S. 182 f.

[16] Aus der Rechtsprechung: BGH v. 24. November 1988, BGHZ 106, 42 (45 ff.). Zur Unwirksamkeit sog. Vorfälligkeitsklauseln, nach denen auch bei unverschuldetem Zahlungsrückstand des Darlehensnehmers die gesamte Restschuld sofort fällig wird, gemäß § 307 Abs. 1 Satz 1 BGB siehe BGH v. 30. Oktober 1985, BGHZ 96, 182 (190 ff.).

[17] Näher unten § 3 C III, S. 251 ff.

[18] Allgemein dazu *Larenz/Wolf* § 41 Rdnr. 62 ff.

[19] BGH v. 12. März 1981, BGHZ 80, 153 (160 f.); BGH v. 13. März 1990, BGHZ 110, 336 (338 f.); *Erman/Palm* § 138 Rdnr. 91e; *Schlechtriem* Rdnr. 209 f.; *H.P. Westermann* MünchKomm. § 607 Rdnr. 21.

gleich des effektiven Vertragszinses mit dem marktüblichen Effektivzins für Kredite dieser Art orientieren[20] und damit auf ein Mindestmaß an nicht nur formeller, sondern auch materieller Vertragsgerechtigkeit abzielen.[21] In den effektiven Vertragszins gehen dabei auch über den Nominalzins hinausgehende Belastungen wie Bearbeitungs- oder Vermittlungskosten ein.[22]

Ein nach § 138 Abs. 1 BGB zu beanstandendes auffälliges Mißverhältnis zwischen Leistung und Gegenleistung kann aus dem *relativen* oder dem *absoluten* Unterschied zum marktüblichen Zins folgen, wobei der Bundesgerichtshof jeweils Richtwerte gesetzt hat, deren Überschreitung beim Fehlen besonderer Umstände zum Sittenverstoß führt. In einem solchen Fall werden auch die subjektiven Voraussetzungen des § 138 Abs. 1 BGB, d.h. eine zumindest leichtfertige Verkennung der wirtschaftlichen Zwangslage des Darlehensnehmers durch die Bank, jedenfalls dann vermutet, wenn der Darlehensnehmer ein Verbraucher ist.[23] Für den relativen Zinsunterschied zieht der Bundesgerichtshof 100 %[24] und für den absoluten Zinsunterschied 12 % p.a.[25] als Richtwert heran. Da es sich nicht um starre Grenzwerte handelt, kommt die Anwendung des § 138 Abs. 1 BGB auch dann noch in Betracht, wenn die relative Zinsdifferenz zwischen 90 % und 100 % beträgt und besondere Umstände (sonstige Kreditbedingungen, z.B. Fehlinformationen über den Effektivzins) hinzutreten.[26] Andererseits ist ein auffälliges Mißverhältnis regelmäßig zu verneinen, wenn der Vertragszins den Marktzins um weniger als 90 % übersteigt.[27] In derartigen Fällen kann lediglich noch ein absoluter Zinsunterschied von mehr als 12 % p.a. die Sittenwidrigkeit begründen.

Ist der Darlehensvertrag wegen einer überhöhten Verzinsung gemäß § 138 Abs. 1 oder 2 BGB nichtig, wirft die Rückabwicklung nach § 812 Abs. 1 Satz 1 Alt. 1 BGB verschiedene Rechtsprobleme auf.[28] Einigkeit besteht weitgehend darüber, daß die Kondiktionssperre des § 817 Satz 2 Halbsatz 1 BGB nicht zu einem

---

[20] BGH v. 24. März 1988, BGHZ 104, 102 (104 f.). Auf nicht gewerbsmäßige Kreditgeber ist diese Rechtsprechung nicht ohne weiteres übertragbar: BGH v. 19. Juni 1990, WM 1990, 1322 (1324). Weiterführend *Schäfer* BB 1990, 1139 ff.

[21] Dieser Paradigmenwechsel von einer formellen Vertragsgerechtigkeit (Richtigkeitsgewähr des Vertrages: *Schmidt-Rimpler* AcP 147 (1942), 130 [151]) hin zu einer materiell orientierten Überprüfung des Konsenses schlägt sich auch in anderen Anwendungsfällen des § 138 BGB nieder, z.B. bei der Beurteilung der Sittenwidrigkeit von Angehörigenbürgschaften (siehe unten § 13 C II 2, S. 657 ff.). Grundlegend zu dem gesamten Problemkreis *Enderlein* Rechtspaternalismus und Vertragsrecht, 1996.

[22] Einzelheiten zur Berechnung bei *Erman/Palm* § 138 Rdnr. 91b ff. m.w.N.

[23] BGH v. 14. Juni 1984, NJW 1984, 2292 (2294); BGH v. 11. Januar 1995, BGHZ 128, 255 (257 f.).

[24] BGH v. 24. März 1988, BGHZ 104, 102 (105); BGH v. 13. März 1990, BGHZ 110, 336 (338).

[25] BGH v. 13. März 1990, BGHZ 110, 336 (339 f.).

[26] BGH v. 24. März 1988, BGHZ 104, 102 (105); zahlreiche Beispiele bei *Staudinger/ Hopt/Mülbert*[12] § 607 Rdnr. 266 ff. und *H.P. Westermann* MünchKomm. § 607 Rdnr. 26.

[27] BGH v. 24. März 1988, BGHZ 104, 102 (105).

[28] Dazu z.B. *Bodenbenner* JuS 2001, 1172 ff.

gänzlichen Ausschluß des Herausgabeanspruchs des Darlehensgebers führt, sondern nur bewirkt, daß der Darlehensnehmer den Betrag erst nach Ablauf der vorgesehenen Laufzeit des Darlehens bzw. der ordentlichen Kündigungsfrist herausgeben muß.[29] Denn geleistet i.S. der §§ 812, 817 BGB war lediglich die Kapitalüberlassung auf Zeit, so daß auch nur für diesen Zeitraum als Leistungsgegenstand der Ausschlußtatbestand des § 817 Satz 2 Halbsatz 1 BGB eingreift. Sehr umstritten ist hingegen, ob der Darlehensnehmer für diese Nutzungszeit gemäß § 818 Abs. 1 und 2 BGB einen marktüblichen Zins als Nutzungsentgelt zu entrichten hat oder ob insoweit § 138 BGB eine Sperrwirkung entfaltet, um nicht die risikolose Ausbedingung von stark überhöhten Zinsen zu ermöglichen.[30]

III. Pflichten und Haftung des Darlehensgebers

1. Hauptpflicht des Darlehensgebers

a) Überlassung des Darlehens

Nach § 488 Abs. 1 Satz 1 BGB ist der Darlehensgeber verpflichtet, dem Darlehensnehmer den vereinbarten Geldbetrag „zur Verfügung zu stellen". Der Inhalt dieser Verpflichtung ergibt sich aus dem Begriff des Darlehensvertrages:[31] Da sich die Rückerstattungpflicht des Darlehensnehmers auf einen entsprechenden Kapitalbetrag beschränkt, geht das Darlehensrecht davon aus, daß der konkrete Gegenstand des Darlehens aus dem Vermögen des Darlehensgebers ausscheidet und als solcher dauerhaft in das des Darlehensnehmers übergeht. Schuldet der Darlehensgeber nach dem Vertragsinhalt Bargeld als Darlehen, so muß er deshalb Geldzeichen in entsprechender Höhe nach den §§ 929 ff. BGB an den Darlehensnehmer übereignen.[32]

Im geschäftlichen Verkehr sieht der Darlehensvertrag jedoch häufig eine Auszahlung des Darlehens in Form einer Kontogutschrift vor (sog. Buchgeld). In diesem Fall hat der Darlehensgeber seine Hauptpflicht erst erfüllt, wenn die Summe auf dem betreffenden, im Vertrag gegebenenfalls exakt bezeichneten Konto gutgeschrieben ist und nicht storniert wird, mangels einer abweichenden Vereinbarung (vgl. § 362 Abs. 2 BGB) nicht aber schon mit der Übermittlung des Betrages an einen Dritten, z.B. auf ein Notaranderkonto[33] oder ein Sammelkonto der kontofüh-

---

[29]   RG v. 30. Juni 1939, RGZ 161, 52 (56); BGH v. 29. November 1993, NJW-RR 1994, 291 (293); *Larenz/Canaris* BT 2, § 68 III 3c, S. 164; BR/*Rohe* § 488 Rdnr. 12; *Staudinger/Hopt/Mülbert*[12] § 607 Rdnr. 333; *H.P. Westermann* MünchKomm. § 607 Rdnr. 34.

[30]   Siehe zu diesem bereicherungsrechtlichen Problem mit jeweils unterschiedlichen Auffassungen BGH v. 15. Juni 1989, NJW 1989, 3217; *Lieb* MünchKomm. § 817 Rdnr. 17; *Medicus* Gedächtnisschrift für Dietz, 1973, S. 61 (71 ff.).

[31]   Siehe oben § 3 B I, S. 207 f.

[32]   *Medicus* Rdnr. 288; *Schlechtriem* Rdnr. 211.

[33]   BGH v. 12. Dezember 1990, BGHZ 113, 151 (158); *H.P. Westermann* MünchKomm. § 607 Rdnr. 47; differenzierend *Staudinger/Hopt/Mülber*[12] § 607 Rdnr. 346.

renden Bank.[34] Auch die Hingabe eines Schecks oder Wechsels erfolgt im Zweifel nur erfüllungshalber (§ 364 Abs. 2 BGB), so daß das Darlehen erst mit der Einlösung des Wertpapiers dem Darlehensnehmer i.S. des § 488 Abs. 1 Satz 1 BGB zur Verfügung gestellt worden ist.

Da die Darlehenssumme in der entsprechenden Form (Eigentum an Geldzeichen, Inhaberschaft einer Forderung etc.) dem Darlehensnehmer zu seiner Verfügung übertragen wird, muß der Darlehensgeber nach dieser Überlassung in der Regel keine weiteren Leistungshandlungen zur Erfüllung seiner Hauptpflicht vornehmen. Die Belassung der Darlehenssumme bei dem Darlehensnehmer stellt konstruktiv nichts anderes dar als das zeitliche Hinausschieben der Fälligkeit des auf die betreffende Wertsumme gerichteten Rückerstattungsanspruchs bis zum Eingreifen eines Beendigungstatbestandes[35] für das Darlehensverhältnis.[36] Nur wenn von der konkret eingeräumten Rechtsposition (Eigentum an Geldzeichen, Inhaberschaft einer Forderung etc.) abstrahiert und der *Kapitalbetrag* als Gegenstand des Darlehens betrachtet wird, ist die Pflicht des Darlehensgebers auf die zeitweise Überlassung der Nutzung dieser Wertsumme gerichtet. Diese Sichtweise rechtfertigt es, das Darlehen den Überlassungsverträgen zuzuordnen.[37]

b) Rechtsfolgen einer Verletzung der Hauptpflicht

Kommt der Darlehensgeber mit der Verschaffung des Darlehens nach Maßgabe des § 286 BGB in Verzug, was vorbehaltlich des Abs. 2 dieser Vorschrift insbesondere eine Mahnung des Darlehensnehmers voraussetzt, so kann dieser gemäß § 280 Abs. 1 und 2 BGB Ersatz seines Verzögerungsschadens verlangen. Dies ist z.B. der Fall, wenn der Darlehensnehmer aufgrund der nicht rechtzeitigen Verfügbarkeit der Darlehenssumme ein gewinnbringendes Geschäft unterlassen muß (§ 252 BGB). Zudem stehen dem Darlehensnehmer Verzugszinsen nach Maßgabe des § 288 BGB zu. In bezug auf das nach der Systematik der §§ 280 Abs. 1 Satz 2, 286 Abs. 4 BGB sowohl für den Verzugseintritt als auch den Schadensersatzanspruch erforderliche, beweisrechtlich aber zu vermutende (§ 280 Abs. 1 Satz 2 BGB: „dies gilt nicht", § 286 Abs. 4 BGB: „kommt nicht in Verzug") Vertretenmüssen der Nichtleistung ist zu berücksichtigen, daß den Darlehensgeber eine Geldschuld trifft und er für deren Erfüllung regelmäßig das Beschaffungsrisiko i.S. des § 276 Abs. 1 Satz 1 BGB übernimmt.[38] Folglich greift die Schadensersatzhaftung mangels einer besonderen Vereinbarung unabhängig von einem Verschulden der Nichtleistung durch den Darlehensgeber ein. Eine andere Auslegung des Darlehensvertrages kommt nur im Einzelfall, insbesondere bei zinslosen, d.h. unentgeltlich gewährten Darlehen, in Betracht. Bei diesen kann der Parteiwille darauf

---

[34] Siehe BR/*Rohe* § 488 Rdnr. 15 m.w.N.

[35] Dazu unten § 3 B V, S. 245 ff.

[36] *Oertmann* vor § 607 Anm. 5a.

[37] Siehe oben § 1 C II 2 (S. 7 f.) sowie *Larenz* BT 1, § 51 I, S. 299. Dieser Umstand spricht auch entscheidend gegen die vollstreckungsrechtliche Pfändbarkeit des Anspruchs auf Auszahlung des Darlehens; vgl. *Esser/Weyers* BT 1, § 26 III 1, S. 218 m.w.N.

[38] Vgl. BT-Drucks. 14/7052, S. 184.

gerichtet sein, daß der Darlehensgeber nur bei einer verschuldeten Nichtgewährung der Darlehenssumme zum Schadensersatz verpflichtet sein soll. Über den Ersatz des Verzugsschadens hinaus kann der Darlehensnehmer bei einer Leistungsverzögerung dem Darlehensgeber auch eine angemessene Nachfrist für die Erbringung der Leistung setzen und nach erfolglosem Ablauf sein Erfüllungsinteresse (Schadensersatz statt der Leistung) dauerhaft liquidieren (§ 281 Abs. 1 Satz 1 BGB).

Wenn der Darlehensnehmer für die Gewährung des Darlehens Zinsen schuldet und somit ein gegenseitiger Vertrag vorliegt, kann er bei einer Nichtleistung des Darlehensgebers auch nach § 323 BGB vorgehen. Bei dem Darlehen als Dauerschuldverhältnis[39] tritt jedoch auf der Rechtsfolgenebene an die Stelle des Rechts zum Rücktritt eine zur Vertragsabwicklung ex nunc führende Kündigung.[40] Diese kann analog § 325 BGB mit einem Schadensersatzbegehren nach den §§ 280 ff. BGB verbunden werden. Für den Zeitraum der Nichtgewährung des Darlehens tritt aufgrund der Zeitbezogenheit der Pflicht zur Überlassung des Kapitalbetrages (absolute Fixschuld) gemäß § 275 Abs. 1 BGB eine Leistungsbefreiung des Darlehensgebers ein, so daß nach § 326 Abs. 1 Satz 1 BGB für diesen Zeitraum auch die Pflicht zur Entrichtung von Zinsen entfällt.[41]

2. Nebenpflichten des Darlehensgebers

Auch der Darlehensgeber unterliegt den allgemeinen Nebenpflichten aus den §§ 241 Abs. 2, 242 BGB. Ihn treffen deshalb nicht nur Schutzpflichten (z.B. wenn der Darlehensnehmer die Räumlichkeiten des Darlehensgebers betritt), sondern ebenfalls Interessenwahrungspflichten. So hat nach der Rechtsprechung z.B. eine Bank bei der Aufstockung eines Kredites eine besondere Aufklärungspflicht über die tatsächliche Belastung einer derartigen Erweiterung.[42] Eine allgemeine Aufklärungspflicht des Darlehensgebers über die Sinnhaftigkeit der Kreditaufnahme ist hingegen abzulehnen.[43] Das gilt grundsätzlich auch im Hinblick auf die Risiken, die für den Darlehensnehmer aus einem Geschäft drohen, das er mit Hilfe eines

---

[39] Siehe oben § 3 B I, S. 234.

[40] *Medicus* Rdnr. 288; *Schlechtriem* Rdnr. 218. Es ist allerdings umstritten, ob eine ex tunc wirkende Rückabwicklung von Dauerschuldverhältnissen durch einen Rücktritt erst ab der In-Vollzug-Setzung desselben ausgeschlossen ist, was im Fall des Darlehens die Gewährung des Kapitalbetrages voraussetzen würde; ausführlich zum ganzen *Oetker* Das Dauerschuldverhältnis und seine Beendigung, 1994, S. 352 ff. Soweit es an einer In-Vollzug-Setzung fehlt, zeitigen jedoch sowohl der Rücktritt als auch die Kündigung identische Rechtsfolgen (Entfall der jeweiligen Leistungspflichten), so daß aus Gründen der Rechtklarheit stets nur die Kündigung für zulässig erachtet werden sollte.

[41] Allgemein zur absoluten Fixschuld *Ernst* MünchKomm.⁴ § 275 Rdnr. 45 ff.

[42] BGH v. 8. Juli 1982, NJW 1982, 2433 ff.

[43] BGH v. 8. Juni 1978, BGHZ 72, 92 (104); BGH v. 12. Oktober 1989, NJW-RR 1990, 431; BGH v. 21. Juli 2003, NJW 2003, 2821 (2822); *Staudinger/Hopt/Mülbert*¹² § 607 Rdnr. 352 ff.; *H.P. Westermann* MünchKomm. § 607 Rdnr. 60.

Bankdarlehens finanziert.[44] Eine gesteigerte Aufklärungspflicht trifft die finanzierende Bank nur ausnahmsweise, wenn diese im Hinblick auf die speziellen Risiken des Geschäfts einen konkreten Wissensvorsprung hat,[45] über ihre Rolle als Kreditgeberin hinaus an dem finanzierten Geschäft beteiligt ist, für den Kunden einen besonderen Gefährdungstatbestand geschaffen bzw. dessen Entstehen begünstigt hat oder sich im Zusammenhang mit der Kreditgewährung in einem schwerwiegenden Interessenkonflikt befindet.[46]

Bei der Verletzung einer Nebenpflicht schuldet der Darlehensgeber nach Maßgabe der §§ 280 ff. BGB Ersatz des daraus dem Darlehensnehmer entstandenen Schadens. Ist aufgrund der Verletzung einer Pflicht i.S. des § 241 Abs. 2 BGB eine Fortsetzung des Vertragsverhältnisses unzumutbar, so sieht § 324 BGB bei gegenseitigen Verträgen ein Rücktrittsrecht vor. Sofern das Darlehen verzinslich ist, liegt zwar ein gegenseitiger Vertrag vor;[47] aufgrund des Dauerschuldcharakters des Darlehens ist die Rechtsfolge des § 324 BGB jedoch durch ein Kündigungsrecht zu ersetzen.[48] Parallel dazu kann sich der Darlehensnehmer auf ein außerordentliches Kündigungsrecht nach § 314 BGB stützen.[49]

IV. Pflichten und Haftung des Darlehensnehmers

1. Hauptpflichten des Darlehensnehmers

a) Rückerstattung des Darlehens

Die Überlassung von Geld hat nur dann den Charakter eines Darlehens, wenn der Empfänger der Leistung nach einer bestimmten Zeit zur Rückerstattung des überlassenen Kapitalbetrages verpflichtet ist (§ 488 Abs. 1 Satz 2 BGB).[50] Dieser Pflicht des Darlehensnehmers entspricht ein Rückerstattungsanspruch des Darlehensgebers. Mangels besonderer Vereinbarung ist das Darlehen in derselben Art und Weise zurückzuerstatten, in der es gewährt wurde. Erhielt der Darlehensnehmer z.B. Bargeld ausgezahlt, so muß er einen entsprechenden Betrag in Bargeld zurückzahlen; bei einer Banküberweisung hat auch die Rückzahlung in Form von Buchgeld zu erfolgen. Der Umfang der rückzuerstattenden Summe bemißt sich regelmäßig nach dem Nominalbetrag des zur Verfügung gestellten Darlehens; eine etwaige Geldentwertung muß der Darlehensgeber daher über die Vereinbarung

---

[44] So z.B. BGH v. 18. April 2000, NJW 2000, 2352 (2353); BGH v. 20. Mai 2003, ZIP 2003, 1336 (1338).

[45] Exemplarisch z.B. BGH v. 27. Juni 2000, NJW 2000, 3558 (3559).

[46] Zusammenfassend OLG Dresden v. 6. Juni 2001, OLG-NL 2002, 265 (267); BR/*Rohe* § 488 Rdnr. 88 m.w.N.

[47] Siehe oben § 3 B I, S. 234.

[48] Vgl. § 3 B III 1b, S. 239.

[49] Siehe näher unten § 3 B V 2b, aa, S. 248.

[50] BGH v. 13. Juli 1957, BGHZ 25, 174 (178); *Brox/Walker* § 17 Rdnr. 24; *Erman/Werner* § 607 Rdnr. 1.

entsprechender Zinsen ausgleichen.[51] Die Rückerstattung kann entweder als Gesamtsumme oder in Raten vorgesehen sein.

Da der Darlehensbetrag dem Darlehensnehmer zu seiner Verfügung verschafft wurde (Eigentum an Geldzeichen, Inhaberschaft an einer Forderung etc.), trägt er die Gefahr des zufälligen, d.h. von keiner Vertragspartei zu vertretenden Untergangs des Darlehens während des Überlassungszeitraums (casum sentit dominus).[52] Deshalb entfällt der Rückzahlungsanspruch des Darlehensgebers nicht bereits dadurch, daß dem Darlehensnehmer das übereignete Bargeld gestohlen wird.

Die *Entstehung* des Rückzahlungsanspruchs verknüpft das Gesetz mit dem Zur-Verfügung-Stellen des Darlehens.[53] Das ergibt sich aus dem Wortlaut des § 488 Abs. 1 Satz 2 BGB, nach dem (nur) „das zur Verfügung gestellte Darlehen zurückzuerstatten" ist. Hingegen hängt die *Fälligkeit* dieses Anspruchs vom Eingreifen eines Tatbestandes ab, der zur Beendigung des Darlehensverhältnisses führt.[54] In diesem Zusammenhang meint der Begriff der Fälligkeit anders als im allgemeinen grundsätzlich nicht nur den Zeitpunkt, in dem der Gläubiger (= Darlehensgeber) den Anspruch durchsetzen kann, sondern zugleich auch denjenigen Zeitpunkt, ab dem der Schuldner (= Darlehensnehmer) zur Erfüllung des Anspruchs berechtigt ist (sog. Erfüllbarkeit).[55] Das folgt im Umkehrschluß aus § 488 Abs. 3 Satz 3 BGB, der eine Erfüllbarkeit vor Fälligkeit abweichend von § 271 Abs. 2 BGB nur bei zinslosen Darlehen anordnet.[56]

b) Zahlung vereinbarter Zinsen

Ob das Darlehen dem Darlehensnehmer entgeltlich oder unentgeltlich überlassen wird, hängt von den Abreden der Parteien ab. Eine Pflicht zur Zahlung von Zinsen trifft den Darlehensnehmer deshalb nur, wenn die Parteien des Darlehensvertrages dies ausdrücklich oder gegebenenfalls konkludent vereinbart haben. Liegt eine derartige Abrede vor, dann steht die Verpflichtung zur Zahlung von Zinsen im Gegenseitigkeitsverhältnis mit der Überlassungspflicht des Darlehensgebers.[57]

Die Zinshöhe legen – in den Grenzen des § 138 BGB[58] – in erster Linie die Vertragsparteien fest. Sie können diese auch variabel bestimmen, z.B. nach den Erträgen bemessen, die der Darlehensnehmer mit dem Darlehen erwirtschaftet (sog. partiarisches Darlehen).[59] Vereinbaren die Parteien zwar die Verzinsung des

---

[51] BR/*Rohe* § 488 Rdnr. 46; *Schlechtriem* Rdnr. 216; *H.P. Westermann* MünchKomm. § 607 Rdnr. 55.

[52] *Erman/Werner* § 607 Rdnr. 12; *H.P. Westermann* MünchKomm. § 607 Rdnr. 49.

[53] *Esser/Weyers* BT 1, § 26 III 1, S. 217; *Larenz* BT 1, § 51 III, S. 304; BR/*Rohe* § 488 Rdnr. 34; *Schlechtriem* Rdnr. 211; *Staudinger/Hopt/Mülbert*[12] § 607 Rdnr. 373.

[54] Dazu näher unten § 3 B V, S. 245 ff.

[55] Allgemein zu den Begriffen Fälligkeit und Erfüllbarkeit *Krüger* MünchKomm.[4] § 271 Rdnr. 2 f.

[56] Näher BR/*Rohe* § 488 Rdnr. 37.

[57] Siehe oben § 3 B I, S. 234.

[58] Dazu oben § 3 B II 2, S. 235 f.

[59] Dazu noch unten § 16 A III 2 (S. 720) sowie zur Abgrenzung von Gesellschaftsverträgen näher *Larenz/Canaris* BT 2, § 63 III 2, S. 56 ff.

Darlehens, fehlt aber eine Einigung über die Höhe der Zinsen, dann gilt ein Zinssatz von 4 % p.a. (§ 246 BGB) bzw. 5 % p.a. im Handelsverkehr (§ 352 Abs. 1
Satz 2 HGB). Gemäß § 488 Abs. 2 BGB sind die Zinsen vorbehaltlich einer abweichenden Vereinbarung nach Ablauf je eines Jahres Vertragslaufzeit zu entrichten bzw. bei der Rückerstattung des Darlehens, wenn dies vor dem Ablauf eines
Jahres geschieht.

Ein Entgelt für die Kapitalüberlassung kann nicht nur in der Entrichtung von
Zinsen im engeren Sinne, d.h. in einem laufzeitabhängigen prozentualen Anteil der
Darlehenssumme, sondern auch in anderen Formen bestehen. Ein in der Praxis
insbesondere aus steuerlichen Gründen vorkommendes Beispiel ist das sog. Disagio. Bei diesem erhält der Darlehensnehmer nicht den vollen, zurückzuerstatten-
den Nominalbetrag des Darlehens ausgezahlt, sondern einen geringeren Betrag,
z.B. 90% der Summe. Hiermit würde bei einem Darlehen von einem Jahr der gleiche Effekt erzielt, wie durch Vereinbarung eines Zinssatzes von 11,11 % p.a. Wegen dieser funktionellen Vergleichbarkeit des Disagios mit einer Zinsvereinbarung
hat sich die Auffassung durchgesetzt, dieses – soweit es nach dem Parteiwillen
nicht lediglich eine Verwaltungsgebühr darstellt – weitgehend den für Zinsen geltenden Regelungen zu unterwerfen.[60] Dies ist z.B. bei einer vorzeitigen Auflösung
des Darlehensvertrages bedeutsam und führt in diesem Fall in der Regel zu einer
anteiligen Erstattung des Disagios nach § 812 Abs. 1 Satz 2 Alt. 1 BGB, die Allgemeine Geschäftsbedingungen des Darlehensgebers wegen § 307 Abs. 1 Satz 1
BGB nicht ausschließen können.[61]

c) Verletzung von Hauptpflichten

aa) Rückerstattungspflicht

Erfüllt der Darlehensnehmer den Rückerstattungsanspruch des Darlehensgebers
nicht, dann sind die §§ 320 ff. BGB auf diese Leistungspflicht nicht anwendbar, da
es bezüglich dieses Anspruchs an einem Gegenseitigkeitsverhältnis fehlt.[62] Wenn
es sich um ein verzinsliches Darlehen handelt und somit ein gegenseitiger Vertrag
vorliegt, ist aber zumindest § 323 BGB anwendbar (modifizierte Rechtsfolge =
Kündigungsrecht). Denn das Eingreifen dieser Norm setzt nicht voraus, daß gerade
die verletzte Leistungspflicht im Synallagma steht.[63] Im Falle eines Verzuges gelangen ebenso wie bei der Pflicht des Darlehensgebers zur Überlassung des Kapitalbetrages die §§ 280 Abs. 1 und 2, 286 ff. BGB zur Anwendung.

---

[60] BGH v. 29. Mai 1990, BGHZ 111, 287 (288 ff.); BGH v. 8. Oktober 1996, NJW 1996,
      3337; *Esser/Weyers* BT 1, § 26 III 2a, S. 218; *Schlechtriem* Rdnr. 214; *H.P. Wester-
      mann* MünchKomm. § 607 Rdnr. 3; siehe auch BR/*Rohe* § 488 Rdnr. 27 m.w.N.; a.A.
      im Grundsatz *Larenz* BT 1, § 51 III, S. 304 f.
[61] BGH v. 29. Mai 1990, BGHZ 111, 287 (291 f.); a.A. noch BGH v. 2. Juli 1981,
      BGHZ 81, 124 (126 ff.).
[62] Siehe oben § 3 B I, S. 234.
[63] BT-Drucks. 14/6040, S. 183; a.A., jedoch ohne Auseinandersetzung mit Wortlaut und
      Entstehungsgeschichte, *Ernst* MünchKomm.[4], § 323 Rdnr. 13.

Insbesondere kann der Darlehensgeber gemäß § 280 Abs. 1 und 2 BGB Ersatz seines Verzögerungsschadens verlangen, was vor allem von großer Bedeutung ist, wenn er gewerbsmäßig Darlehen gewährt und ihm aufgrund der Nichtverfügbarkeit des Kapitalbetrags ein möglicher Zinsgewinn aus einem anderen Geschäft entgeht (§ 252 BGB). Ein gewerbsmäßiger Darlehensgeber muß dieses nicht konkret nachweisen, sondern er kann im Wege einer sog. abstrakten Schadensberechnung einen Schaden in Höhe des Durchschnittszinssatzes liquidieren, den er mit seinem Kreditgeschäft erzielt.[64] Für den Zeitraum des Verzuges kann der Darlehensgeber auch schadensunabhängig Zinsen in Höhe von 5 % p.a. über dem in § 247 BGB definierten Basiszinssatz verlangen (§ 288 Abs. 1 Satz 2 i.V. mit Abs. 4 BGB).[65]

Inwieweit dem Darlehensgeber unabhängig von einem bei ihm eingetretenen Schaden und seinem Anspruch auf die Entrichtung von Verzugszinsen für den Zeitraum ein Anspruch auf Fortentrichtung eines vertraglich vereinbarten Zinssatzes zusteht, in dem der Darlehensnehmer das Kapital pflichtwidrig nicht zurückerstattet, ist problematisch. Aus § 288 Abs. 3 BGB ist dieser nicht zu entnehmen, da die Vorschrift keine Anspruchsgrundlage für einen höheren Zinssatz begründet, sondern lediglich deklaratorisch festlegt, daß § 288 Abs. 1 BGB keine abschließende Regelung trifft.[66] Teilweise wird ein Anspruch auf Weiterzahlung der vertraglich geschuldeten Zinsen bei Nichterfüllung der Rückerstattungspflicht in Analogie zu § 546a Abs. 1 BGB bejaht,[67] nach dem der Vermieter nach Beendigung des Mietverhältnisses die Fortentrichtung der vereinbarten oder einer ortsüblichen Miete bis zum Zeitpunkt der Rückgabe der Mietsache verlangen kann. Die Rechtsprechung hat diese Auffassung abgelehnt und verweist zur Begründung auf die grundsätzliche Korrelation der vertraglichen Zinszahlungspflicht mit der – nach Fälligkeit nicht mehr bestehenden – Berechtigung zur Nutzung des Kapitals sowie den Ausnahmecharakter des § 546a Abs. 1 BGB.[68] Zugleich wird die Vereinbarung einer Zinsfortzahlungspflicht bis zur tatsächlichen Rückerstattung in Allgemeinen Geschäftsbedingungen als Verstoß gegen § 309 Nr. 5a und Nr. 6 BGB bewertet.[69] Für diese Abweichung vom Mietrecht spricht, daß der Vermieter bei einem Mietverhältnis Eigentümer der vermieteten Sache bleibt und seine Rechtsposition somit stärker ist als diejenige des Darlehensgebers, dem lediglich ein

---

[64]   BGH v. 1. Februar 1974, BGHZ 62, 103 (105 ff.); BGH v. 28. April 1988, BGHZ 104, 337 (344 f.). Allgemein zur abstrakten Schadensberechnung *Oetker* MünchKomm.[4] § 252 Rdnr. 44 ff.

[65]   Da die Rückerstattungspflicht nicht mit der Pflicht des Darlehensgebers zur Überlassung des Kapitalbetrages im Synallagma steht, findet § 288 Abs. 2 BGB keine Anwendung.

[66]   BGH v. 28. April 1988, BGHZ 104, 337 (341); *Staudinger/Hopt/Mülbert*[12] § 608 Rdnr. 18.

[67]   Hierfür *Canaris* Bankvertragsrecht, Band 1, 3. Aufl. 1988, Rz. 1327; *Larenz* BT 1, § 51 III, S. 305; *Mack* WM 1986, 1337 (1343).

[68]   BGH v. 31. Januar 1985, ZIP 1985, 466 (467); bestätigend BGH v. 28. April 1988, BGHZ 104, 337 (341).

[69]   BGH v. 28. April 1988, BGHZ 104, 337 (339 f.); BGH v. 8. Oktober 1991, BGHZ 115, 268 (269).

schuldrechtlicher Rückerstattungsanspruch zusteht. Der Bundesgerichtshof gewährt dem Darlehensgeber, der den Vertrag aus wichtigem Grund gekündigt hat,
jedoch in Analogie zu § 628 Abs. 2 BGB einen Anspruch auf Fortentrichtung der
vertraglichen Zinsen bis zum Termin der nächstmöglichen ordentlichen Kündigung
durch den Darlehensnehmer.[70] Darüber hinaus steht dem Darlehensgeber bei aus-
bleibender Rückerstattung nach Fälligkeit aufgrund des entfallenen Rechts zur Ka-
pitalnutzung ein bereicherungsrechtlicher Anspruch auf Nutzungsherausgabe nach
den §§ 812 Abs. 1 Satz 2 Alt. 1, 818 Abs. 1 BGB zu, dessen Höhe jedoch regelmäßig hinter dem Anspruch auf Verzugszinsen aus § 288 Abs. 1 BGB zurückbleibt.

bb) Zinsen

Kommt der Darlehensgeber seiner Pflicht zur termingerechten Entrichtung der geschuldeten Zinsen nicht nach, so finden zunächst die §§ 280, 286 ff. BGB mit der
Besonderheit Anwendung, daß Verzugszinsen von Zinsen nicht geschuldet sind
(§ 289 BGB).[71] Zugleich kann der Darlehensgeber aufgrund der synallagmatischen
Verknüpfung der Zinszahlungspflicht mit dem Zur-Verfügung-Stellen des Darlehens nach den §§ 330 ff. BGB vorgehen. Abermals ist § 323 BGB nur mit der Modifikation anzuwenden, daß an die Stelle des in § 323 Abs. 1 BGB vorgesehenen
Rücktrittsrechts für das Darlehen als Dauerschuldverhältnis ein Kündigungsrecht
tritt.[72]

2. Nebenpflichten

Ebenso wie den Darlehensgeber treffen auch den Darlehensnehmer die allgemeinen Nebenpflichten (§§ 241 Abs. 2, 242 BGB). Sie können ihn z.B. verpflichten,
die Verwendung des Darlehens gegenüber dem Darlehensgeber offenzulegen,
wenn ein bestimmter Verwendungszweck für dasselbe vereinbart war. Häufig besteht auch eine vertragliche Nebenleistungspflicht des Darlehensnehmers zur Stellung von Sicherheiten für die Rückerstattungsforderung (Hypothek, Bürgschaft
etc.).[73]

Verletzt der Darlehensnehmer seine Nebenpflichten, so schuldet er nach Maßgabe der §§ 280 ff. BGB Schadensersatz, und der Darlehensgeber kann den Vertrag in entsprechender Anwendung des § 324 BGB kündigen, wenn dessen Fortführung für ihn unzumutbar ist.

3. Abnahmepflicht

Im Unterschied zum Kaufvertrag, für den § 433 Abs. 2 Alt. 2 BGB den Käufer
ausdrücklich zur Abnahme des Kaufgegenstandes verpflichtet,[74] verzichtet § 488

---

[70] BGH v. 28. April 1988, BGHZ 104, 337 (341 ff.); *Staudinger/Hopt/Mülbert*[12] § 608
     Rdnr. 18 f.; *H.P. Westermann* MünchKomm. § 608 Rdnr. 8.
[71] Eine Ausnahme von diesem Zinseszinsverbot findet sich für das kaufmännische Kon-
     tokorrent in § 355 Abs. 1 HGB.
[72] *Medicus* Rdnr. 288; *Schlechtriem* Rdnr. 218.
[73] Näher *H.P. Westermann* MünchKomm. § 607 Rdnr. 50 ff.
[74] Zu den Einzelheiten oben § 2 G I 2, S. 168 ff.

Abs. 1 Satz 2 BGB für den Darlehensnehmer auf eine vergleichbare Festlegung. Der besonderen Interessenlage des Darlehensgebers wird dies jedoch nicht stets gerecht, insbesondere, wenn er für die Bereitstellung des Darlehens (Refinanzierungs-)Aufwendungen tätigen muß oder gewerbsmäßig Darlehen an andere überläßt. Mittels einer entsprechenden Abrede können die Vertragsparteien dem jedoch durch Vereinbarung einer Abnahmepflicht zu Lasten des Darlehensnehmers Rechnung tragen. Aus dem Fehlen einer entsprechenden Abrede kann jedoch nicht stets geschlossen werden, daß den Darlehensnehmer keine Abnahmepflicht trifft. Vielmehr kann sich diese aufgrund der Besonderheiten des Einzelfalles aus § 242 ergeben, wenn für den Darlehensnehmer ein wirtschaftliches Interesse des Darlehensgebers an einer Abnahme des Darlehens bei Abschluß des Vertrages hinreichend deutlich erkennbar war und dieses über das Interesse des Darlehensgebers am Erhalt der vertraglich ausbedungenen Zinsen hinausgeht. Dies kann es im Einzelfall sogar rechtfertigen, die Abnahme als Hauptpflicht zu qualifizieren. Insbesondere bei einer gewerbsmäßigen Überlassung verzinslicher Darlehen ist hiervon im Zweifel auszugehen.[75]

Verletzt der Darlehensnehmer eine gegebenenfalls bestehende Abnahmepflicht, so gelten die zur Nichterfüllung der Rückerstattungspflicht dargelegten Rechtsfolgen[76] entsprechend, insbesondere ist der Darlehensnehmer nach Maßgabe der §§ 280 ff. BGB verpflichtet, dem Darlehensgeber den aus der gänzlich unterbliebenen oder verzögerten Abnahme des Darlehens entstandenen Schaden zu ersetzen. Sofern die Abnahme des Darlehens als vertragliche Hauptpflicht zu qualifizieren ist, kommt zudem unter den Voraussetzungen des § 323 BGB ein Recht des Darlehensgebers zum Rücktritt vom Darlehensvertrag in Betracht.

V. Beendigung des Darlehensverhältnisses

1. Allgemeines

Wie lange die Kapitalüberlassung zu erfolgen hat, d.h. in welchem Zeitpunkt der Rückerstattungsanspruch des Darlehensgebers fällig ist und bis wann umgekehrt ein etwaiger vertraglicher Zinsanspruch des Darlehensgebers besteht, bestimmt sich in erster Linie nach den Abreden der Parteien. Sie können bestimmte Beendigungstatbestände in ihren Vertrag aufnehmen, z.B. eine auflösende Bedingung oder eine Befristung i.S. der §§ 158 ff. BGB.

Fehlt eine derartige Vereinbarung, so hängen die Fälligkeit der Rückerstattung und das Ende der Pflicht zur Kapitalüberlassung nach § 488 Abs. 3 Satz 1 BGB grundsätzlich von einer Kündigung des Darlehensverhältnisses durch eine der Parteien ab. Nur wenn Zinsen nach dem Vertragsinhalt nicht geschuldet sind, ist der Darlehensnehmer mangels eines schutzwürdigen Interesses des Darlehensgebers am Fortbestand des Darlehensverhältnisses auch ohne Kündigung zu einer Rückerstattung berechtigt (§ 488 Abs. 3 Satz 3 BGB). Diese beseitigt umgekehrt auch die

---

[75] Siehe z.B. BGH v. 12. März 1991, NJW 1991, 1817 (1818) sowie BR/*Rohe* § 488 Rdnr. 24.

[76] Oben § 3 B IV 1 c, aa, S. 242 ff.

Pflicht aus § 488 Abs. 1 Satz 1 BGB, das Darlehen zur Verfügung zu stellen. Zwar knüpft § 488 Abs. 3 Satz 3 BGB nach seiner systematischen Stellung an das einer (ordentlichen) Kündigung zugängliche und somit nicht auf eine bestimmte Zeit eingegangene Darlehensverhältnis i.S. des § 488 Abs. 3 Satz 1 BGB an. Es ist aber kein Grund ersichtlich, warum bei dem auf eine bestimmte Zeit eingegangenen (bedingten oder befristeten) Darlehensverhältnis ohne Zinszahlungspflicht dem Darlehensnehmer eine kündigungsunabhängige Rückgewähr versagt sein sollte. In einem solchen Fall ist somit aus § 271 Abs. 2 BGB eine – unter dem Vorbehalt des § 242 BGB stehende – jederzeitige Rückgewährmöglichkeit zu entnehmen.[77]

2. Kündigung des Darlehensverhältnisses

Soweit die Fälligkeit des Darlehens von einer Kündigung abhängt, ist zwischen einer ordentlichen Kündigung als Regelfall und einer nur in besonderen Konstellationen möglichen außerordentlichen Kündigung zu unterscheiden. Für das einem Verbraucher gewährte Teilzahlungsdarlehen bestehen insoweit Sonderregelungen.[78]

a) Ordentliche Kündigung

aa) Grundsätze

Gemäß § 488 Abs. 3 Satz 2 BGB kann jede der Vertragsparteien ein nicht auf bestimmte Zeit eingegangenes Darlehensverhältnis mit einer Frist von drei Monaten ordentlich, d.h. ohne eine weitere Begründung kündigen. Haben die Vertragsparteien hingegen einen bestimmten Beendigungstatbestand vereinbart (Bedingung, Befristung etc.), so ist die ordentliche Kündigung nach dem Vertragszweck ausgeschlossen. Auch im übrigen steht es den Parteien frei, das ordentliche Kündigungsrecht des § 488 Abs. 3 Satz 2 BGB abweichend zu gestalten, indem sie z.B. die Kündigungsfrist verlängern.[79] Die ordentliche Kündigung steht zudem unter dem Vorbehalt des § 242 BGB.[80] So ist z.B. die Kündigung eines zu Sanierungszwecken gewährten Darlehens unwirksam, wenn der Darlehensgeber sie erklärt, obwohl die planmäßig ablaufende Sanierung vor ihrem Abschluß steht.

bb) Besondere ordentliche Kündigungsrechte des Darlehensnehmers

Neben dem Recht zur ordentlichen Kündigung gemäß § 488 Abs. 3 Satz 2 BGB, das dem Darlehensgeber und dem Darlehensnehmer gleichermaßen zusteht, begründet § 489 Abs. 1 und 2 BGB besondere ordentliche Kündigungsrechte bei verzinslichen Darlehen, die ausschließlich zugunsten des Darlehensnehmers bestehen. Diese Rechte sind nach § 489 Abs. 4 Satz 1 BGB nicht abdingbar oder erschwer-

---

[77]   BR/*Rohe* § 488 Rdnr. 45; *Staudinger/Hopt/Mülbert*[12] § 609 Rdnr. 55; a.A. RGRK/
       Ballhaus § 609 Rdnr. 32.

[78]   Dazu noch unten § 3 C IV 5, S. 256 f.

[79]   *Larenz* BT 1, § 51 III, S. 305; *Schlechtriem* Rdnr. 220; *H.P. Westermann* Münch-
       Komm. § 609 Rdnr. 5.

[80]   BGH v. 28. Juni 1977, WM 1977, 834 (835 f.); *Staudinger/Hopt/Mülbert*[12] § 609
       Rdnr. 18; *H.P. Westermann* MünchKomm. § 609 Rdnr. 6.

bar,[81] sofern der Darlehensnehmer nicht zu den in § 489 Abs. 4 Satz 2 BGB genannten juristischen Personen des öffentlichen Rechts zählt. Sie greifen daher auch ein, wenn der Vertrag für das Darlehen eine feste Laufzeit vorsieht und dessen ordentliche Kündigung nach § 488 Abs. 3 Satz 2 BGB an sich ausgeschlossen ist. Allerdings steht die Wirksamkeit einer auf § 489 Abs. 1 oder 2 BGB gestützten Kündigung unter dem Vorbehalt, daß der Darlehensnehmer den Rückerstattungsanspruch des Darlehensgebers aus § 488 Abs. 1 Satz 2 BGB binnen zwei Wochen nach der Kündigungserklärung erfüllt (§ 489 Abs. 3 BGB). Unterläßt er dies, so kann der Darlehensgeber z.B. die Fortzahlung der vertraglich vereinbarten Zinsen verlangen.

Den Kündigungsrechten aus § 489 BGB liegt zwar der gemeinsame Gedanke zugrunde, dem Darlehensnehmer eine zwingende Lösbarkeit von seiner Zinszahlungspflicht einzuräumen, im übrigen verfolgen die Regelungen aber unterschiedliche Zwecke.[82] Während § 489 Abs. 1 Nr. 1 und Abs. 2 BGB dem Darlehensnehmer die Lösung von dem Vertrag im Fall möglicher Änderungen des geschuldeten Zinssatzes einräumen, dient § 489 Abs. 1 Nr. 2 BGB allgemein dem Schutz des Verbrauchers, und § 489 Abs. 1 Nr. 3 BGB beugt überlangen Bindungen des Darlehensnehmers vor. Generell ist danach zu unterscheiden, ob der Zinssatz für einen bestimmten Zeitraum fest vereinbart oder veränderlich ist.

(1) Darlehen mit festem Zinssatz

Ist bei dem Darlehen für einen bestimmten, nicht notwendig die gesamte Vertragsdauer abdeckenden Zeitraum ein fester Zinssatz vereinbart, bestehen drei unterschiedliche Kündigungstatbestände:

– Eine Kündigung kann mit einer Kündigungsfrist von einem Monat frühestens (bzw. bei einer vereinbarten Zinsanpassung in bestimmten Zeiträumen nur) für den Ablauf des Tages erklärt werden, an dem eine Zinsbindung endet, solange keine neue Vereinbarung über den Zinssatz getroffen worden ist (§ 489 Abs. 1 Nr. 1 BGB).
– Wurde das Darlehen einem Verbraucher i.S. des § 13 BGB[83] gewährt und nicht durch ein Grund- oder Schiffspfandrecht gesichert, so kann die Kündigung gemäß § 489 Abs. 1 Nr. 2 BGB nach Ablauf von sechs Monaten beginnend mit dem vollständigen Empfang des Darlehens unter Einhaltung einer Kündigungsfrist von drei Monaten erfolgen.
– Schließlich kann das Darlehensverhältnis nach § 489 Abs. 1 Nr. 3 BGB jedenfalls nach Ablauf von zehn Jahren seit dem vollständigen Empfang desselben bzw. bei einer späteren neuen Vereinbarung über die Rückzahlung oder den Zinssatz zehn Jahre nach diesem Zeitpunkt mit einer Frist von sechs Monaten gekündigt werden.

---

[81]   Eine Erschwerung läge z.B. in der Verpflichtung des Darlehensnehmers zur Zahlung einer Vorfälligkeitsentschädigung (dazu noch unten § 3 B V 2b, bb, S. 221 f.): *Esser/Weyers* BT 1, § 26 III 3b, S. 221.

[82]   Vgl. *Esser/Weyers* BT 1, § 26 III 3b, S. 221; *Staudinger/Hopt/Mülbert*[12] § 609a Rdnr. 4 ff.

[83]   Dazu näher oben § 2 H V 2a, bb, S. 201 f.

(2) Darlehen mit veränderlichem Zinssatz

Bei einem veränderlichen Zinssatz, z.B. einer Bindung an das Durchschnittszins-
niveau des Marktes, kann der Darlehensnehmer gemäß § 489 Abs. 2 BGB jederzeit mit einer Frist von drei Monaten kündigen.

b) Außerordentliche Kündigung

aa) Überblick

Ein Recht zur außerordentlichen Kündigung sieht § 490 BGB für beide Vertragsparteien unter getrennten Voraussetzungen vor. Daneben bleiben aufgrund der ausdrücklichen Regelung in § 490 Abs. 3 BGB die allgemeine Kündigung des Darlehensverhältnisses als Dauerschuldverhältnis aus wichtigem Grund gemäß § 314
BGB sowie die Vorschrift über das Fehlen oder den Wegfall der Geschäftsgrundlage (§ 313 BGB) anwendbar.[84] Die Tatbestände der außerordentlichen Kündigung
nach § 490 BGB greifen zwar auch bei auf bestimmte Zeit abgeschlossenen Darlehensverträgen ein, sind im Gegensatz zu dem allgemeinen Kündigungsrecht aus
§ 314 BGB aber dispositiv, weil sie das Lösungsrecht auf der Tatbestandsebene
nicht mit der Unzumutbarkeit der weiteren Fortsetzung des Darlehensverhältnisses
verknüpfen. Hieraus folgt, daß bei einer entsprechenden Abrede das nicht zur Disposition stehende allgemeine außerordentliche Kündigungsrecht (§ 314 BGB) in
den Mittelpunkt tritt,[85] welches insbesondere bei einer unmittelbar drohenden Gefahr der Zahlungsunfähigkeit des Darlehensnehmers zugunsten des Darlehensgebers eingreift.[86]

bb) Außerordentliches Kündigungsrecht des Darlehensgeber (§ 490 Abs. 1 BGB)

§ 490 Abs. 1 BGB räumt dem Darlehensgeber unter bestimmten Voraussetzungen
ein Recht zur fristlosen außerordentlichen Kündigung vor der Auszahlung des Darlehens im Zweifel (d.h. vorbehaltlich einer abweichenden Vereinbarung) „stets“,
nach der Auszahlung hingegen nur „in der Regel“ ein.

Beide Fälle setzen voraus, daß in den Vermögensverhältnissen des Darlehensnehmers oder in der Werthaltigkeit einer für das Darlehen gestellten Sicherheit
(z.B. Insolvenz eines Bürgen, Zerstörung einer zur Sicherheit übereigneten Sache)
eine wesentliche Verschlechterung eintritt oder einzutreten droht, welche die
Rückzahlung des Darlehens auch unter Berücksichtigung bestellter Sicherheiten
gefährdet. Eine entsprechende Verschlechterung „droht“ i.S. des § 490 Abs. 1
BGB, wenn sie sich „sichtbar abzeichnet“.[87]

Daß das Kündigungsrecht nach der Auszahlung des Darlehens nur „in der Regel“ besteht, was eine Gesamtwürdigung aller Umstände erzwingt, beruht auf dem
durch die Auszahlung geschaffenen Vertrauenstatbestand, aufgrund dessen ein anderer Weg als die Kündigung den Interessen beider Parteien möglicherweise bes-

---

[84] Zum Anwendungsbereich der §§ 313, 314 BGB siehe *Mülbert* WM 2002, 465 (473
     ff.).
[85] *Köndgen* WM 2001, 1637 (1642).
[86] Siehe z.B. BGH v. 20. Mai 2003, ZIP 2003, 1336 (1337).
[87] BT-Drucks. 14/6040, S. 254.

ser Rechnung tragen kann.[88] Als Alternative kommt z.B. im Einzelfall eine Anpassung der Tilgungsraten nach Maßgabe des § 313 Abs. 1 BGB in Betracht.[89]

cc) Außerordentliches Kündigungsrecht des Darlehensnehmers (§ 490 Abs. 2 BGB)

Der Darlehensnehmer kann nach § 490 Abs. 2 Satz 1 BGB ein für bestimmte Zeit mit einem festen Zinssatz versehenes Darlehen, das durch ein Grund- oder Schiffspfandrecht gesichert ist, unter Einhaltung der Fristen des § 489 Abs. 1 Nr. 2 BGB kündigen, wenn dies seine berechtigten Interessen gebieten. Derartige liegen nach § 490 Abs. 2 Satz 2 BGB „insbesondere" in dem Bedürfnis nach einer anderweitigen Verwertung der beliehenen Sache (in der Regel eines Grundstücks). Jedenfalls muß sich das berechtigte Interesse auf die beliehene Sache beziehen, da ansonsten die Beschränkung des Kündigungsrechts auf entsprechend gesicherte Kredite unverständlich wäre. Für diese Auslegung spricht auch, daß § 490 Abs. 2 BGB ausweislich der Gesetzesmaterialien[90] eine frühere Rechtsprechung kodifizieren soll, die auf ein Interesse des Darlehensnehmers an der beliehenen Sache abstellte.[91]

Da das Kündigungsrecht dem Darlehensnehmer nur die Handlungsfreiheit in bezug auf das Sicherungsgut erhalten, nicht aber die Lösung von mittlerweile ungünstig erscheinenden Darlehensbedingungen ermöglichen soll, verpflichtet § 490 Abs. 2 Satz 3 BGB den Darlehensnehmer folgerichtig, dem Darlehensgeber den aus der vorzeitigen (d.h. vor einer ordentlichen Kündigung nach § 488 Abs. 3 Satz 2 BGB oder § 489 Abs. 1 Nr. 1 oder 3 BGB erfolgenden) Kündigung entstehenden Schaden zu ersetzen (Vorfälligkeitsentschädigung). Hierzu kann insbesondere ein entgangener Zinsgewinn zählen.[92]

C. Der Verbraucherdarlehensvertrag

I. Überblick

Die §§ 491 bis 498 BGB enthalten Sondervorschriften für bestimmte Darlehensverträge, die ein Unternehmer als Darlehensgeber mit einem Verbraucher als Darlehensnehmer abschließt. Diese Regelungen hat der Gesetzgeber weitgehend aus dem bis zum 31.12.2001 geltenden Verbraucherkreditgesetz übernommen,[93] das seinerseits auf einer Richtlinie der Europäischen Gemeinschaft beruhte.[94] Die Normen bezwecken einen Schutz des Verbrauchers vor den nicht unbeträchtlichen Ri-

---

[88] BT-Drucks. 14/6040, S. 254.
[89] Vgl. *Köndgen* WM 2001, 1637 (1642 f.).
[90] BT-Drucks. 14/6040, S. 254 f.; einschränkend jedoch BT-Drucks. 14/7052, S. 200.
[91] Vgl. BGH v. 1. Juli 1997, BGHZ 136, 161 ff.
[92] Zur Berechnung vgl. BGH v. 7. November 2000, BGHZ 146, 5 ff.; BR/*Rohe* § 490 Rdnr. 32 ff. m.w.N.
[93] Siehe bereits oben § 3 A, S. 232 f.
[94] Richtlinie 87/102/EWG des Rates vom 22. Dezember 1986 zur Angleichung der Rechts- und Verwaltungsvorschriften der Mitgliedstaaten über den Verbraucherkredit, ABl. EG Nr. L 42 v. 12. Dezember 1987, S. 48 ff.

siken aus mittlerweile alltäglich gewordenen Darlehensgeschäften (Konsumfinanzierung etc.).[95] Im einzelnen lassen sich folgende Regelungskomplexe bilden:

- Anwendungsbereich der Vorschriften (§ 491 BGB),
- Bestimmungen über den Abschluß und die Wirksamkeit des Vertrages, insbesondere Formvorschriften (§ 492 BGB) und ein Widerrufsrecht des Verbrauchers (§ 495 BGB) sowie
- weitere Sonderregelungen (§§ 496 bis 498 BGB).

Die §§ 491 bis § 498 BGB sind gemäß § 506 Abs. 1 Satz 1 BGB halbseitig zwingendes Recht, da von ihnen nicht zum Nachteil des Verbrauchers abgewichen werden darf. Sie finden nach § 506 Abs. 1 Satz 2 BGB auch Anwendung, wenn sie durch anderweitige Vertragsgestaltungen umgangen werden.[96]

II. Anwendungsbereich der §§ 491 bis 498 BGB

1. Persönlicher Anwendungsbereich

Hinsichtlich des persönlichen Anwendungsbereiches der §§ 491 bis 498 BGB legt § 491 Abs. 1 BGB fest, daß es sich bei dem Darlehensgeber um einen Unternehmer i.S. des § 14 BGB und bei dem Darlehensnehmer um einen Verbraucher i.S. des § 13 BGB handeln muß.[97]

Nach § 507 BGB sind die Vorschriften über das Verbraucherdarlehen darüber hinaus anzuwenden, wenn der Darlehensvertrag einer natürlichen Person als Darlehensnehmer dazu dient, eine gewerbliche oder selbständige berufliche Tätigkeit aufzunehmen, sofern der Nettodarlehensbetrag 50 000 Euro nicht übersteigt. Der Regelungsgehalt des § 507 BGB erschöpft sich darin, Kredite über 50 000 Euro aus dem Anwendungsbereich der Bestimmungen zum Verbraucherdarlehen auszuschließen, da Existenzgründungsgeschäfte bereits von § 13 BGB erfaßt werden.[98] Den Begriff des Nettodarlehensbetrages definiert § 491 Abs. 2 Nr. 1 BGB als das auszuzahlende Darlehen. Bei Existenzgründungsdarlehen von über 50 000 Euro nimmt das Gesetz an, daß sich der Darlehensnehmer der Tragweite seiner Entscheidung bewußt und daher nicht besonders schutzbedürftig ist.[99]

2. Sachlicher Anwendungsbereich

Im Ausgangspunkt unterfallen nach § 491 Abs. 1 BGB grundsätzlich alle dem soeben dargestellten persönlichen Anwendungsbereich zugehörenden Darlehensverträge den §§ 492 ff. BGB, sofern sie *entgeltlich* sind und deshalb im Hinblick auf den Darlehensnehmer ein besonderes Schutzbedürfnis besteht. Da dieses nicht nur bei dem Abschluß eines Darlehensvertrages vorliegt, sondern auch bei dem

---

[95]   *Staudinger/Kessal-Wulf* (2001) Einl. zum VerbrKrG Rdnr. 2; *Ulmer* MünchKomm. Vor § 1 VerbrKrG Rdnr. 1 ff.

[96]   Ab dem 1. Juli 2005 ergibt sich dies aus § 506 Satz 1 und 2 BGB.

[97]   Näher hierzu oben § 2 H V 2a, S. 201 f.

[98]   Dazu oben § 2 H V 2a, bb, S. 202.

[99]   BT-Drucks. 11/8274, S. 20 f.; kritisch *Staudinger/Kessal-Wulf* (2001) § 3 VerbrKrG Rdnr. 8.

Schuldbeitritt[100] eines Dritten zu der Schuld des Darlehensnehmers, finden die §§ 491 ff. BGB auf ein derartiges Rechtsgeschäft unabhängig davon entsprechende Anwendung, ob auch der Darlehensnehmer ein Verbraucher ist.[101] Als Entgelt i.S. des § 491 Abs. 1 BGB ist jede Gegenleistung des Verbrauchers für die Kapitalüberlassung zu verstehen, also neben Zinsen z.b. auch ein laufzeitabhängiges Disagio, nicht aber reine Bearbeitungsgebühren.[102]

Über das Erfordernis der Entgeltlichkeit hinaus sieht § 491 Abs. 2 und Abs. 3 BGB unterschiedlich weit reichende Bereichsausnahmen vor:

– So finden die §§ 492 bis 498 BGB für die in § 491 Abs. 2 Nr. 1 bis 3 BGB genannten Darlehensverträge keine Anwendung. Bei diesen Verträgen traut das Gesetz dem Verbraucher aufgrund des jeweiligen Vertragsinhaltes (Kleinstdarlehen bis 200 Euro, Arbeitnehmerdarlehen sowie öffentliche Baudarlehen unter marktüblichen Zinssätzen) eine hinreichende Beherrschung der Risiken zu.

– Bei den in § 491 Abs. 3 BGB genannten Darlehensverträgen finden jeweils bestimmte Vorschriften des Verbraucherdarlehensrechts und/oder über verbundene Verträge[103] keine Anwendung. Es handelt sich um nach den Vorschriften der Zivilprozessordnung protokollierte Verträge (§ 491 Abs. 3 Nr. 1 BGB) sowie um Darlehen, welche der Finanzierung von bestimmten Risikokapitalanlagen dienen (§ 491 Abs. 3 Nr. 2 BGB). Es geht hierbei um die Ausnahme von Vorschriften, die für diese Verträge in verschiedener Hinsicht nicht sachgerecht sind.[104] Die ursprünglich für bestimmte Formen grundpfandrechtlich gesicherter Darlehen in § 491 Abs. 3 Nr. 1 BGB a.F. vorgesehene Vorschrift wurde aufgrund der Judikatur des Europäischen Gerichtshofes[105] durch Gesetz vom 23. Juli 2002[106] aufgehoben.

III. Abschluß und Wirksamkeit des Vertrages

Für Abschluß und Wirksamkeit von Verbraucherdarlehensverträgen gelten im Grundsatz die allgemeinen Vorschriften. Die Regelungen zum Verbraucherdarlehen enthalten jedoch Besonderheiten über die Form des Vertrages und ein Widerrufsrecht des Darlehensnehmers.

---

[100] Dazu allgemein *Möschel* MünchKomm. BGB⁴ Vor § 414 BGB Rdnr. 10 ff.

[101] BGH v. 5. Juni 1996, BGHZ 133, 71 (74 ff.); BGH v. 27. Juni 2000, NJW-RR 2000, 3496 ff.; *Brox/Walker* § 17 Rdnr. 38; *Erman/Rebmann* § 1 VerbrKrG Rdnr. 33. Zur Anwendbarkeit der §§ 491 ff. BGB auf Bürgschaftsverträge siehe unten § 13 C I 1, S. 647 f.

[102] *Staudinger/Kessal-Wulf* (2001) § 1 VerbrKrG Rdnr. 48; *Ulmer* MünchKomm. § 1 VerbrKrG Rdnr. 46. Siehe bereits oben § 3 B IV 1b, S. 241 f.

[103] Dazu noch unten § 3 C V, S. 257 ff.

[104] *Staudinger/Kessal-Wulf* (2001) § 3 VerbrKrG Rdnr. 2; *Ulmer* MünchKomm. § 2 VerbrKrG Rdnr. 2.

[105] EuGH v. 13. Dezember 2001, NJW 2002, 281 ff. („Heininger"); dazu z.B. *Franzen* JZ 2003, 321 ff.

[106] BGBl. I S. 2850.

1. Formerfordernisse

a) Gesetzliche Formvorgaben

Verbraucherdarlehensverträge sind nach § 492 Abs. 1 Satz 1 BGB schriftlich abzuschließen, sofern das Gesetz keine strengere Form vorschreibt. Letztere ergibt sich z.B. aus § 311b Abs. 1 Satz 1 BGB, wenn der Darlehensvertrag untrennbarer Bestandteil eines Grundstückskaufvertrages ist.[107] Die elektronische Form i.S. des § 126a BGB ist ausgeschlossen (§ 492 Abs. 1 Satz 2 BGB). Abweichend von § 126 Abs. 2 Satz 1 BGB können Antrag und Annahme jedoch gemäß § 492 Abs. 1 Satz 3 BGB getrennt schriftlich erklärt werden; ferner bedarf eine automatisch erstellte Erklärung des *Darlehensgebers* nach § 492 Abs. 1 Satz 4 BGB keiner Unterzeichnung (anders § 126 Abs. 1 BGB).

§ 492 Abs. 1 Satz 5 Nr. 1 bis 7 BGB zählt detaillierte Mindestangaben für die von dem Darlehensnehmer zu unterzeichnende Urkunde auf. Besondere Bedeutung für die damit angestrebte informationelle Transparenz gewinnt hierbei die Nennung des effektiven Jahreszinses (§ 492 Abs. 1 Satz 5 Nr. 5 BGB), den § 492 Abs. 2 BGB definiert und konkretisiert. Gemäß § 492 Abs. 3 BGB hat der Darlehensgeber dem Darlehensnehmer eine Abschrift der Vertragserklärung mit den Angaben des § 492 Abs. 1 Satz 5 BGB zur Verfügung zu stellen.

Das Formerfordernis erstreckt § 492 Abs. 4 BGB entgegen der allgemeinen Regel des § 167 Abs. 2 BGB auch auf eine von dem Darlehensnehmer erteilte Vollmacht, soweit es sich nicht um eine Prozeßvollmacht oder notariell beurkundete Vollmacht handelt.[108] Dies schränkt die Möglichkeit einer gewillkürten Vertretung des Verbraucher-Darlehensnehmers ein, um die mit § 492 BGB bezweckte Warnung und informationelle Transparenz abzusichern, da die nach § 492 Abs. 1 Satz 5 BGB in den Darlehensvertrag aufzunehmenden Angaben im Zeitpunkt einer Vollmachtserteilung häufig noch nicht vorliegen.[109]

Umgekehrt unterliegen Überziehungskredite, die ein Kreditinstitut einem Verbraucher im Rahmen eines laufenden Kontos einräumt, nicht den Formerfordernissen des § 492 BGB, wenn für das Darlehen außer den Zinsen keine weiteren Kosten in Rechnung gestellt und die Zinsen nicht in kürzeren Perioden als drei Monaten erhoben werden. Als Ausgleich erlegt § 493 Abs. 1 Satz 2 bis 5 BGB dem Kreditinstitut gewisse Informationspflichten auf, deren Verletzung Schadensersatzansprüche nach den §§ 280 ff. BGB begründen kann.[110] § 493 Abs. 2 BGB enthält entsprechende Informationspflichten bei nicht von einer vorab vereinbarten Kreditlinie gedeckten, aber von dem Kreditinstitut geduldeten Kontoüberziehungen.

---

[107]   Siehe *Erman/Battes* § 313 Rdnr. 46.

[108]   Dies stellt eine Abkehr von der Rechtsprechung des Bundesgerichtshofs vor Einführung des § 492 Abs. 4 BGB n.F. dar: siehe BGH v. 24. April 2001, NJW 2001, 1931 (1932).

[109]   Vgl. BT-Drucks. 14/7052, S. 201.

[110]   *Erman/Rebmann* § 5 VerbrKrG Rdnr. 9; BR/*Möller/Wendehorst* § 493 Rdnr. 11; *Ulmer* MünchKomm. § 5 VerbrKrG Rdnr. 28.

Eine Duldung i.S. dieser Vorschrift liegt nur vor, wenn das Kreditinstitut die Überziehung billigt.[111]

b) Rechtsfolgen von Formverstößen

Bei einer Verletzung der gesetzlichen Form i.S. des § 492 Abs. 1 BGB greift nicht die Nichtigkeitssanktion des § 125 Satz 1 BGB ein, da § 494 BGB eigenständige Rechtsfolgen anordnet. Im Grundsatz ist der Verbraucherdarlehensvertrag bzw. die von dem Verbraucher erteilte Vollmacht jedoch nichtig, wenn die Schriftform insgesamt nicht eingehalten wurde oder eine der in § 492 Abs. 1 Satz 5 Nr. 1 bis 6 BGB vorgeschriebenen Angaben fehlt (§ 494 Abs. 1 BGB).

Der Vertrag wird aber trotz eines Formverstoßes gemäß § 494 Abs. 2 Satz 1 BGB gültig, soweit (d.h. gegebenenfalls nur anteilig) der Verbraucher das Darlehen empfängt oder anderweitig in Anspruch nimmt (z.B. durch eine eigenständige Abhebung). Um die mit dem Informationskatalog des § 492 Abs. 1 Satz 5 Nr. 1 bis 7 BGB verfolgten gesetzgeberischen Anliegen durchzusetzen, legt § 492 Abs. 2 Satz 2 bis 6 sowie Abs. 3 BGB jedoch verschiedene gesetzliche Anpassungen des Vertragsinhaltes fest, wenn eine oder mehrere der geforderten Angaben in der Vertragsurkunde fehlen. So ermäßigt sich z.B. der Zinssatz nach § 494 Abs. 2 Satz 2 BGB auf den gesetzlichen Zinssatz von 4 % p.a. (§ 246 BGB), wenn die Angabe des effektiven Jahreszinses fehlt. Ferner können gemäß § 494 Abs. 2 Satz 6 BGB Sicherheiten (Grundpfandrechte etc.) für den Rückerstattungsanspruch eines Darlehens bis zu 50 000 Euro nicht gefordert werden, wenn die Vertragsurkunde entgegen § 492 Abs. 1 Satz 5 Nr. 7 BGB hierüber keine Angaben enthält. Bereits gewährte Sicherheiten können nach umstrittener Ansicht in diesem Fall gemäß § 812 Abs. 1 Satz 1 Alt. 1 BGB herausverlangt werden.[112] War der effektive Jahreszins zu niedrig angegeben, so ist der Vertrag zwar stets – d.h. unabhängig von dem Empfang oder der Inanspruchnahme des Darlehens – wirksam, es tritt aber eine entsprechende Zinsminderung um den absoluten Prozentsatz ein, um den die Angabe zu niedrig war (§ 494 Abs. 3 BGB).[113]

2. Widerrufsrecht des Verbrauchers

Gemäß § 495 Abs. 1 BGB steht dem Verbraucher ein Widerrufsrecht nach § 355 BGB zu, dessen wirksame Ausübung seine Bindung an den Darlehensvertrag beseitigt; das Rechtsverhältnis zwischen den Vertragsparteien bemißt sich in diesem Fall gemäß § 357 BGB grundsätzlich nach den Vorschriften über den gesetzlichen Rücktritt, d.h. den §§ 346 ff. BGB, während § 357 Abs. 2 bis 4 BGB besondere Vorschriften enthält.

Form und Frist (zwei Wochen) des Widerrufs richten sich nach § 355 Abs. 1 Satz 2 BGB, wobei die Frist erst zu laufen beginnt, wenn der Verbraucher eine den Anforderungen des § 355 Abs. 2 BGB genügende Belehrung über sein Wider-

---

[111] *Staudinger/Kessal-Wulf* (2001) § 5 VerbrKrG Rdnr. 32 ff.; *Ulmer* MünchKomm. § 5 VerbrKrG Rdnr. 29 ff.

[112] *Ulmer* MünchKomm. § 6 VerbrKrG Rdnr. 28 m.w.N.

[113] *Staudinger/Kessal-Wulf* (2001) § 6 VerbrKrG Rdnr. 45 ff. m.w.N. zu abweichenden Auffassungen.

rufsrecht erhalten und unterschrieben bzw. elektronisch signiert hat (§ 355 Abs. 2 Satz 2 BGB). Grundsätzlich erlischt das Widerrufsrecht nach Ablauf von sechs Monaten (§ 355 Abs. 3 Satz 1 BGB), was jedoch nicht gilt, wenn eine ordnungsgemäße Belehrung des Verbrauchers über sein Widerrufsrecht unterblieben ist (§ 355 Abs. 3 Satz 3 BGB).[114]

Nach § 495 Abs. 2 BGB ist das Widerrufsrecht indes ausgeschlossen, wenn es sich bei dem Verbraucherdarlehensvertrag um einen Überziehungskredit i.S. des § 493 Abs. 1 Satz 1 BGB handelt und der Darlehensnehmer das Darlehen ohne Einhaltung einer Kündigungsfrist und ohne zusätzliche Kosten zurückzahlen kann. In diesen Fällen fehlt es an einer besonderen Schutzbedürftigkeit des Verbrauchers.

IV. Weitere Sondervorschriften

Weitere zwingende Sondervorschriften enthalten die §§ 496 bis 498 BGB, die den Schutz des Darlehensnehmers bei Verbraucherdarlehensverträgen bezwecken. Es handelt sich um folgende Regelungskomplexe:

1. Unwirksamkeit von Einwendungsverzichten

Ein Verzicht auf die aus den §§ 404, 406 BGB folgenden Rechte, Einwendungen aus dem Darlehensvertrag auch gegenüber dem Zessionar einer Forderung aus dem Darlehensverhältnis (Rückerstattungsanspruch, Zinsanspruch etc.) geltend machen zu können bzw. mit einer Forderung gegen den Darlehensgeber auch gegenüber dem Zessionar aufrechnen zu können, ist unwirksam (§ 496 Abs. 1 BGB).

2. Wechsel- und Scheckverbot

Der Darlehensnehmer darf nach § 496 Abs. 2 Satz 1 und 2 BGB nicht verpflichtet werden, für die Ansprüche des Darlehensgebers aus dem Verbraucherdarlehensvertrag eine Wechselverbindlichkeit einzugehen bzw. der Unternehmer darf zur Sicherung seiner Ansprüche keinen Scheck entgegennehmen. Bei einem Verstoß gegen dieses Verbot kann der Verbraucher jederzeit die Herausgabe des Wechsels oder des Schecks verlangen (§ 496 Abs. 2 Satz 3 BGB). Da die Vorschrift den Verbraucher umfassend vor den Gefahren aus der Eingehung abstrakter Verbindlichkeiten (Beweislastumkehr in bezug auf einen materiellen Rechtsgrund der Verbindlichkeit, Möglichkeit eines Urkunden- und Wechselprozesses i.S. der §§ 592 bis 605a ZPO etc.) schützen soll, sind die Verbotstatbestände in analoger Anwendung auf sonstige abstrakte Schuldversprechen und Schuldanerkenntnisse i.S. der §§ 780, 781 BGB zu erstrecken.[115]

Ein Verbot i.S. des § 134 BGB begründet § 496 Abs. 2 Satz 1 und 2 BGB jedoch nur für die Verpflichtung zur *Eingehung* einer abstrakten Verbindlichkeit bzw. die *Zweckvereinbarung*, welche diese Verbindlichkeit mit der Darlehensfor-

---

[114] Siehe insoweit auch EuGH v. 13. Dezember 2001, NJW 2002, 281 (282) („Heininger").

[115] *Habersack* MünchKomm. § 10 VebrKrG Rdnr. 8; *Staudinger/Kessal-Wulf* (2001) § 10 VerbrKrG Rdnr. 28. Näher zu den Besonderheiten abstrakter Verbindlichkeiten unten § 15 A, S. 699 ff.

derung verbindet.[116] Deshalb entsteht die Verbindlichkeit aus Wechsel, Scheck oder einem abstrakten Schuldvertrag i.S. der §§ 780, 781 BGB zunächst wirksam und muß von dem Verbraucher gemäß § 812 Abs. 1 Satz 1 Alt. 1 BGB i.V. mit § 812 Abs. 2 BGB kondiziert werden; vor dieser Kondiktion steht dem Verbraucher gegen die abstrakte Verbindlichkeit die Einrede der ungerechtfertigten Bereicherung analog § 821 BGB zu.[117] Dies verhindert jedoch nicht, daß ein Dritter eine entgegen § 496 Abs. 2 BGB eingegangene Wechsel- oder Scheckverbindlichkeit gemäß Art. 17 WG, Art. 22 ScheckG gutgläubig einredefrei erwirbt.[118] Gerade in einem solchen Fall erlangt die Haftung des Darlehensgebers aus § 496 Abs. 2 Satz 4 BGB besondere Bedeutung, da sie diesen zu einem Ersatz des aus der abstrakten Schuldbegründung entstandenen Schadens (z.b. der Inanspruchnahme durch einen gutgläubigen Dritterwerber) verpflichtet. Es handelt sich um eine verschuldensunabhängige Garantiehaftung.[119]

3. Verzugszinsen

§ 497 Abs. 1 Satz 1 BGB legt fest, daß der Darlehensnehmer, der mit Zahlungen aufgrund des Verbraucherdarlehensvertrages im Verzug ist, den geschuldeten Betrag im Grundsatz nach § 288 Abs. 1 BGB, d.h. mit 5 % p.a. über dem Basiszinssatz (§ 247 BGB) zu verzinsen hat. Hierbei handelt es sich nicht lediglich um eine deklaratorische Verweisung auf § 288 Abs. 1 BGB, sondern die Verzinsungspflicht wird im Verzug auch für solche Beträge angeordnet, die selbst schon auf einem Zinsanspruch des Darlehensgebers beruhen. Damit statuiert die Vorschrift eine Ausnahme vom Zinseszinsverbot des § 289 BGB.[120] Bei grundpfandrechtlich gesicherten Verbraucherdarlehen i.S. des § 491 Abs. 3 Nr. 1 BGB ermäßigt sich der Verzugszinssatz auf 2½ % p.a. über dem Basiszinssatz (§ 497 Abs. 1 Satz 2 BGB).

In jedem Fall kann der Darlehensnehmer nach § 497 Abs. 1 Satz 3 BGB einen niedrigeren Schaden und der Darlehensgeber einen höheren Schaden nachweisen und als Verzugsschaden ersetzt verlangen. Insoweit begründet § 497 Abs. 1 BGB lediglich eine Pauschalierung des Verzugsschadens in Form einer widerleglichen Vermutung.[121] Weist der Verbraucher einen niedrigeren Schaden des Darlehensgebers nach, vermindert sich der Zinssatz entsprechend; der Darlehensgeber kann einen nachgewiesenen höheren Schaden nach Maßgabe der §§ 280 Abs. 1 und 2, 286 BGB geltend machen.

---

[116] BT-Drucks. 11/5462, S. 25; *Erman/Rebmann* § 10 VerbrKrG Rdnr. 4, 6; *Habersack* MünchKomm. § 10 VerbrKrG Rdnr. 13.

[117] Dazu noch unten § 15 D II 2, S. 710 f.

[118] Siehe zu Einzelheiten *Staudinger/Kessal-Wulf* (2001) § 10 VerbrKrG Rdnr. 38 f. m.w.N.

[119] *Habersack* MünchKomm. § 10 VerbrKrG Rdnr. 28; *Staudinger/Kessal-Wulf* (2001) § 10 VerbrKrG Rdnr. 36.

[120] BT-Drucks. 14/6040, S. 256.

[121] *Erman/Saenger* § 11 VerbrKrG Rdnr. 4; *Esser/Weyers* BT 1, § 26 V 4, S. 227; *Habersack* MünchKomm. § 11 VerbrKrG Rdnr. 17; *BR/Möller/Wendehorst* § 497 Rdnr. 6; *Staudinger/Kessal-Wulf* (2001) § 11 VerbrKrG Rdnr. 17.

4. Anrechnung von Teilleistungen und Verjährung

Eine von § 367 Abs. 1 BGB abweichende Sonderregelung trifft § 497 Abs. 3 Satz 1 BGB für die Tilgungsanrechnung, wenn der Verbraucher Zahlungen leistet, die zur Erfüllung seiner gesamten Schuld nicht ausreichen. Die Anrechnung auf die Zinsen erst nach einer Anrechnung auf den geschuldeten Darlehensbetrag soll vermeiden, daß der Darlehensnehmer fortlaufend Zahlungen nur auf Zinsen leistet, ohne daß sich die Hauptverbindlichkeit verringert (sog. Schuldturmproblematik).[122] Abweichend von § 266 BGB darf der Darlehensgeber Teilzahlungen nicht zurückweisen (§ 497 Abs. 3 Satz 2 BGB). Schließlich enthält § 497 Abs. 3 Satz 3 und 4 BGB Sonderregelungen für die Verjährung der Ansprüche des Darlehensgebers.[123]

5. Kündigung von Teilzahlungsdarlehen

Ist ein Verbraucherdarlehen in Teilzahlungen zu tilgen, so kann der Darlehensgeber dieses nach § 498 Abs. 1 Satz 1 BGB nur kündigen, wenn

– der Darlehensnehmer mit mindestens zwei aufeinanderfolgenden Teilzahlungen ganz oder teilweise und mit mindestens zehn Prozent bzw. bei einer Laufzeit von über drei Jahre mit fünf Prozent des Nennbetrages des Darlehens (Nettodarlehensbetrag i.S. des § 491 Abs. 2 Nr. 1 BGB zuzüglich laufzeitunabhängiger Einmalkosten wie z.B. Bearbeitungsgebühren[124]) in Verzug ist und

– der Darlehensgeber erfolglos eine zweiwöchige Frist zur Zahlung des rückständigen Betrages mit der Erklärung gesetzt hat, bei Nichtzahlung die gesamte Restschuld zu verlangen.

Keine weitere Tatbestandsvoraussetzung für eine wirksame Kündigung ist die Unterbreitung des von § 498 Abs. 1 Satz 2 BGB lediglich als Soll-Vorschrift vorgesehenen Gesprächsangebotes des Darlehensgebers über die Möglichkeiten einer einverständlichen Regelung.[125] Das Kündigungsrecht nach § 498 Abs. 1 Satz 1 BGB ist ein fristloses, das jedoch nur innerhalb eines angemessenen Zeitraums ausgeübt werden kann, um nicht durch Verwirkung zu erlöschen.[126]

Umstritten ist die Reichweite der Sperrwirkung, welche die Sonderregelung gegenüber anderen Kündigungsrechten entfaltet. Da bei einem Teilzahlungsdarlehen regelmäßig eine Zeit für die Rückerstattung der jeweiligen Raten vereinbart ist, ist ein ordentliches Kündigungsrecht des Darlehensgebers aus § 488 Abs. 3 BGB oh-

---

[122] *Erman/Saenger* § 11 VerbrKrG Rdnr. 31.

[123] Dazu im Überblick *Budzikiewicz* WM 2003, 264 (272 f.).

[124] BT-Drucks. 11/5462, S. 19; *Habersack* MünchKomm. § 12 VerbrKrG Rdnr. 13; *Staudinger/Kessal-Wulf* (2001) § 12 VerbrKrG Rdnr. 13.

[125] Zu möglichen schadensersatzrechtlichen Konsequenzen einer Nichtunterbreitung siehe *Erman/Saenger* § 12 VerbrKrG Rdnr. 26; *Habersack* MünchKomm. § 12 VerbrKrG Rdnr. 19; BR/*Möller/Wendehorst* § 498 Rdnr. 9; *Staudinger/Kessal-Wulf* (2001) § 12 VerbrKrG Rdnr. 9.

[126] BGH v. 12. Juli 1984, WM 1984, 1273; *Habersack* MünchKomm. § 12 VerbrKrG Rdnr. 21; *Staudinger/Hopt/Mülbert*[12] § 609 Rdnr. 45.

nehin bereits nach allgemeinen Grundsätzen ausgeschlossen.[127] In bezug auf eine außerordentliche Kündigung muß § 498 Abs. 1 Satz 1 BGB nach seinem Normzweck eine Sperrwirkung für alle Fälle begründen, in denen Zahlungsschwierigkeiten des Verbrauchers einen möglichen Kündigungsgrund nach den §§ 490 Abs. 1, 314 BGB darstellen würden.[128] Unberührt bleibt eine Kündigung gemäß § 314 BGB aus sonstigen wichtigen Gründen, z.B. bei Fehlinformationen des Verbrauchers über seine Vermögenslage, die dazu führen, daß dem Darlehensgeber die Fortsetzung des Darlehensverhältnisses unzumutbar ist.[129]

Ist das Teilzahlungs-Verbraucherdarlehen wirksam gekündigt worden, so vermindert sich nach § 498 Abs. 2 BGB die Restschuld des Darlehensnehmers um die Zinsen und sonstigen laufzeitabhängigen Kosten (z.B. Anteil eines Disagios[130]), die auf die Zeit nach Wirksamwerden der Kündigung entfallen.[131] Dies trägt dem Umstand Rechnung, daß diese laufzeitabhängigen Kosten im Synallagma mit der Pflicht zur Kapitalüberlassung in dem jeweiligen Zeitabschnitt stehen,[132] die durch die Kündigung wegfällt.[133]

V. Exkurs: Verbundene Verträge

1. Allgemeines

Ein Verbraucherdarlehensvertrag wird häufig zur Finanzierung von Konsumgeschäften abgeschlossen. Ungeachtet dessen liegt das Risiko, das aus der Verwendung des Darlehens resultiert, grundsätzlich bei dem Darlehensnehmer.[134] Allerdings erscheint dies nicht angemessen, wenn der Verbraucherdarlehensvertrag und das Geschäft, zu dem der Darlehensbetrag verwendet wird (z.B. ein Kaufvertrag), in einem sachlichen Zusammenhang stehen, der es zum Schutz des Verbrauchers auch gegenüber dessen Vertragspartnern (Darlehensgeber und z.B. Verkäufer) rechtfertigt, beide Verträge in verschiedener Hinsicht rechtlich einheitlich zu beurteilen.[135] In einem derartigen Fall spricht das Gesetz von verbundenen Verträgen; für sie trifft das Allgemeine Schuldrecht in den §§ 358, 359 BGB Regelungen, die zu großen Teilen aus § 9 VerbrKrG übernommen wurden.[136]

2. Voraussetzungen

Zunächst legt § 358 Abs. 3 BGB fest, wann ein Verbraucherdarlehensvertrag i.S. des § 491 Abs. 1 BGB und ein Vertrag über die Lieferung von Waren oder die Er-

---

[127] Siehe oben § 3 B V 2a, aa, S. 246.

[128] *Habersack* MünchKomm. § 12 VerbrKrG Rdnr. 22; a.A. in bezug auf § 490 Abs. 1 BGB *Staudinger/Kessal-Wulf* (2001) § 12 VerbrKrG Rdnr. 6.

[129] So z.B. auch BR/*Möller/Wendehorst* § 498 Rdnr. 3.

[130] Dazu siehe oben § 3 B IV 1b, S. 242 f.

[131] Zur genauen Berechnung *Staudinger/Kessal-Wulf* (2001) § 12 VerbrKrG Rdnr. 29.

[132] Siehe oben § 3 B I, S. 234.

[133] *Habersack* MünchKomm. § 12 VerbrKrG Rdnr. 24.

[134] Zur Gefahrtragung bereits oben § 3 B IV 1a, S. 241 sowie insbesondere zu den Aufklärungspflichten einer das Geschäft finanzierenden Bank.

[135] Siehe *Esser/Weyers* BT 1, § 9 III 1, S. 106 f.; *Medicus* Rdnr. 294.

[136] Weiterführend zum ganzen *Fuchs* AcP 199 (1999), 305 ff.

bringung einer anderen Leistung[137] in diesem Sinne verbundene Verträge sind. Das Gesetz stellt hierfür in § 358 Abs. 3 Satz 1 BGB darauf ab, ob beide Verträge eine *wirtschaftliche Einheit* bilden. Entscheidend ist somit nicht die formale Rechtsgestaltung, sondern ein objektiver innerer Zusammenhang zwischen beiden Verträgen, der so beschaffen sein muß, daß die Parteien keinen der Verträge ohne den anderen abgeschlossen hätten.[138] In § 358 Abs. 3 Satz 2 BGB wird dies dahingehend konkretisiert, daß eine wirtschaftliche Einheit insbesondere anzunehmen ist, wenn der Unternehmer (z.B. der Verkäufer) selbst die Gegenleistung des Verbrauchers finanziert oder sich ein dritter Darlehensgeber bei der Vorbereitung oder dem Abschluß des Verbraucherdarlehensvertrages der Mitwirkung des Unternehmers bedient; einschränkende Voraussetzungen legt § 358 Abs. 3 Satz 3 BGB fest, wenn der Verbraucherdarlehensvertrag den Erwerb eines Grundstücks oder grundstücksgleichen Rechts finanzieren soll.

Verbundene Verträge liegen daher z.B. vor, wenn in einem Autohaus Kreditformulare einer Bank ausliegen und der Autohändler mit dem Käufer zugleich als Stellvertreter der Bank einen Finanzierungskredit abschließt. Der Darlehensgeber „bedient" sich aber der Mitwirkung des Unternehmers nicht i.S. des § 358 Abs. 3 Satz 2 BGB, wenn letzterer den Autokäufer lediglich zum Zwecke der Finanzierung zu einer Bank schickt, ohne dies mit dieser abgesprochen zu haben.[139] Ein starkes Indiz für ein verbundenes Geschäft ist hingegen wiederum, wenn der Darlehensnehmer das Darlehen aufgrund einer Zweckbindung seitens des Darlehensgebers nur für ein bestimmtes Geschäft verwenden darf.[140]

Da die §§ 358, 359 BGB den zweiten Vertragspartner des Verbrauchers neben dem Darlehensnehmer als „Unternehmer" bezeichnen, muß dieser bei Abschluß des Vertrages (z.B. eines Kaufvertrages) mit dem Verbraucher die persönlichen Voraussetzungen des § 14 BGB erfüllen, damit verbundene Verträge i.S. des § 358 Abs. 3 BGB vorliegen können. Deshalb sind die §§ 358, 359 BGB z.B. nicht anwendbar, wenn der Verbaucherdarlehensvertrag der Finanzierung eines Geschäftes unter Verbrauchern dient. Denkbar ist dies z.B. im Gebrauchtwagenhandel, wenn der „Händler" als Vertreter des privaten Verkäufers den Kaufvertrag mit dem privaten Käufer abschließt und die Zahlung des Kaufpreises dadurch ermöglicht, daß er zugleich als Vertreter einer Bank mit dem Käufer (= Darlehensnehmer) einen Verbraucherdarlehensvertrag vereinbart.

---

[137] Wie sich aus dem durch Gesetz vom 23. Juli 2002 (BGBl. I S. 2850) eingefügten § 358 Abs. 3 Satz 3 BGB ergibt, zählen zu den erfaßten Verträgen auch solche, die auf den Erwerb eines Grundstücks oder grundstücksgleichen Rechts gerichtet sind. Allerdings stellt das Gesetz in diesem Fall besondere Anforderungen an das Vorliegen eines „verbundenen" Geschäfts. Abweichend noch zum alten Recht BGH v. 9. April 2002, NJW 2002, 1881 (1884) („Heininger").

[138] BGH v. 29. März 1984, BGHZ 91, 9 (11); *Habersack* MünchKomm.[4] § 358 Rdnr. 36 f.; BR/*Möller/Wendehorst* § 358 Rdnr. 22; *Soergel/Häuser* § 9 VerbrKrG Rdnr. 27; *Staudinger/Kessal-Wulf* (2001) § 9 VerbrKrG Rdnr. 27, 31.

[139] *Habersack* MünchKomm.[4] § 358 Rdnr. 41 m.w.N.

[140] BGH v. 5. Mai 1992, NJW 1992, 2560 (2562); *Erman/Rebmann* § 9 VerbrKrG Rdnr. 5; *Staudinger/Kessal-Wulf* (2001) § 9 VerbrKrG Rdnr. 32.

3. Rechtsfolgen

Sind die Verträge nach Maßgabe des § 358 Abs. 3 BGB „verbunden", so unterliegen diese einer einheitlichen rechtlichen Beurteilung insbesondere in bezug auf zwei Aspekte, welche den Verbraucher vor den sonst eintretenden Folgen der rechtlichen Aufspaltung der wirtschaftlich zusammengehörenden Vertragsverhältnisse schützen:

a) Erstreckung eines Widerrufs nach § 355 BGB auf den jeweils anderen Vertrag

aa) Widerrufsvoraussetzungen

Erstens ist der Verbraucher an seine Willenserklärung auf Abschluß des verbundenen Darlehensvertrages nicht mehr gebunden, wenn er seine auf den Abschluß des Vertrages über die Warenlieferung oder eine sonstige Leistung gerichtete Willenserklärung wirksam widerrufen hat (§ 358 Abs. 1 BGB). Dies setzt voraus, daß dem Verbraucher in bezug auf den mit dem Darlehensgeschäft verbundenen Vertrag ein eigenständiges Widerrufsrecht nach Maßgabe des § 355 BGB zusteht, das sich z.B. aus § 312 Abs. 1 Satz 1 BGB (Haustürgeschäft) oder aus § 312d Abs. 1 Satz 1 BGB (Fernabsatzvertrag i.S. des § 312b BGB) ergeben kann.

Umgekehrt führt ein wirksamer Widerruf in bezug auf den Verbraucherdarlehensvertrag i.S. des § 495 Abs. 1 BGB i.V. mit § 355 BGB dazu, daß die Bindung des Verbrauchers an seine auf den Abschluß des damit verbundenen Vertrages gerichtete Willenserklärung entfällt (§ 358 Abs. 2 Satz 1 BGB). Allerdings ordnet § 358 Abs. 2 Satz 2 BGB an, daß wenn für den verbundenen Vertrag ein Widerrufsrecht nach Maßgabe des § 355 BGB besteht (§§ 312 Abs. 1 Satz 1, 312d Abs. 1 Satz 1 BGB etc.), allein dieses Widerrufsrecht gilt und dasjenige nach § 495 Abs. 1 BGB ausgeschlossen ist. Dies soll dem Umstand Rechnung tragen, daß in derartigen Fällen die inhaltliche Ausgestaltung des Widerrufsrechts für den verbundenen Vertrag eine sachnähere Regelung enthält, die nicht durch eine Anwendung des § 495 Abs. 1 BGB i.V. mit § 358 Abs. 2 Satz 1 BGB umgangen werden darf. Ist das Widerrufsrecht in bezug auf den Vertrag, für den das Darlehen verwendet werden soll, erloschen, lebt § 495 Abs. 1 BGB wegen dieses Normzwecks folgerichtig *nicht* wieder auf.[141] Um der Gefahr zu begegnen, daß der Verbraucher in Unkenntnis des § 358 Abs. 2 Satz 2 BGB einen unwirksamen Widerruf nach § 495 Abs. 1 BGB ausspricht und sein Widerrufsrecht in bezug auf den anderen Vertrag verfristen läßt, ordnet § 358 Abs. 2 Satz 3 BGB in Form einer Fiktion an, daß ein dennoch erklärter Widerruf des Darlehensvertrages als Widerruf des verbundenen Vertrages gegenüber dem Unternehmer gemäß § 358 Abs. 1 BGB gilt.[142]

Damit der Verbraucher von dem Widerruf eines der verbundenen Verträge nicht durch den Irrtum abgehalten wird, auch nach einem solchen weiterhin an den anderen – dann zumeist für ihn sinnlosen – Vertrag gebunden zu sein, sieht § 358 Abs. 5 BGB zudem vor, daß die nach § 355 Abs. 2 BGB erforderliche Belehrung über das Widerrufsrecht auch auf die Rechtsfolgen des § 358 Abs. 1 und 2 BGB

---

[141] Vgl. *Staudinger/Kessal-Wulf* (2001) § 8 VerbrKrG Rdnr. 14.
[142] BT-Drucks. 14/7052, S. 194.

hinweisen muß. Ansonsten beginnt die zweiwöchige Widerrufsfrist i.S. des § 355 Abs. 1 Satz 2 BGB nicht zu laufen und der Verbraucher kann den Vertrag auch länger als sechs Monate nach dessen Abschluß widerrufen (§ 355 Abs. 3 Satz 3 BGB).

bb) Durchführung der Rückabwicklung

Liegt ein wirksamer Widerruf i.S. des § 358 Abs. 1 oder 2 BGB vor, so ordnet § 358 Abs. 4 BGB einige Besonderheiten für die Rückabwicklung der Verträge an. Zunächst gilt nach § 358 Abs. 4 Satz 1 BGB wegen der dortigen Verweisung auf § 357 BGB das Recht des gesetzlichen Rücktritts (§ 357 Abs. 1 Satz 1 BGB i.V. mit §§ 346 ff. BGB) für den verbundenen Vertrag entsprechend, wenn nicht dieser selbst, sondern der Darlehensvertrag gemäß § 495 Abs. 1 BGB i.V. mit § 355 BGB widerrufen worden ist. Wurde der Widerruf nach § 358 Abs. 1 BGB erklärt, so dürfen dem Verbraucher nach § 358 Abs. 4 Satz 2 BGB aus der Rückabwicklung des Darlehensvertrages nicht aufgrund einer Vertragsbestimmung Zinsen oder Kosten auferlegt werden.[143] Widerruft der Verbraucher die auf Abschluß des Darlehensvertrages gerichtete Willenserklärung nach Maßgabe des § 358 Abs. 2 Satz 1 BGB, so ergibt sich dies bereits aus § 495 Abs. 1 BGB i.V. mit § 506 BGB.

Schließlich tritt der Darlehensgeber im Verhältnis zu dem Verbraucher nach § 358 Abs. 4 Satz 3 BGB hinsichtlich der Rückabwicklung in die Rechte und Pflichten des Unternehmers (d.h. des zweiten Vertragspartners des Verbrauchers) ein, wenn das Darlehen dem Unternehmer bei Wirksamwerden des Widerrufs bereits zugeflossen ist (keine Abwicklung „über das Dreieck"). Dies verhindert z.B., daß der Verbraucher das auf sein Geheiß an den Unternehmer abgeführte Darlehen gegenüber dem Darlehensgeber nach § 357 Abs. 1 Satz 1 BGB i.V. mit § 346 Abs. 1 BGB zurückgewähren muß und seinerseits auf Ansprüche gegen den Unternehmer auf Rückzahlung des Kaufpreises aus § 357 Abs. 1 Satz 1 BGB i.V. mit § 346 Abs. 1 BGB verwiesen ist.[144] Denn der Darlehensgeber wäre aufgrund des § 358 Abs. 4 Satz 3 BGB gegenüber dem Verbraucher zugleich sowohl Berechtigter der Rückerstattung als auch (wegen seines Einrückens in die Pflichten des Unternehmers) Verpflichteter, so daß eine Konsumtion dieser Rechtspositionen eintritt.[145] Umgekehrt hat der Darlehensgeber z.B. gemäß § 358 Abs. 4 Satz 3 BGB einen von dem Unternehmer mit der Darlehenssumme gekauften und übereigneten Gegenstand an den Darlehensgeber zurückzugewähren. Die Rückabwicklung zwischen dem Darlehensgeber und dem Unternehmer vollzieht sich dann ihrerseits

---

[143] Vgl. BT-Drucks. 14/6040, S. 201.

[144] Gäbe es § 358 Abs. 4 Satz 3 BGB nicht, wäre nach den allgemeinen Regeln der Rückabwicklung abgekürzter Leistungsbeziehungen derart „über das Dreieck", d.h. in den jeweiligen Vertragsbeziehungen rückabzuwickeln, obwohl der Darlehensbetrag direkt von dem Darlehensgeber an den Unternehmer geflossen ist; vgl. *Janßen* Münch-Komm.[4] § 346 Rdnr. 15.

[145] BGH v. 29. März 1984, BGHZ 91, 9 (18); *Erman/Rebmann* § 9 VerbrKrG Rdnr. 15; *Habersack* MünchKomm.[4] § 358 Rdnr. 87; *Staudinger/Kessal-Wulf* (2001) § 9 VerbrKrG Rdnr. 61.

nach einer Ansicht[146] gemäß § 358 Abs. 4 Satz 3 BGB analog (Darlehensgeber tritt im Verhältnis zum Unternehmer in die Verbraucherposition ein), nach einer anderen Auffassung[147] über das Bereicherungsrecht.

b) Einwendungsdurchgriff

aa) Grundlagen

Rechtliche Probleme verursacht die Aufspaltung eines wirtschaftlich einheitlichen Geschäfts i.S. des § 358 Abs. 3 BGB zu zwei separaten Verträgen nicht nur in bezug auf die Einheitlichkeit des Widerrufs. Gleichermaßen gilt dies für Einwendungen, welche dem Verbraucher gegenüber einem Vertragspartner zustehen. In diesem Fall ist stets die Frage zu beantworten, ob er diese auch dem anderen Vertragspartner entgegenhalten kann.

Hat z.B. ein Verbraucher einen Kaufvertrag wirksam wegen Inhaltsirrtums nach § 119 Abs. 1 Alt. 1 BGB angefochten, so entfällt mit dem Vertrag gemäß § 142 Abs. 1 BGB auch seine Pflicht zur Kaufpreiszahlung. Hat der Verbraucher zur Finanzierung dieses Kaufpreises ein Darlehen bei einem Dritten aufgenommen und ist der Darlehensbetrag bereits zum Zwecke der Tilgung der (nach § 142 Abs. 1 BGB ex tunc entfallenen) Kaufpreisschuld an den Verkäufer abgeführt worden, so müßte der Verbraucher grundsätzlich das Darlehen gegenüber dem Darlehensgeber gemäß § 488 Abs. 1 Satz 2 BGB zurückzahlen und wäre auf einen Kondiktionsanspruch gegenüber dem Verkäufer in Höhe des an diesen abgeführten Darlehensbetrages gemäß § 812 Abs. 1 Satz 1 Alt. 1 BGB verwiesen.[148] Diese Problematik tritt nur dann nicht auf, wenn der Nichtigkeitsgrund im Hinblick auf den Kaufvertrag auch den Darlehensvertrag erfaßt, was z.B. der Fall wäre, wenn der Verkäufer den Verbraucher arglistig getäuscht hat und der Darlehensvertrag mit dem Kaufvertrag einen verbundenen Vertrag i.S. des § 358 Abs. 3 BGB darstellt. Denn dann wäre der Verkäufer im Verhältnis zu dem Darlehensgeber kein Dritter i.S. des § 123 Abs. 2 Satz 1 BGB, so daß der Verbraucher auch den Darlehensvertrag anfechten könnte.[149]

Auch wenn sich der rechtliche Mangel eines mit dem Darlehensvertrag i.S. des § 358 Abs. 3 BGB verbundenen Vertrages nicht in diesem Sinne auf den ersteren erstreckt, erscheint jedoch die für eine Anfechtung wegen Inhaltsirrtums beispielhaft angedeutete Geltendmachung von Rechten „über das Dreieck" nicht sachgerecht. Deshalb ordnet § 359 Satz 1 BGB für derartige Fälle an, daß der Verbrau-

---

[146] *Coester* Jura 1992, 617 (622); *Habersack* MünchKomm.[4] § 358 Rdnr. 91.

[147] BGH v. 29. März 1984, BGHZ 91, 9 (19); BR/*Möller/Wendehorst* § 358 Rdnr. 29; *Staudinger/Kessal-Wulf* (2001) § 9 VerbrKrG Rdnr. 65.

[148] Da nur der Verbraucher gegenüber dem Verkäufer einen spezifischen Tilgungszweck (in bezug auf die [vermeintliche] Schuld aus dem Kaufvertrag) verfolgt, wäre er und nicht der Darlehensgeber als Leistender gegenüber dem Verkäufer i.S. des § 812 BGB anzusehen. Allgemein zur Bestimmung des Leistenden bei abgekürzten Leistungsketten *Larenz/Canaris* BT 2, § 70 II, S. 201 ff.

[149] Vgl. BGH v. 20. Februar 1967, BGHZ 47, 224 (228 ff.); *Erman/Rebmann* § 9 VerbrKrG Rdnr. 18; *Habersack* MünchKomm.[4] § 359 Rdnr. 33.

cher auch die Rückzahlung des Darlehens gegenüber dem Darlehensgeber insoweit verweigern kann, als Einwendungen aus dem verbundenen Vertrag ihn gegenüber dem Unternehmer (im Beispiel dem Verkäufer) zur Verweigerung seiner Leistung berechtigen würden. Entsprechend dem Normzweck des § 359 Satz 1 BGB, den Verbraucher vor den für ihn negativen rechtlichen Folgen einer formalen Aufspaltung des Darlehensvertrages und des mit diesem verbundenen Vertrages zu schützen, ist der Begriff der „Einwendung" in dieser Vorschrift nicht im rechtstechnischen Sinne zu verstehen,[150] sondern er umfaßt alle rechtshindernden, rechtshemmenden und rechtsvernichtenden Einwendungen und Einreden.[151] Das gilt z.B. für Nichtigkeitsgründe, die Einrede des nicht erfüllten Vertrages gemäß § 320 BGB oder die Einrede der Verjährung nach § 214 Abs. 1 BGB. Das Leistungsverweigerungsrecht aus § 359 Satz 1 BGB besteht jedoch immer nur, soweit eine Einwendung im dargelegten weiten Sinne gegenüber dem Unternehmer auch wirksam geltend gemacht werden könnte. Wäre z.B. ein Rücktrittsrecht wegen § 218 Abs. 1 Satz 1 BGB gegenüber dem Unternehmer ausgeschlossen, so kann sich auch der Darlehensgeber hierauf berufen und damit das Leistungsverweigerungsrecht aus § 359 Satz 1 BGB abwehren. Ferner können Gestaltungsrechte, die den verbundenen Vertrag betreffen (Anfechtung, Aufrechnung etc.), nur gegenüber dem Unternehmer ausgeübt und dem Darlehensgeber erst nach erfolgter Ausübung gemäß § 359 Satz 1 BGB entgegengehalten werden.[152]

Aus § 359 Satz 1 BGB ergibt sich allerdings nicht, ob die Vorschrift lediglich ein präventives Leistungsverweigerungsrecht gegenüber dem Darlehensgeber gewährt oder auch ein Anspruch auf Rückforderung bereits geleisteter Darlehenszahlungen in Betracht kommt (sog. Rückforderungsdurchgriff). Relevant ist dies insbesondere, wenn der Unternehmer, mit dem der Verbraucher den verbundenen Vertrag abgeschlossen hat, insolvent ist und er daher von ihm keine Leistungen mehr erlangen könnte. Als konstruktiv schwierig erweist sich jedoch die Rechtsgrundlage für einen derartigen Rückforderungsdurchgriff auf den Darlehensgeber. Insoweit wurde verbreitet versucht, eine Lösung über das Bereicherungsrecht (§ 813 Abs. 1 Satz 1 BGB) zu erreichen. Dabei bejahte die bislang wohl h.M. zu der Vorläuferbestimmung in § 9 Abs. 3 VerbrKrG einen bereicherungsrechtlichen Anspruch gegen den Darlehensgeber, wenn die „Einwendung" i.S. des § 359 Satz 1 BGB eine dauernde war und als solche bereits in dem Zeitpunkt vorlag, in dem die betreffende Leistung zur Tilgung der Rückerstattungsschuld aus § 488 Abs. 1 Satz 2 BGB von dem Verbraucher erbracht wurde, d.h. wenn die formalen Voraus-

---

[150] Hierzu *Larenz/Wolf* § 18 Rdnr. 50 ff.

[151] *Erman/Rebmann* § 9 VerbrKrG Rdnr. 21 ff.; *Habersack* MünchKomm.⁴ § 359 Rdnr. 37; BR/*Möller/Wendehorst* § 359 Rdnr. 4; *Staudinger/Kessal-Wulf* (2001) § 9 VerbrKrG Rdnr. 72.

[152] *Habersack* MünchKomm.⁴ § 359 Rdnr. 38; *Staudinger/Kessal-Wulf* (2001) § 9 VerbrKrG Rdnr. 80; a.A. in bezug auf die Aufrechnungsbefugnis *Erman/Rebmann* § 9 VerbrKrG Rdnr. 30.

setzungen des § 813 Abs. 1 Satz 1 BGB vorliegen.[153] Dem hält eine abweichende Ansicht mit guten Gründen entgegen, daß der Schutzzweck des § 359 Satz 1 BGB nur darauf gerichtet sei, den Verbraucher vor den Folgen einer formalen Aufspaltung der beiden Verträge zu schützen, dies aber nicht im Hinblick auf eine Insolvenz des Unternehmers gelte.[154] Nach dieser Auffassung kann der Verbraucher über § 813 Abs. 1 Satz 1 BGB folgerichtig nur solche Darlehensrückzahlungen kondizieren, die er noch nach seiner *Kenntnis* von der Einwendung gegenüber dem Unternehmer geleistet hat, da er gegenüber diesem seine Zahlungen dann im Zweifel sofort eingestellt hätte und sich daher *insoweit* ein Risiko realisiert hat, das auf der Aufspaltung der Vertragsverhältnisse beruht. Über die vorstehenden Ansätze ist der Bundesgerichtshof in seiner neueren Judikatur jedoch hinausgegangen und bejaht eine analoge Anwendung des für den Widerruf normierten Rückforderungsanspruches in § 358 Abs. 4 Satz 3 BGB, wenn die Voraussetzungen für einen Einwendungsdurchgriff vorliegen.[155] Allerdings ist dieser Ansatz nicht frei von Bedenken, da es sich bei § 358 Abs. 4 Satz 3 BGB um eine Sonderregelung handelt, welche den Verbraucher über das Aufspaltungsrisiko hinausgehend privilegiert. Deshalb sprechen die vorstehend gegen die bereicherungsrechtliche Lösung angemeldeten Einwände auch gegen eine teleologische Vergleichbarkeit mit dem von § 359 BGB erfaßten Sachverhalt.

bb) Ausnahmen und Einschränkungen

Die Privilegierung des Verbrauchers in § 359 Satz 1 BGB schränken Satz 2 und 3 derselben Vorschrift jedoch ein:

Zunächst scheidet ein Einwendungsdurchgriff aus, wenn entweder das finanzierte Entgelt aus dem mit dem Darlehensvertrag verbundenen Vertrag 200 Euro nicht überschreitet (Bagatellgrenze) oder die Einwendung i.S. des § 359 Satz 1 BGB auf einer zwischen dem Unternehmer und dem Verbraucher nach Abschluß des Verbraucherdarlehensvertrages vorgenommenen Vertragsänderung beruht. Letztere ist dem Darlehensgeber nicht zuzurechnen.

Schließlich kann der Verbraucher im Fall eines Anspruchs auf Nacherfüllung aus dem Vertrag mit dem Unternehmer (z.B. nach § 439 Abs. 1 BGB) die Rückzahlung des Darlehens erst verweigern, wenn die Nacherfüllung fehlgeschlagen ist. Diese Regelung beruht auf dem Gedanken, daß dem Verbraucher eine Weiterzahlung der Raten bis zu einem Fehlschlagen der Nachbesserung[156] zumutbar ist.[157]

---

[153] *Coester* Jura 1992, 617 (623 f.); *Emmerich* WM 1991, 1451 f.; *Habersack* Münch-Komm.[4] § 359 Rdnr. 66, 75 ff.; *Reinking/Niessen* ZIP 1991, 79 (84); offen BGH v. 27. Juni 2000, NJW-RR 2000, 1576 (1577 f.).

[154] *Larenz/Canaris* BT 2, § 68 I 5a, S. 156 f.; *Soergel/Häuser* § 9 VerbrKrG Rdnr. 113; *Staudinger/Kessal-Wulf* (2001) § 9 VerbrKrG Rdnr. 98 ff.; ausführlich *Fuchs* AcP 199 (1999), 306 (330 ff.).

[155] So noch zu den Vorläuferbestimmungen im Verbraucherkreditgesetz BGH v. 21. Juli 2003, NJW 2003, 2821 (2823); ebenso bereits *Esser/Weyers* BT 1, § 9 III 2c, S. 108 ff.; zustimmend auch BR/*Möller/Wendehorst* § 359 Rdnr. 9.

[156] Zum Fehlschlagen der Nacherfüllung beim Kaufvertrag siehe oben § 2 E II 3c, bb (2c, bb), S. 107.

Sie ist gleichwohl unter systematischen Gesichtspunkten fragwürdig, da zumindest ein gesetzlicher Nacherfüllungsanspruch wie derjenige aus § 439 Abs. 1 BGB eine Fortsetzung des ursprünglichen Erfüllungsanspruchs aus § 433 Abs. 1 BGB darstellt,[158] bei dessen Nichterfüllung der Verbraucher die Rückzahlung des Darlehens unstrittig gemäß § 359 Satz 1 BGB i.V. mit § 320 BGB (vorübergehend) verweigern kann.

D. Finanzierungshilfen zwischen einem Unternehmer und einem Verbraucher

I. Grundsätze

Ein Kreditgeschäft kann auch in anderer Form als einem Darlehensvertrag auftreten. Räumt z.B. der Verkäufer einer Sache dem Käufer einen Zahlungsaufschub ein, so ergibt sich ein sachlich vergleichbares Ergebnis mit der alternativen Konstruktion, daß der Kaufpreis sofort zu entrichten ist, der Verkäufer dem Käufer aber zugleich für den entsprechenden Zeitraum ein Darlehen in Höhe des Kaufpreises gewährt. Wird ein derartiges Kreditgeschäft zwischen einem Unternehmer i.S. des § 14 BGB und einem Verbraucher i.S. des § 13 BGB abgeschlossen,[159] so besteht deshalb ein vergleichbares Schutzbedürfnis wie bei einem Verbraucherdarlehensvertrag.

Dementsprechend ordnet § 499 Abs. 1 BGB an, daß die §§ 358, 359 BGB sowie die §§ 491 Abs. 1 bis 3, 494 bis 498 BGB auf Verträge grundsätzlich entsprechende Anwendung finden, in denen ein Unternehmer einem Verbraucher einen entgeltlichen Zahlungsaufschub *von mehr als drei Monaten* oder eine sonstige entgeltliche Finanzierungshilfe gewährt. Diese muß mit einem Darlehen oder einem Zahlungsaufschub funktionell vergleichbar sein und setzt voraus, daß an den Verbraucher eine zeitweilige entgeltliche Überlassung von Kaufkraft erfolgt, welche der Verwendung künftigen Einkommens dient,[160] was z.B. auf die in § 500 BGB geregelten Finanzierungsleasingverträge zutrifft.

Wie bei einem Verbraucherdarlehensvertrag erkennt das Gesetz ein besonderes Schutzbedürfnis des Verbrauchers auch bei Finanzierungshilfen nur an, wenn dieser für die Finanzierungshilfe eine Gegenleistung schuldet (Entgeltlichkeit i.S. des § 499 Abs. 1 BGB).[161] Beispiel: Der Verkäufer eines Neuwagens räumt dem Verbraucher-Käufer einen Zahlungsaufschub von sechs Monaten ein, wodurch sich der Preis des PKW um 3 % erhöht. In diesem Fall muß z.B. der Kaufvertrag den

---

[157] BT-Drucks. 11/5462, S. 24; *Habersack* MünchKomm.[4] § 359 Rdnr. 49; BR/*Möller/ Wendehorst* § 359 Rdnr. 5; *Staudinger/Kessal-Wulf* (2001) § 9 VerbrKrG Rdnr. 68.

[158] Siehe oben § 2 E II 3b, aa, S. 88.

[159] Zu diesen Begriffen näher oben § 2 H V 2a, S. 200 ff. Bei Existenzgründungsgeschäften ist in bezug auf die Verbraucherstellung wiederum die 50 000 Euro-Grenze des § 507 BGB zu beachten.

[160] *Ulmer* MünchKomm. § 1 VerbrKrG Rdnr. 82; *Staudinger/Kessal-Wulf* (2001) § 1 VerbrKrG Rdnr. 80.

[161] Dazu bereits oben § 3 C II 2, S. 250 f.

Formerfordernissen des § 492 Abs. 1 BGB i.V. mit § 499 Abs. 1 BGB genügen (mit den Rechtsfolgen des § 494 BGB bei einem Verstoß), und dem Käufer steht z.B. ein zweiwöchiges Widerrufsrecht nach den §§ 355, 495 Abs. 1 BGB i.V. mit § 499 Abs. 1 BGB zu. In ebenso konsequenter Parallele zu den Regelungen des Verbraucherdarlehensvertrages erstreckt § 499 Abs. 3 Satz 1 BGB die Bereichsausnahmen des § 491 Abs. 2 und 3 BGB auch auf Finanzierungshilfen i.S. der §§ 499 bis 504 BGB. Danach findet § 499 Abs. 1 BGB z.B. keine Anwendung, wenn der Zahlungsaufschub eine Forderung bis zu 200 Euro betrifft (§ 491 Abs. 2 Nr. 1 BGB i.V. mit § 499 Abs. 3 Satz 1 BGB).

Für Finanzierungsleasingverträge und Teilzahlungsgeschäfte als besondere Formen von Finanzierungshilfen i.S. des § 499 Abs. 1 BGB enthalten die §§ 500 bis 504 BGB Sondervorschriften (§ 499 Abs. 2 BGB).[162] Alle Bestimmungen in den §§ 499 bis 504 BGB sind gemäß § 506 Abs. 1 BGB halbzwingend (d.h. nicht zu Lasten des Verbrauchers dispositiv) und mit einem Umgehungsverbot bewehrt.[163]

II. Besondere Finanzierungshilfen

1. Finanzierungsleasingverträge

Leasingverträge stellen sog. gemischte Verträge dar und werden an einer anderen Stelle dieses Lehrbuches näher behandelt.[164] Unter den Begriff des Finanzierungsleasings fallen sie, wenn der Leasingnehmer für die Amortisation der Aufwendungen und Kosten des Leasinggebers einzustehen hat.[165]

Aufgrund der Besonderheiten derartiger Verträge finden für diese gemäß § 500 BGB lediglich die §§ 358, 359, 492 Abs. 1 Satz 1 bis 4, 492 Abs. 2 und 3, 495 Abs. 1 BGB sowie die §§ 496 bis 498 BGB entsprechende Anwendung. Ausgenommen ist daher z.B. die Formvorschrift des § 492 Abs. 1 Satz 5 BGB.

2. Teilzahlungsgeschäfte

a) Allgemeines

Sonderregelungen stellen die §§ 501 bis 504 BGB auch für Teilzahlungsgeschäfte zwischen einem Unternehmer und einem Verbraucher auf. Diese definiert § 499 Abs. 2 BGB als Verträge, welche die Lieferung einer bestimmten Sache oder die Erbringung einer bestimmten anderen Leistung gegen Teilzahlungen zum Gegenstand haben, z.B. der Verkäufer eines PKW dem Verbraucher gestattet, den Kaufpreis mit einem entsprechenden Aufschlag (§ 499 Abs. 1 BGB: entgeltlich) über

---

[162] Auch für diese müssen jedoch die Voraussetzungen des Unternehmer-Verbraucher-Geschäfts und der Entgeltlichkeit aus § 499 Abs. 1 BGB erfüllt sein und es darf keine Bereichsausnahme i.S. des § 491 Abs. 2 und 3 BGB i.V. mit § 499 Abs. 3 Satz 1 BGB vorliegen: BT-Drucks. 14/6040, S. 257.

[163] Ab dem 1. Juli 2005 ergibt sich dies aus § 506 Satz 1 und 2 BGB.

[164] Siehe unten § 16 D, S. 733 ff.

[165] BT-Drucks. 11/8274, S. 21; näher *Larenz/Canaris* BT 2, § 66 I 2, S. 102 f.

24 Monate verteilt in 12 Raten zu leisten. Sachlich handelt es sich bei einem Teilzahlungsgeschäft um eine besondere Form des Zahlungsaufschubes.[166]

Auf Teilzahlungsgeschäfte finden gemäß § 501 BGB lediglich die §§ 358, 359, 492 Abs. 1 Satz 1 bis 4, 492 Abs. 2 und 3, 495 Abs. 1, 496 bis 498 BGB sowie die §§ 501 bis 504 BGB Anwendung.

b) Sonderregelungen

aa) Formvorschriften

Als Ausgleich dafür, daß § 492 Abs. 1 Satz 5 BGB für Teilzahlungsgeschäfte gemäß § 501 Satz 1 BGB nicht gilt, trifft § 502 Abs. 1 BGB besondere Regelungen über die Angaben in der von dem Verbraucher zu unterzeichnenden schriftlichen Vertragserklärung. Wichtig ist, daß die betreffenden Angaben dem Verbraucher bei Teilzahlungsgeschäften im Fernabsatz (§ 312b BGB) alternativ auch vor dem Abschluß des Vertrages in der Textform des § 126b BGB mitgeteilt werden können, wobei eine Angabe des Betrages der einzelnen Teilzahlungen entbehrlich ist (§ 502 Abs. 2 BGB). Dadurch können die Bedingungen des Teilzahlungsgeschäftes bei einem Verkauf via Internet z.b. auf der Homepage des Verkäufers kenntlich gemacht werden. § 502 Abs. 3 BGB regelt die Rechtsfolgen von Formverstößen und ist weitgehend § 494 BGB nachgebildet.[167]

bb) Rückgaberecht und Rücktritt

Nach § 503 Abs. 1 BGB kann der Unternehmer bei einem Teilzahlungsgeschäft das Widerrufsrecht aus § 495 Abs. 1 BGB durch ein Rückgaberecht nach Maßgabe des § 356 BGB ersetzen. Auch die Rechtsfolgen einer wirksamen Ausübung dieses Rückgaberechts bemessen sich gemäß § 357 BGB mit gewissen Modifikationen nach den §§ 346 ff. BGB.

Ein Recht zum Rücktritt wegen eines Zahlungsverzuges des Verbrauchers steht dem Unternehmer gemäß § 503 Abs. 2 Satz 1 BGB nur unter den Voraussetzungen des § 498 Abs. 1 BGB zu. Hierdurch wird insbesondere die allgemeine Vorschrift des § 323 BGB verdrängt. § 503 Abs. 2 Satz 4 BGB fingiert die Ansichnahme der aufgrund des Teilzahlungsgeschäftes gelieferten Sache durch den Unternehmer als Ausübung des Rücktrittsrechts, wenn sich die Parteien über eine Vergütung des gewöhnlichen Verkaufswertes der Sache nicht einigen. Diese Vorschrift soll verhindern, daß der Verbraucher an dem Vertrag festgehalten wird, obwohl die Wegnahme ihm die Nutzungsmöglichkeit an der Sache entzieht.[168] Wegen des Norm-

---

[166] Nach einer Auffassung unterfallen dem Begriff des Teilzahlungsgeschäftes sogar jegliche Formen eines Zahlungsaufschubes: *Ulmer* MünchKomm. § 4 VerbrKrG Rdnr. 28; *Staudinger/Kessal-Wulf* (2001) § 4 VerbrKrG Rdnr. 29. Dies hat der Gesetzgeber bei der Neufassung des § 499 Abs. 2 BGB jedoch nicht aufgegriffen; vgl. BT-Drucks. 14/6040, S. 257.

[167] Siehe oben § 3 C III 1b, S. 253.

[168] Vgl. RG v. 13. Januar 1933, RGZ 139, 205 (207 f.); BGH v. 23. Juni 1988, NJW 1989, 163 (164); *Habersack* MünchKomm. § 13 VerbrKrG Rdnr. 45; *Medicus* Rdnr. 139.

zwecks greift die Fiktion des § 503 Abs. 2 Satz 4 BGB auch dann ein, wenn ein Rücktrittsgrund nach § 503 Abs. 2 Satz 1 BGB i.V. mit § 498 Abs. 1 BGB nicht vorlag.[169] Ist ein Rücktritt nach § 503 Abs. 2 Satz 1 BGB erklärt oder gemäß § 503 Abs. 2 Satz 4 BGB fingiert, so finden auf die Rückabwicklung neben den §§ 346 ff. BGB die Sonderregelungen des § 503 Abs. 2 Satz 2 und 3 BGB Anwendung.

Eine Rücktrittsfiktion gilt nach § 503 Abs. 2 Satz 5 BGB auch dann, wenn ein Vertrag über die Lieferung einer Sache (der selbst kein Teilzahlungsgeschäft i.S. des § 499 Abs. 2 BGB sein muß) mit einem Verbraucherdarlehensvertrag i.S. des § 358 Abs. 3 BGB verbunden ist und der Darlehensgeber die Sache an sich nimmt. In einem derartigen Fall findet die Rückabwicklung des gesamten Rechtsverhältnisses nach § 503 Abs. 2 Satz 5 Halbsatz 2 BGB zwischen dem Verbraucher und dem Darlehensgeber statt; der verbundene Vertrag bleibt hiervon unberührt.[170] So kann z.B. der Verbraucher von dem Darlehensgeber eine Anzahlung zurückverlangen, die er dem Unternehmer geleistet hatte.

cc) Vorzeitige Zahlung bei Teilzahlungsgeschäften

Schließlich enthält § 504 BGB besondere Vorschriften über die Auswirkungen einer vorzeitigen Erfüllung von Verbindlichkeiten aus einem Teilzahlungsgeschäft durch den Verbraucher auf die Zinsen oder sonstigen laufzeitabhängigen Kosten (z.B. Disagio[171]), welche sich entsprechend vermindern (§ 504 Satz 1 BGB). Zu einer derartigen vorzeitigen Erfüllung ist der Verbraucher nach § 504 BGB auch ohne eine vorherige Kündigung implizit berechtigt (arg. § 504 Satz 3 BGB).[172] Kommt der Unternehmer seiner entsprechenden Mitwirkungspflicht nicht nach, so schuldet er nach Maßgabe des § 280 Abs. 1 und 2 BGB i.V. mit § 286 BGB Schadensersatz, dessen Höhe sich nach der Zinsminderung (§ 504 Satz 1 BGB) bemißt, welche dem Verbraucher entgangen ist[173]

E. Ratenlieferungsverträge

Eine letzte Form zumindest kreditähnlicher Verträge stellen sog. Ratenlieferungsverträge dar, welche den Regelungen in § 505 BGB unterfallen, wenn ein Unternehmer diese mit einem Verbraucher abschließt (§ 505 Abs. 1 Satz 1 BGB).[174]

---

[169] *Habersack* MünchKomm. § 13 VerbrKrG Rdnr. 47; *Karollus* JuS 1993, 820 (824); a.A. z.B. *Soergel/Häuser* § 13 VerbrKrG Rdnr. 6; *Staudinger/Kessal-Wulf* (2001) § 13 VerbrKrG Rdnr. 8 f., welche die Vorschrift lediglich als unwiderlegliche Vermutung eines mit der Ansichnahme einhergehenden Rücktrittswillens auffassen.
[170] *Erman/Saenger* § 13 VerbrKrG Rdnr. 85; *Staudinger/Kessal-Wulf* (2001) § 13 VerbrKrG Rdnr. 21; unklar *Habersack* MünchKomm. § 13 VerbrKrG Rdnr. 66.
[171] Dazu oben § 3 B IV 1b, S. 242.
[172] *Erman/Saenger* § 14 VerbrKrG Rdnr. 1; *Habersack* MünchKomm. § 14 VerbrKrG Rdnr. 7; *Palandt/Putzo* § 14 VerbrKrG Rdnr. 2.
[173] *Staudinger/Kessal-Wulf* (2001) § 14 VerbrKrG Rdnr. 8.
[174] Zu den Voraussetzungen der §§ 13, 14 BGB siehe oben § 2 H V 2a, S. 200 ff. Bei Existenzgründungsgeschäften ist die 50 000 Euro-Grenze des § 507 BGB zu beachten.

Auch die Bestimmungen des § 505 sind gemäß § 506 BGB zugunsten des Verbrauchers zwingend. Eine Legaldefinition des Ratenlieferungsvertrages enthält § 505 Abs. 1 Satz 1 Nr. 1 bis 3 BGB. Er muß gerichtet sein auf

– die Lieferung mehrerer als zusammengehörend verkaufter Sachen in Teilleistungen, bei der das Entgelt für die Gesamtheit der Sachen in Teilzahlungen zu entrichten ist (Beispiel: sukzessive Lieferung des „Großen Brockhaus" in 24 Bänden) oder
– die regelmäßige Lieferung von Sachen gleicher Art (Beispiel: Abonnement über die Lieferung von Ergänzungslieferungen zu einem juristischen Loseblattwerk) oder
– die Verpflichtung zum wiederkehrenden Erwerb oder Bezug von Sachen (Beispiel: vierteljährliche Bezugspflicht des Teilnehmers an einem – nicht vereinsrechtlich organisierten – „Buchclub").[175]

Bei einem derartigen Vertrag findet zwar keine Kreditierung im engeren Sinne statt, der Verbraucher verpflichtet sich aber zur Erbringung von Leistungen, die er mit einer gewissen Wahrscheinlichkeit in ihrer Gesamtheit nicht sofort erbringen wollen oder können würde. Aus diesem Grund räumt § 505 Abs. 1 Satz 1 BGB dem Verbraucher ein zweiwöchiges Widerrufsrecht nach § 355 BGB ein, sofern nicht eine der Bereichsausnahmen in § 491 Abs. 2 oder 3 BGB eingreift (§ 505 Abs. 1 Satz 2 und 3 BGB).

Zudem bedarf der Ratenlieferungsvertrag grundsätzlich der schriftlichen Form (§ 505 Abs. 2 Satz 1 BGB). Anders als bei Verbraucherdarlehensverträgen und Finanzierungshilfen (§§ 492 Abs. 1 Satz 2, 499 Abs. 1 BGB) schließt das Gesetz jedoch die elektronische Form i.S. des § 126a BGB nicht aus. Ein Verstoß gegen das Formgebot führt gemäß § 125 Satz 1 BGB zur Nichtigkeit.[176] Das Formerfordernis des § 505 Abs. 2 BGB gilt jedoch nicht, wenn dem Verbraucher im elektronischen Verkehr die Möglichkeit verschafft wird, die Vertragsbestimmungen einschließlich der Allgemeinen Geschäftsbedingungen des Unternehmers bei Vertragsschluß abzurufen und in wiedergabefähiger Form zu speichern (§ 505 Abs. 2 Satz 2 BGB). In jedem Fall hat der Unternehmer dem Verbraucher nach § 505 Abs. 2 Satz 3 BGB den Vertragsinhalt in Textform (§ 126b BGB) mitzuteilen, woran sich bei einer Verletzung die allgemeinen Rechtsfolgen (insbesondere aus den §§ 280 ff. BGB) knüpfen.

F. Anhang: Der Sachdarlehensvertrag

I. Überblick

Die §§ 607 bis 609 BGB enthalten einige Regelungen über den Sachdarlehensvertrag. Dieser ist gemäß § 607 Abs. 1 Satz 1 BGB auf die Überlassung einer anderen

---

[175] Auf Verträge über Dienstleistungen findet § 505 BGB weder unmittelbar noch entsprechend Anwendung; siehe BGH v. 13. März 2003, NJW 2003, 1932 (1933 f.).
[176] Einzelheiten bei *Staudinger/Kessal-Wulf* (2001) § 2 VerbrKrG Rdnr. 28.

vertretbaren Sache als Geld (§ 607 Abs. 2 BGB, insoweit greifen die §§ 488 ff. BGB ein) seitens des Darlehensgebers gerichtet und verpflichtet den Darlehensnehmer bei Fälligkeit zur Rückerstattung von Sachen gleicher Art, Güte und Menge sowie eines gegebenenfalls vereinbarten Darlehensentgelts (§ 607 Abs. 1 Satz 2 BGB). Insoweit bestehen starke Parallelen zum Darlehensvertrag i.S. der §§ 488 ff. BGB:[177] Während formal ein Veräußerungsvertrag vorliegt, schuldet der Darlehensgeber materiell die zeitweise Überlassung der betreffenden vertretbaren Sachen. Sofern ein Darlehensentgelt vereinbart ist, handelt es sich um einen gegenseitigen Vertrag i.S. der §§ 320 ff. BGB. Ferner begründet auch der Sachdarlehensvertrag aufgrund des Zeitbezuges der Leistung des Darlehensgebers ein Dauerschuldverhältnis.

Anders als das Gelddarlehen hat das Sachdarlehen im Wirtschaftsleben jedoch eine eher geringe Bedeutung. Die Gesetzesmaterialien nennen als wichtigsten Anwendungsfall der §§ 607 bis 609 BGB die sog. Wertpapierleihe,[178] welche den Darlehensnehmer verpflichtet, Wertpapiere gleicher Art und Menge zurückzuerstatten und die daher entgegen ihrer üblichen Bezeichnung keinen Leihvertrag, sondern einen Sachdarlehensvertrag darstellt.[179] Einen weiteren Anwendungsbereich findet das Sachdarlehen im eher persönlich geprägten Rechtsverkehr. Beispiel: Frau A „leiht" ihrer Nachbarin eine Tüte Mehl, um dieser das Backen eines Sonntagskuchens zu ermöglichen. Am Montag gibt die Nachbarin eine entsprechende Tüte Mehl an Frau A zurück. In derartigen Konstellationen bedarf es jedoch stets einer genauen Abgrenzung zu reinen Gefälligkeitsbeziehungen.[180]

Gegenstand eines Sachdarlehensvertrages können nur vertretbare Sachen i.S. des § 91 BGB sein, da nur bei diesen eine Rückerstattung von Gegenständen gleicher Art, Menge und Güte gemäß § 607 Abs. 1 Satz 2 BGB in Betracht kommt.[181] Ausgeschlossen sind daher wegen § 91 BGB insbesondere Grundstücke.

II. Abschluß des Sachdarlehensvertrages und Pflichten der Vertragsparteien

Für den Abschluß des Sachdarlehensvertrages gelten die allgemeinen Vorschriften der §§ 104 ff., 145 ff. BGB.[182]

Die Pflichten des Darlehensgebers und des Darlehensnehmers entsprechen im Ausgangspunkt denjenigen beim Darlehensvertrag i.S. der §§ 488 ff. BGB.[183] Ein Darlehensentgelt i.S. des § 607 Abs. 1 Satz 2 BGB wird bei einem Sachdarlehensvertrag jedoch anders als bei § 488 Abs. 1 Satz 2 BGB nur selten in einem lauf-

---

[177] Siehe oben § 3 B I (S. 233 f.) und III 1a (S. 237 f.).

[178] BT-Drucks. 14/6040, S. 258 f.

[179] Dazu noch unten § 6 A I, S. 379 f.

[180] Hierzu allgemein *Larenz/Wolf* § 22 Rdnr. 36 ff.

[181] Im einzelnen *Staudinger/Hopt/Mülbert*[12] § 607 Rdnr. 8 ff.

[182] Auch insoweit ist durch die Neufassung des § 607 BGB klargestellt, daß das Sachdarlehen einen Konsensual- und keinen Realvertrag darstellt. Siehe zum Streitstand in bezug auf das alte Recht *Marburger* 20 Probleme aus dem BGB, Schuldrecht Besonderer Teil I, 5. Aufl. 1998, 18. Problem.

[183] Siehe oben § 3 B III und IV, S. 237 ff.

zeitabhängigen prozentualen Anteil an dem überlassenen vertretbaren Gegenstand (Zinsen[184]), sondern regelmäßig in einer bestimmten Geldsumme bestehen, die allerdings auch nach Zeiteinheiten bemessen sein kann. Das Darlehensentgelt hat der Darlehensnehmer nach der dispositiven Vorschrift des § 609 BGB spätestens bei der Rückerstattung der überlassenen Sache zu entrichten; die Regelung des § 271 BGB soll hiervon jedoch unberührt bleiben.[185]

Ein besonderes Problem des Sachdarlehens kann sich stellen, wenn die von dem Darlehensgeber übereigneten vertretbaren Sachen nicht der Qualität entsprechen, die der Darlehensnehmer erwarten durfte. Bei wörtlicher Anwendung des § 607 Abs. 1 Satz 2 BGB würde dies dazu führen, daß der Darlehensgeber auch nur entsprechend minderwertigere Gegenstände zurückerstatten müßte. Dies wäre jedoch häufig kein sachgerechtes Ergebnis (etwa im obigen Beispiel, wenn Frau A der Nachbarin verdorbenes Mehl überlassen hätte). Man wird daher zu unterscheiden haben: Bei einer negativen Qualitätsabweichung hat der Darlehensgeber nicht die „vereinbarte vertretbare Sache" i.S. des § 607 Abs. 1 Satz 1 BGB überlassen. Wird ein Darlehensentgelt geschuldet und liegt somit ein gegenseitiger Vertrag vor, sollten die §§ 437 bis 441 BGB analoge Anwendung finden.[186] Bei einem unentgeltlichen Sachdarlehen ist das angemessene Ergebnis einer ergänzenden Vertragsauslegung nach den §§ 157, 242 BGB zu entnehmen. Im obigen Beispiel könnte dies z.B. dahin gehen, daß Frau A nicht die Überlassung einer anderen Tüte Mehl schuldet, die Nachbarin aber auch nichts zurückerstatten muß.

III. Beendigung des Sachdarlehensverhältnisses

Die Beendigung des Sachdarlehensverhältnisses bemißt sich wie bei einem Gelddarlehen vorrangig nach der Parteivereinbarung, z.B. einer Bedingung oder Befristung i.S. der §§ 158 ff. BGB.[187] Fehlen solche Absprachen, hängt die Fälligkeit des Rückerstattungsanspruches nach § 608 Abs. 1 BGB von einer Kündigung durch eine der beiden Parteien ab. Eine solche ist im Zweifel gemäß § 608 Abs. 2 BGB jederzeit ganz oder teilweise möglich. Ist ein bestimmter Beendigungstatbestand vorgesehen, kommt darüber hinaus für das Sachdarlehen als Dauerschuldverhältnis eine Kündigung aus wichtigem Grund nach § 314 BGB in Betracht.

---

[184] Zum Zinsbegriff *Grundmann* MünchKomm. BGB[4] § 246 Rdnr. 3 ff.
[185] BT-Drucks. 14/6040, S. 259.
[186] Dies führt bei beiderseitigen Handelsgeschäften auch zu einer analogen Anwendung des § 377 HGB: vgl. BGH v. 27 März 1985, NJW 1985, 2417 (2418 f.); *H.P. Westermann* MünchKomm. § 607 Rdnr. 65.
[187] Siehe oben § 3 B V 1, S. 245.

§ 4 Die Schenkung

A. Die gesetzliche Regelung im Überblick

Während der Kaufvertrag und der Tausch die entgeltliche Verschaffung von Gegenständen bezwecken, ist die Schenkung auf die unentgeltliche Übertragung von Vermögenswerten gerichtet und in den §§ 516 bis 534 BGB ausgestaltet. Als regelungsbedürftig hat der Gesetzgeber insbesondere folgende Problembereiche angesehen:

- Formbedürftigkeit des Schenkungsversprechens (§ 518 BGB),
- Privilegierung des Schenkers durch eine beschränkte Haftung (§§ 521 bis 524 BGB),
- Verknüpfung der Schenkung mit einer Auflage (§§ 525 bis 527 BGB) und
- Rückforderung des Geschenkes und Widerruf der Schenkung (§§ 528 bis 534 BGB).

Die vorgenannten Bestimmungen gehören weitgehend dem dispositiven Recht an. Insbesondere im Hinblick auf die Haftung des Schenkers können die Parteien abweichende Vereinbarungen treffen, die jedoch stets den allgemeinen Schranken der Privatautonomie (§§ 134, 138 BGB) unterliegen. Bei vertraglichen Haftungsbeschränkungen, die zugunsten des Schenkers vom Gesetz abweichen, ist zusätz-

lich zu beachten, daß die Haftung des Schuldners für vorsätzliches Verhalten einschließlich Arglist im voraus nicht ausgeschlossen werden kann (§ 276 Abs. 3
BGB). Auch die Formvorschrift des § 518 Abs. 1 Satz 1 BGB ist aufgrund ihres
Zwecks nicht abdingbar.[1] Entsprechendes gilt für diejenigen Vorschriften, welche
die Rechtsbeständigkeit der Schenkung einschränken.[2]

B. Die Schenkung als Rechtsbegriff

Eine von den §§ 516 bis 534 BGB erfaßte Schenkung liegt nur vor, wenn die in
der Legaldefinition des § 516 Abs. 1 BGB genannten Voraussetzungen erfüllt
sind. Danach erfordert eine Schenkung einen Zuwendungsvorgang, der

- zum Eintritt einer Vermögensminderung (Entreicherung) auf Seiten des Schenkers führt,
- eine Vermögensmehrung (Bereicherung) auf Seiten des Beschenkten hervorruft
  und
- von einer Einigung der Parteien über die Unentgeltlichkeit der Zuwendung getragen wird.[3]

I. Eintritt einer Vermögensminderung (Entreicherung)

Für eine Zuwendung i.S. des § 516 Abs. 1 BGB verlangt das Gesetz, daß der Wert
der Schenkung aus dem Vermögen des Schenkers stammt. Geschenk kann deshalb
jede vermögenswerte Rechtsposition sein, so daß die Schenkung nicht auf Sachen
(§ 90 BGB) beschränkt ist, sondern auch in der Übertragung von Rechten bestehen
kann. Ebenso tritt eine Verminderung des Vermögens ein, wenn der Schenker eine
Schuld erläßt, von einer Verbindlichkeit befreit oder ein dingliches Recht an einer
Sache bestellt.[4] Rein ideelle Güter scheiden indes als Gegenstand einer Schenkung
aus.

Die von § 516 Abs. 1 BGB verlangte Vermögensminderung liegt nur vor, wenn
sich der vermögensrechtliche status quo infolge der Zuwendung zum Nachteil des
Schenkers verändert. Insoweit ordnet § 517 BGB klarstellend an, daß in dem Unterlassen eines Vermögenserwerbs, dem Verzicht auf ein noch nicht endgültig er-

---

[1]   Siehe im einzelnen unten § 4 C III, S. 282 ff.
[2]   Siehe unten § 4 E, S. 291 ff.
[3]   Teilweise wird als gleichrangige Voraussetzung des § 516 Abs. 1 BGB neben dieser
      Abrede der Unentgeltlichkeit eine „objektiv" verstandene Unentgeltlichkeit angeführt;
      so etwa *Esser/Weyers* BT 1, § 12 I 2b, S. 121 f. sowie *Staudinger/Cremer* § 516 Rdnr.
      25 ff. Ob Unentgeltlichkeit vorliegt oder nicht, läßt sich jedoch einzig anhand des nach
      den §§ 133, 157 BGB auszulegenden Parteiwillens feststellen. Folglich wird das
      Merkmal der Unentgeltlichkeit lediglich als Inhalt der Vertragsabrede relevant, auch
      wenn der *Begriff* der Unentgeltlichkeit selbst objektiv zu definieren ist. Wie hier *Koll-
      hosser* MünchKomm. § 516 Rdnr. 9 ff.; *Larenz* BT 1, § 47 I, S. 198.
[4]   Zum Vorstehenden *Kollhosser* MünchKomm. § 516 Rdnr. 2; *Staudinger/Cremer*
      § 516 Rdnr. 14 f.

worbenes Recht und der Ausschlagung einer Erbschaft oder eines Vermächtnisses keine Vermögensminderung i.S. des § 516 Abs. 1 BGB liegen. Diese exemplarischen Regelungen sind Ausdruck des Gesamtkonzepts, die Verminderung der bestehenden *Vermögenssubstanz* des Schenkers über das Vorliegen einer Entreicherung i.S. des § 516 Abs. 1 BGB entscheiden zu lassen;[5] der Schenker muß „ärmer werden".[6]

Eine Gesamtschau von § 516 Abs. 1 BGB mit § 517 Alt. 1 BGB (Unterlassen eines Vermögenserwerbs) ergibt, daß der Gesetzgeber zumindest für den Anwendungsbereich des Schenkungsrechts der Arbeitskraft als solcher keinen bereits bestehenden Vermögenswert beimißt.[7] Eine unentgeltliche Dienstleistung stellt somit keine Schenkung dar, sondern ist gegebenenfalls dem Auftragsrecht zuzuordnen (§§ 662 ff. BGB).[8] Auch der Begriff des noch nicht endgültig erworbenen Rechts i.S. des § 517 BGB muß nach dem Kriterium eines mangelnden Verlustes an Vermögenssubstanz ausgelegt werden. Problematisch ist insofern der Verzicht auf ein Anwartschaftsrecht. Da die h.M. dieses als eigenständige Rechts- und damit Vermögensposition anerkennt, sprechen gute Gründe dafür, den diesbezüglichen Verzicht als Entreicherung zu betrachten.[9] Die in § 517 BGB deklaratorisch angeordnete Ausnahme der Ausschlagung einer Erbschaft oder eines Vermächtnisses vom Schenkungsrecht läßt sich mit der allgemeinen Definition des Vermögensopfers vereinbaren, weil infolge der Ausschlagung die betreffende Rechtsposition nach den §§ 1953 Abs. 1, 2180 Abs. 3 BGB schon als nicht angefallen gilt und daher im Rechtssinne keine Verminderung einer bestehenden Vermögenssubstanz eintritt.

Anhand des Vorliegens bzw. Nichtvorliegens eines Opfers aus der Vermögenssubstanz ist auch die Streitfrage zu entscheiden, ob die unentgeltliche Überlassung eines Gegenstandes zum Gebrauch eine Schenkung darstellt. Die h.M. verneint dies mit dem Argument, daß eine dauerhafte Vermögensminderung vorliegen müsse.[10] Das hat zumindest bei langzeitigen unentgeltlichen Gebrauchsüberlassungen wenig Überzeugungskraft. Gleichwohl soll auch in diesem Fall nur eine Leihe bzw. ein Darlehen vorliegen, ohne daß Vorschriften des Schenkungsrechts wie

---

[5] *Esser/Weyers* BT 1, § 12 I 2a, S. 120; *Kollhosser* MünchKomm. § 516 Rdnr. 3; *Larenz* BT 1, § 47 I, S. 197.

[6] Siehe Mot. II, S. 287.

[7] *Kollhosser* MünchKomm. § 516 Rdnr. 3; *Larenz* BT 1, § 47 I, S. 197; *Staudinger/Cremer* § 516 Rdnr. 15. Siehe zu diesem Problem im Zusammenhang mit dem Schadensersatzrecht BGH v. 5. Mai 1970, BGHZ 54, 45 (50 ff.).

[8] Näher dazu unten § 11 B II 1, S. 593 ff.

[9] So auch *Soergel/Mühl* § 517 Rdnr. 1; anders z.B. *Kollhosser* MünchKomm. § 517 Rdnr. 3 und *Staudinger/Cremer* § 517 Rdnr. 2, die in den Auswirkungen des Verzichts auf das dem Anwartschaftsrecht zugrundeliegende Forderungsrecht gegebenenfalls eine Schenkung erblicken wollen.

[10] BGH v. 11. Dezember 1981, BGHZ 82, 354 (357); BGH v. 1. Juli 1987, BGHZ 101, 229 (232); *Kollhosser* MünchKomm. § 516 Rdnr. 3; *Larenz* BT 1, § 47 I, S. 197; a.A. *Enneccerus/Lehmann* § 120 II 2, S. 488.

z.B. § 518 BGB direkt oder analog zur Anwendung kämen.[11] Entscheidend kann aber wiederum nur sein, ob eine Minderung der Vermögenssubstanz vorliegt. Diese kann sich zwar nicht aus dem Verzicht auf ein Entgelt ergeben (§ 517 BGB), wenn aber der bloßen Gebrauchsmöglichkeit als solcher ein Vermögenswert beigemessen wird, wie dies nach der Rechtsprechung zum Schadensersatzrecht z.B. bei Gütern der Fall ist, „auf deren ständige Verfügbarkeit die eigenwirtschaftliche Lebenshaltung des Eigentümers typischerweise angewiesen ist",[12] liegt es nahe, auf die dauerhafte Gebrauchsüberlassung derartiger Güter die Schutzvorschriften des Schenkungsrechts zumindest analog anzuwenden.[13]

§ 516 Abs. 1 BGB setzt nicht voraus, daß gerade der dem Beschenkten zugewendete *Gegenstand* aus dem Vermögen des Schenkers stammt. Das Objekt der Entreicherung muß mit demjenigen der Bereicherung nicht identisch sein.[14] Voraussetzung ist nur der Eintritt einer (abstrakten) Vermögensverschiebung zwischen den Vertragsparteien. Das Schenkungsrecht ist daher auch anzuwenden, wenn der Gegenstand der Schenkung zu keinem Zeitpunkt zum Vermögen des Schenkers gehört hat, wohl aber mit Mitteln dieses Vermögens beschafft wurde (sog. mittelbare Zuwendung).[15] Dies trifft z.B. zu, wenn der Schenker einen Kaufvertrag zugunsten eines Dritten – des Beschenkten – abschließt, an den die Sache sodann direkt übereignet wird.

II. Eintritt einer Vermögensmehrung (Bereicherung)

Der Vermögensminderung auf Seiten des Schenkers muß auf Seiten des Beschenkten eine „Bereicherung", d.h. eine Vermögensmehrung, gegenüberstehen. Ebenso wie bei der Entreicherung des Schenkers ist deren Form gleichgültig. Wenn der Gegenstand der Bereicherung und der Entreicherung nicht identisch sind,[16] kann zweifelhaft sein, was eigentlich das „Geschenk" darstellt. Dies ist insbesondere von Bedeutung, wenn eine Rückforderung des Geschenkes nach den §§ 528 ff. BGB in Betracht kommt. Nach Maßgabe des Parteiwillens ist zu unterscheiden:[17] Wird mit Geldmitteln bei einem Dritten ein Gegenstand erworben und dieser dem Beschenkten von dem Dritten direkt übertragen, so hat der Beschenkte nur diesen Gegenstand erlangt und auch nur dieser ist das Geschenk. Wenn dem Beschenkten Geld zur weitgehend freien Verfügung zugewendet wird, so ist im Zweifel das

---

[11]   BGH v. 11. Dezember 1981, BGHZ 82, 354 (357); *Esser/Weyers* BT 1, § 12 I 2a, S. 121; *Kollhosser* MünchKomm. § 515 Rdnr. 3b; *Schlechtriem* Rdnr. 187; *Staudinger/Cremer* § 516 Rdnr. 58.

[12]   BGH v. 9. Juli 1986, BGHZ 98, 212 (222).

[13]   In dieser Richtung auch *Reinicke* JA 1982, 326 (329); *Soergel/Mühl* § 518 Rdnr. 7; ablehnend *Oechsler* Rdnr. 516. Zum ganzen *Nehlsen-von Stryk* AcP 187 (1987), 522 (568 ff.) sowie § 6 A III, S. 381 f.

[14]   BGH v. 3. Dezember 1971, NJW 1972, 247 (248); *Kollhosser* MünchKomm. § 516 Rdnr. 4.

[15]   *Kollhosser* MünchKomm. § 516 Rdnr. 4 f.; *Staudinger/Cremer* § 516 Rdnr. 16.

[16]   Siehe zur sog. mittelbaren Schenkung oben § 4 B I, S. 274.

[17]   *Kollhosser* MünchKomm. § 516 Rdnr. 4; *Oechsler* Rdnr. 515; *Staudinger/Cremer* § 516 Rdnr. 16.

Geld geschenkt. Dagegen ist die mit dem überlassenen Geld erworbene Sache das Geschenk, wenn das Geld ausschließlich zu dem Zweck gegeben wurde, die Sache zu erwerben.

III. Einigung über die Unentgeltlichkeit der Zuwendung

Nach § 516 Abs. 1 BGB gehört die Einigung der Parteien über die Unentgeltlichkeit der Zuwendung zu den wesentlichen Vertragsbestandteilen (den essentialia). Da die Legaldefinition ausdrücklich auf die Unentgeltlichkeit abstellt, wird eine Schenkung nicht erst ausgeschlossen, wenn eine Entgeltlichkeit positiv gegeben ist, sondern es bedarf umgekehrt für ihr Vorliegen der Vereinbarung einer Zuwendung „donandi causa". Daran fehlt es z.B., wenn eine Partei die Zuwendung als Abgeltung einer Leistung ansieht und dies gemäß den §§ 133, 157 BGB für den anderen erkennbar ist.[18] Auch die Leistung auf eine unvollkommene Verbindlichkeit aus Spiel, Wette oder Ehevermittlung (§§ 762, 656 BGB) schließt die Unentgeltlichkeit aus. Liegt wie bei der sog. mittelbaren Schenkung[19] eine Dreiecksbeziehung vor, so muß die Einigung über die Unentgeltlichkeit nur unter den Parteien des Schenkungsvertrages, d.h. im sog. Valutaverhältnis erfolgen.[20] Der im sog. Deckungsverhältnis zur Beschaffung des Geschenkes abgeschlossene Vertrag zugunsten Dritter (in der Regel ein Kaufvertrag) muß seinerseits das Unentgeltlichkeitsmerkmal nicht erfüllen.

Die Unentgeltlichkeit ist nicht gegeben, wenn der Zuwendung nach dem Inhalt des Vertrages oder einer hinzutretenden Vereinbarung eine Leistung gegenübersteht und beide miteinander verbunden sind. Die Verknüpfung zweier Leistungen kann jedoch unterschiedlich intensiv sein, wobei dem Gesetz nicht eindeutig zu entnehmen ist, welcher Grad an Intensität erreicht sein muß, damit die Leistung des Empfängers der Zuwendung deren Unentgeltlichkeit entgegensteht. Insbesondere sind solche Leistungsverknüpfungen, die bereits die Unentgeltlichkeit ausschließen, von der *Schenkung unter Auflage* nach § 525 BGB abzugrenzen, da diese denknotwendig die Voraussetzungen des Schenkungsbegriffes erfüllt.

An der Unentgeltlichkeit fehlt es jedenfalls, wenn die Bereicherung des Beschenkten mit einer von ihm erbrachten oder versprochenen Leistung zu einem *Synallagma* verknüpft ist, d.h. die Zuwendung um dieser Leistung willen erfolgt („do ut des").[21] Bei der Schenkung unter Auflage steht demgegenüber das nach § 525 Abs. 1 BGB geschuldete Verhalten der Zuwendung nicht gleichstufig gegenüber, sondern schränkt den durch die Schenkung erlangten Vorteil nach Art einer Nebenbestimmung lediglich ein.[22] Dementsprechend entsteht die Verpflichtung aus der Auflage nach § 525 Abs. 1 BGB erst, wenn das Geschenk geleistet wurde (vgl. demgegenüber § 320 BGB). Im Fall einer synallagmatischen Verknüpfung

---

[18] BGH v. 18. Mai 1990, WM 1990, 1790 (1792).
[19] Dazu oben § 4 B I, S. 274.
[20] *Staudinger/Cremer* § 516 Rdnr. 17.
[21] Statt aller BGH v. 15. Dezember 1955, WM 1956, 353 (354); *Kollhosser* MünchKomm. § 516 Rdnr. 14; *Staudinger/Cremer* § 516 Rdnr. 27.
[22] *Staudinger/Cremer* § 525 Rdnr. 15. Zu den Grenzen einer Auflage unten § 4 F, S. 294.

liegt ein gegenseitiger Vertrag vor, wobei es für die „Entgeltlichkeit" der Vermögensmehrung unbeachtlich ist, worin die Leistung des Beschenkten besteht; es muß sich nicht um eine vermögenswerte Leistung handeln (z.B. Erleichterung einer Scheidung).[23] Da die Unentgeltlichkeit der Leistung vereinbart sein muß, bedarf es zum Ausschluß einer Schenkung auch keiner objektiven Gleichwertigkeit der Leistungen. Selbst wenn sich die Parteien des Mißverhältnisses von Leistung und Gegenleistung bewußt sind, führt dies nicht per se zu einer Unentgeltlichkeit in bezug auf die Wertdifferenz. Vielmehr müssen sich die Vertragspartner über eine Unentgeltlichkeit des Mehrwertes positiv einig sein,[24] so daß eine gemischte Schenkung vorliegt.[25]

Die Unentgeltlichkeit ist nicht nur zu verneinen, wenn zwei Leistungen zu einem Synallagma verbunden sind, sondern auch, wenn die Parteien eine schwächere Verknüpfung vereinbart haben. Das ist z.B. der Fall, wenn die Gewährung einer Leistung final an die *Bedingung* geknüpft ist, daß der Empfänger seinerseits eine Leistung erbringt (*konditionale Verknüpfung*).[26] Im Unterschied zu einer synallagmatischen Verknüpfung übernimmt der Empfänger der Zuwendung seinerseits keine Leistungspflicht, sondern erbringt die Leistung freiwillig als Vorbedingung der Zuwendung, wie z.B. bei der Auslobung i.S. des § 657 BGB. Eine konditionale Verknüpfung geht über eine Schenkung unter Auflage (§ 525 BGB) hinaus, weil das Medium der Bedingung die Leistung des Zuwendungsempfängers und die Leistungsverpflichtung des Zuwendenden zu einer Einheit verbindet: Tritt die Bedingung nicht ein, dann besteht auch keine Leistungspflicht. Anders ist die Rechtslage bei der Schenkung unter Auflage, bei welcher die Zuwendung nach der Vereinbarung nicht davon abhängt, ob die Auflage erfüllt worden ist. Dadurch bleibt Raum für die Abrede der Unentgeltlichkeit. Es besteht vielmehr – anders als bei konditionaler Verknüpfung – ein Erfüllungsanspruch des Schenkers in bezug auf die Auflage (§ 525 Abs. 1 BGB) oder im Falle ihrer Nichterfüllung ein Rückforderungsanspruch im Hinblick auf das Geschenk (§ 527 Abs. 1 BGB).

Schließlich ist die Unentgeltlichkeit einer Vermögensmehrung auch zu verneinen, wenn ein Verhalten des Empfängers zwar nicht zur Bedingung erhoben wird, die Vermögensmehrung aber gerade deshalb erfolgt, weil der Empfänger seinerseits ein bestimmtes Verhalten vollziehen soll oder vollzogen hat (*kausale Verknüpfung*).[27] Das Verhalten des Empfängers ist in diesem Fall Gegenstand einer rechtsgeschäftlichen Vereinbarung, die sich von einem synallagmatischen Vertrag nur dadurch unterscheidet, daß der Zuwendende ihre „Erfüllung" nicht erzwingen kann, d.h. auf Seiten des Zuwendungsempfängers keine Verpflichtungswirkung

---

[23] *Kollhosser* MünchKomm. § 516 Rdnr. 21 mit zahlreichen Beispielen.

[24] BGH v. 21. Juni 1972, BGHZ 59, 132 (136); *Esser/Weyers* BT 1, § 12 I 3, S. 122; *Larenz* BT 1, § 47 I, S. 198.

[25] Dazu näher unten § 4 B IV, S. 279 ff.

[26] BGH v. 10. Januar 1951, NJW 1951, 268; *Kollhosser* MünchKomm. § 516 Rdnr. 15; *Staudinger/Cremer* § 516 Rdnr. 27.

[27] BGH v. 29. April 1970, FamRZ 1970, 376 (377); *Kollhosser* MünchKomm. § 516 Rdnr. 16; *Staudinger/Cremer* § 516 Rdnr. 27.

eintritt (sog. Rechtsgrundabrede).[28] Demgegenüber betrachtet eine abweichende Ansicht die Erbringung der erstrebten Gegenleistung als „Geschäftsgrundlage" für die eigene Zuwendung.[29] Der Begriff der *Geschäftsgrundlage* setzt aber denknotwendig voraus, daß außerhalb dieser bloßen Grundlage ein Rechtsgeschäft als causa für die Leistung existiert, das einen anderen Inhalt als die Geschäftsgrundlage hat. Hieran fehlt es bei der kausalen Verknüpfung gerade: Rechtsgrund ist einzig das rechtsgeschäftliche Einverständnis der Parteien in bezug auf die Gegenleistung, bei deren Ausbleiben eine Kondiktion gemäß § 812 Abs. 1 Satz 2 Alt. 2 BGB (condictio ob rem) eingreift. Wie bei der synallagmatischen Verknüpfung ist die kausale Verknüpfung von der Schenkung unter Auflage dadurch abzugrenzen, daß die – bei kausaler Verknüpfung nicht erzwingbare – Gegenleistung die Zuwendung nicht wie die Auflage als Nebenbestimmung lediglich einschränkt, sondern dieser quasi gleichrangig gegenübersteht. Ein Beispiel für eine derartige, die Unentgeltlichkeit ausschließende kausale Leistungsverknüpfung stellt die Erbringung einer Leistung durch eine Partei in der übereinstimmenden Erwartung dar, daß nachträglich ein entgeltlicher Vertrag über diese Leistung abgeschlossen werden soll (sog. Leistung obligandi causa). Auch Zuwendungen unter Ehegatten sind in der Regel über eine konkludente Rechtsgrundabrede kausal mit dem Bestand der Ehe verknüpft, so daß es ihnen an der für Schenkungen konstitutiven Unentgeltlichkeit fehlt (sog. unbenannte/ehebedingte Zuwendungen).[30] Gleiches gilt bei nach dem LPartG eingetragenen Lebenspartnerschaften und anderen nichtehelichen Lebensgemeinschaften.[31] Eine kausale Verknüpfung kann auch mit einem in der Vergangenheit liegenden Verhalten des Empfängers erfolgen. Deshalb sind Gratifikationen für besonders gute Arbeitsleistungen oder Trinkgelder keine Schenkungen, sondern beziehen sich auf einen geleisteten Dienst.[32] Von einer Anstandsschenkung i.S. des § 534 BGB, die z.B. an einen Retter aus Gefahr erfolgen kann, unterscheiden sich diese Leistungen durch ihre Einbettung in einen Kontext wirtschaftlichen Austausches, der die Unentgeltlichkeit ausschließt.[33]

Die kausale Leistungsverknüpfung ist von der sog. *Zweckschenkung* abzugrenzen. Letzterer liegt eine Zuwendung zugrunde, die nach dem Parteiwillen ebenfalls erbracht wird, um den Leistungsempfänger zu einem bestimmten Verhalten zu veranlassen, ohne daß dieses aber als faktische Gegenleistung begriffen würde.[34]

---

[28] Siehe dazu *Larenz/Canaris* BT 2, § 68 I 3a, S. 150 ff. Siehe auch unten zur andersgearteten Rechtsgrundabrede bei der Handschenkung § 4 C I, S. 281.

[29] *Kollhosser* MünchKomm. § 516 Rdnr. 16.

[30] BGH v. 24. März 1983, BGHZ 87, 145 (146); BGH v. 2. Oktober 1991, NJW 1992, 238 (239); *Esser/Weyers* BT 1, § 12 I 2b, S. 121 f.; *Oechsler* Rdnr. 517; *Staudinger/Cremer* § 516 Rdnr. 62. Weitergehend zum gesamten Problemkreis, insbesondere dem Zusammenhang mit dem Zugewinnausgleich: *Lipp* JuS 1993, 89 ff.; *Lorenz* 50 Jahre Bundesgerichtshof – Festgabe aus der Wissenschaft Bd. I, 2000, S. 571 ff.

[31] Zu letzteren *Gernhuber/Coester-Waltjen* § 44 III 2, S. 661.

[32] *Larenz* BT 1, § 47 I, S. 199; *Medicus* Rdnr. 174.

[33] *Larenz* BT 1, § 47 I, S. 199.

[34] BGH v. 23. September 1983, NJW 1984, 233; *Kollhosser* MünchKomm. § 516 Rdnr.16; *Staudinger/Cremer* § 525 Rdnr. 12.

So z.B., wenn das erwartete Verhalten der Schenkung nicht gleichrangig gegen-über steht, sondern die Zuwendung nur einschränken soll. Dies führt zu einer Ver-wandtschaft der Zweckschenkung mit der Schenkung unter Auflage, von der sich die Zweckschenkung wiederum dadurch unterscheidet, daß das erwartete Verhal-ten für den Beschenkten keine Verpflichtung i.S. des § 525 Abs. 1 BGB begründet (Beispiel: der Schenker bringt seinen „Wunsch" zum Ausdruck, daß der Zuwen-dungsgegenstand nur in einer bestimmten Weise verwendet wird). Während also die kausale Verknüpfung den Charakter einer „faktischen Gegenleistung" trägt, liegt bei der Zweckschenkung bildhaft eine „faktische Auflage" vor. Allerdings begründet das Ausbleiben des erwarteten Verhaltens bei der Zweckschenkung entgegen der h.M. keine Zweckverfehlungskondiktion nach § 812 Abs. 1 Satz 2 Alt. 2 BGB.[35] Denn im Rahmen dieser Vorschrift ist anerkannt, daß der verfehlte Zweck gerade den Charakter einer faktischen Gegenleistung haben muß.[36] Deshalb berechtigt das Ausbleiben einer mit der Zuwendung kausal verknüpften Leistung zu einer condictio ob rem, nicht aber die Verfehlung eines Zwecks, der lediglich den Charakter einer faktischen Auflage trägt. Das Nichteingreifen der condictio ob rem sowie – aufgrund des Nichtvorliegens einer Auflage – des Herausgabean-spruchs nach § 527 BGB[37] darf auch nicht durch die Annahme umgangen werden, daß bei Nichterreichung des mit der Zweckschenkung verfolgten Zwecks ein Weg-fall der Geschäftsgrundlage vorliegt (§ 313 BGB).[38] Vielmehr muß nach der sich aus dem Nichteingreifen der angeführten Rückforderungsinstitute ergebenden Risikozuweisung das erwartete Verhalten ein bloßer „Wunsch" bleiben, aus dessen Nichterfüllung keine rechtlichen Konsequenzen folgen. Im Ergebnis ist somit die Zweckschenkung eine gewöhnliche Schenkung.

Zusammenfassend ist festzuhalten, daß eine Unentgeltlichkeitsabrede ausschei-det, wenn die Zuwendung

– mit einer Gegenleistung synallagmatisch verknüpft ist oder
– die Erbringung einer nicht geschuldeten Gegenleistung zur Bedingung für die Zuwendung gemacht wird (konditionale Verknüpfung) oder
– nach einer Rechtsgrundabrede zwischen den Parteien von dem Zuwendenden eine nicht geschuldete Gegenleistung erwartet wird (kausale Verknüpfung).

Hingegen hindert es die Unentgeltlichkeit nicht, wenn der Zuwendungsempfänger eine Leistung erbringen soll, welche der Zuwendung nicht nach Art einer Gegen-leistung gleichrangig gegenübersteht, sondern diese lediglich einschränkt. In die-sem Fall liegt eine Schenkung unter Auflage vor, wenn sich der Beschenkte zur Er-bringung der einschränkenden Leistung verpflichtet hat. Fehlt es an einer derarti-gen Verpflichtung (Zweckschenkung), so hat nach der hier vertretenen Auffassung die Nichterbringung der Leistung durch den Zuwendungsempfänger keinen Ein-

---

[35] So aber BGH v. 23. September 1983, NJW 1984, 233; *Staudinger/Cremer* § 525 Rdnr. 12; wie hier *Kollhosser* MünchKomm. § 525 Rdnr. 4.

[36] Siehe *von Caemmerer* Festschrift für Rabel, Bd. 1, 1954, S. 347; *Kupisch* JZ 1985, 163 (169); *Larenz/Canaris* BT 2, § 68 I 3a, S. 151.

[37] Dazu unten § 4 F, S. 294 f.

[38] So der Vorschlag von *Kollhosser* MünchKomm. § 525 Rdnr. 4.

fluß auf den Bestand der Schenkung, während die h.M. eine Zweckverfehlungskondiktion befürwortet.

IV. Die gemischte Schenkung

Ein gesetzlich nicht geregeltes Sonderproblem betrifft die gemischte Schenkung,[39]
die ein anschauliches Beispiel für die besonderen Rechtsprobleme bei typengemischten Verträgen liefert.[40] Charakteristisch ist z.B. eine Vermischung von Kauf
und Schenkung, wobei eine gemischte Schenkung vorliegt, wenn zwischen dem
Wert des Kaufgegenstandes und dem vom Käufer geschuldeten Kaufpreis eine
deutliche Differenz zu Lasten des Verkäufers verbleibt[41] *und* sich der Parteiwille
auf eine unentgeltliche Zuwendung der Wertdifferenz richtet.[42] Problematisch ist
in diesem Fall, ob der gesamte Vertrag den Regelungen des Schenkungsrechts,
z.B. der Formvorschrift des § 518 BGB oder den Haftungsbeschränkungen der
§§ 521 ff. BGB, unterliegt. Denkbar sind insoweit zunächst zwei kategorisierende
Ausgangspunkte:

Zum einen könnte der gesamte Vertrag den Vorschriften beider enthaltenen
Vertragstypen unterliegen, im vorstehenden Beispiel also dem Kaufrecht und dem
Schenkungsrecht.[43] Auf diesem Wege soll der Einheitlichkeit des Rechtsgeschäfts
Rechnung getragen werden. Soweit die Vorschriften der Vertragstypen inhaltlich
kollidieren – wie etwa bei der Haftung für Mängel (siehe die §§ 434 ff. BGB einerseits sowie die §§ 523 f. BGB andererseits) –, wäre dann die dem Vertragszweck am besten entsprechende Norm anzuwenden, wobei insbesondere die Wert-
verhältnisse zwischen Kauf- und Schenkungsteil von Bedeutung sind.[44] Eine wie-
tere Konsequenz dieser Auffassung ist, daß im Fall eines Schenkungsversprechens
der gesamte Vertrag der Form des § 518 BGB unterliegen würde.

Demgegenüber zerlegte insbesondere das Reichsgericht die gemischte Schenkung in einen entgeltlichen und einen unentgeltlichen Teil, auf den dann jeweils
nur die Regelungen des betreffenden Vertragstyps angewendet wurden.[45] Sofern
die Zuwendung keinen teilbaren Gegenstand hat, sollte lediglich eine wertmäßige
Aufteilung erfolgen. Für diese Auffassung wird neben den Gesetzgebungsmateria-

---

[39] Siehe bereits oben § 4 B III, S. 276.

[40] Siehe dazu allgemein unten § 16 A III, S. 717 f.

[41] Die Wertdifferenz kann natürlich auch in umgekehrter Richtung bestehen (überhöhter
Kaufpreis).

[42] BGH v. 21. Juni 1972, BGHZ 59, 132 (136); *Esser/Weyers* BT 1, § 12 I 3, S. 122;
Kollhosser MünchKomm. § 516 Rdnr. 26; *Larenz* BT 1, § 47 I, S. 198; *Staudinger/
Cremer* § 516 Rdnr. 42. Fehlt es an der positiven Unentgeltlichkeitsabrede, liegt ein
reiner Kaufvertrag vor (sog. Freundschaftskauf).

[43] Sog. Einheitstheorie: *Endemann* Bürgerliches Recht, Bd. I, 2. Buch, 8. Aufl. 1903,
§ 164 Fn. 23, S. 1029; *von Tuhr* Der allgemeine Teil des Deutschen Bürgerlichen
Rechts, Bd. II/2, 1918, § 72 II 3, S. 77 f.

[44] *von Tuhr* Der Allgemeine Teil des Deutschen Bürgerlichen Rechts, Bd. II/2, 1918,
§ 72 II 3, S. 78.

[45] Sog. Trennungstheorie: RG v. 7. März 1903, RGZ 54, 107 (110 f.); RG v. 27. Juni
1935, RGZ 148, 236 (238 ff.).

lien[46] angeführt, daß Entgeltlichkeit und Unentgeltlichkeit zwei sich ausschließende Gegensätze seien, welche nicht zu einer Einheit verbunden werden könnten. Die Bemessung des unentgeltlichen Teils dürfte aber aufgrund der Konzeption des § 516 Abs. 1 BGB nicht nach dem objektiven Wertverhältnis erfolgen, sondern nach dem Umfang, in dem die *Parteien selbst* die Zuwendung als unentgeltlich angesehen haben.[47] In bezug auf die Formvorschrift des § 518 BGB hätte dieser Ansatz die Konsequenz, daß nur die Wirksamkeit des unentgeltlichen Vertragsteils von deren Einhaltung abhinge. Der entgeltliche Teil wäre demgegenüber von einer etwaigen Formnichtigkeit nur nach Maßgabe des § 139 BGB betroffen.

In Abkehr von diesen schematisierenden Auffassungen hat sich jedoch die sog. Zweckwürdigungstheorie als differenzierende Ansicht durchgesetzt: Sie stellt zu Recht zunächst darauf ab, welche Bedeutung der unentgeltliche Teil des Vertrages *nach dem Parteiwillen* für den Gesamtvertrag besitzt.[48] Sollen der unentgeltliche und der entgeltliche Teil des Vertrages unabhängig voneinander bestehen, dann finden die Vorschriften des Schenkungsrechts nur auf den unentgeltlichen Teil Anwendung. Gegenstand der Schenkung ist danach nicht der real zugewendete Gegenstand, sondern lediglich die Wertdifferenz bezüglich derer Unentgeltlichkeit vereinbart worden ist. Bei einer etwaigen Rückforderung des Schenkers nach den §§ 527, 528, 530 f. BGB führt dies z.B. dazu, daß lediglich diese Wertdifferenz in Geld herausverlangt werden kann.[49] Auch das Formerfordernis des § 518 BGB greift nur in bezug auf die Wertdifferenz, nicht aber bezüglich des Leistungsaustausches im übrigen ein. Prägt hingegen das Unentgeltlichkeitsmoment die gesamte Vereinbarung, „überwiegt" also der Schenkungsteil, so sind die Schutzvorschriften des Schenkungsrechts im Grundsatz auf den gesamten Leistungsaustausch anzuwenden.[50] Einen Anhaltspunkt für den diesbezüglichen Parteiwillen kann z.B. die Wertrelation des unentgeltlichen zum entgeltlichen Vertragsteil bieten. Selbst wenn das Schenkungsmoment nach dem Parteiwillen den Gesamtvertrag prägt, ist aber bei der Anwendung der Schenkungsvorschriften auf einer zweiten Stufe noch der jeweilige *Normzweck* zu beachten:[51] So kann in diesem Fall unter den Voraussetzungen der §§ 527, 528 BGB oder der §§ 530 f. BGB die Zuwendung zwar in natura herausverlangt werden (sie ist nach dem Parteiwillen in ihrer Gesamtheit das „Geschenk"), die erbrachte Gegenleistung ist aber Zug um Zug zurückzugewähren.[52] Deren Behalt wird vom Regelungszweck der Rückforderungsvorschrif-

---

[46] Mot. II, S. 287.

[47] Siehe oben § 4 B III, S. 275 ff.

[48] BGH v. 7. April 1989, BGHZ 107, 156 (159); BGH v. 2. Juli 1990, BGHZ 112, 40 (53); *Esser/Weyers* BT 1, § 12 I 3, S. 122 f.; *Kollhosser* MünchKomm. § 516 Rdnr. 30 ff.; *Larenz/Canaris* BT 2, § 63 III 1, S. 54 ff.; *Staudinger/Cremer* § 516 Rz. 45.

[49] *Larenz/Canaris* BT 2, § 63 III 1 c/d, S. 55 f.

[50] *Kollhosser* MünchKomm. § 516 Rdnr. 30.

[51] *Brox/Walker* § 9 Rdnr. 27; *Larenz/Canaris* BT 2, § 63 III 1, S. 54 ff.; *Medicus* Rdnr. 593; *Schlechtriem* Rdnr. 192.

[52] BGH v. 23. Mai 1959, BGHZ 30, 120 (122 ff.); BGH v. 7. April 1989, BGHZ 107, 156 (159).

ten nicht gedeckt, die lediglich die unentgeltliche Vermögensverschiebung neutralisieren sollen.

C. Der Abschluß des Schenkungsvertrages

I. Handschenkung und Schenkungsversprechen

Die Schenkung ist nach inzwischen einhelliger Ansicht stets ein Vertrag, der allen Regeln des Vertragsrechts unterliegt.[53] Das gilt nicht nur, wenn – wie beim Schenkungsversprechen – der Abschluß des Schenkungsvertrages und der Vollzug der Schenkung zeitlich auseinanderfallen, sondern auch für den vom Gesetz unterstellten Regelfall einer Handschenkung (§ 516 BGB).[54] Allerdings besteht bei dieser die Besonderheit, daß die Leistung des Schenkers als Verfügung über den Schenkungsgegenstand mit der Schenkungsvereinbarung als causa für diese Verfügung zeitlich zusammenfällt, was der Typizität eines Realvertrages entspricht. Eine teilweise vertretene Ansicht deutet die Schenkung jedoch auch in dieser Konstellation als Verpflichtungsvertrag, bei dem die Verpflichtung mit ihrer Begründung zugleich durch Erfüllung untergehen soll.[55] Dieser gekünstelten Konstruktion steht entgegen, daß es bei einer Handschenkung ausreicht, dem Schenkungsvertrag den Charakter einer bloßen Rechtsgrundabrede für die Verfügung ohne verpflichtendes Element beizumessen.[56] Anders ausgedrückt beinhaltet die Handschenkung keinen „Erhaltensgrund" i.S. eines Forderungsrechts des Schenkers, sondern lediglich einen „Behaltensgrund" (causa) i.S. des § 812 BGB. Dagegen spricht nicht, daß sich aus der Handschenkung für den Schenker unter Umständen Schadensersatzpflichten nach den §§ 523 Abs. 1, 524 Abs. 1 BGB ergeben können, da diese auf Schutz- und nicht auf Erfüllungspflichten beruhen.[57] Demgegenüber stellt der vor Bewirkung der Zuwendung abgeschlossene Schenkungsvertrag, der seitens des Schenkers ein Schenkungsversprechen i.S. des § 518 BGB ist, einen gewöhnlichen Verpflichtungsvertrag dar.

II. Vertragsschluß und Fiktion der Annahmeerklärung

Der Abschluß des Schenkungsvertrages unterliegt grundsätzlich den allgemeinen Vorschriften zum Vertragsschluß.[58] Dabei erfordern insbesondere Schenkungen an Minderjährige eine Auseinandersetzung mit der Frage, ob diese für sie „lediglich rechtlich vorteilhaft" i.S. des § 107 BGB sind. Die Rechtsprechung verneint dies schon dann, wenn sich aus dem *dinglichen Erwerb* des Schenkungsgegenstandes rechtliche Nachteile ergeben (sog. Gesamtbetrachtung), um zu verhindern, daß El-

---

[53] Statt aller *Kollhosser* MünchKomm. § 516 Rdnr. 9; *Staudinger/Cremer* § 516 Rdnr. 4.

[54] *Esser/Weyers* BT 1, § 12 I 1, S. 120; *Staudinger/Cremer* § 516 Rdnr. 5.

[55] *Brox/Walker* § 9 Rdnr. 3 f.; *Schlechtriem* Rdnr. 185.

[56] *Fikentscher* Rdnr. 780; *Larenz* BT 1, § 47 I, S. 200; *Staudinger/Cremer* § 516 Rdnr. 5. Zur Rechtsgrundabrede bei kausaler Leistungsverknüpfung oben § 4 B III, S. 248 f.

[57] Siehe unten § 4 D III, S. 288 f.

[58] *Kollhosser* MünchKomm. § 516 Rdnr. 11 f.

tern derartige schenkungsbedingte Verfügungen als In-sich-Geschäfte i.S. des
§ 181 BGB a.E. vornehmen können.[59]

Eine von den §§ 145 ff. BGB abweichende Besonderheit regelt das Gesetz für
die *Annahme der Schenkung*: Zwar muß sich im Grundsatz niemand einen Vorteil
ohne seinen Willen aufdrängen lassen (Privatautonomie; vgl. § 397 Abs. 1 BGB).
Für die Erklärung über die Annahme kann der Schenker dem Beschenkten aber
eine angemessene Frist setzen, wenn die Zuwendung als solche bereits ohne den
Willen des Empfängers vollzogen wurde (§ 516 Abs. 2 Satz 1 BGB). Dies kommt
in der Regel nur bei solchen Zuwendungen in Betracht, die keiner Mitwirkung des
Bereicherten bedürfen, z.B. der Tilgung einer fremden Schuld nach § 267 BGB.
§ 516 Abs. 2 BGB gelangt aber auch im Fall eines Schenkungsversprechens zur
Anwendung, wenn die Zuwendung nach dem Versprechen aber vor der Erklärung
über dessen Annahme erfolgt. Damit die im Bürgerlichen Gesetzbuch des öfteren
anzutreffende Regelungstechnik der Fristsetzungsmöglichkeit ihren Zweck nicht
verfehlt, bedarf es zugleich einer Regelung zu der Rechtsfolge, wenn der Empfänger die ihm gesetzte Erklärungsfrist ohne Äußerung verstreichen läßt. Häufig fingiert das Gesetz für diesen Fall die Ablehnung (z.B. die §§ 108 Abs. 2 Satz 2, 177
Abs. 2 Satz 2, 415 Abs. 2 Satz 2 BGB). In diesem Sinne kommt bloßem Schweigen grundsätzlich kein zustimmender Erklärungswert zu.[60] Diesen Grundsatz
durchbricht § 516 Abs. 2 Satz 2 BGB wegen der Unentgeltlichkeit der Schenkung.
Bei ihr genießt das Interesse des Schenkers, daß der Vorgang durch eine fristge-
rechte Ablehnung entweder rasch zu einer Klärung gelangt oder aber die erfolgte
Zuwendung als rechtsbeständig fixiert wird, Vorrang vor der Autonomie des Beschenkten, da die Schenkung für ihn keine Verpflichtungen begründet. Somit ist es
– vergleichbar mit § 416 Abs. 1 Satz 2 BGB – gerechtfertigt, die Erklärung der
Annahme mit Ablauf der angemessenen Frist zu fingieren; nach § 130 BGB ist der
Zeitpunkt des Zugangs der Ablehnungserklärung für deren Rechtzeitigkeit maßgeblich. Für den Fall einer rechtzeitigen Ablehnung verweist § 516 Abs. 2 Satz 3
BGB deklaratorisch auf das Bereicherungsrecht zur Herausgabe der – nun endgültig rechtsgrundlosen – Zuwendung (Rechtsgrundverweisung). Aus der Rechtfertigung für die Anordnung der Fiktion ergibt sich zugleich, daß § 516 Abs. 2 BGB
aufgrund einer teleologischen Reduktion nicht eingreift, wenn der Beschenkte ausnahmsweise doch einmal eine Verpflichtung eingehen würde, wie bei gemischten
Schenkungen[61] sowie Schenkungen unter Auflage (§ 525 BGB).[62]

III. Formbedürftigkeit des Schenkungsversprechens

Weicht die Schenkung von dem gesetzlichen Regelfall der Handschenkung ab und
beschränken sich die Parteien auf den Abschluß eines Schenkungsvertrages, dann
ist der Schenker vor übereilten Verpflichtungen besonders zu schützen. Zu diesem

---

[59] BGH v. 9. Juli 1980, BGHZ 78, 28 (33 ff.); kritisch *Larenz/Wolf* § 46 Rdnr. 135
m.w.N.

[60] Vgl. *Larenz/Wolf* § 24 Rdnr. 21.

[61] Siehe oben § 4 B IV, S. 279 ff.

[62] *Kollhosser* MünchKomm. § 516 Rdnr. 40; *Staudinger/Cremer* § 516 Rdnr. 40.

Zweck sieht es das Gesetz in § 518 Abs. 1 BGB – im Gegensatz zu der wesentlich risikoreicheren Bürgschaft (siehe § 766 BGB: Schriftform i.S. des § 126 BGB) – als erforderlich an, daß das Schenkungsversprechen notariell beurkundet wird (näher die §§ 8 ff. BeurkG). Gleichzeitige Anwesenheit der Parteien vor der beurkundenden Stelle – wie z.B. bei der Auflassung (§ 925 Abs. 1 Satz 1 BGB) – ist jedoch nicht erforderlich. Das Gesetz beschränkt das Formerfordernis aufgrund des mit diesem einzig verfolgten Warnzwecks – insofern nicht anders als bei der Bürgschaft – auf das Versprechen des Schenkers; nur dessen Verpflichtungserklärung ist notariell zu beurkunden.[63] Folglich bedarf z.B. die Einigung über die Unentgeltlichkeit als solche keiner notariellen Beurkundung.[64] Da die Annahmeerklärung keinem Formerfordernis unterliegt, steht § 518 BGB einer Fiktion der Annahmeerklärung (§ 516 Abs. 2 Satz 2 BGB) nicht entgegen.

Unterbleibt die notarielle Beurkundung, dann ist das Schenkungsversprechen nach § 125 Satz 1 BGB nichtig und begründet keine Pflicht des Versprechenden, die Leistung zu erbringen. Im Hinblick auf den Zweck der gesetzlichen Formvorschrift (Übereilungsschutz) eröffnet das Gesetz jedoch die Möglichkeit einer *Heilung*, indem der Schenker die von ihm versprochene Leistung bewirkt (§ 518 Abs. 2 BGB). Damit greift es eine verbreitete Regelungstechnik auf, wenn die Formvorschrift den sich Verpflichtenden in erster Linie vor einer Übereilung schützen soll (ebenso z.B. die §§ 311b Abs. 1 Satz 2, 766 Satz 3 BGB). In diesem Fall ist der Schuldner durch die Leistung selbst hinreichend gewarnt.[65] Aus diesem Grund ist die Handschenkung von vornherein formfrei. Die Heilung des Formverstoßes beim Schenkungsversprechen setzt jedoch zweierlei voraus: Erstens muß die zugesagte Vermögensverschiebung eintreten (objektive Voraussetzung) und zweitens muß der Inhalt des ursprünglichen Schenkungsversprechens auch noch im Zeitpunkt der Leistungsbewirkung von dem Schenker gewollt sein (subjektive Voraussetzung). Fehlt dieser Wille im Zeitpunkt der Leistungsbewirkung (weil z.B. bei dem Schuldner eine kausale Verknüpfung hinzutritt), dann tritt die Heilungswirkung des § 518 Abs. 2 BGB nicht ein, weil nicht mehr das ursprünglich Gewollte vollzogen wird und somit kein Äquivalent für die Warnfunktion des Formerfordernisses gegeben ist.

In bezug auf die Bewirkung der versprochenen Leistung (objektive Voraussetzung) ist umstritten, ob hierfür der Leistungserfolg eintreten muß[66] oder ob es ausreicht, wenn der Schenker alle seinerseits erforderlichen Leistungshandlungen vorgenommen hat.[67] Für die Notwendigkeit des Leistungserfolges spricht zwar im

---

[63]   Eine Beurkundungsbedürftigkeit des gesamten Vertrages kann sich allerdings aus einer anderen Formvorschrift ergeben, z.B. § 311b Abs. 1 Satz 1 BGB im Falle einer Grundstücksschenkung.

[64]   *Kollhosser* MünchKomm. § 516 Rdnr. 5.

[65]   *Esser/Weyers* BT 1, § 12 II 1, S. 124.

[66]   Hierfür z.B. OLG Frankfurt a.M. v. 19. Februar 1991, NJW-RR 1991, 1157 f.; *Kollhosser* MünchKomm. § 516 Rdnr. 12 ff.; *Oechsler* Rdnr. 523.

[67]   So die h.M., siehe BGH v. 6. März 1970, NJW 1970, 941 (942); *Esser/Weyers* BT 1, § 12 II 1, S. 124; *Palandt/Weidenkaff* § 518 Rdnr. 9; *Staudinger/Cremer* § 518 Rdnr. 16 m.w.N.

Vergleich mit § 362 Abs. 1 BGB der Begriff der „Bewirkung" in § 518 Abs. 2 BGB. Im Hinblick auf den Zweck des Formerfordernisses verdient aber die letztgenannte Auffassung den Vorzug, da ein weiterer Übereilungsschutz entbehrlich ist, wenn der Schuldner alle für den Eintritt des Leistungserfolges notwendigen Handlungen vorgenommen hat. Bei der Schenkung eines Schecks genügt hierfür aber nicht bereits die Hingabe desselben. Diese begründet zwar schon eine abstrakte Scheckverbindlichkeit des Ausstellers (Art. 12 ScheckG), unterfällt aber als abstraktes Schuldversprechen i.S. des § 518 Abs. 1 Satz 2 BGB ihrerseits dem Formerfordernis des § 518 Abs. 1 Satz 1 BGB.[68] Der Regelung des § 518 Abs. 1 Satz 2 BGB liegt der Gedanke zugrunde, daß die Erteilung abstrakter Schuldversprechen noch nicht als Leistungsbewirkung begriffen werden kann (vgl. auch die §§ 762 Abs. 2, 656 Abs. 2 BGB).[69] Die Heilung des Formmangels tritt folglich erst mit der Einlösung des Schecks ein. Ob eine Bewirkung der „versprochenen" Leistung auch vorliegt, wenn der Vollzug (z.B. die Übereignung einer Sache) aufschiebend oder auflösend bedingt erfolgt, obwohl die Zuwendung unbedingt oder unbefristet versprochen wurde, läßt sich dem Gesetz nicht zweifelsfrei entnehmen. Im Vergleich zur unbedingten Leistung liegt zwar ein Minus gegenüber der „versprochenen" Leistung vor, der Zweck des § 518 BGB spricht aber dafür, daß dieses einer Heilung nicht entgegensteht.[70] Denn dem Übereilungsschutz wird auch im Fall des bedingten oder befristeten Schenkungsvollzugs ausreichend Rechnung getragen. Wenn die dauerhafte Erbringung von Leistungen schenkungsweise versprochen wird, tritt Heilung gemäß § 518 Abs. 2 BGB nur für die jeweils erbrachten Leistungen ein, nicht aber für die erst zukünftigen Leistungsabschnitte.[71]

Eine erbrechtliche Besonderheit ist zu beachten, wenn die Schenkung unter der Bedingung steht, daß der Beschenkte den Schenker überlebt (*Schenkung von Todes wegen*). Nach § 2301 Abs. 1 BGB verdrängen die Formvorschriften über letztwillige Verfügungen in diesem Fall § 518 Abs. 1 BGB.[72] Die testamentarische Form setzt jedoch nicht notwendig eine Beurkundung voraus (vgl. § 2247 Abs. 1 BGB). Diese Abschwächung des Formerfordernisses gegenüber § 518 Abs. 1 BGB ist dadurch gerechtfertigt, daß der Schenker nicht in gleichem Maße gewarnt werden muß, wenn sein Vermögensopfer erst nach seinem Tode eintreten soll. Die allgemeinen Vorschriften zur Schenkung greifen jedoch ein – und verdrängen die Formvorschriften zur Verfügung von Todes wegen –, wenn die Schenkung bereits zu Lebzeiten des Schenkers von diesem vollzogen wird (§ 2301 Abs. 2 BGB).

---

[68]   Siehe BGH v. 6. März 1975, BGHZ 64, 340 ff.

[69]   *Esser/Weyers* BT 1, § 12 II 1, S. 124 f.

[70]   Ebenso BGH v. 10. Mai 1989, NJW-RR 1989, 1282; *Brox/Walker* § 9 Rdnr. 4; *Palandt/Weidenkaff* § 518 Rdnr. 9; *Staudinger/Cremer* § 518 Rdnr. 25; a.A. jedoch *Kollhosser* MünchKomm. § 518 Rdnr. 18.

[71]   *Esser/Weyers* BT 1, § 12 I, S. 125.

[72]   Ein Sonderfall tritt auf, wenn die Schenkung unter Lebenden auf den Todesfall durch einen Vertrag zugunsten Dritter vereinbart wird. In dieser Konstellation kommt – wie von der h.M. befürwortet – eine Verdrängung des § 2301 BGB durch § 331 BGB in Betracht; so vor allem BGH v. 29. Januar 1964, BGHZ 41, 95 (96 f.); BGH v. 19. Oktober 1983, NJW 1984, 480 (481).

Ebenso wie bei § 518 Abs. 2 BGB reicht es auch für § 2301 Abs. 2 BGB aus, wenn der „Vollzug" (= Verfügungsgeschäft) unter einer aufschiebenden oder auflösenden Bedingung steht,[73] selbst wenn die Zuwendung ohne Bedingung versprochen wurde. Mit dem Vollzug i.S. des § 2301 Abs. 2 BGB tritt zugleich eine Heilung nach § 518 Abs. 2 BGB ein, wenn das zuvor abgegebene Schenkungsversprechen nicht der Form des § 518 Abs. 1 BGB genügte.

D. Vertragspflichten und Haftung

I. Der Erfüllungsanspruch des Beschenkten beim Schenkungsversprechen

Die §§ 516 ff. BGB verzichten darauf, abweichend von der ansonsten üblichen Regelungssystematik des Besonderen Schuldrechts (z.B. die §§ 433, 535 BGB) die Leistungsverpflichtung des Schenkers besonders hervorzuheben. Ein sachlicher Unterschied ist hiermit für den Fall des Schenkungsversprechens als Verpflichtungsgeschäft jedoch nicht verbunden.[74] Aufgrund des Schenkungsvertrages steht dem Beschenkten ein mit der Verpflichtung des Schenkers korrespondierender Anspruch auf Erfüllung zu, was § 519 Abs. 2 BGB ausdrücklich bestätigt („Ansprüche mehrerer Beschenkten"). Demgegenüber begründet die Handschenkung nach hiesiger Auffassung[75] als Rechtsgrundabrede keine Leistungspflicht, sondern allenfalls Schutzpflichten in bezug auf die Integrität der Parteien (§ 241 Abs. 2 BGB).[76]

Ein besonderes *Leistungsverweigerungsrecht* gegenüber dem noch nicht erfüllten Anspruch räumt § 519 Abs. 1 BGB bei einem sog. *Notbedarf* ein. Würde die Erfüllung des Schenkungsversprechens den angemessenen Unterhalt des Schenkers oder die Erfüllung seiner gesetzlichen Unterhaltspflichten unter Berücksichtigung seiner sonstigen Verbindlichkeiten[77] gefährden, dann ist der Schenker berechtigt, die Erfüllung zu verweigern. Darin kommt zum Ausdruck, daß eine Verpflichtung zur Freigebigkeit dann unangemessen ist, wenn sie den Schenker in den „Ruin" führen würde. Unerheblich ist dabei, aus welchem Grund (z.B. auch Leichtsinn des Schenkers) und zu welchem Zeitpunkt die Gefahrenlage eingetreten ist.[78] Insoweit kann die Vorschrift als *typisierte* Spezialregelung des Fehlens bzw. Wegfalls der Geschäftsgrundlage angesehen werden (vgl. allgemein § 313 BGB).[79] Allerdings besteht das Leistungsverweigerungsrecht wegen seines Zwecks nur solange und soweit aufgrund einer Prognoseentscheidung die von § 519 Abs. 1 BGB

---

[73] BGH v. 16. April 1986, NJW-RR 1986, 1133 (1134); *Musielak* MünchKomm. § 2301 Rdnr. 21; *Palandt/Edenhofer* § 2301 Rdnr. 10, 16; *Staudinger/Kanzleiter* § 2301 Rdnr. 22.

[74] Siehe auch oben § 4 C I, S. 281.

[75] Siehe oben § 4 C I, S. 281.

[76] Dazu unten § 4 D II/III, S. 286 ff.

[77] Zu diesen zählen nicht anderweitige Schenkungsversprechen. Für das Verhältnis der Beschenkten untereinander gilt nach § 519 Abs. 2 BGB das Prioritätsprinzip.

[78] *Kollhosser* MünchKomm. § 519 Rdnr. 3; *Soergel/Mühl* § 519 Rdnr. 1.

[79] *Staudinger/Cremer* § 519 Rdnr. 1.

erfaßte Gefährdungslage existiert. Unter Umständen darf der Schenker die Erfüllung deshalb nur teilweise verweigern.[80] Ebenso begründet die Gefährdungslage
keine dauernde (peremptorische) Einrede, sondern dieses Recht steht dem Schenker lediglich zu, solange die Gefährdungslage anhält (dilatorische Einrede).[81] Tritt
die in § 519 Abs. 1 BGB umschriebene Notlage erst nach dem Vollzug der Schenkung ein, dann trägt das Gesetz der Schutzbedürftigkeit des Schenkers durch einen
eigenständigen Rückforderungsanspruch (§ 528 Abs. 1 Satz 1 BGB) Rechnung,
der jedoch strengeren Voraussetzungen unterliegt.[82]

II. Pflichtverletzungen außerhalb der §§ 523, 524 BGB

Nicht bei der Handschenkung, wohl aber beim Schenkungsversprechen kann – wie
bei anderen einseitigen Leistungspflichten, die nicht unmittelbar erfüllt werden –
die Situation eintreten, daß der Schenker seine Leistung nicht oder nicht wie geschuldet erbringt (z.B. Verzug) und damit eine Pflicht i.S. des § 280 Abs. 1 Satz 1
BGB verletzt. Bei diesen Leistungsstörungen richten sich die Rechtsfolgen ausschließlich nach den §§ 280 ff. BGB; wegen der Unentgeltlichkeit der Schenkung
sind die §§ 320 ff. BGB nicht anwendbar.[83] Allerdings entbindet § 522 BGB den
Schenker in Durchbrechung der allgemeinen Vorschrift des § 288 Abs. 1 BGB von
den Verzugszinsen.

Soweit es für die in den §§ 280 ff. BGB genannten Rechtsfolgen auf das Vertretenmüssen des Schenkers ankommt (§§ 280 Abs. 1 Satz 2, 286 Abs. 4 BGB),
begründet das Schenkungsrecht einen *speziellen Haftungsmaßstab*. Wegen der Unentgeltlichkeit begrenzt § 521 BGB die allgemeine Vorschrift des § 276 Abs. 1
Satz 1 BGB: Der Schenker haftet nur für Vorsatz und grobe Fahrlässigkeit. Diese
Privilegierungswirkung greift auch in bezug auf ein Verschulden etwaiger Erfüllungsgehilfen des Schenkers i.S. des § 278 BGB ein.[84]

Sehr umstritten ist, für welche Arten von Pflichtverletzungen das Haftungsprivileg gilt. Methodologisch knüpft dieser Streit an die Auslegung des Begriffs
„Schenker" in § 521 BGB an. Die Frage ist, ob die verletzte Pflicht für die Anwendung dieser Norm gerade einen funktionellen Bezug auf den unentgeltlich überlassenen Gegenstand haben muß oder ob der Zuwendende auch hinsichtlich weiterer
aus der Sonderverbindung hervorgehenden Pflichten als Schenker *i.S. dieser Vorschrift* anzusehen ist. Daraus ergibt sich zunächst, daß nach unbestrittener Auffassung § 521 BGB eingreift, wenn das Leistungsinteresse (Erfüllungsinteresse) des
Beschenkten betroffen ist.[85] Ist der Schenker jedoch in Verzug geraten, so geht die

---

[80] *Kollhosser* MünchKomm. § 519 Rdnr. 4; *Staudinger/Cremer* § 519 Rdnr. 4.
[81] *Kollhosser* MünchKomm. § 519 Rdnr. 4; *Larenz* BT 1, § 47 II c 1, S. 205; *Staudinger/
       Cremer* § 519 Rdnr. 5.
[82] Siehe dazu noch unten § 4 E I, S. 291 f.
[83] Auch die Schenkung unter Auflage i.S. des § 525 BGB begründet keinen gegenseiti-
       gen Vertrag; siehe oben § 4 B III (S. 275) sowie unten § 4 F (S. 294).
[84] *Staudinger/Cremer* § 521 Rdnr. 7.
[85] Statt aller *Kollhosser* MünchKomm. § 521 Rdnr. 3; *Staudinger/Cremer* § 521 Rdnr. 1.
       Die zum alten Recht von der h.M. vertretene Garantiehaftung für anfängliches Unver-

Haftungsverschärfung des § 287 BGB nach h.M. § 521 BGB vor.[86] Dies rechtfertigt sich dadurch, daß der *Eintritt* des Verzuges nach § 286 Abs. 4 BGB seinerseits ein (zu vermutendes) Vertretenmüssen der Nichtleistung i.S. des § 521 BGB voraussetzt; soweit dies gegeben ist, besteht für eine weitere Privilegierung des Schenkers kein Anlaß.

Der eigentliche Streit um § 521 BGB betrifft die Frage, ob das Haftungsprivileg auch bei Schutzpflichtverletzungen in bezug auf die Integrität des Beschenkten (siehe § 241 Abs. 2 BGB) eingreift. Dies wird teilweise unterschiedslos bejaht[87] bzw. verneint.[88] Herrschend ist eine vermittelnde Meinung, die § 521 BGB anwendet, wenn die betreffende Schutzpflicht einen Bezug zum Leistungsgegenstand aufweist (z.B.: Pflicht zur Aufklärung über eine gefährliche Beschaffenheit des Geschenkes),[89] nicht aber, wenn eine vom Leistungsgegenstand losgelöste Schutzpflicht in Rede steht (z.B.: Beschädigung der Einrichtung des Beschenkten bei der Ablieferung des Geschenkes).[90] Diesen Auffassungen liegen jeweils unterschiedliche Ansichten über die Reichweite des Zwecks von § 521 BGB zugrunde, über die Frage also, ob und inwieweit die Freigiebigkeit auch über die Leistungsbeziehung im engeren Sinne hinaus auf die Schutzpflichtverbindung ausstrahlt, d.h. der Zuwendende auch insoweit als „Schenker" i.S. des § 521 BGB handelt. Dabei erscheint die Anknüpfung der h.M. an einen Bezug der Schutzpflicht auf den unentgeltlich zugewendeten Gegenstand zwar im Ansatz plausibel. Infolge der Neuregelung des Rechts der Leistungsstörungen hat der Gesetzgeber aber in § 280 Abs. 1 Satz 1 BGB den einheitlichen Begriff der Pflichtverletzung eingeführt und damit zum Ausdruck gebracht, daß er Leistungs- und Schutzpflichten weitgehend einheitlichen Regelungen unterstellt wissen will.[91] Dies liefert zumindest ein weiteres Argument dafür, § 521 BGB auf alle Pflichten des Schenkers anzuwenden.

---

mögen (dazu in bezug auf die Schenkung noch BGH v. 23. März 2000, BGHZ 144, 118 ff.) ist mit der neuen Vorschrift des § 311a Abs. 2 Satz 2 BGB nicht vereinbar. Auch insoweit gilt jetzt § 521 BGB.

[86] *Jauernig/Berger* § 521 Rdnr. 1; *Palandt/Weidenkaff* § 521 Rdnr. 2; *Staudinger/ Cremer* § 521 Rdnr. 1; a.A. *Kollhosser* MünchKomm. § 521 Rdnr. 4.

[87] *Enneccerus/Lehmann* § 121 IV 2c, S. 493; *Soergel/Mühl* § 521 Rdnr. 2; *Staudinger/ Cremer* § 521 Rdnr. 2.

[88] *Esser/Weyers* BT 1, § 12 II 2, S. 125; *Kollhosser* MünchKomm. § 521 Rdnr. 5 ff.; *Larenz* BT 1, § 47 II a, S. 202; *Stoll*, JZ 1985, 384 (385 f.).

[89] Soweit sich ein Integritätsschaden nicht aus der Verletzung einer allgemeinen Schutzpflicht, sondern einem Mangel des Geschenkes ergibt (sog. Mangelfolgeschaden), gelten jedoch die §§ 523 Abs. 1, 524 Abs. 1 BGB als leges speciales: BGH v. 20. November 1984, BGHZ 93, 23 (28). Siehe dazu unten § 4 D III, S. 288 f.

[90] BGH v. 20. November 1984, BGHZ 93, 23 (27 ff.); *Erman/Seiler* § 521 Rdnr. 3; *Gerhardt* JuS 1970, 597 (600); *Jauernig/Berger* § 521 Rdnr. 1; *Palandt/Weidenkaff* § 521 Rdnr. 2.

[91] Siehe BT-Drucks. 14/6040, S. 134 f.; kritisch zu dieser Konzeption aber z.B. *U. Huber* ZIP 2000, 2273 ff. und *Schapp* JZ 2001, 583 ff.

III. Haftung für Rechts- und Sachmängel

Der Unentgeltlichkeit des Leistungsversprechens trägt ferner eine eingeschränkte Haftung für Rechts- und Sachmängel Rechnung, wobei die §§ 523, 524 BGB als leges speciales die allgemeinen Bestimmungen über Pflichtverletzungen in den §§ 280 ff. BGB ausschließen. Dabei treffen die §§ 523 Abs. 1, 524 Abs. 1 BGB stets anwendbare Regelungen, während sich die §§ 523 Abs. 2, 524 Abs. 2 BGB auf Fälle beziehen, in denen der Schenker den Schenkungsgegenstand im Zeitpunkt des Vertragsschlusses erst noch erwerben muß.

Sowohl § 523 Abs. 1 BGB (Rechtsmängel) als auch § 524 Abs. 1 BGB (Sachmängel) betreffen die Geltendmachung eines *Schadensersatzanspruches* durch den Beschenkten, der besteht, wenn der Schenker den Mangel *arglistig verschwiegen* hat. Hinsichtlich des „Mangels im Rechte" sowie des Fehlerbegriffs gelten im Ausgangspunkt ebenso die kaufrechtlichen Grundsätze der §§ 434, 435 BGB[92] wie bezüglich der Arglist, für deren Konkretisierung auf die zu §§ 438 Abs. 3, 442 Abs. 1 Satz 2, 444 BGB anerkannten Grundsätze zurückzugreifen ist.[93] In bezug auf den *Umfang* des geschuldeten Schadensersatzes ergibt sich aus zwei Gründen eine Begrenzung auf das negative Interesse (Vertrauensschaden):[94] Erstens führt ein Blick auf die Sonderregeln in den §§ 523 Abs. 2, 524 Abs. 2 BGB und die dort ausdrücklich normierte Rechtsfolge eines Schadensersatzes wegen Nichterfüllung im Wege einer systematischen Auslegung zu dem Ergebnis, daß im Rahmen der §§ 523 Abs. 1, 524 Abs. 1 BGB lediglich der Ersatz des Vertrauensschadens geschuldet ist. Zweitens ist nach dem Wortlaut der Vorschriften nicht der Schaden zu ersetzen, der aus dem Mangel als solchem resultiert (Erfüllungsschaden), sondern derjenige, der aufgrund des arglistigen *Verschweigens des Mangels* eintritt. Dies ist das negative Interesse: Der Beschenkte ist so zu stellen, wie er bei rechtzeitiger Kenntnis von dem Mangel stünde. Daraus erhellt sich, daß im Fall der §§ 523 Abs. 1, 524 Abs. 1 BGB keine Pflicht zu einer mangelfreien Lieferung, sondern eine Aufklärungspflicht als *Schutzpflicht* verletzt worden ist.[95]

Außerhalb der Sonderregelungen in den §§ 523 Abs. 2, 524 Abs. 2 BGB trifft den Schenker keine Pflicht zu mangelfreier Leistung; eine solche kann auch die Arglist nicht erzeugen, da diese als besondere Verschuldensform immer schon auf die Verletzung einer bestimmten objektiven Pflicht bezogen sein muß, die bei der Schenkung nur die Aufklärung über den etwaigen Mangel beinhaltet. Gehaftet wird dann nach den §§ 523 Abs. 1, 524 Abs. 1 BGB wiederum nur, wenn diese Pflicht arglistig verletzt wurde. Da die §§ 523 Abs. 1, 524 Abs. 1 BGB in Gestalt

---

[92]   Statt aller *Kollhosser* MünchKomm. § 523 Rdnr. 1, § 524 Rdnr. 1. Lediglich die Verantwortlichkeit für Herstelleräußerungen i.S. des § 434 Abs. 1 Satz 3 BGB erscheint bei der Schenkung unangemessen.

[93]   *Kollhosser* MünchKomm. § 523 Rdnr. 2; *Staudinger/Cremer* § 523 Rdnr. 3; siehe zum Begriff der Arglist oben § 2 D I 1d, dd (2a), S. 54 f.

[94]   BGH v. 2. Oktober 1981, NJW 1982, 818 (819); *Brox/Walker* § 9 Rdnr. 18; *Esser/ Weyers* BT 1, § 12 II 2, S. 125; *Kollhosser* MünchKomm. § 523 Rdnr. 2, § 524 Rdnr. 2; *Staudinger/Cremer* § 523 Rdnr. 3, § 524 Rdnr. 2.

[95]   Vgl. Prot. II, S. 27 ff.; *Larenz* BT 1, § 47 II b, S. 202 f.

einer Schutzpflicht nur das Integritäts- und nicht das Erfüllungsinteresse[96] des Beschenkten schützen, umfaßt die Haftungsprivilegierung zwingend *Mangelfolgeschäden.*[97] Denn der Schaden, der durch das *Verschweigen des Mangels* entsteht,
ist stets ein Schaden an einem anderen Rechtsgut als der Vermögensverlust durch
den Minderwert des Geschenkes (Mangelschaden).[98] Insoweit stellen diese Haf-
tungsvorschriften einen Spezialfall der oben erörterten leistungsbezogenen (da auf
die Beschaffenheit des Schenkungsgegenstandes zielenden) Schutzpflichten dar,
für die der Haftungmaßstab gegenüber § 521 BGB nochmals gemildert ist.

Eine haftungsrechtliche Sonderregelung treffen ferner die §§ 523 Abs. 2, 524
Abs. 2 BGB in bezug auf das *Erfüllungsinteresse* des Beschenkten:[99] Hatte der
Schenker die Leistung eines Gegenstandes versprochen, den er erst noch erwerben
sollte, besteht zunächst ein Anspruch auf mangelfreie Lieferung.[100] Wurde ein
mangelhafter Gegenstand zugewendet, haftet der Schenker, wenn er den Rechts-
bzw. Sachmangel beim Erwerb kannte oder ihm dieser infolge grober Fahrlässigkeit unbekannt geblieben ist. Über den Wortlaut des Gesetzes hinaus ist zum
Schutz des Schenkers zu fordern, daß ihm die Vermeidung oder Beseitigung des
Mangels mit zumutbaren Mitteln (vgl. § 275 Abs. 2 BGB) möglich gewesen sein
muß.[101] Unter diesen Voraussetzungen steht dem Beschenkten beim Rechtsmangel
ein Anspruch auf Schadensersatz wegen Nichterfüllung zu (§ 523 Abs. 2 Satz 1
BGB). Bei einem Sachmangel tritt diese Rechtsfolge erst ein, wenn der Schenker
eine Gattungssache schuldet und den Sachmangel arglistig verschwiegen hat
(§ 524 Abs. 2 Satz 2 BGB), ansonsten verbleibt es in Anlehnung an § 439 Abs. 1
Alt. 2 BGB bei einem Anspruch des Beschenkten auf Nachlieferung (§ 524 Abs. 2
Satz 1 BGB). Hinsichtlich der weiteren Einzelheiten – wie z.B. der Anspruchsver-
jährung – verweist das Gesetz weitgehend auf die kaufrechtlichen Vorschriften
(§§ 523 Abs. 2 Satz 2, 524 Abs. 2 Satz 3 BGB).

IV. Ausstrahlung schenkungsrechtlicher Haftungsprivilegierungen auf das Deliktsrecht

Die Frage nach der Reichweite der §§ 521 ff. BGB gewinnt zusätzliche Brisanz
durch den Umstand, daß die h.M. die Beschränkung des Vertretenmüssens des

---

[96] Allgemein zu den Begriffen Erfüllungs- und Integritätsinteresse *H. Lange/Schiemann*
Schadensersatz, 3. Aufl. 2003, § 2 IV 3 und § 2 V 5.

[97] BGH v. 20. November 1984, BGHZ 93, 23 (28); *Gerhardt* JuS 1970, 597 (600); *Pa-
landt/Weidenkaff* § 524 Rdnr. 6; *Soergel/Mühl* § 524 Rdnr. 2; a.A. *Esser/Weyers* BT 1,
§ 12 II 2, S. 125; *Kollhosser* MünchKomm. § 521 Rdnr. 12; *Staudinger/Cremer* § 524
Rdnr. 2.

[98] Insofern ist es strenggenommen sogar unrichtig, in diesem Zusammenhang überhaupt
von Mangel- und Mangelfolgeschäden zu sprechen: Pflichtverletzung ist nicht die Lieferung eines mangelhaften Gegenstandes als solche, sondern das Unterlassen der diesbezüglichen Aufklärung.

[99] Für den Ersatz von Integritätsschäden sind aber auch in diesen Fällen die §§ 523
Abs. 1, 524 Abs. 1 BGB einschlägig.

[100] *Kollhosser* MünchKomm. § 523 Rdnr. 6; *Staudinger/Cremer* § 523 Rdnr. 4.

[101] *Kollhosser* MünchKomm. § 523 Rdnr. 6.

Schenkers auf Vorsatz und grobe Fahrlässigkeit (§ 521 BGB) bzw. sogar auf Arglist (§§ 523 Abs. 1, 524 Abs. 1 BGB) auch auf einen etwaigen deliktischen Anspruch des Beschenkten aus den §§ 823 ff. BGB erstreckt.[102] Bei diesem Problem
handelt es sich um einen Ausschnitt aus der umfassenderen Frage der Anspruchs-
und Anspruchsnormenkonkurrenz.[103]

Dementsprechend wird gegen die Ausdehnung der Haftungsprivilegierung auf
das Deliktsrecht vorgebracht, daß diese in unlösbarer Verbindung zu der vertraglichen Sonderbeziehung stehe und es den mit der Anerkennung einer derartigen
Sonderverbindung intendierte Regelungszweck eines erhöhten Gläubigerschutzes
(vgl. die §§ 280 ff. BGB) in sein Gegenteil verkehre, wenn auf die Sonderverbindung bezogene Einschränkungen auch den allgemeinen Verkehrsschutz abschwächen würden.[104]

Das überzeugt jedoch nicht. Die vertragliche Haftung soll nicht schlicht ein zusätzliches Haftungsinstrument neben dem Deliktsschutz etablieren, sondern vielmehr eine spezifische Regelung treffen, die den Besonderheiten des jeweiligen
Rechtsverhältnisses Rechnung trägt. Und insoweit ist aufgrund der Freigiebigkeit
eine Privilegierung des Schenkers geboten, die unterlaufen würde, wenn der deliktische Haftungsmaßstab unverändert bliebe. Dessen Anpassung ist lediglich
Ausdruck der vom Regelfall abweichenden besonderen Beziehung der Vertragsparteien, die in Teilbereichen durchaus auch Nachteile für den Beschenkten gegenüber den allgemeinen Regeln bewirken kann. Ferner trifft es nicht zu, daß durch
die Ausstrahlung der Haftungsmilderung auf das Deliktsrecht die Schenkung für
minderjährige Zuwendungsempfänger kein lediglich rechtlich vorteilhaftes Geschäft i.S. des § 107 BGB mehr wäre.[105] Die Abschwächung des Vertretenmüssens
nach den §§ 823 ff. BGB tritt nicht als Inhalt des Schenkungsvertrags, sondern
kraft Gesetzes aufgrund der Überformung des allgemeinen Verkehrsschutzes durch
die Sonderverbindung ein.[106] Zu berücksichtigen ist allerdings, daß eine Ausstrahlung auf das Deliktsrecht konsequenterweise nur in Betracht kommt, wenn die jeweilige Pflichtverletzung auf vertraglicher Ebene auch dem Anwendungsbereich
der Haftungsprivilegierung unterfällt, was insbesondere bei § 521 BGB umstritten
sein kann.[107]

---

[102] BGH v. 20. November 1984, BGHZ 93, 23 (29); *Erman/Seiler* § 521 Rdnr. 4; *Medicus*
       Festschrift für Odersky, 1996, S. 596 ff.
[103] Dazu *Larenz/Wolf* § 18 Rdnr. 18 ff. Zum Parallelproblem im Recht der Leihe unten
       § 6 C III 3, S. 386 f.
[104] *Esser/Weyers* BT 1, § 12 II 2, S. 125; *Staudinger/Cremer* § 521 Rdnr. 4.
[105] So aber *Schlechtriem* Rdnr. 191.
[106] Dazu, daß der rechtliche Nachteil i.S. des § 107 BGB Inhalt des jeweiligen Rechtsge-
       schäfts sein muß *Flume* AT 2, § 13/7b, S. 192.
[107] Siehe dazu § 4 D II, S. 286 f.

E. Rückgewähransprüche des Schenkers

Neben den Privilegierungen des Schenkers in den §§ 521 bis 524 BGB trägt das Gesetz der Unentgeltlichkeit der Zuwendung dadurch Rechnung, daß es dem Schenker unter erleichterten Voraussetzungen ermöglicht, die Rückabwicklung der Leistung herbeizuführen. Diese Vorschriften sind Ausdruck einer an verschiedenen Gesetzesstellen anzutreffenden „Schwäche" des unentgeltlichen Erwerbs (vgl. auch die §§ 816 Abs. 1 Satz 2, 822, 2287, 2325, 2329 BGB, § 134 InsO, § 4 AnfG). Dabei ist zwischen dem Rückforderungsanspruch (§ 528 Abs. 1 Satz 1 BGB) und dem Herausgabeanspruch nach Ausübung eines Widerrufsrechts (§ 812 Abs. 1 Satz 2 Alt. 1 BGB i.V. mit § 531 Abs. 2 BGB) zu unterscheiden. Für beide Anspruchsgrundlagen gilt gleichermaßen der Ausschlußtatbestand des § 534 BGB.[108]

I. Der Rückforderungsanspruch (§ 528 Abs. 1 Satz 1 BGB)

Das Schenkungsrecht unterstellt, daß der Schenker die Zuwendung an den Beschenkten vornimmt, weil er das entsprechende Vermögen für seinen eigenen Unterhalt und seine anderweitigen Unterhaltsverpflichtungen nicht benötigt. Diese vom Gesetz für die Schenkung angenommene Geschäftsgrundlage entfällt jedoch, wenn der Schenker nach deren Vollzug nicht mehr seinen eigenen angemessenen Unterhalt bestreiten oder seine gesetzlichen Unterhaltspflichten erfüllen kann.[109] Für diesen Fall einer Notlage soll er berechtigt sein, die Zuwendung von dem Beschenkten zurückzufordern,[110] ist aber im Hinblick auf den Umfang der Herausgabe auf dasjenige beschränkt, was zur Behebung der Notlage erforderlich ist.[111]

Anders als bei der Einrede des Notbedarfs (§ 519 BGB) genügt wegen der Schutzbedürftigkeit des Beschenkten (Vertrauen auf die Rechtsbeständigkeit des erfolgten Erwerbs) indes nicht bereits der Eintritt einer Gefährdungslage. Der Rückforderungsanspruch ist aus dem vorgenannten Grund zudem nach § 529 BGB ausgeschlossen, wenn

- der Schenker seine Bedürftigkeit vorsätzlich oder infolge grober Fahrlässigkeit herbeigeführt hat oder
- seit der Leistung 10 Jahre verstrichen sind oder
- bei Erfüllung der Herausgabepflicht bei dem Beschenkten eine mit § 519 BGB deckungsgleiche Unterhaltsgefährdung eintreten würde (§ 529 Abs. 2 BGB). In diesem Fall befinden sich beide Parteien in einer vergleichbaren Notlage, deren Umschichtung durch eine Rückgewähr aufgrund des Vertrauensaspekts nicht gerechtfertigt wäre.

---

[108] Dazu unten § 4 E III, S. 293.

[109] Ebenso für die Parallelnorm in § 519 BGB als Sonderfall des Wegfalls der Geschäftsgrundlage *Staudinger/Cremer* § 519 Rdnr. 1.

[110] Praktische Relevanz erhält die Vorschrift häufig erst bei einem Regreß durch Sozialhilfeträger; vgl. § 90 Abs. 1 Satz 1 BSHG sowie exemplarisch BGH v. 20. Mai 2003, NJW 2003, 2449 ff.

[111] BGH v. 20. Mai 2003, NJW 2003, 2449 (2450).

In den vorgenannten Sachverhalten genießt das Vertrauen des Beschenkten in die Rechtsbeständigkeit des Erwerbs den Vorrang. Liegen die tatbestandlichen Voraussetzungen für einen Rückforderungsanspruch vor und greift keiner der in § 529 BGB genannten Ausschlußtatbestände ein, dann begründet § 528 Abs. 1 Satz 1 BGB einen *eigenständigen Anspruch* auf Rückgewähr der vom Schenker zugewandten Leistung.

Die Bezugnahme in § 528 Abs. 1 Satz 1 BGB auf das Bereicherungsrecht ist i.S. einer *Rechtsfolgenverweisung* zu verstehen,[112] da die Vorschrift die Voraussetzungen für die Verpflichtung zur Rückgewähr abschließend festlegt und der Rechtsgrund für die Vermögenszuwendung aufgrund der Notlage – die nur die Geschäftsgrundlage berührt – nicht entfällt. Die Einzelheiten des Rückforderungsanspruchs, insbesondere die Rechtsfolgen, wenn die zugewandte Leistung nicht mehr vorhanden oder verschlechtert ist, sind somit nach den §§ 818 ff. BGB zu beurteilen.[113] So schuldet der Beschenkte z.B. nach § 818 Abs. 2 BGB Wertersatz, wenn ihm die Herausgabe des Geschenkes unmöglich ist. Auch § 822 BGB ist analog anwendbar, wenn der Beschenkte den Gegenstand weiterverschenkt hat.[114]

Da § 528 BGB nach seinem Regelungszweck nur das vermögensmäßige Interesse an der Rückerlangung des Schenkungswertes schützt, kann der Beschenkte die Rückgewähr in natura mit einer Geldzahlung abwenden, die den Unterhaltsbedarf bis zur Höhe des Zuwendungswertes abdeckt (§ 528 Abs. 1 Satz 2 BGB). Unter mehreren Beschenkten gilt für die Rückforderung das Prioritätsprinzip (§ 528 Abs. 2 BGB); bei gleichzeitig Beschenkten besteht eine Gesamtschuld mit den Ausgleichsfolgen des § 426 BGB.[115]

II. Der Herausgabeanspruch (§ 812 Abs. 1 Satz 2 Alt. 1 BGB i.V. mit § 531 Abs. 2 BGB)

Dem altruistischen Charakter der Schenkung trägt auch das Recht zum Widerruf wegen groben Undanks Rechnung (§ 530 Abs. 1 BGB). Im Gegensatz zu § 528 Abs. 1 Satz 1 BGB begründet dieser nicht unmittelbar einen Rückforderungsanspruch des Schenkers oder gegebenenfalls seiner Erben (§ 530 Abs. 2 BGB). Das Gesetz räumt lediglich ein Gestaltungsrecht (Widerruf) ein, so daß die Herausgabe des Geschenkes erst verlangt werden kann, wenn der Widerruf gegenüber dem Beschenkten rechtswirksam erklärt wurde (§ 531 Abs. 1 BGB).

Die Schwelle für eine zum Widerruf berechtigende „schwere Verfehlung" ist – wie § 530 Abs. 2 BGB zeigt (Tötung des Schenkers) – aus Gründen der Rechtssicherheit und -beständigkeit sehr hoch anzusetzen. Nach einer allerdings vagen Formel der Rechtsprechung muß das Fehlverhalten objektiv eine gewisse Schwere und subjektiv eine tadelnswerte Gesinnung aufweisen, die einen Mangel an Dankbar-

---

[112] Für die allg. Ansicht statt aller OLG Köln v. 26. Juni 1985, FamRZ 1986, 988 (989); *Kollhosser* MünchKomm. § 528 Rdnr. 5; *Staudinger/Cremer* § 528 Rdnr. 6; i.E. auch *Palandt/Weidenkaff* § 528 Rdnr. 6.
[113] Siehe BGH v. 20. Mai 2003, NJW 2003, 2449 (2451).
[114] BGH v. 3. Februar 1989, NJW 1989, 1478.
[115] Vgl. BGH v. 13. Februar 1991, NJW 1991, 1824 (1825).

keit erkennen läßt,[116] wofür die Tatbestände in den §§ 2333, 2339 BGB einen Anhaltspunkt geben. Das Fehlverhalten muß nicht schuldhaft im Rechtssinne, wohl aber moralisch vorwerfbar sein,[117] wobei dies ausscheidet, wenn die Verschuldensfähigkeit nach den §§ 827, 828 BGB fehlt.[118] Wird diese Schwelle überschritten, dann steht dem Schenker ein Widerrufsrecht zu (§ 531 Abs. 1 BGB), für dessen Ausübung die allgemeinen Vorschriften über empfangsbedürftige Willenserklärungen gelten. Die §§ 532, 533 BGB regeln allerdings wichtige Tatbestände (Verzeihung, Fristablauf nach Kenntniserlangung, Tod des Beschenkten, *nachträglicher* Verzicht), die das Widerrufsrecht ausschließen.

Wurde das Widerrufsrecht wirksam ausgeübt, dann steht dem Schenker ein Anspruch auf Herausgabe des Geschenkes zu, wobei allerdings die Bezugnahme auf das Bereicherungsrecht in § 531 Abs. 2 BGB mißverständlich ist. Auch ohne sie stünde bereits fest, daß der Schenker nach Ausübung des Widerrufsrechts einen bereicherungsrechtlichen Herausgabeanspruch geltend machen kann, da der Rechtsgrund für die Zuwendung durch den Widerruf nachträglich entfällt (§ 812 Abs. 1 Satz 2 Alt. 1 BGB). Deshalb ist § 531 Abs. 2 BGB – im Gegensatz zu § 528 Abs. 1 Satz 1 BGB – eine *Rechtsgrundverweisung* mit lediglich klarstellender Bedeutung.[119] Verlangt der Schenker Herausgabe des Geschenkes, so liefert hierfür § 812 Abs. 1 Satz 2 Alt. 1 BGB die Anspruchsgrundlage.

III. Pflicht- und Anstandsschenkungen als Ausschlußtatbestände

Der Rückforderungsanspruch (§ 528 Abs. 1 Satz 1 BGB) und der Herausgabeanspruch (§ 812 Abs. 1 Satz 2 Alt. 1 BGB i.V. mit § 531 Abs. 2 BGB) können grundsätzlich bei allen Schenkungen eingreifen. Eine wichtige und für beide Anspruchsgrundlagen geltende Ausnahme regelt jedoch § 534 BGB. Entsprach die Schenkung einer „sittlichen Pflicht" oder einer auf den „Anstand zu nehmenden Rücksicht" (Anstandspflicht), dann schließt dies sowohl die Rückforderung des Geschenkes wegen Bedürftigkeit (§ 528 BGB) als auch den Widerruf der Schenkung wegen groben Undanks (§ 530 BGB) aus. Beispiele für die von § 534 BGB erfaßten Schenkungen sind u.a. übliche Gelegenheitsgeschenke wie z.B. Geburtstags-, Weihnachts- und Hochzeitsgeschenke (Anstandspflicht) oder die Unterstützung bedürftiger naher, aber nicht unterhaltsberechtigter Verwandter, z.B. von Geschwistern (sittliche Pflicht).[120]

---

[116] BGH v. 30. Juni 1993, NJW-RR 1993, 1410 (1411).
[117] *Kollhosser* MünchKomm. § 530 Rdnr. 4.
[118] *Kollhosser* MünchKomm. § 530 Rdnr. 4; *Staudinger/Cremer* § 530 Rdnr. 8.
[119] Für die allgemeine Ansicht *Kollhosser* MünchKomm. § 531 Rdnr. 3; *Staudinger/Cremer* § 531 Rdnr. 2.
[120] Vgl. zu weiteren Einzelfällen *Kollhosser* MünchKomm. § 534 Rdnr. 6 f.

F. Die Schenkung unter Auflage

Als eine besondere Form der Schenkung regeln die §§ 525 bis 527 BGB die
Schenkung unter Auflage. Für sie ist charakteristisch, daß die *Schenkung unbedingt* erfolgen, der Beschenkte aber gleichwohl zur Vornahme einer bestimmten
Handlung verpflichtet sein soll. Da die aus der Auflage resultierende Verpflichtung der Zuwendung nicht nach Art einer Gegenleistung gegenübersteht, sondern
die Zuwendung quasi einschränkt, bleibt letztere unentgeltlich.[121] Die Einklagbarkeit der Auflage unterscheidet diese Art der Schenkung andererseits von der
Zweckschenkung, bei der dem Schenker bei Nichterfüllung des Zwecks zwar nach
der h.M., nicht aber nach der hier vertretenen Auffassung ein bereicherungsrechtlicher Herausgabeanspruch (§ 812 Abs. 1 Satz 2 Alt. 2 BGB) zusteht.[122]

Die Schenkung unter Auflage unterliegt im Ausgangspunkt den allgemeinen
Vorschriften über die Schenkung. Über den möglichen *Inhalt einer Auflage*
schweigt das Gesetz. Angesichts fehlender Einschränkungen in § 525 Abs. 1 BGB
kann jede Verpflichtung des Beschenkten zu einem bestimmten Verhalten materieller oder immaterieller Art Gegenstand einer Auflage sein.[123] Es ist auch nicht
erforderlich, daß diese aus dem Wert der Zuwendung erfüllt werden muß, was z.B.
bei ideellen Auflagen unmöglich wäre. Ebenso ist es im Grundsatz unbeachtlich,
wenn der Wert der Zuwendung denjenigen der Auflage nicht nennenswert übersteigt (siehe indirekt § 526 Satz 1 BGB). Verbleibt bei dem Empfänger der Zuwendung nach dem insoweit allein maßgeblichen *Parteiwillen* jedoch durch die
Erfüllung der Auflage keinerlei – sei es auch immaterielle – Bereicherung, fehlt es
bereits tatbestandlich an einer Schenkung,[124] da die „Auflage" nicht mehr als bloße
Einschränkung der Zuwendung begriffen werden kann. Übersteigt der Wert der
Auflage daher auch aus subjektiver Sicht der Vertragspartner den Wert der Zuwendung, dann liegt eine Schenkung nur vor, wenn der Wert der Auflage im Vermögen des Beschenkten verbleibt.

Die Besonderheit der Schenkung unter Auflage zeigt sich in den Verknüpfun-
gen der Auflage mit der Schenkung. Insoweit regelt das Schenkungsrecht drei Besonderheiten:

– Erstens steht dem Schenker ein eigenständiger, einklagbarer Anspruch auf
  Vollziehung der Auflage zu, der allerdings voraussetzt, daß der Schenker sei-
  nerseits die Zuwendung geleistet hat (§ 525 Abs. 1 BGB). Begünstigt die Auf-
  lage einen Dritten, handelt es sich nach der Auslegungsregel des § 330 Satz 2
  BGB im Zweifel um einen echten, berechtigenden Vertrag zugunsten Dritter.
  Liegt die Erfüllung der Auflage im öffentlichen Interesse, kann diese nach dem
  Tode des Schenkers durch die zuständige Behörde durchgesetzt werden (§ 525
  Abs. 2 BGB).

---

[121]   Siehe oben § 4 B III, S. 275 f.
[122]   Dazu oben § 4 B III, S. 277 f.
[123]   BGH v. 30. Januar 1970, FamRZ 1970, 185 (186); *Kollhosser* MünchKomm. § 525
        Rdnr. 1.
[124]   RG v. 7. März 1905, RGZ 60, 238 (240 f.); *Kollhosser* MünchKomm. § 525 Rdnr. 2;
        Larenz BT 1, § 47 III , S. 209.

– Zweitens gelangen bei einer Nichtvollziehung der Auflage die allgemeinen
  Vorschriften des Leistungsstörungsrechts (§§ 280 ff. BGB) zwar in bezug auf
  die Leistung von Schadensersatz zum Ausgleich der Nichterfüllung zur Anwendung. Hinsichtlich eines Herausgabeanspruchs bezüglich des Geschenkes
  wegen der Nichtvollziehung der Auflage verweist § 527 Abs. 1 BGB aber lediglich als *Tatbestandsvoraussetzung* auf das Rücktrittsrecht bei gegenseitigen
  Verträgen (§ 323 BGB[125]), dessen Voraussetzungen somit vorliegen müssen,
  ohne daß es einer Rücktrittserklärung bedürfte.[126] Denn als *Rechtsfolge* ordnet
  § 527 Abs. 1 BGB keine Rückgewähr nach den §§ 346 ff. BGB, sondern im
  Wege einer *Rechtsfolgenverweisung* die Herausgabe des Geschenkes nach den
  Vorschriften des Bereicherungsrechts (§§ 818 ff. BGB) an. Die Herausgabe hat
  jedoch nur insoweit zu erfolgen, als das Geschenk zur Vollziehung der Auflage
  hätte verwendet werden müssen. Daraus ergibt sich: Betrifft die Auflage den
  Schenkungsgegenstand in seiner Substanz (z.B. Auflage einer bestimmten Verwendung desselben), ist dieser zurückzugeben; war das Geschenk in einem Teil
  seines Wertes zur Erfüllung der Auflage einzusetzen (Beispiel: mit einem wert-
  vollen Geschenk verbundene Auflage, einen kleineren Betrag an eine gemein-
  nützige Organisation zu spenden), hat gemäß § 818 Abs. 2 BGB eine Herausgabe des Wertes der Auflage zu erfolgen; bei einer immateriellen Auflage-
  pflicht ohne Bezug zum Schenkungsgegenstand muß folgerichtig nichts herausgegeben werden.[127]
– Drittens sichert § 526 Satz 1 BGB den Beschenkten durch ein Leistungsverweigerungsrecht davor, daß er die Auflage vollziehen muß, obwohl die Zuwendung mit einem Rechts- oder Sachmangel behaftet ist und *dadurch* der Wert
  der Zuwendung die Höhe der zur Vollziehung der Auflage erforderlichen Aufwendungen nicht erreicht. Hat der Beschenkte die Auflage in Unkenntnis des
  Mangels bereits vollzogen, steht ihm nach § 526 Satz 2 BGB ein Anspruch auf
  Ersatz desjenigen Aufwendungswertes zu, der infolge des Rechts- oder Sachmangels nicht von der Zuwendung gedeckt ist. Erreicht der Wert der Zuwendung aus einem anderen, den Parteien bei Vertragsschluß unbekannten Grund
  nicht den Wert der Auflage, ist § 526 BGB als spezielle Regelung der Geschäftsgrundlage analog anzuwenden.[128]

---

[125] Im Gegensatz zu den §§ 325, 326 BGB a.F. bedarf es nach § 323 BGB keines Vertre-
    tenmüssens der Nichtleistung seitens des Schuldners als Voraussetzung für das Rück-
    trittsrecht; siehe BT-Drucks. 14/6040, S. 184.
[126] Insoweit unrichtig *Fikentscher* Rdnr. 782.
[127] *Kollhosser* MünchKomm. § 527 Rdnr. 4; *Staudinger/Cremer* § 527 Rdnr. 7.
[128] *Esser/Weyers* BT 1 § 12 IV 1, S. 127; *Kollhosser* MünchKomm. § 527 Rdnr. 4;
    Larenz BT 1, § 47 III, S. 210.

§ 5 Miet- und Pachtverträge

A. Überblick

Miet- und Pachtverträge zählen zu den sog. Überlassungsverträgen.[1] Für sie ist kennzeichnend, daß sich der Vermieter bzw. Verpächter verpflichtet, dem Mieter bzw. Pächter einen Gegenstand auf Zeit zur Nutzung zu überlassen (Gebrauchsüberlassung). Nach der Beendigung des Rechtsverhältnisses muß der Mieter bzw. Pächter diesen zurückgeben. Anders als bei Veräußerungsverträgen, z.B. einem Kauf, kommt es somit zu keiner Übertragung der rechtlichen Inhaberschaft an dem Vermögensgegenstand (Eigentum an Sachen, Inhaberschaft an Forderungen etc.). Als Gegenleistung für die Überlassung erhält der Vermieter bzw. Verpächter ein Entgelt, die Miete bzw. Pacht, so daß ein gegenseitiger Vertrag i.S. der §§ 320 ff. BGB vorliegt. Miet- und Pachtverträge begründen zudem Dauerschuldverhältnisse, die sich nicht in einem einmaligen Leistungsaustausch erschöpfen. Vielmehr entstehen die vertraglichen Pflichten der Parteien während der gesamten Vertragsdauer fortlaufend neu, so daß sie kontinuierlich Leistungen zu erbringen haben.[2] Dieses Rechtsverhältnis endet erst mit dem Eintritt eines Beendigungstatbestandes (Ablauf einer Befristung, Kündigung etc.).[3]

Beide Vertragstypen unterscheiden sich hauptsächlich durch den Umfang der Nutzung (vgl. § 100 BGB). Der Mietvertrag gibt dem Mieter nur das Recht zum Gebrauch der Mietsache, während der Pachtvertrag zugunsten des Pächters zusätzlich das Recht zur Fruchtziehung begründet, so daß ihm nach § 581 Abs. 1 Satz 1 BGB im Rahmen der ordnungsgemäßen Wirtschaft die Früchte des betreffenden Gegenstandes i.S. des § 99 BGB zustehen.[4] Deshalb ist der Pachtvertrag an sich nur ein um das Fruchtziehungsrecht erweiterter Mietvertrag. Die Verwandtschaft beider Vertragstypen spiegelt sich auch in ihrer gesetzlichen Ausgestaltung wider. Für den Mietvertrag treffen die §§ 535 bis 580a BGB eine ausführliche Regelung,

---

[1]   Dazu oben § 1 C II 2, S. 7 f.
[2]   *Larenz* BT 1, § 48 I, S. 212; *Voelskow* MünchKomm. Einl. zu §§ 535-597 Rdnr. 6.
[3]   Dazu näher unten § 5 B VII, S. 339 ff.
[4]   *Schlechtriem* Rdnr. 231; *Staudinger/Emmerich* (2003) Vorbem. zu § 535 Rdnr. 31; *Voelskow* MünchKomm. Vor § 535 Rdnr. 1.

die § 581 Abs. 2 BGB im Wege der Verweisung auf den Pachtvertrag überträgt. Ansonsten beschränken sich die gesetzlichen Bestimmungen zum Pachtvertrag in den §§ 581 bis 584b BGB im Grundsatz auf Besonderheiten, die sich aus der Einräumung des Fruchtziehungsrechts ergeben. Weitgehend eigenständige Vorschriften existieren lediglich für den Landpachtvertrag (§§ 585 bis 597 BGB).

Weder den Miet- noch den Pachtvertrag regelt das Bürgerliche Gesetzbuch abschließend, sondern ergänzend treten weitere Gesetze und Verordnungen wie z.B. das Landpachtverkehrsgesetz,[5] die Heizkostenverordnung[6] oder das öffentlich-rechtliche Wohnungsrecht[7] hinzu. Diese Zersplitterung der Rechtsmaterie hat das zum 1.9.2001 in Kraft getretene Mietrechtsreformgesetz[8] zwar verringert, indem es z.B. das Miethöhegesetz in das Bürgerliche Gesetzbuch integriert hat; eine vollständige Zusammenfassung der Materie unterblieb aber.[9]

B. Der Mietvertrag im allgemeinen

I. Grundstruktur der gesetzlichen Regelung

Das Mietvertragsrecht des Bürgerlichen Gesetzbuches enthält im Ersten Untertitel des Fünften Titels allgemeine Vorschriften für Mietverhältnisse (§§ 535 bis 548 BGB). Im Zweiten Untertitel fassen die §§ 549 bis 577a BGB Bestimmungen für Mietverhältnisse über Wohnraum zusammen. Für diese gelten nach § 549 Abs. 1 BGB zwar im Grundsatz die allgemeinen Vorschriften in den §§ 535 bis 548 BGB; die §§ 549 bis 577a BGB sehen aber für Wohnraummietverträge umfangreiche Sonderregelungen vor. Schließlich ergänzen die §§ 578 bis 580a BGB in einem Dritten Untertitel das Mietvertragsrecht mit weiteren Vorschriften für Mietverträge über Grundstücke, Räume oder Schiffe, verweisen aber zu großen Teilen auf ausgewählte Normen zur Wohnraummiete.

Die allgemeinen Bestimmungen in den §§ 535 ff. BGB entsprechen weitgehend dem liberalen, an der Privatautonomie orientierten Vertragsbild des Bürgerlichen Gesetzbuches.[10] Der Wohnraummietvertrag hat demgegenüber wegen seiner sozialen Bedeutung für den Mieter und der immer wieder bestehenden Wohnungsknappheit eine Sonderentwicklung genommen, der das Mietvertragsrecht mit einem eigenen Untertitel Ausdruck verleiht.[11] Dabei hatte zunächst die Wohnungszwangswirtschaft den Vertrag als Mittel des Gütertransfers weitgehend ver-

---

[5] Gesetz über die Anzeige und Beanstandung von Landpachtverträgen v. 8. November 1985, BGBl. I, S. 2075.

[6] Verordnung über die verbrauchsabhängige Abrechnung der Heiz- und Warmwasserkosten in der Fassung der Bekanntmachung v. 20. Januar 1989, BGBl. I, S. 115.

[7] Überblick zu dessen Entwicklung bei *Voelskow* MünchKomm. Vor § 535 BGB Rdnr. 52 ff.

[8] Gesetz zur Neugliederung, Vereinfachung und Reform des Mietrechts (Mietrechtsreformgesetz) v. 19. Juni 2001, BGBl. I, S. 1149.

[9] BT-Drucks. 14/4553, S. 35; dazu auch *B. Grundmann* NJW 2001, 2497 ff.

[10] Grundlegend dazu *Flume* AT 2, § 1.

[11] Siehe BT-Drucks. 14/4553, S. 35.

drängt.[12] Mit deren Rückbau entwickelte sich teils innerhalb, teils außerhalb des Bürgerlichen Gesetzbuches ein soziales Wohnraummietrecht, das zwar den privatautonom gestalteten Vertrag zugrunde legt, die Inhaltsfreiheit zum Schutz des Mieters aber erheblich begrenzt. Im Gegensatz zu den §§ 535 bis 548 BGB, die dem klassischen Bild des Vertrages als Ausgleichsmechanismus zwischen den Vertragsparteien entsprechen,[13] berücksichtigen die Vorschriften zum Wohnraummietvertrag die typische strukturelle Unterlegenheit des Mieters, der auf die Whonung als Teil seiner Existenzgrundlage angewiesen ist und somit sowohl bei Abschluß des Vertrages als auch während der Vertragsdurchführung eine ungünstigere Verhandlungsposition als der Vermieter hat.[14] Die im Laufe der Zeit eingeführten Regelungen zum Schutze des Mieters vertrauen anders als der Gesetzgeber des ausgehenden 19. Jahrhunderts nicht auf einen Ausgleich durch die „unsichtbare Hand des Marktes", sondern schränken rechtspaternalistisch die Vertragsfreiheit ein.[15] Schwerpunkte sind dabei der Schutz vor einer zu hohen Miete und einer Verletzung des Persönlichkeitsrechts sowie das Interesse des Mieters am Fortbestand des Vertragsverhältnisses.

II. Gegenstand des Mietvertrages und Abgrenzung von anderen Vertragstypen

1. Gegenstand der Überlassung

Der Mietvertrag verpflichtet zur entgeltlichen Gebrauchsüberlassung einer Mietsache (§ 535 BGB). Hierunter fallen sowohl die Überlassung beweglicher als auch unbeweglicher *Sachen* sowie von Sachgesamtheiten (z.B. Fuhrpark).[16] Vermietbar sind aber nicht nur Sachen i.S. des § 90 BGB im ganzen, sondern auch Teile einer solchen, wenn diese selbständig gebraucht werden können, wie Kabelschächte oder Wände von Häusern und Straßenbahnen für Plakatwerbung,[17] weil der Mietvertrag nicht auf eine Änderung der dinglichen Rechtszuständigkeit abzielt[18] und deshalb die Vermietung von Sachbestandteilen nicht gegen die §§ 93, 94 BGB verstößt. Aufgrund des nur verpflichtenden Charakters des Mietvertrages kommt auch die Vermietung fremder oder sogar die Anmietung eigener Sachen in Betracht.[19] Einen Mietvertrag über *Rechte* kennt das Bürgerliche Gesetzbuch hinge-

---

[12] Zur Historie siehe *Larenz* BT 1, § 48 VI a, S. 255 f.; *Staudinger/Emmerich* (2003) Vorbem. zu § 535 Rdnr. 4 ff.; *Voelskow* MünchKomm. Vor § 535 Rdnr. 53 ff.

[13] Grundsatz der Richtigkeitsgewähr des Vertrages: *Schmidt-Rimpler* AcP 147 (1942), 130 (151).

[14] *Esser/Weyers* BT 1, § 19 I und II, S. 159 ff.; *Larenz* BT 1, § 48 I, S. 213 f.; *Voelskow* MünchKomm. Vor § 535 Rdnr. 58.

[15] Grundlegend hierzu *Enderlein* Rechtspaternalismus und Vertragsfreiheit, 1996.

[16] *Voelskow* MünchKomm. §§ 535, 536 Rdnr. 36.

[17] *Erman/Jendrek* § 535 Rdnr. 20; *Staudinger/Emmerich* (2003) § 535 Rdnr. 2.

[18] Siehe oben § 5 A, S. 300.

[19] Mot. II, S. 371 f.; BGH v. 26. Februar 1954, BGHZ 12, 380 (392 ff.); *Staudinger/Emmerich* (2003) § 535 Rdnr. 4; *Voelskow* MünchKomm. §§ 535, 536 Rdnr. 37 f.

gen nicht.[20] Diese können im Gegensatz zu Sachen nicht gebraucht, sondern lediglich i.S. einer Fruchtziehung gemäß § 99 BGB genutzt werden. Nur die Rechtspacht und das Immaterialgüterrecht eröffnen deshalb die Nutzung von Rechten.

Die Verpflichtung aus dem Mietvertrag beschränkt sich nicht auf die Überlassung der Hauptsache, sondern erstreckt sich im Zweifel auch auf deren wesentliche und unwesentliche Bestandteile, die Einrichtungsgegenstände und das Zubehör.[21] Nur bei deren Mitvermietung ist dem Mieter der vertraglich vorgesehene Gebrauch der Hauptmietsache möglich, den der Vermieter einzuräumen hat. Zudem kann die Mietsache dem Mieter zur alleinigen oder zur gemeinschaftlichen Nutzung mit anderen Personen überlassen werden, wie bei Hausfluren oder Sammelgaragen.[22]

2. Abgrenzung des Mietvertrages zu anderen Vertragstypen

Die Gebrauchsüberlassung einer Sache kann nicht nur Gegenstand eines Mietvertrages sein, sondern auch zu den Pflichten aus anderen Verträgen zählen. So ist auch im Rahmen eines *Dienst- oder Werkvertrages* eine Sachüberlassung denkbar, z.B. wenn Maschinen mit Bedienungspersonal zur Verfügung gestellt werden. Für die Abgrenzung zwischen Miet-, Werk- und Dienstvertrag ist in derartigen Fällen vor allem der von den Parteien verfolgte Zweck maßgeblich; gegebenenfalls liegt auch ein gemischter Vertrag vor,[23] z.B. bei Verträgen mit Taxi- oder Fuhrunternehmen, Bewirtungsverträgen, Gastaufnahmeverträgen oder Krankenhausverträgen. Sie zwingen zu einer gesonderten Prüfung, ob die mietrechtlichen Regelungen auf die vertraglichen Leistungspflichten anwendbar sind.[24]

Von der Sachmiete ist der *Sachdarlehensvertrag* (§§ 607 bis 609 BGB) zu unterscheiden. Er zeichnet sich dadurch aus, daß der Darlehensnehmer Eigentümer der überlassenen vertretbaren Sache wird und somit über sie verfügen darf; er schuldet nur die Rückgewähr einer Sache gleicher Art und Güte (§ 607 Abs. 1 Satz 2 BGB). Der Mieter muß hingegen die ihm überlassene Mietsache zurückgeben (§ 546 Abs. 1 BGB). Während es sich bei dem Sachdarlehen somit formal um einen Veräußerungsvertrag und materiell um einen Überlassungsvertrag handelt,[25] zählt der Mietvertrag auch formal zu den letzteren.

Bei Verträgen, die auf die Überlassung von Räumen und Plätzen zur Unterbringung einer anderen Sache abzielen, ist zwischen einem Mietvertrag und einem (entgeltlichen) *Verwahrungsvertrag* zu differenzieren. Die Besonderheit der Verwahrung, welche diese zugleich von der Miete unterscheidet, besteht darin, daß

---

[20] Mot. II, S. 369; *Erman/Jendrek* § 535 Rdnr. 20; *Staudinger/Emmerich* (2003) § 535 Rdnr. 2.

[21] Z.B. der zum gemieteten Raum gehörende Briefkasten, die Schlüssel zum gemieteten PKW, die Zu- und Abwege. Dazu *Esser/Weyers* BT 1, § 14 II, S. 133; *Staudinger/Emmerich* (2003) § 535 Rdnr. 5.

[22] *Staudinger/Emmerich* (2003) § 535 Rdnr. 7 ff. m.w.N.

[23] BGH v. 22. Mai 1968, MDR 1968, 918 (918); *Staudinger/Emmerich* (2003) Vorbem. zu § 535 Rdnr. 37 f.; *Voelskow* MünchKomm. Vor § 535 Rdnr. 19 ff.

[24] Zur Behandlung gemischter Verträge näher unten § 16 A III, S. 684 ff.

[25] Dazu oben § 3 F I, S. 268.

sich der Verwahrer neben der Raumgewährung zugleich zur Obhut über die dort befindlichen Sachen des Vertragspartners als Inhalt seiner Hauptleistung verpflichtet und zu diesem Zweck auch typischerweise den unmittelbaren Besitz an ihnen erlangt.[26] Umgekehrt bleibt derjenige, der fremden Raum mietweise in Anspruch nimmt, Besitzer der dort eingebrachten Sache und erhält in der Regel auch unmittelbaren Fremdbesitz an dem betreffenden Raum(-Teil), während eine Obhutspflicht des Vermieters nur als allgemeine Schutzpflicht i.S. des § 241 Abs. 2 BGB besteht. Ein Vertrag über die entgeltliche Nutzung eines Parkplatzes ist daher nur dann ein Verwahrungsvertrag, wenn derjenige, der den Gebrauch überläßt, für die Sicherheit der Fahrzeuge besonders einsteht (bewachter Parkplatz), anderenfalls liegt ein Mietvertrag vor.[27] Bei der Überlassung von Bankschließfächern handelt es sich trotz des Interesses der Vertragsparteien an der Sicherheit der eingeschlossenen Sachen um einen Mietvertrag, da die Bank in der Regel keine besondere Obhut über die Sachen als Hauptleistung schulden will und dementsprechend auch keinen Alleinbesitz an den Sachen des Einbringenden erlangt.[28]

Von einem *Leihvertrag* i.S. der §§ 598 ff. BGB unterscheidet sich der Mietvertrag durch die Entgeltlichkeit der Gebrauchsüberlassung (§ 535 Abs. 2 BGB).[29] Bei unverhältnismäßig niedriger Miete ist nach dem Parteiwillen zu entscheiden, ob es sich um einen Gefälligkeitsmietvertrag, einen Leihvertrag oder einen gemischten Vertrag handelt.[30]

III. Abschluß und Wirksamkeit des Vertrages

1. Allgemeines

Für den Abschluß eines Mietvertrages gelten die allgemeinen Regelungen des Bürgerlichen Gesetzbuches, so daß zwei übereinstimmende Willenserklärungen genügen. Die Einhaltung einer bestimmten Form ist für die Wirksamkeit des Vertrages nicht erforderlich.[31] Häufig erfolgt der Vertragsschluß durch Einheitsmietverträge, die den Mieter als Allgemeine Geschäftsbedingungen binden, wenn sie gemäß § 305 BGB in den Mietvertrag einbezogen wurden. Den Mietvertrag können eine Mehrzahl von Mietern oder Vermietern abschließen. Sie sind in diesem Fall in der

---

[26]   BGH v. 5. Oktober 1951, BGHZ 3, 200 (202); *Staudinger/Emmerich* (2003) Vorbem. zu § 535 Rdnr. 35; *Voelskow* MünchKomm. Vor § 535 Rdnr. 11; näher unten § 12 B I, S. 622 f.

[27]   *Erman/Jendrek* Vor § 535 Rdnr. 17; *Staudinger/Emmerich* (2003) Vorbem. zu § 535 Rdnr. 36; differenzierend *Voelskow* MünchKomm. Vor § 535 Rdnr. 12.

[28]   RG v. 13. Mai 1933, RGZ 141, 99 (101); *Erman/Jendrek* Vor § 535 Rdnr. 17; a.A. *Voelskow* MünchKomm. Vor § 535 Rdnr. 12.

[29]   Zur Abgrenzung exemplarisch BGH v. 31. Januar 2003, NJW 2003, 1317 f.

[30]   BGH v. 4. Mai 1970, WM 1970, 853 (854 f.); *Staudinger/Emmerich* (2003) Vorbem. zu § 535 Rdnr. 34; *Voelskow* MünchKomm. Vor § 535 Rdnr. 15; näher § 6 A IV, S. 381 f.

[31]   Dies gilt auch für das Schriftlichkeitsgebot des § 550 Satz 1 BGB für Wohnraummietverträge; näher unten § 5 C II 2b, S. 352.

Regel Gesamtschuldner i.S. der §§ 421 ff. BGB und gemeinsame Gläubiger (§ 432 BGB); entsprechendes gilt umgekehrt bei einer Mehrheit von Vermietern.[32]

Die Wirksamkeit des Mietvertrages wird durch die allgemeinen Regeln wie z.B. die §§ 104, 134, 138, 142 Abs. 1 BGB beschränkt.[33] Das Eingreifen derartiger Nichtigkeitsvorschriften führt auch bei einem bereits in Vollzug gesetzten Mietvertrag trotz möglicher Rückabwicklungsschwierigkeiten nach umstrittener Auffassung zur Unwirksamkeit ex tunc.[34] Die für den Arbeitsvertrag und den Gesellschaftsvertrag entwickelte Lehre vom fehlerhaften Vertragsverhältnis, die eine Abwicklung des Vertrages nur ex nunc zuläßt, ist auf den Mietvertrag teleologisch nicht übertragbar. Rückabwicklungsschwierigkeiten bei in Vollzug gesetzten Dauerschuldverhältnissen rechtfertigen für sich alleine nicht, die Rechtsfolgen von Nichtigkeitsvorschriften zu modifizieren; erst die Eingliederung in eine Organisation (des Arbeitgebers, der Gesellschaft etc.) führt zu besonderen Bestandsinteressen, die eine Anpassung etwaiger Unwirksamkeitsfolgen erzwingen.[35] Eine vergleichbare Interessenlage ist im Mietrecht im allgemeinen nicht anzutreffen.

2. Drittwirkungen des Mietvertrages

Während der Laufzeit des Vertrages ist ein vertraglicher Mieterwechsel möglich, indem entweder Mieter, Nachmieter und Vermieter einen dreiseitigen Vertrag abschließen oder Mieter und Nachmieter sich alleine einigen und der Vermieter dem zustimmt.[36] Auf der Vermieterseite führt eine entsprechende gewillkürte Vertragsübernahme ebenfalls zu einem Personenwechsel. Eine Sonderregelung besteht allein zugunsten von Wohnraum-, Grundstücks- und Raummietern sowie den Mietern eingetragener Schiffe nach den §§ 566, 578, 578a Abs. 1 BGB, die unter bestimmten Voraussetzungen eine gesetzliche Vertragsübernahme durch den Erwerber einer Mietsache anordnen.[37]

Darüber hinaus kann der Mietvertrag nach allgemeinen Prinzipien Schutzwirkungen zugunsten Dritter i.S. des § 241 Abs. 2 BGB entfalten.[38] Diesen steht zwar kein Erfüllungsanspruch in bezug auf die Leistungspflichten des Vermieters aus

---

[32] Zu Einzelheiten *Staudinger/Emmerich* (2003) Vorbem. zu § 535 Rdnr. 73 ff., 77.

[33] Zur Konkurrenz der Irrtumsanfechtung nach § 119 Abs. 2 BGB mit der Haftung des Vermieters für Mängel unten § 5 B V 2e, S. 329.

[34] KG v. 4. Oktober 2001, NJW-RR 2002, 155; *Erman/Jendrek* § 537 Rdnr. 23; RGRK/ *Gelhaar* Vor § 535 Rdnr. 123; *Staudinger/Emmerich* (2003) Vorbem. zu § 535 Rdnr. 79; a.A. *Brox* Die Einschränkung der Irrtumsanfechtung, 1960, S. 274 f.; *Paschke* Das Dauerschuldverhältnis der Wohnraummiete, 1991, S. 260 f.; *Soergel/Heintzmann* §§ 535, 536 Rdnr. 96; *Voelskow* MünchKomm. Vor §§ 537-543 Rdnr. 11.

[35] Siehe *Maultzsch* JuS 2003, 544 (545 ff.) m.w.N. sowie unten § 7 C II, S. 403 f.

[36] BGH v. 3. Dezember 1997, NJW 1998, 531 (532); *Erman/Jendrek* § 535 Rdnr. 11; *Larenz* BT 1, § 48 I, S. 216.

[37] Näher unten § 5 C V, S. 362 ff.

[38] BGH v. 19. September 1973, BGHZ 61, 227 (233 f.); BGH v. 29. März 1978, BGHZ 71, 175 (178); *Erman/Jendrek* § 535 Rdnr. 63, 66 f.; *Oechsler* Rdnr. 538; *Voelskow* MünchKomm. §§ 535, 536 Rdnr. 79 f. Allgemein zum Vertrag mit Schutzwirkung für Dritte *Gottwald* MünchKomm.[4] § 328 Rdnr. 96 ff.

§ 535 Abs. 1 BGB zu. Vertragliche Pflichten zum Schutze der Rechtsgüter des Mieters, wie Leben und Gesundheit, erstrecken sich aber auch auf diejenigen Personen, bei denen der Vermieter damit rechnen mußte, daß sie die überlassene Mietsache in einer mit dem Mieter vergleichbaren Weise benutzen werden.[39] Zu dem geschützten Personenkreis zählen insbesondere Mitarbeiter eines Unternehmens, die in angemieteten Geschäftsräumen tätig werden, sowie der Ehegatte, die Verwandten und die Angehörigen des Mieters einer Wohnung, sofern sie nicht selbst Partei des Mietvertrages sind.[40]

IV. Pflichten des Vermieters

1. Hauptpflichten des Vermieters

a) Überblick

Der Vermieter ist nach § 535 Abs. 1 Satz 1 BGB verpflichtet, dem Mieter den Gebrauch der Mietsache während der Mietzeit zu gewähren. Konkretisierend sieht § 535 Abs. 1 Satz 2 BGB vor, daß der Vermieter die Mietsache in einem zum vertragsgemäßen Gebrauch geeigneten Zustand *überlassen* und während der Dauer der Mietzeit in diesem Zustand *erhalten* muß. Diese vertragstypischen Hauptpflichten des Vermieters stehen i.S. der §§ 320 ff. BGB im Synallagma mit der Pflicht des Mieters, die Miete zu zahlen.[41]

Anders als z.B. für den Kaufvertrag (vgl. § 433 Abs. 1 Satz 2 BGB) ordnet das Gesetz nicht ausdrücklich die Pflicht des Vermieters an, dafür zu sorgen, daß die Sache frei *von Sach- und Rechtsmängeln* ist. Diese Verpflichtung ist bereits implizit in den Pflichten aus § 535 Abs. 1 Satz 1 und 2 BGB (Überlassung und Erhaltung zum vertragsgemäßen Gebrauch) enthalten.[42] Dabei stehen Rechtsmängel (vgl. § 536 Abs. 3 BGB) typischerweise der Überlassung der Mietsache für den vertraglich vorgesehenen Zeitraum entgegen, während Sachmängel (vgl. § 536 Abs. 1 Satz 1 BGB) die Tauglichkeit zum vertragsgemäßen Gebrauch beeinträchtigen. Da die §§ 536 bis 536d BGB besondere Rechtsfolgen anordnen, wenn die Mietsache mit Sach- oder Rechtsmängeln behaftet ist, werden diese bereits bei der folgenden Darstellung der Hauptpflichten des Vermieters aus den § 535 Abs. 1 Satz 1 und 2 BGB an den entsprechenden Stellen erörtert. Es ist jedoch stets zu berücksichtigen, daß insoweit nicht ein zusätzliches Erfordernis neben den gesetzlich statuierten Vermieterpflichten in Rede steht, sondern lediglich die Leistungspflicht des Vermieters aus § 535 Abs. 1 Satz 1 und 2 BGB in Form einer negativen Abgrenzung konkretisiert wird.[43]

---

[39]   *Erman/Jendrek* § 535 Rdnr. 63 ff.; *Esser/Weyers* BT 1, § 15 I 6d, S. 141.
[40]   *Erman/Jendrek* § 535 Rdnr. 63 ff.; *Staudinger/Emmerich* (2003) Vorbem. zu § 535 Rdnr. 83, § 540 Rdnr. 3 ff.
[41]   Statt aller BR/*Ehlert* § 535 Rdnr. 73.
[42]   Vgl. *Voelskow* MünchKomm. §§ 535, 536 Rdnr. 40.
[43]   Vgl. oben § 2 D I 1d, aa (S. 36) zu der entsprechenden Rechtslage beim Kauf.

b) Überlassung des Gebrauchs der Mietsache

aa) Inhalt und Umfang der Überlassung

Zur Erfüllung seiner vertraglichen Pflichten muß der Vermieter dem Mieter die Mietsache zum Gebrauch „überlassen". Selbst wenn ihm dies bereits bei Abschluß des Mietvertrages objektiv oder subjektiv unmöglich ist, bleibt dessen Wirksamkeit hiervon unberührt (§ 311a Abs. 1 BGB).

Die Überlassung setzt in der Regel voraus, daß der Vermieter dem Mieter den unmittelbaren Alleinbesitz an der Sache i.S. des § 854 BGB verschafft,[44] wie z.B. bei der Vermietung eines PKW oder eines Geschäftsraumes. Zugleich muß er den unmittelbaren Besitz an allen Bestandteilen und Zubehörstücken verschaffen, die mitvermietet sind, wie die Schlüssel oder der Fahrzeugschein des PKW.[45] Hat der Mieter die Sache nur zur gemeinsamen Benutzung mit Dritten gemietet, so bedarf es zur Überlassung lediglich der Einräumung des Mitbesitzes (§ 866 BGB). Der Vermieter bleibt mittelbarer Besitzer der Sache i.S. des § 868 BGB.

Für die Überlassung zum vertragsgemäßen Gebrauch kann es im Einzelfall genügen, wenn der Vermieter die Mietsache dem Mieter zeitweilig zugänglich macht.[46] So reicht es z.B. bei der Vermietung einer Hauswand oder eines Busses als Werbeträger aus, dem Mieter das Anbringen der Werbung zu ermöglichen. Im Einzelfall ist anhand des vertraglich vereinbarten Gebrauchs zu ermitteln, in welchem Umfang der Vermieter dem Mieter den Zugriff auf die Mietsache einräumen muß, um ihm die versprochenen Gebrauchsmöglichkeiten zu verschaffen. Soweit erforderlich, hat der Vermieter den Mieter zudem in den Gebrauch der Sache einzuweisen,[47] z.B. bei der Vermietung eines PKW dessen Bedienung in angemessenem Umfang zu erläutern.

Der Vermieter ist nach § 535 Abs. 1 Satz 1 und 2 BGB auch verpflichtet, die Mietsache für die Dauer des Vertragsverhältnisses bei dem Mieter zu *belassen* und einen vertragsgemäßen Gebrauch des Mieters zu dulden (Dauerschuldcharakter der Miete).[48] So darf z.B. ein vermietender Eigentümer die Mietsache vor Ablauf der Vertragslaufzeit nicht nach § 985 BGB herausverlangen; dem Mieter steht insoweit ein Recht zum Besitz i.S. des § 986 Abs. 1 Satz 1 Alt. 1 BGB zu. Darüber hinaus kann die fortdauernde Überlassungspflicht auch die Abwehr eines durch Dritte drohenden Entzuges der Mietsache umfassen.

---

[44]   BGH v. 22. Oktober 1975, BGHZ 65, 137 (139 f.); *Larenz* BT 1, § 48 II a, S. 218; *Staudinger/Emmerich* (2003) § 535 Rdnr. 15; *Voelskow* MünchKomm. §§ 535, 536 Rdnr. 41.

[45]   Siehe oben § 5 B II 1, S. 303.

[46]   *Esser/Weyers* BT 1, § 14 II, S. 133; *Larenz* BT 2, § 48 II a, S. 219; *Schlechtriem* Rdnr. 227; *Staudinger/Emmerich* (2003) § 535 Rdnr. 15.

[47]   *Voelskow* MünchKomm. §§ 535, 536 Rdnr. 41.

[48]   *Larenz* BT 1, § 48 II a, S. 219; *Oechsler* Rdnr. 535; *Schlechtriem* Rdnr. 237. Zum Umfang des zu duldenden vertragsgemäßen Gebrauchs näher unten § 5 B IV 1c, S. 309 ff.

bb) Insbesondere: Freiheit von Rechtsmängeln

Einer Überlassung und Belassung des Gebrauchs der Mietsache an den Mieter können insbesondere Rechte Dritter entgegenstehen (Rechtsmängel i.S. des § 536 Abs. 3 BGB). Anders als bei einem Kaufvertrag[49] gehört es aber nicht schon zu der Erfüllungspflicht des Vermieters, daß Dritten keinerlei Rechte zustehen, durch die sie den Gebrauch der Mietsache seitens des Mieters verhindern *können* (vgl. § 435 Satz 1 BGB). Denn dem Mieter ist nicht die Übereignung der Sache zur alleinigen Verfügung geschuldet, sondern nur die Überlassung zum vertragsgemäßen Gebrauch. Demzufolge hat der Vermieter lediglich dafür zu sorgen, daß Dritte ein dem Gebrauch zuwiderlaufendes Recht nicht *ausüben*.[50] Insoweit muß er jedoch bereits die *konkrete Gefahr* verhindern, daß ein Dritter Rechte gegenüber dem Mieter geltend macht, welche den Sachgebrauch des Mieters beeinträchtigen.[51]

Rechtsmängel können nur solche Rechte an der Mietsache sein, welche der Dritte nicht nur dem Vermieter, sondern auch dem Mieter entgegenhalten kann.[52] Damit scheiden vertragliche Ansprüche als Ursache für einen Rechtsmangel aus, wenn der Vertrag nur mit dem Vermieter geschlossen wurde und daher nur diesem gegenüber Rechte einräumt. Dingliche Rechte an der Mietsache wirken hingegen absolut und somit auch gegenüber dem Mieter. Ihre Geltendmachung begründet einen Rechtsmangel, wenn das dingliche Recht die Nutzung der Sache durch den Mieter einschränkt oder ausschließt. Hierzu zählt z.B. das Eigentum eines Dritten an der Mietsache, aufgrund dessen er von dem Mieter die Herausgabe der Mietsache nach § 985 BGB verlangen kann, wenn er nicht ausnahmsweise infolge des Erwerbs nach den §§ 566, 578, 578a Abs. 1 BGB in die Vermieterposition eingerückt ist[53] oder ein Fall des § 986 Abs. 2 BGB vorliegt. Eine Auflassungsvormerkung i.S. der §§ 883, 885 BGB begründet hingegen nach h.M. noch keine Rechte gegenüber einem Mieter des betreffenden Grundstücks.[54] Als Rechte eines „Dritten" i.S. des § 536 Abs. 3 BGB kommen jedoch öffentlich-rechtliche Beschränkungen wie z.B. Beschlagnahmerechte in Betracht, wenn sie ihren Grund nicht in der Beschaffenheit der Sache selbst finden (dann liegt ein Sachmangel i.S. des § 536 Abs. 1 Satz 1 BGB vor).[55] Der Vermieter ist aber nicht verpflichtet, den

---

[49]   Siehe oben § 2 D I 1d, cc, S. 50 ff.

[50]   BGH v. 5. Juli 1991, NJW 1991, 3277 (3278); *Erman/Jendrek* § 541 Rdnr. 4; *Esser/ Weyers* BT 1, § 15 I 2, S. 137; *Larenz* BT 1, § 48 III b, S. 233 f.; *Oechsler* Rdnr. 553.

[51]   *Esser/Weyers* BT 1, § 15 I 2c, S. 137; *Staudinger/Emmerich* (2003) § 536 Rdnr. 46; *Voelskow* MünchKomm. § 541 Rdnr. 5.

[52]   BGH v. 26. April 1991, BGHZ 114, 277 (280); *Erman/Jendrek* § 541 Rdnr. 3; *Staudinger/Emmerich* (2003) § 536 Rdnr. 43 f.

[53]   Näher unten § 5 C V, S. 362 ff.

[54]   Gegen eine analoge Anwendung des § 883 Abs. 2 Satz 1 BGB: BGH v. 3. März 1954, BGHZ 13, 1 (3 ff.); *Erman/Jendrek* § 571 Rdnr. 5; *Soergel/Stürner* § 883 Rdnr. 30; *Voelskow* MünchKomm. § 571 Rdnr. 16; a.A. z.B. *Canaris* Festschrift für Flume, Band I, 1978, S. 371 (393); *Wacke* MünchKomm. § 883 Rdnr. 42.

[55]   *Voelskow* MünchKomm. § 541 Rdnr. 4; a.A. *Staudinger/Emmerich* (2003) § 536 Rdnr. 42 und wohl auch BGH v. 26. April 1991, BGHZ 114, 277 (280). Zu der

Mietgegenstand frei von den allgemeinen Gebrauchsschranken zu überlassen, wie z.B. der abstrakten Störerverantwortlichkeit nach den Ordnungs- und Polizeigesetzen der Länder.[56] Der Gebrauch der Mietsache kann stets nur innerhalb dieser rechtlichen Schranken überlassen werden, so daß sie die vertraglich geschuldete Gebrauchsüberlassung nicht in relevanter Weise beschränken.

c) Pflicht zur Überlassung in vertragsgemäßem Zustand und zur Erhaltung desselben

aa) Vertragsgemäßer Gebrauch als maßgeblicher Bezugspunkt

Der Vermieter ist nicht nur verpflichtet, dem Mieter die Sache überhaupt zum Gebrauch zu überlassen. Vielmehr muß sich diese gemäß § 535 Abs. 1 Satz 2 BGB bei der Überlassung in einem Zustand befinden, der zum vertragsgemäßen Gebrauch geeignet ist, und während der Dauer des Mietverhältnisses von dem Vermieter in diesem Zustand erhalten werden. Diese kontinuierliche Verpflichtung des Vermieters rechtfertigt sich dadurch, daß der Mieter im Gegenzug die vereinbarte Miete für die gesamte Vertragsdauer entrichtet (§ 535 Abs. 2 BGB).

Der genaue Zustand, in dem die Sache zu überlassen und zu erhalten ist, bestimmt sich vor allem nach dem aus dem Mietvertrag zu entnehmenden Gebrauchszweck der Mietsache, da sie speziell für diesen beschaffen sein muß. Beispiel: Ein Mietwagen muß andere Qualitäten aufweisen, je nachdem ob er für die Teilnahme am allgemeinen Straßenverkehr oder an einer Wüstenrallye verwendet werden soll. Die Parteien können den vertragsgemäßen Gebrauch der Mietsache in dem Vertrag entweder ausdrücklich oder konkludent vereinbaren, wofür z.B. die Miethöhe einen Anhaltspunkt geben kann.[57] Fehlt eine solche Abrede, so gilt der übliche Gebrauch als vereinbart, der anhand der Verkehrssitte und der Eigenschaften der Mietsache zu ermitteln ist.[58]

bb) Insbesondere: Freiheit von Sachmängeln

Die Mietsache ist in einem vertragsgemäßen „Zustand", d.h. frei von Sachmängeln, wenn sie so beschaffen ist, daß sie zu dem vereinbarten oder subsidiär dem verkehrstypischen Gebrauch geeignet ist. Umgekehrt liegt ein der Erfüllung der Vermieterpflicht aus § 535 Abs. 1 Satz 2 BGB entgegenstehender Sachmangel vor, wenn die tatsächliche Beschaffenheit der Mietsache von derjenigen abweicht, die für deren Gebrauchstauglichkeit erforderlich ist (vgl. § 536 Abs. 1 Satz 1 BGB).[59] Die Abweichung in der Beschaffenheit muß für den Mieter nachteilig

---

Abgrenzung von Sachmängeln siehe bereits oben beim Kaufvertrag § 2 D I 1d, cc (S. 52) sowie unten § 5 B IV 1c, bb, S. 311 f.

[56] Siehe zum Kaufvertrag oben § 2 D I 1d, cc, S. 52.

[57] *Larenz* BT 1, § 48 III a, S. 229.

[58] *Erman/Jendrek* § 535 Rdnr. 24; *Larenz* BT 1, § 48 III a, S. 229; *Staudinger/Emmerich* (2003) § 535 Rdnr. 35.

[59] *Erman/Jendrek* § 537 Rdnr. 3; *Esser/Weyers* BT 1, § 15 I 2, S. 135; *Staudinger/Emmerich* (2003) § 536 Rdnr. 5.

sein, anderenfalls ist der Gebrauch der Mietsache weder eingeschränkt noch ausgeschlossen.[60]

Die geschuldete Beschaffenheit der Sache (sog. Sollbeschaffenheit) legen die Vertragsparteien fest (subjektiver Mangelbegriff).[61] Ein Rückgriff auf objektive Kriterien zur Ermittlung der Sollbeschaffenheit ist erst gestattet, wenn die Vertragsparteien weder über die Beschaffenheit der Mietsache noch über deren Gebrauch eine detaillierte Abrede getroffen haben. In diesem Fall ist auf den nach der Verkehrsanschauung üblichen Gebrauch abzustellen und anhand dessen sind die Anforderungen an die Beschaffenheit der Sache zu ermitteln. Zur Beschaffenheit der Mietsache zählen dabei nicht nur deren physische Eigenschaften, sondern auch alle rechtlichen, tatsächlichen und wirtschaftlichen Verhältnisse als *Umweltbeziehungen*, wenn sie einen engen Zusammenhang mit der physischen Beschaffenheit der Mietsache aufweisen und deren Gebrauchswert für den Mieter unmittelbar beeinflussen.[62] Anderenfalls kommen ein Rechtsmangel oder eine sonstige Verletzung der Pflicht zur Gewährung des vertragsgemäßen Gebrauchs in Betracht. Wegen der identischen Rechtsfolgen von Sach- und Rechtsmängeln (vgl. § 536 Abs. 1 bis 3 BGB) besitzt die in Grenzfällen schwierige Unterscheidung zwischen diesen jedoch nur eine geringe praktische Bedeutung. Wichtiger ist die Abgrenzung derjenigen Voraussetzungen, welche der Vermieter nach § 535 Abs. 1 Satz 2 BGB zu schaffen und erhalten hat, von den Risiken, die in den Verantwortungsbereich des Mieters fallen.[63]

Mängel der Beschaffenheit sind bei der Vermietung von Maschinen z.B. Funktionsstörungen, bei Gebäuden vor allem Baumängel, welche die Gebrauchstauglichkeit erheblich beschränken oder aufheben.[64] Dies kann auch auf Rechtsakten beruhen, z.B. einer ordnungsrechtlichen Abrißverfügung, Nutzungsuntersagung oder Nutzungsbeschränkung, wenn sie z.B. mit der Baurechtswidrigkeit der Mietsache oder der räumlichen Ungeeignetheit für den Betrieb einer Gaststätte begründet werden und somit in der physischen Beschaffenheit wurzeln. Die Mietsache ist insbesondere mangelhaft, wenn Gesundheitsgefahren mit der Nutzung des Bauwerks einhergehen. Allerdings liegt kein Sachmangel vor, wenn die Nutzung der Mietsache aus Gründen scheitert, die in der Person des Mieters liegen, z.B. dem Mieter wegen persönlicher Unzuverlässigkeit eine Gaststättenerlaubnis versagt oder die Gewerbeerlaubnis entzogen wird.[65] Solche mit der Person des Mieters

---

[60] *Erman/Jendrek* § 537 Rdnr. 3; *Staudinger/Emmerich* (2003) § 536 Rdnr. 5.

[61] BGH v. 5. Oktober 1981, NJW 1982, 696 (696); *Oechsler* Rdnr. 547; *Schlechtriem* Rdnr. 235; *Staudinger/Emmerich* (2003) § 536 Rdnr. 5.

[62] RG v. 12. Mai 1933, RGZ 147, 304 (307 f.); BGH v. 20. April 1977, BGHZ 68, 294 (296); BGH v. 16. Februar 2000, ZIP 2000, 887 (889); *Esser/Weyers* BT 1, § 15 I 2, S. 136; *Staudinger/Emmerich* (2003) § 536 Rdnr. 7; *Voelskow* MünchKomm. § 537 Rdnr. 6.

[63] *Esser/Weyers* BT 1, § 15 I 2b, S. 136 f.

[64] BGH v. 14. Januar 1963, NJW 1963, 804 (804 f.); *Staudinger/Emmerich* (2003) § 536 Rdnr. 12 ff.; *Voelskow* MünchKomm. § 537 Rdnr. 5.

[65] *Esser/Weyers* BT 1, § 15 I 2, S. 136; *Staudinger/Emmerich* (2003) § 536 Rdnr. 22.

verknüpften Hindernisse gehören wie § 537 BGB bestätigt in dessen Risikobereich.

Zu umweltbedingten Beeinträchtigungen zählen vor allem Lärmbelästigungen durch Baustellen oder damit verbundenen Hindernisse beim Zugang zur Mietsache. Bei Lärmbelästigungen wird teilweise § 906 BGB als Maßstab herangezogen, um Beeinträchtigungen der Gebrauchstauglichkeit von hinzunehmenden Belästigungen abzugrenzen.[66] Allerdings legt dieser für das Verhältnis zwischen den benachbarten Grundstücken nur fest, welche Immissionen der jeweilige Eigentümer hinnehmen muß. Zwischen Vermieter und Mieter besteht wegen des Mietvertrages jedoch eine wesentlich engere rechtliche Bindung, so daß der Vermieter nicht nur die Grenzen des § 906 BGB, sondern auch jene Anforderungen sicherstellen muß, die sich aus dem vereinbarten Gebrauch ergeben.[67] Somit ist z.B. Lärm bei der Vermietung einer ruhigen Ferienwohnung zur Erholung eher als Mangel zu qualifizieren als bei der Vermietung einer Wohnung an einer Durchgangsstraße. Ebenso sind Störungen durch andere Mieter eines Hauses durch den Vermieter nur zu beseitigen, soweit sie das nach der Verkehrssitte übliche Maß überschreiten.

Tatsächliche Verhältnisse, an denen der Mieter bei der Nutzung ein Interesse haben kann, sind auch die bestehende Infrastruktur im Umfeld der Mietsache (wie z.B. Parkplätze), die Anbindung an den öffentlichen Nahverkehr oder die vollständige Vermietung eines Geschäftszentrums, in dem der gemietete Verkaufsraum liegt. Das allgemeine Lebensrisiko, das mit der Benutzung einer Sache verbunden ist, insbesondere das Wirtschafts- und Gewinnerzielungsrisiko muß der Mieter jedoch selbst tragen.[68] Somit ist die Behinderung des Publikumszustroms zu einem Gewerbebetrieb durch eine Baustelle kein Mangel, wenn mit einer solchen während der Vertragslaufzeit gerechnet werden mußte, da es sich um eine allgemeine Infrastrukturmaßnahme handelt. Die von den tatsächlichen Verhältnissen ausgehenden Risiken für die Gebrauchstauglichkeit der Mietsache können dem Vermieter insbesondere dann nicht auferlegt werden, wenn sie für ihn nicht beherrschbar oder versicherbar sind. Gleichwohl kann der Vermieter in *einer gesonderten Abrede* versprechen, derartige Voraussetzungen herzustellen; diese Pflicht steht dann jedoch selbständig neben derjenigen aus § 535 Abs. 1 Satz 2 BGB.[69]

Ein Sachmangel, dessen Abwesenheit nach § 535 Abs. 1 Satz 2 BGB geschuldet wird, liegt hingegen vor, wenn der Vermieter eines Gewerberaumes auf demselben Grundstück ein Konkurrenzgeschäft eröffnet oder Gewerberäume hierfür an Dritte vermietet.[70] Zwar ist Wettbewerb ein integraler Bestandteil einer markt-

---

[66] BGH v. 21. Dezember 1960, WM 1961, 654 (657); im Grundsatz auch *Oechsler* Rdnr. 549, wenn keine Abreden zwischen den Parteien vorliegen.

[67] *Esser/Weyers* BT 1, § 15 I 2, S. 137; *Staudinger/Emmerich* (2003) § 536 Rdnr. 26.

[68] BGH v. 1. Juli 1981, NJW 1981, 2405 (2405); BGH v. 16. Februar 2000, ZIP 2000, 887 (889); *Esser/Weyers* BT 1, § 15 I 2, S. 137; *Staudinger/Emmerich* (2003) Vorbem. zu § 536 Rdnr. 21, 25.

[69] Dazu, daß es sich in solchen Fällen nicht um eine Eigenschaftszusicherung i.S. des § 536 Abs. 2 BGB handelt, siehe unten § 5 B V 2b, cc, S. 321 f.

[70] BGH v. 7. Dezember 1977, NJW 1978, 585 (586); *Erman/Jendrek* § 536 Rdnr. 5 ff.; *Staudinger/Emmerich* (2003) § 535 Rdnr. 23 f. Das gilt auch für freie Berufe: BGH v.

orientierten Wirtschaftsordnung, der Mietvertrag verpflichtet den Vermieter aber zur Gewähr des vertragsgemäßen Gebrauchs. Deshalb ist Wettbewerb, der den Geschäftsbetrieb des Mieters hindert und gegebenenfalls sogar wegen Unrentabilität unmöglich macht, in diesem *relativen Rechtsverhältnis* eine für den Mieter rechtswidrige Beeinträchtigung. Der Vermieter ist aber nicht zu einem absoluten Schutz vor Konkurrenz verpflichtet, sondern er muß lediglich sicherstellen, daß nicht durch sein Zutun in einem Gebäudekomplex zwei Geschäfte mit denselben Hauptartikeln eröffnen.[71] Überschneidungen bei Nebenartikeln sind demgegenüber unerheblich. So verbietet sich z.B. der gleichzeitige Betrieb von zwei Lebensmittelgeschäften oder eines Cafés mit Konditorei und eines italienischen Eiscafés auf einem Grundstück. Nur ausnahmsweise trifft den Vermieter auch die Pflicht, den Betrieb eines Konkurrenzunternehmens auf einem Nachbargrundstück abzuwehren, wenn er dessen Eigentümer ist oder aus einem anderen Rechtsgrund über dessen Nutzung allein entscheidet.[72]

cc) Erhaltung des vertragsgemäßen Zustandes während der Vertragslaufzeit

Da der Mietvertrag ein Dauerschuldverhältnis ist, muß die vermietete Sache nicht nur bei ihrer Überlassung, sondern während der gesamten Vertragslaufzeit zum vertraglich vorgesehenen Gebrauch tauglich sein. Der Vermieter hat sie daher in einem mangelfreien Zustand zu erhalten (§ 535 Abs. 1 Satz 2 BGB). Die Pflicht zur mangelfreien Überlassung setzt sich somit in der Pflicht zur Erhaltung der Mangelfreiheit durch Instandhaltung und Instandsetzung fort.[73] Hierzu gehört nach Ablauf angemessener Zeitabschnitte auch die Beseitigung von Abnutzungen infolge des vertragsgemäßen Gebrauchs der Mietsache (arg. § 538 BGB).[74] Ferner ist der Vermieter verpflichtet, alle Gefahren oder Störungen für den Gebrauch der Mietsache abzuwehren, die von Dritten (z.B. Mitmietern in einem Wohngebäude) für den vertragsgemäßen Gebrauch ausgehen, sowie die Funktionsfähigkeit der Sache und des mitvermieteten Zubehörs sicherzustellen und deren Verkehrssicherheit zu gewährleisten.[75] Dazu zählen z.B. das Heizen der vermieteten Räume während der Heizperiode, die Reinigung und Beleuchtung von Zu- und Abgängen sowie das Schneeräumen im Winter.

---

7. Dezember 1977, BGHZ 70, 79 (80 ff.); *Staudinger/Emmerich* (2003) § 535 Rdnr. 25; kritisch insoweit *Oechsler* Rdnr. 536.

[71] BGH v. 7. Dezember 1977, BGHZ 70, 79 (80 ff.); *Erman/Jendrek* § 536 Rdnr. 8; *Staudinger/Emmerich* (2003) § 535 Rdnr. 24.

[72] *Staudinger/Emmerich* (2003) § 535 Rdnr. 25. Es genügt nicht, wenn der Vermieter nur Mitglied der Erbengemeinschaft über das Nachbargrundstück ist, da er als Miterbe nicht allein über die Nutzung des Grundstücks bestimmen kann (§ 2038 Abs. 1 Satz 1 BGB).

[73] BGH v. 6. Mai 1992, BGHZ 118, 194 (198); *Esser/Weyers* BT 1, § 14 II 2, S. 133; *Larenz* BT 1, § 48 II a, S. 219.

[74] Siehe aber unten § 5 B IV 1d, bb (S. 315 f.) zur Übertragung der sog. Schönheitsreparaturen auf den Mieter.

[75] *Erman/Jendrek* § 536 Rdnr. 15 f.; *Staudinger/Emmerich* (2003) § 535 Rdnr. 28.

Bei einer langfristigen Vermietung kann sich während der Laufzeit des Vertrages der Standard für die Mängelfreiheit und damit die Vertragsgemäßheit einer Sache verändern, z.B. infolge neuer Erkenntnisse über Gesundheitsgefahren durch die verwendeten Baustoffe. Da der Umfang der Erhaltungspflicht grundsätzlich bei Vertragsschluß mit der Einigung über den geschuldeten Gebrauch festgelegt wird, folgt im Einzelfall aus einer ergänzenden Vertragsauslegung, ob sie ausnahmsweise nachträglich den neuen Standards genügen muß.[76] Dabei ist die Art der Gefahren, die abzuwenden sind, ebenso zu berücksichtigen wie der Beseitigungsaufwand, der den Vermieter belastet und somit das Verhältnis von Leistung und Gegenleistung beeinflußt.

Mit der Pflicht zur Erhaltung des vertragsgemäßen Zustands steht ferner die dispositive[77] Anordnung des § 535 Abs. 1 Satz 3 BGB im Zusammenhang. Danach hat der Vermieter auch während der Dauer des Mietverhältnisses die auf der Mietsache ruhenden Lasten zu tragen (Grundschuldzinsen, Steuern, Gebühren, Beiträge).[78] Die negativen Folgen einer Nichterfüllung dieser Pflicht (z.B. Einstellung öffentlicher Versorgungsleistungen) können den Gebrauch der Sache durch den Mieter beeinträchtigen und berühren somit das vertragliche Synallagma.[79]

d) Ausschluß oder Beschränkung der Pflichten des Vermieters aus § 535 Abs. 1 BGB

aa) Ausschluß kraft Gesetzes

Der Vermieter schuldet die Erhaltung bzw. Wiederherstellung der Mietsache – ebenso wie die ursprüngliche Überlassung – nur in den Grenzen der allgemeinen Vorschriften in § 275 Abs. 1 und 2 BGB.[80] Da er zwar zu einer Instandsetzung, nicht aber zu der Neuherstellung oder -beschaffung einer zerstörten Mietsache verpflichtet ist,[81] tritt im Zerstörungsfall gemäß § 275 Abs. 1 BGB eine Leistungsbefreiung ein. Darüber hinaus erscheint aufgrund der vergleichbaren Interessenlage eine Analogie zu den §§ 439 Abs. 3, 635 Abs. 3 BGB geboten, so daß dem Vermieter in bezug auf die Erhaltung ein Leistungsverweigerungsrecht zusteht, wenn diese einen unverhältnismäßigen Aufwand erfordern würde (Überschreitung der Opfergrenze).[82] Hierfür ist durch eine Abwägung aller Umstände des Einzelfalles

---

[76] *Staudinger/Emmerich* (2003) § 536 Rdnr. 12.

[77] *Voelskow* MünchKomm. § 546 Rdnr. 3.

[78] Überblick zu den erfaßten Lasten bei *Staudinger/Emmerich* (2003) § 535 Rdnr. 65.

[79] Statt aller *Schlechtriem* Rdnr. 238.

[80] § 275 Abs. 3 BGB wird mangels einer Verpflichtung des Vermieters zur persönlichen Leistung hingegen keine Relevanz erlangen.

[81] *Staudinger/Emmerich* (2003) Vorbem. zu § 536 Rdnr. 5; *Voelskow* MünchKomm. §§ 535, 536 Rdnr. 64 f.

[82] Enger wohl *Staudinger/Emmerich* (2003) Vorbem. zu § 536 Rdnr. 7 f., der ausschließlich auf die §§ 275 Abs. 2, 313 BGB abstellt; ebenso *Hau* JuS 2003, 130 (136). Zur früheren Rechtslage BGH v. 26. September 1990, NJW-RR 1991, 204 f.; *Staudinger/ Emmerich* (1995) Vorbem. zu § 537 Rdnr. 10 f.; *Voelskow* MünchKomm. §§ 535, 536 Rdnr. 65.

zu ermitteln, ob dem Vermieter im Lichte des Gebrauchsinteresses des Mieters eine bestimmte Maßnahme zugemutet werden kann.[83] Die bloße Minderung der Rentabilität der Vermietung reicht dabei jedoch nicht aus, um in bezug auf die Erhaltungspflicht ein Leistungsverweigerungsrecht anzuerkennen, sofern kein Wegfall der Geschäftsgrundlage gemäß § 313 Abs. 1 BGB vorliegt. So ist der Vermieter z.B. bei teilzerstörten Häusern in der Regel zum Wiederaufbau verpflichtet.[84]

Zu erwägen ist ferner, daß die Ausschlußtatbestände in den §§ 536b, 536c BGB (Kenntnis des Mieters von einem Mangel bei Vertragsschluß, grobfahrlässige Unkenntnis ohne arglistiges Verschweigen des Vermieters, Kenntnis des Mangels bei Annahme ohne Vorbehalt, pflichtwidrig unterlassene Mängelanzeige) bereits dem Erfüllungsanspruch des Mieters aus § 535 Abs. 1 BGB entgegenstehen. Beim Kaufvertrag wurde dies für § 442 Abs. 1 BGB, der in § 536b Satz 1 und 2 BGB eine Parallele findet, befürwortet.[85] Andererseits schließen die §§ 536b, 536c Abs. 2 Satz 2 BGB jedoch nur bestimmte Rechtsfolgen aus, wenn einer der in den §§ 536, 536a BGB genannten Tatbestände vorliegt (Mietminderung, Schadensersatz etc.). Dieser Regelung ist im Umkehrschluß der Wille des Gesetzgebers zu entnehmen, den Erfüllungsanspruch des Mieters aus § 535 Abs. 1 BGB unberührt zu lassen.[86] Dies erscheint zwar systematisch inkonsequent, weil z.B. § 536b BGB auch das Recht des Mieters auf Aufwendungsersatz ausschließt, das gemäß § 536a Abs. 2 BGB bei einer erlaubten Selbstbeseitigung von Mängeln besteht und sachlich auf einer Selbsthilfe zur Durchsetzung des Erfüllungsanspruchs aus § 535 Abs. 1 BGB beruht.[87] Die Regelung in den §§ 536b, 536c BGB ist aber eindeutig, so daß eine Erstreckung der Ausschlußtatbestände auf den Erfüllungsanspruch zwar systematisch konsequent, jedoch eine Entscheidung contra legem wäre. Denkbar ist lediglich, daß die Kenntnis des Mieters von einem bestimmten, für ihn negativen Umstand im Zeitpunkt des Vertragsschlusses oder bei Übernahme der Mietsache gemäß den §§ 133, 157, 242 BGB den Schluß gestattet, daß dieser (fortan) als vertragsgemäß gelten soll.[88] Hierfür bedarf es aber besonderer Anhaltspunkte, insbesondere im Hinblick auf einen dahingehenden Rechtsbindungswillen der Parteien.

Aus § 326 Abs. 2 Satz 1 BGB ergibt sich hingegen der allgemeine Rechtsgedanke, daß der Gläubiger eines gegenseitigen Vertrages in bezug auf solche Leistungshindernisse unter Aufrechterhaltung seiner eigenen Leistungspflicht keine

---

[83] Ausführlich zu § 439 Abs. 3 BGB oben § 2 E II 3b, ff (3), S. 97 ff.; dort auch zu der Frage, ab welchem Zeitpunkt das Verhältnismäßigkeitskriterium maßgeblich ist.

[84] BGH v. 26. September 1990, NJW-RR 1991, 204 f.; *Erman/Jendrek* § 536 Rdnr. 14; *Voelskow* MünchKomm. §§ 535, 536 Rdnr. 65.

[85] Näher oben § 2 D I 1d, dd (2b), S. 55 f.

[86] So die h.M.: BGH v. 5. Juli 1989, NJW 1989, 3222 (3224); *Larenz* BT 1, § 48 III b 3, S. 238 f.; RGRK/*Gelhaar* § 539 Rdnr. 1; *Soergel/Kummer* § 539 Rdnr. 4; *Voelskow* MünchKomm. § 539 Rdnr. 4.

[87] Für einen Ausschluß des Erfüllungsanspruchs daher systematisch konsequent *Wilhelm* JZ 1982, 488 (494).

[88] Vgl. BGH v. 1. Juli 1987, BGHZ 101, 253 (269 f.); *Staudinger/Emmerich* (2003) § 536b Rdnr. 4.

Rechte haben soll, für die er selbst verantwortlich ist oder die ohne ein Vertreten-müssen des Schuldners (§ 300 Abs. 1 BGB) während eines Annahmeverzugs i.S. der §§ 293 ff. BGB eintreten. Dabei kann die Verantwortlichkeit des *Gläubigers* (hier des Mieters) den §§ 276 ff. BGB nicht einer direkten, sondern nur einer ana-logen Anwendung entnommen werden, da anders als von diesen Normen voraus-gesetzt nicht das Verhalten des *Schuldners* in Rede steht.[89] Ist dem Mieter in die-sem Sinne ein vertragswidriger Zustand der Mietsache zurechenbar, so hat er nach dem Rechtsgedanken des § 326 Abs. 2 Satz 1 Alt. 1 BGB keinen Anspruch auf dessen Beseitigung durch den Vermieter nach § 535 Abs. 1 Satz 2 BGB.[90] Das ist z.B. der Fall, wenn der Mieter eines PKW durch Unaufmerksamkeit einen Blech-schaden an diesem verursacht.

bb) Ausschluß oder Beschränkung durch Vertrag

Den Vertragsparteien steht es grundsätzlich frei, die mit dem Mietvertrag verbun-denen Pflichten des Vermieters aus § 535 Abs. 1 BGB vertraglich einzuschränken oder abzubedingen. Der Vermieter kann sich somit von seiner Verpflichtung zum Konkurrenzschutz befreien und auch seine Instandhaltungspflichten limitieren, indem er z.B. das Schneeräumen oder die Müllbeseitigung dem Mieter überträgt. Solche vertraglichen Regelungen unterliegen allerdings den allgemeinen Schran-ken der §§ 134, 138, 242 BGB bzw. bei Allgemeinen Geschäftsbedingungen auch den Wirksamkeitsvoraussetzungen der §§ 305 ff. BGB. Insbesondere muß die Übertragung von Vermieterpflichten auf den Mieter in Allgemeinen Geschäftsbe-dingungen klar und eindeutig formuliert sein (§ 305c Abs. 2 BGB).[91]

Große praktische Bedeutung hat die vertragliche Abwälzung sog. *Schönheits-reparaturen* auf den Mieter. Diese umfassen insbesondere bei gemieteten Räumen alle Ausbesserungen, die wegen der Abnutzung der Mietsache von Zeit zu Zeit im Inneren erforderlich sind, wie z.B. das Tapezieren, das Anstreichen von Wänden, Türen, Decken und Fenstern.[92] Nach der gesetzlichen Ausgangslage zählen diese zu der Instandhaltungspflicht des Vermieters. Der Mieter kann jedoch vertraglich zu den besagten Reparaturen in einem bestimmten Turnus verpflichtet werden,[93] was zugleich die entsprechende Verpflichtung des Vermieters aus § 535 Abs. 1 Satz 2 BGB aufhebt.

Eine Übertragung von Schönheitsreparaturen auf den Mieter durch Allgemeine Geschäftsbedingungen schränkt zwar nicht unerheblich die Hauptpflichten des Vermieters aus § 535 Abs. 1 Satz 2 BGB ein, ist aber dennoch nicht unwirksam.

---

[89]   Dazu allgemein sowie zu abweichenden Konzeptionen für die Bestimmung der Gläu-bigerverantwortlichkeit *Ernst* MünchKomm.⁴ § 326 Rdnr. 49 ff.

[90]   *Esser/Weyers* BT 1, § 15 I 7 b, S. 143; *Staudinger/Emmerich* (2003) § 536 Rdnr. 63; *Voelskow* MünchKomm. § 537 Rdnr. 14.

[91]   BGH v. 27. November 1984, NJW 1985, 484 (484 f.); *Staudinger/Emmerich* (2003) § 535 Rdnr. 33.

[92]   BGH v. 30. Oktober 1984, BGHZ 92, 366 (368); *Larenz* BT 1, § 48 II, S. 220; *Stau-dinger/Emmerich* (2003) § 535 Rdnr. 102 f.

[93]   Zur Einbeziehung dieser Mieterpflicht in das Synallagma und weiteren Einzelheiten siehe unten § 5 B VI 1b, S. 333 f.

Sie bedeutet nach h.M. keine unangemessene Benachteiligung des Mieters i.S. des § 307 Abs. 1 Satz 1 i.V. mit Abs. 2 BGB, da die Übernahme der Reparaturen regelmäßig die von ihm geschuldete Miete verringert.[94] Zudem kann er die Schönheitsreparaturen bei eigener Arbeitsleistung kostengünstiger durchführen als der Vermieter, der einen Handwerker einschaltet. Der Einschränkung der vertraglichen Hauptpflichten des Vermieters steht somit eine Begünstigung des Mieters gegenüber, weshalb die Abwälzung der Schönheitsreparaturen nicht unangemessen ist. Etwas anderes gilt erst, wenn der Mieter die Räume unabhängig von dem Zeitpunkt der letzten Schönheitsreparaturen renoviert zu übergeben hat.[95] Bedient sich der Vermieter zur Übertragung der Schönheitsreparaturen Allgemeiner Geschäftsbedingungen, bestehen allerdings besondere Anforderungen an die Klarheit der Regelung. So genügt es wegen § 305c Abs. 2 BGB z.B. nicht, wenn lediglich eine Verpflichtung zur Rückgabe der Mietsache im ordnungsgemäßen bzw. bezugsfähigen Zustand vereinbart wird. Vielmehr muß für den Mieter deutlich erkennbar sein, daß ihn an Stelle des Vermieters in dem betreffenden Umfang die Erhaltungspflicht trifft.

Ebenso wie Schönheitsreparaturen kann der Vermieter auch sonstige Reparaturen dem Mieter übertragen. Zumeist beteiligt er den Mieter aber nur an deren Kosten. Eine Überwälzung der Erhaltungskosten, die nach der gesetzliche Konzeption an sich den Vermieter treffen (§§ 535 Abs. 1 Satz 2, 538 BGB), ist zulässig, da der Mieter dann wie bei den Schönheitsreparaturen eine geringere Grundmiete zahlen muß. Bei einer formularmäßigen Vereinbarung zieht die Rechtsprechung die Angemessenheitsgrenze i.S. des § 307 Abs. 1 Satz 1 BGB für die Wohnraummiete aber enger als bei anderen Mietsachen[96]. Zudem können dem Mieter die Reparaturkosten bei Wohnraummietverträgen im Hinblick auf § 536 Abs. 4 BGB nur mit festen Obergrenzen wirksam übertragen werden.[97]

2. Nebenpflichten des Vermieters

Zu den Nebenpflichten des Vermieters, die sich insbesondere aus den §§ 241 Abs. 2, 242 BGB ergeben, zählen vor allem Schutz- und Interessenwahrungspflichten. Bei deren Konkretisierung ist jedoch zu berücksichtigen, daß die Pflicht des Vermieters zur Herstellung und Erhaltung des vertragsgemäßen Zustands

---

[94] BGH v. 30. Oktober 1984, BGHZ 92, 363 (367 ff.); *Erman/Jendrek* § 536 Rdnr. 25; *Larenz* BT 1, § 48 II a, S. 220; *Voelskow* MünchKomm. §§ 535, 536 Rdnr. 103. Anders bei einer Koppelung turnusgemäßer Renovierungspflicht und einer darauf nicht abgestimmten Pflicht bei Auszug sowie bei sog. Facharbeitsklauseln; vgl. *Voelskow* MünchKomm. §§ 535, 536 Rdnr. 104.

[95] BGH v. 14. Mai 2003, ZIP 2003, 1301 (1302); abweichend bei der Vermietung von Gewerberaum OLG Celle v. 7. Mai 2003, NJW-RR 2003, 1165.

[96] BGH v. 7. Juni 1989, BGHZ 108, 1 (8 ff.); *Erman/Jendrek* § 536 Rdnr. 18 f.; *Staudinger/Emmerich* (2003) § 535 Rdnr. 128, 131.

[97] BGH v. 7. Juni 1989, BGHZ 108, 1 (8 ff.); *Staudinger/Emmerich* (2003) § 535 Rdnr. 132.

der Mietsache regelmäßig auch den Schutz von Rechtsgütern des Mieters umfaßt und somit zu den synallagmatischen Leistungspflichten gehört.[98]

V. Pflichtverletzungen und Haftung des Vermieters

Hinsichtlich der Rechtsfolgen bei Pflichtverletzungen des Vermieters ist zunächst zwischen den Hauptpflichten und den Nebenpflichten[99] zu unterscheiden. In bezug auf die Hauptpflichten ist wiederum danach zu differenzieren, ob eine zur Anwendung der Vorschriften des allgemeinen Leistungsstörungsrechts führende Nichtleistung[100] oder ein unter die spezielleren §§ 536, 536a BGB zu fassender Sonderfall[101] vorliegt.

1. Nichtleistung des Vermieters

a) Allgemeines

Wenn der Vermieter seine Pflichten aus § 535 Abs. 1 BGB nicht erfüllt, liegt vorbehaltlich der §§ 536, 536a BGB für Mängel der Mietsache[102] eine nach den allgemeinen Vorschriften der §§ 280 ff., 320 ff. BGB zu beurteilende Pflichtverletzung vor. Diese ist z.B. gegeben, wenn der Vermieter die Mietsache nicht i.S. des § 535 Abs. 1 Satz 1 BGB dem Mieter zum Gebrauch überläßt. Insoweit steht dem Mieter vorbehaltlich einer Leistungsbefreiung des Vermieters (z.B. durch § 275 Abs. 1 BGB) zunächst ein fortbestehender Anspruch auf Erfüllung zu. Nach Maßgabe des § 320 BGB kann er somit auch die Mietzahlung zurückhalten, bis der Vermieter seine Pflichten aus § 535 Abs. 1 BGB erfüllt. Ein Gegenseitigkeitsverhältnis i.S. des § 320 BGB besteht bei einer Bemessung der Miete nach Zeitabschnitten jedoch nur zwischen der Pflicht zur Gebrauchsüberlassung und der Mietzahlung in dem betreffenden Zeitabschnitt. Wenn der Vermieter dem Mieter den Sachgebrauch z.B. im Februar entzieht, kann der Mieter nicht gemäß § 320 BGB eine noch nicht gezahlte Miete zurückhalten, die er für die Gebrauchsgewährung im davorliegenden Januar schuldet; in diesem Fall greifen lediglich die §§ 273, 274 BGB ein.[103]

b) Nachholbare Leistung

Besteht die Pflichtverletzung des Vermieters in einer Leistungsverzögerung, so kann der Mieter grundsätzlich unter den Voraussetzungen der §§ 280 Abs. 1 und 2, 286 BGB seinen *Verzögerungsschaden* ersetzt verlangen. Eine Liquidierung seines dauerhaften *Erfüllungsinteresses* bzw. ein Anspruch auf *Ersatz vergeblicher Aufwendungen* (§ 284 BGB) erfordert wegen § 281 Abs. 1 Satz 1 BGB zu-

---

[98] *Staudinger/Emmerich* (2003) § 535 Rdnr. 82; *Voelskow* MünchKomm. §§ 535, 536 Rdnr. 78.

[99] Zu Nebenpflichtverletzungen siehe unten § 5 B V 3, S. 329.

[100] Dazu § 5 B V 1, S. 317 ff.

[101] Siehe § 5 B V 2, S. 319 ff.

[102] Näher zum Anwendungsbereich der §§ 536, 536a BGB unten § 5 B V 2b, S. 320 ff.

[103] Ausführlich zu diesem Problemkreis *Oetker* Das Dauerschuldverhältnis und seine Beendigung, 1994, S. 390 ff.

dem den erfolglosen Ablauf einer dem Vermieter für die Erbringung der Leistung gesetzten angemessenen Nachfrist.

Ist der Vermieter seiner Pflicht aus § 535 Abs. 1 BGB nur teilweise, insbesondere lediglich vorübergehend nachgekommen, so besteht ein Anspruch auf Schadensersatz statt der ganzen Leistung nach § 281 Abs. 1 Satz 2 BGB nur, wenn infolge der teilweisen Nichtleistung das Leistungsinteresse des Mieters insgesamt entfallen ist. Hierfür muß die erbrachte Teilleistung mit der ausgebliebenen Teilleistung in einem derartigen inneren Zusammenhang stehen, daß sie isoliert für den Gläubiger keinen Wert hat.[104] Beispiel: Ein Messegebäude ist nur für den ersten Tag einer mehrtägigen Messe nutzbar. Gerade dieses Beispiel zeigt jedoch, daß bei Mietverträgen die Erbringung der Vermieterleistung zu einer bestimmten Zeit häufig integraler Bestandteil der Leistungspflicht ist (sog. absolute Fixschuld).[105] In einem derartigen Fall tritt mit der Nichtleistung eine (teilweise) Unmöglichkeit i.S. des § 275 Abs. 1 BGB ein, und es sind die Regeln für nicht nachholbare Leistungen anzuwenden.[106]

Während die Schadensersatzansprüche aus den §§ 280 ff. BGB von einem (nach der Systematik des § 280 Abs. 1 Satz 2 BGB zu vermutenden) Vertretenmüssen der Pflichtverletzung durch den Vermieter abhängen, gewährt § 323 BGB bei gegenseitigen Verträgen unter bestimmten Voraussetzungen (grundsätzlich: Nachfrist gemäß § 323 Abs. 1 BGB) wegen der Nichterbringung einer Hauptleistung ein Rücktrittsrecht. Für den Mietvertrag als Dauerschuldverhältnis[107] ersetzt allerdings ein ex nunc wirkendes Kündigungsrecht die Rechtsfolge des § 323 Abs. 1 BGB, wobei umstritten ist, ob diese Modifikation erst ab der Invollzugsetzung des Mietverhältnisses eingreift.[108] Daneben kommt auch eine außerordentliche fristlose Kündigung nach § 543 Abs. 1 i.V. mit Abs. 2 Satz 1 Nr. 1 BGB in Betracht. Ein Rücktritt bzw. eine Kündigung schließen den Anspruch auf Schadensersatz nicht aus (§ 325 BGB).

c) Nicht nachholbare Leistung

Ist der Vermieter gemäß § 275 BGB oder auch aufgrund einer Unverhältnismäßigkeit analog den §§ 439 Abs. 3, 635 Abs. 3 BGB von seiner Leistungspflicht befreit,[109] erlischt zunächst nach Maßgabe des § 326 BGB aufgrund ihrer synallag-

---

[104] BT-Drucks. 14/6040, S. 140; vgl. im übrigen zum Interessenwegfall an Teilleistungen *Ernst* MünchKomm.⁴ § 323 Rdnr. 203 ff.

[105] Allgemein zur zeitbedingten Unmöglichkeit, insbesondere auch zur Abgrenzung des absoluten zum relativen Fixgeschäft, welches in § 323 Abs. 2 Nr. 2 BGB geregelt ist, *Ernst* MünchKomm.⁴ § 275 Rdnr. 45 ff.

[106] Dazu sogleich unter § 5 B V 1c, S. 318 f.

[107] Siehe oben § 5 A, S. 300.

[108] Vgl. BGH v. 10. Juli 1968, BGHZ 50, 312 (315 f.) sowie ausführlich zu dem allgemeinen Problemkreis *Oetker* Das Dauerschuldverhältnis und seine Beendigung, 1994, S. 352 ff.

[109] Siehe zu letzterem oben § 5 B IV 1d, aa, S. 313 f.

matischen Verbundenheit die Pflicht des Mieters zur Zahlung der Miete, sofern nicht das Leistungshindernis dem Mieter zuzurechnen ist (§ 326 Abs. 2 BGB).[110]

Ein Anspruch auf Schadensersatz statt der Leistung bzw. Aufwendungsersatz (§ 284 BGB) bemißt sich in diesem Fall nach § 283 BGB i.V. mit § 280 Abs. 1 BGB (insbesondere: zu vermutendes Vertretenmüssen), wenn das Leistungshindernis nach Abschluß des Vertrages eingetreten ist. Lag es bereits bei Vertragsschluß vor, so folgt ein entsprechender Anspruch aus § 311a Abs. 2 BGB. Befand sich in letzterem Fall der Vermieter bei Vertragsschluß in Unkenntnis des Leistungshindernisses, so schuldet er nur dann Schadensersatz, wenn er seine fehlende Kenntnis zu vertreten hat, was gemäß § 311a Abs. 2 Satz 2 BGB jedoch zu vermuten ist. Das Vertretenmüssen setzt aber auch in diesem Fall vorbehaltlich der gesonderten Übernahme einer Garantie ein Verschulden i.S. des § 276 Abs. 1 BGB voraus (keine automatische Garantiehaftung).[111]

2. Rechtsstellung des Mieters bei Mängeln nach den §§ 536, 536a BGB

a) Bedeutung der Sondervorschriften

Im Ausgangspunkt stellt jede Nichterfüllung einer Pflicht aus § 535 Abs. 1 BGB durch den Vermieter eine Pflichtverletzung i.S. der §§ 280 ff., 320 ff. BGB dar. Der Gesetzgeber hat jedoch in den §§ 536, 536a BGB Sonderregelungen für bestimmte Formen von Pflichtverletzungen geschaffen. Wie bei § 437 BGB ändert das Vorliegen der Anwendungsvoraussetzungen dieser Vorschriften den Inhalt des Schuldverhältnisses kraft Gesetzes dahingehend, daß der Mieter in bezug auf die betreffenden Pflichtverletzungen auf die Rechtsfolgen und Rechte der §§ 536, 536a BGB beschränkt ist und nicht auf die §§ 280 ff., 323 ff. BGB zurückgreifen kann.[112] Hiervon bleibt allerdings der Erfüllungsanspruch aus § 535 Abs. 1 BGB als solcher unberührt, der vorbehaltlich einer Leistungsbefreiung des Vermieters (§ 275 BGB etc.) unverändert fortbesteht[113] und den Mieter nach Maßgabe des § 320 BGB auch zu einer vorübergehenden Verweigerung der Mietzahlung berechtigt.[114] Keine Einschränkung erfährt ferner das Recht zur außerordentlichen fristlosen Kündigung gemäß § 543 Abs. 1 i.V. mit Abs. 2 Satz 1 Nr. 1 BGB.

---

[110] Zu letzterem bereits oben § 5 B IV 1d, aa (S. 314) in bezug auf den Erfüllungsanspruch.

[111] BT-Drucks. 14/6040, S. 165; *Canaris* DB 2001, 1815 (1819). Für eine Garantiehaftung im Fall einer anfänglichen subjektiven Unmöglichkeit (Unvermögen) trat die h.M. für das bis zum 1.1.2002 geltende Recht ein: dazu *Marburger* 20 Probleme aus dem BGB, Schuldrecht Allgemeiner Teil, 6. Aufl. 1998, 7. Problem.

[112] Siehe oben § 2 E II 1, S. 72 f.

[113] *Staudinger/Emmerich* (2003) § 536 Rdnr. 59.

[114] BGH v. 5. Juli 1989, NJW 1989, 3222 (3223 f.); *Erman/Jendrek* Vor § 537 Rdnr. 3; *Larenz* BT 1, § 48 III b 2, S. 234; *Oechsler* Rdnr. 546; *Staudinger/Emmerich* (2003) § 536 Rdnr. 59 ff.; kritisch *Voelskow* MünchKomm. Vor §§ 537-543 Rdnr. 7.

b) Anwendungsvoraussetzungen der §§ 536, 536a BGB

aa) Sach- oder Rechtsmangel

Die §§ 536, 536a BGB finden Anwendung, wenn die Mietsache einen Mangel aufweist, der ihre Tauglichkeit zum vertragsgemäßen Gebrauch aufhebt oder mindert
(Sachmangel i.S. des § 536 Abs. 1 Satz 1 und 2 BGB) oder wenn das Recht eines
Dritten dem Mieter den vertragsgemäßen Gebrauch ganz oder zum Teil entzieht
(Rechtsmangel i.S. des § 536 Abs. 3 BGB). Die Voraussetzungen für einen
Rechts- oder Sachmangel wurden bereits im Rahmen der Erfüllungspflicht des
Vermieters aus § 535 Abs. 1 BGB erörtert.[115] Eine Anwendung der §§ 536, 536a
BGB scheidet demgegenüber z.B. aus, wenn die Mietsache aufgrund einer Zerstörung nicht zum Gebrauch überlassen werden kann.

bb) Überlassung der Mietsache als weitere Anwendungsvoraussetzung

Ob die §§ 536, 536a BGB erst anwendbar sind und damit die allgemeinen Vorschriften der §§ 280 ff., 323 ff. BGB verdrängen, wenn die Mietsache dem Mieter
bereits überlassen worden ist, wobei die Überlassung regelmäßig in einer Übertragung des unmittelbaren Besitzes besteht,[116] ist umstritten.

Für eine derartige zeitliche Beschränkung der §§ 536, 536a BGB spricht zunächst der Wortlaut des § 536 BGB, der z.B. in bezug auf Rechtsmängel darauf
abstellt, daß dem Mieter der Gebrauch durch das Recht eines Dritten „entzogen"
wird. Unter teleologischen Aspekten ist allerdings zu prüfen, ob die Besonderheiten der §§ 536, 536a BGB erst dann sachgerecht erscheinen, wenn eine Überlassung an den Mieter stattgefunden hat.[117] Ohne die Erörterung zur Rechtsstellung
des Mieters aus den §§ 536, 536a BGB vorwegzunehmen, sei zur Bestimmung des
zeitlichen Anwendungsbereiches dieser Vorschriften exemplarisch der Umstand
angeführt, daß der Vermieter nach § 536a Abs. 1 Alt. 1 BGB für bereits bei Vertragsschluß vorhandene Mängel verschuldensunabhängig auf Schadensersatz haftet.[118] Diese Abweichung von den allgemeinen Vorschriften in den §§ 280 ff. BGB
ist erst gerechtfertigt, wenn durch die Überlassung der Mietsache an den Mieter
ein Leistungstransfer stattgefunden hat, der zugunsten des letzteren eine besondere
Vertrauensposition begründet.[119] Die h.L. unter der bis zum 1.1.2002 geltenden
Rechtslage wendete die Sondervorschriften für Sach- und Rechtsmängel zwar auch
vor der Überlassung der Mietsache an.[120] Dies war aber maßgeblich dadurch motiviert, bei unbehebbaren Mängeln eine nach den allgemeinen Vorschriften eingrei-

---

[115] Siehe oben § 5 B IV 1b, bb (S. 308 f.) und 1c, bb (S. 309 ff.).

[116] Dazu oben § 5 B IV 1b, aa, S. 307.

[117] Diese Methode wurde im Rahmen des Kaufrechts bereits zur Konkretisierung des Anwendungsbereiches des § 437 BGB angewendet: § 2 E II 2a, bb, S. 74 ff.

[118] Näher unten § 5 B V 2c, bb (1), S. 323 f.

[119] BGH v. 18. Juni 1997, BGHZ 136, 102 (107 ff.); BGH v. 25. November 1998, NJW
       1999, 635.

[120] *Larenz* BT 1, § 48 III b 3, S. 238; *Staudinger/Emmerich* (1995) Vorbem. zu § 537
       Rdnr. 4 ff.; *Voelskow* MünchKomm. Vor §§ 537-543 Rdnr. 5; zweifelnd *Esser/Weyers*
       BT 1, § 15 II 1a (2), S. 144.

fende (Teil-)Nichtigkeit des Mietvertrages gemäß § 306 BGB a.F. zu vermeiden.[121] Nach der neuen Rechtslage berührt dieser Sachverhalt jedoch nicht mehr
die Wirksamkeit des Vertrages (§ 311a Abs. 1 BGB), so daß die besseren Gründe
dafür sprechen, die §§ 536, 536a BGB erst nach Überlassung der Mietsache an
den Mieter anzuwenden; zuvor gelten die §§ 280 ff., 311a Abs. 2, 323 ff. BGB.[122]

cc) Fehlen oder Wegfall zugesicherter Eigenschaften als eigenständige Pflichtverletzung?

Fraglich erscheint, ob es sich bei dem Fehlen bzw. dem Wegfall einer zugesicherten Eigenschaft (§ 536 Abs. 2 BGB) um eine zusätzliche Form der Pflichtverletzung handelt, die den Anwendungsbereich der §§ 536, 536a BGB eröffnet. Es besteht jedoch weitgehend Einigkeit darüber, daß insoweit der Eigenschaftsbegriff
des § 119 Abs. 2 BGB maßgeblich ist, der neben den physischen Eigenschaften
der Sache nur solche Umweltbeziehungen umfaßt, die ihren Grund in der Beschaffenheit des Mietobjekts selbst haben.[123] Somit deckt sich der Kreis der zusiche-
rungsfähigen Eigenschaften mit den Beschaffenheitsmerkmalen der Mietsache
nach § 536 Abs. 1 Satz 1 BGB, so daß das Fehlen oder der Wegfall einer solchen
immer auch einen Sachmangel der Mietsache darstellt.[124]

Aus diesen Gründen ist das Fehlen bzw. der Wegfall einer zugesicherten Eigenschaft keine eigenständige Form einer objektiven Pflichtverletzung.[125] Bedeutung hat die Eigenschaftszusicherung jedoch bei zwei Punkten, die auf dem Vorliegen eines Sachmangels der Mietsache als der einschlägigen Pflichtverletzung
aufbauen:

–   Insbesondere bei Schadensersatzansprüchen des Mieters als Folge eines Sach-
    mangels gewinnt der Maßstab des Vertretenmüssens des Vermieters Bedeu-
    tung (vgl. § 536a Abs. 1 Alt. 2 BGB). Im Fall einer Eigenschaftszusicherung
    liegt eine Garantie i.S. des § 276 Abs. 1 Satz 1 BGB vor, so daß ein Verschul-
    den des Vermieters insoweit für die an ein Vertretenmüssen geknüpften Haf-
    tungsfolgen entbehrlich ist. Eine Eigenschaftszusicherung setzt allerdings vor-
    aus, daß sich der Vermieter in dem Vertrag verpflichtet, für die Folgen eines

---

[121]   Vgl. insoweit auch die Entscheidungen BGH v. 7. Dezember 1984, BGHZ 93, 142
        (145 f.); BGH v. 29. Oktober 1986, BGHZ 99, 54 (57 f.).

[122]   Siehe auch *Staudinger/Emmerich* (2003) Vorbem. zu § 536 Rdnr. 3 f., § 536 Rdnr. 9;
        a.A. *Oechsler* Rdnr. 574, der für die Anwendung des § 536a Abs. 1 BGB vor Überlas-
        sung der Mietsache den Rechtsgedanken des § 323 Abs. 4 BGB heranzieht; für die
        Anwendung der verschuldensunabhängigen Haftung nach § 536a BGB vor
        Überlassung der Mietsache auch *Ahrens* ZGS 2003, 134 (136 f.).

[123]   So zuletzt BGH v. 16. Februar 2000, ZIP 2000, 887 (889); *Erman/Jendrek* § 537
        Rdnr. 16; *Staudinger/Emmerich* § 537 Rdnr. 58 f.

[124]   Unzutreffend deshalb *Oechsler* Rdnr. 554, der einen eigenständigen Anwendungsbe-
        reich der Zusicherung hinsichtlich solcher Umstände ansieht, die nicht als Mangel der
        Mietsache in Betracht kommen, dabei jedoch die Grenzen des Eigenschaftsbegriffs au-
        ßer acht läßt.

[125]   Treffend *Hau* JuS 2003, 130 (133). Auch die Gesetzesmaterialien messen § 536 Abs. 2
        BGB nur eine eingeschränkte Bedeutung bei: BT-Drucks. 14/4553, S. 40.

bestimmten Sachmangels unbedingt, d.h. verschuldensunabhängig einstehen zu wollen.[126]

– Des weiteren ordnet § 536 Abs. 1 Satz 3 BGB zur Wahrung des Rechtsfriedens an, daß die Rechtsfolgen der §§ 536, 536a BGB bei einem Sachmangel nicht eingreifen, wenn die durch ihn hervorgerufene Minderung der Gebrauchstauglichkeit unerheblich ist.[127] Dies gilt jedoch nicht, wenn eine Eigenschaft zugesichert wurde, da § 536 Abs. 2 BGB nicht auf § 536 Abs. 1 Satz 3 BGB verweist.[128]

c) Rechtsstellung des Mieters nach den §§ 536, 536a BGB im einzelnen

aa) Aufhebung bzw. Minderung der Mietzahlungspflicht

Solange die Mietsache mit einem nicht i.S. des § 536 Abs. 1 Satz 3 BGB unerheblichen Mangel behaftet ist oder ein Mangel vorliegt, in bezug auf den eine Eigenschaftszusicherung abgegeben worden war, ist der Mieter bei einer Aufhebung der Gebrauchstauglichkeit von der Entrichtung der Miete befreit (§ 536 Abs. 1 Satz 1 BGB) bzw. schuldet bei einer Minderung der Gebrauchstauglichkeit nur eine angemessen herabgesetzte Miete (§ 536 Abs. 1 Satz 2 BGB[129]). Diese Rechtsfolge hängt nicht von einem Vertretenmüssen des Mangels durch den Vermieter ab, da § 536 Abs. 1 Satz 1 und 2 BGB die Äquivalenz zwischen Leistung und Gegenleistung für den Zeitraum mangelhafter Pflichterfüllung herstellt: Die Vorschriften stellen eine spezielle Ausprägung des Rechtsgedankens des § 326 BGB dar.[130]

Anders als im Kaufrecht (vgl. § 437 Nr. 2 BGB i.V. mit den §§ 323 Abs. 1, 441 Abs. 1 Satz 1 BGB) erfordert die gänzliche bzw. teilweise Befreiung von der Mietzahlungspflicht keine Gestaltungserklärung des Mieters, sondern diese tritt – auch insoweit mit § 326 BGB übereinstimmend – kraft Gesetzes ein.[131] Die Aufhebung bzw. Minderung der Mietzahlungspflicht infolge eines Mangels ist somit nicht als subjektives Recht ausgestaltet. Hiervon unberührt bleibt allerdings die *Pflicht* des Mieters zur Mängelanzeige nach § 536c Abs. 1 Satz 1 BGB.[132]

Zahlt der Mieter in Unkenntnis des Eingreifens des § 536 Abs. 1 Satz 1 oder 2 BGB zu viel, so kann er diesen Betrag vom dem Vermieter nach § 812 Abs. 1 Satz 1 Alt. 1 BGB herausverlangen.[133] Dies gilt jedoch gemäß § 242 BGB nicht,

---

[126] Zu Einzelheiten *Staudinger/Emmerich* (2003) § 536 Rdnr. 43 ff. sowie zur Garantie des Verkäufers in bezug auf Sachmängel oben § 2 E II 3e, aa (4b), S. 121 f.

[127] Vgl. *Voelskow* MünchKomm. § 537 Rdnr. 4.

[128] Siehe auch mit deutlicher Kritik *Hau* JuS 2003, 130 (132 f.).

[129] Zum Umfang der Herabsetzung *Staudinger/Emmerich* (2003) § 536 Rdnr. 55 ff.

[130] *Esser/Weyers* BT 1, § 15 I 4, S. 138; *Larenz* BT 1, § 48 III b 2, S. 235.

[131] *Hau* JuS 2003, 130 (131); *Oechsler* Rdnr. 546; *Staudinger/Emmerich* (2003) § 536 Rdnr. 52; *Voelskow* MünchKomm. § 537 Rdnr. 11a.

[132] Näher dazu unten § 5 B V 2d, aa (2), S. 327 f.

[133] *Erman/Jendrek* § 537 Rdnr. 24; *Oechsler* Rdnr. 545; *Voelskow* MünchKomm. § 537 Rdnr. 11a.

wenn er nach Erlangung der Kenntnis von dem Mangel die Miete noch für mehrere Monate ohne Vorbehalt fortentrichtet.[134]

bb) Ansprüche auf Schadensersatz

§ 536a Abs. 1 BGB gewährt dem Mieter unter drei verschiedenen Voraussetzungen einen Schadensersatzanspruch:

– einen vom Vertretenmüssen des Vermieters unabhängigen Anspruch auf Ersatz solcher Schäden, welche aus Mängeln entstehen, die bereits bei Abschluß des Vertrages vorlagen (§ 536a Abs. 1 Alt. 1 BGB),
– einen Anspruch aufgrund von nachträglich eintretenden Mängeln, die der Vermieter zu vertreten hat (§ 536a Abs. 1 Alt. 2 BGB) sowie
– einen Anspruch auf den Ersatz von Schäden, die während eines Verzugs des Vermieters mit der Mängelbeseitigung eintreten (§ 536a Abs. 1 Alt. 3 BGB).

(1) Schäden aufgrund anfänglicher Mängel

Für alle Sach- und Rechtsmängel i.S. des § 536 BGB, die bereits bei Abschluß des Vertrages vorliegen, trifft den Vermieter eine umfassende Garantiehaftung. Dabei genügt es, wenn der Schaden auf Risiken beruht, die schon bei Vertragsschluß angelegt waren.[135] Es ist nicht erforderlich, daß der vorhandene Mangel zu diesem Zeitpunkt bereits erkennbar hervorgetreten ist. Beispiel: Ein Zuleitungsrohr zu der Gasheizung vermieteter Räume weist einen Materialfehler auf, der später zu einer Explosion führt. Zwar wird bisweilen eine Beschränkung der Garantiehaftung auf die bei Anwendung äußerster Sorgfalt erkennbaren Mängel befürwortet.[136] Für eine derartige Einschränkung bietet das Gesetz jedoch keinen Anhaltspunkt:[137] Die weitreichende Garantiehaftung des Vermieters ist nach der Überlassung der Mietsache gerechtfertigt, da sich der Mieter in einen von dem Vermieter beherrschten Bereich begibt und somit seine Rechtsgüter einer erhöhten Gefährdung aussetzt. Zudem ist er vor Überlassung der Mietsache regelmäßig nicht in der Lage, diese eingehend zu untersuchen und die Gefahren selbst abzuwenden. § 536a Abs. 1 Alt. 1 BGB setzt allerdings voraus, daß die Mietsache bereits bei Vertragsschluß existierte. Ist sie hingegen erst noch herzustellen, so ist die Norm dergestalt entsprechend anzuwenden, daß die Garantiehaftung für alle Mängel eingreift, die schon bei der Fertigstellung vorliegen; ein Abstellen auf den späteren Zeitpunkt der Übergabe wäre hingegen eine unangemessene Belastung des Vermieters.[138]

---

[134] Näher unten § 5 B V 2d, aa (1), S. 326 f.
[135] *Esser/Weyers* BT 1, § 15 I 6, S. 139; *Larenz* BT 1, § 48 III b 3, S. 235.
[136] *Diederichsen* AcP 165 (1965), 150 (168); *Fikentscher* Rdnr. 788; *Larenz* BT 1, § 48 III b 3, S. 235 ff.
[137] Prot. VI, S. 186; BGH v. 18. Dezember 1974, BGHZ 63, 333 (335); *Esser/Weyers* BT 1 § 15 I 6b, S. 139; *Staudinger/Emmerich* (2003) § 536a Rdnr. 4.
[138] So wohl auch *Voelskow* MünchKomm. § 538 Rdnr. 8; überwiegend wird alternativ auf den Zeitpunkt der Fertigstellung oder der Übergabe abgestellt: BGH v. 29. April 1953, BGHZ 9, 320 (321); *Erman/Jendrek* § 538 Rdnr. 5.

Die Garantiehaftung verpflichtet den Vermieter nach h.M. nicht nur zum Ersatz des Erfüllungsinteresses, sondern umfaßt Integritätsschäden, welche aus dem ursprünglichen Mangel resultieren,[139] so daß er z.B. nicht nur einen entgangenen Gewinn des Mieters (§ 252 BGB), sondern auch alle Schäden an anderen Rechtsgütern desselben ausgleichen muß.[140] Würden Integritätsschäden statt dessen der allgemeinen Vorschrift des § 280 Abs. 1 BGB unterstellt,[141] so liefe die Garantiehaftung typischerweise leer, da Mängel der Mietsache regelmäßig Schäden an anderen Rechtsgütern (Körper, eingebrachte Sachen etc.) hervorrufen. Der Mieter begibt sich mit seinen Rechtsgütern in den Risikobereich der Mietsache, für deren Mangelfreiheit im Zeitpunkt des Vertragsschlusses der Vermieter nach der gesetzgeberischen Wertung die uneingeschränkte Verantwortung trägt.[142]

Problematisch erscheint jedoch, auch auf einem anfänglichen Mangel beruhende Integritätsschäden *Dritter*, die in den Schutzbereich des Mietvertrages einbezogen sind,[143] verschuldensunabhängig gemäß § 536a Abs. 1 Alt. 1 BGB zu ersetzen.[144] Obwohl die Vorschrift alle bei dem *Mieter* eintretenden Schadensformen umfaßt, spricht einiges dafür, daß eine verschuldensunabhängige Haftung des Vermieters nur im Zusammenhang mit der bestehenden Leistungsbeziehung gerechtfertigt ist;[145] für den leistungsunabhängigen Drittschutz zieht dies eine Anwendung der allgemeinen Vorschrift des § 280 Abs. 1 BGB mit dem Erfordernis eines (gemäß § 280 Abs. 1 Satz 2 BGB zu vermutenden) Vertretenmüssens des Vermieters nach sich.

(2) Schäden aufgrund nachträglicher Mängel

Bei allen nachträglichen Mängeln haftet der Vermieter nur dann auf Schadensersatz, wenn er den Mangel zu vertreten hat (§ 536a Abs. 1 Alt. 2 BGB)[146] oder der Schaden eintritt, weil der Vermieter sich nach Maßgabe des § 286 BGB mit der aus § 535 Abs. 1 Satz 2 BGB geschuldeten Mängelbeseitigung in Verzug befindet. Letztere Regelung stellt eine folgerichtige Konsequenz der Erhaltungspflicht des

---

[139] Allgemein zur Unterscheidung von Erfüllungs- und Integritätsinteresse *H. Lange/ Schiemann* Schadensersatz, 3. Aufl. 2003, § 2 IV 3 und V 5.

[140] RG v. 30. März 1942, RGZ 169, 84 (92); BGH v. 20. September 1984, BGHZ 92, 177 (180); BGH v. 5. Dezember 1990, NJW-RR 1991, 970 (970); *Esser/Weyers* BT 1, § 15 I 6c, S. 141; *Larenz* BT 1, § 48 III b 3, S. 235 f.; *Oechsler* Rdnr. 557; RGRK/*Gelhaar* § 538 Rdnr. 15; *Staudinger/Emmerich* (2003) § 536a Rdnr. 19; weiterführend *Medicus* Festschrift für Kern, 1968, S. 313 ff.

[141] Dahingehend *Enneccerus/Lehmann* § 128 III 2, S. 518; *Voelskow* MünchKomm. § 538 Rdnr. 6 f.

[142] *Larenz* BT 1, § 48 III b 3, S. 235 f.

[143] Dazu oben § 5 B III 2, S. 305.

[144] Befürwortend BGH v. 22. Januar 1968, BGHZ 49, 350 (354); *Gottwald* MünchKomm.[4] § 328 Rdnr. 121; *Neuner* JZ 1999, 126 (130).

[145] *Esser/Schmidt* Schuldrecht Band I, Allgemeiner Teil, Teilband 2, 8. Aufl. 2000, § 34 IV 2d, S. 273.

[146] Wenn eine Eigenschaftszusicherung i.S. des § 537 Abs. 2 BGB vorliegt, so setzt das Vertretenmüssen allerdings kein Verschulden voraus; siehe oben § 5 B V 2b, cc, S. 321 f.

Vermieters dar. Wegen der speziellen Ausschlußtatbestände in den §§ 536b und c BGB scheidet ein paralleler Rückgriff auf § 280 Abs. 1 BGB aus.[147]

cc) Mängelbeseitigung durch den Mieter und Ersatz erforderlicher Aufwendungen

Das Mietvertragsrecht überläßt die Mängelbeseitigung nicht ausschließlich dem Vermieter, sondern räumt dem Mieter in § 536a Abs. 2 BGB unter bestimmten Voraussetzungen ein Selbsthilferecht ein. Dies berechtigt ihn dazu, die Mängel der Mietsache zu beseitigen, wenn der Vermieter mit dieser Pflicht nach Maßgabe des § 286 BGB in Verzug ist (§ 536a Abs. 2 Nr. 1 BGB) oder sich die umgehende Beseitigung des Mangels zur Erhaltung oder Wiederherstellung der Mietsache als notwendig erweist (§ 536a Abs. 2 Nr. 2 BGB). Zum Schutze des Vermieters sind die Voraussetzungen des Selbsthilferechts eng auszulegen, da ihm grundsätzlich die Entscheidungsbefugnis über die Art der Beseitigung zusteht.[148] Das Beseitigungsrecht des Mieters aus § 536a Abs. 2 Nr. 2 BGB ist deshalb auf sog. Notmaßnahmen beschränkt, bei denen ein Handeln des Vermieters nicht abgewartet werden kann, z.B. bei einem Hausbrand.[149]

Die mit der erlaubten Mängelbeseitigung des Mieters verbundenen erforderlichen Aufwendungen muß der Vermieter nach § 536a Abs. 2 BGB ersetzen. Der Aufwendungsersatzanspruch erfaßt alle eingesetzten Geld- bzw. Sachwerte sowie die aufgewandte Arbeit, wenn die Kosten nach einer objektiven Betrachtungsweise ex ante zur Beseitigung des Mangels erforderlich waren.[150] Zudem kann der Mieter wie ein Auftragnehmer die mit der Beseitigungshandlung verbundenen Schäden in analoger Anwendung des § 536a Abs. 2 BGB ersetzt verlangen, wenn sich in ihnen ein typisches Risiko der Mängelbeseitigung niederschlägt,[151] wie z.B. Gesundheitsschäden, die bei Löscharbeiten eintreten.

Alle nicht unter § 536a Abs. 2 BGB fallenden Aufwendungen kann der Mieter nur nach Maßgabe des § 539 Abs. 1 BGB ersetzt verlangen. Dieser enthält eine Rechtsgrundverweisung auf die Vorschriften über die Geschäftsführung ohne Auftrag (§§ 677 ff. BGB), so daß insbesondere ein Fremdgeschäftsführungswille des Mieters vorliegen muß.[152]

Sämtliche Aufwendungsersatzansprüche des Mieters verjähren abweichend von den §§ 195 ff. BGB gemäß § 548 Abs. 2 BGB in sechs Monaten nach Beendigung des Mietverhältnisses.

d) Ausschluß und Beschränkung der Rechtsfolgen der §§ 536, 536a BGB

aa) Gesetzlicher Ausschluß

Eine gesetzliche Einschränkung der aus den §§ 536, 536a BGB grundsätzlich zugunsten des Mieters folgenden Rechtsstellung ordnen insbesondere die §§ 536b

---

[147] Ebenso *Oechsler* Rdnr. 562 sowie allg. oben § 5 B V 2a, S. 319.

[148] *Staudinger/Emmerich* (2003) § 536a Rdnr. 38 f.

[149] Siehe BT-Drucks. 14/4553, S. 41.

[150] *Staudinger/Emmerich* (2003) § 536a Rdnr. 32 sowie noch unten § 11 B V 1b, S. 609.

[151] *Voelskow* MünchKomm. § 538 Rdnr. 22; zu § 670 BGB § 11 B V 1d, S. 610 ff.

[152] BT-Drucks. 14/4553, S. 42; *Oechsler* Rdnr. 567; *Staudinger/Emmerich* (2003) § 539 Rdnr. 5 ff.; *Voelskow* MünchKomm. § 547 Rdnr. 7.

und 536c BGB an. Darüber hinaus ergeben sich aus der allgemeinen Vorschrift des § 326 Abs. 2 BGB Grenzen.

(1) Ausschluß gemäß § 536b BGB

Dem Mieter stehen die Rechte aus den §§ 536, 536a BGB sowie das Recht zur außerordentlichen fristlosen Kündigung nach § 543 Abs. 1 und 2 Satz 1 Nr. 1 BGB (§ 543 Abs. 4 Satz 1 BGB) nicht zu, wenn er den Mangel bei Abschluß des Mietvertrages kennt (§ 536b Satz 1 BGB).[153] In bezug auf § 536 BGB ist die Bezeichnung „Recht" allerdings mißverständlich, weil die Kürzung bzw. der Wegfall der Mietzahlungspflicht kraft Gesetzes eintritt.[154] Positive Kenntnis hat der Mieter nur, wenn er den konkreten Mangel und dessen Folgen für die Gebrauchstauglichkeit der Mietsache kennt.[155] Es genügt nicht, daß er z.B. nur von den Tatsachen erfährt, die einer behördlichen Nutzungsuntersagung zugrunde liegen, nicht aber von dem Verbot selbst.[156] Selbst eine positive Kenntnis schadet dem Mieter jedoch nicht, wenn der Vermieter ihm Abhilfe zugesagt hatte.

Die Rechte des Mieters aus den §§ 536, 536a BGB schließt ferner § 536b Satz 2 BGB aus, wenn er bei Abschluß des Vertrages grob fahrlässig keine Kenntnis von dem Mangel hatte und der Vermieter diesen nicht arglistig verschwiegen hat.[157] Da dem Mieter grundsätzlich keine Untersuchung der Mietsache bei Vertragsabschluß obliegt, kommt ein grob fahrlässiges Verkennen eines Mangels nur bei ganz offensichtlichen Umständen in Betracht.[158]

Schließlich sieht § 536b Satz 3 BGB vor, daß der Mieter Mängel, die er bei der Annahme der Mietsache kennt, nur dann i.S. der §§ 536, 536a BGB geltend machen kann, wenn er sich seine Rechte vorbehält. Der Begriff der Annahme ist in diesem Zusammenhang mit demjenigen der Überlassung der Mietsache identisch, erfordert also in der Regel einen Besitzerwerb des Mieters.[159]

Die in § 536b BGB enthaltenen Haftungsausschlüsse finden nicht nur bei einem erstmaligen Vertragsschluß Anwendung, sondern auch bei Vertragsänderungen, wenn diese das Äquivalenzgefüge des Mietvertrages wesentlich modifizieren.[160] Keine Regelung trifft § 536b BGB indes für den praktisch bedeutsamen

---

[153] Zu den Auswirkungen auf den Erfüllungsanspruch aus § 535 Abs. 1 BGB siehe oben § 5 B IV 1d, aa, S. 314 f.

[154] Siehe oben § 5 B V 2c, aa, S. 322.

[155] BGH v. 28. Januar 1958, BGHZ 26, 282 (290); *Erman/Jendrek* § 539 Rdnr. 2; *Staudinger/Emmerich* (2003) § 536b Rdnr. 8. Ein Unterschätzen der Folgen für die Gebrauchstauglichkeit ist hingegen unerheblich; vgl. *Staudinger/Emmerich* (2003) § 536b Rdnr. 8.

[156] BGH v. 7. November 1962, WM 1962, 1379 (1380); *Erman/Jendrek* § 539 Rdnr. 2; *Voelskow* MünchKomm. § 539 Rdnr. 9.

[157] Zum Arglistbegriff siehe oben § 2 D I 1d, dd (2a), S. 54 f.

[158] *Erman/Jendrek* § 539 Rdnr. 3; *Voelskow* MünchKomm. § 539 Rdnr. 10.

[159] *Staudinger/Emmerich* (2003) § 536b Rdnr. 16; siehe auch oben § 5 B IV 1b, aa, S. 307.

[160] BGH v. 24./28. Juli 1970, NJW 1970, 1740 (1742); *Erman/Jendrek* § 539 Rdnr. 8; *Voelskow* MünchKomm. § 539 Rdnr. 7.

Fall, daß der Mangel erst nach Überlassung der Mietsache eintritt und der Mieter trotz seiner Kenntnis ohne Vorbehalt und über einen längeren Zeitraum die Miete ungekürzt weiterzahlt. Während der Bundesgerichtshof früher die mit § 536b BGB vergleichbare Vorschrift in § 539 Abs. 2 BGB a.F. bei dem vorgenannten Sachverhalt analog anwandte, lehnt er dies nunmehr wegen des Fehlens der methodischen Voraussetzungen ab; es fehle die für einen Analogieschluß unerläßliche Planwidrigkeit der Regelungslücke, da nach Überlassung auftretende Mängel von § 536c BGB erfaßt werden und diese Norm nach dem Willen des Gesetzgebers abschließenden Charakter habe.[161] Dies schließt es allerdings nicht aus, daß der Vermieter einer Minderung der Miete § 242 BGB entgegenhält. In der vorbehaltlosen Weiterzahlung der Miete trotz Kenntnis des Mangels kann aufgrund der Besonderheiten des Einzelfalles nicht nur ein gegebenenfalls stillschweigender Verzicht gesehen werden, zu erwägen ist vielmehr auch eine illoyale Rechtsausübung (Verwirkung). Dem Rückgriff auf die genannten allgemeinen Schranken steht § 536c BGB nicht entgegen.[162]

(2) Ausschluß gemäß § 536c BGB

Der Mieter hat die Mietsache meist in unmittelbarem Besitz, so daß der Vermieter auf sie nicht direkt zugreifen kann. Somit ist dieser zur Erfüllung seiner vertraglichen Erhaltungspflicht auf die Informationen des Mieters über das Vorliegen von Mängeln angewiesen.[163] Demzufolge verpflichtet § 536c Abs. 1 Satz 1 BGB den Mieter, alle während der Mietzeit aufgetretenen Mängel sowie die Erforderlichkeit einer Maßnahme zum Schutz der Mietsache vor einer nicht vorhergesehenen Gefahr dem Vermieter unverzüglich (vgl. § 121 Abs. 1 Satz 1 BGB) anzuzeigen. Gleiches gilt nach § 536c Abs. 1 Satz 2 BGB, soweit sich ein Dritter ein Recht an der Sache anmaßt, diese z.B. als angeblicher Eigentümer wegnimmt. Kommt der Mieter dieser Pflicht nicht nach, so verliert er unter anderem gemäß § 536c Abs. 2 Satz 2 BGB auch eine etwaige Leistungsbefreiung aus § 536 BGB sowie einen Schadensersatzanspruch nach 536a Abs. 1 BGB, *wenn* der Vermieter infolge der unterlassenen Anzeige dem Mangel oder der Gefahr nicht abhelfen konnte. Das Recht auf Aufwendungsersatz aus § 536a Abs. 2 BGB bleibt im Umkehrschluß unberührt.

Zum Schutz des Vermieters besteht die Anzeigepflicht unabhängig davon, ob der Mieter die Sache gebraucht und somit die Obhut über sie ausübt.[164] Ein Mangel oder eine unvorhergesehene Gefahr „zeigt" sich i.S. des § 536c Abs. 1 Satz 1 BGB jedoch nur und löst die Pflicht zur unverzüglichen Anzeige aus, wenn die

---

[161] BGH v. 16. Juli 2003, NJW 2003, 2601 (2602 f.); kritisch dazu jedoch *Timme* NJW 2003, 3099 ff.

[162] So BGH v. 16. Juli 2003, NJW 2003, 2601 (2603).

[163] RG v. 25. November 1904, RGZ 59, 162 (162); BGH v. 4. April 1977, BGHZ 68, 281 (286); *Staudinger/Emmerich* (2003) § 536c Rdnr. 1; *Voelskow* MünchKomm. § 545 Rdnr. 1.

[164] *Voelskow* MünchKomm. § 545 Rdnr. 6.

Unkenntnis von dem betreffenden Umstand auf *grober Fahrlässigkeit* beruht.[165] Insbesondere trifft den Mieter keine Prüfungspflicht, so daß er verdeckte Mängel nicht ausforschen muß.[166] Zudem ist eine Anzeige nach § 242 BGB entbehrlich, wenn der Vermieter den Mangel bereits kennt oder dessen Beseitigung unmöglich ist, so daß die Anzeige ohnehin folgenlos bliebe.

(3) Dem Mieter zurechenbare Mängel

Unabhängig von den vorstehenden Haftungsausschlüssen greifen die Rechtsfolgen der §§ 536, 536a BGB zudem nicht ein, wenn der Mangel dem Mieter zurechenbar ist.[167] Dies folgt aus dem Rechtsgedanken des § 326 Abs. 2 Satz 1 BGB. Es kommt also darauf an, ob der Mieter analog den §§ 276 ff. BGB für den Mangel alleine oder weit überwiegend verantwortlich ist (§ 326 Abs. 2 Satz 1 Alt. 1 BGB) oder der von dem Vermieter nach Maßgabe des § 300 Abs. 1 BGB nicht zu vertretende Mangel zu einem Zeitpunkt eingetreten ist, in dem sich der Mieter gemäß den §§ 293 ff. BGB im Annahmeverzug befand (§ 326 Abs. 2 Satz 1 Alt. 2 BGB).[168]

bb) Ausschluß oder Beschränkung durch Vertrag

Das Mietvertragsrecht ist abgesehen von Ausnahmen zugunsten des Wohnraummieters[169] dispositiv, so daß es den Vertragsparteien freisteht, die §§ 536, 536a BGB ganz oder teilweise abzubedingen.[170] Allerdings kann sich der Vermieter nach § 536d BGB auf den Haftungsausschluß nicht berufen, wenn er den betreffenden Mangel arglistig verschwiegen hat. Die haftungsbeschränkende Vereinbarung ist insofern nicht nichtig, sondern entfaltet nur keine Rechtswirkung, was eine Anwendung des § 139 BGB ausschließt.[171]

Vertragliche Haftungsausschlüsse unterliegen den allgemeinen Schranken der §§ 134, 138, 242 BGB. Bei Allgemeinen Geschäftsbedingungen ist ihre Wirksamkeit zudem durch die §§ 307 ff. BGB begrenzt. So schließt § 309 Nr. 12b BGB aus, daß der Mieter formularvertraglich die Mangelfreiheit der Mietsache anerkennt und somit seine Rechte bei Mängeln verliert.[172] Auch ein Ausschluß des Schadensersatzanspruchs für die vom Vermieter grob fahrlässig oder vorsätzlich verursachten Mängel ist nach § 309 Nr. 7b BGB unwirksam. Im übrigen steht einer Abbedingung der Mängelgewährleistungsrechte allein § 307 BGB bei einer unangemessenen Benachteiligung des Mieters entgegen. Der auf Mängel bezogene

---

[165] BGH v. 4. April 1977, BGHZ 68, 281 (284 ff.); *Staudinger/Emmerich* (2003) § 536c Rdnr. 7; *Voelskow* MünchKomm. § 545 Rdnr. 12.

[166] BGH v. 4. April 1977, BGHZ 68, 281 (285 f.); *Erman/Jendrek* § 545 Rdnr. 1; *Staudinger/Emmerich* (2003) § 536 c Rdnr. 1.

[167] *Esser/Weyers* BT 1, § 15 I 7b, S. 143; *Staudinger/Emmerich* (2003) § 536 Rdnr. 63; *Voelskow* MünchKomm. § 537 Rdnr. 14.

[168] Zum ganzen bereits oben § 5 B IV 1d, aa, S. 314 f.

[169] Dazu unten § 5 C, S. 348 ff.

[170] *Staudinger/Emmerich* (2003) § 536 Rdnr. 71.

[171] BT-Drucks. 14/4553, S. 42.

[172] BGH v. 9. November 1966, VersR 1967, 254 (254).

§ 309 Nr. 8b BGB findet hingegen nur auf die kauf- und werkvertragliche Haftung Anwendung.[173] Grundsätzlich darf der vertragliche Haftungsausschluß die Rechte des Mieters bei verdeckten Mängeln allerdings nicht so weit einschränken, daß dieser einen unbrauchbaren Gegenstand erhält, trotzdem aber an den Vertrag gebunden bleibt und somit auch die Miete weiter zahlen muß (§ 307 Abs. 1 Satz 1 BGB).[174]

e) Konkurrenz der §§ 536, 536a BGB zu anderen Rechten des Mieters

Die Abgrenzung des Anwendungsbereiches der Sondervorschriften bei Mängeln der Mietsache von den allgemeinen Regelungen über Pflichtverletzungen (§§ 280 ff., 323 ff. BGB) wurde oben bereits erörtert.[175] Verletzungen von Nebenpflichten oder vorvertraglichen Pflichten seitens des Vermieters, die sich zugleich auf einen Mangel der Mietsache beziehen (z.B. Aufklärung über eine gefährliche Beschaffenheit), bewirken keine eigenständigen Haftungsfolgen neben § 536a BGB.[176] Auch die Regelungen über das Fehlen oder den Wegfall der Geschäftsgrundlage sind nur anwendbar, wenn die Störung des Vertragsverhältnisses nicht in einem Mangel der Mietsache besteht.[177] Deliktische Ansprüche des Mieters aus den §§ 823 ff. BGB bleiben hingegen von den §§ 536, 536a BGB unberührt.

Problematisch ist allerdings, ob der Mieter nach § 119 Abs. 2 BGB zur Anfechtung berechtigt sein soll, wenn die Eigenschaft, über die er sich geirrt hat, zugleich einen Sachmangel i.S. des § 536 Abs. 1 BGB begründet. Um dem besonderen Regelungsgefüge der §§ 536 ff. BGB und insbesondere den Auschlußtatbeständen der §§ 536b, 536c BGB gerecht zu werden, muß entgegen der h.M.[178] eine Sperrwirkung gegenüber § 119 Abs. 2 BGB angenommen werden.[179]

3. Nebenpflichtverletzungen des Vermieters

Verletzt der Vermieter eine seiner Nebenpflichten, so ist er nach Maßgabe der §§ 280 ff. BGB zum Schadensersatz verpflichtet, wenn nicht § 536a BGB vorrangig ist.[180]

---

[173] BT-Drucks. 14/6040, S. 157.

[174] BGH v. 22. Juni 1988, NJW 1988, 2664 (2664); *Erman/Jendrek* Vor § 537 Rdnr. 25; *Staudinger/Emmerich* (2003) § 536 Rdnr. 72.

[175] Siehe oben § 5 B V 2b, S. 320 ff.

[176] *Staudinger/Emmerich* (2003) Vorbem. zu § 536 Rdnr. 13 sowie zum Parallelproblem beim Kaufvertrag ausführlich oben § 2 E II 5d, S. 135 ff.

[177] *Erman/Jendrek* Vor § 537 Rdnr. 21; *Voelskow* MünchKomm. Vor §§ 537-543 Rdnr. 12.

[178] RG v. 10. März 1938, RGZ 157, 173 (174); *Erman/Jendrek* Vor § 537 Rdnr. 22; *Soergel/Kummer* §§ 535, 536 Rdnr. 93 f.

[179] *Brox/Elsing* JuS 1976, 1 (5); *Voelskow* MünchKomm. Vor §§ 537-543 Rdnr. 11. Ausführlicher im Rahmen des Kaufrechts: § 2 E II 5a, aa, S. 130 ff.

[180] Dazu oben § 5 B V 2e, S. 329.

VI. Pflichten und Haftung des Mieters

1. Hauptpflichten des Mieters

a) Pflicht des Mieters zur Zahlung der Miete

aa) Allgemeines

Als Gegenleistung für den Gebrauch der gemieteten Sache muß der Mieter die vereinbarte Miete zahlen (§ 535 Abs. 2 BGB). Üblicherweise ist diese in Geld zu entrichten; bei einer andersartigen Gegenleistung liegt ein sog. Vertrag mit anderstypischer Gegenleistung vor.[181] Ein Beispiel hierfür stellt die Übertragung von Schönheitsreparaturen auf den Mieter dar.[182]

Es kann eine einheitliche Mietsumme festgelegt werden; insbesondere bei der Vermietung von Räumen ist aber auch die Vereinbarung einer Grund- oder Kaltmiete zuzüglich eines angemessenen Betriebskostenvorschusses üblich. Die Miete ist je nach der vertraglichen Vereinbarung entweder einmalig oder in bestimmten Zeitabständen regelmäßig wiederkehrend zu zahlen. Gemäß § 579 Abs. 1 Satz 1 und 2 BGB ist sie vorbehaltlich einer abweichenden Vereinbarung am Ende der Mietzeit bzw. eines Zeitabschnittes fällig, bei der Vermietung von Räumen hingegen schon am dritten Werktag eines jeden Zeitabschnittes (§§ 556b Abs. 1, 579 Abs. 2 BGB). Die Höhe der Miete können die Parteien nach den allgemeinen Vorschriften für Mietverhältnisse bis zur Grenze der §§ 134 BGB (i.V. mit § 291 StGB bzw. § 5 WiStG), 138 BGB frei festlegen. Ist diese gesetzes- oder sittenwidrig, so bleibt der Vertrag im übrigen (d.h. mit einer noch zulässigen Miethöhe) entgegen der Auslegungsregel des § 139 BGB wirksam.[183] Fehlt eine Einigung der Parteien über die konkrete Höhe der Miete, so kann eine entsprechende Anwendung der §§ 612 Abs. 2, 632 Abs. 2 BGB die im Vertrag verbliebene Lücke schließen.[184]

Kommt der Mieter mit der Zahlung der Miete i.S. des § 286 BGB in Verzug, so muß er Verzugszinsen zahlen (§ 288 BGB) und den Verzögerungsschaden des Vermieters ersetzen (§ 280 Abs. 1 und 2 BGB). Um diesem die Möglichkeit einer wirtschaftlichen Verwertung der Sache zu sichern, steht ihm zudem ein Recht zur außerordentlichen fristlosen Kündigung nach § 543 Abs. 1 i.V. mit Abs. 2 Satz 1 Nr. 3 BGB zu, wenn der Mieter zu zwei aufeinanderfolgenden Terminen mit der Entrichtung der Miete in Verzug geraten ist oder die Summe der ausstehenden Zahlungen über einen längeren Zeitraum die Höhe von mindestens zwei Mieten erreicht und keiner der Ausschlußtatbestände in § 543 Abs. 2 Satz 2 oder 3 BGB eingreift.[185] Durch diese Regelung wird der Rückgriff auf § 323 Abs. 1 BGB bei

---

[181]   Siehe zu solchen Verträgen auch unten § 16 A III 1b, S. 719 f.

[182]   Dazu näher unten § 5 B VI 1b, S. 333 f.

[183]   Einzelheiten bei *Staudinger/Emmerich* (2003) Vorbem. zu § 535 Rdnr. 117 ff.; für einen Rückgriff auf die ortsübliche Vergleichsmiete jedoch *Oechsler* Rdnr. 582.

[184]   BGH v. 31. Januar 2003, NJW 2003, 1317 (1318); ebenso z.B. *Oechsler* Rdnr. 582.

[185]   Dabei ist nur die regelmäßig zu entrichtende Miete zu berücksichtigen, nicht aber Einmalzahlungen wie Kautionen oder Kostenerstattungsansprüche: *Staudinger/Emmerich* (2003) § 543 Rdnr. 49; *Voelskow* MünchKomm. § 554 Rdnr. 5. Nebenkostenvorschüs-

einer Verletzung der Pflicht zur Zahlung der Miete gesperrt.[186] Ist das Mietverhältnis wirksam gekündigt, so kann der Vermieter wegen eines ihm entgangenen Gewinns (§ 252 BGB) Schadensersatz statt der Leistung nach Maßgabe des § 283 BGB verlangen. Hierbei ist der entgangene Gewinn jedoch nur bis zu dem Zeitpunkt zu ersetzen, in dem der Mieter seinerseits das Mietverhältnis hätte beenden können (Begrenzung des ersatzfähigen Schadens durch rechtmäßiges Alternativverhalten).[187]

bb) Pflicht zur Mietzahlung bei Leistungsbefreiung des Vermieters

Wegen der synallagmatischen Verbundenheit der Pflichten des Vermieters aus § 535 Abs. 1 BGB mit der Pflicht des Mieters zur Mietzahlung entfällt bzw. mindert sich letztere, wenn zugunsten des Vermieters eine Leistungsbefreiung eintritt. Dies ergibt sich aus § 326 Abs. 1 Satz 1 BGB bzw. der Sondervorschrift des § 536 BGB.

Der Mieter bleibt allerdings dennoch zur Zahlung verpflichtet, wenn ihm die Nichterfüllung der Vermieterpflichten aus § 535 Abs. 1 BGB selbst zuzurechnen ist (§§ 326 Abs. 2, 536b, 536c BGB).[188] Eine derartige Zurechnung enthält auch die Sondervorschrift des § 537 Abs. 1 Satz 1 BGB: Die Pflicht des Mieters zur Mietzahlung bleibt danach bestehen, wenn er das Gebrauchsrecht aus Gründen in seiner eigenen Person nicht ausüben kann. Diese Anordnung ist rein deklaratorisch, sofern dem Mieter die Mietsache bereits überlassen worden ist. Denn die Leistungspflicht des Vermieters aus § 535 Abs. 1 Satz 1 BGB bezieht sich nur darauf, die *Gebrauchsmöglichkeit* einzuräumen, so daß diese Pflicht in den besagten Fällen bereits erfüllt ist und ein Wegfall der Pflicht zur Mietzahlung von vornherein nicht in Betracht kommt.[189] Das Risiko, die eingeräumte Gebrauchsmöglichkeit tatsächlich selbst ausnutzen zu können, trägt der Mieter schon nach den allgemeinen Regeln. Zu berücksichtigen ist jedoch, daß zu der einzuräumenden Gebrauchsmöglichkeit nach der Parteiabsprache im Einzelfall nicht nur die Überlassung der Mietsache in einem bestimmten Zustand, sondern auch ein darüber hinausgehender Umstand zählen kann. Bekanntes Beispiel sind die in heutiger Zeit eher selten gewordenen Fälle der Anmietung eines Raumes mit Blick auf einen Krönungszug, der aufgrund einer Krankheit des Monarchen abgesagt wird. Auch in einem derartigen Fall greift § 326 Abs. 1 BGB ein.[190]

---

se zählen hingegen als Miete i.S. des § 543 Abs. 2 Satz 1 Nr. 3 BGB: *Erman/Jendrek* § 554 Rdnr. 2; *Staudinger/Emmerich* (2003) § 543 Rdnr. 50.

[186] BGH v. 10. Juli 1968, BGHZ 50, 312 (315 f.); *Esser/Weyers* BT 1, § 16 I 1b, S. 149; *Larenz* BT 1, § 48 II b, S. 224; *Staudinger/Emmerich* (2003) § 543 Rdnr. 43.

[187] Dazu allgemein *Oetker* MünchKomm.[4] § 249 Rdnr. 211 ff.

[188] Siehe oben § 5 B V 2d, aa, S. 325 ff.

[189] BGH v. 23. Oktober 1996, NJW 1997, 193 (194); *Erman/Jendrek* § 552 Rdnr. 2; *Esser/Weyers* BT 1, § 16 II 2, S. 153; *Larenz* BT 1, § 48 II b, S. 223; *Staudinger/Emmerich* (2003) § 537 Rdnr. 2.

[190] *Esser/Weyers* BT 1, § 16 II 2, S. 154; allgemein zu diesen Fällen des sog. Zweckfortfalls *Roth* MünchKomm.[4] § 313 Rdnr. 213 ff.

Eine eigenständige Bedeutung entfaltet § 537 Abs. 1 Satz 1 BGB hingegen, wenn der Hinderungsgrund dazu führt, daß die Mietsache nicht überlassen und damit die Gebrauchsmöglichkeit nicht eingeräumt werden kann. Wenn die Pflicht des Vermieters zur Überlassung in einem solchen Fall zugleich eine absolute Fixschuld darstellt, tritt kein Annahmeverzug ein (der nach h.M. eine fortbestehende Leistungsmöglichkeit voraussetzt),[191] so daß § 326 Abs. 2 Satz 1 Alt. 2 BGB nicht anwendbar ist. Dann weist § 537 Abs. 1 Satz 1 BGB als weitere *Ausnahmevorschrift zu § 326 Abs. 1 BGB* das Risiko all derjenigen Hinderungsgründe dem Mieter zu, die „in seiner Person liegen". Abweichend von dem Wortlaut der Vorschrift ist hierbei jedoch nicht schematisch zwischen subjektiv begründeten Hindernissen (z.B. Krankheit des Mieters) und objektiv begründeten Hindernissen (z.B. Witterungseinflüsse) abzugrenzen. Die Risikosphären von Mieter und Vermieter sind allein anhand der gegebenenfalls auszulegenden vertraglichen Vereinbarung aufzuteilen.[192] Einen Anhaltspunkt hierfür bietet die Beantwortung der Frage, ob der Mieter durch das besagte Geschehen bei unterstellter Nachholbarkeit der Vermieterleistung nach den §§ 293 ff. BGB in Annahmeverzug geraten wäre. Ist dies zu bejahen, spricht vieles für eine Anwendung des § 537 Abs. 1 Satz 1 BGB. Ein Verschulden des Leistungshindernisses durch den Mieter ist in keinem Fall erforderlich; bei dessen Vorliegen wäre bereits § 326 Abs. 2 Satz 1 Alt. 1 BGB erfüllt.

Selbst wenn die Voraussetzungen des § 537 Abs. 1 Satz 1 BGB vorliegen, wird der Mieter gleichwohl von seiner Mietzahlungspflicht gemäß § 326 Abs. 1 Satz 1 BGB frei, solange der Vermieter infolge der Überlassung des Gebrauchs an einen Dritten außerstande ist, dem Mieter den Gebrauch zu gewähren (§ 537 Abs. 2 BGB). Diese Regelung ist dahingehend erweiternd auszulegen, daß § 537 Abs. 1 Satz 1 BGB in allen den Fällen keine Anwendung findet, in denen der dem Mieter zurechenbare Umstand keine condicio sine qua non für die Leistungsbefreiung des Vermieters darstellt.[193] Dafür sprechen sowohl der Wortlaut des § 537 Abs. 1 Satz 1 BGB („durch") als auch die Wertung des § 297 BGB, der einen Annahmeverzug bei Leistungsunfähigkeit des Schuldners ausschließt.

In jedem Fall muß sich der Vermieter nach § 537 Abs. 1 Satz 2 BGB den Betrag anrechnen lassen, den er durch seine Leistungsbefreiung an Aufwendungen erspart (z.B. Betriebskosten) oder infolge einer anderweitigen Verwertung des Gebrauchs erlangt. Allerdings trifft den Vermieter keine Pflicht, die Sache an Dritte zu vermieten, so daß es anders als im Rahmen des § 326 Abs. 2 Satz 2 BGB unerheblich ist, ob der Vermieter den Erwerb von Vorteilen böswillig unterlassen hat. Verwertet er zugunsten des Mieters die Gebrauchsmöglichkeit durch eine erneute Vermietung zu einem niedrigeren Mietbetrag, ist sein Mietzahlungsanspruch auf-

---

[191] Dazu *Ernst* MünchKomm.[4] § 293 Rdnr. 7 ff. m.w.N.
[192] BGH v. 28. November 1962, BGHZ 38, 295 (297 f.); *Staudinger/Emmerich* (2003) § 537 Rdnr. 8; *Voelskow* MünchKomm. § 552 Rdnr. 2.
[193] BGH v. 28. November 1962, BGHZ 38, 295 (300); *Staudinger/Emmerich* (2003) § 537 Rdnr. 37.

grund einer teleologischen Reduktion nicht nach § 537 Abs. 2 BGB gänzlich ausgeschlossen, sondern nur nach Maßgabe des § 537 Abs. 1 Satz 2 BGB gekürzt.[194]

b) Ausführung übertragener Schönheitsreparaturen

Die wirksam übertragene Pflicht zu Schönheitsreparaturen an der Mietsache[195] ist
für den Mieter eine synallagmatische Hauptpflicht, da sie nach dem Parteiwillen
einen Teil der Miete ersetzt.[196] Die Rechtsfolgen einer Nichterfüllung dieser
Pflicht sind nach den §§ 280 ff., 323 ff. BGB zu bestimmen.[197] Als Schaden kann
der Vermieter insbesondere die Kosten der Schönheitsreparaturen und einen entgangenen Gewinn wegen einer nur verzögert möglichen Weitervermietung geltend
machen.[198]

Auch wenn der Vermieter die vom Mieter bei Beendigung des Mietverhältnisses pflichtwidrig unterlassenen Schönheitsreparaturen nicht selbst durchführt, sondern einen Nachmieter gefunden hat, der die Instandsetzung zu Vertragsbeginn
übernimmt, besteht ein Schadensersatzanspruch des Vermieters nach Maßgabe des
§ 283 BGB.[199] Der Schaden ergibt sich in diesem Fall daraus, daß nach den
Grundsätzen der Vorteilsausgleichung der aus der Renovierung des Nachmieters
entstandene Vorteil keine Besserstellung des Vormieters rechtfertigt und daher bei
der Vermögenssaldierung nach § 249 Abs. 1 BGB außer Betracht bleibt.[200] Ein anderes Resultat kann sich allerdings aus einer zwischen Vormieter und Nachmieter
getroffenen Abrede ergeben, in der sich der Nachmieter bereit erklärt, die von dem
Vormieter geschuldeten Schönheitsreparaturen auszuführen.

Ein ersatzweiser Zahlungsanspruch des Vermieters in Höhe der für die Schönheitsreparaturen zu veranschlagenden Kosten trifft den Mieter nach der Rechtsprechung des Bundesgerichtshofes auch dann, wenn die Schönheitsreparaturen bei
Ende des Mietverhältnisses wegen einer Umgestaltung der Mietsache durch den

---

[194] BGH v. 31. März 1993, BGHZ 122, 163 (167 ff.); *Esser/Weyers* BT 1, § 16 II 2,
      S. 153; RGRK/*Gelhaar* § 552 Rdnr. 10.

[195] Dazu bereits oben § 5 B IV 1d, bb, S. 315 f.

[196] BT-Drucks. 14/4553, S. 45; BGH v. 25. Juni 1980, BGHZ 77, 301 (305); *Larenz*
      BT 1, § 48 II a, S. 220; *Voelskow* MünchKomm. §§ 535, 536 Rdnr. 105.

[197] Bei der Anwendung des § 323 Abs. 1 BGB – der zumindest nach der Invollzugsetzung
      des Mietverhältnisses kein Rücktritts-, sondern ein Kündigungsrecht gewährt (siehe
      oben § 5 B V 1b, S. 318) – sind aufgrund der funktionellen Äquivalenz mit einer Miet-
      zahlung jedoch die Wertungen des § 543 Abs. 2 Satz 1 Nr. 3 BGB zu beachten.

[198] BGH v. 15. November 1967, BGHZ 49, 56 (60); *Larenz* BT 1, § 48 II a, S. 220 f.;
      Staudinger/Emmerich (2003) § 535 Rdnr. 124.

[199] BGH v. 15. November 1967, BGHZ 49, 56 (61 ff.); *Erman/Jendrek* § 536 Rdnr. 36;
      RGRK/*Gelhaar* § 535 Rdnr. 94; a.A. *Staudinger/Emmerich* (2003) § 535 Rdnr. 126;
      differenzierend *Voelskow* MünchKomm. §§ 535, 536 Rdnr. 110.

[200] Allgemein zu den Grundsätzen der Vorteilsausgleichung *Oetker* MünchKomm.[4] § 249
      Rdnr. 221 ff.

Vermieter überflüssig werden (z.B. Umbau gemieteter Räume).[201] Dieser Zahlungsanspruch wird aus einer ergänzenden Vertragsauslegung gemäß den §§ 157, 242 BGB entnommen, da der Vermieter ohne die Übertragung der Pflicht zu Schönheitsreparaturen (vermutlich) eine höhere Miete erzielt hätte. Die Schönheitsreparaturen sollen somit nicht nur eine direkte Weiternutzung nach Beendigung des Mietverhältnisses ermöglichen, sondern betreffen das Äquivalenzgefüge des Vertrages. Daher tritt nach dem hypothetischen Parteiwillen für den Fall, daß die Renovierung keine sinnvolle Funktion erfüllen kann, eine Zahlungspflicht an die Stelle der Reparaturpflicht. Diese ist jedoch gemäß § 242 BGB nur in der Höhe gerechtfertigt, in welcher der Mieter selbst Aufwendungen für die Schönheitsreparaturen gehabt hätte. Hätte er diese selbst ordnungsgemäß ausgeführt, wird somit ein niedrigerer Betrag geschuldet, als für die Renovierung durch einen Fachhandwerker aufzuwenden ist.

2. Nebenpflichten des Mieters

a) Unterlassen eines vertragswidrigen Gebrauchs der Mietsache

aa) Allgemeines

Der Vermieter ist nach § 535 Abs. 1 BGB verpflichtet, dem Mieter die Möglichkeit zu einem vertragsgemäßen Gebrauch der Mietsache einzuräumen; Veränderungen der Mietsache infolge eines derartigen Gebrauchs stellen keine Pflichtverletzungen des Mieters dar (§ 538 BGB). Umgekehrt muß der Mieter jegliche Einwirkungen auf die Mietsache unterlassen, welche die Grenze des vertragsgemäßen Gebrauchs überschreiten.[202] Das ergibt sich z.B. mittelbar aus § 541 BGB.

Dem Mietvertrag widerspricht einerseits der übermäßige Gebrauch der gemieteten Sache, der zu einer höheren Abnutzung führt, als er durch die Gegenleistung des Mieters abgegolten wird (Beispiel: Begrenzung der Kilometerzahl bei Anmietung eines PKW). Andererseits ist auch ein sorgfaltswidriger Gebrauch vertragswidrig. Insbesondere sind Gefährdungen, Beschädigungen oder die Zerstörung der Mietsache zu unterlassen. Art und Intensität des vertraglich gestatteten Gebrauchs legen die Vertragsparteien ausdrücklich oder konkludent im Mietvertrag fest, im Zweifel ist das Gebrauchsrecht nach der Verkehrssitte zu ermitteln (§§ 133, 157 BGB). So gilt z.B. die Reklame an Außenwänden eines gemieteten Geschäftsraumes auch ohne vertragliche Vereinbarung als erlaubt, wenn dieser in einem Geschäftsviertel liegt.[203]

Ebenso wie die Pflicht des Vermieters zur Gebrauchsgewährung kann sich vice versa auch das Gebrauchsrecht des Mieters während der Vertragsdauer inhaltlich ändern,[204] wenn dem Mieter nach einer ergänzenden Auslegung des Mietvertrages

---

[201] BGH v. 25. Juni 1980, BGHZ 77, 301 (304 f.); BGH v. 30. Oktober 1984, BGHZ 92, 363 (372 ff.); *Erman/Jendrek* § 536 Rdnr. 35; *Schlechtriem* Rdnr. 270; a.A. *Voelskow* MünchKomm. §§ 535, 536 Rdnr. 109.

[202] *Esser/Weyers* BT 1, § 16 I 2a, S. 151; *Larenz* BT 1, § 48 II b, S. 225.

[203] RG v. 26. Oktober 1912, RGZ 80, 281 (284); *Erman/Jendrek* § 535 Rdnr. 23; *Staudinger/Emmerich* (2003) § 535 Rdnr. 11.

[204] Siehe bereits oben § 5 B IV 1c, cc, S. 313.

(§§ 157, 242 BGB) eine andere Nutzung nach Art und Umfang erlaubt ist. Dabei orientiert sich die Auslegung an der Verkehrsüblichkeit des vom Mieter angestrebten Gebrauchs und an der Zumutbarkeit für den Vermieter.[205] So ist z.B. bei der Vermietung von Gewerberäumen ein Wechsel des Gewerbes zulässig, wenn keine wesentlich höhere Abnutzung der Mietsache zu erwarten ist und sich die damit einhergehenden Störungen der anderen Mieter oder des Vermieters im Rahmen des Zumutbaren halten.[206]

bb) Insbesondere: Nutzung der Mietsache durch Dritte

Bei der Frage, inwieweit der Mieter Dritte in den Gebrauch der Mietsache einbeziehen darf, ist zu unterscheiden:

(1) Grundsatz

Vom Gebrauchsrecht des Mieters ist es nach § 540 Abs. 1 Satz 1 BGB nicht gedeckt, wenn er die Mietsache einem Dritten ganz oder zum Teil ohne Erlaubnis des Vermieters zum Gebrauch überläßt, weil eine Gebrauchsüberlassung an Dritte das Risiko einer stärkeren Abnutzung der Mietsache begründet und dem Vermieter zudem die Möglichkeit einer Einflußnahme in bezug auf die Personen erhalten bleiben soll, welche die Sache nutzen.[207] Als Gebrauchsüberlassung i.S. des § 540 Abs. 1 Satz 1 BGB ist nach nunmehr h.M. jede auf eine gewisse Dauer angelegte, gänzliche oder teilweise Überlassung des Gegenstandes an Dritte zum selbständigen oder unselbständigen (d.h. unter Aufsicht des Mieters erfolgenden) Gebrauch zu verstehen.[208] Wichtigster Fall ist die Untervermietung durch den Mieter an einen Dritten.[209] Nicht von § 540 Abs. 1 Satz 1 BGB erfaßt sind hingegen kurzfristige Überlassungen wie z.B. beim Empfang von Besuch durch einen Mieter von Räumen.

Zum Ausgleich für die Erlaubnispflichtigkeit der Gebrauchsüberlassung gewährt § 540 Abs. 1 Satz 2 BGB dem Mieter ein Recht zur außerordentlichen Kündigung mit gesetzlicher Frist (vgl. die §§ 573d Abs. 2 Satz 1, 580a Abs. 4 BGB), wenn der Vermieter die Erlaubnis verweigert, ohne daß hierfür in der Person des Dritten ein wichtiger Grund vorliegt. Ein solcher ist insbesondere die Gefahr einer übermäßigen Abnutzung der Mietsache.

(2) Zulässigkeit der Drittnutzung

(a) Erlaubnis des Vermieters

Die Gebrauchsüberlassung an Dritte ist zunächst gemäß § 540 Abs. 1 Satz 1 BGB zulässig, wenn der Vermieter hierfür ausdrücklich oder konkludent entweder in

---

[205] *Staudinger/Emmerich* (2003) § 535 Rdnr. 38.
[206] *Staudinger/Emmerich* (2003) § 535 Rdnr. 38 f.
[207] *Erman/Jendrek* § 549 Rdnr. 9; *Esser/Weyers* BT 1, § 16 I 2a, S. 150; *Larenz* BT 1, § 48 III a, S. 230; *Oechsler* Rdnr. 540; *Voelskow* MünchKomm. § 549 Rdnr. 4.
[208] *Staudinger/Emmerich* (2003) § 540 Rdnr. 7 m.w.N.
[209] Zum Untermietverhältnis *Staudinger/Emmerich* (2003) § 540 Rdnr. 24 ff.; *Voelskow* MünchKomm. § 549 Rdnr. 23 f.

dem Mietvertrag oder zu einem späteren Zeitpunkt eine Erlaubnis erteilt hat. Bei
der Vermietung von Geschäftsräumen ergibt sich z.B. aus dem Vertragszweck, daß
neben dem Mieter sämtliche Mitarbeiter sowie der übliche Publikumsverkehr Zutritt zu den Räumen haben.[210] Nach dem Rechtsgedanken des § 540 Abs. 1 Satz 2
BGB darf der Vermieter die Erlaubnis aber widerrufen, wenn in der Person des
Dritten ein wichtiger Grund für die Verweigerung der Erlaubnis vorliegt, welcher
dem Vermieter bei deren Erteilung nicht bekannt war.[211]

(b) Zulässigkeit kraft objektiven Rechts

In Ausnahmefällen kann sich die Befugnis des Mieters, Dritte in den Gebrauch der
Mietsache einzubeziehen, auch aus Wertungen des objektiven Rechts ergeben. So
folgt aus Art. 6 GG, daß der Mieter einer Wohnung berechtigt ist, seinen Ehepart-
ner bzw. seine Kinder auch ohne Erlaubnis des Vermieters bis zur Grenze der
Überbelegung in die Räume aufzunehmen.[212] Entgegenstehende Vertragsbestimmungen sind gemäß § 138 Abs. 1 BGB nichtig.

cc) Rechtsfolgen bei Pflichtverletzungen

Macht der Mieter von der Mietsache vertragswidrigen Gebrauch, so ist er nach
Maßgabe der §§ 280 ff. BGB zum *Schadensersatz* verpflichtet.[213] Dabei hat er gemäß § 540 Abs. 2 BGB auch das Verschulden eines Dritten zu vertreten, dem er
die Mietsache ganz oder teilweise zum Gebrauch überlassen hat. Dies gilt nach
dieser Vorschrift selbst dann, wenn die Gebrauchsüberlassung als solche noch keine Pflichtverletzung darstellte, insbesondere bei einer Erlaubnis des Vermieters.
Insoweit dient § 540 Abs. 2 BGB wie § 278 BGB der Zurechnung von Pflichtverletzungen eines Dritten, die sich durch die Risikoerhöhung rechtfertigt, welche mit
der Gebrauchsüberlassung verbunden ist.[214]

   Bei den Tatbeständen in § 543 Abs. 1 i.V. mit Abs. 2 Satz 1 Nr. 2 BGB (erhebliche Pflichtverletzung und erhebliche Gefährdung der Mietsache oder unbefugte
Überlassung an Dritte) kann der Vermieter zudem eine *außerordentliche fristlose
Kündigung* aussprechen, die jedoch nach § 543 Abs. 3 BGB in der Regel voraussetzt, daß dem Mieter zuvor eine Abmahnung ausgesprochen wurde.

   § 541 BGB sieht ferner vor, daß der Vermieter auf *Unterlassung* klagen kann,
wenn der Mieter den vertragwidrigen Gebrauch der Mietsache trotz einer Abmahnung fortsetzt. Die Abmahnung ist jedoch analog § 543 Abs. 3 Satz 2 Nr. 1 BGB
entbehrlich, wenn sie offensichtlich keinen Erfolg verspricht, weil sich der Mieter

---

[210] *Voelskow* MünchKomm. §§ 535, 536 Rdnr. 53.

[211] BGH v. 11. Februar 1987, NJW 1987, 1692 (1693); *Erman/Jendrek* § 549 Rdnr. 10;
       Staudinger/Emmerich (2003) § 540 Rdnr. 21; *Voelskow* MünchKomm. § 549 Rdnr.
       16.

[212] BGH v. 30. Oktober 1963, BGHZ 40, 252 (254); BGH v. 5. November 2003, NJW
       2004, 56, 57; *Erman/Jendrek* § 549 Rdnr. 5 f.; *Staudinger/Emmerich* (2003) § 540
       Rdnr. 3 ff.

[213] Zur Abschöpfung des Erlangten bei nicht gestatteter Überlassung an Dritte z.B. *Oechs-
       ler* Rdnr. 542 f.

[214] *Voelskow* MünchKomm. § 549 Rdnr. 31.

z.B. ernsthaft weigert, den vertragswidrigen Gebrauch einzustellen.[215] Das Erfordernis einer vorherigen Abmahnung soll nach verbreiteter Ansicht zusätzliche Voraussetzung für den materiellen Unterlassungsanspruch sein.[216] Dem läßt sich jedoch entgegenhalten, daß ein materiellrechtlicher Anspruch auf Unterlassung eines vertragswidrigen Gebrauchs – unabhängig von einer Abmahnung – bereits aufgrund des Vertragsverhältnisses besteht. Dies spricht dafür, daß sich der Regelungsgehalt der Vorschrift in einer Konkretisierung des prozessualen Rechtsschutzbedürfnisses erschöpft. Eine Unterstützung für die prozessuale Deutung des Abmahnungserfordernisses liefert auch der Wortlaut des § 541 („kann [...] auf Unterlassung klagen").

b) Obhutspflicht in bezug auf die Mietsache

Durch die Überlassung der Mietsache erlangt der Mieter in der Regel die unmittelbare Sachherrschaft über diese und hat hierdurch das Rechtsgut eines anderen in der Hand. Dies verpflichtet ihn zur Obhut über die Mietsache (§ 241 Abs. 2 BGB). Er muß sie bis zu ihrer Rückgabe im üblichen Maße pflegen und Gefahren abwehren, soweit ihm dies möglich und zumutbar ist.[217] So muß der Mieter von Räumen z.B. bei Regen und Frost die Fenster schließen sowie ein Mindestmaß an Reinigung und Lüftung beachten. Ferner ist ein gemieteter PKW bei Verlassen abzuschließen. Außerdem trifft den Mieter in Notfällen die Pflicht, alle Maßnahmen zur Abwendung von Gefahren vorzunehmen, die für ihn zumutbar sind.[218] So hat er z.B. bei einem Wasserrohrbruch den Abstellhahn zu schließen. Allerdings ist der Mieter grundsätzlich nicht verpflichtet, die gemietete Sache zu gebrauchen, um sonst drohende Schäden von ihr abzuwenden.[219] Eine den Mieter treffende Betriebspflicht kann sich vielmehr erst aus einer gesonderten Vereinbarung ergeben.

Eine besondere Ausprägung der Obhutspflicht stellt die Pflicht des Mieters aus § 536c Abs. 1 BGB dar, dem Vermieter alle auftretenden Mängel sowie Gefahren für die Mietsache, die Abwehrmaßnahmen tunlich erscheinen erlassen, unverzüglich anzuzeigen.[220] Bei einer Verletzung der Anzeigepflicht erleidet der Mieter nicht nur nach Maßgabe des § 536c Abs. 2 Satz 2 BGB einen Rechtsverlust, sondern er muß dem Vermieter auch den daraus entstandenen Schaden ersetzen (§ 536c Abs. 2 Satz 1 BGB).

Bei sonstigen Verletzungen der Obhutspflicht greift § 280 Abs. 1 BGB als Grundlage für den Anspruch des Vermieters auf Schadensersatz ein. Daneben

---

[215] *Staudinger/Emmerich* (2003) § 541 Rdnr. 8.

[216] *Voelskow* MünchKomm. § 550 Rdnr. 1.

[217] *Esser/Weyers* BT 1, § 16 I 2b, S. 151; *Larenz* BT 1, § 48 II, S. 225; *Staudinger/Emmerich* (2003) § 535 Rdnr. 93 ff.

[218] Grundsätzlich besteht hingegen keine Reparaturpflicht: *Erman/Jendrek* § 535 Rdnr. 60; *Staudinger/Emmerich* (2003) § 535 Rdnr. 96; *Voelskow* MünchKomm. §§ 535, 536 Rdnr. 99.

[219] *Staudinger/Emmerich* (2003) § 535 Rdnr. 91; *Voelskow* MünchKomm. §§ 535, 536 Rdnr. 96.

[220] Zu den Voraussetzungen der Anzeigepflicht siehe oben § 5 B V 2d, aa (2), S. 327 f.

kommt eine außerordentliche fristlose Kündigung gemäß § 543 Abs. 1 i.V. mit Abs. 2 Satz 1 Nr. 2 BGB in Betracht.

c) Kurze Verjährung von Ersatzansprüchen des Vermieters (§ 548 Abs. 1 BGB)

aa) Allgemeines

Entsteht aus einer Verletzung der Pflicht des Mieters zur Unterlassung eines vertragswidrigen Gebrauchs oder aus einer Verletzung der Obhutspflicht in bezug auf die Mietsache ein Schaden an derselben, so unterliegen entsprechende Ersatzansprüche des Vermieters der in § 548 Abs. 1 BGB angeordneten und von den allgemeinen Vorschriften in den §§ 195 ff. BGB abweichenden kurzen Verjährung. Die Verjährungsfrist beträgt danach sechs Monate ab Rückgabe der Mietsache (§ 548 Abs. 1 Satz 1 und 2 BGB) und soll eine schnelle Abwicklung der Ansprüche aus dem Mietverhältnis ermöglichen sowie Schwierigkeiten der Beweisführung vermeiden, ob eine bestimmte Veränderung der Mietsache auf einer Pflichtverletzung des Mieters beruht.[221]

Wegen dieses Normzwecks erfaßt § 548 Abs. 1 Satz 1 BGB nur Ansprüche wegen Veränderungen oder Verschlechterungen der Mietsache, nicht aber solche aufgrund ihrer vollständigen Zerstörung.[222] Im letzteren Fall entstehen keine besonderen Beweisschwierigkeiten, so daß sich die Verjährung nach den §§ 195, 199 BGB bemißt. Unter § 548 Abs. 1 BGB fallen andererseits aber Ansprüche des Vermieters auf Schönheitsreparaturen seitens des Mieters sowie solche aus einer pflichtwidrigen Nichtvornahme derselben.[223] Obwohl diesen Ansprüchen eine Entgeltfunktion zukommt, besteht aufgrund ihres Inhaltes ein besonderes Interesse an schneller Abwicklung, so daß es sich um Ersatzansprüche wegen einer „Veränderung der Mietsache" handelt.

bb) Erstreckung der Verjährungsfrist auf deliktische Ansprüche und Drittrechtsbeziehungen

Nach h.M. ist die kurze Verjährungsfrist des § 548 Abs. 1 BGB in ihrem Anwendungsbereich auf konkurrierende deliktische Ansprüche des Vermieters (z.B. aus § 823 Abs. 1 BGB wegen Eigentumsverletzung) analog anzuwenden.[224] Dem hält eine abweichende Ansicht zwar die systematische Stellung des § 548 Abs. 1 BGB im Mietrecht und das Argument entgegen, daß der allgemeine Verkehrsschutz der §§ 823 ff. BGB durch ein hinzutretendes Vertragsverhältnis allenfalls verstärkt,

---

[221] BGH v. 19. September 1973, BGHZ 98, 235 (237); *Erman/Jendrek* § 558 Rdnr. 4; *Larenz* BT 1, § 48 VII b, S. 277; *Staudinger/Emmerich* (2003) § 548 Rdnr. 1; *Voelskow* MünchKomm. § 558 Rdnr. 1.

[222] *Erman/Jendrek* § 558 Rdnr. 5; *Larenz* BT 1, § 48 VII b, S. 277; *Staudinger/Emmerich* (2003) § 548 Rdnr. 18.

[223] BT-Drucks. 14/4553, S. 45; BGH v. 19. September 1973, BGHZ 61, 227 (230); *Larenz* BT 1, § 48 VII b, S. 276; *Staudinger/Emmerich* (2003) § 548 Rdnr. 10; *Voelskow* MünchKomm. § 558 Rdnr. 9 f.

[224] BGH v. 24. Mai 1976, BGHZ 66, 315 (320); BGH v. 18. September 1986, BGHZ 98, 235 (237 f.); *Erman/Jendrek* § 558 Rdnr. 4; *Larenz* BT 1, § 48 VII b, S. 276 f.; *Staudinger/Emmerich* (2003) § 548 Rdnr. 5; *Voelskow* MünchKomm. § 558 Rdnr. 9.

nicht jedoch abgeschwächt werden dürfe.[225] Diese Argumentation übersieht aber, daß eine vertragliche Sonderbeziehung nicht lediglich summarisch zu den allgemeinen Schädigungsverboten hinzutritt, sondern mit ihren Regelungen nach Maßgabe des jeweiligen Normzwecks eine sachnähere und somit allein maßgebliche Ordnung des jeweiligen Rechtsverhältnisses etabliert.[226] Da eine Anwendung der §§ 195, 199 BGB auf deliktische Ansprüche des Vermieters wegen Verschlechterungen der Mietsache die von § 548 Abs. 1 BGB bezweckte schnelle Abwicklung verhindern würde, ist die kurze Verjährung in ihrem Anwendungsbereich auch für Ansprüche aus den §§ 823 ff. BGB maßgeblich.

§ 548 Abs. 1 BGB ist zudem analog auf (deliktische) Ansprüche des Vermieters gegen solche Dritte anzuwenden, die in den Schutzbereich des Mietvertrages einbezogen sind.[227] Beispiel: die Ehefrau des Mieters von Wohnräumen verursacht fahrlässig einen Küchenbrand. Die Verkürzung der Verjährung stellt somit einen Teil der Schutzwirkung des Mietvertrages dar. Auf diesem Wege wird zugleich verhindert, daß der Mieter im Wege eines Regresses des Schädigers (z.B. eines seiner Arbeitnehmer) letztlich doch noch über die Frist des § 548 Abs. 1 BGB hinaus für einen Schaden aufzukommen hat.

cc) Beginn der Verjährung

Die Verjährung der Ersatzansprüche beginnt mit der Rückgabe der Mietsache zu laufen (§ 548 Abs. 1 Satz 2 BGB). Hierfür muß der Vermieter die unmittelbare Sachherrschaft an der Mietsache erlangen, so daß er sie auf Veränderungen und Verschlechterungen untersuchen und hierdurch sichere Kenntnis über seine Ansprüche erlangen kann.[228] Im Einzelfall kann es allerdings genügen, wenn der Mieter den freien Zutritt einräumt, indem er z.B. einen Schlüssel zu den gemieteten Räumen herausgibt.[229] Fordert der Vermieter die Mietsache nicht zurück, so verjähren die Ersatzansprüche gemäß § 548 Abs. 1 Satz 3 BGB gleichzeitig mit dem Anspruch auf Rückgabe nach den §§ 195, 199 BGB.

VII. Beendigung des Mietverhältnisses

1. Überblick

Das Mietverhältnis als Dauerschuldverhältnis endet regelmäßig nicht durch Erfüllung i.S. des § 362 BGB, da sich die Pflichten der Parteien anders als z.B. bei Veräußerungsverträgen nicht in punktuellen Leistungstransfers erschöpfen. Vielmehr

---

[225] *Dietz* Anspruchskonkurrenz bei Vertragsverletzung und Delikt, 1934, S. 146 ff.

[226] Siehe zu diesem Gedanken bereits oben § 4 D IV, S. 289.

[227] BGH v. 19. September 1973, BGHZ 61, 227 (233); BGH v. 29. März 1978, BGHZ 71, 175 (178 f.); *Larenz* BT 1, § 48 VII b, S. 277; *Staudinger/Emmerich* (2003) § 548 Rdnr. 15.

[228] *Erman/Jendrek* § 558 Rdnr. 9; *Staudinger/Emmerich* (2003) § 558 Rdnr. 26; *Voelskow* MünchKomm. § 558 Rdnr. 13.

[229] BGH v. 10. Juli 1991, NJW 1991, 2416 (2418); *Erman/Jendrek* § 558 Rdnr. 9; *Staudinger/Emmerich* (2003) § 548 Rdnr. 27; *Voelskow* MünchKomm. § 558 Rdnr. 13.

bedarf es anderer Beendigungstatbestände, die dem Mietverhältnis seine Kraft entziehen, zukünftig Ansprüche zwischen den Vertragsparteien zu erzeugen.

Vor allem § 542 BGB läßt sich ein System entnehmen, welches für das Mietverhältnis zwar spezielle Beendigungstatbestände etabliert, die aber exemplarisch für alle Dauerschuldverhältnisse stehen. Dabei ist zwischen Mietverhältnissen zu unterscheiden, die für eine bestimmte Zeit eingegangen worden sind (§ 542 Abs. 2 BGB), und solchen, bei denen eine entsprechende Zeitbestimmung fehlt und deshalb regelmäßig aufgrund einer ordentlichen Kündigung i.S. der §§ 573c, 580a BGB enden (§ 542 Abs. 1 BGB). Hiervon zu unterscheiden ist die an das Vorliegen eines wichtigen Grundes geknüpfte außerordentliche Kündigung gemäß § 543 BGB.

Neben den Tatbeständen in § 542 BGB bleiben die allgemeinen Beendigungstatbestände zu beachten, zu denen z.B. der Eintritt einer auflösenden Bedingung i.S. des § 158 Abs. 2 BGB, der Abschluß eines Aufhebungsvertrages sowie die Abwicklung des Mietverhältnisses im Rahmen von Leistungsstörungen (§§ 275, 326 BGB etc.) zählen.[230] Als Korrektiv für das Eingreifen eines Beendigungstatbestandes fingiert § 545 BGB eine Verlängerung des beendeten Vertragsverhältnisses, wenn der Mieter den Gebrauch der Mietsache nach Eintritt eines Beendigungstatbestandes widerspruchslos fortsetzt.[231] Umfangreiche Sonderregelungen bestehen für die Beendigung von Mietverhältnissen über Wohnraum,[232] auf die § 578 BGB für die Vermietung von anderen Räumen oder Grundstücken teilweise verweist.[233]

2. Beendigung des Mietverhältnisses infolge Zeitablaufs

Die Vertragsparteien können die Dauer des Mietverhältnisses durch eine Befristung i.S. des § 163 BGB beschränken. Eine solche muß die Beendigung nach allgemeinen Regeln an den Eintritt eines von den Parteien als gewiß angesehenen Ereignisses knüpfen, wenn auch der Zeitpunkt dieses Ereignisses bei Vertragsschluß noch ungewiß sein kann.[234] Eine Befristung ist daher z.B. durch die Festlegung eines bestimmten Enddatums oder einer begrenzten Mietdauer möglich (Beispiel: Vermietung eines PKW für drei Tage). Das Mietverhältnis kann aber auch auf die im einzelnen noch ungewisse Lebenszeit des Vermieters oder des Mieters befristet sein.[235]

Wie sich im Umkehrschluß aus § 542 Abs. 2 Nr. 1 BGB ergibt, schließt die Befristung eines Mietverhältnisses aufgrund ihres Zwecks eine *ordentliche* Kündigung aus.[236] Die Parteien können jedoch Abweichendes vereinbaren, so daß der Befristung nur die Bedeutung zukommt, die Höchstlaufzeit des Vertragsverhältnisses ohne das Erfordernis einer Kündigung zu bestimmen, während sie im Normal-

---

[230] Hierzu im Überblick *Staudinger/Rolfs* (2003) § 542 Rdnr. 125 ff.

[231] Siehe unten § 5 B VII 5, S. 344.

[232] Dazu unten § 5 C VI, S. 365 ff.

[233] Siehe dazu noch unten § 5 C I 1, S. 349 f.

[234] *Larenz/Wolf* § 50 Rdnr. 81 ff.

[235] *Staudinger/Rolfs* (2003) § 542 Rdnr. 112 f.; *Voelskow* MünchKomm. § 564 Rdnr. 5.

[236] *Voelskow* MünchKomm. § 564 Rdnr. 4.

fall neben der Höchst- auch die regelmäßige Mindestdauer der Vertragsbeziehung festlegt. Unabhängig davon steht den Parteien bei einer Befristung des Mietverhältnisses das Recht zur *außerordentlichen* Kündigung nach § 543 BGB zu (§ 542 Abs. 2 Nr. 1 BGB).

Übermäßigen Bindungen durch eine lange Befristung des Mietverhältnisses beugt § 544 Satz 1 BGB vor. Er räumt bei Abschluß eines Mietvertrages für eine längere Zeit als 30 Jahre jeder Vertragspartei nach Ablauf von 30 Jahren ein nicht begründungsbedürftiges Recht zur außerordentlichen Kündigung mit der gesetzlichen Frist (§§ 573d Abs. 2 Satz 1, 580a Abs. 4 BGB) ein. Dieses besteht aufgrund eines besonderen Interesses an Vertrauensschutz jedoch nach § 544 Satz 2 BGB nicht, wenn das Mietverhältnis für die Lebenszeit des Vermieters oder des Mieters abgeschlossen worden ist. Daneben schützt § 138 Abs. 1 BGB die Parteien des Mietverhältnisses vor einer unverhältnismäßig langen Bindung; wurde diese in einem Formularmietvertrag vereinbart, so greift zwar nicht das spezielle Klauselverbot in § 309 Nr. 9 BGB, wohl aber die Generalklausel des § 307 Abs. 1 Satz 1 BGB ein, wenn die von dem Verwender gesetzte Dauer der Vertragsbindung die andere Vertragspartei unangemessen benachteiligt.

3. Beendigung des Mietverhältnisses durch ordentliche Kündigung

Die ordentliche Kündigung beendet das Mietverhältnis mit Ablauf der gesetzlichen oder vertraglich vereinbarten Kündigungsfrist. Seine Rechtsgrundlage findet das Recht zur ordentlichen Kündigung in § 542 Abs. 1 BGB i.V. mit § 580a BGB, der ausdrücklich die ordentliche Kündigung des Mietverhältnisses sowie die dabei einzuhaltende Kündigungsfrist regelt.

Die Kündigung ist als einseitiges Rechtsgeschäft eine empfangsbedürftige Willenserklärung, die nur bei Mietverhältnissen über Wohnraum einem Formerfordernis unterliegt (§ 568 Abs. 1 BGB). Unter einer Bedingung i.S. des § 158 BGB ist eine Kündigung zum Schutze des Erklärungsempfängers nur wirksam, wenn für diesen keine unzumutbare Unklarheit über die Beendigung des Mietverhältnisses entsteht. Das ist insbesondere sichergestellt, wenn der Eintritt der Bedingung ausschließlich vom Willen des Empfängers der Kündigungserklärung abhängt (sog. Potestativbedingung).[237] Sind an dem Mietvertrag auf einer Seite mehrere Personen beteiligt, so hat die Kündigung analog § 351 BGB einheitlich zu erfolgen.

Die Kündigungserklärung muß nicht notwendig das Ende der Kündigungsfrist benennen. Es genügt, wenn erkennbar ist, daß die Kündigung fristgemäß erfolgen soll.[238] In diesem Fall wirkt sie zum nächstzulässigen Termin, sofern kein anderer Wille des Erklärenden ersichtlich ist. Dasselbe gilt, wenn der Kündigende die Kündigungsfrist falsch berechnet hat. Die Kündigungsfrist beginnt mit dem Wirksamwerden der Kündigungserklärung zu laufen, d.h. regelmäßig mit Zugang beim Kündigungsempfänger, und ist nach den §§ 186 ff. BGB zu berechnen. Die Länge

---

[237] BGH v. 21. März 1986, BGHZ 97, 264 (267); RGRK/*Gelhaar* § 542 Rdnr. 10; *Soergel/Kummer* § 564 Rdnr. 19.

[238] *Larenz* BT 1, § 48 VI, S. 254; RGRK/*Gelhaar* § 564 Rdnr. 12; *Staudinger/Rolfs* (2003) § 542 Rdnr. 63.

der Frist bestimmt sich außerhalb von Mietverhältnissen über Wohnraum[239] und
mangels abweichender Vereinbarung nach § 580a BGB, der zwischen beweglichen
Sachen, Geschäftsräumen sowie sonstigen Räumen, Grundstücken bzw. eingetra-
genen Schiffen differenziert und abgestufte Zeiträume festsetzt. So legt z.B. § 580a
Abs. 3 BGB bei einem Mietverhältnis über bewegliche Sachen sehr kurze Kündi-
gungsfristen fest: Ist die Miete nach Tagen bemessen, so kann die ordentliche
Kündigung zum Ablauf des folgenden Tages erklärt werden (§ 580a Abs. 3 Nr. 1
BGB).

Das Recht zur ordentlichen Kündigung kann vertraglich eingeschränkt werden,
indem es an bestimmte Gründe gebunden oder für eine bestimmte Zeit ausgeschlossen wird.[240] Ein zeitlich begrenztes Kündigungsverbot kann insbesondere
zum Schutz eines Mieters vereinbart werden, der in die Mietsache investiert hat,
um zu verhindern, daß der Vermieter durch eine frühzeitige Kündigung eine
Amortisation der Aufwendungen vereitelt. Grenzen für die Beschränkung des
Rechts zur ordentlichen Kündigung ergeben sich jedoch aus § 138 Abs. 1 BGB
und bei Formularmietverträgen aus § 307 BGB.

4. Beendigung des Mietverhältnisses durch außerordentliche Kündigung

Beim Vollzug des Mietvertrages erhält der Mieter Zugriff auf die Mietsache und
kann sie beschädigen oder zerstören. Gleichzeitig setzt er seine eigenen Rechtsgüter während des Vertrages den von der Mietsache ausgehenden Risiken aus.
Deshalb erfordert die Durchführung eines Mietvertrages ein vertrauensvolles Zu-
sammenwirken der Vertragspartner.[241] Ist einem von ihnen die Fortsetzung des
Mietverhältnisses bis zum Ablauf der ordentlichen Kündigungsfrist oder dem Eintritt eines sonstigen Beendigungstatbestandes nicht zumutbar, so steht ihm gemäß
§ 543 BGB ein Recht zur außerordentlichen fristlosen Kündigung zu. Diese Vorschrift verkörpert für das Mietvertragsrecht eine lex specialis gegenüber § 314
BGB, der ein allgemeines Recht zur Kündigung von Dauerschuldverhältnissen aus
wichtigem Grund begründet.

Für die Beurteilung, ob die Fortsetzung des Mietverhältnisses bis zum Eingreifen eines ordentlichen Beendigungstatbestandes unzumutbar ist, sind gemäß § 543
Abs. 1 Satz 2 BGB alle Umstände des Einzelfalls zu berücksichtigen und die beiderseitigen Interessen abzuwägen. Die Vorschrift nennt exemplarisch ("insbesondere") das Verschulden der Vertragsparteien an der Vertragsstörung als einen der
dabei zu berücksichtigenden Umstände. Die Anforderungen an einen wichtigen
Grund verhalten sich umgekehrt proportional zu der Länge der ordentlichen Kündigungsfrist bzw. der verbleibenden Vertragslaufzeit, d.h. je kürzer der Zeitraum
bis zur regulären Beendigung des Mietverhältnisses ist, desto gewichtiger muß der
Grund sein, der zu einer sofort wirkenden Beendigung des Mietverhältnisses berechtigt. Eine nicht abschließende gesetzliche Konkretisierung für das Vorliegen
eines wichtigen Grundes enthält § 543 Abs. 2 BGB.[242] In jedem Fall ist die außer-

---

[239]   Zu diesen noch unten § 5 C VI 2b, S. 366 f.
[240]   Ausführlich *Staudinger/Rolfs* (2003) § 542 Rdnr. 48 ff.
[241]   *Soergel/Kummer* § 554a Rdnr. 18; *Voelskow* MünchKomm. § 554a Rdnr. 5.
[242]   Dazu bereits § 5 B V 1b (S. 318); VI 1a, aa (S. 330 f.); VI 2a, cc und 2b (S. 336 ff.).

ordentliche Kündigung „ultima ratio" und kann aufgrund einer Pflichtverletzung der anderen Partei im Grundsatz erst nach erfolglosem Abhilfeverlangen oder einer erfolglosen Abmahnung ausgesprochen werden (Einzelheiten in § 543 Abs. 3 BGB).

Bei Mietverträgen mit mehreren Mietern oder Vermietern entsteht der wichtige Grund gegebenenfalls nur in der Person eines Mieters bzw. Vermieters. In diesem Fall ist mittels einer Auslegung des Vertrages zu entscheiden, ob die Kündigung nur gegenüber dem einzelnen Mieter bzw. Vermieter oder gegenüber allen ausgesprochen werden kann.[243] Bei einem vertragswidrigen Verhalten eines Mieters ist in der Regel die Kündigung gegenüber allen Mietern zulässig, da ihnen sein Fehlverhalten zuzurechnen ist. Verursacht der Zustand der Mietsache hingegen nur bei einem Mieter Gesundheitsbeschwerden, so ist eine außerordentliche Kündigung meist nur mit der Wirkung möglich, daß er allein aus dem Mietverhältnis ausscheidet.

Die außerordentliche Kündigung muß anders als im Dienstvertragsrecht (§ 626 Abs. 2 BGB) nicht innerhalb einer bestimmten Frist seit Kenntnis des wichtigen Grundes erklärt werden. Allerdings kann ein Zuwarten mit der Kündigungserklärung bei der Interessenabwägung im Rahmen des § 543 Abs. 1 Satz 2 BGB relevant werden, wenn der Zeitablauf indiziert, daß der Kündigende die Vertragsstörung selbst als nicht besonders schwerwiegend einschätzt.[244] In diesem Fall verliert der Kündigungsgrund infolge Zeitablaufs seine „Wichtigkeit". Der zur Kündigung berechtigten Vertragspartei steht aber ungeachtet dessen stets eine angemessene Überlegungsfrist zu.[245]

Für die Rechtswirksamkeit der außerordentlichen Kündigung ist nur erheblich, ob im Zeitpunkt des Zugangs der Kündigungserklärung objektiv ein wichtiger Grund vorlag, der dazu führte, daß der betreffenden Vertragspartei eine Fortsetzung des Mietverhältnisses unzumutbar war. Die Mitteilung eines Kündigungsgrundes ist keine Wirksamkeitsvoraussetzung. Jedoch ergibt sich aus § 242 BGB die Pflicht, dem Vertragspartner die für die Kündigung maßgeblichen Erwägungen auf Verlangen mitzuteilen;[246] unterläßt der Kündigende dies schuldhaft, muß er dem anderen Teil gemäß § 280 Abs. 1 BGB den daraus entstehenden Schaden ersetzen (z.B. die Kosten eines aussichtslosen Rechtsstreites).

Das Recht zur außerordentlichen Kündigung kann im Gegensatz zum ordentlichen Kündigungsrecht vertraglich weder abbedungen noch wesentlich erschwert werden.[247] Es steht den Parteien jedoch frei, wichtige Gründe i.S. des § 543 Abs. 1 BGB vertraglich zu konkretisieren. Ist die außerordentliche Kündigung mangels eines wichtigen Grundes unwirksam, so kann die Kündigungserklärung gemäß

---

[243]   Siehe näher *Staudinger/Rolf* (2003) § 542 Rdnr. 8 ff..

[244]   BT-Drucks. 14/4553, S. 44. So auch *Staudinger/Rolfs* (2003) § 542 Rdnr. 95; *Voelskow* MünchKomm. § 554a Rdnr. 12.

[245]   Wegen der Verschiedenartigkeit der Mietverhältnisse kann keine einheitliche Frist festgelegt werden: BT-Drucks. 14/4553, S. 44; *Staudinger/Rolfs* (2003) § 542 Rdnr. 95.

[246]   RGRK/*Gelhaar* § 542 Rdnr. 8; *Staudinger/Rolfs* (2003) § 542 Rdnr. 66.

[247]   *Voelskow* MünchKomm. § 554a Rdnr. 12.

§ 140 BGB in eine ordentliche Kündigung zum nächstmöglichen Termin umgedeutet werden, wenn es dem Kündigenden darauf ankam, das Mietverhältnis auf
jeden Fall zu beenden.

5. Stillschweigende Verlängerung des Mietverhältnisses (§ 545 BGB)

Ein eigentlich beendetes Mietverhältnis verlängert sich auch ohne erneute Einigung der Vertragspartner auf unbestimmte Zeit, wenn der Mieter nach Ablauf der
Mietzeit den Gebrauch der Mietsache fortsetzt, ohne daß eine der beiden Parteien
ihren der Verlängerung entgegenstehenden Willen innerhalb von zwei Wochen
erklärt (§ 545 Satz 1 BGB). Insoweit enthält das Gesetz nach h.M. die unwiderlegliche Vermutung einer Vertragsverlängerung, was anders als eine Fiktion die Geschäftsfähigkeit der Beteiligten erfordert.[248] Der tatsächliche Wille der Vertragsparteien ist hingegen unerheblich und begründet auch kein Anfechtungsrecht nach
§ 119 Abs. 1 BGB.[249]

    Eine Fortsetzung des Gebrauchs i.S. des § 545 Satz 1 BGB setzt voraus, daß
der Mieter die Mietsache nach Art und Umfang ebenso behandelt wie zu der Zeit,
als der Mietvertrag bestand.[250] Eine bloße Vorenthaltung der Sache gegenüber
dem Vermieter genügt nicht. Der Inhalt des „fingierten" Vertrages entspricht dem
des beendeten mit dem Unterschied, daß eine ursprünglich vorgesehene Zeitbestimmung nicht übernommen wird (§ 545 Satz 1 BGB: „auf unbestimmte Zeit").

    Die Rechtsfolge des § 545 Satz 1 BGB tritt nicht ein, wenn eine der Vertrags-
parteien dem anderen Teil innerhalb von zwei Wochen ihren entgegenstehenden
Willen bekundet. Der Widerspruch selbst ist eine empfangsbedürftige Willenser-
klärung, welche ausdrücklich oder konkludent den Willen zur Beendigung des
Mietverhältnisses zum Ausdruck bringen muß. Hierfür genügt es z.B., wenn der
Vermieter eine Räumungsklage erhebt. Die Widerspruchsfrist läuft für den Mieter
ab Fortsetzung des Gebrauchs der Mietsache, für den Vermieter erst, wenn er das
Verhalten des Mieters kennt (§ 545 Satz 2 BGB). Der Widerspruch kann jedoch
auch bereits vor dem Fristbeginn erklärt werden, z.B. im Zusammenhang mit einer
Kündigungserklärung.[251]

VIII. Abwicklung des Mietverhältnisses

Das Eingreifen eines Beendigungstatbestandes führt dazu, daß das Mietverhältnis
für die Zukunft seine Kraft verliert, neue Ansprüche zwischen den Mietvertrags-
parteien zu erzeugen. Darüber hinaus löst der Eintritt eines Beendigungstatbestandes für beide Parteien Rechte und Pflichten aus, die der Abwicklung des Mietverhältnisses dienen.

---

[248] So der Sache nach, wenn auch mit unterschiedlicher und teilweise widersprüchlicher
Terminologie: *Esser/Weyers* BT 1, § 17 I 3, S. 156; *Larenz* BT 1, § 48 VI d, S. 265 f.;
Staudinger/Emmerich (2003) § 545 Rdnr. 2 f.; *Voelskow* MünchKomm. § 568
Rdnr. 14.

[249] *Larenz* BT 1, § 48 VI d, S. 265; *Staudinger/Emmerich* (2003) § 568 Rdnr. 2.

[250] *Esser/Weyers* BT 1, § 17 I 3, S. 156; *Larenz* BT 1, § 48 VI d, S. 265; *Staudinger/Em-
merich* (2003) § 545 Rdnr. 8 f.

[251] *Staudinger/Emmerich* (2003) § 545 Rdnr. 14.

1. Rechte des Vermieters

a) Rückgabe der Mietsache

aa) Allgemeines

Mit der rechtlichen Beendigung des Mietverhältnis ist der Mieter nach § 546 Abs. 1 BGB verpflichtet, dem Vermieter die Mietsache zurückzugeben. Diese Pflicht steht nicht mit derjenigen des Vermieters aus § 535 Abs. 1 BGB im Synallagma. Mangels einer abweichenden Vereinbarung muß der Mieter dem Vermieter den unmittelbaren Besitz an der Sache verschaffen, wenn er diesen selbst nach § 535 Abs. 1 BGB erhalten hatte.[252] Der Anspruch erstreckt sich auf alle mitvermieteten Gegenstände wie z.B. Schlüssel.[253] Für den Ort der Rückgabe gilt § 269 BGB.

Der Mieter muß die Mietsache in einem vertragsgemäßen Zustand zurückgeben. Sie darf zwar die vertragsgemäßen Abnutzungen aufweisen (§ 538 BGB), im übrigen sind aber zuvor alle Veränderungen rückgängig zu machen und alle Verschlechterungen der Mietsache zu beseitigen.[254] Zusätzlich muß der Mieter die Schönheitsreparaturen durchführen, wenn er diese vertraglich schuldet.[255] Eine Rückgabe der Mietsache in nicht vertragsgemäßem Zustand berechtigt den Vermieter nach der Rechtsprechung jedoch nicht in jedem Fall dazu, deren Annahme zu verweigern, ohne in Annahmeverzug zu geraten.[256] Entscheidendes Abgrenzungskriterium ist hierbei, ob überhaupt eine Rückgabe der „Mietsache" i.S. des § 546 Abs. 1 BGB von dem Mieter angeboten wird. Dies kann z.B. zu verneinen sein, wenn der Mieter seine Sachen zu großen Teilen in den gemieteten Räumen belassen hat.[257]

Wenn der Vermieter zugleich Eigentümer der Mietsache ist, so konkurriert sein Rückgabeanspruch aus § 546 Abs. 1 BGB mit dem Herausgabeanspruch aus § 985 BGB.[258] Kommt der Mieter seiner Rückgabepflicht als solcher pflichtwidrig nicht nach, so bemessen sich die Rechtsfolgen nach der Sondervorschrift des § 546a Abs. 1 BGB[259] sowie den allgemeinen Regeln aus § 280 Abs. 2 BGB i.V. mit 286 BGB (Verzug) bzw. den §§ 281, 283 BGB. Befindet sich die zurückgegebene Sache hingegen aufgrund eines vertragswidrigen Gebrauchs oder einer Vernachlässigung der Obhutpflicht in einem vertragswidrigen Zustand, so schuldet der

---

252 BGH v. 10. Juli 1991, NJW 1991, 2416 (2418); *Larenz* BT 1, § 48 VII a, S. 272; *Staudinger/Rolfs* (2003) § 546 Rdnr. 9; *Voelskow* MünchKomm. § 556 Rdnr. 5.

253 *Staudinger/Rolfs* (2003) § 546 Rdnr. 16; *Voelskow* MünchKomm. § 556 Rdnr. 7.

254 *Erman/Jendrek* § 556 Rdnr. 6; *Esser/Weyers* BT 1, § 17 II, S. 156; *Larenz* BT 1, § 48 VII a, S. 272; *Staudinger/Rolfs* (2003) § 546 Rdnr. 19.

255 Siehe oben § 5 B VI 1b, S. 333 f.

256 BGH v. 10. Januar 1983, BGHZ 86, 204 (210). Zustimmend *Larenz* BT 1, § 48 VII a, S. 272; *Staudinger/Rolfs* (2003) § 546 Rdnr. 17; *Voelskow* MünchKomm. § 556 Rdnr. 9.

257 Dahingehend *Staudinger/Rolfs* (2003) § 546 Rdnr. 24.

258 Sofern ein Dritter Eigentümer der Mietsache ist, kann sich eine Kollision der Ansprüche aus § 546 Abs. 1 BGB und § 985 BGB ergeben. Hierzu ausführlich unten § 6 D I, S. 388 ff. im Rahmen des Leihvertrages.

259 Dazu sogleich unter § 5 B VIII 1b, S. 346 f.

Mieter Schadensersatz nach Maßgabe des § 280 Abs. 1 BGB (Schutzpflichtverletzung).

bb) Rückgabeanspruch gegen Dritte (§ 546 Abs. 2 BGB)

Dem Vermieter steht gemäß § 546 Abs. 2 BGB nach der Beendigung des Mietverhältnisses zudem ein Anspruch auf Rückgabe der Mietsache gegenüber Dritten zu, denen der Mieter die Mietsache willentlich zum Gebrauch überlassen hat und die gegenüber dem Vermieter keine eigenständige Besitzberechtigung haben (z.B. gegen einen Untermieter).[260] § 546 Abs. 2 BGB ordnet somit einen gesetzlichen Schuldbeitritt des Dritten zu der Pflicht des Mieters aus § 546 Abs. 1 BGB an.[261] Beide Personen sind vorbehaltlich einer ausnahmsweisen Leistungsbefreiung des Mieters nach § 275 BGB Gesamtschuldner für die Rückgabe der Mietsache.

Ob der Mieter die Mietsache berechtigt oder unberechtigt weitergegeben hat, ist für den Rückgabeanspruch unerheblich.[262] Dessen Inhalt richtet sich allein nach dem Hauptmietverhältnis zwischen Vermieter und Mieter; das Rechtsverhältnis zwischen dem Mieter und dem Dritten ist hierfür ohne Bedeutung. Ein Recht des Dritten zum Besitz gegenüber dem Mieter hindert daher nicht den Herausgabeanspruch des Vermieters.[263]

b) Ansprüche wegen Vorenthaltung der Mietsache (§ 546a BGB)

§ 546a Abs. 1 BGB gewährt dem Vermieter einen verschuldensunabhängigen Entschädigungsanspruch gegen den Mieter, wenn dieser die Mietsache nach dem Ende des Mietverhältnisses dem Vermieter „vorenthält". Eine derartige Vorenthaltung liegt aber nur vor, wenn der Mieter die gemietete Sache entgegen dem Willen des Vermieters und pflichtwidrig nicht zurückgibt.[264] § 546a Abs. 1 BGB ist daher z.B. ausgeschlossen, wenn eine Befreiung von der Rückgabepflicht nach § 275 BGB vorliegt. Letzteres ist bei einer Gebrauchsüberlassung durch den Mieter an Dritte jedoch nur ausnahmsweise zu bejahen.[265]

Im Fall einer Vorenthaltung entsteht gemäß § 546a Abs. 1 BGB ein gesetzliches Schuldverhältnis zwischen den Parteien des beendeten Mietvertrages.[266] Der Mieter ist verpflichtet, zumindest die Miete zu zahlen, die er vormals vertraglich geschuldet hat. Der Vermieter kann aber statt dessen im Wege einer Ersetzungsbe-

---

[260] Ausführlich zur Rechtsstellung des Untermieters gegenüber dem Vermieter bei Beendigung des Hauptmietverhältnisses *Staudinger/Rolfs* (2003) § 546 Rdnr. 64 ff.

[261] *Larenz* BT 1, § 48 VII, S. 270; *Staudinger/Rolfs* (2003) § 546 Rdnr. 50.

[262] *Staudinger/Rolfs* (2003) § 546 Rdnr. 54; *Voelskow* MünchKomm. § 556 Rdnr. 25.

[263] *Erman/Jendrek* § 556 Rdnr. 14; *Larenz* BT 1, § 48 VII a, S. 270; *Soergel/Kummer* § 556 Rdnr. 23; *Staudinger/Rolfs* (2003) § 546 Rdnr. 51.

[264] BGH v. 15. Februar 1984, BGHZ 90, 145 (148); *Erman/Jendrek* § 557 Rdnr. 4; *Staudinger/Rolfs* (2003) § 546a Rdnr. 15; *Voelskow* MünchKomm. § 557 Rdnr. 4.

[265] BGH v. 15. Februar 1984, BGHZ 90, 145 (148 f.); *Larenz* BT 1, § 48 VII a, S. 273; *Staudinger/Rolfs* (2003) § 546a Rdnr. 22 ff.; *Voelskow* MünchKomm. § 557 Rdnr. 4.

[266] *Staudinger/Rolfs* (2003) § 546a Rdnr. 32. Anders BGH v. 27. April 1977, BGHZ 68, 307 (310); *Voelskow* MünchKomm. § 557 Rdnr. 7: vertraglicher Anspruch eigener Art.

fugnis[267] auch die Zahlung einer höheren ortsüblichen Miete für vergleichbare Sachen verlangen. Daneben ergibt sich aus dem gesetzlichen Schuldverhältnis auch eine Obhuts- und Rücksichtnahmepflicht des Mieters. Hingegen bestehen die vertraglichen Pflichten des Vermieters aus § 535 Abs. 1 BGB für den Zeitraum der Vorenthaltung nicht mehr.[268]

Neben der Nutzungsentschädigung kann der Vermieter wegen der Vorenthaltung der gemieteten Sache auch nach den allgemeinen Vorschriften (§§ 280 ff. BGB) Schadensersatz verlangen (§ 546a Abs. 2 BGB).

2. Rechte des Mieters

a) Erstattung im voraus entrichteter Miete

Nach der Beendigung des Mietverhältnisses hat der Vermieter dem Mieter eine für die Zeit danach im voraus entrichtete Miete zurückzuerstatten und ab dem Zeitpunkt des Empfangs nach Maßgabe des § 246 BGB zu verzinsen (§ 547 Abs. 1 Satz 1 BGB). Insoweit besteht ein – grundsätzlich dispositiver (vgl. § 547 Abs. 2 BGB) – vertraglicher Rückgewähranspruch des Mieters.

Von diesem Grundsatz weicht § 547 Abs. 1 Satz 2 BGB ab, wenn der Vermieter die Beendigung des Mietverhältnis nicht zu vertreten hat. In diesem Fall ist er aufgrund der Rechtsfolgenverweisung in § 547 Abs. 1 Satz 2 BGB nur zur Herausgabe nach den Regeln des Bereicherungsrechts verpflichtet. An einem Vertretenmüssen fehlt es grundsätzlich bei Ablauf einer Befristung oder dem Eintritt einer Bedingung. Bei Kündigungen kommt es hingegen darauf an, wer die Ursache für die Beendigung schuldhaft gesetzt hat, unabhängig davon, welche Person letztlich den Vertrag gekündigt hat.[269] Einer Berufung des Vermieters auf eine Entreicherung i.S. des § 818 Abs. 3 BGB stehen in diesem Zusammenhang aber regelmäßig die besonderen Grundsätze des Bereicherungsausgleichs bei der Abwicklung gegenseitiger Verträge entgegen.[270]

Auf andere Leistungen als Mietzahlungen, die jedoch auf die Miete angerechnet werden, ist § 547 BGB analog anzuwenden. Das gilt z.B. für bestimmte Formen von heute eher seltenen Baukostenzuschüssen des Mieters.[271]

[267]   BT-Drucks. 14/4553, S. 44 f.; *Voelskow* MünchKomm. § 557 Rdnr. 12; a.A. *Staudinger/Rolfs* (2003) § 546 Rdnr. 47: Wahlrecht des Vermieters (ebenso zu § 557 a.F. BGH v. 14. Juli 1999, NJW 1999, 2808).

[268]   Statt aller *Staudinger/Rolfs* (2003) § 546a Rdnr. 6 f.

[269]   *Staudinger/Rolfs* (2003) § 547 Rdnr. 14, 17; *Voelskow* MünchKomm. § 557a Rdnr. 6 f.

[270]   Dazu ausführlich *Larenz/Canaris* BT 2, § 73 III, S. 321 ff.

[271]   Siehe im einzelnen BGH v. 26. April 1978, BGHZ 71, 243 (249 ff.); *Larenz* BT 1, § 48 VII a, S. 275; *Staudinger/Rolfs* (2003) § 547 Rdnr. 9 f.

b) Wegnahme von Einrichtungen

Der Mieter darf nach der Beendigung des Mietverhältnisses alle Einrichtungen wegnehmen, mit denen er die Mietsache versehen hat (§ 539 Abs. 2 BGB).[272] Hierzu zählen alle beweglichen Sachen, die dem Zweck der Mietsache dienen und welche die Verkehrsanschauung trotz der Verbindung mit der Mietsache weiterhin als zusätzliche Ausstattung bewertet.[273] Dies trifft z.B. auf Waschbecken, Gas- oder Elektroherde zu, nicht aber auf Tapeten oder Fensterscheiben.

Die Begründung eines Wegnahmerechts ist einerseits erforderlich, weil der Vermieter regelmäßig nach den §§ 946 f. BGB Eigentümer der Einrichtungen wird.[274] Sofern der Mieter Eigentümer bleibt, bewirkt das Wegnahmerecht hingegen vor allem eine Sperrwirkung gegenüber anderweitigen Ansprüchen des Mieters, z.B. aus § 985 BGB. Der Vermieter muß dementsprechend nur die Wegnahme dulden.[275]

Solange der Mieter die Mietsache noch in Besitz hat, darf er die Einrichtungen abtrennen, hat aber nach § 258 Satz 1 BGB die Folgen der Wegnahme zu beseitigen. Befindet sich die Mietsache wieder im Besitz des Vermieters, so muß dieser dem Mieter die Wegnahme nach Maßgabe des § 258 Satz 2 BGB gestatten. Gemäß § 548 Abs. 2 BGB verjähren diese Ansprüche in sechs Monaten nach Beendigung des Mietverhältnisses.

c) Nachvertragliche Interessenwahrungspflichten des Vermieters

Aus dem Mietvertrag können sich auch nach der Beendigung des Mietverhältnisses Schutz- und Interessenwahrungspflichten i.S. des § 241 Abs. 2 BGB ergeben. Z.B. darf der Mieter von Gewerberäumen nach deren Rückgabe für einen angemessenen Zeitraum, der sich maßgeblich nach der Dauer des Mietverhältnisses richtet, ein Schild mit dem Hinweis auf seine neue Adresse anbringen.

C. Besonderheiten des Wohnraummietvertrages

Das Recht des Wohnraummietvertrages hat sich aufgrund der gesetzlich anerkannten sozialen Schutzbedürftigkeit des Wohnraummieters zu einer umfangreichen Sondermaterie innerhalb und außerhalb des Bürgerlichen Gesetzbuches entwickelt.[276] Deshalb beschränken sich die folgenden Ausführungen darauf, die Sonderregelungen für Wohnraummietverträge innerhalb des Bürgerlichen Gesetzbuches in ihren Grundzügen darzustellen. Trotz der systematischen Verselbständigung der Wohnraummietverträge gelten auch für diese grundsätzlich die allgemeinen Be-

---

[272] Bei der Vermietung von Räumen gelten die Sondervorschriften der §§ 552, 578 Abs. 2 BGB.

[273] BGH v. 13. Mai 1987, BGHZ 101, 37 (41 f.); *Larenz* BT 1, § 48 VII a, S. 274; *Staudinger/Emmerich* (2003) § 539 Rdnr. 27; *Voelskow* MünchKomm. § 547a Rdnr. 2.

[274] *Larenz* BT 1, § 48 VII a, S. 274; *Staudinger/Emmerich* (2003) § 539 Rdnr. 24.

[275] *Larenz* BT 1, § 48 VII a, S. 275; *Staudinger/Emmerich* (2003) § 539 Rdnr. 30; *Voelskow* MünchKomm. § 547a Rdnr. 5.

[276] Siehe oben § 5 B I, S. 301 f.

stimmungen in den §§ 535 bis 548 BGB (§ 549 Abs. 1 BGB), die jedoch hinter die speziellen §§ 549 bis 577a BGB zurücktreten. Deshalb werden nachstehend lediglich die wichtigsten Besonderheiten aufgezeigt, die bei Wohnraummietverträgen eingreifen.

I. Anwendungsvoraussetzungen des Wohnraummietrechts

1. Privat genutzter Wohnraum als Vertragsgegenstand

Das in den §§ 549 bis 577a BGB geregelte Wohnraummietrecht gilt gemäß § 549 Abs. 1 BGB nur für privaten Wohnraum, der von sonstigen Räumen abzugrenzen ist. Für deren Vermietung sowie bei Grundstücken sind die Sondervorschriften über die Wohnraummiete nur anzuwenden, soweit § 578 BGB auf sie ausdrücklich verweist. Einzelne Regelungen der Wohnraummiete finden gemäß § 578a BGB auch auf die Vermietung von Schiffen Anwendung, wenn diese im Schiffsregister eingetragen sind.

Für die Charakterisierung als Wohnraum kommt es nicht auf objektive Kriterien an, sondern auf den Willen der Parteien, einen Raum zu Wohnzwecken zu vermieten. Ein Mieter kann daher nicht den weitreichenden Schutz der §§ 549 bis 577a BGB erlangen, indem er angemietete Räume vertragswidrig zu Wohnzwecken nutzt.[277] Umgekehrt droht der gebotene Mieterschutz ins Leere zu laufen, wenn ein gewerblicher Zwischenmieter von dem Eigentümer (sog. Hauptvermieter) Wohnungen zu dem Zwecke anmietet, diese an Private (sog. Endmieter) als Wohnraum weiterzuvermieten. In einem derartigen Fall unterliegt das Rechtsverhältnis zwischen dem Hauptvermieter und dem Zwischenmieter aufgrund des gewerblichen Zweckes des letzteren nicht den §§ 549 ff. BGB. Eine Beendigung dieses Mietverhältnisses beträfe aber mittelbar auch den Endmieter, da sein Mietvertrag mit dem Zwischenmieter grundsätzlich keine Rechte gegenüber dem Hauptvermieter begründet (Relativität des Schuldverhältnisses).[278] Daher ordnet § 565 BGB zwingend an, daß bei der Beendigung eines auf gewerbliche Weitervermietung gerichteten Vertragsverhältnisses entweder der Hauptvermieter (§ 565 Satz 1 BGB) oder vorrangig ein neuer gewerblicher Zwischenmieter (§ 565 Satz 2 BGB) kraft Gesetzes in das Mietverhältnis mit dem Endmieter eintritt, das den Schutzvorschriften der §§ 549 bis 577a BGB unterliegt.

Die Anwendbarkeit des Wohnraummietrechts ist zweifelhaft, wenn Geschäftsräume wie Kanzleien oder Arztpraxen zusammen mit einer dazugehörenden Wohnung vermietet werden. Da eine Aufspaltung des einheitlichen Mietvertrages ausscheidet, ist die Zuordnung nach dem Stellenwert des Wohnraums für das gesamte Mietverhältnis vorzunehmen. Hiernach ist die Anwendung des Mieterschutzes in den §§ 549 bis 577a BGB nur geboten, wenn die Wohnung den Schwerpunkt des

---

[277] BGH v. 26. März 1969, WM 1969, 625 (625); *Erman/Jendrek* Vor § 535 Rdnr. 8; *Staudinger/Emmerich* (2003) Vorbem. zu § 535 Rdnr. 24.

[278] BGH v. 21. April 1982, NJW 1982, 1696 ff.; *Erman/Jendrek* Vor § 535 Rdnr. 8.

Mietvertrages bildet.[279] Für alle Wohnungen, die lediglich als Nebenräume zu den Geschäftsräumen überlassen sind, bleibt es bei den allgemeinen Regelungen in den §§ 535 bis 548 BGB und deren Ergänzung in den §§ 578 bis 580a BGB.

2. Bereichsausnahmen

Darüber hinaus ordnet § 549 Abs. 2 und 3 BGB an, daß zahlreiche bestandsschützenden Vorschriften (Schutz vor Mieterhöhungen, Kündigungsschutz etc.) auf verschiedene Gruppen von Wohnraummietverträgen weitgehend keine Anwendung finden, die sich durch besondere Interessenlagen auszeichnen. Hierzu zählen:

– Verträge über Wohnraum, der nur zum vorübergehenden Gebrauch gemietet ist, wie z.B. Ferienwohnungen (§ 549 Abs. 2 Nr. 1 BGB). Bei ihnen ist der Mieter nur eingeschränkt schutzbedürftig, da der Vertragsgegenstand nicht seinen Lebensmittelpunkt bildet.

– Mietverhältnisse über möblierten Einliegerwohnraum, wenn dieser nicht dem Mieter zum dauernden Gebrauch mit seiner Familie oder anderen Haushaltsangehörigen überlassen worden ist (§ 549 Abs. 2 Nr. 2 BGB). Unter diesen Voraussetzungen räumt das Gesetz dem Vermieter wegen des engen Kontaktes der Vertragsparteien eine erleichterte Lösbarkeit von dem Mietverhältnis ein.

– Wohnraum, den eine juristische Person des öffentlichen Rechts oder ein anerkannter privater Träger der Wohlfahrtspflege zur Behebung von Wohnraumnot weitervermietet hat, wenn gegenüber dem Endmieter ein entsprechender Hinweis erfolgt ist (§ 549 Abs. 2 Nr. 3 BGB).

– Wohnraum in einem Studenten- oder Jugendwohnheim (§ 549 Abs. 3 BGB).

II. Abschluß und Wirksamkeit des Wohnraummietvertrages

1. Hausordnungen

Bestandteil des Wohnraummietvertrages sind häufig in Allgemeinen Geschäftsbedingungen niedergelegte Hausordnungen, die der Vertragstext in Bezug nimmt. Diese regeln die gemeinsame Benutzung bestimmter Keller- und Nebenräume sowie der Zu- und Abgänge durch die Mieter, gegebenenfalls auch deren Reinhaltung oder die Verpflichtung zum Schneeräumen. Hat sich der Vermieter eine einseitige Änderung der Hausordnung vorbehalten, findet auf diese Abrede neben den §§ 307 ff. BGB auch § 315 BGB Anwendung.[280]

2. Schriftform gemäß § 550 Satz 1 BGB

a) Tatbestandsvoraussetzungen

Der Wohnraummietvertrag bedarf nach § 550 Satz 1 BGB der Schriftform i.S. des § 126 BGB, wenn er für längere Zeit als ein Jahr abgeschlossen wird. Das ist der

---

[279] BGH v. 16. April 1986, NJW-RR 1986, 877 (877); *Erman/Jendrek* Vor § 535 Rdnr. 8; *Staudinger/Emmerich* (2003) Vorbem. zu § 535 Rdnr. 27 ff.

[280] *Esser/Weyers* BT 1, § 20 I 4, S. 167; *Staudinger/Emmerich* (2003) Vorbem. zu § 535 Rdnr. 108 ff.

Fall, wenn der Vertrag auf mehr als ein Jahr befristet ist bzw. bei unbefristeten Verträgen die Kündigung erst nach dem Ablauf des ersten Mietjahres möglich ist, weil der Vermieter auf eine frühere Kündigung verzichtet hat oder die vertraglich vereinbarte Kündigungsfrist entsprechend lang ist.[281] Es genügt bei befristeten Verträgen aber auch, wenn der Vertrag zugunsten des Mieters eine Verlängerungsklausel enthält, so daß sich der Mietvertrag bei Ausübung dieses Optionsrechts über ein Jahr hinaus verlängert.[282]

Das Schriftformerfordernis soll primär einem etwaigen Erwerber der Mietsache, der nach § 566 Abs. 1 BGB in den Mietvertrag eintritt, die Möglichkeit geben, die ihm durch die besondere Vertragsgestaltung auferlegte Bindung[283] zur Kenntnis zu nehmen.[284] Darüber hinaus mißt die h.M. dem Formerfordernis auch eine Beweisfunktion für das Verhältnis zwischen den Vertragsparteien bei.[285]

Die Schriftform ist nach den allgemeinen Grundsätzen nur gewahrt, wenn die essentialia negotii sowie alle wesentlichen Nebenabreden und gegebenenfalls sich auf diese Punkte beziehende Vertragsänderungen in einer Urkunde fixiert und von den Parteien unterschrieben sind.[286] Bei einem Vorvertrag über die Vermietung von Wohnraum ist unter teleologischen Gesichtspunkten weder der Schutz des Erwerbers, der nicht an einen Vorvertrag gebunden ist, noch die Beweisfunktion in dem Maße wie bei einem Mietvertrag einschlägig, so daß § 550 Satz 1 BGB keine Anwendung findet.[287]

Bei Untermietverträgen kommt es darauf an, ob Erwerberschutz- und Beweisfunktion alternative oder kumulative Normzwecke des § 550 Satz 1 BGB sind: An einen nicht von dem Eigentümer des Wohnraumes abgeschlossenen Mietvertrag ist der Erwerber nicht nach § 566 Abs. 1 BGB gebunden, wohl aber bestünde zwischen den Parteien des Untermietvertrages ein Beweisinteresse.[288] Die Entstehungsgeschichte des heutigen § 550 BGB, der erst mit der Einführung der gesetzlichen Vertragsübernahme (§ 566 BGB n.F.) in das Gesetz eingefügt wurde, spricht dafür, den Erwerberschutz als notwendige Anwendungsvoraussetzung der Norm zu begreifen und somit Untermietverträge nicht dem Formerfordernis zu unterstellen. Diese Beurteilung führt allerdings nicht dazu, daß § 550 BGB nur eingreift,

---

[281]   Dazu *Staudinger/Emmerich* (2003) § 550 Rdnr. 8 ff.; *Voelskow* MünchKomm. § 566 Rdnr. 6.

[282]   Steht das Verlängerungsrecht dem Vermieter zu, ist der sogleich darzulegende Normzweck des § 550 Satz 1 BGB hingegen nicht einschlägig.

[283]   Eine Zeitbestimmung schließt das Recht zur ordentlichen Kündigung des Mietverhältnisses aus: siehe oben § 5 B VII 2, S. 340 f.

[284]   *Larenz* BT 1, § 48 I, S. 215; *Voelskow* MünchKomm. § 566 Rdnr. 2, 4. Näher zu den Regelungen der §§ 566 ff. BGB unten § 5 C V, S. 362 ff.

[285]   BGH v. 15. Juni 1981, BGHZ 81, 46 (51); *Esser/Weyers* BT 1, § 20 I 2, S. 166; *Staudinger/Emmerich* (2003) § 550 Rdnr. 3.

[286]   Allgemein *Larenz/Wolf* § 27 Rdnr. 17.

[287]   BGH v. 15. Juni 1981, BGHZ 81, 46 (51); *Erman/Jendrek* § 566 Rdnr. 10; *Staudinger/Emmerich* (2003) § 550 Rdnr. 6; *Voelskow* MünchKomm. § 566 Rdnr. 7.

[288]   Für eine Anwendung auf Untermietverträge: BGH v. 15. Juni 1981, BGHZ 81, 46 (51); dagegen: *Larenz* BT 1, § 48 I, S. 216.

wenn *tatsächlich* ein Erwerb i.S. des § 566 BGB erfolgt; es genügt aufgrund einer abstrakten Betrachtung die theoretische Möglichkeit.

b) Rechtsfolgen eines Formverstoßes

Die Nichtbeachtung der Form des § 550 Satz 1 BGB führt abweichend von § 125 Satz 1 BGB nicht zur Nichtigkeit des Mietvertrages, sondern dazu, daß dieser auf unbestimmte Zeit gilt. Damit besteht hinsichtlich der Vertragslaufzeit keine Besonderheit gegenüber dem gesetzlichen Regelfall, so daß ein etwaiger Grundstückserwerber, der gemäß § 566 Abs. 1 BGB in das Mietverhältnis eintritt, durch diese Rechtsfolge hinreichend geschützt ist.

Bei einem Beitritt eines neuen Mieters zu dem Mietvertrag hat die Verletzung der Form allerdings nur für den Beitretenden die Verlängerung des Vertrages auf unbestimmte Zeit zur Folge, sofern der ursprüngliche Vertrag der Schriftform genügt.[289] Eine Ausnahme von der Rechtsfolge des § 550 Satz 1 BGB läßt der Bundesgerichtshof auch bei einer nicht formgerechten Verlängerung eines bereits auf eine bestimmte Zeit eingegangenen formgerechten Vertrages zu; in diesem Fall bleibt die Wirksamkeit der in dem ursprünglichen Vertrag vereinbarten Laufzeit unberührt,[290] da § 550 Satz 1 BGB primär einem Erwerber der Mietsache die Kenntnis von der Dauer des Wohnraummietvertrages ermöglichen soll.

Nach § 550 Satz 2 BGB darf das Mietverhältnis jedoch auch bei einem Eingreifen des § 550 Satz 1 BGB nicht vor Ablauf eines Jahres seit der Überlassung des Wohnraumes gekündigt werden, weil § 550 Satz 1 BGB eine Bindung bis zu einem Jahr implizit für unerheblich erklärt und das Gesetz somit bei einer Überschreitung dieser Frist dem nicht formgerecht erklärten Parteiwillen zumindest im Hinblick auf den Kündigungsausschluß in den noch „zulässigen" zeitlichen Grenzen Rechnung tragen will.

III. Rechte und Pflichten der Vertragsparteien

Bei einem Wohnraummietvertrag sind nicht nur verschiedene der allgemeinen Vorschriften über die Rechtsstellung des Mieters zu dessen Gunsten unabdingbar, wie z.B. der Wegfall bzw. die Minderung der Miete für den Zeitraum einer nur mangelhaften Gewährung des Sachgebrauchs durch den Vermieter (§ 536 Abs. 4 BGB). Vielmehr ist auch der Inhalt der vertraglichen Rechte und Pflichten der Parteien in verschiedener Hinsicht auf die Besonderheiten der Wohnraummiete zugeschnitten.

---

[289] BGH v. 2. Juli 1975, BGHZ 65, 49 (54); *Erman/Jendrek* § 566 Rdnr. 12; *Larenz* BT 1, § 48 I, S. 216.
[290] BGH v. 27. März 1968, BGHZ 50, 39 (43); BGH v. 22. Februar 1994, NJW 1994, 1649 ff.; *Larenz* BT 1, § 48 I, S. 216; *Voelskow* MünchKomm. § 566 Rdnr. 11.

1. Besonderheiten beim Umfang des vertragsgemäßen Gebrauchs der Mietsache

a) Allgemeines

Auch im Wohnraummietrecht obliegt es grundsätzlich den Vertragspartnern, Art und Umfang des vertragsgemäßen Gebrauchs zu bestimmen. Eine Vereinbarung, die den Mieter in bestimmter Hinsicht, insbesondere in seiner privaten Lebensführung in den angemieteten Räumen beschränkt, ist aber nur wirksam, wenn sie nicht gegen die guten Sitten i.S. des § 138 Abs. 1 BGB verstößt. Ein solcher Verstoß kann sich im Rahmen des Wohnraummietrechts insbesondere auch aus den Wertungen der *Grundrechte des Mieters* ergeben, welche über die sog. mittelbare Drittwirkung in das Bürgerliche Recht einstrahlen.[291]

So gehört z.B. zum vertragsgemäßen Gebrauch einer Wohnung aufgrund der Wertentscheidung des Art. 5 Abs. 1 Satz 1 Alt. 2 GG (Informationsfreiheit) auch der, allerdings auf eigene Kosten zu schaffende Zugang des Mieters zu den üblichen Kommunikationsmitteln.[292] Der Vermieter muß daher grundsätzlich dulden, daß der Mieter eine Fernsehantenne montiert oder einen Telefonanschluß legen läßt.

Ferner hat ein behinderter Mieter nach § 554a BGB einen nicht abdingbaren Anspruch auf Zustimmung des Vermieters zu baulichen Veränderungen, wenn diese Maßnahmen für eine behindertengerechte Nutzung der Wohnung bzw. den Zugang zu dieser erforderlich sind und der Mieter ein berechtigtes Interesse an ihnen hat (§ 554a Abs. 1 Satz 1 BGB). Der Vermieter darf die Zustimmung nach § 554a Abs. 1 Satz 2 und 3 BGB nur verweigern, wenn sein Interesse an der unveränderten Erhaltung der Mietsache oder auch die berechtigten Interessen der anderen Mieter die durch Art. 3 Abs. 3 Satz 2 GG gestützte Position des Behinderten überwiegen.[293] In die hierfür erforderliche Abwägung sind insbesondere Art, Dauer und Schwere der Behinderung, aber auch der Umfang des Umbaus, die Dauer der Bauzeit und die Möglichkeit des Rückbaus einzubeziehen.[294] Stimmt der Vermieter der baulichen Veränderung zu, so ist diese bei der Beendigung des Mietverhältnisses wieder zu beseitigen (§ 546 Abs. 1 BGB), wofür der Vermieter nach Maßgabe des § 554a Abs. 2 BGB eine zusätzliche Sicherheitsleistung als Voraussetzung für seine Zustimmung verlangen kann.

b) Insbesondere: Einbeziehung Dritter in den Gebrauch der Mietsache

Der Vermieter darf in dem Vertrag oder einer einbezogenen Hausordnung nicht die Besuche der Familie oder sonstiger Angehöriger des Mieters verbieten oder

---

[291] Ausführlich zu diesem Problemkreis *Canaris* AcP 184 (1984), 201 ff.
[292] BVerfG v. 9. Februar 1994, NJW 1994, 1147 (1148); *Erman/Jendrek* § 535 Rdnr. 27; *Esser/Weyers* BT 1, § 20 III 2, S. 172; *Voelskow* MünchKomm. §§ 535, 536 Rdnr. 44 ff.
[293] Hierzu BVerfG v. 28. März 2000, NJW 2000, 2658.
[294] Vgl. BT-Drucks. 14/5663, S. 78.

limitieren.[295] Ebenso kann er bis zur Grenze der Überbelegung der Wohnräume nicht wirksam den Mitgebrauch derselben durch enge Familienangehörige des Mieters verbieten.[296] Auch Vorgaben zur Erwünschtheit von Kindern sind unzulässig.[297]

Darüber hinaus muß der Vermieter der *teilweisen* Gebrauchsüberlassung des Wohnraums an Dritte zustimmen, wenn der Mieter ein *nach* Abschluß des Mietvertrages entstandenes berechtigtes Interesse hieran hat und diese für den Vermieter nicht unzumutbar ist (§ 553 Abs. 1 BGB). Diese Regelung ist im systematischen Zusammenhang mit dem allgemeinen Zustimmungserfordernis des § 540 Abs. 1 Satz 1 BGB zu sehen.[298]

Als berechtigt gelten alle von der Rechts- und Sozialordnung anerkannten Interessen des Mieters.[299] Der Vermieter darf bei deren Vorliegen die Zustimmung nur verweigern, wenn wichtige Gründe in der Person des Dritten vorliegen, eine übermäßige Abnutzung der Wohnung durch Überbelegung droht oder sonstige Gründe vorliegen, die eine teilweise Gebrauchsüberlassung an Dritte unzumutbar machen (§ 553 Abs. 1 Satz 2 BGB). Beispiele für einen wichtigen Grund in der Person des Dritten sind die Gefahr einer Begehung von Straftaten durch diesen von der Wohnung aus oder dessen Absicht, den vertragsgemäßen Gebrauch zu überschreiten.[300] Abweichende moralische Vorstellungen zwischen den Vertragspartnern genügen jedoch nicht für die Verweigerung der Zustimmung wegen Unzumutbarkeit. Ein Anspruch auf Zustimmung besteht daher mangels besonderer Gegengründe insbesondere auch für die Aufnahme eines neuen nichtehelichen Lebenspartners des Mieters in die Wohnung.[301] Gegebenenfalls ist dem Vermieter die Zustimmung (z.B. aufgrund eines höheren Abnutzungsrisikos) nur bei einer angemessenen Erhöhung der Miete zuzumuten. In einem derartigen Fall kann er die Erlaubnis nach § 553 Abs. 2 BGB von dem Einverständnis des Mieters zu einer Mieterhöhung abhängig machen.

Durch eine grundlose Verweigerung der Erlaubnis verletzt der Vermieter seine Pflichten i.S. der §§ 280 ff. BGB, was neben dem fortbestehenden Anspruch auf Erlaubniserteilung zu Schadensersatzansprüchen des Mieters führen kann, z.B. wenn diesem ein Untermietzins entgeht (§ 252 BGB).

---

[295] BGH v. 30. Oktober 1963, BGHZ 40, 252 (254 f.); *Esser/Weyers* BT 1, § 20 III 2, S. 172; *Oechsler* Rdnr. 538; *Staudinger/Emmerich* (2003) § 540 Rdnr. 4; *Voelskow* MünchKomm. §§ 535, 536 Rdnr. 53.

[296] Siehe oben § 5 B VI 2a, bb (2b), S. 336.

[297] *Esser/Weyers* BT 1, § 20 III 2, S. 172; *Staudinger/Emmerich* (2003) § 540 Rdnr. 6; *Voelskow* MünchKomm. §§ 535, 536 Rdnr. 4.

[298] Dazu oben § 5 B VI 2a, bb, S. 335 f.

[299] BGH v. 3. Oktober 1984, BGHZ 92, 213 (218 ff.); *Staudinger/Emmerich* (2003) § 553 Rdnr. 5; *Voelskow* MünchKomm. § 549 Rdnr. 7a.

[300] Weiteres bei *Esser/Weyers* BT 1, § 20 III 2 b, S. 174; *Erman/Jendrek* § 549 Rdnr. 16; *Staudinger/Emmerich* (2003) § 553 Rdnr. 13 f.

[301] BGH v. 5. November 2003, NJW 2004, 56 (58); *Staudinger/Emmerich* (2003) § 553 Rdnr. 75; *Voelskow* MünchKomm. § 549 Rdnr. 8.

2. Pflicht des Mieters zur Duldung von Einwirkungen des Vermieters

Der Vermieter ist zwar grundsätzlich verpflichtet, den Mieter nicht beim Gebrauch der Mietsache zu stören (§ 535 Abs. 1 Satz 1 BGB), zugleich aber auch zur Erhaltung der Mietsache (§ 535 Abs. 1 Satz 2 BGB), an welcher er auch ein eigenes Interesse hat. Deshalb muß der Wohnraummieter alle Maßnahmen dulden, die zur Erhaltung der Mietsache erforderlich sind (§ 554 Abs. 1 BGB).

Da der Mieter von Wohnräumen vor einer Kündigung besonders geschützt ist,[302] kann der Vermieter auch mit Modernisierungen nicht immer bis zur Beendigung des Mietverhältnisses warten, so daß den Mieter nach Maßgabe des § 554 Abs. 2 BGB eine Pflicht zur Duldung trifft. Dabei handelt es sich um Maßnahmen zur Verbesserung der Mietsache, zur Einsparung von Energie oder Wasser oder zur Schaffung neuen Wohnraums (§ 554 Abs. 2 Satz 1 BGB). Zur Duldung ist der Mieter jedoch nicht verpflichtet, wenn die Maßnahme des Vermieters eine besondere Härte für ihn, seine Familie oder sonstige Angehörige seines Haushaltes darstellen würden, die bei einer Abwägung der beteiligten Interessen nicht zu rechtfertigen ist (§ 554 Abs. 2 Satz 2 BGB). Hierfür nennt § 554 Abs. 2 Satz 3 und 4 BGB einzelne Umstände, die bei der Ermittlung eines Härtefalles besondere Berücksichtigung verdienen.[303] Ist eine Modernisierungsmaßnahme nach § 554 Abs. 2 BGB zu dulden, so räumt § 554 Abs. 3 und 4 BGB dem Mieter zum Ausgleich gewisse Rechtspositionen ein (Pflicht des Vermieters zu rechtzeitiger Information, außerordentliches Kündigungsrecht, Anspruch auf Aufwendungsersatz). Hiervon unberührt bleibt eine nach § 536 Abs. 1 BGB eintretende Mietminderung.

Abgrenzungsschwierigkeiten zwischen den nur eingeschränkt möglichen Modernisierungen i.S. des § 554 Abs. 2 BGB und den Erhaltungsmaßnahmen i.S. des § 554 Abs. 1 BGB bestehen vor allem, wenn diese nicht nur eine Verschlechterung ausgleichen, sondern die Mietsache zugleich verbessern. Zum Schutze des Mieters ist nicht darauf abzustellen, ob die Erhaltung oder Verbesserung den Schwerpunkt der Maßnahme bildet. Ist die Modernisierung nicht von der Erhaltung der Mietsache trennbar, so ist der Mieter nur zur Duldung verpflichtet, wenn die Voraussetzungen des § 554 Abs. 2 BGB vorliegen.[304]

Außerhalb des § 554 BGB hat der Vermieter nur dann ein Recht zur Besichtigung der Wohnung, wenn seine Interessen erheblich gefährdet sind.[305] Deshalb darf er bei Gefahr im Verzug oder bei einem begründeten Verdacht einer erheblichen Pflichtverletzung durch den Mieter die Mieträume betreten. Darüber hinaus muß der Mieter beim Verkauf des Mietobjekts dem potentiellen Käufer oder bei einem bevorstehenden Ende des Mietverhältnisses potentiellen Nachmietern die Besichtigung ermöglichen, sofern diese nicht zur Unzeit erfolgen soll (§ 242 BGB).

---

[302] Siehe unten § 5 C VI, S. 365 ff.

[303] Weitere Einzelheiten bei *Esser/Weyers* BT 1, § 20 III 2 d, S. 175 f.; *Staudinger/Emmerich* (2003) § 554 Rdnr. 28, 32 ff.; *Voelskow* MünchKomm. § 541b Rdnr. 12 ff.

[304] *Erman/Jendrek* §§ 541a, 541b Rdnr. 12; *Staudinger/Emmerich* (2003) § 554 Rdnr. 6; differenzierend *Voelskow* MünchKomm. § 541b Rdnr. 8.

[305] Dazu *Erman/Jendrek* § 535 Rdnr. 61; *Larenz* BT 1, § 48 III, S. 228; *Staudinger/Emmerich* (2003) § 535 Rdnr. 97 ff.

3. Pflicht zur Mietzahlung und Mieterhöhungen

a) Allgemeines

Die vom Mieter zu zahlende Miete ist gemäß § 556b Abs. 1 BGB bereits am dritten Werktag des Zeitabschnitts (üblicherweise ein Monat) fällig, für den sie zu zahlen ist. § 556b Abs. 2 BGB erhält dem Mieter entgegen etwaiger vertraglicher Bestimmungen in bestimmten Konstellationen das Recht zur Aufrechnung oder zum Zurückbehalt (§§ 273, 274 BGB) gegenüber Mietforderungen.

b) Mieterhöhungen

Der Gesetzgeber kann die Frage von Mieterhöhungen während der Laufzeit des Mietverhältnisses nicht gänzlich frei ausgehandelten Vertragsänderungen überlassen, zu denen die Parteien nach dem Leitbild eines privatautonomen Interessenausgleiches gelangen würden, um eine ansonsten „drohende" Kündigung des anderen Teils zu vermeiden. Dieser Umstand folgt einerseits aus der Schutzbedürftigkeit des Wohnraummieters und andererseits aus den eingeschränkten Kündigungsmöglichkeiten des Vermieters;[306] insbesondere eine Kündigung zum Zwecke der Mieterhöhung schließt § 573 Abs. 1 Satz 2 BGB aus. Nach der zwingenden (vgl. § 557 Abs. 4 BGB) gesetzlichen Regelungssystematik der §§ 557 bis 561 BGB ist zwischen der Vereinbarung über Mieterhöhungen (§ 557 Abs. 1 und 2 BGB) und einem Verlangen des Vermieters nach einer Mieterhöhung (§ 557 Abs. 3 BGB) zu unterscheiden.

aa) Vereinbarungen über Mieterhöhungen

(1) „Statische" Mieterhöhungen

§ 557 Abs. 1 BGB bestimmt, daß die Parteien während des Mietverhältnisses eine Erhöhung der Miete vereinbaren können. Hiervon wird nur eine auf Dauer festgelegte Erhöhung, nicht aber die Vereinbarung einer kontinuierlichen Mietsteigerung in der Zukunft erfaßt, die § 557 Abs. 2 BGB unterfällt. Dies schließt jedoch nicht aus, daß die Vertragsparteien während der Laufzeit des Vertrages mehrfach eine Mieterhöhung i.S. des § 557 Abs. 1 BGB vereinbaren.[307] Eine Mieterhöhung i.S. des § 557 Abs. 1 BGB unterliegt den allgemeinen Wirksamkeitsschranken, insbesondere denjenigen aus den §§ 134 (i.V. mit § 291 StGB, § 5 WiStG), 138 BGB.

(2) „Dynamische" Mieterhöhungen

Nach § 557 Abs. 2 i.V. mit Abs. 4 BGB können die Parteien künftige, d.h. sich automatisch wiederholende Änderungen der Miethöhe (nur) als Staffelmiete nach § 557a BGB oder als Indexmiete nach § 557b BGB vereinbaren.

(a) Staffelmiete

Eine Miete in unterschiedlicher Höhe für unterschiedliche Zeitabschnitte des Mietverhältnisses (Staffelmiete) muß schriftlich vereinbart werden (§ 557a Abs. 1

---

306 Dazu noch unten § 5 C VI, S. 365 ff.
307 *Voelskow* MünchKomm. § 10 MHG Rdnr. 4.

BGB). Zudem darf die Vereinbarung nicht auf Mieterhöhungen in kürzeren Zeitabständen als jeweils einem Jahr gerichtet sein und die Miete während der Laufzeit
der Staffelmiete nicht nach den §§ 558 bis 559b BGB durch ein Verlangen des
Vermieters erhöht werden (§ 557a Abs. 2 BGB). Schließlich bestehen Sondervorschriften für die Beschränkung des Kündigungrechts des Mieters während der
Laufzeit der Staffelmiete (§ 557a Abs. 3 BGB).

(b) Indexmiete

Die schriftlich abzufassende Vereinbarung einer Indexmiete knüpft die Miethöhe
an die Änderung des durch das Statistische Bundesamt ermittelten Preisindexes für
Lebenshaltungskosten (§ 557b Abs. 1 BGB). Die Mietanpassung mit Beginn des
übernächsten Monats erfordert jedoch zusätzlich jeweils eine empfangsbedürftige
Willenserklärung in Textform (§ 557b Abs. 3 BGB). Während der Geltung der
Indexmiete muß die Miethöhe zugunsten des Mieters mindestens jeweils ein Jahr
unverändert bleiben, zudem sind anderweitige Mieterhöhungen nur eingeschränkt
möglich (§ 557b Abs. 2 BGB).

bb) Verlangen des Vermieters nach Mieterhöhung

(1) Zustimmungsbedürftiges Erhöhungsverlangen (§§ 558 bis 558e BGB)

Der Vermieter kann die Zustimmung des Mieters zu einer Mieterhöhung bis zur
ortsüblichen Vergleichsmiete nach § 558 Abs. 1 bis 4 BGB verlangen, wenn die
Miete seit 15 Monaten unverändert ist, bereits erfolgte Mieterhöhungen außerhalb
der §§ 559 bis 560 BGB mindestens ein Jahr zurückliegen und die Miete sich innerhalb von drei Jahren grundsätzlich nicht um mehr als 20 Prozent erhöht hat
(Kappungsgrenze). Die ortsübliche Vergleichsmiete ist in § 558 Abs. 2 BGB definiert.

Die Mieterhöhung muß der Vermieter in Textform mit einer Begründung verlangen, um so die Gründe für die Mieterhöhung transparent zu machen (§ 558a
BGB). Dabei kann er sich insbesondere auf Mietspiegel, qualifizierte Mietspiegel
oder Mietdatenbanken beziehen (§§ 558c bis 558e BGB).

Liegen die Voraussetzungen der §§ 558, 558a BGB vor, so muß der Mieter der
Mieterhöhung zustimmen. Weigert er sich, so kann der Vermieter nach Maßgabe
des § 558b Abs. 2 und 3 BGB auf Zustimmung klagen und diese durch das Gericht
ersetzen lassen (vgl. § 894 ZPO). Die erteilte oder ersetzte Zustimmung bewirkt
die Mieterhöhung nach Maßgabe des § 558b Abs. 1 BGB.

(2) Erhöhungsverlangen als Gestaltungsrecht (§§ 559 bis 560 BGB)

Der Vermieter kann die Miete ausnahmsweise mittels einseitiger Gestaltungserklärung nach Vornahme baulicher Modernisierungen an der Mietsache (§§ 559 bis
559b BGB) oder angestiegenen Betriebskosten erhöhen (§ 560 BGB). Bauliche
Modernisierungen i.S. des § 559 Abs. 1 BGB erlauben dem Vermieter, 11 % der
Baukosten auf die jährliche Miete aufzuschlagen. Die Mieterhöhung ist in Textform zu erklären und zu begründen (§§ 559b Abs. 1, 560 Abs. 1 BGB). Der Zeitpunkt des Inkrafttretens der Erhöhung bestimmt sich nach den §§ 559b Abs. 2, 560
Abs. 2 BGB.

cc) Sonderkündigungsrecht des Mieters bei Mieterhöhungen

§ 561 BGB gewährt dem Mieter ein zwingendes außerordentliches Kündigungsrecht bei Mieterhöhungen nach den §§ 558, 559 BGB. Dieses muß in und mit den
Fristen des § 561 Abs. 1 Satz 1 BGB ausgeübt werden. Eine wirksame Kündigung
verhindert den Eintritt der Mieterhöhung (§ 561 Abs. 1 Satz 2 BGB).

IV. Sicherung der Ansprüche des Vermieters

Der Vermieter ist bei der Vereinbarung von Sicherungsrechten für seine Forderungen aus dem Mietverhältnis durch § 551 BGB begrenzt. Umgekehrt besteht zu
seinen Gunsten ein gesetzliches Pfandrecht nach den §§ 562 ff. BGB.

1. Sicherheitsleistungen (§ 551 BGB)

Eine Sicherheitsleistung zugunsten des Vermieters erfolgt zumeist als sog. Barkaution in Geld; die Parteien können aber auch jede andere Form vereinbaren (z.B.
Pfandrecht, Beschaffung einer Bürgschaft).[308] Nach der zwingenden Vorschrift des
§ 551 Abs. 1 BGB darf der Vermieter eine Sicherheitsleistung aber nicht für eine
höhere Summe als drei Kaltmieten verlangen. Wurde eine weitergehende Sicherheit geleistet, so kann der Mieter diese gemäß § 812 Abs. 1 Satz 1 Alt. 1 BGB
kondizieren.[309]

Bei einer Barkaution darf der Mieter die Sicherheitsleistung in drei gleichen
monatlichen Teilraten ab dem Beginn des Mietverhältnisses zahlen (§ 551 Abs. 2
BGB).[310] Der Vermieter muß die Geldsumme vorbehaltlich der Vereinbarung einer abweichenden Anlageform bei einem Kreditinstitut zu dem für Spareinlagen
mit dreimonatiger Kündigungsfrist üblichen Zinssatz anlegen (§ 551 Abs. 3 Satz 1
und 2 BGB). Die Anlage hat gesondert von dem Vermögen des Vermieters zu erfolgen und die Zinsen stehen dem Mieter zu, wenngleich sie während der Laufzeit
des Mietverhältnisses diesem nicht ausgezahlt werden, sondern die Sicherheit erhöhen (§ 551 Abs. 3 Satz 2 und 4 BGB). Verletzt der Vermieter eine dieser Pflichten, schuldet er nach Maßgabe der §§ 280 ff. BGB dem Mieter Schadensersatz.[311]

Nach der Beendigung des Mietverhältnisses ist die Kaution zurückzuzahlen,
soweit sie nicht aufgrund einer Nichtleistung des Mieters verbraucht wurde. Der
Mieter hat hierauf einen Anspruch, der jedoch erst nach Ablauf einer angemessenen Frist für die Abrechnung der Vermieterforderungen fällig wird. Diese Frist ist
nach den Umständen des Einzelfalles zu bemessen, dürfte jedoch höchstens neun
und in der Regel nicht länger als sechs Monate betragen.[312]

---

[308] *Erman/Jendrek* § 550b Rdnr. 3; *Staudinger/Emmerich* (2003) § 551 Rdnr. 6;
Voelskow MünchKomm. § 550b Rdnr. 7.

[309] BGH v. 20. April 1989, BGHZ 107, 210 (212); *Staudinger/Emmerich* (2003) § 551
Rdnr. 11.

[310] Zu den Rechtsfolgen einer unwirksamen Fälligkeitsklausel für die Mietkautionsabrede
siehe BGH v. 25. Juni 2003, NJW 2003, 2899 f.

[311] *Staudinger/Emmerich* (2003) § 551 Rdnr. 22, 30.

[312] BGH v. 1. Juli 1987, BGHZ 101, 244 (250 f.); *Erman/Jendrek* § 550b Rdnr. 11; *Stau-
dinger/Emmerich* (2003) § 551 Rdnr. 29.

2. Vermieterpfandrecht

Der Vermieter hat für seine Forderungen aus dem Mietverhältnis (Mietzahlung, Schadensersatzansprüche etc.) ein Pfandrecht an den eingebrachten Sachen des Mieters, soweit diese nicht nach zivilprozessualen Vorschriften (insbesondere § 811 ZPO) von der Pfändung i.S. der §§ 803 ff. ZPO ausgenommen sind: § 562 Abs. 1 BGB.

a) Entstehungsvoraussetzungen

Das Vermieterpfandrecht entsteht mit der „Einbringung" der Sachen des Mieters in die gemieteten Räume. Hierfür muß der Mieter diese im tatsächlichen Sinne willentlich zu einem nicht nur vorübergehenden Zweck in den Machtbereich des Vermieters verbracht haben.[313] Dies trifft z.B. auf die in der Wohnung aufgestellten Möbel oder den in einer mitgemieteten Garage untergestellten PKW zu. Auf die Geschäftsfähigkeit des Mieters kommt es hierbei nicht an, da die Einbringung ein Realakt ist.[314] Ein Einbringen i.S. des § 562 Abs. 1 Satz 1 BGB liegt auch bei jenen Sachen vor, die der Mieter von dem Vermieter oder dem Vormieter erworben hat und die sich bei seinem Einzug bereits in der Wohnung befanden und nach dem Willen des Mieters dort verbleiben sollen.

„Sachen des Mieters" i.S. des § 562 Abs. 1 Satz 1 BGB sind grundsätzlich nur solche, die in seinem Eigentum stehen. Mangelt es hieran, kommt ein gutgläubiger Erwerb des Vermieterpfandrechts nicht in Betracht, da es hierfür an einer gesetzlichen Regelung fehlt. Eine solche enthält auch § 1257 BGB nicht, der für gesetzliche Pfandrechte auf die Regelungen über das rechtsgeschäftliche Pfandrecht verweist. Die Norm setzt tatbestandlich voraus, daß das gesetzliche Pfandrecht *bereits entstanden ist,* so daß sich die Verweisung nicht auf den gutgläubigen Erwerb nach § 1207 BGB als Entstehungstatbestand bezieht. Dies ist auch teleologisch gerechtfertigt, da das Vermieterpfandrecht kraft Gesetzes entsteht und nicht mit einer Besitzerlangung des Vermieters verbunden ist, so daß ein entsprechender Rechtsscheintatbestand als teleologische Voraussetzung für einen gutgläubigen Erwerb fehlt.[315]

Ein Vermieterpfandrecht besteht somit z.B. nicht an solchen Sachen, die der Mieter an einen Dritten zur Sicherheit übereignet hat, bevor er sie in die Wohnung einbringt. Erfolgt eine Sicherungsübereignung hingegen erst nach der Einbringung, erlangt der Dritte das Eigentum nach dem sachenrechtlichen Prioritätsprinzip nur mit der Belastung durch das Vermieterpfandrecht, wenn nicht diesbezüglich ein Erlöschenstatbestand eingreift.[316] Schwierigkeiten bestehen aber, wenn die Übereignung der Sache durch den Mieter an einen Dritten gerade in dem Moment der

---

[313] *Larenz* BT 1, § 48 V, S. 250; *Staudinger/Emmerich* (2003) § 562 Rdnr. 10; *Voelskow* MünchKomm. § 559 Rdnr. 11.

[314] *Larenz* BT 1, § 48 V, S. 250; RGRK/*Gelhaar* § 559 Rdnr. 5; *Staudinger/Emmerich* (2003) § 562 Rdnr. 10.

[315] *Esser/Weyers* BT 1, § 20 IV 2 b, S. 178; *Larenz* BT 1, § 48 V, S. 250; *Oechsler* Rdnr. 589; *Staudinger/Emmerich* (2003) § 562 Rdnr. 3; *Voelskow* MünchKomm. § 559 Rdnr. 13.

[316] Dazu unten § 5 C IV 2b, S. 360 f.

Einbringung in die Räumlichkeiten wirksam werden soll (Beispiel: antizipierte Sicherungsübereignung von Möbeln an eine Bank, die von dem Möbelhaus in die Wohnung des Mieters geliefert werden). Pfandrechtsentstehung und Eigentumsübergang auf den Dritten fallen somit zeitlich zusammen, so daß das Prioritätsprinzip zu keinem eindeutigen Ergebnis führt. Gleichwohl erwirbt der Sicherungsnehmer in diesen Fällen nach der Rechtsprechung nur eine mit dem Vermieterpfandrecht belastete Sache, da die Sicherungsübereignung keinen Vorrang gegenüber dem gesetzlichen Pfandrecht genießt und das Sicherungsrecht des Vermieters insbesondere nicht durch die Sicherungsübereignung von Warenlagern (vgl. § 562 Abs. 1 BGB i.V. mit § 578 Abs. 2 Satz 1 BGB) ausgehöhlt werden darf.[317] Bei den vom Mieter unter Eigentumsvorbehalt erworbenen Sachen belastet das Vermieterpfandrecht zudem das Anwartschaftsrecht als „Minus" des Vollrechts.[318]

b) Erlöschen des Vermieterpfandrechts

Das Pfandrecht des Vermieters erlischt zum einen nach den allgemeinen Vorschriften, z.B. durch eine Aufgabe seitens des Vermieters (§ 1255 Abs. 1 BGB i.V. mit § 1257 BGB) oder den gutgläubig lastenfreien Erwerb der Sache durch einen Dritten (§ 936 BGB).

Zudem regelt § 562a BGB einen besonderen Erlöschenstatbestand. Erste Voraussetzung für ein Erlöschen des Pfandrechts ist danach die Entfernung der Sache von dem Grundstück, wofür ein willentliches Wegschaffen der eingebrachten Sache durch den Mieter oder einen Dritten erforderlich ist.[319] Umstritten ist, ob als Entfernung i.S. des § 562a Satz 1 BGB nur ein auf Dauer angelegtes Wegschaffen zu begreifen ist. Eine Ansicht verneint dies, da die Rechtsstellung des Vermieters nach den §§ 562 ff. BGB aufgrund seines besitzlosen Pfandrechts bewußt schwach ausgestaltet sei und es für eine stärkere Sicherung rechtsgeschäftlicher Absprachen bedürfe.[320] Hierfür spricht der allgemeine Sprachgebrauch, nach dem auch ein vorübergehendes Wegschaffen von dem Begriff des „Entfernens" umfaßt ist. Dies hätte aber beispielsweise zur Folge, daß das Pfandrecht an dem in einer mitgemieteten Garage untergestellten PKW mit jeder Fahrt erlöschen und mit der Rückkehr neu entstehen würde. Das wäre nicht nur lebensfremd, sondern würde das Vermieterpfandrecht weitgehend entwerten.[321] Denn zwischenzeitlich zugunsten Dritter begründete Sicherungsrechte (Sicherungsübereignung, Werkunternehmerpfandrecht

---

[317] BGH v. 12. Februar 1992, NJW 1992, 1156 (1156); weiterführend zu diesem Problemkreis *Dietrich V. Simon* Festschrift für J.G. Wolf, 2000, S. 221 ff.

[318] *Larenz* BT 1, § 48 V, S. 250; *Soergel/Kummer* § 559 Rdnr. 27; *Staudinger/Emmerich* (2003) § 562 Rdnr. 15; *Voelskow* MünchKomm. § 559 Rdnr. 15. Näher zum Begriff des Anwartschaftsrechts oben § 2 H I 3b, bb, S. 177 f.

[319] *Erman/Jendrek* § 560 Rdnr. 2; *Voelskow* MünchKomm. § 560 Rdnr. 3. Bei Wohnungen genügt nach anderer Ansicht das Entfernen aus der Wohnung und den mitvermieteten Zu- und Abgängen, selbst wenn sich die Sache noch auf dem Grundstück des Vermieters befindet: *Staudinger/Emmerich* (2003) § 562a Rdnr. 4.

[320] *Erman/Jendrek* § 560 Rdnr. 2; *Staudinger/Emmerich* (2003) § 562a Rdnr. 5.

[321] *Jauernig/Teichmann* § 560 Rdnr. 2; *Medicus* Rdnr. 226; *RGRK/Gelhaar* § 560 Rdnr. 2; *Soergel/Kummer* § 560 Rdnr. 2 ff.

gemäß § 647 BGB) würden dem (erst mit der Wiedereinbringung neu entstehenden) Vermieterpfandrecht vorgehen. Folglich liegt eine „Entfernung" der Sache nur vor, wenn sie mit der Absicht geschieht, dieselbe auf absehbare Zeit nicht wieder in die Räume zu verbringen. Unerheblich ist hingegen, ob ein Dritter Besitz an der Sache erlangt oder der Mieter die Sachherrschaft behält.[322]

Das Vermieterpfandrecht erlischt nach § 562a Satz 1 BGB trotz einer Entfernung der Sache grundsätzlich nur, wenn der Vermieter von diesem Vorgang Kenntnis hat und nicht widerspricht. Das Widerspruchsrecht steht dem Vermieter gemäß § 562a Satz 2 BGB jedoch nicht zu, wenn die Entfernung entweder den gewöhnlichen Lebensverhältnissen entspricht (Beispiel: Austausch von abgenutzten Möbeln) oder die verbleibenden, d.h. weiterhin von dem Vermieterpfandrecht umfaßten Sachen zur Sicherung des Vermieters offenbar ausreichen. Hat der Vermieter danach kein Widerspruchsrecht, erlischt sein Pfandrecht mit der Entfernung über den Wortlaut des § 562a Satz 1 BGB hinaus unter teleologischen Gesichtspunkten auch, wenn der Vermieter keine Kenntnis hat oder (unwirksam) widerspricht.[323]

Dem Vermieter stehen in Fortsetzung des Widerspruchsrechts nach Maßgabe des § 562b Abs. 1 BGB auch ein Selbsthilferecht zur Verhinderung einer rechtswidrigen Entfernung (lex specialis zu § 229 BGB) und gemäß § 562b Abs. 2 BGB ein Herausgabeanspruch gegen den Besitzer nach einer rechtswidrig erfolgten Entfernung zu.

c) Rechtsposition des Vermieters aufgrund des Pfandrechts

Der Vermieter hat nach § 1257 BGB die Rechtsstellung eines Pfandrechtsinhabers i.S. der §§ 1209 ff. BGB. Aus dem Pfandrecht kann er insbesondere Befriedigung für seine Forderungen aus dem Mietverhältnis nach Maßgabe der §§ 1228 ff. BGB erlangen. Das Pfandrecht sichert jedoch gemäß § 562 Abs. 2 BGB nicht künftige, d.h. noch nicht entstandene Entschädigungsansprüche oder den Mietzahlungsanspruch, der auf eine spätere Zeit als das laufende und das folgende Mietjahr entfällt.[324] Überdies kann der Mieter die Geltendmachung des Pfandrechts durch eine Sicherheitsleistung abwenden (§ 562c BGB).

Pfändet ein Dritter die von dem Pfandrecht erfaßten Sachen im Wege der Zwangsvollstreckung, so kann der Vermieter nach § 805 ZPO vorzugsweise Befriedigung verlangen. Dies gilt jedoch gemäß § 562d BGB nicht in bezug auf Mietzahlungsansprüche für eine frühere Zeit als das letzte Jahr vor der Pfändung.

---

[322] A.A. *Esser/Weyers* BT 1, § 20 IV 2 d, S. 179 und *Voelskow* MünchKomm. § 560 Rdnr. 5a, die eine Entfernung i.S. des § 562a Satz 1 BGB bei einer nur vorübergehenden Wegschaffung annehmen, wenn ein Dritter (z.B. ein Werkunternehmer) unmittelbaren Besitz an dieser erhält.

[323] Statt aller *Staudinger/Emmerich* (2003) § 562a Rdnr. 12.

[324] Einzelheiten bei *Staudinger/Emmerich* (2003) § 562 Rdnr. 29 ff., 33 f.

V. Schutz des Mieters gegenüber Drittberechtigten an der Mietsache

1. Allgemeines

Wenn der Vermieter nicht Eigentümer der Mietsache ist oder diese mit einem Recht (z.B. einem Nießbrauch nach den §§ 1030 ff. BGB) belastet hat, ist er häufig nicht in der Lage, dem Mieter den Gebrauch der Mietsache zu gewähren. Im Grundsatz trägt der Mieter diese Risiken, da ihm der Mietvertrag im Ausgangspunkt nur Rechte gegenüber dem Vermieter einräumt, bei deren Nichterfüllung er auf Ansprüche nach den §§ 280 ff. BGB verwiesen ist. Zum Schutze des Wohnraummieters[325] ordnet § 566 Abs. 1 BGB jedoch an, daß derjenige, der den vermieteten Wohnraum nach der Überlassung an den Mieter von dem Vermieter durch Rechtsgeschäft erwirbt, an Stelle des Vermieters in die Rechte und Pflichten aus dem Mietverhältnis eintritt. Es handelt sich um eine gesetzlich angeordnete Vertragsübernahme.[326] Entsprechende Rechtsfolgen gelten auch, wenn der Erwerber i.S. des § 566 Abs. 1 BGB die Sache seinerseits weiterveräußert (§ 567b BGB), der Vermieter die Mietsache mit dinglichen Rechten eines Dritten belastet, welche den vertragsgemäßen Gebrauch des Mieters beeinträchtigen (§ 567 BGB) oder bei einer gewerblichen Zwischenvermietung das Hauptmietverhältnis endet (§ 565 BGB[327]).[328]

2. Voraussetzungen des § 566 Abs. 1 BGB

Die gesetzliche Vertragsübernahme setzt voraus, daß vor der Veräußerung an den Dritten bzw. der Belastung (§ 567 BGB) ein wirksames Mietverhältnis über die betreffenden Wohnräume mit dem Verfügenden bestand und die Räume dem Mieter bereits überlassen waren. Nur in diesem Fall besteht ein besonderes Schutzbedürfnis des Mieters, und der Erwerber hatte hinreichende Erkenntnismöglichkeiten in bezug auf das Mietverhältnis. Erfolgt die Veräußerung oder Belastung vor der Überlassung, so greift die Vertragsübernahme nach § 567a BGB nur ein, wenn der Erwerber der Mietsache gegenüber dem Vermieter die Erfüllung der aus dem Mietverhältnis folgenden Pflichten übernommen hat. Eine vor der Überlassung an den Mieter bestehende Auflassungsvormerkung zugunsten des Erwerbers hindert die Rechtsfolgen des § 566 Abs. 1 BGB nach h.M. jedoch nicht, da die Überlassung keine Verfügung i.S. des § 883 Abs. 2 BGB darstellt.[329]

---

[325] Bzw. des Mieters von Grundstücken oder sonstigen Räumen: § 578 BGB.

[326] *Erman/Jendrek* § 571 Rdnr. 9; *Voelskow* MünchKomm. § 571 Rdnr. 16.

[327] Hierzu bereits oben § 5 C I 1, S. 349.

[328] Zu dem Problemkreis des Schutzes des Wohnraummieters gegenüber Drittrechten können ferner die Vorschriften der §§ 577, 577a BGB bei der Bildung von Wohnungseigentum an vermieteten Wohnungen gezählt werden. Zum gesetzlichen Vorkaufsrecht nach § 577 BGB siehe auch oben § 2 H IV 1, S. 191.

[329] BGH v. 3. März 1954, BGHZ 13, 1 (3 ff.); *Soergel/Stürner* § 883 Rdnr. 30; a.A. z.B. *Wacke* MünchKomm. § 883 Rdnr. 42.

Darüber hinaus muß der Verfügende nicht nur Vermieter, sondern zugleich auch dinglich Berechtigter an der Mietsache, d.h. regelmäßig Eigentümer sein.[330] Der Mieter wird daher nicht geschützt, wenn der nichtberechtigte Vermieter über das Grundstück „verfügt" und sein Vertragspartner kraft guten Glaubens, d.h. letztendlich kraft Gesetzes Eigentum erwirbt (§ 892 BGB).[331] In diesem Fall fehlt eine „Veräußerung" i.S. des § 566 Abs. 1 BGB, was sich dadurch rechtfertigt, daß der Mieter auch gegenüber dem ursprünglichen Eigentümer keine Rechte aus dem Mietverhältnis gehabt hätte.

Hingegen ist unerheblich, welche Art von Kausalgeschäft der Veräußerung i.S. des § 566 Abs. 1 BGB oder Belastung i.S. des § 567 BGB zugrunde liegt; das für den Schutz des Mieters gegenüber Dritten häufig verwendete Schlagwort „Kauf bricht nicht Miete" ist daher unpräzise.[332]

3. Rechtsfolgen der Vertragsübernahme

a) Eintritt in die Rechte und Pflichten aus dem Mietverhältnis

Der Erwerber tritt gemäß § 566 Abs. 1 BGB gleichzeitig mit dem Übergang des dinglichen Rechts an der Mietsache in alle Rechte und Pflichten ein, die sich aus dem Mietverhältnis „während der Dauer seines Eigentums ergeben". In bezug auf Ansprüche ist dabei maßgeblich, ob sie vor oder nach dem Eigentumserwerb *fällig* geworden sind.[333] Alle bereits vorher fällig gewordenen Ansprüche bestehen für bzw. gegen den ursprünglichen Vermieter. Gegen den Erwerber entstehen aber diejenigen Schadensersatzansprüche des Mieters, die auf einem Mangel der Mietsache beruhen, der bereits vor dem Eigentumserwerb vorlag, jedoch mangels eines Schadens noch nicht zu einem fälligen Anspruch des Mieters geführt hat.[334] Zudem entsteht die Überlassungspflicht des Vermieters aus § 535 Abs. 1 BGB aufgrund des Dauerschuldcharakters der Miete fortlaufend neu,[335] so daß sie pro futuro den Erwerber trifft. Eine Anfechtung durch den Mieter ist aufgrund ihrer ex-tunc-Wirkung (§ 142 Abs. 1 BGB) gegenüber dem ursprünglichen Vermieter zu erklären und beseitigt damit rückwirkend auch die Vertragsübernahme, während eine Kündigung nach dem gemäß § 566 Abs. 1 BGB maßgeblichen Zeitpunkt gegenüber dem Erwerber zu erfolgen hat.[336] War das Mietverhältnis bereits vor der Veräuße-

---

[330] *Larenz* BT 1, § 48 IV, S. 243; *Staudinger/Emmerich* (2003) § 566 Rdnr. 21; *Voelskow* MünchKomm. § 571 Rdnr. 10.

[331] Zum gutgläubigen Erwerb als gesetzlichem Erwerb auf Basis eines scheinbaren rechtsgeschäftlichen Erwerbs *Wolf/Raiser* Sachenrecht, 10. Bearbeitung 1957, § 68 Vor I, S. 247.

[332] Statt aller *Voelskow* MünchKomm. § 571 Rdnr. 12.

[333] *Larenz* BT 1, § 48 IV, S. 243; *Staudinger/Emmerich* (2003) § 566 Rdnr. 48 ff.; *Voelskow* MünchKomm. § 571 Rdnr. 16.

[334] BGH v. 22. Januar 1968, BGHZ 49, 350 (352); *Erman/Jendrek* § 571 Rdnr. 11; *Staudinger/Emmerich* (2003) § 566 Rdnr. 54; *Voelskow* MünchKomm. § 571 Rdnr. 17.

[335] Siehe oben § 5 A, S. 300.

[336] Einzelheiten bei *Staudinger/Emmerich* (2003) § 566 Rdnr. 42 ff.

rung gekündigt, kann sich die Vertragsübernahme auch auf das Abwicklungsverhältnis nach den §§ 546 ff. BGB beschränken.[337]

b) Bürgenhaftung des ursprünglichen Vermieters

Erfüllt der Erwerber die ihn nach § 566 Abs. 1 BGB treffenden Pflichten nicht, so haftet der Vermieter für Schadensersatzansprüche gegen diesen gemäß § 566 Abs. 2 Satz 1 BGB zunächst wie ein selbstschuldnerischer Bürge.[338] Auf sonstige Geldzahlungsansprüche des Mieters ist die Vorschrift analog anzuwenden.[339] Diese Haftung des Vermieters endet jedoch, wenn er dem Mieter die Übereignung mitteilt und dieser nicht zum nächstmöglichen Termin kündigt (§ 566 Abs. 2 Satz 2 BGB).

c) Mietsicherheiten (§ 566a BGB)

Zum Schutz des Mieters tritt der Erwerber auch in alle Rechte und Pflichten hinsichtlich der mit dem Mietvertrag verbundenen Sicherheitsleistungen ein (§ 566a Satz 1 BGB). Er muß somit zum Vertragsende eine von dem Vermieter geleistete Sicherheit (Barkaution etc.) an den Mieter unabhängig davon zurückerstatten, ob der Vermieter ihm diese übertragen hat.[340] Im Falle der Leistungsunfähigkeit des Erwerbers ist der Vermieter weiterhin zur Rückgewähr verpflichtet (§ 566a Satz 2 BGB).[341] Allerdings trifft diesen anders als nach § 566 Abs. 2 Satz 1 BGB keine Haftung wie bei einer selbstschuldnerischen Bürgschaft. Der Mieter muß daher zunächst gegen den Erwerber vorgehen, sofern dies nicht offensichtlich aussichtslos ist.

d) Vorausverfügung über die Miete

Im Gegenzug begrenzt § 566b BGB zugunsten des Erwerbers die Wirksamkeit von Vorausverfügungen des Vermieters über diejenige Miete, die auf die Zeit der Berechtigung des Erwerbers (§ 566 Abs. 1 BGB) entfällt.[342] Ansonsten wäre dieser mit der Pflicht zur Gebrauchsüberlassung belastet, ohne den Mietertrag als Ausgleich zu erlangen. Als Vorausverfügungen kommen insbesondere eine vorzeitige Einziehung der Miete[343] oder eine Abtretung der Mietansprüche in Betracht. Die Verfügung ist grundsätzlich höchstens für den Mietanspruch hinsichtlich des Fol-

---

[337] *Staudinger/Emmerich* (2003) § 566 Rdnr. 28; *Voelskow* MünchKomm. § 571 Rdnr. 15.

[338] Zu dieser Form der Bürgschaft näher unten § 13 D II, S. 666.

[339] BGH v. 18. Dezember 1968, BGHZ 51, 273 (274 f.); *Staudinger/Emmerich* (2003) § 566 Rdnr. 60.

[340] BT-Drucks. 14/5663, S. 81.

[341] Das Gesetz übernimmt insoweit die frühere Rechtsprechung des Bundesgerichtshofes: BGH v. 24. März 1999, BGHZ 141, 160 (164 f.); vgl. BT-Drucks. 14/4553, S. 63.

[342] Vgl. *Esser/Weyers* BT 1, § 22/4, S. 192 m.w.N. zu abweichenden Auffassungen über den Normzweck.

[343] Daß § 566b BGB auch Rechtsgeschäfte mit dem Mieter umfaßt, ist nicht unbestritten; a.A. z.B. *Voelskow* MünchKomm. § 573 Rdnr. 4; wie hier RGRK/*Gelhaar* § 573 Rdnr. 4.

gemonates nach dem Eigentumsübergang auf den Erwerber wirksam (Einzelheiten in § 566b Abs. 1 BGB). § 566b Abs. 1 BGB ist jedoch teleologisch einzuschränken, wenn der Mieter die Miete in Form eines Baukostenzuschusses im voraus gezahlt hat und dieser zweckentsprechend verwendet wurde. In diesem Fall kommt dem Erwerber der erhöhte Substanz- oder Gebrauchswert der Mietsache zugute, so daß er keines Schutzes bedarf.[344] Das gleiche gilt, wenn die Vorauszahlung in Form eines Darlehens speziell für den Umbau der Mietsache an den Vermieter gewährt wurde und die periodische Rückzahlung mit der Miete aufgerechnet wird. Die Vorausverfügungen wirken nach § 566b Abs. 2 BGB zudem auch dann gegenüber dem Erwerber, wenn er von diesen bei dem Eigentumsübergang Kenntnis hatte.

e) Rechtsscheinschutz zugunsten des Mieters

Der Mieter, der an der Veräußerung bzw. Belastung des Grundstücks regelmäßig nicht beteiligt ist, kann sich aufgrund der Regelung des § 566 Abs. 1 BGB im Ungewissen über die Person seines Vertragspartners befinden. Vor den hieraus resultierenden Gefahren schützen ihn die §§ 566c bis 566e BGB.

Nach § 566c BGB als lex specialis zu den §§ 407, 412 BGB sind Rechtsgeschäfte zwischen dem Mieter und dem Vermieter über eine eigentlich nach § 566 Abs. 1 BGB dem Erwerber zustehende Mietforderung (insbesondere eine Entrichtung der Miete, aber z.B. auch ein Erlaß nach § 397 Abs. 1 BGB) in den zeitlichen Grenzen des § 566c Satz 1 und 2 BGB wirksam, sofern nicht der Mieter bei der Vornahme des Rechtsgeschäftes von dem Eigentumsübergang Kenntnis hatte (§ 566c Satz 3 BGB). Daneben erweitert § 566d BGB die Aufrechnungsmöglichkeiten zugunsten des Mieters entsprechend § 406 BGB. § 566e BGB schützt den Mieter schließlich gegenüber dem Vermieter wie § 409 BGB vor den Folgen einer unrichtigen Anzeige der Veräußerung der Mietsache an einen Dritten. Zahlt er im Vertrauen hierauf an den Dritten z.B. die Miete, wird er insoweit frei.

VI. Beendigung des Mietverhältnisses

Besonderen Einschränkungen unterliegen nach den §§ 568 bis 575a BGB die Möglichkeiten des Vermieters von Wohnraum, das Mietverhältnis zu beenden, soweit nicht eine der Bereichsausnahmen in § 549 Abs. 2 oder 3 BGB eingreift.[345] Für Werkwohnungen gelten nach den §§ 576 bis 576b BGB zusätzliche Sonderregelungen. Das Abwicklungsverhältnis i.S. der §§ 546 ff. BGB wird durch die §§ 570, 571 BGB modifiziert.

1. Befristung, Bedingung, Rücktrittsvorbehalt

Zum Schutz vor einer Umgehung des Kündigungsschutzes im Wohnraummietrecht[346] schränkt das Gesetz die Möglichkeiten zu einer Befristung des Mietvertra-

---

[344] BGH v. 6. Juni 1952, BGHZ 6, 202 (206 f.); *Erman/Jendrek* § 574 Rdnr. 6; *Larenz* BT 1, § 48 IV, S. 247; a.A. *Staudinger/Emmerich* (2003) § 566b Rdnr. 15.

[345] Zu letzterem siehe oben § 5 C I 2, S. 350.

[346] Dazu näher unten § 5 C VI 2, S. 366 ff.

ges (sog. Zeitmietvertrag) ein. Eine solche ist nur zulässig, wenn einer der in § 575 Abs. 1 Satz 1 BGB genannten Befristungsgründe vorliegt, die Befristung schriftlich vereinbart und gegenüber dem Mieter begründet wird. Fehlt eine dieser Voraussetzungen, gilt das Mietverhältnis als auf unbestimmte Zeit geschlossen (§ 575 Abs. 1 Satz 2 BGB).

Ein zulässiger Befristungsgrund ist zunächst der Eigenbedarf des Vermieters oder einer seiner Familien- oder Haushaltsangehörigen (§ 575 Abs. 1 Satz 1 Nr. 1 BGB). Daneben sind ein geplanter zulässiger Abriß oder eine wesentliche Veränderung der Wohnräume ein Befristungsgrund; im letzteren Fall aber nur dann, wenn die Maßnahmen durch das Bewohnen der Räume wesentlich erschwert würden (§ 575 Abs. 1 Satz 1 Nr. 2 BGB). Ein letzter Befristungsgrund besteht bei der Vermietung von Dienstwohnungen (§ 575 Abs. 1 Satz 1 Nr. 3 BGB). Das gilt nicht nur, wenn der Dienstverpflichtete die Wohnung bewohnen soll, sondern auch für den Mietvertrag mit einem Dritten, wenn ein Leerstand der Dienstwohnung vermieden und erst später ein Dienstverpflichteter als Nachfolger in die Wohnung einziehen soll.[347]

Vor Ablauf des Mietvertrages hat der Mieter ein Recht auf Auskunft darüber, ob der Befristungsgrund noch vorliegt (§ 575 Abs. 2 BGB). Bei dessen Wegfall hat der Mieter einen Anspruch auf Verlängerung des Mietverhältnisses auf unbestimmte Zeit (§ 575 Abs. 3 Satz 2 BGB). Wenn der Befristungsgrund erst später eintritt, kann der Mieter eine Verlängerung des Mietverhältnisses um den Zeitraum verlangen, den der Befristungsgrund erst verspätet eintreten wird (§ 575 Abs. 3 Satz 1 BGB). Die Beweislast trifft insoweit jeweils den Vermieter (§ 575 Abs. 3 Satz 3 BGB).

Ist eine Befristung des Wohnraummietverhältnisses in den dargelegten Grenzen zulässig, kann sich der Vermieter hingegen auf einen vertraglichen Rücktrittsvorbehalt für die Zeit nach Überlassung des Wohnraumes oder eine zum Nachteil des Mieters gereichende auflösende Bedingung generell nicht berufen (§ 572 BGB). Da nicht die Nichtigkeit entsprechender Vereinbarungen angeordnet wird, ist § 139 BGB unanwendbar.[348]

2. Kündigung des Mietverhältnisses

a) Schriftformerfordernis (§ 568 Abs. 1 BGB)

Die Kündigung eines Mietverhältnisses über Wohnraum bedarf gemäß § 568 Abs. 1 BGB der Schriftform i.S. des § 126 BGB. Bei einem Formverstoß ist die Kündigung nach § 125 Satz 1 BGB nichtig.

b) Ordentliche Kündigung

Die ordentliche Kündigung eines Wohnraummietvertrages ist nur dem Mieter ohne besondere Einschränkungen mit einer Kündigungsfrist von drei Monaten möglich, wobei diese Frist vertraglich nicht verlängert werden kann (§ 573c Abs. 1 Satz 1 und Abs. 4 BGB). Der Vermieter kann eine wirksame Kündigung hingegen nur

---

[347] BT-Drucks. 14/4553, S. 70.
[348] BT-Drucks. 14/4553, S. 45.

erklären, wenn er an dieser ein berechtigtes Interesse hat, wobei eine Kündigung zum Zwecke der Mieterhöhung in jedem Fall ausgeschlossen ist (§ 573 Abs. 1 Satz 2 BGB). § 573a BGB klammert jedoch Rechtsverhältnisse aus dem Anwendungsbereich des § 573 BGB aus, bei denen die Erschwerung der Kündbarkeit den Vermieter in seinem eigenen Lebensbereich trifft. Bei ihnen verzichtet das Gesetz aus diesem Grund auf das Erfordernis eines berechtigten Interesses zur Kündigung. Im Gegenzug verlängert § 573a Abs. 1 Satz 2 BGB die Kündigungsfrist gegenüber der allgemeinen Regelung in § 573c Abs. 1 Satz 2 BGB um drei Monate. Ähnliches gilt für die Teilkündigung von nicht zum Wohnen bestimmten Nebenräumen oder Grundstücksteilen nach Maßgabe des § 573b BGB.

Das berechtigte Interesse des Vermieters an der Kündigung konkretisiert § 573 Abs. 2 BGB beispielhaft („insbesondere"). Ein solches besteht bei erheblicher, schuldhafter Pflichtverletzung durch den Mieter, die aber nicht von solchem Gewicht wie bei der außerordentlichen Kündigung nach § 543 BGB sein muß (§ 573 Abs. 2 Nr. 1 BGB). Daneben genügen der Eigenbedarf des Vermieters oder seiner Familien- bzw. Haushaltsangehörigen (§ 573 Abs. 2 Nr. 2 BGB)[349] sowie erhebliche wirtschaftliche Nachteile für den Vermieter, wenn die Fortsetzung des Mietverhältnisses ihn an einer angemessenen Verwertung des Grundstücks hindert (Einzelheiten in § 573 Abs. 2 Nr. 3 BGB). Hierunter kann z.B. eine bauliche Sanierung fallen. Zu den in § 573 Abs. 2 BGB nicht genannten berechtigten Interessen zählen unter anderem die Gefahr eines Widerrufs öffentlicher Förderungsmittel, wenn Sozialwohnungen an nicht berechtigte Personen vermietet werden, oder der Austritt des Mieters einer Genossenschaftswohnung aus der Genossenschaft.[350]

Der Vermieter muß die ordentliche Kündigung schriftlich unter Angabe der Gründe, auf die er sein berechtigtes Interesse stützt, erklären (§§ 568 Abs. 1, 573 Abs. 3 Satz 1 BGB). Spricht er die Kündigung schriftlich ohne Angabe von Gründen aus, ist diese zwar nicht nach § 125 Satz 1 BGB nichtig, bei einer gerichtlichen Überprüfung finden aber nur solche Gründe Berücksichtigung, die erst nachträglich – d.h. nach dem Zugang der Kündigungserklärung – entstanden sind (§ 573 Abs. 3 Satz 2 BGB).

c) Außerordentliche Kündigung

aa) Außerordentliche fristlose Kündigung

Für die außerordentliche fristlose Kündigung von befristeten und unbefristeten Wohnraummietverhältnissen gelten grundsätzlich die allgemeinen Regeln, insbesondere § 543 BGB. Die nach § 568 Abs. 1 BGB in schriftlicher Form abzuge-

---

[349] Steht dem Vermieter jedoch zumindest in derselben Wohnlage eine freie Wohnung zur Verfügung, so ist eine gleichwohl auf den Eigenbedarf gestützte ordentliche Kündigung rechtsmißbräuchlich, wenn der Vermieter ihm diese Wohnung nicht zur Anmietung angeboten hat (BGH v. 9. Juli 2003, NJW 2003, 2604). Allerdings besteht diese Pflicht grundsätzlich nur bis zum Ablauf der Kündigungsfrist (BGH v. 9. Juli 2003, NJW 2003, 2604 [2605].)

[350] *Esser/Weyers* BT 1, § 21 I 2 a, S. 183; *Larenz* BT 1, § 48 VI, S. 257; *Staudinger/Rolfs* (2003) § 573 Rdnr. 135, 138; *Voelskow* MünchKomm. § 564b Rdnr. 67.

bende Kündigungserklärung muß gemäß § 569 Abs. 4 BGB auch den zur Kündigung führenden wichtigen Grund enthalten.

§ 569 Abs. 1 und 2 BGB konkretisiert § 543 Abs. 1 BGB durch zwei weitere Tatbestände: die Kündigung wegen erheblicher Gesundheitsgefahren für den Mieter bzw. wegen der nachhaltigen Störung des Hausfriedens durch eine Vertragspartei. Das Vorliegen einer erheblichen *Gesundheitsgefährdung* durch den Gebrauch der Wohnräume i.S. des § 569 Abs. 1 Satz 1 BGB beurteilt sich nach einem objektiven Maßstab, wobei die Ursache der Gefahr in der Beschaffenheit des vermieteten Raumes liegen muß.[351] Nur ganz vorübergehende oder unschwer zu beseitigende Gefahren genügen nicht.[352] Der Mieter muß nicht den Eintritt von Gesundheitsschäden abwarten, sondern kann die Kündigung z.B. bereits bei einem Schimmelpilzbefall, erheblicher Ungezieferbelastung oder ausdünstenden Chemikalien aussprechen. Selbst wenn sich nur ein Raum der Wohnung in einem gesundheitsgefährdenden Zustand befindet, steht dem Mieter das außerordentliche Kündigungsrecht zu, wenn dies die Benutzbarkeit der Wohnung wesentlich beeinträchtigt.[353] Eine *Störung des Hausfriedens* liegt insbesondere vor, wenn die Pflicht zur gegenseitigen Rücksichtnahme verletzt wurde. Es bedarf im Einzelfall einer Abwägung zwischen den Interessen des Mieters und des Vermieters, bei der auch das Verschulden der Parteien zu berücksichtigen ist (§ 569 Abs. 2 BGB). Zur Kündigung berechtigt z.B. die anhaltende Erzeugung schwerwiegenden Lärms durch Mieter, der andere Mitmieter stört.[354]

Schließlich ergänzt § 569 Abs. 3 BGB für das Wohnraummietrecht § 543 Abs. 2 Satz 1 Nr. 3 BGB, indem er die Anforderungen an eine außerordentliche Kündigung wegen eines *Zahlungsverzuges des Mieters* erhöht. Ein für die außerordentliche Kündigung hinreichender Verzug mit der Mietzahlung liegt danach nur vor, wenn er eine Monatsmiete übersteigt (§ 569 Abs. 3 Nr. 1 BGB). Zudem kann der Mieter die Unwirksamkeit der außerordentlichen Kündigung herbeiführen, indem er die ausstehenden Zahlungen noch innerhalb von zwei Monaten nach dem Eintritt der Rechtshängigkeit des Räumungsanspruchs nachholt (§ 569 Abs. 3 Nr. 2 BGB). § 569 Abs. 3 Nr. 3 BGB schränkt schließlich das außerordentliche Kündigungsrecht des Vermieters wegen Zahlungsverzuges nach einer Mieterhöhung ein.

bb) Außerordentliche Kündigung mit gesetzlicher Frist

Daneben treffen die §§ 573d, 575a BGB besondere Regelungen für die außerordentliche Kündigung mit gesetzlicher Frist, die das Gesetz in einzelnen Fällen gewährt.[355] Bei Wohnraummietverträgen muß der Vermieter auch bei diesen außerordentlichen Kündigungen ein berechtigtes Interesse an der Kündigung i.S. des § 573 BGB haben (§§ 573d Abs. 1, 575a Abs. 1 BGB). Die Kündigungsfrist ergibt sich aus den §§ 573d Abs. 2, 575a Abs. 3 BGB.

---

[351] *Erman/Jendrek* § 544 Rdnr. 4; *Voelskow* MünchKomm. § 544 Rdnr. 8.
[352] *Staudinger/Emmerich* (2003) § 569 Rdnr. 8; *Voelskow* MünchKomm. § 544 Rdnr. 6.
[353] *Staudinger/Emmerich* (2003) § 569 Rdnr. 11; *Voelskow* MünchKomm. § 544 Rdnr. 6.
[354] *Staudinger/Emmerich* (2003) § 569 Rdnr. 32.
[355] §§ 540 Abs. 1 Satz 2, 554 Abs. 3, 563 Abs. 4, 563a Abs. 2, 564 Satz 2 BGB.

d) Widerspruchsrecht des Mieters gegenüber einer Kündigung

Selbst wenn eine wirksame Kündigung vorliegt, hat der Mieter grundsätzlich ein Recht, dieser zu widersprechen, wenn sie für ihn oder seine Haushaltsangehörigen eine besondere, nicht durch die Interessen des Vermieters gerechtfertigte Härte darstellt (§ 574 Abs. 1 Satz 1 BGB). Hierfür bedarf es einer umfassenden Abwägung,[356] wobei jedoch § 574 Abs. 3 BGB i.V. mit § 573 Abs. 3 BGB die zu berücksichtigenden Vermieterinteressen begrenzt. Als besondere Härte gelten insbesondere das Fehlen einer zumutbaren Ersatzwohnung (§ 574 Abs. 2 BGB) oder besondere Schwierigkeiten, die dem Mieter oder seinen Angehörigen mit dem Umzug infolge Alters, Krankheit oder sozialer Absicherung in der alten Wohnung entstehen.[357]

Das Widerspruchsrecht ist jedoch ausgeschlossen, wenn zugunsten des Vermieters ein Grund für eine außerordentliche fristlose Kündigung vorliegt, selbst wenn die tatsächlich erklärte Kündigung eine ordentliche Kündigung oder eine außerordentliche Kündigung mit gesetzlicher Frist gewesen sein sollte (§ 574 Abs. 1 Satz 2 BGB).

Der Mieter muß den Widerspruch schriftlich und spätestens zwei Monate vor Beendigung des Mietverhältnisses erklären (Einzelheiten in § 574b BGB). Dieser suspendiert die Rechtsfolgen der Kündigung und der Mieter kann verlangen, das Mietverhältnis zwischen den Parteien – gegebenenfalls zu geänderten Bedingungen – für angemessene Zeit fortzusetzen (§ 574a Abs. 1 BGB). Können sie sich hierüber nicht einigen, so erfolgt eine gerichtliche Entscheidung durch Gestaltungsurteil (§ 574a Abs. 2 BGB).

VII. Fortsetzung des Mietverhältnisses nach dem Tod des Mieters

1. Allgemeines

Mit dem Tod des Mieters endet das Mietverhältnis nicht, sondern geht grundsätzlich im Wege der Gesamtrechtsnachfolge kraft Gesetzes auf den Erben oder die Erbengemeinschaft über (§§ 1922 Abs. 1, 1967 Abs. 1 BGB). In einem solchen Fall räumt § 564 Satz 2 BGB jedoch beiden Parteien des Wohnraummietvertrages grundsätzlich ein außerordentliches Kündigungsrecht mit gesetzlicher Frist (§ 573d Abs. 2 Satz 1 BGB) ein, das innerhalb eines Monates nach Kenntnis vom Tod des Mieters auszuüben ist.

Insoweit enthalten allerdings die §§ 563, 563a BGB gegenüber dem Erbrecht Sonderregelungen zum Schutz von Personen, die in einem gemeinsamen Haushalt mit dem verstorbenen Mieter gelebt haben. Zu ihren Gunsten ordnet das Gesetz eine Sonderrechtsnachfolge der betreffenden Person in das Mietverhältnis an; der Erbe tritt als Gesamtrechtsnachfolger nur subsidiär ein (§ 564 Satz 1 BGB). In-

---

[356] *Larenz* BT 1, § 48 VI, S. 266; *Staudinger/Rolfs* (2003) § 574 Rdnr. 71 f.; *Voelskow* MünchKomm. §§ 556a-556c Rdnr. 26

[357] *Esser/Weyers* BT 1, § 21 I 2 c, S. 184; *Staudinger/Rolfs* (2003) § 574 Rdnr. 49 ff.; *Voelskow* MünchKomm. §§ 556a-556c Rdnr. 13 ff.

Soweit ist zu unterscheiden, ob die begünstigte Person bereits Partei des Mietvertrages war oder nicht:

2. Fortsetzung mit überlebenden Mietern (§ 563a BGB)

War der Erblasser gemeinsam mit anderen Haushaltsangehörigen i.S. des § 563 BGB[358] Mieter, wird das Mietverhältnis ausschließlich mit den überlebenden Mietern bzw. dem überlebenden Mieter fortgesetzt (§ 563a Abs. 1 BGB). Insoweit liegt eine Sonderrechtsnachfolge in bezug auf den „Mietanteil" des Verstorbenen vor.[359] Zum Schutz der Rechtsnachfolger räumt § 573d Abs. 2 Satz 1 BGB ihnen das Recht ein, das Mietverhältnis innerhalb eines Monates, nachdem sie vom Tod des Mieters Kenntnis erlangt haben, außerordentlich mit der gesetzlichen Frist (§ 573d Abs. 2 Satz 1 BGB) zu kündigen.

3. Eintritt anderer Haushaltsangehöriger (§ 563 BGB)

Liegt kein Fall des § 563a BGB vor, sieht § 563 Abs. 1 und 2 BGB eine abgestufte Sonderrechtsnachfolge von Haushaltsangehörigen des verstorbenen Mieters in das Mietverhältnis vor. Im einzelnen gilt folgendes:

– In erster Linie treten der Ehegatte bzw. der Lebenspartner des Verstorbenen i.S. des LPartG in das Mietverhältnis ein, wenn sie mit diesem einen gemeinsamen Haushalt geführt haben (§ 563 Abs. 1 BGB).[360]
– Leben in dem Haushalt Kinder des Mieters, treten diese ein, wenn nicht der Ehegatte eintritt (§ 563 Abs. 2 Satz 1 BGB); neben einem Lebenspartner des Verstorbenen treten diese Kinder parallel als Mitmieter in das Mietverhältnis ein (§ 563 Abs. 2 Satz 2 BGB).
– Andere Familienangehörige, die mit dem Mieter einen gemeinsamen Haushalt geführt haben, treten nur ein, wenn weder ein Ehegatte noch ein Lebenspartner nach § 563 Abs. 1 BGB in das Mietverhältnis eintreten (§ 563 Abs. 2 Satz 3 BGB). Neben Kindern i.S. des § 563 Abs. 2 Satz 1 BGB erfolgt ein paralleler Eintritt.
– Dasselbe wie für andere Familienangehörige als Kinder gilt auch für andere Personen, die mit dem Mieter einen auf Dauer angelegten gemeinsamen Haushalt führen (§ 563 Abs. 2 Satz 4 BGB). Ein „auf Dauer angelegter gemeinsamer Haushalt" setzt mehr voraus als eine bloße Haushaltsgemeinschaft i.S. des § 563 Abs. 1 und Abs. 2 Satz 1 und 3 BGB. Er ist nur anzunehmen, wenn zwischen dem verstorbenen Mieter und der betreffenden Person eine dauerhafte innere Bindung i.S. eines Füreinander- Einstehens besteht, die weitere gleichartige Bindungen ausschließt.[361] Von § 563 Abs. 2 Satz 4 BGB werden somit im wesentlichen nur nichteheliche Lebensgefährten des Mieters erfaßt.

---

[358] Dazu näher unter § 5 C VII 3, S. 370.
[359] BT-Drucks. 14/4553, S. 62.
[360] Zu den Voraussetzungen einer gemeinsamen Haushaltsführung *Staudinger/Rolfs* (2003) § 563 Rdnr. 12 ff.
[361] BT-Drucks. 14/4553, S. 61; *Erman/Jendrek* § 569a Rdnr. 4; *Staudinger/Rolfs* (2003) § 563 Rdnr. 25; *Voelskow* MünchKomm. § 569a Rdnr. 9.

Zum Schutz der in § 563 BGB genannten Personen begründet § 563 Abs. 3 BGB zu ihren Gunsten das Recht, innerhalb eines Monates, nachdem sie vom Tod des Mieters Kenntnis erlangt haben, den Eintritt der Sonderrechtsnachfolge jeweils einzeln abzulehnen (§ 563 Abs. 3 BGB).[362] In diesem Fall gilt der Eintritt als nicht erfolgt und es kommt die Sonderrechtsnachfolge durch eine i.S. des § 563 Abs. 2 BGB „nachrangige" Person in Betracht, der dann wiederum das Ablehnungsrecht zusteht.

Der Vermieter kann das Mietverhältnis mit dem Sonderrechtsnachfolger durch eine außerordentliche Kündigung mit der gesetzlichen Frist (§ 573d Abs. 2 Satz 1 BGB) beenden, wenn in der Person des Eingetretenen ein wichtiger Grund vorliegt (§ 563 Abs. 4 BGB). Die Kündigung ist innerhalb eines Monates nach Kenntnis von dem endgültigen Eintritt des neuen Vertragspartners auszusprechen. Die Frist läuft somit erst ab dem Ende der Ablehnungsfrist nach § 563 Abs. 3 BGB.

4. Rechtsfolgen der Sonderrechtsnachfolge nach den §§ 563, 563a BGB

Liegen die Voraussetzungen des § 563 BGB vor, werden die betreffenden Personen Vertragspartner des Vermieters mit allen Rechten und Pflichten bzw. ihre Vertragspartnerstellung dehnt sich bei § 563a BGB auf den „Anteil" des Verstorbenen aus. Sie haften dem Vermieter neben dem Erben für die Verbindlichkeiten, die aus dem Mietverhältnis vor dem Tod des Mieters entstanden sind (§ 563b Abs. 1 Satz 1 BGB). Im Innenverhältnis trägt aber allein der Erbe als Gesamtrechtsnachfolger die Last der Nachlaßverbindlichkeiten (§ 563b Abs. 1 Satz 2 BGB). Hat der verstorbene Mieter die geschuldete Miete für eine Zeit nach seinem Tod im voraus entrichtet, so müssen diejenigen, die den Mietvertrag fortsetzen, dem Erben den Betrag herausgeben, den sie infolge der Vorausentrichtung der Miete ersparen oder (z.B. nach § 547 BGB) erlangen. § 563b Abs. 4 BGB regelt den Anspruch des Vermieters gegen die eingetretenen Personen auf eine Sicherheitsleistung.

D. Der Pachtvertrag

I. Gegenstand und Abgrenzung

Der Pachtvertrag, den das Gesetz in den §§ 581 bis 584b BGB regelt, kann sich im Gegensatz zum Mietvertrag nicht nur auf Sachen, sondern auch auf Rechte sowie Rechts- und Sachgesamtheiten beziehen.[363] Ein Beispiel für letzteres ist die Unternehmenspacht, z.B. die in der Praxis bedeutsame Gaststättenpacht.[364] Der Pächter

---

[362] Für die Personen i.S. von § 563 Abs. 2 BGB beginnt die Widerspruchsfrist erst zu laufen, wenn sie Kenntnis sowohl von dem Tod des Mieters als auch der Ablehnungserklärung der Bevorrechtigten erlangt haben: *Erman/Jendrek* § 569a Rdnr. 12; *Staudinger/Rolfs* (2003) § 563 Rdnr. 38; *Voelskow* MünchKomm. § 569a Rdnr. 11.

[363] *Erman/Jendrek* Vor § 535 Rdnr. 11; *Larenz* BT 1, § 49 I, S. 278.

[364] Hier stellt sich häufig das Problem der Sittenwidrigkeit von überlangen Bierbezugsverpflichtungen des Pächters gemäß § 138 Abs. 1 BGB; dazu *Erman/Palm* § 138 Rdnr. 88 m.w.N.

erhält gemäß § 581 Abs. 1 Satz 1 BGB an dem Pachtgegenstand nicht nur das Gebrauchs-, sondern im Rahmen der ordnungsgemäßen Wirtschaft auch ein Fruchtziehungsrecht (§§ 99, 100 BGB). Allerdings ist der Pachtvertrag als solcher lediglich ein schuldrechtliches Verpflichtungsgeschäft.[365] Der Übergang des Eigentums an den Früchten (Ernte eines landwirtschaftlichen Grundstücks, Forderungen eines gepachteten Unternehmens etc.) erfordert daher einen eigenständigen Erwerbstatbestand, der sich bei Sachen nach den §§ 953 ff. BGB bemißt.[366] Der Eigentumserwerb des Pächters vollzieht sich dabei gemäß § 956 BGB aufgrund einer Aneignungsgestattung seitens des Verpächters, auf deren Erteilung der Pächter in den Grenzen des § 581 Abs. 1 Satz 1 BGB (ordnungsgemäße Wirtschaft) aus dem Vertrag einen Anspruch hat.

Abgrenzungsschwierigkeiten zwischen Miet- und Pachtvertrag treten vor allem bei der Überlassung von Räumen für den Betrieb eines Unternehmens auf. Dabei kommt es nicht auf die von den Parteien gewählte Bezeichnung, sondern auf den objektiven Gehalt ihrer – gegebenenfalls nach den §§ 133, 157 BGB auszulegenden – Vereinbarung an.[367] Nach der Rechtsprechung des Reichsgerichtes ist ein „Raumpachtvertrag" anzunehmen, wenn die Räume mit einer für den Betrieb des Unternehmens erforderlichen Inventarausstattung überlassen werden.[368] Eine andere Ansicht nimmt hingegen einen Mietvertrag nur dann an, wenn die mit der Raumnutzung beabsichtigte Gewinnerzielung nicht in die vertragliche Vereinbarung einbezogen worden ist.[369] Allerdings werden etwaige Erträge in diesen Fällen nicht mit den Räumen als solchen, sondern dem in diesen betriebenen Unternehmen erwirtschaftet. Die Abgrenzung ist deshalb nicht zwischen Raummiete und „Raumpacht", sondern zwischen Raummiete und Unternehmenspacht vorzunehmen.[370] Hierfür bietet das von der Rechtsprechung herausgearbeitete Kriterium der Inventarüberlassung einen gewichtigen Anhaltspunkt. Es ist jedoch zu berücksichtigen, daß zu einem Unternehmen auch immaterielle Geschäftswerte wie z.B. der Kundenstamm oder Geschäftsbeziehungen gehören. Soll der Nutzer der Räume diese Geschäftswerte ganz oder überwiegend alleine aufbauen, liegt auch bei der Überlassung von Räumen, die mit Inventar versehen sind, ein Raummietvertrag und keine Unternehmenspacht vor.

---

[365] Zur Unterscheidung von Verpflichtungs- und Verfügungsgeschäft oben § 2 B VI, S. 26 ff.

[366] Siehe hierzu *Baur/Stürner* § 53 Rdnr. 45 ff.

[367] *Erman/Jendrek* Vor § 535 Rdnr. 13.

[368] RG v. 11. Dezember 1917, RGZ 91, 310 (311); zustimmend *Erman/Jendrek* Vor § 535 Rdnr. 13.

[369] *Voelskow* MünchKomm. Vor § 535 Rdnr. 4 ff.

[370] BGH v. 4. Juni 1986, WM 1986, 1359 (1360); *Larenz* BT 1, § 49 I, S. 279 f.; *Staudinger/Emmerich* (2003) Vorbem. zu § 535 Rdnr. 31.

II. Rechtsstellung der Vertragsparteien im allgemeinen

Nach § 581 Abs. 2 BGB finden auf den Pachtvertrag mit Ausnahme des Landpachtvertrages[371] die Vorschriften über den Mietvertrag entsprechende Anwendung, soweit das Recht des Pachtvertrages keine Sonderregelungen trifft.

1. Pflichten der Vertragsparteien

a) Pflichten des Verpächters

Anders als der Vermieter ist der Verpächter nicht nur zur Gebrauchsüberlassung, sondern auch dazu verpflichtet, die Ziehung von Früchten i.S. des § 99 BGB zu ermöglichen, soweit diese nach den Regeln einer ordnungsgemäßen Wirtschaft als Ertrag der Pachtsache anzusehen sind (§ 581 Abs. 1 Satz 1 BGB). Bei der Unternehmenspacht muß er daher z.B. die Kundenlisten, die Geschäftsadressen und die Unterlagen über die laufenden Geschäftsbeziehungen übergeben oder zugänglich machen. Gewinne, die das Unternehmen im Laufe der Pachtzeit erwirtschaftet, stehen dem Pächter als § 99 Abs. 1 BGB analog unterfallende Früchte einer Rechts- und Sachgesamtheit zu.[372]

Anders ist die Rechtslage bei sog. Übermaßfrüchten, d.h. solchen, die nicht als ordnungsgemäßer Ertrag der Pachtsache anzusehen sind. Auch bei ihnen muß genau zwischen der schuldrechtlichen und der sachenrechtlichen Ebene getrennt werden. Schuldrechtlich stehen dem Pächter die Übermaßfrüchte nicht zu. Hiervon zu trennen ist die sachenrechtliche Situation, die sich nach den §§ 953 ff. BGB beurteilt. Beispiel: Der Pächter eines Waldgrundstücks beginnt, den gesamten Wald abzuholzen. In diesem Fall ist der Verpächter vertraglich nicht verpflichtet, die Aneignung des Holzes über das Maß des ordnungsgemäßen Einschlags hinaus i.S. des § 956 Abs. 1 Satz 1 BGB zu gestatten. Regelmäßig liegt in bezug auf die Übermaßfrüchte auch keine derartige Aneignungsgestattung vor, so daß der Pächter kein Eigentum an dem Holz erlangt.

Der Verpächter ist nur zur Überlassung eines fruchtziehungsfähigen Gegenstandes verpflichtet. Demzufolge liegt bei tatsächlichen Störungen der Fruchtziehung nur dann ein Mangel der Pachtsache i.S. des § 536 Abs. 1 BGB i.V. mit § 581 Abs. 2 BGB vor, wenn die Störungen auf die Beschaffenheit der Pachtsache selbst zurückführbar sind.[373] Dies ist z.B. bei Naturereignissen erst der Fall, wenn sich das Pachtgrundstück in einer besonders gefährdeten räumlichen Lage befindet.

---

[371] Dazu unten § 5 E, S. 376 ff.

[372] Näher *Larenz/Wolf* § 20 Rdnr. 111 ff.

[373] *Erman/Jendrek* § 581 Rdnr. 12; *Esser/Weyers* BT 1, § 23 II 2, S. 196; *Larenz*, BT 1, § 49 I, S. 280; *Voelskow* MünchKomm. § 581 Rdnr. 3. Siehe oben § 5 B IV 1c, bb, S. 282.

b) Pflichten des Pächters

Der Pächter hat gemäß § 581 Abs. 1 Satz 2 BGB die vereinbarte Pacht zu entrichten. Es gilt das zur Mietzahlungspflicht Gesagte entsprechend.[374]

Zu den Nebenpflichten des Pächters kann gemäß den §§ 241 Abs. 2, 242 BGB häufiger als bei der Miete auch eine Pflicht zum Betrieb des Pachtgegenstandes zählen.[375] Das gilt insbesondere für die Unternehmenspacht, da ohne den Betrieb des Unternehmens die Stammkundschaft verloren geht und Geschäftsbeziehungen abgebrochen werden. Insoweit ergibt sich die Betriebspflicht mittelbar auch aus § 581 Abs. 2 BGB i.V. mit § 546 Abs. 1 BGB, da der Pächter bei einem Abbruch des Unternehmensbetriebes nach der Beendigung des Pachtverhältnisses nicht in der Lage sein wird, den Pachtgegenstand (das Unternehmen) in einem ordnungsgemäßen Zustand zurückzugeben.

2. Beendigung des Pachtverhältnisses

Darüber hinaus gelten beim Pachtvertrag Besonderheiten hinsichtlich der Vertragsbeendigung. Insbesondere die Kündigungsfristen sind wegen der längeren Bewirtschaftungsperioden bei der Verpachtung von Grundstücken oder Rechten im Vergleich zum Mietvertrag verlängert, so daß eine ordentliche Kündigung oder eine außerordentliche Kündigung mit gesetzlicher Frist nur zum Ende des Pachtjahres erklärt werden kann (§ 584 BGB). Die Kündigungsfrist beträgt gemäß § 584 Abs. 1 BGB ein halbes Jahr. Des weiteren schließt § 584a BGB die Rechte zur außerordentlichen Kündigung mit gesetzlicher Frist aus § 540 Abs. 1 Satz 2 BGB für den Pächter bei Verweigerung der Erlaubnis zur Nutzungsüberlassung an Dritte bzw. aus § 580 BGB für den Verpächter bei Tod des Pächters aus.

Als lex specialis gegenüber § 546a Abs. 1 BGB trifft § 584b Satz 1 BGB eine besondere Regelung über die Fortentrichtung der Pacht bei einer Vorenthaltung der Pachtsache durch den Pächter nach Beendigung des Pachtverhältnisses. Der vom Pächter fortzuentrichtende Betrag bemißt sich auf der Basis der vereinbarten Pacht nach dem Verhältnis der Nutzungsmöglichkeiten während der Vorenthaltung zu den Nutzungsmöglichkeiten des ganzen Jahres (§ 584b Satz 1 BGB). Diese Regelung beruht auf dem Umstand, daß nicht alle Pachtsachen während des gesamten Jahres gleichmäßig Erträge abwerfen.[376] Beispiel: Erwirtschaftet ein Unternehmen während einer im Januar eines jeden Jahres stattfindenden Messe 30 % des gesamten Jahresgewinns und enthält der Pächter dem Verpächter die Pachtsache (nur) während dieses Zeitraumes i.S. des § 584b Satz 1 BGB vor, kann letzterer die Fortentrichtung von 30 % der Jahrespacht und nicht nur den für Januar geschuldeten Betrag verlangen.

---

[374] Siehe oben § 5 B VI 1a, S. 330 ff.

[375] *Erman/Jendrek* § 581 Rdnr. 19; *Soergel/Kummer* § 581 Rdnr. 34; *Voelskow* Münch-Komm. § 581 Rdnr. 4.

[376] *Erman/Jendrek* § 584b Rdnr. 3.

III. Besonderheiten bei der Verpachtung eines Grundstücks mit Inventar

Bei der Verpachtung eines Grundstücks mit Inventar ergänzt das Pachtrecht mit den §§ 582 bis 583a BGB die entsprechend anzuwendenen mietvertraglichen Bestimmungen, um die Behandlung und den Ersatz von beschädigten oder untergegangenen Inventarstücken zu regeln. Die Vorschriften sind bei einer Unternehmenspacht, die Inventar einschließt, analog anzuwenden[377] und wirken über die Pachtzeit hinaus bis zur Rückgabe der Pachtsache.[378]

Als *Inventar i.S. des Pachtrechts* gelten alle Sachen, die der wirtschaftlichen Nutzung des verpachteten Grundstücks dienen und in einem entsprechenden räumlichen Verhältnis zu diesem stehen wie Geräte, Maschinen, Transportmittel und Vieh (sog. lebendes Inventar).[379] Somit sind von den Regelungen nicht nur Zubehörstücke i.S. des § 97 BGB, sondern auch wesentliche und unwesentliche Bestandteile des Grundstücks mit dienender Funktion erfaßt. Nach dem gesetzlichen Modell ist zwischen der einfachen Verpachtung des Inventars (§ 582 BGB) und der Globalübernahme des Inventars durch den Pächter zum Schätzwert (§ 582a BGB) zu unterscheiden.

Bei der *einfachen Verpachtung* hat der Pächter zunächst die einzelnen Inventarstücke zu erhalten (§ 582 Abs. 1 BGB). Hierzu zählen die Wartung von Maschinen, die Fütterung von Tieren etc.[380] Kommen hingegen Inventarstücke infolge eines von dem Pächter nicht zu vertretenden Umstandes, wozu auch die vertragsgemäße Nutzung der Pachtsache zählt (§ 581 Abs. 2 BGB i.V. mit § 538 BGB), „in Abgang", d.h. werden sie irreparabel unbrauchbar,[381] hat hingegen der Verpächter für Ersatz zu sorgen (§ 582 Abs. 2 Satz 1 BGB).[382] Eine Unterausnahme hiervon enthält wiederum § 582 Abs. 2 Satz 2 BGB, nach dem der Pächter den *gewöhnlichen* Abgang von Tieren (durch Schlachtung, nicht außergewöhnliche Krankheit etc.) ohne Rücksicht auf sein Vertretenmüssen insoweit zu ersetzen hat, als dies einer ordnungsgemäßen Wirtschaft entspricht. Es gilt sachlich also wieder die Bestimmung in § 582 Abs. 1 BGB.

Bei der *Globalübernahme* zum Schätzwert ist der Pächter hingegen verpflichtet, nach der Beendigung des Pachtverhältnisses das Inventar zum Schätzwert zurückzugewähren (§ 582a Abs. 3 Satz 1 BGB). Demzufolge muß er das Inventar während der Laufzeit des Pachtvertrages nicht nur erhalten und erneuern (§ 582a Abs. 2 Satz 1 BGB), sondern auch die Risiken des zufälligen Untergangs tragen (§ 582a Abs. 1 Satz 1 BGB). Im Gegenzug darf er innerhalb der Grenzen einer

---

[377]   RGRK/*Gelhaar* vor § 586 Rdnr. 1; *Voelskow* MünchKomm. Vor §§ 582-583a Rdnr. 1.

[378]   *Erman/Jendrek* § 582a Rdnr. 3; *Voelskow* MünchKomm. § 582a Rdnr. 4.

[379]   RG v. 9. November 1933, RGZ 142, 201 (202 f.); *Erman/Jendrek* Vor § 582 Rdnr. 3; *Larenz* BT 1, § 49 I, S. 282; *Voelskow* MünchKomm. Vor §§ 582-583a Rdnr. 2.

[380]   *Voelskow* MünchKomm. § 582 Rdnr. 2.

[381]   *Erman/Jendrek* § 582 Rdnr. 3.

[382]   Zur Sicherung dieses Anspruchs besteht ein Pfandrecht an den Inventarstücken nach Maßgabe des § 583 BGB. Nach der Rechtsprechung umfaßt dieses Pfandrecht auch Inventarstücke im Eigentum Dritter: BGH v. 21. Dezember 1960, BGHZ 34, 153 (157).

ordnungsgemäßen Wirtschaft über einzelne Inventarstücke verfügen und hat hierzu auch die Verfügungsbefugnis (§ 582a Abs. 1 Satz 2 BGB).[383] Umgekehrt ordnet § 582a Abs. 2 Satz 2 BGB wiederum an, daß ersatzweise angeschaffte Stücke mit deren Einverleibung in das Inventar kraft Gesetzes Eigentum des Verpächters werden (sog. dingliche Surrogation). Dies setzt allerdings voraus, daß der Pächter die Stücke vorher zu Eigentum erworben hat; ein gutgläubiger Erwerb des Verpächters scheidet wegen eines fehlenden Rechtsgeschäftes aus.[384]

Probleme können sich ergeben, wenn der Pächter das Inventar nicht nur erhalten, sondern verbessert hat. In diesem Fall muß der Verpächter grundsätzlich die Wertdifferenz in Geld ausgleichen (§ 582a Abs. 3 Satz 3 und 4 BGB). Für diesen Ausgleichsanspruch besteht nach Maßgabe des § 583 BGB ein gesetzliches Pfandrecht an den Inventarstücken, die in den Besitz des Pächters gelangt sind. Der Verpächter seinerseits wird vor der Aufdrängung von zusätzlichen Inventarstücken und dem damit einhergehenden Ausgleichsanspruch geschützt, indem er deren Rücknahme ablehnen darf, wenn sie für eine ordnungsgemäße Bewirtschaftung des Grundstücks nicht erforderlich sind. Mit der Ablehnung fallen diese Inventarstücke wieder kraft Gesetzes in das Eigentum des Pächters zurück (§ 582a Abs. 3 Satz 2 BGB).

E. Der Landpachtvertrag

I. Allgemeines

In den §§ 585 bis 597 BGB erfährt die Verpachtung von Grundstücken für Ackerbau, Gartenbau und Viehzucht eine eigene Regelung. Für diese Verträge gilt die Globalverweisung des § 581 Abs. 2 BGB auf das Mietrecht nicht (vgl. § 585 Abs. 2 BGB), sondern das Gesetz schafft unter Inkaufnahme von Doppelregelungen einen relativ selbständigen Normenkomplex, der nur punktuell auf das Mietrecht Bezug nimmt. Daneben gelten aus dem allgemeinen Pachtrecht die §§ 581 Abs. 1, 582 bis 583a BGB (§ 585 Abs. 2 BGB). Zunächst wurde der Landpachtvertrag zum Schutz des Verpächters vor der Fehlbewirtschaftung seines Gutes gesondert geregelt. Später stand der Schutz des Pächters im Vordergrund, für den das gepachtete Grundstück typischerweise die wirtschaftliche Existenzgrundlage bildet.[385] Außerhalb des Bürgerlichen Gesetzbuches ergänzt das Landpachtverkehrsgesetz[386] das Landpachtrecht um eine ordnungsrechtliche Komponente.

---

[383] Schuldrechtliche Beschränkungen dieses Rechts unterliegen nach § 583a BGB bestimmten Wirksamkeitsvoraussetzungen. Auf dinglicher Ebene kann die Verfügungsbefugnis gemäß § 137 Satz 1 BGB ohnehin nicht ausgeschlossen werden.

[384] *Voelskow* MünchKomm. § 582a Rdnr. 5.

[385] *Larenz* BT 1, § 49 II, S. 285. Insbesondere zum Kündigungsrecht *Esser/Weyers* BT 1, § 23 III 2, S. 199.

[386] Gesetz über die Anzeige und Beanstandung von Landpachtverträgen v. 8. November 1985, BGBl. I, S. 2075.

II. Überblick zu den gesetzlichen Regelungen

Der Landpachtvertrag bedarf der Schriftform, wenn er für längere Zeit als zwei Jahre geschlossen wird (§ 585a BGB). Bei Nichtbeachtung der Form ist der Pachtvertrag nicht nichtig, sondern gilt ebenso wie ein formwidrig abgeschlossener Mietvertrag (§ 550 Satz 1 BGB)[387] als auf unbestimmte Zeit geschlossen. Die Anordnung eines mit § 550 Satz 2 BGB vergleichbaren Kündigungsausschlusses war hingegen entbehrlich, da die Kündigung eines Landpachtvertrages ohnehin nur mit einer Frist von zwei Jahren zum Ende des Pachtjahres erklärt werden kann (§ 594a Abs. 1 BGB). Bei Vertragsschluß und Vertragsende sollen die Vertragsparteien zudem eine Beschreibung der Pachtsache anfertigen (§ 585b Abs. 1 BGB), um spätere Streitigkeiten möglichst zu vermeiden.[388] Können sich die Parteien nicht auf eine Beschreibung einigen, so entscheidet das Landwirtschaftsgericht (§ 585b Abs. 2 BGB).

Der Landpachtvertrag verpflichtet den Verpächter gemäß § 586 Abs. 1 Satz 1 BGB ebenso wie ein Pachtvertrag im allgemeinen zur Überlassung und Erhaltung der Pachtsache. Allerdings muß der Pächter die gewöhnlichen Ausbesserungen auf eigene Kosten vornehmen (§ 586 Abs. 1 Satz 2 BGB). Das ist ihm zumutbar, da er bei der Landpacht aufgrund der langen Dauer der Verträge in der Lage ist, die Kosten der anfallenden Ausbesserungen aus den Erträgen zu decken.[389] Im übrigen gelten für Sach- und Rechtsmängel § 536 Abs. 1 bis 3 BGB und die §§ 536a bis 536d BGB entsprechend (§ 586 Abs. 2 BGB). Ein ersatzfähiger Mangel liegt aber nach den Ausführungen zum Pachtvertrag nicht vor, wenn die Ernte wegen Mißwuchses oder Wetterschäden vermindert oder ausgefallen ist.[390] Nur wenn eine nachhaltige Änderung der Grundstücksverhältnisse eintritt, kann der Pächter nach § 593 BGB von dem Verpächter eine Vertragsanpassung verlangen; § 593 BGB ist insofern lex specialis zu § 313 BGB.[391]

Der Pächter ist zur Bewirtschaftung verpflichtet, um eine Entwertung der Pachtsache durch Verwilderung zu vermeiden (§ 586 Abs. 1 Satz 3 BGB). Dafür erlaubt das Landpachtrecht dem Pächter grundsätzlich, die Nutzung des Grundstücks während der Pachtzeit einseitig zu ändern. Einer Zustimmung des Verpächters bedarf die Änderung nur, wenn sie über das Ende der Pachtzeit hinaus Wirkungen entfaltet bzw. wenn Gebäude errichtet werden sollen (§ 590 Abs. 2 BGB). Bei einer Verweigerung der Zustimmung kann der Pächter das Landwirtschaftsgericht anrufen. Diese Regelungen gelten jedoch nur für Nutzungsänderungen *im Rahmen* der landwirtschaftlichen Bestimmung (z.B. Wechsel zwischen dem Anbau verschiedener Getreidearten); die landwirtschaftliche Bestimmung selbst darf der Pächter stets nur mit vorheriger Erlaubnis des Verpächters ändern (§ 590 Abs. 1 BGB).

---

[387] Hierzu oben § 5 C II 2b, S. 352.

[388] *Larenz* BT 1, § 49 II, S. 286; *Voelskow* MünchKomm. § 585b Rdnr. 1.

[389] *Larenz* BT 1, § 49 II, S. 287.

[390] Siehe oben § 5 D II 1a, S. 373.

[391] *Esser/Weyers* BT 1, § 23 III 2, S. 198 f.; *Larenz* BT 1, § 49 II, S. 289.

Weitere Besonderheiten für den Landpachtvertrag ergeben sich bei der Beendigung des Vertragsverhältnisses, da eine landwirtschaftliche Verpachtung nur für einen längeren Zeitraum wirtschaftlich sinnvoll ist. Die ordentliche Kündigung des Pachtvertrages ist daher immer nur zu Beginn des Pachtjahres zum Ende des nächsten Jahres möglich (§ 594a Abs. 1 Satz 1 und 2 BGB). Kürzere Fristen können die Parteien allerdings unter Beachtung der Schriftform vereinbaren (§ 594a Abs. 1 Satz 3 BGB). Ein besonderes Kündigungsrecht gewährt § 594c Satz 1 BGB dem Pächter bei Berufsunfähigkeit, wenn ihm eine Unterverpachtung wegen eines Widerspruches des Verpächters unmöglich ist. Die Kündigungserklärungen bedürfen überdies der Schriftform (§ 594f BGB). In Härtefällen hat der Pächter auch nach dem Eingreifen eines Beendigungstatbestandes nach Maßgabe des § 595 BGB einen Anspruch auf Fortsetzung des Pachtverhältnisses für eine angemessene Dauer.

Nach der Beendigung des Pachtverhältnisses muß der Pächter das Grundstück gemäß § 596 Abs. 1 BGB in einem Zustand herausgeben, der einer ordnungsgemäßen Bewirtschaftung entspricht. Außerdem hat er von den landwirtschaftlichen Erzeugnissen so viel zurückzulassen, daß eine Weiterführung des Betriebes bis zur nächsten Ernte möglich ist (§ 596b Abs. 1 BGB). Endet das Pachtverhältnis ausnahmsweise vor Ablauf eines Pachtjahres, so muß zudem ein wertmäßiger Ausgleich zwischen Pächter und Verpächter in bezug auf die noch nicht getrennten Früchte erfolgen (§ 596a BGB).

§ 6 Die Leihe

A. Begriff der Leihe

I. Unentgeltliche Überlassung des Sachgebrauchs als charakteristische Besonderheit

Während bei Miete und Pacht die Gebrauchsüberlassung an den Vertragspartner (Mieter, Pächter) entgeltlich (Miete, Pacht) geschieht, zeichnet sich die Leihe entgegen dem teilweise üblichen Sprachgebrauch dadurch aus, daß der Verleiher dem Entleiher den Gebrauch *unentgeltlich* gestattet. Dabei beurteilt sich die Unentgeltlichkeit nach denselben Grundsätzen wie bei der Schenkung.[1] Erforderlich ist also insbesondere auch eine Einigung über die Unentgeltlichkeit der Gebrauchsgestattung.[2] Mit der Miete und der Pacht hat die Leihe ihren Charakter als *Dauerschuldverhältnis* gemeinsam.[3]

Im Gegensatz zur Schenkung, bei der die §§ 516 ff. BGB auch die Übertragung von Rechten erfassen, regeln die §§ 598 bis 606 BGB lediglich die Überlassung von *Sachen i.S. des § 90 BGB*, wobei es sich um bewegliche oder unbewegli-

---

[1]   Näher dazu oben § 4 B III, S. 275 ff.
[2]   *Kollhosser* MünchKomm. § 598 Rdnr. 13; *Staudinger/Reuter* § 598 Rdnr. 2.
[3]   BGH v. 11. Dezember 1981, BGHZ 82, 354 (359); *Esser/Weyers* BT 1, § 25 IV, S. 211; *Fikentscher* Rdnr. 36.

che Sachen handeln kann.[4] Eine für die Leihe konstitutive bloße „Gebrauchsgestattung" setzt zudem voraus, daß genau die verliehenen Gegenstände und nicht nur solche gleicher Art und Güte nach Ablauf der Leihfrist zurückzugeben sind (siehe § 604 Abs. 1 BGB: „die geliehene Sache"). Sonst läge ein Geld- oder Sachdarlehen i.S. der §§ 488 ff. BGB bzw. der §§ 607 f. BGB vor.[5] Auch insofern weicht der allgemeine Sprachgebrauch allerdings von der exakten juristischen Terminologie ab: Wer seinem Nachbarn 20 Euro zur Anschaffung eines Gegenstandes „leiht", schließt keinen Leihvertrag, sondern einen Vertrag über ein unentgeltliches Gelddarlehen (§ 488 BGB) ab, da der Parteiwille ersichtlich nicht darauf gerichtet ist, daß der Empfänger zur Rückgewähr des konkret übergebenen Geldzeichens verpflichtet ist.

Ein Leihvertrag erfordert zudem, daß der Entleiher (in der Regel: unmittelbaren) Besitz an der Leihsache erlangt, den er als Fremdbesitzer für den Verleiher ausübt und dadurch mittelbarer Besitzer ist (§ 868 BGB).[6] Die als Alternative in Betracht zu ziehende persönlich weisungsgebundene Besitzdienerschaft i.S. des § 855 BGB entspricht nicht dem Typus der Leihe als Rechtsverhältnis zwischen selbständigen Vertragspartnern und muß dem jeweiligen Regelungskontext unterworfen bleiben, aus dem das Besitzdienerverhältnis hervorgegangen ist (Arbeitsvertrag etc.), nicht aber den §§ 598 bis 606 BGB.

Die Eigentumsverhältnisse im Hinblick auf die verliehene Sache sind für die Rechtswirksamkeit des Leihvertrages bedeutungslos, Verleiher und Eigentümer müssen nicht identisch sein.[7] Gegenüber einem Herausgabeanspruch des von dem Verleiher verschiedenen Eigentümers aus § 985 BGB vermittelt die Leihe jedoch nur unter den eingeschränkten Voraussetzungen des § 986 Abs. 1 Satz 1 Alt. 2 i.V. mit Satz 2 BGB oder § 986 Abs. 2 BGB ein Recht zum Besitz.[8]

II. Die Rechtsleihe

Die Überlassung von *Rechten* zum unentgeltlichen Gebrauch, z.B. gewerbliche Schutzrechte (Patent, Marke etc.), ist vom unmittelbaren Anwendungsbereich der §§ 598 ff. BGB nicht erfaßt; gleichwohl wendet die herrschende Meinung die vorgenannten Bestimmungen auf die Rechtsleihe analog an.[9]

---

[4]   Näher *Staudinger/Reuter* § 598 Rdnr. 5 ff.

[5]   Siehe zu diesen Vertragstypen § 3, S. 231 ff.

[6]   *Esser/Weyers* BT 1, § 25 I, S. 209; *Kollhosser* MünchKomm. § 598 Rdnr. 15; *Palandt/Weidenkaff* § 598 Rdnr. 2; a.A. *Staudinger/Reuter* Vorbem. zu §§ 598 ff. Rdnr. 16.

[7]   *Esser/Weyers* BT 1, § 25 I, S. 209.

[8]   Zu einem konkurrierenden Herausgabeanspruch des Verleihers nach § 604 Abs. 1 BGB siehe unten § 6 D I, S. 388 f.

[9]   *Fikentscher* Rdnr. 841; *Kollhosser* MünchKomm. § 598 Rdnr. 4; *Kuhlenbeck* JW 1904, 226 (228); *Schlechtriem* Rdnr. 325; *Staudinger/Reuter* § 598 Rdnr. 8 m.w.N.

III. Abgrenzung zur Schenkung

Durch die Unentgeltlichkeit ähnelt die Leihe der Schenkung, so daß die unentgeltliche Gebrauchsüberlassung als deren Sonderfall bewertet werden könnte.[10] Aus § 517 BGB ergibt sich jedoch, daß der Verzicht auf ein Entgelt nicht zum Vorliegen einer Schenkung führt. Hierfür bedarf es vielmehr einer Beeinträchtigung des vermögensmäßigen status quo beim Schenker. Die h.M. verweist insoweit auf den Umstand, daß ein solches Vermögensopfer eine dauerhafte Vermögensübertragung auf den Empfänger der Zuwendung voraussetze, die bei der Leihe nicht vorliege (vgl. etwa das Kündigungsrecht in § 605 BGB).[11] Dementsprechend lehnt sie auch eine analoge Anwendung des Schenkungsrechts neben den §§ 598 ff. BGB selbst bei langfristigen Leihgaben wie einem lebenslangen Wohnrecht ab, was insbesondere für die Formvorschrift des § 518 BGB gelten soll.[12] Demgegenüber wurde im Rahmen des Schenkungsrechts dargelegt, daß eine Leihe dem Schenkungsrecht in analoger Anwendung unterfallen kann, wenn sie ausnahmsweise ein Opfer an *Vermögenssubstanz* beim Verleiher enthält, weil der Gebrauchsmöglichkeit des Leihgegenstandes selbst ein Vermögenswert zukommt.[13] Dabei wurde darauf hingewiesen, daß dies nach der Rechtsprechung zum Schadensersatzrecht bei allen Gütern der Fall ist, „auf deren ständige Verfügbarkeit die eigenwirtschaftliche Lebenshaltung des Eigentümers typischerweise angewiesen ist", wozu z.B. auch Wohnraum zählen kann.[14] Die dauerhafte Gebrauchsüberlassung solcher Güter ist nach der gesetzlichen Typologie zwar primär Leihe, ergänzend sollten aber die Schutzvorschriften des Schenkungsrechts wie § 518 BGB analog angewendet werden.[15]

IV. Die gemischte Leihe

Sind sich die Parteien darüber einig, daß die Gebrauchsüberlassung im Rahmen eines unüblich niedrigen Nutzungsentgelts teilweise unentgeltlich erfolgen soll, so ist umstritten, ob wie bei der gemischten Schenkung ein typengemischter Vertrag vorliegt.[16] Nach einer Auffassung ist dies zu verneinen und der Vertrag, je nachdem ob der Schwerpunkt auf der Entgeltlichkeit oder der Unentgeltlichkeit liegt, einzig als Miete oder Leihe zu behandeln.[17] Dabei soll der diesbezügliche

---

10 Siehe näher z.B. BGH v. 11. Dezember 1981, BGHZ 82, 354 (357 f.) sowie *Staudinger/Reuter* Vorbem. zu §§ 598 ff. Rdnr. 1 m.w.N.

11 Siehe BGH v. 11. Dezember 1981, BGHZ 82, 354 (356 f.); *Larenz* BT 1, § 50, S. 293 sowie oben § 4 B I, S. 272 f.

12 BGH v. 11. Dezember 1981, BGHZ 82, 354 (359 f.); *Fikentscher* Rdnr. 841; *Kollhosser* MünchKomm. § 598 Rdnr. 6; *Medicus* Rdnr. 279; Bedenken bei *Esser/Weyers* BT 1, § 25 I, S. 209.

13 Siehe oben § 4 B I, S. 272 f.

14 BGH v. 9. Juli 1986, BGHZ 98, 212 (222).

15 In dieser Richtung auch *Reinicke* JA 1982, 326 (329); *Soergel/Mühl* § 518 Rdnr. 7. Zum ganzen noch *Nehlsen-von Stryk* AcP 187 (1987), 522 (568 ff.).

16 Zur gemischten Schenkung oben § 4 B IV, S. 279 ff.

17 *Kollhosser* MünchKomm. § 598 Rdnr. 13.

„Schwerpunkt" nach dem Parteiwillen zu ermitteln sein, wobei das Wertverhältnis zwischen dem unentgeltlichen und dem entgeltlichen Teil einen gewissen, wenn auch nicht zwingenden Anhaltspunkt hierfür gibt. Bei einem mehr als nur symbolischen Entgelt soll daher im Zweifel ein reiner Mietvertrag vorliegen. Für diese Ansicht wird angeführt, daß das Recht der Leihe im Gegensatz zur gemischten Schenkung kaum besondere Schutzregelungen enthält, deren Anwendung in den „Mischfällen" sichergestellt werden muß.[18] Jedoch beweisen bereits die Privilegierungen des Verleihers nach den §§ 599, 600 BGB das Gegenteil. Zudem beantwortet sich die Frage der Unentgeltlichkeit und der deshalb anzuwendenden Vorschriften nach der Parteiabrede, die eine Mischung aus Entgeltlichkeit und Unentgeltlichkeit vorsehen kann.[19] Deshalb müssen die Grundsätze der gemischten Schenkung auch auf die gemischte Leihe Anwendung finden. Die einschlägigen Vorschriften sind dementsprechend nach der sog. Zweckwürdigungstheorie dem Parteiwillen und dem jeweiligen Normzweck zu entnehmen.[20] Aus diesem Grund kann z.B. der unentgeltliche Teil der Gebrauchsüberlassung gemäß den §§ 604, 605 BGB beendet werden, was je nach dem Parteiwillen entweder zur Beendigung des gesamten Vertragsverhältnisses oder einer Erhöhung des Mietzinses führt. Bezüglich des Haftungsmaßstabes werden die §§ 599, 600 BGB beim Umfang eines unter Umständen zu ersetzenden Schadens nach dem Verhältnis des unentgeltlichen zum entgeltlichen Teil des Vertrages zu berücksichtigen sein.

B. Abschluß des Leihvertrages

Soweit nicht ausnahmsweise schenkungsrechtliche Regelungen wie § 518 BGB analog anzuwenden sind,[21] gelten für den Abschluß des Leihvertrages keine Abweichungen von den allgemeinen Vorschriften zum Abschluß von Verträgen. Wie die Schenkung kann die Leihe eine sofort bewirkte „Handleihe" oder eine „Versprechensleihe" sein, bei der die Gebrauchsüberlassung erst nach Vertragsabschluß erfolgen soll.[22] Anders als bei der Handschenkung[23] läßt sich die vertragliche Vereinbarung bei der Handleihe aber nicht als bloße Rechtsgrundabrede ohne Verpflichtungswirkung interpretieren, da auch mit der Handleihe einerseits der Verleiher die Verpflichtung übernimmt, den Gebrauch für die vereinbarte Zeit dem Entleiher zu belassen und andererseits der Entleiher die Verpflichtung eingeht, die Sache nach Ablauf der Leihfrist zurückzugeben (§ 604 BGB). Weil die Rückgabepflicht mit der Pflicht des Verleihers zur Gebrauchsüberlassung nicht im Synallag-

---

[18] *Kollhosser* MünchKomm. § 598 Rdnr. 13.
[19] *Staudinger/Reuter* § 598 Rdnr. 3.
[20] Siehe oben § 4 B IV, S. 279 f.
[21] Dazu oben § 6 A III, S. 381 f.
[22] Statt aller *Kollhosser* MünchKomm. § 598 Rdnr. 1 sowie *Larenz* BT 1, § 50, S. 293 f. mit Nachweisen auch zu der älteren Auffassung, die lediglich den Realvertrag der Handleihe anerkennen wollte.
[23] Siehe § 4 C I, S. 281.

ma steht, stellt die Leihe aber keinen gegenseitigen Vertrag i.S. der §§ 320 ff. BGB, sondern einen sog. unvollkommen zweiseitigen Vertrag dar.[24]

Besonders in den Vordergrund tritt bei der Leihe die Abgrenzung zwischen Vertragsverhältnissen auf der einen und Gefälligkeitsverhältnissen auf der anderen Seite. Hierfür gelten die allgemeinen Kriterien.[25] Insbesondere bei Gebrauchsgestattungen im Alltag (z.B. kurzzeitige Überlassung eines Gesetzestextes in der Vorlesung) liegt regelmäßig keine Leihe, sondern lediglich ein Gefälligkeitsverhältnis vor, weil den Beteiligten zumeist ein Rechtsbindungswille fehlt. Für diesen Fall ist umstritten, ob trotz des Fehlens von Leistungspflichten zumindest Schutzpflichten zur Rücksichtnahme auf die Integrität des anderen i.S. des § 241 Abs. 2 BGB bestehen, die von den allgemeinen Schädigungsverboten (§§ 823 ff. BGB) zum Teil abweichen.[26] Damit ist ein Teilausschnitt aus dem übergeordneten Problem betroffen, inwieweit ein besonderer Kontakt auch außerhalb von (wirksamen) Vertragsverhältnissen ein die allgemeinen Regeln des Rechtsverkehrs überformendes Sonderrechtsverhältnis schaffen kann.[27] § 311 Abs. 2 BGB ist hierfür nicht einschlägig, da die Vorschrift lediglich Schutzpflichten im Umfeld eines potentiellen vertraglichen Kontaktes statuiert (culpa in contrahendo),[28] der bei Gefälligkeitsverhältnissen gerade nicht angestrebt wird. Die Frage ist nicht nur für die Anwendbarkeit der §§ 278, 280 ff. BGB von Bedeutung, sondern ihre Beantwortung entscheidet auch darüber, ob mit den Schutzpflichten gegebenenfalls zugleich die Haftungsmilderungen der §§ 599, 600 BGB sowie die kurze Verjährung nach § 606 BGB eingreifen und möglicherweise auch auf das Deliktsrecht ausstrahlen.[29]

C. Vertragspflichten und Haftung des Verleihers

I. Überlassung der verliehenen Sache und Gestattung des Gebrauchs

Die mit Abschluß des Leihvertrages übernommene Hauptpflicht des Verleihers ist auf die *Über*lassung der verliehenen Sache zum Gebrauch an den Entleiher bei der Versprechensleihe und die *Be*lassung des Gebrauchs bei der Handleihe gerichtet.[30] Hierin erschöpft sich seine vertragliche Leistungspflicht. Anders als bei der Miete (§ 535 Abs. 1 BGB) muß der Verleiher den Gebrauch nicht „gewähren", er muß

---

[24] *Brox/Walker* § 16 Rdnr. 1; *Esser/Weyers* BT 1, § 25 II, S. 210; *Fikentscher* Rdnr. 841; *Larenz* BT 1, § 50, S. 293; *Schlechtriem* Rdnr. 324.

[25] Dazu *Larenz/Wolf* § 22 Rdnr. 36 ff.

[26] Befürwortend: *Enneccerus/Lehmann* § 27/6, S. 120; *Fikentscher* Rdnr. 25; ablehnend die Rechtsprechung: BGH v. 27. November 1979, BGHZ 76, 32 (33 ff.).

[27] Dazu grundlegend *Canaris* Die Vertrauenshaftung im deutschen Privatrecht, 1971.

[28] Siehe BT-Drucks. 14/6040, S. 161 ff.

[29] Vgl. zu diesem Problem in bezug auf Haftungsmilderungen BGH v. 9. Juni 1992, NJW 1992, 2474 (2475) m.w.N. und für die Verjährung *Kollhosser* MünchKomm. § 606 Rdnr. 5. Zum direkten Anwendungsbereich der §§ 599, 600 BGB siehe unten § 6 C III 3, S. 386 f.

[30] Siehe oben § 6 B, S. 382.

diesen lediglich „gestatten" (§ 598 BGB).[31] Deshalb ist er nicht verpflichtet, die verliehene Sache in dem bei Übergabe befindlichen Zustand zu erhalten.[32] Im Gegenteil: den gewöhnlichen Erhaltungsaufwand hat wegen der Unentgeltlichkeit der Leihe der Entleiher zu tragen (§ 601 Abs. 1 BGB).

Mit der Pflicht zur Gebrauchsüberlassung ist die Pflicht des Verleihers verbunden, den *vertragsgemäßen* Gebrauch der verliehenen Sache durch den Entleiher zu dulden; dieser hat gegenüber dem Verleiher ein Besitzrecht i.S. des § 986 Abs. 1 Satz 1 Alt. 1 BGB. Selbst wenn der Entleiher die Grenze des vertragsmäßigen Gebrauchs überschreitet, gelten für sein Rechtsverhältnis zum Verleiher nach heute allgemeiner Meinung nicht die §§ 985 ff. BGB, sondern ausschließlich das Vertrags- und Deliktsrecht.[33] Mit anderen Worten ist die Besitzberechtigung i.S. des § 986 BGB abstrakt zu bestimmen, so daß ein Exzeß des Entleihers („Nicht-so-Berechtigter") diese *nicht* beseitigt. Hinsichtlich des Umfangs des „vertragsgemäßen Gebrauchs" gelten für die Leihe dieselben Grundsätze wie für den Mietvertrag.[34] Die Leihe berechtigt deshalb weder zum Verbrauch der Sache (z.B. durch Verwertung) noch – sofern nicht eine vertragliche Abrede das Gegenteil vorsieht – zur Fruchtziehung i.S. der §§ 99, 100 BGB.[35]

II. Dauer der Überlassung

Bezüglich der *Dauer der Überlassung* trägt das Recht des Leihvertrages weitgehend dem unentgeltlichen Charakter der Leihe Rechnung, da es dem Verleiher die Rückforderung der verliehenen Sache wesentlich erleichtert und das Interesse des Entleihers an einer Fortdauer des Sachgebrauchs weitgehend vernachlässigt.

Ausgangspunkt für die Dauer der Leihe ist die Abrede zwischen den Vertragsparteien. Vereinbaren sie eine bestimmte Zeit, dann endet die Leihe mit deren Ablauf (§ 604 Abs. 1 BGB). Entsprechendes gilt, wenn die Leihe einen bestimmten Zweck erreichen soll (§ 604 Abs. 2 BGB). Das Recht des Verleihers zur vorzeitigen fristlosen Kündigung der Leihe bleibt hiervon unberührt, steht aber unter der einschränkenden Voraussetzung eines Kündigungsgrundes (§ 605 BGB). Als solche zählt § 605 BGB den unvorhergesehenen Bedarf des Verleihers (Nr. 1), den vertragswidrigen Gebrauch durch den Entleiher (Nr. 2) sowie dessen Tod (Nr. 3) auf. Bei anderen als den in § 605 BGB genannten Tatbeständen scheidet eine Kündigung der Leihe durch den Verleiher grundsätzlich aus. Da es sich bei der Leihe um ein Dauerschuldverhältnis handelt,[36] findet aber neben dem nicht abschließend gedachten § 605 BGB die allgemeine Vorschrift des § 314 BGB zur Kündigung

---

[31] *Kollhosser* MünchKomm. § 598 Rdnr. 12; *Larenz* BT 1, § 50, S. 295; *Oechsler* Rdnr. 511; *Staudinger/Reuter* § 598 Rdnr. 12.

[32] *Larenz* BT 1, § 50, S. 295; *Schlechtriem* Rdnr. 326.

[33] *Baur/Stürner* § 11 Rdnr. 27 m.w.N.

[34] Näher oben § 5 B VI 2a, S. 334 ff.

[35] Siehe *Kollhosser* MünchKomm. § 598 Rdnr. 7, 9; *Medicus* Rdnr. 282; *Staudinger/ Reuter* § 598 Rdnr. 9, 11.

[36] Siehe oben § 6 A I, S. 379.

aus wichtigem Grund Anwendung.[37] Ist die Dauer der Leihe weder nach der Zeit noch nach dem Zweck bestimmt, dann kann der Verleiher den Gegenstand der Leihe jederzeit zurückfordern, ohne daß es hierfür einer Kündigung bedarf (§ 604 Abs. 3 BGB).[38]

III. Pflichtverletzungen und Haftung

1. Allgemeine Pflichtverletzungen

Auch der Verleiher kann aufgrund der §§ 280 ff. BGB dem Entleiher zum Schadensersatz verpflichtet sein, wenn z.B. Leistungsstörungen eintreten (die verliehene Sache geht nach Abschluß des Leihvertrages und vor Übergabe unter oder der Verleiher gerät mit ihrer Übergabe in Verzug[39]). Ein Schadensersatzanspruch kann ferner bei der Verletzung von Schutzpflichten (§ 241 Abs. 2 BGB) in bezug auf die Rechtsgüter des Entleihers entstehen.

Bei einer Pflichtverletzung des Verleihers ordnet das Bürgerliche Gesetzbuch ebenso wie für die Schenkung (§ 521 BGB) in § 599 BGB eine Haftungsbeschränkung auf Vorsatz und grobe Fahrlässigkeit an. Über deren konkrete Reichweite besteht jedoch – wie bei § 521 BGB[40] – Streit. Auch für die Leihe ist deshalb zu problematisieren, in bezug auf welche Pflichten als „Verleiher" i.S. des § 599 BGB gehandelt wird, wie weit also das Unentgeltlichkeitsprivileg reicht. Sachgründe für eine von § 521 BGB abweichende Streitentscheidung sind nicht ersichtlich, so daß die Haftungsprivilegierung des § 599 BGB nach h.M. nur, aber auch immer dann entfällt und der allgemeine Haftungsmaßstab der §§ 276, 278 BGB zur Anwendung gelangt, wenn der Verleiher Verhaltenspflichten verletzt, die sich nicht auf den Vertragsgegenstand (die verliehene Sache) beziehen.[41] Im Rahmen der Ausführungen zu § 521 BGB wurde indes bereits angedeutet, daß die Vereinheitlichung des Rechts der Pflichtverletzungen in den §§ 280 ff. BGB dafür spricht, derartige Haftungsprivilegierungen auf alle Vertragspflichten zu erstrecken.[42]

2. Rechts- und Sachmängelhaftung

Ebenso wie bei der Schenkung privilegiert das Gesetz den Verleiher wegen der Unentgeltlichkeit der von ihm erbrachten Leistung in § 600 BGB auch im Hinblick auf seine Haftung für Rechts- oder Sachmängel. Diese Vorschrift geht den

---

[37] BGH v. 11. Dezember 1981, BGHZ 82, 354 (359); *Esser/Weyers* BT 1, § 25 IV, S. 211.

[38] Siehe BT-Drucks. 14/6040, S. 258; für die Deutung der Rückforderung als konkludente Kündigung *Staudinger/Reuter* § 604 Rdnr. 10.

[39] Zum Vorrang des § 287 BGB vor besonderen Haftungsprivilegierungen wie § 599 BGB siehe oben § 4 D II, S. 286 f.

[40] Dazu oben § 4 D II, S. 287.

[41] OLG Stuttgart v. 29. Mai 1991, VersR 1993, 192 (193); *Fikentscher* Rdnr. 843; *Kollhosser* MünchKomm. § 599 Rdnr. 3; *Larenz* BT 1, § 50, S. 294; *Medicus* Festschrift für Odersky, 1996, S. 589 ff.; *Thiele* JZ 1967, 649 (654); siehe auch *Staudinger/Reuter* § 599 Rdnr. 2.

[42] Siehe oben § 4 D II, S. 287.

Regelungen über allgemeine Pflichtverletzungen (§§ 280 ff. BGB i.V. mit § 599 BGB) als lex specialis vor. Hinsichtlich des „Mangels im Rechte", des Fehlerbegriffs sowie der Konkretisierung der Arglist gelten – ebenso wie bei den §§ 523, 524 BGB[43] – die kaufrechtlichen Grundsätze.[44] Auch darüber hinaus ist der Anwendungsbereich des § 600 BGB aufgrund des identischen Normzwecks parallel zu den §§ 523 Abs. 1, 524 Abs. 1 BGB zu entwickeln. Danach gilt folgendes:

Der Verleiher ist nicht zu mangelfreier Lieferung verpflichtet.[45] Folglich betrifft § 600 BGB nicht das Erfüllungsinteresse, sondern regelt eine auf den Leihgegenstand bezogene *Schutzpflicht* gegenüber der Integrität des Entleihers (Aufklärungspflicht in bezug auf die Mangelhaftigkeit der Sache), bei deren Verletzung der Verleiher in nochmaliger Milderung des § 599 BGB nur für Arglist haftet.[46] Wie bei den §§ 523 Abs. 1, 524 Abs. 1 BGB wird daher für sog. *Mangelfolgeschäden*, d.h. für diejenigen, die nicht aus dem Minderwert der Leihsache selbst resultieren (Mangelschäden), denknotwendig lediglich nach Maßgabe des § 600 BGB gehaftet, da diese Norm gerade und ausschließlich einen derartigen Integritätsschutz bezweckt.[47] Entgegen der h.M.[48] greifen insoweit nicht die §§ 276 ff. BGB ein. Zu ersetzen hat der Verleiher nach § 600 BGB das sog. negative Interesse, also „den daraus (d.h. aus dem Verschweigen des Mangels, nicht dem Mangel selbst!) entstehenden Schaden". Der Entleiher ist daher von dem Verleiher so zu stellen, wie er bei rechtzeitiger Kenntnis des Mangels gestanden hätte (Vertrauensschaden).[49] Das positive Interesse an einem mangelfreien Gegenstand (Mangelschaden) bleibt unberücksichtigt, da den Verleiher bereits keine Pflicht zu mangelfreier Leistung trifft.

3. Ausstrahlung der Haftungsprivilegierungen auf das Deliktsrecht

Kontrovers wird darüber hinaus diskutiert, ob die Haftungsprivilegierungen der §§ 599, 600 BGB auch auf parallel bestehende *deliktsrechtliche Anspruchsgrundlagen* (z.B. § 823 Abs. 1 BGB) ausstrahlen. Dieses Problem der Anspruchs- und Anspruchsnormenkonkurrenz wurde bereits in bezug auf die schenkungsrechtlichen Regelungen der §§ 521, 523 Abs. 1, 524 Abs. 1 BGB erörtert;[50] für die Leihe ergeben sich insoweit keine Besonderheiten.

Auch bei den §§ 599, 600 BGB kann daher die Auffassung, daß die Haftungsprivilegierung nur den „Verleiher" in seiner Eigenschaft als Vertragspartner be-

---

[43] Dazu oben § 4 D III, S. 281 f.

[44] Statt aller *Kollhosser* MünchKomm. § 600 Rdnr. 2; *Staudinger/Reuter* § 600 Rdnr. 4. Lediglich eine Zurechnung von Herstelleräußerungen gemäß § 434 Abs. 1 Satz 3 BGB kann – wie bei der Schenkung – nicht stattfinden.

[45] *Brox/Walker* § 16 Rdnr. 2; *Medicus* Rdnr. 282; *Schlechtriem* Rdnr. 326.

[46] Siehe oben § 4 D III, S. 281 f.

[47] Näher oben § 4 D III, S. 281 f.

[48] *Kollhosser* MünchKomm. § 599 Rdnr. 5; *Medicus* Rdnr. 283; *Staudinger/Reuter* § 600 Rdnr. 3; a.A. *Erman/Werner* § 600 Rdnr. 1.

[49] *Kollhosser* MünchKomm. § 600 Rdnr. 3; *Staudinger/Reuter* § 600 Rdnr. 5.

[50] Siehe oben § 4 D IV, S. 289.

günstigen und nicht den allgemeinen Verkehrsschutz abschwächen soll,[51] nicht überzeugen. Mit der h.M. ist entgegenzuhalten, daß die vertragliche Verbindung nicht isoliert neben den allgemeinen Integritätsschutz tritt, sondern diesen überformt und daher die mit den §§ 599, 600 BGB bezweckte Privilegierung bei einer Anwendung des § 276 BGB im Rahmen der §§ 823 ff. BGB unzulässig unterlaufen würde.[52] Allerdings ist erneut zu beachten, daß eine Ausstrahlung auf das Deliktsrecht untrennbar mit dem – umstrittenen – Anwendungsbereich der Haftungsprivilegierungen verbunden ist.[53] Greifen diese auf vertraglicher Ebene nicht ein, dann scheidet auch eine Ausstrahlung der Haftungsprivilegierung auf parallel bestehende deliktsrechtliche Anspruchsgrundlagen aus.

IV. Verpflichtung zum Ersatz von Verwendungen

Aufwendungen des Entleihers im Hinblick auf die verliehene Sache erhält dieser vom Verleiher grundsätzlich nicht ersetzt. Dies ist eine konsequente Folgerung aus der fehlenden Pflicht des Verleihers zur Erhaltung des Gegenstandes der Leihe.[54] Insoweit rechtfertigt die Unentgeltlichkeit der Leihe abermals eine Privilegierung des Verleihers gegenüber dem Vermieter (vgl. §§ 536a Abs. 2, 539 BGB). Für die gewöhnlichen Erhaltungskosten, welche der Entleiher auf die entliehene Sache verwendet, schließt § 601 Abs. 1 BGB die Ersatzpflicht des Verleihers ausdrücklich aus.

Hinsichtlich anderer Verwendungen verweist § 601 Abs. 2 Satz 1 BGB i.S. einer *Rechtsgrundverweisung* auf das Recht der Geschäftsführung ohne Auftrag.[55] Sie sind nur nach Maßgabe des Willens bzw. des Interesses des Verleihers und bei Vorliegen eines Fremdgeschäftsführungswillens des Entleihers zu ersetzen.[56] Die Grenze zwischen gewöhnlichen und außergewöhnlichen Erhaltungskosten ist anhand der Verkehrsanschauung bei den regelmäßig wiederkehrenden, laufenden Ausgaben zu ziehen (Beispiel: Ölwechsel = gewöhnlich; Austauschmotor = außergewöhnlich).[57] Die *Reparatur* des normalen Verschleißes ist hingegen eine „andere Verwendung" i.S. des § 601 Abs. 2 BGB (arg. § 602 BGB). Über § 601 Abs. 2 Satz 1 BGB hinaus ist der Verleiher nicht zum Ersatz der Verwendungen verpflichtet. Den diesbezüglichen Interessen des Entleihers trägt das Gesetz nur eingeschränkt Rechnung, indem es ihn zur Wegnahme von Einrichtungen berechtigt, wenn er die verliehene Sache mit solchen versehen hat (§ 601 Abs. 2 Satz 2 BGB).

---

[51] OLG Hamm v. 2. Februar 1994, NJW-RR 1994, 1370 (1371); *Esser/Weyers* BT 1, § 25 III, S. 210.

[52] BGH v. 9. Juni 1992, NJW 1992, 2474 (2475); für § 521 BGB BGH v. 20. November 1984, BGHZ 93, 23 (29); *Staudinger/Reuter* § 599 Rdnr. 3; im Grundsatz auch *Kollhosser* MünchKomm. § 599 Rdnr. 4.

[53] Dazu vorstehend § 6 C III 1/2, S. 385 f.

[54] Siehe oben § 6 C I, S. 383 f.

[55] Ebenso im Sinne einer Rechtsgrundverweisung *Kollhosser* MünchKomm. § 601 Rdnr. 7; *Schlechtriem* Rdnr. 329; *Staudinger/Reuter* § 601 Rdnr. 3.

[56] *Medicus* Rdnr. 285.

[57] *Kollhosser* MünchKomm. § 601 Rdnr. 2; *Staudinger/Reuter* § 601 Rdnr. 2.

Diese Restriktion darf nicht durch die Gewährung von Bereicherungsansprüchen für solche Aufwendungen umgangen werden, die nicht unter § 601 Abs. 2 Satz 1 BGB fallen. Die Ansprüche des Entleihers auf Verwendungsersatz und Wegnahmegestattung verjähren in sechs Monaten (§ 606 Satz 1 BGB).

D. Vertragspflichten und Haftung des Entleihers

I. Pflicht zur Rückgewähr

Die – mit der Überlassungspflicht des Verleihers nicht im Synallagma stehende – Hauptpflicht des Entleihers stellt die Rückgabe der entliehenen Sache nach Beendigung der Leihfrist dar.[58] Wegen der Freigiebigkeit des Verleihers ergibt sich „aus den Umständen" (§ 269 Abs. 1 BGB) mangels abweichender Vereinbarung, daß er nicht die Lasten der Abholung tragen muß; vielmehr ist der Entleiher zur Rückgabe der entliehenen Sache am Wohnsitz des Verleihers verpflichtet (Bringschuld).[59] Für diesen begründet § 604 Abs. 1 BGB umgekehrt einen vertraglichen Anspruch auf Herausgabe der verliehenen Sache. Über den dort ausdrücklich genannten Fall des Zeitablaufs hinaus ist die Vorschrift in allen anderen Fällen analog anzuwenden, in denen die Leihe (z.B. aufgrund einer Kündigung nach § 605 BGB) endet. Zu einer Beendigung der Leihe kann es ferner auch durch den Entleiher kommen, wenn dieser die verliehene Sache vorzeitig zurückgibt. Zweifelhaft ist insoweit lediglich, ob er hierzu bereits nach § 271 Abs. 2 BGB berechtigt ist[60] oder ob er eine jederzeit mögliche Kündigung erklären muß.[61]

Die Rückgabepflicht des Entleihers stellt eine Leistungspflicht dar, so daß ihre schuldhafte Verletzung (z.B. Verzug) nach Maßgabe der §§ 280 Abs. 2, Abs. 3, 281 ff. BGB zum Schadensersatz verpflichten kann. Für Verschlechterungen einer Sache, welche gleichwohl noch zurückgegeben werden kann, ist demgegenüber § 603 BGB i.V. mit § 280 Abs. 1 Satz 1 BGB einschlägig (Schutzpflichtverletzung).[62] Sofern dem Entleiher gemäß § 601 Abs. 2 Satz 1 BGB ein Verwendungsersatzanspruch zusteht,[63] kann er diesen seiner Rückgabepflicht im Wege eines Zurückbehaltungsrechts nach § 273 Abs. 1, Abs. 2 BGB entgegenhalten. Gemäß § 604 Abs. 5 BGB beginnt die Verjährung des Rückgabeanspruchs in der Frist des § 195 BGB mit der Beendigung der Leihe.

Der Entleiher ist möglicherweise nicht nur dem Herausgabeanspruch des Verleihers aus § 604 Abs. 1 BGB ausgesetzt: In der Sonderkonstellation, daß dieser nicht Eigentümer der Sache war, trifft den Entleiher auch dem Eigentümer gegenüber nach § 985 BGB eine Pflicht zur Herausgabe. Kann sich der Entleiher gegenüber dem Eigentümer nicht nach § 986 Abs. 1 oder Abs. 2 BGB auf ein Besitz-

---

[58] Dazu oben § 6 C II, S. 385 f.
[59] *Staudinger/Reuter* § 604 Rdnr. 2.
[60] So *Kollhosser* MünchKomm. § 605 Rdnr. 1.
[61] Hierfür *Staudinger/Reuter* § 604 Rdnr. 3.
[62] Siehe unten § 6 D III, S. 390 f.
[63] Dazu oben § 6 C IV, S. 387 f.

recht berufen, so tritt eine Kollision der Ansprüche aus § 604 Abs. 1 BGB und § 985 BGB ein. Diesbezüglich ist der h.M. insoweit im Ansatz zuzustimmen, als nicht schon das mangelnde Eigentum des Verleihers *als solches* den Herausgabeanspruch aus § 604 Abs. 1 BGB beseitigt (keine exceptio ex iure tertii).[64] Hierin erschöpft sich die Problematik jedoch nicht: Gibt nämlich der Entleiher die Sache entweder dem Verleiher oder dem Eigentümer zurück, so kann er gegenüber dem jeweils anderen gegebenenfalls schadensersatzpflichtig sein (§§ 280 ff. BGB bzw. §§ 989, 990 BGB). Es bedarf also einer Kollisionsregelung, damit der Entleiher eine der Pflichten erfüllen kann, ohne gegenüber dem anderen eine Pflichtverletzung zu begehen. Nach dem Rechtsgedanken des § 34 StGB ist deshalb die *höherrangige Herausgabepflicht* zu bestimmen.

Dies muß im Grundsatz der Anspruch aus absolutem Recht sein (§ 985 BGB), der nicht durch das lediglich relative Rechtsverhältnis Verleiher-Entleiher beeinträchtigt werden kann. Die Interessen des Verleihers sind aufgrund seines mangelnden Eigentums bereits in gewisser Weise entwertet.[65] Anderes, d.h. ein Vorrang der Herausgabepflicht des § 604 Abs. 1 BGB soll nach h.M. aber gelten, wenn der Verleiher aufgrund von Verwendungen auf die fremde Sache nach den §§ 994 ff. BGB oder aus einem anderen Rechtsgrund gegen den Eigentümer ein Zurückbehaltungsrecht geltend machen kann.[66] In diesem Fall soll der Entleiher an den Verleiher zurückgeben müssen, damit dieser sich gegenüber dem Eigentümer wiederum auf seine Ersatzansprüche berufen kann.[67] Zu berücksichtigen ist demgegenüber jedoch, daß etwaige Verwendungsersatzansprüche des Verleihers nach den §§ 994 ff. BGB mit der Besitzüberlassung der Sache gemäß § 999 Abs. 1 BGB auf den Entleiher übergehen. Diesem steht also selbst das Zurückbehaltungsrecht nach § 1000 BGB zu, weswegen es einer Herausgabe „über das Dreieck" auch in diesem Fall zur Wahrung schutzwürdiger Interessen nicht bedarf. Im Falle anderweitiger Ersatzansprüche des Verleihers kann dieser den Entleiher zu deren Geltendmachung gegenüber dem Eigentümer ermächtigen.[68] Der Entleiher ist dann im Verhältnis zum Verleiher nach § 242 BGB verpflichtet, sich gegenüber dem Herausgabebegehren des Eigentümers auf den Ersatzanspruch zu berufen, wenn er diesen kennt, um den erlangten Ersatz dann im Innenverhältnis mit dem Verleiher auszugleichen. Daraus ergibt sich, daß in jedem Fall die Herausgabepflicht nach § 985 BGB vorgeht; deren Erfüllung befreit den Entleiher nicht nur gemäß § 275 Abs. 1 BGB von seiner Herausgabepflicht gegenüber dem Verleiher, sondern die Herausgabe an den Eigentümer begründet auch keine Pflichtverletzung in bezug auf § 604 Abs. 1 BGB. Der Verleiher kann somit in diesem Sonderfall nicht He-

---

[64]   BGH v. 14. Februar 1979, BGHZ 73, 317 (321 f.); *Erman/Werner* § 604 Rdnr. 1; *Soergel/Kummer* § 604 Rdnr. 1.

[65]   *Kollhosser* MünchKomm. § 604 Rdnr. 8; *Staudinger/Reuter* § 604 Rdnr. 5.

[66]   Wenn der Verleiher gegenüber dem Eigentümer nicht nur ein Zurückbehaltungs-, sondern ein Besitzrecht hat, kann der Eigentümer nach § 986 Abs. 1 Satz 2 BGB von vornherein nur Herausgabe an den Verleiher verlangen. In diesem Fall tritt also gar keine Kollision zwischen § 604 Abs. 1 BGB und § 985 BGB ein.

[67]   *Kollhosser* MünchKomm. § 604 Rdnr. 8; *Staudinger/Reuter* § 604 Rdnr. 5.

[68]   Zu derartigen Ermächtigungen *Larenz/Wolf* § 23 Rdnr. 55.

rausgabe an sich, wohl aber als Minus zu § 604 Abs. 1 BGB an den Eigentümer verlangen.[69] Demgegenüber ist der Entleiher wie dargelegt nach § 242 BGB verpflichtet, sich gegenüber dem Eigentümer auf ein Zurückbehaltungsrecht zur Geltendmachung von Ersatzansprüchen zu berufen, die in der Person des Verleihers entstanden und mit der Besitzüberlassung auf ihn übergegangen sind bzw. zu deren Geltendmachung er ermächtigt wurde. Verletzt der Entleiher diese gegenüber dem Verleiher bestehende Pflicht, so ist er diesem nach § 280 Abs. 1 BGB zum Schadensersatz verpflichtet.

§ 604 Abs. 4 BGB gewährt dem Verleiher nach Beendigung der Leihe auch einen Rückgabeanspruch gegen Dritte, denen der Entleiher die Sache – befugt oder unbefugt – zum Gebrauch überlassen hat. Insofern gelten die Ausführungen zur mietrechtlichen Parallelregelung (§ 546 Abs. 2 BGB) entsprechend.[70]

II. Erhaltungspflicht

Aus § 601 Abs. 1 BGB ergibt sich nicht nur, daß der Verleiher die gewöhnlichen Erhaltungskosten dem Entleiher nicht zu erstatten braucht,[71] sondern auch, daß letzterer während der Leihe verpflichtet ist, gewöhnliche Erhaltungsmaßnahmen durchzuführen.[72] Bedarf es außergewöhnlicher Erhaltungsmaßnahmen, muß der Entleiher diese zwar nicht selbst vornehmen, nach den §§ 241 Abs. 2, 242 BGB hat er den Verleiher aber hierüber zu informieren.[73] Unterläßt er dies und entsteht daraus ein Schaden, haftet er nach den §§ 280 Abs. 1, 276 BGB für Vorsatz und Fahrlässigkeit.

III. Unterlassung eines vertragswidrigen Gebrauchs

Solange die Leihe andauert, beschränkt das Gesetz den Entleiher auf einen „vertragsmäßigen Gebrauch" der verliehenen Sache (§ 603 Satz 1 BGB). Beachtet der Entleiher diese Grenze, so hat er Veränderungen und Verschlechterungen der verliehenen Sache nicht zu vertreten (§ 602 BGB). Schadensersatzansprüche wegen einer derartigen Verschlechterung der Sache schließt das Gesetz damit ausdrücklich aus. Erst wenn der Entleiher die Grenze des vertragsgemäßen Gebrauchs überschreitet, haftet er für den hieraus an der verliehenen Sache entstehenden Schaden nach § 280 Abs. 1 BGB, ohne daß auf der Verschuldensebene eine Haftungsprivilegierung eingreift.[74] In Analogie zu § 540 Abs. 2 BGB hat der Entleiher auch das

---

[69] Nach *Kollhosser* MünchKomm. § 604 Rdnr. 8 soll sich dieses Recht des Verleihers aus § 242 BGB ergeben.

[70] Siehe oben § 5 B VIII 1a, bb, S. 346.

[71] Dazu oben § 6 C IV, S. 387.

[72] *Kollhosser* MünchKomm. § 601 Rdnr. 1; *Staudinger/Reuter* § 601 Rdnr. 1.

[73] *Brox/Walker* § 16 Rdnr. 6; *Erman/Werner* § 601 Rdnr. 5; *Kollhosser* MünchKomm. § 601 Rdnr. 4; *Staudinger/Reuter* § 601 Rdnr. 3.

[74] Insoweit allgemeine Ansicht, vgl. z.B. *Kollhosser* MünchKomm. § 603 Rdnr. 3; *Larenz* BT 1, § 50, S. 295; *Schlechtriem* Rdnr. 328; *Staudinger/Reuter* § 602 Rdnr. 3. Weitergehend wird erwogen, die Haftung in Anlehnung an den Rechtsgedanken des

Verschulden Dritter zu vertreten, denen er die Sache befugt oder unbefugt überlassen hat. Präventiv kann der Verleiher analog § 541 BGB auf Unterlassung eines vertragswidrigen Gebrauchs klagen,[75] was insbesondere von Bedeutung ist, wenn er nicht Eigentümer ist und ihm somit der allgemeine Unterlassungsanspruch nach § 1004 Abs. 1 Satz 2 BGB nicht zusteht. Darüber hinaus berechtigt der vertragswidrige Gebrauch des Entleihers den Verleiher, die Leihe vorzeitig zu kündigen (§ 605 Nr. 2 BGB).

Als besondere Ausprägung der Pflicht zur Unterlassung eines vertragswidrigen Gebrauchs ist das Verbot für den Entleiher zu bewerten, ohne Erlaubnis des Verleihers Dritten den Gebrauch der Sache zu überlassen (§ 603 Satz 2 BGB), wobei es unerheblich ist, ob die Gebrauchsüberlassung an Dritte entgeltlich (Miete oder Pacht) oder unentgeltlich (Leihe) geschieht.[76] Folgerichtig kann der Verleiher bei unbefugter Weitergabe alle für den Fall eines nicht vertragsgemäßen Gebrauchs angeführten Rechtsbehelfe geltend machen.

Etwaige Ersatzansprüche des Verleihers wegen Veränderungen oder Verschlechterungen der Sache verjähren gemäß § 606 Satz 1 BGB in sechs Monaten. Die kurze Verjährungsfrist soll beweisrechtliche Probleme in bezug auf den wirklichen Zustand der Sache bei der Rückgabe sowie die mit zunehmendem Zeitablauf eintretende Verkomplizierung der Frage, ob dieser Zustand Resultat eines vertragswidrigen Gebrauchs war, vermeiden. Daher kann sie im Falle eines Untergangs der Sache, bei dem sich derartige Probleme nicht in vergleichbarer Weise stellen, nicht analog angewendet werden.[77] Wie bei der mietrechtlichen Parallelvorschrift in § 548 Abs. 1 BGB[78] gebietet der mit der kurzen Verjährungsfrist verfolgte „Bereinigungszweck" eine Erstreckung derselben auf konkurrierende deliktische Ansprüche; die §§ 195, 199 BGB werden insoweit verdrängt.[79] Schließlich ist die verjährungsrechtliche Privilegierung des § 606 BGB auf alle Ansprüche wegen Veränderungen oder Verschlechterungen der Sache gegen solche dritten Personen zu erstrecken, die nach den allgemeinen Grundsätzen des Vertrages mit Schutzwirkung für Dritte in den Schutzbereich des Leihvertrages einbezogen sind.[80]

---

§ 678 BGB auch für Zufall zu bejahen (so *Erman/Werner* § 603 Rdnr. 1; ablehnend aber *Larenz* BT 1, § 50, S. 295; siehe hierzu auch *Staudinger/Reuter* § 602 Rdnr. 3).

[75]   *Kollhosser* MünchKomm. § 603 Rdnr. 2; *Staudinger/Reuter* § 603 Rdnr. 1.

[76]   *Kollhosser* MünchKomm. § 603 Rdnr. 5; *Staudinger/Reuter* § 603 Rdnr. 2.

[77]   *Esser/Weyers* BT 1, § 25 IV, S. 211.

[78]   Dazu oben § 5 B VI 2c, bb, S. 338.

[79]   H.M.: BGH v. 14. Juli 1970, BGHZ 54, 264 (267 f.); BGH v. 24. Juni 1992, BGHZ 119, 35 (41); *Esser/Weyers* BT 1, § 25 IV, S. 211; *Kollhosser* MünchKomm. § 606 Rdnr. 4; *Larenz* BT 1, § 50, S. 296; a.A. *Medicus* Rdnr. 286.

[80]   *Staudinger/Reuter* § 606 Rdnr. 10.

§ 7 Der Dienstvertrag

A. Überblick zur gesetzlichen Regelungssystematik

Neben dem Werkvertrag zählt der Dienstvertrag zu den klassischen Schuldverträgen, bei denen die vertragstypische Hauptleistung in der Erbringung einer Tätigkeit besteht. Denjenigen, der diese Tätigkeit schuldet, bezeichnet das Bürgerliche Gesetzbuch als Dienstverpflichteten, seinen Vertragspartner als Dienstberechtigten. Dieser schuldet dem Dienstverpflichteten eine Vergütung für die Dienstleistung (§ 611 Abs. 1 BGB), so daß es sich bei dem Dienstvertrag um einen gegenseitigen Vertrag i.S. der §§ 320 ff. BGB handelt.

Eine gesetzliche Ausgestaltung erfährt das Dienstvertragsrecht vor allem in den §§ 611 bis 630 BGB, die verschiedene Arten von Dienstverträgen unter dem Oberbegriff des „Dienstverhältnisses" zusammenfassen: Auf einer ersten Ebene kann innerhalb der §§ 611 ff. BGB zwischen „vorübergehenden" Dienstverhältnissen und „dauernden" Dienstverhältnissen unterschieden werden. Für letztere treffen die §§ 617, 629, 630 BGB Sonderregelungen.[1] Auch wenn die Voraussetzungen eines dauernden Dienstverhältnisses nicht vorliegen, handelt es sich bei Dienstverträgen, die sich nicht in ganz punktuellen Tätigkeiten erschöpfen, aufgrund ihres Zeitbezugs regelmäßig um Dauerschuldverhältnisse.[2]

Auf einer zweiten Stufe ist der sog. freie Dienstvertrag vom „abhängigen" Dienstvertrag, dem Arbeitsvertrag, abzugrenzen, den ein Arbeitnehmer (Dienstverpflichteter) und ein Arbeitgeber (Dienstberechtigter) abschließen.[3] Sowohl bei dem freien Dienstvertrag als auch dem Arbeitsvertrag kann es sich wiederum um einen dauernden Dienstvertrag handeln, was für den Arbeitsvertrag regelmäßig zu bejahen ist. Die Vorschriften des Dienstvertragsrechts gelten auch für den Arbeitsvertrag, sofern die jeweilige Bestimmung oder eine spezialgesetzliche Regelung nicht ausdrücklich etwas anderes anordnet. Ein Beispiel für diese Regelungstechnik gibt § 621 BGB, der den personellen Anwendungsbereich der Vorschrift auf Dienstverhältnisse begrenzt, die keine Arbeitsverhältnisse i.S. des § 622 BGB sind. Ebenso ist § 627 BGB zum außerordentlichen Kündigungsrecht formuliert. Umgekehrt sind mehrere Bestimmungen der §§ 611 bis 630 BGB ihrem Inhalt nach ausschließlich auf Arbeitsverhältnisse anwendbar, so die §§ 611a, 611b, 612 Abs. 3, 612a, 613a, 615 Satz 3, 619a, 622 und 623 BGB.

Das Recht des Arbeitsverhältnisses hat über diese Normen hinaus in Spezialgesetzen eine umfangreiche Sonderregelung erfahren, die nicht selten die §§ 611 ff. BGB verdrängen und als eigenständige Materie des Sonderprivatrechts gelten.[4] Dies liegt darin begründet, daß die grundsätzlich auf alle Formen von Dienstverträgen anwendbaren §§ 611 ff. BGB dem klassischen Bild des privatautonomen Kräftegleichgewichts zwischen den Vertragspartnern verpflichtet und insoweit „so-

---

[1]   Näher zum dauernden Dienstverhältnis unten § 7 G, S. 433 ff.

[2]   *Larenz* BT 1, § 52 I, S. 312 f.; *Müller-Glöge* MünchKomm. § 611 Rdnr. 17; *Soergel/ Kraft* Vor § 611 Rdnr. 23 sowie ausführlich *Oetker* Das Dauerschuldverhältnis und seine Beendigung, 1994, S. 152 ff.

[3]   Siehe näher zur Abgrenzung § 7 B IV, S. 401 ff.

[4]   *Larenz* BT 1, § 52 I, S. 307 f.; *Medicus* Rdnr. 315; RGRK/*Schliemann* § 611 Rdnr. 803; *Staudinger/Richardi* Vorbem. zu §§ 611 ff. Rdnr. 112 ff.

zial indifferent" sind.[5] Arbeitnehmer haben gegenüber den jeweiligen Arbeitgebern aber typischerweise keine gleich starke Verhandlungsposition. Aufgrund dieses Machtungleichgewichts würde ein rein privatautonom-liberales Rechtsgefüge in bezug auf Arbeitsverhältnisse zu einseitig belastenden Vertragsgestaltungen führen, so daß der Gesetzgeber mittels der besagten Sondervorschriften zugunsten der Arbeitnehmer interveniert. Die besonderen Schutzanliegen des Arbeitsrechts werden dabei teilweise auf individualrechtlicher Ebene durch Einschränkungen der vertraglichen Abschluß- oder Inhaltsfreiheit (z.B. Kündigungsschutzgesetz) und teilweise auf kollektivrechtlicher Ebene (z.B. Betriebsverfassungsgesetz, Tarifvertragsrecht) verwirklicht.[6]

Als weitere Sonderform des Dienstvertrages ist der *Handelsvertretervertrag* im Handelsrecht speziell geregelt (§§ 84 ff. HGB); soweit es an einer Sonderregelung fehlt, sind die §§ 611 ff. BGB und – da es sich um einen Geschäftsbesorgungsvertrag[7] handelt – § 675 Abs. 1 BGB anwendbar.[8] Der *Kommissionsvertrag* nach den §§ 383 ff. HGB stellt, je nach seinem Inhalt, einen Spezialfall des Dienst- oder Werkvertrages dar.[9]

B. Abgrenzung des freien Dienstvertrages zu anderen Vertragstypen

Gegenstand der folgenden Erörterungen ist der freie Dienstvertrag des Bürgerlichen Gesetzbuches, sowohl in seiner Erscheinungsform als vorübergehendes wie auch als dauerndes Dienstverhältnis. Dies erfordert eine Abgrenzung zu anderen Vertragstypen innerhalb und außerhalb der §§ 611 bis 630 BGB.

I. Abgrenzung des Dienstvertrages vom Werkvertrag

Dienst- und Werkvertrag zeichnen sich gleichermaßen dadurch aus, daß jeweils eine Tätigkeit gegen Zahlung einer Vergütung geschuldet ist. Das entscheidende Merkmal für die Abgrenzung beider Vertragstypen enthält § 631 Abs. 2 BGB: Während der Dienstverpflichtete beim Dienstvertrag gemäß § 611 Abs. 1 BGB ausschließlich die Erbringung einer Tätigkeit schuldet (das „Wirken"), verpflichtet sich der Unternehmer beim Werkvertrag nach § 631 Abs. 2 BGB zusätzlich dazu, daß aufgrund der Tätigkeit ein *weiterer Erfolg* eintritt (das „Werk"). Beim Dienstvertrag sind „die Dienste für sich betrachtet" der Gegenstand der Verpflichtung, während beim Werkvertrag „das Erzeugnis der Dienste" geschuldet wird.[10] Lei-

---

[5]   *Medicus* Rdnr. 314.
[6]   Überblick zu den für Arbeitsverhältnisse bedeutsamen Sondergesetzen bei *Soergel/ Kraft* Vor § 611 Rdnr. 122 ff.
[7]   Dazu näher unten § 11 C, S. 615 ff.
[8]   *Canaris* Handelsrecht, 23. Aufl. 2000, § 32, S. 544 ff.; *Oetker* Handelsrecht, 3. Aufl. 2002, § 6 B I 3, S. 132 f.; *K. Schmidt* Handelsrecht, 5. Aufl. 1999, § 27 III 2, S. 728 f.
[9]   *K. Schmidt* Handelsrecht, 5. Aufl. 1999, § 31 III 3a, S. 871 ff. m.w.N. Zur Abgrenzung zwischen Dienst- und Werkvertrag sogleich unter § 7 B I, S. 395 ff.
[10] Mot. II, S. 455 und 471.

stungshandlung und Leistungserfolg fallen beim Dienstvertrag notwendigerweise zusammen, während beim Werkvertrag der mit der Tätigkeit verfolgte Zweck als geschuldeter Erfolg zum Inhalt des Leistungsversprechens gehört.[11]

Dieser Unterschied manifestiert sich in unterschiedlichen Rechtsfolgeregelungen: Während der Werkunternehmer das vereinbarte Werk insbesondere frei von Rechts- und Sachmängeln herzustellen hat (§ 633 Abs. 1 BGB) und die §§ 634 ff. BGB für den Fall der Mangelhaftigkeit bestimmte Haftungsfolgen normieren bzw. bei gänzlichem Ausbleiben des Erfolges die Pflicht zur Zahlung einer Vergütung entfällt (vgl. § 644 Abs. 1 Satz 1 BGB), fehlen für den Dienstvertrag entsprechende Vorschriften, da der zur Dienstleistung Verpflichtete keinen außerhalb der Tätigkeit selbst gelegenen Erfolg schuldet. Umgekehrt knüpft § 613 Satz 1 BGB an die Beschränkung des Dienstverhältnisses auf die Tätigkeit als solche die Konsequenz, daß der Dienstverpflichtete im Zweifel zu einer persönlichen Leistung derselben verpflichtet ist: Die mangelnde Erfolgsbezogenheit wird durch eine stärkere Regulierung des Tätigkeitsmoments „ausgeglichen". Im Werkvertragsrecht fehlt eine entsprechende Vorschrift, da der geschuldete Erfolg und nicht die Tätigkeit im Vordergrund steht. Schließlich kann der Werkunternehmer bei einer vorzeitigen Kündigung des Vertrages grundsätzlich die volle Vergütung beanspruchen (§ 649 Satz 2 BGB), während dem Dienstverpflichteten nur ein anteiliger Anspruch auf die Vergütung zusteht (§ 628 Abs. 1 Satz 1 BGB).[12] Folglich besteht zwischen Dienst- und Werkvertrag ein aliud-Verhältnis; der Werkvertrag ist kein „qualifizierter" Dienstvertrag.[13]

Relativ einfach ist die Abgrenzung des Dienstvertrages vom Werkvertrag, wenn die Tätigkeit der Herstellung oder Veränderung einer Sache dienen soll. In diesem Fall wird regelmäßig ein entsprechender Erfolg geschuldet, so daß ein Werkvertrag zur Herstellung eines körperlichen Werkes vorliegt (§ 631 Abs. 2 BGB).[14] Ob in anderen Konstellationen ein über die Tätigkeit hinausgehender unkörperlicher Erfolg zu bewirken ist und damit kein Dienst-, sondern ein Werkvertrag vorliegt, ist häufig problematisch, weil auch der Dienstberechtigte den Vertrag regelmäßig nicht wegen der Tätigkeit des Dienstverpflichteten abschließt, sondern an einem entsprechenden Tätigkeitserfolg interessiert ist, obwohl dieser nach dem Vertragsinhalt nicht geschuldet wird. Insoweit wird zur Abgrenzung teilweise eine typologische Betrachtung anhand des „Gesamtgepräges" des Vertrages ohne allein

---

[11]   BGH v. 16. Juli 2002, NJW 2002, 3323 (3324); *Larenz* BT 1, § 52 I, S. 310; *Soergel* MünchKomm. § 631 Rdnr. 12; *Soergel/Kraft* Vor § 611 Rdnr. 37; *Staudinger/Richardi* Vorbem. zu §§ 611 ff. Rdnr. 41, 44.

[12]   Näher zur Beendigung des Dienstverhältnisses unten § 7 F, S. 426 ff.

[13]   So wohl aber *Medicus* Rdnr. 361.

[14]   Anders kann es sich im Einzelfall etwa dann verhalten, wenn die Bearbeitung der Sache ein besonders großes Risiko beinhaltet, das der Schuldner erkennbar nicht tragen möchte, z.B. bei der schwierigen Restaurierung eines beschädigten Gemäldes. Zum Risikotragungswillen als Abgrenzungskriterium sogleich.

maßgebliche Kriterien befürwortet.[15] Mehrere der insoweit zur Berücksichtigung vorgeschlagenen „Vertragszüge" vermögen jedoch nicht zu überzeugen:[16]

Wenig hilfreich ist z.B. eine Abgrenzung nach dem „sozialen Leitbild" anhand des Merkmals der wirtschaftlichen oder persönlichen Selbständigkeit bzw. Unselbständigkeit der Tätigkeitserbringung. Zwar unterfällt eine unter strenger persönlicher Weisungsgebundenheit zu erbringende Tätigkeit nicht den §§ 631 ff. BGB, sondern stellt in der Regel ein Arbeitsverhältnis dar.[17] Andererseits kann aber auch der Werkunternehmer gewissen Weisungen des Bestellers unterliegen, wie § 645 Abs. 1 Satz 1 BGB zeigt,[18] und vom Besteller wirtschaftlich abhängig sein. Umgekehrt unterliegt auch der Dienstverpflichtete einem umfassenden persönlichen Weisungsrecht des Dienstberechtigten nur im Rahmen von Arbeitsverhältnissen,[19] nicht aber bei freien Dienstverträgen. Zudem fehlt insbesondere bei der Leistung von Diensten „höherer Art" häufig auch eine wirtschaftliche Unselbständigkeit gegenüber dem Vertragspartner.[20] Die vereinbarte Vergütungsart erlaubt ebenfalls keinen klaren Rückschluß auf die Rechtsnatur des Vertrages: Zwar wird die Vergütung beim Dienstvertrag typischerweise zeitbezogen bemessen, doch kann auch eine feste Vergütung unabhängig von dem letztendlich tatsächlich für die Tätigkeit erforderlichen Zeitaufwand vereinbart werden oder die Entlohnung je nach dem Erfolg der Arbeitsleistung variieren (z.B. Akkordlohn), selbst wenn dieser Erfolg definitionsgemäß nicht geschuldet wird.[21] Andererseits kann auch beim Werkvertrag die Zeit, die für die Herstellung des Werkes erforderlich war, die Höhe der Vergütung beeinflussen (z.B. bei Sachverständigengutachten).[22]

Entscheidendes Abgrenzungskriterium ist die *vertragliche Risikozuweisung* in bezug auf die Leistungs- und Vergütungsgefahr:[23] Soll der Verpflichtete nach dem gemäß den §§ 133, 157 BGB auszulegenden Vertragsinhalt solange Herstellungsversuche bzw. Nachbesserungen unternehmen müssen, bis ein mangelfreier Erfolg vorliegt (§§ 631 Abs. 1, 633, 635 BGB) oder anderenfalls keine Vergütung für

---

[15]   *Larenz* BT 1, § 52 I, S. 310; *Soergel/Kraft* Vor § 611 Rdnr. 39. Allgemein zum Typusbegriff *Larenz* Methodenlehre der Rechtswissenschaft, 6. Aufl. 1991, S. 461 ff.

[16]   Kritisch zur typologischen Abgrenzung auch *Esser/Weyers* BT 1, § 27 II, S. 233; *Staudinger/Richardi* Vorbem. zu §§ 611 ff. Rdnr. 36 ff.

[17]   Statt aller *Erman/Hanau* § 611 Rdnr. 17; *Larenz* BT 1, § 52 I, S. 309.

[18]   BGH v. 22. Oktober 1981, BGHZ 82, 100 (106); *Esser/Weyers* BT 1, § 27 II 3b, S. 233; *Soergel* MünchKomm. § 631 Rdnr. 17; *Staudinger/Richardi* Vorbem. zu §§ 611 ff. Rdnr. 30.

[19]   Näher unten § 7 B IV, S. 401 ff.

[20]   *Esser/Weyers* BT 1, § 27 II 3b, S. 233; RGRK/*Anders/Gehle* § 611 Rdnr. 25; *Soergel* MünchKomm. § 631 Rdnr. 16.

[21]   *Esser/Weyers* BT 1, § 27 II, S. 233; *Staudinger/Richardi* Vorbem. zu §§ 611 ff. Rdnr. 40.

[22]   *Larenz* BT 1, § 52 I, S. 310; *Soergel* MünchKomm. § 631 Rdnr. 18.

[23]   Wie hier BGH v. 16. Juli 2002, NJW 2002, 3323 (3324); *Esser/Weyers* BT 1, § 27 II 3c, S. 233; *Larenz* BT 1, § 52 I, S. 309 f.; *Soergel/ Kraft* Vor § 611 Rdnr. 37; einseitiges Abstellen auf die Vergütungsgefahr bei *Soergel* MünchKomm. § 631 Rdnr. 14; *Staudinger/Richardi* Vorbem. zu §§ 611 ff. Rdnr. 45.

seine Bemühungen erhalten (§ 644 Abs. 1 Satz 1 BGB), so handelt es sich um einen Werkvertrag. Dies kann jedoch mangels einer abweichenden Erklärung des Verpflichteten allenfalls dann angenommen werden, wenn der Eintritt des außerhalb der Tätigkeit gelegenen Erfolges für ihn beherrschbar ist.[24] Liegt der Erfolgseintritt außerhalb seiner Einflußsphäre, dann ist davon auszugehen, daß er sich nicht zur Herbeiführung desselben, sondern lediglich zu der Tätigkeit als solcher verpflichten wollte (Dienstvertrag). Hier kann eine Haftung nur dann eintreten, wenn die Tätigkeit selbst nicht pflichtgemäß erbracht wurde.[25] Im umgekehrten Fall ist das Vorliegen eines Werkvertrages freilich nicht zwingend, da der Umstand, daß die Herbeiführung eines Erfolges ausschließlich vom Willen des Tätigwerdenden abhängt, nicht notwendig zu einem entsprechenden Einstandswillen führt.[26] Ob der Arbeitserfolg außervertraglicher Zweck bleibt oder Inhalt des Leistungsversprechens wird, ist in diesem Fall der Parteiabrede unter Berücksichtigung aller Umstände des Einzelfalls zu entnehmen.[27]

Nach Maßgabe dessen ist der Vertrag mit einem *Rechtsanwalt*, der eine Prozeßführung zum Gegenstand hat, regelmäßig ein Dienstvertrag, da der Rechtsanwalt den Prozeßausgang nur bedingt beeinflussen kann.[28] Andererseits liegt bei der Erstellung eines Rechtsgutachtens ein Werkvertrag vor.[29] Entsprechendes gilt für einen *Steuerberater*, der eine Steuererklärung erstellt (= Werkvertrag), während ein auf die umfassende Wahrnehmung der steuerlichen Interessen des Auftraggebers gerichteter Vertrag dem Dienstvertragsrecht zuzuordnen ist.[30] Bei diesem fehlt ein isolierbarer Erfolg, den es zu bewirken gelten könnte. Da Rechtsanwälte und Steuerberater fremde Geschäfte besorgen, handelt es sich jeweils und unabhängig von deren Zuordnung zum Dienst- oder Werkvertragsrecht um Geschäftsbesorgungsverträge i.S. des § 675 Abs. 1 BGB.[31]

Den *Arztvertrag* ordnet die h.M. – auch im operativen Bereich – als Dienstvertrag ein, soweit keine ausdrückliche Erfolgszusage vorliegt.[32] Ob die erwünschte Heilung des Patienten eintritt, liegt außerhalb des Einflusses des Arztes; er kann sich lediglich bemühen, durch eine fachgerechte Behandlung das ihm Mögliche zu unternehmen, um die Heilung eintreten zu lassen. Bei einer zahnprothetischen Be-

---

[24] *Brox/Walker* § 19 Rdnr. 13; *Larenz* BT 1, § 52 I, S. 310 f.; *Medicus* Rdnr. 362; RGRK/*Anders/Gehle* § 611 Rdnr. 20; *Soergel/Kraft* Vor § 611 Rdnr. 42.

[25] Siehe unten § 7 D III 1, S. 407 ff.

[26] Vgl. *Brox/Walker* § 19 Rdnr. 10; *Soergel/Kraft* Vor § 611 Rdnr. 42.

[27] Vgl. BGH v. 10. Juni 1999, NJW 1999, 3118 f.

[28] *Palandt/Putzo* Einf. v. § 611 Rdnr. 21; *Staudinger/Richardi* Vorbem. zu §§ 611 ff. Rdnr. 55.

[29] BGH v. 6. Juli 1971, BGHZ 56, 355 (364); *Esser/Weyers* BT 1, § 27 II, S. 235; *Soergel* MünchKomm. § 631 Rdnr. 96.

[30] BGH v. 4. Juni 1970, BGHZ 54, 106 (107 f.); BGH v. 6. November 1980, BGHZ 78, 335 (337 f.); *Soergel/Kraft* Vor § 611 Rdnr. 45.

[31] Dazu näher unten § 11 C, S. 615 ff.

[32] BGH v. 18. März 1980, BGHZ 76, 259 (261); *Erman/Hanau* § 611 Rdnr. 15; *Larenz* BT 1, § 52 I, S. 309 f.; RGRK/*Anders/Gehle* § 611 Rdnr. 165; *Schlechtriem* Rdnr. 337; kritisch *Staudinger/Richardi* Vorbem. zu §§ 611 ff. Rdnr. 53 f.

handlung gilt dies für die Einpassung der Prothese, während sich die Herstellung derselben nach Werkvertragsrecht beurteilt, das gemäß § 651 Satz 1 BGB für diesen Fall wiederum auf das Kaufrecht verweist, so daß z.b. in Bezug auf Sachmängel § 434 BGB eingreift (typengemischter Vertrag).[33] Mangels Beherrschbarkeit des Lernerfolges sind auch Verträge über die Erteilung von *Privatunterricht* als Dienstverträge einzustufen.[34] Verträge über eine *Krankenhausaufnahme* sind typengemischte Verträge, deren Behandlungselement sich nach den §§ 611 ff. BGB bemißt. Hierbei kommen verschiedene Vertragsgestaltungen, insbesondere auch Kombinationsmöglichkeiten mit zusätzlichen Arztverträgen (Chefarztbehandlung) in Betracht.[35]

Besonders umstritten war die Zuordnung lange Zeit für die verschiedenen Leistungen von *Architekten*. Schon relativ früh entschied der Bundesgerichtshof, daß der sowohl die Bauplanung als auch die Bauleitung und Bauaufsicht umfassende Architektenvertrag ein einheitlich auf das Entstehen des Bauwerks gerichteter Werkvertrag ist.[36] Nach neuerer Rechtsprechung stellt aber auch die isolierte Bauleitung bzw. -aufsicht eine Werkleistung dar, weil sich in diesem Fall die Einzelleistungen im Entstehen des Bauwerks niederschlagen sollen.[37] Geschuldeter Erfolg ist allerdings nicht das Bauwerk in natura, sondern die Koordination der einzelnen Bauleistungen, so daß sich auch die §§ 633 ff. BGB nur auf derartige „Koordinationsmängel", nicht aber unmittelbar auf physische Mängel am Bauwerk beziehen.[38]

II. Abgrenzung des Dienstvertrages vom Dienstverschaffungsvertrag

Bei dem gesetzlich nicht eigens geregelten Dienstverschaffungsvertrag verpflichtet sich eine Partei nicht i.S. des § 611 Abs. 1 BGB zur Leistung der Tätigkeit selbst, sondern dazu, ihrem Vertragspartner die Tätigkeit eines Dritten zur Verfügung zu stellen, der zur Erbringung der betreffenden Dienstleistung geeignet und bereit ist.[39] Vertragliche Beziehungen bestehen dabei typischerweise nur zwischen dem Dienstverschaffenden und seinem Vertragspartner (Dienstverschaffungsvertrag)

---

[33] BGH v. 9. Dezember 1974, BGHZ 63, 306 (309); *Soergel* MünchKomm. § 631 Rdnr. 66 f.; *Soergel/Kraft* Vor § 611 Rdnr. 43.

[34] BGH v. 8. März 1984, NJW 1984, 1531; *Larenz* BT 1, § 52 I, S. 311; RGRK/*Anders/ Gehle* § 611 Rdnr. 752.

[35] Überblick dazu bei *Medicus* Rdnr. 352 ff. sowie *Müller-Glöge* MünchKomm. § 611 Rdnr. 71 ff.

[36] BGH v. 26. November 1959, BGHZ 31, 224 (226 ff.); zustimmend *Larenz* BT 1, § 52 I, S. 311; *Medicus* Rdnr. 362; *Soergel/Kraft* Vor § 611 Rdnr. 44; a.A. RG v. 1. Dezember 1914, RGZ 86, 75 (77 f.).

[37] BGH v. 22. Oktober 1981, BGHZ 82, 100 (105 ff.) m.w.N. und gegen BGH v. 6. Juli 1972, BGHZ 59, 163 (166); kritisch zur neueren Rechtsprechung *Esser/Weyers* BT 1, § 27 II 3d, S. 235.

[38] BGH v. 26. November 1959, BGHZ 31, 224 (228); *Soergel/Kraft* Vor § 611 Rdnr. 44; *Staudinger/Richardi* Vorbem. zu §§ 611 ff. Rdnr. 57. Näher unten § 8 E I 1, S. 450.

[39] *Esser/Weyers* BT 1, § 27 II 3e, S. 236; *Larenz* BT 1, § 52 I, S. 311 f.; RGRK/*Anders/ Gehle* § 611 Rdnr. 28; *Soergel/Kraft* Vor § 611 Rdnr. 49.

einerseits und dem Dienstverschaffenden und dem die Tätigkeit Erbringenden andererseits (Dienst-, Arbeitsvertrag etc.); ein direktes Vertragsverhältnis zwischen dem Dienstleistenden und dem Dienstbegünstigten fehlt indes regelmäßig.[40]

Die Dienstverschaffung unterscheidet sich von der Diensterbringung unter Einschaltung eines Dritten bei gleichzeitiger Befreiung von der persönlichen Leistungspflicht i.S. des § 613 Satz 1 BGB – d.h. von einem reinen Dienstvertrag – dadurch, daß der Dienstverschaffende die Tätigkeit selbst nicht mehr schuldet. Folglich haftet er für Ausführungsmängel nicht nach § 278 BGB, sondern nur für die sorgfältige Auswahl und die Dienstbereitschaft des Dritten.[41] Umgekehrt steht das Weisungsrecht über den die Tätigkeit Erbringenden nicht dem Dienstverschaffenden, sondern dem Dienstbegünstigten zu.[42] Wenn wie regelmäßig kein unmittelbarer Vertrag zwischen dem Dienstleistenden und dem Dienstbegünstigten besteht, ergibt sich dessen Weisungsrecht daraus, daß der Dienstverschaffende sein aus dem Innenverhältnis zum Dienstleistenden resultierendes Weisungsrecht auf seinen Vertragspartner übertragen hat.

Von der bloßen Dienstvermittlung unterscheidet sich die Dienstverschaffung dadurch, daß nicht (lediglich) der Abschluß eines Dienstvertrages mit einem Dritten vermittelt wird, sondern daß die Dienste eines zur Erbringung der betreffenden Tätigkeit Geeigneten und Bereiten zur Verfügung zu stellen sind.[43] Letzteres umfaßt einen über die Bemühungen des Dienstverschaffenden hinausgehenden unkörperlichen Erfolg (vgl. § 631 Abs. 2 BGB), so daß es naheliegt, den Dienstverschaffungsvertrag als Werkvertrag einzuordnen;[44] zum geschuldeten Erfolg gehört freilich nicht der Arbeitserfolg der Tätigkeit selbst, die der Dienstverschaffende als solche nicht schuldet. Hauptbeispiel für einen Dienstverschaffungsvertrag ist die Überlassung von eigenen Arbeitnehmern an Dritte, die im Arbeitnehmerüberlassungsgesetz näher geregelt ist.[45]

III. Abgrenzung des Dienstvertrages vom Auftrag

Während der Dienstvertrag i.S. des § 611 Abs. 1 BGB eine entgeltliche Tätigkeit voraussetzt, umfaßt der Auftrag i.S. des § 662 BGB nur die unentgeltliche Besorgung eines fremden Geschäfts. Inwieweit die §§ 662 ff. BGB auf unentgeltlich erbrachte Dienstleistungen Anwendung finden, hängt folglich von der Definition des

---

[40]   BAG v. 4. Juli 1979, DB 1979, 2282 f.; RGRK/*Anders/Gehle* § 611 Rdnr. 30; *Soergel/Kraft* Vor § 611 Rdnr. 49.

[41]   BGH v. 9. März 1971, NJW 1971, 1129; *Esser/Weyers* BT 1, § 27 II 3e, S. 236; *Larenz* BT 1, § 52 I, S. 312; RGRK/*Anders/Gehle* § 611 Rdnr. 33; *Soergel/Kraft* Vor § 611 Rdnr. 50.

[42]   *Medicus* Rdnr. 320; *Müller-Glöge* MünchKomm. § 611 Rdnr. 36; *Staudinger/Richardi* Vorbem. zu §§ 611 ff. Rdnr. 70.

[43]   *Müller-Glöge* MünchKomm. § 611 Rdnr. 36; *Soergel/Kraft* Vor § 611 Rdnr. 49; *Staudinger/Richardi* Vorbem. zu §§ 611 ff. Rdnr. 71.

[44]   Für Vertrag sui generis die h.M.: *Esser/Weyers* BT 1, § 27 II 3e, S. 236; *Larenz* BT 1, § 52 I, S. 312; *Schlechtriem* Rdnr. 340; *Staudinger/Richardi* Vorbem. zu §§ 611 ff. Rdnr. 69.

[45]   Arbeitnehmerüberlassungsgesetz v. 3. Februar 1995, BGBl. I S. 158.

Begriffs der Geschäftsbesorgung in § 662 BGB ab.[46] Soweit das Auftragsrecht nicht anwendbar ist, können gegebenenfalls einzelne Vorschriften der §§ 613 ff. BGB, die nicht gerade an die Entgeltlichkeit anknüpfen, analoge Anwendung finden.[47] Falls ein (entgeltlicher) Dienstvertrag nach seinem Inhalt auf eine Geschäftsbesorgung gerichtet ist, finden nach § 675 Abs. 1 BGB *neben* den §§ 611 ff. BGB zahlreiche Vorschriften des Auftragsrechts parallele Anwendung.[48]

IV. Abgrenzung des freien Dienstvertrages vom Arbeitsvertrag

Sowohl die Vorschriften des Dienstvertragsrechts, die ausschließlich für Arbeitsverhältnisse gelten (§§ 611a, 611b, 612 Abs. 3, 612a, 613a, 615 Satz 3, 619a, 622 und 623 BGB), als auch diejenigen Normen, die Arbeitsverhältnisse ausdrücklich aus ihrem Anwendungsbereich ausklammern (§§ 621, 627 BGB), zwingen dazu, den freien Dienstvertrag vom Arbeitsvertrag abzugrenzen.

Hierbei stehen die privatrechtlichen Austauschbeziehungen zwischen den Vertragsparteien in Rede, so daß insoweit der arbeitsrechtliche Arbeitnehmerbegriff das maßgebliche Kriterium bildet. Für diesen hat die Vermutung in § 7 Abs. 4 SGB IV, die sich auf das Vorliegen eines sozialversicherungsrechtlichen Beschäftigungsverhältnisses i.S. des § 7 Abs. 1 SGB IV bezieht, keine Bedeutung, da dessen Inhalt weiter ist als derjenige des Arbeitsverhältnisses.[49]

Die h.M. zieht die *persönliche Abhängigkeit* des Dienstverpflichteten vom Dienstberechtigten als maßgebliches Kriterium für die Arbeitnehmereigenschaft im arbeitsrechtlichen Sinne heran („unselbständiger" Dienstvertrag).[50] Hierfür muß der Arbeitnehmer unter Zugrundelegung eines typologischen Verständnisses seine Dienste im Rahmen einer von Dritten bestimmten Arbeitsorganisation leisten.[51] Traditioneller Ausgangspunkt für die Bestimmung einer Eingliederung in die Organisationsstruktur des Dienstberechtigten ist das Nichtvorliegen einer selbständigen Tätigkeit i.S. des § 84 Abs. 1 Satz 2 HGB.[52] Selbständig ist nach dieser Norm, wer seine Tätigkeit im wesentlichen frei gestalten und seine Arbeitszeit selbst bestimmen kann. Hieraus folgt umgekehrt, daß derjenige, der im Hinblick auf seine Tätigkeit, den Arbeitsort und die Arbeitszeit im wesentlichen den Weisungen sei-

---

[46]   Dazu unten § 11 B II 1, S. 593 ff.

[47]   *Müller-Glöge* MünchKomm. § 611 Rdnr. 34; *Soergel/Kraft* Vor § 611 Rdnr. 29; a.A. unter Befürwortung einer extensiven Anwendung des Auftragsrechts *Larenz* BT 1, § 52 I, S. 312; *Medicus* Rdnr. 318; *Staudinger/Richardi* § 611 Rdnr. 4.

[48]   Näher unten § 11 C I 3, S. 618 f.

[49]   Vgl. *Buchner* DB 1999, 146 (151) m.w.N.

[50]   BAG v. 28. Februar 1962, BAGE 12, 303 (307); BAG v. 20. Juli 1994, BAGE 77, 226 (232); *Erman/Hanau* § 611 Rdnr. 56; *Hueck* RdA 1969, 216 (217); *Soergel/Kraft* Vor § 611 Rdnr. 5; Nachweise zu abweichenden Konzeptionen bei RGRK/*Schliemann* § 611 Rdnr. 1005 ff.

[51]   BAG v. 20. Juli 1994, BAGE 77, 226 (232); *Müller-Glöge* MünchKomm. § 611 Rdnr. 134; *Staudinger/Richardi* Vorbem. zu §§ 611 ff. Rdnr. 139 f.

[52]   BAG v. 15. März 1978, BAGE 30, 163 (169); BAG v. 30. November 1994, BAGE 78, 343 (353); *Esser/Weyers* BT 1, § 27 II 2, S. 232; *Müller-Glöge* MünchKomm. § 611 Rdnr. 135; RGRK/*Schliemann* § 611 Rdnr. 990; *Soergel/Kraft* Vor § 611 Rdnr. 7.

nes Vertragspartners unterliegt (*persönliche Weisungsgebundenheit*), unselbständige Dienste und damit eine Arbeitsleistung erbringt.[53] In diesem Fall liegt ein Arbeitsverhältnis vor, z.B. bei Rundfunkmitarbeitern, deren Tätigkeit durch Dienstpläne fremdbestimmt werden kann.[54] Neben der in Abgrenzung zu § 84 Abs. 1 Satz 2 HGB definierten persönlichen Weisungsgebundenheit ist für die Einbindung in die fremde Arbeitsorganisation als Ausdruck einer persönlichen Abhängigkeit und damit für die Arbeitnehmereigenschaft keine umfassende fachliche Weisungsbefugnis des Dienstberechtigten erforderlich; der hinsichtlich Zeit und Ort der Dienstleistung in die Krankenhausstruktur eingegliederte Chefarzt ist Arbeitnehmer, obwohl er in bezug auf seine Behandlungsmethoden keiner Fremdbestimmung unterliegt.[55] Trotz des Weisungsrechts der Gesellschafter nach § 37 Abs. 1 GmbHG wird hingegen GmbH-Geschäftsführern wie anderen Organmitgliedern juristischer Personen regelmäßig die Arbeitnehmereigenschaft abgesprochen, da sie die juristische Person als potentiellen Arbeitgeber selbst repräsentieren.[56]

Eine wirtschaftliche Abhängigkeit des Dienstverpflichteten vom Dienstberechtigten genügt weder für das Vorliegen eines Arbeitsvertrages noch ist sie dazu erforderlich.[57] Dies bestätigt § 92a HGB. Hiernach verliert der Handelsvertreter seine Selbständigkeit nicht allein dadurch, daß er ausschließlich für seinen Vertragspartner tätig werden darf oder aufgrund des Umfangs der verlangten Tätigkeit sein kann (sog. Einfirmenvertreter). Vielmehr wird dem hieraus resultierenden Schutzbedürfnis des Handelsvertreters dadurch Rechnung getragen, daß gemäß § 92a Abs. 1 HGB eine Rechtsverordnung für die vertraglichen Leistungen des Unternehmers Untergrenzen festsetzen kann. Auf den lediglich wirtschaftlich, nicht aber persönlich Abhängigen finden somit diejenigen Vorschriften der §§ 611 ff. BGB, die auf Arbeitsverhältnisse beschränkt sind, grundsätzlich keine Anwendung.

Führt die wirtschaftliche Abhängigkeit zu einer mit dem persönlich abhängigen Arbeitnehmer vergleichbaren sozialen Schutzbedürftigkeit, so handelt es sich bei dem betreffenden Personenkreis um sog. arbeitnehmerähnliche Personen (vgl. die Legaldefinition in § 12a Abs. 1 Nr. 1 TVG).[58] Diese Personen hat der Gesetzgeber in *einzelnen* Bestimmungen außerhalb des Bürgerlichen Gesetzbuchs mit Arbeit-

---

[53]   BAG v. 9. September 1981, BAGE 36, 77 (82); *Erman/Hanau* § 611 Rdnr. 59; *Soergel/ Kraft* Vor § 611 Rdnr. 9 f.

[54]   BAG v. 30. November 1994, BAGE 78, 343 (352).

[55]   BAG v. 10. November 1955, BAGE 2, 221 ff.; *Müller-Glöge* MünchKomm. § 611 Rdnr. 137; *Staudinger/Richardi* Vorbem. zu §§ 611 ff. Rdnr. 146.

[56]   BGH v. 9. November 1967, BGHZ 49, 30 (31); BGH v. 29. Januar 1981, BGHZ 79, 291 (292); *Staudinger/Richardi* Vorbem. zu §§ 611 ff. Rdnr. 233 m.w.N.

[57]   BAG v. 20. Juli 1994, BAGE 77, 226 (232); *Erman/Hanau* § 611 Rdnr. 58; RGRK/ *Schliemann* § 611 Rdnr. 990; *Staudinger/Richardi* Vorbem. zu §§ 611 ff. Rdnr. 138; so auch die Rechtsprechung des Reichsarbeitsgerichts seit RAG v. 15. Februar 1930, ARS 8, 451.

[58]   Zum Begriff der arbeitnehmerähnlichen Person siehe *Staudinger/Richardi* Vorbem. zu §§ 611 ff. Rdnr. 244 ff. m.w.N.

nehmern gleichgestellt (z.B. § 2 Satz 2 BUrlG, § 5 Abs. 1 Satz 2 ArbGG).[59] Aus diesen singulären Vorschriften kann keine generelle Gleichstellungsabsicht des Gesetzgebers abgeleitet werden (argumentum e contrario), so daß auf arbeitnehmerähnliche Personen im übrigen grundsätzlich das Recht des freien Dienstvertrages Anwendung findet. Lediglich zurückhaltend ist eine analoge Anwendung einzelner arbeitsrechtlicher Normen zu erwägen.[60]

C. Abschluß des Dienstvertrages

I. Der Vertragsschluß

Für den Abschluß des Dienstvertrages legen die §§ 611 bis 630 BGB grundsätzlich keine Besonderheiten fest. Es genügen zwei übereinstimmende Willenserklärungen i.S. der §§ 145 ff. BGB. Soll ein Minderjähriger Partei des Dienstvertrages werden, benötigt dieser regelmäßig die Zustimmung beider Elternteile als gesetzliche Vertreter i.S. der §§ 107 f., 1629 Abs. 1 BGB. Nimmt der Minderjährige, der das siebente Lebensjahr vollendet hat, die Stellung als Dienstberechtigter ein, bedarf es der Zustimmung freilich nicht, wenn er nach Maßgabe des § 112 Abs. 1 BGB zum Betrieb eines Erwerbsgeschäfts ermächtigt worden ist und der Vertragsabschluß zum Betrieb dieses Geschäfts gehört. Ist der Minderjährige umgekehrt Dienstverpflichteter, entfällt das Zustimmungserfordernis nach § 113 Abs. 1 BGB, wenn eine entsprechende Ermächtigung vorliegt, in Dienst oder Arbeit zu treten. Eine Genehmigung durch das Vormundschaftsgericht ist nach § 1822 Nr. 7 BGB erforderlich, wenn ein Mündel durch den Dienstvertrag zu persönlichen Leistungen für eine längere Zeit als ein Jahr verpflichtet werden soll. Formvorschriften sind beim Abschluß von freien Dienstverträgen nicht zu beachten.

Wenn ein Verbraucher i.S. des § 13 BGB mit einem dienstleistenden Unternehmen (§ 14 BGB) einen Vertrag unter Benutzung von Fernkommunikationsmitteln i.S. des § 312b Abs. 2 BGB abschließt, steht ihm grundsätzlich ein zweiwöchiges Widerrufsrecht nach Maßgabe der §§ 312d, 355 BGB zu. Allerdings nimmt § 312b Abs. 3 BGB verschiedene Formen von Dienstleistungen hiervon generell heraus.

II. Die Behandlung von Abschlußmängeln

Ein Dienstvertrag kann nach allgemeinen Vorschriften unwirksam, insbesondere nichtig sein (z.B. §§ 105, 134, 138, 142 Abs. 1 BGB). Im Arbeitsrecht ist allerdings weitgehend anerkannt, daß ein *in Vollzug gesetztes* Arbeitsverhältnis, das an einem Unwirksamkeitsgrund leidet, aufgrund einer teleologischen Reduktion der jeweiligen Nichtigkeitsnorm grundsätzlich nur noch durch eine Erklärung mit Wir-

---

[59] Übersicht über sämtliche für arbeitnehmerähnliche Personen ausdrücklich geltende Schutzvorschriften bei *Erman/Hanau* § 611 Rdnr. 135.

[60] Hierzu z.B. *Buchner* NZA 1998, 1144 ff.; *Hromadka* NZA 1997, 1249 ff.; *Oetker* Festschrift zum 50jährigen Bestehen der Arbeitsgerichtsbarkeit Rheinland-Pfalz, 1999, S. 311 ff.; *Pfarr* Festschrift für Kehrmann, 1997, S. 75 ff.; *Rieble* ZfA 1998, 327 (345 ff.).

kung *ex nunc* beendet werden kann.[61] Es stellt sich die Frage, ob diese Rechtsprinzipien des sog. fehlerhaften Arbeitsverhältnisses auf freie Dienstverträge übertragbar sind, die einen Abschlußmangel aufweisen. Dies wäre zu bejahen, wenn man die rechtliche Legitimation für die Einschränkung der Unwirksamkeitsfolgen gänzlich oder zumindest überwiegend darin erblickt, daß bei Dauerschuldverhältnissen Rückabwicklungsschwierigkeiten auftreten können, auf die das Bereicherungsrecht nicht angemessen reagiert.[62]

Ein allgemeines Rechtsprinzip dergestalt, daß in Vollzug gesetzte Dauerschuldverhältnisse nicht ex tunc abgewickelt werden dürften, existiert jedoch nicht. Vielmehr liegt die Begründung für die vorläufige Rechtswirksamkeit fehlerhafter Arbeitsverhältnisse richtigerweise nicht ausschließlich in möglichen Rückabwicklungsschwierigkeiten, sondern vielmehr darin, daß mit der Invollzugsetzung eine Eingliederung in die Organisation des Arbeitgebers erfolgt, die zu einer erhöhten sozialen Schutzbedürftigkeit führt (z.B. Entgeltfortzahlung im Krankheitsfall nach § 3 EFZG) und der eine bereicherungsrechtliche Rückabwicklung nicht hinreichend Rechnung tragen würde.[63] Eine derartige persönliche Abhängigkeit fehlt aber bei freien Dienstverträgen, da dort der klassische Austauschcharakter im Vordergrund steht.[64]

Zwei Entscheidungen des Bundesgerichtshofs, in denen die Grundsätze des fehlerhaften Arbeitsverhältnisses auf andere dienstvertragliche Rechtsbeziehungen angewendet wurden, betrafen Sonderkonstellationen: In dem einen Fall ging es um das fehlerhafte Anstellungsverhältnis des Vorstandes einer Aktiengesellschaft, das ähnlich wie ein Arbeitsverhältnis durch eine organisationsrechtliche Komponente geprägt wird;[65] die zweite Entscheidung betraf die Rechtsstellung einer arbeitnehmerähnlichen Person.[66] Bei „reinen" freien Dienstverträgen sind jedoch die Rechtsfolgen von Unwirksamkeitsgründen unmodifiziert anzuwenden, so daß auch bei bereits in Vollzug gesetzten Beziehungen eine bereicherungsrechtliche Rückabwicklung vorzunehmen ist.[67] Für die Bemessung der durch die Dienstleistung eingetretenen Vermögensmehrung, d.h. des „Erlangten" i.S. des § 812 BGB, ist allerdings die durch den – wenn auch unwirksamen – Vertrag vorgesehene Risiko-

---

[61] Grundlegend BAG v. 15. November 1957, BAGE 5, 58 (65 f.) sowie BAG v. 5. Dezember 1957, BAGE 5, 159 (161 f.); *Müller-Glöge* MünchKomm. § 611 Rdnr. 327 ff.; RGRK/*Schliemann* § 611 Rdnr. 936; *Soergel/Kraft* § 611 Rdnr. 40 ff.; *Staudinger/Richardi* § 611 Rdnr. 180 ff.

[62] In dieser Richtung vor allem *Brox* Die Einschränkung der Irrtumsanfechtung, 1960, S. 231 ff.; *Brox/Walker* § 19 Rdnr. 24; *Soergel/Kraft* § 611 Rdnr. 41.

[63] So insbesondere *Wiedemann* Das Arbeitsverhältnis als Austausch- und Gemeinschaftsverhältnis, 1966, S. 75 ff.

[64] Siehe § 7 B IV, S. 401 ff.

[65] Siehe BGH v. 6. April 1964, BGHZ 41, 282 (286 ff.).

[66] BGH v. 12. Januar 1970, BGHZ 53, 152 (157 f.). Zum Begriff der arbeitnehmerähnlichen Person siehe oben § 7 B IV, S. 402 f.

[67] So wohl auch *Esser/Weyers* BT 1, § 28 I 2, S. 238.

verteilung zu berücksichtigen:[68] Da der „Dienstverpflichtete" das Erfolgsrisiko seiner Tätigkeit gerade nicht tragen sollte, darf das Ausbleiben eines solchen Erfolges nicht zum Anlaß genommen werden, jegliche Bereicherung des „Dienstberechtigten" infolge der Tätigkeit von vornherein zu verneinen.[69]

III. Die Vergütungsabrede

Eine den §§ 632, 653, 689 BGB strukturell entsprechende Besonderheit regelt § 612 Abs. 1 und 2 BGB in bezug auf die Vergütungsvereinbarung. Die Anwendbarkeit des Dienstvertragsrechts setzt grundsätzlich voraus, daß die Tätigkeit entgeltlich erbracht wird.[70] Nach § 612 Abs. 1 BGB „gilt" aber eine Vergütung unabhängig von der sonstigen Parteiabrede als stillschweigend vereinbart, wenn die Dienstleistung den Umständen nach nur gegen eine Vergütung zu erwarten ist. Entsprechendes (d.h. eine Vergütungserhöhung) greift ein, wenn einverständlich höherwertigere Dienste geleistet werden als diejenigen, auf die sich die Vergütungsvereinbarung bezieht.[71]

Die Rechtsnatur der Vorschrift ist umstritten: Nach einer sich an den Wortlaut anlehnenden Ansicht handelt es sich um eine Fiktion („gilt als [...] vereinbart").[72] Da jedoch die „stillschweigende Vereinbarung" einer Vergütung unabhängig von den objektiven Umständen unstreitig ausscheidet, wenn die Parteien die Entgeltlichkeit einverständlich ausgeschlossen haben, liegt es näher, § 612 Abs. 1 BGB in Anlehnung an die Gesetzesmaterialien als *besondere Form einer widerlichen Vermutung* anzusehen.[73]

Die Wirkung des § 612 Abs. 1 BGB kann danach nur eine abweichende positive Erklärung mindestens einer Partei (regelmäßig des Dienstberechtigten) ausschließen. Die Vorschrift verhindert somit insbesondere die Unwirksamkeit des Vertrages wegen eines versteckten Dissenses (§ 155 BGB). Den § 612 Abs. 1 BGB darüber hinaus auch dann anzuwenden, wenn der „Dienstberechtigte" offen erklärt hat, kein Entgelt schulden zu wollen (offener Dissens i.S. des § 154 BGB), besteht entgegen der h.M. aber kein Anlaß, da der „Dienstverpflichtete" in diesem Fall hinreichend gewarnt ist.[74] Anderenfalls würde die Vorschrift zu stark in die Nähe einer Fiktion gerückt.

---

[68] Allgemein zu den bereicherungsrechtlichen Besonderheiten fehlgeschlagener Austauschverträge *Larenz/Canaris* BT 2, § 73 III, S. 321 ff.

[69] Vgl. zu den bereicherungsrechtlichen Konsequenzen *Lieb* MünchKomm. § 812 Rdnr. 301 ff.; *Staudinger/Lorenz* § 812 Rdnr. 72 jeweils m.w.N.

[70] Siehe § 7 B III, S. 400 f.

[71] BAG v. 16. Februar 1978, AP Nr. 31 zu § 612 BGB; *Soergel/Raab* § 612 Rdnr. 30; *Staudinger/Richardi* § 612 Rdnr. 30.

[72] *Erman/Hanau* § 612 Rdnr. 1; *Esser/Weyers* BT 1, § 28 I 3, S. 238; *Larenz* BT 1, § 52 I, S. 314 f.; *Schaub* MünchKomm. § 612 Rdnr. 4.

[73] Mot. II, S. 459; RGRK/*Hilger* § 612 Rdnr. 7; *Soergel/Raab* § 612 Rdnr. 3; wohl auch *Staudinger/Richardi* § 612 Rdnr. 5.

[74] Wohl auch *Staudinger/Richardi* § 612 Rdnr. 19; ähnlich *Canaris* BB 1967, 165; a.A. *Esser/Weyers* BT 1, § 28 I 3, S. 238; RGRK/*Hilger* § 612 Rndr. 4; *Soergel/Kraft* § 612 Rdnr. 12.

Zudem setzt die Anwendung des § 612 Abs. 1 BGB stets voraus, daß zumindest in bezug auf die Tätigkeitspflicht eine ausdrückliche oder konkludente Übereinkunft erzielt worden ist.[75] Hat der Dienstberechtigte in diesem Fall keinen offenen Vorbehalt der Unentgeltlichkeit erklärt, obwohl die Dienstleistung den objektiven Umständen nach nur gegen eine Vergütung zu erwarten war, kann er seine Willenserklärung auch dann nicht nach § 119 Abs. 1 BGB anfechten, wenn er subjektiv von einer Unentgeltlichkeit der Tätigkeit ausging, weil die Vermutung des § 612 Abs. 1 BGB nur durch eine positive gegenteilige Erklärung ausgeschaltet werden kann, die in diesem Fall gerade fehlt.[76]

Anhand dieser Kriterien läßt sich auch die zutreffende rechtliche Behandlung des sog. *Fehlschlagens einer Vergütungserwartung* ermitteln. Damit sind Fallgruppen gemeint, in denen eine Dienstleistung in der Erwartung einer späteren „Gegenleistung", z.B. einer Erbschaft, erbracht wurde, die letztlich ausbleibt.[77] Dabei kann die „Gegenleistung" entweder bloß unverbindlich in Aussicht gestellt oder in rechtsunwirksamer Weise (etwa durch ein nach den §§ 125 Satz 1, 2247 Abs. 1 BGB formnichtiges Testament) versprochen worden sein. In diesen Fällen soll § 612 Abs. 1 BGB nach der Rechtsprechung eine „Auffangfunktion" übernehmen und an Stelle der fehlgeschlagenen Vergütung eine angemessene dienstvertragliche Entlohnung eingreifen lassen, selbst wenn sich der die Dienstleistung Erbringende seinerseits nicht zu der jeweiligen Tätigkeit verpflichtet hatte.[78]

Diese Auffassung denaturiert die Vorschrift jedoch zu einer dem Bereicherungsrecht ähnlichen Regelung. Die Rechtsfolge des § 612 Abs. 1 BGB ist aber nur dann gerechtfertigt, wenn der Dienstleistende sich zu seiner Tätigkeit verpflichtet hatte; die Norm soll ersichtlich nur die Vergütungskomponente des Dienstvertrages regeln.[79] Wenn eine Vergütung in nichtiger Weise versprochen oder in offener Weise bloß unverbindlich in Aussicht gestellt wurde, fehlt es zudem an der ambivalenten Situation, vor der § 612 Abs. 1 BGB den die Tätigkeit

---

[75] *Erman/Hanau* § 612 Rdnr. 1; *Soergel/Raab* § 612 Rdnr. 17; *Staudinger/Richardi* § 612 Rdnr. 13 ff.

[76] Ebenso im Ergebnis *Larenz* BT 1, § 52 I, S. 315; *Schaub* MünchKomm. § 612 Rdnr. 6; *Soergel/Raab* § 612 Rdnr. 16; *Staudinger/Richardi* § 612 Rdnr. 19.

[77] *Erman/Hanau* § 612 Rdnr. 5; RGRK/*Hilger* § 612 Rdnr. 29; *Staudinger/Richardi* § 612 Rdnr. 8. Eingehend zum ganzen *Beuthien* RdA 1969, 161 (166 ff.).

[78] BAG v. 24. September 1960, AP Nr. 15 zu § 612 BGB; BAG v. 14. Juli 1966, AP Nr. 24 zu § 612 BGB; BGH v. 23. Februar 1965, AP Nr. 3 zu § 196 BGB; zustimmend *Erman/Hanau* § 612 Rdnr. 5; RGRK/*Hilger* § 612 Rdnr. 29 ff.; *Schaub* MünchKomm. § 612 Rdnr. 10.

[79] *Soergel/Raab* § 612 Rdnr. 29; *Staudinger/Richardi* § 612 Rdnr. 11. Da zu den essentialia eines Dienstvertrages auch die Vergütung gehört, setzt die Anwendbarkeit des § 612 Abs. 1 BGB jedoch nicht das Bestehen eines Dienstvertrages voraus, sondern ein solcher Vertrag wird durch die Vorschrift in den betreffenden Konstellationen erst erzeugt (*Erman/Hanau* § 612 Rdnr. 1). Vorausgesetzt wird nach richtiger Ansicht aber eine Dienstverpflichtung.

Erbringenden nach richtiger Auffassung schützen soll.[80] Insoweit ist das Fehlgehen einer artikulierten Vergütungserwartung gegenüber dem in § 612 Abs. 1 BGB geregelten Fall der objektiven Vergütungsüblichkeit entgegen der Auffassung des Bundesarbeitsgerichts[81] kein „Minus", sondern ein aliud, das folgerichtig keinen Erst-recht-Schluß (argumentum a majore ad minus) für die Anwendung der Vorschrift erlaubt. Schließlich läßt sich dogmatisch nicht erklären, wie die über § 612 Abs. 1 BGB erzielte dienstvertragliche Vergütung wieder wegfallen soll, wenn sich die ursprüngliche Vergütungserwartung letztlich doch noch realisiert (z.B. bei Abfassung eines neuen, formwirksamen Testaments zugunsten des Dienstleistenden).[82] Die Fälle einer fehlgeschlagenen Vergütungserwartung sind daher außerhalb des Dienstvertragsrechts zu lösen. Regelmäßig kommt eine Zweckverfehlungskondiktion in Betracht (§ 812 Abs. 1 Satz 2 Alt. 2 BGB);[83] sofern es sich um eine Dienstleistung im familiären Bereich handelt, können auch vorrangige familienrechtliche Ausgleichsinstitute einschlägig sein.[84]

Gilt eine Vergütung für die Dienste nach § 612 Abs. 1 BGB als stillschweigend vereinbart oder haben sich die Vertragsparteien in sonstigen Fällen nicht über die Vergütungshöhe verständigt, so gilt gemäß § 612 Abs. 2 BGB eine taxmäßige, in Ermangelung einer Taxe eine übliche Vergütung als vereinbart. Dabei sind als Taxe i.S. des § 612 Abs. 2 BGB nur staatlich festgesetzte Vergütungssätze anzusehen wie z.B. die Gebührenordnungen für freie Berufe (Ärzte, Rechtsanwälte).[85] Aufgrund des ersatzweisen Eingreifens einer üblichen Vergütung scheidet ein Leistungsbestimmungsrecht des Dienstberechtigten nach den §§ 315, 316 BGB regelmäßig aus; dieses ist erst anzuerkennen, wenn Anhaltspunkte für eine „übliche Vergütung" fehlen.

D. Pflichten und Haftung des Dienstverpflichteten

I. Inhalt der Dienstleistung

Nach dem Dienstvertrag muß der Dienstverpflichtete als Hauptleistung die versprochenen Dienste erbringen; hierauf hat der Dienstberechtigte einen Anspruch (§ 611 Abs. 1 BGB). Eine Erzwingung der Tätigkeit im Wege der Zwangsvollstreckung schließt § 888 Abs. 3 ZPO aus, der aber lediglich eine prozessuale Vollstreckungssperre errichtet. Dementsprechend ist materiellrechtlich mit der h.M. davon auszugehen, daß der Dienstverpflichtete seine Schuld nicht bereits mit der

---

[80]   *Canaris* BB 1967, 165; *Medicus* Rdnr. 652; *Soergel/Raab* § 612 Rdnr. 25; *Staudinger/ Richardi* § 612 Rdnr. 26.

[81]   BAG v. 15. März 1960, AP Nr. 13 zu § 612 BGB.

[82]   *Beuthien* Anmerkung zu AP Nr. 27, 28 zu § 612 BGB; *Canaris* BB 1967, 165; *Soergel/Raab* § 612 Rdnr. 25.

[83]   *Soergel/Raab* § 612 Rdnr. 28; *Staudinger/Richardi* § 612 Rdnr. 12.

[84]   Siehe dazu BGH v. 2. Oktober 1991, NJW 1992, 427 ff.; *Gernhuber/Coester-Waltjen* § 20 III, S. 218 ff.

[85]   *Schaub* MünchKomm. § 612 Rdnr. 192 ff. mit Beispielen.

Bereitschaft zur Dienstleistung und deren Anbieten erfüllt hat, sondern erst, wenn er die Dienste tatsächlich erbringt.[86]

Hinsichtlich des Inhalts der Tätigkeit gilt grundsätzlich die Vertragsfreiheit; § 611 Abs. 2 BGB hält ausdrücklich fest, daß „Dienste jeder Art" Gegenstand des Dienstvertrages sein können. Auch der Unterricht eines juristischen Repetitors kann deshalb aufgrund eines Dienstvertrages vereinbart werden. Äußerste Grenzen werden der Vereinbarungsfreiheit lediglich durch die §§ 134, 138 BGB gezogen. Die Begehung eines Verbrechens kann deshalb ebensowenig wie sittlich anstößige Handlungen Gegenstand eines rechtswirksamen Dienstvertrages sein. Umschreibt der Vertrag die geschuldeten Dienste nur grob, dann sind die im konkreten Fall geschuldeten Tätigkeiten im Wege der Auslegung gemäß den §§ 133, 157 BGB aus dem Vertrag zu entnehmen. Ergänzend ist auf § 242 BGB unter Berücksichtung der Interessen des Dienstberechtigten zurückzugreifen. Gegebenenfalls steht dem Dienstberechtigten in Anlehnung an § 315 BGB ein Weisungsrecht zur Konkretisierung der zu erbringenden Tätigkeit zu.[87] Bei der Bestimmung des Inhalts der Leistungspflicht ist zudem die besondere Personenbezogenheit des Dienstvertrages zu beachten. Der Dienstberechtigte schließt den Dienstvertrag im Zweifel nicht nur wegen der vom Vertragspartner geschuldeten Tätigkeit, sondern auch im Hinblick auf dessen individuellen Fertigkeiten und Fähigkeiten ab. Dies hat im wesentlichen zwei Konsequenzen:

Erstens handelt es sich bei den versprochenen Diensten im Zweifel um eine höchstpersönliche Leistungspflicht (§ 613 Satz 1 BGB), so daß der Dienstverpflichtete die Ausführung der Tätigkeit nicht einem Dritten zur weitgehend selbständigen Wahrnehmung übertragen darf. Für die Vertretung eines Rechtsanwalts treffen die §§ 52 f. BRAO Sonderregelungen. Das Recht, weisungsgebundene und sachkundige Hilfspersonen hinzuzuziehen, wird aber bei freien Dienstverträgen durch § 613 Satz 1 BGB so lange nicht berührt, als der Vertragschließende die Leistung in ihren wesentlichen Teilen selbst erbringt.[88] Ist die Dienstleistung nach dem Vertragsinhalt von einem Unternehmen (z.B. auch einer Anwaltssozietät) geschuldet, so kann diese mit der Gesamtheit der bestehenden Unternehmensorganisation bewirkt werden (d.h. im Beispiel durch alle Anwälte der Sozietät).[89] Soweit § 613 Satz 1 BGB gilt, ist der Dienstleistungsanspruch auf der Passivseite nicht vererblich; für vermögensrechtliche Ansprüche gegen den verstorbenen Dienstverpflichteten (etwa Schadensersatzansprüche) haften aber dessen Erben nach § 1967 Abs. 1 BGB.[90] Wegen der persönlichen Dienstleistungspflicht ordnet § 613 Satz 2 BGB an, daß umgekehrt auch der Anspruch des Dienstberechtigten im Zweifel

---

[86] Statt aller *Staudinger/Richardi* § 611 Rdnr. 314.

[87] *Brox/Walker* § 20 Rdnr. 2; *Esser/Weyers* BT 1, § 28 II 1b, S. 239; *Schlechtriem* Rdnr. 355. Soweit ein Geschäftsbesorgungsvertrag vorliegt (dazu unten § 11 C I, S. 615 ff.), folgt dies bereits aus den §§ 675 Abs. 1, 665 BGB.

[88] *Larenz* BT 1, § 52 II a, S. 315; *Medicus* Rdnr. 322; *Schaub* MünchKomm. § 613 Rdnr. 4; *Staudinger/Richardi* § 613 Rdnr. 9 f.

[89] BGH v. 6. Juli 1971, BGHZ 56, 355 (359 f.); RGRK/*Ascheid* § 613 Rdnr. 5; *Soergel/ Raab* § 613 Rdnr. 10.

[90] *Erman/Hanau* § 613 Rdnr. 3; *Staudinger/Richardi* § 613 Rdnr. 12 f.

nicht ohne Zustimmung des Dienstverpflichteten übertragbar ist. Darunter fällt jedoch nur eine *rechtsgeschäftliche* Übertragung nach den §§ 398 ff. BGB; eine
Vererblichkeit der Dienstberechtigung wird auf der Aktivseite somit nicht durch
§ 613 Satz 2 BGB, sondern allenfalls nach den §§ 412, 399 Alt. 1 BGB ausgeschlossen, wenn spezifisch auf die Person des Dienstberechtigten bezogene Tätigkeiten zu erbringen waren (z.B. Pflegedienste).[91] Die Bestimmungen des § 613
BGB enthalten zudem lediglich Zweifelsregelungen, so daß die Vertragsparteien
abweichende Vereinbarungen treffen können.

Zweitens folgt aus der engen Beziehung der Dienstleistung zur Person des Verpflichteten, daß sich das Niveau der geschuldeten Tätigkeit (Leistungsstandard) regelmäßig nicht nach rein objektiven Kriterien, sondern nach den Fähigkeiten des
Dienstverpflichteten bemißt.[92] Wenn er diese ausschöpft, liegt selbst dann keine
Pflichtverletzung i.S. der §§ 280 ff., 628 BGB vor, wenn von anderen Personen eine qualitativ höherwertige Leistung zu erwarten gewesen wäre; vielmehr tritt Erfüllung i.S. des § 362 Abs. 1 BGB ein.[93] Dies schließt es allerdings nicht aus, für
bestimmte *Berufsgruppen* (Ärzte, Rechtsanwälte etc.) hinsichtlich typisierbarer
Tätigkeiten generalisierte Leistungsstandards anzunehmen, so daß sich z.B. ein
Rechtsanwalt durchgängig über die für ein Mandat relevante höchstrichterliche
Rechtsprechung informieren muß.[94] Zudem stellt die Übernahme einer Dienstverpflichtung, die der Schuldner nicht einmal annähernd mit dem typischen durchschnittlichen Leistungsniveau erfüllen kann, eine Pflichtverletzung beim Vertragsschluß i.S. der §§ 241 Abs. 2, 311 Abs. 2 Nr. 1 BGB mit den allgemeinen Haftungsfolgen bei Pflichtverletzungen dar (sog. Übernahmeverschulden).[95] Umgekehrt darf sich ein eigens engagierter Spezialist nicht auf einen durchschnittlichen
Leistungsstandard beschränken, sondern muß seine Sonderfähigkeiten einsetzen.
Allerdings wird – nicht selten mehr implizit als ausdrücklich – auch die Auffassung geäußert, daß ein nach den vorstehend beschriebenen Maßstäben bestimmter
Leistungsstandard überhaupt nicht zum Inhalt der *Leistungs*-Pflicht des Dienstverpflichteten zählt, sondern mit jeder Form des Tätigwerdens Erfüllung i.S. des
§ 362 Abs. 1 BGB eintritt und alles weitere eine Frage der Verletzung von Interessenwahrungspflichten i.S. des § 241 Abs. 2 BGB sei.[96] Die Konsequenzen der Einbeziehung bzw. Nichteinbeziehung des vertragsgemäßen Tätigkeitsstandards in
den Leistungsbegriff zeigen sich plastisch bei den später zu erörternden Rechtsfol-

---

[91] BAG v. 2. Mai 1958, AP Nr. 20 zu § 626 BGB; *Medicus* Rdnr. 322; RGRK/*Ascheid*
§ 613 Rdnr. 9; *Soergel/Raab* § 613 Rdnr. 22.

[92] BAG v. 17. Juli 1970, BAGE 22, 402 (406); *Müller-Glöge* MünchKomm. § 611 Rdnr.
20; RGRK/*Schliemann* § 611 Rdnr. 1366; *Staudinger/Richardi* § 611 Rdnr. 330; kritisch *Esser/Weyers* BT 1, § 28 II 1c, S. 239.

[93] Zu sog. Schlechtleistungen siehe unten § 7 D III 1b, S. 413 ff.

[94] Vgl. BGH v. 30. September 1993, NJW 1993, 3323 (3325 f.).

[95] Vgl. Mot. II, S. 458 f.; *Müller-Glöge* MünchKomm. § 611 Rdnr. 21; *Soergel/Kraft*
§ 611 Rdnr. 111.

[96] Vgl. BGH v. 4. März 1982, NJW 1983, 1188 (1189); *Larenz* BT 1, § 52 II a, S. 315 f.;
Staudinger/Richardi § 611 Rdnr. 472; *Ullrich* NJW 1984, 585 (587 f.).

gen einer diesbezüglichen Pflichtverletzung.[97] Hat der Dienstberechtigte die Leistungsfähigkeit seines Vertragspartners aufgrund konkreter Fehlvorstellungen über bestimmte Eigenschaften bei Vertragsschluß gravierend überschätzt, so ist eine Irrtumsanfechtung gemäß § 119 Abs. 2 BGB in Betracht zu ziehen.[98] Darüber hinaus ist für den Fall, daß die persönliche Leistungspflicht entgegen § 613 Satz 1 BGB aufgehoben ist, durch Vertragsauslegung zu ermitteln, ob dadurch lediglich der Dienstverpflichtete privilegiert werden sollte oder insgesamt die Personenbezogenheit der Leistungspflicht derart gelockert ist, daß dann ein durchschnittliches Leistungsniveau geschuldet wird. Vom geschuldeten Leistungsstandard als Frage des Inhalts der Dienstpflicht ist der Maßstab des *Vertretenmüssens von Pflichtverletzungen* bei negativen Abweichungen von diesem Leistungsstandard zu unterscheiden.[99] Insoweit greift grundsätzlich der objektiv-typisierte Maßstab der im Verkehr erforderlichen Sorgfalt i.S. des § 276 Abs. 2 BGB ein.[100]

II. Nebenpflichten des Dienstverpflichteten

Wie für jedes Schuldverhältnis begründen die §§ 241 Abs. 2, 242 BGB auch für den Dienstverpflichteten Nebenpflichten, die in Übernahme einer veralteten arbeitsrechtlichen Terminologie teilweise mit dem Begriff der Treuepflichten umschrieben werden.[101] Nach neuerer Auffassung unterliegt der Dienstverpflichtete nicht nur Schutzpflichten im Hinblick auf die Rechtsgüter des Vertragspartners, sondern ist darüber hinaus verpflichtet, auf die berechtigten Interessen des Vertragspartners Rücksicht zu nehmen (sog. Interessenwahrungspflichten).[102] Für den Handelsvertreter ist dies in § 86 Abs. 1 HGB speziell normiert. Eine besondere Bedeutung bei der Konkretisierung von Nebenpflichten kommt auch den Standesordnungen für freie Berufe, z.B. der Bundesrechtsanwaltsordnung (BRAO) zu.

Die Intensität der Nebenpflichten variiert je nach Inhalt und Dauer des Vertragsverhältnisses. Den Dienstverpflichteten treffen insbesondere Mitteilungs- und Verschwiegenheitspflichten, gegebenenfalls ist er nach § 242 BGB auch gehalten, drohende Gefahren abzuwenden.[103] Schließlich kann es aufgrund des besonderen Vertragsinhalts auch gegen die Interessenwahrungspflichten verstoßen, wenn der Dienstverpflichtete entweder selbst oder durch Unterstützung Dritter während der Vertragsdauer in Konkurrenz zu dem Dienstberechtigten tritt. Während ein umfassendes vertragliches Wettbewerbsverbot für Arbeitnehmer die Regel darstellt,[104] müssen für entsprechende Unterlassungspflichten bei freien Dienstverträgen be-

---

[97] Siehe dazu ausführlich unten § 7 D III 1b, S. 413 ff.

[98] *Soergel/Kraft* § 611 Rdnr. 33; *Staudinger/Richardi* § 611 Rdnr. 156.

[99] *Müller-Glöge* MünchKomm. § 611 Rdnr. 22; *Walker/Lohkemper* RdA 1994, 105 ff.

[100] Dazu allgemein *Grundmann* MünchKomm.[4] § 276 Rdnr. 53 ff.; zu etwaigen Haftungsminderungen siehe unten § 7 D III 3, S. 416 f.

[101] Zur Begriffsgeschichte *Staudinger/Richardi* § 611 Rdnr. 374 ff. m.w.N.

[102] *Brox/Walker* § 20 Rdnr. 5; *Larenz* BT 1, § 52 II c, S. 326 f.; *Schlechtriem* Rdnr. 358; *Soergel/Kraft* § 611 Rdnr. 142.

[103] *Esser/Weyers* BT 1, § 28 II 3, S. 240 f.; *Medicus* Rdnr. 327; *Schlechtriem* Rdnr. 358 f.

[104] Vgl. RGRK/*Schliemann* § 611 Rdnr. 1469 ff. m.w.N.

sonders enge Vertragsbeziehungen zwischen den Parteien bestehen. So darf z.B. ein Handelsvertreter während der Vertragsdauer keine Konkurrenzprodukte vertreiben.[105]

III. Rechtsfolgen bei Pflichtverletzungen

1. Verletzung der Pflicht zur Dienstleistung

Erbringt der Dienstverpflichtete die geschuldete Tätigkeit nicht oder nicht in der geschuldeten Weise, so liegt eine Pflichtverletzung i.S. der §§ 280 ff. BGB vor. Hinsichtlich der Einzelheiten ist jedoch zwischen verschiedenen Konstellationen und Rechtsfolgefragen zu unterscheiden:

a) Nichtleistung durch den Dienstverpflichteten

aa) Nicht nachholbare Dienstleistungen

Sollte die Dienstleistung nach ihrem Zweck zu einer genau bestimmten Zeit bzw. in einem genau bestimmten Zeitraum erbracht werden (Beispiel: anwaltlicher Beistand während eines Polizeiverhörs), so ist die betreffende Leistungszeit integraler Bestandteil der geschuldeten Leistung (sog. absolute Fixschuld) und die Erbringung der Dienste mit dem Zeitablauf gemäß § 275 Abs. 1 BGB unmöglich.[106] Gleiches gilt, wenn die Tätigkeit aus einem anderen Grund nicht nachholbar ist.

In diesen Fällen kann der Dienstberechtigte nach § 283 BGB i.V. mit § 280 Abs. 1 BGB Schadensersatz statt der Leistung – d.h. Ersatz des Nichterfüllungsschadens – verlangen, wenn der Dienstverpflichtete die Nichtleistung gemäß den §§ 276 ff. BGB zu vertreten hat, was nach der Systematik des § 280 Abs. 1 Satz 2 BGB zu vermuten ist. Waren nach dem Gegenstand des Vertrages wiederholte Dienstleistungen zu erbringen und ist nur die Erbringung einzelner von diesen gemäß § 275 Abs. 1 BGB unmöglich geworden, kann nach § 283 Satz 2 BGB i.V. mit § 281 Abs. 1 Satz 2 BGB Schadensersatz statt der ganzen Leistung nur verlangt werden, wenn die teilweise Nichtleistung dazu führt, daß das Leistungsinteresse des Dienstberechtigten insgesamt entfällt. Das trifft insbesondere zu, wenn der bereits erbrachte Teil der Dienstleistung einen derartigen inneren Zusammenhang mit der ausgebliebenen Tätigkeit aufweist, daß er isoliert für den Gläubiger keinen Wert hat.[107] Beispiel: Ein Dolmetscher soll bei mehreren Terminen einer Vertragsverhandlung mitwirken, erscheint aber nach der ersten Sitzung nicht mehr, woraufhin die Verhandlungen endgültig abgebrochen werden.

---

[105] BGH v. 17. Oktober 1991, NJW-RR 1992, 481 (482); *Oetker* Handelsrecht, 3. Aufl. 2002, § 6 B III 2b, S. 140; *K. Schmidt* Handelsrecht 5. Aufl. 1999, § 27 IV 1c, S. 731 ff.

[106] Allgemein zur zeitbedingten Unmöglichkeit, insbesondere auch zur Abgrenzung des absoluten zum relativen Fixgeschäft (welches nunmehr in § 323 Abs. 2 Nr. 2 BGB geregelt ist) *Ernst* MünchKomm.[4] § 275 Rdnr. 45 ff.

[107] BT-Drucks. 14/6040, S. 140; vgl. im übrigen zum Interessenwegfall an Teilleistungen *Emmerich* MünchKomm.[4] § 325 Rdnr. 126 ff.

Wird dem Dienstverpflichteten die Erfüllung seiner Schuld aufgrund der Nichtleistung unmöglich, entfällt zugleich gemäß § 326 Abs. 1 Satz 1 BGB die Vergütungspflicht; soweit eine Teilleistung erbracht wurde, tritt eine anteilige Minderung ein (§ 326 Abs. 1 Satz 1 Halbsatz 2 BGB i.V. mit § 441 Abs. 3 BGB). Diese
Rechtsfolge gilt unabhängig davon, ob der Dienstverpflichtete die Nichtleistung zu
vertreten hat, da die Regelungen des § 326 BGB Ausdruck der synallagmatischen
Verknüpfung von Leistung und Gegenleistung sind (hier: Dienstleistungspflicht
und Vergütungspflicht). Der Vergütungsanspruch bleibt jedoch nach der allgemeinen Vorschrift des § 326 Abs. 2 Satz 1 BGB bestehen, wenn der Dienstberechtigte
als Gläubiger die Leistungsbefreiung des Dienstverpflichteten zu verantworten hat
oder sich bei Eintritt der Unmöglichkeit im Annahmeverzug befand, ohne daß ein
Vertretenmüssen des Schuldners vorliegt (beachte § 300 Abs. 1 BGB). Eine
Lockerung des Synallagmas enthalten ferner die §§ 615, 616 BGB.[108]

bb) Nachholbare Dienstleistungen

Ist die Dienstleistung nachholbar, so haftet der Schuldner unter den Voraussetzun-
gen des § 286 BGB gemäß § 280 Abs. 1 und 2 BGB für den Verzugsschaden. Die
Vergütung kann der Dienstberechtigte gemäß § 320 BGB bis zur Erbringung der
Tätigkeit zurückhalten. Nach Maßgabe des § 323 BGB – d.h. ohne Rücksicht auf
das Vorliegen eines Schuldnerverzugs – kann er zudem den Vertrag aufgrund der
Leistungsverzögerung beenden. Dabei tritt an die Stelle des Rücktritts i.S. der
§§ 346 ff. BGB für den Dienstvertrag als Dauerschuldverhältnis allerdings die
Rechtsfolge einer ex nunc wirkenden Kündigung, wofür es nach wohl überwiegender Ansicht nicht darauf ankommt, ob der Vertrag bereits in Vollzug gesetzt worden war.[109] Darüber hinaus können die Voraussetzungen einer Kündigung nach
den §§ 626, 627 BGB vorliegen.[110]

Ist der Vertrag nach Maßgabe des § 323 BGB gekündigt, so kann der Dienstberechtigte zusätzlich (§ 325 BGB) seinen Nichterfüllungsschaden nach § 281
BGB unter den Voraussetzungen des § 280 Abs. 1 BGB (insbesondere: zu vermutendes Verschulden) liquidieren. Erfolgte die Kündigung nach den §§ 626 oder
627 BGB, so ist der Nichterfüllungsschaden hingegen nach § 628 Abs. 2 BGB zu
ersetzen, der über seinen Wortlaut hinaus allerdings ebenfalls ein *schuldhaftes*
vertragswidriges Verhalten voraussetzt (vgl. auch § 89a Abs. 2 HGB).[111] Mit der
Kündigung entfällt auch die Vergütungspflicht; für bereits erbrachte Teilleistungen
gilt § 628 Abs. 1 BGB (in analoger Anwendung, wenn die Kündigung entsprechend § 323 BGB erfolgt).

---

[108]   Dazu näher unten § 7 E I 2, S. 418 ff.
[109]   RG v. 5. Februar 1918, RGZ 92, 158 (159 f.); BGH v. 22. Mai 1990, NJW 1990, 2549
        (2550); *Erman/Belling* § 626 Rdnr. 10; *Schlechtriem* Rdnr. 345; *Schwerdtner* Münch-
        Komm. § 627 Rdnr. 2; *Staudinger/Preis* (2002) § 627 Rdnr. 12; ausführlich zum gan-
        zen *Oetker* Das Dauerschuldverhältnis und seine Beendigung, 1994, S. 352 ff.
[110]   Dazu näher unten § 7 F III 2, S. 429 ff.
[111]   BGH v. 16. Januar 1984, NJW 1984, 2093 (2094); BAG v. 25. Mai 1962, AP Nr. 1 zu
        § 628 BGB; *Soergel/Kraft* § 628 Rdnr. 11; *Staudinger/Preis* (2002) § 628 Rdnr. 34.
        Näher zum Umfang des ersatzfähigen Schadens siehe unten § 7 F III 2c, S. 432.

b) Schlechtleistung

Problematisch ist die Rechtslage, wenn der Dienstverpflichtete seine Tätigkeit mangelhaft verrichtet (sog. Schlechtleistung).[112] Anders als beim erfolgsbezogenen Werkvertrag (vgl. §§ 633 ff. BGB) fehlen im Dienstvertragsrecht hierfür spezielle Regelungen. Zudem verkomplizieren die Neuregelungen des allgemeinen Leistungsstörungsrechts die Lösung der Rechtsprobleme zusätzlich. Dabei ist insbesondere der oben erwähnte Streit bedeutsam, ob ein bestimmter Leistungsstandard zum Inhalt der Leistungspflicht i.S. des § 611 Abs. 1 BGB gehört oder lediglich die Interessenwahrungspflicht als Nebenpflicht betrifft.[113]

Folgt man letzterer Ansicht, kann strenggenommen nicht von einer Schlecht-*Leistung* gesprochen werden. Vielmehr ist danach die geschuldete Leistung durch jedwedes Tätigwerden, das der vertraglich vereinbarten Tätigkeitsart entspricht, i.S. des § 362 Abs. 1 BGB erbracht und damit Erfüllung eingetreten.[114] Eine mangelfreie Neuleistung könnte nicht verlangt werden, und es läge auch keine Leistungsstörung i.S. des § 326 Abs. 1 BGB vor. Die Nachlässigkeit der Leistungserbringung berührt bei diesem Ansatz nicht das vertragliche Synallagma. Zugunsten dieser Sichtweise wird insbesondere vorgebracht, daß für die Beantwortung der Frage, ob aufgrund einer Schlecht-„Leistung" die Tätigkeit zu wiederholen sei bzw. ob und in welcher Höhe sich die Vergütung mindern solle, mangels gesetzlicher Gewährleistungsvorschriften jeder Maßstab fehle.[115] Beispielsweise sei der „Minderwert" eines nachlässig erteilten Klavierunterrichts nicht meßbar. Die Nachlässigkeit ist nach dieser Auffassung eine bloße Nebenpflichtverletzung i.S. der §§ 241 Abs. 2, 280 Abs. 1 BGB, die bei einem – gemäß § 280 Abs. 1 Satz 2 BGB zu vermutenden – Verschulden zum Ersatz etwaiger Schäden i.S. der §§ 249 ff. BGB verpflichtet. Unter diesen Schaden wären sowohl Integritätsschäden zu fassen (Beispiel: pflichtwidrige Körperverletzung durch den operierenden Arzt) als auch solche Schäden, die daraus resultieren, daß ein bestimmter Arbeitserfolg nicht eingetreten ist, der bei mangelfreiem Tätigwerden erzielt worden wäre. Scheitert z.B. ein Vertragsschluß mit ausländischen Geschäftspartnern aufgrund des Umstandes, daß ein hinzugezogener Dolmetscher pflichtwidrig und schuldhaft schlecht übersetzt, so wäre gemäß den §§ 280 Abs. 1, 252 BGB auch der entgangene Gewinn zu ersetzen, da die Anwendbarkeit der §§ 281 ff. BGB als leges speciales zu § 280 Abs. 1 BGB eine Verletzung der Leistungspflicht voraussetzt.[116] Als Schaden i.S. der §§ 249 ff. BGB ließe sich aber nicht die Vergütungspflicht trotz minderwertiger Tätigkeit erfassen; dementsprechend wäre die Vergütung von

---

[112] Siehe zur Bestimmung des insoweit geschuldeten Qualitätsstandards oben § 7 D I, S. 409 f.

[113] Siehe oben § 7 D I, S. 409.

[114] Anschaulich zu den daraus resultierenden Abgrenzungsproblemen BGH v. 22. Mai 1990, NJW 1990, 2549 f.

[115] *Larenz* BT 1, § 52 II a, S. 315 f.; RGRK/*Schliemann* § 611 Rdnr. 1531; *Staudinger/Richardi* § 611 Rdnr. 473.

[116] BT-Drucks. 14/6040, S. 135.

dem Dienstberechtigten – vorbehaltlich einer Aufrechnung mit anderen Schadensposten – voll zu entrichten.[117]
    Zu anderen Ergebnissen gelangt indes die gegenteilige Auffassung, nach der
die Einhaltung des geschuldeten Qualitätsstandards zum Inhalt der Leistungspflicht zählt, die in den betreffenden Fällen somit in Form einer „nicht wie geschuldet" erbrachten Leistung verletzt wäre (vgl. § 281 Abs. 1 Satz 3 BGB). Hierfür wird unter anderem angeführt, daß der Dienstberechtigte die Vergütung nur für
eine dem vertraglich vereinbarten Qualitätsstandard entsprechende Leistung schulden wolle, d.h. die Schlechtleistung berühre das Synallagma und nicht lediglich die
Nebenpflichten.[118] Eine andere Beurteilung würde dem Dienstberechtigten das
Risiko einer vertragswidrigen *Tätigkeit* aufbürden, obwohl er nach dem Vertragsinhalt lediglich das *Erfolgsrisiko* tragen soll. Nach dieser Ansicht muß insbesondere in bezug auf zwei Punkte differenziert werden: Erstens kommt es darauf an,
ob die Dienstleistung (mangelfrei) nachgeholt werden kann. Zweitens müßte hinsichtlich des Ersatzes eingetretener Schäden unterschieden werden, ob das Leistungsinteresse (aufgrund der mangelhaften Dolmetscherleistung entgeht ein Gewinn) oder das Integritätsinteresse (der Arzt verletzt durch eine nachlässige Ope-
ration die körperliche Integrität des Patienten) betroffen ist, da nach der Systematik der §§ 280 ff. BGB auch bei Verletzungen der Leistungspflicht gemäß den
§§ 281 ff. BGB nur das Erfüllungsinteresse geschuldet wird (Schadensersatz *statt*
der Leistung), Integritätsschäden aber nach § 280 Abs. 1 BGB zu ersetzen sind.[119]
Im einzelnen gilt nach dieser Konzeption folgendes:
    Kann eine mangelfreie Neuleistung gemäß § 275 Abs. 1 BGB nicht erfolgen
(Zeitablauf bei absoluter Fixschuld etc.) bemißt sich der Ersatz eines etwaigen
Nichterfüllungsschadens (Schadensersatz statt der Leistung) nach Maßgabe des
§ 283 BGB. Nach den §§ 283, 281 Abs. 1 Satz 3 BGB ist somit anhand der Erheblichkeit der Leistungsstörung zu entscheiden, ob der Dienstberechtigte Schadensersatz statt der ganzen Leistung wegen der Schlechterfüllung verlangen kann. Das
ist insbesondere zu bejahen, wenn der Leistungsmangel nicht abgrenzbar ist,[120] im
obigen Beispiel z.B., wenn ein Dolmetscher mangelhafte Übersetzungsleistungen
erbringt, woraufhin die Vertragsverhandlungen scheitern.
    Problematisch ist das Schicksal der Vergütungspflicht, wenn die Dienstleistung
schlecht erfüllt wurde und nicht mehr nachgeholt werden kann. Diese Frage ist insbesondere bedeutsam, wenn kein Schadensersatzanspruch nach § 283 BGB besteht, etwa weil der Dienstverpflichtete sich gemäß § 280 Abs. 1 Satz 2 BGB ex-
kulpieren kann oder auch bei ordnungsgemäßer Leistung kein Arbeitserfolg einge-

---

[117]   *Esser/Weyers* BT 1, § 29 I 1, S. 243 f.; a.A. im Ergebnis *Ullrich* NJW 1984, 585 (588
        f.).
[118]   *Erman/Hanau* § 611 Rdnr. 408; *Esser/Weyers* BT 1, § 29 I 1, S. 244 f.; *Medicus* Rdnr.
        324 f.; *Motzer* Die „positive Forderungsverletzung" des Arbeitnehmers, 1982, S. 115
        ff.; *Roth* VersR 1979, 494 (498 ff.).
[119]   Dazu BT-Drucks. 14/6040, S. 135 ff.; zur Unterscheidung von Erfüllungs- und Integri-
        tätsinteresse *H. Lange/Schiemann* Schadensersatz, 3. Aufl. 2003, § 2 IV 3, S. 65 f. und
        V 5, S. 70.
[120]   BT-Drucks. 14/6040, S. 140.

treten wäre, so daß kein Schlechterfüllungsschaden vorliegt. Diejenigen Autoren, welche die Einhaltung des vertragsgemäßen Qualitätsstandards als Problem des Leistungsinhalts begreifen, nahmen bei nicht korrigierbarer Schlechtleistung vor der Neufassung des Leistungsstörungsrechts konsequenterweise einen Fall der Teilunmöglichkeit i.S. des § 323 Abs. 1 BGB a.f. mit der Folge einer entsprechenden Minderung der Gegenleistungspflicht (Vergütungspflicht) an.[121]

Eine entsprechende Vorschrift enthält auch § 326 Abs. 1 Satz 1 Halbsatz 2 BGB n.F.; allerdings hat der Gesetzgeber im Zuge der Neuregelung des Leistungsstörungsrechts durch § 326 Abs. 1 Satz 2 BGB zugleich entschieden, daß die nicht korrigierbare Schlechtleistung *keine* Teilunmöglichkeit i.S. des § 326 Abs. 1 Satz 1 Halbsatz 2 BGB mit der Rechtsfolge einer automatischen Minderung der Gegenleistung nach Maßgabe des § 441 Abs. 3 BGB bewirkt.[122] Der Begriff der Teilunmöglichkeit soll vielmehr auf die Nichterbringung gegenständlich abgrenzbarer Leistungsteile begrenzt sein. Für den Fall der nicht korrigierbaren Schlechtleistung sehen demgegenüber die §§ 326 Abs. 5, 323 BGB ein Rücktrittsrecht ohne Fristsetzungserfordernis vor, sofern die Pflichtverletzung nicht „unerheblich" ist (§ 323 Abs. 5 Satz 2 BGB).[123] Da für Dienstverträge das Rücktrittsrecht auch im Rahmen von § 323 BGB durch ein Kündigungsrecht ersetzt wird,[124] paßt § 323 Abs. 5 BGB bei schlechterfüllten Dauerschuldverhältnissen jedoch nicht für die Klärung der Frage, ob und inwieweit die Vergütung noch geschuldet wird. Aus diesem Grund ist für derartige Vertragsverhältnisse eine planwidrige Regelungslücke anzunehmen und diese durch eine *analoge* Anwendung des § 326 Abs. 1 Satz 1 Halbsatz 2 BGB zu schließen.[125] Wird das geschuldete Dienstleistungsniveau in den Leistungsbegriff integriert, so mindert sich nach Maßgabe des § 441 Abs. 3 BGB die Vergütungspflicht, wenn keine mangelfreie Nachleistung möglich ist. Der Rechtsgedanke des § 323 Abs. 5 Satz 2 BGB ist jedoch insoweit zu berücksichtigen, daß bei bloß „unerheblichen" Schlechtleistungen keine (auch keine geringe) Minderung der Vergütungspflicht eintritt.

Kann die schlecht erfüllte Leistung hingegen mangelfrei wiederholt werden, so ist fraglich, ob noch ein Erfüllungsanspruch gemäß § 611 Abs. 1 BGB i.S. einer Neuleistung besteht. Diese Frage korrespondiert genau mit derjenigen nach dem Schicksal der Vergütungspflicht bei nicht korrigierbarer Schlechtleistung. Wird die Schlechtleistung als teilweise Nichterfüllung angesehen, so kann Nacherfüllung verlangt werden, soweit die Schlechtleistung mehr als nur unerheblich war (Rechtsgedanke des § 323 Abs. 5 Satz 2 BGB).[126] Anderenfalls hat der Dienstverpflichtete trotz der geringfügigen Pflichtverletzung gemäß § 362 Abs. 1 BGB er-

---

[121] *Emmerich* MünchKomm.[4] § 326 Rdnr. 19; *Medicus* Rdnr. 324; *Schlechtriem* Rdnr. 377; *Soergel/Kraft* § 611 Rdnr. 114.

[122] BT-Drucks. 14/6040, S. 189.

[123] Dazu BT-Drucks. 14/6040, S. 186 f.

[124] Siehe oben § 7 D III 1a, bb, S. 412.

[125] Dies entspricht konstruktiv der referierten Literaturauffassung zu § 323 Abs. 1 BGB a.F.

[126] Ähnlich *Esser/Weyers* BT 1, § 29 I 1, S. 243 f.; *Medicus* Rdnr. 324; *Roth* VersR 1979, 494 (498); *Schlechtriem* Rdnr. 374.

füllt. Muß neu geleistet werden, so ist ein Verzögerungsschaden nach Maßgabe der §§ 280 Abs. 1 und 2 BGB i.V. mit § 286 BGB ersatzfähig. Die Vergütung kann bis zur Neuleistung nach Maßgabe des § 320 BGB zurückgehalten werden. Unter den Voraussetzungen des § 323 BGB – d.h. ohne Rücksicht auf das Vorliegen eines Schuldnerverzugs – kann der Dienstberechtigte den Vertrag aufgrund der Leistungsverzögerung auch beenden (§ 323 Abs. 5 Satz 2 BGB). Dabei tritt an die Stelle des Rücktritts i.S. der §§ 346 ff. BGB wiederum die Rechtsfolge einer ex nunc wirkenden Kündigung.[127] Darüber hinaus können auch die Voraussetzungen einer Kündigung gemäß den §§ 626, 627 BGB vorliegen.[128] Ist der Vertrag nach Maßgabe des § 323 BGB gekündigt, kann der Dienstberechtigte zudem (vgl. § 325 BGB) einen leistungsbezogenen Schlechterfüllungsschaden gemäß § 281 Abs. 1 Satz 3 BGB liquidieren. Erfolgte die Kündigung aufgrund der Schlechterfüllung gemäß den §§ 626 oder 627 BGB ist der Schadensersatz statt der Leistung hingegen nach § 628 Abs. 2 BGB geschuldet, der wie dargelegt über seinen Wortlaut hinaus ebenfalls ein vertragswidriges Verhalten voraussetzt.[129] Mit der Kündigung reduziert sich schließlich die Vergütungspflicht nach Maßgabe des § 628 Abs. 1 BGB (bei Kündigung gemäß § 323 BGB in analoger Anwendung).

2. Verletzung von Nebenpflichten

Verletzt der Dienstverpflichtete seine regelmäßig durch die §§ 241 Abs. 2, 242 BGB zu konkretisierenden Nebenpflichten, dann richten sich etwaige Ersatzansprüche nach § 280 Abs. 1 BGB. Droht eine Wiederholung der Pflichtverletzung (z.B. Verstoß gegen ein Konkurrenzverbot),[130] dann steht dem Dienstberechtigten auch das Recht zu, von dem Dienstverpflichteten Unterlassung zu verlangen.[131] In derartigen Fällen kommt zudem ein Anspruch auf Schadensersatz statt der Leistung nach Maßgabe des § 282 BGB in Betracht. Letztlich kann auch eine Nebenpflichtverletzung als wichtiger Grund für eine außerordentliche Kündigung des Dienstverhältnisses gemäß § 626 BGB zu bewerten sein,[132] der insoweit lex specialis zu der allgemeinen Vorschrift des § 324 BGB ist.

3. Der anzuwendende Haftungsmaßstab

Soweit die vorstehend erörterten Rechtsfolgen von dem Vertretenmüssen einer Verletzung der Pflicht zur Dienstleistung abhängen, bemißt sich dieses im Grundsatz nach den §§ 276 ff. BGB. Dabei ist im Rahmen des § 276 Abs. 2 BGB der Sorgfaltsmaßstab nicht subjektiv, sondern objektiv-typisiert zu bestimmen, was für besondere Berufsgruppen (Ärzte, Rechtsanwälte etc.) i.S. einer berufsüblichen Sorgfalt zu konkretisieren ist.[133] Ein Mitverschulden des Dienstberechtigten ist

---

[127] Siehe oben § 7 D III 1a, bb, S. 412.
[128] Dazu näher unten § 7 F III 2, S. 429 ff.
[129] Siehe oben § 7 D III 1a, bb, S. 412.
[130] Dazu oben § 7 D II, S. 410.
[131] BGH v. 19. Oktober 1987, NJW-RR 1988, 352 f.; *Schlechtriem* Rdnr. 374.
[132] Näher § 7 F III 2a, S. 429 f.
[133] *Esser/Weyers* BT 1, § 28 II 1c, S. 239; *Grundmann* MünchKomm.⁴ § 276 Rdnr. 59; *Larenz* BT 1, § 52 II a, S. 315; *Soergel/Kraft* § 611 Rdnr. 111. Von diesem Haftungs-

nach den allgemeinen Grundsätzen anspruchsmindernd zu berücksichtigen (§ 254 BGB).

Im Arbeitsverhältnis wird mit unterschiedlichen Begründungen im einzelnen hingegen eine abgestufte Haftungsmilderung bei fahrlässigem Verhalten angenommen.[134] Die Legitimation für diese Haftungsmilderung liefert jedoch im wesentlichen der Umstand, daß sich mit der Einbindung in die fremde Arbeitsorganisation[135] ein Teil des sog. Betriebsrisikos auf den Arbeitnehmer verlagert, was der eingeschränkte Haftungsmaßstab ausgleichen soll. Dieser Gedanke trifft auf das Austauschverhältnis des freien Dienstvertrages, bei dem der Dienstverpflichtete die Risiken seiner eigenverantwortlichen Tätigkeit selbst kalkulieren muß, in aller Regel nicht zu, so daß es bei den Regelungen der §§ 276 ff. BGB bleibt.[136]

E. Pflichten und Haftung des Dienstberechtigten

I. Vergütungspflicht des Dienstberechtigten

1. Allgemeines

Nach § 611 Abs. 1 BGB ist der Dienstberechtigte zur Zahlung der vereinbarten Vergütung verpflichtet. Diese ist typischerweise, aber nicht notwendig in Geld bemessen.[137] Die Vergütungshöhe bestimmt sich nach den Abreden der Parteien. Fehlen diese, dann gilt gemäß § 612 Abs. 1 BGB eine Vergütung als vereinbart, wenn die Dienstleistung den Umständen nach nur gegen eine Vergütung zu erwarten und nach einer Taxe bzw. dem üblichen Maß zu bemessen ist (§ 612 Abs. 2 BGB).[138]

Aus § 614 BGB ergibt sich, daß der Dienstverpflichtete – sofern die Parteien keine andere Abrede treffen – abweichend von § 320 Abs. 1 BGB vorleistungs-

---

maßstab bei Pflichtverletzungen ist die logisch vorrangige Frage des geschuldeten Leistungsstandards, d.h. die Konkretisierung der Pflicht selbst, zu unterscheiden. In diese können auch subjektive Momente eingehen (siehe oben § 7 D I, S. 409).

[134] Statt aller *Staudinger/Richardi* § 611 Rdnr. 493 ff. m.w.N. Siehe zum verwandten Problemkreis des innerbetrieblichen Schadensausgleichs über § 670 BGB analog noch unten § 11 V 1d, S. 611.

[135] Siehe oben § 7 B IV, S. 401 ff.

[136] BGH v. 7. Oktober 1969, NJW 1970, 34 (35); *Brox/Walker* § 20 Rdnr. 11; *Esser/Weyers* BT 1, § 28 II 1c, S. 239 f.; *Schlechtriem* Rdnr. 380; *Soergel/Kraft* § 611 Rdnr. 111. Im Grundsatz auch *Larenz* BT 1, § 52 II d, S. 329 f., der jedoch bei besonders gefahrgeneigter Tätigkeit des nicht gewerbsmäßig handelnden Dienstverpflichteten eine entsprechende Anwendung der Haftungsmilderungen bei Arbeitnehmern in Betracht zieht.

[137] *Erman/Hanau* Rdnr. 387 ff.; *Esser/Weyers* BT 1, § 28 III 1, S. 241 f.; *Soergel/Kraft* § 611 Rdnr. 212 f.; *Staudinger/Richardi* § 611 Rdnr. 567 ff. Ist eine andere Vergütung als Geld geschuldet, so handelt es sich um einen sog. Vertrag mit anderstypischer Gegenleistung; dazu unten § 16 A III 1b, S. 719 f.

[138] Näher § 7 C III, S. 405 ff.

pflichtig ist. Sein Vergütungsanspruch ist erst nach der Leistung der versprochenen Dienste fällig (§ 614 Satz 1 BGB). Entsprechendes gilt, wenn die Vergütung nach Zeitabschnitten bemessen ist. In diesem Fall ist die Vergütung erst nach Ablauf der einzelnen Zeitabschnitte fällig (§ 614 Satz 2 BGB). Die Vorschrift trifft jedoch lediglich eine Fälligkeitsregelung und hat die synallagmatische Verknüpfung von Dienstleistung und Vergütung („ohne Arbeit kein Lohn") weder zum Gegenstand noch hebt sie dieses Gegenseitigkeitsverhältnis i.S. der §§ 320 ff. BGB materiell auf.[139] Die aus § 614 BGB folgende Vorleistungspflicht verlagert lediglich das faktische Risiko der Insolvenz des Dienstberechtigten auf den Dienstverpflichteten. Deshalb kann der Dienstverpflichtete bei einer nachträglichen Vermögensverschlechterung des Dienstberechtigten nach § 321 BGB seine Dienste zurückhalten, bis eine Sicherheitsleistung für seine Vergütung erbracht ist.[140] Wenn die Vergütung nach Zeitabschnitten bemessen wird und der Dienstberechtigte nach Abschluß eines solchen Abschnitts nicht gemäß § 614 Satz 2 BGB die geschuldete Vergütung leistet, so kann der Dienstverpflichtete seine zukünftige Tätigkeit jedoch nur gemäß § 273 Abs. 1 BGB zurückhalten; § 320 Abs. 1 BGB greift insoweit nicht ein, da die spätere Dienstleistung mit der Vergütung für die frühere nicht im Synallagma steht.[141] Die Gebührenordnungen für die freien Berufe enthalten häufig Sonderregelungen zur Fälligkeit der Vergütung (z.B. § 16 BRAGO).[142]

Erfüllt der Dienstberechtigte den fälligen Vergütungsanspruch nicht, so haftet er unter den Voraussetzungen des § 286 BGB gemäß § 280 Abs. 1 und 2 BGB auf Ersatz des Verzögerungsschadens. Nach Verzugseintritt ist der geschuldete Betrag zudem nach § 288 BGB zu verzinsen.

2. Aufrechterhaltung der Vergütung ohne Dienstleistung

Erbringt der Dienstverpflichtete die geschuldete Tätigkeit nicht, so muß der Dienstberechtigte aufgrund der synallagmatischen Leistungsverknüpfung i.S. der §§ 320 ff. BGB grundsätzlich auch die Vergütung nicht entrichten. Hiervon bestehen jedoch einige Ausnahmen, die teils die allgemeinen Vorschriften für gegenseitige Verträge anordnen, teilweise aber auch aus dienstvertraglichen Sonderregelungen folgen.

a) Vergütung trotz Leistungsbefreiung gemäß § 275 BGB

aa) Allgemeines

Nach § 326 Abs. 1 Satz 1 BGB entfällt der Vergütungsanspruch, wenn der Dienstverpflichtete von seiner Leistung gemäß § 275 Abs. 1 bis 3 BGB frei wird. Dabei

---

[139] RGRK/*Hilger* § 614 Rdnr. 3; *Soergel/Raab* § 614 Rdnr. 1; z.T. a.A. BAG v. 21. März 1958, AP Nr. 1 zu § 614 BGB.

[140] *Erman/Belling* § 614 Rdnr. 2; RGRK/*Hilger* § 614 Rdnr. 49; *Staudinger/Richardi* § 614 Rdnr. 22.

[141] *Erman/Belling* § 614 Rdnr. 2; *Schaub* MünchKomm. § 614 Rdnr. 21; *Staudinger/Richardi* § 614 Rdnr. 18; für Anwendung des § 320 Abs. 1 BGB: RGRK/*Hilger* § 614 Rdnr. 50; ausführlich zu diesem Problemkreis *Oetker* Das Dauerschuldverhältnis und seine Beendigung, 1994, S. 390 ff.

[142] Übersicht bei *Schaub* MünchKomm. § 614 Rdnr. 11 ff.

statuiert die in § 275 Abs. 2 und 3 BGB geregelte Unzumutbarkeit der Leistungserbringung zunächst lediglich ein Leistungsverweigerungsrecht, das die Gegenleistung nach § 326 Abs. 1 Satz 1 BGB nur entfallen läßt, wenn sich der Schuldner
darauf beruft.[143] Zu denken ist z.B. an den von § 275 Abs. 3 BGB erfaßten Fall,
daß die Klavierlehrerin eine fest terminierte Unterrichtsstunde aufgrund einer
schweren Erkrankung ihres Kindes nicht abhalten kann.

Von § 326 Abs. 1 Satz 1 BGB existieren jedoch zwei wesentliche Ausnahmen,
die den Vergütungsanspruch trotz eines nach § 275 BGB eintretenden Wegfalls
der Dienstleistungspflicht aufrechterhalten: Erstens die allgemeine Vorschrift des
§ 326 Abs. 2 BGB und zweitens die dienstvertragliche Regelung in § 616 BGB.
Da beide Normen die Rechtsfolge des § 326 Abs. 1 Satz 1 BGB einschränken,
setzt ihre Anwendung voraus, daß die Erfüllung der Dienstleistungspflicht nach
§ 275 Abs. 1 bis 3 BGB dauerhaft nicht mehr geschuldet wird. Bei § 616 BGB ergibt sich dies aus dem Tatbestandsmerkmal der „Dienstverhinderung".[144] Wenn
also im obigen Beispiel die Klavierlehrerin die Unterrichtsstunde nachholen kann,
liegt lediglich ein vorübergehendes Leistungshindernis vor, so daß § 326 Abs. 1
Satz 1 BGB schon grundsätzlich nicht eingreift und dementsprechend auch § 616
BGB nicht zur Anwendung gelangen kann. Vielmehr wird die Dienstleistung weiterhin geschuldet und ist erst nach ihrer Erbringung zu vergüten (§ 614 BGB). Die
spezifische Problematik eines „Lohns ohne Arbeit" stellt sich also nicht bei nur
verzögernden Leistungshindernissen, sondern nur bei Leistungsbefreiungen gemäß
§ 275 Abs. 1 bis 3 BGB. Dementsprechend kommt eine Anwendung der §§ 326,
616 BGB zumeist dann in Betracht, wenn die Tätigkeit eine absolute Fixschuld
darstellt und mit Zeitablauf der Befreiungstatbestand des § 275 Abs. 1 BGB eingreift.[145]

bb) Aufrechterhaltung des Vergütungsanspruchs gemäß § 326 Abs. 2 BGB

Nach § 326 Abs. 2 Satz 1 BGB entfällt der Vergütungsanspruch trotz der Leistungsbefreiung des Dienstverpflichteten nicht, wenn der Dienstberechtigte für den
Grund der Leistungsbefreiung entweder alleine bzw. weit überwiegend[146] verant-

---

[143]   Vgl. BT-Drucks. 14/6040, S. 188; *Canaris* JZ 2001, 499 (504 f.).

[144]   BAG v. 25. April 1960, AP Nr. 23 zu § 616 BGB; *Erman/Belling* § 616 Rdnr. 20 ff.;
        RGRK/*Matthes* § 616 Rdnr. 11; *Soergel/Kraft* § 616 Rdnr. 13 ff.; *Staudinger/Oetker*
        (2002) § 616 Rdnr. 45 ff.

[145]   Siehe oben § 7 D III 1a, aa, S. 411.

[146]   Problematisch erscheint, ob durch diese Regelung das früher sehr umstrittene Problem
        der beiderseitig zu vertretenden Leistungsbefreiung (siehe zum alten Streitstand *Mar-
        burger* 20 Probleme aus dem BGB, Schuldrecht Allgemeiner Teil, 6. Aufl. 1998, 8.
        Problem) i.S. einer „alles oder nichts"-Lösung entschieden worden ist. Nähme man
        dies an, bliebe der volle Gegenleistungsanspruch bestehen, wenn der Verantwortungs-
        beitrag des Gläubigers „weit überwiegt", im anderen Fall würde § 326 Abs. 1 Satz 1
        BGB uneingeschränkt gelten. Mit der h.L. ist jedoch davon auszugehen, daß das
        Schuldrechtsmodernisierungsgesetz nicht in diesen Streitpunkt des allgemeinen Lei-
        stungsstörungsrechts eingreifen wollte; siehe *Canaris* JZ 2001, 499 (511); *Huber/
        Faust* 7/44; *Lorenz/Riehm* Rdnr. 350; a.A. *Gruber* JuS 2002, 1066 ff.

wortlich ist (§ 326 Abs. 2 Satz 1 Alt. 1 BGB) oder aber die vom Schuldner nicht zu vertretende Leistungsbefreiung zu einem Zeitpunkt eintritt, in dem sich der Dienstberechtigte im Annahmeverzug befand (§ 326 Abs. 2 Satz 1 Alt. 2 BGB). Dessen Voraussetzungen richten sich nach den §§ 293 ff. BGB, das die Anwendung des § 326 Abs. 2 Satz 1 Alt. 2 BGB ausschließende Vertretenmüssen des Dienstverpflichteten während des Annahmeverzugs nach § 300 Abs. 1 BGB (Vorsatz und grobe Fahrlässigkeit).

§ 326 Abs. 2 Satz 1 Alt. 1 BGB spricht bewußt nicht von einem Vertretenmüssen des Leistungshindernisses durch den Dienstberechtigten, sondern von seiner „Verantwortlichkeit". Ein Vertretenmüssen i.S. der §§ 276 ff. BGB greift unmittelbar nur für den *Schuldner* der jeweiligen Leistung (hier: der Dienstleistung) ein, während dem Gläubiger insoweit lediglich ein sog. Verschulden gegen sich selbst zur Last fallen kann (Verantwortlichkeit). Dies läuft bei freien Dienstverträgen im Ergebnis allerdings regelmäßig auf eine entsprechende Anwendung der §§ 276 ff. BGB hinaus.[147] § 326 Abs. 2 Satz 1 Alt. 1 BGB greift daher z.B. ein, wenn ein Privatunterricht dauerhaft aufgrund einer Verletzung nicht mehr erteilt werden kann, die sich der Lehrer in den mangelhaft gesicherten Räumlichkeiten des Dienstberechtigten zugezogen hat. In beiden Fällen des § 326 Abs. 2 Satz 1 BGB mindert sich die Vergütung jedoch um infolge der Leistungsbefreiung ersparte Aufwendungen bzw. den Betrag, den der Schuldner durch anderweitige Verwendung seiner Arbeitskraft erwirbt oder zu erwerben böswillig unterläßt (§ 326 Abs. 2 Satz 2 BGB).[148]

cc) Persönliche Dienstverhinderung gemäß § 616 BGB

Der Abhängigkeit der Dienstleistung von der Person des Dienstverpflichteten trägt § 616 Satz 1 BGB dadurch Rechnung, daß er dessen Vergütungsanspruch unter bestimmten Voraussetzungen auch dann aufrechterhält, wenn er durch einen in seiner Person liegenden Grund an der Dienstleistung verhindert ist, d.h. dadurch eine Leistungsbefreiung i.S. der §§ 275 Abs. 1 bis 3, 326 Abs. 1 Satz 1 BGB eintritt.[149]

Ein in der Person des Dienstverpflichteten liegender Grund ist von objektiven Leistungshindernissen abzugrenzen, für die § 616 BGB nicht gilt.[150] In derartigen Fällen fehlt der besondere personale Bezug, welcher der Vorschrift zugrunde liegt. Die Verhinderung darf nicht einen unbestimmten Personenkreis treffen, sondern muß in der persönlichen Sphäre des Schuldners begründet sein, ohne daß es sich um eine Eigenschaft desselben handeln muß.[151] Eine persönliche Dienstverhinde-

---

[147] Vgl. allgemein *Emmerich* MünchKomm.[4] § 326 Rdnr. 49 ff.; zu der für das Arbeitsrecht mittlerweile in § 615 Satz 3 BGB kodifizierten Betriebsrisikolehre statt aller *Staudinger/Richardi* § 615 Rdnr. 177 ff.

[148] Näher zur Parallelvorschrift des § 615 Satz 2 BGB unten § 7 E I 2b, S. 422 f.

[149] Siehe oben § 7 D III 1a, aa, S. 411.

[150] RGRK/*Matthes* § 616 Rdnr. 12; *Soergel/Kraft* § 616 Rdnr. 18; *Staudinger/Oetker* (2002) § 616 Rdnr. 73 ff.

[151] BAG v. 19. Juli 1978, AP Nr. 48 zu § 616 BGB; *Erman/Belling* § 616 Rdnr. 20; RGRK/*Matthes* § 616 Rdnr. 12; *Staudinger/Oetker* (2002) § 616 Rdnr. 53.

rung liegt daher z.B. bei eigener Krankheit,[152] Pflegebedürftigkeit naher Angehöriger (insbesondere Kinder) oder einem Todesfall in der Familie vor, jedoch immer nur, wenn der Umstand in bezug auf die Pflicht zur Dienstleistung die Voraussetzungen des § 275 Abs. 1 bis 3 BGB erfüllt. Ein objektives Leistungshindernis, das nicht in der Sphäre des Dienstverpflichteten wurzelt, stellt demgegenüber z.B. ein Verkehrsstau dar. Des weiteren muß der persönliche Umstand conditio sine qua non für die Leistungsbefreiung sein (vgl. § 616 Satz 1 BGB: „durch"), was überwiegend nicht ganz unmißverständlich „alleinige Ursache" genannt wird.[153] Z.B. kommt § 616 Satz 1 BGB nicht in Betracht, wenn eine Klavierlehrerin eine Unterrichtsstunde absagt, weil ihr Kind erkrankt ist, sie den Leistungsort aufgrund eines länger anhaltenden Verkehrsstaus aber ohnehin nicht in der vorgesehenen Zeit erreicht hätte.

Ferner darf den Dienstverpflichteten kein Verschulden an dem Grund der Dienstverhinderung treffen. Obwohl hiermit ein Verhalten des Dienstverpflichteten zu beurteilen ist, wird dieser dabei nicht in seiner Funktion als Schuldner i.S. der §§ 276 ff. BGB in Bezug genommen. Denn es geht um die Frage, auf welche Weise der betreffende persönliche Umstand hervorgerufen wurde, der zwar das Leistungshindernis nach sich zieht, dessen Nichtherbeiführung aber als solche nicht zu den dienstvertraglichen Pflichten zählt.[154] Vielmehr steht ähnlich wie bei § 254 BGB ein Verschulden gegen sich selbst in Rede. Dies setzt bei § 616 Satz 1 BGB einen „gröblichen Verstoß" gegen das verständig ermittelte Eigeninteresse voraus, um den Handlungsspielraum des Dienstverpflichteten nicht unbillig einzuengen.[155] Ein solcher Verstoß ist z.B. anzunehmen, wenn sich der Dienstverpflichtete in ganz unvernünftiger Weise einer Verletzungsgefahr aussetzt (Nichtanlegen des Sicherheitsgurts im Straßenverkehr).

Schließlich greift § 616 Satz 1 BGB als Ausnahme von § 326 Abs. 1 Satz 1 BGB nur ein, wenn die Dienstverhinderung für eine verhältnismäßig nicht erhebliche Zeit eintritt. Wird diese überschritten, so entfällt der Vergütungsanspruch vollständig und nicht lediglich für die Zeitspanne, welche die Verhältnismäßigkeitsgrenze überschreitet.[156] Umgekehrt ist die Erheblichkeit für nacheinander eintretende, voneinander unabhängige persönliche Hinderungsgründe jeweils isoliert und nicht summarisch zu beurteilen (anders aber z.B. bei einer Fortsetzungserkrankung).[157] Die h.M. ermittelt die Erheblichkeit bzw. Nichterheblichkeit des Verhinderungszeitraums anhand der Umstände des Einzelfalls, indem sie die Ausfallzeit

---

[152] Für Arbeitnehmer gilt insoweit das Entgeltfortzahlungsgesetz v. 26. Mai 1994, BGBl I S. 1014.

[153] *Schaub* MünchKomm. § 616 Rdnr. 48; *Soergel/Kraft* § 616 Rdnr. 8 ff.; *Staudinger/ Oetker* (2002) § 616 Rdnr. 84 f.

[154] *Larenz* BT 1, § 52 II b, S. 321 f.; *Staudinger/Oetker* (2002) § 616 Rdnr. 104 m.w.N.

[155] BAG v. 5. April 1962, AP Nr. 28 zu § 63 HGB; *Erman/Belling* § 616 Rdnr. 39; *Schaub* MünchKomm. § 616 Rdnr. 22; *Soergel/Kraft* § 616 Rdnr. 20.

[156] BAG v. 18. Dezember 1959, AP Nr. 22 zu § 616 BGB; *Esser/Weyers* BT 1, § 29 II 3, S. 247; RGRK/*Matthes* § 616 Rdnr. 19; *Soergel/Kraft* § 616 Rdnr. 24.

[157] *Erman/Belling* § 616 Rdnr. 53; *Soergel/Kraft* § 616 Rdnr. 23; *Staudinger/Oetker* (2002) § 616 Rdnr. 101.

mit der (voraussichtlichen) Gesamtdauer des Vertragsverhältnisses in Beziehung setzt.[158] Daher besitzt § 616 Satz 1 BGB bei freien Dienstverträgen nur eine relativ geringe Bedeutung:[159] Denn wenn diese nur über eine kurze Zeit laufen, wird die Dienstverhinderung regelmäßig die Grenze des Unerheblichen überschreiten. Bei länger andauernden freien Dienstverträgen stellt die Dienstleistungspflicht aber häufig keine absolute Fixschuld dar, so daß es an dem Erfordernis einer Leistungsbefreiung gemäß § 275 Abs. 1 bis 3 BGB fehlt: Eine wegen Erkrankung der Klavierlehrerin ausgefallene Klavierstunde ist z.B. typischerweise nachholbar. Ist dies aber im Einzelfall anders, fallen selbst bei lange andauernden Dienstverhältnissen nur Verhinderungen von wenigen Tagen unter § 616 Satz 1 BGB.[160]

Wird der Vergütungsanspruch nach § 616 Satz 1 BGB aufrechterhalten, dann muß sich der Dienstverpflichtete zudem nach § 616 Satz 2 BGB gewisse Leistungen aus Pflichtversicherungen anrechnen lassen, die er aufgrund des persönlichen Umstandes erhält, der das Leistungshindernis hervorruft.

Aufgrund der Interessenwahrungspflicht gemäß § 241 Abs. 2 BGB ist die Dienstverhinderung dem Gläubiger unverzüglich (vgl. § 121 Abs. 1 Satz 1 BGB) anzuzeigen.[161] Verletzt der Dienstverpflichtete diese Pflicht, entfällt zwar nicht die Aufrechterhaltung der Vergütungspflicht gemäß § 616 Satz 1 BGB, wohl aber sind die aus der Unterlassung resultierenden Schäden nach Maßgabe des § 280 Abs. 1 BGB zu ersetzen. Wenn ein Dritter den persönlichen Umstand, der das Dienstleistungshindernis begründet, in einer zum Schadensersatz verpflichtenden Art und Weise hervorgerufen hat (z.B. § 823 Abs. 1 BGB), so muß der Dienstverpflichtete diesen Ersatzanspruch dem Dienstberechtigten gemäß den §§ 255, 285 Abs. 1 BGB abtreten. Ein ersatzfähiger Schaden in Höhe der Vergütung ergibt sich dabei entweder aus dem Gedanken eines normativen Eigenschadens des Dienstverpflichteten (da § 616 Satz 1 BGB keine Entlastung des Drittschädigers bezweckt) oder einer Drittschadensliquidation zugunsten des Dienstberechtigten.[162]

b) Vergütung bei Annahmeverzug des Dienstberechtigten

Gerät der Dienstberechtigte in bezug auf die Dienstleistung nach den allgemeinen Regeln der §§ 293 ff. BGB in Annahmeverzug, so kann der Dienstverpflichtete die vereinbarte Vergütung verlangen, ohne zur Nachleistung verpflichtet zu sein (§ 615 Satz 1 BGB). Während eine entsprechende Rechtsfolge gemäß § 326 Abs. 2 Satz 1 Alt. 2 BGB nur eintritt, wenn der Dienstschuldner während des Annahmeverzuges von seiner Leistungspflicht nach § 275 Abs. 1 bis 3 BGB frei wird, ordnet § 615 Satz 1 BGB diese Leistungsbefreiung selbst an. Die Vorschrift findet ihre Legiti-

---

[158] BAG v. 13. November 1969, AP Nr. 41 zu § 616 BGB; RGRK/*Matthes* § 616 Rdnr. 19; *Soergel/Kraft* § 616 Rdnr. 22; kritisch *Staudinger/Oetker* (2002) § 616 Rdnr. 96 ff.

[159] Vgl. *Esser/Weyers* BT 1, § 29 II 3, S. 247; *Larenz* BT 1, § 52 II b, S. 320 f.; *Medicus* Rdnr. 331.

[160] RGRK/*Matthes* § 616 Rdnr. 19; *Staudinger/Oetker* (2002) § 616 Rdnr. 97; großzügiger *Erman/Belling* § 616 Rdnr. 48; *Schaub* MünchKomm. § 616 Rdnr. 23.

[161] *Erman/Belling* § 616 Rdnr. 54; RGRK/*Matthes* § 616 Rdnr. 48; *Soergel/Kraft* § 616 Rdnr. 26.

[162] Ausführlich und m.w.N. zum ganzen *Staudinger/Oetker* (2002) § 616 Rdnr. 128 ff.

mation darin, daß es unbillig wäre, das Zeitbudget und somit gegebenenfalls auch weitere Erwerbsmöglichkeiten des Dienstschuldners durch eine Aufrechterhaltung seiner Verpflichtung zu belasten, obwohl er diese ohne den Annahmeverzug bereits erfüllt hätte.[163] Da der Annahmeverzug vom Fortbestand des Dienstverhältnisses abhängt, scheidet eine Anwendung des § 615 BGB jedoch aus, wenn in der Annahmeverweigerung zugleich eine wirksame fristlose Kündigung zu erblicken ist;[164] in diesem Fall bemißt sich die Vergütungsfrage insbesondere nach § 628 Abs. 1 BGB.[165] Hat der Dienstberechtigte hingegen nicht wirksam gekündigt, so besteht das Dienstverhältnis fort, und ein tatsächliches Angebot i.S. des § 294 BGB kann zur Herbeiführung des Annahmeverzugs je nach der Lage des Einzelfalls gemäß § 295 BGB oder § 296 BGB entbehrlich sein.[166] Zudem besteht weitgehend Einigkeit darüber, daß ein den Annahmeverzug wegen § 297 BGB ausschließendes Unvermögen zur Dienstleistung nicht vorliegt, wenn deren Erbringung am Zustand des vom *Dienstberechtigten* zu stellenden sachlichen oder persönlichen Leistungssubstrats scheitert.[167] Denn bei einer anderen Entscheidung würde die gesetzgeberische Wertung umgangen, daß der Gläubigerverzug unabhängig davon eintritt, ob der Gläubiger das in seiner Sphäre wurzelnde Annahmehindernis i.S. der §§ 276 ff. BGB zu vertreten hat. So greift § 297 BGB z.B. nicht ein, wenn der zu Unterrichtende aufgrund einer Krankheit lernunfähig ist.

Problematisch ist die Rechtslage, wenn die Erbringung der Tätigkeit gerade durch die Nichtannahme der Dienstleistung i.S. des § 275 Abs. 1 BGB unmöglich wird, insbesondere wenn eine absolute Fixschuld vorliegt. § 326 Abs. 2 Satz 1 Alt. 2 BGB greift in diesem Fall nicht ein, weil diese Vorschrift eine Leistungsbefreiung nach § 275 BGB *während* des Annahmeverzugs voraussetzt. Andererseits setzt das Bestehen eines Annahmeverzugs i.S. des § 615 Satz 1 BGB nach h.M. eine Nachholbarkeit der Dienstleistung voraus, wird also durch § 275 Abs. 1 BGB ausgeschlossen.[168] Für die Lösung dieses Problems gibt es im wesentlichen zwei Wege: Entweder wird für einen Annahmeverzug i.S. des § 615 Satz 1 BGB auf die Nachholbarkeit der Leistung verzichtet, so daß der Vergütungsanspruch auch bei einer sog. Annahmeunmöglichkeit bestehen bleibt,[169] oder die Wertung des § 615 BGB wird in den Begriff der Gläubigerverantwortlichkeit i.S. des § 326 Abs. 2 Satz 1 Alt. 1 BGB implementiert, d.h. diese liegt nicht nur bei einem Verschulden

---

[163] *Erman/Belling* § 615 Rdnr. 1; *Esser/Weyers* BT 1, § 29 II 2, S. 246; *Larenz* BT 1, § 52 II b, S. 319 f; *Staudinger/Richardi* § 615 Rdnr. 1.

[164] RGRK/*Matthes* § 615 Rdnr. 57; *Schaub* MünchKomm. § 615 Rdnr. 40 ff.; *Soergel/ Kraft* § 615 Rdnr. 45 f.

[165] Näher unten § 7 F III 2c, S. 432.

[166] Vgl. BAG v. 9. August 1984, BAGE 46, 234 ff.; *Erman/Belling* § 615 Rndr. 14 ff.; *Soergel/Kraft* § 615 Rdnr. 17 ff.; *Staudinger/Richardi* § 615 Rdnr. 52 ff.

[167] Mot. II, S. 68; BGH v. 11. April 1957, BGHZ 24, 91 (96); RGRK/*Matthes* § 615 Rdnr. 42; *Soergel/Kraft* § 615 Rdnr. 30; *Staudinger/Richardi* § 615 Rdnr. 75, 80.

[168] RG v. 6. Februar 1923, RGZ 106, 272 (276); BGH v. 11. April 1957, BGHZ 24, 91 (96); *Palandt/Heinrichs* § 293 Rdnr. 3; *Schlechtriem* Rdnr. 373.

[169] Ausführlich *Picker* JZ 1985, 693 (699 ff.) sowie *Staudinger/Richardi* § 615 Rdnr. 17 ff.; ebenso *Esser/Weyers* BT 1, § 29 II 2, S. 246; *Larenz* BT 1, § 52 II b, S. 320.

gegen sich selbst analog den §§ 276 ff. BGB vor,[170] sondern auch, wenn der Gläubiger der unmöglich gewordenen Dienstleistung durch die Dienstbereitschaft des Schuldners bei unterstellter Nachholbarkeit der Dienstleistung in Annahmeverzug geraten wäre (was gemäß den §§ 293 ff. BGB keines Verschuldens bedarf).[171] Bei diesem Ansatz würde der Vergütungsanspruch durch § 326 Abs. 2 Satz 1 Alt. 1 BGB aufrechterhalten.

Gemäß § 615 Satz 2 BGB (bei einer Lösung über § 326 Abs. 2 BGB nach § 326 Abs. 2 Satz 2 BGB) muß sich der Dienstverpflichtete auf seinen Vergütungsanspruch ersparte Aufwendungen (z.B. Fahrtkosten zum Ort der Dienstleistung) sowie einen infolge der Dienstbefreiung erlangten oder böswillig unterlassenen anderweitigen Erwerb anrechnen lassen. Von einem böswilligen Unterlassen des Vermögenserwerbs kann dabei nur gesprochen werden, wenn der Dienstbefreite eine mögliche und ihm zumutbare anderweitige Tätigkeit mit dem Bewußtsein ablehnt, daß der mögliche Erwerb die Vergütungsschuld seines Vertragspartners gemindert hätte.[172] Einer darüber hinausgehenden Schädigungsabsicht bedarf es jedoch nicht.

II. Nebenpflichten des Dienstberechtigten

Auch für die Konkretisierung der Nebenpflichten des Dienstberechtigten ist auf die §§ 241 Abs. 2, 242 BGB zurückzugreifen. So wie der Dienstverpflichtete auf die berechtigten Interessen des Dienstberechtigten Rücksicht nehmen muß, ist auch der Dienstberechtigte gegenüber seinem Vertragspartner zur Interessenwahrung verpflichtet.

Diese Nebenpflicht, die in der überkommenen arbeitsrechtlichen Terminologie häufig mit dem Begriff der Fürsorgepflicht umschrieben wird,[173] umfaßt vor allem den Schutz der körperlichen Integrität des Dienstverpflichteten. Sie sah der Gesetzgeber bereits bei Schaffung des Bürgerlichen Gesetzbuches als so wesentlich an, daß er ihr mit § 618 BGB in einer eigenständigen Vorschrift Ausdruck verlieh, die nach § 619 BGB nicht dispositiv ist. Die vom Dienstberechtigten zur Verrichtung der Dienstleistung zur Verfügung gestellten Räume, Vorrichtungen oder Gerätschaften sowie die zur Ausführung der Dienstleistung erteilten Anordnungen müssen so beschaffen sein, daß der Dienstverpflichtete vor Gefahren für Leben

---

[170] Siehe oben § 7 E I 2a, bb, S. 419 f.

[171] So *Larenz* SchR AT, § 21 I c, S. 314; *Köhler* Unmöglichkeit und Geschäftsgrundlage bei Zweckstörungen im Schuldverhältnis, 1971, S. 55 ff.; *Soergel/Wiedemann* Vor § 293 Rdnr. 16. Weitergehend *Beuthien* Zweckerreichung und Zweckstörung im Schuldverhältnis, 1969, S. 251, der den Verantwortlichkeitsbegriff in § 326 Abs. 2 Satz 1 BGB (= § 324 Abs. 1 BGB a.F) i.S. der Zuweisung einer umfassenden Risikosphäre des Gläubigers deutet. Damit verwandt ist die im Arbeitsrecht gemäß § 615 Satz 3 BGB anzuwendende Betriebsrisikolehre; dazu *Staudinger/Richardi* § 615 Rdnr. 177 ff. m.w.N.

[172] BAG v. 18. Oktober 1958, BAGE 6, 306 (309); *Schaub* MünchKomm. § 615 Rdnr. 68; *Soergel/Kraft* § 615 Rdnr. 57; *Staudinger/Richardi* § 615 Rdnr. 151.

[173] *Esser/Weyers* BT 1, § 28 III 2, S. 242; *Larenz* BT 1, § 52 II c, S. 323; *Schlechtriem* Rdnr. 366.

und Gesundheit bestmöglich geschützt ist. Allerdings relativiert § 618 Abs. 1 BGB a.E. diese Verpflichtung durch die Natur der Dienstleistung, d.h. die mit der Dienstleistung untrennbar verbundenen und nicht vermeidbaren Gefahren muß der Dienstverpflichtete selbst dann hinnehmen, wenn sie mit Schäden für Leben und Gesundheit verbunden sein können. § 618 Abs. 2 BGB erweitert die Schutzpflichten für den Fall, daß der Dienstverpflichtete in die häusliche Gemeinschaft des Dienstberechtigten aufgenommen wurde.[174]

Nach heute überwiegender Ansicht steht dem Dienstverpflichteten aufgrund der besonderen Bedeutung der Pflichten zu Schutzmaßnahmen grundsätzlich ein einklagbarer Anspruch auf deren Erfüllung zu.[175] Dies zwingt allerdings nicht dazu, § 618 Abs. 1 BGB den Charakter eines Leistungsanspruchs beizumessen. Dagegen spricht, daß sich die Sicherungsmaßnahmen nicht auf einen Gütertransfer, sondern auf den Schutz bestehender Güter richten.[176] Vielmehr handelt es sich um eine Schutzpflicht i.S. des § 241 Abs. 2 BGB; die Einklagbarkeit einer derartigen Pflicht ist begrifflich nicht ausgeschlossen, sondern setzt lediglich ein Rechtsschutzbedürfnis voraus, das bei § 618 BGB besteht.[177] Bei Nichterfüllung dieser Schutzpflicht steht dem Dienstverpflichteten hinsichtlich seiner Tätigkeit folgerichtig auch ein Zurückbehaltungsrecht gemäß § 273 Abs. 1 BGB zu.[178] Daraus kann dann nach den §§ 274, 298 BGB ein Annahmeverzug des Dienstberechtigten mit der Folge des § 615 BGB resultieren.[179] Aus dem Schutzpflichtcharakter ergibt sich zudem, daß sich der Schadensersatz im Verletzungsfall nach § 280 Abs. 1 BGB und nicht nach den §§ 281 ff. BGB bemißt.[180] Dabei bezieht § 618 Abs. 3 BGB in den Ersatzanspruch auch nur mittelbar verletzte Personen ein, indem er die §§ 842 bis 846 BGB für entsprechend anwendbar erklärt. Zudem kommt nach § 626 BGB eine außerordentliche Kündigung in Betracht, wenn der Dienstberechtigte in erheblicher Weise gegen § 618 BGB verstößt.[181]

Problematisch ist weiterhin, ob den Dienstberechtigten neben der Vergütungsschuld eine Nebenpflicht dergestalt trifft, den Dienstverpflichteten tatsächlich die Tätigkeit ausüben zu lassen. Aus § 611 Abs. 1 BGB folgt dies nicht, da diese Norm lediglich einen *Anspruch* auf die Dienstleistung begründet. Im Arbeitsrecht

---

[174] Zum Begriff der häuslichen Gemeinschaft näher unten § 7 G II, S. 434.

[175] *Erman/Belling* § 618 Rdnr. 21; *Lorenz* MünchKomm. § 618 Rdnr. 62 ff.; RGRK/ *Schick* § 618 Rdnr. 170 ff.; *Soergel/Kraft* § 618 Rdnr. 21; *Staudinger/Oetker* (2002) § 618 Rdnr. 248 ff. mit Angaben zu möglichen Ausnahmen (z.B. kein Erfüllungsanspruch, wenn weder eine tatsächliche Beschäftigung erfolgt noch ein Beschäftigungsanspruch besteht).

[176] Vgl. zum Leistungsbegriff bei § 812 als Vermögensverschiebung *Larenz/Canaris* BT 2, § 67 II 1d, S. 132 f. m.w.N.

[177] Dazu allgemein *Medicus* BürgR Rdnr. 208.

[178] Zum ganzen ausführlich m.w.N. *Staudinger/Oetker* (2002) § 618 Rdnr. 257 ff.

[179] Siehe oben § 7 E I 2b, S. 422 ff.

[180] Früher aus positiver Vertragsverletzung: *Staudinger/Oetker* (2002) § 618 Rdnr. 285 m.w.N.

[181] Dazu näher unten § 7 F III 2a, S. 429 f.

ist ein Beschäftigungsanspruch weithin anerkannt.[182] Bei freien Dienstverträgen kann – sofern nicht berechtigte Interessen des Dienstberechtigten entgegenstehen – eine solche Pflicht nach § 241 Abs. 2 BGB *ausnahmsweise* angenommen werden, wenn der Dienstverpflichtete nach der Art seiner Tätigkeit auf die berufliche Praxis bzw. einen öffentlichen Wirkungskreis besonders angewiesen ist (z.B. Künstler)[183] *und* zumindest die Möglichkeit besteht, daß er bei Nichtabschluß des Vertrages seine Dienste hätte anderweitig einsetzen können. Dann liegt eine einklagbare Schutzpflicht auf Beschäftigung i.S. der §§ 241 Abs. 2, 280 Abs. 1 BGB vor.

F. Beendigung des Dienstverhältnisses

I. Überblick

Für die Beendigung des Dienstverhältnisses gilt zunächst die allgemeine Regel des § 362 BGB. Wenn nur eine bestimmte Tätigkeit oder ein bestimmter Tätigkeitskomplex geschuldet ist, tritt mit der Erbringung der betreffenden Tätigkeiten Erfüllung i.S. des § 362 Abs. 1 BGB ein, z.B. der Rechtsanwalt die vorzunehmende Prozeßvertretung beendet hat. Mangels abweichender Vereinbarung endet das Dienstverhältnis auch mit dem Tod des Dienstverpflichteten (§ 613 Satz 1 BGB).[184]

Im übrigen ging der Gesetzgeber bei Schaffung des Bürgerlichen Gesetzbuches für die Beendigung des Dienstverhältnisses von dem Regelfall einer Befristung i.S. des § 163 BGB aus, wie die Formulierung des § 620 Abs. 1 BGB belegt. Diese Grundannahme einer Befristung trifft zwar nicht für Arbeitsverträge, wohl aber für freie Dienstverträge auch heute noch zu. Dementsprechend kann für das freie Dienstverhältnis auch eine auflösende Bedingung i.S. des § 158 Abs. 2 BGB vereinbart werden (Beispiel: Klavierunterricht, bis der Schüler eine bestimmte Eingangsprüfung besteht).[185] Für die Abgrenzung zwischen Befristung und Bedingung ist darauf abzustellen, ob der Eintritt des Beendigungstatbestandes gewiß ist – ohne daß zugleich auch der Zeitpunkt seines Eintritts ex ante feststehen müßte – (dann Befristung) oder nicht (dann Bedingung).[186] Schließlich gewinnt die Beendigung des Vertragsverhältnisses durch Kündigung eine besondere Bedeutung. Bei dieser ist zwischen der ordentlichen Kündigung gemäß den §§ 620 Abs. 2, 621 BGB auf der einen Seite und der außerordentlichen Kündigung nach den §§ 626, 627 BGB auf der anderen Seite zu unterscheiden.

Nach § 625 BGB „gilt" ein Dienstverhältnis jedoch als auf unbestimmte Zeit verlängert, wenn der Dienstverpflichtete dieses nach seinem Ablauf mit Wissen und ohne unverzüglichen (vgl. § 121 Abs. 1 Satz 1 BGB) Widerspruch des anderen Teils fortsetzt. Der Grund für den Ablauf des Dienstverhältnisses darf dabei

---

[182] *Staudinger/Richardi* § 611 Rdnr. 814 ff.
[183] *Esser/Weyers* BT 1, § 28 III 2, S. 242; *Larenz* BT 1, § 52 II c 3, S. 325 f.
[184] Näher oben § 7 D I, S. 408.
[185] *Soergel/Kraft* § 620 Rdnr. 7; *Staudinger/Preis* (2002) § 620 Rdnr. 7.
[186] *Larenz/Wolf* § 50 Rdnr. 1 ff.

keine Erfüllung oder Zweckerreichung sein, im übrigen ist er aber irrelevant (Fristablauf, Kündigung etc.).[187] Nach h.M. begründet die Vorschrift zu Lasten des nicht widersprechenden Dienstberechtigten eine unwiderlegliche Vermutung seines Verlängerungswillens, so daß die Rechtsfolgen des § 625 BGB nur eintreten, wenn der Dienstberechtigte eine entsprechende Willenserklärung hätte abgeben können, d.h. insbesondere geschäftsfähig war.[188] Dementsprechend soll § 625 BGB auch eingreifen, wenn dem Dienstberechtigten die eingetretene Beendigung des Dienstverhältnisses nicht bewußt war. Ferner soll ein Irrtum über die Wirkungen seines unterbliebenen Widerspruchs keinen Anfechtungsgrund i.S. des § 119 Abs. 1 BGB begründen.[189]

II. Beendigung des Dienstverhältnisses infolge Zeitablaufs

Anders als bei Arbeitsverträgen, bei denen die Befristung dazu eingesetzt werden kann, den arbeitsrechtlichen Kündigungsschutz zu unterlaufen,[190] ist die Aufnahme einer Befristung in einen freien Dienstvertrag uneingeschränkt zulässig. Vor Ablauf der Frist kann dieses grundsätzlich nicht *ordentlich* gekündigt werden, wie ein Umkehrschluß aus § 620 Abs. 2 BGB ergibt. Dieser Ausschluß folgt aus dem Zweck der Befristung, da sie sicherstellen soll, daß das Dienstverhältnis eine bestimmte Zeitspanne andauert. Deshalb schließt die Aufnahme einer Befristung konkludent das Recht zur ordentlichen Kündigung aus.[191] Diese Begründung zeigt, daß den Vertragsparteien die Möglichkeit offensteht, eine abweichende Regelung zu treffen, indem sie ein ordentliches Kündigungsrecht vereinbaren. Die Befristung hat in diesem Fall nur den Sinn, eine Höchstdauer des Dienstverhältnisses ohne das Erfordernis einer Kündigung zu fixieren, während sie im Normalfall neben der Höchst- auch die regelmäßige Mindestdauer der Vertragsbeziehung festlegt. Selbst ohne ausdrückliche Regelung steht den Parteien eines befristeten Dienstverhältnisses jedoch das Recht zur *außerordentlichen* Kündigung nach den §§ 626, 627 BGB zu.[192]

Übermäßigen Freiheitsbeschränkungen durch eine lange Befristung des Dienstverhältnisses beugt § 624 BGB vor, der ein zwingendes außerordentliches Recht

---

[187] *Erman/Belling* § 625 Rdnr. 3; *Esser/Weyers* BT 1, § 30/3, S. 248; RGRK/*Röhsler* § 625 Rdnr. 12.

[188] BAG v. 2. Dezember 1998, AP Nr. 8 zu § 625 BGB; ähnlich („schlüssiges Verhalten kraft gesetzlicher Fiktion") *Larenz* BT 1, § 52 III, S. 331; RGRK/*Röhsler* § 625 Rdnr. 2; *Staudinger/Preis* (2002) § 625 Rdnr. 7, 9; a.A. *Schwerdtner* MünchKomm. § 625 Rdnr. 9 ff.: erforderlich ist potentielles Erklärungsbewußtsein des Dienstberechtigten; dazu allgemein *Flume* AT 2, § 20/3, S. 414 f.

[189] *Erman/Belling* § 625 Rdnr. 3 f.; *Soergel/Kraft* § 625 Rdnr. 5, 9; *Staudinger/Preis* (2002) § 625 Rdnr. 13; a.A. konsequent *Schwerdtner* MünchKomm. § 625 Rdnr. 9, 13.

[190] Dazu statt aller *Staudinger/Preis* (2002) § 620 Rdnr. 9 ff.

[191] BGH v. 4. November 1992, BGHZ 120, 108 (116); *Erman/Belling* § 621 Rdnr. 1; RGRK/*Röhsler* § 621 Rdnr. 3.

[192] Siehe unten § 7 F III 2 (S. 429), auch zur Frage der Abdingbarkeit des außerordentlichen Kündigungsrechts.

zur Kündigung für Verträge vorsieht, die auf Lebenszeit oder für eine längere Zeit als fünf Jahre abgeschlossen wurden (§ 624 Satz 1 BGB). Ein solches Dienstverhältnis kann der *Dienstverpflichtete* mit einer Kündigungsfrist von sechs Monaten beenden, wenn es die Dauer von fünf Jahren überschritten hat (§ 624 Satz 2 BGB). Umgekehrt kann der Dienstverpflichtete den *Dienstberechtigten* durch Allgemeine Geschäftsbedingungen gemäß § 309 Nr. 9a BGB nicht für einen längeren Zeitraum als zwei Jahre binden. Ist danach eine Klausel unwirksam, so befürwortet eine verbreitete Auffassung nach § 306 Abs. 2 BGB i.V. mit § 620 Abs. 2 BGB ein unbefristetes Dienstverhältnis, das gemäß § 621 BGB kündbar ist.[193] Über diese formale Regelung hinaus hat der Bundesgerichtshof entschieden, daß formularmäßige Vollunterrichtsverträge, die eine Laufzeit von ca. zwei Jahren aufweisen, mit Rücksicht auf die Berufsausbildungsfreiheit des Dienstberechtigten aus Art. 12 Abs. 1 Satz 1 GG regelmäßig gegen § 307 Abs. 1 Satz 1 BGB verstoßen; in diesem Fall soll eine ergänzende Vertragsauslegung gemäß § 306 Abs. 2 BGB zu einem Kündigungsrecht zum Ende des ersten Unterrichtsjahrs führen.[194]

III. Beendigung des Dienstverhältnisses durch Kündigung

Im Gegensatz zu einem Rücktritt, der gemäß den §§ 346 ff. BGB zu einer Rückabwicklung der erbrachten Vertragsleistungen führt, beseitigt die Kündigung die vertraglichen Hauptleistungspflichten lediglich ex nunc mit dem Wirksamwerden der Kündigungserklärung. Als einseitiges Gestaltungsrecht bedarf eine Kündigung einer gesetzlichen Grundlage, die sich (neben den soeben für befristete Dienstverhältnisse besprochenen eingeschränkten Kündigungsmöglichkeiten) im Recht des freien Dienstvertrages aus den §§ 620 Abs. 2, 621 BGB (ordentliche Kündigung) sowie den §§ 626, 627 BGB (außerordentliche Kündigung) ergibt. Anders als bei Arbeitsverhältnissen (vgl. § 623 BGB) bedarf die Kündigungserklärung keiner Form. Bei einer aufschiebend bedingten Kündigung als einseitigem Rechtsgeschäft kann zum Schutze des Erklärungsempfängers die Kündigungsfrist erst zu laufen beginnen bzw. bei fristloser Kündigung dieselbe erst wirksam werden, wenn der Gekündigte von dem Bedingungseintritt sicher erfährt; dieses Schutzbedürfnis besteht nur dann nicht, wenn der Bedingungseintritt ausschließlich vom Willen des Empfängers der Kündigungserklärung abhängt (sog. Potestativbedingung).[195]

1. Ordentliche Kündigung

Die ordentliche Kündigung eines freien Dienstvertrages kommt mangels abweichender Vereinbarung nach § 620 Abs. 2 BGB nur in Betracht, wenn das Dienstverhältnis weder befristet noch sonst durch die Umstände in seiner Dauer beschränkt ist (Beispiel: Beschränkung der Dauer durch vorab genau festgelegte ein-

---

[193] Näher hierzu *Oetker* Das Dauerschuldverhältnis und seine Beendigung, 1994, S. 548 ff., 557 ff. m.w.N.

[194] BGH v. 4. November 1992, BGHZ 120, 108 (118 ff.); vgl. auch schon BGH v. 8. März 1984, BGHZ 90, 280 (283 ff.).

[195] *Flume* AT 2, § 38/5, S. 697 f.; *Staudinger/Neumann* (2002) Vorbem. zu §§ 620 ff. Rdnr. 58.

malige Tätigkeit). Dabei zeichnet sich die ordentliche Kündigung durch zwei Merkmale aus:

Erstens bedarf es für deren Rechtswirksamkeit keines Kündigungsgrundes. Es gilt der Grundsatz der Kündigungsfreiheit, der auch eine Begründungsbedürftigkeit der Kündigung ausschließt.[196]

Zweitens tragen Kündigungsfristen dem Dispositionsschutz des von der Kündigung betroffenen Vertragspartners Rechnung. Sie führen dazu, daß die Beendigung des Dienstverhältnisses nicht mit Zugang der Kündigungserklärung (§ 130 BGB), sondern erst nach Ablauf einer bestimmten Zeitspanne eintritt. Hierfür knüpft § 621 BGB an die für die Vergütung vorgesehene Zeitspanne an und trägt dem Vertrauen des anderen Vertragsteiles in den Fortbestand des Dienstverhältnisses und der hieraus folgenden Verdienstmöglichkeit Rechnung. Je länger die Zeitspanne für die Vergütung ist, desto länger ist die Kündigungsfrist (siehe im einzelnen § 621 Nr. 1 bis 5 BGB). Das kann sogar dazu führen, daß ein Dispositionsschutz fast vollständig entfällt, wenn extrem kurze Vergütungsperioden vereinbart werden: So sieht z.B. § 621 Nr. 1 BGB vor, daß eine Kündigung an jedem Tag für den Ablauf des folgenden Tages ausgesprochen werden kann, wenn die Vergütung nach Tagen bestimmt ist. Die Fristen sind nach den §§ 186 ff. BGB zu berechnen. Sofern das Dienstverhältnis nicht sofort mit Vertragsschluß in Vollzug gesetzt wird, löst eine vor Dienstantritt ausgesprochene Kündigung nach wohl h.M. den Beginn des Ablaufs der in § 621 BGB genannten Frist sofort und nicht erst mit Invollzugsetzung aus.[197] Die Kündigungsfristen des § 621 BGB sind dispositiv, bei einer Verlängerung durch Allgemeine Geschäftsbedingungen sind jedoch die zeitlichen Grenzen befristeter Dienstverhältnisse zu beachten.[198]

2. Außerordentliche Kündigung

Ein Recht zur außerordentlichen fristlosen Kündigung von Dienstverhältnissen für beide Vertragsparteien enthalten die §§ 626, 627 BGB.

a) Außerordentliche Kündigung nach § 626 BGB

Die nicht abdingbare Vorschrift des § 626 Abs. 1 BGB setzt voraus, daß ein wichtiger Grund vorliegt, der dem Kündigenden die Fortsetzung des Vertragsverhältnisses bis zu dessen ordentlicher Beendigung (Fristablauf, ordentliche Kündigung etc.) unzumutbar macht. Es handelt sich um eine Spezialregelung zu dem allgemeinen Grundsatz in § 314 BGB, nach dem Dauerschuldverhältnisse bei Vorliegen eines wichtigen Grundes fristlos gekündigt werden können.

Für die Ermittlung, ob die Fortsetzung des Dienstverhältnisses bis zu dessen regelgerechter Beendigung unzumutbar ist, sind im Rahmen einer Zukunftsprognose alle Umstände des Einzelfalls zu berücksichtigen und die Interessen der Vertragsparteien gegeneinander abzuwägen (§ 626 Abs. 1 BGB). Aus dieser Verknüp-

---

[196] RGRK/*Röhsler* § 621 Rdnr. 19; *Schwerdtner* MünchKomm. § 621 Rdnr. 5; *Staudinger/Preis* (2002) § 620 Rdnr. 5.

[197] *Erman/Belling* § 621 Rdnr. 6; *Staudinger/Preis* (2002) § 621 Rdnr. 17; differenzierend BAG v. 9. Mai 1985, AP Nr. 4 zu § 620 BGB.

[198] Siehe oben § 7 F II, S. 427.

fung folgt, daß sich die Anforderungen an den wichtigen Grund umgekehrt proportional zu der Länge der Kündigungsfrist bzw. der noch vertraglich vorgesehenen Laufzeit verhalten.[199] Je kürzer diese Frist ist, desto gewichtiger müssen die zur sofortigen Beendigung des Dienstverhältnisses angeführten Gründe sein, um eine Unzumutbarkeit der Vertragsfortführung zu bewirken.

Im übrigen kann die Prüfung eines wichtigen Grundes zur fristlosen Kündigung in *zwei Stufen* erfolgen:[200] Zunächst ist zu fragen, ob der betreffende Umstand „an sich", d.h. bei abstrakter Betrachtung, eine sofortige Vertragsbeendigung rechtfertigt. Liegt ein „an sich" wichtiger Grund vor, ist auf einer zweiten Stufe das Beendigungsinteresse des Kündigenden mit dem Bestandsinteresse des anderen Teils abzuwägen. Dabei muß das Verhältnismäßigkeitsprinzip streng beachtet werden, insbesondere der Umstand, daß die außerordentliche Kündigung nur eine ultima ratio darstellt.[201] Ein schuldhaft-vertragswidriges Verhalten des zu Kündigenden ist keine Voraussetzung eines wichtigen Grundes i.S. des § 626 Abs. 1 BGB, kann aber bei der Interessenabwägung ins Gewicht fallen.[202] Als wichtiger Grund für die Kündigung eines Internatsvertrages wurde z.B. ein Selbstmordversuch des Internatsschülers anerkannt.[203] Fehlt es hingegen an einem wichtigen Grund i.S. des § 626 Abs. 1 BGB ist die Erklärung regelmäßig nach § 140 BGB in eine fristgemäße ordentliche Kündigung i.S. des § 621 BGB umzudeuten.[204]

Kommt auf Seiten des Dienstverpflichteten ein wichtiger Grund zur fristlosen Kündigung in Betracht, ist zudem zu berücksichtigen, daß die Leistungsbefreiung gemäß § 275 Abs. 3 BGB der Kündigungsmöglichkeit vorgeht, was insbesondere in den Fällen der sog. sittlichen Unmöglichkeit Bedeutung erlangt.[205]

Zur Rechtfertigung der Kündigung aus wichtigem Grund können nur solche Umstände herangezogen werden, die dem zur Kündigung Berechtigten nicht länger als zwei Wochen vor dem Zugang der Kündigungserklärung (§ 130 BGB) bekannt waren (§ 626 Abs. 2 Satz 1 BGB). Hierbei handelt es sich nicht um eine Kündigungsfrist, sondern um eine Kündigungserklärungsfrist, da sie für die Erklärung der Kündigung und nicht für die Beendigung des Dienstverhältnisses eine Frist setzt. Die zweiwöchige Kündigungserklärungsfrist beginnt nicht bereits mit dem Eintritt des wichtigen Grundes, sondern erst, wenn der Kündigungsberechtigte von den für die Kündigung maßgebenden Tatsachen Kenntnis erlangt (§ 622

---

[199] BAG v. 15. Dezember 1955, AP Nr. 6 zu § 626 BGB; *Soergel/Kraft* § 626 Rdnr. 44; *Staudinger/Preis* (2002) § 626 Rdnr. 60.

[200] BAG v. 17. Mai 1984, AP Nr. 14 zu § 626 BGB; BAG v. 17. März 1988, AP Nr. 99 zu § 626 BGB; RGRK/*Corts* § 626 Rdnr. 30; *Schwerdtner* § 626 Rdnr. 53; *Soergel/Kraft* § 626 Rdnr. 33; *Staudinger/Preis* (2002) § 626 Rdnr. 51 f.

[201] BAG v. 28. April 1982, BAGE 38, 348 (356); *Brox/Walker* § 21 Rdnr. 9; *Erman/Belling* § 626 Rdnr. 45.

[202] BAG v. 12. April 1978, AP Nr. 13 zu § 626 BGB; *Schwerdtner* MünchKomm. § 626 Rdnr. 46; *Staudinger/Preis* (2002) § 626 Rdnr. 64.

[203] BGH v. 24. Mai 1984, NJW 1984, 2091 (2092 f.).

[204] *Erman/Belling* § 626 Rdnr. 25; *Larenz* BT 1, § 52 III d, S. 337; *Soergel/Kraft* § 626 BGB Rdnr. 104.

[205] Siehe oben § 7 E I 2a, aa, S. 418.

Abs. 2 Satz 2 BGB). Auf Verlangen hat der Kündigende dem anderen Teil gemäß § 626 Abs. 2 Satz 3 BGB den Kündigungsgrund unverzüglich (§ 121 Abs. 1 Satz 1 BGB) schriftlich mitzuteilen. Ein Verstoß gegen diese Pflicht führt jedoch nicht zur Unwirksamkeit der Kündigung, sondern verpflichtet zum Ersatz von Schäden (z.B. Prozeßkosten) gemäß § 280 Abs. 1 BGB, die aufgrund der Unterlassung eintreten.[206]

b) Außerordentliche Kündigung nach § 627 BGB

Ein außerordentliches Kündigungsrecht sieht das Bürgerliche Gesetzbuch nach § 627 Abs. 1 BGB außerhalb von Arbeitsverhältnissen zudem grundsätzlich für den Sonderfall vor, daß der Dienstverpflichtete Dienste höherer Art zu leisten hat, die aufgrund besonderen Vertrauens übertragen zu werden pflegen. In diesem Fall kann die außerordentliche fristlose Kündigung jederzeit und ohne einen wichtigen Grund erklärt werden, da § 627 Abs. 1 BGB die Kündigung auch „ohne die in § 626 bezeichnete Voraussetzung" für zulässig erklärt. Anders als das Recht zur fristlosen Kündigung aus wichtigem Grund kann die Kündigungsmöglichkeit nach § 627 Abs. 1 BGB individualvertraglich abbedungen werden; ein Ausschluß durch Allgemeine Geschäftsbedingungen des Gekündigten verstößt jedoch gegen § 307 Abs. 2 Nr. 1 BGB.[207]

Das Kündigungsrecht aus § 627 Abs. 1 BGB rechtfertigt sich dadurch, daß ein Vertrag über die Leistung von Diensten höherer Art regelmäßig auf einem besonderen Vertrauensverhältnis beruht, das in vielfältiger Weise gestört werden kann.[208] Aus diesem einseitig die Entschließungsfreiheit des Kündigenden schützenden Normzweck ergibt sich zugleich die vorgesehene Ausnahme von dem Recht zur nicht begründungsbedürftigen außerordentlichen Kündigung: Eine solche ist nach § 627 Abs. 1 BGB ausgeschlossen, wenn es sich um ein dauerndes Dienstverhältnis mit festen Bezügen handelt.[209] In einem solchen Fall soll das Vertrauen in den Fortbestand des Dienstverhältnisses bis zu einer ordentlichen Beendigung nur unter den Voraussetzungen des § 626 BGB zurückstehen.

Dienste höherer Art i.S. des § 627 Abs. 1 BGB werden geschuldet, wenn für ihre Erbringung ein überdurchschnittliches Maß an Fachkenntnis erforderlich

---

[206] BAG v. 17. August 1972, AP Nr. 65 zu § 626 BGB; RGRK/*Corts* § 626 Rdnr. 229; *Staudinger/Preis* (2002) § 626 Rdnr. 257 f.

[207] BGH v. 8. März 1984, BGHZ 90, 280 (284); BGH v. 1. Februar 1989, BGHZ 106, 341 (346); *Erman/Belling* § 627 Rdnr. 11; *Schwerdtner* MünchKomm. § 627 Rdnr. 19.

[208] BGH v. 13. Januar 1993, NJW-RR 1993, 505 (506); *Erman/Belling* § 627 Rdnr. 1; *Esser/Weyers* BT 1, § 30/4b, S. 249; *Staudinger/Preis* (2002) § 627 Rdnr. 4.

[209] Die beiden Voraussetzungen (dauerndes Dienstverhältnis, feste Bezüge) müssen kumulativ vorliegen, um das Kündigungsrecht auszuschließen: BGH v. 31. März 1967, BGHZ 47, 303 (305); RGRK/*Corts* § 627 Rdnr. 8; *Soergel/Kraft* § 627 Rdnr. 5; *Staudinger/Preis* (2002) § 627 Rdnr. 14. Näher zum dauernden Dienstverhältnis § 7 G, S. 433 ff.

ist.[210] Zudem müssen diese Dienste *typischerweise*, d.h. unabhängig vom konkreten Fall, aufgrund eines besonderen Vertrauens in die Person des Dienstverpflichteten übertragen werden.[211] Daran fehlt es zumeist, wenn der Vertrag mit einer Institution abgeschlossen wird, ohne daß zugleich die Vereinbarung der Tätigkeitserbringung durch eine bestimmte Person erfolgt.[212] § 627 Abs. 1 BGB ist somit z.B. bei Verträgen mit Ärzten und Rechtsanwälten anwendbar, regelmäßig aber nicht bei standardisierten Unterrichtsprogrammen ohne Erziehungscharakter (Repetitorien etc.).

Nach § 627 Abs. 2 Satz 1 BGB darf der Dienstverpflichtete das Dienstverhältnis nicht zur Unzeit kündigen, d.h. dergestalt, daß sich der Dienstberechtigte die Dienste nicht anderweitig und für seine Zwecke rechtzeitig beschaffen kann (vgl. auch die §§ 671 Abs. 2 Satz 1, 723 Abs. 2 Satz 1 BGB). Dies gilt nur dann nicht, wenn für die unzeitige Kündigung ein wichtiger Grund vorliegt, der sich aber anders als bei § 626 BGB nicht auf die Beendigung des Dienstverhältnisses als solche, sondern nur auf die Beendigung ohne Rücksicht auf die anderweitige Beschaffungsmöglichkeit seitens des Dienstberechtigten beziehen muß.[213] Gegen § 627 Abs. 2 Satz 1 BGB verstößt z.B. der Abbruch einer ärztlichen Behandlung, ohne daß sich der Patient rechtzeitig in die Obhut eines anderen Arztes begeben kann. Kündigt der Dienstverpflichtete zur Unzeit ohne einen wichtigen Grund, so hat er seinem Vertragspartner verschuldensunabhängig den „daraus" – d.h. nur den aus der vorfristigen Auflösung – entstehenden Schaden zu ersetzen (§ 627 Abs. 2 Satz 2 BGB). Im Umkehrschluß bleibt die Wirksamkeit der Kündigung als solche von dem Verstoß gegen § 627 Abs. 2 Satz 1 BGB unberührt; die Norm ist kein Verbotsgesetz i.S. des § 134 BGB.[214]

c) Vergütung und Schadensersatz nach außerordentlicher Kündigung

Ist eine wirksame Kündigung gemäß den §§ 626, 627 BGB nach Invollzugsetzung des Dienstverhältnisses erfolgt, kann der Dienstverpflichtete eine seinen bisherigen Leistungen entsprechende Teilvergütung verlangen (§ 628 Abs. 1 Satz 1 BGB). Das gilt allerdings nach § 628 Abs. 1 Satz 2 BGB insoweit nicht, als er

– erstens entweder selbst gekündigt hat, ohne daß ein vertragswidriges Verhalten des Dienstberechtigten dafür den Ausschlag gab bzw. selbst durch ein vertragswidriges Verhalten die Kündigung veranlaßt hat und
– zweitens die Teilleistung für den Dienstberechtigten kein Interesse hat.

---

[210] RGRK/*Corts* § 627 Rdnr. 2; *Schwerdtner* MünchKomm. § 627 Rdnr. 8; *Staudinger/ Preis* (2002) § 627 Rdnr. 18.

[211] RG v. 11. Dezember 1934, RGZ 146, 116 (117); BGH v. 26. November 1959, BGHZ 31, 224 (228); *Soergel/Kraft* § 627 Rdnr. 4.

[212] BGH v. 8. März 1984, BGHZ 90, 280 (282 f.); *Erman/Belling* § 627 Rdnr. 4; *Soergel/ Kraft* § 627 Rdnr. 4.

[213] *Erman/Belling* § 627 Rdnr. 9; *Soergel/Kraft* § 627 Rdnr. 9; *Staudinger/Preis* (2002) § 627 Rdnr. 31.

[214] BGH v. 24. Juni 1987, LM Nr. 9 zu § 627 BGB; *Larenz* BT 1, § 52 III d, S. 338; RGRK/*Corts* § 627 Rdnr. 17; *Schwerdtner* MünchKomm. § 627 Rdnr. 16; a.A. lediglich *van Venrooy* JZ 1981, 53 (57).

Dabei ist als vertragswidriges Verhalten i.S. des § 628 Abs. 1 Satz 2 BGB nur eine schuldhafte Pflichtwidrigkeit anzuerkennen.[215] § 628 Abs. 1 Satz 3 BGB regelt die Rückgewähr im voraus entrichteter Vergütungen.

Schließlich gewährt § 628 Abs. 2 BGB dem außerordentlich Kündigenden einen Anspruch auf Ersatz seines Nichterfüllungsschadens, wenn die Kündigung auf einem schuldhaft-vertragswidrigen Verhalten des anderen Teils beruht.[216] Dabei ist nach dem Erfordernis des Rechtswidrigkeitszusammenhangs das Erfüllungsinteresse nur bis zu demjenigen Zeitpunkt zu ersetzen, in dem der sich vertragswidrig Verhaltende das Dienstverhältnis rechtmäßig hätte beenden können, z.B. durch eine ordentliche Kündigung gemäß § 621 BGB (sog. Verfrühungsschaden).[217]

G. Sonderbestimmungen für dauernde Dienstverhältnisse

I. Begriff des „dauernden Dienstverhältnisses"

Die §§ 617, 629, 630 BGB enthalten Sonderbestimmungen für sog. dauernde Dienstverhältnisse. Der Begriff des dauernden Dienstverhältnisses ist *nicht* mit demjenigen des dienstvertraglichen Dauerschuldverhältnisses identisch.[218] Während nahezu alle Dienstverträge aufgrund ihres Zeitbezugs Dauerschuldverhältnisse begründen,[219] sind an ein dauerndes Dienstverhältnis weitere Anforderungen zu stellen, welche die spezifischen Rechtsfolgen der §§ 617, 629, 630 BGB rechtfertigen: Teilweise wird dabei darauf abgestellt, ob das Dienstverhältnis im Gegensatz zu sog. vorübergehenden Dienstverhältnissen auf eine „längere Zeit" angelegt ist.[220] Richtig erscheint es jedoch, eine besondere Qualität der zu erbringenden Tätigkeit dergestalt zu fordern, daß ein dauerndes Dienstverhältnis immer dann vorliegt, wenn sich die Tätigkeiten nicht in isolierbaren – einmaligen oder mehrmaligen – Einzelleistungen erschöpfen.[221] Insoweit kann auch ein befristeter Dienstvertrag als ein dauerndes Dienstverhältnis zu qualifizieren sein.[222]

---

[215]   Prot. II, S. 306; BAG v. 5. Oktober 1962, AP Nr. 2 zu § 628 BGB; *Larenz* BT 1, § 52 III d, S. 339; *Staudinger/Preis* (2002) § 628 Rdnr. 24.

[216]   Siehe oben § 7 D III 1a, bb, S. 412 sowie BAG v. 26. Juli 2001, BAGE 98, 275 (280 f.).

[217]   BGH v. 29. November 1965, BGHZ 44, 271 (277); BGH v. 3. März 1993, BGHZ 122, 9 (14 f.); BAG v. 23. März 1984, AP Nr. 8 zu § 276 BGB Vertragsbruch; BAG v. 26. Juli 2001, BAGE 98, 275 (289 ff.); *Erman/Belling* § 628 Rdnr. 28; *Schlechtriem* Rdnr. 394; *Soergel/Kraft* § 628 Rdnr. 14 ff.; *Staudinger/Preis* (2002) § 628 Rdnr. 44.

[218]   Vgl. statt aller die Unterscheidung bei *Oetker* Das Dauerschuldverhältnis und seine Beendigung, 1994, S. 152 und S. 195 ff.

[219]   Siehe oben § 7 A, S. 394.

[220]   RGRK/*Matthes* § 617 Rdnr. 9; *Schaub* MünchKomm. § 617 Rdnr. 17; *Soergel/Kraft* § 617 Rdnr. 2.

[221]   *Erman/Belling* § 617 Rdnr. 4; *Staudinger/Oetker* (2002) § 617 Rdnr. 18 f.; im Ansatz auch BGH v. 31. März 1967, BGHZ 47, 303 (307).

[222]   BGH v. 31. März 1967, BGHZ 47, 303 (307); *Schaub* MünchKomm. § 617 Rdnr. 7; *Soergel/Kraft* § 617 Rdnr. 2; *Staudinger/Oetker* (2002) § 617 Rdnr. 19.

II. Krankenfürsorge (§ 617 BGB)

Nach § 617 Abs. 1 Satz 1 BGB hat bei dauernden Dienstverhältnissen, welche die Erwerbstätigkeit des Dienstverpflichteten zumindest hauptsächlich in Anspruch nehmen und in deren Rahmen dieser in die häusliche Gemeinschaft aufgenommen wurde, der Dienstberechtigte im Krankheitsfall bis zu sechs Wochen die erforderliche Verpflegung und ärztliche Behandlung zu gewähren. Der Anspruch ist gemäß § 619 BGB zwingend. Eine Aufnahme in die häusliche Gemeinschaft liegt nur vor, wenn sowohl Verpflegung als auch Wohnraum gewährt werden.[223] Nach heute h.M. muß diese Gemeinschaft nicht mit dem Dienstberechtigten bestehen, sondern kann auch unter mehreren Dienstverpflichteten vorliegen.[224]

Der Anspruch ist ausgeschlossen, wenn die Erkrankung vorsätzlich oder grob fahrlässig herbeigeführt wurde (§ 617 Abs. 1 Satz 1 BGB a.E.), wofür die zu § 616 Satz 1 BGB entwickelten Grundsätze heranzuziehen sind,[225] oder eine Versicherung für die betreffenden Kosten aufkommt (§ 617 Abs. 2 BGB). Die Aufwendungen für die Krankenfürsorge können zudem auf die für den Krankheitszeitraum geschuldete Vergütung angerechnet werden (§ 617 Abs. 1 Satz 3 BGB), soweit diese trotz der Leistungsunfähigkeit fortentrichtet wird, z.B. gemäß § 616 BGB.[226] Die Kostentragungspflicht endet regelmäßig mit der Beendigung des Dienstverhältnisses (§ 617 Abs. 1 Satz 1 BGB). Hiervon sieht § 617 Abs. 1 Satz 4 BGB lediglich für den Fall eine durch den Normzweck bedingte Ausnahme vor, daß das Dienstverhältnis *wegen* der Erkrankung gemäß § 626 BGB fristlos gekündigt wurde. In diesem Fall besteht die Fürsorgepflicht bis zum Ablauf der ordentlichen Kündigungsfrist i.S. des § 621 BGB fort.

III. Freizeit zur Stellensuche (§ 629 BGB)

Nach der Kündigung eines dauernden Dienstverhältnisses ist dem Dienstverpflichteten eine angemessene Zeit zur Suche eines neuen Dienstverhältnisses zu gewähren (§ 629 BGB). Allerdings berechtigt die Vorschrift den Dienstverpflichteten nur zu einer nach den Umständen erforderlichen Befreiung von der Pflicht zur Dienstleistung. Zur Fortzahlung der Vergütung ist der Dienstberechtigte für diesen Zeitraum nur unter den Voraussetzungen des § 616 BGB verpflichtet.[227]

---

[223] RGRK/*Matthes* § 617 Rdnr. 13; *Soergel/Kraft* § 617 Rdnr. 4; *Staudinger/Oetker* (2002) § 617 Rdnr. 24.

[224] BAG v. 8. Juni 1955, AP Nr. 1 zu § 618 BGB; RGRK/*Matthes* § 617 Rdnr. 14; *Schaub* MünchKomm. § 617 Rdnr. 9; a.A. *Erman/Belling* § 617 Rdnr. 6; *Staudinger/ Oetker* (2002) § 617 Rdnr. 28.

[225] Siehe oben § 7 E I 2a, cc, S. 420.

[226] Dazu oben § 7 E I 2a, cc, S. 420.

[227] BAG v. 13. November 1969, AP Nr. 41 zu § 616 BGB; *Larenz* BT 1, § 52 III d, S. 340; *Soergel/Kraft* § 629 Rdnr. 11; *Staudinger/Preis* (2002) § 629 Rdnr. 21; zugunsten einer generellen Pflicht zur Fortzahlung der Vergütung *Brox/Walker* § 21 Rdnr. 16, allerdings ohne Angabe einer Rechtsgrundlage.

IV. Erteilung eines Dienstzeugnisses (§ 630 BGB)

Schließlich begründet § 630 BGB zugunsten des Dienstverpflichteten einen Anspruch auf die schriftliche Erteilung eines Dienstzeugnisses, wobei die Erteilung in
elektronischer Form (§ 126a BGB) gemäß § 630 Satz 3 BGB ausgeschlossen ist.
Bei freien Dienstverträgen besteht der Anspruch auf eine Zeugniserteilung im Wege einer teleologischen Reduktion der Vorschrift aber nur, wenn der Dienstverpflichtete in besonderem Maße sozial schutzbedürftig ist,[228] was vor allem bei sog.
arbeitnehmerähnlichen Personen angenommen wird.[229] Alle anderen freien Dienstleistenden (Rechtsanwälte, Steuerberater etc.) sind auf den aus ihrer Tätigkeit resultierenden Werbeeffekt verwiesen.

   Inhaltlich sind zwei Arten von Zeugnissen zu unterscheiden: Erstens das sogenannte *einfache Zeugnis*, das sich lediglich auf das Dienstverhältnis und dessen
Dauer erstreckt (§ 630 Satz 1 BGB). Zweitens das sogenannte *qualifizierte Zeugnis*; dieses umfaßt insbesondere eine Leistungsbeurteilung (§ 630 Satz 2 BGB).
Dabei steht das Wahlrecht, welche Art von Zeugnis zu erstellen ist, dem Dienstverpflichteten zu (vgl. § 630 Satz 2 BGB: „auf Verlangen").

   Bei Erteilung eines qualifizierten Zeugnisses besteht ein Anspruch auf eine ver-
ständig-wohlwollende Beurteilung, welche das Fortkommen des Dienstverpflichteten nicht ungerechtfertigt erschwert.[230] Zugleich muß die Einschätzung aber auch
den Kriterien der Vollständigkeit und Wahrheit entsprechen. Genügt das Zeugnis
nicht diesen Anforderungen, soll der Aussteller nach der Rechtsprechung des Bundesgerichtshofs Dritten, die bestimmungsgemäß mit der Beurteilung in Kontakt
kommen und sich auf deren Inhalt verlassen, zumindest dann nicht nur nach § 826
BGB, sondern auch vertragsähnlich gemäß den §§ 280 Abs. 1, 276 ff. BGB auf
Schadensersatz haften, wenn er oder seine Erfüllungsgehilfen die Unrichtigkeit des
Zeugnisses entweder von vornherein kannten oder später erkennen und ihnen bekannte Dritte nicht warnen.[231]

   Dogmatisch lehnt sich diese Rechtsprechung an die extensive Annahme von
Auskunftsverträgen als „Ausnahme" von der grundsätzlich nur deliktischen Haftung für Rat und Empfehlung an (vgl. § 675 Abs. 2 BGB).[232] Insoweit paßt sich
aber die vom Bundesgerichtshof vertretene Haftungsausnahme für bloß fahrlässig
falsche Angaben nur schwer in die Kategorie einer vertraglichen oder quasi-vertraglichen Haftung ein. Daher kann die Rechtsprechung nur als ergebnisorientierte

---

[228] RG v. 7. Januar 1916, RGZ 87, 440 (443); BGH v. 9. November 1967, BGHZ 49, 30
     (31 f.); *Erman/Belling* § 630 Rdnr. 3; *Staudinger/Preis* (2002) § 630 Rdnr. 3.
[229] Dazu oben § 7 B IV, S. 402 f.
[230] BAG v. 3. März 1993, AP Nr. 20 zu § 630 BGB; *Medicus* Rdnr. 338; *Schwerdtner*
     MünchKomm. § 630 Rdnr. 17.
[231] BGH v. 15. Mai 1979, BGHZ 74, 281 (287 ff.); *Erman/Belling* § 630 Rdnr. 26; *Stau-
     dinger/Preis* (2002) § 630 Rdnr. 82.
[232] Siehe zu weiteren Einzelheiten der Auskunftshaftung unten § 11 B II 4, S. 597 ff.

Umgehung der Exkulpationsmöglichkeit für vorsätzlich handelnde Verrichtungsgehilfen nach § 831 Abs. 1 Satz 2 BGB gedeutet werden.[233]

Der Dienstverpflichtete hat auf die Ausstellung eines den vorstehenden Maßstäben entsprechenden Zeugnisses einen klagbaren und vertraglich im voraus nicht
abdingbaren Erfüllungsanspruch.[234] Bei Verletzung desselben bestehen die allgemeinen Rechtsbehelfe der §§ 280 ff. BGB. Die Pflicht zur Zeugniserteilung ist jedoch wegen Verwirkung nicht mehr durchsetzbar, wenn sie vom Dienstverpflichteten nicht in angemessener Zeit nach der Beendigung des Dienstverhältnisses geltend gemacht wird.[235]

---

[233] Kritisch zur Linie des Bundesgerichtshofs auch *Medicus* Rdnr. 338; *Schwerdtner*
MünchKomm. § 630 Rdnr. 62 sowie *Soergel/Kraft* § 630 Rdnr. 22.

[234] BAG v. 16. September 1974, AP Nr. 9 zu § 630 BGB; RGRK/*Eisemann* § 630
Rdnr. 4; *Staudinger/Preis* (2002) § 630 Rdnr. 7.

[235] BAG v. 17. Februar 1988, AP Nr. 18 zu § 630 BGB; *Erman/Belling* § 630 Rdnr. 18;
Larenz BT 1, § 52 III e, S. 340.

§ 8 Der Werkvertrag

A. Überblick zu den gesetzlichen Vorschriften

Das Recht des Werkvertrages regelt das Bürgerliche Gesetzbuch in den §§ 631 bis 651 BGB, wobei sich die Vorschriften allerdings auf ein Grundmodell beschränken, von dem in verschiedener Hinsicht Abweichungen auftreten können.

Erstens hat der Gesetzgeber für einzelne Werkverträge spezialgesetzliche Regelungen als erforderlich angesehen. So hält z.B. das Handelsgesetzbuch für bestimmte Formen von Transportverträgen Sondervorschriften bereit (z.B. Frachtvertrag, §§ 407 ff. HGB; Speditionsvertrag, §§ 453 ff. HGB).[1] Des weiteren ist bei Verträgen mit Bauträgern die Makler- und Bauträgerverordnung (MaBV)[2] zu beachten, die Sicherungen zugunsten des Bestellers festschreibt und dabei über das Werkvertragsrecht hinausgeht.[3] Für den Architektenvertrag fehlt zwar ein geschlossenes spezialgesetzliches Regelwerk, in der Praxis ist aber die Honorarordnung für Architekten und Ingenieure (HOAI)[4] von zentraler Bedeutung, da sie zwingende Vorgaben für das Verhältnis von Leistung und Gegenleistung aufstellt.

Zweitens erlaubt der weitgehend dispositive Charakter der §§ 631 bis 651 BGB, den Werkvertrag abweichend von dem gesetzlichen Grundmodell auszugestalten. Hiervon wird insbesondere bei Werkverträgen verbreitet Gebrauch gemacht, welche die Herstellung eines komplexen und auf individuelle Bedürfnisse zugeschnittenen Werkes betreffen. So enthalten z.B. Verträge im Industrieanlagenbau regelmäßig mehrere hundert separat ausgehandelte Vorschriften sowie zahlreiche Anlagen mit technischen Beschreibungen, die vor allem die vertragsgemäße Beschaffenheit des Werkes festlegen. Während diese Verträge ein Höchstmaß an Individualität auszeichnet, haben sich demgegenüber bei standardisierten Werkleistungen Allgemeine Geschäftsbedingungen etabliert, die das Werkvertragsrecht des Bürgerlichen Gesetzbuches zu großen Teilen verdrängen. Prominentes Beispiel hierfür ist die Verdingungsordnung für Bauleistungen (VOB), die in Teil B (VOB/B) die Ausführung von Bauleistungen regelt und Bauverträgen regelmäßig zugrunde liegt.[5] Deshalb sind die §§ 631 bis 651 BGB in der Praxis zwar nicht obsolet, haben aber gerade bei wirtschaftlich bedeutsamen Werkleistungen viel von ihrem Stellenwert eingebüßt.

B. Begriff des Werkvertrages und Abgrenzung zu anderen Vertragstypen

Den Gegenstand des Werkvertrages, der zur Anwendbarkeit der §§ 632 bis 651 BGB führt, umschreibt vor allem § 631 BGB. Aus Abs. 1 dieser Vorschrift ergibt sich zunächst, daß der Werkvertrag ein zweiseitig verpflichtendes Schuldverhältnis

---

[1]   Näher *Canaris* Handelsrecht, 23. Aufl. 2000, § 33, S. 562 ff.; *Oetker* Handelsrecht, 3. Aufl. 2002, § 10, S. 239 ff.; *K. Schmidt* Handelsrecht, 5. Aufl. 1999, § 32 f., S. 911 ff.

[2]   BGBl. I 1990, S. 2479.

[3]   Zum Bauträgervertrag noch unten § 8 J II, S. 533.

[4]   BGBl. I 1991, S. 533.

[5]   Siehe zur Einbeziehung der VOB/B in den Vertrag unten § 8 D, S. 448 sowie zu einem Inhaltsüberblick unten § 8 J I, S. 531 f.

begründet. Der Unternehmer verspricht die Herstellung eines Werkes und der Besteller die Entrichtung der vereinbarten Vergütung. Zwischen beiden Verpflichtungen besteht eine synallagmatische Verknüpfung, so daß der Werkvertrag ein gegenseitiger Vertrag i.S. der §§ 320 ff. BGB ist.[6]

Als Partei eines Werkvertrages kommt jede natürliche oder juristische Person in Betracht. Das gilt auch für diejenige Vertragspartei, welche die Herstellung des Werkes verspricht. Ihre Bezeichnung in den §§ 631 ff. BGB als „Unternehmer" darf nicht zu dem Fehlschluß verleiten, es müsse sich hierbei um einen Unternehmer i.S. des § 14 BGB handeln. Die dortige Legaldefinition steht in einem auflösbaren Sinnzusammenhang mit dem Verbraucherbegriff in § 13 BGB und dient dazu, den personalen Anwendungsbereich der verbraucherschützenden Vorschriften im Bürgerlichen Gesetzbuch zu konkretisieren. Deshalb ist die Definitionsnorm in § 14 BGB – nicht anders als § 13 BGB – nur heranzuziehen, wenn eine Vorschrift „Unternehmer" und „Verbraucher" als „Paar" zum Normadressaten erhebt (so z.B. §§ 310 Abs. 3, 312 Abs. 1 Satz 1, 312b Abs. 1, 481 Abs. 1 Satz 1, 491 Abs. 1, 505 Abs. 1 Satz 1 BGB).

Den Gegenstand des Werkes umschreibt § 631 Abs. 2 BGB näher, der zugleich das entscheidende Abgrenzungsmerkmal zu anderen Tätigkeitsverträgen nennt. Werkverträge sind ausschließlich solche Verträge, in denen der zur Tätigkeit Verpflichtete nicht nur die Tätigkeit als solche, sondern einen über diese hinausgehenden Erfolg (das „Werk") verspricht.[7] Mit anderen Worten ist die Tätigkeit nur ein Mittel zur Herbeiführung des *vertraglich geschuldeten* Erfolges. Für dessen Konkretisierung läßt § 631 Abs. 2 BGB den Vertragsparteien einen weiten Spielraum. Dieser kann in der Herstellung oder Veränderung einer Sache (sog. körperliches Werk) oder in jedem anderen durch Arbeit oder Dienstleistung herbeizuführenden Erfolg (sog. unkörperliches Werk) bestehen.[8] Neben der Errichtung eines Bauwerkes kann somit z.B. auch eine Theateraufführung[9] oder eine Beförderungsleistung[10] Gegenstand eines Werkvertrages sein.

---

[6]   Sofern für die Erbringung einer Werkleistung kein Entgelt geschuldet wird, liegt entweder ein Auftrag i.S. der §§ 662 ff. BGB vor oder es handelt sich um einen atypischen Vertrag, auf den gegebenenfalls einzelne Vorschriften der §§ 631 ff. BGB analog anzuwenden sind, soweit diese nicht gerade an die Entgeltlichkeit der Tätigkeit anknüpfen; siehe noch unten § 11 B II 1, S. 593 ff.

[7]   BGH v. 4. Juni 1970, BGHZ 54, 106 (107); *Larenz* BT 1, § 53 I, S. 342; *Medicus* Rdnr. 361; *Soergel* MünchKomm. § 631 Rdnr. 4; *Staudinger/Peters* (2003) Vorbem. zu §§ 631 ff. Rdnr. 20; BR/*Voit* § 631 Rdnr. 6.

[8]   Siehe z.B. BR/*Voit* § 631 Rdnr. 8 f. sowie die Aufzählung von Einzelfällen in Rn. 11 ff.

[9]   *Larenz* BT 1, § 53 I, S. 344; *Soergel* MünchKomm. § 631 Rdnr. 73; *Staudinger/Peters* (2003) Vorbem. zu §§ 631 ff. Rdnr. 30. Hingegen stellt der Vertrag des Unternehmensträgers eines Theaters mit den Schauspielern regelmäßig einen Arbeitsvertrag, d.h. eine Form des Dienstvertrages dar; siehe oben § 7 B IV, S. 401 ff.

[10]   RG v. 23. Juni 1883, RGZ 10, 164 (167); BGH v. 21. Dezember 1973, BGHZ 62, 71 (75); *Esser/Weyers* BT 1, § 31/1, S. 249. Überblick zu den geltenden Sondervorschriften bei *Erman/Seiler* Vor § 631 Rdnr. 24.

Durch die Erfolgsbezogenheit unterscheidet sich die Leistungspflicht des Unternehmers i.S. des § 631 Abs. 1 BGB insbesondere von derjenigen des Dienstverpflichteten i.S. des § 611 Abs. 1 BGB. In Grenzfällen entscheidet die vertragliche Risikozuweisung darüber, ob ein bestimmter Erfolg zum Inhalt der Leistungspflicht gehört und somit ein Werkvertrag vorliegt.[11] Während Ärzte aufgrund ihres begrenzten Einflusses auf den Heilungserfolg regelmäßig im Rahmen eines Dienstvertrages tätig werden und Architekten umgekehrt eine Werkleistung erbringen, kommt es z.b. bei Rechtsanwälten auf den konkreten Gegenstand der Tätigkeit an (Prozeßvertretung = Dienstleistung; Gutachtenerstellung = Werkleistung).[12]

Von dem Kauf einer Sache mit Montageverpflichtung (vgl. § 434 Abs. 2 Satz 1 BGB) ist der Werkvertrag danach abzugrenzen, ob die Lieferung der Sache im Vordergrund steht (dann Kauf) oder die Montage aufgrund ihrer Komplexität den Schwerpunkt bildet (dann Werkvertrag).[13] Sofern der Unternehmer mit dem Werkvertrag zugleich ein Geschäft des Bestellers ausführt (sog. Geschäftsbesorgung), finden gemäß § 675 Abs. 1 BGB *neben* den §§ 631 ff. BGB zahlreiche Vorschriften des Auftragsrechts Anwendung.[14] Dies gilt z.b. für die Tätigkeit von Banken (vgl. auch die §§ 676a ff. BGB).[15]

C. Anwendung des Kaufrechts auf bestimmte Werkverträge

I. Ausgangspunkt der Problematik

Die §§ 631 ff. BGB gehen konzeptionell davon aus, daß der Unternehmer durch seine Tätigkeit den vertraglich geschuldeten Erfolg herbeiführt. Gerade bei der Erstellung von körperlichen Werken, d.h. der Herstellung oder Veränderung einer Sache (§ 631 Abs. 2 BGB), besteht aber eine besondere Problemlage, weil sowohl der Unternehmer als auch der Besteller das Leistungssubstrat (den sog. Stoff) stellen kann. Dabei entspricht es dem klassischen Bild des Werkvertrages, daß der Besteller den Stoff zur Verfügung stellt, z.B. einem Schuhmacher Schuhe oder einer Kfz-Werkstatt seinen PKW zur Reparatur überläßt. Selbst in diesem Fall kann sich die Tätigkeit des Unternehmers jedoch als Verarbeitung i.S. des § 950 Abs. 1 BGB darstellen, die zu einem gesetzlichen Eigentumserwerb des Unternehmers an der neu hergestellten Sache führt.[16] Derartiges ist z.B. gegeben, wenn ein Schneider aus dem Stoff des Bestellers einen Anzug schneidert, sofern nicht der Wert der Verarbeitung erheblich geringer ist als der Wert des verarbeiteten Stoffes. Nach der Erstellung des Werkes muß die neu hergestellte Sache (im Beispiel: der An-

---

[11]   Siehe oben § 7 B I, S. 395 ff.

[12]   Näher § 7 B I, S. 395 f.

[13]   RG v. 2. Juli 1907, RGZ 66, 279 (283 f.); BGH v. 22. Juli 1998, NJW 1998, 3197 (3198); *Soergel/Huber* vor § 433 Rdnr. 279; BR/*Voit* § 631 Rdnr. 3, 12 sowie oben § 2 D I 1d, bb (5b), S. 48.

[14]   Siehe dazu näher unten § 11 C I, S. 615 ff.

[15]   Zur Geschäftsbesorgung im Bankverkehr unten § 11 C II, S. 619 ff.

[16]   Näher zu § 950 BGB *Baur/Stürner* § 53 Rdnr. 13 ff.

zug) an den Besteller übereignet werden, wodurch eine Gemeinsamkeit mit den Veräußerungsverträgen entsteht. Noch offenkundiger ist die Parallele zu den Veräußerungsverträgen, insbesondere zum Kaufvertrag, wenn der Unternehmer eine Sache aus einem eigenen Stoff für den Besteller herstellt. In diesem Fall tritt das Tätigkeitsmoment weitgehend hinter die zur Vertragserfüllung notwendige Sachverschaffung zurück.

Dieser Annäherung verschiedener Werkverträge an den Typus des Kaufvertrages trägt § 651 Satz 1 BGB Rechnung, indem er auf einen Werkvertrag, der die Lieferung herzustellender oder zu erzeugender beweglicher Sachen zum Gegenstand hat, grundsätzlich das Kaufrecht für anwendbar erklärt.[17] Hierdurch setzt das Gesetz auch die Vorgabe aus Art. 1 Abs. 4 der Richtlinie zum Verbrauchsgüterkauf um, wonach die vom deutschen Gesetzgeber in den §§ 433 ff. BGB und insbesondere in den §§ 474 ff. BGB eingefügten Schutzvorschriften zugunsten von Verbrauchern unabhängig davon gelten müssen, ob der Vertragsgegenstand nach der vertraglichen Vereinbarung erst noch herzustellen oder zu erzeugen ist und somit nach der Dogmatik des Bürgerlichen Gesetzbuches ein Werkvertrag vorliegt.[18]

II. Voraussetzungen des § 651 Satz 1 BGB

Nach § 651 Satz 1 BGB muß die Lieferung einer herzustellenden oder zu erzeugenden *beweglichen* Sache den Gegenstand des Vertrages bilden. Die Globalverweisung auf das Kaufrecht greift daher bei Arbeiten an Grundstücken, insbesondere bei der Erstellung von Bauwerken nicht ein. Das gilt auch für den Einbau von Gegenständen (Einbauküche, Badewanne etc.) in ein bereits existierendes Bauwerk, die hierdurch wesentlicher Bestandteil des betreffenden Grundstücks werden (§ 94 Abs. 1 Satz 1 und Abs. 2 BGB).[19] Die Lieferung einer beweglichen Sache erfolgt auch nicht bei der Erstellung von Individualsoftware (die Gegenstand eines Werkvertrages ist[20]), selbst wenn sich diese auf einem körperlichen Datenträger befindet. Denn im Vordergrund der vertraglich geschuldeten Leistung steht in diesem Fall das Software-Programm als unkörperliches Werk.

Eine von § 651 Satz 1 BGB geforderte „Herstellung oder Erzeugung" einer beweglichen Sache liegt nur vor, wenn die geschuldete Tätigkeit dazu führt, daß eine neue (i.S. von: zuvor nicht bestehende, nicht notwendig „neuwertige") Sache entsteht. Diese muß zudem von dem Unternehmer an den Besteller zu „liefern" sein.

---

[17] Im Überblick dazu *Mankowski* MDR 2003, 854 ff.

[18] BT-Drucks. 14/6040, S. 268. Zur Richtlinie zum Verbrauchsgüterkauf näher oben § 2 A, S. 20 f. und H V, S. 199 ff.

[19] *Jauernig/Schlechtriem* § 651 Rdnr. 14; *Larenz* BT 1, § 53 IV, S. 377 f.; *Staudinger/ Peters* (2003) § 651 Rdnr. 37. Davon zu unterscheiden ist die Rechtslage bei Scheinbestandteilen i.S. des § 95 BGB, deren Herstellung an sich dem Anwendungsbereich des § 651 Satz 1 BGB unterfällt, was jedoch regelmäßig nicht der Interessenlage der Parteien entspricht; vgl. dazu z.B. BR/*Voit* § 651 Rdnr. 3.

[20] BGH v. 4. November 1987, BGHZ 102, 135 (141 ff.); BGH v. 18. Oktober 1989, BGHZ 109, 97 (99). Demgegenüber ist Standardsoftware Gegenstand eines Kaufvertrages über einen sonstigen Gegenstand i.S. des § 453 Abs. 1 Alt. 2 BGB; siehe oben § 2 B IV, S. 24. Weiterführend *Bydlinski* AcP 198 (1998), 309 ff.

Beide Voraussetzungen sind insbesondere von Bedeutung, wenn der Stoff von dem Besteller zur Verfügung gestellt wird. Zwar findet auch in dieser Konstellation § 651 Satz 1 BGB Anwendung (arg. § 651 Satz 2 BGB).[21] Die Lieferung einer herzustellenden oder zu erzeugenden beweglichen Sache liegt dann aber nur unter den Voraussetzungen des § 950 Abs. 1 BGB vor, d.h. wenn der Unternehmer durch eine Verarbeitung einen neuen Gegenstand herstellt bzw. erzeugt und an diesem nach Maßgabe des in § 950 Abs. 1 Satz 1 BGB a.E. bestimmten Wertverhältnisses Eigentum erwirbt, d.h. ihn später an den Besteller gemäß § 651 Satz 1 BGB zu „liefern" hat. Nur in diesem Fall ist z.B. die Übereignungspflicht des Unternehmers aus § 433 Abs. 1 Satz 1 BGB sinnvoll, auf den § 651 Satz 1 BGB verweist.

Führt die Tätigkeit an einem von dem Besteller gelieferten Stoff hingegen nicht zu einer eigentumsbegründenden Verarbeitung i.S. des § 950 Abs. 1 BGB, so ist § 651 Satz 1 BGB nicht erfüllt, so daß ausschließlich die §§ 631 bis 650 BGB Anwendung finden. Dies ist z.B. bei der Ausbesserung von Schuhen des Bestellers der Fall, während der Unternehmer durch das Schneidern eines Anzugs aus dem Stoff des Bestellers i.S. des § 651 Satz 1 BGB eine neue bewegliche Sache herstellt, an welcher der Unternehmer zunächst gemäß § 950 Abs. 1 Satz 1 BGB Eigentum erwirbt. Setzt dieser bei der Bearbeitung eines Stoffes des Bestellers eigene Materialien ein, ohne daß eine Verarbeitung oder ein gesetzlicher Eigentumsübergang an den Materialien auf den Besteller nach den §§ 946 ff. BGB vorliegt (wie dies z.B. nach der Rechtsprechung bei dem Einbau eines Austauschmotors in einen PKW der Fall ist[22]), handelt es sich um einen gemischten Vertrag, der bezüglich des Tätigkeitsmomentes (Einbau) dem Werkvertragsrecht und hinsichtlich des verwendeten Materials (im Beispiel der Austauschmotor) dem Kaufrecht unterliegt.[23] § 651 Satz 1 BGB findet hingegen keine Anwendung, weil das verwendete Material nach dem Vertragsinhalt nicht erst herzustellen oder zu erzeugen ist.

Der hier befürwortete Ansatz, nach dem § 651 Satz 1 BGB voraussetzt, daß der Unternehmer das Werk erst noch an den Besteller übereignen (d.h. „liefern") muß, ist allerdings zwei Einwänden ausgesetzt. Erstens zwingt er zu einem begrenzten Anwendungsbereich des § 651 Satz 2 BGB, der dann nur in denjenigen Fällen eingreift, in denen der Wert des verarbeiteten Stoffes hinter dem Wert der Verarbeitung zurückbleibt. Anderenfalls kommt es wegen § 950 Abs. 1 Satz 1 BGB a.E. zu einem Eigentumserwerb des Bestellers und damit zugleich zur Anwendung des Werkvertragsrechts. Allerdings ist dies gerechtfertigt, weil der Unternehmer bei einem originären Eigentumserwerb des Bestellers ein besonderes Sicherungsbedürfnis hat, das einzig die werkvertragliche Regelung in § 647 BGB anerkennt.[24] Schwerwiegender ist die Diskrepanz zu der bisherigen Judikatur des Bundesgerichtshofes, der den Herstellerbegriff nach Maßgabe der Verkehrsauffassung definierte und angesichts dieser Prämisse nicht den Unternehmer, sondern den Besteller, der den Stoff für die Herstellung des Werkes zur Verfügung stellt, als

---

21 Siehe auch BT-Drucks. 14/6040, S. 268.
22 BGH v. 27. Juni 1973, BGHZ 61, 80 (81 ff.).
23 Für reinen Werkvertrag *Raab* AnwKomm. § 651 Rdnr. 11; hiermit läßt sich jedoch die Übereignungspflicht in bezug auf das verwendete Material nicht erklären.
24 Ebenso BR/*Voit* § 651 Rdnr. 10.

Hersteller i.S. des § 950 BGB qualifizierte.[25] Angesichts der durch § 651 BGB neu gezogenen Abgrenzung zwischen Kaufvertrags- und Werkvertragsrecht ist jedoch zweifelhaft, ob an dieser Judikatur noch festgehalten werden kann.

III. Rechtsfolgen des § 651 Satz 1 und 2 BGB

Wenn der Werkvertrag im dargelegten Sinne auf die Lieferung einer herzustellenden oder zu erzeugenden beweglichen Sache gerichtet ist, findet auf ihn Kaufrecht,[26] im Grundsatz aber nicht die §§ 632a bis 650 BGB Anwendung.[27] Die spezifischen werkvertraglichen Regelungen gelten somit in ihrer Gesamtheit lediglich bei folgenden Werkleistungen:[28]

- der Herstellung unkörperlicher Werke (z.B. Theateraufführung),
- Werkleistungen an unbeweglichen Sachen (insbesondere Bauleistungen) und
- Werkleistungen an einem Stoff des Bestellers, ohne daß infolge der Herstellung die Voraussetzungen des § 950 Abs. 1 BGB zugunsten des Unternehmers erfüllt werden.

Ist hingegen nach § 651 Satz 1 BGB das Kaufrecht anzuwenden, so muß für den Fall eines Mangels die Sonderregelung in § 651 Satz 2 BGB beachtet werden. Diese ordnet an, daß der Ausschlußtatbestand des § 442 Abs. 1 Satz 1 BGB auch eingreift, wenn der Mangel auf den vom Besteller gelieferten Stoff zurückzuführen ist. In diesem Fall stellt die mangelbehaftete Lieferung des Unternehmers somit nach dem oben Gesagten keine Pflichtverletzung dar und löst folgerichtig auch nicht die in § 437 BGB genannten Rechte aus.[29] Auf den vom Besteller gelieferten Stoff ist ein Mangel des Werkes i.S. des § 434 BGB „zurückzuführen", wenn dessen Beschaffenheit von derjenigen abweicht, die entweder von den Parteien gesondert vereinbart oder mangels einer solchen Vereinbarung typischerweise zu erwarten war und dadurch die vertragswidrige Beschaffenheit des Werkes verursacht wurde. Dies ist aber z.B. nicht gegeben, wenn der Unternehmer die Qualität des Stoffes kannte und irrtümlich glaubte, aus diesem ein Werk mit bestimmten, dem Besteller zugesagten Eigenschaften herstellen zu können. In diesem Fall ist die

---

[25]   BGH v. 28. Juni 1954, BGHZ 14, 114 (117); BGH v. 3. März 1956, BGHZ 20, 159 (163 f.).

[26]   Hierzu gehören gemäß § 381 Abs. 2 HGB gegebenenfalls auch die §§ 373 ff. HGB.

[27]   Zu einer Ergänzung des Kaufrechts durch einzelne werkvertragliche Regelungen gemäß § 651 Satz 3 BGB unten § 8 C IV, S. 447. Die §§ 631, 632 BGB finden hingegen auch auf die von § 651 Satz 1 BGB erfaßten Verträge Anwendung, da diese Norm das Bestehen eines Werkvertrages voraussetzt, was aus § 631 BGB und gegebenenfalls § 632 BGB folgt. Zu § 632 BGB noch unten § 8 D, S. 448 f.

[28]   Vgl. *Tonner/Crellwitz/Echtermeyer* in: Micklitz/Pfeiffer/Tonner/Willingmann (Hrsg.), Schuldrechtsreform und Verbraucherschutz, 2001, S. 293 (361).

[29]   Siehe oben § 2 D I 1d, dd (2b), S. 55 f. sowie E II 2c, S. 87. Ist mangels eines Eigentumserwerbs des Unternehmers § 651 Satz 1 BGB nicht erfüllt, so führt die Anwendung des Werkvertragsrechts nicht zu einem abweichenden Ergebnis, da etwaige Ansprüche des Bestellers wegen der Verantwortlichkeit für den Mangel ausgeschlossen sind; siehe dazu unten § 8 F II 3 b dd (3) (a), S. 473 f.

vertragswidrige Beschaffenheit des Werkes dem Risikobereich des Unternehmers zuzurechnen und begründet einen Sachmangel i.S. des § 434 Abs. 1 Satz 1 BGB.[30]

IV. Ergänzende Anwendung des Werkvertragsrechts bei der Herstellung nicht vertretbarer Sachen (sog. Werklieferungsvertrag)

Die Geltung des Kaufrechts ordnet § 651 Satz 1 BGB unabhängig von der Art der herzustellenden beweglichen Sache an. Wenn diese in besonderem Maße auf die individuellen Bedürfnisse des Bestellers zugeschnitten ist, kann sich trotz der Verwandtschaft dieser Verträge mit Kaufverträgen die Anwendung bestimmter werkvertraglicher Vorschriften als sachgerecht erweisen. Dementsprechend ordnet § 651 Satz 3 BGB an, daß neben den §§ 433 ff. BGB (§ 651 Satz 3 BGB: „auch") werkvertragliche Regelungen zu bestimmten Leistungsstörungen aus der Verantwortungssphäre des Bestellers (§§ 642, 643, 645 BGB) und Vorschriften über das Kündigungsrecht des Bestellers (§§ 649, 650 BGB) Anwendung finden, wenn der Vertrag eine *nicht vertretbare Sache* zum Gegenstand hat (sog. Werklieferungsvertrag). Eine Angleichung an das Kaufrecht findet allerdings auch im Rahmen der Anwendung dieser Vorschriften wieder insoweit statt, als hinsichtlich des Gefahrübergangs an die Stelle der Abnahme der nach den §§ 446, 447 BGB maßgebliche Zeitpunkt tritt.[31]

Den Maßstab für die Abgrenzung, ob eine Sache vertretbar oder unvertretbar (= nicht vertretbar i.S. des § 651 Satz 3 BGB) ist, liefert die Legaldefinition in § 91 BGB für vertretbare Sachen.[32] Da die Vorschrift auf die Bestimmung nach Zahl, Maß oder Gewicht im Rechtsverkehr und somit die Austauschbarkeit dieser Sachen abstellt, liegt eine nicht vertretbare Sache vor, wenn diese von dem Besteller abhängige individuelle Merkmale aufweist und deshalb nicht allgemein marktgängig ist.[33] Dies trifft z.B. auf Auftragswerke der bildenden Kunst,[34] die Verlegung eines speziell zugeschnittenen Teppichbodens[35] oder individuelle Werbematerialien zu,[36] z.B. solche mit dem Firmenaufdruck des Bestellers. Hingegen führt die bloße Anpassung standardisierter Waren (z.B. Maschinen) an die Bedürfnisse des Bestellers solange nicht zur Unvertretbarkeit, als dies die Absetzbarkeit am allgemeinen Markt nicht erheblich beeinträchtigt.[37]

---

[30] A.A. BR/*Voit* § 651 Rdnr. 16, wonach wegen einer Parallelwertung mit § 645 BGB nur solche Stoffmängel erfaßt werden, die vom Unternehmer nicht hätten bemerkt werden müssen. Nur in derartigen Sachverhalten sei ein Verlust der Rechte des Bestellers teleologisch gerechtfertigt.

[31] Dazu ausführlich oben § 2 G I 1c, cc, S. 155 ff.

[32] *Staudinger/Peters* (2003) § 651 Rdnr. 15; BR/*Voit* § 651 Rdnr. 17.

[33] BGH v. 30. Juni 1971, NJW 1971, 1793 (1794); *Erman/Seiler* § 651 Rdnr. 5; *Soergel* MünchKomm. § 651 Rdnr. 4; *Staudinger/Peters* (2003) § 651 Rdnr. 15; BR/*Voit* § 651 Rdnr. 17.

[34] BGH v. 24. Januar 1956, BGHZ 19, 382 (383).

[35] BGH v. 16. Mai 1991, NJW 1991, 2486 (2487).

[36] BGH v. 27. September 1984, BGHZ 92, 200 (201 f.).

[37] *Esser/Weyers* BT 1, § 31/3, S. 252; *Staudinger/Peters* (2003) § 651 Rdnr. 15.

D. Abschluß und Wirksamkeit des Werkvertrages

Für den Abschluß des Werkvertrages gelten im Grundsatz die §§ 104 ff., 145 ff. BGB; insbesondere darf dieser keinem Verbotsgesetz i.S. des § 134 BGB zuwiderlaufen. Besondere Probleme bereitet dabei eine Nichtigkeit des Vertrages wegen eines beiderseitigen Verstoßes gegen das SchwarzarbeitsG[38]; vor allem ist umstritten, ob einem bereicherungsrechtlichen Anspruch des vorleistenden Schwarzarbeiters die Vorschrift des § 817 Satz 2 Halbsatz 1 BGB entgegensteht.[39] Bei Werkverträgen, die der Staat oder eine seiner Untergliederungen abschließt, muß dem Vertragsschluß nach öffentlichem Recht regelmäßig ein besonderes Vergabeverfahren (Ausschreibung) vorausgehen, das bei Bauleistungen in der VOB/A[40], im übrigen im Kartellrecht (§§ 97 ff. GWB) geregelt ist.

Sollen Allgemeine Geschäftsbedingungen des Unternehmers Vertragsbestandteil werden, so müssen die Einbeziehungsvoraussetzungen des § 305 Abs. 2 und 3 BGB erfüllt sein, sofern nicht der Ausnahmetatbestand des § 310 Abs. 1 Satz 1 BGB eingreift. Das gilt auch, wenn in einem Werkvertrag über Bauleistungen die VOB/B[41] zur Konkretisierung der gegenseitigen Rechte und Pflichten Inhalt des Vertrages werden soll, da diese ebenfalls eine Allgemeine Geschäftsbedingung ist (arg. §§ 308 Nr. 5, 309 Nr. 8b, ff BGB).[42] Bei einer Überprüfung von Bestimmungen der VOB/B am Maßstab des § 307 BGB ist jedoch zu berücksichtigen, daß dieses Regelungswerk *in seiner Gesamtheit* einen angemessenen Interessenausgleich enthält. Hinsichtlich der Beurteilung, ob eine unangemessene Benachteiligung vorliegt, darf deshalb nicht nur isoliert eine einzelne Klausel in den Blick genommen werden.[43]

Der Begriff des Werkvertrages setzt nach § 631 Abs. 1 BGB voraus, daß die Werkleistung gegen ein Entgelt erbracht wird. Im Hinblick auf die deshalb an sich notwendige Vergütungsabrede regelt § 632 Abs. 1 und 2 BGB eine Besonderheit, die strukturell den §§ 612, 653 und 689 BGB entspricht: Fehlt in dem Vertrag eine Abrede zur Vergütung, so „gilt" diese nach § 632 Abs. 1 BGB als stillschweigend vereinbart, wenn die Herstellung des Werkes den Umständen nach nur gegen eine solche zu erwarten ist. Nach der hier zum Dienstvertragsrecht vertretenen Auffas-

---

[38] Gesetz zur Bekämpfung der Schwarzarbeit in der Neufassung vom 6. Februar 1995, BGBl. I, S. 165.

[39] Siehe hierzu BGH v. 31. Mai 1990, BGHZ 111, 308 (311 ff.) sowie *Kern* JuS 1993, 193 ff. und *Tiedtke* DB 1990, 2307 ff.

[40] Teil A der Verdingungsordnung für Bauleistungen, Allgemeine Bestimmungen für die Vergabe von Bauleistungen in der Fassung der Bekanntmachung v. 29. Oktober 2002.

[41] Allgemeine Vertragsbedingungen für die Ausführung von Bauleistungen in der Fassung der Bekanntmachung v. 29. Oktober 2002.

[42] Ausführlich und m.w.N. *Soergel* MünchKomm. § 631 Rdnr. 38 ff. Zur Bezugnahme auf die VOB/B in § 309 Nr. 8b, ff BGB noch unten § 8 F II 4d, S. 489 f.

[43] Zum ganzen mit weiteren Einzelheiten *Staudinger/Peters* (2003) Vorbem. zu §§ 631 ff. Rdnr. 86. Zu der Frage, ob an der bislang anerkannten Privilegierung der VOB/B festgehalten werden kann, siehe *Pauly* MDR 2003, 124 (126 f.); a.A. *Preussner* BauR 2002, 179 ff., 1602 ff.

sung ordnet diese Vorschrift keine Fiktion, sondern eine besondere Form einer widerleglichen Vermutung an, deren Rechtswirkung nur eine abweichende positive Erklärung mindestens einer Partei ausschließt.[44] Folgerichtig steht dem Besteller, der trotz Vorliegens der Voraussetzungen des § 632 Abs. 1 BGB von einer Unentgeltlichkeit der Werkleistung ausging, kein Anfechtungsrecht nach § 119 Abs. 1 BGB zu.[45] Für die Anwendung des § 632 BGB muß jedoch zumindest eine ausdrückliche oder konkludente Abrede vorliegen, welche den Unternehmer zur Erbringung seiner Leistung verpflichtet.[46] Ob diese Leistung i.S. des § 632 BGB nur gegen eine Vergütung zu erwarten war, bestimmt sich nach objektiven Kriterien, insbesondere dem zu leistenden Aufwand. Danach kann § 632 Abs. 1 BGB in Ausnahmefällen auch für Vorarbeiten (Entwürfe, Skizzen) zu einem potentiellen späteren Werk eingreifen.[47] Ein reiner Kostenanschlag ist aber nach § 632 Abs. 3 BGB im Zweifel nicht zu vergüten; Abweichendes können die Parteien vereinbaren, in Allgemeinen Geschäftsbedingungen des Unternehmers verstößt eine derartige Klausel aber gegen § 305c Abs. 1 BGB und § 307 Abs. 2 Nr. 1 BGB.[48]

Gilt eine Vergütung für die Werkleistung nach § 632 Abs. 1 BGB als stillschweigend vereinbart oder haben sich die Vertragsparteien in anderen Fällen nicht über die Vergütungshöhe verständigt, so greift gemäß § 632 Abs. 2 BGB eine taxmäßige, in Ermangelung einer Taxe eine übliche Vergütung ein. Als Taxe i.S. des § 632 Abs. 2 BGB sind nur staatlich festgesetzte Vergütungssätze anzusehen (z.B. die Honorarordnungen für freie Berufe).[49] Aufgrund der ersatzweisen Maßgeblichkeit einer üblichen Vergütung scheidet ein Leistungsbestimmungsrecht des Unternehmers nach den §§ 315, 316 BGB regelmäßig aus; dieses ist erst anzuerkennen, wenn Anhaltspunkte für eine „übliche Vergütung" fehlen und auch eine gegebenenfalls ergänzende Auslegung des Vertrages ausscheidet.[50]

---

[44] Näher oben § 7 C III, S. 405 ff.

[45] Ebenso im Ergebnis RGRK/*Glanzmann* § 632 Rdnr. 6; *Soergel* MünchKomm. § 632 Rdnr. 3; *Staudinger/Peters* (2003) § 632 Rdnr. 35; BR/*Voit* § 632 Rdnr. 2.

[46] Siehe oben § 7 C III, S. 405 ff., auch zu den Konstellationen eines sog. Fehlschlagens der Vergütungserwartung.

[47] Vgl. *Erman/Seiler* § 632 Rdnr. 2; *Soergel* MünchKomm. § 632 Rdnr. 4 ff.; BR/*Voit* § 632 Rdnr. 3 f.

[48] BT-Drucks. 14/6040, S. 260 mit Verweis auf BGH v. 3. Dezember 1981, NJW 1982, 765 ff. Kritisch *Raab* AnwKomm. § 632 Rdnr. 11 mit der Erwägung, daß zumindest § 307 Abs. 2 Nr. 1 BGB nicht einschlägig sei, da § 632 Abs. 3 BGB nur eine Zweifelsregelung enthalte und somit die – diese Zweifelsregelung widerlegende – Klausel nicht i.S. des § 307 Abs. 3 Satz 1 BGB von Rechtsvorschriften „abweiche". Dies ist jedoch nicht zwingend, da einer gesetzlichen Vermutungsregelung über ihre formelle Funktion (insbesondere Beweislastverteilung) hinaus durchaus auch eine materielle Wertentscheidung (hier: grundsätzlich kein Ersatz für Kostenanschlag) entnommen werden kann, an der Allgemeine Geschäftsbedingungen zu messen sind. Es kommt somit für § 307 Abs. 2 Nr. 1 BGB nur darauf an, ob § 632 Abs. 3 BGB einen „wesentlichen Grundgedanken" des Werkvertragsrechts begründet.

[49] *Staudinger/Peters* (2003) § 632 Rdnr. 37.

[50] Siehe insoweit auch BGH v. 13. März 1985, BGHZ 94, 98 (100 ff.).

E. Pflichten des Unternehmers

I. Hauptpflichten des Unternehmers

Die im Synallagma stehenden Hauptleistungspflichten des Unternehmers ergeben sich aus den §§ 631 Abs. 1, 633 Abs. 1 BGB. Danach ist er erstens zur Herstellung des versprochenen Werkes verpflichtet und muß dieses zweitens dem Besteller frei von Rechts- und Sachmängeln i.S. des § 633 Abs. 2 und 3 BGB verschaffen.

1. Herstellung des versprochenen Werkes

Die von dem Unternehmer gemäß § 631 Abs. 1 BGB geschuldete Herstellung des versprochenen Werkes umfaßt die Entfaltung einer bestimmten Tätigkeit und den daraus resultierenden Erfolg, der über die Tätigkeit als solche hinausgeht (Beispiel: Errichtung eines Einfamilienhauses auf dem Grundstück des Bestellers).[51] Für die Festlegung des geschuldeten Erfolges ist der gegebenenfalls auszulegende Vertrag maßgebend. Wenn z.B. einem Architekten nur die Bauleitung und Bauüberwachung eines von anderen Unternehmern herzustellenden Bauwerkes übertragen worden ist, schuldet dieser nicht das Entstehen des Bauwerkes als solches, sondern lediglich eine fachgerechte Koordinierung und Überwachung der einzelnen Bauleistungen.[52] Bei genauer Betrachtung handelt es sich somit um einen Vertrag über ein unkörperliches Werk i.S. des § 631 Abs. 2 Alt. 2 BGB.

Wegen der Erfolgsbezogenheit des Werkvertrages ist der Unternehmer – anders als bei dem auf eine Tätigkeit beschränkten Dienstvertrag (§ 613 Satz 1 BGB) – im Zweifel nicht zu einer persönlichen Tätigkeit verpflichtet. Er kann deshalb nicht nur weisungsgebundene Verrichtungsgehilfen hinzuziehen, sondern die Erstellung des Werkes oder einzelner Teilleistungen auch selbständigen Subunternehmern übertragen.[53] Da den Unternehmer jedoch weiterhin die Leistungspflicht aus § 631 Abs. 1 BGB trifft, bleiben diese seine Erfüllungsgehilfen i.S. des § 278 BGB.[54] Obwohl im Werkvertragsrecht eine § 613 Satz 1 BGB entsprechende Regelung fehlt, schließt dies nicht aus, daß sich im Einzelfall aus besonderen Umständen eine persönliche Leistungspflicht des Unternehmers ergibt. Das kommt z.B. in Betracht, wenn es für die Erstellung des Werkes gerade auf die Tätigkeit des konkreten Unternehmers ankommt, wie bei dem Engagement eines bekannten Schauspielensembles für ein Gastspiel.[55]

---

[51] Siehe oben § 8 B, S. 442.

[52] BGH v. 22. Oktober 1981, BGHZ 82, 100 (105 f.); *Larenz* BT 1, § 53 I, S. 343; *Soergel* MünchKomm. § 631 Rdnr. 49.

[53] *Erman/Seiler* § 631 Rdnr. 11; *Staudinger/Peters* (2003) § 631 Rdnr. 31 ff.; BR/*Voit* § 631 Rdnr. 45.

[54] Denkbar ist jedoch ein dem oben erörterten Dienstverschaffungsvertrag (§ 7 B II, S. 399 f.) entsprechender Werkverschaffungsvertrag, nach dem der Unternehmer als Erfolg nur die Vermittlung eines zu der Erbringung der Werkleistung geeigneten und bereiten Dritten verspricht, ohne die Werkleistung selbst schulden zu wollen; näher dazu *Fikentscher* AcP 190 (1990), 34 ff.

[55] *Brox/Walker* § 23 Rdnr. 1; *Soergel* MünchKomm. § 631 Rdnr. 135.

Sofern das Werk nicht in der Sphäre des Bestellers (Beispiel: Arbeiten an einem Grundstück) herzustellen ist, verpflichtet der Werkvertrag den Unternehmer über den Wortlaut des § 631 Abs. 1 BGB hinaus nicht nur zur Herstellung des Werkes, sondern er muß dieses dem Besteller auch zur Verfügung stellen, insbesondere zur Abnahme i.S. des § 640 BGB anbieten.[56] Eine Autowerkstatt muß daher den defekten PKW nicht nur reparieren, sondern diesen Zug um Zug gegen Zahlung der Vergütung (§§ 320, 641 Abs. 1 Satz 1 BGB) an den Besteller herausgeben. Ob der Unternehmer in diesen Fällen darüber hinaus verpflichtet ist, dem Besteller das Werk abzuliefern, ergibt sich gemäß § 269 Abs. 1 BGB aus den Parteiabreden.

Schließlich kann bei einem körperlichen Werk auch die Situation eintreten, daß der Unternehmer Eigentümer des fertiggestellten Werkes ist, der Vertrag aber gleichwohl nicht nach § 651 Satz 1 BGB dem Kaufrecht unterliegt.[57] Dies ist insbesondere der Fall, wenn sich der Unternehmer verpflichtet, auf einem ihm gehörenden Grundstück ein Bauwerk für den Besteller zu errichten. In einer derartigen Konstellation ist aus der vertraglichen Abrede, gegebenenfalls unter analoger Anwendung des § 433 Abs. 1 Satz 1 BGB, auch eine Pflicht des Unternehmers abzuleiten, das Werk (im Beispiel das bebaute Grundstück) dem Besteller zu übereignen.[58] Werden bei einem unkörperlichen Werk Sachen des Unternehmers als „Trägermedium" verwendet (Beispiele: das entwickelte Softwareprogramm wird auf einer CD-ROM gespeichert; der Entwurf des Architekten zu Papier gebracht), so ist die Pflicht zur *Übereignung* dieser Sachen aufgrund ihrer untergeordneten Bedeutung hingegen nur eine Nebenpflicht.[59] Bei derartigen geistigen Werken gehört zur Hauptpflicht des Unternehmers nur die Verschaffung des urheberrechtlichen Nutzungsrechts i.S. der §§ 31 ff. UrhG.[60]

2. Mängelfreie Verschaffung des Werkes

Die von dem Unternehmer geschuldete Hauptleistung besteht nicht nur in der Herstellung des Werkes als solchem. Ebenso wie beim Kaufvertrag (vgl. § 433 Abs. 1 Satz 2 BGB) zählt es auch zu seinen Hauptpflichten, das Werk frei von Rechts- und Sachmängeln herzustellen (§ 633 Abs. 1 BGB), wobei die Begriffe des Rechts- und Sachmangels, die § 633 BGB im einzelnen umschreibt, im Wege einer Negativabgrenzung die Erfüllungspflicht des Unternehmers konkretisieren: Dieser ist der Unternehmer nicht vollständig nachgekommen, wenn das Werk einen derartigen Mangel aufweist.[61] Insoweit läßt sich generell die Auffassung vertreten, daß

---

[56] *Oechsler* Rdnr. 634; RGRK/*Glanzmann* § 631 Rdnr. 13; *Staudinger/Peters* (2003) § 631 Rdnr. 17 f.; BR/*Voit* § 631 Rdnr. 46.

[57] Zu letzterem oben § 8 C II, S. 444 f.

[58] *Esser/Weyers* BT 1, § 32 I 2, S. 256; *Schlechtriem* Rdnr. 402; *Staudinger/Peters* (2003) § 631 Rdnr. 18; BR/*Voit* § 631 Rdnr. 46.

[59] *Schlechtriem* Rdnr. 402. Die Zurverfügungstellung des betreffenden unkörperlichen Werkes bleibt hingegen synallagmatische Hauptpflicht.

[60] *Esser/Weyers* BT 1, § 32 I 1c, S. 256.

[61] Vgl. oben § 2 D I 1d, aa, S. 36.

die Pflicht aus § 633 Abs. 1 BGB lediglich diejenige nach § 631 Abs. 1 BGB, d.h. das versprochene Werk ausformt.[62]

a) Freiheit von Sachmängeln

Wann ein Werk frei von Sachmängeln ist, bestimmt sich nach § 633 Abs. 2 Satz 1 und 2 BGB mit nachstehender „Rangfolge":

– Soweit die Parteien ausdrücklich oder konkludent eine bestimmte Beschaffenheit vereinbart haben, ist deren Erreichung das allein maßgebliche Kriterium (§ 633 Abs. 2 Satz 1 BGB; sog. subjektiver Mangelbegriff).

– Fehlt eine Beschaffenheitsvereinbarung, so kommt es primär darauf an, ob sich das Werk für eine nach dem Vertrag vorausgesetzte Verwendung eignet (§ 633 Abs. 2 Satz 2 Nr. 1 BGB).

– Liegt weder eine Beschaffenheits- noch eine Verwendungsvereinbarung vor, so muß das Werk kumulativ für die gewöhnliche Verwendung tauglich sein, eine für Werke dieser Art übliche sowie eine Beschaffenheit haben, die der Besteller nach der Art des Vertragsgegenstandes erwarten kann (§ 633 Abs. 2 Satz 2 Nr. 2 BGB).

Für die Anwendung des § 633 Abs. 2 BGB ist deshalb zunächst festzustellen, ob bezüglich des herzustellenden Werkes eine Beschaffenheits- oder eine Verwendungsvereinbarung vorliegt. Ist dies zu bejahen, dann richtet sich die vom Unternehmer geschuldete Leistung entweder nach § 633 Abs. 2 Satz 1 BGB (Beschaffenheitsvereinbarung) oder nach § 633 Abs. 2 Satz 2 Nr. 1 BGB (Verwendungsvereinbarung). Weist das Werk nicht die dort umschriebenen Eigenschaften auf, so ist dieses mit einem Sachmangel behaftet. In der Konstellation, daß weder eine Beschaffenheits- noch eine Verwendungsvereinbarung vorliegt, gilt dies nur, wenn das vom Unternehmer hergestellte Werk hinter den in § 633 Abs. 2 Satz 2 Nr. 2 BGB genannten Anforderungen zurückbleibt. Die werkvertragsrechtliche Regelung des § 633 Abs. 2 BGB ist somit exakt § 434 Abs. 1 Satz 1 und 2 BGB nachgebildet, der für den Kaufvertrag die Voraussetzungen für die Sachmängelfreiheit festlegt. Das zu diesen Vorschriften Gesagte gilt deshalb für den Werkvertrag entsprechend.[63]

Ein Sachmangel aufgrund einer für den Besteller nachteiligen Abweichung von der vereinbarten Beschaffenheit (§ 633 Abs. 2 Satz 1 BGB) liegt z.B. vor, wenn der Grundriß eines gebauten Hauses nicht mit demjenigen übereinstimmt, der in dem Vertrag festgelegt worden ist. Die vorgenommene Umrüstung einer Maschine widerspricht der nach dem Vertrag vorausgesetzten Verwendung (§ 633 Abs. 2 Satz 2 Nr. 1 BGB), wenn die Maschine anschließend nicht einem Dauerbetrieb standhält, den die Umrüstung ermöglichen sollte. Eine negative Abweichung von anerkannten technischen Standards (z.B. DIN-Normen) führt schließlich dazu, daß das Werk nicht der üblichen Beschaffenheit von Werken dieser Art entspricht

---

[62] *Esser/Weyers* BT 1, § 32 I 1a, S. 255; RGRK/*Glanzmann* § 633 Rdnr. 1; *Staudinger/Peters* (2003) § 633 Rdnr. 6; BR/*Voit* § 633 Rdnr. 1.
[63] Siehe oben § 2 D I 1d, bb (2 bis 4b), S. 37 ff.

(§ 633 Abs. 2 Satz 2 Nr. 2 BGB).[64] Ausdrücklich Bezug auf die „anerkannten Regeln der Technik" nimmt § 13 Nr. 1 VOB/B, deren Konkretisierung insbesondere in den Allgemeinen Technischen Vertragsbedingungen für Bauleistungen in der VOB/C erfolgt (§ 1 Nr. 1 Satz 2 VOB/B). Der in § 633 Abs. 2 BGB verwendete Begriff des „Sachmangels" darf allerdings nicht zu der Annahme verleiten, dieser könne nur einem körperlichen Werk i.S. des § 631 Abs. 2 Alt. 1 BGB anhaften. Vielmehr haben auch unkörperliche Werke wie z.B. individuell entwickelte Softwareprogramme oder Theateraufführungen eine gewisse vertragsgemäße Beschaffenheit i.S. des § 633 Abs. 2 Satz 1 und 2 BGB aufzuweisen, deren Verfehlung einen Sachmangel begründet.[65]

Der Gesetzgeber hat darauf verzichtet, in das Werkvertragsrecht eine § 434 Abs. 1 Satz 3 BGB entsprechende Vorschrift aufzunehmen, nach der unter bestimmten Voraussetzungen auch öffentliche Äußerungen des Verkäufers oder eines Herstellers die Beschaffenheit des Vertragsgegenstandes i.S. des § 434 Abs. 1 Satz 2 Nr. 2 BGB (entspricht § 633 Abs. 2 Satz 2 Nr. 2 BGB) konkretisieren. Dies beruht darauf, daß Werkleistungen typischerweise nicht in einer mit Kaufgegenständen vergleichbaren Weise beworben werden oder in eine Absatzkette einbezogen sind.[66] Liegt jedoch ausnahmsweise bei einem Werkvertrag eine mit § 434 Abs. 1 Satz 3 BGB übereinstimmende Interessenlage vor, so ist eine analoge Anwendung der Vorschrift zu erwägen.[67] Zwar beruht diese auf Art. 2 Abs. 2d der Richtlinie zum Verbrauchsgüterkauf, die für nicht unter § 651 Satz 1 BGB fallende Werkleistungen keine Geltung beansprucht. Dies rechtfertigt aber keine Sperrwirkung für eine Analogie.[68] Beispiel: Wenn ein Hersteller von Materialien für ein Fertighaus bestimmte Werbeangaben über die Beschaffenheit seines Produktes macht, muß sich ein von diesem verschiedener Werkunternehmer, der auf dem Grundstück des Bestellers ein Fertighaus mit diesen Materialien errichtet, den Inhalt dieser Angaben nach Maßgabe des § 633 Abs. 2 Satz 2 Nr. 2 BGB i.V. mit § 434 Abs. 1 Satz 3 BGB analog zurechnen lassen. Eine mit § 434 Abs. 2 BGB vergleichbare Sonderregelung war im Werkvertragsrecht aufgrund der von dem Unternehmer geschuldeten Hauptleistung ebenfalls verzichtbar. Da eine etwaige Montage bei einem Werkvertrag bereits Gegenstand des herzustellenden Werkes ist, bildet eine negative Abweichung der Montage von den Standards des § 633 Abs. 2 BGB automatisch einen Sachmangel.

---

[64] BGH v. 14. Mai 1998, BGHZ 139, 16 ff.; Erman/Seiler § 633 Rdnr. 12; Staudinger/Peters (2003) § 633 Rdnr. 168; BR/Voit § 633 Rdnr. 12; differenzierend Soergel MünchKomm. § 633 Rdnr. 31 ff.

[65] Insbesondere bei künstlerischen Werken ist dem Unternehmer jedoch ein gewisser Freiraum für eine schöpferische Entfaltung zu gewähren: BGH v. 24. Januar 1956, BGHZ 19, 382 (384 ff.). Bewegt er sich in dessen Rahmen, ist sein Werk als vertragsgemäß zu betrachten.

[66] BT-Drucks. 14/6040, S. 261; kritisch Oechsler Rdnr. 641.

[67] Generell für eine analoge Anwendung Staudinger/Peters (2003) § 633 Rdnr. 172; BR/Voit § 633 Rdnr. 7.

[68] A.A. wohl Roth JZ 2001, 543 (547).

Anders als § 434 Abs. 1 Satz 1 BGB, der die Pflicht zur Verschaffung einer Sache ohne Mängel in zeitlicher Hinsicht begrenzt und hierfür auf den Zeitpunkt des Übergangs der Gegenleistungsgefahr abstellt, fehlen in § 633 Abs. 2 BGB explizite Angaben, bis zu welchem Zeitpunkt das Werk die betreffende Beschaffenheit aufweisen muß, um frei von Sachmängeln zu sein. Es ist jedoch allgemein anerkannt, daß auch beim Werkvertrag die auf die Freiheit von Sachmängeln bezogene Pflicht des Unternehmers zeitlich begrenzt ist und dabei der Zeitpunkt des Gefahrübergangs maßgeblich sein muß. Gemäß § 644 Abs. 1 Satz 1 BGB ergibt sich dieser im Grundsatz aus der Abnahme des Werkes nach § 640 BGB; es kommen aber auch einige alternative Tatbestände des Übergangs der Gegenleistungsgefahr in Betracht.[69]

b) Freiheit von Rechtsmängeln

Das Werk ist nach § 633 Abs. 3 BGB frei von Rechtsmängeln, wenn Dritte in bezug auf dieses keine oder nur die im Werkvertrag von dem Besteller übernommenen Rechte gegen diesen geltend machen können. Auch insoweit besteht eine Parallele zu der kaufrechtlichen Regelung in § 435 Satz 1 BGB, so daß die Ausführungen zu dieser Vorschrift entsprechend gelten.[70] Z.B. liegt ein Rechtsmangel bei der Erstellung eines Software-Programms vor, wenn ein Dritter sein Urheberrecht gegenüber der Verwendung des Programms durch den Besteller geltend machen kann.[71] Wird dem Besteller hingegen der im Eigentum eines Dritten stehende Datenträger des Software-Programms entzogen, so dürfte es sich nicht um einen Rechtsmangel des Werkes (in bezug auf die Software als solche kann der Dritte keine Rechte gegen den Besteller geltend machen), sondern um eine Verletzung der Pflicht aus § 631 Abs. 1 BGB handeln, dem Besteller das hergestellte Werk zur Verfügung zu stellen.[72]

Wie bei § 435 Satz 1 BGB kommt es für das Vorliegen eines Rechtsmangels nur auf die rechtliche Möglichkeit an, daß das Recht gegenüber dem Besteller geltend gemacht werden kann; ein tatsächliches Vorgehen des Dritten gegen den Besteller ist nicht erforderlich.[73] Die – aufgrund der identischen Rechtsfolgen in der Praxis wenig bedeutsame – Abgrenzung zwischen Rechts- und Sachmängeln bemißt sich in Zweifelsfällen wie im Kaufrecht danach, ob der betreffende Umstand seinen Grund in der physischen Beschaffenheit des Werkes findet (dann Sachmangel) oder nicht (dann Rechtsmangel).[74] Darf ein Bauwerk aufgrund eines Verstoßes gegen öffentlich-rechtliche Bauvorschriften nicht bewohnt oder in dem vorgesehenen Umfang als Gewerbebetrieb genutzt werden, so stellt dies einen Sachmangel i.S. des § 633 Abs. 2 Satz 2 Nr. 1 BGB dar.[75] Auch die Pflicht zu einer Verschaf-

---

[69] *Soergel* MünchKomm. § 633 Rdnr. 10 ff.; *Staudinger/Peters* (2003) § 633 Rdnr. 179; BR/*Voit* § 633 Rdnr. 3. Näher zum Gefahrübergang unten § 8 G I 1e, cc, S. 500 ff.

[70] Ebenso *Staudinger/Peters* (2003) § 631 Rdnr. 186; näher oben § 2 D I 1d, cc, S. 50 ff.

[71] BT-Drucks. 14/6040, S. 261.

[72] Vgl. § 8 E I 1, S. 450 f.

[73] Siehe oben § 2 D I 1d, cc, S. 50.

[74] Näher oben § 2 D I 1d, bb, S. 36.

[75] Exemplarisch BGH v. 5. Juli 2001, NJW 2001, 3476 (3477).

fung des Werkes frei von Rechtsmängeln bezieht sich auf den Zeitpunkt des Gefahrübergangs, wobei es ausreicht, wenn die betreffende Rechtsposition des Dritten zu diesem Zeitpunkt bereits begründet war.[76]

c) Ausschluß oder Beschränkung der Unternehmerpflicht aus § 633 Abs. 1 BGB

Einschränkungen kann die Pflicht des Unternehmers zu einer von Sach- und Rechtsmängeln freien Verschaffung des Werkes insbesondere durch eine vertragliche Vereinbarung erfahren. Keine Ausnahme zu § 633 Abs. 1 BGB stellt hingegen § 640 Abs. 2 BGB dar: Er knüpft an die Abnahme eines mangelhaften Werkes an und schließt deshalb nicht den ursprünglichen Erfüllungsanspruch, sondern nur die in § 634 Nr. 1 bis 4 BGB genannten Mängelrechte aus, die ab dem Zeitpunkt der Abnahme den Anspruch aus § 633 Abs. 1 BGB verdrängen.[77]

aa) Ausschluß oder Beschränkung durch Individualvereinbarungen

Die Pflicht des Unternehmers zu einer von Sach- und Rechtsmängeln freien Erstellung des Werkes können Individualvereinbarungen grundsätzlich bis zur Grenze der §§ 138, 242 BGB abbedingen. Einschränkend legt § 639 BGB allerdings – ebenso wie § 444 BGB im Kaufrecht – fest, daß sich der Unternehmer auf eine Vereinbarung, welche die Rechte des Bestellers wegen eines Mangels ausschließt oder beschränkt, nicht berufen kann, wenn er diesen Mangel arglistig verschwiegen oder eine Garantie für die Beschaffenheit des Werkes übernommen hat. Da das Gesetz für diese Fälle nicht die Nichtigkeit der Vereinbarung anordnet, sondern lediglich zu Lasten des Unternehmers deren Bindungswirkung beseitigt, ist die Pflichtbefreiung des Unternehmers zwar unwirksam, führt aber nicht nach Maßgabe des § 139 BGB zur Nichtigkeit des Gesamtvertrages.[78]

Für ein *arglistiges Verschweigen eines Mangels*, das dem Unternehmer nach § 639 BGB die Möglichkeit entzieht, sich auf eine vertragliche Beschränkung zu stützen, muß der Unternehmer jeweils zumindest bedingt vorsätzlich das Vorliegen eines Mangels und die Unkenntnis des Bestellers von diesem sowie die Erheblichkeit des Mangels für dessen Vertragsentscheidung annehmen.[79] Einer besonderen Schädigungsabsicht bedarf es hingegen nicht.[80] Diese Voraussetzungen erfüllen auch Behauptungen „ins Blaue hinein", bei denen der Unternehmer ohne jegliche Informationsbasis Erklärungen über die Beschaffenheit des Werkes abgibt.[81] Dabei

---

[76] Wenn der Werkunternehmer außerhalb des § 651 Satz 1 BGB jedoch ausnahmsweise eine Übereignung des Werkes schuldet (vgl. oben § 8 E I 1, S. 450 f.), ist der für die Beurteilung von Rechtsmängeln maßgebliche Zeitpunkt wie beim Kaufvertrag derjenige der Rechtsverschaffung; in einem solchen Fall kann auch die Abgrenzung von Sach- und Rechtsmängeln praktische Relevanz erlangen. Siehe oben § 2 D I 1d, cc, S. 50.

[77] Näher dazu unten § 8 F II 2a, S. 459 f.

[78] *Raab* AnwKomm. § 639 Rdnr. 3; *Staudinger/Peters* (2003) § 639 Rdnr. 10.

[79] BGH v. 20. Dezember 1973, BGHZ 62, 63 (66); *Erman/Seiler* § 637 Rdnr. 2; *Staudinger/Peters* (2003) § 639 Rdnr. 11 ff.

[80] BGH v. 5 Dezember 1985, NJW 1986, 980 (980); BR/*Voit* § 639 Rdnr. 13.

[81] Siehe oben § 2 D I 1d, dd (2a), S. 54.

muß die Arglist des Unternehmers spätestens im Zeitpunkt der Abnahme des Werkes i.S. des § 640 Abs. 1 Satz 1 BGB, subsidiär bis zur Vollendung des Werkes (§ 646 BGB) vorliegen.[82] Eine *Garantie für die Beschaffenheit des Werkes* i.S. des § 639 BGB meint – wie bei § 444 BGB – eine solche i.S. des § 276 Abs. 1 Satz 1 BGB, d.h. das Vorliegen eines unbedingten, verschuldensunabhängigen Einstandswillens des Unternehmers für die betreffende Beschaffenheit.[83] Entsprechend den Ausführungen zu § 444 BGB steht § 639 BGB jedoch nicht einer inhaltlichen Beschränkung der Garantie entgegen, z.B. summenmäßigen Haftungshöchstgrenzen.[84]

bb) Ausschluß oder Beschränkung durch Allgemeine Geschäftsbedingungen

Über § 639 BGB hinausgehende Wirksamkeitsvoraussetzungen bestehen, wenn die Pflicht des Unternehmers zu einer sach- oder rechtsmängelfreien Leistung in Allgemeinen Geschäftsbedingungen ganz oder teilweise ausgeschlossen werden soll.[85]

So stellt § 309 Nr. 8b BGB detaillierte Vorgaben für die vertragliche Modifizierung der Pflicht aus § 633 Abs. 1 BGB auf. Diese sind auch bei einer Verwendung Allgemeiner Geschäftsbedingungen gegenüber einem Unternehmer zu beachten. In diesem Fall findet zwar § 309 Nr. 8b BGB gemäß § 310 Abs. 1 Satz 1 BGB keine direkte Anwendung, das Klauselverbot ist aber bei der Beurteilung einer unangemessenen Benachteiligung i.S. des § 307 Abs. 1 und 2 BGB maßgeblich zu berücksichtigen,[86] ohne allerdings die Gewohnheiten und Gebräuche des Handelsverkehrs zu vernachlässigen (§ 310 Abs. 1 Satz 2 BGB).

II. Nebenpflichten des Unternehmers

Die Nebenpflichten des Unternehmers ergeben sich aus den §§ 241 Abs. 2, 242 BGB. So schuldet er z.B. Aufklärung über besondere Gefahren, die mit der Benutzung des Werkes verbunden sind. Aufgrund der Besonderheiten des Einzelfalls kann eine Hinweis- und Beratungspflicht allerdings sogar den im Synallagma stehenden Hauptpflichten zuzurechnen sein, wenn z.B. der Gebrauch des Werkes durch den Besteller ihre Erfüllung voraussetzt (Beispiel: Einweisung in eine entwickelte Software).[87]

---

[82] RGRK/*Glanzmann* § 638 Rdnr. 25; *Staudinger/Peters* (2003) § 639 Rdnr. 14 Erfährt der Unternehmer zu einem späteren Zeitpunkt vom Vorliegen eines Mangels, greift zwar § 639 BGB nicht ein, es besteht aber eine Offenbarungspflicht gegenüber dem Besteller aus § 241 Abs. 2 BGB, deren Verletzung nach Maßgabe des § 280 Abs. 1 BGB zum Schadensersatz verpflichtet.

[83] BT-Drucks. 14/7052, S. 205; BR/*Voit* § 639 Rdnr. 17 und oben § 2 D I 1d, dd (2a), S. 54 sowie F I 1a, S. 144.

[84] Näher § 2 D I 1d, dd (3a), S. 56 f.

[85] Ausführlich dazu *Staudinger/Peters* (2003) § 639 Rdnr. 18 ff.

[86] BT-Drucks. 14/6040, S. 157 f.; *Larenz/Wolf* § 43 Rdnr. 133 ff.

[87] Zur Abgrenzung näher *Soergel* MünchKomm. § 631 Rdnr. 139 ff.; *Staudinger/Peters* (2003) § 631 Rdnr. 54 ff.

Zu den Nebenpflichten des Unternehmers zählt es nach § 650 Abs. 2 BGB ferner, die zu erwartende Überschreitung eines erstellten Kostenanschlags unverzüglich (vgl. § 121 Abs. 1 Satz 1 BGB) anzuzeigen.[88] Soll das Werk in der Sphäre des Unternehmers aus einem von dem Besteller gelieferten Stoff hergestellt werden, so erlangt zudem die Obhutspflicht aus § 241 Abs. 2 BGB besondere Bedeutung. Danach muß der Unternehmer unter anderem für angemessenen Schutz vor einem Diebstahl des Stoffes sorgen.[89] Auch gegenüber Dritten, die in den Schutzbereich des Werkvertrages einbezogen sind, können Schutzpflichten bestehen, so insbesondere bei der Erstellung von Gutachten.[90]

F. Pflichtverletzungen und Haftung des Unternehmers

Hinsichtlich der Rechtsfolgen bei Pflichtverletzungen des Unternehmers ist zunächst zwischen Hauptpflichten und Nebenpflichten[91] zu unterscheiden. In bezug auf Hauptpflichten ist sodann danach zu differenzieren, ob eine Nichtleistung mit der Konsequenz einer direkten Anwendung der Vorschriften des allgemeinen Leistungsstörungsrechts[92] oder ein unter die lex specialis des § 634 BGB zu fassender Sonderfall vorliegt.[93] Damit entspricht das Regelungsgefüge für den Werkvertrag weitgehend demjenigen beim Kaufvertrag, so daß im folgenden zu großen Teilen auf die dortigen Ausführung verwiesen werden kann.

I. Nichtleistung des Unternehmers

1. Tatbestände der Nichtleistung

Wenn der Unternehmer seine Pflichten aus den §§ 631 Abs. 1, 633 Abs. 1 BGB nicht oder nicht ordnungsgemäß erfüllt, liegt im Grundsatz die Verletzung einer synallagmatischen Hauptpflicht mit den Rechtsfolgen der §§ 280, 320 ff. BGB vor. Die Pflichtverletzung kann darin bestehen, daß der Unternehmer das versprochene Werk nicht[94] oder verspätet bzw. mit einem Mangel i.S. des § 633 Abs. 2 oder 3 BGB hergestellt hat.

Auch im Fall einer mangelbehafteten Herstellung des Werkes greifen daher neben dem vorbehaltlich des § 275 BGB fortbestehenden Anspruch auf Erfüllung zunächst die §§ 280 ff., 320 ff. BGB ein. Dem steht § 640 Abs. 1 Satz 2 BGB bei unwesentlichen Mängeln nicht entgegen. Danach darf der Besteller zwar wegen derartiger Mängel nicht die Abnahme des Werkes verweigern, hiermit wird aber nur

---

[88] Zum Kostenanschlag noch unten § 8 I II 3, S. 529 f.
[89] BGH v. 23. September 1982, NJW 1983, 113.
[90] Dazu näher unten § 11 B II 4, S. 597 ff.
[91] Siehe unten § 8 F III, S. 494.
[92] Dazu unten § 8 F I, S. 457 ff.
[93] Siehe unten § 8 F II, S. 459 ff.
[94] Zur Unmöglichkeit wegen Betriebsstörungen beim Unternehmer *Wertenbruch* ZGS 2003, 53 ff.

die Abnahmepflicht desselben gegenüber § 640 Abs. 1 Satz 1 BGB ausgedehnt,[95] jedoch z.B. nicht das Recht des Bestellers ausgeschlossen, nach Maßgabe des § 320 BGB die versprochene Vergütung (teilweise) zurückzuhalten. Allerdings werden die allgemeinen Vorschriften beim Vorliegen eines Mangels verdrängt, wenn die Voraussetzungen für die Anwendung des § 634 BGB erfüllt sind, der als lex specialis verschiedene Modifikationen der Rechte des Bestellers gegenüber einer direkten Anwendung der §§ 280 ff., 323 ff. BGB anordnet.[96] Wegen der Gleichstellung in § 633 Abs. 2 Satz 3 BGB gilt dies auch, wenn der Unternehmer ein anderes als das bestellte Werk (aliud) oder das Werk in zu geringer Menge herstellt. Entscheidendes Kriterium für die Abgrenzung des Anwendungsbereichs der allgemeinen Vorschriften von dem des § 634 BGB ist die Abnahme des Werkes i.S. des § 640 BGB bzw. subsidiär dessen Fertigstellung (§ 646 BGB).[97]

2. Rechte des Bestellers im Überblick

a) Zurückhaltung der Vergütung

Soweit der Unternehmer nicht nach Maßgabe des § 275 BGB von seiner Leistung befreit ist, berührt die Nichtleistung im Anwendungsbereich der allgemeinen Vorschriften nicht den Erfüllungsanspruch des Bestellers.[98] Bis zur Bewirkung der gemäß den §§ 631 Abs. 1, 633 Abs. 1 BGB geschuldeten Leistung kann der Besteller die Vergütung zurückhalten. Dies ergibt sich nicht nur aus § 320 BGB, sondern regelmäßig fehlt bei einer Nichtleistung des Unternehmers schon eine Abnahme des Werkes, so daß der Vergütungsanspruch nicht fällig ist (§ 641 Abs. 1 Satz 1 BGB).

b) Ansprüche auf Schadensersatz

Eine Schadensersatzverpflichtung des Unternehmers wegen der Verletzung seiner Hauptpflicht bemißt sich nach den §§ 280 ff. BGB, bei einem anfänglichen Leistungshindernis nach 311a Abs. 2 BGB. Ein Verzugsschaden ist nach Maßgabe des § 280 Abs. 2 BGB i.V. mit § 286 BGB zu ersetzen, Schadensersatz statt der Leistung bzw. Ersatz für vergebliche Aufwendungen wird gemäß § 280 Abs. 3 BGB i.V. mit den §§ 281 ff. BGB geschuldet; Integritätsschäden des Bestellers sind nach § 280 Abs. 1 BGB auszugleichen.[99]

Das Vertretenmüssen der Pflichtverletzung durch den Unternehmer, das nach § 280 Abs. 1 Satz 2 BGB Voraussetzung für die vorgenannten Ansprüche und nach dieser Vorschrift zu vermuten ist, erfordert ein Verschulden i.S. der §§ 276 ff. BGB, wenn nicht der Unternehmer für die Leistungserbringung eine Garantie oder ein Beschaffungsrisiko übernommen hat (§ 276 Abs. 1 Satz 1 BGB).[100]

---

[95] Näher unten § 8 G I 2c, S. 515.

[96] Zu den Anwendungsvoraussetzungen des § 634 BGB unten § 8 F II 2, S. 460 ff.

[97] Siehe dazu näher unten § 8 F II 2a, S. 460 f.

[98] Zur Anwendbarkeit des § 635 Abs. 3 BGB vor der Abnahme des Werkes siehe unten § 8 F II 3b, dd (2c), S. 441.

[99] Vgl. oben § 2 E I 2b, aa, S. 69.

[100] Ausführlich im Rahmen des Kaufrechts oben § 2 E I 2b, bb, S. 70 f.

c) Rücktritt oder Wegfall der Pflicht zur Zahlung der Vergütung

Erfüllt der Unternehmer seine Hauptpflichten nicht, so steht dem Besteller unter den Voraussetzungen des § 323 BGB, d.h. regelmäßig nach dem erfolglosen Ablauf einer angemessenen Nachfrist für die Erfüllung (§ 323 Abs. 1 BGB), ein Recht zum Rücktritt von dem Vertrag zu. Dieses ist verschuldensunabhängig und steht nach § 325 BGB nicht der Geltendmachung von Schadensersatzansprüchen entgegen.

Ist der Unternehmer nach § 275 BGB von seiner Leistungspflicht befreit, so entfällt bzw. mindert sich die Pflicht des Bestellers zur Zahlung der Vergütung nach Maßgabe des § 326 Abs. 1 BGB automatisch. Diese Rechtsfolge tritt jedoch nicht ein, wenn das Leistungshindernis dem Besteller gemäß § 326 Abs. 2 zuzurechnen oder die Vergütungsgefahr nach den §§ 644, 645 BGB auf ihn übergegangen ist.[101] Bei der Anwendung des § 275 BGB ist zu beachten, daß die Tatbestände in § 275 Abs. 2 und 3 BGB ein Leistungsverweigerungsrecht statuieren, so daß die Gegenleistung gemäß § 326 Abs. 1 Satz 1 BGB erst entfällt, wenn sich der Unternehmer hierauf beruft.[102] Praktisch relevant ist dies vor allem für das Leistungsverweigerungsrecht in § 275 Abs. 2 BGB; ein solches aus § 275 Abs. 3 BGB kommt lediglich in Betracht, wenn der Unternehmer ausnahmsweise persönlich zur Leistungserbringung verpflichtet ist[103] und ihm z.B. die Werkherstellung in einem eng definierten Zeitraum aufgrund dringender familiärer Verpflichtungen (Unfall eines nahen Angehörigen etc.) nicht zugemutet werden kann.[104]

d) Herausgabe des stellvertretenden commodums (§ 285 Abs. 1 BGB)

In seltenen Fällen kann der Unternehmer aufgrund des Umstandes, der ihn gemäß § 275 BGB von seiner Leistungspflicht befreit, einen Ersatz oder Ersatzanspruch erlangen. Beispiel: Ein Dritter zerstört den Stoff, der dem Unternehmer gehört und nicht ersetzbar ist und mit dem das Werk erstellt werden sollte, in einer Weise, die den Dritten nach § 823 Abs. 1 BGB zum Schadensersatz verpflichtet. In diesem Fall kann der Besteller nach § 285 Abs. 1 BGB die Übertragung dieses sog. stellvertretenden commodums verlangen (im Beispiel also die Abtretung des Schadensersatzanspruchs). Zum Ausgleich bleibt nach § 326 Abs. 3 BGB die Pflicht zur Zahlung der Vergütung (anteilig) bestehen bzw. ein etwaiger Schadensersatzanspruch mindert sich um den Wert des Ersatzes (§ 285 Abs. 2 BGB).

II. Rechte des Bestellers bei Mängeln nach § 634 BGB

1. Bedeutung der Sondervorschrift in § 634 BGB

Begrifflich kommen die allgemeinen Vorschriften der §§ 280 ff., 320 ff. BGB auch zur Anwendung, wenn der Unternehmer dem Besteller ein mangelhaftes Werk verschafft, da er hierdurch seine Hauptleistungspflicht aus § 633 Abs. 1

---

[101] Zu letzterem näher unten § 8 G I 1e, cc, S. 500 ff.
[102] BT-Drucks. 14/6040, S. 188; *Canaris* JZ 2001, 499 (504 f.).
[103] Siehe dazu bereits oben § 8 E I 1, S. 450 f.
[104] BT-Drucks. 14/6040, S. 130.

BGB verletzt. Nach § 634 BGB stehen dem Besteller jedoch – wie gemäß § 437 BGB beim Kaufvertrag – für den Fall einer mangelhaften Werkherstellung unter bestimmten Voraussetzungen besondere Rechte zu, die zwar zu großen Teilen auf die allgemeinen Vorschriften verweisen, diese teilweise aber in den §§ 634a bis 638 BGB modifizieren. Dies gilt nicht nur für den Fall eines Mangels (§ 633 Abs. 2 Satz 1 und 2, Abs. 3 BGB); § 633 Abs. 2 Satz 3 BGB dehnt den Anwendungsbereich des § 634 BGB und damit zugleich den der §§ 634a bis 638 BGB – entsprechend dem kaufrechtlichen Modell (§ 434 Abs. 3 BGB) – zusätzlich auf Falsch- und Minderlieferungen aus.

Im Rahmen des Kaufrechts wurde zur Parallelvorschrift des § 437 BGB dargelegt, daß diese „Modifikation" des Anspruchs aus § 433 Abs. 1 Satz 2 BGB als eine *gesetzliche Änderung des Inhaltes des Schuldverhältnisses* zu begreifen ist, wenn die Voraussetzungen für die Anwendung des § 437 BGB vorliegen.[105] Das gilt auch für das Werkvertragsrecht. Greift § 634 BGB ein, so kann der Besteller nur noch die dort aufgezählten Ansprüche und Rechte geltend machen und nicht mehr aus § 633 Abs. 1 BGB i.V. mit einer direkten Anwendung der allgemeinen Vorschriften aus den §§ 280 ff., 323 ff. BGB vorgehen.[106] Diese gesetzliche Schuldänderung führt jedoch nicht dazu, daß der Anspruch aus § 633 Abs. 1 BGB[107] i.S. des § 362 Abs. 1 BGB erfüllt oder die Schuld des Unternehmers bei einem im Vertrag nur gattungsmäßig bestimmten Werk nunmehr durch Konkretisierung gemäß § 243 Abs. 2 BGB auf das mangelbehaftete Werk beschränkt wäre.[108] Dies hat insbesondere Auswirkungen auf die Frage, inwieweit der Besteller, dem ein mangelhaftes Werk geleistet worden ist, erforderlichenfalls eine komplette Neuherstellung verlangen kann.[109]

2. Anwendungsvoraussetzungen des § 634 BGB

Die Ansprüche und Rechte des Bestellers bemessen sich nur dann nach § 634 BGB i.V. mit den §§ 634a bis 638 BGB, wenn

– das Werk nach § 640 BGB abgenommen oder subsidiär gemäß § 646 BGB fertiggestellt worden ist,

– dieses einen Sach- oder Rechtsmangel aufweist bzw.

– ein anderes als das geschuldete Werk oder dieses in zu geringer Menge hergestellt wurde (§ 633 Abs. 2 Satz 3 BGB) und jeweils

– „nicht ein anderes bestimmt ist" (§ 634 BGB).

---

[105] Ausführlich oben § 2 E II 1, S. 72 f.

[106] Dies entspricht sachlich der bereits für das vor dem 1.1.2002 geltende Werkvertragsrecht zu § 633 BGB a.F. vertretenen Auffassung: BGH v. 10. Januar 1974, BGHZ 62, 83 (86 f.); *Erman/Seiler* (10. Aufl. 2000) § 633 Rdnr. 45; RGRK/*Glanzmann* § 633 Rdnr. 40; *Staudinger/Peters* (2000) § 633 Rdnr. 9.

[107] Bzw. derjenige auf Herstellung des versprochenen Werkes aus § 631 Abs. 1 BGB bei einer aliud- oder Minderherstellung, die gemäß § 633 Abs. 2 Satz 3 BGB einem Sachmangel gleichsteht.

[108] Oben § 2 E II 1, S. 72.

[109] Dazu § 8 F II 3b, cc (2), S. 468 f.

a) Abnahme bzw. Vollendung des Werkes als Anwendungsvoraussetzung für die Rechte nach § 634 BGB

Wie § 437 Nr. 1 BGB sieht auch § 634 Nr. 1 BGB i.V. mit § 635 BGB als primären Rechtsbehelf eine „Nacherfüllung" vor, was schon begrifflich voraussetzt, daß zuvor eine, wenn auch mangelhafte Leistung an den Besteller erfolgt ist. Vor diesem Zeitpunkt gilt § 633 Abs. 1 BGB i.V. mit den §§ 280 ff., 320 ff. BGB.[110]

Im Rahmen des Kaufrechts wurde dargelegt, daß eine Anwendung der speziellen Mängelvorschriften (§§ 438 bis 441 BGB), die im Werkvertragsrecht in den §§ 634a bis 638 BGB eine weitgehende Entsprechung finden, teleologisch gerechtfertigt ist, wenn ein Leistungstransfer vorliegt, der dazu führt, daß der Verkäufer seine Hauptpflichten unter Billigung des Käufers zumindest teilweise erfüllt hat (sog. Lieferung).[111] Gleiches gilt im Ausgangspunkt auch für den Werkvertrag: Ein derartiger Leistungstransfer schafft ein erhöhtes Interesse an Rechtsbeständigkeit, das z.B. zugunsten des Unternehmers eine Verkürzung der allgemeinen Verjährungsfrist nach den §§ 195, 199 BGB auf zwei Jahre (§ 634a Abs. 1 Nr. 1 BGB) oder einen Anspruch des Bestellers auf Ersatz der Aufwendungen für die Selbstbeseitigung von Mängeln (§ 637 Abs. 1 BGB) rechtfertigt.

Wie unten näher darzulegen sein wird, erfüllt der werkvertragsrechtliche Begriff der *Abnahme* i.S. des § 640 Abs. 1 BGB die an den Leistungstransfer als Anwendungsvoraussetzung des § 634 BGB zu stellenden Anforderungen: Abnahme bedeutet die tatsächliche Verschaffung des Werkes i.V. mit einer rechtsgeschäftsähnlichen Billigung desselben als Erfüllung der Pflicht aus § 631 Abs. 1 BGB durch den Besteller.[112] Ist das Werk abgenommen, findet folglich § 634 BGB i.V. mit den §§ 634a bis 638 BGB Anwendung, wenn ein Sach- oder Rechtsmangel bzw. ein gemäß § 633 Abs. 2 Satz 3 BGB gleichgestellter Umstand vorliegt.[113] Eine Ausnahme gilt nur, wenn die Beschaffenheit des Werkes i.S. des § 646 BGB eine Abnahme ausschließt (z.B. bei der Beförderung in einem öffentlichen Verkehrsmittel).[114] In diesem Fall ist § 634 BGB wegen § 646 BGB bereits mit der *Vollendung des Werkes* (im Beispiel: dem Abschluß des Transports) anwendbar und verdrängt die allgemeinen Vorschriften. Es fehlt zwar an einer Billigung seitens des Bestellers, was aber durch die Art des Werkes bedingt und in dem Vertrag von vornherein angelegt ist. Aus dem Vorstehenden folgt, daß der Besteller, der vor dem nach den §§ 640, 646 BGB maßgeblichen Zeitpunkt einen Mangel i.S. des § 633 BGB entdeckt, die Abnahme des Werkes vorbehaltlich einer Unwesent-

---

[110] Siehe oben § 8 F I 1, S. 457 f.

[111] Siehe oben § 2 E II 2a, bb (2), S. 75 ff. und näher *Maultzsch* ZGS 2003, 411 (414 ff.).

[112] Näher unten § 8 G I 1e, cc (2b), S. 504 ff. Die Billigung bezieht sich dabei jedoch nicht auf die Anerkennung der *Mangelfreiheit* des Werkes, da sie gerade den Anwendungsbereich der in § 634 BGB genannten Ansprüche und Rechte eröffnet (vgl. auch § 640 Abs. 2 BGB). Vielmehr schafft die Billigung nur insoweit eine Vertrauensgrundlage für den Unternehmer (siehe § 363 BGB), als der Besteller den Leistungstransfer als Erfüllung der Herstellungspflicht gemäß § 631 Abs. 1 BGB akzeptiert.

[113] Ebenso auf die Abnahme abstellend *Oechsler* Rdnr. 638; *Staudinger/Peters* (2003) § 634 Rdnr. 9; BR/*Voit* § 634 Rdnr. 22

[114] Näher unten § 8 G I 1e, cc (5), S. 508.

lichkeit des Mangels i.S. des § 640 Abs. 1 Satz 2 BGB[115] ablehnen und z.B. nach den §§ 281, 323 BGB (nicht nach § 634 Nr. 3 und 4 BGB!) vorgehen kann.[116]

Diese Abgrenzung des zeitlichen Anwendungsbereiches der allgemeinen Vorschriften über Leistungsstörungen von demjenigen der speziellen Mängelrechte aus § 634 BGB i.V. mit den §§ 634a bis 638 BGB läßt sich ergänzend auf zwei historische Argumente stützen: Erstens strebte der Gesetzgeber ausdrücklich eine Übereinstimmung mit dem Anwendungsbereich der entsprechenden kaufrechtlichen Vorschriften an.[117] Zweitens war auch die h.M. zum alten Werkvertragsrecht der Auffassung, daß die allgemeinen Vorschriften (erst) ab der Abnahme bzw. subsidiär der Vollendung gemäß § 646 BGB durch die speziellen Mängelrechte verdrängt wurden.[118] Für eine Abkehr von dieser Konzeption enthalten die Gesetzesmaterialien keine Anhaltspunkte.

b) Vorliegen eines Sach- oder Rechtsmangels

Die Anwendung des § 634 BGB setzt in erster Linie einen Sach- oder Rechtsmangel i.S. des § 633 Abs. 2 Satz 1 und 2 oder Abs. 3 BGB bei dem abgenommenen bzw. nach § 646 BGB vollendeten Werk voraus, wobei hinsichtlich des Mangelbegriffs auf die obigen Ausführungen zu verweisen ist.[119]

c) Besonderheiten bei der Herstellung eines anderen Werkes oder einer Minderherstellung i.S. des § 633 Abs. 2 Satz 3 BGB

Wie im Kaufrecht (§ 434 Abs. 3 BGB) dehnt § 633 Abs. 2 Satz 3 BGB auch für den Werkvertrag den Anwendungsbereich des § 634 BGB zu Lasten einer direkten und unmodifizierten Anwendung des allgemeinen Leistungsstörungsrechts erheblich aus. Danach steht es einem Sachmangel gleich, wenn der Unternehmer ein anderes als das geschuldete Werk (sog. aliud) oder dieses in zu geringer Menge herstellt.

aa) Herstellung eines aliuds durch den Unternehmer

(1) Rechte des Bestellers

Ein aliud liegt vor, wenn nicht nur ein mit einem Sachmangel behaftetes, sondern ein anderes als das versprochene Werk hergestellt wird. Die Abgrenzung wirft indes große Probleme auf, wenn z.B. zu beurteilen ist, ob bei einer Abweichung von dem für ein Bauwerk vorgesehenen Grundriß ein Mangel (peius) oder ein anderes als das geschuldete Bauwerk (aliud) vorliegt. Wegen der Gleichstellung in § 633 Abs. 2 Satz 3 BGB kann diese Abgrenzung jedoch dahinstehen, da § 634 BGB in

---

[115] Dazu noch § 8 G I 2c, S. 515 f.
[116] Siehe oben § 2 E II 2a, bb (1), S. 74.
[117] Vgl. BT-Drucks. 14/6040, S. 261.
[118] BGH v. 10. Januar 1974, BGHZ 62, 83 (86 f.); *Erman/Seiler* (10. Aufl. 2000) § 633 Rdnr. 45; *Esser/Weyers* BT 1, § 32 II 3a, S. 259; RGRK/*Glanzmann* § 633 Rdnr. 40; *Soergel/Teichmann* vor § 633 Rdnr. 11; *Staudinger/Peters* (2000) § 633 Rdnr. 9; teilweise a.A. *Soergel* MünchKomm. § 633 Rdnr. 4 ff.
[119] Siehe oben § 8 E I 2, S. 451 ff.

beiden Fällen Anwendung findet. Dies ist um so schlüssiger, als die Pflicht aus § 633 Abs. 1 BGB, die beim Vorliegen eines Mangels verletzt ist, nach der hier vertretenen Auffassung lediglich einen Teilausschnitt der umfassenden Pflicht aus § 631 Abs. 1 BGB konkretisiert, das versprochene Werk herzustellen.[120]

Die Anwendung des § 634 BGB setzt allerdings voraus, daß das Werk abgenommen bzw. vollendet worden ist (§§ 640, 646 BGB). Dafür muß der Besteller bei einem abnahmefähigen Werk dieses (irrtümlich, vgl. § 640 Abs. 2 BGB) als Erfüllung der Pflicht des Unternehmers aus § 631 Abs. 1 BGB billigen. Bejahendenfalls kommt es für die Anwendung des § 634 BGB nicht darauf an, in welchem Maße das hergestellte Werk objektiv von dem versprochenen abweicht.[121] Entscheidend ist allein, daß die Abnahme zwischen den Vertragsparteien ein Interesse an Rechtsbeständigkeit geschaffen hat, das die in den §§ 634a bis 638 BGB enthaltenen Modifikationen der Bestellerrechte rechtfertigt. Ist das Werk nach seiner Beschaffenheit nicht abnahmefähig, also insbesondere bei unkörperlichen Werken, so finden die speziellen Mängelrechte bei Herstellung eines aliuds ab der Vollendung des Werkes Anwendung (§ 646 BGB). Beispiel: Das Schauspielensemble gibt zur Verwunderung des Publikums nicht „Faust. Der Tragödie erster Teil", sondern einen rustikalen Bauernschwank.[122] Der darüber erzürnte Besucher ist nun gehalten, nach § 634 BGB i.V. mit den §§ 633 Abs. 2 Satz 3, 646 BGB vorzugehen.

Weist der Besteller hingegen das abnahmefähige aliud als nicht geschuldet zurück oder fehlt es im Fall des § 646 BGB an einer Werkvollendung, findet nicht § 634 BGB Anwendung, sondern es liegt eine Nichtleistung des Unternehmers in bezug auf seine Pflicht aus § 631 Abs. 1 BGB vor, so daß die allgemeinen Rechtsfolgen der §§ 280 ff., 320 ff. BGB eingreifen. In diesem Fall ist eine Unterscheidung zwischen einem aliud und einem peius ebenfalls entbehrlich, da jeweils eine Hauptpflicht verletzt wurde. Ob es sich hierbei um die Pflicht aus § 631 Abs. 1 BGB (aliud) oder diejenige aus § 633 Abs. 1 BGB (peius) handelt, ist unerheblich, da in beiden Fällen gleichermaßen die §§ 280 ff., 320 ff. BGB anzuwenden sind.

(2) Auswirkungen der aliud-Herstellung auf die geschuldete Vergütung

Ist das aliud höherwertiger als das geschuldete Werk, so schuldet der Besteller trotz der Abnahme desselben vorbehaltlich einer gesondert zu prüfenden Vertragsänderung nur die vertraglich vereinbarte Vergütung. Insoweit gelten keine anderen Grundsätze als im Kaufrecht.[123] Eine Nacherfüllung, die nach Maßgabe des § 635 Abs. 4 BGB zu einem Rückgewähranspruch des Unternehmers in bezug auf das aliud führen würde, wird der Besteller bei Lieferung eines höherwertigen aliuds regelmäßig nicht begehren. Da jedoch die aliud-Lieferung den Anspruch des Bestellers aus § 631 Abs. 1 BGB nicht erfüllt, sondern nach § 634 BGB lediglich dessen

---

[120] Dazu oben § 8 E I 2, S. 451 ff.
[121] Vgl. oben § 2 E II 2b, aa (1), S. 80 f.
[122] Dieser Fall ist keineswegs theoretischer Natur wie LG Salzburg v. 10. März 2003, JBl. 2003, 587 ff. (Aufführung der Operette „Die Fledermaus"), zeigt.
[123] Zum ganzen näher oben § 2 E II 2b, aa (2b/c), S. 82 ff.

Rechte modifiziert,[124] fehlt in der Person des Bestellers zugleich ein Rechtsgrund für das Behalten i.S. des § 812 BGB.[125] Der Unternehmer kann das höherwertige aliud somit nach § 812 Abs. 1 Satz 1 Alt. 1 BGB herausverlangen, was allerdings nach § 242 BGB unverzüglich i.S. des § 121 Abs. 1 Satz 1 BGB geschehen muß.[126] Setzt er den Kondiktionsanspruch durch und revidiert somit den Leistungstransfer als Voraussetzung für die Anwendung des § 634 BGB, so lebt umgekehrt der ursprüngliche Erfüllungsanspruch des Bestellers aus § 631 Abs. 1 BGB in bezug auf das versprochene Werk wieder auf.

bb) Minderherstellung durch den Unternehmer

Eine Anwendung des § 634 BGB ordnet § 633 Abs. 2 Satz 3 BGB darüber hinaus an, wenn der Unternehmer das versprochene Werk in einer zu geringen Menge hergestellt hat. Denkbar wäre z.B. der Fall, daß der Schuhmacher versehentlich nur einen Schuh des zur Ausbesserung abgegebenen Paares repariert.

Auch die Minderherstellung ist der Sondervorschrift des § 634 BGB jedoch erst unterstellt, wenn das Werk (irrtümlich) als *vollständige* Erfüllung der Pflicht des Unternehmers aus § 631 Abs. 1 BGB abgenommen bzw. vollendet worden ist (§§ 640, 646 BGB). Beanstandet der Besteller bereits bei der Abnahme die Minderleistung, so liegt eine nach den allgemeinen Vorschriften in den §§ 280 ff., 320 ff. BGB zu beurteilende teilweise Nichtleistung vor.[127] Diese Rechtslage hat z.B. bei einem Ausschluß der Pflicht zur Nachleistung der Differenzmenge gemäß § 275 BGB die Konsequenz, daß vor der Abnahme des Werkes eine automatische anteilige Vergütungsminderung gemäß § 326 Abs. 1 Satz 1 Halbsatz 2 BGB i.V. mit § 441 Abs. 3 BGB eintritt,[128] nach erfolgter Abnahme hingegen gemäß § 326 Abs. 1 Satz 2 BGB die Vergütung zunächst wieder in voller Höhe geschuldet wird und der Besteller nach § 634 Nr. 3 oder 4 BGB vorgehen muß.[129]

d) Keine anderweitige Bestimmung

Die im Werkvertragsrecht für den Fall eines Mangels vorgesehenen Rechte kann der Besteller – nicht anders als der Käufer (§ 437 BGB) – nur geltend machen, soweit nicht i.S. des § 634 BGB „ein anderes bestimmt ist". Hierfür kommt sowohl eine vertragliche Vereinbarung als auch eine gesetzliche Regelung in Betracht.

aa) Vertraglicher Haftungsausschluß

Ein vertraglicher Ausschluß der Rechte des Bestellers bei Mängeln oder einer gemäß § 633 Abs. 2 Satz 3 BGB gleichgestellten Vertragswidrigkeit findet seine Grenzen neben den allgemeinen Vorschriften (§§ 138, 242 BGB) in § 639 BGB

---

[124] Näher oben § 8 F II 1, S. 459.

[125] Siehe *Staudinger/Lorenz* § 812 Rdnr. 78.

[126] Vgl. zum Kaufrecht für § 378 HGB a.F. *K. Schmidt* Handelsrecht, 5. Aufl. 1999, § 29 III 5c, S. 823.

[127] Siehe *Staudinger/Peters* (2003) § 634 Rdnr. 151.

[128] Im Ergebnis auch *Staudinger/Peters* (2003) § 634 Rdnr. 150.

[129] Ausführlich in bezug auf unbehebbare Sachmängel beim Kaufrecht in § 2 E II 2a, cc, S. 78 ff.

und unterliegt bei der Verwendung Allgemeiner Geschäftsbedingungen besonderen Einschränkungen (insbesondere § 309 Nr. 8b BGB).[130]

bb) Gesetzlicher Haftungsausschluß bei Abnahme in Kenntnis des Mangels (§ 640 Abs. 2 BGB)

Nimmt der Besteller ein mangelhaftes (oder i.S. des § 633 Abs. 2 Satz 3 BGB gleichgestelltes) Werk gemäß § 640 Abs. 1 Satz 1 BGB ab, obwohl er den Mangel kennt, stehen ihm die in § 634 Nr. 1 bis 3 BGB aufgezählten Ansprüche und Rechte nach § 640 Abs. 2 BGB nur zu, wenn er sich diese bei der Abnahme vorbehält.[131] Da die Regelung an eine Billigung des Werkes im Rahmen der Abnahme anknüpft, handelt es sich um eine typisierte Ausprägung des allgemeinen Verbotes, sich widersprüchlich zu verhalten (venire contra factum proprium, § 242 BGB).[132]

Bei mehreren Mängeln muß sich die positive Kenntnis nicht stets auf alle beziehen, sondern es genügt, wenn sie für einen von mehreren Mängeln bzw. einen Mangelteil vorliegt (Beispiel: die Kenntnis von Rissen im Putz eines Bauwerks vermittelt nicht notwendig die Kenntnis von einer mangelhaften Statik des gesamten Gebäudes). In einem derartigen Fall kommt ein Ausschluß der Rechte nur in bezug auf die bekannten Umstände in Betracht.[133] Den Vorbehalt der Rechte muß der Besteller im Rahmen des Abnahmegeschehens erklären, den betreffenden Mangel bezeichnen und erkennen lassen, daß er die Vertragsverletzung nicht folgenlos hinnehmen will, ohne daß er jedoch auf die konkreten Rechte in § 634 Nr. 1 bis 3 BGB Bezug nehmen müßte.[134]

Kommt der Besteller dieser Obliegenheit nicht nach, so sind seine Rechte auf Nacherfüllung, Aufwendungsersatz für eine Selbstvornahme der Mangelbeseitigung sowie Rücktritt oder Minderung (§ 634 Nr. 1 bis 3 BGB) ausgeschlossen. Im Umkehrschluß folgt aus der ausdrücklichen Beschränkung des § 640 Abs. 2 BGB auf die vorgenannten Rechte des Bestellers, daß die in § 634 Nr. 4 BGB aufgezählten Ansprüche auf Schadens- oder Aufwendungsersatz unberührt bleiben.[135] Deren Fortbestand läßt sich damit rechtfertigen, daß sie von einem Vertretenmüssen des Unternehmers abhängen und damit in einer Art und Weise in dessen Verantwortungssphäre wurzeln, welche die Obliegenheitsverletzung des Bestellers überwiegt.

---

[130] Siehe oben § 8 E I 2c, S. 455 f.

[131] Kritisch zu den Unterschieden zu der vergleichbaren Bestimmung in § 442 BGB *Kohler* JZ 2003, 1081 ff.

[132] Ebenso BR/*Voit* § 640 Rdnr. 35; ähnlich *Staudinger/Peters* (2003) § 640 Rdnr. 53 (Verwirkung oder Verzicht). Mangels einer vergleichbaren Interessenlage findet § 640 Abs. 2 BGB bei einem Abnahmesurrogat i.S. der §§ 640 Abs. 1 Satz 3, 641a, 646 BGB keine entsprechende Anwendung; *Roth* JZ 2001, 543 (550); i.E. auch BR/*Voit* § 640 Rdnr. 35.

[133] BGH v. 29. Juni 1993, NJW-RR 1993, 1461 (1462); RGRK/*Glanzmann* § 640 Rdnr. 4; *Soergel* MünchKomm. § 640 Rdnr. 16; *Staudinger/Peters* (2003) § 640 Rdnr. 56.

[134] *Staudinger/Peters* (2003) § 640 Rdnr. 56 ff.; BR/*Voit* § 640 Rdnr. 37.

[135] BT-Drucks. 14/6040, S. 267; *Staudinger/Peters* (2003) § 640 Rdnr. 62; BR/*Voit* § 640 Rdnr. 41; siehe auch *Kohler* JZ 2003, 1081 (1082 f.).

3. Rechte des Bestellers gemäß § 634 BGB

a) Überblick

Wenn der Anwendungsbereich des § 634 BGB eröffnet ist, stehen dem Besteller verschiedene Rechte zu:

- Primärer Rechtsbehelf ist die Nacherfüllung gemäß § 635 BGB (§ 634 Nr. 1 BGB).
- Erst in zweiter Linie und unter weiteren Voraussetzungen kann der Besteller nach § 637 BGB den Mangel selbst beseitigen und die dafür erforderlichen Aufwendungen ersetzt verlangen (§ 634 Nr. 2 BGB) oder von dem Werkvertrag zurücktreten (§ 634 Nr. 3 Alt. 1 BGB) oder gemäß § 638 BGB die Vergütung mindern und Schadensersatz oder Ersatz vergeblicher Aufwendungen verlangen (§ 634 Nr. 4 BGB).

Ebenso wie § 437 BGB regelt § 634 BGB diese Ansprüche bzw. Gestaltungsrechte nicht vollständig, so daß sich die jeweilige Anspruchsgrundlage oder das Gestaltungsrecht nicht unmittelbar aus § 634 BGB, sondern aus den von dieser Vorschrift in bezug genommenen Verweisungsobjekten ergibt. Dementsprechend folgt z.B. die Rechtsgrundlage für den Anspruch auf Nacherfüllung aus § 635 Abs. 1 BGB.[136]

b) Anspruch des Bestellers auf Nacherfüllung gemäß § 635 Abs. 1 BGB i.V. mit § 634 Nr. 1 BGB

aa) Einbeziehung des Anspruchs in das werkvertragliche Synallagma

Verlangt der Besteller Nacherfüllung, so ist der Unternehmer nach § 635 Abs. 1 BGB verpflichtet, entweder den Mangel zu beseitigen oder ein neues Werk herzustellen. Entsprechend der Rechtslage bei § 439 Abs. 1 BGB ist der Anspruch des Bestellers auf Nacherfüllung somit in zwei Alternativen unterteilt: die *Mängelbeseitigung* (§ 635 Abs. 1 Alt. 1 BGB) und die *Neuherstellung des Werkes* (§ 635 Abs. 1 Alt. 2 BGB).

Ebenso wie der kaufvertragliche Nacherfüllungsanspruch hängt sein werkvertragliches Gegenstück nicht davon ab, ob der Unternehmer den Mangel zu vertreten hat und steht zudem mit der Pflicht des Bestellers zur Entrichtung der Vergü-

---

[136] In einem Rechtsgutachten ist die Eröffnung dieses Anspruchs über § 634 Nr. 1 BGB zweckmäßigerweise dadurch zum Ausdruck zu bringen, daß § 634 Nr. 1 BGB unter Verwendung des Zusatzes „i.V. mit" in die zitierte Paragraphenkette aufgenommen wird. Danach ist exakt diejenige Norm anzugeben, die zur Anwendung des § 634 BGB führt, z.B. § 633 Abs. 3 BGB bei einem Rechtsmangel, § 633 Abs. 2 Satz 1 BGB bei der Abweichung von einer vereinbarten Beschaffenheit, § 633 Abs. 2 Satz 2 Nr. 1 BGB bei der fehlenden Eignung zu einer vertraglich vorausgesetzten Verwendung oder auch § 633 Abs. 2 Satz 3 Alt. 1 BGB bei der Herstellung eines aliuds. Verlangt der Besteller nach der Abnahme des Werkes von dem Unternehmer Nacherfüllung wegen eines Sachmangels, der aus einer Abweichung von der vereinbarten Beschaffenheit resultiert, so ist die Anspruchsgrundlage wie folgt zu formulieren: § 635 Abs. 1 BGB i.V. mit den §§ 634 Nr. 1, 633 Abs. 2 Satz 1 BGB.

tung im Synallagma. Somit kann dieser die Vergütung[137] nach Maßgabe des § 320 BGB zurückhalten, solange der Unternehmer den Anspruch auf Nacherfüllung nicht erfüllt hat.[138] Lassen sich die Kosten der Nacherfüllung bereits abschätzen, so kann der Besteller in Konkretisierung des § 320 Abs. 2 BGB gemäß § 641 Abs. 3 BGB jedoch lediglich einen angemessenen Betrag zurückhalten, der aber mindestens das dreifache der voraussichtlichen Kosten umfassen kann, um den Unternehmer zu einer zügigen Nacherfüllung anzuhalten. Die Einbeziehung des Nacherfüllungsanspruchs in das Synallagma erklärt sich dadurch, daß das Recht auf Nacherfüllung zwar an eine Vertragswidrigkeit des Werkes i.S. des § 633 Abs. 2 oder 3 BGB anknüpft, diese aber nicht nach Art eines sekundären Ersatzanspruchs (z.B. auf Schadensersatz) sanktioniert, sondern darauf beruht, daß der Unternehmer durch die vertragswidrige Herstellung des Werkes die Hauptpflicht noch nicht (vollständig) erfüllt hat.[139]

bb) Das Verhältnis der beiden Varianten einer Nacherfüllung zueinander

Ein wesentlicher Unterschied zu § 439 Abs. 1 BGB besteht darin, daß die *Wahl*, ob eine Mängelbeseitigung oder eine Neuherstellung des Werkes zu erfolgen hat, nach § 635 Abs. 1 BGB nicht dem Besteller, sondern *dem Unternehmer zusteht*. Während der Gesetzgeber bei § 439 Abs. 1 BGB und den gemäß § 651 Satz 1 BGB dem Kaufrecht unterfallenden Formen von Werkverträgen wegen Art. 3 Abs. 3 der Verbrauchsgüterkauf-RL das diesbezügliche Wahlrecht dem Käufer bzw. Besteller einräumen mußte, war er im Rahmen des § 635 Abs. 1 BGB frei und hat sich für ein Wahlrecht des Unternehmers entschieden. Dies rechtfertigte er damit, daß der Unternehmer aufgrund seiner engen Verbundenheit mit dem Herstellungsprozeß am ehesten die zweckmäßigste Form der Nacherfüllung festlegen kann.[140]

Der Besteller ist somit grundsätzlich darauf beschränkt, allgemein einen Anspruch auf Nacherfüllung geltend zu machen, während der Unternehmer entscheidet, in welcher der Varianten des § 635 Abs. 1 BGB er diesem Verlangen nachkommt.[141] Diese Anspruchsstruktur ändert sich auch nicht, wenn eine der Nacherfüllungsformen (Mängelbeseitigung oder Neuherstellung) nicht in Betracht kommt. Beispiel: Das Bauwerk ist derart mangelhaft konstruiert, daß nur ein Abriß und vollständiger Neuaufbau zu einem vertragsgemäßen Werk führen kann. Auch in

---

[137] Die mittlerweile gemäß den §§ 641 Abs. 1 Satz 1, 646 BGB fällig geworden ist.

[138] BGH v. 4. Juni 1973, BGHZ 61, 42 (44); *Erman/Seiler* § 633 Rdnr. 44; *Soergel* MünchKomm. § 633 Rdnr. 4; *Staudinger/Peters* (2003) § 634 Rdnr. 24; BR/*Voit* § 635 Rdnr. 17.

[139] Siehe oben § 8 E I 2, S. 451 ff.; ebenso *Oechsler* Rdnr. 638: „modifizierter Erfüllungsanspruch"; siehe auch *Staudinger/Peters* (2003) § 634 Rdnr. 23.

[140] BT-Drucks. 14/6040, S. 265; ebenso *Oechsler* Rdnr. 645.

[141] Aus diesem Grund ist das zu § 439 Abs. 1 BGB befürwortete Verständnis einer elektiven Konkurrenz nicht auf die vom Unternehmer geschuldete Nacherfüllung übertragbar (so aber *Spickhoff* BB 2003, 589 [593]). Während § 439 Abs. 1 BGB zugunsten des Käufers zwei Ansprüche mit unterschiedlichem Inhalt begründet, betrifft § 635 Abs. 1 BGB die Erfüllung des einheitlich auf „Nacherfüllung" gerichteten Anspruchs des Bestellers.

diesem Fall steht dem Besteller strenggenommen kein speziell auf Neuherstellung gerichteter Anspruch zu; ebenso ist der Nacherfüllungsanspruch auch nicht teilweise gemäß § 275 Abs. 1 BGB ausgeschlossen. Es bleibt vielmehr bei dem abstrakten Nacherfüllungsanspruch aus § 635 Abs. 1 BGB, der auf das Entstehen eines Werkes gerichtet ist, das den Anforderungen der §§ 631 Abs. 1, 633 Abs. 1 BGB entspricht. Daß der Unternehmer diesen im Beispiel nur durch eine Neuherstellung erfüllen kann, ist ein rein faktischer Umstand. Die Varianten des § 635 Abs. 1 BGB stecken somit nur die äußeren Grenzen dessen ab, worauf der Nacherfüllungsanspruch des Bestellers gerichtet ist, während sich der Unternehmer bei dessen Erfüllung in diesem Rahmen grundsätzlich frei bewegen kann.

Eine Ausnahme ist lediglich anzuerkennen, wenn die Durchführung einer der beiden tatsächlich möglichen Nacherfüllungsformen nach Treu und Glauben für den Besteller unzumutbar wäre. Dann ergibt sich aus § 242 BGB i.V. mit dem Rechtsgedanken der §§ 636, 637 Abs. 2 Satz 2 BGB, die ebenfalls das Kriterium der Unzumutbarkeit aufgreifen, daß der Besteller einen Anspruch auf die Durchführung der anderen Form der Nacherfüllung hat.[142] Beispiel: Bei einem aufgrund der verwendeten Baustoffe mit Chemikalien verseuchten Bauwerk könnte der Unternehmer mit ungefähr jeweils gleichen Kosten eine relativ zügig durchführbare Sanierung oder einen langwierigen Neuaufbau durchführen. Dann hat der Besteller aus § 635 Abs. 1 BGB i.V. mit § 242 BGB einen Anspruch auf Sanierung des bestehenden Gebäudes.

cc) Inhalt des Anspruchs auf Nacherfüllung

Der Nacherfüllungsanspruch des Bestellers ist darauf gerichtet, daß der Unternehmer entweder eine Mängelbeseitigung oder eine Neuherstellung des versprochenen Werkes vornimmt.

(1) Mängelbeseitigung (§ 635 Abs. 1 Alt. 1 BGB)

Mit einer *Beseitigung des Mangels* meint § 635 Abs. 1 Alt. 1 BGB bei einem *Sachmangel* die Angleichung der Beschaffenheit des Werkes an den vertraglich geschuldeten Zustand, ohne daß ein komplett neues Werk erstellt wird, so z.B., wenn die mangelhafte Reparatur eines defekten PKW-Getriebes nachgebessert wird.

Bei einem *Rechtsmangel* i.S. des § 633 Abs. 3 BGB ist das Drittrecht zu beseitigen. So kann der Unternehmer, der ein Software-Programm unter Verletzung des Urheberrechts eines Dritten entwickelt hat, welcher deshalb gegen die Verwendung durch den Besteller vorgehen könnte, dadurch nacherfüllen, indem er den Dritten (z.B. gegen Zahlung einer Entschädigung) dazu bewegt, dem Besteller ein Nutzungsrecht an dem Programm einzuräumen.

(2) Neuherstellung (§ 635 Abs. 1 Alt. 2 BGB)

Die Herstellung eines neuen Werkes geschieht durch die komplette Neuleistung seitens des Unternehmers unter Beseitigung des mangelhaften Werkes. Schulbeispiel ist der Abriß und die Neuerrichtung eines statisch nicht korrekt berechneten

---

142 BT-Drucks. 14/6040, S. 265; *Soergel* MünchKomm. § 633 Rdnr. 105.

Hauses. Daß der Unternehmer auch mit einer Neuherstellung seine vertraglichen Pflichten erfüllen kann und er diese umgekehrt sogar schuldet, wenn eine Mängelbeseitigung keinen Erfolg verspricht, ergibt sich daraus, daß die Schuld des Unternehmers trotz der Abnahme eines mangelhaften Werkes durch den Besteller nicht auf dasselbe konkretisiert worden ist.[143]

In manchen Fällen, insbesondere bei mangelhaft erbrachten Reparaturleistungen, kann zweifelhaft sein, ob die Nacherfüllung noch unter die Form einer Mangelbeseitigung i.S. des § 635 Abs. 1 Alt. 1 BGB fällt oder bereits eine Neuherstellung des Werkes i.S. des § 635 Abs. 1 Alt. 2 BGB ist. Einer exakten Abgrenzung bedarf es jedoch nicht, da der Nacherfüllungsanspruch des Bestellers ein einheitlicher ist und kein separat auf eine der beiden Varianten gerichtetes Recht darstellt.[144]

(3) Besonderheiten bei Minderherstellung und Herstellung eines aliuds

Kommt § 635 Abs. 1 BGB über die §§ 634 Nr. 1, 633 Abs. 2 Satz 3 BGB wegen einer Minderleistung des Unternehmers zur Anwendung, ist eine Mängelbeseitigung (§ 635 Abs. 1 Alt. 1 BGB) grundsätzlich durch Nachleistung der Differenz vorzunehmen, da eine Neuherstellung (§ 635 Abs. 1 Alt. 2 BGB) den „Austausch" der mangelbehafteten Leistung voraussetzt, was bei einem Quantitätsmangel regelmäßig nicht notwendig ist. Etwas anderes kann aber gelten, wenn es z.B. darauf ankommt, daß die gesamte Menge aus demselben stofflichen Substrat hergestellt wird (Farbnuancen etc.).

Bei einer aliud-Herstellung i.S. des § 633 Abs. 2 Satz 3 BGB ist nur selten eine Nachbesserung möglich, die zu einem vertragsgemäßen Zustand des Werkes führt. Deshalb hat in diesem Fall die Nacherfüllung regelmäßig in der Form einer Neuherstellung gemäß § 635 Abs. 1 Alt. 2 BGB zu erfolgen. Da die Gleichstellung in § 633 Abs. 2 Satz 3 BGB gerade bezweckt, eine Abgrenzung des aliud von einem mangelbehafteten Werk im engeren Sinne (peius) entbehrlich zu machen,[145] muß im Einzelfall wegen der fehlenden Unterschiede in den Rechtsfolgen aber nicht entschieden werden, ob ein Nacherfüllungsanspruch wegen eines peius i.S. des § 633 Abs. 2 Satz 1 und 2 BGB oder eines anderen Werkes i.S. des § 633 Abs. 2 Satz 3 BGB besteht.

dd) Ausschluß des Anspruchs auf Nacherfüllung

Der Anspruch auf Nacherfüllung kann aus verschiedenen Gründen ausgeschlossen sein. Neben § 275 BGB kommt insbesondere ein Leistungsverweigerungsrecht aus § 635 Abs. 3 BGB wegen Unverhältnismäßigkeit in Betracht. Schließlich kann sich ein Ausschluß des Anspruchs auch aus dem Rechtsgedanken des § 326 Abs. 2

---

[143] Siehe § 8 F II 1 S. 459 f. Dies war im Rahmen des vor dem 1.1.2002 geltenden Werkvertragsrechts zu § 633 Abs. 2 Satz 1 BGB umstritten; vgl. *Marburger* 20 Probleme aus dem BGB, Schuldrecht Besonderer Teil I, 5. Aufl. 1998, 19. Problem.

[144] Vgl. auch *Raab* AnwKomm. § 635 Rdnr. 11 sowie *Seiler* in: Ernst/Zimmermann (Hrsg.), Zivilrechtswissenschaft und Schuldrechtsreform, 2001, S. 263 (268 f.); abweichend aber BR/*Voit* § 635 Rdnr. 7.

[145] Siehe oben § 8 F II 2c, aa (1), S. 462 f.

Satz 1 BGB oder der Unvereinbarkeit der Nacherfüllung mit der Ausübung eines
der anderen in § 634 BGB genannten Rechtsbehelfe ergeben.

(1) Ausschluß gemäß § 275 BGB

Der Anspruch auf Nacherfüllung ist ausgeschlossen, wenn dem Unternehmer dessen Erfüllung entweder i.S. des § 275 Abs. 1 BGB unmöglich ist oder ihm ein
Leistungsverweigerungsrecht aus § 275 Abs. 2 bzw. Abs. 3 BGB zusteht *und* sich
der Unternehmer auf dieses Recht beruft.[146]

Bei der Anwendung des § 275 BGB auf den Nacherfüllungsanspruch erlangt
besondere Bedeutung, daß das Wahlrecht zwischen den beiden in § 635 Abs. 1
BGB genannten Formen der Nacherfüllung dem Unternehmer zusteht und der Besteller lediglich einen abstrakt auf eine dieser Formen gerichteten Anspruch hat.[147]
Eine Leistungsbefreiung gemäß § 275 BGB kommt erst in Betracht, wenn ein Tatbestand des § 275 BGB *beide* Nacherfüllungsformen erfaßt.[148] Anders formuliert
bezieht sich der Begriff der Leistung in § 275 BGB im Anwendungsbereich des
§ 635 Abs. 1 BGB nicht separat auf die Mängelbeseitigung oder die Neuherstellung, sondern einheitlich auf die Nacherfüllung. Diese Abweichung von § 439
Abs. 1 BGB ergibt sich aus der unterschiedlichen Anspruchsstruktur, die auf dem
Wahlrecht des Unternehmers im Rahmen des § 635 Abs. 1 BGB beruht.

Beispiel: Kann ein fehlerhaftes Software-Programm nicht nachgebessert werden, sondern muß dieses komplett neu geschrieben werden, liegt keine Teilunmöglichkeit i.S. des § 275 Abs. 1 BGB vor. Denn der Besteller hat keinen Anspruch
gerade auf Mängelbeseitigung, sondern nur auf Mängelbeseitigung *oder* Neuherstellung und da letztere möglich ist, kann der Nacherfüllungsanspruch in vollem
Umfange erfüllt werden. Daß hierfür rein tatsächlich nur eine Neuherstellung in
Betracht kommt, stellt somit keine Leistungsstörung dar, sondern nimmt dem Unternehmer als Schuldner lediglich faktisch sein Wahlrecht. § 275 Abs. 1 BGB würde in dem Beispiel erst eingreifen, wenn mit den verfügbaren technischen Mitteln
ein Software-Programm mit dem versprochenen Inhalt überhaupt nicht herstellbar
ist.[149]

Für die Befreiung des Unternehmers von der Pflicht zur Nacherfüllung nach
§ 275 BGB ist hingegen nicht erforderlich, daß ein und dasselbe Leistungshindernis i.S. des § 275 BGB beide Varianten der Nacherfüllung erfaßt. Die Nacherfüllung ist somit gemäß § 275 Abs. 1 *und* 2 BGB ausgeschlossen, wenn eine Nachbesserung des Software-Programms technisch ausscheidet und eine Neuherstellung
am Leistungsinteresse des Bestellers gemessen einen gänzlich irrationalen Aufwand i.S. des § 275 Abs. 2 BGB erfordert. Hingegen sind die Fälle, in denen der
Nacherfüllungsaufwand zwar außer Verhältnis zu dem Leistungsinteresse des Bestellers steht, ohne aber die Schwelle des § 275 Abs. 2 BGB zu erreichen, § 635

---

[146] Zur Rechtsnatur des § 275 Abs. 2 und 3 BGB als Grundlage für ein Leistungsverweigerungsrecht BT-Drucks. 14/6040, S. 188; *Canaris* JZ 2001, 499 (504 f.).
[147] Siehe oben § 8 F II 3b, bb, S. 467 f.
[148] BT-Drucks. 14/6040, S. 265; BR/*Voit* § 635 Rdnr. 13.
[149] Gemäß § 311a Abs. 1 BGB würde dieser Umstand aber nicht die Vertragswirksamkeit
berühren.

Abs. 3 BGB zuzuordnen.[150] Bloße Äquivalenzstörungen infolge der Nacherfüllung unterfallen schließlich keiner der vorgenannten Vorschriften, sondern allenfalls der Regelung zur Geschäftsgrundlage in § 313 Abs. 1 BGB.[151]

(2) Leistungsverweigerungsrecht des Unternehmers wegen unverhältnismäßiger Kosten (§ 635 Abs. 3 BGB)

(a) Bedeutung der Vorschrift

§ 635 Abs. 3 BGB räumt dem Unternehmer auch außerhalb des § 275 Abs. 2 und 3 BGB („unbeschadet") ein Leistungsverweigerungsrecht ein, wenn er zur Nacherfüllung unverhältnismäßige Kosten aufwenden müßte. Auch diese Einrede greift erst ein, wenn die Unverhältnismäßigkeit bezüglich beider Nacherfüllungsvarianten (Mängelbeseitigung, Neuherstellung) besteht oder aber nur für eine von ihnen *und* für die andere ein sonstiger Ausschlußgrund vorliegt. Falls hingegen z.B. eine Nachbesserung i.S. des § 635 Abs. 3 BGB unverhältnismäßig wäre, einer Neuherstellung aber kein relevantes Leistungshindernis entgegensteht, muß sich der Unternehmer in bezug auf die Mängelbeseitigung nicht auf § 635 Abs. 3 BGB berufen, sondern kann sich schon im Rahmen seines Wahlrechts aus § 635 Abs. 1 BGB auf die Neuherstellung beschränken. Wäre diese nach § 275 Abs. 1 BGB unmöglich, würde sich der Ausschluß des Nacherfüllungsanspruchs aus § 275 Abs. 1 BGB *und* § 635 Abs. 3 BGB ergeben.

Wie § 275 Abs. 2 und 3 BGB läßt § 635 Abs. 3 BGB den Nacherfüllungsanspruch nicht entfallen, sondern gewährt dem Unternehmer lediglich eine Einrede gegen diesen. Der Unternehmer kann somit die Nacherfüllung gleichwohl erbringen, um z.B. die Ausübung eines der in § 634 Nr. 3 und 4 BGB genannten subsidiären Rechte (z.B. Rücktritt) durch den Besteller zu verhindern.[152]

(b) Kriterien der Unverhältnismäßigkeit

Maßstäbe, anhand derer die Unverhältnismäßigkeit der mit der Nacherfüllung verbundenen Kostenlast zu bestimmen ist, gibt § 635 Abs. 3 BGB nicht vor. Deshalb bedarf es einer umfassenden Abwägung des Erfüllungsinteresses des Bestellers mit dem Kosteninteresse des Unternehmers.[153] Wie bei § 439 Abs. 3 Satz 2 BGB nehmen hierbei der Wert der mangelfreien Sache, die Bedeutung des Mangels (scil.: das Maß der Minderung des Wertes bzw. der Gebrauchstauglichkeit durch diesen) und ein etwaiges Vertretenmüssen des Mangels durch den Unternehmer (vgl. § 275 Abs. 2 Satz 2 BGB) eine wichtige Rolle ein.[154]

---

[150] Vgl. BT-Drucks. 14/6040, S. 130.

[151] Näher zu dieser Abgrenzung oben § 2 E II 3b, ff (2), S. 95 f.

[152] *Soergel* MünchKomm. § 633 Rdnr. 137.

[153] BGH v. 10. Oktober 1985, BGHZ 96, 111 (123); BGH v. 24. April 1997, NJW-RR 1997, 1106; BGH v. 6. Dezember 2001, NJW-RR 2002, 661 (663); RGRK/*Glanzmann* § 633 Rdnr. 192; *Staudinger/Peters* (2003) § 635 Rdnr. 9; BR/*Voit* § 635 Rdnr. 14.

[154] BGH v. 6. Dezember 2001, NJW-RR 2002, 661 (663); *Staudinger/Peters* (2003) § 635 Rdnr. 9 f.; *Tonner/Crellwitz/Echtermeyer* in: Micklitz/Pfeiffer/Tonner/Willingmann

Bei der Konkretisierung der Verhältnismäßigkeitsprüfung ist zu beachten, daß § 635 Abs. 3 BGB einen *Ausnahmetatbestand* darstellt, der nicht dazu dienen darf, die Nacherfüllungspflicht des Unternehmers vorschnell auszuschließen.[155] Insbesondere kann der im Schadensersatzrecht bei § 251 Abs. 2 Satz 1 BGB praktizierte Richtwert, nach dem eine Reparatur unverhältnismäßig ist, wenn sie mehr als 130 % des Wiederbeschaffungswertes einer vergleichbaren Sache kostet, nicht unbesehen auf den das primäre Erfüllungsinteresse des Bestellers schützenden § 635 Abs. 3 BGB übertragen werden.[156] Der Nacherfüllungsanspruch entfällt vielmehr erst, wenn der mit der Nacherfüllung erzielbare Erfolg in keinem vernünftigen Verhältnis zu den dafür aufzuwendenden Kosten steht, was regelmäßig nur der Fall ist, wenn der Mangel lediglich zu einer geringfügigen Funktionsstörung des Werkes führt.[157] Ein unverhältnismäßiger Kostenaufwand kommt danach z.B. in Betracht, wenn das verlegte Parkett eine ganz geringe Maserung aufweist, die nicht durch eine Nachbesserung, sondern nur mittels einer kompletten Neuverlegung zu beseitigen wäre. In diesem Fall kann der Unternehmer den Besteller gemäß § 635 Abs. 3 BGB auf die Rechte aus § 634 Nr. 3 und 4 BGB verweisen.[158]

(c) Keine „Vorwirkung" des Leistungsverweigerungsrechts auf den Anspruch aus § 633 Abs. 1 BGB

Nach der hier vertretenen Auffassung ist der Anwendungsbereich des § 635 Abs. 1 BGB über § 634 Nr. 1 BGB erst eröffnet, wenn der Besteller das mangelhafte Werk gemäß § 640 Abs. 1 BGB abgenommen hat bzw. dieses i.S. des § 646 BGB vollendet worden ist.[159] Es stellt sich daher die Frage, ob dem Unternehmer bereits vor diesem Zeitpunkt ein Leistungsverweigerungsrecht in analoger Anwendung des § 635 Abs. 3 BGB zusteht, wenn die Herstellung eines vertragsgemäßen Werkes einen unverhältnismäßigen Kostenaufwand bedeuten würde.[160]

Die h.M. zu der § 635 Abs. 3 BGB entsprechenden Vorschrift in § 633 Abs. 2 Satz 3 BGB a.F. bejahte eine analoge Anwendung, wenn der Unternehmer das mangelhafte Werk bereits hergestellt hatte, ohne daß schon die Gefahr nach den §§ 640, 644 Abs. 1 Satz 1, 646 BGB auf den Besteller übergegangen war.[161] Dagegen läßt sich allerdings anführen, daß die Leistungsbefreiung aus § 635 Abs. 3

(Hrsg.), Schuldrechtsreform und Verbraucherschutz, 2001, S. 293 (364); BR/*Voit* § 635 Rdnr. 14.

[155] Überzeugend BGH v. 6. Dezember 2001, NJW-RR 2002, 661 (663); vgl. § 2 E II 3b, ff (3b), S. 97 f.

[156] *Staudinger/Peters* (2003) § 634 Rdnr. 10.

[157] BGH v. 4. Juli 1996, NJW 1996, 3269 f.; BGH v. 6. Dezember 2001, NJW-RR 2002, 661 (663); *Erman/Seiler* § 633 Rdnr. 31; *Soergel* MünchKomm. § 633 Rdnr. 136.

[158] Wobei wiederum ein Rücktritt vom Vertrag nach § 323 Abs. 1 BGB i.V. mit den §§ 634 Nr. 3 Alt. 1, 636 BGB aufgrund einer Unerheblichkeit des Mangels i.S. des § 323 Abs. 5 Satz 2 BGB ausscheiden dürfte; wie hier BR/*Voit* § 635 Rdnr. 15.

[159] Näher oben § 8 F II 2a, S. 461 f.

[160] Bejahend z.B. *Staudinger/Peters* (2003) § 635 Rdnr. 8.

[161] *Brox/Walker* (26. Aufl. 2001) Rdnr. 267; *Erman/Seiler* (10. Aufl. 2000) § 633 Rdnr. 31; *Esser/Weyers* BT 1, § 32 II 3b, S. 261; *Staudinger/Peters* (2000) § 633 Rdnr. 191.

BGB teleologisch erst gerechtfertigt ist, wenn die Abnahme bzw. Vollendung des Werkes zugunsten des Unternehmers einen besonderen Vertrauenstatbestand geschaffen hat, während er vor diesem Zeitpunkt bis zu den allgemeinen Grenzen des § 275 BGB, insbesondere dessen Abs. 2, an seinem Leistungsversprechen festgehalten wird.[162]

(3) Sonstige Fälle des Anspruchsausschlusses

(a) Verantwortlichkeit des Bestellers für den Mangel

Im Rahmen des Kaufrechts wurde bereits aus § 326 Abs. 2 Satz 1 Alt. 1 BGB der allgemeine Rechtsgedanken herangezogen, daß der Gläubiger bei einem gegenseitigen Vertrag in bezug auf solche Störungen seines Leistungsanspruchs unter Aufrechterhaltung seiner Gegenleistungspflicht keine Rechte geltend machen können soll, die er alleine oder weit überwiegend zu „verantworten" hat.[163] Dementsprechend muß auch ein Nacherfüllungsanspruch aus § 635 Abs. 1 BGB bei solchen Mängeln entfallen, für die der Besteller alleine oder weit überwiegend verantwortlich ist.[164] Dabei ist die Gläubigerverantwortlichkeit vor allem einer analogen Anwendung der unmittelbar nur das Vertretenmüssen des *Schuldners* regelnden §§ 276 ff. BGB zu entnehmen.[165] Sie wäre z.B. gegeben, wenn der Besteller das Werk bei der Abnahme aus Unachtsamkeit beschädigt. Bei einer beiderseitigen Verantwortlichkeit für den Mangel sind die Lasten der Nacherfüllung nach Maßgabe des § 254 BGB zu verteilen.[166]

Darüber hinaus ergibt sich aus den Rechtsgedanken der §§ 645 Abs. 1 Satz 1, 651 Satz 2 BGB, daß dem Verantwortungsbereich des Gläubigers i.S. des § 326 Abs. 2 Satz 1 Alt. 1 BGB auch diejenigen Mängel zuzurechnen sind, die auf einer *Untauglichkeit des von dem Besteller gelieferten Stoffes für die Herstellung des Werkes* oder einer dem Unternehmer *für die Ausführung des Werkes erteilten Anweisung* beruhen.[167] Dies kann z.B. gegeben sein, wenn die mangelnde Festigkeit des Baugrundes, auf dem der Unternehmer ein Gebäude errichten soll, zu Rissen

---

[162] Vgl. oben § 2 E II 3b, ff (3d), S. 100 und näher *Maultzsch* ZGS 2003, 411 ff.

[163] Siehe § 2 E II 3b, ff (4a), S. 100.

[164] *Erman/Seiler* § 633 Rdnr. 17; *Staudinger/Peters* (2003) § 634 Rdnr. 13.

[165] *Emmerich* MünchKomm.[4] § 324 Rdnr. 10 ff.

[166] Zu weiteren Einzelheiten, auch in bezug auf die anderen Rechte aus § 634 BGB *Erman/Seiler* § 633 Rdnr. 17; *Staudinger/Peters* (2003) § 634 Rdnr. 13 ff. Man wird nicht davon ausgehen können, daß der Gesetzgeber für den Fall eines beiderseitig zu vertretenden Leistungshindernisses durch das Abstellen auf eine weit überwiegende Verantwortlichkeit des Gläubigers in § 326 Abs. 2 Satz 1 Alt. 1 BGB eine „alles oder nichts"-Lösung eingeführt hat, die eine Anwendung des Rechtsgedankens des § 254 BGB ausschließt; vgl. *Canaris* JZ 2001, 499 (511) sowie zum Werkvertrag BT-Drucks. 14/6040, S. 267; a.A. *Gruber* JuS 2002, 1066 ff.

[167] BGH v. 14. März 1996, BGHZ 132, 189 (191 ff.); *Esser/Weyers* BT 1, § 32 II 8, S. 273; *Larenz* BT 1, § 53 II a, S. 347; *Soergel* MünchKomm. § 633 Rdnr. 61 ff.; BR/*Voit* § 633 Rdnr. 19 ff. Zu § 645 Abs. 1 Satz 1 BGB, insbesondere dem Begriff der Anweisung noch unten § 8 G I 1e, cc (6), S. 509 ff.

in der Fassade führt. Gegebenenfalls trifft den Unternehmer aber eine Pflicht, den von dem Besteller zur Verfügung gestellten Stoff auf seine Tauglichkeit zu überprüfen. Versäumt er dies, so können sich daraus Schadensersatzansprüche aus § 280 Abs. 1 BGB ergeben (Schutzpflichtverletzung). Im einzelnen bedarf es zur Abgrenzung der beiderseitigen Risikosphären einer Auslegung des Vertrages nach den §§ 133, 157 BGB, die auch den Kenntnisstand der Parteien zu berücksichtigen hat.

(b) Annahmeverzug des Bestellers

Da der maßgebliche Zeitpunkt für die Bestimmung von Sachmängeln der Gefahrübergang auf den Besteller ist[168] und dieser mit einem Annahmeverzug desselben eintritt (§ 644 Abs. 1 Satz 2 BGB) erlangt der Rechtsgedanke des § 326 Abs. 2 Satz 1 Alt. 2 BGB für einen Ausschluß des Nacherfüllungsanspruchs keine Bedeutung: Eine nachteilige Beschaffenheitsveränderung des Werkes, die erst während des Annahmeverzuges des Bestellers eintritt, stellt bereits keinen Sachmangel dar.[169]

   Anders ist die Rechtslage jedoch unter Umständen bei einem Rechtsmangel. Ist z.B. eine Übereignung des Werkes an den Besteller erforderlich, so schuldet der Unternehmer die Freiheit von Rechtsmängeln bis zur Vornahme dieser Rechtsübertragung.[170] Folgerichtig ist in diesen Fällen eine Heranziehung des Rechtsgedankens des § 326 Abs. 2 Satz 1 Alt. 1 BGB erforderlich, um den Nacherfüllungsanspruch in bezug auf solche Rechtsmängel auszuschließen, die ohne ein Vertretenmüssen des Unternehmers erst zu einem Zeitpunkt eintreten, in dem sich der Besteller nach den §§ 293 ff. BGB im Annahmeverzug befindet. Das Vertretenmüssen des Unternehmers bemißt sich dabei nach § 300 Abs. 1 BGB.[171]

(c) Ausübung subsidiärer Rechtsbehelfe durch den Besteller

Weiterhin ist der Anspruch auf Nacherfüllung ausgeschlossen, wenn der Käufer rechtswirksam einen der in § 634 Nr. 2 bis 4 BGB genannten Rechtsbehelfe ausgeübt hat, der mit einer Nacherfüllung unvereinbar ist (z.B. Rücktritt, Schadensersatz statt der Leistung gemäß § 281 Abs. 1 und 4 BGB).

ee) Durchführung der Nacherfüllung

(1) Pflicht des Unternehmers zum Aufwendungsersatz

Gemäß § 635 Abs. 2 BGB hat der Unternehmer die zum Zwecke der Nacherfüllung erforderlichen Aufwendungen zu tragen, insbesondere Transport-, Wege-, Arbeits- und Materialkosten. Dies zeitigt verschiedene Konsequenzen: Für eigene Kosten kann der Unternehmer von dem Besteller keinen Ersatz verlangen, was die Vorschrift rein deklaratorisch bestätigt; entsprechende Aufwendungen des Bestellers (z.B. wenn dieser das mangelhafte Werk durch einen Fachmann untersuchen

---

[168] Siehe oben § 8 E I 2a, S. 452.
[169] Vgl. bereits oben § 2 E II 3b, ff (4b), S. 101.
[170] Näher § 8 E I 2b, S. 454.
[171] Zum ganzen auch oben § 2 E II 3b, ff (4b), S. 101.

lassen oder zu dem Unternehmer eingeschickt hat) sind ihm nach § 635 Abs. 2 BGB zu ersetzen;[172] analog § 670 BGB jedoch nur insoweit, als der Besteller die Kosten für erforderlich halten durfte.[173] Ferner umfaßt § 635 Abs. 2 BGB keinen Ersatz der Aufwendungen für eine Selbstbeseitigung des Mangels, der nur nach Maßgabe des § 637 BGB i.V. mit § 634 Nr. 2 BGB gewährt wird. Schäden des Bestellers, welche durch die Leistung des mangelhaften Werkes eingetreten sind, unterfallen zudem nicht § 635 Abs. 2 BGB, sondern sind vom Unternehmer über § 634 Nr. 4 BGB i.V. mit den §§ 280 ff. BGB zu ersetzen.

Eine Ausnahme von § 635 Abs. 2 BGB ist für solche Kosten erforderlich, die zwar im Zuge der Nacherfüllung entstehen, die von dem Besteller aber auch zu tragen gewesen wären, wenn das Werk sofort mangelfrei hergestellt worden wäre (sog. Sowieso-Kosten).[174] Beispiel: Der Unternehmer verspricht die Herstellung eines Gebäudes nicht zu einem Festpreis, sondern zu den für die anfallenden Leistungen „üblichen Vergütungssätzen". Verwendet er ein dem Stand der Technik nicht mehr entsprechendes Material zur Isolierung, das kostengünstiger als das vertraglich geschuldete Material ist, muß er zwar gemäß § 635 Abs. 1 Alt. 1 BGB i.V. mit den §§ 634 Nr. 1, 633 Abs. 2 Satz 2 Nr. 2 BGB die Isolierung nachbessern. Zugleich kann er aber aufgrund des Vertrages eine Vergütung verlangen, die um die *Wertdifferenz* zwischen dem ursprünglich verwendeten und dem nun bei der Nachbesserung eingesetzten Material erhöht ist. Die übrigen Nacherfüllungskosten muß er allerdings gemäß § 635 Abs. 2 BGB selbst tragen.

(2) Rückgewährpflicht des Bestellers (§ 635 Abs. 4 BGB)

Stellt der Unternehmer zur Nacherfüllung ein neues Werk her (§ 635 Abs. 1 Alt. 2 BGB), so kann er gemäß § 635 Abs. 4 BGB vom dem Besteller die Rückgewähr des mangelhaften Werkes nach Maßgabe der §§ 346 bis 348 BGB verlangen. Im übrigen gelten die Ausführungen zur kaufrechtlichen Parallelvorschrift in § 439 Abs. 4 BGB entsprechend.[175]

c) Anspruch des Bestellers auf Aufwendungsersatz bei Selbstvornahme nach § 637 Abs. 1 BGB i.V. mit § 634 Nr. 2 BGB

aa) Allgemeines

Ebenso wie das Mietrecht (vgl. § 536a Abs. 2 BGB) eröffnet auch das Werkvertragsrecht in § 637 Abs. 1 BGB dem Besteller unter bestimmten Voraussetzungen die Möglichkeit, den Mangel an dem Werk selbst zu beseitigen und die hierfür erforderlichen Aufwendungen von dem Unternehmer ersetzt zu verlangen.[176] Da sich

---

172 *Staudinger/Peters* (2003) § 635 Rdnr. 2 f.; BR/*Voit* § 635 Rdnr. 9.
173 Zur Konkretisierung des Erforderlichkeitsbegriffes unten § 11 B V 1b, S. 609 f.
174 BGH v. 17. Mai 1984, BGHZ 91, 206 (211 f.); *Erman/Seiler* § 633 Rdnr. 29; *Esser/Weyers* BT 1, § 32 II 3b, S. 261 f.; *Staudinger/Peters* (2003) § 635 Rdnr. 4; BR/*Voit* § 635 Rdnr. 19 ff.
175 Siehe oben § 2 E II 3b, gg (2), S. 102 f.
176 Daß eine ersatzfähige Selbstvornahme im Kaufrecht nicht vorgesehen ist, nimmt *Büdenbender* AnwKomm. § 433 Rdnr. 9 zum Anlaß, die Rechtsprechung zum alten

die Befugnis des Bestellers, an dem ihm geleisteten (mangelhaften) Werk Veränderungen vorzunehmen, mangels eines Eingriffes in Rechtspositionen des Unternehmers von selbst versteht,[177] stellt der Anspruch auf Aufwendungsersatz den eigentlichen Regelungsgehalt der Vorschrift dar.

Das in § 637 Abs. 1 BGB daneben angeordnete „Recht" zur Selbstvornahme ist entgegen einer verbreitet geäußerten Auffassung[178] auch nicht deshalb erforderlich, um über dessen einschränkende Tatbestandsvoraussetzungen (insbesondere das grundsätzliche Fristsetzungerfordernis gemäß § 637 Abs. 1 BGB) ein Recht des Unternehmers auf einen zweiten Erfüllungsversuch (Nacherfüllung i.S. des § 635 Abs. 1 BGB) zu begründen. Ein solches Recht des Unternehmers existiert nicht. Denn wenn es ein solches gäbe, müßte eine Selbstvornahme der Mängelbeseitigung ohne Vorliegen der Voraussetzungen des § 637 Abs. 1 und 2 BGB eine *Pflichtverletzung* des Bestellers gegenüber dem Unternehmer i.S. des § 280 Abs. 1 BGB darstellen. Dies wird aber von niemandem vertreten. Eine „unerlaubte" Selbstvornahme führt lediglich dazu, daß dem Besteller *kein Aufwendungsersatzanspruch zusteht*, weil dessen Voraussetzungen nicht vorliegen.[179] Es bleibt somit dabei, daß die Begründung des Anspruchs auf Aufwendungsersatz im Fall einer Selbstvornahme der einzig relevante Regelungsgehalt der Vorschrift ist.

Da der Aufwendungsersatzanspruch gemäß § 637 Abs. 1 BGB nur über § 634 Nr. 2 BGB eröffnet wird, müssen dessen Anwendungsvoraussetzungen vorliegen, insbesondere also eine Abnahme bzw. Vollendung des Werkes (§§ 640, 646 BGB).[180] Erst ab diesem Zeitpunkt ist das Interesse des Bestellers an einem vertragsgemäßen Werk derart schutzwürdig, daß ihm ein Aufwendungsersatz für die angezeigte Selbstvornahme zu gewähren ist. Bevor ein Leistungstransfer an ihn stattfindet, ist er hingegen auf seinen Erfüllungsanspruch aus den §§ 631 Abs. 1, 633 Abs. 1 BGB bzw. die Rechte aus den §§ 280 ff., 320 ff. BGB beschränkt.[181]

bb) Verhältnis des Aufwendungsersatzes zum Anspruch auf Nacherfüllung

(1) Durchsetzbarer Nacherfüllungsanspruch als Tatbestandsvoraussetzung

Ein Anspruch auf Ersatz der für die Mängelbeseitigung durch den Besteller erforderlichen Aufwendungen besteht nur, wenn dem Besteller *im Zeitpunkt der Selbst-*

Recht aufrechtzuerhalten, nach der ein Vertrag über den Kauf eines neuerrichteten Hauses der werkvertraglichen Mängelhaftung unterfiel (vgl. BGH v. 5. Mai 1977, BGHZ 68, 372 [373 ff.]). Diese Rechtsprechung begründet sich aber im wesentlichen dadurch, daß in den §§ 459 ff. BGB a.F. kein Nacherfüllungsanspruch bestand, während dieser im Werkvertragsrecht gegeben war (§ 633 Abs. 2 BGB). Da diese Diskrepanz durch § 439 BGB behoben ist, besteht für die das Gesetz korrigierende Rechtsprechung kein hinreichendes Bedürfnis mehr (vgl. BT-Drucks. 14/6857, S. 59).

[177] Dies ist im Mietrecht anders, da die Mietsache regelmäßig im Eigentum des Vermieters steht.

[178] Statt aller *Soergel* MünchKomm. § 633 Rdnr. 145.

[179] Richtigerweise kann man daher allenfalls von einer „Nacherfüllungschance" des Unternehmers sprechen; so *Roth* JZ 2001, 543 (549).

[180] Siehe oben § 8 F II 2a, S. 461 f.

[181] A.A. BGH v. 27. Februar 1996, BGHZ 132, 96 (100).

vornahme ein durchsetzbarer Nacherfüllungsanspruch zusteht.[182] Dies ergibt sich daraus, daß der Anspruch nach § 637 Abs. 1 BGB entfällt, wenn der Unternehmer die Nacherfüllung zu Recht verweigert. Hierzu zählen nicht nur die auf § 635 Abs. 1 BGB bezogenen Leistungsverweigerungsrechte aus den §§ 275 Abs. 2 und 3, 635 Abs. 3 BGB, sondern auch ein Entfallen des Nacherfüllungsanspruchs wegen einer objektiven oder subjektiven Unmöglichkeit gemäß § 275 Abs. 1 BGB, obwohl diese strenggenommen nicht nur eine Einrede gewährt, sondern den Anspruch aus § 635 Abs. 1 BGB ex lege entfallen läßt.[183] Auch andere Einreden des Unternehmers gegen den Nacherfüllungsanspruch wie z.b. die Verjährungseinrede gemäß § 214 Abs. 1 BGB schließen die Berechtigung aus § 637 Abs. 1 BGB aus.[184] Diese Synchronisierung des Aufwendungsersatzanspruchs mit dem Fortbestehen eines durchsetzbaren Nacherfüllungsanspruchs des Bestellers ist notwendig, um dem Normzweck der jeweiligen Einwendungen oder Einreden gerecht zu werden: So würde die Wertung des § 635 Abs. 3 BGB umgangen, wenn der Unternehmer die Nacherfüllung zwar aufgrund unverhältnismäßiger Kosten verweigern dürfte, gleichwohl aber bei einer Selbstvornahme durch den Besteller Aufwendungsersatz in regelmäßig nicht geringerer Höhe zu leisten hätte.

Vor der Selbstvornahme muß der Besteller dem Unternehmer Gelegenheit geben, sich über die Ausübung eines unter Umständen vorliegenden Leistungsverweigerungsrechts zu erklären, um seinen Aufwendungsersatzanspruch zu bewahren. Ein Vertretenmüssen der Vertragswidrigkeit des Werkes bzw. der Nichtvornahme der Nacherfüllung durch den Unternehmer ist hingegen keine Tatbestandsvoraussetzung des § 637 Abs. 1 BGB, da die Selbstvornahme den Nacherfüllungsanspruch des Bestellers i.S. eines Primäranspruchs substituiert.[185]

(2) Grundsätzliche Subsidiarität des Aufwendungsersatzes

Der Gesetzgeber ging davon aus, daß der Unternehmer einen Mangel des Werkes im Grundsatz am effizientesten beseitigen kann.[186] Dies führt nicht nur dazu, daß dem Unternehmer das Wahlrecht zwischen einer Nachbesserung und einer Neuherstellung zusteht, sondern auch Aufwendungsersatz für eine Selbstvornahme schuldet der Unternehmer gemäß § 637 Abs. 1 BGB im Grundsatz erst, wenn der Besteller erfolglos eine nach den jeweiligen Einzelfallumständen angemessene Frist für die Nacherfüllung i.S. des § 635 Abs. 1 BGB gesetzt hat (Subsidiarität der ersatzpflichtigen Selbstvornahme). Beseitigt er den Mangel früher, ohne daß eine der in § 637 Abs. 2 BGB genannten Ausnahmen vorliegt, kann er keinen Aufwendungsersatz verlangen. Diese Schutzregelung zugunsten des Unternehmers steht auch Ansprüchen aus einer Geschäftsführung ohne Auftrag oder dem Berei-

---

[182] BGH v. 22. März 1984, BGHZ 90, 344 (347); *Staudinger/Peters* (2003) § 634 Rdnr. 69.

[183] *Raab* AnwKomm. § 637 Rdnr. 3 f.

[184] *Soergel* MünchKomm. § 633 Rdnr. 139; *Staudinger/Peters* (2003) § 634 Rdnr. 69.

[185] BT-Drucks. 14/6040, S. 266; *Staudinger/Peters* (2003) § 634 Rdnr. 68; BR/*Voit* § 637 Rdnr. 5. Anders § 633 Abs. 3 BGB a.F., der einen Verzug des Unternehmers mit der Mangelbeseitigung zur Voraussetzung hatte (vgl. § 286 Abs. 4 BGB).

[186] BT-Drucks. 14/6040, S. 265.

cherungsrecht entgegen, die daher im Anwendungsbereich des § 637 BGB ausgeschlossen sind.[187] Allerdings mindert sich bei einer verfrühten Selbstvornahme analog § 326 Abs. 2 Satz 2 BGB die Vergütungspflicht des Bestellers um den Betrag, den der Verkäufer für eine Nacherfüllung hätte aufwenden müssen.[188] Die Nachfristsetzung erfolgt durch eine empfangsbedürftige Willenserklärung.[189] Setzt der Besteller eine unangemessen kurze Nachfrist, gilt ex lege eine objektiv angemessene Frist, nach deren Ablauf der Anspruch aus § 637 Abs. 1 BGB besteht.[190]

(3) Ausnahmen von der Subsidiarität

Unter bestimmten Voraussetzungen entbindet § 637 Abs. 2 BGB den Besteller von dem Erfordernis des erfolglosen Ablaufs einer angemessenen Nachfrist. Die übrigen Voraussetzungen des § 637 Abs. 1 BGB (insbesondere: fortbestehender Nacherfüllungsanspruch) bleiben davon unberührt.

(a) Entsprechende Anwendung des § 323 Abs. 2 BGB

Zunächst ordnet § 637 Abs. 2 Satz 1 BGB die entsprechende Geltung des § 323 Abs. 2 BGB an, der in seinem direkten Anwendungsbereich das Recht zum Rücktritt vom Vertrag ohne eine weitere Nachfrist gewährt. Hiernach ist eine Fristsetzung für den Aufwendungsersatzanspruch des Bestellers in folgenden Fällen entbehrlich:

– Der Unternehmer verweigert die geschuldete Nacherfüllung *zu Unrecht* ernsthaft und endgültig (§ 323 Abs. 2 Nr. 1 BGB i.V. mit § 637 Abs. 2 Satz 1 BGB). Hierfür bedarf es keines Verschuldens, so daß das Erfordernis einer Nachfrist z.B. auch entfällt, wenn der Unternehmer ohne Fahrlässigkeit irrig von einer Unverhältnismäßigkeit der Nacherfüllung i.S. des § 635 Abs. 3 BGB ausgeht. Wird die Nacherfüllung hingegen *zu Recht* verweigert, so scheidet ein Aufwendungsersatzanspruch nach § 637 Abs. 1 BGB aus.[191]

– Der Unternehmer erbringt die Nacherfüllung bei einem sog. relativen Fixgeschäft[192] nicht innerhalb des vorgesehenen Zeitraumes (§ 323 Abs. 2 Nr. 2 BGB i.V. mit § 637 Abs. 2 Satz 1 BGB).

– Es liegen besondere Umstände vor, die unter Abwägung der beiderseitigen Interessen eine sofortige Selbstvornahme der Mängelbeseitigung rechtfertigen

---

[187] BGH v. 22. März 1984, BGHZ 90, 344 (347); *Erman/Seiler* § 633 Rdnr. 40; *Soergel* MünchKomm. § 633 Rdnr. 160; BR/*Voit* § 637 Rdnr. 17.

[188] Eine Analogie zu dieser Vorschrift ist erforderlich, weil der Entfall der Gegenleistungspflicht bei einer nicht (mehr) korrigierbaren mangelhaften Leistung gemäß § 326 Abs. 1 Satz 2 BGB nicht eingreift, so daß auch die Folgenorm des § 326 Abs. 2 Satz 2 BGB nicht direkt anwendbar ist; siehe *S. Lorenz* NJW 2003, 1417 (1418 f.); BR/*Voit* § 637 Rdnr. 17; kritisch zu dieser Lösung aber *Dauner-Lieb/Dötsch* ZGS 2003, 250 (251 ff.) m.w.N.: Gefahr der Umgehung des § 637 BGB.

[189] *Ernst* MünchKomm.[4] § 323 Rdnr. 50 m.w.N.

[190] *Staudinger/Peters* (2003) § 634 Rdnr. 48.

[191] Siehe oben § 8 F II 3c, bb (1), S. 476 f.

[192] Zu den diesbezüglichen Anforderungen und Abgrenzungsfragen näher *Ernst* MünchKomm.[4] § 275 Rdnr. 43 ff.

(§ 323 Abs. 2 Nr. 3 BGB i.V. mit § 637 Abs. 2 Satz 1 BGB). Diese Vorschrift dürfte im Rahmen des § 637 Abs. 2 BGB jedoch in der spezielleren Unzumutbarkeitsregelung des § 637 Abs. 2 Satz 2 BGB a.E. aufgehen.[193]

(b) Entbehrlichkeit der Nachfrist gemäß § 637 Abs. 2 Satz 2 BGB

Darüber hinaus regelt § 637 Abs. 2 Satz 2 BGB zwei spezielle Tatbestände, bei denen das Erfordernis einer erfolglosen Nachfristsetzung als Voraussetzung für einen Aufwendungsersatzanspruchs aus § 637 Abs. 1 BGB entfällt.

(aa) Fehlschlagen der Nacherfüllung (§ 637 Abs. 2 Satz 2 Alt. 1 BGB)

Nach § 637 Abs. 2 Satz 2 Alt. 1 BGB bedarf es keiner Nachfristsetzung, wenn eine seitens des Unternehmers versuchte Nacherfüllung fehlgeschlagen ist. Dies entspricht der kaufrechtlichen Vorschrift in § 440 Satz 1 Alt. 2 BGB,[194] so daß auf deren Erläuterung Bezug genommen werden kann.[195] Regelmäßig wird erst nach einem erfolglosen zweiten Versuch der Nacherfüllung von einem Fehlschlag auszugehen sein. Allerdings folgt dies nicht aus einer analogen Anwendung der Fiktion in § 440 Satz 2 BGB, da der Verzicht auf eine vergleichbare Vorschrift in § 637 Abs. 2 BGB wegen der parallel erfolgten Neuregelung des Kauf- und des Werkvertragsrechts nicht als planwidrig zu bewerten ist. Andererseits rechtfertigt der Verzicht im Werkvertragsrecht nicht den formallogischen Umkehrschluß, eine Nacherfüllung sei bereits bei dem ersten erfolglosen Versuch stets fehlgeschlagen. Vielmehr ist die Bewertung als endgültiger Fehlschlag im Hinblick auf den Zweck der Nachfrist regelmäßig erst bei einem zweiten erfolglosen Versuch der Nacherfüllung gerechtfertigt.[196] Einem abweichenden Interesse des Bestellers kann ausreichend über § 637 Abs. 2 Satz 1 BGB i.V. mit § 323 Abs. 2 Nr. 3 BGB Rechnung getragen werden. Ein Fehlschlag der Nacherfüllung liegt zudem vor, wenn der Besteller eine angemessene Nachfrist gesetzt hat und sich vor deren Ablauf abzeichnet, daß der Unternehmer die an sich noch mögliche Nacherfüllung bis zu deren Ablauf nicht mehr erbringen wird.[197]

(bb) Unzumutbarkeit der Nacherfüllung für den Besteller (§ 637 Abs. 2 Satz 2 Alt. 2 BGB)

Eine Nachfristsetzung i.S. des § 637 Abs. 1 BGB ist schließlich entbehrlich, wenn dem Besteller die Nacherfüllung unzumutbar ist (§ 637 Abs. 2 Satz 2 Alt. 2 BGB). Da er mit der Selbstvornahme und dem für diese geltend gemachten Aufwendungsersatz den Nacherfüllungserfolg selbst herbeiführt, kann sich die Unzumutbarkeit nicht auf die nachträgliche Herstellung des Leistungserfolges selbst, sondern nur

---

[193] Dazu unter § 8 F II 3c, bb (3b, bb), S. 479.

[194] Bei der das Fehlschlagen der Nacherfüllung allerdings als Voraussetzung für einen *Rücktritt* ohne Nachfristsetzung fungiert.

[195] Siehe § 2 E II 3c, bb (2c, bb), S. 107.

[196] Wie hier *Jauernig/Schlechtriem* § 636 Rdnr. 4; *Staudinger/Peters* (2003) § 634 Rdnr. 60; im Sinne eines Indiz auch BR/*Voit* § 636 Rdnr. 24 a.E.

[197] BT-Drucks. 14/6857, S. 68.

auf Umstände in der Person des Unternehmers beziehen.[198] So z.B., wenn der Besteller wegen einer in der mangelhaften Leistung zum Ausdruck kommenden Unzuverlässigkeit des Unternehmers nicht mehr das Vertrauen haben kann, dieser
werde die Mängel ordnungsgemäß beheben.[199] Daneben ist analog § 536a Abs. 2
Nr. 2 BGB eine Unzumutbarkeit der Nacherfüllung durch den Unternehmer in Betracht zu ziehen, wenn ein sofortiges Handeln des Bestellers erforderlich ist, um
eine Ausbreitung des Mangels oder anderweitige Schäden zu verhindern.[200] Dies
kann z.B. in bezug auf die Reparatur eines Wasserrohrbruchs in einem errichteten
Bauwerk der Fall sein.[201]

cc) Rechtsfolgen

(1) Art der kompensationsfähigen Selbstvornahme

Liegen die Voraussetzungen des § 637 Abs. 1 und 2 BGB vor, so kann der Besteller Ersatz der Aufwendungen verlangen, welche für die Selbstvornahme erforderlich waren. Da die Vorschrift darauf abstellt, daß der Mangel „beseitigt" wird, ist
allerdings fraglich, ob der Aufwendungsersatzanspruch nur für eine etwaige Nachbesserung i.S. des § 635 Abs. 1 Alt. 1 BGB, nicht aber für eine erforderliche Neuherstellung des Werkes i.S. des § 635 Abs. 1 Alt. 2 BGB besteht. Weil der Aufwendungsersatzanspruch das Interesse des Bestellers an der Nacherfüllung kompensieren soll, muß – in analoger Anwendung des § 637 Abs. 1 BGB – auch eine
etwa erforderliche Neuherstellung ersatzfähig sein.[202] Hierfür spricht auch, daß
§ 637 Abs. 1 BGB in diesem Punkt nicht von § 633 BGB a.F. abweichen sollte,[203]
der nach h.M. die Neuherstellung mitumfaßte.[204] Vor einer unverhältnismäßigen
Neuherstellung durch den Besteller bei bloß geringfügigen Mängeln schützt § 635
Abs. 3 BGB den Unternehmer ausreichend, da dieser zugleich den Aufwendungsersatzanspruch des Unternehmers ausschließt.[205] Daher sind z.B. im Fall des § 633
Abs. 2 Satz 3 Alt. 1 BGB (aliud-Herstellung) unter den Voraussetzungen des
§ 637 Abs. 1 und 2 BGB auch die Aufwendungen für eine Ersatzherstellung zu ersetzen. Nimmt der Besteller eine derartige Neuherstellung vor, muß er allerdings
das mangelhafte Werk bzw. das aliud dem Unternehmer analog § 635 Abs. 4 BGB
zurückgewähren.

[198]   BT-Drucks. 14/6040, S. 266.
[199]   BGH v. 8. Dezember 1966, BGHZ 46, 242 (245); *Staudinger/Peters* (2003) § 634
        Rdnr. 61; BR/*Voit* § 637 Rdnr. 4.
[200]   BR/*Voit* § 636 Rdnr. 21 a.E.
[201]   Näher zu § 536a Abs. 2 Nr. 2 BGB oben § 5 B V 2c, cc, S. 325.
[202]   *Staudinger/Peters* (2003) § 634 Rdnr. 71; BR/*Voit* § 637 Rdnr. 9.
[203]   BT-Drucks. 14/6040, S. 266.
[204]   Statt aller BGH v. 10. Oktober 1985, BGHZ 96, 111 (116 ff.) m.w.N.
[205]   Näher oben § 8 F II 3c, bb (1), S. 476 f.

(2) Umfang des Aufwendungsersatzes

Bei den Aufwendungen kann es sich auch um Leistungen an Dritte handeln, deren sich der Besteller zur Mängelbeseitigung bedient hat (z.B. Handwerker).[206] Von derartigen Verbindlichkeiten ist er nach Maßgabe des § 257 BGB zu befreien. Der Begriff der *Selbst*-Vornahme bedeutet nur, daß nicht der Unternehmer, sondern der Besteller für die Beseitigung des Mangels sorgt. Wird er dabei persönlich tätig, so schuldet ihm der Unternehmer einen angemessenen Ausgleich für den Einsatz seiner Arbeitskraft, da umgekehrt auch der Besteller dem Unternehmer für seine Tätigkeit eine Vergütung schuldet.[207]

Der Höhe nach begrenzt der Erforderlichkeitsgrundsatz die ersatzfähigen Aufwendungen, was anhand der zu § 670 BGB geltenden Grundsätze zu konkretisieren ist.[208] Danach sind auch solche Vermögensopfer zu ersetzen, die objektiv ex ante erforderlich schienen, ex post jedoch nutzlos waren.[209] Beispiel: Ein erfolgversprechender Nachbesserungsversuch erweist sich letztlich doch als undurchführbar.[210] Die geschuldete Summe ist gemäß § 256 Satz 1 BGB i.V. mit § 246 BGB zu verzinsen.[211]

(3) Kostenvorschuß gemäß § 637 Abs. 3 BGB

Liegen die Voraussetzungen des § 637 Abs. 1 und 2 BGB vor, so kann der Besteller schon vor der Durchführung der Selbstvornahme einen Vorschuß in Höhe der vermutlich erforderlichen Aufwendungen verlangen (§ 637 Abs. 3 BGB). Mit diesem Anspruch kann der Besteller auch gegenüber dem Vergütungsanspruch des Unternehmers gemäß den §§ 387 ff. BGB aufrechnen.[212]

Der Vorschuß ist zweckgebunden, so daß er analog § 667 BGB zurückzuerstatten ist, wenn der Besteller dem Unternehmer nicht nachweist, daß er den Vorschuß in angemessener Frist für die Beseitigung des Mangels verwendet hat.[213] Die zu § 249 Abs. 2 Satz 1 BGB entwickelten schadensersatzrechtlichen Grundsätze, nach denen ein für Vermögensschäden erlangter Geldersatz nicht für eine Naturalrestitution verwendet werden muß,[214] können auf § 637 BGB nicht übertragen

---

[206] *Erman/Seiler* § 633 Rdnr. 34; *Soergel* MünchKomm. § 633 Rdnr. 148; *Staudinger/Peters* (2003) § 634 Rdnr. 71; BR/*Voit* § 637 Rdnr. 9.

[207] BGH v. 12. Oktober 1972, BGHZ 59, 328 (329 ff.); *Oechsler* Rdnr. 654; *Staudinger/Peters* (2003) § 634 Rdnr. 73; BR/*Voit* § 637 Rdnr. 10.

[208] *Staudinger/Peters* (2003) § 634 Rdnr. 71; näher unten § 11 B V 1b, S. 609 f.

[209] BGH v. 29. September 1988, WM 1989, 21 (24).

[210] Zu Einzelheiten bei der erfolglosen Einschaltung Dritter zur Mängelbeseitigung *Staudinger/Peters* (2003) § 634 Rdnr. 71.

[211] *Staudinger/Peters* (2003) § 634 Rdnr. 74.

[212] BGH v. 13. Juli 1970, BGHZ 54, 244 (246 ff.); *Oechsler* Rdnr. 656; RGRK/*Glanzmann* § 633 Rdnr. 33; *Soergel* MünchKomm. § 633 Rdnr. 159; *Staudinger/Peters* (2003) § 634 Rdnr. 79; BR/*Voit* § 637 Rdnr. 15.

[213] BGH v. 20. Mai 1985, BGHZ 94, 330 (335); *Erman/Seiler* § 633 Rdnr. 39; *Staudinger/Peters* (2003) § 634 Rdnr. 82; BR/*Voit* § 637 Rdnr. 16.

[214] Vgl. *Oetker* MünchKomm.⁴ § 249 Rdnr. 354 ff.

werden, da dieser die ausgebliebene Nacherfüllung substituiert und nicht allgemein die Kompensation eines Vermögensopfers bezweckt.

(4) Verhältnis zu anderen Mängelrechten

Sobald der Besteller den Mangel nach Maßgabe des § 637 Abs. 1 BGB beseitigt *und* der Unternehmer die hierfür erforderlichen Aufwendungen tatsächlich ersetzt hat, sind nicht nur der Nacherfüllungsanspruch des Bestellers, sondern darüber hinaus alle diejenigen Mängelrechte i.S. des § 634 BGB ausgeschlossen, die an eine Verletzung des *Erfüllungsinteresses des Bestellers* anknüpfen (Rücktritt, Minderung, Schadensersatz statt der Leistung, Aufwendungsersatz nach § 284 BGB).[215] Dieses ist durch die kostenneutrale Selbstvornahme befriedigt. Unberührt bleiben jedoch Ansprüche auf den Ersatz von Integritäts- oder Verzugsschäden (§ 280 Abs. 1 und 2 BGB i.V. mit § 634 Nr. 4 BGB).[216] Umgekehrt ist der Anspruch aus § 637 Abs. 1 und 3 BGB ausgeschlossen, sobald der Besteller einen anderen Rechtsbehelf aus § 634 BGB ausgeübt hat, der seinen Nacherfüllungsanspruch entfallen läßt (Rücktritt vom Vertrag etc.).[217]

d) Recht des Bestellers zum Rücktritt vom Vertrag nach § 323 Abs. 1 BGB i.V. mit § 634 Nr. 3 Alt. 1 BGB

aa) Allgemeines

Die Vorschrift des § 634 Nr. 3 Alt. 1 BGB gewährt dem Besteller bei der Leistung eines mangelhaften Werkes oder einer gemäß § 633 Abs. 2 Satz 3 BGB gleichgestellten Vertragsverletzung (Herstellung eines anderen Werkes oder Minderherstellung) unter bestimmten Voraussetzungen auch ein Recht zum Rücktritt vom Vertrag, der diesen in ein Rückgewährschuldverhältnis i.S. der §§ 346 ff. BGB umwandelt. Die Voraussetzungen und Rechtsfolgen des Gestaltungsrechts entsprechen denjenigen für einen Rücktritt vom Kaufvertrag nach Maßgabe des § 323 Abs. 1 BGB i.V. mit § 437 Nr. 2 Alt. 1 BGB, so daß auf die Ausführungen hierzu zu verweisen ist.[218]

Insbesondere ist das Rücktrittsrecht grundsätzlich gegenüber dem Anspruch auf Nacherfüllung *subsidiär*, d.h. es bedarf des erfolglosen Ablaufes einer dem Unternehmer von dem Besteller für die Nacherfüllung gesetzten angemessenen Frist (§ 323 Abs. 1 BGB), soweit nicht ein Ausnahmetatbestand der §§ 326 Abs. 5

---

[215] Solange der Besteller hingegen nur gemäß § 637 Abs. 3 BGB einen Vorschuß für die noch nicht erfolgte Mängelbeseitigung erhalten hat, kann er in den Grenzen des § 242 BGB durch Rückzahlung des Vorschusses wieder auf diese Rechte zurückgreifen.

[216] Dazu unten § 8 II 3f, aa, S. 484 ff.

[217] Näher oben § 8 F II 3b, dd (3c), S. 474.

[218] Siehe oben § 2 E II 3d, S. 111 ff. Soweit im Rahmen dieser Ausführungen auf das Wahlrecht des Käufers zwischen den beiden Nacherfüllungsformen i.S. des § 439 Abs. 1 BGB Bezug genommen wird, ist allerdings zu berücksichtigen, daß dieses Wahlrecht beim Werkvertrag gemäß § 635 Abs. 1 BGB dem Unternehmer und nicht dem Besteller zusteht; näher dazu oben § 8 F II 3b, bb, S. 467 f.

Halbsatz 2,[219] 323 Abs. 2 BGB, 636 BGB (entspricht § 440 BGB) i.V. mit § 634 Nr. 3 Alt. 1 BGB vorliegt, der zu einem sofortigen Rücktritt berechtigt.[220] Das Rücktrittsrecht ist jedoch ausgeschlossen, wenn der Mangel nur unerheblich (§ 323 Abs. 5 Satz 2 BGB) oder dem Besteller i.S. des § 323 Abs. 6 BGB zurechenbar ist.[221]

bb) Besonderheiten bei der Rückabwicklung

Kann das Werk nach erfolgtem Rücktritt nicht gemäß § 346 Abs. 1 BGB zurückgewährt werden (Beispiel: mangelhafte Ausschachtungsarbeiten auf dem Grundstück des Bestellers), so gewinnt der Anspruch auf Wertersatz nach § 346 Abs. 2 Satz 1 Nr. 1 BGB besondere Bedeutung.[222] Er ist jedoch auf den Wert des mangelhaften Werkerfolges unter Berücksichtigung der vertraglichen Risikoverteilung begrenzt.[223]

Umstritten ist, inwieweit der Besteller nach erfolgtem Rücktritt von dem Unternehmer eine Beseitigung des mangelhaften Werkes verlangen kann, im gegebenen Beispiel also die Beseitigung der mangelhaften Ausschachtung. Da der Rücktritt als solcher nach den §§ 346 ff. BGB keinen *Anspruch* auf die Rücknahme erhaltener Leistungen begründet, kann sich dieser richtigerweise nur aus einer Schadensersatzpflicht des Bestellers gemäß § 280 Abs. 1 BGB i.V. mit § 634 Nr. 4 BGB oder der allgemeinen Vorschrift des § 1004 Abs. 1 Satz 1 BGB ergeben.[224]

e) Minderung der Vergütung nach § 638 Abs. 1 Satz 1 BGB i.V. mit § 634 Nr. 3 Alt. 2 BGB

Statt von dem Werkvertrag zurückzutreten, kann der Besteller diesen gemäß § 634 Nr. 3 Alt. 2 BGB bestehen lassen und nach Maßgabe des § 638 BGB die von ihm geschuldete Vergütung mindern. Die Ausübung dieses Gestaltungsrechts wandelt den Vertrag somit nicht insgesamt in ein Rückgewährschuldverhältnis um, sondern reduziert lediglich die Vergütungspflicht des Bestellers i.S. des § 638 Abs. 3 Satz 1

---

[219] Eine Befreiung von der Pflicht zur Nacherfüllung gemäß § 275 Abs. 1 BGB i.S. des § 326 Abs. 1 Satz 2 und Abs. 5 BGB ist beispielsweise auch bei der fehlerhaften Planung eines Architekten anzunehmen, auf deren Grundlage bereits ein mangelhaftes Gebäude errichtet worden ist. Zwar könnte der Plan als solcher hier noch nachgebessert bzw. neu hergestellt werden, als geschuldeter Erfolg ist aber die Erstellung eines Planes anzusehen, der als Grundlage für die geplante Bautätigkeit dienen kann. Vgl. *Larenz* BT 1, § 53 II b, S. 358.

[220] Dazu eingehend § 2 E II 3d, S. 111 ff.

[221] Zu letzteren näher oben § 8 F II 3b, dd (3a/b), S. 473 f.

[222] Wegen der hierbei auftretenden Schwierigkeiten sieht § 13 VOB/B überhaupt kein Rücktrittsrecht bei mangelhafter Werkherstellung vor.

[223] *Erman/Seiler* § 634 Rdnr. 18; RGRK/*Glanzmann* § 634 Rdnr. 634 Rdnr. 13; *Staudinger/Peters* (2003) § 634 Rdnr. 94.

[224] Ebenso *Esser/Weyers* BT 1, § 32 II 4c, S. 264; *Oechsler* Rdnr. 658; RGRK/*Glanzmann* § 634 Rdnr. 17; mit einer Beschränkung auf die Fälle des Schadensersatzes BR/*Voit* § 636 Rdnr. 34; für Anspruch aufgrund des Rücktritts *Staudinger/Peters* (2003) § 634 Rdnr. 91 f. m.w.N.

BGB. Auch für das Minderungsrecht gelten die Ausführungen zu den kaufrechtlichen Parallelvorschriften in den §§ 441, 437 Nr. 2 Alt. 2 BGB entsprechend.[225]

Das Minderungsrecht steht im Grundsatz unter denselben Voraussetzungen wie der Rücktritt (§ 638 Abs. 1 Satz 1 BGB: „statt zurückzutreten"). Allerdings kommt eine Minderung anders als ein Rücktritt auch in Betracht, wenn ein nur unerheblicher Mangel vorliegt (§ 638 Abs. 1 Satz 2 BGB).[226] Die Minderung ist gemäß § 638 Abs. 3 Satz 1 BGB nach einer relativen Methode zu berechnen, die das subjektive Äquivalenzverhältnis der in dem Werkvertrag vereinbarten gegenseitigen Leistungen berücksichtigt.[227]

f) Anspruch des Bestellers auf Schadens- oder Aufwendungsersatz

Schließlich steht dem Besteller, der ein i.S. des § 633 Abs. 2 und 3 BGB mangelhaftes Werk abgenommen hat bzw. demgegenüber ein solches i.S. des § 646 BGB fertiggestellt wurde, das Recht zu, nach Maßgabe der in § 634 Nr. 4 BGB genannten Anspruchsgrundlagen Schadensersatz oder gemäß § 284 BGB den Ersatz vergeblicher Aufwendungen zu verlangen. Auch insoweit stimmen die Ansprüche des Bestellers mit denjenigen überein, die § 437 Nr. 3 BGB zugunsten des Käufers einer mangelhaften Sache begründet.[228]

aa) Ansprüche auf Schadensersatz

Daraus ergeben sich für Schadensersatzansprüche folgende Grundsätze:

Befindet sich der Unternehmer mit der Erfüllung seiner Pflicht zur Nacherfüllung (§ 635 Abs. 1 BGB) im Verzug, so kann der Besteller nach Maßgabe der §§ 280 Abs. 1 und 2, 286 BGB i.V. mit § 634 Nr. 4 BGB Ersatz seines *Verzögerungsschadens* verlangen.[229] Hierzu zählt nach allerdings umstrittener Auffassung auch ein mangelbedingter Nutzungsausfall des Werkes.[230]

Unter den Voraussetzungen der §§ 280 Abs. 3, 281, 283 oder 311a Abs. 2 BGB i.V. mit § 634 Nr. 4 BGB schuldet der Unternehmer *Schadensersatz statt der Leistung*.[231] Dabei kann der Besteller gemäß § 281 Abs. 1 Satz 1 BGB jedenfalls den sog. kleinen Schadensersatz geltend machen, bei dem er das mangelhafte Werk behält,[232] während der sog. große Schadensersatz (Rückgabe des Werkes

---

[225] Siehe oben § 2 E II 3d, S. 111 ff.

[226] Siehe auch oben § 2 E II 3d, bb, S. 112.

[227] Näher oben § 2 E II 3d, cc, S. 112.

[228] Ausführlich dazu oben § 2 E II 3e, S. 113 ff.

[229] Vgl. § 2 E II 3e, S. 113. Daß § 286 BGB in § 634 Nr. 4 BGB nicht erwähnt ist, steht dem nicht entgegen, da sich der Schadensersatzanspruch aus § 280 Abs. 1 und 2 BGB ergibt und § 286 BGB nur eine weitere Tatbestandsvoraussetzung (den Verzug) regelt; siehe *Roth* JZ 2001, 543 (547).

[230] Näher hierzu § 2 E II 3e, aa (1), S. 114 ff.

[231] Näher oben § 2 E II 3e, aa (2), S. 116 ff.

[232] Dazu zählen auch die Aufwendungen des Bestellers, die ihm wegen der ordnungsgemäßen Durchführung der Mängelbeseitigung entstehen (z.B. Kosten einer Hotelunterbringung); vgl. BGH v. 10. April 2003, NJW 2003, 878 (879). Zum Umfang des Schadensersatzes siehe auch BGH v. 27. März 2003, NJW-RR 2003, 1021 (1022).

und Liquidation des gesamten Erfüllungsinteresses) als Schadensersatz statt der ganzen Leistung i.S. des § 281 Abs. 1 Satz 3 und Abs. 5 BGB nur in Betracht kommt, wenn der Mangel nicht unerheblich ist. Den Schadensersatz statt der Leistung kann der Besteller mit einem Rücktritt kombinieren (§ 325 BGB), dieser ist aber aufgrund des Fristsetzungserfordernisses in § 281 Abs. 1 Satz 1 BGB genauso wie das Rücktrittsrecht grundsätzlich gegenüber dem Anspruch auf Nacherfüllung subsidiär, wenn nicht die Voraussetzungen entweder der §§ 311a Abs. 2, 283 BGB (unbehebbarer Mangel) oder der §§ 281 Abs. 2, 636 BGB vorliegen.

Integritätsschäden infolge der nicht vertragsgemäßen Leistung des Bestellers erfaßt § 280 Abs. 1 BGB i.V. mit § 634 Nr. 4 BGB. Da diese nicht das Erfüllungsinteresse des Bestellers betreffen und somit nicht in ein „Konkurrenzverhältnis" zu dem Nacherfüllungsanspruch treten, bedarf es für deren Geltendmachung konsequenterweise keiner Nachfristsetzung.[233] Wenn z.B. ein Architekt mit der Ausarbeitung eines Bauplanes für ein Einfamilienhaus beauftragt wird, welches der Besteller in eigener Regie errichtet, stellt der sich aus einem Planungsfehler ergebende Minderwert der Planungsleistung einen Nichterfüllungsschaden i.S. des § 281 BGB dar. Hingegen ist die Baufälligkeit des nach dem Plan errichteten Hauses ebenso ein nach § 280 Abs. 1 BGB zu beurteilender Integritätsschaden wie ein Körperschaden des Bestellers bei dem Einsturz des Gebäudes.[234]

Das *Vertretenmüssen* der mangelhaften Leistung durch den Unternehmer ist gemäß § 280 Abs. 1 BGB einheitliche Voraussetzung aller vorgenannten Schadensersatzansprüche. Grundsätzlich ergibt sich dieses aus einem Verschulden gemäß den §§ 276 ff. BGB. Dabei trifft den Unternehmer, unter dessen Verantwortung das Werk erstellt wird, auch eine Pflicht, den Leistungsgegenstand auf Mängel zu untersuchen, bevor er diesen dem Besteller zur Verfügung stellt.[235] Unterläßt er dies, so liegt regelmäßig Fahrlässigkeit i.S. des § 276 Abs. 2 BGB vor. Bei

---

[233]   Vgl. § 2 E II 3e, aa (3), S. 119 f. sowie *Roth* JZ 2001, 543 (548); *Staudinger/Peters* (2003) § 634 Rdnr. 106; BR/*Voit* § 636 Rdnr. 65; *Wieser* NJW 2001, 121 (124).

[234]   Vor der Neufassung des allgemeinen Leistungstörungsrechts unterschied die h.M. in bezug auf Integritätsschäden zwischen sog. nahen Mangelfolgeschäden, die nach der Spezialvorschrift des § 635 BGB a.F. zu ersetzen waren und sog. entfernten Mangelfolgeschäden, bei denen sich ein Schadensersatzanspruch aus dem Institut der positiven Forderungsverletzung ergab. Diese Unterscheidung hatte insbesondere Konsequenzen hinsichtlich der Verjährungsfristen (dazu ausführlich und m.w.N. *Staudinger/Peters* [2000] § 635 Rdnr. 47 ff.). In dem Beispiel wäre etwa der Minderwert des Bauwerkes als sog. Abbildungsschaden (der Mangel der Planung „bildet" sich in dem Gebäude „ab") als naher Mangelfolgeschaden eingestuft worden (vgl. BGH v. 9. Juli 1962, BGHZ 37, 341 [344]), während der Körperschaden den entfernten Mangelfolgeschäden unterfallen wäre. Diese wenig praktikable und kaum sachgerechte Aufteilung ist mit der Neuregelung des § 634 Nr. 4 BGB obsolet, nach der sämtliche Integritätsschäden gemäß § 280 Abs. 1 BGB in den Verjährungsfristen des § 634a BGB zu ersetzen sind; BT-Drucks. 14/6040, S. 263 sowie *Haas* BB 2001, 1313 (1320); *Roth* JZ 2001, 543.

[235]   *Esser/Weyers* BT 1, § 32 II 5a, S. 265; *Soergel* MünchKomm. § 635 Rdnr. 10. Anderes gilt im Grundsatz für den reinen Händler beim Kaufvertrag: § 2 E II 3e, aa (4a), S. 120.

der Bestimmung des Sorgfaltsmaßstabes sind objektiv-typisierend die branchen-
üblichen Kenntnisse und Fähigkeiten vorauszusetzen.[236] Als Erfüllungsgehilfen des
Unternehmers gemäß § 278 Satz 1 BGB sind Subunternehmer zu betrachten, welche bei der Herstellung des Werkes eingesetzt werden, nicht aber reine Material-
lieferanten.[237]

Ein verschuldensunabhängiges Vertretenmüssen liegt vor, wenn der Unternehmer in bezug auf das Fehlen eines bestimmten Mangels eine Garantie i.S. des
§ 276 Abs. 1 Satz 1 BGB übernommen hat, was jedoch die Erklärung eines unbedingten Einstandswillens voraussetzt.[238] Insbesondere bei der Annahme konkludenter Garantien ist Zurückhaltung geboten.[239]

Aufgrund der Systematik des § 280 Abs. 1 Satz 2 BGB ist das Vertretenmüssen
des Unternehmers zu vermuten. Deshalb trifft den Unternehmer die Darlegungs-
und Beweislast dafür, daß er die Pflichtverletzung, d.h. die Erstellung des mit einem Sach- oder Rechtsmangel behafteten Werkes nicht zu vertreten hat.

bb) Anspruch auf Aufwendungsersatz nach § 284 BGB

Liegen die Voraussetzungen eines Anspruchs auf Schadensersatz statt der Leistung
vor, so kann der Besteller gemäß § 284 BGB i.V. mit § 634 Nr. 4 BGB von dem
Unternehmer alternativ (§ 284 BGB: „anstelle") den Ersatz von Aufwendungen
verlangen, die er im Vertrauen auf den Erhalt eines mangelfreien Werkes billigerweise machen durfte und deren Zweck durch die Pflichtverletzung des Unternehmers vereitelt wurde (sog. frustrierte Aufwendungen).[240] Dies betrifft unter anderem für das Werk aufgewendete Vertrags- und Finanzierungskosten.[241]

4. Verjährung der Rechte des Bestellers wegen eines Mangels (§ 634a BGB)

a) Verhältnis zu den allgemeinen Verjährungsvorschriften

Für die Verjährung der in § 634 BGB genannten Ansprüche und Gestaltungsrechte
des Bestellers im Fall einer mangelhaften Werkleistung oder einer gemäß § 633
Abs. 2 Satz 3 BGB gleichgestellten Pflichtverletzung enthält § 634a BGB besondere Bestimmungen.

---

[236] BGH v. 16. Oktober 1984, BGHZ 92, 308 (311 f.); *Erman/Seiler* § 635 Rdnr. 7 f.;
allgemein *Grundmann* MünchKomm.⁴ § 276 Rdnr. 53 ff.

[237] *Soergel* MünchKomm. § 635 Rdnr. 11; *Staudinger/Peters* (2003) § 634 Rdnr. 119;
BR/*Voit* § 636 Rdnr. 50.

[238] BGH v. 5. Mai 1958, BGHZ 27, 215 (218); *Larenz* BT 1, § 53 II c 2, S. 360 f.;
Schlechtriem Rdnr. 434; *Soergel* MünchKomm. § 635 Rdnr. 12; näher zum ganzen
Graf von Westphalen DB 2001, 799 (803 f.).

[239] Siehe zu Einzelheiten einer Garantieübernahme i.S. des § 276 Abs. 1 Satz 1 BGB auch
oben § 2 E II 3e, aa (2b), S. 117 f. Von dieser unselbständigen Garantie ist weiterhin
ein neben den Werkvertrag tretender selbständiger Garantievertrag zu unterscheiden,
der einen Erfolg zum Gegenstand hat, der über den nach § 631 Abs. 1 BGB geschuldeten hinausgeht; vgl. oben § 2 F I 1c, S. 117 f. sowie *Larenz* BT 1, § 53 II c 3, S. 362
und *Staudinger/Peters* (2003) § 633 Rdnr. 163.

[240] Siehe oben § 2 E II 3e, bb, S. 123 f.

[241] BT-Drucks. 14/6040, S. 225.

Die Sonderregelungen gelten allerdings nur im Anwendungsbereich des § 634 BGB. Liegen dessen Voraussetzungen nicht vor, weil z.B. noch keine Abnahme oder Vollendung des Werkes i.S. der §§ 640, 646 BGB erfolgt ist,[242] so finden auf die dann gegebenen Ansprüche und Rechte des Bestellers nach den §§ 280 ff., 323 ff. BGB die allgemeinen Verjährungsvorschriften in den §§ 195 ff. BGB Anwendung. Wie bei der kaufrechtlichen Parallelbestimmung in § 438 BGB[243] beruht die Rechtfertigung für die von den allgemeinen Regelungen abweichende Vorschrift in § 634a BGB auf der Interessenlage, welche durch die einverständliche Leistung des (mangelhaften) Gegenstandes geschaffen wurde.

So enthält § 634a Abs. 1 Nr. 2 i.V. mit Abs. 2 BGB z.B. folgenden Kompromiß: Der Unternehmer soll bei Mängeln eines Bauwerkes oder entsprechenden Planungs- und Überwachungsleistungen, die sich erst sehr spät zeigen, nicht wie nach § 199 BGB im Extremfall bis zu dreißig Jahre, sondern nur fünf Jahre haften. Umgekehrt muß der Besteller diese Ansprüche nicht gemäß § 195 BGB binnen drei Jahren nach dem Verjährungsbeginn i.S. des § 199 Abs. 1 BGB geltend machen, sondern erst in fünf Jahren ab der Abnahme oder Vollendung gemäß § 646 BGB (§ 634a Abs. 1 Nr. 2 i.V. mit Abs. 2 BGB). Vor dem Leistungstransfer i.S. der §§ 634a Abs. 2, 646 BGB besteht hingegen kein Grund, für die Erzwingbarkeit des Anspruchs auf Herstellung eines mangelfreien Werkes aus den §§ 631 Abs. 1, 633 Abs. 1 BGB nicht die allgemeine zeitliche Grenze der §§ 195, 199 BGB eingreifen zu lassen. Sobald jedoch der Anwendungsbereich des § 634 BGB eröffnet ist, gelten für die speziellen Mängelrechte ausschließlich die Verjährungsfristen des § 634a BGB. In diesem Fall bleiben die §§ 195 ff. BGB nur noch in bezug auf solche Rechtsfragen der Verjährung anwendbar, für die § 634a BGB keine Regelungen trifft, so z.B. die Hemmung oder den Neubeginn der Verjährung. Deshalb ist die Verjährung solange gehemmt, wie die Parteien über eine Mängelhaftung des Unternehmers verhandeln (§ 203 Satz 1 BGB).

b) Länge der Verjährungsfristen nach § 634a BGB

aa) Allgemeines

Je nach der Art des Werkes bemißt § 634a Abs. 1 BGB die Verjährungsfristen unterschiedlich. Diese gelten in Übereinstimmung mit der allgemeinen Vorschrift des § 194 Abs. 1 BGB unmittelbar nur für die in § 634 Nr. 1, 2 und 4 BGB bezeichneten *Ansprüche* (Nacherfüllung, Aufwendungsersatz i.S. des § 637 BGB, Schadensersatz, Aufwendungsersatz i.S. des § 284 BGB).

Bezüglich der *Gestaltungsrechte* in § 634 Nr. 3 BGB (Rücktritt, Minderung) paßt das Institut der Verjährung nicht, da diesem nach § 194 BGB lediglich Ansprüche unterliegen. Deshalb verweist § 634a Abs. 4 Satz 1 und Abs. 5 BGB auf § 218 BGB. Danach ist die Ausübung der genannten Gestaltungsrechte unwirksam, wenn der ihnen zugrundeliegende Nacherfüllungsanspruch verjährt ist und sich der Unternehmer hierauf beruft. Dies wird durch § 218 Abs. 1 Satz 2 BGB ergänzt, so daß dieselbe Rechtsfolge eintritt, wenn die Nacherfüllung gemäß den

---

[242]   Vgl. § 8 F II 2a, S. 461 f.
[243]   Zu dieser oben § 2 E II 4b, S. 124 f.

§§ 275, 635 Abs. 3 BGB nicht geschuldet wird, ein unterstellter Nacherfüllungsanspruch aber nach § 634a BGB verjährt wäre.

bb) 2-Jahres-Frist (§ 634a Abs. 1 Nr. 1 BGB)

Bei einem körperlichen Werk (z.B. der Reparatur eines PKW) oder einer darauf
bezogenen Planungs- oder Überwachungsleistung beträgt die Verjährungsfrist vorbehaltlich der lex specialis in § 634a Abs. 1 Nr. 2 BGB zwei Jahre. Die gegenüber
den allgemeinen Vorschriften verkürzte Verjährungsfrist soll dem besonderen Interesse des Unternehmers nach Rechtssicherheit sowie dem Umstand Rechnung
tragen, das Mängel bei körperlichen Werken typischerweise relativ eindeutig und
frühzeitig erkennbar sind.[244]

cc) 5-Jahres-Frist (§ 634a Abs. 1 Nr. 2 BGB)

Besteht das körperliche Werk in einem Bauwerk, beträgt die Frist fünf Jahre. Gleiches gilt wiederum für auf ein Bauwerk bezogene Planungs- oder Überwachungsleistungen, d.h. insbesondere die Planungsleistungen oder die Bauaufsicht eines
Architekten. Bei Bauleistungen zeigen sich Mängel häufig nicht so schnell wie bei
anderen körperlichen Werken, so daß die Abweichung von § 634a Abs. 1 Nr. 1
BGB gerechtfertigt ist. Dabei umfaßt der Begriff des Bauwerkes einerseits die
Neuherstellung einer in Verbindung mit dem Erdboden hergestellten unbeweglichen Sache, andererseits auch Erneuerungs- bzw. Umbauarbeiten an einer solchen
Sache, sofern sie für Bestand oder Benutzbarkeit des Gebäudes wesentlich sind.[245]
Das ist z.B. bei der kompletten Erneuerung des Badezimmers eines Einfamilienhauses, nicht aber bei der bloßen Anbringung einer neuen Badewannenarmatur ge-
geben.

dd) Regelmäßige Verjährungsfrist (§ 634a Abs. 1 Nr. 3 BGB)

In allen übrigen Fällen gilt die dreijährige Frist des § 195 BGB. Davon werden
insbesondere alle unkörperlichen Werke erfaßt, die keine Planungs- oder Überwachungsleistungen i.S. des § 634a Abs. 1 Nr. 1 oder 2 BGB sind,[246] z.B. individuell
erstellte Software-Programme. Bei diesen Sachverhalten verneint das Gesetz eine
atypische Interessenlage; insbesondere vermeidet es eine vom Dienstvertragsrecht
abweichende Verjährung, dessen Anwendungsbereich bei der Erstellung unkörperlicher Werke häufig schwer von Werkverträgen abzugrenzen ist.[247] Die Heraus-
nahme der in § 634a Abs. 1 Nr. 1 und 2 BGB genannten Planungs- und Überwachungsleistungen, die an sich ebenfalls unkörperliche Werke sind,[248] rechtfertigt
sich dadurch, daß sich Mängel derartiger Leistungen unmittelbar in den betreffen-

---

[244] BT-Drucks. 14/6040, S. 264.
[245] RG v. 24. März 1904, RGZ 57, 377 (380); BGH v. 6. November 1969, BGHZ 53, 43
(45 f.); RGRK/*Glanzmann* § 638 Rdnr. 38; *Schlechtriem* Rdnr. 444 mit Fn. 59; *Soergel* MünchKomm. § 638 Rdnr. 20 ff.; *Staudinger/Peters* (2003) § 634a Rdnr. 19.
[246] BT-Drucks. 14/6040, S. 264.
[247] BT-Drucks. 14/6040, S. 264 sowie oben § 7 B I, S. 301 f.
[248] Siehe oben § 8 E I 1, S. 450 f.

den körperlichen Werken niederschlagen.[249] Eine Übereinstimmung der Verjährungsfristen ist insoweit um so mehr geboten, als die Rechtsprechung den Hersteller eines körperlichen Werkes und denjenigen, der hierfür eine Planungs- oder Überwachungsleistung erbringt, im Verhältnis zu dem Besteller trotz des unterschiedlichen Inhaltes ihrer Verpflichtung als Gesamtschuldner i.S. der §§ 421 ff. BGB behandelt.[250]

ee) Sondervorschriften bei Arglist des Unternehmers

Analog den kaufrechtlichen Verjährungsbestimmungen (vgl. § 438 Abs. 3 BGB) enthält § 634a Abs. 3 BGB Sondervorschriften für den Fall, daß der Unternehmer den betreffenden Mangel arglistig verschwiegen hat.[251]

c) Beginn der Verjährung

Den Verjährungsbeginn legt § 634a Abs. 2 BGB für die von § 634a Abs. 1 Nr. 1 und 2 BGB erfaßten Werke auf den Zeitpunkt der Abnahme fest. Bei einem nicht abnahmefähigen Werk ist gemäß § 646 BGB dessen Vollendung maßgeblich. Damit fällt der Beginn der Verjährung der Mängelrechte beim Werkvertrag mit dem des zeitlichen Anwendungsbereiches des § 634 BGB zusammen.[252]

Für die übrigen Fälle umfaßt die Verweisung in § 634a Abs. 1 Nr. 3 BGB auf die allgemeinen Vorschriften auch den regelmäßigen Verjährungsbeginn, den § 199 Abs. 1 BGB festlegt (Schluß des Jahres, in dem der Anspruch entstanden ist und in dem der Besteller hiervon Kenntnis erlangt hat oder ohne grobe Fahrlässigkeit erlangen mußte).[253] Zudem legt § 199 Abs. 2 bis 4 BGB abgestufte absolute Höchstfristen für die Verjährung fest.

Nach der hier zu § 438 BGB vertretenen Auffassung beginnt bei einer wiederum mangelhaften Nacherfüllung die Verjährung neu, da das Tätigwerden des Unternehmers als Anerkenntnis seiner Nacherfüllungsschuld zu bewerten ist (§ 212 Abs. 1 Nr. 1 BGB).[254]

d) Vertragliche Abänderung der Verjährungsfristen aus § 634a BGB

Die Verjährungsfristen in § 634a Abs. 1 BGB können gemäß § 202 Abs. 2 BGB durch eine vertragliche Vereinbarung auf bis zu dreißig Jahre verlängert werden.

Die Wirksamkeit vertraglicher *Verjährungserleichterungen* wird außer durch die allgemeinen Vorschriften (§§ 138 Abs. 1, 242 BGB) nur bei der Verwendung Allgemeiner Geschäftsbedingungen begrenzt. Nach § 309 Nr. 8b, ff BGB darf die Frist in den Fällen des § 634a Abs. 1 Nr. 2 BGB grundsätzlich nicht erleichtert

---

[249]   Vgl. BT-Drucks. 14/6857, S. 36 und S. 67 sowie 14/7052, S. 204 f.

[250]   BGH v. 1. Februar 1965, BGHZ 43, 227 (229 ff.); *Larenz* BT 1, § 53 II b, S. 358; *Staudinger/Peters* (2003) Anh. II zu § 638 Rdnr. 44 ff.

[251]   Siehe dazu oben § 2 E II 4c, ee, S. 127.

[252]   Näher oben § 8 F II 2a, S. 461 f.

[253]   BT-Drucks. 14/6040, S. 264.

[254]   Näher dazu oben § 2 E II 4d, S. 127 f.; im Ansatz auch *Staudinger/Peters* (2003) § 634a Rdnr. 34, der allerdings mit Recht die Frage nach dem Beginn der Verjährung bei einer mangelhaften Nachbesserung aufwirft.

und im übrigen nicht auf unter ein Jahr ab dem Zeitpunkt des gesetzlichen Verjäh-
rungsbeginns gemäß den §§ 634a Abs. 2, 199 BGB abgesenkt werden. Dieses Verbot, dessen Mißachtung über § 306 Abs. 2 BGB zur Anwendung der gesetzlichen
Verjährungsvorschriften führt, gilt jedoch ausdrücklich nicht für Verträge, in welche die VOB/B *insgesamt* einbezogen worden ist.[255] Das Gesetz geht davon aus,
daß die VOB/B in ihrer Gesamtheit einen angemessenen Interessenausgleich zwischen den Parteien des Werkvertrages schafft, der es rechtfertigt, die Mängelhaftung des Unternehmers nach Maßgabe des § 13 Nr. 4 VOB/B entgegen § 634a
Abs. 1 Nr. 2 BGB auf zwei Jahre bzw. ein Jahr zu verkürzen.[256] Schließen Allgemeine Geschäftsbedingungen des Unternehmers hingegen einzelne, dem Besteller
günstige Vorschriften der VOB/B aus, so fehlt es an dem ausgewogenen Interessenausgleich, so daß das Klauselverbot des § 309 Nr. 8b, ff BGB uneingeschränkt
Geltung beansprucht.[257] Das gilt im Grundsatz auch, wenn die Standardklausel gegenüber einem Unternehmer verwendet wird. Das Klauselverbot ist in diesem Fall
zwar nach § 310 Abs. 1 Satz 1 BGB nicht direkt anwendbar, die Wertung des
§ 309 Nr. 8b, ff BGB ist nach Maßgabe des § 310 Abs. 1 Satz 2 BGB aber bei der
Inhaltskontrolle gemäß § 307 BGB zu berücksichtigen.[258]

e) Leistungsverweigerungsrecht des Bestellers gemäß § 634a Abs. 4 und 5 BGB

Wenn ein Rücktritt oder eine Minderung i.S. des § 634 Nr. 3 BGB nach § 634a
Abs. 4 Satz 1 oder Abs. 5 BGB i.V. mit § 218 Abs. 1 BGB unwirksam ist, kann
sich die Frage stellen, ob der Besteller seinerseits einer noch nicht erfüllten, aber
auch nicht gemäß den §§ 195, 199 BGB verjährten Vergütungsschuld nachkommen muß. Das Gesetz gewährt ihm in diesen Fällen das Recht, die Zahlung der
Vergütung zu verweigern, soweit er dazu bei einer wirksamen Ausübung des betreffenden Gestaltungsrechts berechtigt wäre (§§ 634a Abs. 4 Satz 2 und Abs. 5
BGB), und überträgt damit § 438 Abs. 4 und 5 BGB in das Werkvertragsrecht.[259]

5. Konkurrenz des § 634 BGB zu anderen Rechten des Bestellers

Wie bei Kaufverträgen kann sich auch im Rahmen des Werkvertragsrechts die
Frage nach dem Konkurrenzverhältnis der in § 634 BGB vorgesehenen Mängelrechte des Bestellers zu anderen Rechtsbehelfen stellen. Unter Berücksichtigung
des Umstandes, daß die werkvertraglichen Regelungen einen sachgerechten Interessenausgleich erzielen, gelten mit einigen Besonderheiten die kaufrechtlichen
Grundsätze entsprechend.[260] Unberührt bleibt hiervon die Bestimmung des Anwendungsbereiches des § 634 BGB gegenüber einer direkten Anwendung der
§§ 280 ff., 323 ff. BGB.[261]

---

[255]   Zur VOB/B bereits oben § 8 D, S. 448 ff.
[256]   *Basedow* MünchKomm.⁴ § 309 Nr. 8 Rdnr. 73 ff.
[257]   Vgl. *Hennrichs* AnwKomm. § 309 Rdnr. 8 m.w.N.
[258]   *Basedow* MünchKomm.⁴ § 309 Nr. 8 Rdnr. 78.
[259]   Näher deshalb oben § 2 E II 4f, S. 129 f.
[260]   Siehe oben § 2 E II 5, S. 130 ff.
[261]   Dazu oben § 8 F II 2, S. 460 ff.

a) Anfechtungsrechte

Da das Werk bei Abschluß des Vertrages noch nicht existiert, kann sich der Besteller bei Vertragsschluß in der Regel nicht in einem Eigenschaftsirrtum befinden, der sich auf einen Sachmangel i.S. des § 633 Abs. 2 Satz 1 und 2 BGB bezieht. Sofern dies einmal anders sein sollte, was z.B. denkbar ist, wenn der Unternehmer die Erstellung eines Werkes mit Eigenschaften zusagt, die aufgrund der Beschaffenheit des zu bearbeitenden Stoffes nicht erzielbar sind, ist eine auf § 119 Abs. 2 BGB gestützte Anfechtung ausgeschlossen.[262] Anderenfalls würde eine Umgehung der Verjährungsfristen des § 634a BGB durch eine Anfechtung in der Frist des § 121 BGB drohen. Anfechtungsrechte nach den §§ 119 Abs. 1, 123 BGB bleiben hingegen stets unberührt.[263]

b) Störung der Geschäftsgrundlage (§ 313 BGB)

Ein Mangel des Werkes stellt eine Leistungsstörung i.S. einer Pflichtverletzung und somit keine Störung der Geschäftsgrundlage i.S. des § 313 BGB dar, so daß ein Konkurrenzverhältnis bereits im Ansatz ausgeschlossen ist.[264]

c) Verletzung vorvertraglicher Pflichten und Nebenpflichtverletzungen

Nicht unerhebliche Bedeutung hat auch bei Werkverträgen die Harmonisierung der Ansprüche und Rechte wegen Mängeln mit den Rechtsfolgen bei Pflichtverletzungen i.S. der §§ 241 Abs. 2, 311 Abs. 2 BGB, *die sich auf Mängel des Werkes beziehen.*

Ein Konkurrenzverhältnis kann sich z.B. ergeben, wenn der Unternehmer aufgrund einer pflichtwidrig unterlassenen Untersuchung des Werkes einen Mangel nicht entdeckt oder den Besteller über eine besonders gefährliche Beschaffenheit des Werkes bei Abschluß des Vertrages nicht informiert, was diese Beschaffenheit zugleich gemäß § 633 Abs. 2 Satz 2 Nr. 2 BGB zu einem Sachmangel macht. Aus den im Rahmen des Kaufrechts dargelegten Gründen sind die in § 634 BGB eröffneten Rechte in diesen Fällen leges speciales gegenüber einem direkten Schadensersatzanspruch aus § 280 Abs. 1 BGB wegen einer Schutzpflichtverletzung.[265] Nur auf diesem Wege läßt sich insbesondere eine Umgehung der Verjährungsvorschriften des § 634a BGB durch eine Anwendung der allgemeinen Regelungen der §§ 195, 199 BGB verhindern. Dabei bezieht sich der Ausschluß eigenständiger Ansprüche aus den §§ 241 Abs. 2, 311 Abs. 2 BGB nach dem erklärten Willen des Gesetzgebers auch auf *Integritätsschäden* des Bestellers (z.B. eine Körperverletzung durch das defekte Werk).[266]

---

[262]   *Staudinger/Peters* (2003) § 631 Rdnr. 79.

[263]   Näher zum ganzen unter § 2 E II 5a, S. 130 ff.

[264]   Siehe auch oben § 2 E II 5b, S. 133 f.

[265]   Ausführlich oben § 2 E II 5d, S. 135 ff.

[266]   Vgl. BT-Drucks. 14/6040, S. 263. Nach der h.M. zum alten Recht wurde – wie in Fn. 234 dargelegt – der Ersatz sog. entfernter Mangelfolgeschäden dem Institut der positiven Forderungsverletzung (jetzt § 280 Abs. 1 BGB) unterstellt, um insoweit die kurzen Verjährungsfristen nach § 635 BGB a.F. i.V. mit § 638 BGB a.F. (außerhalb von Bauwerken nur sechs Monate) zu umgehen. Zum Ausschluß einer separaten Haftung für

Unberührt bleiben Nebenpflichtverletzungen, die sich *nicht* auf einen Mangel des Werkes oder eine gemäß § 633 Abs. 2 Satz 3 BGB gleichgestellte Pflichtverletzung beziehen.[267] Beispiel: Der Bauunternehmer sichert die Baustelle mangelhaft, so daß der Besteller bei einer Besichtigung in die Baugrube stürzt. In diesen Fallgestaltungen gelangen die §§ 280 ff., 311 Abs. 2 BGB uneingeschränkt zur Anwendung.

d) Deliktische Ansprüche

In bezug auf das Verhältnis des § 634 BGB zu deliktischen Ansprüchen des Bestellers muß zwischen der Verursachung von Schäden unterschieden werden, welche die vertragsunabhängige Integrität des Bestellers betreffen und solchen Einbußen, die mit dem werkvertraglichen Erfüllungsinteresse zumindest teilweise identisch sind.

aa) Verletzung der vertragsunabhängigen Integrität des Bestellers

Erleidet der Besteller durch eine mit einem Mangel des Werkes zusammenhängende Pflichtverletzung des Unternehmers Einbußen an seiner allgemeinen Integrität (Körperschaden, Vermögensschaden durch Betrug etc.), so finden insofern die §§ 823 ff. BGB uneingeschränkt Anwendung.[268] Die Regelung des § 280 Abs. 1 BGB i.V. mit § 634 Nr. 4 BGB verdrängt in diesen Fällen nicht den allgemeinen Verkehrsschutz. Für die hiernach bestehenden deliktischen Ansprüche gelten insbesondere die Verjährungsvorschriften der §§ 195, 199 BGB und nicht § 634a BGB.[269]

bb) Schäden am Werk

Bei der Beurteilung deliktischer Ansprüche für an dem Werk selbst auftretende Schäden ist zwischen den Fällen des sog. weiterfressenden Mangels und einer Beschädigung des von dem Besteller gelieferten Stoffes durch eine mangelhafte Werkherstellung zu unterscheiden.

(1) „Weiterfresserschäden"

Zum Kaufrecht vertritt die Rechtsprechung die Auffassung, daß ein zunächst begrenzter Mangel, der sich später auf andere Teile der Sache ausdehnt, eine Eigentumsverletzung i.S. des § 823 Abs. 1 BGB darstellen kann.[270] Dies wäre im Werkvertragrechts z.B. gegeben, wenn ein defektes Wasserrohr in einem erbauten Einfamilienhaus viele Jahre später zu einem Wasserrohrbruch führt, der an dem Haus

---

auf Mängel bezogene vorvertragliche Pflichtverletzungen *Erman/Seiler* § 635 Rdnr. 31; *Staudinger/Peters* (2003) § 635 Rdnr. 63.

[267] BGH v. 16. März 1989, NJW 1989, 1922 (1923); RGRK/*Glanzmann* § 635 Rdnr. 29; *Staudinger/Peters* (2003) § 634 Rdnr. 138; BR/*Voit* § 634 Rdnr. 28, 30.

[268] Siehe § 2 E II 5e, aa, S. 138 ff. sowie *Soergel* MünchKomm. § 635 Rdnr. 55 ff.

[269] Vgl. BGH v. 4. März 1971, BGHZ 55, 392 (395 ff.); *Soergel/Teichmann* § 638 Rdnr. 23 f.

[270] Für das Werkvertragsrecht zustimmend *Soergel* MünchKomm. § 635 Rdnr. 60; *Staudinger/Peters* (2003) § 634 Rdnr. 143.

große Schäden anrichtet. Nach der Rechtsprechung wäre unter den allgemeinen Voraussetzungen des § 823 Abs. 1 BGB in diesem Fall der Schaden zu ersetzen, der „stoffungleich" mit dem ursprünglichen Mangel ist (d.h. sämtliche Einbußen mit Ausnahme des defekten Rohres).[271]

Mit diesem Ansatz wird jedoch das Erfüllungsinteresse des Bestellers zu einem deliktisch geschützten Integritätsinteresse umdefiniert und insbesondere die Verjährungsregelung in § 634a Abs. 1 Nr. 1 und 2 i.V. mit Abs. 2 BGB durch eine Anwendung der §§ 195, 199 BGB umgangen.[272] Daher gelten auch für die Einbuße, die in sich später ausdehnenden Mängeln liegt, nur die in § 634 Nr. 4 BGB genannten Schadensersatzansprüche, nicht aber die §§ 823 ff. BGB.[273]

(2) Beschädigung eines bestellereigenen Stoffes durch mangelhafte Werkherstellung

Etwas anders liegt die Problematik, wenn der Besteller das Leistungssubstrat des Werkes zur Verfügung stellt und eine § 633 Abs. 2 BGB widersprechende Werkherstellung zu Schäden an diesem Stoff führt. Beispiel: Ausschachtungen auf dem Grundstück des Bestellers werden unsachgemäß durchgeführt. In diesen Fällen schuldet der Unternehmer nach Maßgabe des § 281 BGB i.V. mit § 634 Nr. 4 BGB Schadensersatz. Fraglich ist aber, ob daneben eine Eigentumsverletzung i.S. des § 823 Abs. 1 BGB vorliegt.

Auch in diesem Fall geht es wie bei den Weiterfresserschäden letztlich um das Interesse des Bestellers an einer ordnungsgemäßen Vertragserfüllung und nicht um den Schutz seiner *vertragsunabhängigen* Integrität. Dafür beanspruchen die werkvertraglichen Regelungen nach ihrem Normzweck eine ausschließliche Geltung.[274] Dies ergibt sich bereits aus der bei behebbaren Schäden sonst drohenden Kollision zwischen dem Erfordernis der Nachfristsetzung gemäß § 281 Abs. 1 Satz 1 BGB i.V. mit § 634 Nr. 4 BGB einerseits und dem Anspruch auf sofortigen Geldersatz gemäß § 823 Abs. 1 BGB i.V. mit § 249 Abs. 2 Satz 1 BGB andererseits. Zieht eine mangelhafte Werkherstellung den von dem Besteller zur Verfügung gestellten Stoff in Mitleidenschaft, so findet daher § 823 Abs. 1 BGB keine Anwendung. Dogmatisch kann dies mit einer normativen Auslegung der Einwilligung des Bestellers in die Bearbeitung des Stoffes begründet werden: Als Ausschlußtatbestand einer deliktischen Haftung[275] bezieht sich diese nicht nur auf ein in allen Einzelheiten vertragsgemäßes Tätigwerden, sondern jede Einwirkung auf den Stoff, *die final der Herstellung des Werkes dient.*[276]

---

[271] Näher oben § 2 E II 5e, bb, S. 141 ff.

[272] So ausdrücklich auch zum Werkvertragsrecht *Roth* JZ 2001, 543 f.

[273] Näher bereits oben § 2 E II 5e, bb, S. 141 f.

[274] *Esser/Weyers* BT 1, § 32 II 6d, S. 271 f.; *Soergel* MünchKomm. § 635 Rdnr. 59; offen *Larenz* BT 1, § 53 II b, S. 359; a.A. die Rechtsprechung: BGH v. 4. März 1971, BGHZ 55, 392 (394 f.).

[275] Dazu allgemein *Deutsch* Allgemeines Haftungsrecht, 2. Aufl. 1996, Rdnr. 282 f.

[276] Ähnlich, wenn auch unter abzulehnender Anbindung des Ausschlusses der Rechtswidrigkeit an einen fortbestehenden Nacherfüllungsanspruch *Staudinger/Peters* (2003) § 634 Rdnr. 146.

Unberührt bleibt bei dieser Begründung eine Beschädigung des bestellereigenen Stoffes durch ein Verhalten des Unternehmers oder seiner Verrichtungsgehilfen (§ 831 BGB) gelegentlich der Werkherstellung. Beispiel: Der Automechaniker verursacht bei dem Einfahren des zu wartenden Wagens in die Montagehalle einen Lackschaden. Obwohl Abgrenzungsschwierigkeiten zu den von der Einwilligung des Bestellers gedeckten Einwirkungen auf den Stoff nicht zu leugnen sind, finden in diesen Fällen die §§ 823 ff. BGB Anwendung.[277] Gleiches gilt, wenn der Stoff des Bestellers gänzlich zerstört wird und somit keine besonderen Abgrenzungsprobleme zu den speziellen Mängelvorschriften auftreten.

III. Verletzung von Nebenpflichten

Wenn der Unternehmer die ihn treffenden Nebenpflichten[278] verletzt, greifen im Grundsatz die allgemeinen Haftungsfolgen ein. Das gilt nur dann nicht, wenn sich die Nebenpflichtverletzung auf einen § 634 BGB unterfallenden Mangel des Werkes bezieht und dem Besteller daher ausschließlich die speziellen Mängelrechte aufgrund einer Verletzung der Hauptleistungspflicht zur mangelfreien Herstellung zustehen.[279]

Sofern keine derartige Subsidiarität vorliegt, haftet der Unternehmer nach Maßgabe des § 280 Abs. 1 BGB auf Schadensersatz; unter den Voraussetzungen der §§ 282, 324 BGB (Unzumutbarkeit der Fortsetzung des Vertragsverhältnisses[280]) kommen auch ein Ersatz des Erfüllungsinteresses bzw. ein Rücktritt vom Vertrag in Betracht, die sich nicht gegenseitig ausschließen (§ 325 BGB).

G. Pflichten und Haftung des Bestellers

I. Hauptpflichten des Bestellers

1. Pflicht zur Vergütung der Werkleistung

a) Allgemeines

Ein Werkvertrag i.S. des Bürgerlichen Gesetzbuches liegt nur vor, wenn der Unternehmer für die Herstellung des Werkes als Gegenleistung eine Vergütung schuldet (§ 631 Abs. 1 BGB).[281] Diese kann ausdrücklich vereinbart worden sein, nach Maßgabe des § 632 Abs. 1 BGB aber auch als stillschweigend vereinbart gelten; bei einer fehlenden Einigung über die Höhe der Vergütung ist in der Regel die übliche Vergütung geschuldet (§ 632 Abs. 2 BGB).[282] Typischerweise besteht die

---

[277] *Esser/Weyers* BT 1, § 32 II 6d, S. 271 f.

[278] Zu deren Umfang siehe oben § 8 E II, S. 456 f.

[279] Näher § 8 F II 5c, S. 491 f.

[280] Dazu bereits oben § 2 E III, S. 143 f.

[281] Zu den Voraussetzungen der Anwendbarkeit des Auftragsrechts, wenn es an einer Vergütungspflicht fehlt, siehe unten § 11 B II 1, S. 593 ff.

[282] Näher zu § 632 BGB oben § 8 D, S. 448 f.

Gegenleistung des Bestellers in Geld, wobei die Parteien einen Festpreis oder eine nach dem tatsächlichen Herstellungsaufwand bemessene variable Vergütung (beispielsweise nach Stundensätzen) vereinbaren können. Letzteres kommt insbesondere in Betracht, wenn nach Vertragsschluß Leistungsänderungen bzw. Leistungsspezifizierungen zu erwarten sind.[283] Sofern der Besteller ein andersgeartetes Entgelt schuldet, z.B. Dienste i.S. des § 611 BGB, handelt es sich um einen sog. Vertrag mit anderstypischer Gegenleistung, auf dessen werkvertragliche Komponente aber gleichwohl die §§ 631 ff. BGB Anwendung finden.[284]

Von einer Vergütungsvereinbarung ist ein bloßer Kostenanschlag (oder auch „Kostenvoranschlag") i.S. der §§ 632 Abs. 3, 650 BGB zu unterscheiden. Dieser fixiert ausweislich des § 650 Abs. 1 BGB die Gegenleistung des Bestellers nicht verbindlich, sondern gibt diesem nur einen Anhaltspunkt zu den voraussichtlichen Kosten, die letztlich nach dem tatsächlichen Aufwand abgerechnet werden und sowohl über als auch unter dem Kostenanschlag liegen können.[285] Die Abgrenzung zur verbindlichen Vergütungsvereinbarung ist in Zweifelsfällen nach den allgemeinen Grundsätzen zu treffen, d.h. nach dem Vorliegen eines diesbezüglichen Rechtsbindungswillens der Parteien.[286] Ein solcher ist insbesondere bei komplexen Werken (Bau eines Einfamilienhauses) oder Werkleistungen, für die standardisierte Vergütungseinheiten nach Material- und Zeitaufwand bestehen (z.B. Reparatur technischer Geräte), eher selten.

b) Fälligkeit der Vergütung

Eine dispositive Sonderregelung trifft das Werkvertragsrecht für die Fälligkeit der Vergütung. Während diese nach der allgemeinen Vorschrift in § 271 Abs. 1 BGB sofort fällig wäre, verschiebt § 641 Abs. 1 BGB diesen Zeitpunkt nach hinten. Der Vergütungsanspruch ist hiernach erst fällig, wenn der Besteller das Werk abgenommen hat (§ 641 Abs. 1 Satz 1 BGB) oder eines der in den §§ 640 Abs. 1 Satz 3, 641a, 646 BGB genannten Abnahmesurrogate vorliegt.[287] Zum Schutz des Unternehmers soll die Vergütung nach h.M. zudem fällig werden, wenn der Besteller die Abnahme pflichtwidrig (d.h. entgegen § 640 Abs. 1 Satz 1 und 2 BGB) verweigert.[288] Im Hinblick auf das an eine angemessene Fristsetzung gebundene Abnahmesurrogat des § 640 Abs. 1 Satz 3 BGB erscheint diese Auffassung nunmehr[289]

---

[283] Ausführlich zu den verschiedenen Formen *Staudinger/Peters* (2003) § 632 Rdnr. 4 ff.

[284] Dazu näher unten § 16 A III 3, S. 720 ff.

[285] *Soergel* MünchKomm. § 650 Rdnr. 3.

[286] *Erman/Seiler* § 650 Rdnr. 6; *Esser/Weyers* BT 1, § 33 I, S. 279; *Staudinger/Peters* (2003) § 650 Rdnr. 30; BR/*Voit* § 650 Rdnr. 4.

[287] Näher zum ganzen unten § 8 G I 1e, cc, S. 500 ff.

[288] So BGH v. 22. Februar 1971, BGHZ 55, 354 (356); BGH v. 25. Januar 1996, NJW 1996, 1280 (1281); *Soergel/Teichmann* § 641 Rdnr. 14; *Staudinger/Peters* (2003) § 641 Rdnr. 6.

[289] Die Regelung gilt seit 1.5.2000.

zweifelhaft.[290] Bei Teilabnahmen eines komplexeren Werkes wird gemäß § 641 Abs. 1 Satz 2 BGB jeweils eine entsprechende Teilvergütung fällig.

Unter dem Vorbehalt einer abweichenden Vereinbarung ist der Unternehmer somit hinsichtlich des *Tätigkeitsmoments* des Werkvertrages vorleistungspflichtig.[291] In bezug auf die *Verschaffung des Werkes* gilt jedoch § 320 BGB, so daß der Unternehmer das Werk nur gegen die Vergütung „aus der Hand" geben muß.[292] Auch im übrigen ist trotz der insoweit gegebenen Verdrängung des § 320 BGB durch § 641 Abs. 1 Satz 1 BGB die synallagmatische Verbundenheit zwischen Herstellungspflicht und Vergütungspflicht nicht berührt, so daß der Unternehmer seine Tätigkeit nach § 321 Abs. 1 BGB zurückhalten oder unter den Voraussetzungen des § 321 Abs. 2 BGB i.V. mit § 323 BGB von dem Vertrag zurücktreten kann, wenn ein nach Vertragsabschluß eintretender Vermögensverfall des Bestellers seinen Vergütungsanspruch gefährdet.[293]

Darüber hinaus trifft § 641 Abs. 2 BGB einige Sonderregelungen für die Fälligkeit der Vergütung, wenn der Besteller seinerseits die Herstellung des Werkes einem Dritten versprochen hat, was insbesondere eine Leistungskette von Subunternehmer (Unternehmer i.S. des § 641 Abs. 2 BGB), Hauptunternehmer (Besteller i.S. des § 641 Abs. 2 BGB) und Werkbesteller (Dritter i.S. des § 641 Abs. 2 BGB) betrifft. In derartigen Fällen soll die Vergütung des Subunternehmers *spätestens*, d.h. unbeschadet der vorstehend angeführten Vorschriften fällig werden, soweit der Hauptunternehmer von dem Endbesteller eine Vergütung erhalten hat. Dies beruht auf dem Gedanken, daß diese Vergütung typischerweise mittelbar auf der Leistung des Subunternehmers basiert und auch diesem somit sein Entgelt nicht länger vorenthalten werden soll.[294]

c) Anspruch des Unternehmers auf Abschlagszahlungen

Insbesondere wenn der Unternehmer in der Sphäre des Bestellers ein komplexes Werk herstellt, können sich für den Unternehmer aufgrund der Fälligkeitsregelung des § 641 Abs. 1 Satz 1 BGB erhebliche Risiken ergeben. Beispiel: Der Bauunternehmer, der auf dem Grundstück des Bestellers ein Gebäude errichtet, müßte – sofern keine Teilabnahmen i.S. des § 641 Abs. 1 Satz 2 BGB vereinbart sind – erst das komplette Gebäude herstellen, bevor er eine Vergütung beanspruchen könnte. Das Bauwerk wäre in diesem Fall aber bereits nach § 946 BGB in das Eigentum des Bestellers übergegangen, so daß der Unternehmer dessen Insolvenzrisiko zu tragen hätte.

---

[290] *Roth* JZ 2001, 543 (550); vgl. auch BT-Drucks. 14/1246, S. 7; a.A. *Peters* NZBau 2000, 169 (171); BR/*Voit* § 641 Rdnr. 5; siehe dazu auch *Henkel* MDR 2003, 913 (916 f.).

[291] BGH v. 16. Mai 1968, BGHZ 50, 175 (176 f.); *Larenz* BT 1, § 53 III a, S. 362; *Soergel* MünchKomm. § 641 Rdnr. 1; BR/*Voit* § 641 Rdnr. 1.

[292] *Erman/Seiler* § 641 Rdnr. 5; *Soergel* MünchKomm. § 641 Rdnr. 1; *Staudinger/Peters* (2003) § 641 Rdnr. 3; BR/*Voit* § 641 Rdnr. 2; a.A. *Soergel/Teichmann* § 641 Rdnr. 9.

[293] BR/*Voit* § 641 Rdnr. 13.

[294] Kritisch im Hinblick auf die Relativität des Schuldverhältnisses *Staudinger/Peters* (2003) § 641 Rdnr. 38.

Zu seinem Schutz begründet § 632a Satz 1 BGB dem Unternehmer für vertragsgemäß erbrachte (vgl. insbesondere § 633 BGB), in sich abgeschlossene Teile des Werkes einen Anspruch auf Abschlagszahlungen,[295] der bei körperlichen Werken auch den Aufwand für Stoffe oder Bauteile umfaßt (§ 632a Satz 2 BGB). Voraussetzung ist nach § 632a Satz 3 BGB jedoch, daß der Verschaffungsanspruch des Bestellers aus § 631 Abs. 1 BGB ebenfalls abgesichert wird, da § 632a BGB keine Risikoüberwälzung auf den Besteller bezweckt, sondern einen angemessenen Interessenausgleich schaffen soll. Deshalb greift der Anspruch auf Abschlagszahlungen nur ein, wenn entweder die betreffenden Werkteile bereits in das Eigentum des Bestellers übergegangen sind (durch Übereignung oder gemäß den §§ 946 ff. BGB) bzw. für den Verschaffungsanspruch Sicherheit i.S. der §§ 232 ff. BGB geleistet wurde, was insbesondere bei unkörperlichen Werken für den Besteller die einzige Sicherungsmöglichkeit ist.[296]

Mangels einer gesonderten Vereinbarung bemißt sich die Höhe der Abschlagszahlungen nach dem Prozentsatz der bei dem abgeschlossenen Werkteil erbrachten Leistung am Gesamtwerk.[297] Die Zahlung hat nur vorläufigen Charakter und ist in einer Schlußrechnung auf den Vergütungsanspruch anzurechnen, der hierdurch in der betreffenden Höhe getilgt wird. Etwaige Überzahlungen sind dem Besteller aufgrund einer werkvertraglichen Nebenleistungspflicht analog § 667 BGB zurückzugewähren.[298] Trotz dieser Vorläufigkeit der Zahlung steht der Anspruch des Unternehmers auf Abschlagssummen im Synallagma mit der Herstellungspflicht des Unternehmers aus den §§ 631 Abs. 1, 633 Abs. 1 BGB.[299]

d) Rechtsfolgen einer Verzögerung der Vergütung

Unabhängig von einer Pflichtverletzung hat der Besteller eine fällige und einredefreie[300] Vergütungsschuld gemäß § 641 Abs. 4 BGB (gegebenenfalls i.V. mit den §§ 640 Abs. 1 Satz 3, 641a, 646 BGB) mit dem gesetzlichen Zinssatz von 4 % p.a. (§ 246 BGB) zu verzinsen.

Erfüllt der Besteller eine fällige und einredefreie Vergütungsforderung des Unternehmers aus § 631 Abs. 1 BGB (oder eine Abschlagsforderung aus § 632a BGB) nicht und gerät er zusätzlich unter den Voraussetzungen des § 286 BGB in Verzug, so ist er nach Maßgabe des § 280 Abs. 1 und 2 BGB zum Ersatz eines Verzögerungsschadens verpflichtet. Daneben besteht die Pflicht zur Zahlung von Verzugszinsen gemäß § 288 BGB.[301] Zudem kann der Unternehmer unter den Voraussetzungen des § 323 BGB aufgrund der Nichterbringung der Vergütung von

---

[295]   Eine weitere Absicherung folgt aus den Sicherungsrechten der §§ 647 ff. BGB. Dazu unten § 8 H, S. 519 ff.

[296]   *Staudinger/Peters* (2003) § 632a Rdnr. 2 und 8.

[297]   *Palandt/Sprau* § 632a Rdnr. 6; *Staudinger/Peters* (2003) § 632a Rdnr. 9.

[298]   BGH v. 11. Februar 1999, BGHZ 140, 365 (374).

[299]   *Staudinger/Peters* (2003) § 632a Rdnr. 11.

[300]   BGH v. 4. Juni 1973, BGHZ 61, 42 (46); RGRK/*Glanzmann* § 641 Rdnr. 9; *Staudinger/Peters* (2003) § 641 Rdnr. 115.

[301]   Dieser befindet sich mit dem Zinsanspruch aus § 641 Abs. 4 BGB in Anspruchskonkurrenz.

dem Werkvertrag zurücktreten und/oder (vgl. § 325 BGB) nach Maßgabe des § 281 BGB seinen Nichterfüllungsschaden liquidieren.

e) Aufrechterhaltung der Vergütungspflicht trotz Leistungsbefreiung des Unternehmers

aa) Überblick

Aufgrund ihrer synallagmatischen Verbundenheit mit der Pflicht des Unternehmers zur Herstellung des versprochenen Werkes entfällt die Vergütungspflicht des Bestellers grundsätzlich gemäß § 326 Abs. 1 Satz 1 BGB, wenn der Unternehmer seinerseits gemäß § 275 BGB von seiner Hauptpflicht befreit ist. Wie bei allen gegenseitigen Verträgen trägt somit der Besteller aufgrund der Regelung des § 275 BGB die *Leistungsgefahr*, während den Unternehmer gemäß § 326 Abs. 1 Satz 1 BGB die *Vergütungsgefahr* (oder allgemein auch Gegenleistungsgefahr) trifft.[302]

Eine Abweichung von diesem Grundsatz, d.h. ein *Übergang der Vergütungsgefahr auf den Besteller*, kann sich bei einem Werkvertrag sowohl aus Bestimmungen des allgemeinen Schuldrechts als auch aus speziellen werkvertragsrechtlichen Vorschriften ergeben. Gemeinsam ist diesen Regelungen, daß sie als Ausnahme von § 326 Abs. 1 Satz 1 BGB die Vergütungspflicht aufrechterhalten, obwohl der Unternehmer von seiner Pflicht zur Herstellung eines mangelfreien Werkes (§§ 631 Abs. 1, 633 Abs. 1 BGB) – gegebenenfalls teilweise – befreit ist. Im allgemeinen Leistungsstörungrecht ordnet diese Rechtsfolge § 326 Abs. 2 BGB an. Darüber hinaus existieren mehrere werkvertragsrechtliche Gefahrtragungsregelungen, von denen der Übergang der Vergütungsgefahr mit der Abnahme des Werkes (§ 644 Abs. 1 Satz 1 BGB) den Grundfall bildet.

bb) Vom Besteller zu verantwortende Leistungsbefreiung oder Annahmeverzug des Bestellers (§ 326 Abs. 2 BGB)

(1) Vom Besteller zu verantwortende Leistungsbefreiung (§ 326 Abs. 2 Satz 1 Alt. 1 BGB)

Nach § 326 Abs. 2 Satz 1 Alt. 1 BGB entfällt der Vergütungsanspruch des Unternehmers trotz seiner eigenen Leistungsbefreiung nach § 275 BGB nicht, wenn der Besteller den Grund der Leistungsbefreiung alleine oder weit überwiegend zu verantworten hat.[303] Zur Bestimmung des Maßstabes der Verantwortlichkeit des Bestellers als Gläubiger des Werkes sind die §§ 276 ff. BGB analog heranzuziehen.[304] Beispiel für einen Fall des § 326 Abs. 2 Satz 1 Alt. 1 BGB ist die unachtsa-

---

[302] Siehe bereits oben zum Kaufrecht § 2 G I 1c, aa, S. 153 f.

[303] Zum Problem der beiderseitig zu vertretenden Leistungsbefreiung siehe oben § 2 G I 1c, bb, S. 154 in Fn. 698.

[304] Allgemein *Ernst* MünchKomm.[4] § 326 Rdnr. 49 ff. Zur Gefahrtragung nach Risikosphären unten § 8 G I 1e, cc (6b, aa) S. 509 ff. im Rahmen des § 645 BGB.

me Zerstörung des individualisierten Stoffes, aus dem das Werk hergestellt werden soll, durch den Besteller.[305]

(2) Annahmeverzug des Bestellers (§ 326 Abs. 2 Satz 1 Alt. 2 BGB)

Gemäß § 326 Abs. 2 Satz 1 Alt. 2 BGB bleibt die Pflicht zur Zahlung der Vergütung auch bestehen, wenn das von dem Unternehmer nicht zu vertretende Ereignis, das ihn gemäß § 275 BGB von seinen Pflichten aus den §§ 631 Abs. 1, 633 Abs. 1 BGB befreit, während eines Zeitpunktes eintritt, in dem sich der Besteller nach Maßgabe der §§ 293 ff. BGB im Annahmeverzug befindet.[306] Dabei kann der Annahmeverzug – wie § 642 Abs. 1 BGB zeigt – auch durch unterlassene Mitwirkungshandlungen des Bestellers eintreten, die zur Herstellung des Werkes erforderlich sind. Beispiel: Das Unternehmen, das die Erstellung eines Software-Programms in Auftrag gegeben hat, übermittelt nicht wie vereinbart die hierfür erforderlichen Unternehmensdaten. Das den Gefahrübergang gemäß § 326 Abs. 2 Satz 1 Alt. 2 BGB ausschließende Vertretenmüssen des Unternehmers bemißt sich während des Annahmeverzuges nach § 300 Abs. 1 BGB und umfaßt somit nur Vorsatz und grobe Fahrlässigkeit.

Für eine Leistungsbefreiung des Unternehmers nach § 275 BGB als Voraussetzung für die Anwendung des § 326 Abs. 2 Satz 1 Alt. 2 BGB kann insbesondere auch § 300 Abs. 2 BGB Bedeutung erlangen: Durch den Annahmeverzug geht zunächst die *Leistungsgefahr* auf den Besteller über, d.h. die geschuldete Leistung wird auf das hergestellte Werk konkretisiert. Beispiel: Der Besteller befindet sich mit der Annahme des erbauten Hauses in Annahmeverzug. Nun brennt das Gebäude ab. Hier wäre es dem Unternehmer an sich möglich, das Haus erneut aufzubauen, so daß keine Leistungsbefreiung nach § 275 Abs. 1 BGB vorläge und auch § 326 Abs. 2 Satz 1 Alt. 2 BGB nicht eingreifen würde, sondern der Besteller könnte seine Vergütung bis zur Neuerrichtung gemäß § 320 BGB zurückhalten. Diese Rechtsfolge verhindert jedoch § 300 Abs. 2 BGB. Mit dem Annahmeverzug konkretisiert sich die Schuld des Unternehmers auf das bereits erstellte Gebäude (Übergang der Leistungsgefahr auf den Besteller), und *dessen* Verschaffung ist ihm nach dem Brand gemäß § 275 Abs. 1 BGB objektiv unmöglich. Nach § 326 Abs. 2 Satz 1 Alt. 2 BGB kann er nun die vereinbarte Vergütung beanspruchen (Übergang der Vergütungsgefahr auf den Besteller).

Bezüglich eines Annahmeverzuges des Bestellers ist allerdings zu beachten, daß bei einem mit Mängeln behafteten Werk regelmäßig nicht die nach § 294 BGB „zu bewirkende" Leistung angeboten wird.[307] Hätte das Gebäude im obigen Beispiel daher einen Mangel aufgewiesen, so wäre kein Annahmeverzug eingetreten, so daß weder nach § 300 Abs. 2 BGB die Leistungsgefahr noch nach § 326

---

[305] Wird das Werk durch die Verantwortlichkeit des Bestellers zwar nicht unausführbar, aber verschlechtert, schließt dies den Anspruch auf Nacherfüllung gemäß § 635 Abs. 1 BGB aus; siehe oben § 8 F II 3b, dd (3a), S. 473.

[306] Von dem Annahmeverzug als Verletzung einer Gläubigerobliegenheit ist die *Pflicht* des Bestellers zur Abnahme des Werkes aus § 640 Abs. 1 BGB zu unterscheiden. Dazu näher unten § 8 G I 2, S. 513 ff.

[307] *Staudinger/Peters* (2003) § 644 Rdnr. 25; *Ernst* MünchKomm.[4] § 294 Rdnr. 6.

Abs. 2 Satz 1 Alt. 2 BGB die Vergütungsgefahr auf den Besteller übergegangen wäre. Vielmehr müßte der Unternehmer das Gebäude neu errichten. Es ist allerdings zu erwägen, die Wertung des § 640 Abs. 1 Satz 2 BGB, nach dem unwesentliche Mängel nicht die *Abnahmepflicht* des Bestellers ausschließen, auch auf die Voraussetzungen des *Annahmeverzuges* zu erstrecken.[308] Ein solcher läge danach in dem Beispiel auch vor, wenn ein an dem Gebäude angebrachter Briefkasten defekt gewesen wäre.[309]

(3) Kürzung des Vergütungsanspruchs

Sofern die Voraussetzungen des § 326 Abs. 2 Satz 1 Alt. 1 oder 2 BGB vorliegen, mindert sich die Vergütung um Aufwendungen, die der Unternehmer infolge der Leistungsbefreiung erspart (z.B. Transportkosten). Ferner muß sich der Unternehmer anrechnen lassen, was er aufgrund einer anderweitigen Verwendung seiner Arbeitskraft erwirbt oder zu erwerben böswillig unterläßt (jeweils § 326 Abs. 2 Satz 2 BGB).[310]

cc) Übergang der Vergütungsgefahr auf den Besteller nach werkvertragsrechtlichen Regelungen

(1) Allgemeines

Neben § 326 Abs. 2 BGB enthalten die §§ 631 ff. BGB verschiedene Gefahrtragungsregelungen, die speziell für den Werkvertrag gelten. In erster Linie wird der Gefahrübergang dabei an den Tatbestand der Abnahme des Werkes durch den Besteller geknüpft (§ 644 Abs. 1 Satz 1 BGB). Ergänzend enthalten § 640 Abs. 1 Satz 3 BGB (pflichtwidrige Nichtabnahme in angemessener Frist) und § 641a BGB (Fertigstellungsbescheinigung) Surrogate für eine nicht erfolgte Abnahme. Ferner tritt bei einem Werk, dessen Beschaffenheit eine Abnahme ausschließt, an deren Stelle gemäß § 646 BGB die Vollendung des Werkes. Zudem sieht § 644 Abs. 1 Satz 2 BGB den Gefahrübergang auch bei einem Annahmeverzug des Bestellers vor, und nach § 644 Abs. 2 BGB findet § 447 BGB und damit die dort in Abs. 1 enthaltene Gefahrtragungsregelung entsprechende Anwendung, wenn der Unternehmer das Werk auf Verlangen des Bestellers an einen anderen Ort als den Erfüllungsort versendet.[311] Schließlich ist § 645 BGB, der den Vergütungsanspruch bei Leistungsstörungen in der Sphäre des Bestellers regelt, den Gefahrtragungsregelungen zuzuordnen, was allerdings im einzelnen nicht unbestritten ist.

---

[308] Durch § 640 Abs. 1 Satz 2 BGB wird dem Kriterium des unwesentlichen Mangels eine andere Bedeutung verliehen als in den allgemeinen Vorschriften der §§ 281 Abs. 1 Satz 3, 326 Abs. 5 Satz 2 BGB. Während letztere Vorschriften nur eine nachträgliche Rückabwicklung des Vertrages nach erfolgtem Leistungstransfer ausschließen (vgl. § 2 E II 2a, cc, S. 78 f.), nimmt § 640 Abs. 1 Satz 2 BGB dem Besteller das präventive Ablehnungsrecht.

[309] Für eine enge Interpretation des unwesentlichen Mangels in Anlehnung an das Schikaneverbot *Staudinger/Peters* (2003) § 640 Rdnr. 34.

[310] Zu letzterem näher oben § 7 E I 2b, S. 422 f.

[311] Zu den Einzelheiten ausführlich oben § 2 G I 1c, cc (4), S. 159 ff.

Soweit die vorgenannten Tatbestände die Vergütungsgefahr auf den Besteller verlagern, d.h. dessen Vergütungspflicht aus § 631 Abs. 1 BGB entgegen der Grundregel des § 326 Abs. 1 Satz 1 BGB aufrechterhalten, gilt dies jedoch nur für die Fälle, in denen der Unternehmer seine Leistungsbefreiung gemäß § 275 BGB nicht selbst i.S. der §§ 276 ff. BGB zu vertreten hat. Die werkvertragsrechtlichen Regelungen der Vergütungsgefahr betreffen ausschließlich die Sachverhalte der zufälligen Leistungsbefreiung (= Gefahr i.S. des Gesetzes), die von keiner Vertragspartei zu vertreten sind.[312] Hat der Besteller das Leistungshindernis zu verantworten, ergibt sich die Aufrechterhaltung seiner Vergütungspflicht bereits aus § 326 Abs. 2 Satz 1 Alt. 1 BGB.[313] Ist die Leistungsbefreiung hingegen von dem Unternehmer zu vertreten, so verpflichtet ihn dies nicht nur zum Schadensersatz nach den §§ 280 ff. BGB, sondern befreit den Besteller zudem nach Maßgabe des § 326 Abs. 1 Satz 1 BGB von seiner Pflicht zur Zahlung der Vergütung. Beispiel: Noch nach der Erteilung einer Fertigstellungsbescheinigung i.S. des § 641a BGB verursacht der Unternehmer grob fahrlässig, daß das von ihm errichtete Gebäude niederbrennt. In einem derartigen Fall führt § 644 Abs. 1 Satz 1 BGB nicht dazu, daß der Besteller entgegen § 326 Abs. 1 Satz 1 BGB die Vergütung entrichten muß. Sorgt hingegen ein nicht von § 278 BGB erfaßter Dritter für den Untergang des Werkes, so liegt ein zufälliger Untergang i.S. der Gefahrtragungsregelungen vor;[314] so z.B., wenn ein außenstehender Dritter den Gebäudebrand verursacht.[315]

(2) Abnahme des Werkes (§ 644 Abs. 1 Satz 1 BGB)

(a) Bedeutung der Vorschrift im System der Leistungsstörungen

Nach § 644 Abs. 1 Satz 1 BGB trägt der Unternehmer „die Gefahr" nur bis zur Abnahme des Werkes. Diese Formulierung wirft zunächst die Frage auf, ob sich die Norm auf die Leistungs- oder die Vergütungsgefahr bezieht. Unbestrittenermaßen enthält § 644 Abs. 1 Satz 1 BGB eine Regelung der Vergütungsgefahr,[316] da sich die allgemeine Vorschrift über die Tragung der Leistungsgefahr in § 275 BGB befindet.

Wie oben dargelegt, bezieht sich der Übergang der Vergütungsgefahr auf den Besteller darauf, daß dieser entgegen § 326 Abs. 1 Satz 1 BGB bei einer nach § 275 BGB eintretenden Leistungsbefreiung des Unternehmers verpflichtet bleibt, die Vergütung zu entrichten.[317] Ein Übergang der Vergütungsgefahr auf den Besteller kommt deshalb nur in Betracht, wenn der Unternehmer seinerseits gemäß

---

[312] *Erman/Seiler* § 644 Rdnr. 1; *Soergel* MünchKomm. § 644 Rdnr. 9; *Staudinger/Peters* (2003) § 644 Rdnr. 1.

[313] Siehe oben § 8 G I 1e, bb, S. 498 ff.

[314] *Soergel* MünchKomm. § 644 Rdnr. 10.

[315] Sofern ein Dritter für den Untergang des Werkes schadensersatzpflichtig ist, kann sich das Problem einer Liquidation des Schadens des Bestellers durch den Unternehmer (Drittschadensliquidation) stellen. Dazu näher im Rahmen des § 447 BGB oben § 2 G I 1c, cc (4e), S. 166 f.

[316] *Soergel* MünchKomm. § 644 Rdnr. 1; *Staudinger/Peters* (2003) § 644 Rdnr. 2.

[317] Siehe oben § 8 G I 1e, aa, S. 494.

§ 275 BGB von der Leistungspflicht aus § 631 Abs. 1 BGB befreit ist. Die Frage der Vergütungsgefahr ist somit gegenüber der Tragung der Leistungsgefahr, d.h. einer Leistungsbefreiung des Unternehmers, *logisch nachrangig*. Daraus ergeben sich für das Verständnis und den Anwendungsbereich des § 644 Abs. 1 Satz 1 BGB zwei Probleme:

Erstens stellt sich die Frage der Vergütungsgefahr schon im Ansatz nicht, wenn der Unternehmer seine Herstellungs- und Verschaffungspflicht aus § 631 Abs. 1 BGB i.S. des § 362 Abs. 1 BGB bereits erfüllt hat. In diesem Fall scheidet denknotwendig eine Leistungsbefreiung nach § 275 BGB aus. In den meisten Fällen der Abnahme des Werkes,[318] die nach § 644 Abs. 1 Satz 1 BGB zum Gefahrübergang führen soll, tritt jedoch zugleich auch eine Erfüllung des Werkvertrages ein, so daß für die Gefahrtragungsregel kein Raum ist. Beispiel: Wenn der Besteller den ordnungsgemäß reparierten PKW in Empfang nimmt und mit diesem das Gelände des Unternehmers verläßt, ist der Werkvertrag mit dieser Abnahme zugleich erfüllt, so daß Fragen der Gefahrtragung keine Bedeutung erlangen. Anders kann dies jedoch z.B. sein, wenn der Besteller das auf einem Grundstück des Unternehmers errichtete Einfamilienhaus abnimmt, ohne bereits nach Maßgabe der §§ 873, 925 BGB Grundstückseigentümer geworden zu sein. In diesem Fall gehört die Übereignung zur Herstellungspflicht des Unternehmers aus § 631 Abs. 1 BGB,[319] so daß der Werkvertrag noch nicht erfüllt ist. Nunmehr kann sich das Problem des Übergangs der Vergütungsgefahr gemäß § 644 Abs. 1 Satz 1 BGB stellen, wenn z.B. das Gebäude noch vor der Übereignung des Grundstücks niederbrennt.

Die letzte Konstellation führt jedoch zu einem zweiten Problem, das den Anwendungsbereich des § 644 Abs. 1 Satz 1 BGB betrifft. Bei Werken, die nicht aus einem individualisierten Stoff hergestellt werden, könnte rein tatsächlich auch bei einem Untergang des Werkes nach der Abnahme noch eine Neuherstellung desselben erfolgen. Im Beispiel könnte das abgebrannte Haus wieder aufgebaut werden. Vor dem für den Übergang der Vergütungsgefahr maßgeblichen Zeitpunkt ist der Unternehmer zu einer solchen Neuherstellung aufgrund der Erfolgsbezogenheit des Werkvertrages gemäß § 631 Abs. 1 BGB verpflichtet.[320] § 644 Abs. 1 Satz 3 BGB bestimmt lediglich deklaratorisch, daß er für einen zufälligen, d.h. von ihm nicht zu vertretenden Untergang oder eine zufällige Verschlechterung des bestellereigenen Stoffes nicht verantwortlich, sprich ersatzpflichtig ist (casum sentit dominus). Daher scheint § 275 Abs. 1 BGB prima facie auch nach der Abnahme

---

[318] Zum genauen Begriff der Abnahme näher unten § 8 G I 1e, cc (2b), S. 504 ff.

[319] Siehe oben § 8 E I 1, S. 450 f.

[320] *Larenz* BT 1, § 53 III a, S. 363; *Schlechtriem* Rdnr. 291; *Soergel* MünchKomm. § 644 Rdnr. 5; *Staudinger/Peters* (2003) § 644 Rdnr. 7 ff. Ist ein Dritter für den Untergang des bereits (teilweise) hergestellten, aber noch nicht abgenommenen Werkes verantwortlich, kann der Besteller den aus der Neuherstellungspflicht des Unternehmers entstehenden Drittschaden liquidieren und muß das Erlangte nach den §§ 255, 285 BGB analog an den Unternehmer abführen: BGH v. 30. September 1969, NJW 1970, 38 (41); *Soergel/Teichmann* § 644 Rdnr. 6. Nach einer a.A. ergibt sich ein entsprechendes Ergebnis über einen normativen Eigenschaden des Bestellers; dazu *Oetker* MünchKomm.[4] § 249 Rdnr. 289 f.

nicht einzugreifen, so daß der Unternehmer aus § 631 Abs. 1 BGB einen Wiederaufbau des Gebäudes schulden würde, und die Anwendung des § 644 Abs. 1 Satz 1
BGB als Regelung der Vergütungsgefahr (Ausnahme zu § 326 Abs. 1 Satz 1 BGB)
ausscheidet. Damit würde aber der Regelungszweck der Gefahrtragungsvorschrift,
welche das Schicksal des Werkes nach der Abnahme in den Risikobereich des
Bestellers verlagern soll, weitgehend verfehlt. Deshalb ist § 644 Abs. 1 Satz 1
BGB über seinen Wortlaut hinaus auch zu entnehmen, *daß sich die Schuld des Unternehmers mit der Abnahme des Werkes auf den hergestellten Leistungsgegenstand konkretisiert und dieser keine Neuherstellung mehr aus § 631 Abs. 1 BGB
schuldet.*[321] Geht der hergestellte Gegenstand nach der Abnahme unter, so tritt
nach § 275 BGB eine Befreiung von der Pflicht aus § 631 Abs. 1 BGB ein (das
untergegangene Werk kann nicht mehr verschafft werden), so daß auch die Regelung der Vergütungsgefahr in § 644 Abs. 1 Satz 1 BGB als Ausnahme zu § 326
Abs. 1 Satz 1 BGB Anwendung finden kann. In dem Beispiel könnte der Besteller
nach der Abnahme somit keine Neuerrichtung des Hauses verlangen und müßte
entgegen § 326 Abs. 1 Satz 1 BGB gemäß § 644 Abs. 1 Satz 1 BGB die vereinbarte Vergütung entrichten. Durch diese Konkretisierungswirkung trifft § 644 Abs. 1
Satz 1 BGB somit nicht nur eine Regelung zur Vergütungs-, sondern auch zur
Leistungsgefahr.[322]

Eine Konkretisierung der Schuld des Unternehmers auf den hergestellten Gegenstand tritt durch die Abnahme jedoch nur dann ein, wenn das Werk frei von
Mängeln i.S. des § 633 BGB war.[323] Nach der Wertung des § 640 Abs. 1 Satz 2
BGB (Pflicht des Bestellers zur Abnahme auch bei unwesentlichen Mängeln) stehen allerdings nur wesentliche Mängel einer Konkretisierung entgegen. Lagen solche vor, so bleibt der Unternehmer zu einer Neuherstellung verpflichtet; bis zu deren Vornahme kann der Besteller die Vergütung gemäß § 320 BGB zurückhalten.
Auch wenn § 275 BGB zugunsten des Herstellers eines mangelhaften Werkes aufgrund einer Unmöglichkeit der Mangelbeseitigung eingreift (Beispiel: die mangelhafte Reparatur eines technischen Gerätes kann nicht nachgebessert werden), führt
der Übergang der Vergütungsgefahr gemäß § 644 Abs. 1 Satz 1 BGB nicht dazu,
daß der Besteller etwaige Mängelrechte aus § 634 BGB verliert. Würde somit das
zwar schon abgenommene, dem Besteller aber noch nicht übergebene Gerät (daher
noch keine Erfüllung der Pflicht aus § 631 Abs. 1 BGB[324]) durch Zufall unterge-

---

[321] *Erman/Seiler* § 645 Rdnr. 6; *Esser/Weyers* BT 1, § 34 II, S. 289 f.; *Oechsler* Rdnr.
687; *Staudinger/Peters* (2003) § 644 Rdnr. 12; BR/*Voit* § 644 Rdnr. 12; unklar *Soergel* MünchKomm. § 644 Rdnr. 3. Dies gilt selbst dann, wenn der Unternehmer den
Untergang des Werkes nach der Abnahme i.S. der §§ 276 ff. BGB zu vertreten hat.
Doch liegt dann eine nach Maßgabe des § 280 Abs. 1 BGB zum Schadensersatz verpflichtende Verletzung einer Schutzpflicht aus § 241 Abs. 2 BGB vor; vgl. *Staudinger/
Peters* (2003) § 644 Rdnr. 23.

[322] *Brox/Walker* § 23 Rdnr. 8; a.A. *Soergel* MünchKomm. § 644 Rdnr. 1 ohne Problema-
tisierung der Konsequenz, daß die Vorschrift dann auch ihre Funktion als Regelung
der Vergütungsgefahr nicht erfüllen könnte.

[323] Statt aller *Staudinger/Peters* (2003) § 644 Rdnr. 12; BR/*Voit* § 644 Rdnr. 12.

[324] Vgl. aber auch die Erwägungen unten in Fn. 327.

hen, könnte der Besteller gleichwohl noch von dem Werkvertrag gemäß den §§ 326 Abs. 5, 323 BGB i.V. mit § 634 Nr. 3 Alt. 1 BGB zurücktreten und somit das Vergütungsrisiko auf den Unternehmer zurückverlagern.[325]

(b) Begriff der Abnahme

Ungeachtet der im einzelnen umstrittenen Voraussetzungen einer Abnahme i.S. der §§ 640 Abs. 1 Satz 1, 644 Abs. 1 Satz 1 BGB besteht Einigkeit darüber, daß ein körperliches Werk, das nicht in der Sphäre des Bestellers hergestellt wurde, diesem grundsätzlich übergeben werden muß (z.B. der in einer Reparaturwerkstatt gewartete PKW). Im Einzelfall kann es in bezug auf die Übergabe allerdings ausreichen, wenn das Werk nach seiner Fertigstellung im Einverständnis der Parteien noch im unmittelbaren Besitz des Unternehmers verbleibt, der dem Besteller i.S. des § 868 BGB den Besitz mittelt,[326] z.B. wenn der Unternehmer den reparierten PKW mit dem Willen des Bestellers noch einige Tage verwahrt.[327] Befindet sich das Werk hingegen schon in der Sphäre des Bestellers (Beispiel: das auf dem Grundstück des Bestellers errichtete Haus) oder ist dieses nicht körperlich, so erlangt das Übergabeerfordernis keine Bedeutung.

Umstritten ist vor allem, ob die Abnahme des Werkes auch eine *Billigung* desselben *als in der Hauptsache vertragsgemäße Leistung*, d.h. als Erfüllung der Pflicht aus § 631 Abs. 1 BGB erfordert (sog. zweigliedriger Abnahmebegriff). Eine insbesondere in der älteren Literatur vertretene Auffassung verneint dies.[328] Sie definiert die Abnahme i.S. der §§ 640 Abs. 1 Satz 1, 644 Abs. 1 Satz 1 BGB in strenger Parallele zu der kaufrechtlichen Gefahrtragungsregelung in § 446 Satz 1 BGB. Abnahme bedeutet danach Verschaffung des Besitzes am Werk. Sofern dies wie bei Werken, die unkörperlich sind oder schon in der Sphäre des Bestellers hergestellt wurden, unmöglich ist, soll stets die Vollendung des Werkes i.S. des § 646 BGB an die Stelle der Abnahme treten. Zur Begründung wird angeführt, daß der Begriff der werkvertraglichen Abnahme mit demjenigen des Kaufrechts aus § 433 Abs. 2 BGB übereinstimmen müsse, der grundsätzlich nur eine tatsächliche Hin-

---

[325] *Staudinger/Peters* (2003) § 644 Rdnr. 22; unrichtig *Soergel* MünchKomm. § 644 Rdnr. 6.

[326] *Staudinger/Peters* (2003) § 640 Rdnr. 8 f.; ähnlich *Jakobs* AcP 183 (1983), 114 (158); a.A. *Soergel/Teichmann* § 640 Rdnr. 9. Zum Parallelproblem beim Kaufvertrag siehe oben § 2 D I 1c, bb, S. 34 ff.

[327] In einem solchen Fall könnte man sich allerdings fragen, ob die Verschaffung des unmittelbaren Besitzes überhaupt noch aus § 631 Abs. 1 BGB oder nicht vielmehr (nur) aus § 695 Satz 1 BGB geschuldet wird (vgl. oben § 2 D I 1c, bb, S. 35 f.). Nähme man letzteres an, wäre der Werkvertrag bereits seitens des Unternehmers erfüllt, so daß die Abnahme in ihrer Funktion als Kriterium der Gefahrverlagerung keine Bedeutung mehr erlangen würde. Weiterhin bedeutsam wäre sie in bezug auf die Fälligkeit der Vergütung (§ 641 Abs. 1 Satz 1 BGB) und den für die Bestimmung des Vorliegens von Mängeln maßgeblichen Zeitpunkt; siehe oben § 8 E I 2a, S. 451 f.

[328] *Adler* AcP 109 (1912), 321 (339 ff.); *Heck* Grundriß des Schuldrechts, 1929, § 117/3 ff., S. 349 ff.; *Siber* Der Rechtszwang im Schuldverhältnis, 1903, S. 43 ff.

nahme beinhaltet.[329] Weiterhin soll eine Billigung des Werkes nicht Bestandteil des Begriffes der Abnahme sein können, da § 646 BGB davon ausgehe, daß die Abnahme in bestimmten Fällen nach der „Beschaffenheit" des Werkes ausgeschlossen ist; dies treffe aber nur auf eine Übergabe, nicht aber auf die Billigung des Werkes zu. Zudem solle der Besteller den Gefahrübergang nicht unbillig hinauszögern können, indem er die Abnahme grundlos verweigert.

Die h.M. geht in Übereinstimmung mit den Gesetzesmaterialien[330] jedoch zu Recht davon aus, daß es für die Abnahme einer Billigung des Werkes als in der Hauptsache vertragsgemäß bedarf.[331] Damit sind auch solche Werke abnahmefähig, bei denen es keiner Übergabe bedarf, solange deren Billigung in Betracht kommt. Die Billigung stellt sich dabei als rechtsgeschäftsähnliche Handlung dar, auf welche die §§ 104 ff. BGB entsprechende Anwendung finden.[332] Das Gegenargument, der Besteller könne die Abnahme bei diesem Verständnis unbillig hinauszögern, überzeugt aus mehreren Gründen nicht. Der Besteller ist gemäß § 640 Abs. 1 Satz 1 BGB zur Abnahme eines vertragsgemäßen Werkes verpflichtet, so daß die Vorschriften über den Schuldnerverzug (§§ 280 Abs. 1 und 2, 286 ff. BGB) den Unternehmer hinreichend schützen.[333] Zudem kann der Unternehmer einseitig ein Abnahmesurrogat der §§ 640 Abs. 1 Satz 3, 641a BGB herbeiführen. Darüber hinaus wird in einer rügelosen Hinnahme des Werkes regelmäßig eine konkludente Billigung zu erblicken sein. Daß die Anforderungen an die Abnahme beim Werkvertrag höher sind als im Kaufrecht, erscheint sachgerecht, weil bei dem erst nach Vertragsschluß zu erstellenden Werk ein stärkeres Bedürfnis nach Rechtssicherheit besteht, dessen Befriedigung nur das Kriterium der Billigung gewährleisten kann. Ausschließlich dieses rechtfertigt auch die Zäsur, welche die Abnahme in bezug auf die Mängelrechte nach § 634 BGB bewirkt.[334] Schließlich trifft es zwar zu, daß eine Billigung nicht aufgrund der „Beschaffenheit" des Werkes i.S. des § 646 BGB ausgeschlossen sein kann, wenn man Beschaffenheit dabei als physische Eigenschaften versteht. Die Grenze der Billigungs- und damit Abnahmefähigkeit ist aber in Einschränkung des Wortlautes des § 646 BGB anders

---

[329] Siehe oben § 2 G I 2b, S. 168.

[330] Prot. II, S. 317; anders noch Mot. II, S. 490.

[331] RG v. 24. April 1925, RGZ 110, 404 (406 f.); BGH v. 18. September 1967, BGHZ 48, 257 (262); BGH v. 27. Februar 1996, BGHZ 132, 96 (100); *Brox/Walker* § 25 Rdnr. 11; *Enneccerus/Lehmann* § 152 I 1, S. 653; *Fikentscher* Rdnr. 894; RGRK/*Glanzmann* § 640 Rdnr. 3; *Schlechtriem* Rdnr. 462; *Soergel* MünchKomm. § 640 Rdnr. 2; *Soergel/Teichmann* § 640 Rdnr. 2; *Staudinger/Peters* (2003) § 640 Rdnr. 3; BR/*Voit* § 640 Rdnr. 5; weiterführend *Jakobs* AcP 183 (1983), 145 (155 ff.).

[332] *Erman/Seiler* § 640 Rdnr. 7a; RGRK/*Glanzmann* § 640 Rdnr. 9; *Soergel/Teichmann* § 640 Rdnr. 10; *Staudinger/Peters* (2003) § 640 Rdnr. 10; BR/*Voit* § 640 Rdnr. 5.

[333] Näher zur Abnahmepflicht noch unten § 8 G I 2, S. 513 ff.

[334] Siehe näher oben § 8 F II 2a, S. 461 f. Dabei entspricht die Abnahme im Werkvertragsrecht aufgrund des Billigungskriteriums i.S. einer systematisch geschlossenen Regelung strukturell der Lieferung im Kaufrecht, welche den Anwendungsbereich des § 437 BGB als Parallelvorschrift zu § 634 BGB eröffnet; vgl. oben § 2 E II 2a, bb (2), S. 75 ff.

zu ziehen: Eine Billigung und damit eine Abnahme i.S. des § 644 Abs. 1 Satz 1 BGB scheidet immer dann aus, wenn eine solche nicht *verkehrstypisch* ist.[335] Im Sinne dieser Anlehnung an die Verkehrsauffassung ist der Begriff der „Beschaffenheit" in § 646 BGB zu verstehen. Daraus ergibt sich z.B., daß eine Theateraufführung als Werkleistung nicht deshalb abnahmefähig ist, weil der Besucher an deren Ende über Applaus oder Mißfallensbekundungen seiner Billigung bzw. Nicht-Billigung Ausdruck verleihen könnte. Vielmehr ist in diesem Fall ebenso wie z.B. bei Beförderungsleistungen eine Abnahme nach der Verkehrsauffassung ausgeschlossen.

Daraus ergibt sich für den Abnahmebegriff zusammenfassend folgendes:

– *Körperliche Werke* (§ 631 Abs. 2 Alt. 1 BGB) werden abgenommen, indem sie übergeben und von dem Besteller gebilligt werden. Scheidet eine Übergabe aus, weil sich der Besteller bereits im Besitz des Werkes befindet oder er das Werk nach der Fertigstellung noch im unmittelbaren Besitz des Unternehmers belassen will (Verwahrung etc.), erfolgt die Abnahme durch eine reine Billigung. Nur wenn diese nach der Verkehrsauffassung ausgeschlossen sein sollte, tritt an die Stelle der Abnahme gemäß § 646 BGB die Werkvollendung. Letzteres dürfte jedoch bei körperlichen Werken selten der Fall sein.

– Bei *unkörperlichen Werken* (§ 631 Abs. 2 Alt. 2 BGB) ist die Abnahme durch eine Billigung des Werkes zu bewirken. Wenn diese nach der Verkehrsauffassung ausgeschlossen ist, greift § 646 BGB ein.

Die Billigung bezieht sich dabei aber stets nur auf die Anerkennung des Werkes als *im Grundsatz* vertragsgemäß, nicht automatisch auch auf dessen Mängelfreiheit. Durch die Abnahme des Werkes verliert der Besteller daher vorbehaltlich der Regelung in § 640 Abs. 2 BGB nicht seine Rechte aus § 634 BGB; dessen Anwendungsbereich wird durch die Abnahme vielmehr überhaupt erst eröffnet. Umgekehrt liegt eine konkludente Abnahme auch dann vor, wenn der Besteller sich das erkanntermaßen mangelhafte Werk übergeben läßt und wegen der Mängel seine Rechte vorbehält.[336] Daß eine bestimmte nachteilige Beschaffenheit bereits bei der Abnahme vorgelegen hat und somit ein Sachmangel gegeben ist, muß allerdings fortan der Besteller beweisen (vgl. § 363 BGB).[337]

(3) Übergang der Vergütungsgefahr durch Abnahmesurrogate (§§ 640 Abs. 1 Satz 3, 641a BGB)

Die zum Übergang der Vergütungsgefahr führende Abnahme wird in zwei Konstellationen durch Surrogate ersetzt.

---

[335] *Köhler* NJW 1984, 1841 (1843); *Larenz* BT 1, § 53 III a, S. 364 ff.; *Medicus* Rdnr. 379; RGRK/*Glanzmann* § 646 Rdnr. 6; kritisch *Staudinger/Peters* (2003) § 646 Rdnr. 7 ff. sowie *Esser/Weyers* BT 1, § 33 II 1, S. 281 ff., die jedoch im Wege einer rechtsfolgenorientierten Analyse zu durchaus vergleichbaren Ergebnissen gelangen.

[336] Anders bei einer Zurückweisung des Werkes aufgrund der Mängel, zu welcher der Besteller vorbehaltlich des § 640 Abs. 1 Satz 2 BGB berechtigt ist.

[337] BGH v. 4. Juni 1973, BGHZ 61, 42 (47); BGH v. 24. November 1998, NJW-RR 1999, 347 (349); *Erman/Seiler* § 633 Rdnr. 42.

Den ersten Fall regelt § 640 Abs. 1 Satz 3 BGB. Danach steht es einer Abnahme gleich, wenn der Besteller innerhalb einer von dem Unternehmer gesetzten, angemessenen Frist seiner Abnahmepflicht aus § 640 Abs. 1 Satz 1 und 2 BGB nicht nachkommt. Somit tritt diese Rechtsfolge nur ein, wenn das zur Abnahme angebotene Werk keine wesentlichen Sach- oder Rechtsmängel aufweist. Ob die für die Abnahme gesetzte Frist angemessen ist, bestimmt sich nach den Umständen des Einzelfalles; die in § 12 Nr. 1 VOB/B vorgesehenen 12 Werktage geben hierfür aber einen Anhaltspunkt. Ist die gesetzte Frist unangemessen kurz, so gilt ex lege eine objektiv angemessene Frist, mit deren Ablauf die Gefahr gemäß § 644 Abs. 1 Satz 1 BGB übergeht.[338] Zu berücksichtigen ist bezüglich des Gefahrübergangs allerdings, daß der Besteller in der Regel bereits vor dem Fristablauf infolge des Angebots der Abnahme durch den Unternehmer *in einen Annahmeverzug i.S. der §§ 293 ff. BGB gerät.* Dies führt dazu, daß die Vergütungsgefahr schon nach den §§ 326 Abs. 2 Satz 1 Alt. 2, 644 Abs. 1 Satz 2 BGB übergeht. Die dem Schutz des Unternehmers dienende Vorschrift des § 640 Abs. 1 Satz 3 BGB steht dieser Rechtsfolge nicht entgegen, da eine Sperrwirkung mit ihrem Normzweck nicht vereinbar wäre.[339]

Die Rechtswirkungen einer Abnahme treten nach § 641a BGB weiterhin ein, wenn ein Sachverständiger für das Werk eine Fertigstellungsbescheinigung ausstellt, was insbesondere bei umfangreichen Bauleistungen in Betracht kommt. In diesem Fall tritt der Gefahrübergang ein, wenn dem Besteller eine Abschrift der Bescheinigung zugeht (§ 641a Abs. 5 Satz 2 BGB). Einer Abnahme steht die Fertigstellungsbescheinigung jedoch nur gleich, wenn das komplizierte Verfahren des § 641a Abs. 2 bis 4 BGB eingehalten worden ist und der Besteller nach § 640 Abs. 1 Satz und 2 BGB zu einer Abnahme des Werkes verpflichtet war (§ 641a Abs. 1 Satz 2 Halbsatz 1 BGB), was insbesondere zu verneinen ist, wenn wesentliche Mängel vorliegen.

(4) Annahmeverzug des Bestellers (§ 644 Abs. 1 Satz 2 BGB)

Die Vergütungsgefahr geht darüber hinaus gemäß § 644 Abs. 1 Satz 2 BGB auf den Besteller über, wenn dieser hinsichtlich der Pflicht des Unternehmers zur Verschaffung des Werkes in Annahmeverzug i.S. der allgemeinen Vorschriften der §§ 293 ff. BGB ist.[340] Allerdings ergibt sich diese Rechtsfolge schon aus § 326 Abs. 2 Satz 1 Alt. 2 BGB.[341] Insbesondere findet auch im Rahmen des § 644 Abs. 1 Satz 2 BGB die Regelung des § 326 Abs. 2 Satz 2 BGB (analoge) Anwendung, nach welcher der Vergütungsanspruch des Unternehmers bei einer während des Annahmeverzuges eintretenden Leistungsbefreiung gegebenenfalls anteilig zu kürzen ist.[342] Das kommt insbesondere in Betracht, wenn das untergegangene Werk noch nicht vollständig fertiggestellt war, weil der Besteller wegen einer unterlasse-

---

[338] *Staudinger/Peters* (2003) § 640 Rdnr. 44a; BR/*Voit* § 640 Rdnr. 33.

[339] *Staudinger/Peters* (2003) § 640 Rdnr. 44b.

[340] Hiervon zu unterscheiden ist ein Schuldnerverzug mit der Abnahmepflicht aus § 640 Abs. 1 Satz 1 BGB.

[341] Siehe oben § 8 G I 1e, bb (2), S. 499 f.

[342] RGRK/*Glanzmann* § 644 Rdnr. 9; *Staudinger/Peters* (2003) § 644 Rdnr. 26.

nen Mitwirkungshandlung i.S. des § 642 Abs. 1 BGB in Annahmeverzug geraten ist.

Die Hauptbedeutung des § 644 Abs. 1 Satz 2 BGB besteht daher darin, daß nachteilige Beschaffenheitsveränderungen, die nach Eintritt des Annahmeverzuges an dem Werk auftreten, keinen Sachmangel i.S. des § 633 Abs. 1 und 2 BGB mehr darstellen.[343] Denn maßgeblicher Zeitpunkt für die Beurteilung, ob ein Sachmangel vorliegt, ist der Übergang der Vergütungsgefahr auf den Besteller,[344] der durch § 644 Abs. 1 Satz 2 BGB angeordnet wird. Das gilt selbst dann, wenn der Unternehmer die Verschlechterung während des Annahmeverzuges des Bestellers nach Maßgabe des § 300 Abs. 1 BGB zu vertreten hat. Beispiel: Der Unternehmer setzt den Besteller mit der Annahme des ordnungsgemäß hergestellten Einfamilienhauses i.S. der §§ 293 ff. BGB in Verzug. Danach verursacht er grob fahrlässig (§ 300 Abs. 1 BGB) einen Brand, der zu Schäden an dem Gebäude führt. Zwar betrifft die Regelung der Vergütungsgefahr als solche nur zufällige Verschlechterungen; für den Mangelbegriff ist der Gefahrübergang aber *in rein zeitlicher Hinsicht* bedeutsam, ohne daß der Grund einer später eintretenden Verschlechterung relevant wäre.[345] Somit sind vom Unternehmer zu vertretende Verschlechterungen ab dem Zeitpunkt des Annahmeverzuges des Bestellers keine Verletzung der Hauptleistungspflicht aus den §§ 631 Abs. 1, 633 Abs. 1 BGB mehr, sondern lediglich Schutzpflichtverletzungen i.S. des § 241 Abs. 2 BGB, die jedoch nach Maßgabe der §§ 280 Abs. 1, 282 BGB zum Schadensersatz verpflichten und den Besteller gegebenenfalls nach § 324 BGB zum Rücktritt berechtigen.[346]

(5) Vollendung des Werkes (§ 646 BGB)

Wenn ein Werk nach seiner „Beschaffenheit" nicht abnahmefähig ist, d.h. die Verkehrssitte einer rechtsgeschäftsähnlichen Billigung durch den Besteller entgegensteht,[347] tritt gemäß § 646 BGB auch in bezug auf den Übergang der Vergütungsgefahr die Vollendung des Werkes an die Stelle der Abnahme. Diese ist allerdings nur relevant, wenn der Unternehmer mit der Vollendung des Werkes noch nicht seine Pflicht aus § 631 Abs. 1 BGB i.S. des § 362 BGB erfüllt hat. Das ist jedoch regelmäßig der Fall, z.B. mit dem Abschluß einer Theatervorstellung oder der Ankunft des zu befördernden Passagiers am Zielort. Sollte dies im Einzelfall anders sein, so bewirkt die Vollendung des Werkes – wie die Abnahme nach § 644 Abs. 1 Satz 1 BGB – auch eine Konkretisierung der Schuld des Unternehmers auf das hergestellte Werk, sofern dieses keine i.S. des § 640 Abs. 1 Satz 2 BGB wesentlichen Mängel aufweist.[348]

---

[343] Siehe § 8 F II 3b, dd (3b), S. 474; wie hier *Erman/Seiler* § 644 Rdnr. 4; *Esser/Weyers* BT 1, § 34 III 4, S. 293; a.A. ohne nähere Begründung *Staudinger/Peters* (2003) § 644 Rdnr. 25 trotz der Gleichstellung von Abnahme und Annahmeverzug in 644 Abs. 1 BGB.

[344] Dazu oben § 8 E I 2a, S. 452 ff.

[345] Vgl. zum Kaufrecht oben § 2 G I 1c, cc (3), S. 158.

[346] Siehe oben § 8 F III, S. 494.

[347] Siehe oben § 8 G I 1e, cc (2b), S. 504 ff.

[348] Dazu oben § 8 G I 1e, cc (2a), S. 501 ff.

(6) Verantwortlichkeit des Bestellers i.S. des § 645 BGB

(a) Stellung der Vorschrift im System der Gefahrtragungsregeln

Ist das Werk vor der Abnahme infolge eines Mangels des von dem Besteller gelieferten Stoffes oder einer von diesem für die Ausführung erteilten Anweisung untergegangen, verschlechtert oder unausführbar geworden, ohne daß dabei ein Umstand mitgewirkt hat, den der Unternehmer zu vertreten hat, so kann dieser von dem Besteller nach § 645 Abs. 1 BGB einen der geleisteten Arbeit entsprechenden Teil der Vergütung und Ersatz seiner in der Vergütung nicht inbegriffenen Auslagen verlangen.

Bezüglich dieser Vorschrift ist bereits umstritten, ob es sich um eine „echte" Gefahrtragungsregelung handelt, d.h. der Besteller trotz einer Leistungsbefreiung des Unternehmers (anteilig) eine Vergütung schuldet.[349] Die Alternative wäre, daß der Unternehmer selbst bei den von § 645 Abs. 1 Satz 1 BGB erfaßten Sachverhalten zu einer Neuherstellung des Werkes verpflichtet bleibt, sofern dies tatsächlich möglich ist (z.B. mit einem von dem Besteller gestellten Ersatzstoff) und hierfür die volle Vergütung aus § 631 Abs. 1 BGB beanspruchen kann, während ihm § 645 Abs. 1 Satz 1 BGB nur einen *zusätzlichen* anteiligen Vergütungsanspruch für die bereits geleistete erfolglose Arbeit gewährt. Andererseits hat sich der Unternehmer nicht zu einer erneuten Tätigkeit verpflichtet, wenn eine Leistungsstörung aus der Sphäre des Bestellers i.S. des § 645 Abs. 1 Satz 1 BGB stammt. Eine derartige Pflicht des Unternehmers ergibt sich auch nicht aus § 242 BGB,[350] sondern ist in der Regel ausgeschlossen, was jedoch einer Einigung der Parteien auf einen zweiten Herstellungsversuch nicht entgegensteht. Geschieht dies nicht, so endet nach der hier vertretenen Auffassung die Herstellungspflicht aus § 631 Abs. 1 BGB selbst dann, wenn eine neue Herstellung tatsächlich möglich wäre, so daß § 645 Abs. 1 Satz 1 BGB dem Besteller anteilig die Vergütungsgefahr zuweist.[351]

(b) Tatbestandsvoraussetzungen der Gefahrverlagerung

(aa) Leistungsstörung im Verantwortungsbereich des Bestellers

Im Hinblick auf den Anwendungsbereich der Vorschrift ist zunächst festzuhalten, daß § 645 Abs. 1 Satz 1 BGB nicht den Fall erfaßt, in dem der Besteller als Gläubiger das Leistungshindernis analog den §§ 276 ff. BGB zu verantworten hat. Wenn dies zu bejahen ist, dann trägt er die Vergütungsgefahr bereits nach Maßgabe des § 326 Abs. 2 Satz 1 Alt. 1 BGB. Die Zurechnung der Leistungsstörung nach § 645 Abs. 1 Satz 1 BGB beruht vielmehr auf einem schwächeren Verantwortlichkeitsgrad des Bestellers.

---

[349] Zum Begriff der Gefahrtragung oben § 8 G I 1e, aa, S. 498.

[350] So die wohl h.M.: *Erman/Seiler* § 645 Rdnr. 7; *Staudinger/Peters* (2003) § 644 Rdnr. 11 m.w.N.

[351] Wenn das Werk aus einem der in § 645 Abs. 1 Satz 1 BGB genannten Gründe nicht untergegangen, sondern nur verschlechtert ist, schließt dies die Mängelrechte des Bestellers nach § 634 BGB aus, siehe § 8 F II 3b, dd (3a), S. 473; a.A. *Staudinger/Peters* (2003) § 645 Rdnr. 9 ff.

Erstens betrifft dies den Fall, daß die Leistungsstörung auf einen *Mangel des von dem Besteller gelieferten Stoffes* zurückzuführen ist. Dabei ist der Begriff des „Stoffes" weit auszulegen und umfaßt z.B. auch den von dem Besteller zur Verfügung gestellten Baugrund.[352] Die von § 645 BGB geforderte Mangelhaftigkeit des Stoffes bemißt sich nicht nach § 633 Abs. 2 Satz 1 und 2 BGB, sondern danach, ob diesem eine Qualität fehlt, die für die Herstellung des versprochenen Werkes erforderlich ist *und* deren Vorliegen der Unternehmer erwarten durfte.[353] Letzteres ist z.B. zu verneinen und § 645 Abs. 1 Satz 1 BGB damit nicht einschlägig, wenn der Unternehmer die betreffende Beschaffenheit des Stoffes kannte und irrig glaubte, mit diesem ein bestimmtes Werk herstellen zu können. Beispiel: Der Bauunternehmer geht irrtümlich davon aus, daß die offengelegte Bodenzusammensetzung des Grundstücks des Bestellers für ein Hochhaus tragfähig genug ist.

Zweitens nennt § 645 Abs. 1 Satz 1 BGB den Fall, daß der Untergang oder die Unausführbarkeit auf einer Anweisung des Bestellers beruht. Die Risikoverteilung des § 645 Abs. 1 Satz 1 BGB ist allerdings nur gerechtfertigt, wenn es sich um eine *nachträgliche bindende Anweisung* handelt, der sich der Unternehmer in dem Werkvertrag unterworfen hatte.[354] Es geht daher insbesondere um Leistungskonkretisierungen des Bestellers i.S. der §§ 315, 316 BGB. Muß der Unternehmer hingegen die Weisung nach dem Vertragsinhalt nicht befolgen, so daß es sich um eine bloße Anregung oder eine Bitte des Bestellers handelt, entlastet dies den Unternehmer nicht i.S. des § 645 Abs. 1 Satz 1 BGB. Das weitere Geschehen bleibt seiner Entscheidungshoheit unterstellt und ist nicht dem Besteller zuzurechnen. Gleiches gilt für Leistungen, die bereits in dem ursprünglichen Vertrag von dem Besteller gefordert wurden, da sich der Unternehmer mit diesen unmittelbar einverstanden erklärt und insoweit nicht nur pauschal einer späteren einseitigen Anordnung zugestimmt hat.[355] Das Risiko der Realisierbarkeit der vertraglichen Vereinbarung als solcher muß der Unternehmer selber tragen.

Die im Gesetz enthaltene Aufzählung wirft die Frage auf, ob die dort genannten Tatbestände abschließend sind. Nach allgemeiner Ansicht ist das zu verneinen. Umstritten ist jedoch, in welchem Umfang § 645 Abs. 1 Satz 1 BGB einen *verallgemeinerungsfähigen Rechtsgedanken* enthält. Nach einer Auffassung umfaßt die Norm alle Risiken, die in der Sphäre des Bestellers wurzeln (sog. Sphärentheorie).[356] Dieser generalisierende Ansatz ist allerdings mit dem Makel einer nicht un-

---

[352] *Erman/Seiler* § 645 Rdnr. 2; *Esser/Weyers* BT 1, § 34 III 1a, S. 290; *Soergel/Teichmann* § 645 Rdnr. 4; *Staudinger/Peters* (2003) § 645 Rdnr. 12.

[353] BGH v. 30. November 1972, BGHZ 60, 14 (20); *Soergel* MünchKomm. § 645 Rdnr. 5; *Staudinger/Peters* (2003) § 645 Rdnr. 12.

[354] BGH v. 14. März 1996, BGHZ 132, 189 (192 ff.) zu § 13 Nr. 3 VOB/B; *Esser/Weyers* BT 1, § 34 III 1b, S. 291; *Soergel* MünchKomm. § 645 Rdnr. 7; *Staudinger/Peters* (2003) § 645 Rdnr. 15; BR/*Voit* § 645 Rdnr. 10.

[355] BGH v. 11. März 1982, BGHZ 83, 197 (202 f.); *Erman/Seiler* § 645 Rdnr. 3; *Staudinger/ Peters* (2003) § 645 Rdnr. 15; a.A. RGRK/*Glanzmann* § 645 Rdnr. 3.

[356] *Beuthien* Zweckerreichung und Zweckstörung im Schuldverhältnis, 1969, S. 242 ff.; *Enneccerus/Lehmann* § 153 II 1a, S. 657; offen BGH v. 30. November 1972, BGHZ 60, 14 (19); weiterführend *Erman* JZ 1965, 657 ff.

erheblichen Einbuße an Rechtssicherheit behaftet. Deshalb befürwortet die h.M. eine Ausdehnung der Vorschrift nur im Wege einer im Einzelfall zu begründenden Analogie.[357] In Betracht kommt hiernach eine teleologische Vergleichbarkeit anderer Leistungshindernisse insbesondere mit einem Mangel des bestellereigenen Stoffes i.S. des § 645 Abs. 1 Satz 1 BGB, wenn z.B. der Besteller im Umfeld des Leistungssubstrates gefährliche Stoffe lagert, die einen Untergang des Werkes herbeiführen (z.B. Einbringen von Heu in eine noch im Bau befindliche Scheune, das sich später entzündet).[358] Ebenso kann auch das Unterlassen zumutbarer Sicherungsmaßnahmen (Hochwassersicherung etc.) zu einer Verantwortlichkeit des Bestellers i.S. des § 645 Abs. 1 Satz 1 BGB analog führen.[359] Im Wege eines argumentum a fortiori sind auch die Fälle erfaßt, in denen der Besteller es gänzlich versäumt, das Leistungssubstrat in der vorgesehenen Zeitspanne zur Verfügung zu stellen (der Passagier erscheint nicht zu dem gebuchten Linienflug; der Fahrer des abzuschleppenden PKW bringt diesen selber wieder „in Gang").[360] Schließlich hat der Bundesgerichtshof § 645 Abs. 1 Satz 1 BGB entsprechend angewendet, wenn eine Fabrik aufgrund politischer Unruhen auf unabsehbare Zeit nicht an dem vorgesehenen Ort errichtet werden konnte.[361] Da die Gewährleistung der erforderlichen Arbeitsbedingungen an dem von dem Besteller gewählten Ort der Werkherstellung mit der Eignung des zu bearbeitenden Stoffes für das Werk vergleichbar ist, überzeugt dies. Eine allgemeine Haftung des Bestellers für höhere Gewalt ist § 645 Abs. 1 Satz 1 BGB indes nicht zu entnehmen.[362]

(bb) Kein Vertretenmüssen des Unternehmers

Ausgeschlossen ist die Anwendung des § 645 Abs. 1 Satz 1 BGB jedoch, wenn das Leistungshindernis nicht allein in die Sphäre des Bestellers fällt, sondern ein Umstand hinzutritt, den der Unternehmer „zu vertreten" hat. Dabei ist das Vertretenmüssen nicht technisch i.S. der §§ 276 ff. BGB zu verstehen, sondern umfaßt jede *objektiv* i.S. des § 280 Abs. 1 Satz 1 BGB pflichtwidrige Verhaltensweise des Unternehmers.[363] Diese weite Interpretation ergibt sich daraus, daß bereits der Verantwortlichkeitsgrad des Bestellers, der zu einer Zurechnung nach § 645 Abs. 1

---

[357] *Esser/Weyers* BT 1, § 34 III 1a, S. 291; *Fikentscher* Rdnr. 899; RGRK/*Glanzmann* § 645 Rdnr. 4; *Soergel* MünchKomm. § 645 Rdnr. 11; *Staudinger/Peters* (2003) § 645 Rdnr. 29 ff.; BR/*Voit* § 645 Rdnr. 17 f.

[358] BGH v. 11. Juli 1963, BGHZ 40, 71 (75).

[359] BGH v. 21. August 1997, BGHZ 136, 303 (309); BGH v. 16. Oktober 1997, BGHZ 137, 35 (38).

[360] *Erman/Seiler* § 645 Rdnr. 10; *Soergel* MünchKomm. § 645 Rdnr. 13; *Staudinger/Peters* (2003) § 645 Rdnr. 34 ff.; BR/*Voit* § 645 Rdnr. 21. Diese Fälle können gegebenenfalls auch bereits unter § 326 Abs. 2 Alt. 1 oder 2 BGB fallen; siehe allgemein zu den Kategorien der Zweckerreichung und des Zweckfortfalls im Leistungsstörungsrecht *Roth* MünchKomm.[4] § 313 Rdnr. 213 ff.

[361] BGH v. 11. März 1982, BGHZ 83, 197 (203 ff.).

[362] *Staudinger/Peters* (2003) § 645 Rdnr. 38.

[363] *Erman/Seiler* § 645 Rdnr. 5; *Staudinger/Peters* (2003) § 645 Rdnr. 18 f.; a.A. *Soergel* MünchKomm. § 645 Rdnr. 15 f.

Satz 1 BGB führen würde (Mangel des Stoffes etc.), objektiver Natur und gegenüber den Maßstäben des § 326 Abs. 2 Satz 1 Alt. 1 BGB (§§ 276 ff. BGB analog)
abgeschwächt ist. Aus diesem Grunde sind umgekehrt auch an den Ausschlußgrund des Vertretenmüssens des Unternehmers geringere Anforderungen zu stellen. Eine zum Vertretenmüssen des Unternehmers führende Pflichtwidrigkeit kann
insbesondere darin liegen, daß er eine gebotene Untersuchung des vom Besteller
zur Verfügung gestellten Stoffes im Hinblick auf die Tauglichkeit für die Herstellung des vorgesehenen Werkes unterläßt oder den Besteller nicht auf die mit einer
erteilten Anweisung verbundenen Gefahren aufmerksam macht.[364]
     Daß die Zurechnung zum Besteller nach § 645 Abs. 1 Satz 1 BGB nicht auf
dessen Verantwortlichkeit analog den §§ 276 ff. BGB beruht, bildet auch den maßgeblichen Grund dafür, weshalb bei einem korrespondierenden Vertretenmüssen
des Unternehmers i.S. eines objektiv pflichtwidrigen Verhaltens die Rechtsfolgen
der Vorschrift überhaupt nicht eingreifen und eine Abwägung nach Maßgabe des
§ 254 BGB unterbleibt.[365] Hat der Unternehmer die Leistungsstörung im dargelegten Sinne zu vertreten, so ist er zu einer Neuherstellung bzw. Nacherfüllung
verpflichtet, soweit diese möglich ist; anderenfalls greift wegen § 275 BGB die
Grundregel des § 326 Abs. 1 BGB ein.

(cc) Rechtsfolgen

Soweit die Voraussetzungen des § 645 Abs. 1 Satz 1 BGB vorliegen, kann der Unternehmer einen der bereits geleisteten Arbeit entsprechenden Teil der Vergütung
sowie den Ersatz der in der Vergütung nicht inbegriffenen Auslagen verlangen.
Nach der hier vertretenen Auffassung ist er jedoch zu einer Neuherstellung des
Werkes bzw. Mängelbeseitigung selbst dann nicht verpflichtet, wenn diese tatsächlich möglich wären.[366]
     Die anteilige Vergütung bemißt sich nicht nach dem Wert des vor dem Unter-
gang oder der Unausführbarkeit bereits erstellten Werkteiles, sondern nach dem
Verhältnis der bereits geleisteten zu der insgesamt veranschlagten Arbeitszeit. Hatte der Unternehmer z.B. bereits 50 % der geschuldeten *Tätigkeit* entfaltet, so steht
ihm ein Anspruch auf die halbe Vergütung zu, unabhängig davon, ob er dadurch
erst 40 % oder schon 60 % des *Werkerfolges* erzielt hätte.[367] Wegen dieser Anbindung der Teilvergütung an das Tätigkeitsmoment sind zusätzlich auch die Auslagen des Unternehmers zu ersetzen. Hatte beispielsweise der Unternehmer Material
zu beschaffen und während der zu 50 % erbrachten Tätigkeit bereits 100 % des zu
verarbeitenden und dann untergegangenen Materials verwendet, steht ihm ein Ersatz des objektiven Wertes auch für die zweiten 50 % zu, während die andere
Hälfte des Materialwertes bereits mit der nach dem Anteil der Arbeitsleistung be-

---

[364] *Erman/Seiler* § 645 Rdnr. 5; *Esser/Weyers* BT 1, § 34 III 1b, S. 291 f.; *Soergel*
MünchKomm. § 645 Rdnr. 15; BR/*Voit* § 645 Rdnr. 12.

[365] BGH v. 12. Juli 1973, BGHZ 61, 144 (147), zur Parallelregelung in § 7 Nr. 1 VOB/B;
Oetker MünchKomm.⁴ § 254 Rdnr. 22; BR/*Voit* § 645 Rdnr. 12; a.A. *Staudinger/Pe-
ters* (2003) § 645 Rdnr. 26.

[366] Siehe oben § 8 G I 1e, cc (6a), S. 509 f.

[367] RGRK/*Glanzmann* § 645 Rdnr. 8; *Staudinger/Peters* (2003) § 645 Rdnr. 22.

messenen hälftigen Vergütung (inklusive der anteiligen Gewinnspanne) abgegolten ist.

Eine weitergehende Haftung des Bestellers wegen Verschuldens bleibt nach § 645 Abs. 2 BGB ausdrücklich unberührt. Dies hat zwei Konsequenzen: Soweit der Besteller für die Leistungsstörung über § 645 Abs. 1 Satz 1 BGB hinaus i.S. des § 326 Abs. 2 Satz 1 Alt. 1 BGB i.V. mit den §§ 276 ff. BGB analog verantwortlich ist, steht dem Unternehmer ein nach § 326 Abs. 2 BGB zu bemessender Vergütungsanspruch zu, der gegebenenfalls höher ausfällt.[368] Darüber hinaus schuldet er dem Unternehmer bei einer schuldhaften Schutzpflichtverletzung gemäß § 280 Abs. 1 BGB Schadensersatz; so z.B., wenn der Besteller Material zur Verfügung stellt, dessen Schadhaftigkeit nur für ihn erkennbar war, und an dem sich der Unternehmer dann eine Körperverletzung zuzieht.

2. Pflicht zur Abnahme des Werkes (§ 640 Abs. 1 Satz 1 und 2 BGB)

a) Allgemeines

Für verschiedene Rechtsfragen ist die Abnahme des Werkes von zentraler Bedeutung. Sie liefert nicht nur den maßgeblichen Zeitpunkt für die Beurteilung der Frage, ob eine bestimmte Beschaffenheit des Werkes einen Mangel i.S. des § 633 BGB darstellt,[369] und führt zur Anwendbarkeit der Mängelrechte aus § 634 BGB als spezielleren Regelungen gegenüber den Vorschriften des allgemeinen Leistungsstörungsrechts.[370] Darüber hinaus droht dem Besteller bei einer vorbehaltlosen Abnahme des Werkes gemäß § 640 Abs. 2 BGB ein Rechtsverlust.[371] Schließlich hängen von ihr nach § 641 Abs. 1 Satz 1 BGB auch die Fälligkeit des Vergütungsanspruchs[372] und gemäß § 644 Abs. 1 Satz 1 BGB der Übergang der Vergütungsgefahr ab.[373]

Die Abnahme ist nicht nur eine *Gläubigerobliegenheit* des Bestellers, deren Verletzung nach Maßgabe der §§ 293 ff. BGB zu einem Annahmeverzug mit den Folgen der §§ 300 ff., 326 Abs. 2, 644 Abs. 1 Satz 2 BGB führt, sondern auch Gegenstand eines *eigenständigen Anspruchs* des Unternehmers gegenüber dem Besteller, der auf § 640 Abs. 1 Satz 1 und 2 BGB beruht. Daher ist der Besteller in bezug auf die Verschaffung des Werkes sowohl Gläubiger als auch Schuldner.[374] Die Voraussetzungen und Rechtsfolgen eines Annahmeverzuges und einer Verletzung der Abnahmepflicht sind jedoch strikt zu trennen.

---

[368] Siehe oben § 8 G I 1e, bb, S. 498 ff.

[369] Vgl. oben § 8 E I 2a, S. 452 ff. Insoweit kommen allerdings alternativ auch die anderen, oben unter § 8 G I 1e, cc, S. 500 ff. dargestellten Tatbestände der Gefahrverlagerung in Betracht.

[370] Dazu oben § 8 F II 2a, S. 461 f.

[371] Näher oben § 8 F II 2d, bb, S. 465.

[372] § 8 G I 1b, S. 495 f. Die Fälligkeit tritt jedoch alternativ auch nach Maßgabe der §§ 640 Abs. 1 Satz 3, 641 Abs. 2, 641a BGB ein.

[373] Siehe § 8 G I 1e, cc (2), S. 501 ff. sowie § 8 G 1e, cc (3 bis 6), S. 506 ff. zu alternativen Verlagerungen der Vergütungsgefahr.

[374] Statt aller *Oechsler* Rdnr. 693.

b) Einbeziehung der Abnahme in das Synallagma

Unstreitig handelt es sich bei der Pflicht zur Abnahme um eine Leistungspflicht des Bestellers. Problematisch erscheint hingegen, ob diese in das *werkvertragliche Synallagma* eingebunden ist, was zur Anwendbarkeit der §§ 320 ff. BGB führen würde. Diese Frage hat allerdings insoweit an Bedeutung verloren, als das Rücktrittsrecht aus § 323 BGB bei gegenseitigen Verträgen auch die Nichterfüllung nicht synallagmatischer Leistungspflichten erfaßt.[375] Sachlich dreht sich der Streit somit nur noch um die Geltung der §§ 320 bis 322 BGB für die Abnahmepflicht.

Die wohl h.M. bejaht den synallagmatischen Charakter der Abnahme.[376] Er kann jedoch nicht mit dem allgemeinen Interesse des Unternehmers an einer Entlastung von dem hergestellten Werk begründet werden, da auch der Verkäufer eines Gegenstandes ein vergleichbares Interesse an einer Abnahme i.S. des § 433 Abs. 2 BGB hat, die jedoch anerkanntermaßen nur in besonderen Fallgestaltungen im Gegenseitigkeitsverhältnis steht.[377] Deshalb wird die Einbeziehung der Abnahmepflicht in das Synallagma hauptsächlich damit begründet, daß diese aufgrund der an sie geknüpften Rechtsfolgen für den Unternehmer eine besondere Bedeutung hat, die insbesondere aus der Anbindung der Fälligkeit seiner Vergütungsforderung an die Abnahme (§ 641 Abs. 1 Satz 1 BGB) resultiert.

Gegen dieses Argument spricht jedoch, daß der Unternehmer durch die Abnahmesurrogate der §§ 640 Abs. 1 Satz 3, 641a BGB nunmehr[378] die Fälligkeit seiner Werklohnforderung und die anderen Rechtswirkungen auch ohne eine reale Abnahme des Werkes durch den Besteller herbeiführen kann. Zudem wird der Gefahrübergang sogar bereits dadurch bewirkt, daß er den Besteller mit der Annahme des Werkes i.S. der §§ 293 ff. BGB in Verzug setzt (§ 644 Abs. 1 Satz 2 BGB). Darüber hinaus ist die Vorstellung, der Unternehmer schließe den Werkvertrag gerade ab, *um* das Werk von dem Besteller abnehmen zu lassen (do ut des), nur in besonderen Einzelfällen überzeugend. Aufgrund des verminderten praktischen Bedürfnisses für eine Einbeziehung der Abnahme in das Synallagma ist diese daher im Regelfall zu verneinen.[379] Wie bei der kaufvertraglichen Abnahme gemäß § 433 Abs. 2 BGB kann ausschließlich aufgrund der Besonderheiten des Einzelfalles eine abweichende Beurteilung geboten sein, z.B. wenn die Parteien eine Pflicht zur Benutzung des Werkes durch den Besteller vereinbart haben, um einen Werbeeffekt für den Unternehmer zu erzielen.[380] In derartigen Fällen sind auf die Abnahme auch die §§ 320 ff. BGB anwendbar.

---

[375] BT-Drucks. 14/6040, S. 183; *Palandt/Heinrichs* § 323 Rdnr. 10; a.A. *Ernst* Münch-Komm.⁴ § 323 Rdnr. 13, jedoch ohne Auseinandersetzung mit Wortlaut und Entstehungsgeschichte des § 323 BGB.

[376] RG v. 26. August 1943, RGZ 171, 297 (300 f.); BGH v. 23. Februar 1989, BGHZ 107, 75 (77); *Fikentscher* Rdnr. 894; *Larenz* BT 1, § 53 III a, S. 363; RGRK/*Glanzmann* § 640 Rdnr. 18; *Soergel* MünchKomm. § 640 Rdnr. 23 ff.

[377] Siehe oben § 2 G I 2c, S. 168.

[378] Die Regelungen gelten seit dem 1.5.2000.

[379] *Erman/Seiler* § 640 Rdnr. 16; *Esser/Weyers* BT 1, § 33 II 2, S. 283; *Staudinger/Peters* (2003) § 640 Rdnr. 42; BR/*Voit* § 640 Rdnr. 30.

[380] *Staudinger/Peters* (2003) § 640 Rdnr. 43.

c) Voraussetzungen des Abnahmeanspruchs

Nach § 640 Abs. 1 Satz 1 BGB ist der Besteller verpflichtet, das vertragsgemäß hergestellte Werk abzunehmen, sofern nicht die Abnahme desselben nach der Beschaffenheit ausgeschlossen ist. Das Werk muß daher zunächst abnahmefähig sein; anderenfalls greift § 646 BGB ein. Wann letzteres der Fall ist, bemißt sich nach dem zugrunde gelegten Abnahmebegriff.[381] Nach der hier vertretenen Auffassung kommt es darauf an, ob nach der Verkehrssitte eine Billigung des Werkes durch den Besteller üblich ist. Dies ist regelmäßig bei körperlichen Werken der Fall, seltener bei unkörperlichen Leistungen (Beförderung, Kunstdarbietung etc.).

Da der Besteller nur das „vertragsmäßig" hergestellte Werk abnehmen muß, stehen insbesondere Mängel desselben i.S. des § 633 BGB einem Abnahmeanspruch des Unternehmers grundsätzlich entgegen.[382] Hiervon sieht § 640 Abs. 1 Satz 2 BGB jedoch eine Ausnahme vor, wenn die Mängel als unwesentlich zu betrachten sind. Auch in diesem Fall besteht, in Ausdehnung des § 640 Abs. 1 Satz 1 BGB, für den Besteller eine Pflicht zur Abnahme. Für die Abgrenzung kommt es in Anlehnung an die §§ 281 Abs. 1 Satz 3, 323 Abs. 5 Satz 2 BGB darauf an, ob der Mangel die Gebrauchstauglichkeit oder den Wert des Werkes in Relation zu der Gesamtleistung mehr als nur geringfügig beeinträchtigt.[383] Ein unwesentlicher Mangel, der einer Pflicht zur Abnahme nicht entgegensteht, ist z.B. anzunehmen, wenn in einem erbauten Einfamilienhaus eine Türe quietscht, nicht aber, wenn die Stromversorgung defekt ist. Trotz dieser Parallele ist jedoch nicht zu verkennen, daß das Kriterium der Unwesentlichkeit eines Mangels bei § 640 Abs. 1 Satz 2 BGB eine andere Funktion erfüllt als in den §§ 281 Abs. 1 Satz 3, 323 Abs. 5 Satz 2 BGB. Bei den letztgenannten Vorschriften hindert ein unwesentlicher Mangel aufgrund der durch einen Leistungstransfer geschaffenen Vertrauenslage nur eine nachträgliche *Rückabwicklung* des gesamten Vertrages. Demgegenüber entzieht § 640 Abs. 1 Satz 2 BGB dem Besteller ein *präventives Ablehnungsrecht* gegenüber einer mangelhaften Werkleistung. Dies spricht dafür, den Begriff der Unwesentlichkeit im Rahmen des § 640 Abs. 1 Satz 2 BGB eher noch restriktiver zu interpretieren.[384] Darüber hinaus bleibt zu beachten, daß § 640 Abs. 1 Satz 2 BGB zwar die Pflicht zur Abnahme aufrechterhält, vorbehaltlich des § 640 Abs. 2 BGB aber nicht die Rechte des Bestellers aus den §§ 634, 641 Abs. 3 BGB wegen des (unwesentlichen) Mangels ausschließt.[385]

---

[381] Siehe oben § 8 G I 1e, cc (2b), S. 504 ff.

[382] BGH v. 10. Februar 1994, NJW 1994, 1276 (1277); *Erman/Seiler* § 640 Rdnr. 12; *Soergel* MünchKomm. § 640 Rdnr. 25; BR/*Voit* § 640 Rdnr. 22.

[383] Vgl. *Palandt/Sprau* § 640 Rdnr. 7.

[384] *Staudinger/Peters* (2003) § 640 Rdnr. 34 plädiert sogar noch enger für eine Auslegung des § 640 Abs. 1 Satz 2 BGB als bloßes Schikaneverbot.

[385] *Palandt/Sprau* § 640 Rdnr. 7. Zu diesen Rechten gehören aufgrund der §§ 281 Abs. 1 Satz 3, 323 Abs. 5 Satz 2 BGB jedoch nicht der Schadensersatz statt der ganzen Leistung („großer Schadensersatz") oder der Rücktritt von dem Vertrag.

d) Inhalt der Abnahmeverpflichtung

Der Inhalt der Abnahmepflicht bestimmt sich nach dem oben dargestellten Abnahmebegriff.[386] Der Besteller muß daher

- bei einem körperlichen Werk dasselbe tatsächlich hinnehmen (Mitwirkung an der Übergabe), soweit dies nicht aufgrund der Umstände entbehrlich ist, *und* das Werk als vertragsgemäße Leistung billigen;
- bei einem unkörperlichen Werk (z.B. Software-Programm) nur eine Billigung desselben aussprechen.[387]

Zeit und Ort der Abnahme ergeben sich aus der vertraglichen Vereinbarung, ersatzweise aus den §§ 269, 271 BGB.

e) Folgen einer Verletzung der Abnahmepflicht

Befindet sich der Besteller mit der Erfüllung der Abnahmepflicht gemäß § 286 BGB in Verzug, so kann der Unternehmer – neben dem Fortbestehen des Abnahmeanspruchs[388] – den Ersatz seines Verzögerungsschadens verlangen (§ 280 Abs. 1 und 2 BGB).[389] Dies betrifft z.B. anfallende Lagerungskosten, die allerdings auch schon aufgrund eines *Annahmeverzuges* nach § 304 BGB zu ersetzen sind.

Soweit die Abnahme nicht ausnahmsweise in das Synallagma einbezogen ist, findet zwar § 323 BGB, nicht aber die §§ 320 bis 322 BGB Anwendung.[390] Insbesondere steht dem Unternehmer kein Rücktrittsrecht zu. Daneben ist der Unternehmer bei beweglichen körperlichen Werken gemäß § 383 BGB zu einem Selbsthilfeverkauf im Wege der Versteigerung berechtigt, wenn sich der Besteller zugleich in einem Annahmeverzug befindet.

3. Entschädigungsanspruch bei unterlassener Mitwirkung durch den Besteller (§ 642 BGB)

Die Herstellung des Werkes hängt je nach Vertragsinhalt in verschiedener Weise von der Mitwirkung des Bestellers ab. So kann ein auf seinem Grundstück zu errichtendes Gebäude nur entstehen, wenn der Besteller dem Unternehmer Zutritt zu der Baustelle gewährt. Ebenso ist ein Software-Programm, das den Produktionsprozeß eines Unternehmens steuern soll, nur dann entwickelbar, wenn der Unternehmensträger die hierfür notwendigen Daten zur Verfügung stellt. Dem tragen die Vorschriften des Werkvertragsrechts jedoch nur eingeschränkt Rechnung, da sie eine Mitwirkungs-*Pflicht* des Bestellers erst nach der erfolgten Fertigstellung des

---

[386] Siehe oben § 8 G I 1e, cc (2b), S. 504 ff.

[387] Ist diese Billigung nach der Verkehrssitte ausgeschlossen, fehlt es bereits an den Voraussetzungen einer Abnahmepflicht gemäß § 640 Abs. 1 Satz 1 BGB, so daß § 646 BGB eingreift.

[388] Dieser kann eingeklagt und gegebenenfalls durch die Androhung eines Zwangsgeldes gemäß § 888 ZPO bewehrt werden: BGH v. 27. Februar 1996, BGHZ 132, 96 (98 ff.).

[389] Näher z.B. *Oechsler* Rdnr. 693.

[390] Dazu oben § 8 G I 2b, S. 495 f.

Werkes in Gestalt der Abnahmepflicht aus § 640 Abs. 1 Satz 1 BGB begründen und diese auch nur bei abnahmefähigen Werken eingreift (vgl. § 646 BGB).[391]

Im Stadium der Werkherstellung erforderliche Mitwirkungshandlungen des Bestellers haben mangels einer stets möglichen abweichenden Vereinbarung der Parteien deshalb nur den Charakter einer *Gläubigerobliegenheit*.[392] Welche Mitwirkungen dem Gläubiger im einzelnen obliegen, ist einer Vertragsauslegung, hilfsweise aus § 242 BGB zu entnehmen. Hierzu gehört es jedenfalls, daß der Besteller eine Störung der Werkherstellung unterläßt; zudem kann er analog § 278 BGB für eine Mitwirkung ihm zurechenbarer Dritter (Angestellte, andere Werkunternehmer) verantwortlich sein.[393] Die Verletzung der Mitwirkungsobliegenheit führt unter den Voraussetzungen der §§ 293 ff. BGB – also insbesondere verschuldensunabhängig – zu einem Annahmeverzug des Bestellers. Hieran knüpfen sich zunächst die Rechtsfolgen der §§ 300 ff., 326 Abs. 2 Satz 1 Alt. 2, 644 Abs. 1 Satz 2 BGB.[394]

Zu berücksichtigen ist jedoch, daß die unterlassene Mitwirkung des Bestellers und die dadurch eintretende Verzögerung den Unternehmer gegebenenfalls hindert, andere Erwerbsmöglichkeiten wahrzunehmen. Dem trägt das Recht des Dienstvertrages dadurch Rechnung, daß es aufgrund der ausschließlichen Tätigkeitsbezogenheit dieses Vertragstyps bei einem Annahmeverzug des Dienstberechtigten eine Leistungsbefreiung des Dienstverpflichteten unter grundsätzlich voller Aufrechterhaltung der Vergütungspflicht vorsieht (§ 615 Satz 1 und 2 BGB).[395] Da sich der Unternehmer bei einem Werkvertrag aber nicht nur zu einer Tätigkeit, sondern zur Erzielung eines hierüber hinausgehenden Erfolges verpflichtet hat, verbietet es sich, im Werkvertragsrecht an den bloßen Annahmeverzug des Bestellers eine ebenso drastische Rechtsfolge zu knüpfen. Vielmehr enthalten die §§ 642, 643 BGB einen Kompromiß:

---

[391] Näher oben § 8 G I 2, S. 513 ff.

[392] RG v. 14. August 1941, RGZ 168, 321 (327); BGH v. 16. Mai 1968, BGHZ 50, 175 (178); *Esser/Weyers* BT 1, § 33 II 3, S. 283 f., *Fikentscher* Rdnr. 895; *Larenz* BT 1, § 53 III c, S. 370 f., *Soergel* MünchKomm. § 642 Rdnr. 1 f.; *Soergel/Teichmann* § 642 Rdnr. 7; *Staudinger/Peters* (2003) § 642 Rdnr. 17; generell für Pflicht hingegen *Erman/Seiler* § 642 Rdnr. 2; *RGRK/Glanzmann* § 642 Rdnr. 2; unklar BGH v. 13. November 1953, BGHZ 11, 80 (83). Wie im Rahmen des Dienstvertragsrechts dargestellt, kann sich eine Mitwirkungspflicht des Bestellers als Schutzpflicht i.S. des § 241 Abs. 2 BGB *in eng begrenzten Fällen* nicht nur aus einer gesonderten Vereinbarung, sondern auch aus § 242 BGB ergeben, wenn der Unternehmer auf einen öffentlichen Wirkungskreis besonders angewiesen ist (künstlerische Darbietungen etc.); näher dazu oben § 7 E II, S. 424.

[393] *Staudinger/Peters* (2003) § 642 Rdnr. 8, 23.

[394] Es ist allerdings umstritten, ob sich die Haftungsmilderung des § 300 Abs. 1 BGB nur auf Leistungspflichten oder auch auf Schutzpflichten wie z.B. die Obhut des Unternehmers über einen von dem Besteller gelieferten Stoff bezieht; dazu allgemein *Ernst* MünchKomm.[4] § 300 Rdnr. 2.

[395] Näher oben § 7 E I 2b, S. 422 ff.

Vorbehaltlich einer Kündigung gemäß § 643 BGB[396] bleibt der Unternehmer weiterhin zur Herstellung des Werkes verpflichtet. Ferner geht der Anspruch des Bestellers aus § 631 Abs. 1 BGB nur nach den allgemeinen Grundsätzen unter, z.B. wenn die Ausführung des Werkes unmöglich wird (§§ 275 Abs. 1, 326 Abs. 2 Satz 1 Alt. 2, 644 Abs. 1 Satz 2 BGB).[397] Auf der anderen Seite erwirbt der Unternehmer gemäß § 642 Abs. 1 BGB einen *zusätzlichen Entschädigungsanspruch*, der neben seinen fortbestehenden Vergütungsanspruch tritt, *wenn* der Besteller durch die unterlassene Mitwirkung bei der Herstellung nach Maßgabe der §§ 293 ff. BGB in Annahmeverzug geraten ist.[398] Dieser Anspruch, der an eine Obliegenheitsverletzung geknüpft ist, soll die für den Unternehmer mit der Herstellungsverzögerung verbundene Belastung ausgleichen. Hingegen ist es ihm vorbehaltlich einer ausnahmsweisen Mitwirkungspflicht des Bestellers nicht möglich, die Nachholung der unterlassenen Mitwirkung zu erzwingen oder nach den §§ 280 ff. BGB Schadensersatz zu verlangen,[399] was wegen der §§ 642, 643 BGB allerdings auch nicht erforderlich ist. Keine Anwendung findet § 642 BGB hingegen, wenn der Besteller das bereits hergestellte Werk obliegenheits- und/oder pflichtwidrig nicht gemäß § 640 Abs. 1 Satz 1 BGB abnimmt;[400] in diesem Fall greifen die in bezug auf Abnahmestörungen dargestellten Rechtsfolgen ein.[401]

Für den Umfang des in § 642 Abs. 1 BGB begründeten Entschädigungsanspruchs gibt § 642 Abs. 2 BGB die maßgeblichen Kriterien vor. Die Höhe des Anspruchs bestimmt sich in positiver Hinsicht nach der Dauer des Annahmeverzuges und der vereinbarten Vergütung, während ersparte Aufwendungen oder die Möglichkeit einer anderweitigen Verwendung der Arbeitskraft des Unternehmers den Anspruch verringern.[402] Im Grundsatz soll der Unternehmer – unter Berücksichtigung des fortbestehenden Vergütungsanspruchs – so stehen, wie er bei einer rechtzeitigen Mitwirkung des Bestellers bei der Herstellung stünde.[403]

---

[396] Dazu unten § 8 I III, S. 531.

[397] Wenn ein absolutes Fixgeschäft vorliegt und die Erbringung der Werkleistung daher bereits durch die unterlassene Mitwirkung unmöglich wird, kann sich eine (teilweise) Aufrechterhaltung des Vergütungsanspruchs auch ohne eine Verantwortlichkeit des Bestellers i.S. des § 326 Abs. 2 Satz 1 Alt. 1 BGB aus einer analogen Anwendung des § 645 Abs. 1 Satz 1 BGB ergeben; siehe oben § 8 G I 1e, cc (6b, aa), S. 509 ff.

[398] Es bedarf somit insbesondere eines tatsächlichen Angebots der Herstellung durch den Unternehmer gemäß § 294 BGB, sofern dieses nicht nach Maßgabe der §§ 295, 296 BGB entbehrlich ist.

[399] *Larenz* BT 1, § 53 III c, S. 370 f.; *Medicus* Rdnr. 381; *Staudinger/Peters* (2003) § 642 Rdnr. 30; anders BGH v. 16. Mai 1968, BGHZ 50, 175 (178 f.); unklar *Soergel* MünchKomm. § 642 Rdnr. 12.

[400] *Erman/Seiler* § 642 Rdnr. 3; *Soergel/Teichmann* § 642 Rdnr. 5; a.A. *Staudinger/Peters* (2003) § 642 Rdnr. 22.

[401] Siehe oben § 8 G I 2e, S. 516.

[402] Anders als bei § 326 Abs. 2 Satz 2 BGB kommt es nicht darauf an, ob der Unternehmer den anderweitigen Erwerb *böswillig* unterläßt; entscheidend ist nur die Zumutbarkeit für den Unternehmer: *Erman/Seiler* § 642 Rdnr. 5; RGRK/*Glanzmann* § 642 Rdnr. 9; *Staudinger/Peters* (2003) § 642 Rdnr. 26.

[403] *Staudinger/Peters* (2003) § 642 Rdnr. 28.

II. Nebenpflichten des Bestellers

Die Nebenpflichten des Bestellers gegenüber dem Unternehmer folgen aus den §§ 241 Abs. 2, 242 BGB. Insbesondere in den Fällen, in denen der Unternehmer in der Sphäre des Bestellers tätig wird, erlangen vor allem Schutzpflichten für die Integrität des ersteren i.S. des § 241 Abs. 2 BGB besondere Bedeutung. Zudem befürwortet die h.M. eine analoge Anwendung des § 618 BGB, die insbesondere bei Körperschäden oder Tod des Unternehmers eine entsprechende Anwendung der §§ 842 bis 846 BGB ermöglicht (§ 618 Abs. 3 BGB).[404] Dabei ist jedoch zu berücksichtigen, daß einem Werkunternehmer gegebenenfalls eher Maßnahmen zum Eigenschutz zuzumuten sind, als einem Dienstverpflichteten.[405] Darüber hinaus erfassen die Schutzpflichten, welche den Besteller treffen, nach den allgemeinen Kriterien des Vertrages mit Schutzwirkung für Dritte[406] häufig auch die Erfüllungsgehilfen des Unternehmers, z.B. Angestellte.[407] Verletzt der Besteller seine Nebenpflichten, so ergeben sich die Rechtsfolgen aus den §§ 280 ff., 324 BGB.

H. Absicherung der Ansprüche des Unternehmers

I. Allgemeines

Da der Unternehmer hinsichtlich seiner Herstellungstätigkeit nach der dispositiven Gesetzeslage zur Vorleistung verpflichtet ist und sein Vergütungsanspruch gemäß § 641 Abs. 1 Satz 1 BGB grundsätzlich erst mit Abnahme des Werkes fällig wird,[408] besteht auf seiner Seite ein erhebliches wirtschaftliches Interesse an der Absicherung seiner Forderung. Dem trägt unter anderem § 632a BGB Rechnung, der einen Anspruch auf Abschlagszahlungen für hergestellte Werkteile begründet.[409] Weitergehende Sicherheiten (Bürgschaften etc.) können zwar durch eine vertragliche Vereinbarung der Parteien bestellt werden.[410] Hierfür ist der Unternehmer aber auf das Einverständnis des Bestellers angewiesen, das er am Markt

---

[404] RG v. 20. Dezember 1938, RGZ 159, 268 (270 ff.); BGH v. 15. Juni 1971, BGHZ 56, 269 (270); *Esser/Weyers* BT 1, § 33 II 3, S. 284; *Schlechtriem* Rdnr. 420; *Staudinger/ Peters* (2003) Anh. IV zu § 635 Rdnr. 5. Eine über die allgemeinen Verkehrspflichten hinausgehende Fürsorgepflicht kann allerdings nach der Rechtsprechung auch in Allgemeinen Geschäftsbedingungen des Bestellers abbedungen werden; § 619 BGB findet beim Werkvertrag keine analoge Anwendung: BGH v. 15. Juni 1971, BGHZ 56, 269 (272 ff.).

[405] *Larenz* BT 1, § 53 III d, S. 372; *Staudinger/Peters* (2003) Anh. IV zu § 638 Rdnr. 5.

[406] Zu diesen *Gottwald* MünchKomm.⁴ § 328 Rdnr. 96 ff.

[407] Und *insoweit* kann die Schutzpflicht nicht durch eine vertragliche Vereinbarung mit dem Unternehmer ausgeschlossen werden: BGH v. 20 Februar 1958, BGHZ 26, 365 (372). Der Drittschutz beruht auf einem Vertrauensverhältnis als gesetzlichem Schuldverhältnis und folgt daher gegebenenfalls anderen Regeln als der Vertrag; grundlegend *Canaris* JZ 1965, 475 (477 ff.).

[408] Siehe § 8 G I 1b, S. 495 f.

[409] Dazu oben § 8 G I 1c, S. 496 f.

[410] Zu den Grundformen der Sicherungsrechte siehe unten § 13 A, S. 638 f.

häufig nicht durchsetzen kann. Aus diesem Grunde hält das Werkvertragsrecht spezifische Instrumentarien bereit, um die Forderungen des Unternehmers abzusichern. Dazu zählen neben dem Unternehmerpfandrecht für bewegliche Sachen (§ 647 BGB) bei Bauwerken der Anspruch auf Bestellung einer Sicherungshypothek (§ 648 BGB) sowie das Verlangen nach einer Sicherungsleistung (§ 648a BGB).

Obwohl dem Unternehmer diese Sicherheiten bzw. Ansprüche auf Sicherheiten vor allem wegen des Bedürfnisses nach Absicherung seiner Vergütungsforderung aus § 631 Abs. 1 BGB gewährt werden, sind sie nicht auf diese beschränkt, sondern umfassen auch andere Geldforderungen aus dem Werkvertrag, insbesondere solche, die als Schadensersatzanspruch (§ 280 Abs. 2 und 3 BGB) aus einer Verletzung der Vergütungspflicht durch den Besteller resultieren (vgl. §§ 647, 648 Abs. 1 Satz 1 BGB: „seine Forderungen aus dem Vertrag"; § 648a Abs. 1 Satz 1 BGB: „einschließlich dazugehöriger Nebenforderungen").[411]

II. Unternehmerpfandrecht (§ 647 BGB)

1. Voraussetzungen

a) Allgemeines

Ist vom Unternehmer eine bewegliche Sache herzustellen oder auszubessern, dann entsteht an den vom Besteller zur Verfügung gestellten beweglichen Sachen gemäß § 647 BGB *kraft Gesetzes* ein Pfandrecht, wenn sie im Zusammenhang mit der Werkleistung in den Besitz des Unternehmers gelangt sind. Dabei kommt neben einem unmittelbaren Besitz (§ 854 BGB) auch ein mittelbarer Besitz (§ 868 BGB) des Unternehmers in Betracht.[412] Dieser liegt insbesondere vor, wenn der Besteller die zu bearbeitende Sache direkt einem Subunternehmer aushändigt.[413] Falls die Herstellung des Werkes in den Räumlichkeiten des Bestellers stattfindet (Beispiel: Wartung einer EDV-Anlage), ist von einem (unmittelbaren) Besitz des Unternehmers jedoch nur auszugehen, wenn er *ohne weitere Erlaubnis* seitens des Bestellers erforderlichenfalls befugt sein soll, die Sache aus der Sphäre des Bestellers zu entfernen (z.B. die EDV-Anlage mit in seine Werkstatt zu nehmen). Fehlt es hieran, ist der Unternehmer lediglich Besitzdiener i.S. des § 855 BGB, so daß ein Unternehmerpfandrecht i.S. des § 647 BGB ausscheidet.[414] Zudem muß der Unternehmer den Besitz nach dem Wortlaut der Vorschrift im Einverständnis mit dem Besteller erlangt haben, so daß eine einseitige Wegnahme durch den Unternehmer das Sicherungsrecht nicht entstehen läßt.

---

[411] Statt aller *Staudinger/Peters* (2003) § 647 Rdnr. 2, § 648 Rdnr. 26 sowie § 648a Rdnr. 8.

[412] RGRK/*Glanzmann* § 647 Rdnr. 16; *Soergel* MünchKomm. § 648 Rdnr. 9; BR/*Voit* § 647 Rdnr. 6.

[413] Der Subunternehmer ist in diesem Fall unmittelbarer Fremdbesitzer (§ 854 BGB), der Unternehmer mittelbarer Fremdbesitzer erster Stufe (§ 868 BGB) und der Besteller mittelbarer Eigenbesitzer zweiter Stufe (§§ 868, 871, 872 BGB).

[414] *Erman/Seiler* § 647 Rdnr. 6; *Staudinger/Peters* (2003) § 647 Rdnr. 16.

Weiterhin verlangt der Tatbestand des § 647 BGB, daß es sich um hergestellte oder ausgebesserte bewegliche Sachen *des Bestellers* handelt. Dies bedeutet zweierlei:

- Erstens darf der Unternehmer durch seine Tätigkeit nicht selbst gemäß § 950 BGB Eigentum an den Sachen erwerben. In diesem Fall besteht kein Sicherungsbedürfnis, da der Unternehmer die Übereignung des Werkes an den Besteller bis zur Zahlung der Vergütung zurückhalten kann. Darüber hinaus findet in einem solchen Fall gemäß § 651 Satz 1 BGB auf den Werkvertrag das Kaufrecht Anwendung, so daß schon aus diesem Grunde § 647 BGB nicht einschlägig ist.[415] Wenn der Vertrag die Herstellung einer neuen Sache aus einem Stoff des Bestellers zum Gegenstand hat, kann das Pfandrecht also nur entstehen, wenn der Unternehmer aufgrund des Wertverhältnisses gemäß § 950 Abs. 1 Satz 1 BGB a.E. kein Eigentum erwirbt. Den Hauptanwendungsbereich des § 647 BGB stellen somit reine Reparaturarbeiten dar, insbesondere an Kraftfahrzeugen.

- Zweitens entsteht das Unternehmerpfandrecht grundsätzlich nur an Gegenständen im Eigentum des Bestellers. Wenn dieser an der Sache ein Anwartschaftsrecht innehat (z.B. beim Erwerb unter Eigentumsvorbehalt), entsteht das Pfandrecht an diesem Anwartschaftsrecht als „Minus" zum Volleigentum.[416] Das Pfandrecht hängt in diesem Fall allerdings vom Fortbestand der Anwartschaft ab.[417]

b) Rechtslage bei bestellerfremden Sachen

Da das Entstehen eines Pfandrechts zugunsten des Unternehmers – vorbehaltlich der Einbeziehung eines Anwartschaftsrechts – voraussetzt, daß sich die Sachen im Eigentum des Bestellers befinden, wirft dies zwangsläufig die Frage nach der Rechtslage auf, wenn die vom Besteller zur Verfügung gestellten Sachen im Eigentum eines Dritten stehen. Praktisch relevant wird dies z.B., wenn der Halter ein Kraftfahrzeug in eine Werkstatt zur Reparatur gibt, das Kraftfahrzeug aber zuvor bereits – z.B. als Sicherheit für ein zur Finanzierung des Kaufpreises aufgenommenes Gelddarlehen – dem Darlehensgeber (Bank) übereignet worden war.[418] In derartigen Fällen sind mehrere Problemkreise aus verschiedenen Teilgebieten des Bürgerlichen Rechts zu unterscheiden, die hier nur angedeutet werden können:[419]

- Wenn der Eigentümer mit der Werkleistung einverstanden ist (im Beispiel die Bank mit einer Reparatur des PKW nach einem Unfall), stellt sich die Frage, ob der Unternehmer das Pfandrecht aufgrund einer Ermächtigung analog § 185

---

[415] Siehe oben § 8 C, S. 443 ff.
[416] *Baur/Stürner* § 55 Rdnr. 41; *Larenz* BT 1, § 53 III 3 e, S. 374; *Schlechtriem* Rdnr. 464; *Soergel/Teichmann* § 647 Rdnr. 5; BR/*Voit* § 647 Rdnr. 9.
[417] Näher zum Anwartschaftsrecht des Vorbehaltskäufers oben § 2 H I 3b, bb, S. 177 f.
[418] Allgemein zur Sicherungsübereignung *Baur/Stürner* § 57.
[419] Überblick zum Meinungsspektrum auch bei *Oechsler* Rdnr. 698 ff.; *Staudinger/Peters* (2003) § 647 Rdnr. 10 ff., 26 ff.

Abs. 1 BGB erwirbt.[420] Dem kann nicht die Unzulässigkeit einer sog. Verpflichtungsermächtigung entgegengehalten werden,[421] da der Eigentümer nicht aus dem Werkvertrag schuldrechtlich verpflichtet werden, sondern nur zu seinen Lasten das Pfandrecht entstehen soll.[422] Angesichts des Umstandes, daß der Eigentümer, welcher der Reparatur zustimmt, willentlich die Vorteile aus dieser zieht, wäre die vorstehende Lösung durchaus interessengerecht. Als dogmatisches Problem stellt sich ihr jedoch entgegen, daß der Besteller das Pfandrecht nicht i.S. einer Verfügung (§ 185 Abs. 1 BGB), d.h. rechtsgeschäftlich einräumt, sondern dieses kraft Gesetzes entsteht. Darüber hinaus ist die Besitzübergabe an den Unternehmer als Realakt nicht mit einer Verfügung teleologisch vergleichbar, was aber Voraussetzung für eine Analogie zu § 185 Abs. 1 BGB ist.[423]

– Als nächste Variante käme – und zwar unabhängig von einem Einverständnis des Eigentümers – ein gutgläubiger Erwerb des Unternehmerpfandrechts analog den §§ 1207, 932 ff. BGB in Betracht.[424] Dem steht jedoch entgegen, daß auf *gesetzliche Pfandrechte*, zu denen § 647 BGB zählt, die Vorschriften über das Pfandrecht gemäß § 1257 BGB nur insoweit Anwendung finden, als dieses bereits entstanden ist, so daß die Verweisungsnorm den Entstehungstatbestand des § 1207 BGB gerade nicht erfaßt. Dies legt vielmehr den Gegenschluß nahe, daß ein gutgläubiger Erwerb gesetzlicher Pfandrechte nicht möglich ist. Dieses Argument kann nicht mit einem Verweis auf § 366 Abs. 3 HGB entkräftet werden, da diese Vorschrift einen gutgläubigen Erwerb bestimmter gesetzlicher Besitzpfandrechte nur in handelsrechtlichen Sonderfällen zuläßt.[425] Diese Diskrepanz zu § 1207 BGB ist teleologisch gerechtfertigt, da die bloße Besitzübergabe an den Unternehmer keine mit einer rechtsgeschäftlichen Pfandrechtsbestellung gemäß § 1205 BGB vergleichbare Basis für einen Rechtsschein zugunsten des Unternehmers begründet. Die Rechtsprechung verweist den Unternehmer deshalb auf die Möglichkeit, in dem Werkvertrag (gegebenenfalls auch in Allgemeinen Geschäftsbedingungen) zusätzlich ein rechtsge-

---

[420] Dafür *Erman/Seiler* § 647 Rdnr. 4; *Medicus* BürgR Rdnr. 594; *Oechsler* Rdnr. 701; *Soergel* MünchKomm. § 647 Rdnr. 7; *Staudinger/Peters* (2003) § 647 Rdnr. 11.

[421] Dazu allgemein *Flume* AT 2, 57/1d, S. 905 ff.

[422] *Medicus* BürgR Rdnr. 594.

[423] Ablehnend daher die wohl h.M.: BGH v. 21. Dezember 1960, BGHZ 34, 122 (125 ff.); *Baur/Stürner* § 55 Rdnr. 40; *Fikentscher* Rdnr. 902; *Larenz* BT 1, § 53 III e, S. 373 f.; RGRK/*Glanzmann* § 647 Rdnr. 7; BR/*Voit* § 647 Rdnr. 10.

[424] Befürwortend *Baur/Stürner* § 55 Rdnr. 40; *Damrau* MünchKomm. § 1257 Rdnr. 3; *Staudinger/Wiegand* § 1257 Rdnr. 14; weiterführend *J. Hager* Verkehrsschutz durch gutgläubigen Erwerb, 1990, S. 113 ff. Dabei soll die Gutgläubigkeit des Unternehmers bei PKW nicht dadurch ausgeschlossen sein, daß er sich nicht den Kfz-Brief vorlegen läßt (vgl. BGH v. 4. Mai 1977, BGHZ 68, 323 [326 ff.] zum Vertragspfandrecht).

[425] Ablehnend daher BGH v. 21. Dezember 1960, BGHZ 34, 153 (154 f.); BGH v. 25. Februar 1987, BGHZ 100, 95 (101); *Erman/Seiler* § 647 Rdnr. 5; *Larenz* BT 1, § 53 III e, S. 373; RGRK/*Glanzmann* § 647 Rdnr. 6; *Soergel* MünchKomm. § 647 Rdnr. 6; *Staudinger/Peters* (2003) § 647 Rdnr. 14; BR/*Voit* § 647 Rdnr. 11.

schäftliches Pfandrecht vorzusehen, für das nach Maßgabe der §§ 1207, 932 ff. BGB die Möglichkeit eines gutgläubigen Erwerbs besteht.[426] Die Wirksamkeit einer derartigen Verpfändungsklausel unterliegt jedoch durchgreifenden Bedenken: Da der Unternehmer an den bestellereigenen Sachen schon kraft Gesetzes ein Pfandrecht erwirbt, ist die Klausel ihrem Sinngehalt nach darauf gerichtet, Sicherungsrechte an Drittsachen zu erwerben. Dies macht den Unternehmer zwar noch nicht im Einzelfall i.S. des § 932 Abs. 2 BGB bösgläubig, dürfte aber aufgrund ihrer drittschädigenden Tendenz zur Sittenwidrigkeit der Klausel gemäß § 138 Abs. 1 BGB führen.[427]

– Aus diesen Gründen erblickt die h.M. die Lösung des Problems darin, daß dem Unternehmer aufgrund der zu dem Eigentümer der bearbeiteten Sache bestehenden Vindikationslage Verwendungsersatzansprüche nach den §§ 994 ff. BGB zustünden, auf die der Unternehmer ein Zurückbehaltungsrecht gegenüber einem Herausgabeverlangen aus § 985 BGB stützen könne (§ 1000 Satz 1 BGB).[428] Es ist jedoch fraglich, ob „Verwender" i.S. der §§ 994 ff. BGB nicht vielmehr der Besteller ist, der die Reparatur initiiert hat.[429] Danach wäre der Unternehmer bei bestellerfremden Sachen auf seinen ungesicherten Vergütungsanspruch aus § 631 Abs. 1 BGB verwiesen. Es erscheint deshalb schwierig, eine auch dogmatisch befriedigende Lösung des Schutzproblems zu finden.

2. Rechtsfolgen

Wenn ein Pfandrecht gemäß § 647 BGB entstanden ist, gewährt dieses dem Unternehmer nach § 1257 BGB die Stellung des Inhabers eines vertraglich begründeten Pfandrechts, insbesondere ein eigenständiges Besitzrecht. Erfüllt der Besteller Geldforderungen aus dem Werkvertrag nach deren Fälligkeit nicht, so kann der Unternehmer das Pfand nach Maßgabe der §§ 1228 ff. BGB zur Befriedigung seiner Forderungen verwerten. Soweit der Besteller den Vergütungsanspruch des Unternehmers erfüllt, erlischt das Pfandrecht (§ 1252 BGB i.V. mit § 1257 BGB). Allerdings tritt diese Rechtsfolge auch ein, wenn der Pfandgläubiger (= Unternehmer) das Pfand dem Verpfänder (= Besteller) zuvor zurückgibt (§ 1253 Abs. 1 BGB i.V. mit § 1257 BGB).

---

[426] BGH v. 4. Mai 1977, BGHZ 68, 323 (325 ff.); BGH v. 14. Juli 1987, BGHZ 101, 307 (315 ff.).

[427] *Picker* NJW 1978, 1417 f.; unter nicht überzeugender Beschränkung auf Allgemeine Geschäftsbedingungen auch *Staudinger/Peters* (2003) § 647 Rdnr. 13; ähnlich *Esser/Weyers* BT 1 § 33 III 1, S. 286. Allgemein zur Sittenwidrigkeit von drittschädigenden Vereinbarungen *Larenz/Wolf* § 41 Rdnr. 49 ff.

[428] BGH v. 21. Dezember 1960, BGHZ 34, 122 (131); *G. Hager* JuS 1987, 877 (881); *Fikentscher* Rdnr. 902; *Larenz* BT 1, § 53 III e, S. 374; RGRK/*Pikart* § 994 Rdnr. 17. Dabei sollen die §§ 994 ff. BGB auch dann (analog) anwendbar sein, wenn die Besitzberechtigung des Unternehmers gegenüber dem Eigentümer erst nach der Reparatur wegfällt; vgl. BGH v. 21. Dezember 1960, BGHZ 34, 122 (131).

[429] So *Medicus* MünchKomm. § 994 Rdnr. 28; *Staudinger/Gursky* (1999) Vorbem. zu §§ 994 ff. Rdnr. 20 f.; ähnlich auch *M. Wolf* AcP 166, 188 (206 ff.).

III. Anspruch auf Bestellung einer Sicherungshypothek und
Bauhandwerkersicherung

1. Sicherungshypothek (§ 648 BGB)

Große praktische Bedeutung hat die Absicherung der Vergütungsforderung und sonstiger Ansprüche bei Bauunternehmern, die ihr Werk auf einem fremden Grundstück, in der Regel einem solchen des Bestellers errichten. Hinsichtlich des erstellten Bauwerkes scheidet ein isoliertes Pfandrecht aus, weil dieses als Bestandteil des Grundstückseigentums nicht Gegenstand selbständiger Rechte sein kann (§§ 93, 94 BGB). Um den Vergütungsanspruch des Unternehmers abzusichern, kommt deshalb ausschließlich eine Sicherheit an dem Grundstück in Betracht. Dies versucht § 648 Abs. 1 Satz 1 BGB dadurch zu erreichen, daß er zugunsten des Unternehmers eines Bauwerkes[430] oder eines Teiles davon einen Anspruch auf Bestellung einer Sicherungshypothek begründet.[431] Die Vorschrift ist als wesentlicher Grundgedanke des Gesetzes i.S. des § 307 Abs. 2 Nr. 1 BGB zu begreifen und kann daher in Allgemeinen Geschäftsbedingungen des Bestellers nicht ohne einen adäquaten Ausgleich abbedungen werden.[432] Darüber hinaus dehnt die h.M. den Anspruch analog auf unkörperliche Werkleistungen von *Architekten* (Planung, Bauleitung etc.) aus, *soweit* sich diese bereits in einem realen Bauwerk niedergeschlagen haben.[433] Vor der Realisierung kann hingegen keine Hypothekenbestellung verlangt werden. Die Analogie erscheint tragfähig, da sich das Bauwerk in gewisser Weise als „Abbildung" der Architektenleistung darstellt und in der Gleichstellung in § 634a Abs. 1 Nr. 2 BGB eine normative Stütze findet.

Der Gesetzgeber hat sich allerdings – anders als bei § 647 BGB – nicht für eine Entstehung kraft Gesetzes entschieden, um die jederzeitige Ersichtlichkeit der bestehenden Sicherungsrechte aus dem Grundbuch zu gewährleisten. Deshalb muß sich der Unternehmer mit dem Besteller zunächst dinglich über die Bestellung der Hypothek einigen (§ 873 BGB) bzw. diese als Erfüllung seines Anspruchs aus § 648 Abs. 1 Satz 1 BGB gerichtlich erzwingen (vgl. § 894 ZPO). Sobald die Hypothek begründet ist, folgt sie den §§ 1113 ff. BGB mit den für Sicherungshypotheken in den §§ 1184, 1185 BGB angeordneten Besonderheiten.[434] Soweit der Besteller fällige Forderungen aus dem Werkvertrag nicht begleicht, hat der Unternehmer daher insbesondere ein Verwertungsrecht an dem Grundstück gemäß § 1147 BGB.

In der Praxis unterliegt die durch § 648 Abs. 1 Satz 1 BGB gewährte Absicherung jedoch erheblichen Schwächen: Der Anspruch auf die Hypothekenbestellung

---

[430] Zum Begriff des Bauwerkes siehe oben § 8 F II 4b, cc, S. 488.

[431] Eine vergleichbare Regelung trifft § 648 Abs. 2 BGB für in das Schiffsregister eingetragene Schiffe.

[432] BGH v. 3. Mai 1984, BGHZ 91, 139 (144 ff.) m.w.N.

[433] BGH v. 5. Dezember 1968, BGHZ 51, 190 (191 f.); RGRK/*Glanzmann* § 648 Rdnr. 31; *Staudinger/Peters* (2003) § 648 Rdnr. 15; BR/*Voit* § 647 Rdnr. 6; a.A. noch RG v. 18. Mai 1906, RGZ 63, 312 (316).

[434] Zur Sicherungshypothek näher *Baur/Stürner* § 42, S. 489 ff.

entsteht nicht schon mit Abschluß des Werkvertrages, sondern immer nur anteilig nach Maßgabe des jeweiligen Baufortschrittes (§ 648 Abs. 1 Satz 2 BGB).[435] Da zudem die Durchsetzung des Anspruchs erhebliche Zeit beanspruchen kann, geht die Sicherungshypothek des Bauunternehmers bei einer drohenden Insolvenz des Bestellers vielfach ins Leere, weil in der Zwischenzeit andere Gläubiger auf das Grundstück als Sicherungsobjekt zugreifen können. Trotz § 883 Abs. 1 Satz 2 BGB, der eine Vormerkung auch für künftige Ansprüche ermöglicht, kann der Unternehmer auch nicht präventiv durch die Eintragung einer Vormerkung seinen Anspruch auf Hypothekenbestellung schützen, da § 648 Abs. 1 Satz 2 BGB als lex specialis zu § 883 Abs. 1 Satz 2 BGB begriffen wird und somit auch eine Vormerkung nur für den Teil der Vergütungsforderung erwirkt werden kann, der bereits ein realer Baufortschritt gegenübersteht.[436] Schließlich scheidet ein Anspruch auf Bestellung der Hypothek aus, wenn das Grundstück nicht im Eigentum des Bestellers, sondern eines Dritten steht (§ 648 Abs. 1 Satz 1 BGB: „Baugrundstücke des Bestellers").[437]

2. Bauhandwerkersicherung (§ 648a BGB)

Die Unzulänglichkeiten des Anspruches auf Bestellung einer Sicherungshypothek versucht das Werkvertragsrecht dadurch auszugleichen, daß § 648a Abs. 1 Satz 1 BGB bestimmten Unternehmern die nicht zur Disposition der Parteien stehende (§ 648a Abs. 7 BGB) Möglichkeit einräumt, von dem Besteller[438] eine Sicherheit für die zu erbringenden Vorleistungen zu verlangen.[439] Allerdings gewährt § 648a Abs. 1 Satz 1 BGB dem Unternehmer *keinen Anspruch* auf die Sicherheitsleistung, sondern gestaltet diese als Obliegenheit des Bestellers aus.[440] Somit ist dieser nicht

---

[435] Zur Berechnung des Teiles der Vergütungsforderung, für die ein Anspruch gemäß § 648 Abs. 1 BGB besteht, siehe oben § 8 G I 1e, cc (6b, cc), S. 512 zu der entsprechenden Vorschrift in § 645 Abs. 1 Satz 1 BGB. Zum Schicksal des Anspruchs aus § 648 Abs. 1 BGB bei *mangelhafter Werkleistung* im Überblick BGH v. 10 März 1977, BGHZ 68, 180 (182 ff.).

[436] RG v. 21. Juni 1904, RGZ 58, 301 (303); BGH v. 26. Juli 2001, NJW 2001, 3701 f.; *Erman/Seiler* § 648 Rdnr. 11; RGRK/*Glanzmann* § 648 Rdnr. 20; *Staudinger/Peters* (2003) § 648 Rdnr. 35.

[437] Zu denkbaren Ausnahmen bei einer wirtschaftlichen Verflechtung des Bestellers mit dem Grundstückseigentümer *Staudinger/Peters* (2003) § 648 Rdnr. 20 ff. Zum Parallelproblem beim Maklervertrag näher unten § 10 B III 1a, bb, S. 577 f. Wenn hingegen ein Nichteigentümer-Besteller eine Sicherungshypothek tatsächlich einräumt, kommt ein gutgläubiger Erwerb derselben durch den Unternehmer gemäß § 892 BGB in Betracht, da es sich anders als bei § 647 BGB um ein rechtsgeschäftlich bestelltes Sicherungsrecht handelt.

[438] Allerdings greift die Norm nicht ein, wenn der Besteller zu den in § 648a Abs. 6 BGB aufgezählten Personen gehört.

[439] Siehe noch zu dem praktisch kaum wirksamen Gesetz über die Sicherung von Bauforderungen v. 1. Juni 1909 (RGBl. I, S. 449); *Staudinger/Peters* (2003) § 648 Rdnr. 46 ff.

[440] *Brox/Walker* § 25 Rdnr. 8 f; *Staudinger/Peters* (2003) § 648a Rdnr. 20; BR/*Voit* § 648a Rdnr. 2; unrichtig für unvollkommene Verbindlichkeit *Erman/Seiler* § 648a

zu der Stellung einer Sicherheit verpflichtet. Vielmehr kann der Unternehmer hierfür nur eine angemessene Frist mit der Erklärung setzen, daß er nach deren Ablauf *seine Leistung verweigert*. In § 648a Abs. 1 Satz 2 bis 3, Abs. 2 und 3 BGB sind weitere Einzelheiten zum Umfang und zur Durchführung der Sicherheitsleistung geregelt. Insbesondere kann diese neben den allgemeinen Bestimmungen der §§ 232 ff. BGB auch durch eine Garantie oder Bürgschaft eines Kreditinstituts erbracht werden (§ 648a Abs. 2 BGB). Soweit der Besteller dem Verlangen ordnungsgemäß nachkommt, ist der Anspruch des Unternehmers auf die Einräumung einer Sicherungshypothek (§ 648 Abs. 1 BGB) mangels eines anerkennenswerten Interesses nach § 648a Abs. 4 BGB ausgeschlossen.

Leistet der Besteller die Sicherheit nicht fristgerecht, so kann der Unternehmer zunächst sein Leistungsverweigerungsrecht aus § 648a Abs. 1 Satz 1 BGB ausüben.[441] Weiterhin sieht § 648a Abs. 5 Satz 1 BGB vor, daß sich die Rechte des Unternehmers nach § 643 BGB richten, d.h. er darf dem Besteller eine *weitere* Nachfrist setzen, mit deren Ablauf der Vertrag als aufgehoben gilt (§ 643 Satz 2 BGB). Hinsichtlich der bereits erbrachten Tätigkeit kann der Unternehmer dann eine den Leistungen entsprechende Vergütung und Auslagenersatz beanspruchen (§ 645 Abs. 1 Satz 2 BGB).[442] Zudem gewährt ihm § 648a Abs. 5 Satz 2 bis 4 BGB einen verschuldensunabhängigen Anspruch auf den Ersatz seines Vertrauensschadens, wenn er nach § 643 BGB vorgeht oder der Besteller den Vertrag gemäß § 649 BGB kündigt,[443] um der Stellung der Sicherheit zu entgehen.[444]

I. Kündigung des Vertragsverhältnisses

1. Einführung

Der reguläre Beendigungstatbestand für das werkvertragliche Rechtsverhältnis ist die Erfüllung der beiderseitigen Forderungen der Parteien gemäß § 362 BGB. Darüber hinaus kommen andere Beendigungsgründe nach den allgemeinen Regeln wie z.B. eine auflösende Bedingung (§ 158 Abs. 2 BGB), die Abwicklung des Vertrages im Rahmen von Leistungsstörungen oder ein Aufhebungsvertrag in Betracht.

Daneben sehen die §§ 643, 649, 650 BGB zusätzlich verschiedene Kündigungsrechte vor, deren wirksame Ausübung durch eine empfangsbedürftige Willenserklärung (§§ 130 ff. BGB) zu einer Abwicklung des Vertragsverhältnisses mit Wirkung ex nunc führt.[445] Damit installiert das Gesetz einen Beendigungstatbe-

---

Rdnr. 13; widersprüchlich *Soergel* MünchKomm. § 648a Rdnr. 19 (Anspruch des Unternehmers), Rdnr. 23 (Gläubigerobliegenheit).

[441] Es entsteht dann ein Schwebezustand: *Esser/Weyers* BT 1, § 33 III 3, S. 288.

[442] Zu § 643 BGB noch unten § 8 I III, S. 531.

[443] Siehe zu § 649 BGB unten § 8 I II 1, S. 528.

[444] Zu weiteren Einzelheiten der Abwicklung des Vertrages und zur Abrechnung durch den Unternehmer *Staudinger/Peters* (2003) § 648a Rdnr. 22 ff.

[445] Allgemein zum Rechtsinstitut der Kündigung *Gaier* MünchKomm.[4] Vor § 346 Rdnr. 21.

stand, der für Dauerschuldverhältnisse, wie z.B. den Dienstvertrag i.S. der §§ 611 ff. BGB, typisch ist.[446] Anders als diese zeichnet sich der Werkvertrag jedoch durch eine Erfolgsbezogenheit aus, die im Regelfall auch die Beendigung des Rechtsverhältnisses bestimmt (z.B. Erfüllung mit Fertigstellung des zu errichtenden Gebäudes). Gleichwohl weist die Leistungserbringung bei Werkverträgen aufgrund der vorgelagerten *Werktätigkeit* des Unternehmers eine gewisse zeitliche Dimension auf. Die Herstellungstätigkeit unterliegt zwar der Organisationshoheit des Unternehmers, stellt aber keine bloße Vorbereitungstätigkeit dar, sondern gehört bereits zu dem werkvertraglichen Pflichtenprogramm. Diese zeitliche Ausdehnung der Leistungshandlung(en) des Unternehmers führt zu einer gewissen Vergleichbarkeit des Werkvertrages mit Dauerschuldverhältnissen,[447] was die gesetzliche Anordnung verschiedener Kündigungsrechte rechtfertigt. Trotzdem ist der Werkvertrag wegen der Erfolgsbezogenheit der Werkleistung in der Regel *kein* Dauerschuldverhältnis im engeren Sinne.[448] Dies führt z.B. dazu, daß bei Vorliegen entsprechender Voraussetzungen auch nach der Invollzugsetzung eine Rückabwicklung ex tunc nicht ausgeschlossen ist (z.B. Rücktritt gemäß § 323 Abs. 1 BGB i.V. mit § 634 Nr. 3 Alt. 1 BGB).[449] Ebenso scheidet beim Werkvertrag die Anwendung des § 314 BGB aus, da dieser ein sofort mit Zugang der Kündigungserklärung wirkendes Kündigungsrecht aus wichtigem Grund nur für „Dauerschuldverhältnisse" begründet.[450]

Zu den „echten" Dauerschuldverhältnissen – auch i.S. des § 314 BGB – sind allerdings langfristig angelegte Verträge zu rechnen, die auf die fortgesetzte Erbringung gleichartiger Werkleistungen gerichtet sind, z.B. auf unbestimmte Zeit abgeschlossene Wartungsverträge für Industrieanlagen. In diesem Fall beanspruchen die allgemeinen Regeln für Dauerschuldverhältnisse in bezug auf den Gesamtvertrag uneingeschränkte Beachtung, so daß z.B. an die Stelle des jederzeitigen Kündigungsrechts des Bestellers aus § 649 Satz 1 BGB eine ordentliche Kündigung mit angemessener Frist tritt.[451]

II. Kündigungsrechte des Bestellers

Für den Besteller sieht das Werkvertragsrecht in den §§ 649, 650 BGB zwei verschiedene Kündigungstatbestände vor.

---

[446] Näher oben § 7 F, S. 426 ff.

[447] Zur Zeitbezogenheit des Dauerschuldverhältnisses bereits oben § 7 A, S. 394.

[448] *Larenz* BT 1, § 53 III b, S. 368 f.; ausführlich *Oetker* Das Dauerschuldverhältnis und seine Beendigung, 1994, S. 154 ff. m.w.N.

[449] Anders z.B. beim Dienstvertrag: § 7 D III 1a, bb, S. 412.

[450] Näher dazu unten § 8 I II 2, S. 528.

[451] *Erman/Seiler* § 649 Rdnr. 9; RGRK/*Glanzmann* § 649 Rdnr. 25; *Staudinger/Peters* (2003) § 649 Rdnr. 40. Näher zu diesen Langzeitverträgen *Esser/Weyers* BT 1, § 34a/2, S. 295 f.

1. Freie Kündigung gemäß § 649 BGB

Nach § 649 Satz 1 BGB ist der Besteller berechtigt, das Vertragsverhältnis bis zur Vollendung des Werkes jederzeit zu kündigen. Dabei liegt eine Vollendung des Werkes i.S. dieser Vorschrift solange nicht vor, wie das Werk Mängel aufweist, auf deren Beseitigung der Besteller nach den §§ 633 Abs. 1, 635 Abs. 1 BGB einen Anspruch hat.[452] Dieses Kündigungsrecht setzt keine Begründung voraus und beendet das Vertragsverhältnis ohne den Lauf einer Kündigungsfrist. Die Kündigung ist in der Regel selbst dann nicht gemäß § 242 BGB als treuwidrig zu betrachten, wenn das Werk bereits kurz vor seiner Vollendung stand.[453]

Die Legitimation für dieses weitgehende Kündigungsrecht des Bestellers beruht auf zwei miteinander zusammenhängenden Umständen:[454] Erstens ist der Besteller vorbehaltlich einer gesonderten Vereinbarung nicht *verpflichtet*, eine für die Herstellung des Werkes erforderliche Mitwirkung zu erbringen.[455] Dies setzt § 649 Satz 1 BGB konsequent fort, da er verhindert, daß dem Besteller die Werkleistung trotz eines etwaigen Sinneswandels „aufgedrängt" wird.[456] Gegen die berechtigten Interessen des Unternehmers verstößt dies nicht, weil er bei Ausübung des Kündigungsrechts nach § 649 Satz 2 BGB seinen ursprünglichen Vergütungsanspruch behält, der lediglich um den Betrag zu kürzen ist, den der Unternehmer infolge der Aufhebung des Vertrages an Aufwendungen erspart oder den er durch eine anderweitige Verwendung seiner Arbeitskraft erwirbt oder zu erwerben böswillig unterläßt. Die etwaige Anspruchskürzung folgt daher den Grundsätzen zu § 615 Satz 2 BGB.[457] Da § 649 Satz 2 BGB den Unternehmer trotz der Auflösung des Rechtsverhältnisses „schadlos halten" soll,[458] sind ihm über den Wortlaut der Vorschrift hinaus auch solche Mehraufwendungen zu ersetzen, die ihm erst durch die Kündigung entstehen (z.B. für den Abtransport von Material vom Grundstück des Bestellers).[459]

2. Beendigung des Vertragsverhältnisses bei Unzumutbarkeit

Die Verpflichtung des Bestellers aus § 649 Satz 2 BGB im Fall der Kündigung hat die Frage aufgeworfen, ob diesem bei einer Unzumutbarkeit der Fortsetzung des Vertragsverhältnisses mit dem Unternehmer auch das Recht zur *Kündigung aus wichtigem Grund* zusteht, an welche die Rechtsfolgen des § 649 Satz 2 BGB nicht

---

[452] RGRK/*Glanzmann* § 649 Rdnr. 22; *Soergel* MünchKomm. § 649 Rdnr. 4; *Staudinger/Peters* (2003) § 649 Rdnr. 9.

[453] *Staudinger/Peters* (2003) § 649 Rdnr. 8.

[454] *Erman/Seiler* § 649 Rdnr. 1; *Soergel* MünchKomm. § 649 Rdnr. 1; *Staudinger/Peters* (2003) § 649 Rdnr. 5 f.

[455] Siehe oben § 8 G I 3, S. 516 ff.

[456] Diese Begründung führt dazu, daß eine Vertragsauslegung unter Umständen ergeben kann, daß auch das freie Kündigungsrecht aus § 649 Satz 1 BGB konkludent ausgeschlossen ist, wenn die Parteien ausnahmsweise eine Mitwirkungspflicht des Bestellers vereinbart haben. Vgl. *Esser/Weyers* BT 1, § 34a/1, S. 294.

[457] Dazu näher § 7 E I 2b, S. 454 f.

[458] Mot. II, S. 503.

[459] *Staudinger/Peters* (2003) § 649 Rdnr. 34.

geknüpft sind. In Anlehnung an das für Dauerschuldverhältnisse geltende allgemeine Kündigungsrecht aus wichtigem Grund (§ 314 BGB) ist dies bejaht worden.[460] Das erscheint jedoch nicht nur aufgrund der allenfalls teilweise gegebenen Vergleichbarkeit von Werkverträgen mit Dauerschuldverhältnissen problematisch.[461] Deshalb ist als einschlägige Vorschrift für dieses Rechtsproblem das *Rücktrittsrecht gemäß § 324 BGB* heranzuziehen.[462] Dieses besteht, wenn der Unternehmer eine Schutz- oder Interessenwahrungspflicht gegenüber dem Besteller in einer Art und Weise verletzt, die diesem ein Festhalten an dem Vertrag unzumutbar macht. Hierfür bedarf es einer umfassenden Abwägung der beiderseitigen Interessen, die z.B. zur Bejahung eines Rücktrittsrechts führen kann, wenn der Unternehmer das Vertrauensverhältnis der Parteien in irrevisibler Weise untergraben hat.[463] Unter den entsprechenden Voraussetzungen steht dieses Rücktrittsrecht umgekehrt auch dem Unternehmer zu.[464]

3. Kündigung bei wesentlicher Überschreitung eines Kostenanschlags (§ 650 BGB)

Ein weiteres spezielles Kündigungsrecht zugunsten des Bestellers enthält § 650 Abs. 1 BGB für den Sonderfall, daß die Parteien keine Festpreisvereinbarungen getroffen haben, sondern dem Vertragsabschluß einen unverbindlichen Kostenvoranschlag zugrundelegen. Trotz seiner fehlenden Verbindlichkeit bildet dieser für den abgeschlossenen Werkvertrag eine Geschäftsgrundlage, auf deren Störung § 650 BGB mit einer Sonderregelung reagiert und die den Rückgriff auf die allgemeine Vorschrift in § 313 Abs. 1 BGB ausschließt, soweit allein die Überschreitung eines Kostenvoranschlags zu beurteilen ist.[465]

Tatbestandlich setzt § 650 Abs. 1 BGB voraus, daß der Besteller wegen der Überschreitung des Kostenvoranschlags das Vertragsverhältnis gekündigt hat. Obwohl sich dies aus dem Wortlaut der Norm nicht unmittelbar erschließt, begründet § 650 Abs. 1 BGB ein eigenständiges Kündigungsrecht zugunsten des Bestellers[466] und modifiziert nicht nur die Rechtsfolge des § 649 Satz 2 BGB, wenn der Besteller sein Kündigungsrecht aus § 649 Satz 1 BGB ausgeübt hat. Zwar könnte der Be-

---

[460] BGH v. 26. November 1959, BGHZ 31, 224 (229); BGH v. 24. Juni 1999, NJW 1999, 3554 (3556); *Erman/Seiler* § 649 Rdnr. 11; RGRK/*Glanzmann* § 649 Rdnr. 17.

[461] Siehe oben § 8 I I, S. 528.

[462] Ähnlich bereits – wenn auch für Kündigungsrecht – *Staudinger/Peters* (2003) § 649 Rdnr. 32 unter Rückgriff auf das Institut der positiven Forderungsverletzung, deren Funktion für diesen Teilbereich jetzt § 324 BGB übernimmt; abweichend BR/*Voit* § 649 Rdnr. 21, der beim Vorliegen eines wichtigen Grundes für eine teleologische Reduktion des § 649 Satz 2 BGB plädiert.

[463] Näher im Rahmen des Kaufrechts oben § 2 E III, S. 143 f.

[464] Für ein Kündigungsrecht aus wichtigem Grund RGRK/*Glanzmann* § 643 Rdnr. 3; *Soergel* MünchKomm. § 643 Rdnr. 5; *Soergel/Teichmann* § 643 Rdnr. 8; BR/*Voit* § 643 Rdnr. 9.

[465] Hinsichtlich der Umstände, die zur Überschreitung des Kostenvoranschlags geführt haben, bleibt ein Rückgriff auf § 313 Abs. 1 BGB jedoch uneingeschränkt möglich.

[466] Statt aller *Staudinger/Peters* (2003) § 650 Rdnr. 2.

steller bis zur Vollendung des Werkes die Kündigung auch auf § 649 Satz 1 BGB
stützen; § 650 Abs. 1 BGB geht aber in zeitlicher Hinsicht darüber hinaus. Im Gegensatz zu § 649 Satz 1 BGB gewährt § 650 Abs. 1 BGB das Kündigungsrecht nur
unter der eingeschränkten Voraussetzung, daß eine „wesentliche" Überschreitung
des Kostenvoranschlags vorliegt, was je nach Art und Umfang der Werkleistung
Mehrkosten zwischen 10 % und 25 % erfordert.[467] Bleibt die Überschreitung des
Kostenvoranschlags unterhalb der Wesentlichkeitsschwelle, dann kann sich der
Besteller bis zur Vollendung des Werkes zwar nach § 649 Satz 1 BGB von dem
Vertragsverhältnis lösen, schuldet dann aber die nach § 649 Satz 2 BGB zu bemes-
sende höhere Vergütung.

Dies zeigt, daß der wesentliche Unterschied des § 650 Abs. 1 BGB zu § 649
BGB vor allem die Rechtsfolgenebene betrifft. Aufgrund der wesentlichen Überschreitung des Kostenvoranschlages wäre es nicht gerechtfertigt, wenn der Besteller dem weitreichenden Anspruch aus § 649 Satz 2 BGB ausgesetzt wäre. Deshalb
beschränkt § 650 Abs. 1 BGB den Unternehmer auf eine nach den Maßstäben des
§ 645 Abs. 1 Satz 1 BGB zu bemessende Vergütung. Der Besteller muß dem Unternehmer nur einen der bereits geleisteten Arbeit entsprechenden Teil der Vergütung zahlen sowie die in dieser Teilvergütung nicht enthaltenen Auslagen ersetzen.

Für sich allein wäre § 650 Abs. 1 BGB jedoch unvollkommen, da es regelmäßig nur für den Unternehmer rechtzeitig erkennbar ist, ob eine wesentliche Überschreitung des Kostenvoranschlages eintritt. Vor allem würde die Abschwächung
der Vergütungpflicht in § 650 Abs. 1 BGB leerlaufen, wenn der Unternehmer die
Arbeiten gleichwohl ausführt. Deshalb begründet § 650 Abs. 2 BGB für den Unternehmer eine Informationspflicht, um dem Besteller die Entscheidung zu ermöglichen, ob er das Kündigungsrecht nach § 650 Abs. 1 BGB ausübt.

Bei der Höhe der Vergütungspflicht nach § 645 Abs. 1 Satz 1 BGB i.V. mit
§ 650 Abs. 1 BGB stellt sich darüber hinaus die Frage, inwieweit eine Verletzung
der Anzeigepflicht Rückwirkungen auf diese entfaltet. Das kommt in Betracht,
wenn der Unternehmer in Kenntnis der drohenden Überschreitung des Kostenvoranschlags noch weitere Arbeiten vornimmt, die seinen Teilvergütungsanspruch
erhöhen. In einem solchen Fall steht dem Besteller gemäß § 280 Abs. 1 BGB i.V.
mit § 650 Abs. 2 BGB ein Schadensersatzanspruch zu. Er ist dann gemäß § 249
Abs. 1 BGB so zu stellen, wie er bei einer rechtzeitigen Information stünde, d.h. er
hat einen *Anspruch* darauf, daß seine Vergütungspflicht aus § 645 Abs. 1 Satz 1
BGB auf den Betrag reduziert wird, den er geschuldet hätte, wenn er unmittelbar
nach einer rechtzeitigen Information gemäß § 650 Abs. 1 BGB gekündigt hätte.[468]
Hat der Unternehmer den Kostenvoranschlag von Beginn an schuldhaft zu niedrig
bemessen und hätte der Besteller den Vertrag bei Kenntnis der wirklich zu erwartenden Kosten gar nicht abgeschlossen, so ist der Vertrag gemäß § 249 Abs. 1

---

[467] Mot. II, S. 503; RGRK/*Glanzmann* § 650 Rdnr. 11; *Soergel* MünchKomm. § 650
       Rdnr. 9; gegen jedwede Formalisierung *Staudinger/Peters* (2003) § 650 Rdnr. 22; zu-
       rückhaltend auch BR/*Voit* § 650 Rdnr. 7.

[468] *Erman/Seiler* § 649 Rdnr. 8; *Soergel* MünchKomm. § 650 Rdnr. 13; *Staudinger/Pe-
       ters* (2003) § 650 Rdnr. 12; BR/*Voit* § 650 Rdnr. 15. Für eine Lösung über die Grund-
       sätze der aufgedrängten Bereicherung *Medicus* Rdnr. 378.

BGB i.V. mit den §§ 241 Abs. 2, 311 Abs. 2 Nr. 1 BGB aufzuheben (negatives Interesse); einen Anspruch auf Herstellung des Werkes zu dem im Kostenvoranschlag zu niedrig angesetzten Betrag erlangt der Besteller in Abgrenzung zu einer Festpreisvereinbarung hingegen nicht.[469]

III. Kündigungsrecht des Unternehmers bei unterlassener Mitwirkung des Bestellers (§ 643 BGB)

Gerät der Besteller durch die Nichtvornahme einer ihm obliegenden Mitwirkungshandlung in Annahmeverzug, so kann der Unternehmer nicht nur nach Maßgabe des § 642 BGB eine angemessene Entschädigung für die Leistungsverzögerung verlangen.[470] Vielmehr eröffnet ihm § 643 BGB einen Weg, um sich wegen der unterlassenen Mitwirkungshandlung des Bestellers von dem Werkvertrag zu lösen. Hierfür genügt allerdings nicht bereits der Annahmeverzug des Bestellers. Dieser ist zwar erforderlich (§ 643 Satz 1 BGB: „im Falle des § 642 BGB"), darüber hinaus muß der Unternehmer aber – in Parallele zu der schadensersatzrechtlichen Vorschrift in § 250 Satz 1 BGB – dem Besteller zunächst eine angemessene Frist zur Nachholung der Mitwirkungshandlung setzen und diese zugleich mit der Erklärung verbinden, daß er den Vertrag für den Fall der nicht fristgerechten Mitwirkungshandlung kündige. Versäumt der Besteller auch die ihm gesetzte Nachfrist, dann „gilt" der Vertrag gemäß § 643 Satz 2 BGB als aufgehoben. Wegen dieser Formulierung bedarf es nach dem Fristablauf keiner erneuten Kündigungserklärung durch den Unternehmer, sondern das Vertragsverhältnis ist automatisch aufgehoben.[471] Sofern die Voraussetzungen des § 643 Abs. 2 BGB erfüllt sind, räumt § 645 Abs. 1 Satz 2 BGB dem Unternehmer zudem einen Teilvergütungsanspruch in der von § 645 Abs. 1 Satz 1 BGB festgelegten Höhe ein.[472]

J. Besondere Erscheinungsformen des Werkvertrages im Bausektor

I. Der Bauvertrag unter Einbeziehung der VOB/B

Vom Bürgerlichen Gesetzbuch abweichende Regelungen sind häufig bei Werkverträgen anzuwenden, die Bauleistungen zum Gegenstand haben. Der Grund hierfür besteht nicht in einschlägigen gesetzlichen Sonderregelungen, sondern vielmehr in der Vertragspraxis, da der Bauunternehmer beim Abschluß von Bauverträgen regelmäßig auf die Erstellung und den Einsatz eigener Allgemeiner Geschäftsbedingungen verzichtet. Statt dessen legen die Parteien dem Vertrag die Allgemeinen Vertragsbedingungen für die Ausführungen von Bauleistungen (VOB/ B) zugrunde, die im einzelnen den Inhalt des Bauvertrages ausgestalten.[473] Als Bestandteil

---

[469] *Staudinger/Peters* (2003) § 650 Rdnr. 12.

[470] Siehe oben § 8 G I 3, S. 516 ff.

[471] *Soergel* MünchKomm. § 643 Rdnr. 3; *Staudinger/Peters* (2003) § 643 Rdnr. 14.

[472] Näher zum Umfang oben § 8 G I 1e, cc (6b, cc), S. 512 f.

[473] Zum Inhalt der Verdingungsordnung für Bauleistungen (VOB) im Überblick mit zahlreichen Nachweisen *Staudinger/Peters* (2003) Vorbem. zu §§ 631 ff. Rdnr. 76 ff. Zur

des Vertrages gelten in diesem Fall – wie § 1 Nr. 1 VOB/B ausdrücklich festlegt – ebenfalls die „Allgemeinen technischen Vertragsbedingungen für Bauleistungen" (VOB/C). Die Besonderheit der VOB/B besteht vor allem darin, daß sie auch Bestimmungen zu Art und Umfang der beiderseits geschuldeten Hauptleistungen enthält.

Bezüglich des Gegenstandes der *Bauleistung* legt § 1 Nr. 1 VOB/B den Vorrang der vertraglichen Leistungsbeschreibung fest; fehlen diese sowie zusätzliche Vertragsbedingungen, dann ist ergänzend zunächst auf die VOB/C und ersatzweise auf die VOB/B zurückzugreifen. Besondere Bedeutung für Art und Umfang der Leistung in technischer Hinsicht besitzt die VOB/C vor allem deshalb, weil sie für einzelne Bauleistungen detaillierte DIN-Vorschriften in den Bauvertrag einbezieht, denen z.B. die Anforderungen an Erdarbeiten, Maurerarbeiten, Zimmer- und Holzbauarbeiten, Klempner- und Verglasungsarbeiten zu entnehmen sind. Ihre Nichteinhaltung führt regelmäßig dazu, daß das hergestellte Bauwerk mit einem Mangel behaftet ist.[474]

Die Sonderbestimmung zur *Höhe der Vergütung* (§ 2 VOB/B) trägt insbesondere dem Umstand Rechnung, daß sich die einzelnen Leistungen bei Abschluß des Vertrages zum Teil nur schwer im voraus kalkulieren lassen. Deshalb trifft § 2 Nr. 3 VOB/B Regelungen zur Vergütungshöhe, wenn die tatsächliche Menge der unter einem Einheitspreis erfaßten Leistung oder Teilleistung um mehr als 10 % von dem im Vertrag vorgesehenen Umfang abweicht. In diesem Fall ist die Vergütungshöhe anzupassen, lediglich eine Differenz bis zu 10 % läßt den Einheitspreis unberührt. Eine Regelung zur Geschäftsgrundlagenstörung enthält § 2 Nr. 7 VOB/B, wenn als Vergütung der Leistung eine Pauschalsumme vereinbart wird. Erst wenn die ausgeführte Leistung von der vertraglich vorgesehenen Leistung so erheblich abweicht, daß ein Festhalten an der Pauschalsumme die Grenze der Zumutbarkeit überschreitet, ist auf Verlangen ein Ausgleich unter Berücksichtigung der Mehr- oder Minderkosten zu gewähren.

Weitere Bestimmungen enthält die VOB/B zur *Ausführung der Bauleistung* (§§ 3 bis 6), zur *Verteilung der Gefahr* bei unabwendbaren, vom Auftragnehmer nicht zu vertretenden Umständen (§ 7), zur *Kündigung* des Vertrages (§§ 8, 9), zur *Haftung* der Vertragsparteien (§ 10), zur *Abnahme* der Bauleistung (§ 12, insbesondere § 12 Nr. 5: Abnahmefiktion mit Fristablauf), zu *Mängelansprüchen* (§ 13, insbesondere § 13 Nr. 4: Abkürzung der Verjährungsfristen, § 13 Nr. 5 bis 7: Beschränkung der Rechte des Bestellers auf Mängelbeseitigung, Minderung und Schadensersatz), zur *Abrechnung der Leistungen* (§ 14) und zur *Zahlung* (§ 16).[475]

Rechtsnatur der VOB/B als Allgemeine Geschäftsbedingungen und deren Einbeziehung in den Vertrag bereits oben § 8 D, S. 417 ff. Gegenüberstellung von VOB/B (2002) mit der früheren Regelung in VOB/B (2000) bei *Heinrich* ZGS 2002, 442 ff. sowie ferner *Kiesel* NJW 2002, 2064 ff.

[474] Siehe oben § 8 E I 2a, S. 452 ff.

[475] Zu den daraus folgenden Abweichungen von der gesetzlichen Regelung z.B. *Jung* ZGS 2003, 68 ff.

II. Der Bauträgervertrag

Praktisch bedeutsame Sonderregelungen sind auch für den Bauträgervertrag zu beachten. Bei ihm verpflichtet sich eine Partei (= Bauträger) zur Errichtung eines Hauses oder einer Eigentumswohnung auf einem von ihr zu beschaffenden Grundstück. Dieser Vertrag enthält verschiedene Elemente: neben denen eines Kaufvertrages und eines Geschäftsbesorgungsvertrages vor allem solche eines Werkvertrages. Deshalb ist auf die Herstellungspflicht des Bauträgers allein das Werkvertragsrecht anzuwenden.[476]

Angesichts der Besonderheit des Bauträgervertrages, daß der Unternehmer das Bauwerk auf einem in seinem Eigentum stehenden Grundstück errichtet, trifft den Auftraggeber ein besonderes Risiko, wenn dieser bereits vor der Eigentumsübertragung eine Vergütung gewährt. Dieses besteht nicht nur, wenn eine Vergütung von dem Auftraggeber bereits geschuldet wird, bevor der Bauträger Bauleistungen erbracht hat, sondern auch, wenn die Vergütung in Abhängigkeit von dem Baufortschritt zu leisten ist. Wegen den §§ 93, 94 BGB bleibt der Bauträger Eigentümer, so daß der Auftraggeber mit dem Insolvenzrisiko belastet ist. Um dem zum Schutz des Auftraggebers entgegenzuwirken, sieht das Gewerberecht in Gestalt der Makler- und Bauträgerverordnung (MaBV) besondere Schutzmechanismen vor. Diese sollen den Auftraggeber insbesondere davor absichern, daß der Bauträger die geschuldete Vergütung erhält, ohne zuvor seinerseits eine Leistung erbracht zu haben. Deshalb gestattet § 3 MaBV die Entgegennahme von Vermögenswerten des Auftraggebers erst bei einer ausreichenden Absicherung des Auftraggebers (Eintragung einer Vormerkung [§ 3 Abs. 1 Satz 1 Nr. 2 MaBV]; Freistellung von Grundpfandrechten [§ 3 Abs. 1 Satz 1 Nr. 3, Satz 2 bis 5 MaBV]). Ferner verknüpft § 3 Abs. 2 MaBV die Entgegennahme von Teilbeträgen mit dem Bauablauf. Zusätzlich verpflichtet § 8 MaBV den Bauträger zur Rechnungslegung und begründet in § 11 besondere Informationspflichten gegenüber dem Auftraggeber. Vertragliche Vereinbarungen dürfen die Pflichten des Bauträgers aus den §§ 3 und 8 MaBV weder ausschließen noch beschränken (§ 12 MaBV).

---

[476] Dazu auch *Hertel* DNotZ 2002, 6 (11 ff.).

§ 9 Der Reisevertrag

A. Überblick zur gesetzlichen Regelung

Die Reise als Gegenstand eines vertraglichen Leistungsaustauschs lieferte lange ein anschauliches Beispiel für die rechtlichen Probleme gemischttypischer Vertragsgestaltungen. Bei ihr vereinen sich Elemente des Dienst-, Miet- und mit Einschränkungen auch des Geschäftsbesorgungsvertrages, vor allem aber stellt die Erbringung der Reiseleistung einen Erfolg dar, der eine Verwandtschaft mit dem Werkvertrag begründet.[1] Angesichts der Unsicherheiten, die sich bei der rechtlichen Behandlung ergaben, erhielt der in der Rechtspraxis besonders bedeutsame Reisevertrag im Jahre 1979 eine eigene Regelung im Bürgerlichen Gesetzbuch (§§ 651a bis 651m BGB). Der Rechtsnatur des Reisevertrages entsprechend sind die Vorschriften als Untertitel in den mit „Werkvertrag und ähnliche Verträge" überschriebenen Neunten Titel des Zweiten Buches aufgenommen worden.

Obwohl die §§ 651a bis 651m BGB eine relativ detaillierte Regelung des Reisevertrages enthalten, können zur Schließung von Regelungslücken daher erforderlichenfalls die Vorschriften über den Werkvertrag herangezogen werden.[2] Darüber hinaus konkretisieren die §§ 4 bis 9 der Verordnung über Informationspflichten nach bürgerlichem Recht (BGB-InfoV) die Pflichten des Reiseveranstalters. In ihrer Gesamtheit streben die Regelungen zum Reisevertrag einen Schutz des Reisenden an, so daß sie nach § 651m BGB halbseitig zwingende Wirkung entfalten,

---

[1] BGH v. 29. Juni 1995, BGHZ 130, 128 (132); *Larenz* BT 1, § 53 V a, S. 379 ff.; *Tonner* MünchKomm. Vor § 651a Rdnr. 16; weiterführend *Wolter* AcP 183 (1983), 59 ff.; für reinen Unterfall des Werkvertrages RGRK/*Recken* § 651 Rdnr. 26; *Staudinger/ J. Eckert* (2001) § 651a Rdnr. 7 ff.

[2] BGH v. 12. März 1987, BGHZ 100, 157 (163); *Erman/Seiler* Vor § 651a Rdnr. 4; *Jauernig/Teichmann* § 651a Rdnr. 2; *Staudinger/J. Eckert* (2001) § 651a Rdnr. 9; einschränkend *Larenz* BT 1, § 53 V, S. 381.

die abweichende vertragliche Abreden in der Regel[3] nur zugunsten des Reisenden erlaubt. Die gesetzlichen Bestimmungen eröffnen somit eine weitgehende vertragliche Inhaltskontrolle, die sich zuvor nur auf die §§ 138, 242 BGB stützen konnte. Seit dem Jahre 1990 wird das Reisevertragsrecht zudem europarechtlich durch die Pauschalreise-Richtlinie überlagert,[4] die zur Beseitigung von Wettbewerbsverzerrungen und zur Stärkung des Binnenmarktes einen einheitlichen Schutz des Reisenden etabliert. Nicht zuletzt wegen dieses gemeinschaftsrechtlichen Hintergrundes unterliegt das Reisevertragsrecht einer dynamischen Entwicklung, die in jüngster Zeit zu dem Zweiten Gesetz zur Änderung reiserechtlicher Vorschriften führte,[5] das insbesondere die Sondervorschrift des § 651l BGB für internationale Gastschulaufenthalte schuf.

B. Begriff des Reisevertrages und Abgrenzungen

I. Allgemeines

Der Reisevertrag verpflichtet den Reiseveranstalter, die vereinbarte Reise durchzuführen und den Reisenden, den vereinbarten Reisepreis zu zahlen (§ 651a Abs. 1 BGB), so daß es sich um einen gegenseitigen Vertrag i.S. der §§ 320 ff. BGB handelt.

Den für die Anwendung der §§ 651a ff. BGB maßgeblichen Begriff der Reise definiert § 651a Abs. 1 Satz 1 BGB. Für die danach erforderliche „Gesamtheit von Reiseleistungen" bedarf es mindestens zweier Teilleistungen, von denen keine nur eine unbedeutende Nebenleistung sein darf.[6] Zu einer „Gesamtheit" werden diese jedoch nur, wenn der Reiseveranstalter sie als „Paket" anbietet. Die Teilleistungen wie z.B. Übernachtung, Beförderung und Führung müssen zeitlich, räumlich und funktional zu einer Gesamtleistung verbunden sein. Diesem *Leitbild der Pauschalreise* als Regelungsgegenstand des Reisevertragsrechts im Gegensatz zu einer Individualreise steht es jedoch nicht entgegen, wenn der Reisende die Leistung aus mehreren vorgefertigten Elementen nach einem „Baukastensystem" selbst zusammenstellt.[7] Nach der Rechtsprechung des Europäischen Gerichtshofes soll es sogar ausreichen, wenn der Veranstalter die Teilleistungen erst auf Betreiben des Reisenden individuell zu einer „Gesamtheit" zusammenstellt.[8] Andererseits liegt kein

---

3   Anders in bezug auf Verjährungsvereinbarungen nach § 651m Satz 2 BGB.
4   Richtlinie 90/314/EWG des Rates vom 13. Juni 1990 über Pauschalreisen, ABl. EG Nr. L 158 v. 23. Juni 1990, S. 59.
5   Gesetz v. 23. Juli 2001, BGBl. I, S. 1658; näher dazu *Führich* NJW 2001, 3083 ff.
6   BT-Drucks. 8/2343, S. 7; BGH v. 9. Juli 1992, BGHZ 119, 152 (161); *Erman/Seiler* § 651a Rdnr. 4; *Tonner* MünchKomm. § 651a Rdnr. 10; *Soergel/H.-W. Eckert* § 651a Rdnr. 16.
7   *Soergel/H.-W. Eckert* § 651a Rdnr. 11; *Staudinger/J. Eckert* (2001) § 651a Rdnr. 19; *Tonner* MünchKomm. § 651a Rdnr. 17 f.
8   EuGH v. 30. April 2002, EuZW 2002, 402 f.; a.A. bislang die h.M. in Deutschland, vgl. statt aller *Erman/Seiler* § 651a Rdnr. 2; *Staudinger/J. Eckert* (2001) § 651a Rdnr. 5; *Tonner* MünchKomm. § 651a Rdnr. 10.

Reise-, sondern in der Regel ein Werkvertrag vor, wenn mehrere Leistungen ohne eine spezifische innere Verbundenheit angeboten werden, z.B. ein Linienflug und ein Hotel für einen Geschäftsreisenden.[9] In Grenzfällen können als Indizien für das Vorliegen einer Gesamtheit von Reiseleistungen i.S. des § 651a Abs. 1 Satz 1 BGB das Angebot zu einem Gesamtpreis oder die einheitliche Bewerbung in einem Prospekt herangezogen werden, wenn diese Umstände auch keine notwendige Voraussetzung für das Vorliegen eines Reisevertrages sind.[10]

II. Analoge Anwendung des Reisevertragsrechts auf Einzelleistungen

Obwohl § 651a Abs. 1 Satz 1 BGB eindeutig auf eine Gesamtheit von Reiseleistungen abstellt, wendet der Bundesgerichtshof mit überwiegender Zustimmung der Lehre die §§ 651a ff. BGB unter bestimmten Voraussetzungen auch auf Verträge über Einzelleistungen analog an. Danach ist die bloße Einzelleistung den gesetzlich geregelten Fällen gleichzustellen, wenn sie von *entscheidender Prägekraft für die Durchführung des Urlaubs* ist und *von dem Veranstalter in eigener Verantwortung ausgeführt wird*.[11] Dies ist insbesondere für das Bereitstellen einer Ferienunterkunft (Ferienhaus oder Ferienwohnung) angenommen,[12] für das Chartern einer Hochseeyacht hingegen abgelehnt worden.[13]

Diese Diskrepanz zeigt, daß für die Grenzziehung zwischen einer analogen Anwendung des Reisevertragsrechts einerseits und dem Recht der Miete bzw. des Werkvertrages andererseits noch keine eindeutigen Kriterien gefunden worden sind.[14] Die Gleichstellung mit einer Mehrheit von Reiseleistungen widerspricht zwar dem eindeutigen Willen des historischen Gesetzgebers;[15] gleichwohl ist der Analogie unter den genannten Voraussetzungen zuzustimmen, wenn zwei Prämissen zugrunde gelegt werden: Erstens muß aus rechtsmethodologischer Sicht angenommen werden, daß sich das Vorliegen einer planwidrigen Gesetzeslücke nicht

---

[9]   *Erman/Seiler* § 651a Rdnr. 4; *Soergel/H.-W. Eckert* § 651a Rdnr. 11; *Tonner* Münch-Komm. § 651a Rdnr. 18.

[10]   *Erman/Seiler* § 651a Rdnr. 4; *Larenz* BT 1, § 53 V a, S. 380; *Staudinger/J. Eckert* (2001) § 651a Rdnr. 12 ff., 19 ff.; *Tonner* MünchKomm. § 651a Rdnr. 11 ff.

[11]   BGH v. 9. Juli 1992, BGHZ 119, 152 (161 ff.); BGH v. 29. Juni 1995, BGHZ 130, 128 (131 ff.); *Esser/Weyers* BT 1, § 34b II, S. 298 f.; *Soergel/H.-W. Eckert* § 651a Rdnr. 16, 21 f.; *Tonner* MünchKomm. § 651a Rdnr. 114 ff.; a.A. *Erman/Seiler* Vor § 651a Rdnr. 8; *Staudinger/J. Eckert* (2001) § 651a Rdnr. 27.

[12]   BGH v. 9. Juli 1992, BGHZ 119, 152 (161 ff.).

[13]   BGH v. 29. Juni 1995, BGHZ 130, 128 (131 ff.); a.A. *Soergel/H.-W. Eckert* § 651a Rdnr. 24; *Tonner* MüchKomm. § 651a Rdnr. 120.

[14]   Die Gegenüberstellung von „bloßer" Einzelleistung und Einzelleistung als „Reise" in BGH v. 29. Juni 1995, BGHZ 130, 128 (131 f.) bleibt farblos; zu Recht kritisch *Erman/Seiler* Vor § 651a Rdnr. 8; *Staudinger/J. Eckert* (2001) § 651a Rdnr. 26.

[15]   BT-Drucks. 8/2343, S. 7; dies erachten *Erman/Seiler* Vor § 651a Rdnr. 8 und *Staudinger/J. Eckert* (2001) § 651a Rdnr. 27 für verbindlich und die von der Rechtsprechung vorgenommene Gleichstellung daher als einen Verstoß gegen die Gesetzesbindung aus Art. 20 Abs. 3 GG.

nach historischen, sondern objektiv-teleologischen Gesichtspunkten bemißt.[16] Zweitens darf der Zweck des Reisevertragsrechts nicht auf den Schutz des Verbrauchers im Fall einer Koordinierung mehrerer Teilleistungen beschränkt werden, sondern vielmehr muß weitergehend als Regelungsanliegen ein Interessenausgleich bei allen *prägenden* Reiseleistungen angenommen werden, die der Veranstalter in Eigenverantwortung organisiert.

Insoweit ist eine Analogie bei Einzelleistungen wertungsmäßig schlüssig; es ist z.B. kein Grund ersichtlich, warum dem „Mieter" eines Ferienhauses der Schadensersatzanspruch wegen vertanen Urlaubs (§ 651f Abs. 2 BGB) oder die Sicherung eines vorausgezahlten Entgelts (§ 651k BGB) vorenthalten werden sollten.[17] Hingegen wird mit der Durchführung einer bloßen Transportleistung (Flug, Bahnfahrt) keine einem Reiseveranstalter i.S. des § 651a Abs. 1 Satz 1 BGB vergleichbare Verantwortung für die Durchführung des Urlaubs übernommen;[18] gleiches gilt für die isolierte Zurverfügungstellung einer Hotelunterkunft, wenn diese nicht speziell als Ferienhotel angeboten wird.[19] Darüber hinaus muß i.S. der systematischen Konsequenz im jeweiligen Einzelfall eine eindeutige Entscheidung getroffen werden, die entweder zu einer analogen Anwendung des gesamten Reisevertragsrechts oder einer ausschließlichen Zuordnung zu einem oder mehreren anderen Vertragstypen (Mietvertrag, Werkvertrag etc.) führt.[20]

C. Abschluß und Änderung des Reisevertrages sowie Drittrechtsbeziehungen

I. Abschluß des Reisevertrages

1. Allgemeines

Auf den Abschluß des Reisevertrages finden die allgemeinen Regelungen der §§ 145 ff. BGB Anwendung. Dabei ist der Katalog oder Prospekt des Reiseveranstalters zunächst nur eine invitatio ad offerendum, auf welcher der konkrete Antrag des Reisenden aufbaut. Dieser geht meist dem Reisebüro als einem Vertreter des Reiseveranstalters zu und wird entweder unmittelbar durch ein Buchungsprogramm oder spätestens durch die Reisebestätigung des Reiseveranstalters angenommen.[21] Der Abschluß des Reisevertrages unterliegt keinem Formerfordernis.

---

[16]   Dazu ausführlich *Canaris* Die Feststellung von Lücken im Gesetz, 2. Aufl. 1983, S. 31 ff.

[17]   Dies erkennt auch *Staudinger/J. Eckert* (2001) § 651a Rdnr. 25 an.

[18]   LG Frankfurt a.M. v. 9. August 1993, NJW-RR 1993, 1270; *Soergel/H.-W. Eckert* § 651a Rdnr. 26; *Staudinger/J. Eckert* (2001) § 651a Rdnr. 32.

[19]   Es handelt sich um einen gemischten Vertrag mit miet-, dienst-, werk- und verwahrungsvertraglichen Elementen: BGH v. 29. März 1978, BGHZ 71, 175 (177).

[20]   BGH v. 9. Juli 1992, BGHZ 119, 152 (164). Siehe noch unten § 9 E II 6a, bb, S. 557 zur Ablehnung einer analogen Anwendung des § 536a Abs. 1 Alt. 1 BGB im Rahmen des Reisevertrages.

[21]   *Soergel/H.-W. Eckert* § 651a Rdnr. 40; *Staudinger/J. Eckert* (2001) § 651a Rdnr. 67; *Tonner* MünchKomm. § 651a Rdnr. 36.

Der Reisende muß aber gemäß § 651a Abs. 3 BGB i.V. mit § 6 BGB-InfoV nach Vertragsschluß eine Reisebestätigung mit den gesetzlich geforderten Angaben erhalten, ohne daß deren Unterbleiben jedoch die Wirksamkeit des Vertrages in Frage stellt.

2. Rechtsverhältnis zu Reisevermittlern

Ein Reisevertrag kommt stets nur zwischen dem Reisenden und dem *Reiseveranstalter* zustande, der die Reise gemäß § 651a Abs. 1 Satz 1 BGB als eigene Leistung anbietet, unabhängig davon, ob er die dafür notwendigen Teilleistungen selbst erbringt oder durch andere Leistungsträger (Fluggesellschaft etc.) erbringen läßt.[22]

Der Reisende schließt daher mit dem *Reisevermittler*, regelmäßig einem Reisebüro, keinen Reisevertrag. Vielmehr kommt mit der Buchung (= Abgabe des Antrags zum Abschluß des Reisevertrages gegenüber dem Reiseveranstalter) zwischen dem Reisenden und dem Reisevermittler ein selbständiger sog. Reisevermittlungsvertrag zustande, der die Vermittlung eines Reisevertrages mit dem gewählten Reiseveranstalter zum Inhalt hat. Da sich der Reisevermittler zu dieser Tätigkeit verpflichtet, ist sein Vertrag mit dem Reisenden kein Maklervertrag i.S. der §§ 652 ff. BGB, sondern ein Werkvertrag in Form eines Geschäftsbesorgungsvertrages (§ 675 Abs. 1 BGB).[23] Bei diesem bezieht sich der von dem Reisevermittler geschuldete Erfolg auf den Abschluß des Reisevertrages zwischen Reiseveranstalter und Reisendem; die Entgeltlichkeit seiner Tätigkeit i.S. des § 631 Abs. 1 BGB ergibt sich daraus, daß ihm ein Teil des von dem Reisenden gezahlten Reisepreises als Vergütung verbleibt. Zugleich agiert der Reisevermittler in bezug auf den Abschluß des Reisevertrages als Bote oder Stellvertreter des Reiseveranstalters; ist er zudem von diesem in die Abwicklung des Reisevertrages einbezogen, z.B. bei der Aushändigung von Flugscheinen etc., so wird er als Erfüllungsgehilfe des Reiseveranstalters i.S. des § 278 BGB tätig.[24] Vor der Buchung der Reise besteht zu dem Reisevermittler in der Regel nur nach Maßgabe des § 311 Abs. 3 BGB ein Rechtsverhältnis mit Schutz- und Interessenwahrungspflichten gegenüber dem Reiseinteressenten. Ein eigenständiger Beratungsvertrag kommt jedoch zustande, wenn der Reisevermittler bereits für die Auskunft über Reisemöglichkeiten ein Entgelt fordert.[25]

3. Auslegung sog. Vermittlerklauseln (§ 651a Abs. 2 BGB)

Da als Reiseveranstalter nur derjenige auftritt und nach § 651a Abs. 1 Satz 1 BGB verpflichtet wird, der die Reiseleistung als eigene anbietet, besteht das Risiko, daß Veranstalter zwar Pauschalreiseangebote bewerben, zugleich aber erklären, nur Verträge mit den Personen zu vermitteln, welche die *einzelnen Teilleistungen*

---

[22] *Erman/Seiler* § 651a Rdnr. 6; *Staudinger/J. Eckert* (2001) § 651a Rdnr. 42; *Tonner* MünchKomm. Vor § 651a Rdnr. 8.

[23] BGH v. 24. Juni 1969, BGHZ 52, 194 (198); *Soergel/H.-W. Eckert* vor § 651a Rdnr. 13; *Tonner* MünchKomm. § 651a Rdnr. 30.

[24] BGH v. 19. November 1981, NJW 1982, 377 f.; *Staudinger/J. Eckert* (2001) § 651a Rdnr. 62.

[25] Näher zu Auskunftsverträgen unten § 11 B II 4, S. 597 ff.

(Flug, Unterbringung etc.) ausführen und die § 651a Abs. 2 BGB als sog. Leistungsträger definiert. Dies hätte zur Konsequenz, daß der Reisende keinen einheitlichen Reisevertrag abschließen, sondern jeweils in einzelne Vertragsbeziehungen zu der Fluggesellschaft, dem Hotelier etc. treten würde, wodurch seine Rechtsstellung erheblich schwächer wäre.

Daher ordnet § 651a Abs. 2 BGB zum Schutz des Reisenden an, daß die Erklärung, nur Verträge mit Leistungsträgern zu vermitteln, „unberücksichtigt bleibt", wenn der Erklärende nach den sonstigen Umständen den Eindruck erweckt, daß er die vorgesehenen Reiseleistungen in eigener Verantwortung erbringt. Für diesen gesetzlich geregelten Fall eines widersprüchlichen Verhaltens (venire contra factum proprium)[26] wird in Konkretisierung des Gebotes einer objektiv-normativen Auslegung gemäß den §§ 133, 157 BGB angeordnet, daß gleichwohl ein Reisevertrag i.S. des § 651a Abs. 1 BGB mit dem Erklärenden als Reiseveranstalter und keine Einzelverträge mit den jeweiligen Leistungsträgern zustande kommen.[27] Zugleich ist der Vorschrift in Anlehnung an den Rechtsgedanken des § 164 Abs. 2 BGB zu entnehmen, daß dem Erklärenden unter den genannten Voraussetzungen auch kein Recht zur Anfechtung gemäß § 119 Abs. 1 Alt. 1 BGB zusteht, wenn er darüber im Irrtum ist, daß durch sein Verhalten ein Reisevertrag zustande gekommen ist.[28] Als Umstände, die den Anschein einer Leistungserbringung in eigener Verantwortung begründen, kommen dabei insbesondere die Angabe eines Gesamtpreises, eigene Werbung sowie die Erbringung von organisatorischen Leistungen in Betracht, welche die einzelnen Teilleistungen zu einer funktionierenden Gesamtheit verbinden.[29]

II. Vertragsänderungen

1. Allgemeine Schranken für Änderungsvorbehalte

Den Reisevertrag können grundsätzlich nur die Parteien durch eine Einigung ändern, es sei denn, der Reiseveranstalter hat sich das Recht zur einseitigen Änderung vertraglich vorbehalten.[30] Derartige Änderungsvorbehalte können jedoch nicht schrankenlos vereinbart werden; vielmehr sind diese durch § 651a Abs. 4 und 5 BGB, die allgemeinen Vorschriften der §§ 315 ff. BGB sowie bei der Verwendung Allgemeiner Geschäftsbedingungen[31] die §§ 307, 308 Nr. 4, 309 Nr. 1

---

[26] BGH v. 26. Juni 1980, BGHZ 77, 310 (318); *Oechsler* Rdnr. 733; *Tonner* Münch-Komm. § 651a Rdnr. 61.

[27] BT-Drucks. 8/2347, S. 7; *Erman/Seiler* § 651a Rdnr. 35; *Soergel/H.-W. Eckert* § 651a Rdnr. 55; *Staudinger/J. Eckert* (2001) § 651a Rdnr. 93.

[28] *Brox* JA 1979, 493 (494); *Larenz* BT 1, § 53 V a, S. 382 f.

[29] BGH v. 18. Oktober 1973, BGHZ 61, 275 (281); *Staudinger/J. Eckert* (2001) § 651a Rdnr. 98 ff.

[30] *Erman/Seiler* § 651a Rdnr. 24; *Staudinger/J. Eckert* (2001) § 651a Rdnr. 140.

[31] Im Reisevertragsrecht besitzen insofern die vom Deutschen Reisebüroverband ausgearbeiteten Allgemeinen Reisebedingungen (ARB 1997) und die auf ihrer Grundlage aufgestellten Allgemeinen Geschäftsbedingungen der Reiseveranstalter besondere Bedeutung.

BGB begrenzt. Das Änderungsrecht übt der Reiseveranstalter prinzipiell mittels einer formfreien Gestaltungserklärung aus. Alle wesentlichen Vertragsänderungen muß der Reiseveranstalter unverzüglich (vgl. § 121 Abs. 1 Satz 1 BGB) erklären, nachdem er von dem Änderungsgrund Kenntnis erlangt hat (§ 651a Abs. 5 Satz 1 BGB).

Der Reisende muß einseitig erklärte Vertragsänderungen trotz des vertraglichen Vorbehalts nicht stets hinnehmen. Vielmehr hat er bei einer erheblichen Änderung des Vertragsinhaltes das Recht, vom Vertrag zurückzutreten (§ 651a Abs. 5 Satz 2 BGB). Zudem kann er statt dessen auch verlangen, an einer anderen Reise aus dem Angebot des Veranstalters teilzunehmen, die der vertraglich geschuldeten gleichwertig ist, wenn sie ohne Mehrpreis für den Reisenden angeboten werden kann (§ 651a Abs. 5 Satz 3 BGB). Auch diese Rechte muß der Reisende gemäß § 651a Abs. 5 Satz 4 BGB unverzüglich nach der Änderungserklärung seitens des Reiseveranstalters geltend machen.

2. Besonderheiten bei einer Erhöhung des Reisepreises

Eine Erhöhung des Reisepreises ist dem Veranstalter bei einem Änderungsvorbehalt in Allgemeinen Geschäftsbedingungen nach § 309 Nr. 1 BGB erst ab dem fünften Monat nach Vertragsschluß und generell höchstens bis zum zwanzigsten Tag vor der Abreise erlaubt (§ 651a Abs. 4 Satz 2 BGB). In materieller Hinsicht muß der Vertrag zudem die Berechnungsgrundlagen für die Preiserhöhung angeben, und die Preisänderung darf sich nur auf die Veränderung solcher Kosten stützen, die von dem Reiseveranstalter nicht beeinflußt werden, wie z.B. Flughafengebühren, Beförderungskosten oder Wechselkurse (§ 651a Abs. 4 Satz 1 BGB). Der Veranstalter muß die Preisänderung darüber hinaus gemäß § 651a Abs. 5 Satz 1 BGB unverzüglich nach Kenntnis von der Veränderung der Kosten erklären. Steigt der Reisepreis durch eine rechtswirksame Erhöhungserklärung um mehr als fünf Prozent, stehen dem Reisenden nach Maßgabe des § 651a Abs. 5 Satz 2 bis 4 BGB die gleichen Rechte zu wie bei sonstigen erheblichen Vertragsänderungen.

3. Anspruch auf Vertragsübernahme nach § 651b BGB

Nach § 651b Abs. 1 Satz 1 BGB hat der Reisende bis zum Beginn der Reise einen Anspruch darauf, daß der Reiseveranstalter der Übernahme des Reisevertrages durch einen Dritten zustimmt.[32] Um die frühzeitige vertragliche Bindung des Reisenden vor Reisebeginn zu mildern, ist der Reiseveranstalter auf Verlangen des Reisenden verpflichtet, mit diesem und dem eintretenden Dritten einen dreiseitigen Übernahmevertrag abzuschließen oder einem Übernahmevertrag zwischen dem Reisenden und dem Dritten zuzustimmen.[33] Der Veranstalter darf dem Eintritt des

---

[32] *Esser/Weyers* BT 1, § 34b III 2, S. 300 f.; *Soergel/H.-W. Eckert* § 651b Rdnr. 5; *Staudinger/J. Eckert* (2001) § 651b Rdnr. 4. Für Anspruch auf Abschluß eines berechtigenden Vertrages zugunsten Dritter *Oechsler* Rdnr. 724; *Tonner* MünchKomm. § 651b Rdnr. 5 ff.; ähnlich *Erman/Seiler* § 651b Rdnr. 4, der aber ab Reisebeginn eine Vertragsübernahme durch den Dritten annimmt.

[33] Siehe mit m.w.N. zu der im einzelnen strittigen Konstruktion der Vertragsübernahme *Staudinger/J. Eckert* (2001) § 651b Rdnr. 19.

Dritten in den Vertrag unter der Voraussetzung widersprechen (scil.: der Anspruch aus § 651b Abs. 1 Satz 1 BGB besteht nicht), daß der Dritte den besonderen Reiseerfordernissen oder rechtlichen Bestimmungen nicht entspricht (§ 651b Abs. 1 Satz 2 BGB), weil er z.B. für den Abenteuerurlaub gesundheitlich nicht geeignet ist oder Visavorschriften nicht erfüllt.[34]

Verweigert der Veranstalter zu Unrecht die Vertragsübernahme, so kann der Reisende auf Zustimmung klagen; die Erklärung wird gemäß § 894 ZPO ersetzt. Eine derartige Durchsetzung des Anspruchs aus § 651b Abs. 1 Satz 1 BGB ist jedoch rein zeitlich vor dem Reisebeginn häufig nicht möglich, so daß in einem solchen Fall Schadensersatzansprüche des Reisenden gemäß den §§ 280 ff. BGB aufgrund der pflichtwidrigen Verweigerung der Zustimmung in Betracht kommen. Dieser Anspruch steht allerdings nicht dem Dritten (der aus § 651b Abs. 1 Satz 1 BGB selbst nicht berechtigt wird), sondern nur dem Reisenden zu mit der Konsequenz, daß seine Verpflichtung zur Zahlung des Reisepreises entfällt.[35]

Wird hingegen die Vertragsübernahme vollzogen, so haften der (ursprüngliche) Reisende und der Dritte dem Reiseveranstalter für den Reisepreis und die durch den Eintritt entstehenden Mehrkosten, z.B. wegen einer erforderlichen Neuausstellung von Flugtickets, als Gesamtschuldner (§ 651b Abs. 2 BGB). Im übrigen tritt der Dritte in alle Rechte und Pflichten aus dem Reisevertrag ein.

III. Drittrechtsbeziehungen aufgrund des Reisevertrages

1. Rechtsverhältnis des Reisenden zu den Leistungsträgern

Mit den Leistungsträgern des Reiseveranstalters i.S des § 651a Abs. 2 BGB, wie Hotelbetreibern oder Fluggesellschaften, schließt der Reisende keinen Vertrag. Ein solcher besteht nur zwischen dem Reiseveranstalter und dem jeweiligen Leistungsträger, der in bezug auf den Reisevertrag für den Veranstalter als Erfüllungsgehilfe tätig wird.[36] Gleichwohl ist dieser Vertrag nicht ohne Rechtswirkungen für den Reisenden:

Erstens entfaltet der Vertrag zwischen dem Reiseveranstalter und dem Leistungsträger eine *Schutzwirkung i.S. des § 241 Abs. 2 BGB* zugunsten des Reisenden, so daß der Leistungsträger gemäß § 280 Abs. 1 BGB alle Schäden ersetzen muß, die infolge seines schuldhaft-pflichtwidrigen Verhaltens an der Integrität des Reisenden eingetreten sind (Beispiel: Körperverletzung aufgrund unsicheren Swimmingpools im Hotel).[37] Zweitens ist der Vertrag regelmäßig sogar als echter

---

[34]   *Staudinger/J. Eckert* (2001) § 651b Rdnr. 10 f.; *Tonner* MünchKomm. § 651b Rdnr. 11.

[35]   RGRK/*Recken* § 651b Rdnr. 17; *Soergel/H.-W. Eckert* § 651b Rdnr. 17; *Staudinger/ J. Eckert* (2001) § 651b Rdnr. 16.

[36]   *Erman/Seiler* § 651a Rdnr. 10; *Larenz* BT 1, § 53 V a, S. 380; *Oechsler* Rdnr. 726; *Staudinger/Eckert* (2001) § 651a Rdnr. 51; *Tonner* MünchKomm. Vor § 651a Rdnr. 14.

[37]   *Jauernig/Teichmann* § 651a Rdnr. 9; a.A. *Staudinger/J. Eckert* (2001) § 651a Rdnr. 56. Zugleich haftet hierfür auch der Reiseveranstalter, da der Leistungsträger sein Erfüllungsgehilfe i.S. des § 278 BGB ist.

Vertrag zugunsten des Reisenden i.S. des § 328 BGB auszulegen, der einen eigenen *Erfüllungsanspruch* gegenüber dem Leistungsträger begründet.[38] Nach der Rechtsprechung soll sogar das Recht des Leistungsträgers, sich gegenüber den Ansprüchen des Reisenden gemäß § 334 BGB auf Einwendungen aus dem Vertrag zu berufen (z.B. auf § 320 BGB bei nicht rechtzeitiger Zahlung des Reiseveranstalters), konkludent abbedungen worden sein.[39] Bei Auslandsreisen ist jedoch hinsichtlich der Rechtsbeziehungen zu Leistungsträgern vor Ort zu bedenken, daß diese regelmäßig nicht dem deutschen Recht unterliegen.

2. Rechtsstellung von Mitreisenden

Wenn der Reisende die Reise bei dem Reiseveranstalter im eigenen Namen auch für weitere Personen – z.B. Familienangehörige – gebucht hat, stellt der Reisevertrag für diese einen echten Vertrag zugunsten Dritter dar, so daß ihnen nach Maßgabe der §§ 328 ff. BGB alle Rechte aus diesem zustehen.[40] Auch ihr Rechtsverhältnis zu den Leistungsträgern entspricht demjenigen des Reisenden.[41]

D. Pflichten des Reiseveranstalters

I. Hauptpflichten des Reiseveranstalters

Zu den im Synallagma stehenden Hauptpflichten des Reiseveranstalters gehören sowohl die mangelfreie Erbringung der Reiseleistung als auch Informationspflichten nach Maßgabe der BGB-InfoV.

1. Pflicht zur Erbringung einer mangelfreien Reiseleistung

a) Allgemeines

Der Reiseveranstalter ist verpflichtet, die versprochene Reise durchzuführen, indem er die einzelnen Reiseleistungen erbringt und sie räumlich und zeitlich zu einer Gesamtheit koordiniert.[42] Er muß die Reise insbesondere durch die Auswahl und Überwachung der Leistungsträger vorbereiten und alle Reisehindernisse beseitigen, indem er den Reisenden z.B. über die Paßpflicht und die Notwendigkeit eines Visums informiert.[43]

---

[38]   BGH v. 17. Januar 1985, BGHZ 93, 271 (274 f.); *Erman/Seiler* § 651a Rdnr. 11; *Larenz* BT 1, § 53 V a, S. 381; *Oechsler* Rdnr. 730; *Tonner* MünchKomm. § 651a Rdnr. 22; a.A. *Staudinger/J. Eckert* (2001) § 651a Rdnr. 56.

[39]   BGH v. 17. Januar 1985, BGHZ 93, 271 (275 ff.).

[40]   Vgl. *Oechsler* Rdnr. 723; *Staudinger/J. Eckert* (2001) § 651a Rdnr. 72, 75; *Tonner* MünchKomm. § 651a Rdnr. 56. Bei Ehegatten ist darüber hinaus eine mögliche Mitverpflichtung gemäß § 1357 BGB in Betracht zu ziehen.

[41]   Siehe vorstehend § 9 C III 1, S. 543 f.

[42]   *Soergel/H.-W. Eckert* § 651a Rdnr. 46; *Staudinger/J. Eckert* (2001) § 651a Rdnr. 114; *Tonner* MünchKomm. § 651a Rdnr. 42.

[43]   BGH v. 25. März 1982, NJW 1982, 1521 (1521 f.); *Staudinger/J. Eckert* (2001) § 651a Rdnr. 113, 117; *Tonner* MünchKomm. § 651a Rdnr. 42. Zu den Informationspflichten noch unter § 9 D I 2, S. 548.

b) Mangelfreiheit gemäß § 651c Abs. 1 BGB

aa) Struktur und Inhalt des Mangelbegriffes

Des weiteren muß die Reise frei von Mängeln sein (§ 651c Abs. 1 BGB). Hierbei unterscheidet der Wortlaut des Gesetzes zwischen dem Vorhandensein zugesicherter Eigenschaften und der Abwesenheit von Fehlern, die den Wert oder die Tauglichkeit zu dem gewöhnlichen oder nach dem Vertrag vorausgesetzten Nutzen der Reise aufheben oder mindern. Dabei soll die Reise fehlerhaft sein, wenn sie von der vertraglich vereinbarten oder der gewöhnlichen Beschaffenheit (Sollbeschaffenheit) nachteilig abweicht, so daß der Nutzen der Reise beeinträchtigt ist.[44]

Demgegenüber wird das Vorhandensein von Eigenschaften der Reise, die in dem Reisevertrag besonders zugesichert wurden, auch dann zum Pflichtenprogramm des Reiseveranstalters gerechnet, wenn sich aus deren Fehlen keine Tauglichkeitsminderung der Reise ergäbe.[45] Da sich die Frage nach der Beeinträchtigung des Reisenutzens vorrangig an der vertraglichen Vereinbarung und nur bei deren Fehlen an objektiven Kriterien (gewöhnlicher Nutzen etc.) orientiert,[46] führt aber jedwedes Fehlen einer zugesicherten Eigenschaft *per se* zu einer Minderung der Tauglichkeit der Reise, die sich nach der vertraglichen Vereinbarung und somit der Eigenschaftszusicherung bemißt (sog. subjektiver Fehlerbegriff).[47] Beispiel: Wird einem Safariteilnehmer „zugesichert", während der Reise einen Elefanten erlegen zu können, beeinträchtigt das Ausbleiben dieser Möglichkeit aufgrund des Vorrangs der Parteivereinbarung selbst dann den Wert bzw. die Tauglichkeit der Reise, wenn dies nach „objektiven Kriterien" (welchen?) nicht der Fall wäre. Im Ergebnis stellt somit *jede* für den Reisenden negative Abweichung der Reise von der vertraglichen Vereinbarung nicht nur einen Fehler dar, sondern beeinträchtigt automatisch auch i.S. des § 651c Abs. 1 BGB den Wert bzw. die Tauglichkeit der Reise.

Die Unterscheidung in § 651c Abs. 1 BGB zwischen zugesicherten Eigenschaften und Fehlern ist nur verständlich vor dem Hintergrund des überkommenen Modells, daß die Mangelfreiheit bei erfolgsbezogenen Verträgen (Kaufvertrag, Mietvertrag, Werkvertrag, Reisevertrag) nicht ohne weiteres zum Inhalt der Hauptleistungspflicht des jeweiligen Schuldners gehört, sondern vielmehr Gegenstand einer besonderen Gewährleistung ist, die im alten Kaufrecht in den §§ 459 ff. BGB a.F. ausgeprägt war und auf der Unterscheidung von Fehlern und zugesicherten Eigenschaften beruhte.[48] Dieses System der Gewährleistung hat aber das Schuldrechtsmodernisierungsgesetz ausdrücklich aufgegeben.[49] Folgerichtig wurden im Kauf- und Werkvertragsrecht die Kategorien des Fehlers und der zugesicherten Eigen-

---

[44] *Tonner* MünchKomm. § 651c Rdnr. 8 f.

[45] *Erman/Seiler* § 651c Rdnr. 3.

[46] BGH v. 26. Juni 1980, BGHZ 77, 310 (318); *Erman/Seiler* § 651c Rdnr. 2; *Staudinger/J. Eckert* (2001) § 651c Rdnr. 6, 8; *Tonner* MünchKomm. § 651c Rdnr. 8 f.

[47] *Staudinger/J. Eckert* (2001) § 651c Rdnr. 45.

[48] Eingehend hierzu *Herberger* Rechtsnatur, Aufgabe und Funktion der Sachmängelhaftung nach dem BGB, 1974; Überblick bei *Larenz* BT 1, § 41 I, S. 36 ff.

[49] Siehe zum Kaufrecht BT-Drucks. 14/6040, S. 210 ff.

schaft durch den einheitlichen Begriff des Sachmangels ersetzt (§§ 434, 633 Abs. 2 BGB). Beim Mietvertrag verwendet § 536 Abs. 2 BGB zwar den Begriff der zugesicherten Eigenschaft noch, dieser begründet aber keine eigenständige Pflichtenkategorie neben der Mangelfreiheit mehr.[50] Dies spricht dafür, auch im Recht des Reisevertrages die Dichotomie des § 651c Abs. 1 BGB zu einem einheitlichen Mangelbegriff zusammenzuführen, obwohl der Gesetzgeber eine entsprechende sprachliche Anpassung versäumt hat. Da die Unterscheidung des Gesetzes nicht zu unterschiedlichen Rechtsfolgen führt und auch die §§ 651d ff. BGB nur noch einheitlich von einem Mangel der Reise sprechen, erscheint dieser Vorschlag auch methodologisch zulässig: Er weicht sachlich nicht vom Gesetz ab, sondern bringt dessen bereits vorhandenen Regelungsgehalt klarer zum Ausdruck und harmoniert zudem mit den Konzeptionen im Kaufrecht sowie im Werkvertragsrecht.

Die Konkretisierung des so gearteten Mangelbegriffes kann in Anlehnung an § 633 Abs. 2 Satz 1 und 2 BGB erfolgen.[51] Der Reiseveranstalter schuldet daher gemäß § 651c Abs. 1 BGB in erster Linie, daß

– die Reise der vereinbarten Beschaffenheit genügt (vgl. § 633 Abs. 2 Satz 1 BGB). Insoweit dienen neben individuellen Vereinbarungen insbesondere die Kataloge und Prospekte des Veranstalters, auf die der Vertrag Bezug nimmt, dazu, mit ihrer Leistungsbeschreibung die vertraglichen Pflichten zu bestimmen.[52] Von dieser sind jedoch unverbindliche allgemeine Anpreisungen („Traumurlaub") abzugrenzen.[53] Wie im Rahmen des § 434 Abs. 1 Satz 3 BGB bestimmt sich dies danach, ob über eine reine Wertung hinaus auf konkrete Eigenschaften Bezug genommen wird (z.B. zu bejahen bei den Angaben „ruhiges Zimmer" oder „paradiesischer Sandstrand").[54]
– Soweit eine Beschaffenheitsvereinbarung fehlt, muß die Reise dem nach dem Vertrag vorausgesetzten Nutzen entsprechen (vgl. die §§ 633 Abs. 2 Satz 2 Nr. 1, 651c Abs. 1 BGB). Beispiel: Wer einen „Erholungsurlaub für gestreßte Manager" bucht, kann auch ohne eine gesonderte Vereinbarung davon ausgehen, daß in der Hotelanlage nicht jede Nacht unter entsprechender Geräuschkulisse ausgelassene Feste gefeiert werden.
– Liegt weder eine Beschaffenheitsvereinbarung noch ein vertraglich besonders vorausgesetzter Nutzen vor, so ist der gewöhnliche Reisenutzen geschuldet (vgl. die §§ 633 Abs. 2 Satz 2 Nr. 2, 651c Abs. 1 BGB). Das betrifft z.B. das Vorhandensein der am Zielort üblichen Sicherheitsstandards von Fahrzeugen, Hotelanlagen etc. Auch wenn die Beeinträchtigung der Reise auf *höherer Ge-*

---

[50] Näher oben § 5 B V 2b, cc, S. 321 f.
[51] Ebenso *Oechsler* Rdnr. 737. Umfassende Übersicht zu Einzelfällen des § 651c Abs. 1 BGB bei *Staudinger/J. Eckert* (2001) § 651c Rdnr. 58 ff.
[52] BGH v. 14. Dezember 1999, NJW 2000, 1188 (1190); *Erman/Seiler* § 651c Rdnr. 2; *Staudinger/J. Eckert* (2001) § 651c Rdnr. 10; *Tonner* MünchKomm. § 651c Rdnr. 11.
[53] *Staudinger/J. Eckert* (2001) § 651c Rdnr. 10; *Tonner* MünchKomm. § 651c Rdnr. 17.
[54] Siehe oben § 2 D I 1d, bb (4c), S. 44.

walt beruht (Naturkatastrophen etc.), stellt dies eine Vertragswidrigkeit dar.[55] Die Leistungspflicht des Reiseveranstalters wird daher nicht durch dessen Einflußbereich begrenzt;[56] der Reisende kann vielmehr als Gegenleistung für seinen Reisepreis den objektiven Reiseerfolg erwarten. Hingegen begründen ortsspezifische Besonderheiten keinen Mangel, solange die durchschnittlichen Anforderungen an die Reiseleistung nicht unterschritten sind (Beispiel: die südländische Speise führt zu einer Magenverstimmung).[57] Gleiches gilt für *allgemeine Lebensrisiken*, z.B. dasjenige, Opfer eines Verkehrsunfalls oder einer Straftat zu werden.[58]

Eine gesonderte Bedeutung erlangt eine „Eigenschaftszusicherung" neben diesem Begriff der Mangelfreiheit nur noch insoweit, als sich aus ihr gegebenenfalls eine Garantie i.S. des § 276 Abs. 1 Satz 1 BGB ergibt, die zu einer verschuldensunabhängigen Schadensersatzhaftung führt.[59] Dies setzt jedoch erstens voraus, daß sich im Einzelfall ein unbedingter Haftungswille des Reiseveranstalters ermitteln läßt, der nicht notwendig aus der Verwendung des Begriffes „Zusicherung", sondern erst aus einer Auslegung des Vertrages folgt.[60] Zweitens betrifft dies nicht die Pflichten des Reiseveranstalters, sondern nur die *Folgen einer Pflichtverletzung* (scil.: Nichtvorhandensein des „zugesicherten" Umstandes als Mangel i.S. des § 651c Abs. 1 BGB).

bb) Reise als Bezugspunkt der Mangelfreiheit

Gegenstand der geschuldeten Mangelfreiheit ist nach § 651c Abs. 1 BGB die Reise, nicht aber die einzelnen Teilleistungen. Dies hat im wesentlichen zwei Konsequenzen:

Erstens liegt ein Mangel der Reise im oben dargelegten Sinne auch dann vor, wenn die Teilleistungen als solche zwar ordnungsgemäß erbracht, aber nicht in der geschuldeten Weise koordiniert worden sind.[61] Beispiel: Nach der Reisebeschreibung sollte sich an eine herausfordernde Studienexpedition ein erholsamer Badeurlaub anschließen. Vor Ort ändert der Veranstalter die Reihenfolge, so daß die Reisenden von der Studienexpedition gestreßt zurückkehren.

Zweitens liegt umgekehrt ein Mangel bei nicht ordnungsgemäßer Erbringung von Teilleistungen erst vor, wenn dieser auf den Nutzen der Reise als Gesamtheit

---

[55] BGH v. 23. September 1982, NJW 1983, 33 ff.; *Erman/Seiler* § 651c Rdnr. 2; *Staudinger/J. Eckert* (2001) § 651c Rdnr. 55. Siehe aber unten § 9 G II S. 567 zum Vorrang des Kündigsrechts aus § 651j BGB.

[56] A.A. *Tempel* JuS 1984, 81 (87).

[57] *Tonner* MünchKomm. § 651c Rdnr. 33.

[58] LG Frankfurt a.M. v. 1. März 1993, NJW-RR 1993, 632; *Soergel/H.-W. Eckert* § 651c Rdnr. 17; *Staudinger/J. Eckert* (2001) § 651c Rdnr. 56.

[59] Siehe dazu bereits näher im Rahmen des Kauf- und Mietvertragsrechts: § 2 E II 3e, aa (4b), S. 121 f. sowie § 5 B V 2b, cc, S. 321. Schwächer wohl *Oechsler* Rdnr. 739 i.S. einer Beschaffenheitsvereinbarung.

[60] Allg. BT-Drucks. 14/6040, S. 132.

[61] *Tonner* MünchKomm. § 651c Rdnr. 34.

durchschlägt.[62] Dies wird zwar bei gewichtigen Beeinträchtigungen der Teilleistungen stets der Fall sein. Der Reisende muß aber bloße Unannehmlichkeiten sowie geringfügige Störungen im Rahmen des Massentourismus hinnehmen, ohne daß der Veranstalter seine Hauptleistungspflicht verletzt.[63] Daher liegt z.B. kein Mangel der Reise vor, wenn in dem Hotel am Morgen keine Frühstückseier angeboten werden.[64]

2. Informationspflichten

Zu den Hauptpflichten des Reiseveranstalters zählen auch die in der BGB-InfoV festgelegten Informationspflichten, da ihre Erfüllung für das Erreichen des Vertragszwecks essentielle Bedeutung hat.[65] Zudem sind sie aus verbraucherschützender Sicht für den Reisenden wesentlich, da sie ihn in die Lage versetzen, seine Rechte ordnungsgemäß geltend zu machen.[66] Nach den §§ 4, 5 BGB-InfoV muß der Reiseveranstalter den Reisenden im Rahmen eines Prospekts oder einer gesonderten Unterrichtung über etwaige Paß- und Visaerfordernisse in Kenntnis setzen. Ferner hat er dem Reisenden eine Reisebestätigung zur Verfügung zu stellen, die alle in § 6 BGB-InfoV genannten Angaben enthält (§ 651a Abs. 3 BGB). Vor dem eigentlichen Reisebeginn muß der Reiseveranstalter schließlich auch rechtzeitig die Details der Beförderung zum Reiseziel sowie eine Kontaktadresse mitteilen (§ 7 BGB-InfoV).

II. Nebenpflichten des Reiseveranstalters

Die Nebenpflichten des Veranstalters haben einen begrenzten Umfang, da die Informationspflichten zu den Hauptpflichten des Reiseveranstalters zählen, so daß vor allem Schutz- und Obhutspflichten gegenüber den Rechtsgütern des Reisenden i.S. des § 241 Abs. 2 BGB als Anwendungsfall der Nebenpflichten verbleiben.

Des weiteren muß der Veranstalter gemäß § 651k Abs. 1 bis 3 BGB sicherstellen, daß für den Fall eines insolvenzbedingten Ausfalls von Reiseleistungen etwaige Ansprüche des Reisenden auf Rückzahlung des Reisepreises oder auf Aufwendungsersatz erfüllt werden und zu diesem Zweck eine Versicherung abschließen oder ein Zahlungsversprechen eines Kreditinstituts beibringen.[67] Der Reisende hat gegenüber dem Reiseveranstalter einen Erfüllungsanspruch auf die Stellung der Si-

---

[62] BGH v. 20. März 1986, BGHZ 97, 255 (260); *Larenz* BT 1, § 53 V b, S. 384, 389; *Staudinger/J. Eckert* (2001) § 651c Rdnr. 42; a.A. LG Frankfurt a.M. v. 6. Juni 1983, NJW 1983, 2264 (2265).

[63] *Erman/Seiler* § 651c Rdnr. 2; *Staudinger/J. Eckert* (2001) § 651 Rdnr. 43; *Tonner* MünchKomm. § 651c Rdnr. 32.

[64] Skurrilerer Fall bei AG Mönchengladbach v. 25. April 1991, NJW 1995, 884 f.

[65] *Soergel/H.-W. Eckert* § 651a Rdnr. 46; *Staudinger/J. Eckert* (2001) § 651a Rdnr. 113; *Tonner* MünchKomm. § 651a Rdnr. 42.

[66] Siehe § 6 Abs. 2 lit. g, h BGB-InfoV.

[67] Die verspätete Einführung dieser Vorschrift als Umsetzung des Art. 7 der EG-Pauschalreise-Richtlinie führte im Jahr 1993 zu einer Staatshaftung der Bundesrepublik Deutschland gegenüber geschädigten Urlaubern: EuGH v. 8. Oktober 1996, NJW 1996, 3141.

cherheit; zuvor darf der Reisepreis nicht gefordert oder angenommen werden (§ 651k Abs. 4 Satz 1 BGB). Ein bloßer Schadensersatzanspruch wäre kein hinreichender Schutz vor der Vereitelung der Rechte des Reisenden, weil der Veranstalter im Schadensfall insolvent ist.[68] Dem Reisenden ist ein Sicherungsschein auszustellen, der seinen Anspruch gegen den Versicherer oder das Kreditinstitut aus einem echten Vertrag zugunsten Dritter bestätigt (§ 651k Abs. 3 Satz 1 BGB). Im Insolvenzfall kann sich der Reisende dann direkt an den Sicherungsgeber halten. Diesem Anspruch kann der Sicherungsgeber keine Einwendungen aus seinem Vertrag mit dem Reiseveranstalter entgegenhalten (§ 651k Abs. 3 Satz 2 BGB). Im Gegenzug geht der Anspruch des Reisenden gegen den Reiseveranstalter kraft Gesetzes auf den Sicherungsgeber über (§ 651k Abs. 3 Satz 3 BGB).

E. Pflichtverletzungen und Haftung des Reiseveranstalters

Hinsichtlich der Pflichtverletzungen des Reiseveranstalters ist zwischen Hauptpflichten und Nebenpflichten[69] zu unterscheiden. Im Rahmen der ersteren ist wiederum zwischen einer Nichtleistung mit der Anwendung des allgemeinen Leistungsstörungsrechts[70] und den speziellen Vorschriften für eine mangelhafte Reiseleistung in den §§ 651c Abs. 2 bis 651g BGB zu differenzieren.[71] Den Rahmen zulässiger Haftungsbeschränkungen steckt § 651h BGB ab.[72]

I. Rechtsfolgen einer Nichtleistung in Abgrenzung zu Reisemängeln

Wenn der Reiseveranstalter seinen Pflichten aus den §§ 651a Abs. 1 Satz 1 und Abs. 3, 651c Abs. 1 BGB nicht nachkommt, würden an sich die allgemeinen Regeln der §§ 280 ff., 311a Abs. 2, 320 ff. BGB zur Anwendung gelangen. Die §§ 651c ff. BGB verdrängen in ihrem Anwendungsbereich aber die allgemeinen schuldrechtlichen Vorschriften als speziellere Regelungen, so daß in bezug auf Hauptpflichtverletzungen des Reiseveranstalters die Nichtleistung von einer mangelhaften Reiseleistung abzugrenzen ist.

Besondere Schwierigkeiten bereitet diese Abgrenzung, wenn nach Reiseantritt einzelne Teilleistungen nicht erbracht werden. Stellt es z.B. eine teilweise Nichtleistung oder eine mangelhafte Reiseleistung dar, wenn im Rahmen einer Rundreise ein Tagesausflug zu einer Touristenattraktion ausfällt? Gegen den Vorschlag, in solchen Fällen darauf abzustellen, ob ein „wesentlicher Teil" der Reise nicht durchgeführt wurde (dann allgemeine Leistungsstörung, sonst Reisemangel),[73] spricht die damit verbundene Rechtsunsicherheit. Ferner hat der Gesetzgeber in

---

[68]   *Erman/Seiler* § 651k Rdnr. 2; *Staudinger/J. Eckert* (2001) § 651k Rdnr. 3.
[69]   Dazu § 9 E III, S. 563.
[70]   § 9 E I, S. 549 ff.
[71]   Dazu § 9 E II, S. 551 ff.
[72]   Siehe § 9 E IV, S. 563.
[73]   So OLG Celle v. 4.12.1981, NJW 1982, 770 (771); *Blaurock/Wagner* Jura 1985, 177 f.

§ 434 Abs. 3 und § 633 Abs. 2 Satz 3 BGB sogar „wesentliche" Abweichungen
von der geschuldeten Leistung einem Mangel ausdrücklich gleichstellt. Deshalb
sind alle Leistungsstörungen, die *nach dem Reiseantritt* auftreten, ausschließlich
als Reisemangel i.S. der §§ 651c ff. BGB zu behandeln, selbst wenn sie dazu
führen, daß ein wesentlicher Teil der gebuchten Reise gänzlich ausfällt.[74]

Die h.M. geht sogar noch einen Schritt weiter. Danach verdrängen die Mängelvorschriften die allgemeinen Vorschriften selbst dann, wenn die Reiseleistung aus
einem Grund, der nicht allein in der Person des Reisenden liegt, *zur Gänze* nicht
erbracht wird, d.h. die Reise gar nicht angetreten werden kann.[75] Diese sog. Ein-
heitslösung ist jedoch Bedenken ausgesetzt. Sie kann Gründe der Rechtssicherheit
nicht für sich in Anspruch nehmen, da der Reiseantritt eine hinreichend scharfe
Zäsur zwischen dem Anwendungsbereich der allgemeinen Vorschriften und den
§§ 651c Abs. 2 bis 651g BGB darstellt. Darüber hinaus steht sie im offenen Widerspruch zu dem Willen des Gesetzgebers, der mit den Mängelrechten entgegen
der ursprünglichen Planung ausdrücklich nicht alle Leistungsstörungen erfassen
wollte.[76] Schließlich führt der Reisebeginn als Abgrenzungskriterium dazu, daß ein
vertrauensschaffender Leistungstransfer als Anknüpfungspunkt für die Anwendung der §§ 651c Abs. 2 bis 651g BGB gewählt wird, wie dies in vergleichbarer
Weise im Kauf- und Werkvertragsrecht geschieht.[77] Erst wenn der Reiseantritt
zugunsten des Reisenden eine Vertrauenslage geschaffen hat, erscheint es z.B. teleologisch gerechtfertigt, daß er ein Leistungshindernis unter gewissen Voraussetzungen gemäß § 651c Abs. 3 BGB selbst auf Kosten des Reiseveranstalters ohne
Rücksicht auf dessen Verschulden beseitigen darf.[78] Hingegen wäre es unangemessen, wenn der Reisende bei einem gänzlichen Ausfall der Reise auf Kosten seines
Vertragspartners auch dann nach Maßgabe des § 651c Abs. 3 BGB eine Ersatz-
reise antreten dürfte, wenn der Reiseveranstalter den Ausfall nicht zu vertreten hat,
was aber eine Konsequenz der h.M. wäre. Umgekehrt kann der Reiseveranstalter,
dessen Reise gänzlich ausfällt, nicht ernsthaft erwarten, daß der Reisende seine
Rechte gemäß § 651g Abs. 1 BGB binnen eines Monates geltend macht. Auch diese kurze Ausschlußfrist setzt einen durch den Reisebeginn geschaffenen Vertrauenstatbestand voraus.[79] Aus diesen Gründen ist als Reisemangel i.S. der §§ 651c ff.
BGB jede Leistungsstörung auf Seiten des Reiseveranstalters zu begreifen, welche
die Reise ab dem Reiseantritt beeinträchtigt.

---

[74]   BGH v. 18. November 1982, BGHZ 85, 301 (302 ff.); *Bartl* NJW 1983, 1092 (1096);
       Staudinger/J. Eckert (2001) Vorbem. zu §§ 651c ff. Rdnr. 18 ff.

[75]   BGH v. 20. März 1986, BGHZ 97, 255 (259 f.); BGH v. 12. März 1987, BGHZ 100,
       157 (180 f.); *Erman/Seiler* Vorbem §§ 651c-651g Rdnr. 5; *Esser/Weyers* BT 1, § 34b
       III 4 a, S. 302; RGRK/*Recken* § 651c Rdnr. 2; *Soergel/H.-W. Eckert* vor § 651c
       Rdnr. 7; *Tonner* MünchKomm. § 651c Rdnr. 26.

[76]   Vgl. BT-Drucks. 8/2343, S. 9 gegenüber BT-Drucks. 8/786, S. 25 f.; *Staudinger/
       J. Eckert* (2001) Vorbem. zu §§ 651c ff. Rdnr. 18.

[77]   Siehe oben § 2 E II 2a, bb, S. 74 ff.; § 8 F II 2a, S. 461 f.

[78]   Näher unten § 9 E II 4, S. 554.

[79]   Zu § 651g BGB noch unten § 9 E II 7b, S. 561 f.

Soweit sich der Reisebeginn verzögert oder die Reise gänzlich ausfällt, bemessen sich die Rechte des Reisenden somit in erster Linie nach den §§ 280 ff., 311a Abs. 2, 320 ff. BGB. Bei deren Anwendung ist allerdings zu beachten, daß die Reiseleistung aufgrund ihrer zeitlichen Gebundenheit häufig eine absolute Fixschuld darstellt, so daß die Leistungserbringung mit Zeitablauf gemäß § 275 Abs. 1 BGB unmöglich wird.[80] In diesem Fall kommt ein Schuldnerverzug nicht mehr in Betracht, sondern es greifen die §§ 283, 326 BGB ein. Neben den allgemeinen Vorschriften finden bei einem Ausfall der Reise aber diejenigen Bestimmungen der §§ 651c ff. BGB Anwendung, die entweder auch schon im Vorgriff auf einen zukünftigen Mangel Rechte gewähren oder nicht ausschließlich an einen Mangel anknüpfen. Ersteres betrifft das *Kündigungsrecht aus § 651e BGB*,[81] letzteres den *Schadensersatz wegen nutzlos aufgewendeter Urlaubszeit gemäß § 651f Abs. 2 BGB* („wird die Reise vereitelt").[82]

II. Rechtsfolgen eines Reisemangels

1. Überblick

Sofern die durchgeführte Reise mangelhaft ist, begründet das Reisevertragsrecht verschiedene Rechte des Reisenden und Rechtsfolgen.

– In erster Linie ist der Reisepreis für die Dauer des Mangels nach Maßgabe des § 651d BGB gemindert, und der Reisende kann gemäß § 651c Abs. 2 BGB Abhilfe verlangen.

– Nur unter zusätzlichen Voraussetzungen kann der Reisende für eine Selbstabhilfe in Ansehung des Mangels Aufwendungsersatz verlangen (§ 651c Abs. 3 BGB), den Vertrag gemäß § 651e BGB kündigen oder Schadensersatz begehren (§ 651f BGB).

2. Minderung des Reisepreises für die Dauer des Reisemangels (§ 651d BGB)

a) Allgemeines

Ebenso wie im Mietvertragsrecht (vgl. § 536 BGB) verringert sich infolge der Mangelhaftigkeit der Reise der Reisepreis für die Dauer des Mangels *kraft Gesetzes* (§ 651d Abs. 1 Satz 1 BGB). Die Minderung stellt daher im Reisevertragsrecht anders als im Kaufrecht und im Werkvertragsrecht (§§ 441, 638 BGB) kein subjektives (Gestaltungs-)Recht, sondern eine spezielle Ausprägung des Rechtsgedankens in § 326 Abs. 1 Satz 1 BGB dar.

Für die Berechnung des Minderungsbetrages und den vertraglichen Anspruch auf Rückerstattung eines zuviel gezahlten Reisepreises verweist § 651d auf die ent-

---

[80] BGH v. 26. Juni 1980, BGHZ 77, 320 (323); BGH v. 18. November 1982, BGHZ 85, 301 (304); *Oechsler* Rdnr. 722; *Staudinger/J. Eckert* (2001) Vorbem. zu §§ 651c ff. Rdnr. 23; *Tonner* MünchKomm. § 651c Rdnr. 28.

[81] BGH v. 26. Juni 1980, BGHZ 77, 310 (318 f.); *Staudinger/J. Eckert* (2001) § 651e Rdnr. 7. Dazu noch unten § 9 E II 5, S. 555 ff.

[82] Siehe § 9 E II 6b, S. 559 f.

sprechenden Vorschriften des Werkvertragsrechts (§§ 638 Abs. 3 und 4 BGB).[83] Bei der Höhe der Minderung hat in der Rechtspraxis die sog. Frankfurter Tabelle zur Reisepreisminderung besondere Bedeutung.[84] Nach dieser bewirkt z.B. ein über die gesamte Reisezeit „eintöniger Speisezettel" eine Minderung um 10 %, während dauernder „Lärm am Tage" zu einer Herabsetzung um 10 bis 40 % führen soll. Ein etwaiger Rückzahlungsanspruch des Reisenden folgt wegen der Verweisung in § 651d BGB auf § 638 Abs. 4 Satz 2 BGB aus § 346 Satz 1 BGB.[85]

b) Erfordernis der Mängelanzeige

Die Minderung tritt nach § 651d Abs. 2 BGB nicht ein, soweit der Reisende es schuldhaft unterläßt, den Mangel anzuzeigen. Das Anzeigeerfordernis dient der Beweissicherung und soll dem Reiseveranstalter insbesondere die Möglichkeit geben, für Abhilfe zu sorgen und hierdurch seine Haftung zu begrenzen.[86] Wegen dieses Regelungszwecks ist der Reisende von dem Erfordernis der Anzeige von vornherein suspendiert, wenn der Veranstalter den Mangel entweder kennt[87] oder ihm eine Abhilfe ohnehin nicht möglich war.[88]

Die Mängelanzeige ist für den Reisenden – anders als gemäß § 536c BGB bei der Miete – keine vertragliche Pflicht, sondern nur eine Obliegenheit zur Wahrung seiner eigenen Rechte.[89] Dementsprechend ist das Verschulden in § 651d Abs. 2 BGB nicht nach den §§ 276 ff. BGB zu konkretisieren. Die Obliegenheit entsteht daher nur, wenn der Reisende nach § 6 Abs. 2 lit. g BGB-InfoV über die Notwendigkeit der Mängelanzeige belehrt wurde[90] und er positive Kenntnis von dem Mangel hat.[91] Sobald diese Voraussetzungen vorliegen, hat er die Anzeige jedoch unverzüglich i.S. des § 121 Abs. 1 Satz 1 BGB zu übermitteln. Taugliche Adressaten der Anzeige sind der Reiseveranstalter oder sein Vertreter, das Reisebüro als bloßer Reisevermittler aber nur nach § 91 Abs. 2 HGB, wenn es als Handelsvertreter i.S. des § 84 HGB für den Reiseveranstalter tätig wird.[92] Sind die in diesem Sinne zuständigen Stellen nicht erreichbar, scheidet eine Verletzung des Unverzüglichkeitserfordernisses aus (vgl. § 121 Abs. 1 Satz 1 BGB: „ohne schuldhaftes Zögern").

---

[83]   Dazu näher oben § 8 F II 3e, S. 451 f.
[84]   Abgedruckt bei *Staudinger/J. Eckert* (2001) Anh. zu § 651d.
[85]   Ebenso *Oechsler* Rdnr. 742.
[86]   BT-Drucks. 8/2343, S. 10; BGH v. 20. September 1984, BGHZ 92, 177 (181 f.).
[87]   LG Frankfurt a.M. v. 6. Dezember 1982, NJW 1983, 233 (234); *Erman/Seiler* § 651d Rdnr. 1 f.; *Jauernig/Teichmann* § 651d Rdnr. 2; *Tonner* MünchKomm. § 651d Rdnr. 5.
[88]   BGH v. 20. September 1984, BGHZ 92, 177 (179); *Soergel/H.-W. Eckert* § 651d Rdnr. 7; *Staudinger/J. Eckert* (2001) § 651d Rdnr. 24.
[89]   *Erman/Seiler* § 651d Rdnr. 1; *Staudinger/J. Eckert* (2001) § 651d Rdnr. 8.
[90]   RGRK/*Recken* § 651d Rdnr. 5; *Tonner* MünchKomm. § 651d Rdnr. 6; *Soergel/H.- W. Eckert* (2001) § 651d Rdnr. 7; a.A. *Erman/Seiler* § 651d Rdnr. 1.
[91]   *Staudinger/J. Eckert* (2001) § 651d Rdnr. 29.
[92]   BGH v. 22. Oktober 1987, NJW 1988, 488 (489); *Soergel/H.-W. Eckert* § 651d Rdnr. 6.

3. Anspruch des Reisenden auf Abhilfe (§ 651c Abs. 2 BGB)

Der Reisende kann nach § 651c Abs. 1 Satz 1 BGB von dem Veranstalter verlangen, daß er in bezug auf den Reisemangel Abhilfe schafft. Dieser kann sie allerdings verweigern, wenn sie einen unverhältnismäßigen Aufwand erfordert (§ 651c Abs. 2 Satz 2 BGB). Bei dem Anspruch auf Abhilfe handelt es sich um einen modifizierten Erfüllungsanspruch des Reisenden, der folgerichtig nicht von einem Verschulden des Reiseveranstalters abhängt[93] und in seiner Struktur zu großen Teilen dem werkvertraglichen Nacherfüllungsanspruch gemäß § 635 BGB entspricht, so daß auf die diesbezüglichen Ausführungen verwiesen werden kann.[94]

Insbesondere unterliegt es auch im Rahmen des § 651c Abs. 2 Satz 1 BGB bis zur Grenze des § 242 BGB der Entscheidungshoheit des Reiseveranstalters, auf welche Weise er Abhilfe schafft. Die ausgefallene Klimaanlage des Hotelzimmers kann daher einerseits kurzfristig repariert werden (vergleichbar mit der Mängelbeseitigung gemäß § 635 Abs. 1 Alt. 1 BGB). Es ist aber auch möglich, dem Reisenden ein anderes Hotelzimmer der gleichen Kategorie zur Verfügung zu stellen (vergleichbar mit der Neuherstellung i.S. des § 635 Abs. 1 Alt. 2 BGB). Entscheidend ist ausschließlich, daß der Reiseveranstalter die betreffende Vertragswidrigkeit für die Zukunft beseitigt.[95] Dabei kann der Reisende bis zur Grenze des § 651c Abs. 2 Satz 2 BGB auch eine höherwertige Leistung verlangen (z.B. Linienflug statt Charterflug), wenn dem Mangel nur auf diesem Wege abgeholfen werden kann.[96] Dem Reiseveranstalter steht es frei, auf sein Leistungsverweigerungsrecht aus § 651c Abs. 2 Satz 2 BGB zu verzichten und einen unverhältnismäßigen Abhilfeaufwand zu leisten, was insbesondere in Betracht kommt, wenn er die Ausübung subsidiärer Rechte durch den Reisenden (z.B. eine Kündigung gemäß § 651e BGB) vermeiden möchte. Keine der beiden Vertragsparteien muß aber mit einer Leistungsänderung einverstanden sein, die wie z.B. eine Verlegung des Urlaubsortes die Identität der Reise berührt. Dies wäre nicht mehr als „Abhilfe" zu bewerten.[97]

Den Abhilfeanspruch übt der Reisende durch eine *rechtsgeschäftsähnliche Handlung* aus; eine bloße Mängelanzeige i.S. des § 651d Abs. 2 BGB genügt hierfür nicht.[98] Die Erklärung ist an den Reiseveranstalter oder seinen Vertreter am Reiseort, zumeist den Reiseleiter, zu richten. Zu erwägen ist aber auch, daß sich der Reisende mit dem Abhilfeverlangen an den Träger der mangelhaften Leistung (Restaurant, Hotel) wenden kann. Dabei sind jedoch zwei Fragen zu unterschei-

---

[93] *Erman/Seiler* § 651c Rdnr. 10; *Staudinger/J. Eckert* (2001) § 651c Rdnr. 146; *Tonner* MünchKomm. § 651c Rdnr. 54.

[94] Siehe oben § 8 F II 3b, S. 466 ff.

[95] *Erman/Seiler* § 651c Rdnr. 10; *Larenz* BT 1, § 53 V b, S. 384; *Staudinger/J. Eckert* (2001) § 651c Rdnr. 157.

[96] *Jauernig/Teichmann* § 651c Rdnr. 3; *Staudinger/J. Eckert* (2001) § 651c Rdnr. 157; *Tonner* MünchKomm. § 651c Rdnr. 55.

[97] LG Frankfurt a.M. v. 12. März 1990, NJW-RR 1990, 699 (700); *Soergel/H.-W. Eckert* § 651c Rdnr. 33.

[98] *Erman/Seiler* § 651c Rdnr. 10; *Staudinger/J. Eckert* (2001) § 651c Rdnr. 147; *Tonner* MünchKomm. § 651c Rdnr. 50.

den: Einen Anspruch auf Beseitigung des Mangels hat der Reisende gegenüber dem Leistungsträger nur nach Maßgabe des § 328 BGB aus dem Vertrag zwischen letzterem und dem Reiseveranstalter;[99] § 651c Abs. 2 BGB selbst gewährt nur Rechte gegenüber dem Reiseveranstalter als Partei des Reisevertrages. Soweit die Geltendmachung anderer Rechte aber ein (erfolgloses) Abhilfeverlangen voraussetzt (§§ 651c Abs. 3, 651e BGB etc.), muß dieses auch subsidiär gegenüber dem Leistungsträger erklärt werden können, wenn *weder* der Reiseveranstalter *noch* dessen Vertreter erreichbar sind.[100] Dem Reiseveranstalter obliegt es, die Voraussetzungen für die Möglichkeit einer Mängelanzeige zu schaffen und im Fall einer Verletzung dieser Obliegenheit erscheint der Leistungsträger als der geeignetste Ersatzadressat.

4. Anspruch auf Aufwendungsersatz bei Selbstabhilfe (§ 651c Abs. 3 BGB)

Kommt der Reiseveranstalter einer bestehenden und geltend gemachten Pflicht zur Mängelbeseitigung[101] nicht nach, so kann der Reisende dem Mangel selbst abhelfen und gemäß § 651c Abs. 3 Satz 1 BGB Ersatz der dafür erforderlichen Aufwendungen verlangen. Er muß dem Reiseveranstalter aber zuvor zusammen mit dem Abhilfeverlangen grundsätzlich eine angemessene Frist zur Abhilfe gesetzt haben. Deren Länge bemißt sich nach Art und Schwere des Mangels, die mit dem Interesse des Reisenden an der Mangelfreiheit, insbesondere der Länge seines Urlaubs, abzuwägen sind.[102] Eine Abhilfefrist ist nach § 651c Abs. 3 Satz 2 BGB entbehrlich, wenn der Reiseveranstalter die Abhilfe zu Unrecht verweigert oder der Reisende ein besonderes Interesse an der sofortigen Durchführung der Abhilfe hat (wie z.B. bei der Inanspruchnahme eines Taxis an Stelle des ausgefallenen Busservices, um den Heimflug zu erreichen). Dieses Regelungsgefüge entspricht weitgehend den werkvertraglichen Vorschriften zur Selbstvornahme in § 637 Abs. 1 und 2 BGB, so daß für die näheren Einzelheiten auf deren Erläuterung verwiesen werden kann.[103]

Die Erforderlichkeit der Aufwendungen für die Selbstabhilfe bemißt sich wie bei § 670 BGB nach einer objektiven Betrachtung ex ante.[104] Dies kann den Reisenden nach dem oben zum Begriff der Abhilfe Ausgeführten unter Umständen auch dazu berechtigen, eine höherwertige als die geschuldete Teilleistung auf Kosten des Reiseveranstalters in Anspruch zu nehmen, sofern sich hierdurch nicht die

---

[99]   Siehe oben § 9 C III 1, S. 543 f.

[100]   Mit Tendenz dazu auch BGH v. 15. Juni 1989, NJW 1989, 2750 (2752); a.A. *Staudinger/J. Eckert* (2001) § 651c Rdnr. 150.

[101]   Eine solche ist insbesondere ausgeschlossen, wenn die Voraussetzungen des § 651c Abs. 2 Satz 2 BGB vorliegen und sich der Reiseveranstalter auf sein Leistungsverweigerungsrecht beruft.

[102]   *Erman/Seiler* § 561c Rdnr. 11; *Staudinger/J. Eckert* (2001) § 651c Rdnr. 167.

[103]   Siehe oben § 8 F II 3c, S. 475 ff.

[104]   Näher unten § 11 B V 1b, S. 609 f.

Identität der Reise ändert.[105] Analog § 637 Abs. 3 BGB steht dem Reisenden ein Vorschuß für die erforderlichen Aufwendungen zu.[106]

5. Kündigung des Reisevertrages (§ 651e BGB)

a) Voraussetzungen des Kündigungsrechts

Der Reisende kann sich durch eine Kündigungserklärung nach § 651e Abs. 1 BGB von dem Vertrag lösen, wenn ein Mangel die Reise entweder erheblich beeinträchtigt (Satz 1) oder ihm diese infolge eines Mangels aus wichtigem, dem Reiseveranstalter erkennbaren Grund nicht zuzumuten ist (Satz 2). Dabei soll Satz 1 nach dem Willen des Gesetzgebers objektive Beeinträchtigungen umfassen, während sich Satz 2 auf besondere, in den persönlichen Umständen des Reisenden liegende Gründe bezieht (z.B. die vertragswidrige Nichteignung des Hotels für einen Behinderten).[107] Da aber die subjektiven Gründe, die dem Reisenden die Reise aufgrund des Mangels unzumutbar machen, nach § 651e Abs. 1 Satz 2 BGB nur dann ein Kündigungsrecht begründen, wenn sie dem Reiseveranstalter *schon bei Vertragsschluß* erkennbar waren, und sich nicht nur der Mangelbegriff, sondern auch die Erheblichkeit eines solchen nach den Parteiabreden bemißt, stellt § 651e Abs. 1 Satz 2 BGB der Sache nach nur einen Unterfall des Satzes 1 dar und muß von diesem nicht abgegrenzt werden.[108] Entscheidende Voraussetzung ist in allen Fällen die Erheblichkeit der Reisebeeinträchtigung infolge des Mangels. Hierfür ist mangels besonderer Umstände auf Art und Zweck der Reise sowie die vom Reiseveranstalter zu schaffende Güte abzustellen.[109] Kurzfristige oder geringfügige Mängel genügen nicht, um eine Kündigung zu rechtfertigen.

Bevor der Reisende kündigen kann, muß er grundsätzlich Abhilfe i.S. des § 651c Abs. 2 BGB verlangt und dem Reiseveranstalter erfolglos eine angemessene Frist für diese gesetzt haben (§ 651e Abs. 2 Satz 1 BGB).[110] Hiervon gilt gemäß § 651e Abs. 2 Satz 2 BGB jedoch eine Ausnahme, wenn die Abhilfe unmöglich ist, der Reiseveranstalter sie zu Recht (vgl. § 651c Abs. 2 Satz 2 BGB) oder zu Unrecht verweigert oder ein besonderes Interesse des Reisenden die sofortige Kündigung rechtfertigt. Letzteres ist z.B. der Fall, wenn das Vertrauen des Reisenden in eine ordnungsgemäße Abhilfe seitens des unzuverlässigen Reiseveranstalters in nachvollziehbarer Weise erschüttert ist.[111] Schließlich ist zu beachten, daß eine Kündigung des Vertrages wegen eines Mangels, der auf höherer Gewalt

---

[105] *Erman/Seiler* § 651c Rdnr. 12; *Staudinger/J. Eckert* (2001) § 651c Rdnr. 172; *Tonner* MünchKomm. § 651c Rdnr. 67.

[106] Ebenso *Oechsler* Rdnr. 741. Näheres unter § 8 F II 3c, cc (3), S. 481 f.

[107] BT-Drucks. 8/786, S. 23 f.; RGRK/*Recken* § 651e Rdnr. 6; *Soergel/H.-W. Eckert* § 651e Rdnr. 8.

[108] Vgl. *Staudinger/J. Eckert* (2001) § 651e Rdnr. 17 ff. m.w.N.

[109] *Erman/Seiler* § 651e Rdnr. 4; *Larenz* BT 1, § 53 V b, S. 385; *Staudinger/J. Ecke∙t* (2001) § 651e Rdnr. 14 ff.

[110] Siehe hierzu im Rahmen des § 651c Abs. 3 Satz 1 BGB oben § 9 E II 4, S. 554.

[111] BT-Drucks. 8/786, S. 29; *Erman/Seiler* § 651e Rdnr. 7; *Staudinger/J. Eckert* (2001) § 651e Rdnr. 30.

beruht,[112] ausschließlich nach § 651j Abs. 1 BGB („allein nach Maßgabe dieser Vorschrift") erfolgen kann.[113]

b) Rechtsfolgen einer wirksamen Kündigung

Infolge der Kündigung erlöschen die Hauptleistungspflichten der Parteien und der Vertrag wandelt sich ex nunc in ein Abwicklungsverhältnis um.[114] Dementsprechend entfällt der Anspruch des Reiseveranstalters auf den vereinbarten Reisepreis (§ 651e Abs. 3 Satz 1 BGB). Er erlangt statt dessen einen Entschädigungsanspruch für bereits erbrachte oder zur Beendigung der Reise noch zu erbringenden Reiseleistungen, der sich nach der Minderungsregelung für den Werkvertrag in § 638 Abs. 3 BGB bemißt (§ 651e Abs. 3 Satz 2 BGB). Allerdings entfällt gemäß § 651e Abs. 3 Satz 3 BGB auch dieser Anspruch, wenn die Teilleistungen für den Reisenden infolge der Aufhebung des Vertrages kein Interesse haben, weil z.B. der Reisezweck infolge der Schwere des Mangels trotz der an sich ordnungsgemäß erbrachten Teilleistungen gänzlich oder weit überwiegend verfehlt worden ist.[115] So kann der Reiseveranstalter, dem von dem Reisenden ein Australien-Urlaub aufgrund erheblicher Mängel nach drei Tagen gekündigt wurde, wegen eines Interessenwegfalls nicht den Preis für den (wenn auch ordnungsgemäß durchgeführten) Flug verlangen.[116] Hat der Reisende bereits einen nach § 651e Abs. 3 BGB nicht mehr geschuldeten Reisepreis entrichtet, folgt sein Rückerstattungsanspruch nicht aus § 812 BGB, sondern analog § 638 Abs. 4 BGB aus dem Vertrag.[117]

Weiterhin verpflichtet § 651e Abs. 4 Satz 1 BGB den Veranstalter, die notwendigen Maßnahmen für die Abwicklung des Vertrages zu treffen; das Gesetz nennt exemplarisch den Rücktransport, wenn die Rückbeförderung geschuldet war. Dazu kann auch die weitere Gewährung von Unterkunft und Verpflegung gehören, wenn die Rückreise nicht sofort erfolgen kann.[118] Die hierfür gegenüber der versprochenen Reiseleistung anfallenden *Mehrkosten* hat der Reiseveranstalter zu tragen (§ 651e Abs. 4 Satz 2 BGB). Inwieweit aufgrund der Abwicklungsleistungen ein Entschädigungsanspruch besteht, bemißt sich hingegen nach § 651e Abs. 3 BGB. Kommt der Reiseveranstalter seinen Pflichten aus § 651e Abs. 4 Satz 1 BGB nicht nach, so hat der Reisende nicht nur nach Maßgabe der §§ 280 ff. BGB

---

[112] Dazu, daß auf höherer Gewalt beruhende Umstände einen Mangel der Reise darstellen können siehe oben § 9 D 1 1b, aa, S. 545 ff.

[113] Näher unten § 9 G II, S. 567.

[114] *Larenz* BT 1, § 53 V b, S. 385; *Tonner* MünchKomm. § 651e Rdnr. 15.

[115] *Soergel/H.-W. Eckert* § 651e Rdnr. 17; *Tonner* MünchKomm. § 651e Rdnr. 18.

[116] Weitere Einzelheiten bei *Staudinger/J. Eckert* (2001) § 651e Rdnr. 46 ff.

[117] Vgl. BGH v. 23. September 1982, BGHZ 85, 50 (59 ff.); *Larenz* BT 1, § 53 V b, S. 386; *Erman/Seiler* § 651e Rdnr. 14; *Tonner* MünchKomm. § 651e Rdnr. 15.

[118] *Erman/Seiler* § 651e Rdnr. 11; *Staudinger/J. Eckert* (2001) § 651e Rdnr. 59 ff.; *Tonner* MünchKomm. § 651e Rdnr. 21.

Anspruch auf Schadensersatz, sondern er kann analog § 651c Abs. 3 BGB auch Aufwendungsersatz für eine erforderliche Selbstabhilfe verlangen.[119]

6. Anspruch auf Schadensersatz (§ 651f BGB)

a) Schadensersatz wegen Nichterfüllung (§ 651f Abs. 1 BGB)

aa) Allgemeines

Nach § 651f Abs. 1 BGB kann der Reisende unbeschadet der Minderung oder Kündigung Schadensersatz wegen Nichterfüllung verlangen, es sei denn, der Reiseveranstalter hat den Mangel der Reise nicht zu vertreten. Wie bei § 280 Abs. 1 BGB ist somit ein Vertretenmüssen i.S. der §§ 276 ff. BGB zwar Anspruchsvoraussetzung, sein Vorliegen wird aber vermutet.

Dabei haftet der Veranstalter gemäß § 278 BGB auch für das Verschulden der Leistungsträger, die für ihn vor Ort die einzelnen Teilleistungen erbringen. Umstritten ist in diesem Zusammenhang jedoch, inwieweit der Reiseveranstalter Streiks seiner Angestellten oder derjenigen des Leistungsträgers zu vertreten hat. Hierbei kann es nicht auf die arbeitsrechtliche Zulässigkeit des Streiks im jeweiligen Rechtsverhältnis zwischen Arbeitgeber und Arbeitnehmer ankommen,[120] sondern maßgeblich muß das Pflichtenverhältnis des Reiseveranstalters zum Reisenden sein. Da ersterer die Erfüllung der insoweit bestehenden Pflichten auf Dritte übertragen hat, muß er sich deren Streikverhalten, für das im Rechtsverhältnis zum Reisenden kein Rechtfertigungsgrund besteht, als Verschulden zurechnen lassen.[121] Voraussetzung ist jedoch stets, daß es sich um das Personal von Erfüllungsgehilfen handelt, was z.B. für allgemeines Flughafenpersonal oder Fluglotsen nicht gilt.[122]

bb) Keine Garantiehaftung analog § 536a Abs. 1 Alt. 1 BGB

Da § 536a Abs. 1 Alt. 1 BGB für die anfänglichen Mängel einer Mietsache eine Garantiehaftung begründet, wird auch im Reisevertragsrecht eine Garantiehaftung für anfängliche Mängel in bezug auf solche Leistungsgegenstände erwogen, die bei isolierter Überlassung Gegenstand eines Mietvertrages wären (Hotelzimmer, im Reisepreis enthaltener „Mietwagen" etc.). Da die §§ 651a ff. BGB den Reisenden besser als bei der Behandlung des Reisevertrages als typengemischtem Vertrag stellen sollten, dürfe ihm die Garantiehaftung aus § 536a Abs. 1 Alt. 1 BGB nicht entzogen werden.[123]

[119] *Erman/Seiler* § 651e Rdnr. 13; RGRK/*Recken* § 651e Rdnr. 17; *Tonner* MünchKomm. § 651e Rdnr. 22.
[120] So aber *Erman/Seiler* § 651f Rdnr. 3; *Löwisch* AcP 174 (1974), 202 (205); *Teichmann* JZ 1979, 739 (740).
[121] LG Frankfurt a.M. v. 14. April 1980, NJW 1980, 1696 (1697); *Soergel/H.-W. Eckert* § 651f Rdnr. 10; *Tonner* MünchKomm. § 651f Rdnr. 26; *Staudinger/J. Eckert* (2001) § 651e Rdnr. 23.
[122] *Erman/Seiler* § 651f Rdnr. 3; *Staudinger/J. Eckert* (2001) § 651f Rdnr. 30.
[123] *Tempel* JuS 1984, 81 (90).

Dies vermag nicht zu überzeugen. Der Gesetzgeber hat mit der eigenständigen Regelung des Reisevertrages zum Ausdruck gebracht, daß es sich bei diesem nicht lediglich um eine Summe aus Teilen anderer Vertragstypen handelt, sondern um ein *aliud*, für das er in den §§ 651a ff. BGB eine ausgewogene Regelung mit zahlreichen Begünstigungen des Reisenden aufstellt. Dieser Interessenausgleich darf nicht durch die Übertragung einer von § 651f Abs. 1 BGB abweichenden Garantiehaftung aus dem Recht des Mietvertrages unterlaufen werden.[124] Ebenso scheidet ein Rückgriff auf die Gastwirtshaftung nach den §§ 701 ff. BGB im Einzelfall aus.[125] Eine verschuldensunabhängige Haftung des Reiseveranstalters kann sich deshalb nur aus der Übernahme einer Garantie i.S. des § 276 Abs. 1 Satz 1 BGB ergeben.

cc) Anzeigeobliegenheit analog § 651d Abs. 2 BGB

In Analogie zu § 651d Abs. 2 BGB[126] ist der Schadensersatzanspruch des Reisenden ausgeschlossen, soweit er es schuldhaft unterlassen hat, dem Reiseveranstalter den Mangel anzuzeigen.[127] Die Formulierung des Gesetzes, nach welcher der Schadensersatz „unbeschadet der Minderung" verlangt werden kann, begründet keine Sperrwirkung für die Analogie, da sie nur zum Ausdruck bringt, daß sich beide Rechtsfolgen nicht ausschließen. In teleologischer Hinsicht ist die Analogie schon deshalb geboten, weil ansonsten bei einer Verletzung der Anzeigeobliegenheit das Nichteingreifen der Minderung des Reisepreises gemäß § 651d BGB unter Umständen über eine Geltendmachung des Mangelschadens gemäß § 651f Abs. 1 BGB konterkariert werden könnte.

dd) Arten des ersatzfähigen Schadens

In § 651f Abs. 1 BGB wird ein Anspruch auf „Schadensersatz wegen Nichterfüllung" gewährt. Dieser umfaßt nicht nur das Erfüllungsinteresse des Reisenden (Schadensersatz statt der Leistung i.S. des § 281 BGB), sondern auch etwaige Integritätsschäden, die aus dem Mangel resultieren (Körperverletzungen etc.).[128] Bei einer anderen Interpretation verlöre die Vorschrift weitgehend ihren Anwendungsbereich, da das Erfüllungsinteresse des Reisenden in aller Regel bereits von der kraft Gesetzes eintretenden Minderung des Reisepreises gemäß § 651d Abs. 1 BGB abgedeckt ist. Mit dem Wortlaut des § 651f Abs. 1 BGB ist die Einbeziehung von Integritätsschäden vereinbar, weil auch diese durch die nicht ordnungsgemäße Erfüllung (scil.: den Mangel) hervorgerufen worden sind. Somit gelten für

---

[124] *Erman/Seiler* § 651c Rdnr. 10; *Staudinger/J. Eckert* (2001) Vorbem. zu §§ 651c ff. Rdnr. 32; *Tonner* MünchKomm. § 651c Rdnr. 6; offen *Larenz* BT 2, § 53 V b, S. 386.

[125] *Staudinger/J. Eckert* (2001) Vorbem. zu §§ 651c ff. Rdnr. 33 m.w.N.

[126] Zu dessen Voraussetzungen siehe oben § 9 E II 2b, S. 552 f.

[127] BGH v. 20. September 1987, BGHZ 92, 177 (179 ff.); *Erman/Seiler* § 651f Rdnr. 4; *Soergel/H.-W. Eckert* § 651f Rdnr. 6; a.A. *Oechsler* Rdnr. 748; *Staudinger/J. Eckert* (2001) § 651f Rdnr. 10; *Tonner* MünchKomm. § 651f Rdnr. 17, die aber über die allgemeine Vorschrift des § 254 Abs. 1 BGB zu ähnlichen Ergebnissen gelangen.

[128] BGH v. 20. September 1987, BGHZ 92, 177 (180); *Erman/Seiler* § 651f Rdnr. 5; *Oechsler* Rdnr. 750; *Staudinger/J. Eckert* (2001) § 651f Rdnr. 33.

alle infolge des Reisemangels eingetretenen Schadenspositionen auch die Regelungen des § 651g (Ausschlußfrist, verkürzte Verjährung);[129] ferner ist ein Rückgriff auf die allgemeinen Vorschriften in den §§ 280 ff. BGB ausgeschlossen.

b) Entschädigung wegen nutzlos aufgewendeter Urlaubszeit (§ 651f Abs. 2 BGB)

Das Interesse des Reisenden an der vertragsgemäßen Erbringung der Reiseleistung ist in aller Regel nur bezüglich des von ihm geschuldeten Reisepreises vermögensrechtlicher Natur im engeren Sinne. Darüber hinaus hat für ihn aber gerade auch der Erlebnis- bzw. Erholungswert der Reise besondere Bedeutung. Folgerichtig ordnet § 651f Abs. 2 BGB an, daß der Anspruch auf Schadensersatz auch eine angemessene Entschädigung wegen nutzlos aufgewendeter Urlaubszeit umfaßt, wenn der i.S. des § 651f Abs. 1 BGB von dem Reiseveranstalter zu vertretende Mangel die Reise vereitelt oder erheblich beeinträchtigt.

Die Rechtsnatur dieser Regelung war lange umstritten.[130] Nach ihrer Einführung wurde sie in Anknüpfung an eine frühere Rechtsprechung des Bundesgerichtshofes[131] teilweise als besondere Ausprägung eines Vermögensschadens verstanden, der in der sog. Frustrierung des durch die Arbeitsleistung „erkauften" Urlaubs Berufstätiger erblickt wurde (vgl. auch § 284 BGB).[132] Nach dieser Auffassung hätten jedoch Nichterwerbstätige (Schüler, Studenten, Rentner etc.) folgerichtig keinen Anspruch aus § 651f Abs. 2 BGB ableiten können. In Übereinstimmung mit den Gesetzesmaterialien[133] wird die Vorschrift heute aber ganz überwiegend als Anordnung der Ersatzfähigkeit entgangener Urlaubsfreude als Nichtvermögensschaden beurteilt, d.h. als Ausnahme zu § 253 Abs. 1 BGB.[134] Diese Interpretation überzeugt, weil auch Nichterwerbstätige für eine Reise in der Regel besonders disponieren müssen und in den Verlauf des Urlaubs besondere Erwartungen legen.[135]

Ein Entschädigungsanspruch besteht allerdings nur, wenn die Reise durch den Mangel vereitelt oder erheblich beeinträchtigt wurde. Während eine Vereitelung voraussetzt, daß die Reise nicht angetreten oder unmittelbar nach ihrem Beginn abgebrochen wurde,[136] ist eine erhebliche Beeinträchtigung anzunehmen, wenn trotz der Fortführung der Reise ihr Zweck (Erlebnisse, Erholung etc.) zu größeren

---

[129] Dazu näher unten § 9 E II 7b und 8, S. 561 f.
[130] Nähere Darstellung bei *Staudinger/J. Eckert* (2001) § 651f Rdnr. 45 ff.
[131] BGH v. 10. Oktober 1974, BGHZ 63, 98 (100 ff.).
[132] BGH v. 12. Mai 1980, BGHZ 77, 116 (120); *Teichmann* JZ 1979, 737 (740).
[133] BT-Drucks. 8/786, S. 30.
[134] BGH v. 23. September 1982, NJW 1983, 35 (36); *Erman/Seiler* § 651f Rdnr. 6; *Larenz* BT 1, § 53 V b, S. 387; *Oechsler* Rdnr. 751; *Soergel/H.-W. Eckert* § 651f Rdnr. 16; *Staudinger/J. Eckert* (2001) § 651f Rdnr. 54 ff.; *Tonner* MünchKomm. § 651f Rdnr. 44 ff.
[135] So nunmehr auch EuGH v. 12. März 2002, NJW 2002, 1255 f., zu Art. 5 Abs. 2 der RL 90/314/EWG.
[136] BGH v. 18. November 1982, BGHZ 85, 301 (303 f.); *Tonner* MünchKomm. § 651f Rdnr. 30; *Soergel/H.-W. Eckert* § 651f Rdnr. 14.

Teilen nicht erreicht wurde.[137] Inwieweit die Urlaubszeit infolgedessen „nutzlos aufgewendet" und in welcher Höhe die Entschädigung hierfür angemessen ist, bemißt sich nach dem Restwert der Reise nach Maßgabe des jeweiligen Urlaubszwecks bzw. bei einem gänzlichen Ausfall nach dem Erlebnis- bzw. Erholungswert der von dem Reisenden gefundenen Ersatzbeschäftigung.[138] Auch der Reisepreis, das Einkommen des Reisenden sowie die mutmaßlichen Aufwendungen für einen Ersatzurlaub sind im Rahmen einer umfassenden Abwägung zu berücksichtigen.[139] Für Kleinstkinder wird z.B. ein Urlaub zu Hause häufig einen ähnlichen Wert haben wie eine Reise, so daß allenfalls eine geringe Entschädigung angemessen ist.

7. Gesetzlicher Ausschluß der Haftung für Reisemängel

Ein Ausschluß der Haftung des Reiseveranstalters für Reisemängel nach den §§ 651c Abs. 2 bis 651f BGB kann sowohl nach den allgemeinen Grundsätzen des § 326 Abs. 2 BGB als auch wegen der gesetzlichen Ausschlußfrist des § 651g Abs. 1 BGB eingreifen.

a) Allgemeine Grundsätze

Wegen des Rechtsgedankens in § 326 Abs. 2 Satz 1 Alt. 1 BGB muß der Reiseveranstalter nicht für solche Mängel der Reise einstehen, für deren Eintreten der Reisende alleine oder weit überwiegend verantwortlich ist.[140] Dies bestimmt sich einerseits nach einer Analogie zu den §§ 276 ff. BGB,[141] kann nach dem Rechtsgedanken des § 645 Abs. 1 Satz 1 BGB aber auch Risiken aus der Sphäre des Reisenden umfassen.[142] Ein Fall der analogen Anwendung der §§ 276 ff. BGB ist z.B. gegeben, wenn der Reisende mit dem für einen Ausflug zur Verfügung gestellten PKW aus Unachtsamkeit einen Unfall verursacht. Den Ausfall des PKW kann er dann nicht als Mangel geltend machen. Eine nach dem Rechtsgedanken des § 645 Abs. 1 Satz 1 BGB dem Reisenden zurechenbare Leistungsstörung läge hingegen vor, wenn der Reisende aufgrund eines Verstoßes gegen Gesetzesbestimmungen vorzeitig aus dem Urlaubsland verwiesen würde.[143]

---

[137] *Larenz* BT 1, § 53 V b, S. 388; RGRK/*Recken* § 651f Rdnr. 9; *Staudinger/J. Eckert* (2001) § 651f Rdnr. 64.

[138] BGH v. 12. Mai 1980, BGHZ 77, 116 (123); *Staudinger/J. Eckert* (2001) § 651f Rdnr. 69; *Tonner* MünchKomm. § 651f Rdnr. 68.

[139] BT/Drucks. 8/2343, S. 11; BGH v. 23. September 1983, NJW 1983, 35 (36 f.); RGRK/ *Recken* § 651f Rdnr. 12; *Soergel/J. Eckert* § 651f Rdnr. 17.

[140] *H.-W. Eckert* Die Risikoverteilung im Pauschalreiserecht, 3. Aufl. 1998, S. 158 ff.; *Staudinger/J. Eckert* (2001) Vorbem. zu §§ 651c ff. Rdnr. 22; a.A. RGRK/*Recken* § 651i Rdnr. 2.

[141] Allg. *Ernst* MünchKomm.⁴ § 326 Rdnr. 49 ff.

[142] *Jauernig/Teichmann* Vor §§ 651c-651f Rdnr. 3. Zur Reichweite des Rechtsgedankens des § 645 Abs. 1 Satz 1 BGB siehe oben § 8 G I 1e, cc (6b, aa), S. 509 f.

[143] Dazu, daß ein vorzeitiger Abbruch der Reise nach deren Antritt als Reisemangel und nicht als Teilunmöglichkeit gemäß § 275 Abs. 1 BGB zu beurteilen ist, näher oben § 9 E I, S. 549 ff.

Gleiches wie bei einer Verantwortlichkeit des Gläubigers für den Mangel gilt nach dem Rechtsgedanken des § 326 Abs. 2 Satz 1 Alt. 2 BGB auch, wenn ein von dem Reiseveranstalter nicht nach § 300 Abs. 1 BGB zu vertretender Mangel nur deswegen auftritt, weil sich der Reisende im fraglichen Zeitpunkt in Annahmeverzug befand.

b) Gesetzliche Ausschlußfrist (§ 651g Abs. 1 BGB)

Der Reisende muß seine Ansprüche aus den §§ 651c bis 651f BGB darüber hinaus innerhalb eines Monats nach dem vertraglich vorgesehenen Ende der Reise geltend machen. Es handelt sich hierbei nicht um eine Verjährungs-, sondern um eine Ausschlußfrist, die das Gericht von Amts wegen zu berücksichtigen hat. Sie ermöglicht dem Reiseveranstalter eine schnelle Abwicklung der Haftung im Rahmen des Massentourismus[144] und umfaßt auch Rückzahlungsansprüche wegen einer Reisepreisminderung (§ 651d BGB) oder einer Kündigung (§ 651e BGB) aus einer entsprechenden Anwendung des § 638 Abs. 4 BGB.

Der Reisende muß seine Ansprüche gegenüber dem Reiseveranstalter durch eine substantiierte Rüge geltend machen, welche die tatsächlichen Gründe für seinen Anspruch erkennen läßt. Es genügt aber, wenn er bereits vor Abschluß der Reise am Urlaubsort gegenüber dem Reiseleiter als Vertreter des Reiseveranstalters nicht nur gemäß § 651d Abs. 2 BGB den Mangel anzeigt, sondern seine Ansprüche *eindeutig und vorbehaltlos* erhoben hat.[145] Damit ist der Zweck der Geltendmachung erreicht und dem Reisenden kann nicht zugemutet werden, sich nach Abschluß der Reise erneut zu erklären. Daß § 651g Abs. 1 Satz 1 BGB den Beginn der Frist an das vorgesehene Ende der Reise knüpft, steht einer vorherigen Geltendmachung der Ansprüche nicht entgegen. Die Weiterleitung der Information durch den Reiseleiter fällt in den Risikobereich des Reiseveranstalters.

Obwohl die Geltendmachung eine rechtsgeschäftsähnliche Handlung darstellt,[146] ordnet § 651g Abs. 1 Satz 2 BGB ausdrücklich an, daß § 174 BGB auf diese nicht anzuwenden ist.[147] Das bedeutet, daß der Reiseveranstalter bei der Geltendmachung der Ansprüche durch einen Vertreter des Reisenden (Rechtsanwalt etc.) diese nicht mit der Begründung zurückweisen kann, daß der Vertreter keine Vollmachtsurkunde vorgelegt hat.

Der Beginn des Fristlaufs bemißt sich grundsätzlich nach dem vertraglich vorgesehenen Ende der Reise. Eine frühere tatsächliche Heimkehr schadet dem Rei-

---

[144] BGH v. 20. März 1986, NJW 1986, 1748 (1750); *Staudinger/J. Eckert* (2001) § 651g Rdnr. 1, 4; *Tonner* MünchKomm. § 651g Rdnr. 1.

[145] BGH v. 22. Oktober 1987, BGHZ 102, 80 (86 f.); *Erman/Seiler* § 651g Rdnr. 2; RGRK/*Recken* § 651g Rdnr. 18; *Soergel/H.-W. Eckert* § 651g Rdnr. 11; *Tonner* MünchKomm. § 651g Abs. 10; a.A. *Larenz* BT 1, § 53 V b, S. 388; *Staudinger/ J. Eckert* (2001) § 651g Rdnr. 12.

[146] BGH v. 17. Oktober 2000, BGHZ 145, 343 (346 f.); *Erman/Seiler* § 651g Rdnr. 2; *Staudinger/J. Eckert* (2001) § 651g Rdnr. 16; für Realakt hingegen *Soergel/H.-W. Eckert* § 651g Rdnr. 7.

[147] Dies stellt eine Abkehr von der früheren Rechtsprechung dar; vgl. BGH v. 17. Oktober 2000, BGHZ 145, 343 (348 ff.).

senden somit nicht, während der Fristbeginn gemäß § 242 BGB auf eine tatsächliche spätere Heimkehr hinauszuschieben ist, wenn sich die Rückreise aufgrund eines im Verantwortungsbereich des Reiseveranstalters liegenden Umstandes verzögert.[148] Auch wenn die Ausschlußfrist verstrichen ist, kann der Reisende seine Ansprüche nach § 651g Abs. 1 Satz 3 BGB dennoch geltend machen, wenn er unverschuldet an der Einhaltung der Frist gehindert war und dies unverzüglich (§ 121 Abs. 1 Satz 1 BGB) nach dem Entfallen des Hindernisses vornimmt. Das gilt insbesondere, wenn der Reiseveranstalter den Reisenden entgegen § 6 Abs. 2 lit. h BGB-InfoV nicht über die kurze Ausschlußfrist belehrt hat.[149]

8. Verjährung der Mängelansprüche (§ 651g Abs. 2 BGB)

Die Ansprüche des Reisenden aus den §§ 651c bis 651f BGB verjähren nach § 651g Abs. 2 BGB in zwei Jahren von dem Tag ab, an dem die Reise nach dem Vertrag enden sollte. Dies betrifft auch Rückzahlungsansprüche aus einer entsprechenden Anwendung des § 638 Abs. 4 BGB bei einer Minderung (§ 651d BGB) oder einer Kündigung (§ 651e BGB). Für Ansprüche aus den §§ 280 ff. BGB, die nach der hier vertretenen Auffassung gegeben sind, wenn die Reise insgesamt ausfällt,[150] gelten hingegen die allgemeinen Bestimmungen in den §§ 195, 199 BGB.[151]

Die Verjährung kann gemäß § 651m Satz 2 BGB – auch in Allgemeinen Geschäftsbedingungen[152] – erleichtert werden, vor Mitteilung des Mangels jedoch nicht auf unter ein Jahr. Sie führt zu einem Leistungsverweigerungsrecht des Reiseveranstalters gemäß § 214 BGB, das praktisch jedoch nur von Bedeutung ist, wenn die Ansprüche des Reisenden nicht bereits nach § 651g Abs. 1 BGB wegen einer Versäumung der Ausschlußfrist präkludiert sind.

9. Konkurrenzen

a) Allgemeines

Die §§ 651c ff. BGB sind eine Sonderregelung für alle Reisemängel und verdrängen in ihrem Anwendungsbereich nicht nur die Bestimmungen des allgemeinen Leistungsstörungsrechts, sondern stehen unter Umständen auch mit anderen Rechtsbehelfen (Anfechtung, Störung der Geschäftsgrundlage, Verletzung von Nebenpflichten etc.) in Konkurrenz. Insoweit gilt das zum Werkvertrag Gesagte entsprechend.[153]

b) Deliktshaftung für Integritätsschäden

Schädigt ein Mangel der Reise die Integrität des Reisenden (Körper, Eigentum etc.), so greifen neben § 651f BGB auch die deliktischen Anspruchsgrundlagen der

---

[148]   *Soergel/H.-W. Eckert* § 651g Rdnr. 9; *Staudinger/J. Eckert* (2001) § 651g Rdnr. 9.
[149]   *Erman/Seiler* § 651g Rdnr. 3; *Tonner* MünchKomm. § 651g Rdnr. 17.
[150]   Siehe oben § 9 E I, S. 549 ff.
[151]   Vgl. *Teichmann* JZ 1979, 737; a.A. *Staudinger/J. Eckert* (2001) § 651g Rdnr. 41.
[152]   BT-Drucks. 14/6040, S. 269.
[153]   Siehe oben § 8 F II 5, S. 490 ff.

§§ 823 ff. BGB ein. Insbesondere gelten die Vorschriften des § 651g BGB (Ausschlußfrist, verkürzte Verjährung) für die deliktischen Ansprüche nur, wenn sie aufgrund einer vertraglichen Vereinbarung auf diese erstreckt worden sind,[154] was nach h.M. zur Wahrung der mit § 651g BGB bezweckten schnellen Abwicklung auch in Allgemeinen Geschäftsbedingungen des Reiseveranstalters geschehen kann.[155]

Für das deliktische Handeln der Leistungsträger haftet der Reiseveranstalter nicht nach § 831 Abs. 1 BGB, da sie als selbständige Unternehmen keine persönlich weisungsgebundenen Verrichtungsgehilfen sind. Um diese Schwäche und die Geltung des § 651g BGB für die vertraglichen Ansprüche zu „kompensieren", dehnt die Rechtsprechung die Verkehrssicherungspflichten des Reiseveranstalters extensiv aus, was zu einem direkten Anspruch aus § 823 Abs. 1 BGB führt. Der Veranstalter ist verpflichtet, die Leistungsträger sorgfältig auszuwählen und zu überwachen, da er als Anbieter der Reise die Organisationsgewalt hat (sog. Organisationsverschulden).[156] Er soll darüber hinaus verpflichtet sein, alle sicherheitsrelevanten Teile eines Hotels wie z.B. die Balkonbrüstung in regelmäßigen Abständen zu überprüfen.[157] Sogar für Leistungen, die nicht Bestandteil der Pauschalreise sind, sondern die der Leistungsträger vor Ort gegen ein Entgelt erbringt (z.B. Reitausflug), wird eine Verkehrssicherungspflicht angenommen, wenn der Reiseprospekt diese Aktivitätsmöglichkeiten bewirbt.[158]

III. Verletzung von Nebenpflichten

Wenn der Reiseveranstalter eine seiner Nebenpflichten[159] verletzt, knüpfen sich hieran die Rechtsfolgen der §§ 280 ff., 324 BGB.

IV. Grenzen vertraglicher Haftungsbeschränkungen

§ 651m Satz 1 BGB schließt nicht nur aus, daß der Reiseveranstalter seine Pflicht zur mangelfreien Durchführung der Reise abbedingt, sondern grundsätzlich auch, daß er die Haftungsfolgen aus den §§ 651c ff. BGB vorbehaltlich der Regelung für Verjährungsvereinbarungen in § 651m Satz 2 BGB vertraglich ausschließt oder beschränkt.

Durch § 651h Abs. 1 BGB wird dem Reiseveranstalter aber unter gewissen Voraussetzungen erlaubt, seine Schadensersatzpflicht summenmäßig auf den dreifachen Reisepreis zu beschränken, wenn es sich nicht um Körperschäden handelt.

---

[154] *Staudinger/J. Eckert* (2001) § 651g Rdnr. 25; *Tonner* MünchKomm. § 651g Rdnr. 10.

[155] LG Frankfurt a.M. v. 30. Juni 1986, NJW 1987, 132 (133); RGRK/*Recken* § 651g Rdnr. 25; *Staudinger/J. Eckert* (2001) § 651g Rdnr. 25 f.; a.A. *Tonner* MünchKomm. § 651g Rdnr. 2.

[156] BGH v. 25. Februar 1988, BGHZ 103, 298 (303); BGH v. 14. Dezember 1999, NJW 2000, 1188 (1190); OLG Düsseldorf v. 21. Januar 2000, NJW-RR 2000, 787 (789).

[157] BGH v. 25. Februar 1988, BGHZ 103, 298 (304 ff.); *Tonner* MünchKomm. § 651f Rdnr. 11 ff.

[158] BGH v. 14. Dezember 1999, NJW 2000, 1188 (1190).

[159] Dazu oben § 9 D II, S. 548 f.

Alternative Voraussetzung einer rechtswirksamen Haftungsbeschränkung ist, daß der Schaden weder vorsätzlich noch grob fahrlässig herbeigeführt wurde (Nr. 1) oder allein auf einem Verschulden des Leistungsträgers i.S. des § 278 BGB beruht (Nr. 2), wozu eigene Angestellte des Reiseveranstalters allerdings nicht zählen.

Daneben unterliegt eine Haftungsbeschränkung bei der Verwendung Allgemeiner Geschäftsbedingungen den Vorgaben der §§ 305 ff. BGB. Soweit das Verschulden von Leistungsträgern in Rede steht, ist § 651h Abs. 1 Nr. 2 BGB allerdings lex specialis gegenüber § 309 Nr. 7b BGB, da ansonsten die interessenausgleichende Wirkung des § 651h Abs. 1 BGB vereitelt würde.[160] Der Reiseveranstalter kann daher seine Haftung auch für vorsätzliches oder grob fahrlässiges Verhalten des Leistungsträgers in Allgemeinen Geschäftsbedingungen nach Maßgabe des § 651h Abs. 1 BGB begrenzen. Da § 651h Abs. 1 Nr. 2 BGB bei einem eigenen Mitverschulden des Reiseveranstalters ausgeschlossen ist („allein wegen"), wird sein Anwendungsbereich durch die oben dargelegte Ausdehnung von Überwachungspflichten des Reiseveranstalters[161] aber stark eingeschränkt.

Die Vorschrift des § 651h BGB steht im systematischen Zusammenhang mit § 651m Satz 1 BGB und gilt daher nur für vertragliche, nicht aber für deliktische Ansprüche.[162] Für diese gelten die allgemeinen Grenzen der §§ 305 ff. BGB bei Allgemeinen Geschäftsbedingungen (d.h. insbesondere § 309 Nr. 7 BGB) und die §§ 138, 242 BGB bei Individualvereinbarungen.

F. Pflichten und Haftung des Reisenden

I. Zahlung des vereinbarten Reisepreises als Hauptpflicht

Die vertragliche Hauptpflicht des Reisenden ist die Zahlung des Reisepreises (§ 651a Abs. 1 Satz 2 BGB). Mangels einer eigenen Regelung des Reisevertragsrechts ist dieser analog den §§ 641 Abs. 1 Satz 1, 646 BGB fällig, wenn die Reise beendet ist und der Reiseveranstalter somit seine Leistung vollendet hat.[163] In der Praxis vereinbaren die Parteien aber regelmäßig eine davon abweichende Vorleistungspflicht des Reisenden, so daß die Zahlung bereits vor Reisebeginn fällig wird. Eine solche Abrede schließt § 651m Satz 1 BGB nicht aus, da sich die grundsätzliche Vorleistungspflicht des Reiseveranstalters, von der abgewichen wird, nicht aus den §§ 651a ff. BGB ergibt. Die Vorleistungspflicht des Reisenden kann sowohl individualvertraglich als auch in Allgemeinen Geschäftsbedingungen wirksam vereinbart werden.[164] Eine unangemessene Benachteiligung des Reisen-

---

[160] *Erman/Seiler* § 651h Rdnr. 6; *Larenz* BT 2, § 53 V c, S. 390; *Tonner* MünchKomm. § 651h Rdnr. 11.

[161] Siehe § 9 E II 9b, S. 562.

[162] BGH v. 12. März 1987, BGHZ 100, 157 (182 ff.); *Erman/Seiler* § 651h Rdnr. 5; a.A. *Larenz* BT 1, § 53 V c, S. 390 f.; *Staudinger/J. Eckert* (2001) § 651h Rdnr. 16 f.

[163] *Palandt/Sprau* § 651a Rdnr. 6; *RGRK/Recken* § 651a Rdnr. 47.

[164] *Erman/Seiler* § 651a Rdnr. 33; *Larenz* BT 1, § 53 V a, S. 383; *Staudinger/J. Eckert* (2001) § 651a Rdnr. 122 ff.

den liegt hierin schon deshalb nicht, weil dessen Vorleistungspflicht nur entsteht, wenn der Reiseveranstalter ihm einen Sicherungsschein ausgehändigt hat, der den Anforderungen des § 651k BGB genügt (§ 651k Abs. 4 Satz 1 BGB), und den Reisenden vor dem insolvenzbedingten Ausfall von Reiseleistungen schützt.[165]

Der Reisende kann sowohl an den Reiseveranstalter als auch an das Reisebüro zahlen, wenn es eine Inkassovollmacht hat. Fehlt diese, so „gilt" das Reisebüro zu-gunsten des Reisenden gleichwohl als berechtigt, die Zahlung entgegen zu neh-men, wenn es dem Reisenden den Sicherungsschein übergeben hat oder sonstige Anhaltspunkte den nicht in hervorgehobener Form widerlegten Anschein einer Berechtigung zum Inkasso begründen (§ 651k Abs. 4 Satz 2 und 3 BGB). Dadurch statuiert das Gesetz – vergleichbar mit § 56 HGB – eine Anscheinsvollmacht für die Annahme von Zahlungen,[166] so daß für Einzelfragen auf die zu § 56 HGB aner-kannten Grundsätze zu verweisen ist.[167]

Verletzt der Reisende seine Hauptpflicht, gerät er unter den Voraussetzungen des § 286 BGB in Verzug und haftet dem Reiseveranstalter nach § 280 Abs. 1 und 2 BGB auf den Ersatz des Verzögerungsschadens und schuldet gemäß § 288 BGB Verzugszinsen. Unabhängig von einem Schuldnerverzug kann der Reiseveranstalter unter den Voraussetzungen des § 323 BGB von dem Vertrag zurücktreten.

II. Nebenpflichten

Als vertragliche Nebenpflichten treffen den Reisenden während der Reise vor al-lem Schutz- und Interessenwahrungspflichten, z.B. darf er das Hotelzimmer nicht beschädigen etc. Gegenüber den Leistungsträgern oder Mitreisenden treffen den Reisenden in der Regel keine Pflichten i.S. des § 241 Abs. 2 BGB, doch ist er dem Reiseveranstalter gemäß § 280 Abs. 1 BGB regreßpflichtig, wenn Dritte aufgrund seines Verhaltens gegenüber dem Reiseveranstalter Rechte geltend machen kön-nen.[168]

Hingegen ist die Herstellung der Voraussetzungen, die in der Person des Rei-senden für die Durchführung der Reise erforderlich sind (Einholung von Visa, Impfungen etc.), keine Pflicht, sondern lediglich eine *Obliegenheit* des Reisen-den.[169] Eine Verletzung derselben kann dazu führen, daß der Reisende Rechte we-gen eines Mangels nach den Rechtsgedanken der §§ 326 Abs. 2 BGB, 645 Abs. 1 Satz 1 BGB nicht geltend machen kann.[170] Dies gilt aber nur, wenn der Reisever-anstalter über die jeweiligen Obliegenheiten gemäß § 5 BGB-InfoV korrekt infor-

---

[165] Näher zur Sicherung gemäß § 651k BGB siehe oben § 9 D II, S. 548 f.
[166] BT-Drucks. 14/5944, S. 12 f.
[167] Dazu näher *Canaris* Handelsrecht, 23. Aufl. 2000, § 16 I, S. 308 ff.; *Oetker* Handels-recht, 3. Aufl. 2002, § 5 D, S. 125 ff.; *K. Schmidt* Handelsrecht, 5. Aufl. 1999, § 16 V, S. 490 ff.
[168] *Erman/Seiler* § 651a Rdnr. 34; *Staudinger/J. Eckert* (2001) § 651a Rdnr. 138. Zu dem Problemfeld auch OLG Frankfurt a.M. v. 1. Dezember 1982, NJW 1983, 235 f.
[169] Unklar *Staudinger/J. Eckert* (2001) § 651a Rdnr. 138 f.
[170] Siehe oben § 9 E II 7a, S. 560 f.

miert hatte, da er ansonsten gegenüber dem Reisenden selbst schadensersatzpflichtig ist. Hingegen greift bei einem Nichtantritt der Reise durch den Reisenden das
Rücktrittsrecht aus § 651i Abs. 1 BGB ein.[171]

G. Lösung von dem Reisevertrag

Neben dem bereits erörterten Rücktrittsrecht des Reisenden wegen einer wesentlichen Änderung der Reiseleistung gemäß § 651a Abs. 5 Satz 2 BGB[172] und dem
Kündigungsrecht bei mangelhafter Erbringung der Reiseleistung aus § 651e
BGB[173] regeln die §§ 651i, 651j BGB weitere Tatbestände, die zur Lösung von
dem Reisevertrag berechtigen.

I. Rücktrittsrecht des Reisenden nach § 651i BGB

Bis zum Reisebeginn hat der Reisende gemäß § 651i Abs. 1 BGB ein freies Rücktrittsrecht, dessen Ausübung unter keinen inhaltlichen Voraussetzungen steht.
Wenn es dem Reisenden aus einem in seiner Sphäre liegenden Grund nicht möglich ist, die Reise anzutreten (z.B. Versäumnis der Einholung eines Visums,
Krankheit), ist hierin nach der h.M. auch ohne eine gesonderte Rücktrittserklärung
ein Rücktritt gemäß § 651i Abs. 1 BGB zu sehen.[174] Dies wird damit begründet,
daß die Vorschrift des § 651i Abs. 2 BGB in bezug auf das Schicksal der Pflicht
zur Zahlung des Reisepreises in solchen Fällen eine sachnähere Regelung enthält
als die alternativ in Betracht kommenden §§ 326 Abs. 2, 645 Abs. 1 Satz 1 BGB.
Nach dem Antritt der Reise findet das Rücktrittsrecht nach der eindeutigen Regelung des § 651i Abs. 1 BGB aber keine Anwendung mehr.[175] Ab diesem Zeitpunkt
greifen folglich auch die §§ 326 Abs. 2, 645 Abs. 1 Satz 1 BGB ein.

Infolge des Rücktritts verliert der Reiseveranstalter zwar gemäß § 651i Abs. 2
Satz 1 BGB seinen Anspruch auf den Reisepreis. Er kann jedoch eine angemessene Entschädigung verlangen, die sich nach dem vereinbarten Reisepreis abzüglich
ersparter Aufwendungen sowie dessen bemißt, was der Reiseveranstalter durch
eine anderweitige Verwendung der Reiseleistung erwerben kann (§ 651i Abs. 2
Satz 2 und 3 BGB). Der Reiseveranstalter kann die Entschädigung in dem Vertrag
auf einen Prozentsatz des Reisepreises pauschalieren (sog. Stornogebühren), wenn
in dieser Pauschale die nach Maßgabe des jeweiligen Rücktrittszeitpunkts *gewöhnlich zu erwartenden* Aufwendungsersparnisse und Möglichkeiten einer anderweiti-

---

[171]   Dazu sogleich näher unter § 9 G I, S. 566 f.

[172]   Siehe oben § 9 C II 1 und 2, S. 541 f.

[173]   Dazu unter § 9 E II 5, S. 555 ff.

[174]   BT-Drucks. 8/2343, S. 12; *Larenz* BT 1, § 53 V c, S. 392; *Soergel/H.-W. Eckert*
        § 651i Rdnr. 3; *Staudinger/J. Eckert* (2001) § 651i Rdnr. 4 f.; *Tonner* MünchKomm.
        § 651i Rdnr. 19 f.; teilweise a.A. *Wolter* AcP 183 (1983), 35 (70 ff.).

[175]   *Erman/Seiler* § 651i Rdnr. 3; *Soergel/H.-W. Eckert* § 651i Rdnr. 5 f.; *Staudinger/
        J. Eckert* (2001) § 651i Rdnr. 12; a.A. RGRK/*Recken* § 651i Rdnr. 2; *Tonner* Münch-
        Komm. § 651i Rdnr. 21.

gen Verwertung der Reiseleistung Berücksichtigung finden (§ 651i Abs. 3 BGB).[176] Trägt der Pauschalbetrag den gewöhnlich zu erwartenden Ersparnissen des Reiseveranstalters nicht hinreichend Rechnung, ist die Vertragsklausel gemäß § 651m Satz 1 BGB unwirksam, und es greift die konkrete Berechnung der Entschädigung nach § 651i Abs. 2 BGB ein.[177]

Die Rechtsfolgen des § 651i Abs. 2 BGB sind für den Reisenden regelmäßig besonders nachteilig, was die Kehrseite der Voraussetzungslosigkeit des Rücktrittsrechts aus § 651i Abs. 1 BGB darstellt. Ein Rücktritt nach § 651a Abs. 5 Satz 2 BGB oder eine Kündigung gemäß § 651e BGB stellen den Reisenden regelmäßig besser. Liegen deren Voraussetzungen vor, so ist eine Lösungserklärung des Reisenden dementsprechend als Vorgehen nach § 651a Abs. 5 Satz 2 BGB bzw. § 651e BGB zu beurteilen, die in ihrem Anwendungsbereich als leges speciales gegenüber § 651i BGB zu betrachten sind.[178] Hingegen verdrängt das Kündigungsrecht wegen höherer Gewalt nach § 651j Abs. 1 BGB[179] in seinem Anwendungsbereich seinerseits den Rücktritt gemäß § 651i Abs. 1 BGB (§ 651j Abs. 1 BGB: „allein nach Maßgabe dieser Vorschrift").

Dem Reiseveranstalter räumt § 651i BGB kein Rücktrittsrecht ein. Der vertraglichen Vereinbarung eines solchen Rücktrittsrechts könnte § 651m Satz 1 BGB entgegenstehen. Da jedoch nach Art. 4 Abs. 6 der Pauschalreise-Richtlinie ein Rücktritt bei einem Verschulden des Reisenden oder dem Nichterreichen der Mindestteilnehmerzahl zulässig ist, wird man dahingehende Vertragsbestimmungen des Reiseveranstalters auch nach deutschem Recht für zulässig erachten können.[180]

II. Kündigungsrecht bei höherer Gewalt (§ 651j BGB)

Beide Parteien haben ein Kündigungsrecht aus § 651j Abs. 1 BGB, wenn bei Vertragsschluß nicht vorausehbare höhere Gewalt die Reise erheblich erschwert, gefährdet oder beeinträchtigt. Da es sich hierbei um eine Störung des *Leistungsinhaltes* handelt, erscheint die von der h.M. vorgenommene Einordnung des § 651j BGB als Spezialfall des Wegfalls der Geschäftsgrundlage[181] zweifelhaft. Das Kündigungsrecht besteht unter Umständen auch bereits vor dem Reiseantritt und schließt nach seinem Wortlaut („allein nach Maßgabe dieser Vorschrift") andere Lösungsrechte nach den §§ 651e, 651i BGB aus.[182] Es ist auch als lex specialis ge-

---

[176] Zu Einzelheiten *Staudinger/J. Eckert* (2001) § 651i Rdnr. 52 ff.

[177] *Erman/Seiler* § 651i Rdnr. 7; für geltungserhaltende Reduktion der Klausel auf den noch zulässigen Prozentsatz hingegen *Palandt/Sprau* § 651i Rdnr. 4.

[178] BGH v. 20. März 1986, BGHZ 97, 255 (261); *Staudinger/J. Eckert* (2001) § 651i Rdnr. 3.

[179] Dazu unter § 9 G II, S. 567.

[180] *Staudinger/J. Eckert* (2001) § 651i Rdnr. 66.

[181] Statt aller *Oechsler* Rdnr. 754; *Tonner* MünchKomm. § 651j Rdnr. 1.

[182] BT-Drucks. 12/7334, S. 11; *Soergel/H.-W. Eckert* § 651j Rdnr. 2; *Staudinger/J. Eckert* (2001) § 651j Rdnr. 3, 5 ff.

genüber § 326 BGB anzuwenden, wenn die Reise durch die höhere Gewalt nicht nur beeinträchtigt, sondern unmöglich wird.[183]

Höhere Gewalt i.S. des § 651j Abs. 1 BGB liegt vor, wenn ein von außen kommendes Ereignis eingetreten ist, das keinen betrieblichen Zusammenhang aufweist und auch durch äußerste, nach Lage der Sache von dem Reiseveranstalter vernünftigerweise zu erwartende Sorgfalt nicht abwendbar war.[184] Hierzu zählen Naturkatastrophen, Seuchen, Krieg oder Terroranschläge im Reiseland, nicht aber Streiks der Mitarbeiter des Reiseveranstalters oder der Leistungsträger, die betriebsinterne Ereignisse sind.[185]

Infolge der Kündigung nach § 651j BGB wandelt sich der Reisevertrag ex nunc in ein Abwicklungsverhältnis um, so daß der Reiseveranstalter verpflichtet ist, die notwendigen Maßnahmen zur Beendigung der Reise zu treffen, insbesondere den Rücktransport zu organisieren (§ 651e Abs. 4 Satz 1 BGB i.V. mit 651j Abs. 1 BGB). Die Mehrkosten der vorzeitigen Rückreise treffen anders als bei § 651e Abs. 4 Satz 2 BGB beide Parteien zu gleichen Teilen (§ 651j Abs. 2 Satz 2 BGB). Alle sonstigen Mehrkosten infolge der Kündigung trägt der Reisende (§ 651j Abs. 2 Satz 3 BGB), z.B. bei erforderlichen Zwischenunterbringungen etc. Der Reiseveranstalter verliert hingegen seinen Anspruch auf den Reisepreis und erlangt stattdessen einen nach § 638 Abs. 3 BGB zu bemessenden Anspruch auf Entschädigung für bereits erbrachte oder im Rahmen der Abwicklung noch zu erbringende Leistungen (§ 651e Abs. 3 Satz 2 BGB i.V. mit § 651j Abs. 2 Satz 1 BGB). Diese Rechtsfolgen sind für den Reisenden ungünstiger als eine Abwicklung nach § 651e Abs. 3 BGB, so daß die dargelegte Sperrwirkung des § 651j BGB gegenüber § 651e BGB bei Mängeln, die auf höherer Gewalt beruhen, besondere Bedeutung erlangt.

---

[183] *Erman/Seiler* § 651j Rdnr. 9; *Staudinger/J. Eckert* (2001) § 651j Rdnr. 10.

[184] BGH v. 12. März 1987, BGHZ 100, 185 (188); *Soergel/H.-W. Eckert* § 651j Rdnr. 4; *Staudinger/J. Eckert* (2001) § 651j Rdnr. 14; *Tonner* MünchKomm. § 651j Rdnr. 8.

[185] *Larenz* BT 1, § 53 V c, S. 393; *Staudinger/J. Eckert* (2001) § 651j Rdnr. 22; *Tonner* MünchKomm. § 651j Rdnr. 11a.

§ 10 Der Maklervertrag

A. Erscheinungsformen des Maklervertrages

Die §§ 652 bis 655 BGB schaffen ein Grundmodell für alle Formen von Makler-verträgen. Darüber hinaus enthält das Bürgerliche Gesetzbuch Sonderbestimmun-gen für den Darlehensvermittlungsvertrag (§§ 655a bis 655e BGB) sowie die Ehe-vermittlung (§ 656 BGB). Die Gesamtheit dieser Vorschriften kann in Abgrenzung zu anderen spezialgesetzlichen Regelungen als das Recht des „Zivilmaklers" be-zeichnet werden. Außerhalb des Bürgerlichen Gesetzbuches ist der Handelsmakler geregelt (§§ 93 bis 104 HGB). Seine Tätigkeit ist enger als diejenige des Zivil-maklers, da sie die Vermittlung von Verträgen über die Anschaffung oder Veräu-ßerung von Gegenständen des Handelsverkehrs voraussetzt.[1] Spezielle Vorschrif-ten gelten ferner für die Wohnungsvermittlung[2] und die Arbeitsvermittlung[3]. Diese ergänzen bzw. modifizieren die bürgerlich rechtlichen Bestimmungen für den Zi-vilmakler, verdrängen diese jedoch nicht vollständig.

---

[1]   Siehe auch unten § 10 C III, S. 587 f.
[2]   Wohnungsvermittlungsgesetz v. 4. November 1971, BGBl. I S. 1747; dazu unten § 10
    C IV, S. 588.
[3]   §§ 292 ff. SGB III; dazu auch unten § 10 C V, S. 588 f.

B. Der Zivilmakler der §§ 652 bis 655 BGB

I. Inhalt des Maklervertrages (§ 652 BGB)

Ein Maklervertrag zeichnet sich dadurch aus, daß der Makler in bestimmter Art und Weise im Vorfeld eines Vertragsschlusses zwischen *zwei anderen Parteien* (dem sog. Hauptvertrag) tätig wird. Nach § 652 Abs. 1 Satz 1 BGB kann der Zivilmakler dabei in unterschiedlichen Funktionen handeln: erstens als Nachweismakler und zweitens als Vermittlungsmakler. Während der *Nachweismakler* seinen Vertragspartner – den Auftraggeber[4] – durch das bloße Benennen eines Interessenten über die Gelegenheit zu einem Vertragsabschluß informiert, wirkt der *Vermittlungsmakler* bei dem Abschluß des Hauptvertrages darüber hinaus fördernd mit, z.B. durch Teilnahme an den Vertragsverhandlungen.[5]

Die Besonderheit des Maklervertrages besteht nach dem Grundmodell des § 652 BGB darin, daß der Makler zu den genannten Tätigkeiten nicht verpflichtet ist. Nur wenn dies – wie z.B. beim sog. Maklerdienstvertrag – zusätzlich vereinbart wird,[6] kann der Auftraggeber von dem Makler ein bestimmtes Tätigwerden (Erbringung des Nachweises oder der Vertragsvermittlung) verlangen. Der Maklervertrag i.S. des § 652 BGB ist deshalb ein einseitig verpflichtender Vertrag, der ausschließlich für den Auftraggeber eine Leistungspflicht begründet.[7]

Die von dem Auftraggeber geschuldete Leistung bezeichnet das Gesetz als Mäklerlohn, im heutigen Sprachgebrauch jedoch regelmäßig Provision genannt. Sie ist keine Gegenleistung für die Tätigkeit des Maklers, da er zu dieser nicht verpflichtet ist. Vielmehr ist die Provision erfolgsbezogen, d.h. erst geschuldet, wenn der Vertrag zwischen Auftraggeber und Drittem unter kausaler Mitwirkung des Maklers wirksam zustande gekommen ist (aufschiebende Bedingung i.S. des § 158 Abs. 1 BGB).[8] Der Provisionsanspruch setzt somit eine an die Maklertätigkeit anknüpfende Entscheidung des Auftraggebers voraus, nämlich den Abschluß des Hauptvertrages. Eine Pflicht dazu besteht für den Auftraggeber mangels abweichender Vereinbarung jedoch auch gegenüber dem Makler nicht;[9] dementsprechend führt auch § 162 Abs. 1 BGB regelmäßig nicht zu einem Provisionsanspruch des Maklers.[10]

Wird eine Provision nach der Parteiabrede selbst bei einem Vertragsabschluß nicht geschuldet, so liegt kein Maklervertrag vor. Da in diesem Fall keine der Par-

---

[4]   Es handelt sich bei einem Maklervertrag jedoch nicht um ein Auftragsverhältnis i.S. der §§ 662 ff. BGB. Dazu unten § 11 B, S. 592 ff.

[5]   *Esser/Weyers* BT 1, § 36 II 1, S. 321 f.; *Larenz* BT 1, § 54, S. 399; *Medicus* Rdnr. 438.

[6]   Zumeist verspricht der Auftraggeber in diesem Fall dem „Makler" zusätzlich zu der Provision eine gesonderte Vergütung für seine Tätigkeit.

[7]   *Fikentscher* Rdnr. 949; BR/*Kotzian-Marggraf* § 652 Rdnr. 2; *Larenz* BT 1, § 54, S. 396; *Medicus* Rdnr. 436; *Oechsler* Rdnr. 760; *Soergel/Lorentz* vor § 652 Rdnr. 3.

[8]   Näher dazu unten § 10 B III 1, S. 574 ff.

[9]   *Esser/Weyers* BT 1, § 36 II 1, S. 322; *Fikentscher* Rdnr. 949; *Larenz* BT 1, § 54, S. 397.

[10] Weitergehend *Larenz* BT 1, § 54, S. 403.

teien eine Leistungspflicht trifft, handelt es sich um ein Gefälligkeitsverhältnis.[11]
Zu beachten ist allerdings, daß ein Maklerlohn gemäß § 653 Abs. 1 BGB als stillschweigend vereinbart gilt, wenn die Leistung den Umständen nach nur gegen eine
Vergütung erwartet werden durfte. Da § 653 Abs. 1 BGB nicht eingreift, wenn
trotz der Üblichkeit der Vergütung eine solche ausgeschlossen wurde, handelt es
sich bei der Vorschrift weder um eine Fiktion noch um eine unwiderlegliche Vermutung, sondern sie begründet eine gesetzliche Vermutung, die nur durch eine abweichende positive Erklärung mindestens einer Partei widerlegt werden kann.[12]
Eine ergänzende Bestimmung für den Fall, in dem die Höhe der Vergütung nicht
bestimmt ist, trifft § 653 Abs. 2 BGB. Danach ist bei Nichtvorliegen einer Taxe
eine übliche Provision geschuldet, weshalb das Leistungsbestimmungsrecht nach
§ 315 BGB regelmäßig keine Anwendung findet. Ebenso wie § 612 BGB für den
Dienstvertrag und § 632 BGB für den Werkvertrag verhindert § 653 BGB somit in
vielen Fällen, daß das Zustandekommen eines Maklervertrages an einem versteckten Dissens über die Vergütung oder deren Höhe scheitert.

Der Abschluß des Maklervertrages begründet trotz fehlender Leistungspflicht
des Maklers und der nur aufschiebend bedingten Leistungspflicht des Auftraggebers von Beginn an ein Schuldverhältnis zwischen den Parteien, das von § 242
BGB beherrscht wird. Ferner treffen auch die Parteien eines Maklervertrages Ne-
benleistungs- und Schutzpflichten (§ 241 Abs. 2 BGB).[13]

Die geringe Regelungsdichte der §§ 652 ff. BGB sowie die nach dem Grundmodell des Bürgerlichen Gesetzbuches relativ schwache Rechtsstellung des Maklers haben dazu geführt, daß die Parteien umfangreichere vertragliche Abreden
treffen, wobei häufig vom Makler gestellte Allgemeine Geschäftsbedingungen zum
Einsatz kommen. Sie beschränken sich indes nicht nur auf die Schließung von
Regelungslücken, sondern versuchen regelmäßig auch, die in § 652 Abs. 1 BGB
genannten Voraussetzungen für den Vergütungsanspruch zugunsten des Maklers
zu verändern (z.B. Verzicht auf das Kausalitätserfordernis). Zudem kommt in Betracht, die Rechtsstellung des Maklers dadurch zu verstärken, daß die Beauftragung anderer Makler (Alleinauftrag), die Kündbarkeit des Maklervertrages (Fest-
auftrag) sowie unter Umständen das Recht zum maklerfreien Abschluß (Eigenge-
schäft) ausgeschlossen werden. Bei einer derart engen Bindung des Auftraggebers
an den Makler befürwortet die Rechtsprechung jedoch im Wege der Vertragsauslegung umgekehrt und entgegen dem Grundmodell des § 652 Abs. 1 Satz 1 BGB
auch eine Tätigkeitspflicht des Maklers.[14] Bleibt dieser untätig, so kann dies Schadensersatzansprüche des Auftraggebers nach § 280 Abs. 2, Abs. 3 BGB i.V. mit
den §§ 281 ff. BGB auslösen. Allein die Tätigkeitspflicht des Maklers führt jedoch

---

[11] *Roth* MünchKomm. § 652 Rdnr. 25; *Staudinger/Reuter* (2003) Vorbem. zu §§ 652 ff.
Rdnr. 18.

[12] In dieser Richtung auch *Erman/Werner* § 653 Rdnr. 2; *Roth* MünchKomm. § 653
Rdnr. 3; für eine Fiktion hingegen *Larenz* BT 1, § 54, S. 399.

[13] Statt aller *Esser/Weyers* BT 1, § 36 II 2, S. 322 f.; BR/*Kotzian-Marggraf* § 652
Rdnr. 2; *Schlechtriem* Rdnr. 540; *Soergel/Lorentz* vor § 652 Rdnr. 3. Näher dazu
unten § 10 B III 3 und § 10 B IV, S. 581 f.

[14] BGH v. 21. März 1966, NJW 1966, 1405 (1406).

nicht dazu, daß der Maklervertrag zum gegenseitigen Vertrag i.S. der §§ 320 ff.
BGB wird, da der Provisionsanspruch auch in diesem Fall an den Vertragsabschluß und nicht an die Nachweis- oder Vermittlungstätigkeit anknüpft.[15] Ein Synallagma entsteht vielmehr erst, wenn der Auftraggeber neben der Provision eine
Tätigkeitsvergütung verspricht bzw. diese nach Maßgabe des § 612 BGB als vereinbart gilt.[16] In diesem Fall handelt es sich um einen sog. Maklerdienstvertrag, auf
den neben den §§ 652 ff. BGB auch die §§ 611 ff. BGB Anwendung finden[17] und
der sich vom gesetzlichen Leitbild des Maklervertrages relativ weit entfernt.

Wegen dieser Gestaltungsspielräume und der mit dem Einsatz Allgemeiner Geschäftsbedingungen verbundenen Gefahr einer einseitigen Durchsetzung der Interessen des Maklers hat die Inhaltskontrolle von Allgemeinen Geschäftsbedingungen
im Maklerrecht große Bedeutung. Bei dieser bilden vor allem § 307 Abs. 2 Nr. 1
BGB i.V. mit den in den §§ 652 ff. BGB zum Ausdruck gelangten gesetzlichen
Grundgedanken des Maklervertrages den Prüfungsmaßstab. Hiernach gilt für die
angeführten Sonderformen des Zivilmaklervertrages folgendes: Ein Alleinauftrag
kann formularvertraglich vereinbart werden, da die der Vertragsabrede zu entneh-
mende Tätigkeitspflicht des Maklers das Verbot kompensiert, weitere Makler
einzuschalten.[18] Eine wesentliche Abweichung vom gesetzlichen Leitbild des Maklervertrages, d.h. ein Verstoß gegen § 307 Abs. 2 Nr. 1 BGB liegt jedoch vor,
wenn Allgemeine Geschäftsbedingungen den Auftraggeber auch für den Fall zur
Zahlung einer Provision verpflichten, daß er den nachgewiesenen oder vermittelten
Vertrag nicht abschließt, sondern

– entweder mit einem selbst organisierten Vertragspartner kontrahiert (Eigenge-
   schäft) oder
– gänzlich von dem Vertragsschluß Abstand nimmt (sog. Nichtabschlußklausel).

Eine erfolgsunabhängige Provision stellt bei materieller Betrachtung ein Tätig-
keitsentgelt dar, für welches die Parteien einen Maklerdienstvertrag individuell
vereinbaren müssen.[19] Die Kündigung des Maklervertrages kann in Allgemeinen
Geschäftsbedingungen für eine längere Zeit nur ausgeschlossen werden (Festauf-
trag), wenn diese dem Auftraggeber nicht zugleich Eigengeschäfte untersagen.[20]
Anderenfalls würde dem Auftraggeber die von § 652 Abs. 1 Satz 1 BGB vorausgesetzte Entschlußhoheit über den Abschluß des nachgewiesenen oder vermittelten

---

[15] BGH v. 8. Mai 1973, BGHZ 60, 377 (381 f.); *Larenz* BT 1, § 54, S. 401; *Roth* Münch-
      Komm. § 652 Rdnr. 26; *Staudinger/Reuter* (2003) Vorbem. zu §§ 652 ff. Rdnr. 11;
      a.A. *Brox/Walker* § 29 Rdnr. 65; *Knieper* NJW 1970, 1293 (1298); unklar BGH v.
      8. April 1987, NJW-RR 1987, 944.
[16] Zu § 612 BGB näher oben § 7 C III, S. 405 ff.
[17] BGH v. 25. Mai 1983, BGHZ 87, 309 (313 ff.); *Roth* MünchKomm. § 652 Rdnr. 26.
[18] BGH v. 8. Mai 1973, BGHZ 60, 377 (381); *Staudinger/Reuter* (2003) §§ 652, 653
      Rdnr. 222.
[19] Vgl. im einzelnen BGH v. 22. Februar 1967, NJW 1967, 1225 (1226); BGH v. 28. Ja-
      nuar 1987, BGHZ 99, 374 (382); *Fikentscher* Rdnr. 950; *Schlechtriem* Rdnr. 537;
      Staudinger/Reuter (2003) §§ 652, 653 Rdnr. 223; großzügiger *Medicus* Rdnr. 436 und
      Roth MünchKomm. § 652 Rdnr. 7.
[20] BGH v. 6. November 1985, NJW 1986, 1173 f.; *Roth* MünchKomm. § 652 Rdnr. 236.

Vertrages faktisch entzogen. Zudem kann das Recht zur außerordentlichen Kündigung wegen des Vorliegens eines wichtigen Grundes (§ 314 BGB) weder formularmäßig noch individualvertraglich ausgeschlossen werden.

II. Abschluß des Maklervertrages

Der Abschluß des Maklervertrages erfolgt nach Maßgabe der §§ 145 ff. BGB, gegebenenfalls also auch konkludent. Letzteres kommt insbesondere in Betracht, wenn ein am Abschluß eines Vertrages mit einem Dritten Interessierter von dem Makler Leistungen entgegennimmt. Hierfür genügt es allerdings regelmäßig nicht, daß ein Kontakt mit dem Makler zustande kommt. Vielmehr muß dieser hinreichend deutlich zu erkennen geben, daß der Interessent sein Auftraggeber sein soll. Insbesondere muß für ihn ersichtlich sein, daß der Makler von ihm ein Entgelt erwartet (§§ 133, 157 BGB). Es ist deshalb ein Verhalten des Auftraggebers erforderlich, das aus dem objektiven Empfängerhorizont als Inanspruchnahme oder Gefallenlassen von Maklerdiensten in Kenntnis ihrer Entgeltlichkeit verstanden werden kann.[21] Hierfür reicht die alleinige Entgegennahme eines Angebotes des Maklers in der Regel jedoch nicht aus.[22] Ebenso liegt ein Vertragsschluß nicht bereits darin, daß ein Interessent die Tätigkeit des Maklers ausnutzt, wenn er annehmen darf, der Makler erbringe sie für die andere Seite.[23] Daß der Makler jeweils einen Vertrag mit beiden Interessenten schließt (sog. Doppelmakler), weicht vom typischen Bild des Zivilmaklers als Interessenvertreter ab (vgl. § 654 BGB) und bedarf deshalb grundsätzlich einer unzweideutigen Vereinbarung.[24] Andererseits bejaht die Rechtsprechung eine stillschweigende Annahmeerklärung, wenn während eines Besichtigungstermins ein Exposé des Maklers entgegengenommen und lediglich die hierin genannte Höhe der Maklerprovision nicht akzeptiert wird.[25] In diesem Fall greift § 653 Abs. 2 BGB ein. Das gilt jedoch nicht, wenn der Interessent die Zahlung einer Provision generell ablehnt.[26] Unklarheiten hinsichtlich des Vertragsschlusses gehen nach den allgemeinen Beweislastregeln zu Lasten des Maklers, wenn dieser einen Vergütungsanspruch geltend macht.[27]

---

[21] BGH v. 25. Mai 1983, NJW 1984, 232; BR/*Kotzian-Marggraf* § 652 Rdnr. 17; *Roth* MünchKomm. § 652 Rdnr. 40.

[22] BGH v. 25. Mai 1983, NJW 1984, 232; BGH v. 4. Oktober 1995, NJW-RR 1996, 114 (114).

[23] BGH v. 8. Oktober 1986, NJW-RR 1987, 173 (173); BGH v. 28. November 1990, NJW-RR 1991, 371 (371); *Schlechtriem* Rdnr. 539; *Staudinger/Reuter* (2003) §§ 652, 653 Rdnr. 4.

[24] BGH v. 25. September 1985, BGHZ 95, 393 (395); *Esser/Weyers* BT 1, § 36 II 3, S. 324; *Larenz* BT 1, § 54, S. 400 f.; *Oechsler* Rdnr. 764; einschränkend bei Immobiliengeschäften BGH v. 30. April 2003, NJW-RR 2003, 991. Wenn der Makler nur für eine Seite tätig wird, dann ist er in der Regel Erfüllungsgehilfe des Auftraggebers im Verhältnis zu dem Dritten, wenn ihm die Vertragsverhandlungen weitgehend überlassen worden sind: BGH v. 24. November 1995, NJW 1996, 451 f.

[25] OLG Frankfurt a.M. v. 15. September 1999, NJW-RR 2000, 58 (59).

[26] BGH v. 4. Oktober 1995, NJW-RR 1996, 114 f.

[27] BGH v. 25. Mai 1983, NJW 1984, 232; BGH v. 4. Oktober 1995, NJW-RR 1996, 114.

Für den Abschluß des Maklervertrages bestehen *grundsätzlich keine Former-fordernisse*. Das gilt regelmäßig auch, wenn der vermittelte Vertrag seinerseits formbedürftig ist (z.B. Grundstückskaufvertrag, § 311b Abs. 1 BGB). Entsprechende Vorschriften, wie z.B. § 311b Abs. 1 BGB, finden erst dann *direkte* Anwendung, wenn sich der Auftraggeber bereits in dem Maklervertrag gegenüber dem Makler verpflichtet, ein Grundstück zu feststehenden Bedingungen anzukaufen oder zu verkaufen,[28] da § 311b Abs. 1 BGB nicht voraussetzt, daß die Verpflichtung gerade gegenüber dem Veräußerer bzw. Erwerber begründet wird. Der Schutzzweck des § 311b Abs. 1 BGB ist zudem auch einschlägig, wenn der Maklervertrag den Auftraggeber zwar nicht rechtlich zu dem Erwerb des Grundstücks verpflichtet, wohl aber indirekt (z.B. durch das Versprechen einer erfolgsunabhängigen Provision) „zwingt", einen entsprechenden Vertrag abzuschließen.[29] Da der Auftraggeber hierdurch unter einen erheblichen Druck gerät und sich bereits materiell seiner Freiheit zum Abschluß des vermittelten Vertrages begibt, ist die gesetzliche Formvorschrift auf einen derartigen Maklervertrag analog anzuwenden.[30] Allerdings tritt umgekehrt analog § 311b Abs. 1 Satz 2 BGB eine Heilung des Formmangels ein, wenn der Auftraggeber den Grundstückskaufvertrag unter Beachtung der vorgeschriebenen Form abgeschlossen hat.[31] In derartigen Fällen kann der Vergütungsanspruch des Maklers jedoch analog § 654 BGB wegen Treuwidrigkeit verwirkt sein.[32]

III. Pflichten des Auftraggebers

1. Vergütungsanspruch des Maklers

a) Entstehen der Provisionszahlungspflicht

Soweit ein Maklervertrag abgeschlossen wurde, steht der Provisionsanspruch nach § 652 Abs. 1 Satz 1 BGB unter der Bedingung, daß „der Vertrag infolge des Nachweises oder der Vermittlung des Mäklers zustande kommt". Dies setzt voraus, daß der Hauptvertrag

– zwischen dem Auftraggeber und einem Dritten wirksam abgeschlossen wird,
– eine inhaltliche Kongruenz mit dem nachzuweisenden oder zu vermittelnden Vertrag besteht und
– die Tätigkeit des Maklers für den Abschluß des Vertrages kausal geworden ist.

---

[28] BGH v. 4. Oktober 1989, NJW-RR 1990, 57; *Staudinger/Reuter* (2003) §§ 652, 653 Rdnr. 21; zu sog. Reservierungsvereinbarungen BGH v. 10. Februar 1988, BGHZ 103, 235 ff.

[29] BGH v. 2. Juli 1986, NJW 1987, 54 f.; BR/*Kotzian-Marggraf* § 652 Rdnr. 19; *Roth* MünchKomm. § 652 Rdnr. 55.

[30] Vergleichbares gilt als Ausnahme von § 167 Abs. 2 BGB konsequenterweise auch für eine zum Abschluß des Grundstücksgeschäfts erteilte Vollmacht; siehe dazu *Larenz/ Wolf* § 47 Rdnr. 23.

[31] BGH v. 28. Januar 1987, NJW 1987, 1628.

[32] BGH v. 15. März 1989, NJW-RR 1989, 760; BGH v. 4. Oktober 1989, NJW-RR 1990, 57 f. sowie unten § 10 B III 1c, S. 579 f.

aa) Vertragsabschluß zwischen Auftraggeber und Drittem

Der Anspruch auf den Maklerlohn entsteht nach § 652 Abs. 1 Satz 1 BGB nur, wenn zwischen dem Auftraggeber und einem Dritten ein Vertrag (Hauptvertrag) zustande kommt. Maßgebend ist der schuldrechtliche Vertrag, da dieser bereits eine Bindung begründet, auf deren Herbeiführung die Maklertätigkeit abzielt. Für den Vergütungsanspruch ist es deshalb unerheblich, ob anschließend auch das Erfüllungsgeschäft zur Ausführung gelangt.[33] Das diesbezügliche Risiko fällt in die Sphäre des Auftraggebers.[34]

Nach dem Wortlaut des § 652 Abs. 1 Satz 1 BGB kommt es ausschließlich auf das Zustandekommen des Vertrages an, womit das Gesetz den *rechtswirksamen* Vertragsschluß meint.[35] Deshalb entsteht die Provisionspflicht nicht, wenn der Hauptvertrag aufgrund einer bereits in seinem Abschluß begründeten Unvollkommenheit keine Bindungswirkung entfaltet. Die Formnichtigkeit des Vertrages (§ 125 BGB), der Verstoß gegen ein gesetzliches Verbot (§ 134 BGB) sowie die wirksame Anfechtung (§ 142 Abs. 1 BGB) stehen deshalb einem Provisionsanspruch entgegen. Bedarf der Vertrag einer behördlichen Genehmigung, dann entsteht der Anspruch auf den Maklerlohn erst, wenn diese vorliegt, wobei den Auftraggeber im Verhältnis zum Makler keine Nebenpflicht trifft, sich um die Erteilung der Genehmigung zu bemühen.[36]

Entsprechendes gilt, wenn der Vertrag eine *aufschiebende Bedingung* (§ 158 Abs. 1 BGB) enthält. Für diesen Fall legt § 652 Abs. 1 Satz 2 BGB ausdrücklich fest, daß der Maklerlohn erst mit Eintritt der Bedingung verlangt werden kann. Umstritten ist die Rechtslage für die umgekehrte Konstellation einer *auflösenden Bedingung* (§ 158 Abs. 2 BGB). Insoweit ist zu erwägen, ob ihr Eintritt den Provisionsanspruch beseitigt.[37] Aus einem Umkehrschluß zu § 652 Abs. 1 Satz 2 BGB kann zwar nichts über das endgültige Schicksal der Provisionspflicht im Falle eines derartigen Bedingungseintritts entnommen werden, sondern nur, daß der Anspruch trotz einer auflösenden Bedingung sofort entsteht. Von einem „Mangel" des bis zum Bedingungseintritt voll wirksamen Vertrages kann aber aufgrund der bewußten Entscheidung der Parteien des Hauptvertrages für die Bedingung (im Gegensatz etwa zum Vorliegen eines Anfechtungsgrundes) nur schwerlich die Rede sein. Zudem spricht das Interesse an Rechtsbeständigkeit dafür, daß der Anspruch des Maklers nach dem Eintritt einer auflösenden Bedingung nicht entfällt.

Da § 652 Abs. 1 Satz 1 BGB auf das wirksame Zustandekommen des Vertrages zwischen Auftraggeber und Drittem abstellt, ist das weitere Schicksal des Ver-

---

[33] BGH v. 11. November 1992, NJW-RR 1993, 248 (249); *Schlechtriem* Rdnr. 544.

[34] BGH v. 21. September 1973, WM 1974, 257 (259); *Roth* MünchKomm. § 652 Rdnr. 139.

[35] BGH v. 11. November 1992, WM 1993, 342 (343); BR/*Kotzian-Marggraf* § 652 Rdnr. 33; *Staudinger/Reuter* (2003) §§ 652, 653 Rdnr. 75.

[36] BGH v. 8. Mai 1973, BGHZ 60, 385 (386 f.); BGH v. 16. Januar 1991, WM 1991, 819 (821).

[37] Dagegen: BGH v. 7. Juli 1982, WM 1982, 1098; BR/*Kotzian-Marggraf* § 652 Rdnr. 36; *Roth* MünchKomm. § 652 Rdnr. 140; *Schlechtriem* Rdnr. 544; dafür: *Erman/Werner* § 652 Rdnr. 38; *Staudinger/Reuter* (2003) §§ 652, 653 Rdnr. 101.

trages für den Anspruch auf den Maklerlohn zumeist bedeutungslos.[38] Anderenfalls würde das Erfüllungsrisiko entgegen der gesetzlichen Konzeption auf den
Makler überwälzt.[39] Ein späterer *Rücktritt* von dem Hauptvertrag läßt somit den
bereits entstandenen Anspruch auf den Maklerlohn regelmäßig unberührt, da dieser den bindenden Vertrag lediglich in ein Rückgewährschuldverhältnis umgestaltet.[40] Nur im Fall eines zeitlich befristeten vertraglichen Rücktrittsrechts, dessen
Ausübung an keine Voraussetzungen gebunden ist, gilt dies nicht.[41] Dann tritt bei
materieller Betrachtung eine wirkliche vertragliche Bindung erst mit Ablauf der
Frist ein, so daß der Provisionsanspruch analog § 652 Abs. 1 Satz 2 BGB nicht vor
diesem Zeitpunkt entsteht.

Ohne dies ausdrücklich auszusprechen, geht § 652 BGB davon aus, daß der
Auftraggeber den *Vertrag mit einem Dritten* abschließt. Makler kann somit nicht
sein, wer zugleich Partei des vermittelten Vertrages ist,[42] so daß auch kein Provisionsanspruch entsteht, wenn der Makler den Hauptvertrag selbst im eigenen Namen
abschließt. Da der Makler verpflichtet ist, die Interessen seines Auftraggebers zu
wahren, scheidet ein Vergütungsanspruch aus § 652 BGB zudem aus, wenn der
Makler mit dem Dritten *wirtschaftlich* identisch bzw. an diesem nicht völlig unbe-
deutend beteiligt ist (z.B. Allein- oder Mehrheitsgesellschafter einer den Hauptvertrag abschließenden GmbH) oder eine andere Form der Verflechtung mit dem Vertragspartner seines Kunden besteht (z.B. Zustimmungserfordernis des Maklers zu
dem Vertragsabschluß), die bei dem Makler zu einem *institutionalisierten, d.h.
typisierbaren Interessenkonflikt* führt.[43] Für die Wohnungsvermittlung trifft § 2
Abs. 2 Nr. 2 und 3 WoVermittG eine spezielle Ausgestaltung dieses allgemeinen
Grundsatzes. Rein persönliche Beziehungen des Maklers zu dem Vertragspartner
des Auftraggebers schließen allerdings mangels klarer Erfaßbarkeit im Interesse
der Rechtssicherheit den Provisionsanspruch nicht aus.[44] Zudem steht die Verflechtung des Maklers mit dem Dritten lediglich einem auf § 652 Abs. 1 Satz 1
BGB gestützten Vergütungsanspruch entgegen, nicht hingegen einem von den
Voraussetzungen des § 652 BGB unabhängigen, sog. selbständigen Provisionsver-
sprechen. Hiervon ist aber erst auszugehen, wenn der die Provision Versprechende
eine derartige Erklärung in Kenntnis der Umstände abgibt, welche den Provisions-

---

[38] Zu den verschiedenen Konstellationen für die Ausübung von Vorkaufsrechten *Stau-
dinger/Reuter* (2003) §§ 652, 653 Rdnr. 108 ff. m.w.N.
[39] Siehe auch BR/*Kotzian-Marggraf* § 652 Rdnr. 33, 35; *Oechsler* Rdnr. 767.
[40] BGH v. 11. November 1992, NJW-RR 1993, 248 (249); BGH v. 20. Februar 1997,
NJW 1997, 1583.
[41] BGH v. 5. Mai 1976, BGHZ 66, 270 (271); BGH v. 11. November 1992, NJW-RR
1993, 248; BR/*Kotzian-Marggraf* § 652 Rdnr. 36; *Roth* MünchKomm. § 652 Rdnr.
147.
[42] *Esser/Weyers* BT 1, § 36 III 1, S. 325; BR/*Kotzian-Marggraf* § 652 Rdnr. 38; *Larenz*
BT 1, § 54, S. 397; *Oechsler* Rdnr. 771; *Soergel/Lorentz* § 652 Rdnr. 37.
[43] BGH v. 26. September 1990, BGHZ 112, 240 (241 f.); OLG Frankfurt a.M. v. 2. April
2003, NJW-RR 2003, 1428 f.; *Staudinger/Reuter* (2003) §§ 652, 653 Rdnr. 148 ff.
[44] BGH v. 3. Dezember 1986, NJW 1987, 1008 f.; BR/*Kotzian-Marggraf* § 652 Rdnr.
40; *Roth* MünchKomm. § 652 Rdnr. 115.

empfänger an einer Maklertätigkeit hindern, weil es ihm dennoch und gerade auf die Einschaltung dieser Person ankommt.[45]

bb) Inhaltliche Kongruenz des Hauptvertrages mit dem Inhalt des Maklervertrages

Darüber hinaus muß der tatsächlich zustande gekommene Vertrag mit demjenigen kongruent sein, der nach dem Maklervertrag abgeschlossen werden sollte.[46] Hieran fehlt es, wenn der geschlossene Vertrag in sachlicher oder persönlicher Hinsicht wesentlich von dem beabsichtigten Vertrag abweicht, wobei die Identität nach *wirtschaftlichen Gesichtspunkten* zu beurteilen ist.[47]

Sachliche Abweichungen stehen der Identität bei diesem Maßstab nicht entgegen, wenn der Auftraggeber mit dem tatsächlich abgeschlossenen Vertrag den gleichen wirtschaftlichen Erfolg wie mit dem beabsichtigten Vertrag erzielt.[48] Somit ist von einer Kongruenz auszugehen, wenn der Auftraggeber sogar einen für ihn günstigeren Preis als den im Maklervertrag anvisierten erzielt; umgekehrt sprechen erheblich schlechtere Konditionen gegen die Identität.[49]

In *persönlicher* Hinsicht muß der Hauptvertrag zwischen dem Dritten und dem Auftraggeber abgeschlossen worden sein. Ein Vertragsschluß des Dritten mit einer vom Auftraggeber verschiedenen Person begründet in der Regel keinen Vergütungsanspruch des Maklers, da dieser den Vertrag für den Auftraggeber vermitteln soll. Etwas anderes gilt jedoch nach dem allgemeinen Maßstab zur Bestimmung der Kongruenz, wenn zwischen dem Auftraggeber und dem Vertragschließenden eine wirtschaftliche Identität besteht.[50] Ein Vergütungsanspruch des Maklers ist deshalb auch zu bejahen, wenn dieser von einer GmbH beauftragt wurde, jedoch deren Alleingesellschafter oder ein maßgeblich beteiligter Gesellschafter mit dem Dritten den Vertrag abschließt. Ferner hindert eine persönliche Beziehung des Auftraggebers zu derjenigen Partei, die an seiner Stelle den Hauptvertrag mit dem Dritten abschließt, nicht die Identität, wenn sie rechtlich typisiert werden kann, insbesondere also bei Verwandtschafts- oder Eheverhältnissen, nicht aber z.B. bei bloßen Lebensgefährten oder Geschäftsfreunden.[51] Für die persönliche Identität gelten somit ähnliche Grundsätze wie für die Verflechtung des Maklers mit dem Vertragspartner des Auftraggebers.[52] In diesen Fällen materieller Identität ergibt sich der Provisionsanspruch bereits aus einer Auslegung des § 652 Abs. 1 Satz 1

---

[45] BGH v. 26. September 1990, BGHZ 112, 240 (242); *Staudinger/Reuter* (2003) §§ 652, 653 Rdnr. 165 f.

[46] Statt aller *Esser/Weyers* BT 1, § 36 III 3, S. 326; *Soergel/Lorentz* § 652 Rdnr. 55.

[47] BGH v. 14. Dezember 1988, NJW 1989, 1486; *Roth* MünchKomm. § 652 Rdnr. 130.

[48] BGH v. 21. Oktober 1987, NJW 1988, 967 (968); *Schlechtriem* Rdnr. 545.

[49] *Roth* MünchKomm. § 652 Rdnr. 131 f.; *Staudinger/Reuter* (2003) §§ 652, 653 Rdnr. 83 ff.

[50] BGH v. 5. Oktober 1995, NJW 1995, 3311; OLG Karlsruhe v. 18. Mai 2001, VersR 2003, 202 (203).

[51] BGH v. 12. Oktober 1983, NJW 1984, 358 (359); BR/*Kotzian-Marggraf* § 652 Rdnr. 32; *Roth* MünchKomm. § 652 Rdnr. 136; *Staudinger/Reuter* §§ 652, 653 Rdnr. 81.

[52] Dazu oben § 10 B III 1a, aa, S. 575 f.

BGB, so daß es eines Rückgriffs auf § 162 Abs. 1 BGB nicht bedarf.[53] Zu beachten ist jedoch, daß nach dem Inhalt des Maklervertrages auch in diesen Fällen der Auftraggeber und nicht derjenige, der als mit dem Auftraggeber wirtschaftlich oder persönlich Verbundener den Hauptvertrag abschließt, zur Zahlung der Provision verpflichtet ist.

cc) Kausalität der Tätigkeit des Maklers

Das Gesetz verlangt in § 652 Abs. 1 Satz 1 BGB mit der Formulierung „infolge" für den Vergütungsanspruch des Maklers einen inneren Zusammenhang zwischen der vereinbarten Tätigkeit des Maklers (Nachweis oder Vermittlung) und dem Vertragsschluß des Auftraggebers mit dem Dritten.[54]

Allerdings muß die Nachweis- oder Vermittlungstätigkeit des Maklers für den späteren Vertragsabschluß zwischen seinem Auftraggeber und dem Dritten nicht allein ursächlich geworden sein.[55] Es genügt, wenn sie kausal war (condicio sine qua non). Aus diesem Grund kann bei der Einschaltung mehrerer Makler unter Umständen allen die Provision geschuldet sein, so z.B. wenn ein Nachweismakler einen Interessenten benennt und ein Vermittlungsmakler mit diesem über den Hauptvertrag verhandelt.[56] An einer (Mit-)Ursächlichkeit fehlt es jedoch bei einem Nachweismakler, wenn der Auftraggeber den Partner des Hauptvertrages schon vor dem Nachweis als Interessenten kannte (Vorkenntnis).[57] In diesem Fall kommt lediglich noch eine Tätigkeit als Vermittlungsmakler in Betracht. Tatsächliche Schwierigkeiten im Hinblick auf den Nachweis der Kausalität mildert die Rechtsprechung mit einer Vermutung ab, wenn der Auftraggeber von dem Makler ein Angebot erhält und er danach einen Vertrag abschließt, der dem Angebot entspricht. In einer derartigen Konstellation spreche der sachliche und zeitliche Zusammenhang zwischen Angebot und Vertragsabschluß nach der Lebenserfahrung dafür, daß die Tätigkeit des Maklers für den späteren Vertragsschluß kausal geworden ist.[58] Allerdings ist die Kausalitätsvermutung lediglich ein aus der Lebenserfahrung geschöpfter Beweis des ersten Anscheins,[59] den der Auftraggeber durch einen von ihm gegebenenfalls zu beweisenden atypischen Lebenssachverhalt entkräften kann.

---

[53] So aber *Schäfer* BB 1990, 2275 (2277).
[54] Zum Ausschluß des Kausalitätserfordernisses in Allgemeinen Geschäftsbedingungen siehe oben § 10 B I, S. 570 ff.
[55] BGH v. 28. November 1990, NJW-RR 1991, 371 (372); BGH v. 18. Januar 1996, NJW-RR 1996, 691.
[56] BR/*Kotzian-Marggraf* § 652 Rdnr. 44; *Larenz* BT 1, § 54, S. 399 f.; *Roth* MünchKomm. § 652 Rdnr. 157; *Staudinger/Reuter* (2003) §§ 652, 653 Rdnr. 136 ff.; ausführlich zur Einschaltung mehrerer Makler mit zum Teil a.A. *Knütel* ZHR 144 (1980), 289 ff.
[57] Dazu im einzelnen *Roth* MünchKomm. § 652 Rdnr. 158 f.
[58] RG v. 16. Oktober 1936, JW 1937, 222; BGH v. 25. Mai 1983, NJW 1984, 232.
[59] *Staudinger/Reuter* (2003) §§ 652, 653 Rdnr. 135; a.A. *Roth* MünchKomm. § 652 Rdnr. 166: Beweislastumkehr nach Gefahrenbereichen.

Über die naturgesetzliche Kausalität hinaus muß sich der Vertragsabschluß auch bei *wertender Betrachtung* als wesentliche Verwirklichung der in dem Maklervertrag vereinbarten Maklertätigkeit darstellen.[60] War z.B. die Provision für eine Vermittlung des Hauptvertrages vereinbart, weist der Makler jedoch lediglich die Abschlußmöglichkeit nach, so entsteht keine Provisionszahlungspflicht, auch wenn infolge des Nachweises der Vertrag abgeschlossen wird. Nach wertenden Kriterien ist auch zu beurteilen, ob sich der Auftraggeber auf eine Unterbrechung des Kausalzusammenhangs berufen kann. Hierfür ist erforderlich, daß das Interesse des Auftraggebers an dem Vertragsschluß mit dem Dritten endgültig und vollkommen erloschen war und es erst später aufgrund gänzlich neuer Verhandlungen zu einem Vertragsabschluß kommt.[61] Lediglich unterbrochene Verhandlungen[62] reichen jedoch ebensowenig aus wie eine längere Zeitspanne zwischen dem Nachweis des Maklers und dem späteren Vertragsschluß. Auch eine Kündigung des Maklervertrages[63] vor Abschluß des Vertrages mit dem Dritten unterbricht nicht den Kausalzusammenhang.[64]

b) Höhe des Maklerlohns

Die Höhe des Maklerlohns legen grundsätzlich die Parteien des Maklervertrages fest. Fehlt hierüber eine Einigung, so greift § 653 BGB ein.[65] Vereinbarungen zur Höhe des Maklerlohns werden für den Zivilmakler i.S. der §§ 652 ff. BGB nur durch die allgemeinen Schranken der Privatautonomie (§ 138 BGB, § 134 BGB i.V. mit § 291 Abs. 1 Satz 1 Nr. 4 StGB) begrenzt.[66] Lediglich im Hinblick auf die Provision für den Abschluß eines Dienstvertrages eröffnet § 655 Satz 1 BGB die Möglichkeit, einen unverhältnismäßig hohen Maklerlohn durch gerichtliches Urteil herabzusetzen, wenn dieser noch nicht entrichtet ist (§ 655 Satz 2 BGB: Gedanke der Rechtsbeständigkeit), und übernimmt damit eine Regelungstechnik aus dem Recht der Vertragsstrafe (§ 343 Abs. 1 Satz 1 BGB).

c) Verwirkung des Provisionsanspruchs (§ 654 BGB)

Einen speziellen Ausschlußtatbestand für den Vergütungsanspruch des Maklers normiert § 654 Alt. 1 BGB. Dieser greift ein, wenn der Makler entgegen dem

---

[60] BGH v. 18. Januar 1996, NJW-RR 1996, 691; *Esser/Weyers* BT 1, § 36 III 2, S. 326; BR/*Kotzian-Marggraf* § 652 Rdnr. 41; *Roth* MünchKomm. § 652 Rdnr. 154 f.; *Staudinger/Reuter* (2003) §§ 652, 653 Rdnr. 117.

[61] BGH v. 14. Dezember 1959, MDR 1960, 283 (283); OLG Karlsruhe v. 7. Oktober 1994, NJW-RR 1995, 753; *Roth* MünchKomm. § 652 Rdnr. 160.

[62] Hierzu BGH v. 18. Januar 1996, NJW-RR 1996, 691: Vom Auftraggeber eingeleitete Verhandlungen werden nach ihrer Beendigung von dem Dritten wieder aufgegriffen und führen zum Vertragsschluß.

[63] Zu dieser unten § 10 B V, S. 583 f.

[64] RG v. 24. September 1935, RGZ 148, 354 (356); BR/*Kotzian-Marggraf* § 652 Rdnr. 43; *Larenz* BT 1, § 54, S. 402 f.

[65] Dazu oben § 10 B I, S. 570 ff.

[66] Exemplarisch BGH v. 20. Februar 2003, VersR 2003, 1035 (1036): 30 % des Verkaufspreises bei steuerbegünstigten Kapitalanlagen.

durch Auslegung nach den §§ 133, 157 BGB zu ermittelnden Inhalt des Maklervertrages auch für den Vertragspartner des Auftraggebers tätig gewesen ist (verbotene Doppelmakelei). Im Zweifel bedarf die Erlaubnis zur Doppeltätigkeit aufgrund der damit regelmäßig verbundenen Interessenkonflikte einer besonderen
Vereinbarung.[67]

Die Rechtsprechung hat darüber hinaus in Analogie zu § 654 BGB einen allgemeinen Ausschlußtatbestand entwickelt. Dabei geht sie davon aus, daß § 654
BGB die Rechtsfolgen bei einem besonders schweren Verstoß des Maklers gegen
seine Pflicht zur Wahrung der Interessen des Auftraggebers regelt (Treuepflichtverletzung). Deshalb ist § 654 BGB in allen Fällen analog anzuwenden, in denen
der Makler in anderer und vergleichbar schwerwiegender Weise seine Treuepflicht
gegenüber dem Auftraggeber verletzt.[68] Hierdurch erhält § 654 BGB den Charakter einer umfassenden Sanktionsvorschrift, die ihre Rechtswirkung durch den Wegfall des Provisionsanspruchs unabhängig von einem Schaden beim Auftraggeber
entfaltet.[69] Subjektive Voraussetzung für eine analoge Anwendung des § 654 BGB
ist allerdings, daß der Makler bzw. seine Erfüllungsgehilfen die Interessen des
Auftraggebers vorsätzlich, zumindest aber in einer dem Vorsatz nahekommenden
„grob leichtfertigen" Weise verletzt haben und der Makler aus diesem Grunde die
Vergütung nach allgemeinem Rechts- und Billigkeitsempfinden nicht verdient
hat.[70] Dies ist z.B. der Fall, wenn der Makler die Rechtsunkenntnis des Auftraggebers ausnutzt, um ihm eine in Wirklichkeit noch nicht bestehende rechtliche Bindung vorzuspiegeln,[71] oder der Makler in bezug auf den Hauptvertrag als Mitkon-
kurrent des Auftraggebers tätig wird.[72]

Bei Pflichtverletzungen von geringerem Gewicht, insbesondere lediglich fahrlässigem Verhalten, ist eine entsprechende Anwendung des § 654 BGB nicht gerechtfertigt, weshalb es bei Schadensersatzansprüchen aus § 280 Abs. 1 BGB i.V.
mit § 241 Abs. 2 BGB unter Aufrechterhaltung der Provisionszahlungspflicht
bleibt.[73] Mit diesen Ersatzansprüchen kann der Auftraggeber jedoch aufrechnen, so
daß der Provisionsanspruch in Höhe der Schadensersatzverpflichtung erlischt
(§ 389 BGB).

---

[67]   BGH v. 18. Mai 1973, BGHZ 61, 17 (21). Verzichtbar soll die ausdrückliche Gestat-
       tung bei Immobiliengeschäften sein, weil bei diesen eine Doppeltätigkeit des Maklers
       weitgehend üblich ist; so BGH v. 30. April 2003, NJW-RR 2003, 991.

[68]   BGH v. 26. September 1984, BGHZ 92, 184 (185); BGH v. 18. März 1992, NJW-RR
       1992, 817; *Esser/Weyers* BT 1, § 36 II 1, S. 323; BR/*Kotzian-Marggraf* § 654 Rdnr.
       17 ff.; *Staudinger/Reuter* (2003) § 654 Rdnr. 10 ff.; kritisch *Roth* MünchKomm. § 654
       Rdnr. 3.

[69]   BGH v. 5. Februar 1962, BGHZ 36, 323 (326); BGH v. 29. November 1989, NJW-RR
       1990, 372; BR/*Kotzian-Marggraf* § 654 Rdnr. 2, 4.

[70]   BGH v. 5. Februar 1962, BGHZ 36, 323 (327); BGH v. 26. September 1984, BGHZ
       92, 184 (185).

[71]   BGH v. 18. März 1992, NJW-RR 1992, 817 (818).

[72]   BGH v. 25. September 1991, WM 1991, 1995.

[73]   BGH v. 5. Februar 1962, BGHZ 36, 323 (327).

2. Aufwendungsersatz

Zur Durchführung des Maklervertrages unternimmt der Makler regelmäßig Anstrengungen, die mit Kosten verbunden sind (z.B. Anzeigen in Tageszeitungen). Es erschiene nicht unangemessen, zugunsten des Maklers einen Anspruch auf Ersatz seiner Aufwendungen zumindest für den Fall zu begründen, in dem der angestrebte Vertrag nicht zustande kommt und er daher keine Provision beanspruchen kann. Demgegenüber ordnet § 652 Abs. 2 BGB jedoch an, daß Aufwendungen des Maklers nur zu ersetzen sind, wenn eine entsprechende Vereinbarung vorliegt, was ausdrücklich auch für den Fall des Nichtzustandekommens des Hauptvertrages gilt (§ 652 Abs. 2 Satz 2 BGB). Die Erstattung wirklich entstandener Aufwendungen kann auch in Allgemeinen Geschäftsbedingungen des Maklers vereinbart werden.[74] Gemäß § 654 Alt. 2 BGB (analog) entfällt der Aufwendungsersatz jedoch bei einer schweren Treuepflichtverletzung des Maklers gegenüber dem Auftraggeber.[75]

3. Nebenpflichten

Neben der Pflicht zur Provisionszahlung und einem unter Umständen vereinbarten Aufwendungsersatz treffen den Auftraggeber Nebenpflichten, insbesondere Schutzpflichten i.S. des § 241 Abs. 2 BGB, bei deren schuldhafter Verletzung er nach § 280 Abs. 1 BGB auf Schadensersatz haftet.

Obwohl der Auftraggeber nicht zum Abschluß des Hauptvertrages verpflichtet ist,[76] verletzt er seine Schutzpflicht gegenüber dem Makler, wenn er ihn Bemühungen unternehmen läßt, obwohl er den Abschluß eines Hauptvertrages nicht beabsichtigt. Richtigerweise begründet diese Pflichtverletzung jedoch nur einen Anspruch auf Ersatz der sinnlos entstandenen Aufwendungen des Maklers (Vertrauensschaden),[77] nicht aber einen solchen auf Zahlung der Provision.[78] Letzterer ließe sich dogmatisch nur aus einer Umkehrung des § 654 BGB begründen, was aber daran scheitert, daß den Auftraggeber keine vergleichbar strenge Interessenwahrungspflicht wie den Makler trifft.[79]

Der Auftraggeber darf einen erbrachten Nachweis nicht an Dritte weiterreichen, damit diese sodann den Hauptvertrag abschließen können.[80] Problematisch sind auch in diesem Fall die Rechtsfolgen eines Pflichtverstoßes. Einem Schadensersatzanspruch aus § 280 Abs. 1 BGB steht in der Regel entgegen, daß die Weitergabe bei dem Makler nicht zu *wirtschaftlichen Nachteilen* führt. Anderseits darf ohne dogmatische Begründung aus der Weitergabe keine Provisionszahlungs-

---

[74] BGH v. 28. Januar 1987, BGHZ 99, 374 (383); *Roth* MünchKomm. § 652 Rdnr. 188; *Staudinger/Reuter* (2003) §§ 652, 653 Rdnr. 194. Zu den hierbei zu beachtenden Grenzen z.B. BR/*Kotzian-Marggraf* § 652 Rdnr. 51 m.w.N.
[75] Siehe oben § 10 B III 1c, S. 579 f.
[76] Siehe oben 10 B I, S. 570 ff.
[77] *Staudinger/Reuter* (2003) §§ 652, 653 Rdnr. 199.
[78] So aber BGH v. 18. April 1966, NJW 1966, 1404 (1405).
[79] *Roth* MünchKomm. § 654 Rdnr. 27.
[80] BGH v. 14. Januar 1987, WM 1987, 632 (633); *Roth* MünchKomm. § 654 Rdnr. 27; *Schlechtriem* Rdnr. 546.

pflicht abgeleitet werden.[81] Eine (analoge) Anwendung des § 162 Abs. 1 BGB[82] scheitert daran, daß der Auftraggeber auch nach Treu und Glauben nicht gehalten ist, den Hauptvertrag abzuschließen. Ein Provisionsanspruch entsteht aus der Weitergabe daher richtigerweise nur, wenn in deren Folge ein Dritter den Hauptvertrag abschließt und dieser aufgrund einer wirtschaftlichen oder persönlichen Verflechtung als mit dem Auftraggeber materiell identisch zu betrachten ist. In diesem Fall ist nach den oben dargelegten Grundsätzen ein Vertrag zustande gekommen, der mit demjenigen kongruent ist, auf dessen Abschluß die Tätigkeit des Maklers gerichtet war.[83] Im übrigen kann sich der Makler dadurch schützen, daß er eine Provisionszahlungspflicht vertraglich auf den Fall ausdehnt, in dem aufgrund einer Weitergabe von Informationen Dritte den Hauptvertrag abschließen, was auch in Allgemeinen Geschäftsbedingungen geschehen kann.[84]

Schließlich muß der Auftraggeber dem Makler über das Zustandekommen eines provisionspflichtigen Hauptvertrages auf Verlangen Auskunft erteilen.[85]

IV. Pflichten des Maklers

Die Vertrauensstellung des Maklers rechtfertigt es, von einer besonderen „Treuepflicht" desselben zu sprechen.[86] Für den Makler folgen daher aus § 242 BGB i.V. mit § 241 Abs. 2 BGB z.B. Verschwiegenheitspflichten sowie Aufklärungs- und Beratungspflichten.[87] Er hat dem Auftraggeber alle ihm bekannten Umstände mitzuteilen, die für dessen Entscheidung zum Abschluß des Hauptvertrages von Bedeutung sein können.[88] Ebenso muß er Weisungen des Auftraggebers befolgen, da er in dessen Interesse tätig wird. Zu einer Tätigkeit für beide Parteien des Hauptvertrages (Doppelmakelei) ist der Makler jedoch aufgrund drohender Interessenkonflikte nur bei einer entsprechenden Vereinbarung mit dem jeweiligen Auftraggeber berechtigt.[89] Er bleibt aber auch in diesem Fall zu „strenger Unparteilichkeit" verpflichtet.[90]

Verletzt der Makler diese Pflichten, so ist er dem Auftraggeber nicht nur nach § 280 Abs. 1 BGB zum Schadensersatz verpflichtet. Zugleich verwirkt er unter den oben erörterten Voraussetzungen in direkter oder analoger Anwendung des

---

[81]   So aber BGH v. 14. Januar 1987, WM 1987, 632 (633); im Grundsatz auch BR/*Kotzian-Marggraf* § 654 Rdnr. 21; wie hier *Erman/Werner* § 652 Rdnr. 66; *Staudinger/Reuter* (2003) §§ 652, 653 Rdnr. 201.

[82]   Dafür *Schäfer* BB 1990, 2275 (2277).

[83]   Siehe oben § 10 B III 1a, bb, S. 577.

[84]   BGH v. 14. Januar 1987, WM 1987, 632 (633); *Staudinger/Reuter* (2003) §§ 652, 653 Rdnr. 201.

[85]   BGH v. 8. Oktober 1986, NJW-RR 1987, 173; *Erman/Werner* § 652 Rdnr. 66.

[86]   Siehe oben § 10 B III 1c, S. 579 f.

[87]   *Esser/Weyers* BT 1, § 36 II 1, S. 322 f.; *Medicus* Rdnr. 442; *Schlechtriem* Rdnr. 540.

[88]   *Larenz* BT 1, § 54, S. 402.

[89]   Siehe oben § 10 B III 1c, S. 579 f.

[90]   BGH v. 25. Oktober 1967, NJW 1968, 150 (151); *Roth* MünchKomm. § 654 Rdnr. 11; *Staudinger/Reuter* (2003) §§ 652, 653 Rdnr. 217.

§ 654 BGB bei schweren Treuepflichtverletzungen seinen Provisionsanspruch.[91] Bleibt dieser hingegen von der Pflichtverletzung des Maklers unberührt, so kann der Auftraggeber mit einer gegebenenfalls zu bejahenden Schadensersatzforderung gegenüber dem Provisionsanspruch die Aufrechnung erklären.

V. Beendigung des Maklervertrages

Für die Beendigung des Maklervertrages treffen die §§ 652 bis 655 BGB keine Regelung. Es bleibt deshalb den Vertragsparteien überlassen, die Beendigungstatbestände autonom festzulegen. So kann der Maklervertrag mit Abschluß eines Aufhebungsvertrages, Ablauf einer vereinbarten Zeit oder Eintritt einer auflösenden Bedingung (§ 158 Abs. 2 BGB) enden. Auch ohne ausdrückliche Abrede endet der Maklervertrag durch Zweckerreichung, wenn der vom Auftraggeber angestrebte Vertragsschluß mit einem Dritten zustande kommt.

Fehlt eine vertragliche Abrede zur Beendigung des Maklervertrages, dann liegt es aufgrund seines auftragsähnlichen Charakters nahe, die §§ 671 bis 673 BGB analog anzuwenden. In diesem Sinne ist der Auftraggeber berechtigt, den Maklervertrag jederzeit zu „widerrufen", d.h. zu kündigen (§ 671 Abs. 1 BGB analog).[92] Der Widerruf wirkt allerdings nur für die Zukunft, ist also nicht in der Lage, einen Vergütungsanspruch auszuschließen, wenn der Makler seine Tätigkeit vor dem Widerruf erbracht hat, der Vertrag mit dem Dritten aber erst zu einem späteren Zeitpunkt abgeschlossen wird.[93] Eine verbreitete Auffassung billigt auch dem Makler analog § 671 Abs. 1 BGB ein jederzeitiges Kündigungsrecht zu.[94] Darüber hinaus ist eine Beendigung des Maklervertrages analog § 673 Satz 1 BGB im Zweifel beim Tod des Maklers zu bejahen.[95]

Abweichende Abreden der Parteien, insbesondere solche, die ein Widerrufsrecht des Auftraggebers oder das Kündigungsrecht des Maklers dauernd oder befristet ausschließen oder mit einer einzuhaltenden Frist verknüpfen, sind grundsätzlich rechtswirksam.[96] Das Recht zum Widerruf oder zur Kündigung aus wichtigem Grund darf jedoch nicht ausgeschlossen werden.[97]

---

[91] Siehe oben § 10 B III 1c, S. 579 f.

[92] BGH v. 6. November 1985, WM 1986, 72 f.; BR/*Kotzian-Marggraf* § 652 Rdnr. 22; *Roth* MünchKomm. § 652 Rdnr. 80; *Schlechtriem* Rdnr. 547; *Soergel/Lorentz* § 652 Rdnr. 26; i.E. auch *Staudinger/Reuter* (2003) §§ 652, 653 Rdnr. 65.

[93] BGH v. 17. Dezember 1975, WM 1976, 503 (504).

[94] Hierfür *Larenz* BT 1, § 54, S. 403; *Roth* MünchKomm. § 652 Rdnr. 80; *Schlechtriem* Rdnr. 547; *Soergel/Lorentz* § 652 Rdnr. 26; *Staudinger/Reuter* (2003) §§ 652, 653 Rdnr. 65.

[95] BGH v. 17. Dezember 1975, WM 1976, 503 (505); BR/*Kotzian-Marggraf* § 652 Rdnr. 22; *Roth* MünchKomm. § 652 Rdnr. 82; *Soergel/Lorentz* § 652 Rdnr. 26; a.A. *Staudinger/Reuter* (2003) §§ 652, 653 Rdnr. 69.

[96] Hierzu statt aller *Staudinger/Reuter* (2003) §§ 652, 653 Rdnr. 67.

[97] BGH v. 14. Mai 1969, NJW 1969, 1626 (1627); *Schlechtriem* Rdnr. 547; *Staudinger/Reuter* (2003) §§ 652, 653 Rdnr. 68.

C. Besondere Arten des Maklervertrages

I. Darlehensvermittlungsvertrag

Besteht der Gegenstand des Maklervertrages in einer entgeltlichen Darlehensvermittlung an einen Verbraucher i.S. der §§ 13, 507 BGB,[98] dann sind nach den §§ 655a, 655e Abs. 2 BGB die Sonderregelungen in den §§ 655b bis 655d BGB zu beachten (die früher mit fast identischem Inhalt in den §§ 15 bis 17 VerbrKrG enthalten waren), sofern nicht ein Ausnahmetatbestand des § 491 Abs. 2 BGB eingreift (§ 655a Satz 2 BGB).[99] Diese Vorschriften sind nach § 655e Abs. 1 BGB zugunsten des Verbrauchers zwingend und gegen Umgehungen bewehrt.

Für den Vertragsabschluß legt das Gesetz die Schriftform fest (§ 655b Abs. 1 Satz 1 BGB). Zudem muß die Vertragsurkunde bestimmte Mindestangaben enthalten (§ 655b Abs. 1 Satz 2 und 3 BGB), deren Fehlen nach § 655b Abs. 2 BGB zur Nichtigkeit des Vermittlungsvertrages führt.

Für den Anspruch des Darlehensvermittlers auf die geschuldete Vergütung bestimmt § 655c Satz 1 BGB ergänzend zu § 652 BGB, daß dieser erst entsteht, wenn

– erstens das Darlehen ausgezahlt ist – insoweit trägt der Darlehensvermittler somit anders als bei § 652 Abs. 1 Satz 1 BGB das Erfüllungsrisiko[100] – und
– zweitens ein Widerruf nach § 355 BGB nicht mehr möglich ist. Damit verhindert das Gesetz, daß der Verbraucher dem Darlehensvermittler eine Vergütung leisten muß, obwohl der Darlehensvertrag wegen der Ausübung des Widerrufsrechts nicht endgültig zustande gekommen ist. Zudem wahrt § 655c Satz 1 BGB die Entschließungsfreiheit zur Ausübung des Widerrufsrechts, da der Verbraucher nicht wegen einer bereits gezahlten Vergütung an den Darlehensvermittler von der Ausübung seines Widerrufsrechts absehen soll.

Die Effektivität einer *Umschuldung* sichert § 655c Satz 2 BGB ab, indem er den Vergütungsanspruch des Vermittlers unter den Vorbehalt stellt, daß der von ihm vermittelte Umschuldungskredit bei dem Darlehensgeber nicht zu einem höheren effektiven Jahreszins führt.[101] Schließlich untersagt § 655d Satz 1 BGB die Vereinbarung zusätzlicher Entgelte, die nicht in der Vertragsurkunde als Vergütung genannt sind, ohne allerdings Abreden zur Erstattung objektiv erforderlicher Auslagen auszuschließen (§ 655d Satz 2 BGB).

II. Ehevermittlung (§ 656 BGB)

Eine aus heutiger Sicht rechtspolitisch fragwürdige[102] Besonderheit, die jedoch auch im Rahmen der jüngsten Gesetzesänderungen nicht beseitigt wurde, legt

---

[98] Zur Einbeziehung der Existenzgründer i.S. des § 507 BGB siehe § 655e Abs. 2 BGB.
[99] Zur Neuregelung im Überblick *Habersack/Schürnbrand* WM 2003, 261 ff.
[100] *Habersack* MünchKomm. § 16 VerbrKrG Rdnr. 11; *Staudinger/Kessal-Wulf* (2003) § 655c Rdnr. 3.
[101] Dazu im einzelnen *Staudinger/Kessal-Wulf* (2003) § 655c Rdnr. 10 ff.
[102] Zu einem Verstoß gegen Art. 6 Abs. 1 GG neigend *Oechsler* Rdnr. 778.

§ 656 BGB fest, wenn der Maklervertrag die Eingehung einer Ehe zum Gegenstand hat. Die Ehevermittlung sieht das Gesetz nur mit Einschränkungen als schutzwürdig an. Der Gesetzgeber ging zwar nicht so weit, derartige Vermittlungsverträge als sittenwidrig und damit nach § 138 Abs. 1 BGB nichtig anzusehen, mit § 656 Abs. 1 Satz 1 BGB entzieht er aber dem Makler den Rechtsschutz für die *Durchsetzung* seines Vergütungsanspruchs. Wie für Spiel und Wette (§ 762 Abs. 1 Satz 1 BGB) schreibt das Gesetz fest, daß der Maklervertrag keine Verbindlichkeit begründet und versucht damit, der Ehevermittlung die wirtschaftliche Grundlage zu entziehen.

Allerdings beseitigt das Gesetz ausweislich des § 652 Abs. 1 Satz 2 nicht den Rechtsgrund für aufgrund des Maklervertrages erbrachte Leistungen. Ebenso wie § 762 Abs. 1 Satz 2 BGB legt die Vorschrift fest, daß ein aufgrund des Versprechens geleisteter Maklerlohn nicht zurückgefordert werden kann und bringt damit zum Ausdruck, daß ein Fordern-Dürfen strengeren Anforderungen unterliegen kann als ein Behalten-Dürfen (Gedanke der Rechtsbeständigkeit). Das Versprechen eines Maklerlohns hat bei der Ehevermittlung somit lediglich den Charakter einer Naturalobligation, d.h. einer zwar erfüllbaren, aber gerichtlich nicht durchsetzbaren Pflicht.[103]

Der Wortlaut des § 656 Abs. 1 BGB beschränkt diese Rechtsfolge auf die Ehevermittlung, was zwangsläufig die Frage aufwirft, ob die Vorschrift auf die *Partnerschaftsvermittlung*, zu der auch Lebenspartnerschaften nach dem LPartG zählen können, entsprechend anzuwenden ist. Unter Rückgriff auf die bei der Entstehung der Vorschrift maßgebenden Motive und mögliche Schwierigkeiten, Ehe- und Partnerschaftsvermittlung voneinander abzugrenzen, bejaht der Bundesgerichtshof eine analoge Anwendung des § 656 BGB.[104] Zwar wurde § 656 BGB erst kürzlich der Untertitel „Ehevermittlung" vorangestellt, aus den Gesetzgebungsmaterialien ergeben sich aber keine Anhaltspunkte, daß hierdurch die vorgenannte Analogie ausgeschlossen werden sollte.[105]

Die schwache Rechtsstellung des Ehevermittlers im Hinblick auf seine Vergütung kann dieser ausgleichen, indem er den Nachweis oder die Vermittlung erst nach Zahlung eines Vorschusses durch den Auftraggeber erbringt (§ 656 Abs. 1 Satz 2 BGB) oder aber auf andere Vertragsgestaltungen ausweicht. Besonders nahe liegt hierfür ein Dienstvertrag, in dem der Ehe- bzw. Partnerschaftsvermittler eine Tätigkeitspflicht übernimmt und sich für die Tätigkeit eine Vergütung versprechen läßt, gleichgültig ob ein Vermittlungserfolg eintritt. Das ist z.B. zu bejahen, wenn sich ein Institut zur Erstellung eines Kundenpersönlichkeitsprofils und eines

---

[103] BGH v. 25. Mai 1983, BGHZ 87, 309 (314 f.); *Esser/Weyers* BT 1, § 36 V 1, S. 328; *Fikentscher* Rdnr. 951; BR/*Kotzian-Marggraf* § 656 Rdnr. 1; *Oechsler* Rdnr. 777; *Soergel/Lorentz* § 656 Rdnr. 2. Nach einer a.A. (so wohl *Larenz* BT 1, § 54, S. 403 Fn. 34) wird bereits keine Verbindlichkeit begründet (sog. Konventionalschuld), was insbesondere für das Entstehen von akzessorischen Sicherungsrechten Bedeutung erlangt; dazu m.w.N. *Staudinger/Reuter* (2003) § 656 Rdnr. 12.

[104] BGH vom 11. Juli 1990, BGHZ 112, 122 (124 ff.); a.A. noch *Larenz* BT 1, § 54, S. 404.

[105] Vgl. BT-Drucks. 14/6040, S. 269.

Wunschpartnerprofils auf der Grundlage entsprechender Analysen und zu einer
Vorauswahl potentieller Partnervorschläge aus dem Bestand an Interessenten sowie zu einer Hauptauswahl von Vorschlägen in angemessener Zahl durch individuellen Persönlichkeitsvergleich verpflichtet.[106] Allerdings ist dieser Schritt zum
Dienstvertrag mit einem nicht an einen „wichtigen Grund" gebundenen außerordentlichen Kündigungsrecht belastet (§ 627 Abs. 1 BGB), das wegen § 307 Abs. 2
Nr. 1 BGB zumindest Allgemeine Geschäftsbedingungen nicht ausschließen dürfen.[107] Ferner gebietet es die als Gesetzesumgehung zu betrachtende „Flucht in den
Dienstvertrag", § 656 Abs. 1 BGB bei derartigen Vertragsgestaltungen analog anzuwenden.[108] Damit entfällt im Gegenzug allerdings analog § 139 BGB auch die
Möglichkeit, die Vermittlungstätigkeit einzuklagen. Die vorstehenden Erwägungen
gelten letztlich auch für Bestrebungen, auf den Typus des Werkvertrages auszu-
weichen. Bei ihm ist nicht nur die entsprechende Anwendung des § 656 BGB, sondern auch die des § 627 BGB zu erwägen.[109]

Eine weitere Variante zur Absicherung der Vergütung ist die *drittfinanzierte
Ehevermittlung*. Bei ihr schließt der Auftraggeber auf Vermittlung des Maklers
einen Darlehensvertrag mit einem Kreditinstitut ab und weist dieses an, das Darlehen unmittelbar an den Makler auszuzahlen, um einen Rechtsgrund i.S. des § 656
Abs. 1 Satz 2 BGB zu schaffen. Makler- und Darlehensvertrag bilden in diesem
Fall verbundene Geschäfte i.S. des § 358 BGB, wenn die Voraussetzungen des
§ 358 Abs. 3 BGB vorliegen, also z.B. der Darlehensgeber im Vorfeld mit dem
Makler zusammengearbeitet hat, so daß ein Widerruf des Darlehensvertrages nach
§ 495 BGB i.V. mit § 355 BGB wegen § 358 Abs. 2 BGB auch auf den Maklervertrag ausstrahlt. Nach § 491 Abs. 2 Nr. 1 BGB besteht das Widerrufsrecht aber
nur bei einem Darlehensbetrag von mehr als 200 Euro. Ist das Widerrufsrecht in
bezug auf den Darlehensvertrag nach Maßgabe des § 355 BGB erloschen, kann
der Auftraggeber nach § 359 BGB i.V. mit § 656 Abs. 1 Satz 1 BGB über den sog.
Einwendungsdurchgriff immer noch die Rückzahlung des Darlehens verweigern,
wenn der Maklerlohn 200 Euro übersteigt (§ 359 Satz 2 BGB).[110]

Sind nicht mehr als 200 Euro geschuldet, so ist zu erwägen, ob der Auftraggeber die Darlehensrückzahlung analog § 656 Abs. 2 BGB verweigern kann.[111] Hierfür spricht der Rechtsgedanke der Vorschrift, daß eine die Rechtsbeständigkeitsre-
gelung des § 656 Abs. 1 Satz 2 BGB rechtfertigende Bewirkung der Provision nur
vorliegt, wenn der Auftraggeber den Betrag der Provision effektiv und nicht bloß

---

[106]   BGH v. 1. Februar 1989, BGHZ 106, 341 (344 f.).
[107]   BGH v. 1. Februar 1989, BGHZ 106, 341 (346 f.).
[108]   BGH v. 11. Juli 1990, NJW 1990, 2550 (2551); *Schlechtriem* Rdnr. 549; hiergegen
        jedoch *Esser/Weyers* BT 1, § 36 V 3, S. 329.
[109]   Hierfür *Esser/Weyers* BT 1, § 36 V, S. 330; *Schlechtriem* Rdnr. 550.
[110]   *Habersack* MünchKomm.⁴ § 359 Rdnr. 16.
[111]   So *Esser/Weyers* BT 1, § 36 V, S. 330; *Soergel/Lorentz* § 656 Rdnr. 6; *Staudinger/
        Reuter* (2003) § 656 Rdnr. 18; a.A. *Habersack* MünchKomm.⁴ § 359 Rdnr. 16, der
        § 656 Abs. 1 Satz 1 BGB heranzieht; für eine analoge Anwendung des § 656 Abs. 1
        BGB BR/*Kotzian-Marggraf* § 656 Rdnr. 16.

formal wie durch die Eingehung einer weiteren Verbindlichkeit geleistet hat.[112] Dafür ist es aber im Grundsatz irrelevant, ob die Verbindlichkeit gerade gegenüber dem Ehevermittler eingegangen wird (wie dies § 656 Abs. 2 BGB vorsieht) oder ob eine Darlehensverbindlichkeit gegenüber einem Dritten begründet ist. Zum Schutz des Darlehensgebers ist jedoch zu fordern, daß diesem der Darlehensverwendungszweck gleichsam zugerechnet werden kann, was nur der Fall ist, wenn ein verbundenes Geschäft i.S. des § 358 Abs. 3 BGB vorliegt.[113] In diesem Fall stellt somit bei der drittfinanzierten Ehe- und Partnervermittlung auch die Darlehensforderung analog § 656 Abs. 2 BGB i.V. mit § 656 Abs. 1 BGB lediglich eine Naturalobligation dar.

Die Vorschrift des § 656 BGB betrifft nur die Pflicht zur Zahlung der Provision. Da der Ehevermittlungsvertrag nicht insgesamt nichtig ist, bleiben die gewöhnlichen Schutzpflichten unberührt. Daher kann den Ehevermittler eine – einklagbare – Schadensersatzpflicht nach § 280 Abs. 1 BGB treffen, wenn er den Auftraggeber nicht über wesentliche Eigenschaften des vermittelten Partners aufklärt.[114]

III. Der Handelsmakler

Spezielle Regelungen gelten für den Handelsmakler. Diese sind in den §§ 93 bis 104 HGB zusammengefaßt und in den Einzelheiten im Handelsrecht darzustellen.[115] Für ihre Anwendung ist die Kaufmannseigenschaft des Handelsmaklers nicht zwingend erforderlich. Handelsmakler kann nach § 93 Abs. 3 HGB auch sein, wer Kleingewerbetreibender ist und sein Optionsrecht zur Erlangung der Kaufmannseigenschaft (§ 2 Satz 2 HGB) nicht ausgeübt hat.

Im Unterschied zum Zivilmakler beschränkt das Gesetz den Handelsmakler auf bestimmte Vertragsabschlüsse. Diese müssen sich auf „Gegenstände des Handelsverkehrs" beziehen (§ 93 Abs. 1 HGB), von denen § 93 Abs. 2 HGB Geschäfte über unbewegliche Sachen (z.B. Grundstücke) ausdrücklich ausnimmt. Insbesondere Immobilienmakler sind deshalb stets Zivilmakler. Ferner muß die Tätigkeit des Handelsmaklers auf die *Vermittlung* von Verträgen gerichtet sein. Den Nachweismakler erfassen die §§ 93 ff. HGB nicht; für ihn gelten ausschließlich die §§ 652 ff. BGB, selbst wenn sich die Nachweistätigkeit auf „Gegenstände des Handelsverkehrs" bezieht.

Die Vorschriften über den Handelsmakler weichen von denjenigen zum Zivilmakler insbesondere dadurch ab, daß sie den Handelsmakler zur Erstellung einer Schlußnote verpflichten (§ 94 HGB; siehe aber auch § 104 Satz 1 HGB) und hinsichtlich des Maklerlohns vorsehen, daß dieser von jeder Partei zur Hälfte zu ent-

---

[112] *Erman/Werner* § 656 Rdnr. 9; *Roth* MünchKomm. § 656 Rdnr. 27.

[113] *Roth* MünchKomm. § 656 Rdnr. 30.

[114] BGH v. 8. Juli 1957, BGHZ 25, 124 (125 ff.); BR/*Kotzian-Marggraf* § 656 Rdnr. 7; *Larenz* BT 1, § 54, S. 404.

[115] Siehe dazu *Canaris* Handelsrecht, 23. Aufl. 2000, § 21, S. 402 ff.; *Oetker* Handelsrecht, 3. Aufl. 2002, § 6 C, S. 150 ff.; *K. Schmidt* Handelsrecht, 5. Aufl. 1999, § 26, S. 710 ff.

richten ist, soweit eine abweichende Parteiabrede fehlt (§ 99 HGB). Vor allem die Vergütungsregelung zeigt, daß der Handelsmakler grundsätzlich kein Wahrer der Interessen nur einer Seite, sondern beiden Parteien als ein neutraler und objektiver Vermittler verpflichtet ist.[116] Dementsprechend besteht gegenüber beiden Parteien des Hauptvertrages im Verschuldensfall eine Schadensersatzpflicht gemäß § 98 HGB, wenn der Handelsmakler gegen seine Pflichten verstößt.

IV. Wohnungsvermittlung

Von den §§ 652 ff. BGB abweichende Bestimmungen enthält zum Schutz des Wohnungssuchenden das Gesetz zur Regelung der Wohnungsvermittlung vom 4. November 1971.[117] Für das Maklerrecht sind vor allem die §§ 2 und 3 WoVermittG bedeutsam. Dabei legt § 2 Abs. 1 WoVermittG in Übereinstimmung mit § 652 Abs. 1 BGB – im Unterschied zu diesem aber zwingend – fest, daß dem Wohnungsvermittler ein Entgeltanspruch nur zusteht, wenn zwischen dem Abschluß des Mietvertrages und seiner Tätigkeit ein kausaler Zusammenhang besteht. Ferner schließt § 2 Abs. 2 WoVermittG den Entgeltanspruch in einzelnen Fällen aus, insbesondere bei einem Eigeninteresse des Wohnungsvermittlers an dem Mietvertrag, weil er z.B. zugleich Vermieter oder Verwalter der Wohnräume ist (§ 2 Abs. 2 Nr. 2 und 3 WoVermittG). Damit greift das Gesetz die allgemeine Verflechtungsproblematik auf[118] und konkretisiert diese für den Sonderfall der Wohnraumvermittlung.

Hinsichtlich der Höhe des geschuldeten Entgelts legt § 3 Abs. 1 WoVermittG zwingend fest, daß dieses in einem Bruchteil oder Vielfachen der Monatsmiete anzugeben ist und zwei Monatsmieten zuzüglich der gesetzlichen Umsatzsteuer nicht übersteigen darf (§ 3 Abs. 2 WoVermittG). Eine Abrede zwischen dem Wohnungsvermittler und dem Wohnungssuchenden, die diese Begrenzung überschreitet, ist nichtig (§ 134 BGB). Wurde ein Entgelt geleistet, das dem Wohnungsvermittler nach dem Gesetz nicht zustand, so fehlt für dieses der Rechtsgrund und es kann nach den allgemeinen Vorschriften (§ 812 Abs. 1 Satz 1 Alt. 1 BGB) zurückgefordert werden (§ 5 Abs. 1 WoVermittG), ohne daß § 817 Satz 2 BGB einem Bereicherungsanspruch entgegensteht (§ 5 Abs. 1 Satz 1 letzter Halbsatz WoVermittG). Aufwendungsersatz kann nur für den Fall des Nichtzustandekommens des Hauptvertrages vereinbart werden (§ 3 Abs. 3 Satz 3 WoVermittG).

V. Arbeitsvermittlung

Bis zu dem Änderungsgesetz vom 23. März 2002[119] unterlag die private Arbeitsvermittlung grundsätzlich einem Erlaubnisvorbehalt (vgl. § 291 SGB III a.F.). Mit dessen Aufhebung durch das vorgenannte Änderungsgesetz wurden zugleich die

---

[116] *Esser/Weyers* BT 1, § 36 IV, S. 327; *Larenz* BT 1, § 54, S. 400; *K. Schmidt* Handelsrecht, 5. Aufl. 1999, § 26 II 1, S. 715.
[117] Siehe oben Fn. 2.
[118] Siehe oben § 10 B III 1 a, aa, S. 575 f.
[119] BGBl. I S. 1130.

§§ 296 ff. SGB III grundlegend umgestaltet, die nunmehr auch das Vertragsverhältnis zwischen Arbeitsuchendem und Vermittler regeln.[120]

Abweichend von § 652 BGB schreibt § 296 Abs. 1 Satz 1 SGB III für den Abschluß des Vermittlungsvertrages die Schriftform vor, wobei der Urkunde insbesondere die Höhe der Vergütung zu entnehmen sein muß (§ 296 Abs. 1 Satz 2 SGB III). Die Verletzung der Schriftform hat die Unwirksamkeit des Vermittlungsvertrages zur Folge (§ 297 Nr. 1 SGB III); § 125 Satz 1 BGB wird insoweit von der sozialrechtlichen lex specialis verdrängt. Zum Schutz des Arbeitsuchenden bestimmt § 296 Abs. 1 Satz 3 SGB III, daß die vom Vermittler geschuldete Leistung auch die zur Vorbereitung und Durchführung der Vermittlung erforderlichen Maßnahmen umfaßt und verhindert damit, daß der Vermittler hierüber gesonderte Vereinbarungen trifft und auf diese Weise die Schranken zur Höhe der Vergütung unterläuft;[121] deren Unwirksamkeit ordnet § 297 Nr. 1 SGB III ausdrücklich an. Ferner untersagt § 297 Nr. 4 SGB III einen Alleinauftrag zur Arbeitsvermittlung.

Entgegen der früheren Rechtslage kann der Vermittlungsvertrag grundsätzlich den Arbeitsuchenden zur Zahlung der Vergütung verpflichten; lediglich für die Ausbildungsvermittlung führt § 296a Satz 1 SGB III die bisher geltende Konzeption fort, wonach regelmäßig nur von dem Arbeitgeber eine Vergütung verlangt und entgegengenommen werden durfte. Zum Schutz des Arbeitsuchenden legt § 296 Abs. 2 SGB III jedoch zwingend die Erfolgsabhängigkeit der Vergütung fest und untersagt das Verlangen sowie die Entgegennahme von Vorschüssen (§ 296 Abs. 2 Satz 2 SGB III).[122] Ferner setzt § 296 Abs. 3 SGB III für die Höhe der Vergütung Obergrenzen, stellt dabei jedoch nicht auf ein Vielfaches der Monatsbezüge ab, sondern nimmt auf die in § 421g Abs. 2 SGB III geregelten Höchstbeträge (maximal 2 500 Euro) Bezug.[123] Abreden, die diese Grenzen überschreiten, sind unwirksam (§ 297 Nr. 1 SGB III).

---

[120] Dazu im Überblick *Rixen* NZS 2002, 466 ff.; zur früheren Rechtslage siehe die Vorauflage, S. 554.

[121] Siehe auch *Staudinger/Reuter* (2003) § 655 Rdnr. 3.

[122] Zu den Auswirkungen auf die Vereinbarung eines erfolgsunabhängigen Aufwendungsersatzes *Staudinger/Reuter* (2003) § 655 Rdnr. 4.

[123] Näher *Staudinger/Reuter* (2003) § 655 Rdnr. 6.

§ 11 Auftrag und Geschäftsbesorgungsvertrag

A. Allgemeines

Wenn zwei Parteien einen Vertrag schließen, verfolgen sie typischerweise in erster Linie jeweils ihre eigenen Interessen. In reiner Form trifft dies auf die klassischen Austauschverträge wie z.B. den Kaufvertrag zu: Jeder begehrt die Leistung des anderen, so daß beide Parteien den Austausch als für sich vorteilhaft ansehen. Zwar ist auch in diesem Rahmen auf die Interessen des jeweils anderen Rücksicht zu nehmen; dies geschieht aber regelmäßig nur in Gestalt von Schutzpflichten i.S. des § 241 Abs. 2 BGB. Eine Einschränkung erfährt dieses Bild bereits bei den auf Freigiebigkeit beruhenden unentgeltlichen Verschaffungs- und Überlassungsverträgen wie der Schenkung und der Leihe. Bei ihnen verfolgt derjenige, der eine unentgeltliche Leistung erbringt, lediglich in einem sehr eingeschränkten, mittelbaren Sinne eigene Interessen. Auch in diesem Fall bleiben aber die Interessensphären der Vertragsparteien im Grundsatz getrennt, da der Leistungsempfänger seinen Geschäftskreis eigenständig organisiert und in diesen lediglich die Leistung des anderen aufnimmt.

Im Zuge steigender Komplexität der Lebensverhältnisse kann es jedoch erforderlich sein, seine eigenen Interessen unmittelbar durch einen anderen wahrnehmen zu lassen, der die betreffende Aufgabe besser bewältigen kann. In diesem Fall stehen sich die Vertragspartner nicht einmal mehr typisiert schlicht „gegenüber", sondern die Vertragsbeziehung wird von einer *Überlagerung der Interessensphären der Parteien* geprägt. Daraus resultieren rechtliche Probleme, die eines besonderen Regelungsgefüges bedürfen.[1] Hiermit befaßt sich der 12. Titel des Zweiten Buches im Bürgerlichen Gesetzbuch, der die Überschrift „Auftrag und Geschäftsbesorgungsvertrag" trägt. In diesem treffen die §§ 662 bis 676h allerdings keine umfassende und abschließende Regelung der Leistungen, die im dargelegten Sinne nicht „an", sondern „für" einen anderen erbracht werden. In der römischrechtlichen Tradition des sog. mandatum (der unentgeltlichen Geschäftsbesorgung) wird vielmehr der Auftrag in den §§ 662 bis 674 BGB relativ umfangreich geregelt.[2] Die entgeltliche Geschäftsbesorgung (Geschäftsbesorgungsvertrag) findet nur insoweit Berücksichtigung, als § 675 Abs. 1 BGB für bestimmte Formen von Dienst- und Werkverträgen zahlreiche Vorschriften des Auftragsrechts für ergänzend anwendbar erklärt.[3] Die §§ 676 bis 676h BGB enthalten schließlich Vorschriften über im Bankverkehr verbreitete Vertragstypen (Überweisungsvertrag, Zahlungsvertrag, Girovertrag) als Sonderformen des Geschäftsbesorgungsvertrages. Diese sind zentraler Bestandteil des Bankvertragsrechts und werden hier deshalb lediglich in ihren Grundlinien skizziert.[4]

B. Der Auftrag

I. Übergreifende Bedeutung der Vorschriften

Den Auftrag als unentgeltliche Geschäftsbesorgung regeln im einzelnen die §§ 662 bis 674 BGB. Die Bedeutung der Vorschriften reicht mangels allgemeiner Bestimmungen für alle Formen der Geschäftsbesorgung weit über ihren unmittelbaren Anwendungsbereich hinaus. Sie stellen ein Grundmodell dispositiver Vorschriften bereit, das andere Bestimmungen als Verweisungsobjekt aufgreifen, um spezielle Geschäftsbesorgungs- oder Geschäftsführungsverhältnisse im weitesten Sinne zu strukturieren.[5] Dies betrifft nicht nur den (entgeltlichen) Geschäftsbesorgungsvertrag (§ 675 Abs. 1 BGB). Verbreitet ist diese Regelungstechnik vor allem im Ge-

---

[1] Siehe zu dem aufgezeigten Problemzusammenhang auch *Esser/Weyers* BT 1, § 35 I 1, S. 308 ff.; *Larenz* BT 1, § 56 I, S. 408.

[2] Dazu § 11 B, S. 592 ff.

[3] Siehe § 11 C I, S. 615 ff.

[4] Unten § 11 C II, S. 619 f.

[5] *Larenz* BT 1, § 56 I, S. 408.

sellschaftsrecht für das Rechtsverhältnis zwischen den geschäftsführenden Organen und der Gesellschaft. Exemplarisch ist auf die Geschäftsführung der Vorstandsmitglieder eines eingetragenen Vereins hinzuweisen. Nach § 27 Abs. 3 BGB sind für das Rechtsverhältnis zwischen dem Vorstand und dem Verein die §§ 664 bis 670 BGB entsprechend anwendbar. Eine identische Verweisung enthält § 713 BGB für die geschäftsführenden Gesellschafter einer BGB-Gesellschaft, die über § 105 Abs. 3 HGB und § 161 Abs. 2 HGB auch für das Recht der Offenen Handelsgesellschaft und der Kommanditgesellschaft gilt. Ebenso verfährt das Bürgerliche Gesetzbuch teilweise auch für andere Personen, die mit der Wahrnehmung fremder Interessen betraut sind (z.B. Testamentsvollstrecker, § 2218 Abs. 1 BGB). Teilweise dient das Auftragsrecht auch erkennbar als Grundlage, um es mit geringen Modifikationen an die Besonderheiten des jeweiligen Rechtsverhältnisses anzupassen (z.B. Vormundschaft, § 1835 Abs. 1 BGB). Über diese gesetzlichen Verweisungen hinaus, zieht die Rechtsprechung das Auftragsrecht gelegentlich im Wege der Rechtsfortbildung zur Abwicklung eines atypischen fremdnützigen Tätigwerdens heran.[6] Von besonderer Bedeutung ist schließlich, daß die Rechtsstellung des Geschäftsführers im Rahmen des gesetzlichen Schuldverhältnisses der Geschäftsführung ohne Auftrag gemäß den §§ 681 Satz 2, 683 Satz 1 BGB in weiten Teilen derjenigen eines Beauftragten entspricht.

II. Begriff des Auftrags

Das Wesen des Auftrags umschreibt § 662 BGB. Nur wenn die dort genannten Elemente vorliegen, ist der direkte Anwendungsbereich der §§ 662 bis 674 BGB eröffnet. Danach muß der Beauftragte

– ein ihm übertragenes Geschäft besorgen (Geschäftsbesorgung),
– dies unentgeltlich tun und
– sich zu dessen Ausführung verpflichtet haben.

1. Besorgung eines übertragenen Geschäftes

Die h.M. legt den Begriff der Geschäftsbesorgung in § 662 BGB sehr weit aus, so daß dieser jedes Tätigwerden im Interesse eines anderen, sei es wirtschaftlicher oder ideeller, rechtsgeschäftlicher oder tatsächlicher Natur, umfaßt.[7] Nach der Rechtsprechung gehören hierzu nicht nur die Hilfe für verletzte Personen,[8] sondern ebenso das Verteilen von Flugblättern[9]. Danach wäre auch jedwede unentgeltliche Erbringung von Dienst- oder Werkleistungen eine Geschäftsbesorgung i.S. des § 662 BGB (Beispiel: Reparatur eines Radiogerätes).[10]

---

[6] Z.B. BGH v. 12. Juli 1984, BGHZ 92, 123 ff.
[7] BGH v. 17. Mai 1971, BGHZ 56, 204 (207); *Erman/Ehmann* Vor § 662 Rdnr. 15 ff.; *Fikentscher* Rdnr. 916; *Seiler* MünchKomm. § 662 Rdnr. 9 ff.
[8] BGH v. 7. November 1960, BGHZ 33, 251 (257).
[9] BGH v. 17. Mai 1971, BGHZ 56, 204 (207).
[10] *Erman/Ehmann* Vor § 662 Rdnr. 19; *Esser/Weyers* BT 1, § 35 I 1, S. 310; *Larenz* BT 1, § 56 I, S. 409 f.; *Medicus* Rdnr. 416.

Die Problematik eines derart weiten Geschäftsbegriffs zeigt sich bei einem Blick auf die Voraussetzungen einer *entgeltlichen* Geschäftsbesorgung i.S. des § 675 Abs. 1 BGB: Danach findet das Auftragsrecht nur auf einen solchen Dienst- oder Werkvertrag entsprechende Anwendung, „der eine Geschäftsbesorgung zum Gegenstande hat". Deshalb stellt im Rahmen des § 675 Abs. 1 BGB nicht jede Tätigkeit, die eine Leistung an einen anderen beinhaltet, eine Geschäftsbesorgung dar. Die h.M. löst dieses Problem dadurch auf, daß sie für die entgeltliche Geschäftsbesorgung i.S. des § 675 BGB einen engeren Geschäftsbegriff kreiert,[11] es im Rahmen des § 662 BGB aber bei der angeführten weiten Definition beläßt. Diese Konzeption ist dem Umstand geschuldet, daß für die Erbringung unentgeltlicher Dienst- und Werkleistungen eine umfassende gesetzliche Regelung fehlt,[12] während im Bereich entgeltlicher Tätigkeiten das Dienst- und Werkvertragsrecht eingreift, so daß dort für eine extensive zusätzliche Anwendung des § 675 Abs. 1 BGB kein Bedürfnis besteht.[13]

Es erscheint jedoch zweifelhaft, ob das Regelungsgefüge der §§ 662 ff. BGB für jede Form unentgeltlicher Tätigkeiten im Interesse eines anderen angemessene Vorschriften enthält: Der Inhalt des Begriffes der Geschäftsbesorgung i.S. des § 662 BGB darf nicht allein aufgrund einer unentgeltlichen Erbringung der jeweiligen Tätigkeit uferlos ausgedehnt werden.[14] Dies entspräche nicht der Regelungssystematik des § 662 BGB, der Geschäftsbesorgung und Unentgeltlichkeit als zwei parallele Voraussetzungen des Auftrags statuiert und nicht ersteren Begriff über letzteren definiert.

Zur Konturierung des Begriffes der Geschäftsbesorgung wird deshalb als Alternative vorgeschlagen, die §§ 662 ff. BGB auf Tätigkeiten „höherer Art" zu beschränken, die ein gewisses Maß an Eigeninitiative und Selbständigkeit erfordern.[15] Diese Eingrenzung kann sich zwar auf den Typus des Mandats im römischen Recht berufen, trifft aber nicht den eigentlichen Kern des Problems. Vielmehr muß es darum gehen, bloße Leistungen „an" einen anderen – die natürlich durchaus auch in dessen Interesse liegen, sonst würde er sie nicht annehmen – von den Leistungen „für" einen anderen abzugrenzen, bei denen der Beauftragte *unmittelbar* die Interessen eines anderen verfolgt und damit die für die Konfliktlösung der §§ 662 bis 674 BGB typische *Überlagerung der Interessensphären* eintritt.[16] Nur in diesem Fall, nicht aber bei einem alleinigen Leistungstransfer seitens des tätig Werdenden entsteht die für das Auftragsrecht typische *Treuebindung*, welche die Rechtsfolgenregelungen in den §§ 663 bis 674 BGB (persönliches Tätigwerden, Auskunftspflicht etc.) als Ausdruck einer besonderen Vertrauensstellung legi-

---

[11]   Dazu unten § 11 C I 1, S. 616 f.

[12]   Einen kleinen Teilbereich decken die Regelungen für die unentgeltliche Verwahrung in den §§ 688 ff. BGB ab, die dem Auftragsrecht unstrittig als leges speciales vorgehen. Dazu unten § 12, S. 621 ff.

[13]   *Esser/Weyers* BT 1, § 35 I 1, S. 310.

[14]   Ebenso *Esser/Weyers* BT 1, § 35 I 1, S. 310; im Ansatz auch *Seiler* MünchKomm. § 662 Rdnr. 25.

[15]   *Esser/Weyers* BT 1, § 35 I 1, S. 310; *Larenz* BT 1, § 56 I, S. 410.

[16]   Siehe oben § 11 A, S. 591 f.

timiert. Dies spricht dafür, eine Geschäftsbesorgung i.S. des § 662 BGB in Anlehnung an die Rechtsprechung des Reichsgerichts nur anzunehmen, wenn der Beauftragte eine Tätigkeit erbringt, die bereits vor dem Abschluß des betreffenden Vertrages *zu dem Geschäftskreis des Auftraggebers gehörte.*[17] Auch der Wortlaut des
§ 662 BGB, nach dem das Geschäft „übertragen" wird, weist in diese Richtung.

Wann eine solche Zugehörigkeit zum Geschäftskreis vorliegt, ist nach den Umständen zu ermitteln. Dafür sprechen insbesondere

- eine rechtliche Verpflichtung des Auftraggebers, die Tätigkeit zu erbringen
  bzw. ihren Erfolg zu bewirken oder alternativ
- eine dahingehende Obliegenheit nach den Lebensanschauungen oder
- eine bewußte Entscheidung des Auftraggebers, mit der dieser die Tätigkeit „zu
  seiner Angelegenheit macht".

Beispiele: Jeder Steuerpflichtige ist verpflichtet, eine Steuererklärung einzureichen
(auch wenn ihm die notwendigen Kenntnisse fehlen!),[18] so daß die (unentgeltliche)
Erstellung einer solchen Erklärung für einen anderen eine Geschäftsbesorgung i.S.
des § 662 BGB darstellt. Gleiches gilt, wenn der Auftraggeber die Leistung eines
Dritten erstrebt und den Beauftragten zu deren *Übermittlung* einsetzt (z.B. Auftrag, einen bestimmten Gegenstand für den Geschäftsherrn zu erwerben). In diesem Fall hat der Geschäftsherr durch das Erstreben der Leistung des Dritten deren
technische Abwicklung „zu seiner Angelegenheit gemacht". Wenn er hierfür einen
anderen einsetzt, wird letzterer im Geschäftskreis des Geschäftsherrn, d.h. „für"
diesen tätig. Umgekehrt gehört es nach den Lebensanschauungen zwar zum Geschäftskreis eines jeden Menschen, sich zu bekleiden, nicht aber, sich einen bestimmten Anzug zu schneidern. Übernimmt dies ein anderer, so handelt es sich
nicht um eine Leistung „für", sondern lediglich „an" einen anderen. In diesem Fall
fehlt die typische Überlagerung der Interessensphären und es liegt keine Besorgung eines übertragenen Geschäfts vor. Die Stimmigkeit dieser Lösung zeigt sich
schon dadurch, daß in diesem Fall typische Regelungen des Auftragsrechts depla-
ziert wären: Es ist regelmäßig bedeutungslos, ob diese Tätigkeit einem anderen
übertragen wird (anders § 664 Satz 1 BGB); auch eine Rechenschaftspflicht des
Schneiders (§ 666 BGB) erscheint unangemessen: Wichtig ist nur die erfolgreiche
Tätigkeit als Leistung „an" den anderen. Derartige „reine" unentgeltliche Dienst-
oder Werkleistungen unterfallen somit nicht dem Auftragsrecht, sondern stellen
atypische Verträge dar, auf die jeweils das Dienst- bzw. Werkvertragsrecht analog
angewendet werden kann, soweit die betreffende Vorschrift nicht gerade an die
Entgeltlichkeit anknüpft.[19]

---

[17] RG v. 29. Oktober 1919, RGZ 97, 61 (65 f.): Die Tätigkeit muß an und für sich der
      Sorge des Auftraggebers obliegen.
[18] Deshalb kann es nicht darauf ankommen, ob der Auftraggeber die betreffende Tätig-
      keit „hätte selbst vornehmen können" (in dieser Richtung *Seiler* MünchKomm. § 662
      Rdnr. 22); die Zugehörigkeit zum Geschäftskreis kann sich auch rein objektiv bestim-
      men, wie das Beispiel der Steuererklärung zeigt.
[19] Siehe auch oben § 7 B III, S. 401 f.

Das vorstehende Kriterium ermöglicht zwar keine logisch zwingenden Abgren-
zungen,[20] entspricht aber eher dem Regelungsgefüge der §§ 662 bis 674 BGB als
der von der h.M. favorisierte konturenlose Begriff der Geschäftsbesorgung. Wird
in diesem Sinne eine dem Geschäftskreis des Auftraggebers zugehörige Tätigkeit
erbracht, steht es dem treuhänderischen Charakter des Auftrags nicht entgegen,
wenn die Durchführung des Geschäftes auch im Interesse des Beauftragten liegt.[21]
Bei derartigen Geschäften ist allerdings stets zu prüfen, ob die Parteien einzelne
Rechte und Pflichten gegebenenfalls konkludent abweichend von den §§ 664 bis
670 BGB ausgestaltet haben. Dies ist wegen des von dem Beauftragten verfolgten
Eigeninteresses insbesondere für die Verpflichtung des Auftraggebers zum Aufwendungsersatz (§ 670 BGB) zu erwägen.

2. Unentgeltlichkeit des Geschäftes

Konstitutives Element für den Auftrag ist nach § 662 BGB die Einigung über die
Unentgeltlichkeit des Geschäftes; der Auftrag ist deshalb kein gegenseitiger Vertrag i.S. der §§ 320 ff. BGB. Bei einer entgeltlichen Geschäftsbesorgung, die aufgrund eines Dienst- oder Werkvertrages erbracht wird, finden die Vorschriften des
Auftragsrechts nur Anwendung, soweit dies § 675 Abs. 1 BGB anordnet. Im Rahmen von Dienst- und Werkverträgen ist insbesondere zu berücksichtigen, daß nach
den §§ 612, 632 BGB ein Entgelt als stillschweigend vereinbart gelten kann. Der
Unentgeltlichkeit steht jede Gegenleistung des Auftraggebers entgegen, die dieser
dem Beauftragten wegen der Übernahme der Geschäftsbesorgung gewährt und die
über den Ersatz von Aufwendungen (§ 670 BGB) hinausgeht, der lediglich Einbußen des Beauftragten ausgleichen soll.[22] Hinsichtlich der weiteren Einzelheiten
ist auf die Ausführungen zur Schenkung zu verweisen.[23]

Gemeinsam mit der Schenkung und der Leihe zählt der Auftrag zu den sog.
Gefälligkeitsverträgen. Wie sich aus § 517 Alt. 1 BGB ergibt, bewirkt die vom
Auftragnehmer geschuldete unentgeltliche Tätigkeit aber keine Vermögensminderung i.S. des § 516 Abs. 1 BGB, so daß das Schenkungsrecht auf den Auftrag weder direkt noch analog ergänzend anwendbar ist.[24] Das gilt auch für die Haftungsbeschränkung nach § 521 BGB, für die im Auftragsrecht keine vergleichbare Regelung existiert. Dieser Unterschied beruht auf der Besonderheit des Auftragsrechts, daß der Beauftragte in fremdem Interesse tätig wird und damit eine beson-

---

[20]   Zu deren Nichterreichbarkeit bereits ausführlich *Erman/Ehmann* Vor § 662 Rdnr.
       13 ff.
[21]   BGH v. 17. Mai 1971, BGHZ 56, 204 (207); *Larenz* BT 1, § 56 I, S. 410; *Seiler*
       MünchKomm. § 662 Rdnr. 23; *Staudinger/Wittmann* Vorbem. zu §§ 662 ff. Rdnr. 13.
[22]   *Medicus* Rdnr. 417; *Seiler* MünchKomm. § 662 Rdnr. 25 ff; *Staudinger/Wittmann*
       Vorbem. zu §§ 662 ff. Rdnr. 5 ff.
[23]   Siehe oben § 4 B III, S. 275 ff.
[24]   *Brox/Walker* § 29 Rdnr. 8; *Seiler* MünchKomm. § 662 Rdnr. 32; *Staudinger/Wittmann*
       Vorbem. zu §§ 662 ff. Rdnr. 5

dere Vertrauensstellung einnimmt, mit der eine Haftungserleichterung nicht vereinbar wäre.[25]

3. Verpflichtung des Beauftragten zur Ausführung

Hinzukommen muß schließlich, daß der Beauftragte sich verpflichtet, das an ihn herangetragene Geschäft auszuführen. Die Übernahme einer derartigen Verpflichtung zur Tätigkeit durch einen Vertrag gehört zu den konstitutiven Elementen des Auftrags.

Aus diesem Grund unterfallen dem Auftrag entgegen dem allgemeinen Sprachgebrauch zum einen nicht *einseitig erteilte Weisungen*, die lediglich eine aus einem bereits bestehenden Vertragsverhältnis resultierende Leistungspflicht gemäß den §§ 315, 316 BGB konkretisieren,[26] was z.B. Weisungen des Arbeitgebers gegenüber dem Arbeitnehmer betrifft. In diesem Sinne regelt § 676a BGB, daß der Überweisungsauftrag im Bankverkehr ein eigenständiger Vertrag und keine Weisung im Rahmen des gesamten Bankvertrages ist.

Mittels des Verpflichtungsmomentes ist der Auftrag von den sog. Gefälligkeitsverhältnissen abzugrenzen.[27] Bei diesen erklärt sich eine Partei zwar ebenfalls bereit, im Interesse eines anderen ein bestimmtes Geschäft auszuführen, will sich zu der Tätigkeit aber nicht verpflichten. Insoweit fehlt ihr ein Rechtsbindungswille. Für dessen Ermittlung sind die allgemeinen Grundsätze maßgebend, so daß darauf abzustellen ist, ob der Leistungsempfänger aus dem Handeln des Leistenden unter den gegebenen Umständen nach Treu und Glauben auf einen Rechtsbindungswillen schließen durfte (§§ 133, 157 BGB).[28] Der Wert der Geschäftsbesorgung, deren wirtschaftliche Bedeutung und das erkennbare Interesse des Begünstigten können für das Vorliegen eines Rechtsbindungswillens sprechen. Ist danach ein Vertrag zu verneinen, so stellt sich gegebenenfalls die Streitfrage, ob in einem Gefälligkeitsverhältnis gleichwohl Schutzpflichten i.S. des § 241 Abs. 2 BGB bestehen können.[29]

4. Exkurs: Rat und Empfehlung

Die Abgrenzung von rechtserheblichen Sonderverbindungen und bloßen Gefälligkeitsverhältnissen betrifft auch die Regelung in § 675 Abs. 2 BGB zu den Haftungsfolgen bei der Erteilung eines – unrichtigen oder unvollständigen – Rates oder einer Empfehlung. Derjenige, der die Auskunft erteilt, ist danach „unbeschadet" eines Vertragsverhältnisses bzw. des Vorliegens einer unerlaubten Handlung oder einer speziellen Haftungsbestimmung zum Ersatz von Schäden nicht verpflichtet, die sich aus seiner Empfehlung ergeben.

---

[25] BGH v. 22. Juni 1956, BGHZ 21, 102 (110); *Staudinger/Wittmann* Vorbem. zu §§ 662 ff. Rdnr. 5.

[26] *Larenz* BT 1, § 56 I, S. 410; *Medicus* Rdnr. 418; *Schlechtriem* Rdnr. 421.

[27] Siehe auch *Larenz* BT 1, § 56 I, S. 411 f.; *Medicus* Rdnr. 419.

[28] Näher z.B. BGH v. 22. Juni 1956, BGHZ 21, 102 (106 f.); *Bork* Rdnr. 675 ff.; *Larenz/Wolf* § 22 Rdnr. 36 ff.

[29] Dazu oben § 6 B, S. 382 f.

Damit stellt § 675 Abs. 2 BGB lediglich deklaratorisch klar, daß ein Rat oder eine Empfehlung nicht stets schon *als solche* Leistungspflichten oder Schutzpflichten i.S. des § 241 Abs. 2 BGB begründen, die im Falle ihrer schuldhaften Verletzung eine Schadensersatzhaftung gemäß den §§ 280 ff. BGB nach sich ziehen. Das schließt indes nicht aus, daß sich aus den *allgemeinen Kriterien* (Rechtsbindungswille etc.) das Vorliegen eines Auskunftsvertrages oder aber zumindest aus einem besonderen Kontakt Schutzpflichten nach § 241 Abs. 2 BGB mit den entsprechenden Haftungsfolgen ergeben können.[30] Der daraus gezogenen Folgerung, daß kein „Sonderrecht" der Auskunftserteilung existiere,[31] kann zwar im formal-dogmatischen Sinne insoweit zugestimmt werden, als die betreffenden Pflichten und Haftungsfolgen grundsätzlich dem allgemeinen Anspruchssystem zu entnehmen sind. Das Recht der Haftung für Rat und Empfehlung hat sich aber materiell in großen Teilen verselbständigt, da Rechtsprechung und Lehre verschiedene Konzeptionen entwickelt haben, welche die allgemeinen Kriterien für die Auskunftsproblematik nicht nur in spezifischer Weise konkretisieren, sondern auch fortbilden. In ihrer *Gesamtheit* tendieren diese Grundsätze der Auskunftshaftung zu einer gleichrangig neben Vertrags- und Deliktshaftung stehenden Vertrauenshaftung, auch wenn sie *im einzelnen* stets auf eine Konkretisierung anerkannter Rechtsinstitute gestützt werden.[32] Diese Haftungskategorien, die zumeist die „Schwächen" des Deliktsrechts ausgleichen sollen,[33] können im folgenden nur skizziert werden.[34]

Nach ständiger Rechtsprechung ist der stillschweigende Abschluß eines Auskunftsvertrages aufgrund eines Rechtsbindungswillens der Parteien in der Regel zu bejahen, wenn die Auskunft für den Empfänger einerseits erkennbar von besonderer Bedeutung ist und andererseits der Erteilende – zumeist aufgrund seiner herausgehobenen beruflichen oder sozialen Stellung – eine besondere Sachkunde für sich in Anspruch nimmt.[35] Als Paradebeispiel können Auskünfte von Banken außerhalb einer bestehenden Geschäftsbeziehung gelten. Liegt eine derartige Vertragsbeziehung bereits vor, dann ergibt sich der rechtsgeschäftliche Charakter der Auskunft schon aus diesem Vertrag.[36] Wenn ein Auskunftsvertrag zustande ge-

---

[30]   *Esser/Weyers* BT 1, § 35 I 3c, S. 313; *Medicus* Rdnr. 431; *Seiler* MünchKomm. § 676 Rdnr. 2 f.; *Staudinger/Wittmann* § 676 Rdnr. 3 ff.

[31]   *Seiler* MünchKomm. § 676 Rdnr. 3.

[32]   *Canaris* Festschrift für Larenz, 1983, S. 77 ff.; *Esser/Weyers* BT 1, § 35 I 3c, S. 314 f.; *Schlechtriem* Rdnr. 497 f.

[33]   Da die aus einer Auskunftserteilung entstehenden Schäden regelmäßig primäre Vermögensschäden darstellen, kommt insoweit zumeist nur § 826 BGB mit seinen restriktiven Voraussetzungen in Betracht.

[34]   Ausführlicher *Larenz* BT 1, § 56 VI, S. 423 ff.; *Staudinger/Wittmann* § 676 Rdnr. 9 ff.

[35]   BGH v. 13. Februar 1992, NJW 1992, 2080 (2082); BGH v. 6. Juli 1993, BGHZ 123, 126 ff.; BGH v. 26. September 2000, BGHZ 145, 187 ff. Für die Lösung dieser Fälle über ein gesetzliches Schuldverhältnis hingegen *Larenz* BT 1, § 56 VI, S. 430 f.

[36]   Dabei kann im Einzelfall eine korrekte Auskunft als Leistung geschuldet sein oder nur eine Schutzpflicht i.S. des § 241 Abs. 2 BGB zur Vermeidung irreführender Empfehlungen bestehen. Für die hier behandelte Haftungsfrage im Falle falscher Auskünfte

kommen ist oder ohnehin eine weitergehende Geschäftsbeziehung existiert, so ist der Umfang der Pflicht, für deren schuldhafte Verletzung gehaftet wird, wiederum aus den Gesamtumständen zu ermitteln, wobei insbesondere die strukturelle Informationsverteilung zwischen den Beteiligten eine Rolle spielt (z.B. bei spekulativen Anlagegeschäften).[37] So muß z.B. eine Bank, *wenn* sie einem Nicht-Kunden Auskunft über die Solvenz eines ihrer Kunden erteilt, alle ihr verfügbaren Informationen berücksichtigen.

Wird eine vertragliche Schutzpflicht in bezug auf den Rat oder die Empfehlung bejaht, so sind in deren Schutzbereich nach den allgemeinen Regeln des Vertrages mit Schutzwirkung zugunsten Dritter auch andere Personen einbezogen, an die der unmittelbare Empfänger der Auskunft die Information *erkennbar* weitergeben wollte.[38] Das betrifft insbesondere Gutachten, die über den Wert bestimmter Gegenstände erstellt werden, die der Auftraggeber des Gutachtens unter Zugrundelegung desselben an eine andere Person veräußern will. Dabei soll nach der Rechtsprechung die Schutzwirkung zugunsten des Dritten nicht daran scheitern, daß der Vertragspartner des Gutachters und der Dritte in bezug auf die Bewertung des Gegenstandes gegenläufige Interessen haben: Auch wenn eine zu hohe Bewertung der jeweiligen Sache im Interesse des Auftraggebers liegt (d.h. der Vertrag als solcher nicht verletzt wurde!), soll der Gutachter dem Dritten als Käufer des Gegenstandes aufgrund pflichtwidriger Auskunft haften.[39] Dies überzeugt, wenn man das Rechtsinstitut des Vertrages mit Schutzwirkung zugunsten Dritter nicht auf eine ergänzende Auslegung des Vertrages, sondern eine aus § 242 BGB folgende Vertrauensbeziehung des Gutachters zu dem Dritten stützt.[40] Fehlt es aber an einer für den Auskunft Erteilenden erkennbaren Berührung des Dritten mit der Auskunft und damit an den Voraussetzungen für eine Erstreckung der Schutzwirkung, dann darf dies nicht durch die Annahme eines Auskunftsvertrages „mit dem, den es angeht" umgangen werden.[41]

Analog zu den Kriterien für den konkludenten Abschluß eines Auskunftsvertrages ist auch die Frage zu entscheiden, wann eine Person, welche die Auskunft im Namen eines Geschäftsherrn erteilt oder im Vorfeld der Erteilung mitwirkt, eigene Schutzpflichten i.S. des § 241 Abs. 2 BGB gegenüber dem Auskunftsemp-

---

hat diese Unterscheidung jedoch kaum Auswirkungen. Wichtig wird sie, wenn die Frage zu entscheiden ist, *ob* eine Auskunft erteilt werden muß.

[37] BGH v. 6. Juli 1993, BGHZ 123, 126 ff.; *Seiler* MünchKomm. § 676 Rdnr. 13.

[38] BGH v. 26. November 1986, NJW 1987, 1758 (1759); BGH v. 11. Oktober 1988, NJW 1989, 1029 (1030); zusammenfassender Überblick zur Entwicklung der Rechtsprechung in BGH v. 26. Juni 2001, NJW 2001, 3115 (3116 f.). Zur Haftung gegenüber Dritten für unrichtige Dienstzeugnisse i.S. des § 630 BGB siehe oben § 7 G IV, S. 435 f.

[39] BGH v. 10. November 1994, NJW 1995, 392 ff.; BGH v. 13. November 1997, NJW 1998, 1059 ff.

[40] Vertiefend zur gesamten Problematik in diesem Zusammenhang *Canaris* JZ 1995, 441 ff.

[41] BGH v. 20. Januar 1954, BGHZ 12, 105 (108 f.); *Staudinger/Wittmann* § 676 Rdnr. 16.

fänger hat (sog. Eigenhaftung des Vertreters bzw. Sachwalters). Hierzu ergibt sich aus § 311 Abs. 3 Satz 2 BGB,[42] daß für schuldhaft pflichtwidrige Informationen derjenige gemäß § 280 Abs. 1 BGB haftet, der gegenüber dem Auskunftsempfänger in besonderem Maße Vertrauen für sich in Anspruch genommen hat.[43] Das trifft z.B. für einen Anlagenvermittler zu, der ausdrücklich auf seine Sachkunde hinweist.[44] Einen besonderen Teilbereich dieser Eigenhaftung Dritter im Rahmen von Auskunftsverhältnissen bildet die sog. bürgerlichrechtliche Prospekthaftung.[45] Danach haften alle, die an der Erstellung von Emissionsprospekten für Publikums-Kommanditgesellschaften oder sog. Bauherrenmodelle unter Inanspruchnahme besonderen persönlichen Vertrauens mitwirken (Rechtsanwälte, Wirtschaftsprüfer etc.), den Adressaten des Prospekts nach Maßgabe des § 280 Abs. 1 BGB für Vollständigkeit und Richtigkeit der veröffentlichten Informationen.[46]

III. Abschluß des Vertrages

Der Auftrag erfordert einen Konsens der Parteien nach den §§ 145 ff. BGB. Die rechtliche Verpflichtung des Beauftragten wird – wie § 662 BGB ausdrücklich festhält – mit „Annahme" des Auftrags begründet.

Eine in gewisser Hinsicht § 362 HGB nachgebildete Besonderheit legt § 663 BGB für den Vertragsschluß fest, wenn ein Antrag auf Abschluß eines Auftrags vorliegt. Grundsätzlich steht es dem Empfänger des Antrags frei, diesen anzunehmen. Nur unter den besonderen, in § 663 BGB genannten Voraussetzungen muß der Empfänger des Angebots seine Vertragsablehnung unverzüglich (vgl. § 121 Abs. 1 Satz 1 BGB) anzeigen. Dies trifft denjenigen, der zur Besorgung gewisser Geschäfte öffentlich bestellt ist (§ 663 Satz 1 Alt. 1 BGB)[47] sowie denjenigen, der sich zu ihrer Erbringung öffentlich (§ 663 Satz 1 Alt. 2 BGB)[48] oder gerade gegenüber dem potentiellen Auftraggeber erboten hat (§ 663 Satz 2 BGB), wenn letzterer ein inhaltlich dem „Erbieten" oder der öffentlichen Bestellung entsprechendes Vertragsangebot unterbreitet.

Keine ausdrückliche Regelung trifft das Gesetz zu den Rechtsfolgen, wenn die Ablehnungsanzeige – die als rechtsgeschäftsähnliche Handlung den §§ 104 ff. BGB analog unterliegt[49] – unterbleibt oder den Empfänger verspätet erreicht. Damit weicht § 663 BGB in einem zentralen Aspekt von § 362 HGB ab, der in Abs. 1 ausdrücklich festlegt, daß das Schweigen des Empfängers als Annahme des An-

---

[42] Es handelt sich um eine „sonstige gesetzliche Bestimmung" i.S. des § 676 Abs. 2 BGB.

[43] Dazu allgemein BT-Drucks. 14/6040, S. 163 sowie speziell zur Eigenhaftung Dritter bei Auskunftserteilung *Seiler* MünchKomm. § 676 Rdnr. 16.

[44] BGH v. 3. Oktober 1989, NJW 1990, 389 f.

[45] Vgl. zur börsenrechtlichen Prospekthaftung die §§ 45 ff. BörsG.

[46] BGH v. 24. April 1978, BGHZ 71, 284 ff.; BGH v. 31. Mai 1990, BGHZ 111, 314 ff.; *Esser/Weyers* BT 1, § 35 I 3c, S. 315.

[47] Etwa einen Fremdenverkehrsverein in bezug auf Zimmernachweise.

[48] Z.B. durch Zeitungsinserate.

[49] *Seiler* MünchKomm. § 663 Rdnr. 17; *Staudinger/Wittmann* § 663 Rdnr 8.

trags gilt. Aus dieser Rechtsfolge in § 362 HGB ist im Umkehrschluß abzuleiten, daß das Schweigen im Anwendungsbereich des § 663 BGB nicht zur Entstehung eines Auftragsverhältnisses zwischen den Parteien führt.[50] § 663 BGB modifiziert somit letztlich *nicht* die allgemeinen Voraussetzungen für einen Vertragsschluß.

Gleichwohl ist die Verletzung des § 663 BGB nicht sanktionslos. Vielmehr konkretisiert das Gesetz mit dieser Vorschrift vorvertragliche Verhaltenspflichten, so daß die unterlassene oder verspätete Anzeige zu Schadensersatzansprüchen nach den §§ 311 Abs. 2, 280 Abs. 1 BGB führen kann.[51] Der Ersatzanspruch ist jedoch stets auf das negative Interesse begrenzt.[52] Zu ersetzen ist dem Anbietenden deshalb nur der Schaden, der ihm dadurch entstanden ist, daß er wegen der unterbliebenen oder verspäteten Anzeige auf das Zustandekommen des Auftrags vertraut und gegebenenfalls eine günstige Ersatzbeschaffung nicht wahrgenommen hat.[53] Die weitergehende Zubilligung des positiven Interesses würde die im Umkehrschluß aus § 362 HGB abzuleitende Wertung des Gesetzes konterkarieren, daß ein Verstoß gegen § 663 BGB keine Erfüllungsansprüche begründet. Der Antragende darf aber durch den Schadensersatz nicht besser gestellt werden, als er stünde, wenn der Auftrag zustande gekommen wäre (§§ 122 Abs. 1, 179 Abs. 2 BGB analog).[54] Durch § 663 BGB werden die vorvertraglichen Verhaltenspflichten nicht abschließend geregelt, so daß außerhalb des Anwendungsbereiches des § 663 BGB auf die allgemeinen Grundsätze zum Verschulden bei Vertragsschluß nach § 311 Abs. 2 BGB zurückgegriffen werden kann, wenn der Empfänger eines Vertragsangebotes bei dem Erklärenden den Vertrauenstatbestand erzeugt hat, der Vertrag werde mit Sicherheit zustande kommen.[55]

Die Einhaltung einer bestimmten Form schreibt das Gesetz speziell für den Auftragsvertrag nicht vor. Die Formvorschrift des § 311b Abs. 1 BGB greift jedoch ein, wenn ein Beauftragter im eigenen Namen, aber für Rechnung des Auftraggebers ein Grundstück erwerben soll (mittelbare Stellvertretung). In diesem Fall bedürfen – jeweils mit der Heilungsmöglichkeit des § 311b Abs. 1 Satz 2 BGB – die Pflicht des Beauftragten, das Grundstück zu erwerben, sowie die Pflicht des Auftraggebers, es diesem später abzunehmen, der notariellen Beurkundung. Das gilt jedoch nicht für die Pflicht des Beauftragten, das Grundstück an den Auftraggeber weiter zu übereignen, da er von vornherein nur „Zwischeneigentum" erwerben sollte, so daß es insoweit keiner besonderen Warnung bedarf.[56]

---

[50] *Seiler* MünchKomm. § 663 Rdnr. 20; *Staudinger/Wittmann* § 663 Rdnr. 10.

[51] BGH v. 17. Oktober 1983, NJW 1984, 866 (867); *Larenz* BT 1, § 56 II, S. 414; *Medicus* Rdnr. 423; *Schlechtriem* Rdnr. 499; *Seiler* MünchKomm. § 663 Rdnr. 20; *Staudinger/Wittmann* § 663 Rdnr. 10.

[52] *Esser/Weyers* BT 1, § 35 II 1, S. 316; *Seiler* MünchKomm. § 663 Rdnr. 22; *Staudinger/Wittmann* § 663 Rdnr. 10.

[53] *Medicus* Rdnr. 423.

[54] *RGRK/Steffen* § 663 Rdnr. 10; *Staudinger/Wittmann* § 663 Rdnr. 10; a.A. *Seiler* MünchKomm. § 663 Rdnr. 22.

[55] BGH v. 17. Oktober 1983, NJW 1984, 866 (867); ähnlich *Schlechtriem* Rdnr. 501.

[56] Zum ganzen BGH v. 5. November 1982, BGHZ 85, 245 (248 ff.).

IV. Pflichten des Beauftragten

1. Durchführung des Auftrags

Die Hauptleistungspflicht des Beauftragten umfaßt, das ihm übertragene Geschäft im Interesse des Auftraggebers durchzuführen (§ 662 BGB).[57] Hiermit korrespondiert ein Anspruch des Auftraggebers gegenüber dem Beauftragten auf Durchführung des Auftrags (vgl. § 664 Abs. 2 BGB). Dabei hat der Beauftragte neben den in den §§ 665 bis 668 BGB genannten Pflichten nach § 241 Abs. 2 BGB die *Interessen* des Auftraggebers bestmöglich unter Berücksichtigung des *Zwecks des Auftrags* zu wahren.[58] Hierzu können z.B. eine Einarbeitung in die Angelegenheit und Diskretion gehören. Allerdings besteht diese Interessenwahrungspflicht nicht in einem umfassenden Sinne, sondern ist begrenzt auf die Durchführung des dem Beauftragten übertragenen Geschäftes.

Da der Auftrag auf die Wahrung der Interessen des Auftraggebers ausgerichtet ist, besteht in der Regel zwischen ihm und dem Beauftragten ein Vertrauensverhältnis.[59] Wer sich dafür entscheidet, ein im eigenen Interesse liegendes Geschäft durch einen anderen besorgen zu lassen, legt im Zweifel besonderes Gewicht auf die Person des Beauftragten, seine Vertrauenswürdigkeit und Zuverlässigkeit. Hieraus zieht § 664 Abs. 1 Satz 1 BGB die Konsequenz und errichtet ein Substitutionsverbot, das allerdings („im Zweifel") zur Disposition der Vertragsparteien steht. Es schließt allerdings – wie § 664 Abs. 1 Satz 3 BGB zeigt – nicht aus, daß der Beauftragte bei der Besorgung des Geschäfts Gehilfen hinzuzieht.[60] § 664 Abs. 1 Satz 1 BGB untersagt deshalb nur, einem Dritten die Durchführung des Auftrags in eigener Verantwortung zu überlassen. Eine derartige „Übertragung" ist materiell zu definieren und liegt unabhängig von einem formellen Übertragungsakt vor, wenn dem Dritten intern oder extern die Besorgung des Geschäfts vollständig oder teilweise zur selbständigen und eigenverantwortlichen Erledigung übertragen wird.[61] In diesem Fall würde der Dritte in die Stellung des Beauftragten einrücken, was jedoch nicht mit dem Vertrauensverhältnis zum Auftraggeber im Einklang steht. Umgekehrt legt § 664 Abs. 2 BGB folgerichtig fest, daß auch der Auftraggeber den Anspruch auf Ausführung des Auftrags im Zweifel nicht auf einen anderen übertragen darf.

Der Auftrag beschränkt sich auf die schuldrechtliche Beziehung zwischen dem Auftraggeber und dem Beauftragten. Benötigt dieser zur Durchführung des Auftrags die Rechtsmacht, Willenserklärungen mit Wirkung für und gegen den Auftraggeber abzugeben, dann erfordert dies eine eigenständige Vollmacht (§ 167 BGB). Allerdings muß der Auftraggeber diese nicht ausdrücklich erklären. Gegebenenfalls ist sie bereits konkludent mit dem Abschluß des Auftragsvertrages er-

---

[57] *Larenz* BT 1, § 56 II, S. 413; *Medicus* Rdnr. 420; *Schlechtriem* Rdnr. 502.
[58] *Larenz* BT 1, § 56 II, S. 413; *Seiler* MünchKomm. § 662 Rdnr. 33.
[59] *Fikentscher* Rdnr. 919; *Larenz* BT 1, § 56 II, S. 413 f.; *Medicus* Rdnr. 428.
[60] Für die allg. Ansicht *Staudinger/Wittmann* § 664 Rdnr. 2.
[61] BGH v. 17. Dezember 1992, NJW 1993, 1704 (1705); *Esser/Weyers* BT 1, § 35 II 2, S. 316; *Seiler* MünchKomm. § 664 Rdnr. 4.

teilt, wenn der Beauftragte im Namen des Auftraggebers handeln soll.[62] Wegen der Abstraktheit der Vollmacht vom jeweiligen Innenverhältnis schlägt in diesem Fall ein bloßes Überschreiten der internen Geschäftsbesorgungsbefugnis jedoch nur nach den Grundsätzen über den Mißbrauch der Vertretungsmacht auf das Außenverhältnis durch.[63] Soll der Beauftragte gegenüber Dritten im eigenen Namen handeln, liegt ein Fall sog. mittelbarer Stellvertretung vor, bei dem die aus der Geschäftsbesorgung resultierenden Rechtspositionen (z.B. Erwerb eines Gegenstandes) zunächst den Beauftragten selbst treffen und erst nachträglich im Verhältnis zum Auftraggeber abzuwickeln sind (siehe insbesondere die §§ 667, 670 BGB).

2. Weisungsgebundenheit des Beauftragen

Wegen des fremdnützigen Charakters des Auftrags und der in § 241 Abs. 2 BGB verwurzelten Interessenwahrungspflicht muß der Beauftragte Weisungen des Auftraggebers im Hinblick auf die Durchführung des Auftrags befolgen.[64] Nur vor diesem Hintergrund ist die Regelung in § 665 BGB verständlich, nach welcher der Beauftragte lediglich unter engen Voraussetzungen berechtigt ist, von den Weisungen des Auftraggebers abzuweichen. Dies setzt denknotwendig voraus, daß der Beauftragte im Normalfall an die Weisungen des Auftraggebers gebunden ist. Der Beauftragte muß den Auftraggeber allerdings in bezug auf seine Weisungen beraten, insbesondere wenn er sachkundig ist (Rechtsanwalt etc.).[65]

Eine Abweichung von den Weisungen des Auftraggebers ist dem Beauftragten nur in bezug auf Umstände gestattet, die bei deren Erteilung nicht vorhergesehen wurden und bei denen deshalb nicht auszuschließen ist, daß der Auftraggeber seine Weisung bei Kenntnis der Umstände revidieren oder modifizieren würde. In dieser Situation entspricht es gerade dem besonderen Interessenwahrungscharakter des Auftrags, wenn der Beauftragte nicht im „blinden Gehorsam" an der einmal erteilten Weisung festhält, sondern überprüft, ob das Interesse des Auftraggebers eine Abweichung gebietet („denkender Gehorsam").[66] Dabei berechtigt § 665 Satz 1 BGB nur dann zu einer Abweichung von der ursprünglich erteilten Weisung, wenn der Beauftragte den Umständen nach damit rechnen darf, daß der Auftraggeber mit der konkreten Abweichung einverstanden ist.

Allerdings gebietet es die Interessenwahrungspflicht, daß der Auftraggeber auch unter diesen Umständen soweit als möglich Herr des Geschehens bleibt und selbst entscheidet, ob er an der Weisung festhält oder von dieser abweicht. Das stellt § 665 Satz 2 BGB ausdrücklich klar, indem er den Beauftragten zunächst zu einer Anzeige an den Auftraggeber verpflichtet, wenn er von dessen Weisung abweichen will, und ihn zudem im Grundsatz zwingt, die Entscheidung des Auftraggebers abzuwarten. Das Gesetz schweigt allerdings zu den Rechtsfolgen, wenn auch nach Ablauf einer angemessenen Frist keine Entscheidung des Auftraggebers

---

[62] *Larenz* BT 1, § 56 I, S. 413; *Staudinger/Wittmann* Vorbem. zu §§ 662 ff. Rdnr. 25.

[63] Dazu *Bork* Rdnr. 1573 ff.; *Larenz/Wolf* § 46 Rdnr. 142 ff.

[64] *Larenz* BT 1, § 56 II, S. 415; *Medicus* Rdnr. 420; *Schlechtriem* Rdnr. 503; *Staudinger/ Wittmann* § 665 Rdnr. 1.

[65] *Larenz* BT 1, § 56 II, S. 415.

[66] *Esser/Weyers* BT 1, § 35 II 2, S. 316.

vorliegt. Nach einer verbreiteten Ansicht im Schrifttum soll der Beauftragte in diesem Fall berechtigt sein, eigenmächtig von der Weisung abzuweichen.[67] Trotz des Interessenwahrungscharakters des Auftrags ist dem zuzustimmen, da die Pflicht des Beauftragten zur Durchführung des Auftrags unverändert besteht und der Auftraggeber mit dem Verstreichenlassen der Frist zu erkennen gibt, daß er an der uneingeschränkten Durchführung der ursprünglich erteilten Weisung kein Interesse hat oder mit dem Vorgehen des Beauftragten einverstanden ist.

Zu einem *sofortigen* Abweichen von einer Weisung des Auftraggebers berechtigt § 665 Satz 2 BGB den Beauftragten nur, wenn die anderenfalls eintretende Zeitverzögerung mit einer Gefahr verbunden ist. Aufgrund seiner Interessenwahrungspflicht ist er hierzu unter Umständen sogar verpflichtet.[68] Wenn die Art der Gefahr nicht nur ein Abwarten der Entschließung des Auftraggebers, sondern bereits eine vorherige Anzeige der Abweichung ausschließt, so ist diese gemäß § 666 BGB nachzuholen.[69] Auch in diesen Sonderfällen bleibt der Beauftragte jedoch an § 665 Satz 1 BGB gebunden, d.h. er darf auch bei einer Gefahr nur nach Maßgabe des hypothetischen Willens des Auftraggebers von dessen Weisung abweichen.[70]

3. Informationspflichten

Zum Ausdruck kommen die Interessenwahrungspflichten des Beauftragten zudem in den in § 666 BGB genannten Informationspflichten gegenüber dem Auftraggeber. Diese konkretisieren die Treuepflicht des Beauftragten, sind aber nicht abschließend: § 666 BGB verwehrt es deshalb nicht, aus § 242 BGB zusätzliche Informationspflichten des Beauftragten abzuleiten[71]. Umgekehrt finden die in § 666 BGB genannten Informationspflichten ihre Schranken in § 242 BGB. Im einzelnen begründet § 666 BGB eine Benachrichtigungspflicht, eine Auskunfts- und eine Rechenschaftspflicht.

Die Pflicht des Beauftragten zur *Benachrichtigung* hält § 666 BGB bewußt vage; auch der dort ausdrücklich i.S. einer Begrenzung angesprochene Erforderlichkeitsgrundsatz trägt nur wenig zur Präzisierung bei. Deshalb ist der konkrete Inhalt der Benachrichtigungs- bzw. Anzeigepflicht vor allem aus der Fremdnützigkeit des Auftrags sowie dem Gegenstand des zu besorgenden Geschäftes abzuleiten. Von sich aus muß der Beauftragte dem Auftraggeber alle Umstände mitteilen, die geeignet sind, dessen Interessen im Hinblick auf das zu besorgende Geschäft zu berühren.[72] Die betreffende Information ist unverzüglich (vgl. § 121 Abs. 1 Satz 1 BGB) weiterzugeben.[73] Eine derartige Benachrichtigung bezweckt vor allem, dem Auftraggeber die Erteilung oder Präzisierung von Weisungen zu ermöglichen. Als

---

[67] So *Palandt/Sprau* § 665 Rdnr. 6; *Seiler* MünchKomm. § 665 Rdnr. 19; *Staudinger/Wittmann* § 665 Rdnr. 11.

[68] *Medicus* Rdnr. 420.

[69] *Brox/Walker* § 29 Rdnr. 12; *Staudinger/Wittmann* § 665 Rdnr. 11.

[70] BGH v. 7. Oktober 1976, VersR 1977, 421 (423); *Medicus* Rdnr. 420.

[71] *Schlechtriem* Rdnr. 504.

[72] *Erman/Ehmann* § 666 Rdnr. 21; *Seiler* MünchKomm. § 666 Rdnr. 5.

[73] *RGRK/Steffen* § 666 Rdnr. 4; *Seiler* MünchKomm. § 666 Rdnr. 5.

speziellen Fall regelt bereits § 665 Satz 2 BGB die Pflicht zur Anzeige, wenn der Beauftragte von Weisungen des Auftraggebers abweichen will.

Die Pflicht zur *Auskunft* besteht aufgrund eines Verlangens des Auftraggebers. In diesem Fall muß der Beauftragte jederzeit Auskunft über den Stand der Ausführung des Auftrags erteilen. Seine Grenze findet das Auskunftsrecht in § 242 BGB; insbesondere muß der Auftraggeber sein Auskunftsverlangen auf ein berechtigtes Interesse stützen können und die begehrte Auskunft darf für den Beauftragten nicht unzumutbar sein.[74] Nicht geschuldet ist die Information z.B. bei der Gefahr einer Verwendung zu vertragsfremden Zwecken[75] oder wenn feststeht, daß der Gläubiger aufgrund der Information keinesfalls etwas fordern könnte.[76] In derartigen Fällen mangelt es an einer Geschäftsbezogenheit der Information. Andererseits kann der Beauftragte eine geschäftsbezogene Auskunft selbst dann nicht gemäß § 242 BGB verweigern, wenn er sich bei wahrheitsgemäßer Information einer strafbaren Handlung bezichtigen müßte.[77] Betrifft die geforderte Auskunft einen Inbegriff von Gegenständen (z.B. die Gesamtheit der aus der Ausführung des Auftrags erlangten Sachen), so gilt ergänzend § 260 BGB.

Eine Pflicht zur umfassenden *Rechenschaft* sieht § 666 BGB erst vor, wenn der Auftrag ausgeführt wurde. Zuvor kann der Auftraggeber lediglich die weniger umfangreiche Auskunft verlangen.[78] Konkretisiert wird die Rechenschaftspflicht in § 259 Abs. 1 BGB: Der Beauftragte hat dem Auftraggeber danach die Einnahmen und Ausgaben zusammenzustellen und gegebenenfalls die hierzu gehörenden Belege vorzulegen. Unter Umständen muß der Beauftragte auch an Eides Statt versichern, daß er die Einnahmen nach bestem Wissen vollständig angegeben hat (§ 259 Abs. 2 BGB). Die vorsätzliche oder fahrlässige Abgabe einer falschen eidesstattlichen Versicherung ist strafrechtlich sanktioniert (§ 156 StGB).

4. Herausgabepflicht

Während und nach Durchführung des Auftrags trifft den Beauftragten eine umfassende Herausgabepflicht (§ 667 BGB). Sie trägt ebenfalls der Besonderheit des Auftrags Rechnung, daß dessen Durchführung im Interesse des Auftraggebers liegt, und umfaßt alle Gegenstände, die der Beauftragte in einem inneren Zusammenhang mit der Geschäftsbesorgung, d.h. zu (§ 667 Alt. 1 BGB) oder aus (§ 667 Alt. 2 BGB) deren Ausführung erhalten und nicht zu deren ordnungsgemäßer Ausführung verbraucht hat.[79] Die Herausgabepflicht besteht unabhängig von der Person, von welcher der Beauftragte etwas erlangt hat. Es kann sowohl der Auftraggeber als auch ein Dritter sein, wobei es gleichgültig ist, ob der Dritte dem Beauftragten etwas auf Veranlassung des Auftraggebers gegeben oder ob der Beauf-

---

[74] BGH v. 16. Mai 1984, WM 1984, 1164 (1165); *Seiler* MünchKomm. § 666 Rdnr. 7; *Staudinger/Wittmann* § 666 Rdnr. 6 f.
[75] BGH v. 28. Oktober 1953, BGHZ 10, 385 (387).
[76] BGH v. 4. Oktober 1989, BGHZ 108, 393 (399).
[77] BGH v. 30. November 1989, NJW 1990, 510 (511).
[78] Siehe aber zu langfristig angelegten Auftragsverhältnissen BGH v. 16. Mai 1984, WM 1984, 1164 (1165).
[79] *Seiler* MünchKomm. § 667 Rdnr. 3, 9; *Staudinger/Wittmann* § 667 Rdnr. 4.

tragte etwas von dem Dritten bei der Durchführung des Auftrags erlangt hat. Der Behebung von Unklarheiten über das vom Beauftragten aus der Geschäftsbesorgung Erlangte dient die Auskunfts- und Rechenschaftspflicht nach § 666 BGB.

In gegenständlicher Hinsicht grenzt § 667 BGB die Herausgabepflicht nicht ein. Sie bezieht sich deshalb auf bewegliche und unbewegliche Sachen sowie Rechte. Es kann sich insbesondere um Unterlagen und ähnliche Gegenstände handeln, die der Beauftragte von dem Auftraggeber zur Durchführung des Auftrags erhalten hat.[80] Nach dem Zweck des Auftragsverhältnisses sind aber derartige Gegenstände solange nicht herauszugeben, wie sie der Beauftragte für die Durchführung der Geschäftsbesorgung – vorbehaltlich einer Kündigung des Auftrags[81] – benötigt (vgl. § 271 Abs. 1 BGB).[82] Ebenso sind Geld und Forderungen, welche der Beauftragte aus oder bei der Durchführung des Auftrags von Dritten erlangt hat, an den Auftraggeber herauszugeben.[83] Hierzu können zwecks umfassender Wahrung der Interessen des Auftraggebers auch Schmiergelder gehören, die der Beauftragte ohne dessen Billigung von Dritten im Zusammenhang mit der Durchführung des Auftrags entgegengenommen hat.[84] Da es sich aber bei § 667 BGB auch in den Fällen der Erlangung von Geld um einen Herausgabeanspruch in bezug auf das „Erlangte" ohne Differenzierung nach seiner Gestalt und nicht um eine funktionelle Geldschuld handelt, finden die Regelungen des § 270 BGB (insbesondere die Gefahrtragungsregelung des Abs. 1) auf den Beauftragten keine Anwendung.[85] Darüber hinaus unterliegen gezogene Nutzungen sowie Schadensersatz- oder Rückerstattungsansprüche der Herausgabepflicht.

Der konkrete Inhalt des Herausgabeanspruchs richtet sich nach der Rechtsstellung des Beauftragten. Ist er lediglich Besitzer, was insbesondere bei beweglichen Sachen in Betracht kommt, die er von dem Auftraggeber erhalten oder in dessen Namen gemäß § 164 Abs. 1 BGB erworben hat, dann verpflichtet § 667 BGB den Beauftragten, den Besitz an den Auftraggeber zu übertragen (§ 854 BGB). Hat er hingegen Eigentum erlangt, z.B. beim Erwerb einer Sache zwar für Rechnung des Auftraggebers, aber im eigenen Namen (mittelbare Stellvertretung), dann muß er nach § 667 BGB die Handlungen vornehmen, welche erforderlich sind, um das Eigentum auf den Auftraggeber zu übertragen: Er muß bewegliche Sachen nach § 929 BGB übereignen und bei Grundstücken die Auflassung erklären (§ 925 BGB). Erlangte Forderungen, zu denen auch solche auf Schadensersatz gegenüber Dritten gehören können, sind an den Auftraggeber nach § 398 BGB abzutreten.

---

[80]   Für Handakten eines Rechtsanwalts siehe § 50 BRAO und BGH v. 30. November 1989, BGHZ 109, 260 (264).

[81]   Dazu unten § 11 B VI, S. 613 ff.

[82]   *Larenz* BT 1, § 56 II, S. 416; *Schlechtriem* Rdnr. 437; *Seiler* MünchKomm. § 667 Rdnr. 22.

[83]   Siehe exemplarisch BGH v. 7. Oktober 1994, NJW 1994, 3346 f.

[84]   Siehe hierzu BGH v. 5. Dezember 1990, NJW-RR 1991, 483 (484); *Esser/Weyers* BT 1, § 35 III, S. 317 f.; a.A. *Seiler* MünchKomm. § 667 Rdnr. 17: die Annahme gehöre nicht zur Besorgung des Geschäftes.

[85]   BGH v. 14. Juli 1958, BGHZ 28, 123 (127 ff.); *Seiler* MünchKomm. § 667 Rdnr. 23; *Staudinger/Wittmann* § 667 Rdnr. 15.

An die Ratio des Herausgabeanspruchs aus § 667 BGB knüpft auch die Pflicht des Beauftragten an, Geld – vorbehaltlich weitergehender Schadensersatzpflichten – zu verzinsen, das er im Zusammenhang mit der Geschäftsbesorgung erlangt hat, wenn er es befugt oder unbefugt für eigene Zwecke verwendet (§ 668 BGB i.V. mit § 246 BGB).

5. Pflichtverletzungen des Beauftragten

Verletzt der Beauftragte seine Pflichten nach den §§ 662, 664 ff. BGB, dann richten sich die Rechtsfolgen nach den Vorschriften des Allgemeinen Schuldrechts. Da der Besorgung des Geschäfts durch den Beauftragten wegen der Unentgeltlichkeit des Auftrags keine Gegenleistung des Auftraggebers gegenübersteht, gelangen nicht die §§ 320 ff. BGB zur Anwendung[86]. Wenn der Beauftragte seine Leistungspflichten (§§ 662, 666, 667 BGB) verletzt, haftet er nach Maßgabe des § 280 Abs. 2 und 3 BGB i.V. mit den §§ 281 ff. BGB auf Schadensersatz statt der Leistung. Bei Schutzpflichtverletzungen (insbesondere § 665 Satz 2 BGB) greift § 280 Abs. 1 BGB ein.

Der Beauftragte hat grundsätzlich für jede schuldhafte Verletzung seiner Pflichten einzustehen, insbesondere haftet er unabhängig von dem Grad der Fahrlässigkeit. Im Gegensatz zu anderen unentgeltlichen Verträgen verzichtet das Auftragsrecht auf eine allgemeine Haftungsprivilegierung des Beauftragten. Die §§ 662 ff. BGB beschränken dessen Haftung weder auf Vorsatz und grobe Fahrlässigkeit noch auf die Sorgfalt, die er in eigenen Angelegenheiten anzuwenden pflegt. Der Grund hierfür liegt in der besonderen Vertrauensstellung des Beauftragten.[87] Nur wenn die Geschäftsbesorgung der Abwehr einer dringenden Gefahr dient und somit der Beauftragte seine Tätigkeit unter besonderem Druck verrichtet, ist analog § 680 BGB die Haftung für einfache Fahrlässigkeit ausgeschlossen.[88] Im übrigen bleibt es den Vertragsparteien vorbehalten, sich unter Beachtung der Grenze in § 276 Abs. 3 BGB (kein Ausschluß der Haftung wegen Vorsatz) auf eine Haftungsbeschränkung zu verständigen (zu den Schranken bei Allgemeinen Geschäftsbedingungen des Beauftragten siehe § 309 Nr. 7 lit. b BGB).[89] Für das Verhalten von Gehilfen bei der Ausführung des Auftrags hat der Beauftragte nach § 278 BGB einzustehen, was § 664 Abs. 1 Satz 3 BGB ausdrücklich klarstellt. Insoweit kann die Haftung des Beauftragten allerdings vollständig ausgeschlossen werden (§ 278 Satz 2 BGB; siehe aber die Einschränkung durch § 309 Nr. 7 lit. b BGB bei Allgemeinen Geschäftsbedingungen).

Eine haftungsrechtliche Besonderheit gilt bei der *Substitution* (§ 664 Abs. 1 BGB). Erfolgte diese *im Einvernehmen* mit dem Auftraggeber, dann trägt § 664 Abs. 1 Satz 2 BGB dem Umstand Rechnung, daß der Substitut den Auftrag selbständig und eigenverantwortlich ausführt. Der Beauftragte hat lediglich für ein

---

[86] *Esser/Weyers* BT 1, § 35 I 3a, S. 312; *Medicus* Rdnr. 417; *Schlechtriem* Rdnr. 491.
[87] Siehe oben § 11 B II 2, S. 596.
[88] *Palandt/Sprau* § 662 Rdnr. 11; *Seiler* MünchKomm. § 662 Rdnr. 58.
[89] Sehr weitgehend *Esser/Weyers* BT 1, § 35 II 4, S. 317, der über § 157 BGB der Vereinbarung „oft" eine Milderung der Haftung auf „Sorgfalt wie in eigenen Angelegenheiten" entnimmt. Ähnlich *Erman/Ehmann* § 662 Rdnr. 21.

Auswahl- und Einweisungsverschulden einzustehen. Daraus folgt zugleich, daß der Beauftragte für ein Verschulden des Substituten bei der Ausführung des Auftrags nicht haftet.[90] Hierbei handelt es sich im dogmatischen Sinne allerdings nicht um einen Haftungsausschluß, sondern dies folgt aus dem Umstand, daß der Beauftragte bei erlaubter Substitution die ordnungsgemäße Durchführung der Geschäftsbesorgung selbst bereits *nicht schuldet*.[91] Aus abweichenden Umständen kann sich allerdings eine Überwachungspflicht des Beauftragten über den Substituten ergeben.[92]

Anders ist die Rechtslage bei einem *Verstoß gegen das Substitutionsverbot* des § 664 Abs. 1 Satz 1 BGB, wenn die Substitution ohne Gestattung des Auftraggebers erfolgte. In diesem Fall haftet der Beauftragte bereits wegen des Verstoßes gegen das Substitutionsverbot und hat für alle Schäden einzustehen, die der „Substitut" verursacht, gleichgültig, ob dieser seinerseits pflichtwidrig gehandelt hat oder ihn ein Verschulden trifft.[93]

V. Pflichten des Auftraggebers

1. Aufwendungsersatz

a) Überblick

Die Durchführung des Auftrags erfolgt im Interesse des Auftraggebers und kann damit verbunden sein, daß dem Beauftragten bei der Besorgung des Geschäfts Kosten entstehen. Der typischen Interessenlage beim Auftrag entspricht es, daß § 670 BGB den Auftraggeber zum Ersatz dieser Aufwendungen verpflichtet. Auf Verlangen des Beauftragten muß er diesem auch einen Vorschuß für die erforderlichen Aufwendungen zur Verfügung zu stellen (§ 669 BGB). Der vom Auftraggeber nach § 670 BGB zu erstattende Betrag ist von der Zeit der Aufwendung an zu verzinsen (§ 256 Satz 1 BGB i.V. mit § 246 BGB). Im Rahmen seiner Verpflichtung zum Aufwendungsersatz muß er den Beauftragten zudem von Verbindlichkeiten befreien, die dieser einging, um den Auftrag durchzuführen (§ 257 BGB).

Der Umfang des Aufwendungsersatzes wird kontrovers diskutiert, wobei die beiden wichtigsten Streitfragen (Arbeitsleistungen des Beauftragten, Ersatz für unfreiwillige Vermögensopfer) weniger durch den unmittelbaren Anwendungsbereich des § 670 BGB ausgelöst werden, sondern vor allem aus der an verschiede-

---

[90]   Der Auftraggeber ist deshalb auf Ersatzansprüche gegen den Substituten beschränkt, mit dem er in der Regel keinen Vertrag geschlossen hat. Neben einer deliktischen Haftung ist aber zu erwägen, ob zwischen Beauftragtem und Substituten eine Vertragsbeziehung existiert, die als Vertrag zugunsten Dritter (hier: des Auftraggebers) qualifiziert werden kann. Scheidet der letztgenannte Weg aus, dann kommt in Betracht, daß der Beauftragte den Schaden des Auftraggebers bei dem Substituten im Wege der Drittschadensliquidation geltend macht; auf eine Abtretung dieses Ersatzanspruchs hat der Auftraggeber nach § 667 BGB einen Anspruch (siehe *Staudinger/Wittmann* § 664 Rdnr. 9).

[91]   RG v. 2. März 1912, RGZ 78, 310 (312); RGRK/*Steffen* § 664 Rdnr. 6.

[92]   *Brox/Walker* § 29 Rdnr. 21; *Seiler* MünchKomm. § 664 Rdnr. 6.

[93]   *Palandt/Sprau* § 664 Rdnr. 5; *Staudinger/Wittmann* § 664 Rdnr. 3.

nen Stellen im Gesetz angeordneten entsprechenden Anwendung des § 670 BGB resultieren. Besonders bedeutsam ist dies bei der berechtigten Geschäftsführung ohne Auftrag (§§ 677 ff. BGB), da § 683 Satz 1 BGB dem Geschäftsführer den Anspruch zubilligt, den Ersatz von Aufwendungen wie ein Beauftragter zu verlangen.

b) Begriff der erforderlichen Aufwendungen

Den Begriff der Aufwendungen definiert das Gesetz nicht. Einigkeit besteht darüber, daß bei dem Beauftragten ein Vermögensopfer eintreten muß. Ferner geht § 670 BGB davon aus, daß der Beauftragte die Vermögensminderung zur Durchführung des Auftrags und damit final veranlaßt hat. Im Gesetz kommt dies durch das Wort „macht" sowie die dem Beauftragten auferlegte Erforderlichkeitsprüfung zum Ausdruck, die nur bei einer bewußten Disposition denkbar ist. Deshalb sind Aufwendungen i.S. des § 670 BGB *nur freiwillige Vermögensopfer* im Gegensatz zu Schäden als unfreiwillige Einbußen.[94]

Aufwendungsersatz schuldet der Auftraggeber nur in den Grenzen der Erforderlichkeit. Hierbei ist nicht die persönliche Sichtweise des konkreten Beauftragten (subjektiver Maßstab) maßgeblich. Vielmehr ist eine *objektive Prüfung* vorzunehmen, die jedoch nach dem Wortlaut des § 670 BGB auf den Erkenntnishorizont *ex ante* abzielt. Da die Norm darauf abstellt, ob der Beauftragte die Aufwendungen den Umständen nach für erforderlich halten durfte, sind auch solche Aufwendungen zu ersetzen, die keinen Erfolg zeitigen bzw. aus Sicht ex post zu dessen Erzielung nicht notwendig waren, wenn der Beauftragte seine Entscheidung aufgrund einer objektiv verständigen, den Umständen des Einzelfalles angemessenen Prüfung getroffen hat, welche an den Interessen des Auftraggebers ausgerichtet war.[95] Für diese Erforderlichkeitsprüfung sind die Aufwendungen in ein Verhältnis zur Bedeutung des Geschäftes und dem erstrebten Erfolg zu stellen. Je bedeutsamer das Geschäft für den Auftraggeber ist, um so höher können deshalb die „erforderlichen" Aufwendungen sein. Spezielle Weisungen des Auftraggebers gehen einer objektiven Erforderlichkeitsprüfung stets vor.[96] Im Interesse der Einheit der Rechtsordnung sind grundsätzlich solche Aufwendungen nicht „erforderlich" i.S. des § 670 BGB, welche diese mißbilligt (siehe auch § 817 Satz 2 BGB). Der Auftraggeber schuldet deshalb keinen Ersatz für vom Beauftragten gezahlte Schmiergelder[97] oder gesetzlich verbotene Leistungen (z.B. Tätigkeitsverbote für Abschlußprüfer nach § 319 Abs. 2 HGB).[98]

---

[94] Statt aller *Erman/Ehmann* § 670 Rdnr. 1; *Esser/Weyers* BT 1, § 35 III 2, S. 318; *Seiler* MünchKomm. § 670 Rdnr. 6. Zur analogen Erstreckung des § 670 BGB auf Schäden siehe unten § 11 B V 1d, S. 611 f.

[95] BGH v. 19. September 1985, BGHZ 95, 375 (388); *Brox/Walker* § 29 Rdnr. 28; *Esser/Weyers* BT 1, § 35 III 2, S. 318; *Medicus* Rdnr. 424.

[96] *Schlechtriem* Rdnr. 506.

[97] BGH v. 9. November 1964, NJW 1965, 293 (294); differenzierend aber *Esser/Weyers* BT 1, § 35 III 2, S. 318.

[98] BGH v. 30. April 1992, BGHZ 118, 142 (150); für gegen Art. 1 § 1 Rechtsberatungsgesetz verstoßende Tätigkeiten siehe BGH v. 25. Juni 1962, BGHZ 37, 258 (263 f.).

c) Arbeitskraft des Beauftragten als Aufwendung

Der Aufwendungsersatz beschränkt sich auf Einbußen im Vermögen des Beauftragten. Deshalb schuldet der Auftraggeber keinen Ersatz für die Arbeitskraft, welche der Beauftragte für die Durchführung des Auftrags eingesetzt hat. Anderenfalls würde die Unentgeltlichkeit des Auftrags in Frage gestellt.[99] Das gilt selbst dann, wenn die Tätigkeit des Beauftragten zu seinem ausgeübten Beruf oder Gewerbe gehört. Unter Hinweis auf § 1835 Abs. 3 BGB wird allerdings teilweise eine gegenteilige Position formuliert.[100] Nach dieser Vorschrift gelten Dienste eines Vormunds, die zu seinem Gewerbe oder Beruf zählen, als Aufwendungen. Aus der Systematik des § 1835 BGB ergibt sich aber, daß sich dessen Abs. 3 nicht auf eine Konkretisierung des allgemeinen Aufwendungsbegriffs beschränkt, da § 1835 Abs. 1 BGB diesen bereits unter Verweis auf die Vorschrift des § 670 BGB verwendet. Deshalb normiert § 1835 Abs. 3 BGB eine ergänzende Fiktion, die bereits der Gesetzeswortlaut („gelten") zum Ausdruck bringt und welche die Dienste des Vormunds den Aufwendungen gleichstellt. Diese Regelungstechnik verwehrt es, die im Vormundschaftsrecht speziell angeordnete Fiktion zu einem allgemeinen Rechtsgedanken aufzuwerten und durch eine Interpretation des Aufwendungsbegriffs oder mittels einer Gesetzesanalogie in das Auftragsrecht zu übernehmen.

Eine Ausnahme ist zu erwägen, wenn sich die zum Beruf oder Gewerbe des Beauftragten gehörende Tätigkeit *erst nach Abschluß des Vertrages* unvorhersehbar, z.B. zur Gefahrenabwehr, als erforderlich erweist.[101] Hätte der Beauftragte in dieser Situation einen Dritten mit der Tätigkeit betraut, so wären die hierfür entstandenen Aufwendungen vom Auftraggeber zu tragen. In dieser Konstellation darf der Auftraggeber nicht entlastet werden, weil der Beauftragte darauf verzichtet, einen Dritten hinzuzuziehen und die Tätigkeit selbst ausführt.[102] Die Unentgeltlichkeit des Auftrags steht dem nicht entgegen, da sich die Tätigkeit erst im Nachhinein als erforderlich erwiesen hat und insoweit keine Unentgeltlichkeitsabrede besteht. Allerdings bleibt in bezug auf die unvorhergesehene Tätigkeit zu beachten, daß der Beauftragte gemäß § 665 BGB vorrangig eine Weisung einholen muß, sofern dies nicht aus Gründen der Gefahrenabwehr ausscheidet; in diesem Rahmen kann dann auch die Vergütungsfrage geklärt werden.[103] Besonders relevant ist die Einbeziehung der Arbeitsleistung in den Aufwendungsbegriff regelmäßig nicht für die unmittelbare Anwendung des § 670 BGB, sondern wenn andere Vorschriften auf diese Vorschrift verweisen. Insbesondere bei der Geschäftsführung ohne Auftrag (siehe § 683 Satz 1 BGB) tritt das Problem in den Vordergrund, wenn die Tätigkeit des Geschäftsführers zu seinem Beruf oder Gewerbe gehört.

---

[99] BGH v. 12. Oktober 1972, BGHZ 59, 328 (331); *Medicus* Rdnr. 426; *Schlechtriem* Rdnr. 507; *Seiler* MünchKomm. § 670 Rdnr. 21.

[100] So für Testamentsvollstrecker RG v. 25. Oktober 1935, RGZ 149, 121 (124).

[101] So *Esser/Weyers* BT 1, § 35 III 2, S. 318; *Palandt/Sprau* § 670 Rdnr. 3; *Schlechtriem* Rdnr. 507; ablehnend *Medicus* Rdnr. 426.

[102] In dieser Richtung auch *Esser/Weyers* BT 1, § 35 III 2, S. 318.

[103] *Seiler* MünchKomm. § 670 Rdnr. 21.

d) Gleichstellung von Schäden mit Aufwendungen

Wie dargelegt muß es sich bei den von § 670 BGB erfaßten Aufwendungen um freiwillige Vermögensopfer handeln.[104] Diesen werden Schäden gegenübergestellt, welche der Beauftragte bei der Durchführung des Auftrags erleidet. Sie sind unfreiwillig erlittene Vermögensopfer und deshalb an sich nicht nach § 670 BGB ersatzfähig.

Die generelle Ablehnung eines Ersatzes für Schäden, welche der Beauftragte bei der Durchführung des Auftrags erleidet, wird verbreitet als unbefriedigend angesehen. Allerdings lassen sich die Defizite zum Teil abmildern, wenn dem Auftraggeber die Verletzung einer vertraglichen Schutzpflicht i.S. des § 241 Abs. 2 BGB vorzuwerfen ist, die für den eingetretenen Schaden ursächlich wurde. In diesem Fall steht dem geschädigten Beauftragten nach § 280 Abs. 1 BGB ein eigenständiger Schadensersatzanspruch zu, der ein Verschulden des Auftraggebers erfordert,[105] das allerdings nach der Systematik des § 280 Abs. 1 BGB zu vermuten ist.

Einen weitergehenden und verschuldensunabhängigen Ersatzanspruch stützt die h.M. auf eine analoge Anwendung des § 670 BGB.[106] Allerdings stellt sie Schäden nicht stets den Aufwendungen gleich, sondern nur, wenn die Durchführung des Auftrags mit einer für beide Beteiligten erkennbaren Gefahr verbunden ist und sich bei der Ausführung des Auftrags diese *typische Gefahr* verwirklicht hat (Beispiel: bei einem privaten Nottransport in das Krankenhaus kommt es aufgrund der gebotenen rasanten Fahrweise zu einem Unfall).[107] Die teleologische Vergleichbarkeit mit Aufwendungen läßt sich in derartigen Fällen darauf stützen, daß der Beauftragte zwar nicht das betreffende Vermögensopfer als solches, wohl aber das *Risiko* seines Eintritts zur Erfüllung des Auftrags freiwillig eingegangen ist. Daraus ergibt sich zugleich, daß Schäden, die aus dem allgemeinen Lebensrisiko des Beauftragten resultieren, unstreitig nicht ersatzfähig sind (Beispiel: der Beauftragte stürzt auf einem im Rahmen des Auftrags zu erledigenden Weg). Besteht der tätigkeitsspezifische Schaden des Beauftragten in der Ersatzpflicht gegenüber einem Dritten, soll ersterer von dem Auftraggeber analog § 257 BGB Freistellung verlangen können.[108]

Der Weg einer Analogie zu § 670 BGB hat den methodischen Vorzug, daß er den Aufwendungsbegriff nicht konturenlos ausdehnt. Dogmatisch ist er gleichwohl unbefriedigend, weil er einen Schadensersatzanspruch in das Gewand eines Aufwendungsersatzanspruchs preßt sowie zu weiteren Analogiebildungen zwingt, um z.B. ein Mitverschulden des Geschädigten erfassen zu können, da § 254 BGB an

---

[104] Siehe oben § 11 B V 1b, S. 609 f.

[105] *Esser/Weyers* BT 1, § 35 III 2, S. 318 f.; *Schlechtriem* Rdnr. 508.

[106] BGH v. 7. November 1960, BGHZ 33, 251 (257); *Brox/Walker* § 29 Rdnr. 30 ff.; *Fikentscher* Rdnr. 921; *Staudinger/Wittmann* § 670 Rdnr. 14.

[107] *Erman/Ehmann* § 670 Rdnr. 16; *Fikentscher* Rdnr. 921; *Seiler* MünchKomm. § 670 Rdnr. 14; *Staudinger/Wittmann* § 670 Rdnr. 14.

[108] BGH v. 5. Dezember 1983, BGHZ 89, 153 (156 ff.); *Medicus* Rdnr. 425.

sich nur auf Schadensersatzansprüche anwendbar ist.[109] Diese Schwierigkeiten vermeidet die von *Canaris* entwickelte Risikozurechnung, die aus der Fremdnützigkeit der Tätigkeit einen eigenständigen Schadensersatzanspruch ableitet.[110] Einen gesetzlichen Anhalt findet dieser Gedanke insbesondere im Schadensersatzanspruch des Geschäftsführers einer Offenen Handelsgesellschaft nach § 110 Abs. 1 HGB. Erforderlich ist jedoch auch hiernach eine mit der Durchführung des Auftrags verbundene erhöhte Gefahr; nur das hieraus resultierende spezifische Schadensrisiko soll vom Auftraggeber zu tragen sein. Das muß konsequenterweise auch dazu führen, daß der Beauftragte für die Beschädigung einer Sache des Auftraggebers, die sich als Resultat einer typischen Auftragsgefahr darstellt, trotz eines dahingehenden Verschuldens lediglich einen geminderten Schadensersatz schuldet (Auftragsgefahr als Äquivalent zum Mitverschulden nach § 254 BGB).[111]

Praktisch bedeutsam ist die Ersatzfähigkeit von unfreiwilligen Vermögenseinbußen vor allem bei der Geschäftsführung ohne Auftrag, weil § 683 Satz 1 BGB bezüglich des Ersatzes von Aufwendungen auf das Auftragsrecht und damit auf § 670 BGB verweist. Gerade bei den mittels der Geschäftsführung ohne Auftrag zu erfassenden Rettungsfällen erleidet der Geschäftsführer bei seinen Rettungshandlungen oftmals Schäden, deren Ersatz von besonderer Wichtigkeit ist. Die analoge Anwendung der §§ 670, 257 BGB zum Ersatz von Schäden wird auch herangezogen, um Teilbereiche des sog. innerbetrieblichen Schadensausgleichs im Arbeitsrecht zu lösen.[112] Der Bundesgerichtshof hat diese Grundsätze auf ehrenamtlich tätige Vereinsmitglieder ausgeweitet.[113] Bei entgeltlichen Geschäftsbesorgungsverträgen ist zu berücksichtigen, daß das Entgelt etwaige Risiken abdecken kann, so daß eine Risikohaftung regelmäßig ausscheidet.[114]

2. Nebenpflichten

Auch den Auftraggeber treffen die allgemeinen Nebenpflichten, die allerdings im Unterschied zu denen des Beauftragten im Auftragsrecht ungeregelt geblieben sind und deshalb aus allgemeinen Grundsätzen abgeleitet werden müssen.

Zu den von § 241 Abs. 2 BGB erfaßten Schutzpflichten zählen unter anderem Informationspflichten; insbesondere muß der Auftraggeber den Beauftragten auf

---

[109] Siehe auch *Larenz* BT 1, § 56 III, S. 418 f. Nach Auffassung des Reichsgerichts sollen im Falle des Todes des Beauftragten auch die §§ 844 bis 846 BGB analog angewendet werden: RG v. 7. Mai 1941, RGZ 167, 85 (89).

[110] *Canaris* RdA 1966, 41 ff.; ebenso *Larenz* BT 1, § 56 III, S. 418: auf richterlicher Rechtsfortbildung beruhende Risikohaftung des Geschäftsherrn; vertiefend *Genius* AcP 173 (1973), 481 ff.

[111] *Larenz* BT 1, § 56 III, S. 419.

[112] Das betrifft unter anderem den Rückgriff des Arbeitnehmers bei dem Arbeitgeber, wenn der Arbeitnehmer bei einer betrieblichen Tätigkeit die Rechtsgüter eines Dritten verletzt und deshalb dem Dritten zum Schadensersatz verpflichtet ist. Ausführlich dazu z.B. *Blomeyer* Münchener Handbuch zum Arbeitsrecht, 2. Aufl. 2000, § 60 Rdnr. 14, 15 ff.

[113] BGH v. 5. Dezember 1983, BGHZ 89, 153 (156 ff.).

[114] Siehe *Erman/Ehmann* § 670 Rdnr. 20 m.w.N.

ihm bekannte Gefahren hinweisen, die mit der Ausführung des Geschäfts verbunden sind.[115] Eine gesteigerte Schutzpflicht besteht, wenn der Beauftragte das ihm übertragene Geschäft in den Räumen des Auftraggebers ausführt. Insofern enthält § 618 BGB einen allgemeinen Rechtsgedanken, der auch außerhalb des Dienstvertragsrechts zur Anwendung gelangt, so daß hinsichtlich dieser speziellen Schutzpflicht auf eine Analogie zu § 618 BGB und nicht die §§ 241 Abs. 2, 242 BGB zurückzugreifen ist.[116]

Da den Auftraggeber keine *Pflicht* trifft, die Durchführung der Geschäftsbesorgung zu ermöglichen (vgl. § 662 BGB: „verpflichtet sich der Beauftragte"), muß er hierfür erforderliche Handlungen (z.B. die Überlassung von Unterlagen) nicht vornehmen. Ihn trifft aber eine dahingehende *Obliegenheit*, deren Verletzung eigene Ansprüche ausschließen oder mindern kann.[117] Überlassene Gegenstände müssen zudem den üblichen Sicherheitsstandards entsprechen (Schutzpflicht).[118]

3. Pflichtverletzungen

Kommt der Auftraggeber seiner Pflicht zum Ersatz der Aufwendungen oder gegebenenfalls zur Freistellung von Verbindlichkeiten nicht nach, dann sind hinsichtlich seines Schuldnerverzuges die §§ 280, 286 ff. BGB anzuwenden. Die §§ 320 ff. BGB greifen insoweit nicht ein, weil die Pflicht zum Aufwendungsersatz bzw. zur Freistellung von Verbindlichkeiten nicht in einem Gegenseitigkeitsverhältnis mit der Besorgung des Geschäfts durch den Beauftragten steht. Darüber hinaus ist der Auftraggeber nach § 280 Abs. 1 BGB zum Schadensersatz verpflichtet, wenn er seine Nebenpflichten gegenüber dem Beauftragten schuldhaft verletzt. Das kommt insbesondere in Betracht, wenn dem Auftraggeber bekannt ist, daß die Durchführung des Auftrags mit Gefahren verbunden ist und er den Beauftragten nicht auf diese hinweist.

VI. Beendigung des Auftrags

Regelmäßig endet das Auftragsverhältnis durch Erfüllung gemäß § 362 Abs. 1 BGB. Insbesondere für auf unbestimmte Zeit erteilte Aufträge normieren die §§ 671 bis 673 BGB zusätzlich drei spezielle Beendigungstatbestände: den Widerruf durch den Auftraggeber, die Kündigung durch den Beauftragten und das Erlöschen durch Tod bzw. Geschäftsunfähigkeit. Grundgedanke ist dabei eine relativ freie Lösbarkeit, die dem besonderen Vertrauenscharakter des Auftragsverhältnisses entspricht.

Der Auftraggeber kann den Auftrag nach § 671 Abs. 1 BGB jederzeit widerrufen. Eines Grundes bedarf es hierfür nicht, auch eine Widerrufsfrist muß er nicht einhalten. Der Widerruf stellt eine empfangsbedürftige Willenserklärung dar, auf

---

[115] *Medicus* Rdnr. 427; *Schlechtriem* Rdnr. 510.

[116] So BGH v. 9. Februar 1955, BGHZ 16, 265 (267 ff.); *Schlechtriem* Rdnr. 510; *Staudinger/Oetker* (2002) § 618 Rdnr. 104.

[117] *Seiler* MünchKomm. § 662 Rdnr. 48.

[118] *Brox/Walker* § 29 Rdnr. 34.

welche die §§ 104 ff. BGB anzuwenden sind.[119] Den schutzwürdigen Interessen des Beauftragten trägt der Aufwendungsersatzanspruch (§ 670 BGB) ausreichend Rechnung. Die bis zum Zugang des Widerrufs entstandenen Aufwendungen sind ihm stets zu ersetzen. Auch eine bestimmte Form schreibt das Gesetz für den Widerruf nicht vor, die Parteien können diese jedoch vereinbaren. Ebenso kann der Auftraggeber auf sein Widerrufsrecht grundsätzlich verzichten, allerdings sind die hierfür bestehenden Grenzen bislang nicht abschließend geklärt. Eine zwingende freie Widerruflichkeit wird man annehmen müssen, wenn der Auftrag einzig dem Interesse des Auftraggebers dient.[120] Im übrigen ist ein Verzicht auf den Widerruf jedenfalls unwirksam, wenn der Auftraggeber hierdurch gezwungen würde, an dem Auftrag festzuhalten, obwohl ein wichtiger Grund (siehe § 314 BGB) für die Loslösung vorliegt (Rechtsgedanke des § 671 Abs. 3 BGB).[121]

Auch der Beauftragte kann den Auftrag jederzeit durch Ausspruch einer Kündigung beenden (§ 671 Abs. 1 BGB). Eine Form schreibt das Gesetz ebensowenig vor wie eine Kündigungsfrist, beides können die Parteien aber vertraglich vereinbaren. Ein konkludenter Ausschluß des Rechts zur ordentlichen Kündigung kann z.B. in der Vereinbarung eines Auftrags über eine bestimmte Zeit liegen.[122] Lediglich auf das Recht zur Kündigung aus wichtigem Grund kann der Beauftragte nicht verzichten (§ 671 Abs. 3 BGB). Dem Dispositionsinteresse des Auftraggebers trägt § 671 Abs. 2 BGB Rechnung, der dem Beauftragten verwehrt, den Auftrag durch eine Kündigung zur Unzeit zu beenden, sofern für die sofortige Beendigung des Vertragsverhältnisses nicht ein wichtiger Grund i.S. des § 314 BGB vorliegt (siehe auch die §§ 627 Abs. 2 Satz 1, 723 Abs. 2 Satz 1 BGB). Eine bestimmte Frist normiert das Gesetz nicht, es muß dem Auftraggeber jedoch genügend Zeit verbleiben, um Maßnahmen zur anderweitigen Durchführung des zu besorgenden Geschäfts zu treffen, damit die Kündigung nicht zur „Unzeit" erfolgt. Spricht der Beauftragte die Kündigung entgegen § 671 Abs. 2 Satz 1 BGB zur Unzeit aus, dann schuldet er dem Auftraggeber nur Ersatz für den hieraus – d.h. den aus der *vorfristigen* Auflösung – entstandenen Schaden (§ 671 Abs. 2 Satz 2 BGB). Im Umkehrschluß bleibt die Wirksamkeit der Kündigung von dem Verstoß gegen § 671 Abs. 2 Satz 1 BGB unberührt.[123] Die Vorschrift ist weder ein Verbotsgesetz i.S. des § 134 BGB noch verstößt die Kündigung stets gegen § 242 BGB. Das Auftragsverhältnis endet somit auch durch eine Kündigung zur Unzeit.

Für den Tod einer der Vertragsparteien – und bezüglich der Person des Auftraggebers auch für den Eintritt der Geschäftsunfähigkeit – stellen die §§ 672, 673 BGB zwei Auslegungsregeln auf, die „im Zweifel" anzuwenden sind. Auf Seiten des Auftraggebers legt § 672 Satz 1 BGB – in gewissem Widerspruch zum Rechtsgedanken des § 664 Abs. 2 BGB – fest, daß hierdurch das Auftragsverhältnis re-

---

[119] *Seiler* MünchKomm. § 671 Rdnr. 3; *Staudinger/Wittmann* § 671 Rdnr. 2.

[120] Prot. II, S. 370; *Staudinger/Wittmann* § 671 Rdnr. 7.

[121] So auch *Larenz* BT 1, § 56 IV, S. 420; RGRK/*Steffen* § 671 Rdnr. 9; *Seiler* MünchKomm. § 671 Rdnr. 7.

[122] *Seiler* MünchKomm. § 671 Rdnr. 6.

[123] *Larenz* BT 1, § 56 IV, S. 420; *Medicus* Rdnr. 430; *Schlechtriem* Rdnr. 514; *Seiler* MünchKomm. § 671 Rdnr. 13.

gelmäßig nicht erlischt. Anderes kann sich z.B. daraus ergeben, daß eine höchstpersönliche Angelegenheit des Auftraggebers zu besorgen war. Die umgekehrte Anordnung trifft § 673 Satz 1 BGB aufgrund der Vertrauensbeziehung zu dem Beauftragten, wenn dieser stirbt: Im Zweifel erlischt der Auftrag, wodurch das Substitutionsverbot des § 664 BGB konsequent fortgeführt wird. Für den Fall der Beendigung trifft das Gesetz jedoch Vorsorge, um die Interessen des Auftraggebers bzw. seines Erben zu wahren. Der Auftrag gilt jeweils als fortbestehend, wenn der Aufschub mit einer Gefahr verbunden ist, längstens jedoch bis der Auftraggeber bzw. dessen gesetzlicher Vertreter oder Erbe „anderweit Fürsorge treffen" konnte (§§ 672 Satz 2, 673 Satz 2 BGB). Bis dahin existieren für beide Seiten weiterhin alle Rechte und Pflichten aus dem Vertrag. Im Falle des Todes des Beauftragten begründet § 673 Satz 2 BGB zugleich eine Pflicht des Erben zur unverzüglichen Anzeige gegenüber dem Auftraggeber.

Die §§ 671 bis 673 BGB zählen die Beendigungstatbestände nicht abschließend auf. Vor allem privatautonome Abreden können zur Beendigung des Auftrags führen, ohne daß es hierfür einer rechtsgestaltenden Willenserklärung (Widerruf oder Kündigung) durch eine Vertragspartei bedarf. Insbesondere kann für den Auftrag eine feste Zeit bestimmt werden, so daß das Auftragsverhältnis mit Ablauf der Zeit endet. Ebenso können die Parteien eine auflösende Bedingung vereinbaren. Darüber hinaus erlischt der Auftrag nach Maßgabe des § 275 Abs. 1 BGB.

Wenn der Auftrag in anderer Weise als durch Widerruf erlischt (z.B. Tod des Auftraggebers bei Nichteingreifen des § 672 Satz 1 BGB, Eintritt einer auflösenden Bedingung), fingiert § 674 BGB *zugunsten des Beauftragten* das Fortbestehen des Vertrages, wenn dieser sein Erlöschen weder kannte noch kennen mußte.[124] Das bedeutet, daß er seine Rechte behält, zur Besorgung des Geschäftes aber nicht mehr nach § 662 BGB verpflichtet ist.[125] In diesem Rahmen gilt gemäß den §§ 168 Satz 1, 169 BGB auch eine mit dem Auftrag eventuell erteilte Vollmacht als fortbestehend, was den Beauftragten vor einer Schadensersatzpflicht aus § 179 Abs. 2 BGB bewahrt.[126]

C. Geschäftsbesorgungsverträge

I. Allgemeines

Das Bürgerliche Gesetzbuch kennt zwar den Begriff des Geschäftsbesorgungsvertrages, trifft für diesen aber kaum eigenständige Regelungen. § 675 Abs. 1 BGB

---

[124] Im Falle des Widerrufs kommt es hingegen auf den bloßen Zugang der Erklärung gemäß § 130 BGB an.

[125] *Erman/Ehmann* § 674 Rdnr. 1.

[126] In konsequenter Übereinstimmung mit diesem Schutzzweck wirkt eine dem Beauftragten erteilte Vollmacht aber nach § 169 BGB nicht zugunsten eines Dritten, der ihr Erlöschen kannte oder kennen mußte. In diesem Fall besteht für den Beauftragten gemäß § 179 Abs. 3 Satz 1 BGB kein Haftungsrisiko.

beschränkt sich darauf, einzelne Vorschriften des Auftragsrechts bei Dienst- oder Werkverträgen für entsprechend anwendbar zu erklären, die „eine Geschäftsbesorgung zum Gegenstande" haben. Deshalb ist bei Geschäftsbesorgungsverträgen jeweils zunächst das Dienst- oder Werkvertragsrecht anzuwenden. § 675 Abs. 1 BGB hat insoweit lediglich eine Ergänzungsfunktion. Dieser Gesetzessystematik stünde es entgegen, wenn insbesondere die §§ 664 bis 670 BGB pauschal auf alle Dienst- und Werkverträge analog angewendet würden. Vielmehr geht § 675 Abs. 1 BGB davon aus, daß es Dienst- und Werkverträge mit Geschäftsbesorgungscharakter und solche ohne diese Eigenschaft gibt.

1. Begriff der Geschäftsbesorgung in § 675 Abs. 1 BGB

Die in § 675 Abs. 1 BGB angelegte Aufteilung der Dienst- und Werkverträge verträgt sich nicht mit dem weiten Geschäftsbegriff, den die h.M. im Rahmen des § 662 BGB befürwortet und der jede Dienst- oder Werkleistung umfaßt, die für einen anderen erbracht wird.[127] Würde dieser Begriff auf § 675 Abs. 1 BGB übertragen, dann käme § 675 Abs. 1 BGB auf alle entgeltlichen Dienst- und Werkverträge zur Anwendung, was aber dem Regelungsanliegen des § 675 Abs. 1 BGB widerspricht. Die h.M. behilft sich damit, den Geschäftsbegriff in § 675 BGB enger als in § 662 BGB auszulegen.[128] Er soll nur „eine selbständige Tätigkeit wirtschaftlicher Art zur Wahrnehmung fremder Vermögensinteressen" erfassen.[129] Diese Formel mag zwar in eine zutreffende Richtung weisen; die unterschiedliche Definition des Geschäftsbesorgungsbegriffs in § 662 BGB und § 675 Abs. 1 BGB bleibt aber willkürlich.[130] Eine klare Konzeption wird erst möglich, wenn als Voraussetzung des Geschäftsbesorgungsbegriffs sowohl im Auftragsrecht als auch bei § 675 Abs. 1 BGB die *Übernahme einer Tätigkeit verlangt wird, die schon vor der Übertragung dem Geschäftskreis des Geschäftsherrn angehörte.* Nur dadurch läßt sich das auch von der h.M. für § 675 Abs. 1 BGB geforderte Kriterium stimmig erklären, daß der Interessenwahrungscharakter des Dienst- oder Werkvertrages im Vordergrund stehen muß. Damit scheiden aus dem Geschäftsbesorgungsbegriff alle Verträge aus, die sich in der Leistung „an" einen anderen erschöpfen und die ausschließlich Dienst- oder Werkverträge darstellen (Beispiel: das Schneidern eines Anzugs).

Neben dieser Voraussetzung der Interessenwahrung kommt dem von der h.M. geforderten Kriterium der Tätigkeit „wirtschaftlicher Art" kaum eine weitere Abgrenzungsfunktion zu. Die damit bezweckte Ausgrenzung künstlerischer, wissenschaftlicher, pädagogischer oder heilender Tätigkeiten aus dem Geschäftsbesor-

---

[127]   Siehe dazu oben § 11 B II 1, S. 593 ff.
[128]   *Larenz* BT 1, § 56 V, S. 421; *Medicus* Rdnr. 433; *Schlechtriem* Rdnr. 519.
[129]   BGH v. 25. April 1966, BGHZ 45, 223 (228 f.); *Larenz* BT 1, § 56 V, S. 422; *Medicus* Rdnr. 433; *Staudinger/Martinek* § 675 Rdnr. A 23.
[130]   Siehe § 11 B II 1, S. 593 ff.; in diesem Sinne auch *Seiler* MünchKomm. § 675 Rdnr. 2, der jedoch die Lösung dieses Problems entgegen der hier vertretenen Auffassung in einer weiten Definition des Geschäftsbegriffs auch bei § 675 Abs. 1 BGB sieht.

gungsbegriff,[131] ergibt sich in aller Regel bereits aus dem Umstand, daß die Leistung in derartigen Fällen nicht „für", sondern „an" einen anderen erbracht wird. Ähnliches gilt für das Merkmal der „selbständigen" Tätigkeit. Daß dies keine absolute Ungebundenheit bedeuten kann, ergibt sich bereits aus dem Weisungsrecht des Geschäftsherrn, das wegen der Verweisung in § 675 Abs. 1 BGB auf § 665 BGB auch beim Geschäftsbesorgungsvertrag besteht. Auch das Erfordernis einer gewissen sachlichen und persönlichen Selbständigkeit, der ein umfassendes Direktionsrecht wie z.B. in Arbeitsverhältnissen entgegensteht,[132] ist bereits in dem Merkmal des „Übernehmens" der Wahrnehmung fremder Interessen bei der Tätigkeit enthalten. Solange sich der Geschäftsherr ein umfangreiches Direktionsrecht vorbehält, delegiert er die betreffende Aufgabe nicht wirklich auf einen anderen i.S. einer Einbeziehung desselben in die eigene Interessensphäre, sondern nimmt seine Interessen zumindest materiell weiterhin selber wahr. Auch in diesem Fall bleibt es bei einer bloßen Leistung „an" einen anderen durch den Dienst- oder Werkvertrag.

Zusammenfassend ist festzuhalten, daß eine Geschäftsbesorgung sowohl gemäß § 662 BGB als auch i.S. des § 675 Abs. 1 BGB vorliegt, wenn dem Tätigwerdenden die Besorgung einer Aufgabe übertragen wird, die zu dem Geschäftskreis des Geschäftsherrn gehört. Geschieht dies im Rahmen eines entgeltlichen Dienst- oder Werkvertrages, so handelt es sich um einen Geschäftsbesorgungsvertrag i.S. des § 675 Abs. 1 BGB. Zu den Geschäftsbesorgungsverträgen gehören danach insbesondere die Vertragsbeziehungen mit Rechtsanwälten und Steuerberatern, aber z.B. auch sog. Baubetreuungsverträge.[133] Für den wichtigen Bereich des Bankvertragsrechts treffen die §§ 676 bis 676h BGB für Teilbereiche Sonderregelungen.[134]

2. Entgeltliche Geschäftsbesorgung außerhalb von Dienst- und Werkverträgen

Aus der Begrenzung des § 675 Abs. 1 BGB auf Dienst- und Werkverträge könnte der formal-logische Umkehrschluß gezogen werden, daß insbesondere die §§ 664 bis 670 BGB bei anderen als den von § 675 Abs. 1 BGB erfaßten entgeltlichen Verträgen nicht eingreifen. Allerdings sind die vorgenannten Bestimmungen weniger von der Natur der jeweiligen Leistung als Dienst- oder Werkleistung, sondern von ihrem treuhänderischen Charakter geprägt. Im Mittelpunkt steht die Tätigkeit in der Interessensphäre eines anderen, eben die Geschäftsbesorgung. Das ist auch der tragende Grund dafür, warum der Gesetzgeber bei verschiedenen Rechtsbeziehungen die §§ 664 bis 670 BGB für entsprechend anwendbar erklärt und zwar unabhängig davon, ob die Geschäftsbesorgung im Rahmen eines bestimmten Vertragstyps übernommen wurde.[135] Dies rechtfertigt es, § 675 Abs. 1 BGB auf alle entgeltlichen Verträge analog anzuwenden, soweit sie auch eine Geschäftsbe-

---

[131] *Larenz* BT 1, § 56 V, S. 422; *Schlechtriem* Rdnr. 519; *Staudinger/Martinek* § 675 Rdnr. A 30.

[132] *Larenz* BT 1, § 56 V, S. 422; *Staudinger/Martinek* § 675 Rdnr. A 25 ff.

[133] Umfangreiche Typisierung bei *Seiler* MünchKomm. § 675 Rdnr. 16 ff. sowie *Staudinger/Martinek* § 675 unter B-E.

[134] Dazu im Überblick § 11 C II, S. 619 ff.

[135] Siehe dazu oben § 11 B I, S. 592 f.

sorgung zum Inhalt haben (Beispiel: der Verkäufer eines Neuwagens übernimmt für den Käufer zugleich die Anmeldung des Fahrzeugs bei der Zulassungsstelle).[136]

3. Nach § 675 Abs. 1 BGB anwendbare Vorschriften

§ 675 Abs. 1 BGB verweist für den entgeltlichen Geschäftsbesorgungsvertrag auf die §§ 663, 665 bis 670 und 672 bis 674 BGB,[137] die *neben*, nicht statt der Regelungen des Dienst- und Werkvertragsrechts Anwendung finden. In bezug auf den Aufwendungsersatz nach § 670 BGB ist deshalb stets zu prüfen, ob das geschuldete Entgelt diesen bereits abdecken soll.

Die Unanwendbarkeit des sofortigen Kündigungs- und Widerrufsrechts in § 671 BGB ergibt sich aus dem entgeltlichen Charakter der geschuldeten Tätigkeit.[138] Es gelten die Kündigungsregelungen des jeweiligen Vertragstyps. Steht dem Verpflichteten aber nach dem Vertrag ausnahmsweise das Recht zu einer fristlosen Kündigung zu, dann darf er dieses gemäß den §§ 675 Abs. 1 BGB a.E., 671 Abs. 2 Satz 1 BGB nicht zur Unzeit ausüben, wenn er eine Schadensersatzpflicht nach § 671 Abs. 2 Satz 2 BGB vermeiden will.[139]

Umstritten ist, ob § 664 BGB trotz seiner Nichterwähnung in § 675 Abs. 1 BGB auf den Geschäftsbesorgungsvertrag analog anzuwenden ist.[140] Dagegen spricht, daß § 675 Abs. 1 BGB die Vorschrift offensichtlich bewußt nicht erwähnt und sich zudem dessen Rechtsfolgen beim Geschäftsbesorgungsvertrag regelmäßig auch auf anderem Wege erzielen lassen: Das Substitutionsverbot und die Nichtabtretbarkeit des Anspruchs auf die Tätigkeit folgen beim Dienstvertrag aus § 613 BGB. Beim Werkvertrag fehlt eine entsprechende Vorschrift; besteht aufgrund des Geschäftsbesorgungscharakters ein besonderes gegenseitiges Vertrauensverhältnis, ergeben sich entsprechende Regelungen aber aus einer ergänzenden Vertragsauslegung.[141] Ist die Substitution ausnahmsweise gestattet, so folgt eine § 664 Abs. 1 Satz 2 BGB entsprechende Rechtsfolge beim Geschäftsbesorgungsvertrag bereits daraus, daß der „Beauftragte" in diesem Fall die Tätigkeit des Substituten nicht selbst schuldet und daher für diese auch nicht einzustehen hat.[142] § 664 Abs. 1 Satz 3 BGB verweist ohnehin lediglich deklaratorisch auf § 278 BGB. Eine analoge Anwendung des § 664 beim Geschäftsbesorgungsvertrag ist somit mangels einer planwidrigen Regelungslücke weder möglich noch zur Erzielung bestimmter Ergebnisse notwendig.

---

[136] In diesem Sinne auch *Erman/Ehmann* Vor § 662 Rdnr. 64. Vgl. aus der Rechtsprechung BGH v. 12. Juli 1984, BGHZ 92, 123 ff.

[137] Siehe im einzelnen oben § 11 B, S. 592 ff.

[138] *Fikentscher* Rdnr. 925; *Larenz* BT 1, § 56 V, S. 423; *Seiler* MünchKomm. § 675 Rdnr. 14.

[139] Dazu § 11 B VI, S. 613 ff.

[140] Dafür – mit Unterschieden im einzelnen – etwa *Brox/Walker* § 29 Rdnr. 48; *Erman/Ehmann* § 664 Rdnr. 7; *Larenz* BT 1, § 56 V, S. 423; *Schlechtriem* Rdnr. 524; dagegen: RG v. 19. April 1940, RGZ 163, 377 (378); RGRK/*Steffen* § 664 Rdnr. 12 und wohl auch *Seiler* MünchKomm. § 664 Rdnr. 17.

[141] Siehe *Seiler* MünchKomm. § 675 Rdnr. 13.

[142] Dazu bereits oben § 11 B IV 5, S. 607.

II. Geschäftsbesorgung im Bankverkehr

Mit den §§ 676 bis 676h BGB gestaltet das Bürgerliche Gesetzbuch einige der wichtigsten Geschäftsbesorgungsverträge des Bankverkehrs gesetzlich aus. Diese Vorschriften beruhen teilweise auf der EG-Richtlinie 97/5/EG und sind insoweit nach deren Maßgabe („richtlinienkonform") auszulegen. Ihr Grundgedanke ist der Schutz des Bankkunden.[143] Im einzelnen betreffen die Vorschriften den Übertragungsvertrag in bezug auf Wertpapiere, den Überweisungsvertrag, den Zahlungsvertrag sowie den Girovertrag; ferner regelt § 676h BGB den Mißbrauch von Zahlungskarten. Eine geschlossene Kodifikation des Bankvertragsrechts liegt damit indes bei weitem nicht vor.

§ 676 Satz 1 BGB begrenzt die Wirksamkeit der Kündigung eines Geschäftsbesorgungsvertrages, der auf die Weiterleitung von Wertpapieren oder Ansprüchen auf deren Herausgabe gerichtet ist (sog. *Übertragungsvertrag*), in zeitlicher Hinsicht. Die Kündigung entfaltet danach nur dann ihre zur Beendigung des Vertragsverhältnisses führende Wirkung, wenn sie von dem depotführenden Unternehmen des Begünstigten (d.h. des Empfängers der Wertpapiere) bei gebotener Sorgfalt noch vor der Verbuchung berücksichtigt werden konnte. Ist die Kündigung wirksam, trifft § 676 Satz 2 BGB Bestimmungen für eine unter Umständen notwendige Rückabwicklung.

Die Regelungen für den *Überweisungsvertrag* (§§ 676a bis 676c BGB) gehen davon aus, daß der Auftrag an ein Kreditinstitut, einen bestimmten Geldbetrag an einen Begünstigten zu überweisen, keine Weisung i.S. des § 665 BGB, sondern ein eigenständiger Vertrag ist.[144] Durch ihn verpflichtet sich ein Kreditinstitut gegenüber dem Auftraggeber, einem Begünstigten einen Geldbetrag zur Gutschrift zur Verfügung zu stellen (§ 676a Abs. 1 Satz 1 BGB: institutsinterne Überweisung) oder den Überweisungsbetrag dem Kreditinstitut des Begünstigten zu übermitteln (§ 676a Abs. 1 Satz 2 BGB: institutsfremde Überweisung). Im letzteren Fall ist der geschuldete Leistungserfolg bereits mit der Übermittlung des Betrages an das Kreditinsitut des Begünstigten eingetreten.[145] Hierfür legt § 676a Abs. 2 BGB zu Lasten des Kreditinstituts die Einhaltung bestimmter Ausführungsfristen fest, vor deren Beginn der Überweisungsvertrag von jeder Seite jederzeit, danach von dem überweisenden Kreditinstitut aber nur unter engen Voraussetzungen (Insolvenz, Kreditkündigung) gekündigt werden darf (§ 676a Abs. 3 BGB). Dem Überweisenden steht das Kündigungsrecht nach Beginn der Ausführungsfrist zu, bis der Überweisungsbetrag endgültig als Gutschrift zur Verfügung gestellt wird (§ 676a Abs. 4 BGB). Darüber hinaus begründet § 676c Abs. 1 Satz 1 BGB i.V. mit § 676b BGB eine verschuldensunabhängige Haftung bei einer Überschreitung der Ausführungsfristen. § 676c Abs. 1 Satz 3 BGB trifft eine ergänzende Regelung zu § 278 BGB, wenn bei der Ausführung der Überweisung ein anderes Kreditinstitut zwischenge-

---

[143] *Medicus* Rdnr. 434a.
[144] *Brox/Walker* § 29 Rdnr. 52; *Palandt/Sprau* § 676a Rdnr. 9.
[145] *Erman/Graf von Westphalen* § 676a Rdnr. 10.

schaltet wird,[146] sowie Begrenzungen für die Abdingbarkeit dieser Regelung. Der Überweisende hat gemäß den §§ 675 Abs. 1, 669, 670 BGB dem Kreditinstitut den Überweisungsbetrag vorzuschießen, was durch Abbuchung von seinem Konto bzw. Bareinzahlung (§ 676a Abs. 1 Satz 3 BGB) geschieht.

Der *Zahlungsvertrag* betrifft die Rechtsbeziehungen zwischen dem überweisenden Kreditinstitut und einem anderen Kreditinstitut, das zwecks Ausführung der Überweisung zwischengeschaltet wird (§§ 676d und 676e BGB). Geregelt werden insbesondere die Pflicht zur Rücküberweisung durch das Kreditinstitut des Begünstigten im Falle des Widerrufs (§ 676d Abs. 2 BGB) sowie Ausgleichsansprüche, wenn das überweisende Kreditinstitut eine verschuldensunabhängige Haftung nach § 676b BGB wegen Überschreitung der Ausführungsfrist trifft (§ 676e BGB).

Die Regelungen zum *Girovertrag* (§§ 676f und 676g BGB) gestalten die Rechtsbeziehung zwischen Kreditinstitut und Kunden aus. Sie verpflichten das Kreditinstitut insbesondere zur Gutschrift eingehender Zahlungen, zur Abwicklung der von diesem abgeschlossenen Überweisungsverträge zu Lasten des für den Kunden eingerichteten Kontos (§ 676f Satz 1 BGB) sowie zur Übermittlung gewisser Informationen in bezug auf eingehende Überweisungen (§ 676f Satz 2 BGB). Einzelheiten zur Gutschrift, insbesondere zum Zeitpunkt der Wertstellung, und die Rechtsfolgen gewisser Pflichtverletzungen im Zusammenhang mit dem Giroverkehr regelt § 676g BGB.

Nach § 676h BGB schuldet der Inhaber einer *Zahlungskarte* (Kreditkarte, ec-Karte) für deren *mißbräuchliche Verwendung* dem Kreditinstitut keinen Aufwendungsersatz nach § 670 BGB. Daß für Zahlungen, zu denen der Karteninhaber das Kreditinstitut nicht beauftragt hat, kein Anspruch auf Ersatz der Aufwendungen besteht, ergibt sich bereits aus den allgemeinen Regeln (§§ 145 ff. BGB). Die Bedeutung des § 676h BGB liegt daher insbesondere darin, daß eine davon abweichende Vertragsklausel nicht wirksam vereinbart werden kann.[147] Hat der Karteninhaber den Mißbrauch allerdings schuldhaft ermöglicht, so haftet er nach § 280 Abs. 1 BGB auf Schadensersatz.

---

[146]   Dazu zählt freilich nicht das Kreditinstitut des Begünstigten (*Palandt/Sprau* § 676a Rdnr. 3), da der geschuldete Leistungserfolg bei institutsfremder Überweisung bereits eintritt, wenn der Betrag diesem Kreditinstitut zur Verfügung gestellt wird.

[147]   *Palandt/Sprau* § 676h Rdnr. 16.

§ 12 Der Verwahrungsvertrag

A. Die gesetzlichen Regelungen im Überblick

Der Verwahrungsvertrag hat die Überlassung von beweglichen Sachen[1] zur Aufbewahrung zum Inhalt. Hierdurch erschöpft sich die Verwahrung nicht in einem punktuellen Leistungsgeschehen, sondern begründet ein Dauerschuldverhältnis.[2] Die Aufbewahrung kann entgeltlich oder unentgeltlich erfolgen.[3] Dabei bezeichnet das Gesetz denjenigen, der den Gegenstand zur Verwahrung übergibt, als Hinterleger und seinen Vertragspartner als Verwahrer. Geregelt ist die Verwahrung in den §§ 688 bis 700 BGB.[4] In der Praxis wird deren Anwendung jedoch häufig verdrängt, weil Lagerung und Aufbewahrung von beweglichen Sachen gewerbsmäßig übernommen werden und hierfür die Vorschriften über das Lagergeschäft (§§ 467 bis 475h HGB)[5] leges speciales sind. Zudem treffen die §§ 2 bis 17a DepotG für die Verwahrung von Wertpapieren eine Sonderregelung.[6]

---

[1] Die Bewachung von Grundstücken kann Gegenstand eines Auftragsverhältnisses oder eines Dienst- oder Werkvertrages sein: *Esser/Weyers* BT 1, § 38 I 3a, S. 336; *Hüffer* MünchKomm. § 688 Rdnr. 8.

[2] *Esser/Weyers* BT 1, § 38 II 2, S. 337; *Larenz* BT 1, § 58, S. 458.

[3] Zum Bestehen einer Vergütungspflicht des Hinterlegers näher unten § 12 E I, S. 632 f.

[4] Zur Anwendung der §§ 688 ff. BGB auf die öffentlich-rechtliche Verwahrung: BGH v. 5. Oktober 1989, NJW 1990, 1230 (1230); *Hüffer* MünchKomm. § 688 Rdnr. 62 f.; *Soergel/Teichmann* § 688 Rdnr. 39 f.; *Staudinger/Reuter* Vorbem. §§ 688 ff. Rdnr. 58.

[5] Zu diesen im Überblick *K.Schmidt* Handelsrecht, 5. Aufl. 1999, § 34, S. 973 ff.

[6] Dazu näher *Peters* JuS 1976, 424 ff.

B. Verwahrung als Rechtsbegriff

Nach dem Gesetz ist der Verwahrungsvertrag dadurch gekennzeichnet, daß sich der Verwahrer verpflichtet, „eine ihm von dem Hinterleger übergebene Sache aufzubewahren" (§ 688 BGB), worunter die Gewährung von Raum und Obhut für die Sache zu verstehen ist; hierin besteht die typische Hauptleistungspflicht des Verwahrungsvertrages.[7] Die Ergreifung der nach Maßgabe der jeweiligen Vertragsumstände zumutbaren Obhutsmaßnahmen stellt daher beim Verwahrungsvertrag keine bloße Schutzpflicht i.S. des § 241 Abs. 2 BGB, sondern eine Leistungspflicht dar, ohne deren ordnungsgemäße Erfüllung der geschuldete Leistungserfolg nicht eintreten kann.

I. Abgrenzung zu anderen Vertragstypen

Anhand des Vorliegens einer so gearteten Aufbewahrungspflicht kann die Verwahrung von der Miete bzw. Leihe der beweglichen Sache einerseits und der Miete bzw. Leihe des für die Aufbewahrung benötigten Raumes andererseits abgegrenzt werden:

Bei der Verwahrung liegt die Überlassung der beweglichen Sache im Interesse des Übergebenden (des Hinterlegers); im Falle der Miete und der Leihe einer Sache geschieht sie hingegen im Interesse des Mieters bzw. Entleihers, also des Empfängers.[8] Dementsprechend besteht die vertragstypische Hauptleistung bei dem Verwahrungsvertrag nicht in der Überlassung der Sache an den Verwahrer, sondern in der Verpflichtung des Verwahrers, die ihm übergebene Sache im oben genannten Sinne aufzubewahren. Den Mieter und Entleiher trifft hingegen eine Pflicht zur Obhut nur als Schutzpflicht i.S. des § 241 Abs. 2 BGB. Im Gegensatz zum Verwahrer darf er die betreffende Sache gebrauchen.[9] Dafür muß er im Fall der Miete ein Nutzungsentgelt (Miete) zahlen, während bei der Verwahrung folgerichtig allenfalls – nämlich bei der entgeltlichen Verwahrung – der Hinterleger ein Entgelt schuldet.

Da die Verwahrung die Gewährung von Raum einschließt, ist sie zudem von einer Vermietung bzw. Verleihung dieses Raumes abzugrenzen. Praktisch relevant ist diese Unterscheidung insbesondere für die Rechtsfolgen bei sog. Schlechterfüllungen: Einerseits wird nur bei der Raumvermietung für die anfängliche Mangelfreiheit des betreffenden Raumes gemäß § 536a Abs. 1 Alt. 1 BGB verschuldensunabhängig gehaftet.[10] Andererseits schuldet einzig der Verwahrer die Ergreifung

---

[7]   BGH v. 5. Oktober 1951, BGHZ 3, 200 (202); *Esser/Weyers* BT 1, § 38 I 3a, S. 336; *Hüffer* MünchKomm. § 688 Rdnr. 6; *Staudinger/Reuter* Vorbem. zu §§ 688 ff. Rdnr. 4.

[8]   Statt aller *Esser/Weyers* BT 1, § 38 I 3a, S. 335 f.; *Fikentscher* Rdnr. 957; *Medicus* Rdnr. 449; *Staudinger/Reuter* Vorbem. §§ 688 ff. Rdnr. 26.

[9]   Dieses mangelnde Gebrauchsrecht des Verwahrers ist auch der Grund dafür, daß er – vorbehaltlich weiterer Schadensersatzpflichten – gemäß § 698 BGB i.V. mit § 246 BGB für die Verwendung hinterlegten Geldes jedenfalls Zinsen zu zahlen hat.

[10]   Siehe BGH v. 18. Dezember 1974, BGHZ 63, 333 ff. sowie § 5 B V 2c, bb (1), S. 294 ff.

der zumutbaren Obhutsmaßnahmen als Leistungserfolg, so daß deren gänzliche oder teilweise Nichterbringung eine Leistungsstörung darstellt,[11] während die vom Vermieter oder Verleiher zu erbringende Leistung die Überlassung des Raumes beinhaltet und Obhutspflichten allenfalls in Gestalt von Schutzpflichten (§ 241 Abs. 2 BGB) bestehen. Entscheidendes Kriterium für die Abgrenzung ist somit wiederum, ob der den Raum zur Verfügung Stellende in erster Linie eine nach dem Inhalt und den Umständen des jeweiligen Vertrages zu konkretisierende Obhutsleistung verspricht und der Raum nur als Mittel zum Zweck dieser Obhutsgewährung in Anspruch genommen wird. Dann ist eine „übergebene bewegliche Sache aufzubewahren" (§ 688 BGB), und es liegt eine Verwahrung vor.[12] Wird hingegen dem Inhaber der Sache lediglich die Möglichkeit zur Unterbringung derselben gegeben, ohne daß für die Sache über die allgemeinen Schutzpflichten aus § 241 Abs. 2 BGB hinausgehende Obhutspflichten übernommen werden, ist der betreffende Raum vermietet bzw. verliehen. Insbesondere wenn Gepäckschließfächer und Parkraum zur Verfügung gestellt werden, ist danach durch Auslegung des Vertrages zu ermitteln, ob sich derjenige, der den Raum zur Verfügung stellt, in erster Linie zur Obhut für die eingebrachten Sachen verpflichtet. Für einen Verwahrungsvertrag spricht dabei das Vorhandensein von Kontroll- und Überwachungseinrichtungen, welche die eingebrachten Sachen vor Entwendung oder Beschädigung sichern sollen (z.B. bewachter Parkplatz).[13] Bei der entgeltlichen Inanspruchnahme von Bankschließfächern handelt es sich in der Regel um reine Mietverträge, bei denen die Bank keine Obhutpflicht als Hauptleistung schulden will.[14] Anhand der Gewährung bzw. Nichtgewährung von Obhut bestimmen sich typischerweise auch die Besitzverhältnisse: Während der Verwahrer die übergebene Sache regelmäßig in unmittelbaren Besitz i.S. des § 854 BGB nimmt (Übergabe i.S. des § 688 BGB) und dem Hinterleger den Besitz i.S. des § 868 BGB mittelt,[15] bleibt umgekehrt derjenige, der fremden Raum leih- oder mietweise in Anspruch nimmt, Besitzer der dort aufbewahrten Sache und erhält in der Regel auch unmittelbaren Fremdbesitz an dem betreffenden Raum(-teil).[16]

Weil neben der Gewährung von Obhut auch die Gewährung von Raum für die fremde Sache ein Wesensmerkmal der Verwahrung darstellt, liegt kein Verwah-

---

[11] Dazu ausführlicher unten § 12 D III 1, S. 628 f.
[12] BGH v. 5. Oktober 1951, BGHZ 3, 200 (202); *Esser/Weyers* BT 1, § 38 I 3a, S. 336; *Hüffer* MünchKomm. § 688 Rdnr. 42; *Medicus* Rdnr. 450; *Soergel/Teichmann* § 688 Rdnr. 13; *Staudinger/Reuter* Vorbem. zu §§ 688 ff. Rdnr. 26.
[13] Siehe BGH v. 5. Oktober 1951, BGHZ 3, 200 (202); *Erman/Seiler* § 688 Rdnr. 9; *Hüffer* MünchKomm. § 688 Rdnr. 50 f.
[14] *Larenz* BT 1, § 58, S. 456; *Staudinger/Reuter* Vorbem. §§ 688 ff. Rdnr. 27; *Werner* JuS 1980, 175 (176).
[15] *Esser/Weyers* BT 1, § 38 I 3a, S. 335; *Staudinger/Reuter* Vorbem. zu § 688 ff. Rdnr. 7.
[16] Aus diesem Grunde soll nach *Staudinger/Reuter* Vorbem. §§ 688 ff. Rdnr. 34 auch bei bewachten Parkplätzen ein Mietvertrag und keine Verwahrung vorliegen, da dem Parkplatzinhaber nicht der Besitz am Fahrzeug übertragen werde. Jedoch stellt der Besitzübergang wie dargelegt nur eine *typische Folge* der Obhutspflicht dar, kann aber nicht als unentbehrliche Voraussetzung eines Verwahrungsvertrages gelten (so auch *Medicus* Rdnr. 450).

rungs-, sondern ein Dienst- oder Werkvertrag vor, wenn die Obhut über bewegliche Sachen in den Räumen des Sachinhabers übernommen wird (Wachschutz
etc.).[17] In diesem Fall wird die Sache nicht i.S. des § 688 BGB „übergeben".

II. Abgrenzung von der Aufbewahrung als Nebenpflicht

Der in den §§ 688 bis 700 BGB geregelte Verwahrungsvertrag erfaßt nur den Fall,
in dem die Verwahrung die geschuldete Hauptleistung ist. Oftmals wird die Aufbewahrung von Gegenständen indes auch Bestandteil eines anderen Vertrages. Als
Beispiel ist der Werkunternehmer zu nennen, der die ihm zur Reparatur übergebene Sache i.S. einer Nebenpflicht bis zur Abholung durch den Besteller verwahrt.
Ebenso leitet der Bundesgerichtshof aus dem (öffentlich-rechtlichen) Benutzungs-
verhältnis zwischen dem Studierenden und der Universität die Pflicht der letzteren
ab, für eine diebessichere Aufbewahrung der Garderobe des Studierenden zu sorgen.[18] Auf eine derartige, regelmäßig den vertraglichen Nebenpflichten zuzuord-
nende „Verwahrung" sind die §§ 688 bis 700 BGB weder direkt noch analog anzuwenden;[19] es gilt vielmehr das Recht des Hauptvertrages.

Auf die Haftungsprivilegierung des § 690 BGB kann sich der zur Obhut Verpflichtete in diesen Fällen nicht berufen, da die Einbeziehung in das Hauptrechts-
verhältnis eine unentgeltliche Verwahrung ausschließt.[20] Jedoch erfordert eine Nebenpflicht zur Obhut in der Regel keine derart intensive Bewachung wie bei einem
Verwahrungsvertrag. Darüber hinaus muß die Schaffung von Möglichkeiten zur
Ablage von Gegenständen nicht einmal stets eine Nebenpflicht zur Obhut begründen. So verpflichten Garderobenständer in Arztpraxen oder Restaurants den Inhaber regelmäßig nicht zu Sicherungsvorrichtungen, die über die allgemeinen Regeln
des § 241 Abs. 2 BGB hinausgehen.[21] Eine Nebenpflicht zur Obhut besteht nach
der Interessenlage allerdings, wenn ein Besucher mitgebrachte Gegenstände aufgrund einer entsprechenden Aufforderung durch den Inhaber der Räume außerhalb
seines Sichtfeldes ablegen muß.[22] Im Einzelfall kann allerdings neben einem anderen Vertrag ein selbständiger Verwahrungsvertrag abgeschlossen worden sein, für
den es aber besonderer Umstände bedarf (wie z.B. einer gesonderten, entgeltlichen
Garderobenablage in einem Theater).

---

[17]   *Hüffer* MünchKomm. § 688 Rdnr. 51.
[18]   BGH v. 20. September 1973, NJW 1973, 2102 (2103); zu weiteren Beispielen *Hüffer*
       MünchKomm. § 688 Rdnr. 46.
[19]   *Hüffer* MünchKomm. § 688 Rdnr. 44; für analoge Anwendung *Staudinger/Reuter*
       Vorbem. §§ 688 ff. Rdnr. 38.
[20]   *Soergel/Teichmann* § 690 Rdnr. 3. Das konzedieren auch diejenigen Autoren, die an-
       sonsten für eine entsprechende Anwendung der §§ 688 ff. BGB plädieren. Siehe *Stau-
       dinger/Reuter* Vorbem. §§ 688 ff. Rdnr. 39.
[21]   *Erman/Seiler* § 688 Rdnr. 10; *Larenz* BT 1, § 58, S. 454.
[22]   LG Hamburg v. 19. Dezember 1985, NJW-RR 1986, 829; *Brox/Walker* § 30 Rdnr. 5;
       Staudinger/Reuter Vorbem. §§ 688 ff. Rdnr. 43.

C. Abschluß und Rechtsnatur des Verwahrungsvertrages

Der Abschluß des Verwahrungsvertrages hängt entgegen dem historisch bedingten Wortlaut des § 688 BGB nach heute überwiegender Auffassung nicht untrennbar mit der Überlassung der beweglichen Sache an den Verwahrer zusammen. Vielmehr entsteht das Schuldverhältnis bereits aufgrund der Willensübereinstimmung zwischen Hinterleger und Verwahrer, also gegebenenfalls vor Überlassung der Sache. Der Verwahrungsvertrag ist daher kein Real-, sondern ein Konsensualvertrag.[23] Eine bestimmte Form ist bei seinem Abschluß nicht zu beachten; er kann durch eine ausdrückliche oder eine konkludente Abrede zustande kommen. Stets ist aber erforderlich, daß sich die Beteiligten rechtsgeschäftlich binden wollen. Besonders bei Alltagsgefälligkeiten (z.B. „Aufpassen" auf den Mantel des Nachbarn im Kino) fehlt es hieran oftmals.[24]

Wird allein die in § 688 BGB festgelegte Pflicht des Verwahrers zur Aufbewahrung betrachtet, dann scheint der Verwahrungsvertrag ein einseitig verpflichtendes Schuldverhältnis zu begründen.[25] Die Obhutspflicht des Verwahrers ist zwar die vertragstypische Hauptleistung; der Verwahrungsvertrag löst aber auch Pflichten des Hinterlegers aus (z.B. Aufwendungsersatz nach § 693 BGB; Rücknahmepflicht gemäß § 696 BGB), so daß es gerechtfertigt ist, das Schuldverhältnis zumindest als unvollkommen zweiseitigen Vertrag zu qualifizieren.[26] Zum gegenseitigen (vollkommen zweiseitigen) Vertrag wird der Verwahrungsvertrag, wenn der Hinterleger aufgrund einer vertraglichen Abrede für die Aufbewahrung eine Vergütung schuldet. In diesem Fall stehen Aufbewahrung und Vergütung in einem Gegenseitigkeitsverhältnis, auf das die §§ 320 ff. BGB Anwendung finden.[27]

D. Vertragspflichten und Haftung des Verwahrers

I. Aufbewahrungspflicht

Die Hauptpflicht des Verwahrers umschreibt § 688 BGB dahingehend, daß dieser zur Aufbewahrung der beweglichen Sache verpflichtet ist. Sie setzt mit Übergabe

---

[23] *Fikentscher* Rdnr. 957; *Hüffer* MünchKomm. § 688 Rdnr. 4; *Larenz* BT 1, § 58, S. 456; *Medicus* Rdnr. 449; *Soergel/Teichmann* § 688 Rdnr. 5; *Staudinger/Reuter* Vorbem. §§ 688 ff. Rdnr. 2; offengelassen für den Verwahrungsvertrag, aber bejahend für den Lagervertrag BGH v. 11. Juli 1966, BGHZ 46, 43 (48 ff.); zugunsten eines Realvertrages noch *Oertmann* Vor § 688 Anm. 1.

[24] Das schließt allerdings nicht aus, bei der hiervon unberührt bleibenden deliktischen Haftung die Privilegierung des § 690 BGB analog anzuwenden; so *Hüffer* MünchKomm. § 690 Rdnr. 3. Siehe zum Problem der Haftung in Gefälligkeitsverhältnissen bereits oben § 6 B, S. 382 f.

[25] So unrichtig für die unentgeltliche Verwahrung *Fikentscher* Rdnr. 957.

[26] Hierfür auch *Hüffer* MünchKomm. § 688 Rdnr. 3; *Staudinger/Reuter* Vorbem. §§ 688 ff. Rdnr. 3.

[27] *Fikentscher* Rdnr. 957; *Hüffer* MünchKomm. § 688 Rdnr. 3; *Larenz* BT 1, § 58, S. 455 f.; *Schlechtriem* Rdnr. 560; *Staudinger/Reuter* Vorbem. §§ 688 ff. Rdnr. 3.

(in der Regel Besitzübertragung nach § 854 BGB) ein und umfaßt neben der Gewährung von Raum die Obhut des Verwahrers für die Sache.[28] Er übernimmt durch Abschluß des Verwahrungsvertrages die Pflicht, die ihm überlassene Sache vor Beschädigung, Entwendung oder Zerstörung zu bewahren. Bei unmittelbar drohenden Gefahren kann dies auch schadensvorbeugende Rettungshandlungen erfassen.[29] Eine Pflicht zur Instandhaltung der Sache besteht allerdings mangels besonderer Vereinbarung nur, wenn diese in bezug auf die hinterlegte Sache typischerweise erforderlich und ohne unvorhergesehenen Aufwand erbringbar ist (z.B. Blumengießen, Tierfütterung).[30] In diesem Fall greift umgekehrt ein Anspruch des Verwahrers auf Aufwendungsersatz ein.[31]

Ferner legt § 691 Satz 1 BGB fest, daß der Verwahrer aufgrund seiner besonderen Vertrauensstellung die Sache im Zweifel bei sich selbst aufbewahren muß. Die Aufbewahrung durch einen Dritten kann jedoch im Verwahrungsvertrag vereinbart werden (§ 691 Satz 2 BGB). Diese Vorschrift erfaßt aber – nicht anders als bei § 664 BGB[32] – nur die sog. Substitution, bei welcher der Dritte die Aufbewahrung in eigener Verantwortung ohne weiteren Einfluß des Verwahrers übernimmt.[33] Der Einsatz von Gehilfen ist dem Verwahrer gestattet, wie § 691 Satz 3 BGB belegt. In Abgrenzung zur Substitution sind als Gehilfen i.S. des § 691 BGB aber nur solche Personen anzuerkennen, die Hilfsleistungen für den Verwahrer übernehmen, ohne daß dieser – wenn auch intern – gänzlich die Obhut delegiert.[34] So verstößt z.B. die Anmietung von Räumlichkeiten bei Dritten, um dort die übergebene Sache zu verwahren, nicht gegen das Substitutionsverbot des § 691 Satz 1 BGB.

Über die Art der Verwahrung entscheidet grundsätzlich der Verwahrer allein. Ein Mitspracherecht kann sich der Hinterleger nur durch eine gesonderte Vereinbarung sichern. Will der Verwahrer in diesem Fall die Art der Aufbewahrung ändern, so ist er hierzu grundsätzlich nur im Einvernehmen mit dem Hinterleger berechtigt (§ 692 BGB). Eigenmächtig kann der Verwahrer nur dann von einer vereinbarten Art der Aufbewahrung abweichen, wenn eine akute Gefahr besteht, deren Behebung keinen Aufschub duldet und der Hinterleger die Änderung bei Kenntnis der Sachlage vermutlich billigen würde (§ 692 Satz 1 BGB). Soweit möglich, muß der Verwahrer jedoch die Stellungnahme des Hinterlegers einholen (§ 692 Satz 2 BGB). Auch diese Regelungen finden im Auftragsrecht eine Parallele (§ 665 BGB).

---

[28] Siehe oben § 12 B I, S. 622 ff.

[29] *Hüffer* MünchKomm. § 688 Rdnr. 12; *Soergel/Teichmann* § 688 Rdnr. 29; *Staudinger/ Reuter* Vorbem. §§ 688 ff. Rdnr. 7.

[30] *Larenz* BT 1, § 58, S. 457; *Staudinger/Reuter* § 688 Rdnr. 6.

[31] Siehe unten § 12 E II, S. 633.

[32] Zu § 664 BGB siehe oben § 11 B IV 1, S. 602 f.

[33] *Erman/Seiler* § 691 Rdnr. 1; *Hüffer* MünchKomm. § 691 Rdnr. 3.

[34] So auch *Larenz* BT 1, § 58, S. 457; RGRK/*Krohn* § 691 Rdnr. 1; *Staudinger/Reuter* § 691 Rdnr. 2.

II. Rückgabepflicht

Neben der Pflicht zur Aufbewahrung trifft den Verwahrer eine Pflicht zur Rückgabe, wenn der Hinterleger die überlassene Sache zurückfordert. Hierzu ist dieser jederzeit berechtigt (§ 695 Satz 1 BGB), da der Verwahrer die Sache nicht im eigenen, sondern im Interesse des Hinterlegers in seine Obhut genommen hat. Die Pflicht zur jederzeitigen Rückgabe besteht selbst dann, wenn für die Dauer der Aufbewahrung eine Zeit bestimmt und ein Verwahrungsentgelt vereinbart ist.[35] Abweichende Abreden, die den Rückforderungsanspruch des Hinterlegers für einen bestimmten Zeitraum ausschließen, können die Parteien des Verwahrungsvertrages jedoch treffen.[36] Allerdings dürfen diese nicht den Fall erfassen, in dem die weitere Belassung der Sache beim Verwahrer bis zum Ablauf der vereinbarten Zeit für den Hinterleger unzumutbar ist (z.B. bei schweren Vertragsverletzungen des Verwahrers). Dies folgt aus dem Rechtsgedanken des § 314 BGB. Die Pflicht zur jederzeitigen Rückgabe (§ 695 BGB) schließt nicht das Recht des Verwahrers aus, ein Zurückbehaltungsrecht i.S. des § 273 BGB geltend zu machen, wenn ihm gegenüber dem Hinterleger Ansprüche zustehen (z.B. Aufwendungsersatz nach § 693 BGB).[37] Die Verjährung des Rückgabeanspruchs beginnt gemäß § 695 Satz 2 BGB mit der Rückforderung.

Das Rückforderungsrecht des Hinterlegers bzw. die Rückgabepflicht des Verwahrers hängen nicht davon ab, daß der Verwahrungsvertrag zuvor gekündigt wurde. Jedoch enden die Leistungspflichten des Verwahrers gleichzeitig mit der Rückforderung der überlassenen Sache, da dieses Begehren konkludent die Kündigung des Vertragsverhältnisses enthält.[38] Ab diesem Zeitpunkt wird Obhut daher allenfalls noch als Schutzpflicht i.S. des § 241 Abs. 2 BGB geschuldet. Hinsichtlich des Ortes der Rückgabe legt § 697 BGB fest, daß dies derjenige ist, an dem die Sache aufzubewahren war. Der Verwahrer ist nicht verpflichtet, die Sache dem Hinterleger zu bringen. Dementsprechend hat der Hinterleger die Kosten der Rücknahme zu tragen.[39] Die Vorschrift des § 697 BGB ist jedoch dispositiv. Den Vertragsparteien steht deshalb die Möglichkeit offen, eine Pflicht zur Rückgabe am Wohn- oder Geschäftsort des Hinterlegers zu vereinbaren.[40]

Ist der Hinterleger nicht der Eigentümer der verwahrten Sache, so kann sich ein Konkurrenzverhältnis zwischen dem Rückforderungsanspruch aus § 695 BGB und dem Herausgabeanspruch nach § 985 BGB ergeben. Der Streit in bezug auf dessen

---

[35] Zur Vergütung bei vorzeitiger Rückforderung siehe unten § 12 E I, S. 596 f.

[36] Sehr streitig; wie hier *Hüffer* MünchKomm. § 695 Rdnr. 2 m.w.N. zum Meinungsstand.

[37] OLG Celle v. 10. Februar 1967, NJW 1967, 1967 (1968); *Hüffer* MünchKomm. § 695 Rdnr. 10; *Soergel/Teichmann* § 695 Rdnr. 4.

[38] So für die h.M. *Hüffer* MünchKomm. § 695 Rdnr. 3; *Soergel/Teichmann* § 695 Rdnr. 2; *Staudinger/Reuter* § 695 Rdnr. 3; a.A. auf Basis der alten Realvertragstheorie *Palandt/Sprau* § 695 Rdnr. 1; *Krampe* NJW 1992, 1264 (1269): Beendigung erst mit Rückgabe.

[39] *Hüffer* MünchKomm. § 697 Rdnr. 5.

[40] *Hüffer* MünchKomm. § 697 Rdnr. 1; *Soergel/Teichmann* § 697 Rdnr. 1; *Staudinger/Reuter* § 697 Rdnr. 2.

Auflösung ist aus den zum Parallelproblem bei der Leihe genannten Gründen zugunsten der Pflicht aus § 985 BGB zu entscheiden; deren Erfüllung begründet keine Pflichtverletzung in bezug auf die nach § 695 BGB bestehende Pflicht zur Rückgewähr.[41] Entgegen der h.M.[42] gilt dies auch, wenn dem Hinterleger Gegenansprüche gegen den Eigentümer zustehen; der Verwahrer ist allerdings nach § 242 BGB verpflichtet, diese gegenüber dem Eigentümer geltend zu machen, wenn ihn der Hinterleger dazu ermächtigt hat.[43]

III. Pflichtverletzungen und Haftung des Verwahrers

1. Anspruchsgrundlagen

Eigenständige Anspruchsgrundlagen zur Haftung des Verwahrers, wenn er vertragliche Pflichten verletzt, kennt das Recht der Verwahrung nicht. Anzuwenden sind deshalb die Vorschriften des Allgemeinen Schuldrechts.

Bezüglich der Pflicht des Verwahrers zur Rückgabe als einseitiger Leistungspflicht (§ 695 BGB) sind die §§ 275, 280 ff. BGB einschlägig.[44] So kann der Verwahrer nach § 280 Abs. 1 und 2 BGB i.V. mit § 286 BGB zum Schadensersatz verpflichtet sein, wenn er mit der Rückgabe der überlassenen Sache an den Hinterleger im Verzug ist. Liegt bezüglich der Rückgabe der überlassenen Sache Unmöglichkeit vor, dann wird der Verwahrer von der Rückgabepflicht frei (§ 275 Abs. 1 BGB), ist aber bei einer von ihm zu vertretenden[45] Unmöglichkeit zum Schadensersatz statt der Leistung verpflichtet (§ 280 Abs. 1, Abs. 3 BGB i.V. mit § 283 BGB).[46]

Komplizierter gestaltet sich die Rechtslage, wenn die Sache durch eine Verletzung der Obhutspflicht des Verwahrers – die auch bei einer unzulässigen Substitution gemäß § 691 BGB oder einem nicht nach § 692 BGB gerechtfertigten Abweichen von der vereinbarten Verwahrungsart vorliegt – lediglich beschädigt wird. Die h.M. hält in diesem Fall einen Schadensersatzanspruch nach Maßgabe des § 280 Abs. 1 BGB für einschlägig.[47] Dem steht jedoch entgegen, daß die Obhutspflicht bei der Verwahrung keine bloße Schutzpflicht i.S. des § 241 Abs. 2 BGB darstellt, sondern die Ergreifung genau der geschuldeten Obhutsmaßnahmen zum Inhalt des zu bewirkenden Leistungserfolges gehört.[48] Auch eine diesbezügliche Schlechterfüllung ist daher eine teilweise Nichterfüllung der Leistungspflicht, die „nicht wie geschuldet" erbracht wurde (vgl. § 281 Abs. 1 Satz 1 BGB). Dement-

---

[41] Siehe oben § 6 D I, S. 388 ff.
[42] *Erman/Seiler* § 695 Rdnr. 4; *Hüffer* MünchKomm. § 695 Rdnr. 9; *Staudinger/Reuter* § 695 Rdnr. 6.
[43] Dazu näher oben § 6 D I, S. 389 f.
[44] *Fikentscher* Rdnr. 958; *Hüffer* MünchKomm. § 688 Rdnr. 15.
[45] Zum Verschuldensmaßstab sogleich.
[46] BGH v. 5. Oktober 1989, NJW 1990, 1230 (1230); *Hüffer* MünchKomm. § 695 Rdnr. 12; *Soergel/Teichmann* § 688 Rdnr. 27; *Staudinger/Reuter* § 688 Rdnr. 10.
[47] Nach altem Recht wurde dieser Anspruch auf das gewohnheitsrechtlich anerkannte Institut der positiven Forderungsverletzung gestützt; vgl. *Hüffer* MünchKomm. § 688 Rdnr. 20; *Soergel/Teichmann* § 688 Rdnr. 27.
[48] Siehe § 12 B, S. 622 ff.

sprechend handelt es sich bei dem aus einer Verletzung der Obhutspflicht entstehenden Schaden stets um einen solchen, dessen Ersatz i.S. des § 280 Abs. 3 BGB „statt der Leistung" verlangt wird. Da die Gewährung der vertragsgemäßen Obhut bei der Verwahrung als Dauerschuldverhältnis zudem nicht einmalig, sondern für die Laufzeit des Vertrages kontinuierlich geschuldet ist, stellt auch die Erbringung der Obhutsleistung zu einem bestimmten Zeitpunkt einen Bestandteil des zu bewirkenden Leistungserfolges dar (absolute Fixschuld). Aus diesen Gründen wird dem Verwahrer die Erfüllung seiner Leistungspflicht sowohl bei gänzlicher Nichtgewährung als auch einer Schlechterfüllung der geschuldeten Obhut für den betreffenden Zeitabschnitt i.S. des § 275 Abs. 1 BGB (teilweise) unmöglich, so daß Ersatz für die daraus resultierende Beschädigung gemäß § 283 BGB i.V. mit § 281 Abs. 1 Satz 2 oder 3 BGB verlangt werden kann.

Geht die Sache aufgrund einer Pflichtverletzung des Verwahrers unter oder wird sie hierdurch beschädigt, kommen ergänzend zu den vertraglichen Rechten deliktische Ansprüche in Betracht (z.B. gemäß § 823 Abs. 1 BGB wegen Verletzung des Eigentums).

Ist für die Verwahrung ein Entgelt geschuldet, so steht die Obhutspflicht mit dessen Zahlung in einem Gegenseitigkeitsverhältnis i.S. der §§ 320 ff. BGB.[49] Weil die Erbringung der vertragsgemäßen Obhut zu einem bestimmten Zeitpunkt zum Inhalt des geschuldeten Leistungserfolges gehört, entfällt nach Maßgabe des § 326 Abs. 1 BGB konsequenterweise die Pflicht zur Zahlung des Verwahrungsentgelts für den Zeitraum, in dem der Verwahrer seiner Obhutspflicht nicht nachkommt. Bei einer Schlechterfüllung würde nach dem Konzept des § 326 Abs. 1 Satz 2, Abs. 5 BGB i.V. mit § 323 Abs. 5 Satz 2 BGB gegebenenfalls ein Rücktrittsrecht bestehen. Für den Dienstvertrag wurde jedoch dargelegt, daß diese Konstruktion für schlechterfüllte Dauerschuldverhältnisse nicht paßt, bei denen an die Stelle des Rücktritts ein Kündigungsrecht tritt, das die für vergangene Zeitabschnitte vereinbarte Vergütung nicht berührt.[50] Vielmehr führt bei derartigen Vertragsverhältnissen – zu denen auch die Verwahrung gehört[51] – eine nicht korrigierbare Schlechterfüllung zu einer Minderung der Vergütung analog § 326 Abs. 1 Satz 1 BGB i.V. mit § 441 Abs. 3 BGB.[52]

2. Verschuldensmaßstab

Hinsichtlich des Haftungsmaßstabes ist zu differenzieren: Schuldet der Hinterleger für die Aufbewahrung eine Vergütung, dann haftet der Verwahrer für Vorsatz und jede Fahrlässigkeit (§ 276 BGB).[53] Für ein Verschulden von Erfüllungsgehilfen hat er nach § 278 BGB einzustehen (§ 691 Satz 3 BGB), während er bei erlaubter Substitution nach § 691 Satz 2 BGB nur ein Auswahlverschulden in bezug auf den Substituten zu vertreten hat.

---

[49] Dazu § 12 C, S. 625.
[50] Siehe oben § 7 D III 1b, S. 413 f.
[51] Vgl. § 12 A, S. 621 f.
[52] Näher oben § 7 D III 1b, S. 413 f.
[53] *Medicus* Rdnr. 455.

Bei einer unentgeltlichen Verwahrung schreibt § 690 BGB hingegen einen schwächeren Haftungsmaßstab für den Gefälligen fest. Der Verwahrer hat hiernach nur für die Sorgfalt einzustehen, die er in eigenen Angelegenheiten anzuwenden pflegt (diligentia quam in suis); eine Befreiung von der Haftung für grobe Fahrlässigkeit oder Vorsatz ist hiermit jedoch nicht verbunden (§ 277 BGB). Der Anwendungsbereich des § 690 BGB ist im einzelnen problematisch:

Besondere Haftungsbeschränkungen oder -verschärfungen des Allgemeinen Schuldrechts bleiben von § 690 BGB unberührt; diese Norm modifiziert lediglich die §§ 276, 278 BGB. Relevant ist dies, wenn hinsichtlich der Rückgabe Verzug eingetreten ist. Gerät der Verwahrer mit seiner Rückgabepflicht in einen Schuldnerverzug, dessen Eintritt gemäß § 286 Abs. 4 BGB i.V. mit § 690 BGB eine Verletzung der eigenüblichen Sorgfalt voraussetzt, dann muß er während des Verzuges nach § 287 BGB auch für den zufälligen Untergang der Sache einstehen.[54] Befindet sich umgekehrt der Hinterleger nach Geltendmachung der Rückforderung (§ 695 BGB) im Annahmeverzug, dann haftet der Verwahrer unabhängig vom Maßstab seiner eigenüblichen Sorgfalt nur noch für Vorsatz und grobe Fahrlässigkeit (§ 300 Abs. 1 BGB). Das kann insbesondere eintreten, wenn der Hinterleger die überlassene Sache – wie von § 697 BGB vorgesehen – am Ort der Aufbewahrung abholen muß. Erscheint der Hinterleger z.B. nicht zum vereinbarten Termin am Ort des Verwahrers, dann hat dieser fortan nur noch bei Vorsatz oder grober Fahrlässigkeit den Untergang der überlassenen Sache zu vertreten.

Wie bei den Haftungsprivilegierungen durch § 521 BGB (Schenkung) und § 599 BGB (Leihe) ist umstritten, in bezug auf welche Pflichten als „Verwahrer" i.S. des § 690 BGB mit der Folge der Haftungsmilderung gehandelt wird. Es gilt das zu den §§ 521, 599 BGB Gesagte:[55] Nach h.M. greift das Unentgeltlichkeitsprivileg nur hinsichtlich solcher Pflichten ein, die sich auf den verwahrten Gegenstand beziehen, während für allgemeine Schutzpflichten (der Hinterleger rutscht in den Räumen des Verwahrers auf einer Bananenschale aus) nach den §§ 276, 278 BGB gehaftet werden soll.[56] Gegen diese Begrenzung spricht jedoch die Vereinheitlichung des Begriffs der Pflichtverletzung in den §§ 280 ff. BGB, die Leistungs- und Schutzpflichten als Einheit gleichermaßen erfassen.

Verwirklicht die Verletzung der vertraglichen Pflichten zusätzlich einen deliktischen Haftungstatbestand, so ist auf diesen § 690 BGB in seinem – wie dargelegt umstrittenen – Anwendungsbereich analog anzuwenden. Anderenfalls würde die vom Gesetz gewollte Privilegierung des unentgeltlich Verwahrenden unterlaufen.[57]

Über § 690 BGB hinausgehende Haftungsbeschränkungen zugunsten des Verwahrers bedürfen einer Vereinbarung, sind jedoch nicht in der Lage, die Haftung

---

[54] Siehe dazu bereits im Zusammenhang mit § 521 BGB oben § 4 D II, S. 286 f.
[55] Siehe oben § 4 D II (S. 286 f.) und § 6 C III 1 (S. 385).
[56] *Gerhardt* JuS 1970, 597 (600); *Larenz* BT 1, § 58, S. 457; *Schlechtriem* Rdnr. 561; *Soergel/Teichmann* § 688 Rdnr. 4; *Staudinger/Reuter* § 690 Rdnr. 5.
[57] *Hüffer* MünchKomm., § 690 Rdnr. 8; *Schlechtriem* Rdnr. 564; *Soergel/Teichmann* § 690 Rdnr. 1; allg. auch BGH v. 20. Dezember 1966, BGHZ 46, 313 (316 f.). Zum Parallelproblem bei Schenkung und Leihe siehe § 4 D IV (S. 289) und § 6 C III 3 (S. 386 f.).

für eigenen Vorsatz auszuschließen (§ 276 Abs. 3 BGB). Verwendet der Verwahrer Allgemeine Geschäftsbedingungen, so können diese wegen § 309 Nr. 7 lit. b BGB die Haftung für vorsätzliches oder grob fahrlässiges Verhalten generell nicht abbedingen. Darüber hinaus dürfen Allgemeine Geschäftsbedingungen die Haftung für die Obhutspflicht als sog. Kardinalpflicht nach § 307 Abs. 1 Satz 1 BGB i.V. mit § 307 Abs. 2 Nr. 1 BGB selbst bei einfach fahrlässigem Verhalten nicht ausschließen, sondern nur in angemessener Weise in der Höhe begrenzen.[58]

3. Geltendmachung von Drittschäden durch den Hinterleger/Verwahrer

Da die dem Verwahrer übergebene Sache nicht im Eigentum des Hinterlegers stehen muß,[59] kann eine Pflichtverletzung des Verwahrers unter Umständen auch einen Dritten schädigen. In diesem Fall hat der Hinterleger nach den §§ 280 ff. BGB zwar grundsätzlich einen Ersatzanspruch, ohne jedoch einen Schaden zu erleiden, während dem geschädigten Dritten gegenüber dem Verwahrer allenfalls deliktische Ansprüche zustehen (vor allem aus § 823 Abs. 1 BGB), da der Verwahrungsvertrag regelmäßig keine Schutzwirkungen zugunsten Dritter entfaltet.[60] Die deliktische Haftung geht jedoch wegen der Exkulpationsmöglichkeit (§ 831 Abs. 1 Satz 2 BGB) ins Leere, wenn der Dritte seinen Anspruch gegen den Verwahrer ausschließlich auf § 831 BGB stützen kann. Insoweit tritt ein „zufälliges", d.h. den Schädiger unbillig entlastendes, Auseinanderfallen von Ersatzanspruch und Schaden ein. Deshalb gesteht die überwiegende Ansicht dem Hinterleger im Einklang mit den allgemeinen Grundsätzen das Recht zu, den Schaden des Dritten gegenüber dem Verwahrer geltend zu machen (Drittschadensliquidation).[61] Die Ersatzforderung bzw. das aus ihr Erlangte muß der Hinterleger jedoch nach § 285 BGB an den Dritten weiterreichen.

Eine Drittschadensliquidation kommt auch in einer anderen Konstellation in Betracht: Wenn ein Dritter, der nicht Erfüllungsgehilfe des Verwahrers im Verhältnis zum Hinterleger ist, die verwahrte Sache bei dem Verwahrer unter Verletzung einer vertraglichen oder quasi-vertraglichen Pflicht gegenüber diesem zerstört oder beschädigt, ohne daß der Verwahrer dabei seine eigene Obhutspflicht für die Sache verletzt hätte, so steht diesem zwar ein entsprechender Ersatzanspruch zu, ihm fehlt aber ein korrespondierender Schaden, da er dem Hinterleger mangels Pflichtverletzung seinerseits nicht zum Schadensersatz verpflichtet ist. Der Hinterleger wiederum hat gegen den Dritten allenfalls deliktische Ansprüche, die mit den besagten Schwächen behaftet sind. Folglich muß auch in diesem Fall der Verwahrer den Drittschaden des Hinterlegers geltend machen können, um den

---

[58] So zu § 11 Nr. 8 lit. b AGBG a.F. BGH v. 9. November 1989, NJW 1990, 761 (764); *Staudinger/Reuter* Vorbem. §§ 688 ff. Rdnr. 12.

[59] Statt aller *Hüffer* MünchKomm. § 688 Rdnr. 9; *Staudinger/Reuter* § 688 Rdnr. 4.

[60] Als Ausnahme aber KG v. 29. Oktober 1993, NJW-RR 1994, 688 (689): Verwahrungsvertrag zwischen dem Land Berlin und einer Tiersammelstelle entfaltet Schutzwirkung zugunsten der Eigentümer der Tiere.

[61] BGH v. 10. Mai 1984, NJW 1985, 2411 (2411 f.); *Hüffer* MünchKomm. § 688 Rdnr. 25; *Staudinger/Reuter* Vorbem. §§ 688 ff. Rdnr. 13.

Ersatzanspruch oder den erlangten Ersatz auf den Hinterleger gemäß § 285 BGB (analog) übertragen zu können.[62]

E. Vertragspflichten und Haftung des Hinterlegers

I. Vergütungspflicht

Der Verwahrungsvertrag begründet in § 688 BGB lediglich für den Verwahrer eine Pflicht. Das Gesetz stellt es jedoch in die Autonomie der Vertragsparteien, ob sie die Verwahrung durch Vereinbarung eines Vergütungsanspruchs zugunsten des Verwahrers zu einem gegenseitigen Vertrag i.S. der §§ 320 ff. BGB umformen.

Wenn die Parteien eine Vergütung nicht ausdrücklich vereinbart oder ausgeschlossen haben, so greift § 689 BGB hinsichtlich des Bestehens einer Vergütungspflicht auf eine Regelungstechnik aus dem Recht anderer Tätigkeitsverträge zurück. Ebenso wie § 612 BGB für den Dienstvertrag, § 632 BGB für den Werkvertrag und § 653 BGB für den Maklervertrag legt § 689 BGB fest, daß eine Vergütung als stillschweigend vereinbart gilt, wenn die Aufbewahrung den Umständen nach nur gegen eine Vergütung zu erwarten ist.[63] Davon ist insbesondere auszugehen, wenn die Verwahrung mit besonderen Kosten verbunden ist und sich für den Hinterleger der Eindruck aufdrängen mußte, daß der Verwahrer seine Leistung nicht unentgeltlich erbringt. Da § 689 BGB nicht eingreift, wenn trotz der Üblichkeit der Vergütung eine solche ausgeschlossen wurde, begründet die Vorschrift weder eine Fiktion noch eine unwiderlegliche Vermutung, sondern eine gesetzliche Vermutung, die nur durch eine abweichende positive Erklärung mindestens einer Partei widerlegt werden kann.[64]

Im Unterschied zu den §§ 612, 632, 653 BGB nennt § 689 BGB keine Anhaltspunkte für die Höhe der Vergütung, wenn diesbezüglich eine Einigung der Parteien fehlt. Lediglich zur Fälligkeit trifft § 699 BGB eine Regelung: Die Vergütung ist entweder bei der Beendigung der Aufbewahrung oder nach Ablauf vereinbarter Zeitabschnitte zu entrichten (§ 699 Abs. 1 BGB). Der Rechtsgedanke der §§ 612 Abs. 2, 632 Abs. 2, 653 Abs. 2 BGB findet aber auch bei der Verwahrung Anwendung. Erst wenn weder eine Taxe besteht noch eine übliche Vergütung ermittelt werden kann, ist der Verwahrer berechtigt, die Vergütung einseitig nach den §§ 315, 316 BGB festzulegen.[65]

Endet der Verwahrungsvertrag durch vorzeitige Rückforderung nach § 695 BGB, so kann der Verwahrer gemäß § 699 Abs. 2 BGB im Zweifel (nur) einen anteiligen Betrag der für die ursprünglich beabsichtigte Verwahrungsdauer geschuldeten Vergütung verlangen. Wie oben dargelegt entfällt bzw. mindert sich die Ver-

---

[62] *Hüffer* MünchKomm. § 688 Rdnr. 23.
[63] Näher zur Dogmatik siehe oben § 7 C III, S. 405 ff.
[64] In dieser Richtung auch *Hüffer* MünchKomm. § 689 Rdnr. 1; *Staudinger/Reuter* § 689 Rdnr. 1.
[65] Für die h.M. *Hüffer* MünchKomm. § 689 Rdnr. 5; *Schlechtriem* Rdnr. 562; *Soergel/ Teichmann* § 689 Rdnr. 2; *Staudinger/Reuter* § 689 Rdnr. 2.

gütungspflicht des Hinterlegers zudem nach Maßgabe des § 326 Abs. 1 Satz 1 BGB, wenn der Verwahrer seine Obhutspflicht nicht wie geschuldet erfüllt.[66]

II. Aufwendungsersatz

Der Hinterleger ist nach § 693 BGB zum Ersatz der Aufwendungen[67] verpflichtet, die dem Verwahrer zum Zwecke der Aufbewahrung entstanden sind. Über diese Vorschrift darf aber eine eventuell geschuldete Verwahrungsvergütung nicht unzulässigerweise indirekt erhöht bzw. bei unentgeltlicher Verwahrung die Unentgeltlichkeit nicht umgangen werden. Zu den Aufwendungen i.S. des § 693 BGB zählen daher mangels abweichender Vereinbarung nicht diejenigen Vermögenseinbußen, welche die Gewährung von Raum und Obhut als Hauptleistungspflicht des Verwahrers vorhersehbarerweise erfordert; diese sind einzig durch ein etwaiges Verwahrungsentgelt auszugleichen.[68] Z.B. schuldet der Hinterleger keinen Aufwendungsersatz für eine vom Verwahrer eingesetzte Arbeitskraft oder eine unter Umständen aufgewendete Miete.[69]

Raum für einen Aufwendungsersatz bleibt danach in bezug auf Versicherungsprämien, entrichtete Steuern, Kosten einer über die bloße Obhut hinausgehenden Instandhaltung (Tierfütterung etc.) oder den Aufwand für eine unvorhergesehen notwendig gewordene Rettung der Sache. Ebenso wie bei der Parallelvorschrift im Auftragsrecht (§ 670 BGB) ist der Ersatzanspruch des Verwahrers auf Aufwendungen beschränkt, die der Verwahrer den Umständen nach für erforderlich halten durfte. Zudem sind Schäden, welche der Verwahrer an eigenen Rechtsgütern erleidet und die aus der typischen Gefahr der Verwahrung resultieren, analog § 693 BGB zu ersetzen.[70] Einen Aufwendungsersatzanspruch kann der Verwahrer dem Rückgabeanspruch des Hinterlegers gemäß § 273 Abs. 1, Abs. 2 BGB entgegenhalten.

III. Rücknahmepflicht

Der Pflicht des Verwahrers zur Rückgabe der überlassenen Sache (§ 695 BGB) entspricht eine Pflicht des Hinterlegers, die überlassene Sache am Ort der vertragsmäßigen Aufbewahrung (§ 697 BGB) zurückzunehmen, wenn der Verwahrer dies verlangt (§ 696 BGB). Die Vorschrift begrenzt den Dispositionsschutz für den

---

[66]   Siehe oben § 12 D III 1, S. 628 f.

[67]   Zum Begriff der Aufwendungen oben § 11 B V 1, S. 602 ff.

[68]   Weniger eng, aber ohne tragfähige Abgrenzungskriterien die h.M.: *Esser/Weyers* BT 1, § 38 II, S. 337 f.; *Hüffer* MünchKomm. § 693 Rdnr. 3; *Staudinger/Reuter* § 693 Rdnr. 4 f. Wenn allerdings der Verwahrer bei unentgeltlicher Verwahrung im Einverständnis mit dem Hinterleger Opfer aus seiner Vermögenssubstanz erbringt, die nicht nach § 693 BGB zu ersetzen sind, sprechen gute Gründe dafür, insoweit die §§ 516 ff. BGB analog anzuwenden (siehe zum Parallelproblem bei der Leihe oben § 6 A III, S. 381 f.).

[69]   *Hüffer* MünchKomm. § 693 Rdnr. 3; *Larenz* BT 1, § 58, S. 458; *Staudinger/Reuter* § 694 Rdnr. 4.

[70]   *Hüffer* MünchKomm. § 693 Rdnr. 2. Siehe zu § 670 BGB oben § 11 B V 1d, S. 611 ff.

Hinterleger auf diejenigen Fälle, in denen die Aufbewahrung für eine bestimmte Zeit geschuldet ist. In dieser Konstellation ist der Hinterleger schutzbedürftig, da er aufgrund der Zeitbestimmung auf anderweitige Vorkehrungen zur Verwahrung der Sache verzichtet bzw. diese erst angesichts eines bevorstehenden Zeitablaufs einleitet. Deswegen kann der Verwahrer die vorzeitige Rücknahme der überlassenen Sache von dem Hinterleger nur verlangen, wenn ein wichtiger Grund vorliegt (§ 696 Satz 2 BGB).

Wurde für die Aufbewahrung hingegen keine Zeit vereinbart, so genießt das Interesse des Verwahrers den Vorrang, und der Hinterleger ist jederzeit zur Rücknahme verpflichtet, wenn der Verwahrer seinen Rücknahmeanspruch geltend macht. Den Parteien steht es jedoch frei, für diesen vertragliche Beschränkungen (z.B. Kündigungsfrist, Ankündigungsfrist) zu vereinbaren. Sie sind wirksam, solange sie den Anspruch des Verwahrers auf Rücknahme aus wichtigem Grund nicht ausschließen oder beschränken (vgl. § 314 BGB).[71]

Durch ein wirksames Rücknahmeverlangen des Verwahrers wird der Verwahrungsvertrag als solcher wie im Fall der Rückforderung nach § 695 BGB gekündigt.[72] Ab diesem Moment bzw. bei Ablauf einer vereinbarten Verwahrungsfrist sind der Verwahrer zur Rückgabe und der Hinterleger zur Rücknahme verpflichtet, so daß letzterer mit der unterlassenen Rücknahme sowohl unter den Voraussetzungen der §§ 293 ff. BGB in Gläubigerverzug als auch nach § 286 BGB in Schuldnerverzug geraten kann.[73] Die Verjährung des Anspruchs beginnt gemäß § 696 Satz 3 BGB mit dem Rücknahmeverlangen.

IV. Haftung des Hinterlegers

Der Hinterleger hat primär für die Zahlung einer Vergütung einzustehen, die er aufgrund einer entsprechenden Vereinbarung oder gemäß § 689 BGB schuldet. Kommt er dieser Pflicht nicht nach, dann richten sich die Rechte des Verwahrers nach den §§ 280 ff., 320 ff. BGB.

Verletzt der Hinterleger seine Rücknahmepflicht (§ 696 BGB), so greifen ausschließlich die §§ 280 ff. BGB ein, da diese Pflicht auch bei einer entgeltlichen Verwahrung nicht in das Synallagma von Verwahrung und Vergütung einbezogen ist.[74] Weitergehend wird bei einer entgeltlichen Verwahrung teilweise eine Pflicht zur Fortzahlung des Entgelts gemäß § 546a Abs. 1 BGB analog befürwortet, wenn der Hinterleger die Sache verspätet zurücknimmt.[75] Da jedoch der Hinterleger anders als ein Mieter sein Entgelt nicht nur für die Überlassung des Aufbewahrungsraumes, sondern gerade auch für die Obhut erbringt und die diesbezügliche Verpflichtung des Verwahrers mit der Beendigung des Vertragsverhältnisses erlischt,[76]

---

[71] So auch *Hüffer* MünchKomm. § 696 Rdnr. 2.

[72] Dazu oben § 12 D II, S. 627 f.

[73] *Erman/Seiler* § 696 Rdnr. 3; *Palandt/Sprau* § 696 Rdnr. 1; *Staudinger/Reuter* § 696 Rdnr. 2.

[74] *Fikentscher* Rdnr. 957; *Hüffer* MünchKomm. § 688 Rdnr. 3, § 697 Rdnr. 6; *Staudinger/Reuter* § 696 Rdnr. 2.

[75] *Larenz* BT 1, § 58, S. 458 f.

[76] Siehe oben § 12 D II, S. 627 f.

fehlt es an der teleologischen Vergleichbarkeit mit der in § 546a BGB geregelten Konstellation, so daß bei der Verwahrung ausschließlich die Vorschriften über den Verzug eingreifen.

Eine besondere Haftungsregelung ist erforderlich, wenn von der dem Verwahrer überlassenen Sache Gefahren ausgehen, die sich bei ihm während der Aufbewahrung aktualisieren (z.B. ansteckende Krankheiten bei in Verwahrung genommenen Tieren). Für diesen Fall ordnet § 694 BGB eine Haftung des Hinterlegers an, die positiv allein voraussetzt, daß dem Verwahrer infolge der Beschaffenheit der überlassenen Sache ein Schaden entstanden ist. Die Ersatzpflicht des Hinterlegers ist jedoch ausgeschlossen, wenn der Hinterleger die aus der Beschaffenheit der Sache drohenden Gefahren weder kannte noch kennen mußte oder dem Verwahrer die Gefahren angezeigt wurden (auf Kenntnisnahme kommt es nicht an: § 130 Abs. 1 Satz 1 BGB analog[77]) bzw. ihm anderweitig positiv bekannt waren (Verschuldenshaftung mit Beweislastumkehr).

F. Die unregelmäßige Verwahrung

Die §§ 688 bis 699 BGB regeln den Normalfall, daß die überlassene Sache bei dem Verwahrer erhalten bleibt und er diese anschließend dem Hinterleger zurückgibt. Insbesondere im Bankverkehr sind indessen Fallgestaltungen denkbar, in denen das überlassene Geld bei jederzeitiger Verfügbarkeit für den Hinterleger vor allem sicher verwahrt werden soll (sog. Sichteinlagen, z.B. Girokonto). Von der „klassischen" Verwahrung unterscheidet sich dieser Sachverhalt in zwei zentralen Punkten. Im Vordergrund des Interesses des Hinterlegers stehen nicht die übergebenen Geldscheine, sondern der in ihnen verkörperte Wert. Umgekehrt wird der Empfänger zu der Verwahrung nur bereit sein, wenn er die überlassene Sache frei verwenden kann und sich seine Rückgabepflicht auf gleichartige Sachen beschränkt.

Auf diesen Sonderfall ist § 700 BGB zugeschnitten, der die sog. unregelmäßige Verwahrung ausgestaltet. Diese ist nach vorherrschendem Verständnis weder Verwahrung noch Geld- bzw. Sachdarlehen, sondern ein eigenständiger Vertragstyp, der Elemente beider Vertragsarten in sich vereinigt (sog. Typenverschmelzungsvertrag).[78] Die systematische Stellung der Vorschrift am Ende des Abschnitts zur Verwahrung beruht auf historischen Gründen, weil das gemeine Recht das depositum irregulare noch als einen Sonderfall der Verwahrung einordnete.[79]

Für die unregelmäßige Verwahrung ist kennzeichnend, daß der Verwahrer die überlassene Sache anders als bei der reinen Verwahrung nicht als solche zurückgewähren muß, weil sie entweder mit der Übergabe in das Eigentum des Verwahrers

---

[77] Prot. II, S. 400 f.; *Hüffer* MünchKomm. § 694 Rdnr. 6; *Staudinger/Reuter* § 694 Rdnr. 5.

[78] *Hüffer* MünchKomm. § 700 Rdnr. 2; *Soergel/Teichmann* § 700 Rdnr. 4; siehe auch *Staudinger/Reuter* § 700 Rdnr. 2 f.

[79] Siehe *Staudinger/Reuter* § 700 Rdnr. 1.

übergeht (§ 700 Abs. 1 Satz 1 BGB) oder von ihm nach der Hinterlegung verbraucht werden darf (Aneignungsgestattung: § 700 Abs. 1 Satz 2 BGB). Aus diesem Grund beschränkt sich die Rückgabepflicht des Verwahrers auf Sachen gleicher Art, Güte und Menge. Wegen der hierin zum Ausdruck kommenden Ähnlichkeit mit dem Geld- bzw. Sachdarlehen (siehe die §§ 488 und 607 BGB) ist für die unregelmäßige Verwahrung grundsätzlich das Recht des Geld- bzw. Sachdarlehens anzuwenden. Allerdings gilt dies nicht einschränkungslos. Während das reine Geld- bzw. Sachdarlehen vornehmlich dem Interesse des Darlehensnehmers an der Nutzung der betreffenden Sachen dient, werden bei der unregelmäßigen Verwahrung in erster Linie dem Hinterleger die Last und Gefahr[80] der Aufbewahrung abgenommen.[81] Für Zeit und Ort der Rückerstattung ist daher der besonderen Interessenlage bei der unregelmäßigen Verwahrung dadurch Rechnung zu tragen, daß im Zweifel die entsprechenden Bestimmungen zur Verwahrung, also die §§ 695 bis 697 BGB anzuwenden sind (§ 700 Abs. 1 Satz 3 BGB). Abweichende Abreden der Parteien genießen jedoch den Vorrang.

Abzugrenzen ist die unregelmäßige Verwahrung von der sog. *Tauschverwahrung*. Bei ihr handelt es sich zunächst um eine normale Verwahrung, auf welche die §§ 688 bis 699 BGB anzuwenden sind, bei der dem Verwahrer aber gestattet ist, an Stelle der übergebenen Sachen solche gleicher Art und Güte an Erfüllungs Statt zurückzugewähren (§ 364 Abs. 1 BGB).[82]

---

[80]   Aufgrund seines Eigentumserwerbs muß der eine unregelmäßige Verwahrung Besorgende auch bei zufälligem Untergang der Sachen Gegenstände gleicher Art und Güte zurückgewähren.

[81]   *Esser/Weyers* BT 1, § 38 III 1, S. 338; *Larenz* BT 1, § 58, S. 460; *Medicus* Rdnr. 458.

[82]   *Esser/Weyers* BT 1, § 38 III 3, S. 339.

§ 13 Der Bürgschaftsvertrag

A. Überblick zum Bürgschaftsrecht

Der Bürgschaftsvertrag stellt einen bedeutenden Teilbereich der sog. Sicherungsrechte dar. Diesen ist gemeinsam, daß der Inhaber einer Forderung – der Sicherungsnehmer – deren Befriedigung absichern will, in dem er sich eine weitere
Rechtsposition gegen den sog. Sicherungsgeber einräumen läßt, welche die Sicher-
stellung der Befriedigung der Forderung bezweckt. Dabei sind zwei Grundformen
der Sicherungsrechte zu unterscheiden: die Realsicherheiten und die Personalsicherheiten.[1] Bei den *Realsicherheiten* haften der jeweilige Eigentümer einer beweglichen oder unbeweglichen Sache mit derselben bzw. der Inhaber eines Rechts
mit diesem Recht für die Befriedigung der gesicherten Forderung, nicht aber mit
ihrem sonstigen Vermögen. Das trifft z.B. auf die Hypothek (§§ 1113 ff. BGB),
das Pfandrecht an beweglichen Sachen oder Rechten (§§ 1204 ff. BGB) oder die
gesetzlich nicht geregelte Sicherungsübereignung einer Sache[2] und die Sicherungs-
abtretung einer Forderung[3] zu. Die *Personalsicherheiten* zeichnen sich demgegenüber dadurch aus, daß eine natürliche oder juristische Person mit ihrem gesamten
Vermögen für die Erfüllung einer fremden Verbindlichkeit einsteht.

Die in den §§ 765 bis 777 BGB geregelte Bürgschaft bildet die Grundform der
Personalsicherheiten. Durch den Bürgschaftsvertrag verpflichtet sich der Bürge gegenüber dem Gläubiger eines Dritten, für die Erfüllung dieser Verbindlichkeit –
der sog. Hauptschuld – mit seinem Vermögen einzustehen (§ 765 Abs. 1 BGB).
Der Bürge fungiert somit als Sicherungsgeber, während der Gläubiger der Hauptforderung als Sicherungsnehmer auftritt. Mit der Erteilung der Bürgschaft entsteht
eine Dreiecksbeziehung, bei der drei Rechtsverhältnisse zu unterscheiden sind.
Neben dem zwischen Gläubiger und Bürgen abgeschlossenen Bürgschaftsvertrag
steht das Rechtsverhältnis zwischen dem Gläubiger und dem Hauptschuldner (z.B.
ein Kaufvertrag), aus dem die Hauptverbindlichkeit entspringt und für deren Erfüllung der Bürge einzustehen verspricht. Dieses Leistungsversprechen des Bürgen an
den Gläubiger beruht regelmäßig, aber nicht zwingend auf einem eigenständigen
Rechtsverhältnis zwischen dem Bürgen und dem Hauptschuldner, z.B. auf einem
Auftrag oder einer entgeltlichen Geschäftsbesorgung.[4] Mängel in diesem Rechtsverhältnis strahlen jedoch grundsätzlich nicht auf die Wirksamkeit der Bürgschaft
als solche aus.

---

[1]   Umfassend zum System der Sicherungsrechte *Reinicke/Tiedtke* Kreditsicherung, 4.
    Aufl. 2000.

[2]   Dazu *Reinicke/Tiedtke* a.a.O., Rdnr. 447 ff.

[3]   Näher *Reinicke/Tiedtke* a.a.O., Rdnr. 590 ff.

[4]   Dazu oben § 11, S. 591 ff.

Die §§ 765 bis 777 BGB sind weitgehend dispositiv. Den Vertragsparteien steht es deshalb frei, der Bürgschaft durch eine Modifizierung der gesetzlichen Bestimmungen eine atypische Ausgestaltung zu verleihen. Hierbei haben sich in der Vertragspraxis einige Sonderformen herausgebildet, die mit feststehenden Begriffen umschrieben werden. Zu diesen atypischen Sonderformen zählen die selbstschuldnerische Bürgschaft, die Bürgschaft auf erstes Anfordern, die Ausfallbürgschaft, die Nachbürgschaft sowie die Rückbürgschaft.[5] Aufgrund der mit der Erteilung einer Bürgschaft für den Bürgen verbundenen Gefahren gewinnt die Inhaltskontrolle entsprechender Vereinbarungen, z.B. am Maßstab des § 138 Abs. 1 BGB oder der Vorschriften über die Verwendung Allgemeiner Geschäftsbedingungen (§§ 305 bis 310 BGB), besondere Bedeutung.[6]

Darüber hinaus kennt das Wertpapierrecht zwei Sonderformen der Bürgschaft, wenn die Zahlung der durch das Wertpapier verkörperten Verbindlichkeit gesichert werden soll. Sowohl die Bezahlung eines Wechsels als auch die eines Schecks können durch eine Wechsel- bzw. Scheckbürgschaft gesichert werden. Hinsichtlich der Form der Bürgschaftserklärung und der Haftung des Wechsel- bzw. Scheckbürgen gelten Sonderregeln, die gegenüber den §§ 765 bis 777 BGB leges speciales sind (für die Wechselbürgschaft: Art. 30 bis 32 WG; für die Scheckbürgschaft: Art. 25 bis 27 ScheckG).

B. Begriff des Bürgschaftsvertrages und Abgrenzung zu anderen Personalsicherheiten

I. Die Besonderheiten der Bürgschaft als Ausgangspunkt der Abgrenzungsproblematik

Die Bürgschaft zeichnet sich nach dem Leitbild der §§ 765 bis 777 BGB dadurch aus, daß sie im Hinblick auf die Hauptverbindlichkeit *akzessorisch und subsidiär* ist. Das bedeutet zum einen, daß die Schuld des Bürgen in Bestand und Umfang von derjenigen der Hauptverbindlichkeit abhängt (Akzessorietät) und zum anderen, daß der Bürge gegenüber dem Hauptschuldner grundsätzlich nur nachrangig haftet (Subsidiarität).[7]

Den Sicherungsbedürfnissen des Gläubigers der Hauptforderung trägt dies zuweilen nicht ausreichend Rechnung. Aufgrund der Vertragsfreiheit haben sich deshalb in der Praxis zusätzliche, gesetzlich nicht geregelte Formen von Personalsicherheiten herausgebildet: der *Schuldbeitritt* sowie der *selbständige Garantievertrag*. Für beide Vertragsgestaltungen ist charakteristisch, daß sie die Akzessorietät und die Subsidiarität im Verhältnis zu der Hauptverbindlichkeit aufheben bzw. abschwächen. Aus diesem Grunde finden bei Schuldbeitritt und Garantievertrag

---

[5]   Zu den vorgenannten Sonderformen näher unten § 13 D II und H, S. 666 ff. und 679 ff.

[6]   Dazu unten § 13 C II, S. 654 ff.

[7]   Ausführlich zur Akzessorietät und zur Subsidiarität unten § 13 D, S. 662 ff.

die auf diese Eigenschaften der Bürgschaft bezogenen Regelungen in den §§ 766 bis 777 BGB grundsätzlich keine Anwendung.[8]

Die Abgrenzung des Garantievertrages bzw. des Schuldbeitritts von der Bürgschaft ist von zentraler Bedeutung, weil die Rechtsstellung des Sicherungsgebers bei den nicht geregelten Sicherungsverträgen wesentlich schlechter als bei der Bürgschaft ist, wenn auch bei gewissen Sonderformen der Bürgschaft[9] eine Annäherung an Schuldbeitritt und Garantie eintreten kann. Im Leistungsfall beruft sich der Gläubiger deshalb im Zweifel darauf, es läge ein Garantievertrag bzw. ein Schuldbeitritt vor, während der in Anspruch Genommene zu seinem Schutz auf Bestimmungen des Bürgschaftsrechts verweist. Insbesondere wird er die Verletzung des Formerfordernisses (§ 766 BGB),[10] Einwendungen und Einreden aus der Hauptverbindlichkeit (§§ 767 f. BGB) oder die Einrede der Vorausklage (§ 771 BGB) geltend machen. Stets ist dann durch eine Auslegung der Vereinbarung zu ermitteln, ob ein Garantievertrag bzw. ein Schuldbeitritt oder eine Bürgschaft vorliegt.

II. Abgrenzung der Bürgschaft vom Schuldbeitritt

Die Sicherung des Gläubigers einer Hauptverbindlichkeit kann nicht nur dadurch erreicht werden, daß ein Dritter sein Einstehen für die Hauptverbindlichkeit für den Fall verspricht, daß der Hauptschuldner seine Leistung nicht erbringt (Bürgschaft). Ein vergleichbarer Zugriff auf das Vermögen eines Dritten ist dem Gläubiger auch dann eröffnet, wenn er mit dem Dritten einen Schuldbeitritt (sog. kumulative Schuldübernahme) vereinbart.[11] Durch diesen wird der Beitretende neben dem schon zuvor Verpflichteten gleichrangig und selbständig Schuldner der „gesicherten" Verbindlichkeit; beide Personen sind infolge des Beitritts Gesamtschuldner i.S. der §§ 421 ff. BGB. Der vertragliche Schuldbeitritt ist gesetzlich nicht geregelt,[12] aufgrund der Vertragsfreiheit (§ 311 Abs. 1 BGB) und in Analogie zur befreienden (privativen) Schuldübernahme i.S. der §§ 415 ff. BGB aber anerkannt.[13] Die Abgrenzung zwischen Bürgschaft und Schuldbeitritt ist insbesondere wegen folgender Punkte bedeutsam:

Von einer Akzessorietät der Haftung wie bei der Bürgschaft kann für den Schuldbeitritt nicht gesprochen werden. Zwar hängt die Schuld des Beitretenden

---

[8] *Staudinger/Horn* Vorbem. zu §§ 765 ff. Rdnr. 197, 365; ebenso für den Garantievertrag *Habersack* MünchKomm.[4] Vor § 765 Rdnr. 19, abweichend jedoch für den Schuldbeitritt, Rdnr. 15.

[9] Dazu unten § 13 D II und H I, S. 666 ff. und 679 ff.

[10] Die Formproblematik stellt sich allerdings nicht, wenn der betreffende Sicherungsgeber gemäß § 350 HGB eine Bürgschaft formfrei erteilen kann. Dazu näher unten § 13 C I 3f, S. 654.

[11] Hierzu jüngst *Grigoleit/Herresthal* Jura 2002, 825 ff.

[12] Anwendungsfälle eines gesetzlich angeordneten Schuldbeitritts enthalten § 2382 BGB sowie die §§ 25, 28 HGB.

[13] RG v. 14. November 1904, RGZ 59, 232 (233); *Erman/H.P. Westermann* Vor § 414 Rdnr. 6; *Habersack* MünchKomm.[4] Vor § 765 Rdnr. 10; BR/*Rohe* §§ 414, 415 Rdnr. 30; *Staudinger/Horn* Vorbem. zu §§ 765 ff. Rdnr. 363.

analog § 417 Abs. 1 BGB im Ausgangspunkt von dem Bestand und Inhalt der Forderung in dem Zeitpunkt des Schuldbeitritts ab, so daß der Beitretende alle Einwendungen und Einreden geltend machen kann, die im Zeitpunkt seines Beitritts
gegenüber der Verbindlichkeit begründet waren.[14] Während sich aber bei der
Bürgschaft die Schuld des Bürgen aufgrund der Akzessorietät auch bei späteren
Veränderungen nach dem Inhalt der Hauptverbindlichkeit richtet (§ 767 Abs. 1
BGB), entwickelt sich die gesamtschuldnerische Haftung im Fall des Schuldbeitritts für die beiden Schuldner nach Maßgabe des § 425 BGB weitgehend selbständig.[15]

Zudem verhindert die Begründung einer Gesamtschuld durch den Schuldbeitritt eine nur subsidiäre Haftung wie bei einem Bürgen. Der Gläubiger der Gesamtschuldner kann diese nach Belieben in Anspruch nehmen (§ 421 Satz 1 BGB),
während sich der Gläubiger eines Bürgen nach § 771 BGB grundsätzlich vorrangig an den Schuldner der Hauptforderung wenden muß.[16] Sowohl die Akzessorietät, vornehmlich aber die Subsidiarität der Bürgenhaftung kommt darüber hinaus
in dem automatischen Übergang der Hauptforderung auf den Bürgen im Fall einer
Leistung an den Gläubiger gemäß § 774 Abs. 1 Satz 1 BGB zum Ausdruck. Deshalb kann der Bürge aufgrund seiner bloß nachrangigen Haftung typischerweise im
Innenverhältnis zum Hauptschuldner vollen Ausgleich verlangen. Demgegenüber
steht der interne Ausgleich unter Gesamtschuldnern nach § 426 BGB von vornherein unter dem Vorbehalt einer besonders zu ermittelnden Ausgleichspflicht des
Gesamtschuldners, der nicht an den Gläubiger geleistet hat; anderenfalls ist intern
von einer anteiligen Haftung auszugehen (§ 426 Abs. 1 Satz 1 BGB).

Die ohnehin ungünstigere Rechtsposition des Sicherungsgebers im Fall eines
Schuldbeitritts wird für den Abschluß des Sicherungsgeschäftes zudem dadurch
verschärft, daß der Schuldbeitritt nicht dem Formerfordernis des § 766 BGB unterliegt und die h.M. auch dessen analoge Anwendung ablehnt.[17] Aufgrund der
strengeren Haftung des zu einer Schuld Beitretenden mag dies verwundern. Jedoch
besteht der Zweck des § 766 BGB vornehmlich darin, denjenigen zu warnen, der
keine unbedingte, sondern nur eine subsidiäre Leistung verspricht und daher gegebenenfalls das damit verbundene Risiko verdrängt.[18] Dieser Warnzweck ist bei der
Begründung einer selbständigen eigenen Verbindlichkeit (Schuldbeitritt) nicht ein-

---

[14] BGH v. 15. Januar 1987, NJW 1987, 1698 (1699); *Erman/H.P. Westermann* Vor
§ 414 Rdnr. 6; i.E. auch *Habersack* MünchKomm.[4] Vor § 765 Rdnr. 10.

[15] BGH v. 3. Juli 1952, BGHZ 6, 385 (397); *Habersack* MünchKomm. Vor § 765 Rdnr.
10; *Staudinger/Horn* Vorbem. zu §§ 765 ff. Rdnr. 363; ferner *Grigoleit/Herresthal*
Jura 2002, 825 f.

[16] Zum Sonderfall der Bürgschaft auf erstes Anfordern siehe unten § 13 H I, S. 679 ff.

[17] BGH v. 8. Dezember 1992, BGHZ 121, 1 (3); *Palandt/Heinrichs* vor § 414 Rdnr. 3;
mit Bedenken wohl auch *Staudinger/Horn* Vorbem. zu §§ 765 ff. Rdnr. 365; a.A. noch
RG v. 14. November 1904, RGZ 59, 232 (233) sowie stellvertretend für das Schrifttum
Grigoleit/Herresthal Jura 2002, 825 (830 f.); *Habersack* MünchKomm.[4] Vor § 765
Rdnr. 15 m.w.N.

[18] RG v. 8. März 1904, RGZ 57, 258 (263); BGH v. 27. Mai 1957, BGHZ 24, 297 ff.;
Erman/Seiler § 766 Rdnr. 1.

schlägig.[19] Allerdings schließt das nicht aus, die für die Bürgschaft entwickelten Grundsätze einer materiellen Inhaltskontrolle (z.B. anhand § 138 Abs. 1 BGB) auch bei einem Schuldbeitritt anzuwenden.[20] Da die gesamtschuldnerische Haftung infolge eines Schuldbeitritts gegenüber der Bürgenhaftung kein „Minus", sondern ein aliud darstellt, kann zudem eine formnichtige Bürgschaft nicht nach § 140 BGB in einen Schuldbeitritt umgedeutet werden.[21]

Allerdings löst dies nicht das schwerwiegendere Problem, wie die Bürgschaft vom Schuldbeitritt abzugrenzen ist, wenn die Parteien keine ausdrückliche Zuordnung erklären. Methodologisch handelt es sich hierbei um eine Frage der Auslegung von Willenserklärungen nach den §§ 133, 157 BGB. Für deren Beantwortung ist zu unterscheiden, ob der Sicherungsgeber mit seiner Schuld für eine fremde Verbindlichkeit einstehen will (Bürgschaft) oder er sich gegenüber dem Gläubiger der Hauptforderung weitergehend dazu bereit erklärt, diese Verbindlichkeit selbständig und gleichrangig zu seiner eigenen zu machen (Schuldbeitritt). Letzteres kommt mangels einer ausdrücklichen Bezeichnung durch die Parteien ausschließlich in Betracht, wenn der Versprechende ein ausgeprägtes eigenes *wirtschaftliches oder rechtliches Interesse* an der Erfüllung der gesicherten Verbindlichkeit hat.[22] Nur bei einem derartigen Eigeninteresse des Sicherungsgebers erscheint insbesondere auch die Nichterstreckung des Formerfordernisses in § 766 BGB auf den Schuldbeitritt plausibel, da in diesem Fall ein Bedürfnis nach Warnung entfällt.

Das wirtschaftliche Eigeninteresse muß sich unmittelbar auf die Erfüllung der Hauptverbindlichkeit, d.h. das Rechtsverhältnis zum Gläubiger beziehen.[23] Es reicht deshalb nicht, wenn der Sicherungsgeber im Verhältnis zum Hauptschuldner wirtschaftliche Interessen verfolgt, z.B. weil er diesem für die Stellung der Sicherheit ein Entgelt berechnet (z.B. Avalprovision für Bankbürgschaft). Ein unmittelbares Interesse an der Erfüllung der Hauptverbindlichkeit ist demgegenüber bei dem Geschäftsführer einer GmbH angenommen worden, der mit seiner Verpflichtung die Insolvenz der Gesellschaft abwenden wollte.[24] Rein persönliche Interes-

---

[19] Jedoch ist weitgehend anerkannt, daß der Schuldbeitritt der Form genügen muß, die gegebenenfalls für die Begründung der Hauptverbindlichkeit zu beachten war, wenn der Zweck dieser Formvorschrift auch den Beitretenden erfaßt (BGH v. 8. Dezember 1992, BGHZ 121, 1 [2 ff.]; *Erman/H.P. Westermann* Vor § 414 Rdnr. 7; *Staudinger/ Horn* Vorbem. zu §§ 765 ff. Rdnr. 366). So gilt z.B. § 492 BGB, wenn ein Verbraucher einer Darlehensschuld beitritt.

[20] BGH v. 26. April 1994, NJW 1994, 1726 (1727 f.); *Esser/Weyers* BT 1, § 40 V 3, S. 359; näher zur Inhaltskontrolle des Bürgschaftsvertrages unten § 13 C II, S. 654 ff.

[21] Statt aller *Möschel* MünchKomm.⁴ Vor § 414 Rdnr. 22; *Palandt/Heinrichs* vor § 414 Rdnr. 4; BR/*Rohe* §§ 414, 415 Rdnr. 47.

[22] BGH v. 19. September 1985, NJW 1986, 580 f.; BGH v. 14. Dezember 2000, NJW-RR 2001, 1130 f.; *Brox/Walker* § 32 Rdnr. 3; *Erman/H.P. Westermann* Vor § 414 Rdnr. 9; *Esser/Weyers* BT 1, § 40 V 3, S. 359; *Fikentscher* Rdnr. 1000; *Grigoleit/ Herresthal* Jura 2002, 825 (827 f.); *Medicus* Rdnr. 519.

[23] RG v. 3. Mai 1909, RGZ 71, 113 (118); *Staudinger/Horn* Vorbem. zu §§ 765 ff. Rdnr. 367.

[24] BGH v. 19. September 1985, NJW 1986, 580 f.

sen, wie sie z.B. der Bürgschaftserteilung von Familienangehörigen häufig zugrunde liegen, genügen indes nicht für ein rechtliches oder wirtschaftliches Eigeninteresse.[25]

III. Abgrenzung der Bürgschaft vom Garantievertrag

Der Garantievertrag zeichnet sich dadurch aus, daß der Garant gegenüber dem Begünstigten für den Eintritt eines in der Zukunft liegenden Erfolges einstehen will. Auch diese Vertragsart ist gesetzlich nicht geregelt, als privatautonome Gestaltung von Rechtsverhältnissen aber anzuerkennen (§ 311 Abs. 1 BGB).[26] Dabei lassen sich zwei Grundformen der Garantie unterscheiden: die Gewährleistungs- und die sog. Interzessionsgarantie.

Bei der *Gewährleistungsgarantie* steht der Garant (z.B. der Hersteller eines Produktes) in einem bestimmten zeitlichen Rahmen für die Mangelfreiheit einer Leistung ein. Garant kann dabei auch der Vertragspartner des Begünstigten sein (sog. Eigengarantie). Diese Form der Garantie steht der Haftung für Sachmängel im Kauf- und Werkvertragsrecht nahe und wirft keine besonderen Schwierigkeiten im Hinblick auf die Abgrenzung zur Bürgschaft auf.[27] Diese bestehen jedoch bei der sog. *Interzessionsgarantie*. Bei ihr übernimmt der Garant gegenüber dem Gläubiger die Verpflichtung, diesen entsprechend den §§ 249 ff. BGB schadlos zu halten, wenn der Garantiefall eintritt, d.h. der von ihm verschiedene Hauptschuldner seine Leistung nicht erbringt (Erfüllungshaftung).[28]

Eine mit der Schuldübernahme übereinstimmende Besonderheit der Garantie gegenüber der Bürgschaft besteht darin, daß der Garant seine Leistung selbständig neben der gesicherten Hauptverbindlichkeit, d.h. nicht-akzessorisch verspricht. Insbesondere kann der Garant gegenüber einer Inanspruchnahme durch den Gläubiger nicht die Einwendungen und Einreden aus der Hauptforderung (vgl. § 768 BGB) geltend machen, da ihn eine eigenständige Verbindlichkeit trifft.[29] Vielmehr dient die Garantie häufig gerade dazu, etwaige rechtliche Mängel der Hauptschuld aufzufangen.[30] Aus der Auslegung des Garantievertrages kann sich allerdings ergeben, daß gewisse Mängel der Hauptschuld auch einer Haftung des Garanten entgegenstehen, d.h. den Eintritt des Garantiefalls ausschließen sollen. Jedoch muß dies einerseits gesondert festgestellt werden und andererseits sehen die Garantiebedingungen für diesen Fall häufig vor, daß der Garant zunächst einmal, d.h. „auf erstes Anfordern" zu leisten hat (formeller Garantiefall) und seine Einwendungen bzw.

---

[25] RG v. 28. September 1917, RGZ 90, 415 (418); *Staudinger/Horn* Vorbem. zu §§ 765 ff. Rdnr. 368.

[26] Vgl. Mot. II, S. 658.

[27] Näher zur Gewährleistungsgarantie *Larenz/Canaris* BT 2, § 64 II, S. 67 ff. sowie oben § 2 F, S. 144 ff.

[28] BGH v. 11. Juli 1985, NJW 1985, 2941 (2942); *Erman/Seiler* Vor § 765 Rdnr. 20; *Habersack* MünchKomm.⁴ Vor § 765 Rdnr. 16.

[29] BGH v. 8. März 1967, NJW 1967, 1020; *Erman/Seiler* Vor § 675 Rdnr. 19; *Staudinger/Horn* Vorbem. zu §§ 765 ff. Rdnr. 204.

[30] RG v. 29. Juni 1905, RGZ 61, 157 ff.; *Larenz/Canaris* BT 2, § 64 III 1a, S. 73 f.

Einreden in einem Rückforderungsprozeß vorbringen muß,[31] sofern nicht der Mangel des materiellen Garantiefalls offensichtlich ist (Einwand des Rechtsmißbrauchs gemäß § 242 BGB).[32]

Wie der Bürge und anders als der Schuldbeitretende[33] haftet der Garant nicht gesamtschuldnerisch, sondern nur im Garantiefall. Aus diesem Grunde ist umstritten, ob der gesetzliche Forderungsübergang nach § 774 Abs. 1 BGB als Ausdruck vornehmlich der Subsidiarität der Bürgschaft analog eingreift, wenn der Garant den Gläubiger befriedigt.[34] Obwohl der Garant nicht gemeinsam mit dem Hauptschuldner Gesamtschuldner ist, kann jedoch nicht in gleichem Maße wie bei der Bürgschaft von einer Subsidiarität der Garantie gesprochen werden, da für die Garantie z.B. die Einrede der Vorausklage (§ 771 BGB) nicht eingreift.[35] Deshalb sollte auch eine analoge Anwendung des § 774 BGB abgelehnt werden. Vielmehr bedarf es einer Abtretung der Hauptforderung an den leistenden Garanten, die mangels einer Gesamtschuldnerschaft zwischen Hauptschuldner und Garant unabhängig von den Voraussetzungen des § 426 Abs. 2 BGB mit der Befriedigung nicht erlischt. Da bei der Garantie weder eine Akzessorietät noch eine mit der Bürgschaft vergleichbare Subsidiarität vorliegen, unterliegt der Garantievertrag mangels Einschlägigkeit der Warnfunktion[36] auch nicht analog dem Formerfordernis in § 766 BGB.[37]

Ob die Parteien einen Bürgschaftsvertrag oder einen Garantievertrag abgeschlossen haben, ist wie bei der Abgrenzung zwischen Bürgschaft und Schuldbeitritt dem Vertrag im Wege der Auslegung zu entnehmen. Bleibt die Vereinbarung zweideutig, ist insbesondere wegen der weitreichenden Haftungsübernahme bei der Annahme einer Garantie Zurückhaltung geboten.[38] Die Umstände des Vertragsabschlusses müssen deutliche Anhaltspunkte dafür erkennen lassen, daß sich der Sicherungsgeber im Hinblick auf die Forderung gegenüber einem anderen selbständig zur Leistung verpflichten wollte. Das eigene wirtschaftliche oder recht-

---

[31] Dieser Regreß erfolgt bei der Interzessionsgarantie zudem regelmäßig nicht gegenüber dem Garantiebegünstigten, sondern dem Hauptschuldner; siehe BGH v. 10. November 1998, BGHZ 140, 49 ff.

[32] BGH v. 12. März 1984, BGHZ 90, 287 (292 ff.); *Habersack* MünchKomm.[4] Vor § 765 Rdnr. 28, 34; *Larenz/Canaris* BT 2, § 65 III 4/5, S. 78 ff.; *Schlechtriem* Rdnr. 649; *Staudinger/Horn* Vorbem. zu §§ 765 ff. Rdnr. 210 ff.; zur ähnlichen Konstellation bei der Bürgschaft auf erstes Anfordern siehe unten § 13 H I, S. 679 ff.

[33] Dazu oben § 13 B II, S. 640 ff.

[34] Dagegen: RG v. 26. Juni 1919, RGZ 96, 136 (139); RGRK/*Mormann* § 774 Rdnr. 9; *Staudinger/Horn* Vorbem. zu §§ 765 ff. Rdnr. 228 f.; dafür: *von Caemmerer* Festschrift für Riese, 1964, S. 306; *Larenz/Canaris* BT 2, § 64 III 3c, S. 77; *Schlechtriem* Rdnr. 650.

[35] *Erman/Seiler* § 771 Rdnr. 2; *Larenz/Canaris* BT 2, § 64 III 3c, S. 78; *Staudinger/Horn* Vorbem. zu §§ 765 ff. Rdnr. 196.

[36] Siehe oben § 13 B II, S. 640 ff.

[37] BGH v. 8. März 1967, NJW 1967, 1020 (1021); *Esser/Weyers* BT 1, § 40 V 4, S. 359; *Habersack* MünchKomm.[4] Vor § 765 Rdnr. 19; a.A. *Larenz/Canaris* BT 2, § 64 III 3b, S. 77.

[38] BGH v. 22. Februar 1962, WM 1962, 576 (577); *Erman/Seiler* Vor § 765 Rdnr. 23.

liche Interesse an der gesicherten Verbindlichkeit liefert hierfür wie bei dem Schuldbeitritt ein positives Indiz.[39] Ohne derartige Anhaltspunkte ist im Zweifel nicht davon auszugehen, daß sich der Erklärende im Hinblick auf die Erfüllung der Hauptverbindlichkeit selbständig verpflichten wollte.[40] Das gilt insbesondere, wenn der Vertrag nicht auf schriftlichen Erklärungen der Parteien beruht, um eine Aushöhlung des § 766 BGB zu verhindern.

IV. Exkurs: Die Patronatserklärung

Neben dem Schuldbeitritt und der Interzessionsgarantie hat sich als weitere gesetzlich nicht geregelte Personalsicherheit im Unternehmensbereich die sog. Patronatserklärung herausgebildet. Sie zeichnet sich dadurch aus, daß ein Unternehmen gegenüber dem (potentiellen) Gläubiger eines anderen, in der Regel von ihm abhängigen (vgl. die §§ 15 ff. AktG) Unternehmens erklärt, dieses Unternehmen finanziell so auszustatten, daß es in der Lage sein wird, seine Verbindlichkeit gegenüber dem Gläubiger zu erfüllen. Dabei sind zwei Formen zu unterscheiden: die „harte" und die „weiche" Patronatserklärung.[41]

Bei der *„harten" Patronatserklärung* verpflichtet sich der Patron rechtsgeschäftlich gegenüber dem (potentiellen) Gläubiger des anderen Unternehmens, die notwendige finanzielle Ausstattung des letzteren vorzunehmen. Hierin liegt ein unechter Vertrag zugunsten Dritter (des schuldnerischen Unternehmens), bei dem das schuldnerische Unternehmen selbst kein Forderungsrecht haben soll (§ 328 Abs. 2 BGB). Aufgrund dieses Vertrages kann vielmehr nur der begünstigte Gläubiger von dem Patron die zur Befriedigung seiner Forderung notwendige finanzielle Leistung an das schuldnerische Unternehmen verlangen.[42] Von der Bürgschaft sowie dem Schuldbeitritt und der Garantie unterscheidet sich die „harte" Patronatserklärung dadurch, daß die Leistung nicht an den Gläubiger der Hauptforderung selbst, sondern nur an den Hauptschuldner verlangt werden kann, wodurch dieser die Mittel erhält, um seine Verbindlichkeit gegenüber dem Gläubiger zu erfüllen.[43] Dadurch hat der Patron einen relativ großen Spielraum, wie er die Solvenz des Hauptschuldners herstellt und in seiner Bilanz verbucht. Allerdings kann der Patron alternativ die Verbindlichkeit des schuldnerischen Unternehmens auch direkt gegenüber dem Gläubiger begleichen; ein Ablehnungsrecht (§ 267 Abs. 2 BGB) steht dem Gläubiger nach den §§ 157, 242 BGB nicht zu.[44]

---

[39] Siehe oben § 13 B II, S. 640 ff.

[40] *Esser/Weyers* BT 1, § 40 V 4, S. 359; *Staudinger/Horn* Vorbem. zu §§ 765 ff. Rdnr. 217.

[41] Exemplarisch OLG München v. 24. Januar 2003, DB 2003, 711 f. sowie zu Patronatserklärungen in der Konzernpraxis z.B. *von Rosenberg/Kruse* BB 2003, 641 ff.

[42] *Erman/Seiler* Vor § 765 Rdnr. 25; *Esser/Weyers* BT 1, § 40 V 4, S. 360; *Habersack* MünchKomm.[4] Vor § 765 Rdnr. 50; *Medicus* Rdnr. 538.

[43] *Esser/Weyers* BT 1, § 40 V 4, S. 360; *Larenz/Canaris* BT 2, § 64 V 1a, S. 82; *Staudinger/Horn* Vorbem. zu §§ 765 ff. Rdnr. 410; zu den Besonderheiten in der Insolvenz des Hauptschuldners siehe BGH v. 30. Januar 1992, BGHZ 117, 127 ff.

[44] *Habersack* MünchKomm.[4] Vor § 765 Rdnr. 50; *Larenz/Canaris* BT 2, § 64 V 1b, S. 83.

Wenn das protegierende Unternehmen keine rechtsgeschäftliche Verbindlichkeit eingehen will, was nach den allgemeinen Kriterien zum Vorliegen eines Rechtsbindungswillens gemäß den §§ 133, 157 BGB zu ermitteln ist,[45] handelt es sich um eine sog. *weiche Patronatserklärung.* Bei dieser ist der Patron gegenüber dem Gläubiger der Hauptschuld nicht zu einer Leistung an das schuldnerische Unternehmen verpflichtet. Wohl aber können ihn aufgrund seiner vertrauenerweckenden Äußerung Schutzpflichten i.S. des § 241 Abs. 2 BGB i.V. mit § 311 Abs. 3 BGB treffen, deren Verletzung nach Maßgabe des § 280 Abs. 1 BGB einen Schadensersatzanspruch begründet.[46] So darf eine „weiche" Patronatserklärung nicht abgegeben werden, wenn von vornherein keine Bereitschaft besteht, die finanzielle Ausstattung des Hauptschuldners vorzunehmen, oder es ist der Gläubiger zu informieren, wenn diese Bereitschaft aufgrund eines Wechsels der Geschäftspolitik später aufgegeben wird.

C. Abschluß und Inhalt des Bürgschaftsvertrages

I. Voraussetzungen und Form des Vertragsschlusses

1. Einigung zwischen Bürge und Gläubiger

Aus § 765 Abs. 1 BGB ergibt sich, daß die Bürgschaft auf einem Vertrag beruht. Das Gesetz spricht ausdrücklich davon, daß der Bürge die Verpflichtung aufgrund eines Bürgschaftsvertrages übernimmt. Diesen schließt der Bürge mit dem Gläubiger der zu sichernden Hauptverbindlichkeit ab.

Für das Zustandekommen des Bürgschaftsvertrages gelten die Vorschriften des Allgemeinen Teils zum Vertragsschluß (§§ 145 ff. BGB) bzw. zu den Willenserklärungen (§§ 104 ff. BGB). Soll der Bürgschaftsvertrag einen nicht voll Geschäftsfähigen verpflichten, so benötigen die gesetzlichen Vertreter (§ 1629 Abs. 1 Satz 2 BGB: beide Elternteile) für dessen Abschluß die Genehmigung des Familiengerichts (§ 1643 Abs. 1 BGB i.V. mit § 1822 Nr. 10 BGB). Fehlt diese, so ist die Erteilung der Bürgschaft nach § 1643 Abs. 3 BGB i.V. mit den §§ 1829 f. BGB schwebend unwirksam.

Da die Bürgschaft gerade das Risiko einer Nichtleistung durch den Hauptschuldner abdecken soll, berechtigt eine falsche Vorstellung über dessen Solvenz den Bürgen weder zur Anfechtung nach § 119 Abs. 2 BGB noch stellt diese eine Geschäftsgrundlage des Vertrages i.S. des § 313 BGB dar.[47] Der Gläubiger ist deshalb regelmäßig auch nicht zur Aufklärung gegenüber dem Bürgen verpflichtet,

---

[45] Dazu *Larenz/Wolf* § 22 Rdnr. 36 ff.

[46] *Fikentscher* Rdnr. 1007; *Habersack* MünchKomm.[4] Vor § 765 Rdnr. 54; *Larenz/ Canaris* BT 2, § 64 V 2b, S. 83 f.

[47] BGH v. 22. Oktober 1987, NJW 1988, 3205 ff.; *Brox/Walker* § 32 Rdnr. 26; BR/*Rohe* § 765 Rdnr. 87 f.; *Schlechtriem* Rdnr. 631.

sofern er die Fehlvorstellung nicht selbst hervorgerufen hat.[48] Eine besondere Anfechtungsproblematik entsteht erst, wenn der Hauptschuldner den Bürgen durch arglistige Täuschung zur Übernahme der Bürgschaft bewegt. Gemäß § 123 Abs. 2 Satz 1 BGB kann der Bürge seine Erklärung gegenüber dem Gläubiger in diesem Fall jedoch nur anfechten, wenn dieser die Täuschung kannte oder kennen mußte (vgl. § 122 Abs. 2 BGB), falls der Schuldner im Verhältnis zum Gläubiger als „Dritter" i.S. des § 123 Abs. 2 BGB zu betrachten ist, d.h. letzterem nicht nach dem Rechtsgedanken des § 278 BGB zuzurechnen ist.[49] Insoweit geht die heute h.M. zu Recht davon aus, daß das Verhalten des Schuldners dem Gläubiger selbst dann nicht zuzurechnen ist, wenn dieser auf der Beibringung einer Bürgschaft bestanden hat.[50] Aufgrund ihrer entgegengesetzten Interessen stehen Gläubiger und Hauptschuldner auch in diesem Fall nicht „in einem Lager", so daß der Schuldner Dritter i.S. des § 123 Abs. 2 Satz 1 BGB ist.

Ob die verbraucherschützenden Widerrufsrechte nach den §§ 312, 495 BGB i.V. mit § 355 BGB auf die Übernahme einer Bürgschaft anwendbar sind, wird kontrovers diskutiert. In bezug auf das *Widerrufsrecht bei Haustürgeschäften* (§ 312 BGB) hatte der IX. Zivilsenat des Bundesgerichtshofes zunächst die Ausdehnung auf Bürgschaften kategorisch verneint, da diese mangels einer Gegenleistung des Gläubigers nicht auf eine „entgeltliche Leistung" (§ 312 Abs. 1 BGB) gerichtet seien.[51] Dem wurde zutreffend entgegengehalten, daß nicht schon der einseitig-verpflichtende Charakter der Bürgschaft, sondern nur ein Freigiebigkeitsmoment die Entgeltlichkeit i.S. des § 312 Abs. 1 BGB ausschließen könne (Unentgeltlichkeit),[52] was bei der Bürgschaft regelmäßig fehle.[53] Dem hatte sich der XI. Zivilsenat des Bundesgerichtshofes unter Verweis auf die § 312 BGB zugrundeliegende EG-Richtlinie angeschlossen.[54] Auf Vorlage des Bundesgerichtshofes[55] hat der Europäische Gerichtshof inzwischen einschränkend entschieden, daß die Bürgschaft nur dann § 312 BGB unterfällt, wenn sowohl sie selbst *als auch die gesicherte Hauptschuld* die Voraussetzungen eines Verbraucher-Haustürgeschäftes

---

[48] BGH v. 18. Januar 1996, NJW 1996, 1274 (1275); BGH v. 26. April 2001, NJW 2001, 2466 (2467 f.); *Larenz/Canaris* BT 2, § 60 II 4, S. 10 f.; *Staudinger/Horn* § 765 Rdnr. 180 ff.

[49] Dazu allgemein *Larenz/Wolf* § 37 Rdnr. 15. In diesem Fall stünde dem Bürgen das Anfechtungsrecht gegenüber dem Gläubiger unabhängig von den Einschränkungen des § 123 Abs. 2 BGB zu.

[50] BGH v. 26. April 2001, NJW 2001, 2466 (2469); *Larenz/Wolf* § 37 Rdnr. 16; *Staudinger/Horn* § 765 Rdnr. 155; a.A. noch BGH v. 26. September 1962, NJW 1962, 2195 f.; differenzierend *Larenz/Canaris* BT 2, § 60 II 3c, S. 10.

[51] BGH v. 24. Januar 1991, BGHZ 113, 287 (288 ff.).

[52] Siehe dazu oben § 4 B III, S. 275 ff.

[53] *Habersack* MünchKomm.[4] Vor § 765 Rdnr. 9; *Larenz/Canaris* BT 2, § 60 II 3a, S. 8 f.; *Staudinger/Horn* Vorbem. zu §§ 765 ff. Rdnr. 75; a.A. *Esser/Weyers* BT 1, § 40 II 2, S. 347.

[54] BGH v. 9. März 1993, NJW 1993, 1594 (1595).

[55] BGH v. 11. Januar 1996, NJW 1996, 930 ff.

i.S. des § 312 BGB erfüllt.[56] Dagegen spricht jedoch, daß § 312 BGB an die situative psychologische Überforderung des erklärenden Verbrauchers anknüpft, so daß es für seine Anwendbarkeit auch bei der Bürgschaft nur auf die Lage des Bürgen, nicht aber auf die des Hauptschuldners ankommen kann.[57]

Umstritten ist auch, ob und unter welchen Voraussetzungen die Bürgschaft dem *Widerrufsrecht bei Verbraucherdarlehen* nach § 495 BGB unterfällt, wenn die gesicherte Hauptschuld eine Darlehensschuld ist. Eine unmittelbare Anwendung scheidet aus, da die Bürgschaft selbst kein Darlehensvertrag ist. Mit der h.M.[58] und der Rechtsprechung des Europäischen Gerichtshofes[59] ist auch eine analoge Erstreckung des § 495 BGB auf den Bürgen abzulehnen. Das dort enthaltene Widerrufsrecht bezweckt einen Übereilungsschutz für den Darlehensnehmer aufgrund seiner typisiert angenommenen informationellen Unterlegenheit.[60] In einer derartigen Situation befindet sich zwar auch der Schuldbeitretende, auf den § 495 BGB demzufolge anzuwenden ist.[61] Hiervon zu unterscheiden ist aber die Situation des akzessorisch haftenden Bürgen.[62] Für diesen regelt § 766 BGB den Übereilungsschutz einheitlich und ohne eine weitere Differenzierung nach der Art der Hauptschuld. Zudem kann der Hauptschuldner seine Willenserklärung nach § 495 BGB widerrufen, was über den Akzessorietätsgrundsatz auch dem Bürgen zugute kommt, da dessen Verpflichtung vom Bestand der Hauptverbindlichkeit abhängt.[63]

2. Entstehen einer zu sichernden Forderung (Entstehungsakzessorietät)

Wegen der akzessorischen Rechtsnatur der Bürgschaft[64] kann diese nur begründet werden, wenn eine gesicherte Hauptschuld ihrerseits rechtswirksam entstanden ist (vgl. § 765 Abs. 1: „für die Erfüllung der *Verbindlichkeit* eines Dritten"). Fehlt aus einem beliebigen Rechtsgrund die wirksame Begründung einer Hauptverbindlichkeit (Dissens, Anfechtung, Widerruf nach § 355 BGB etc.), so ist auch die Erteilung der Bürgschaft unwirksam, wenn diese ausschließlich die unwirksame Verbindlichkeit absichern sollte.[65]

---

[56] EuGH v. 17. März 1998, NJW 1998, 1295 f. Ebenso im Anschluß BGH v. 14. Mai 1998, BGHZ 139, 21 ff.; zustimmend auch *Erman/Seiler* § 765 Rdnr. 12.
[57] So *Lorenz* NJW 1998, 2937 ff.; *Medicus* Rdnr. 515; *Reinicke/Tiedtke* NJW 1998, 893 ff.; BR/*Rohe* § 765 Rdnr. 24.
[58] BGH v. 21. April 1998, BGHZ 138, 321 ff.; *Erman/Seiler* § 765 Rdnr. 12; *Habersack* MünchKomm.[4] Vor § 765 Rdnr. 8; *Medicus* Rdnr. 515; BR/*Rohe* § 765 Rdnr. 21.
[59] EuGH v. 23. März 2000, NJW 2000, 1323 f.; dazu *Fischer* ZIP 2000, 828 ff. sowie *Ulmer* JZ 2000, 781 ff.
[60] Siehe oben § 3 C III 2, S. 253 f.
[61] BGH v. 5. Juni 1996, WM 1996, 1258 (1259 f.); *Staudinger/Horn* Vorbem. zu §§ 765 ff. Rdnr. 77.
[62] A.A. *Bülow* ZIP 1996, 1694 (1698).
[63] Siehe unten § 13 C I 2, S. 648 ff. auch zu der Frage, inwieweit etwaige gesetzliche Rückabwicklungsansprüche als verbürgt anzusehen sind.
[64] Siehe oben § 13 B I, S. 639 f.
[65] *Habersack* MünchKomm.[4] § 765 Rdnr. 62. Zu den weiteren Ausprägungen der Akzessorietät siehe unten § 13 D I, S. 662 ff.

Allerdings kann an die Stelle der ursprünglich in bezug genommenen unwirksamen Hauptverbindlichkeit (z.B. einer Darlehensrückzahlungsforderung) ein gesetzlicher Rückabwicklungsanspruch treten, insbesondere ein bereicherungsrechtlicher Anspruch aus § 812 Abs. 1 Satz 1 Alt. 1 BGB. Liegt insoweit ein vergleichbares Interesse der Parteien des Bürgschaftsvertrages an der Sicherung vor, so ist die Bürgschaft unter Umständen im Wege einer Umdeutung nach § 140 BGB als Sicherungsinstrument für diesen gesetzlichen Rückabwicklungsanspruch aufrechtzuerhalten. Daß diese Umdeutung stets eingreifen soll,[66] ist jedoch nicht zu befürworten. Vielmehr bedarf es einer Auslegung des Bürgschaftsvertrages im Einzelfall,[67] wobei z.B. zu berücksichtigen ist, daß die unwirksame Hauptforderung Konditionen vorgesehen haben kann, die für den Bürgen günstig sind (z.B. eine längere Zahlungsfrist des Hauptschuldners). Nur wenn diese über § 818 Abs. 3 BGB auch für den Bereicherungsanspruch aufrechterhalten bleiben, trifft den Bürgen keine stärkere Belastung als bei der vermeintlichen Hauptschuld, was Voraussetzung einer Umdeutung der Bürgschaft ist.[68]

Inhaltlich kann eine Bürgschaft grundsätzlich jede Forderung i.S. einer obligatorischen Verbindlichkeit unabhängig von ihrem Entstehungsgrund (Vertrag oder Gesetz) sichern. § 765 Abs. 1 BGB verlangt lediglich, daß es sich um die Verbindlichkeit eines Dritten, also eine fremde Verbindlichkeit handeln muß. Für die Erfüllung einer eigenen Verbindlichkeit scheidet deshalb eine Verbürgung aus. Aus diesem Grund ist auch eine Bürgschaft, die wechselseitig von zwei Gesamtschuldnern gegenüber dem Gläubiger übernommen wird, nicht von § 765 Abs. 1 BGB abgedeckt, da es sich bei der Verbindlichkeit des anderen Gesamtschuldners zugleich um eine eigene Verbindlichkeit handelt (§ 421 BGB). Ebenso kann eine Bürgschaft nicht für den eigenen Ehegatten übernommen werden, wenn dieser im Rahmen des § 1357 BGB zur angemessenen Deckung des Lebensbedarfs einen Vertrag abgeschlossen hat. Hierdurch wird der Ehegatte kraft Gesetzes (§ 1357 Abs. 1 Satz 2 BGB) als Gesamtschuldner mitverpflichtet.[69]

Bei der Drittverbindlichkeit muß es sich nicht um eine auf Geldzahlung gerichtete Schuld handeln,[70] obwohl die Verbürgung für die Schuld aus einem Gelddarlehen den praktisch wichtigsten Anwendungsfall der Bürgschaft darstellt. Beinhaltet

---

[66] So *Habersack* MünchKomm.[4] § 765 Rdnr. 62; *Larenz/Canaris* BT 2, § 60 III 1c, S. 12; a.A. *Medicus* Rdnr. 521.

[67] BGH v. 12. Februar 1987, NJW 1987, 2076 (2077); *Brox/Walker* § 32 Rdnr. 21; *Staudinger/Horn* § 765 Rdnr. 82.

[68] Somit trifft es auch nicht zu, daß bei Unwirksamkeit eines gewährten Darlehens der Rückforderungsanspruch aus § 812 Abs. 1 Satz 1 Alt. 1 BGB lediglich eine andere Anspruchsgrundlage als § 488 Abs. 1 Satz 2 BGB bei Identität des Anspruchs darstellt (so *Larenz/Canaris* BT 2, § 60 III 1c, S. 12). Vielmehr beruht die Forderung aus Darlehen auf einem wesentlich anderen *Sachverhalt* (eben dem Vertrag) als die Kondiktion, so daß es sich um unterschiedliche Ansprüche handelt; vgl. *Larenz/Wolf* § 18 Rdnr. 18 ff., 68 ff.

[69] Für Lebenspartner i.S. des LPartG gilt dies wegen der Verweisung auf § 1357 BGB in § 8 Abs. 2 LPartG entsprechend.

[70] *Esser/Weyers* BT 1, § 40 II 1, S. 347; *Habersack* MünchKomm.[4] § 765 Rdnr. 65.

die Hauptverbindlichkeit die Erbringung unvertretbarer Leistungen, so ist die Bürgschaft jedoch so auszulegen, daß der Bürge für die aus der Nichtleistung gemäß den §§ 280 ff. BGB resultierenden Schadensersatzansprüche einzustehen hat.[71] Die Verbürgung für eine vertretbare Leistung, welche nicht in Geld besteht, bedarf im Einzelfall einer Auslegung, ob der Bürge die Leistung in natura zu erbringen hat oder wiederum nur das Erfüllungsinteresse des Gläubigers sichern soll.[72]

Die Hauptforderung muß schließlich nach Art und Umfang sowie den Personen des Gläubigers und des Hauptschuldners *bestimmbar* sein, damit das übernommene Risiko überschaubar bleibt.[73] Dafür ist jedoch nicht erforderlich, daß die Verbindlichkeit im Zeitpunkt der Verbürgung bereits entstanden ist. § 765 Abs. 2 BGB läßt die Verbürgung für bedingte Verbindlichkeiten ausdrücklich zu und stellt diesen „künftige" zur Seite. Bei letzteren muß für die Bestimmbarkeit im Zeitpunkt der Verbürgung noch nicht einmal ein fester Rechtsgrund für die Hauptforderung gelegt sein, wie er bei bedingten Verbindlichkeiten existiert. Vielmehr reicht es aus, wenn im *Zeitpunkt der Forderungsentstehung* nach Maßgabe des Inhalts der Bürgschaftsvereinbarung eindeutig feststeht, ob die jeweilige Verbindlichkeit von der Bürgschaft umfaßt sein soll.[74] Sicherbar sind daher auch sog. zukünftige Forderungen. Aus Gründen der Akzessorietät kann der Bürge in diesen Fällen jedoch erst in Anspruch genommen werden, wenn die Hauptverbindlichkeit entstanden und fällig ist.[75] Mit dem Bestimmbarkeitserfordernis ist es sogar vereinbar, alle gegenwärtigen und künftigen Forderungen eines Gläubigers gegen einen bestimmten Hauptschuldner zu sichern (sog. Globalbürgschaft).[76] Damit erfüllt das Bestimmbarkeitserfordernis kaum noch eine Begrenzungsfunktion. Bei der Verwendung von Allgemeinen Geschäftsbedingungen schützt allerdings deren Inhaltskontrolle den Bürgen vor unüberschaubaren Risiken.[77]

3. Formerfordernis des § 766 BGB

a) Allgemeine Grundsätze zum Formerfordernis

Da die Bürgschaft zu Lasten des Bürgen wegen des noch ungewissen, zugleich aber uneingeschränkten Zugriffs auf das gesamte Privatvermögen eine sehr weitreichende und risikoreiche Verpflichtung begründet, stellt § 766 BGB für das

---

[71] Mot. II, S. 659; RGRK/*Mormann* § 765 Rdnr. 3; *Staudinger/Horn* § 765 Rdnr. 99.

[72] Vgl. BGH v. 21. März 1989, NJW 1989, 1856 (1857); *Erman/Seiler* § 765 Rdnr. 6; *Habersack* MünchKomm.[4] § 765 Rdnr. 79.

[73] BGH v. 5. April 1990, NJW 1990, 1909 (1910); *Habersack* MünchKomm.[4] § 765 Rdnr. 68; *Staudinger/Horn* § 765 Rdnr. 13.

[74] *Erman/Seiler* § 765 Rdnr. 3; *Habersack* MünchKomm.[4] § 765 Rdnr. 70; *Larenz/Canaris* BT 2, § 60 II 2b, S. 8; *Staudinger/Horn* § 765 Rdnr. 100.

[75] *Erman/Seiler* § 765 Rdnr. 2; *Habersack* MünchKomm.[4] § 765 Rdnr. 67; *Schlechtriem* Rdnr. 638.

[76] BGH v. 18. Mai 1995, BGHZ 130, 19 (21 f.) gegen BGH v. 10. Oktober 1957, BGHZ 25, 319 (321); *Larenz/Canaris* BT 2, § 60 II 2a, S. 7.

[77] Näher unten § 13 C II 1, S. 655 ff.

wirksame Zustandekommen eines Bürgschaftsvertrages ein Formerfordernis auf.[78] Zum Schutz des Bürgen vor einer übereilten Übernahme der Verpflichtung (Warnfunktion), aber auch, um Inhalt und Umfang seines Verpflichtungswillens zu dokumentieren (Beweisfunktion), verlangt § 766 Satz 1 BGB eine „schriftliche Erteilung der Bürgschaftserklärung".

Nach dem Wortlaut des § 766 Satz 1 BGB erstreckt sich das Formerfordernis nur auf die „Bürgschaftserklärung". Andere Formvorschriften reichen bei einem Vergleich des Gesetzeswortlauts indes weiter. So erfaßt das Formerfordernis des § 311b Abs. 1 Satz 1 BGB ausdrücklich den „Vertrag". Aus dieser Gegenüberstellung folgt für den Bürgschaftsvertrag, daß lediglich die Annahme bzw. der Antrag des *Bürgen* dem Formerfordernis des § 766 Satz 1 BGB unterliegt; nur bei ihm trifft der dargelegte Warnzweck zu. Die für das Zustandekommen des Bürgschaftsvertrages notwendige Willenserklärung des *Gläubigers* ist demgegenüber nicht formbedürftig. Deshalb reicht es für einen formwirksamen Bürgschaftsvertrag aus, wenn der Bürge eine schriftliche Erklärung aufsetzt, diese unterschreibt und anschließend dem Gläubiger übergibt, der sie seinerseits zu den Unterlagen nimmt. Hierdurch hat der Gläubiger konkludent das ihm unterbreitete und dem Formerfordernis des § 766 Satz 1 BGB entsprechende Angebot zum Abschluß eines Bürgschaftsvertrages angenommen.

Das Formerfordernis des § 766 Satz 1 BGB besteht aus zwei Elementen, welche beide erfüllt sein müssen, damit eine rechtswirksame Willenserklärung des Bürgen vorliegt: Erstens der Schriftform und zweitens der „Erteilung". Fehlt eines von diesen, so ist die Willenserklärung des Bürgen nach § 125 Satz 1 BGB nichtig.

b) Schriftform i.S. des § 126 BGB

Zunächst muß die Willenserklärung des Bürgen den Anforderungen des § 126 BGB, d.h. der gesetzlichen Schriftform genügen. Hiernach muß insbesondere eine eigenhändige Unterschrift des Bürgen die Urkunde abschließen (§ 126 Abs. 1 BGB). Die elektronische Form (§ 126 Abs. 3 BGB i.V. mit § 126a BGB) scheidet nach § 766 Satz 2 BGB für die Bürgschaft ausdrücklich aus; möglich ist aber eine Ersetzung der Schriftform durch notarielle Beurkundung (§ 126 Abs. 4 BGB).

Ebenso wie bei anderen Vorschriften, welche für rechtsgeschäftliche Erklärungen ein Schriftformerfordernis aufstellen, muß die schriftliche Erklärung alle wesentlichen Bestandteile der Bürgschaft umfassen.[79] Aus der Urkunde müssen deshalb die Person des Gläubigers, der Verpflichtungswille des Bürgen, die durch die Bürgschaft gesicherte Hauptverbindlichkeit sowie – zur effektiven Gewährleistung des Bürgenschutzes – auch haftungserweiternde Nebenabreden zu entnehmen sein.[80] Insoweit deckt sich das Schriftformerfordernis weitgehend mit den Anforderungen an die Bestimmbarkeit der Hauptschuld.[81]

---

[78] Siehe oben § 13 B II, S. 640 ff.
[79] Dazu allgemein *Larenz/Wolf* § 27 Rdnr. 17; *Palandt/Heinrichs* § 125 Rdnr. 7.
[80] BGH v. 29. Februar 1996, BGHZ 132, 119 (122); *Erman/Seiler* § 766 Rdnr. 6; *Habersack* MünchKomm.[4] § 766 Rdnr. 8; *Medicus* Rdnr. 517; BR/*Rohe* § 766 Rdnr. 4 f.
[81] Siehe oben § 13 C I 2, S. 648 ff.

Im übrigen gilt auch für die Bürgschaftserklärung, daß diese wie alle Willenserklärungen nach den §§ 133, 157 BGB gegebenenfalls auszulegen ist. Dabei ist
aber der für formbedürftige Willenserklärungen anerkannte Grundsatz zu beachten, daß nur diejenigen Umstände in die Auslegung einfließen, für die sich in der
Urkunde wenigstens ein Anhaltspunkt finden läßt (sog. Andeutungstheorie).[82] Die
Unschädlichkeit übereinstimmender Falschbezeichnungen wird hierdurch nicht
berührt (falsa demonstratio non nocet).[83]

c) Schriftliche „Erteilung"

Das Formerfordernis des § 766 Satz 1 BGB kann nicht auf die Einhaltung der
Schriftform i.S. des § 126 BGB verkürzt werden. Die Vorschrift verlangt als zweites Element eine schriftliche „Erteilung" der Bürgschaftserklärung. Es genügt deshalb nicht, wenn der Bürge seine Willenserklärung den Anforderungen des § 126
BGB entsprechend schriftlich abfaßt und den Gläubiger mündlich darüber unterrichtet. Vielmehr muß hinzukommen, daß er die schriftliche Urkunde willentlich
dem Gläubiger zu seiner – zumindest vorübergehenden – Verfügung *übergibt*.[84]
Die Formvorschrift des § 766 Satz 1 BGB ist deshalb mit der Nichtigkeitsfolge des
§ 125 Satz 1 BGB z.B. nicht eingehalten, wenn der Bürge ein entsprechendes Formular unterzeichnet, dieses aber in seinem Besitz behält. Gleiches gilt, wenn der
Gläubiger die Urkunde ohne den Willen des Bürgen an sich nimmt, soweit es in
diesem Fall nicht schon an einer abgegebenen Willenserklärung des letzteren fehlt.

Wegen der beiden Elemente, aus denen sich das Formerfordernis in § 766
Satz 1 BGB zusammensetzt, hat der Bundesgerichtshof mit Recht entschieden, daß
eine dem Gläubiger per Telefax übermittelte Bürgschaftserklärung nicht wirksam
ist:[85] Die dem Gläubiger gesendete Telekopie genügt als solche nicht der gesetzlichen Schriftform nach § 126 Abs. 1 BGB, weil sie keine eigenhändige Unterschrift enthält, und das von dem Bürgen unterzeichnete Original in dessen Besitz
verbleibt, d.h. dem Gläubiger gerade nicht i.S. des § 766 Satz 1 BGB erteilt wird.
Gleiches gilt für eine Bürgschaftserklärung per Telegramm, wofür auch ein Umkehrschluß aus § 127 Satz 2 BGB spricht.[86]

d) Blankobürgschaft

Besondere Probleme bereitet die Formvorschrift des § 766 Satz 1 BGB bei einer
sog. Blankobürgschaft. Bei dieser unterzeichnet der Bürge eine unvollständige Urkunde, die ein Dritter später aufgrund einer ihm erteilten Ausfüllungsermächtigung

---

82   BGH v. 14. November 1991, NJW 1992, 1448 (1449); BGH v. 12. Juli 2001, NJW
      2001, 3327 (3328); *Habersack* MünchKomm.⁴ § 766 Rdnr. 6; *Staudinger/Horn* § 766
      Rdnr. 19; BR/*Rohe* § 766 Rdnr. 4.
83   BGH v. 30. März 1995, ZIP 1995, 812 (813); *Staudinger/Horn* § 766 Rdnr. 21.
84   BGH v. 30. November 1977, WM 1978, 266 (267); *Erman/Seiler* § 766 Rdnr. 7; *Esser/Weyers* BT 1, § 40 II 1c, S. 346; *Habersack* MünchKomm.⁴ § 766 Rdnr. 24; *Staudinger/Horn* § 766 Rdnr. 33; BR/*Rohe* § 766 Rdnr. 7.
85   BGH v. 28. Januar 1993, BGHZ 121, 224 (229 ff.); *Brox/Walker* § 32 Rdnr. 19; *Habersack* MünchKomm.⁴ § 766 Rdnr. 25; *Staudinger/Horn* § 766 Rdnr. 29.
86   BGH v. 27. Mai 1957, BGHZ 24, 297 (302); RGRK/*Mormann* § 766 Rdnr. 2.

in bezug auf die verbürgte Schuld vervollständigt. Entgegen der früheren Rechtsprechung vertritt der Bundesgerichtshof nunmehr die Auffassung, daß eine derartige Ausfüllungsermächtigung bei der Bürgschaft selbst den Anforderungen des § 766 Satz 1 BGB genügen muß, um die Warnfunktion dieser Vorschrift nicht zweckwidrig auszuhöhlen.[87] Anderenfalls sollen die Ausfüllungsermächtigung und damit die Bürgschaft nach § 125 Satz 1 BGB *stets* nichtig sein.

Dem ist nur teilweise zuzustimmen, da die Ausfüllungsermächtigung einer Vollmacht ähnelt und somit § 167 Abs. 2 BGB gegen eine generelle Formbedürftigkeit derselben spricht. Andererseits ist zu § 167 Abs. 2 BGB anerkannt, daß die Vollmacht aufgrund einer teleologischen Reduktion der Norm dann dem Formerfordernis des Hauptgeschäftes unterliegt, wenn der Bevollmächtigte aufgrund einer typisierbaren Interessenkollision nicht die von § 167 Abs. 2 BGB vorausgesetzte „Repräsentantenrolle" für den Vollmachtgeber einnimmt, z.B. die Vollmacht unwiderruflich erteilt oder der Bevollmächtigte vom Verbot des § 181 BGB befreit wurde.[88] Nur soweit eine solche *typisierbare Interessenkollision zwischen dem Bürgen und dem zur Ausfüllung Ermächtigten* besteht, bedarf folglich die Ausfüllungsermächtigung[89] selbst der Form des § 766 Abs. 1 BGB.[90] Dies trifft z.B. zu, wenn der Gläubiger[91] oder der Schuldner der gesicherten Hauptverbindlichkeit zur Ausfüllung ermächtigt wird (vgl. § 181 BGB). Nach richtiger Auffassung ist jedoch auch in diesem Fall nicht die ausgefüllte Bürgschaft, sondern lediglich die Ausfüllungsermächtigung nach § 125 Satz 1 BGB nichtig, was für die Bürgschaft selbst eine schwebende Unwirksamkeit analog § 177 Abs. 1 BGB mit der Möglichkeit einer Genehmigung nach sich zieht.[92]

Ist eine Ausfüllungsermächtigung nach § 125 Satz 1 BGB nichtig oder führt der Ausfüllende diese abredewidrig aus (sog. Blankettmißbrauch), so kommt jedoch eine *Rechtsscheinhaftung des Blankett-Bürgen* in Betracht, da dieser mit der Unterschrift den Anschein erweckt hat, daß der Urkundeninhalt von ihm herrührt. Gegenüber einem in bezug auf den Ausfüllungsmangel gutgläubigen Partner des Bürgschaftsvertrages gilt die Bürgschaft daher analog den §§ 172 Abs. 2, 173 BGB als wirksam erteilt, ohne daß dem Bürgen ein Recht zur Anfechtung zusteht.[93]

e) Heilung des Formmangels

Vergleichbar mit § 311b Abs. 1 Satz 2 BGB (Heilung durch Auflassung und Eintragung in das Grundbuch) sieht § 766 Satz 3 BGB eine Heilung des Verstoßes ge-

---

[87] BGH v. 29. Februar 1996, BGHZ 132, 119 (123 ff.) m.w.N; zustimmend *Habersack* MünchKomm.[4] § 766 Rdnr. 22.

[88] Dazu allgemein *Larenz/Wolf* § 47 Rdnr. 23.

[89] Gleiches würde für eine Vollmacht gelten.

[90] So auch *Keim* NJW 1996, 2274 (2275); *Larenz/Canaris* BT 2, § 60 II 1b/c, S. 5 f.

[91] Einen solchen Fall betraf die Entscheidung des Bundesgerichtshofes.

[92] So *Keim* NJW 1996, 2274 (2276); *Staudinger/Horn* § 766 Rdnr. 45.

[93] BGH v. 25. November 1963, BGHZ 40, 297 (304 ff.); BGH v. 29. Februar 1996, BGHZ 132, 119 (127 f.); *Habersack* MünchKomm.[4] § 766 Rdnr. 23; *Staudinger/Horn* § 766 Rdnr. 46; in bezug auf eine formnichtige Ausfüllungsermächtigung a.A. *Bülow* ZIP 1996, 1694 (1695 f.).

gen das Formerfordernis in § 766 Satz 1 BGB vor, wenn der Bürge seine Verbindlichkeit (unpräzise § 766 Satz 3 BGB: „die Hauptverbindlichkeit") erfüllt. Wegen
der willentliche Vornahme der Erfüllungshandlung bedarf es des Warnzwecks der
Schriftform nicht mehr.

f) Ausnahmen von § 766 BGB

Sofern die Bürgschaftserklärung nicht der Formvorschrift des § 766 Satz 1 BGB
genügt und eine Auslegung der Vereinbarung i.S. eines Garantievertrages oder
eines Schuldbeitritts ausscheidet,[94] liegt in Sonderfällen gleichwohl eine rechtswirksame Verpflichtung des Bürgen vor.

Erstens gilt § 766 Satz 1 BGB nach § 350 HGB nicht, wenn sich ein Kaufmann
i.S. der §§ 1 ff. HGB verbürgt und die Bürgschaft für ihn nach § 343 Abs. 1 HGB
ein Handelsgeschäft darstellt. Dabei ist die Zugehörigkeit der Bürgschaft zum Betrieb des Handelsgewerbes des Kaufmannes gemäß § 344 Abs. 1 HGB zu vermuten. Auf Bürgschaften, die Gesellschafter einer Kapitalgesellschaft im Zusammenhang mit deren Geschäftstätigkeit abgeben, ist § 350 HGB nach umstrittener, aber
richtiger Ansicht selbst dann nicht anzuwenden, wenn sie geschäftsführend tätig
sind.[95] Zwar kann hier eine mit Privatleuten vergleichbare Schutzbedürftigkeit fehlen, § 350 HGB knüpft aber formal an die Kaufmannseigenschaft an, die gemäß
§ 6 Abs. 1 HGB i.V. mit den §§ 3 Abs. 1 AktG, 13 Abs. 3 GmbHG nur die jeweilige Gesellschaft aufweist. Gleiches gilt für Gesellschafter von Personenhandelsge-
sellschaften (Offene Handelsgesellschaft, Kommanditgesellschaft), sofern diese als
Einzelpersonen nicht als Kaufleute zu betrachten sind.[96]

Schließlich kann eine Berufung auf die Formnichtigkeit der Bürgschaft nach
allgemeinen Regeln gemäß § 242 BGB in eng begrenzten Ausnahmefällen ausgeschlossen sein, wenn der Bürge entweder den Gläubiger über die Formbedürftigkeit getäuscht oder aber aus der verbürgten Hauptschuld erhebliche und irrevisible
Vorteile gezogen hat (unzulässige Rechtsausübung).[97]

II. Inhaltskontrolle des Bürgschaftsvertrages

Der Abschluß des Bürgschaftsvertrages ist für den Bürgen mit einem hohen Risiko
verbunden, da er sein eigenes Leistungsversprechen untrennbar mit dem Leistungs-
vermögen des Schuldners verknüpft. Dabei trägt der rein formale Schutz des § 766
BGB[98] den Interessen des Bürgen nicht immer in angemessener Weise Rechnung.
Deshalb nehmen Rechtsprechung und Lehre vor allem in zwei Fallkonstellationen
eine relativ umfassende materielle Inhaltskontrolle des Bürgschaftsvertrages vor:

---

[94] Siehe oben § 13 B I bis III, S. 639 ff.

[95] BGH v. 28. Januar 1993, BGHZ 121, 224 (228); a.A. *K. Schmidt* ZIP 1986, 1510
     (1515 f.); offen *Staudinger/Horn* § 766 Rdnr. 6.

[96] Dazu allgemein *K. Schmidt* Handelsrecht, 5. Aufl. 1999, § 5 I 1b, S. 90 f.

[97] BGH v. 28. November 1957, BGHZ 26, 142 (151 f.); BGH v. 29. Februar 1996,
     BGHZ 132, 119 (128 f.); *Habersack* MünchKomm.[4] § 766 Rdnr. 30; *Staudinger/Horn*
     § 766 Rdnr. 51; BR/*Rohe* § 767 Rdnr. 16. Allgemein zur Unbeachtlichkeit von Form-
     verstößen nach § 242 BGB *Larenz/Wolf* § 27 Rdnr. 44 ff.

[98] Siehe oben § 13 C I 3, S. 650 ff.

Globalbürgschaften sowie Bürgschaften durch nahe Angehörige des Hauptschuldners.

1. Globalbürgschaften in Allgemeinen Geschäftsbedingungen

Globalbürgschaften erweisen sich für den Bürgen als besonders risikoreich, da sie alle gegenwärtigen und häufig auch alle zukünftigen Verbindlichkeiten eines Gläubigers gegen einen Hauptschuldner in die Bürgschaft einbeziehen. Obwohl der Bürge die aus einer derartigen Bürgschaft resultierenden Risiken häufig nur schwer kalkulieren kann, verstoßen Globalbürgschaften nach heute h.M. nicht gegen das Erfordernis der Bestimmbarkeit der Hauptverbindlichkeit.[99] Es obliegt grundsätzlich dem Bürgen, die potentiellen Verpflichtungen bei Übernahme einer Globalbürgschaft sachgerecht einzuschätzen. Dieser Gedanke trifft jedoch gegebenenfalls dann nicht mehr zu, wenn der Gläubiger die Globalbürgschaft in Allgemeinen Geschäftsbedingungen vorformuliert und dem Bürgen zur Unterzeichnung vorlegt. In diesem Fall kann ein Bedürfnis bestehen, den Bürgen durch § 305c Abs. 1 BGB bzw. § 307 BGB vor unüberschaubaren Haftungsrisiken zu schützen.[100] Hierbei sind jedoch wiederum zwei Fallgestaltungen zu unterscheiden:

Häufig tritt die Konstellation auf, daß eine konkrete Hauptforderung Anlaß für die Verbürgung ist, die Allgemeinen Geschäftsbedingungen des Gläubigers die Bürgschaft aber auf alle gegenwärtigen und zukünftigen Forderungen gegen den betreffenden Hauptschuldner ausdehnen. In diesem Fall geht die Rechtsprechung zutreffend davon aus, daß nach § 307 Abs. 3 BGB als essentiale negotii nur *die* Verbürgung nicht am Maßstab des § 307 Abs. 1 Satz 1 i.V. mit Abs. 2 BGB kontrollfähig ist, die sich auf die Forderung bezieht, welche den Anlaß des Sicherungsgeschäftes bildete. Die formularmäßige Ausdehnung auf weitere Hauptverbindlichkeiten ist als sog. Nebenverpflichtung am Verbot einer unangemessenen Benachteiligung nach § 307 Abs. 1 Satz 1 i.V. Abs. 2 BGB zu messen.[101] Dabei wird maßgeblich darauf abgestellt, daß die Ausdehnung i.S. des § 307 Abs. 2 Nr. 1 BGB gegen den Grundgedanken des § 767 Abs. 1 Satz 3 BGB verstoße, da die Erweiterung der gesicherten Verbindlichkeiten den Bürgen *der Fremddisposition des Hauptschuldners unterwerfe*, auf dessen Schuldenpolitik er keinen Einfluß habe.[102] Folgerichtig soll ein Verstoß gegen § 307 Abs. 1 und 2 BGB ausnahmsweise nicht vorliegen, wenn der Bürge der hauptschuldnerischen Gesellschaft als Gesellschafter angehört, auf deren Kreditgeschäfte maßgeblichen Einfluß nehmen und die Bürgschaft daher gegebenenfalls rechtzeitig kündigen kann.[103] Soweit eine glo-

---

[99]   Dazu oben § 13 C I 2, S. 648 ff.

[100] *Habersack* MünchKomm.[4] § 765 Rdnr. 72; *Larenz/Canaris* BT 2, § 60 II 2a, S. 7; ausführlich *Bydlinski* WM 1992, 1301 (1304 ff.).

[101] BGH v. 18. Mai 1995, BGHZ 130, 19 (31 ff.); BGH v. 15. Juli 1999, BGHZ 142, 213 (215 f.); *Erman/Seiler* § 765 Rdnr. 3; *Medicus* Rdnr. 516.

[102] BGH v. 18. Mai 1995, BGHZ 130, 19 (31 ff.); BGH v. 15. Juli 1999, BGHZ 142, 213 (215 f.); *Habersack* MünchKomm.[4] § 765 Rdnr. 73; *Staudinger/Horn* § 765 Rdnr. 50.

[103] BGH v. 1. Juni 1994, BGHZ 126, 174 (177); BGH v. 15. Juli 1999, BGHZ 142, 213 (216 ff.) mit weiteren Einzelheiten. Dazu auch *Ehricke* JZ 2000, 466 ff. Zur Kündigung der Bürgschaft siehe unten § 13 E III, S. 669.

bale Ausdehnung der Bürgschaft nicht wirksam in den Vertrag einbezogen worden ist, sichert die Bürgschaft gem. § 306 Abs. 1 BGB nur die Hauptverbindlichkeit, die den Anlaß für die Verbürgung darstellte.

Die Begründung der Unwirksamkeit derartiger Globalbürgschaften über den Rechtsgedanken des § 767 Abs. 1 Satz 3 BGB ist aus zwei Gründen problematisch.[104] Erstens kann damit von vornherein nur die Erstreckung der Bürgschaft auf künftig entstehende Verbindlichkeiten als unwirksam erachtet werden, nicht aber auch auf bereits bestehende Hauptschulden, die über die Forderung hinausgehen, welche den Anlaß zu der Verbürgung gab.[105] Zweitens widerspricht die Haftung des Bürgen dem Rechtsgedanken des § 767 Abs. 1 Satz 3 BGB nur bei solchen nach Abschluß des Bürgschaftsvertrages entstehenden Verbindlichkeiten, die nicht in den Bürgschaftsinhalt aufgenommen worden sind (vgl. § 765 Abs. 2 BGB). Ausschließlich dann liegt eine wirkliche „Fremddisposition" durch den Gläubiger vor. Wenn die betreffende Formularklausel die künftigen Verbindlichkeiten aber ausdrücklich einschließt, wäre es somit zirkulär, sie über § 307 Abs. 2 Nr. 1 BGB i.V. mit § 767 Abs. 1 Satz 3 BGB zu Fall zu bringen.

Entscheidendes Kriterium ist vielmehr, daß eine Ausdehnung der in die Bürgschaft einbezogenen Verbindlichkeiten über die Schuld hinaus, die den Anlaß für den Vertrag bildete, einerseits dem Bürgen *kaum überschaubare Risiken aufbürdet* (Gefährdung des Vertragszwecks gemäß § 307 Abs. 2 Nr. 2 BGB) und andererseits als *überraschende Klausel i.S. des § 305c Abs. 1 BGB* nicht in den Vertrag einbezogen worden ist.[106] Das gilt unabhängig davon, ob sich die Ausdehnung auf gegenwärtige oder künftige Verbindlichkeiten bezieht. Allerdings können bei dieser Begründung auch solche Bürgen vor einer formularmäßigen Globalbürgschaft geschützt sein, die als Gesellschafter des Hauptschuldners Einfluß auf den künftigen Schuldenstand ausüben, da auch sie gegebenenfalls von der Ausdehnung der Bürgschaft i.S. des § 305c Abs. 1 BGB „überrascht" werden.[107] Dieses Ergebnis erscheint jedoch gerechtfertigt, da das entscheidende Kriterium nicht die Unterwerfung unter eine Fremddisposition durch die Globalbürgschaft, sondern der Umstand ist, daß der Bürge nicht mit einer kaum kalkulierbaren Haftungsausdehnung zu rechnen brauchte.

Hat der Bürge seine Erklärung hingegen nicht anläßlich der Sicherung einer bestimmten Forderung abgegeben, sondern war der (vorformulierte) Bürgschaftsvertrag von vornherein auf eine Globalbürgschaft gerichtet, so gehört die globale Haftung in ihrer Gesamtheit zu den essentialia negotii. Diese sind lediglich nach Maßgabe des § 307 Abs. 3 BGB auf eine unangemessene Benachteiligung kon-

---

[104] So auch *Erman/Seiler* § 765 Rdnr. 3.

[105] Vgl. BGH v. 7. März 1996, NJW 1996, 1470 (1472).

[106] So zum Teil auch die Rechtsprechung: BGH v. 1. Juni 1994, BGHZ 126, 174 (176 ff.); BGH v. 18. Mai 1995, BGHZ 130, 19 (24 ff.); *Esser/Weyers* BT 1, § 40 II 1, S. 345; *Habersack* MünchKomm.⁴ § 765 Rdnr. 72; *Larenz/Canaris* BT 2, § 60 II 2a, S. 7; *Schlechtriem* Rdnr. 636 Fn. 31; *Staudinger/Horn* § 765 Rdnr. 49.

[107] A.A. BGH v. 18. Mai 1995, BGHZ 130, 19 (30) unter Bezugnahme auf den Mangel an Fremddisposition, der im Rahmen des § 305c Abs. 1 BGB aber richtigerweise keine entscheidende Rolle spielt.

trollfähig, denn es liegt kein „Primärzweck" der Verbürgung vor, von dem sich eine Haftungsausdehnung als Nebenverpflichtung abgrenzen ließe.[108] Das muß entgegen der neueren Rechtsprechung auch in bezug auf die Haftung für zukünftige Verbindlichkeiten des Hauptschuldners gelten.[109] Folglich greift die Inhaltskontrolle im Hinblick auf eine unangemessene Benachteiligung des Bürgen nach § 307 Abs. 3 BGB nur hinsichtlich der Verständlichkeit der Klausel ein (§ 307 Abs. 1 Satz 2 BGB), die nicht in Zweifel steht. Auch eine „überraschende Klausel" i.S. des § 305c Abs. 1 BGB liegt in diesem Fall nicht vor, da sich die Bürgschaftserklärung von vornherein auf alle gegenwärtigen und zukünftigen Verbindlichkeiten des Hauptschuldners richtet.[110] Aus diesem Grund hält eine derartige Bürgschaftsklausel der Inhalts- und Einbeziehungskontrolle anhand der §§ 305 ff. BGB stand. In Betracht kommt allenfalls eine Sittenwidrigkeit der Bürgschaft gemäß § 138 Abs. 1 BGB.[111]

2. Sittenwidrigkeit der Bürgschaft naher Angehöriger des Hauptschuldners

Die mögliche Sittenwidrigkeit von Bürgschaften gemäß § 138 Abs. 1 BGB erweist sich insbesondere dann als relevant, wenn zwischen dem Hauptschuldner und dem Bürgen ein besonderes Näheverhältnis besteht (Ehegatte, Lebenspartner, Kinder, Geschwister des Hauptschuldners). Ein Angehöriger des Hauptschuldners kann häufig nicht so frei wie ein Unbeteiligter anhand wirtschaftlicher Risikokalkulationen über die Erteilung der Bürgschaft entscheiden. Das gilt insbesondere, wenn von seiner Verbürgung die Kreditfähigkeit des ihm nahestehenden Hauptschuldners abhängt, der nicht selten aufgrund des persönlichen Näheverhältnisses sogar Druck auf den Bürgen ausübt. Eine derartige Beeinflussung erfüllt im Verhältnis zum *Gläubiger* jedoch nur selten die Voraussetzungen des § 123 BGB,[112] so daß sich die Frage nach einer Sittenwidrigkeit der Bürgschaft gemäß § 138 Abs. 1 BGB stellt.[113]

Die diesbezügliche Rechtsprechung kann auf eine wechselvolle Geschichte blicken, die nicht zuletzt durch Divergenzen zwischen dem IX. und dem XI. Zivilsenat des Bundesgerichtshofes geprägt ist und zu einer Vorlage der betreffenden Rechtsfragen an den Großen Senat für Zivilsachen geführt hat (vgl. § 132

---

[108] *Larenz/Canaris* BT 2, § 60 II 2a, S. 7; *Staudinger/Horn* § 766 Rdnr. 51; so auch noch BGH v. 4. Juni 1987, NJW 1987, 3126 (3127).

[109] A.A. BGH v. 18. Januar 1996, BGHZ 132, 6 (9) mit der merkwürdigen Begründung, aus „objektiver Sicht" strebe der Bürge nur eine Sicherung der gegenwärtigen Verbindlichkeiten an, so daß die Haftung für zukünftige Verbindlichkeiten nicht zu den einer Inhaltskontrolle entzogenen essentialia negotii gehöre. Der neuen Rechtsprechung folgend *Habersack* MünchKomm.⁴ § 765 Rdnr. 74.

[110] BGH v. 18. Mai 1995, BGHZ 130, 19 (30 f.); BGH v. 7. März 1996, NJW 1996, 1470 (1472 f.); *Habersack* MünchKomm.⁴ § 765 Rdnr. 72.

[111] Dazu unten § 13 C II 2, S. 657 ff.

[112] Siehe bereits oben § 13 C I 1, S. 646 ff.

[113] § 138 Abs. 2 BGB kann auf die Bürgschaft als bloß einseitig verpflichtenden Vertrag keine Anwendung finden; statt aller BGH v. 26. April 2001, NJW 2001, 2466 (2467); *Erman/Palm* § 138 Rdnr. 13.

GVG).[114] Die Problematik der Sittenwidrigkeit von Bürgschaften resultiert zu einem nicht unerheblichen Teil daraus, daß ein „Verstoß gegen das Anstandsgefühl aller billig und gerecht Denkenden" i.S. des § 138 Abs. 1 BGB nach der ursprünglichen gesetzgeberischen Konzeption an sich ein individuelles Machtgefälle zwischen den Parteien des Rechtsgeschäfts voraussetzt, welches eine Partei zudem „in verwerflicher Gesinnung" ausgenutzt hat (arg. § 138 Abs. 2 BGB).[115]

Im Zusammenhang mit den Bürgschaften naher Angehöriger des Hauptschuldners entschied das Bundesverfassungsgericht jedoch, daß über die zivilrechtlichen Generalklauseln (§§ 138, 242 BGB) nicht nur individuell nachweisbare, sondern auch „*strukturelle* Störungen der Vertragsparität" zu berücksichtigen sind, um der „Fremdbestimmung" eines Vertragspartners vorzubeugen.[116] Dieser Ansatz ist Ausdruck eines im Privatrecht zu beobachtenden Paradigmenwechsels, der das liberale Bild einer maßgeblich formell definierten Privatautonomie (Grundsatz der Richtigkeitsgewähr des willentlich geschlossenen Vertragsverhältnisses)[117] zugunsten einer am Sozialstaatsprinzip orientierten materiellen Gerechtigkeitskontrolle zurückdrängt.[118] Obwohl die Konkretisierung dieser Prinzipien für die Frage der Sittenwidrigkeit von Angehörigenbürgschaften noch nicht als abgeschlossen bezeichnet werden kann,[119] lassen sich nach gegenwärtigem Stand folgende Grundsätze festhalten:[120]

Nachdem ursprünglich insbesondere der IX. Zivilsenat des Bundesgerichtshofes Bürgschaften von Kindern des Hauptschuldners einer strengeren Kontrolle unterwarf als diejenigen von Ehegatten,[121] ist nunmehr die Tendenz zur Bildung eines einheitlichen „Grundtatbestands" der Sittenwidrigkeit von Bürgschaften naher Angehöriger des Hauptschuldners festzustellen. Danach liegt Sittenwidrigkeit regelmäßig vor, wenn der Bürge einerseits durch die Verpflichtung unter Berücksichtigung seiner gegenwärtigen Vermögensverhältnisse finanziell kraß überfordert wird[122] und der Vertragsschluß andererseits Ausdruck einer strukturell ungleichen

---

[114] BGH (XI. Zivilsenat) v. 29. Juni 1999, NJW 1999, 2584 ff. mit Überblick zur Entwicklung der Rechtsprechung. Dazu Replik in BGH (IX. Zivilsenat) v. 15. Februar 2000, NJW 2000, 1185 f.

[115] Dazu allgemein *Larenz/Wolf* § 41 Rdnr. 41 ff.

[116] BVerfG v. 19. Oktober 1993, BVerfGE 89, 214 (233 f.); ferner BVerfG v. 5. August 1994, NJW 1994, 2749 (2750).

[117] *Schmidt-Rimpler* AcP 147 (1942), 130 (151).

[118] Grundlegend zu diesem Problemkreis *Enderlein* Rechtspaternalismus und Vertragsrecht, 1996.

[119] Der oben in Fn. 114 erwähnte Vorlagebeschluß des XI. Zivilsenats hat sich aufgrund einer Rücknahme der zugrundeliegenden Revision erledigt.

[120] Überblick zur neueren Rechtsprechung auch bei *Tiedtke* NJW 2001, 1015 ff.

[121] Vgl. einerseits für Kinder BGH (IX. Zivilsenat) v. 24. Februar 1994, BGHZ 125, 206 (210 ff.); andererseits für Ehegatten BGH (IX. Zivilsenat) v. 25. April 1996, BGHZ 132, 328 (339).

[122] Über die Konkretisierung dieses Erfordernisses besteht zwischen den Senaten des Bundesgerichtshofes wiederum Streit: Einerseits wird darauf abgestellt, ob der Bürge auf absehbare Zeit finanziell nicht einmal in der Lage sein wird, die Zinsen der Hauptschuld zu bedienen; so BGH (XI. Zivilsenat) v. 29. Juni 1999, NJW 1999, 2584

Verhandlungslage zwischen den Vertragsparteien (Bürge und Gläubiger) ist.[123] Eine derartige strukturelle Ungleichheit kann nicht nur aus der emotionalen Bindung des Bürgen an den Hauptschuldner, sondern auch aus einer Bagatellisierung des Bürgschaftsrisikos durch den Gläubiger resultieren.[124] Zudem ist bedeutsam, daß nach der neueren Rechtsprechung „regelmäßig" bereits aus dem Eingehen einer den Bürgen wirtschaftlich kraß überfordernden Verbindlichkeit das Vorliegen eines strukturellen Ungleichgewichts abzuleiten sein soll.[125] Damit ist in der Praxis die Grundvoraussetzung der Sittenwidrigkeit von Angehörigenbürgschaften auf das Erfordernis einer krassen finanziellen Überforderung am Maßstab des bei Vertragsschluß vorhandenen Vermögens des Bürgen reduziert.[126] Diese muß der Gläubiger zudem nicht zwingend kennen; für einen Verstoß gegen § 138 Abs. 1 BGB reicht es aus, wenn er sich obliegenheitswidrig nicht über die Vermögenslage des Angehörigen des Hauptschuldners erkundigt.[127]

Sofern diese Voraussetzungen gegeben sind, kann die Sittenwidrigkeit der Bürgschaft nur aufgrund besonderer Umstände entfallen, die sich in zwei Fallgruppen zusammenfassen lassen:

- Erstens liegt auf Seiten des Bürgen ein angemessener Ausgleich für die finanzielle Überforderung vor, wenn dieser ein *unmittelbares Eigeninteresse* an der Begründung der gesicherten Hauptverbindlichkeit hat, z.B. aus einem Darlehen in vergleichbarer Weise Vorteile zieht, wie der Hauptschuldner.[128] Lediglich mittelbare Vorteile, wie z.B. die Aussicht eines Ehegatten auf höhere Unterhaltsleistungen aufgrund einer Darlehensaufnahme des Partners, genügen hierfür jedoch nicht.[129]

(2586). Nach dem entgegengesetzten Konzept soll maßgeblich sein, ob das pfändbare Vermögen des Bürgen ausreichen wird, um innerhalb von 5 Jahren 25 % der Hauptschuld abzutragen: BGH (IX. Zivilsenat) v. 18. September 1997, BGHZ 136, 347 (351).

[123] BGH v. 24. November 1992, BGHZ 120, 272 (275 ff.); BGH v. 24. Februar 1994, BGHZ 125, 206 (210 ff.); BGH v. 5. November 1996, BGHZ 134, 42 (48 ff.); *Habersack* MünchKomm.[4] § 765 Rdnr. 23 ff.; *Staudinger/Horn* § 765 Rdnr. 169 ff.; BR/ *Rohe* § 765 Rdnr. 59 ff.

[124] Vgl. den Fall in BVerfG v. 19. Oktober 1993, BVerfGE 89, 214 ff., in dem der Vertreter der Gläubigerbank angab, die Bürgschaft „nur für die Akten" zu benötigen; *Medicus* Rdnr. 516; *Schlechtriem* Rdnr. 632.

[125] BGH v. 18. Dezember 1997, BGHZ 137, 329 (333 f.); BGH v. 8. Oktober 1998, NJW 1999, 58 f.; BGH v. 26. April 2001, NJW 2001, 2466 (2467).

[126] So auch BGH v. 29. Juni 1999, 2584 (2586); *Brox/Walker* § 32 Rdnr. 9 ff.; *Erman/Seiler* § 675 Rdnr. 13.

[127] BGH v. 24. Februar 1994, BGHZ 125, 206 (212 f.); BGH v. 8. Oktober 1998, 58 (60); *Habersack* MünchKomm.[4] § 765 Rdnr. 25.

[128] BGH v. 24. November 1992, BGHZ 120, 272 (278); BGH v. 5. November 1996, BGHZ 134, 42 (49); OLG Naumburg v. 27. Februar 2003, ZIP 2003, 1929 (1932); *Habersack* MünchKomm.[4] § 765 Rdnr. 26.

[129] BGH v. 29. Juni 1999, NJW 1999, 2584 (2588); a.A. noch BGH v. 5. Januar 1995, BGHZ 128, 230 (234).

- Zweitens entfällt der Vorwurf der Sittenwidrigkeit, wenn *ein berechtigtes Interesse des Gläubigers an der Bürgschaft des Angehörigen* gegeben ist. Das ist bei Ehegattenbürgschaften der Fall, wenn die Gefahr von Vermögensverlagerungen zwischen den Ehepartnern besteht.[130] Des weiteren kann eine Bürgschaft dann nicht als sittenwidrig bewertet werden, wenn ein mit hinreichender Wahrscheinlichkeit zu erwartender Vermögenserwerb des Bürgen die krasse finanzielle Überforderung aufheben wird.[131] Vage Aussichten (wie z.B. in der Regel auf Erbschaften, vgl. § 2253 BGB) reichen hierfür jedoch selbst dann nicht aus, wenn sie sich nach Abschluß des Bürgschaftsvertrages tatsächlich verwirklichen.[132] Nach neuerer Rechtsprechung hindern die genannten Interessen des Gläubigers eine Sittenwidrigkeit des Bürgschaftsvertrages zudem nur, wenn in der schriftlichen Urkunde von vornherein festgehalten wird, daß die Haftung des Bürgen lediglich in den betreffenden Fällen (Vermögensverlagerung, Vermögenserwerb) eingreifen soll.[133] Sofern diese nicht eintreten, haftet der Bürge dann schon nach dem Vertragsinhalt nicht.[134]

Wenn die Bürgschaft eines Angehörigen nicht gegen § 138 Abs. 1 BGB verstößt, können sich Haftungsbeschränkungen aus dem Verfahren der Restschuldbefreiung nach den §§ 286 ff. InsO ergeben. In bezug auf Bürgschaften durch minderjährige Kinder des Hauptschuldners ist – sofern diese ausnahmsweise nicht sittenwidrig sind – auch die Haftungsbeschränkung nach § 1629a BGB zu berücksichtigen.

III. Pflichten der Parteien des Bürgschaftsvertrages

1. Leistungspflichten

Nach dem gesetzlichen Regelfall ist die Bürgschaft ein einseitig verpflichtender Vertrag. Dementsprechend legt § 765 Abs. 1 BGB als Verpflichtung des Bürgen gegenüber dem Gläubiger der gesicherten Hauptverbindlichkeit das Einstehenmüssen für die Erfüllung der Verbindlichkeit des Dritten fest.[135] Diesen Inhalt hat die Bürgschaft regelmäßig, wenn der Gläubiger zum Vertragsschluß mit dem Hauptschuldner nur deshalb bereit ist, weil sich der Bürge verpflichtet, für die Erfüllung

---

[130] BGH v. 23. Januar 1997, BGHZ 134, 325 (328); BGH v. 18. September 1997, BGHZ 136, 347 (353).

[131] BGH v. 25. April 1996, BGHZ 132, 328 (334 f.); BGH v. 11. März 1997, BGHZ 135, 66 (70).

[132] BGH v. 29. Juni 1999, NJW 1999, 2584 (2587).

[133] BGH v. 8. Oktober 1998, NJW 1999, 58 (60) für ab dem 1. Januar 1999 geschlossene Bürgschaftsverträge; in dieser Richtung bereits auch *Habersack* MünchKomm.[4] § 765 Rdnr. 28; *Larenz/Canaris* BT 2, § 60 II 3b, S. 10.

[134] Die ältere Rechtsprechung, nach der die angeführten Zweckbeschränkungen nicht vertraglich fixiert werden mußten, behalf sich damit, daß die Bürgschaft bei der Erwartung eines Vermögenserwerbes des Bürgen nicht vor diesem Erwerb fällig wurde bzw. daß bei der Gefahr von Vermögensverlagerungen unter Ehegatten mit dem Ende dieser Gefahr (z.B. bei Scheidung) die Geschäftsgrundlage der Bürgschaft entfiel; so BGH v. 23. Januar 1997, BGHZ 134, 325 (328 ff.).

[135] Zum Inhalt der Bürgenpflicht bei nicht auf Geldzahlung gerichteten Hauptverbindlichkeiten oben § 13 C I 2, S. 648 ff.

der Verbindlichkeit des Dritten einzustehen. Nicht selten vereinbart der Bürge zudem mit dem *Hauptschuldner* ein Entgelt für die Übernahme der Bürgschaft (z.B. Bankbürgschaft).

Allerdings ist diese Ausgestaltung des Bürgschaftsvertrages nicht zwingend. Das Gesetz gestattet auch eine Abrede, durch die sich der Gläubiger der Hauptverbindlichkeit verpflichtet, eine Gegenleistung an den Bürgen zu erbringen.[136] In Betracht kommt z.B. eine Verpflichtung des (potentiellen) Gläubigers gegenüber dem Bürgen, dem Hauptschuldner den zu sichernden oder einen weiteren Kredit zu gewähren.[137] Zahlt der Gläubiger dem Bürgen für die Sicherung der Hauptverbindlichkeit eine Provision, kann von einer Kreditversicherung gesprochen werden.[138] In diesen Konstellationen ist der Bürgschaftsvertrag ein gegenseitiger Vertrag und unterliegt den §§ 320 ff. BGB.[139]

2. Nebenpflichten

Des weiteren können die Parteien Nebenpflichten, insbesondere Schutzpflichten i.S. des § 241 Abs. 2 BGB treffen. Im Mittelpunkt stehen dabei vornehmlich Aufklärungspflichten des Gläubigers zugunsten des Bürgen vor (vgl. § 311 Abs. 2 BGB) und nach Vertragsschluß.

Allerdings ist der Gläubiger grundsätzlich nicht verpflichtet, besonders über die Risiken einer Bürgschaft aufzuklären, sofern er nicht selbst einen diesbezüglichen Irrtum des Bürgen verursacht hat.[140] Ihn trifft nach der gesetzlichen Risikoverteilung des Bürgschaftsvertrages keine allgemeine Interessenwahrungspflicht gegenüber dem Bürgen.[141] Umgekehrt dürfen jedoch weder er noch seine Erfüllungsgehilfen (§ 278 BGB)[142] die Risiken der Bürgschaft bagatellisieren.[143] Ebenso darf er einen Bürgschaftsvertrag nicht mehr ohne entsprechende Aufklärung abschließen, wenn ihm eine bevorstehende Insolvenz des Hauptschuldners sicher bekannt ist, da es in diesem Fall nicht um die Abdeckung eines (ungewissen) Ri-

---

[136]   BGH v. 11. Januar 1996, NJW 1996, 930 (931); *Habersack* MünchKomm.[4] § 765 Rdnr. 6; *Staudinger/Horn* § 765 Rdnr. 132.

[137]   In diesem Fall ist durch Auslegung zu ermitteln, ob auch der (potentielle) Hauptschuldner gemäß § 328 Abs. 1 BGB einen Anspruch auf die Darlehensauszahlung erhalten soll; *Staudinger/Horn* Vorbem. zu §§ 765 ff. Rdnr. 7. Zudem liegt es aufgrund der Ähnlichkeit eines solchen Vertragsverhältnisses mit einem Kreditauftrag i.S. des § 778 BGB nahe, wie bei diesem auf das Formerfordernis des § 766 BGB zu verzichten: *Larenz/Canaris* BT 2, § 60 VI 2b, S. 23 f. sowie unten § 13 I, S. 683 ff.

[138]   *Medicus* Rdnr. 514.

[139]   *Esser/Weyers* BT 1, § 40 II 4, S. 347; *Habersack* MünchKomm.[4] § 765 Rdnr. 6; *Staudinger/Horn* § 765 Rdnr. 132.

[140]   Siehe oben § 13 C I 1, S. 646 ff.

[141]   BGH v. 18. Januar 1996, NJW 1996, 2274 (2275); *Habersack* MünchKomm.[4] § 765 Rdnr. 84 f.; *Larenz/Canaris* BT 2, § 60 III 4b, S. 14 f.; *Staudinger/Horn* § 765 Rdnr. 117. Zu Gläubigerobliegenheiten im Zusammenhang mit dem Regreß des Bürgen siehe unten § 13 E V, S. 670 f.

[142]   Zu diesen zählt nicht der Hauptschuldner; siehe oben § 13 C I 1, S. 646 ff.

[143]   BGH v. 9. Oktober 1978, BGHZ 72, 198 (204); *Esser/Weyers* BT 1, § 40 II 4, S. 348; *Medicus* Rdnr. 516; *BR/Rohe* § 765 Rdnr. 44.

sikos, sondern eine Verlustabwälzung geht.[144] Schließlich muß der Gläubiger dem Bürgen auf Verlangen Auskunft über den Stand der Hauptschuld geben.[145]

Verletzt der Gläubiger schuldhaft seine Schutzpflichten, so ist er nach § 280 Abs. 1 BGB zum Ersatz des Schadens verpflichtet. Wurde eine vorvertragliche Aufklärungspflicht verletzt, bei deren Erfüllung der Bürge den Vertrag nicht abgeschlossen hätte, ist dieser nach § 249 Abs. 1 BGB von seiner Verpflichtung befreit,[146] da § 311 Abs. 2 BGB i.V. mit § 280 Abs. 1 BGB den Gläubiger zum Schadensersatz in Form einer Naturalrestitution verpflichtet.

D. Akzessorietät und Subsidiarität der Bürgschaft

I. Die Akzessorietät der Bürgschaft

Bereits nach dem Wortlaut des § 765 Abs. 1 BGB ist die Bürgschaft untrennbar mit der Hauptverbindlichkeit verknüpft. Dies entspricht ihrem Zweck, da sie lediglich die Erfüllung einer fremden Verbindlichkeit absichern soll. Aus diesem Grund ist die Bürgschaft in den §§ 765 bis 777 BGB streng akzessorisch zu der Hauptverbindlichkeit ausgestaltet. Neben der Entstehungsakzessorietät, nach der die Bürgschaft die rechtswirksame Begründung einer Hauptverbindlichkeit voraussetzt,[147] kommt dies in weiteren Regelungen des Bürgschaftsrechts zum Ausdruck.

1. Bestand der Hauptverbindlichkeit (§ 767 Abs. 1 Satz 1 BGB)

Die §§ 767 f., 770 BGB betreffen die inhaltliche Akzessorietät der Bürgschaft. So hängt deren Umfang im Grundsatz von dem jeweiligen Bestand der Hauptverbindlichkeit ab (§ 767 Abs. 1 Satz 1 BGB).[148] Erlischt die Hauptschuld ganz oder teilweise (z.B. durch Erfüllung gemäß § 362 BGB), so entfällt in dem betreffenden Umfang auch die Verpflichtung des Bürgen.[149] Aufgrund des Akzessorietätsprinzips ist die Vorschrift insoweit nicht dispositiv: Wird sie individualvertraglich abbedungen, liegt keine Bürgschaft, sondern ein Garantievertrag vor;[150] eine entsprechende Klausel in Allgemeinen Geschäftsbedingungen verstößt gegen § 307 Abs. 2 Nr. 1 BGB und ist unwirksam (§ 307 Abs. 1 Satz 1 BGB).[151]

Eine teleologische Reduktion des § 767 Abs. 1 Satz 1 BGB kommt in Betracht, wenn gerade die mangelnde wirtschaftliche Leistungsfähigkeit des Hauptschuld-

---

[144] *Habersack* MünchKomm.⁴ § 765 Rdnr. 89; *Larenz/Canaris* BT 2, § 60 II 4, S. 11; *Staudinger/Horn* § 765 Rdnr. 185.

[145] *Erman/Seiler* § 765 Rdnr. 11; *Habersack* MünchKomm.⁴ § 765 Rdnr. 91; *Schlechtriem* Rdnr. 644.

[146] BGH v. 15. Juli 1999, NJW 1999, 3195 (3197); *Erman/Seiler* § 765 Rdnr. 11; *Habersack* MünchKomm.⁴ § 765 Rdnr. 96.

[147] Siehe oben § 13 C I 2, S. 648 ff.

[148] Zur Bürgschaft auf erstes Anfordern siehe unten § 13 H I, S. 679 f.

[149] *Erman/Seiler* § 767 Rdnr. 3; *Habersack* MünchKomm.⁴ § 767 Rdnr. 3 f.; *Staudinger/Horn* § 767 Rdnr. 10; BR/*Rohe* § 767 Rdnr. 5.

[150] Siehe oben § 13 B III, S. 643 ff.

[151] BGH v. 19. September 1985, BGHZ 95, 350 (356 f.); *Esser/Weyers* BT 1, § 40 III 3, S. 350.

ners zum Untergang der Hauptverbindlichkeit führt (z.B. Auflösung einer schuldnerischen Gesellschaft wegen Vermögenslosigkeit).[152] Für den Fall des Untergangs der Hauptverbindlichkeit durch einen Insolvenzplan oder eine Restschuldbefreiung im Insolvenzverfahren legen dies die §§ 254 Abs. 2 Satz 1, 301 Abs. 2 Satz 1 InsO ausdrücklich fest. Deren Rechtsgedanke trifft nach richtiger, wenngleich nicht herrschender Ansicht z.B. auch zu, wenn sich verbürgte Unterhaltsansprüche später nach Maßgabe der Leistungsfähigkeit des Unterhaltspflichtigen nach den §§ 1361, 1581, 1603 BGB mindern[153] oder der Hauptschuldner aufgrund wirtschaftlicher Unzumutbarkeit gemäß § 313 BGB (teilweise) von der Verbindlichkeit befreit wird.[154] Denn in diesen Fällen verwirklicht sich gerade das Risiko, das die Bürgschaft abdecken soll.[155] Eine Ausnahme von § 767 Abs. 1 Satz 1 BGB bei Unterhaltsansprüchen abzulehnen, bei § 313 BGB aber mit der Begründung zuzulassen, daß im ersteren Fall die Abhängigkeit von der Leistungsfähigkeit von Anfang an bestehe, im letzteren Fall aber erst später eine Herabsetzung eintrete,[156] überzeugt nicht. Auch der Regelungsgehalt des § 313 BGB begrenzt sachlich von vornherein jede Schuld nach den dortigen Zumutbarkeitsgesichtspunkten, selbst wenn die Realisierung aus Gründen der Rechtssicherheit erst später über einen richterlichen Gestaltungsakt erfolgt.[157] Wird die Akzessorietät in diesen Fällen aus teleologischen Gründen gelöst, liegt sachlich nicht mehr eine Bürgschaft, sondern ein Garantievertrag vor.[158] Insbesondere kann der Bürge nicht gemäß § 774 Abs. 1 Satz 1 BGB bei dem Hauptschuldner Regreß nehmen, da dessen Verbindlichkeit untergegangen ist (vgl. §§ 254 Abs. 2 Satz 2, 301 Abs. 2 Satz 2 InsO).

Umgekehrt kann sich der Umfang der Bürgenhaftung nach § 767 Abs. 1 Satz 2 BGB auch erweitern. So z.B., wenn der Gläubiger gegen den Schuldner der Hauptverbindlichkeit wegen dessen Nichterfüllung einen Schadensersatzanspruch (z.B. aus § 280 Abs. 1 BGB oder § 281 Abs. 1 BGB) erlangt. Hierfür dehnt § 767 Abs. 1 Satz 2 BGB die Bürgschaft auf den Schadensersatzanspruch aus, ohne daß die Haftung des Bürgen der Höhe nach auf den Umfang der Hauptverbindlichkeit beschränkt ist. Dem liegt der Rechtsgedanke zugrunde, daß die Bürgschaft diese *kraft Gesetzes* eintretenden Weiterungen umfassen soll, wenn die Parteien keine abweichenden Vereinbarungen getroffen haben. In diesem Sinne haftet der Bürge

---

[152] BGH v. 25. November 1981, BGHZ 82, 323 (326 f.); *Habersack* MünchKomm.[4] § 767 Rdnr. 6; *Schlechtriem* Rdnr. 636.

[153] RGRK/*Mormann* § 767 Rdnr. 8; a.A. RG v. 14. März 1940, RGZ 163, 91 (98 f.); *Larenz/Canaris* BT 2, § 60 III 1d, S. 12; *Staudinger/Horn* § 767 Rdnr. 51.

[154] *Jauernig/Stadler* § 767 Rdnr. 9; *Medicus* JuS 1971, 497 (500); a.A. BGH v. 3. Juli 1952, BGHZ 6, 385 (396 ff.)

[155] Hingegen sind nachträgliche Unterhaltssteigerungen aufgrund einer verbesserten Leistungsfähigkeit des Unterhaltspflichtigen mangels einer gesonderten Vereinbarung im Bürgschaftsvertrag nicht von der Haftung umfaßt; so für den Regelfall auch *Staudinger/Horn* § 767 Rdnr. 35.

[156] So *Erman/Seiler* § 767 Rdnr. 5; *Habersack* MünchKomm.[4] § 767 Rdnr. 6.

[157] Bezeichnenderweise stellen einen Hauptanwendungsfall des § 313 BGB Unterhaltsverträge (!) dar: BT-Drucks. 14/6040, S. 174 f.; vgl. dazu für die Bürgschaft i.S. der hier vertretenen Auffassung auch RG v. 14. März 1940, RGZ 163, 91 (99).

[158] Dazu oben § 13 B III, S. 643 ff.

nach § 767 Abs. 2 BGB auch für die Kosten, die dem Gläubiger aus der – gerichtlichen und außergerichtlichen – Geltendmachung seiner Hauptforderung entstehen.
§ 767 Abs. 1 Satz 2 und Abs. 2 BGB sind jedoch dispositiv, so daß insbesondere
ein absoluter Höchstbetrag die Haftung des Bürgen wirksam beschränken kann
(sog. Höchstbetragsbürgschaft).[159]

In Abgrenzung zu § 767 Abs. 1 Satz 2 BGB legt § 767 Abs. 1 Satz 3 BGB jedoch fest, daß zwischen Gläubiger und Hauptschuldner nachträglich *rechtsgeschäftlich* vereinbarte Erweiterungen der Hauptverbindlichkeit nicht auf die Verpflichtung des Bürgen durchschlagen. Anderenfalls läge eine mit Art. 2 Abs. 1 GG
nicht vereinbare Fremddisposition zu Lasten des Bürgen vor (Vertrag zu Lasten
Dritter).[160] Eine Haftung des Bürgen für nachträgliche rechtsgeschäftliche Erweiterungen kann jedoch in dem Bürgschaftsvertrag vereinbart werden; in diesem Fall
liegt eine Haftung für eine künftige Verbindlichkeit i.S. des § 765 Abs. 2 BGB
vor.[161]

2. Einreden des Hauptschuldners (§ 768 BGB)

§ 768 Abs. 1 Satz 1 BGB dehnt die inhaltliche Akzessorietät der Bürgschaft folgerichtig auf peremptorischen und dilatorischen *Einreden* aus, welche dem Hauptschuldner zustehen. Das gilt insbesondere für die Einrede des nicht erfüllten Vertrages (§ 320 BGB), etwaige Zurückbehaltungsrechte (§ 273 BGB) sowie die Verjährung der Hauptverbindlichkeit (§ 214 BGB).[162] Hat der Bürge in Unkenntnis
einer solchen Einrede bereits geleistet, kommt eine bereicherungsrechtliche Rückforderung nach § 813 Abs. 1 BGB jedoch nicht in Betracht, wenn dem Hauptschuldner lediglich eine vorübergehende (dilatorische) Einrede oder die Einrede
der Verjährung zustand. *Einwendungen*, die den Bestand der Hauptverbindlichkeit
betreffen, fallen nicht unter § 768 BGB, sondern bereits unter § 767 Abs. 1 Satz 1
BGB.[163] Nach § 768 Abs. 1 Satz 2 BGB kann sich der Bürge im Fall des Todes
des Hauptschuldners nicht auf eine gemäß den §§ 1975 ff. BGB beschränkte Haftung der Erben berufen. Wie bei dem Wegfall der Hauptverbindlichkeit mangels
Leistungsfähigkeit des Hauptschuldners gebietet auch hier der Sicherungszweck
der Bürgschaft eine Lockerung der Akzessorietät, da diese einen Schutz vor der
Unzulänglichkeit des Vermögens des Hauptschuldner bieten soll, auf der die betreffenden erbrechtlichen Haftungsbeschränkungen beruhen.[164] Der Regelung des
§ 768 Abs. 2 BGB liegt wie § 767 Abs. 1 Satz 3 BGB das Verbot der Fremddispo-

---

[159] *Brox/Walker* § 32 Rdnr. 21; *Habersack* MünchKomm.[4] § 767 Rdnr. 8; *Medicus* Rdnr.
       522.
[160] *Habersack* MünchKomm.[4] § 767 Rdnr. 10; *Medicus* Rdnr. 522; *Staudinger/Horn*
       § 767 Rdnr. 38.
[161] Siehe dazu im Zusammenhang mit Globalbürgschaften schon § 13 C II 1, S. 655 ff.
[162] Dabei wird die Verjährung der Hauptverbindlichkeit nicht durch eine Klage gegen den
       Bürgen gemäß § 204 Abs. 1 Nr. 1 BGB gehemmt: BGH v. 9. Juli 1998, BGHZ 139,
       214 (216).
[163] *Erman/Seiler* § 768 Rdnr. 1; *Habersack* MünchKomm.[4] § 768 Rdnr. 2; a.A. wohl
       Staudinger/Horn § 768 Rdnr. 1.
[164] *Erman/Seiler* § 768 Rdnr. 7; *Esser/Weyers* BT 1, § 40 III 4, S. 351; *Larenz/Canaris*
       BT 2, § 60 III 1d, S. 12; *Staudinger/Horn* § 768 Rdnr. 2.

sition zugrunde, wenn hiernach ein rechtsgeschäftlicher Verzicht des Hauptschuldners auf eine Einrede nicht zu Lasten des Bürgen wirkt. § 768 BGB ist im Gegensatz zu § 767 Abs. 1 Satz 1 BGB dispositiv, da trotz der Einrede der Bestand der zu sichernden Forderung und damit die Akzessorietät gewahrt bleiben. Weil die Norm aber eine wesentliche Ausprägung des Akzessorietätsprinzips der Bürgschaft darstellt, liegt bei einer Abbedingung durch Allgemeine Geschäftsbedingungen des Gläubigers jedoch ein Verstoß gegen § 307 Abs. 2 Nr. 1 BGB vor, so daß die entsprechende Klausel unwirksam ist (§ 307 Abs. 1 Satz 1 BGB).[165]

3. Einrede der Anfechtbarkeit und Aufrechenbarkeit (§ 770 BGB)

Ergänzend zu § 767 Abs. 1 Satz 1 BGB und § 768 Abs. 1 Satz 1 BGB begründet § 770 BGB zugunsten des Bürgen zwei selbständige Einreden. Mit ihnen reagiert die Vorschrift auf die Besonderheit, daß dem *Hauptschuldner* das Recht zusteht, seine Willenserklärung gegenüber dem Gläubiger nach den allgemeinen Vorschriften (§§ 119 ff. BGB) anzufechten (§ 770 Abs. 1 BGB) oder der *Gläubiger* gegen die fällige Hauptforderung aufrechnen kann (§ 770 Abs. 2 BGB).

Soweit der jeweils Berechtigte diese Gestaltungsrechte ausgeübt hat, greift bereits § 767 Abs. 1 Satz 1 BGB ein. Zuvor begründet ein Gestaltungsrecht für den Inhaber jedoch keine Einrede, und dem Bürgen selbst steht die Gestaltungsbefugnis nicht zu, so daß die Regelung des § 770 BGB zu seinem Schutz in Ergänzung zu § 768 Abs. 1 Satz 1 BGB erforderlich ist.[166] Wegen dieses Zweckes ist § 770 Abs. 1 BGB auf andere Gestaltungsrechte des Hauptschuldners analog anzuwenden, deren Ausübung zu einem Untergang der Hauptverbindlichkeit führt (z.B. das Widerrufsrecht nach § 355 BGB).[167] Hat der Bürge bereits geleistet, steht ihm aber kein Rückforderungsrecht nach § 813 Abs. 1 BGB zu, da § 770 BGB keine dauernden, sondern lediglich aufschiebende Einreden begründet. Zu berücksichtigen ist, daß § 770 Abs. 2 BGB nach seinem Wortlaut eine Aufrechnungsbefugnis des Gläubigers voraussetzt. Da die Vorschrift auf einer vorrangigen Befriedigungsmöglichkeit des Gläubigers beruht,[168] kann sie mangels teleologischer Vergleichbarkeit nicht analog angewendet werden, wenn nur der Hauptschuldner aufrechnen kann (vgl. die §§ 390, 393 f. BGB).[169] Dies ist im Ergebnis jedoch unschädlich, weil die Aufrechnungsbefugnis ein Gestaltungsrecht darstellt, so daß § 770 Abs. 1 BGB analog anwendbar ist.[170]

---

[165] *Habersack* MünchKomm.[4] § 768 Rdnr. 3.

[166] *Brox/Walker* § 32 Rdnr. 33; *Esser/Weyers* BT 1, § 40 III 5, S. 351; *Larenz/Canaris* BT 2, § 60 III 1a, S. 11.

[167] *Erman/Seiler* § 770 Rdnr. 4; *Habersack* MünchKomm.[4] § 770 Rdnr. 6; *Schlechtriem* Rdnr. 636; *Staudinger/Horn* § 770 Rdnr. 20 ff.; *BR/Rohe* § 770 Rdnr. 5.

[168] § 770 Abs. 2 BGB ist daher genaugenommen kein Ausdruck der Akzessorietät, sondern der Subsidiarität der Bürgschaft. Dazu näher unten § 13 D II, S. 666 ff.

[169] RG v. 16. Juni 1932, RGZ 137, 34 (36); *Staudinger/Horn* § 770 Rdnr. 9; a.A. *Esser/Weyers* BT 1, § 40 III 5, S. 352.

[170] *Erman/Seiler* § 770 Rdnr. 6; *Habersack* MünchKomm.[4] § 770 Rdnr. 7; a.A. *Larenz/Canaris* BT 2, § 60 III 3b, S. 13; offengelassen von BGH v. 30. November 1964, BGHZ 42, 396 (398).

Die Einreden aus § 770 BGB erlöschen mit dem betreffenden Gestaltungsrecht (z.B. aufgrund der §§ 121, 124 BGB). Da dessen Ausübung von vornherein im Belieben des jeweiligen Inhabers steht und die Hauptverbindlichkeit im übrigen voll wirksam ist, erlischt die Einrede des § 770 Abs. 1 BGB anders als bei § 768 Abs. 2 BGB auch bei einem Verzicht des Hauptschuldners auf sein Gestaltungsrecht.[171] Entsprechendes gilt für einen Verzicht des Gläubigers auf seine Aufrechnungsbefugnis oder einen anderweitigen „Verbrauch" derselben (§ 770 Abs. 2 BGB), wenn er dabei nicht ausschließlich zur Schädigung des Bürgen handelt (§ 242 BGB).[172] Ein Verzicht des Bürgen auf den Schutz durch § 770 BGB ist individualvertraglich möglich. Verwendet der Gläubiger eine derartige Klausel in Allgemeinen Geschäftsbedingungen, so verstößt diese nach richtiger Ansicht gegen § 307 Abs. 2 Nr. 1 BGB, da § 770 BGB ein wesentlicher Ausdruck der akzessorischen und subsidiären Natur der Bürgschaft ist.[173]

4. Übergang der Bürgschaft gemäß § 401 BGB

Schließlich setzt sich die Akzessorietät der Bürgschaft wegen § 401 Abs. 1 BGB auch bei einem Wechsel des Gläubigers der Hauptforderung infolge Abtretung oder Legalzession (§ 412 BGB) durch. Die Bürgschaft geht in diesen Fällen kraft Gesetzes auf den neuen Gläubiger über. Die Vorschrift ist als zentrale Ausprägung des Akzessorietätsprinzips insoweit nicht dispositiv, als die Personenidentität zwischen dem Gläubiger der Hauptforderung und dem Gläubiger der Bürgschaft gewahrt bleiben muß. Folglich führt eine Abtretung der Hauptforderung ohne die Bürgschaft analog § 1250 Abs. 2 BGB zum Untergang derselben und eine Übertragung der Bürgschaft ohne die Hauptforderung ist analog § 1250 Abs. 1 Satz 2 BGB unwirksam.[174]

II. Die Subsidiarität der Bürgschaft

Für die Bürgschaft ist zudem charakteristisch, daß der Bürge lediglich subsidiär für die Erfüllung der Hauptverbindlichkeit durch den Hauptschuldner einstehen muß.[175] Bereits die Aufrechnungseinrede des § 770 Abs. 2 BGB bringt diesen

---

[171] *Erman/Seiler* § 770 Rdnr. 3; *Habersack* MünchKomm.[4] § 770 Rdnr. 5. In diesem Fall kann gegebenenfalls aber noch eine Einrede des Hauptschuldners bestehen (z.B. aus § 853 BGB bei einem Betrug des Gläubigers gegenüber diesem), für die dann § 768 Abs. 2 BGB gilt: BGH v. 19. September 1985, BGHZ 95, 350 (357).

[172] BGH v. 16. Februar 1984, NJW 1984, 2455 (2456); *Erman/Seiler* § 770 Rdnr. 5; *Habersack* MünchKomm.[4] § 770 Rdnr. 9; *Staudinger/Horn* § 770 Rdnr. 6 f. Zur Aufgabe von Sicherheiten durch den Gläubiger (§ 776 BGB) vgl. noch unten § 13 E V, S. 670 f.

[173] *Habersack* MünchKomm.[4] § 770 Rdnr. 3; a.A. BGH v. 19. September 1985, BGHZ 95, 350 (357); *Esser/Weyers* BT 1, § 40 III 5, S. 352; offen jetzt BGH v. 26. April 2001, NJW 2001, 2466 (2468).

[174] BGH v. 19. September 1991, BGHZ 115, 177 (182 ff.); *Esser/Weyers* BT 1, § 40 III 3, S. 351; a.A. *Larenz/Canaris* BT 2, § 60 III 2b, S. 13.

[175] Dazu oben § 13 B I, S. 639 f.

Grundsatz zum Ausdruck.[176] Diese Rechtsposition des Bürgen dehnt § 771 Satz 1 BGB zu einem generellen Leistungsverweigerungsrecht aus. Der Gläubiger soll primär gegen den Hauptschuldner der Hauptverbindlichkeit vorgehen und gegebenenfalls gegen diesen die Zwangsvollstreckung betreiben. Solange und soweit dies nicht (erfolglos) geschehen ist, steht dem Bürgen die sog. *Einrede der Vorausklage* zu.

Die Vorschrift gewährt dem Bürgen einen rein formalen Schutz, der lediglich einen Vollstreckungsversuch bei dem Hauptschuldner nach Abschluß des Bürgschaftsvertrages gebietet; eine spätere Verbesserung der Vermögenslage des Hauptschuldners läßt die Gläubigerobliegenheit aus § 771 Satz 1 BGB nicht erneut aufleben.[177] Während des Vorgehens im Wege der Zwangsvollstreckung ist die Verjährung der Bürgenschuld zudem nach Maßgabe des § 771 Satz 2 BGB gehemmt. § 772 BGB gestaltet den vorrangigen Vollstreckungsversuch bei Bürgschaften für Geldforderungen (§ 772 Abs. 1 BGB) und Sicherungsrechten an beweglichen Sachen des Hauptschuldners (§ 772 Abs. 2 BGB) näher aus.[178] Hat der Bürge sich für mehrere Gesamtschuldner verbürgt, muß gegen jeden ein Vollstreckungsversuch unternommen werden.[179] Ob bei der Verbürgung für die Schuld einer Personengesellschaft gemäß § 771 Satz 1 BGB auch vorrangig gegen die persönlich haftenden Gesellschafter vollstreckt werden muß, ist umstritten.[180] Wenn man richtigerweise davon ausgeht, daß die Personengesellschaft als Außengesellschaft eigene Rechtssubjektivität besitzt,[181] ist dies zu verneinen.

Von § 771 Satz 1 BGB bestehen jedoch auch mehrere Ausnahmen. Vier von ihnen regelt § 773 Abs. 1 BGB:

– § 773 Abs. 1 Nr. 1 BGB bringt deklaratorisch zum Ausdruck, daß der Bürge auf die Einrede der Vorausklage verzichten kann. In diesem Fall liegt die Sonderform einer sog. *selbstschuldnerischen Bürgschaft* vor.[182] Der Verzicht auf die Einrede der Vorausklage kann auch in Allgemeinen Geschäftsbedingungen des Gläubigers enthalten sein,[183] muß jedoch der Form des § 766 BGB genügen.[184]

---

[176] Siehe oben bei und in Fn. 170.

[177] Mot. II, S. 669 ff.; RG v. 14. Februar 1918, RGZ 92, 219 (220); *Habersack* MünchKomm.[4] § 771 Rdnr. 3; *Staudinger/Horn* § 771 Rdnr. 7.

[178] Dazu zählt analog auch etwaiges Sicherungseigentum: *Erman/Seiler* § 772 Rdnr. 2; *Palandt/Sprau* § 772 Rdnr. 2; *RGRK/Mormann* § 772 Rdnr. 2.

[179] *Habersack* MünchKomm.[4] § 771 Rdnr. 4.

[180] Vgl. *RGRK/Mormann* § 771 Rdnr. 1 (ablehnend) und *Staudinger/Horn* § 771 Rdnr. 8 (befürwortend).

[181] Dazu BGH v. 29. Januar 2001, BGHZ 146, 341 (343 ff.).

[182] Auch in diesem Fall hemmt eine Klage gegen den Bürgen jedoch nicht i.S. des § 204 Abs. 1 Nr. 1 BGB die Verjährung der Hauptschuld (siehe oben Fn. 162), auf die sich auch der selbstschuldnerische Bürge gemäß § 768 Abs. 1 Satz 1 BGB berufen kann: BGH v. 12. März 1980, BGHZ 76, 222 (226).

[183] *Esser/Weyers* BT 1, § 40 III 2, S. 349; *Habersack* MünchKomm.[4] § 773 Rdnr. 3; *Staudinger/Horn* § 773 Rdnr. 3.

[184] BGH v. 25. September 1968, NJW 1968, 2332; *Brox/Walker* § 32 Rdnr. 28; *Erman/Seiler* § 773 Rdnr. 2.

– Die Einrede der Vorausklage entfällt zudem, wenn im Zeitpunkt der Inanspruchnahme des Bürgen die Rechtsverfolgung gegenüber dem Hauptschuldner aufgrund eines nachträglichen dauerhaften Ortswechsels desselben wesentlich erschwert ist (§ 773 Abs. 1 Nr. 2 BGB). Dabei bedarf es einer Würdigung aller Umstände des Einzelfalles; eine Verlegung des Wohnsitzes oder des Aufenthaltes an einen bekannten Ort im Inland ist dabei regelmäßig unbeachtlich.[185]

– Ist über das Vermögen des Schuldners das Insolvenzverfahren eröffnet oder würde die Zwangsvollstreckung voraussichtlich nicht zu einer, sei es auch nur teilweisen Befriedigung des Gläubigers führen, dann wäre eine Verweisung des Gläubigers auf einen Vollstreckungsversuch unzumutbar bzw. im Falle des Insolvenzverfahrens gegebenenfalls sogar rechtlich unmöglich (vgl. die §§ 89 f. InsO), so daß aus diesem Grund die Einrede der Vorausklage ausgeschlossen ist (§ 773 Abs. 1 Nr. 3 und 4 BGB). § 773 Abs. 2 BGB sieht jedoch gewisse Ausnahmen vor, wenn Sicherungsrechte des Gläubigers an beweglichen Sachen des Hauptschuldners bestehen.

Schließlich ist die Einrede der Vorausklage nach § 349 Satz 1 HGB ausgeschlossen, wenn ein Kaufmann i.S. der §§ 1 ff. HGB die Bürgschaft erklärt und diese für ihn gemäß § 343 HGB ein Handelsgeschäft darstellt, was bei Kaufleuten nach § 344 Abs. 1 HGB widerlegbar zu vermuten ist.

E. Erlöschen der Bürgschaft

I. Allgemeine Tatbestände

Die Verpflichtung des Bürgen kann aus unterschiedlichen Gründen erlöschen. Neben dem Untergang der gesicherten Hauptverbindlichkeit als Ausprägung der Akzessorietät der Bürgschaft (§ 767 Abs. 1 Satz 1 BGB)[186] gelten für die Bürgschaft als Schuldverhältnis i.S. des § 241 Abs. 1 BGB die allgemeinen Erlöschenstatbestände wie Erfüllung (§ 362 BGB) oder das Vorliegen eines Erfüllungssurrogates (z.B. Aufrechnung gemäß § 389 BGB). Auch eine auflösende Bedingung oder Befristung (§§ 158 ff. BGB) kann vereinbart werden.

II. Verspätete Anzeige der Inanspruchnahme (§ 777 BGB)

Wird eine Bürgschaft für eine bereits bestehende Hauptschuld befristet übernommen (sog. Zeitbürgschaft), trifft § 777 BGB einige Sonderregelungen:[187] Diese sehen eine Befreiung des Bürgen vor, wenn der Gläubiger nicht unverzüglich (vgl.

---

[185] RG v. 2. Dezember 1881, RGZ 6, 154 (156); *Erman/Seiler* § 773 Rdnr. 3; *Habersack* MünchKomm.[4] § 773 Rdnr. 7; *Staudinger/Horn* § 773 Rdnr. 6.

[186] Dazu oben § 13 D I, S. 662 ff.

[187] Die Vorteile des § 777 BGB greifen zugunsten des Bürgen demgegenüber nicht ein, wenn er sich für in einem definierten Zeitraum entstehende künftige Verbindlichkeiten verbürgt hat; für diese haftet er – vorbehaltlich der Verjährungsvorschriften – unbefristet: BGH v. 12. Januar 1966, WM 1966, 275 (276); *Erman/Seiler* § 777 Rdnr. 1; *Habersack* MünchKomm.[4] § 777 Rdnr. 4; *Staudinger/Horn* § 777 Rdnr. 5.

§ 121 Abs. 1 Satz 1 BGB) nach Fristablauf die Einziehung der Forderung nach Maßgabe des § 772 BGB betreibt und im Falle der Erfolglosigkeit dem Bürgen unverzüglich seine Inanspruchnahme anzeigt (§ 777 Abs. 1 Satz 1 BGB). Handelt es sich um eine selbstschuldnerische Bürgschaft i.S. des § 773 Abs. 1 Nr. 1 BGB,[188] so bedarf es folgerichtig nur der unverzüglichen Anzeige (§ 777 Abs. 1 Satz 2 BGB). In jedem Fall wirken Erweiterungen der Hauptschuld, die nach den betreffenden Zeitpunkten eintreten, entgegen § 767 Abs. 1 Satz 2 BGB nicht mehr zu Lasten des Bürgen (§ 777 Abs. 2 BGB).

III. Kündigung der Bürgschaft

Wird die Bürgschaft für Verbindlichkeiten übernommen, die erst künftig entstehen und noch nicht abschließend spezifiziert sind (z.B. Globalbürgschaft),[189] liegt ein Dauerschuldverhältnis vor, so daß eine Kündigung der Bürgschaft in Betracht kommt. Eine ordentliche Kündigung ist dann bei *unbefristeter* Verbürgung unter Einhaltung einer angemessenen Kündigungsfrist möglich,[190] die sich im Grundsatz an § 488 Abs. 3 Satz 2 BGB (drei Monate) zu orientieren hat.[191] Die Wirksamkeit der Kündigung wird dabei nicht davon berührt, daß sie im Verhältnis zwischen Hauptschuldner und Bürge gegebenenfalls eine Pflichtverletzung des letzteren darstellt (keine exceptio ex iure tertii).[192] Des weiteren kann eine – befristete oder unbefristete – Bürgschaft für künftige Forderungen gemäß § 314 BGB ohne Einhaltung einer Kündigungsfrist gekündigt werden, wenn hierfür ein wichtiger Grund vorliegt. Einen solchen stellt z.B. eine Verschlechterung der Vermögenslage des Hauptschuldners dar, die bei Abschluß des Bürgschaftsvertrages nicht vorhersehbar war.[193] Jedoch wirkt eine Kündigung nur ex nunc, so daß der Bürge – auch i.S. des § 767 Abs. 1 Satz 2 und Abs. 2 BGB – für alle Hauptverbindlichkeiten einzustehen hat, die bis zum Wirksamwerden der Kündigung entstanden sind.

IV. Befreiende Schuldübernahme

Nach § 418 Abs. 1 Satz 1 BGB erlischt die Bürgschaft grundsätzlich, wenn die Person des Hauptschuldners infolge einer befreienden Schuldübernahme wechselt, da der Verpflichtungswille des Bürgen regelmäßig von der Person des Hauptschuldners abhängt. Anderes gilt nach § 418 Abs. 1 Satz 3 BGB nur, wenn der Bürge gemäß § 183 BGB in die Schuldübernahme eingewilligt hat; eine Genehmigung i.S. des § 184 BGB genügt nach dem eindeutigen gesetzlichen Wortlaut nicht.[194] Da eine solche Einwilligung materiell einer Neuverbürgung nahekommt,

---

[188] Näher oben § 13 D II, S. 666 ff.

[189] Dazu oben § 13 C II 1, S. 655 ff.

[190] BGH v. 6. Mai 1993, NJW 1993, 1917 (1918); *Erman/Seiler* § 765 Rdnr. 8; *Habersack* MünchKomm.[4] § 765 Rdnr. 55.

[191] *Derleder* NJW 1986, 97 (102); *Habersack* MünchKomm.[4] § 765 Rdnr. 55; *Staudinger/Horn* § 765 Rdnr. 232.

[192] *Larenz/Canaris* BT 2, § 60 V 1b, S. 19.

[193] BGH v. 21. Januar 1993, NJW-RR 1993, 944; *Erman/Seiler* § 765 Rdnr. 8; *Habersack* MünchKomm.[4] § 765 Rdnr. 56; *Staudinger/Horn* § 765 Rdnr. 230.

[194] *Soergel/Zeiß* § 418 Rdnr. 4; a.A. *Erman/H.P. Westermann* § 418 Rdnr. 1.

unterliegt sie aufgrund einer entsprechenden Anwendung dem Formerfordernis des § 766 BGB.[195] § 182 Abs. 2 BGB steht dem nicht entgegen, da hieraus nur entnommen werden kann, daß die Einwilligung nicht den – regelmäßig ohnehin nicht bestehenden – Formvorschriften für die Schuldübernahme genügen muß. Ein bloßer Schuldbeitritt eines Dritten zur Hauptschuld belastet den Bürgen – der auch im Anschluß nur für den alten Hauptschuldner haftet – nicht und bedarf daher nicht der Einwilligung.[196] Gleiches gilt, wenn der Hauptschuldner nicht durch Rechtsgeschäft, sondern kraft Gesetzes wechselt, z.B. gemäß § 1922 Abs. 1 BGB im Wege der Erbfolge (arg. § 768 Abs. 1 Satz 2 BGB).

V. Aufgabe von Sicherungsrechten durch den Gläubiger (§ 776 BGB)

Schließlich enthält auch § 776 BGB eine Regelung über das Erlöschen der Bürgschaft. Diese soll den Rückgriff des Bürgen gegen andere Sicherungsgeber sichern.[197] Zu diesem Zweck bestimmt § 776 Satz 1 BGB, daß die rechtsgeschäftliche Aufgabe von anderen akzessorischen Sicherungsrechten durch den Gläubiger zum Erlöschen der Bürgenhaftung führt, soweit der Bürge aus den Sicherungsrechten nach § 774 BGB infolge seiner Leistung an den Gläubiger hätte Regreß nehmen können. Denn mit der Forderung gegen den Hauptschuldner gehen nach den §§ 774 Abs. 1 Satz 1, 412, 401 Abs. 1 BGB alle akzessorischen Sicherungsrechte auf den Bürgen über, was durch deren Preisgabe seitens des Gläubigers vor Inanspruchnahme des Bürgen vereitelt wird. Die Vorschrift des § 776 BGB ist dispositiv; als grundlegende Ausprägung des Verbots der Fremddisposition verstößt ihre formularmäßige Abbedingung jedoch gegen § 307 Abs. 2 Nr. 1 BGB.[198]

Nach dem Zweck des § 776 BGB tritt die Befreiung des Bürgen stets nur insoweit ein, als

– erstens der Bürge nach dem Innenverhältnis zu dem anderen Sicherungsgeber tatsächlich von diesem einen Ausgleich hätte verlangen können (vgl. § 776 Satz 1 BGB a.E.),[199]

– zweitens dieser Ausgleich nicht *trotz* der Aufgabe des Sicherungsrechts aus dem Innenverhältnis der Sicherungsgeber verlangt werden kann[200] und

– drittens die aufgegebene Sicherheit auch wertmäßig den Regreßanspruch tatsächlich abgedeckt hat.[201]

---

[195] *Palandt/Heinrichs* § 414 Rdnr. 1; *Habersack* MünchKomm.[4] § 766 Rdnr. 13; RGRK/ *Mormann* § 766 Rdnr. 1; a.A. RG v. 18. März 1909, RGZ 70, 411 (415 f.); *Staudinger/Horn* § 765 Rdnr. 214.

[196] *Erman/H.P. Westermann* § 418 Rdnr. 4; *Staudinger/Horn* § 765 Rdnr. 218.

[197] Soweit der Gläubiger den Hauptschuldner aus seiner Verbindlichkeit entläßt (§ 397 BGB), erlischt die Bürgenschuld bereits gemäß § 767 Abs. 1 Satz 1 BGB.

[198] BGH v. 26. April 2001, NJW 2001, 2466 (2468); *Habersack* MünchKomm.[4] § 776 Rdnr. 3; im Grundsatz auch *Staudinger/Horn* § 776 Rdnr. 21; a.A. noch BGH v. 19. September 1985, BGHZ 95, 350 (358 f.).

[199] Dazu näher unten § 13 G, S. 675 ff.

[200] *Staudinger/Horn* § 776 Rdnr. 15. Näher unten § 13 G, S. 675 ff.

[201] *Erman/Seiler* § 776 Rdnr. 6; *Habersack* MünchKomm.[4] § 776 Rdnr. 11.

Erst wenn diese drei Voraussetzungen kumulativ vorliegen, hat der Gläubiger wirklich einen Regreß des Bürgens durch die Aufgabe des Sicherungsrechts vereitelt.

Umgekehrt findet § 776 BGB nach seinem Zweck analoge Anwendung, wenn der Gläubiger nach den dargelegten Maßstäben einen Regreß des Bürgen aus einem nicht-akzessorischen Sicherungsrecht (z.B. Sicherungseigentum) durch Aufgabe desselben vereitelt, das zwar aufgrund fehlender Akzessorietät nicht mit der Hauptschuld nach den §§ 774 Abs. 1 Satz 1, 412, 401 Abs. 1 BGB kraft Gesetzes auf den Bürgen übergegangen wäre, diesem aber nach § 242 BGB *rechtsgeschäftlich* hätte übertragen werden müssen.[202] Darüber hinaus ist aus dem Rechtsgedanken des § 776 BGB – der direkt nur eine rechtsgeschäftliche Aufgabe von Sicherungsrechten umfaßt – eine umfassendere Gläubigerobliegenheit entwickelt worden. Nach ihr wird der Bürge frei, soweit ein faktisches Tun (z.B. Zerstörung des Sicherungsgutes) oder Unterlassen des Gläubigers (z.B. unzulänglicher Schutz eines Pfandgegenstandes gegen Diebstahl) den Regreß des Bürgen gegen andere Sicherungsgeber wider Treu und Glauben (d.h. mindestens fahrlässig) vereitelt.[203]

F. Das Rechtsverhältnis zwischen Bürge und Hauptschuldner

I. Erfüllungs- und Befreiungsanspruch des Bürgen

Im Rechtsverhältnis zwischen Bürge und Hauptschuldner stellt sich zunächst die Frage, inwieweit der erstere von letzterem verlangen kann, tätig zu werden, um eine Inanspruchnahme des Bürgen von vornherein zu verhindern.

Eine solche Pflicht des Hauptschuldners kann sich zunächst aus einem Vertragsverhältnis zwischen dem Bürgen und dem Hauptschuldner ergeben. Der Erteilung einer Bürgschaft liegt häufig ein Auftrag gemäß den §§ 662 ff. BGB oder – im Fall der Entgeltlichkeit – ein Geschäftsbesorgungsvertrag i.S. des § 675 Abs. 1 BGB (z.B. Bankbürgschaft) zugrunde.[204] Denkbar ist auch eine berechtigte Geschäftsführung ohne Auftrag gemäß § 683 BGB. In diesen Fällen hat der Bürge nach dem Rechtsgedanken des § 670 BGB i.V. mit § 257 BGB gegen den Hauptschuldner einen *Anspruch darauf, daß dieser seine Schuld ordnungs- und fristgemäß erfüllt*, sofern anderenfalls eine Inanspruchnahme des Bürgen droht. Der Anspruch besteht nur dann nicht, wenn der Bürge im Verhältnis zum Hauptschuldner die Belastung ausnahmsweise endgültig tragen soll.[205] Verletzt der Hauptschuldner diese Pflicht, so haftet er nach § 280 Abs. 2 und 3 BGB i.V. mit den §§ 281 ff. BGB auf Schadensersatz.

---

202 BGH v. 15. Juni 1964, BGHZ 42, 53 (57); BGH v. 24. September 1980, BGHZ 78, 137 (143); RGRK/*Mormann* § 776 Rdnr. 1; *Staudinger/Horn* § 776 Rdnr. 10.

203 *Habersack* MünchKomm.[4] § 776 Rdnr. 8 ff.; *Schlechtriem* Rdnr. 637; *Staudinger/ Horn* § 776 Rdnr. 3; enger (nur vorsätzliches Tun): BGH v. 22. Juni 1966, NJW 1966, 2009; *Erman/Seiler* § 776 Rdnr. 4; *Esser/Weyers* BT 1, § 40 III 6, S. 353.

204 Zu diesen Vertragstypen näher oben § 11 B und C, S. 592 ff., 615 ff.

205 Vgl. *Esser/Weyers* BT 1, § 40 IV, S. 354.

Unabhängig davon regelt § 775 BGB, in welchen Konstellationen der Bürge von dem Hauptschuldner *Befreiung von seiner Verbindlichkeit* verlangen kann, wenn er die Rechtsstellung eines Beauftragten hat. Anders als der Anspruch auf Erfüllung der Hauptverbindlichkeit ist der Befreiungsanspruch abstrakt auf ein Erlöschen der Bürgenverpflichtung gerichtet. Dies kann der Hauptschuldner nach seiner Wahl auf verschiedene Art bewirken (Erfüllung seiner Schuld; Veranlassung des Gläubigers, gemäß § 397 Abs. 1 BGB die Bürgenschuld zu erlassen).[206] Vor der Fälligkeit der Hauptverbindlichkeit kann der Schuldner nach § 775 Abs. 2 BGB auch Sicherheit leisten. Weil dem Bürgen, der die Rechtsstellung eines Beauftragten hat, grundsätzlich schon ein Befreiungsanspruch nach den §§ 670, 257 BGB zusteht, ist der eigentliche Regelungsgehalt des § 775 BGB eine *Einschränkung und Verdrängung* dieser Vorschriften sowie des § 669 BGB, obwohl § 775 BGB formal eine Anspruchsgrundlage für die Befreiung bildet.[207] Die Befreiung kann nur in den Fällen verlangt werden, die § 775 Abs. 1 BGB enumerativ aufzählt. Liegen diese nicht vor, so bleibt dem Bürgen nach der hier vertretenen Auffassung aber noch der Anspruch gegen den Hauptschuldner auf Erfüllung seiner Verbindlichkeit.

Die Tatbestände des § 775 Abs. 1 BGB knüpfen an eine erhebliche Erhöhung des Bürgenrisikos nach der Übernahme der Bürgschaft an: wesentliche Verschlechterung der Vermögensverhältnisse des Schuldners (§ 775 Abs. 1 Nr. 1 BGB), Erschwerung der Rechtsverfolgung durch Wechsel des Wohn- oder Aufenthaltsortes desselben (§ 775 Abs. 1 Nr. 2 BGB),[208] Verzug des Hauptschuldners (§ 775 Abs. 1 Nr. 3 BGB) sowie Erlaß eines vollstreckbaren Titels gegen den Bürgen zugunsten des Gläubigers (§ 775 Abs. 1 Nr. 4 BGB).

Die Vorschrift des § 775 BGB ist dispositiv; der Bürge kann auf den Befreiungsanspruch gänzlich verzichten[209] (so z.B., wenn er die Last der Hauptschuld im Verhältnis zum Hauptschuldner endgültig zu tragen hat) oder mit dem Schuldner einen weitergehenden Befreiungsanspruch vereinbaren.[210] Die Rechtsstellung des Bürgen zum Gläubiger bleibt von § 775 BGB unberührt.

II. Regreß des Bürgen

Hat der Bürge bereits an den Gläubiger geleistet, so kommt ein Rückgriff des Bürgen gegen den Hauptschuldner in Frage. Für diesen sind zwei verschiedene Anspruchsgrundlagen zu unterscheiden.

---

[206] BGH v. 21. Dezember 1970, BGHZ 55, 117 (120); *Erman/Seiler* § 775 Rdnr. 1; *Habersack* MünchKomm.⁴ § 775 Rdnr. 11 ff.; *Staudinger/Horn* § 775 Rdnr. 4.

[207] Prot. II, S. 385; *Habersack* MünchKomm.⁴ § 775 Rdnr. 1; *Medicus* Rdnr. 530; RGRK/*Mormann* § 775 Rdnr. 1; *Staudinger/Horn* § 775 Rdnr. 1.

[208] Siehe bereits oben § 13 D II, S. 666 f. zu § 773 Abs. 1 Nr. 2 BGB.

[209] Da ein solcher Verzicht gegenüber dem Hauptschuldner nicht zum Inhalt des Bürgschaftsvertrages mit dem Gläubiger gehört, bedarf er nicht der Form des § 766 BGB: RG v. 22. September 1904, RGZ 59, 10 (13 f.); *Erman/Seiler* § 775 Rdnr. 3; *Staudinger/Horn* § 775 Rdnr. 13; a.A. *Habersack* MünchKomm.⁴ § 775 Rdnr. 5.

[210] BGH v. 23. Juni 1995, NJW 1995, 2635 (2637); *Habersack* MünchKomm.⁴ § 775 Rdnr. 4; *Staudinger/Horn* § 775 Rdnr. 12.

1. Innenverhältnis zwischen Bürge und Hauptschuldner

Zunächst kommt für einen Rückgriff ein separates Schuldverhältnis zwischen dem Bürgen und dem Hauptschuldner als Anspruchsgrundlage in Betracht. Ist der Bürge Beauftragter des Hauptschuldners oder hat er die Rechtsstellung eines solchen (§§ 675 Abs. 1, 683 BGB), so kann er seine Leistung an den Gläubiger als Aufwendung nach § 670 BGB von dem Hauptschuldner ersetzt verlangen.[211] Hätte der Bürge die Leistung an den Gläubiger verweigern können (z.B. gemäß § 768 BGB), so kommt es für die Berechtigung zum Aufwendungsersatz darauf an, ob diese Umstände für ihn ex ante erkennbar waren (§ 670 BGB: „Aufwendungen, die er den Umständen nach für erforderlich halten darf").[212] Der Aufwendungsersatz erfaßt auch die Kosten und Folgeschäden, die dem Bürgen aus der Inanspruchnahme entstehen.[213] Ein Aufwendungsersatzanspruch scheidet jedoch aus, wenn der Bürge aufgrund einer Vereinbarung mit dem Hauptschuldner die Last der Hauptverbindlichkeit ausnahmsweise endgültig tragen soll, z.B. weil die Bürgschaft schenkungsweise eingegangen worden ist.

2. Gesetzlicher Forderungsübergang (§ 774 Abs. 1 BGB)

Neben einem etwaigen Regreßanspruch des Bürgen aus dem Innenverhältnis zwischen ihm und dem Hauptschuldner ordnet § 774 Abs. 1 Satz 1 BGB einen Übergang der Hauptforderung auf den zahlenden Bürgen an. Soweit er den Gläubiger befriedigt – also gegebenenfalls nur teilweise[214] –, geht der Anspruch gegen den Hauptschuldner im bestehenden Umfang auf ihn über. Konstruktiv ist dies möglich, weil die Leistung des Bürgen lediglich dazu führt, daß *seine* Verbindlichkeit gegenüber dem Gläubiger durch Erfüllung (§ 362 Abs. 1 BGB) oder ein Erfüllungssurrogat (z.B. § 389 BGB)[215] erlischt, darin aber keine Leistung auf die

---

[211] Da er zu der Zahlung an den Gläubiger verpflichtet ist, handelt es sich strenggenommen nicht um ein freiwilliges Vermögensopfer (Aufwendung), sondern einen den Aufwendungen gleichzustellenden auftragstypischen Schaden; siehe oben § 11 B V 1d, S. 611 ff.

[212] Näher oben § 11 B V 1b, S. 609 f.

[213] *Erman/Seiler* § 774 Rdnr. 12; *Habersack* MünchKomm.⁴ § 774 Rdnr. 19; *Staudinger/Horn* § 774 Rdnr. 4.

[214] Zwischen dem Gläubiger und dem Bürgen kann freilich – in der Form des § 766 BGB – vereinbart sein, daß die Hauptforderung erst bei vollständiger Leistung des Bürgen auf diesen übergeht. Ob diese Vereinbarung auf der Basis Allgemeiner Geschäftsbedingungen des Gläubigers getroffen werden kann, ist umstritten: dafür BGH v. 23. Oktober 1986, NJW 1987, 374 (375); *Erman/Seiler* § 774 Rdnr. 3; dagegen *Habersack* MünchKomm.⁴ § 774 Rdnr. 5.

[215] Jedoch darf der Insolvenzverwalter eines in Insolvenz geratenen Gläubigers der Aufrechnung unter der Voraussetzung eines Verzichts auf die Bürgschaft widersprechen, um zu verhindern, daß der Bürge durch die (gemäß § 271 BGB grundsätzlich mögliche) vorzeitige Aufrechnung gegenüber dem Gläubiger (vgl. § 94 InsO) seine illiquide Gegenforderung durch die Wirkung des § 774 Abs. 1 Satz 1 BGB quasi gegen die – gegebenenfalls noch werthaltige – Hauptverbindlichkeit „austauscht"; *Esser/Weyers* BT 1, § 40 III 5, S. 352; *Larenz/Canaris* BT 2, § 60 III 3b, S. 14; *Staudinger/Horn* § 774 Rdnr. 29. Infolge des Verzichts kann der Insolvenzverwalter die Forderung ge-

Hauptverbindlichkeit i.S. des § 362 Abs. 2 BGB liegt. Die Bürgenschuld sichert lediglich die Hauptschuld, ist aber nicht mit dieser identisch.[216]

Anders als der Aufwendungsersatz im Innenverhältnis deckt der gesetzliche Übergang der Forderung keine Nebenkosten ab, die dem Bürgen aus der Inanspruchnahme entstanden sind.[217] Ferner kann der Hauptschuldner, anders als bei § 670 BGB, der übergegangenen Forderung gemäß den §§ 412, 404 BGB alle Einwendungen und Einreden aus dem *Rechtsverhältnis zum Gläubiger* entgegenhalten, die im Zeitpunkt der Leistung des Bürgen begründet waren (Verjährung etc.). Hat er von der Leistung des Bürgen an den Hauptschuldner und damit dem Forderungsübergang keine Kenntnis, genießt er den Rechtsscheinschutz der §§ 406 ff. BGB i.V. mit § 412 BGB. Umgekehrt kommt der *Vorrang der Regelungen des Innenverhältnisses* zwischen Bürge und Hauptschuldner (d.h. regelmäßig des Auftrags- oder Geschäftsbesorgungsvertrages) darin zum Ausdruck, daß letzterer Einreden und Einwendungen aus diesem Verhältnis gemäß § 774 Abs. 1 Satz 3 BGB auch der übergegangenen[218] Hauptforderung entgegenhalten kann.

Ein Vorteil der Legalzession nach § 774 Abs. 1 Satz 1 BGB gegenüber dem Anspruch auf Aufwendungsersatz gemäß § 670 BGB besteht jedoch darin, daß nach den §§ 412, 401 Abs. 1 BGB mit der Hauptforderung weitere akzessorische Sicherungsrechte, die für die Hauptverbindlichkeit bestehen, ebenfalls auf den zahlenden Bürgen übergehen. Nicht-akzessorische Sicherungsrechte wie z.B. Sicherungseigentum sind mangels abweichender Vereinbarung gemäß § 242 BGB *rechtsgeschäftlich* auf den zahlenden Bürgen zu übertragen.[219] Sofern also der Hauptschuldner auch gegenüber dem Bürgen als neuem Forderungsinhaber nicht erfüllt, kann dieser Befriedigung aus den weiteren Sicherungsrechten suchen.[220] Da der gesetzliche Übergang der Forderung gemäß § 774 Abs. 1 Satz 2 BGB nicht zum Nachteil des Gläubigers geltend gemacht werden kann, erhält der Bürge bei teilweiser Leistung an etwaigen weiteren Sicherungsrechten jedoch lediglich ein dem Gläubiger nachrangiges Befriedigungsrecht und muß insoweit auch im Insolvenzverfahren über das Vermögen des Hauptschuldners hinter dem Restanspruch des Gläubigers zurückstehen.[221]

---

gen den Hauptschuldner in voller Höhe beitreiben und muß den Bürgen für seine Gegenforderung nur in Höhe der Insolvenzquote befriedigen (vgl. § 38 InsO); im Fall der Aufrechnung wäre diese Wertdifferenz zweckwidrig dem Bürgen als neuem Inhaber der Hauptschuld zugute gekommen, der mit der Bürgschaft sozusagen seine Gegenforderung gegen den Gläubiger „gesichert" hätte.

[216] Dazu oben § 13 B II, S. 640 ff.

[217] Siehe oben § 13 F II 1, S. 673 f.

[218] Die Gegenrechte des Hauptschuldners hindern nicht schon die Legalzession als solche: *Staudinger/Horn* § 774 Rdnr. 40; a.A. *Esser/Weyers* BT 1, § 40 IV 2, S. 355.

[219] BGH v. 11. Januar 1990, BGHZ 110, 41 (43); BGH v. 23. Juni 1995, NJW 1995, 2635 (2636); *Esser/Weyers* BT 1, § 40 IV 2, S. 355; *Larenz/Canaris* BT 2, § 60 IV 2a, S. 15; *Staudinger/Horn* § 774 Rdnr. 21 f.

[220] Dazu unten § 13 G, S. 675 ff.

[221] BGH v. 11. Januar 1990, BGHZ 110, 41 (45 f.); *Brox/Walker* § 32 Rdnr. 40; *Esser/ Weyers* BT 1, § 40 IV 2, S. 355; *Larenz/Canaris* BT 2, § 60 IV 2b, S. 15.

G. Ausgleich mit anderen Sicherungsgebern

Wenn für die Hauptforderung noch weitere Sicherungsrechte bestehen, stellt sich im Fall der Leistung des Bürgen das Problem des Ausgleichs unter den verschiedenen Sicherungsgebern.

I. Ausgleich unter Mitbürgen

Eine gesetzliche Regelung hat die Kollision verschiedener Sicherungsrechte in § 774 Abs. 2 BGB für das Verhältnis unter Mitbürgen erfahren. Dabei ist zu berücksichtigen, daß nach der dispositiven Vorschrift des § 769 BGB mehrere Bürgen entgegen der allgemeinen Regel des § 427 BGB auch dann als Gesamtschuldner (Mitbürgen) haften, wenn sie die Bürgschaften nicht gemeinschaftlich, d.h. ohne wechselseitige Bezugnahme aufeinander übernommen haben. Die Bürgen haften dem Gläubiger nicht gemäß § 420 BGB lediglich anteilig, sondern zu ihnen besteht ein Gesamtschuldverhältnis i.S. der §§ 421 ff. BGB. Im Verhältnis der Haftung der Bürgen zu derjenigen des Hauptschuldners bleibt es jedoch bei der akzessorischen Natur der Haftung, für welche die §§ 421 ff. BGB nicht gelten.[222]

Für den Regreßanspruch eines an den Gläubiger leistenden Mitbürgen zieht § 774 Abs. 2 BGB die Konsequenz aus dem bestehenden Gesamtschuldverhältnis. Die anderen Mitbürgen haften dem Leistenden nur nach Maßgabe des § 426 BGB. Das bedeutet zweierlei:

– Erstens tritt zwar die cessio legis gemäß § 774 Abs. 1 Satz 1 BGB in vollem Umfang zugunsten des Leistenden ein, die übrigen Bürgschaften gehen aber nach § 774 Abs. 2 BGB i.V. mit § 426 Abs. 2 Satz 1 BGB nur in Höhe des internen Verlustanteils nach den §§ 412, 401 Abs. 1 BGB mit der Hauptforderung auf den zahlenden Bürgen über. Diese Verlusttragungspflicht tritt nach § 426 Abs. 1 Satz 1 BGB im Zweifel zu gleichen Anteilen ein. Im übrigen erlöschen die Bürgschaften.[223] Beispiel: Für eine Schuld des S in Höhe von 9 000 Euro haben sich A, B und C verbürgt. A befriedigt den Gläubiger G. Nach § 774 Abs. 1 Satz 1 BGB geht die Forderung gegen S in voller Höhe auf A über. Die Bürgschaften des B und des C erwirbt er nach den §§ 774 Abs. 2, 426 Abs. 2 Satz 1 BGB über die §§ 412, 401 Abs. 1 BGB jedoch jeweils nur in Höhe von 3 000 Euro (§ 426 Abs. 1 Satz 1). Der Rest der Bürgschaften des B und des C erlischt. Obwohl also A durch seine Zahlung an G 6 000 Euro mehr geleistet hat, als er im Innenverhältnis zu tragen verpflichtet ist, kann er nicht jeweils von B oder C diese 6 000 Euro fordern. Dieses Ergebnis liegt in der Logik des § 426 BGB begründet, nach dem die Mitbürgen *im Regreß untereinander* nicht wiederum Gesamt-, sondern nur Teilschuldner sind.[224] Hat der zah-

---

[222] Siehe oben § 13 B II, S. 640 ff.

[223] BGH v. 14. Juli 1983, BGHZ 88, 185 (189 f.); *Habersack* MünchKomm.[4] § 774 Rdnr. 22; RGRK/*Mormann* § 774 Rdnr. 7; *Staudinger/Horn* § 774 Rdnr. 43.

[224] Vgl. *Bydlinski* MünchKomm.[4] § 426 Rdnr. 29 ff. mit Nachweisen auch zu abweichenden Konzeptionen.

lende Bürge nur eine Teilleistung erbracht, kann er nach h.M. für diese von den übrigen Mitbürgen einen anteiligen Ausgleich grundsätzlich auch dann verlangen, wenn seine Teilleistung an den Gläubiger den von ihm im Innenverhältnis zu tragenden Anteil nicht übersteigt (im Beispiel: A zahlt an G 2 700 Euro und kann nach h.m. von B und C jeweils 900 Euro verlangen).[225]

- Zweitens schließt die Verweisung in § 774 Abs. 2 BGB auf § 426 BGB ein, daß der den Gläubiger befriedigende Bürge gegen die Mitbürgen neben dem anteiligen Übergang der Bürgschaften auf ihn auch einen direkten anteiligen Ausgleichsanspruch gemäß § 426 Abs. 1 Satz 1 BGB erhält.[226] § 426 Abs. 1 Satz 1 BGB ist als eigenständige Anspruchsgrundlage neben § 426 Abs. 2 Satz 1 BGB zu begreifen.[227] Vor seiner Zahlung hat ein in Anspruch genommener Mitbürge gemäß den §§ 774 Abs. 2, 426 Abs. 1 Satz 1 BGB gegen die übrigen Bürgen zudem einen Anspruch auf anteilige Befreiung von seiner Bürgenschuld.[228] Aus dem selbständigen Ausgleichsanspruch nach den §§ 774 Abs. 2, 426 Abs. 1 Satz 1 BGB ergibt sich auch, daß § 776 BGB[229] entgegen seinem Wortlaut (gibt „der Gläubiger [...] das Recht gegen einen Mitbürgen auf") für den Verzicht auf eine Mitbürgschaft regelmäßig keine Bedeutung erlangt: Die Aufgabe der Bürgschaft verhindert zwar deren anteiligen Übergang gemäß den §§ 774 Abs. 1 Satz 1, 412, 401 Abs. 1, 774 Abs. 2, 426 Abs. 2 Satz 1 BGB auf den leistenden Bürgen; der Verzicht berührt aber – wenn keine Zustimmung der anderen Mitbürgen vorliegt – nicht den mit Eingehung der Mitbürgschaft bereits entstandenen Ausgleichsanspruch aus den §§ 774 Abs. 2, 426 Abs. 1 Satz 1 BGB gegen den „befreiten" Mitbürgen.[230] Denn der Gläubiger und der „befreite" Mitbürge können nicht über das Rechtsverhältnis der Mitbürgen untereinander aus § 426 Abs. 1 Satz 1 BGB disponieren (kein Vertrag zu Lasten Dritter). Somit wird im Ergebnis der Regreß durch den Verzicht auf eine Mitbürgschaft nicht vereitelt, was wie oben dargelegt aber Voraussetzung des § 776 BGB wäre.[231] Anders ist die Rechtslage allerdings, wenn für die aufgegebene Mitbürgschaft ein akzessorisches Sicherungsrecht bestanden hat, z.B. eine Nachbürgschaft.[232] Diese wäre auf den leistenden Bürgen wiede-

---

[225] BGH v. 17. März 1982, BGHZ 83, 206 (208 f.); *Erman/Seiler* § 774 Rdnr. 14; *Habersack* MünchKomm.[4] § 774 Rdnr. 26; zweifelnd *Staudinger/Horn* § 774 Rdnr. 47. In diesem Fall darf der Übergang der Bürgschaften jedoch nicht zum Nachteil des Gläubigers geltend gemacht werden (§ 426 Abs. 2 Satz 2 BGB); siehe dazu oben § 13 F II 2, S. 672 f.

[226] *Erman/Seiler* § 774 Rdnr. 14; *Habersack* MünchKomm.[4] § 774 Rdnr. 22; *Staudinger/Horn* § 774 Rdnr. 51.

[227] Vgl. *Bydlinski* MünchKomm.[4] § 426 Rdnr. 1.

[228] BGH v. 15. Mai 1986, NJW 1986, 3131 (3132); *Staudinger/Horn* § 774 Rdnr. 48. Zum Inhalt des Befreiungsanspruchs siehe oben § 13 F I, S. 671 f.

[229] Näher oben § 13 E V, S. 670 f.

[230] BGH v. 11. Juni 1992, NJW 1992, 2286 (2287); BGH v. 13. Januar 2000, NJW 2000, 1034 (1035); *Habersack* MünchKomm.[4] § 776 Rdnr. 5; *Staudinger/Horn* § 776 Rdnr. 15; zweifelnd *Esser/Weyers* BT 1, § 40 IV 3, S. 356.

[231] Siehe oben § 13 E V, S. 670 f.

[232] Zu dieser näher § 13 H III, S. 681 f.

rum nur zusammen mit der Mitbürgschaft gemäß den §§ 774 Abs. 2, 426 Abs.
2 Satz 1 BGB i.V. mit § 401 Abs. 1 BGB übergegangen; den internen Ausgleichsanspruch aus § 426 Abs. 1 Satz 1 BGB sichert sie nicht. Soweit der in
Anspruch genommene Bürge also aus der Nachbürgschaft hätte Regreß nehmen können (was im Einzelfall zu ermitteln ist), wird er durch den Verzicht auf
die nachverbürgte Mitbürgschaft gemäß § 776 BGB frei.

II. Ausgleich mit anderen Sicherungsgebern

Der in § 774 Abs. 1 Satz 1 BGB angeordnete gesetzliche Übergang der Forderung
auf den Bürgen führt nach § 412 BGB i.V. mit § 401 Abs. 1 BGB grundsätzlich
dazu, daß auch andere akzessorische Sicherungsrechte als Mitbürgschaften auf den
Bürgen als neuen Gläubiger übergehen (z.B. Hypotheken). Zudem ist der befrie-
digte Gläubiger verpflichtet, nicht-akzessorische Sicherheiten gemäß § 242 BGB
auf den leistenden Bürgen zu übertragen.[233] Entsprechendes gilt für den anderen
Sicherungsgeber, d.h. er erwirbt kraft Gesetzes die Hauptschuld und die Bürgschaft, wenn er den Gläubiger befriedigt (z.B. den §§ 1143 Abs. 1 Satz 1, 401
Abs. 1 BGB). Sofern nach dem Inhalt der Verträge kein ausdrückliches Rangver-
hältnis zwischen den Sicherungsrechten besteht, erscheint es unter teleologischen
Gesichtspunkten problematisch, ob der jeweils an den Gläubiger Zahlende bei dem
„gleichstufigen" anderen Sicherungsgeber vollen Regreß nehmen können soll. Eine gesetzliche Kollisionsregelung, wie sie § 774 Abs. 2 BGB für Mitbürgen vorsieht, fehlt allerdings. Zur Lösung der Problematik werden im wesentlichen zwei
Ansätze vertreten:[234]

Nach h.M.[235] besteht zwischen den verschiedenartigen Sicherungsgebern ein
Gesamtschuldverhältnis analog § 774 Abs. 2 BGB i.V. mit § 426 BGB, das zu
dem für Mitbürgen bereits dargelegten anteiligen Ausgleich führt.[236] Hierfür
spricht, daß ein anteiliger Ausgleich als eine gerechte Lösung des Interessenkon-
flikts zwischen gleichstufigen Sicherungsgebern erscheint, die über das Verhältnis
von Mitbürgen hinaus Geltung beanspruchen kann, wie der Verweis in § 1225
Satz 2 BGB auf § 774 Abs. 2 BGB für den Ausgleich unter mehreren Verpfändern
zeigt. Wenn der andere Sicherungsgeber nicht unbeschränkt persönlich, sondern
als Realsicherer nur mit einem Gegenstand haftet (z.B. der Hypothekenschuldner
mit seinem Grundstück; vgl. § 1147 BGB), sind bei der Bestimmung der Ausgleichsanteile i.S. des § 426 BGB jedoch gegebenenfalls die unterschiedlichen
Werte des jeweiligen Sicherungssubstrats zu berücksichtigen.[237] Beispiel: Hat sich

---

[233] Siehe oben § 13 F II 2, S. 673 f.

[234] Umfassende Übersicht zum Meinungsstand bei *Marburger* 20 Probleme aus dem
BGB, Sachenrecht ohne Eigentümer-Besitzer-Verhältnis, 5. Aufl. 1999, 20. Problem.

[235] BGH v. 29. Juni 1989, BGHZ 108, 179 (182 ff.); *Bayer/Wandt* JuS 1987, 271 (274);
Erman/Seiler § 774 Rdnr. 15; *Esser/Weyers* BT 1, § 40 IV 3, S. 356 f.; *Habersack*
MünchKomm.⁴ § 774 Rdnr. 25; *Larenz/Canaris* BT 2, § 60 IV 3a, S. 16; vertiefend
Schanbacher AcP 191 (1991), 87 (96 ff.).

[236] Siehe oben § 13 G I, S. 675 ff.

[237] *Habersack* MünchKomm.⁴ § 774 Rdnr. 30 i.V. mit Rdnr. 23 f.; *Larenz/Canaris* BT 2,
§ 60 IV 3b, S. 16 ff.; *Medicus* Rdnr. 531.

ein Sicherungsgeber B für eine Schuld in Höhe von 12 000 Euro verbürgt und ein weiterer Sicherungsgeber H für diese Schuld eine Hypothek an einem Grundstück im Wert von 6 000 Euro bestellt, bemessen sich die Regreßanteile im Rahmen des § 426 BGB nach dem Verhältnis 2 (B): 1 (H), d.h. H haftet B mit seinem Grundstück nicht für 6 000 Euro, sondern nur für 4 000 Euro, wenn B in voller Höhe in Anspruch genommen wurde (Relation der Werte der Sicherungssubstrate als „anderweitige Bestimmung" der Anteilsverpflichtung i.S. des § 426 Abs. 1 Satz 1 BGB). Deckte der Grundstückswert den vollen Schuldbetrag, sind hingegen von B und H auch gleiche Ausgleichsanteile i.S. des § 426 Abs. 1 Satz 1 BGB zu tragen (jeweils 6 000 Euro).[238] Ist der andere Sicherungsgeber Realsicherer (wie im Beispiel H als Hypothekenschuldner), trifft ihn allerdings auch im Regreß des Bürgen nach § 426 BGB keine persönliche Schuld, sondern er hat lediglich die anteilige Verwertung des Sicherungsgegenstandes zu dulden.[239]

Demgegenüber plädiert eine starke Mindermeinung dafür, den Bürgen gegenüber anderen Realsicherern (z.B. Hypothekenschuldnern) dergestalt zu bevorzugen, daß er bei eigener Zahlung auf die Realsicherheit vollständig zugreifen kann, bei einer Leistung des Realsicherers an den Gläubiger die Bürgschaft aber erlöschen soll.[240] Hierfür wird vor allem auf den Rechtsgedanken des § 776 BGB verwiesen, der eine Privilegierung des Bürgen gegenüber anderen Sicherungsgebern gebiete. Die Berufung auf § 776 BGB stellt jedoch insoweit einen Zirkelschluß dar, als die Norm lediglich eine Privilegierung *im Verhältnis zum Gläubiger* anordnet, wenn (!) der Bürge bei dem anderen Sicherungsgeber Regreß hätte nehmen können, was gerade umstritten ist.[241] Für das Verhältnis der Sicherungsgeber untereinander ist § 776 BGB daher unergiebig. Auch der Umstand, daß die Bürgschaft mit der persönlichen Haftung ein höheres Risiko begründet als das zur Verfügung Stellen einer Realsicherheit, liefert kein Argument für eine Privilegierung des Bürgen.

Da die besseren Gründe für einen gesamtschuldnerischen Ausgleich analog § 774 Abs. 2 BGB sprechen, spielt die Vorschrift des § 776 BGB für die Aufgabe gleichrangiger Sicherheiten durch den Gläubiger regelmäßig keine Rolle. Wie für die Mitbürgschaft dargelegt, berührt der Verzicht auf das andere Sicherungsrecht nicht den Ausgleichsanspruch aus den §§ 774 Abs. 2 BGB, 426 Abs. 1 Satz 1 BGB und vereitelt damit nicht den Bürgenregreß.[242]

---

[238] Vgl. auch für die Bestimmung der Haftungsanteile bei Gesellschaftern, die für eine Verbindlichkeit ihrer Gesellschaft Sicherheiten bestellen, BGH v. 24. September 1992, NJW 1992, 3228 (3229).

[239] Siehe oben § 13 A, S. 638 f.

[240] *Baur/Stürner* § 38 Rdnr. 102 ff.; RGRK/*Mormann* § 774 Rdnr. 8; *Staudinger/Horn* § 774 Rdnr. 68.

[241] *Erman/Seiler* § 774 Rdnr. 15; *Esser/Weyers* BT 1, § 40 IV 3, S. 357; *Larenz/Canaris* BT 2, § 60 IV 3a, S. 16.

[242] Siehe oben § 13 G I, S. 675 ff.

H. Sonderformen der Bürgschaft

Im Rahmen der Erörterungen zu den §§ 765 bis 777 BGB hat sich an verschiedenen Stellen gezeigt, daß Parteivereinbarungen die Prinzipien der Akzessorietät und Subsidiarität der Bürgschaft in gewissen Grenzen modifizieren können. Ein Beispiel dafür bildet die selbstschuldnerische Bürgschaft, bei der ein Verzicht des Bürgen auf die Einrede der Vorausklage (§ 771 BGB) den Subsidiaritätsgrundsatz erheblich einschränkt.[243] Darüber hinaus haben sich in der Vertragspraxis weitere Sonderformen der Bürgschaft herausgebildet, die entweder dem Bürgschaftsvertrag durch Abweichung von den §§ 765 bis 777 BGB eine atypische Ausgestaltung verleihen oder aber mehrere Bürgschaften in verschiedener Art und Weise miteinander kombinieren.

I. Bürgschaft auf erstes Anfordern

In dem Streben nach Verselbständigung der Bürgschaft von der Hauptverbindlichkeit geht die sog. Bürgschaft auf erstes Anfordern am weitesten. Bei dieser Form der Bürgschaft wird vereinbart, daß der Bürge grundsätzlich bereits auf eine bloße Aufforderung des Gläubigers seine Leistung erbringen muß, ohne daß er dem Gläubiger Einwendungen oder Einreden aus den §§ 767 bis 777 BGB entgegenhalten kann.[244]

Allerdings geht die Verknüpfung mit der gesicherten Hauptverbindlichkeit bei der Bürgschaft auf erstes Anfordern nicht völlig verloren. Es obliegt jedoch dem Bürgen, den von ihm geleisteten Betrag von dem Gläubiger nachträglich zurückzufordern, wenn materiell eine Einwendung oder Einrede nach den §§ 767 bis 777 BGB begründet war.[245] Anspruchsgrundlage für die Rückforderung ist nach Auffassung der Rechtsprechung[246] § 812 Abs. 1 Satz 1 Alt. 1 BGB, nach der Gegenansicht der h.L.[247] der nach den §§ 157, 242 BGB auszulegende Bürgschaftsvertrag. Hieraus erklärt sich auch, daß der Bürge die Leistung an den Gläubiger verweigern kann, wenn ein Gegenrecht i.S. der §§ 767 bis 777 BGB objektiv unbezweifelbar vorliegt; der Verweisung des Bürgen auf eine spätere Rückforderung steht in diesem Fall der Einwand des Rechtsmißbrauchs entgegen (§ 242 BGB).[248] Dies gilt z.B. im Hinblick auf die mangelnde Fälligkeit der gesicherten Forderung; da der

---

[243] Dazu § 13 D II, S. 666 ff.

[244] BGH v. 3. April 2003, NJW 2003, 2231 (2233); *Staudinger/Horn* Vorbem. zu §§ 765 ff. Rdnr. 24 m.w.N.

[245] BGH v. 3. April 2003, NJW 2003, 2231 (2233).

[246] BGH v. 2. Mai 1979, BGHZ 74, 244 (248); BGH v. 27. Februar 1992, NJW 1992, 1881 (1883); auch *Brox/Walker* § 32 Rdnr. 50.

[247] *Erman/Seiler* Vor § 765 Rdnr. 12; *Habersack* MünchKomm.⁴ § 765 Rdnr. 104; *Larenz/Canaris* BT 2, § 64 IV 2, S. 81.

[248] BGH v. 17. Oktober 1996, NJW 1997, 255 (256); BGH v. 5. März 2002, NJW 2002, 1493, m.w.N.; *Fikentscher* Rdnr. 1004; *Habersack* MünchKomm.⁴ § 765 Rdnr. 103; *Medicus* Rdnr. 537; *Staudinger/Horn* Vorbem. zu §§ 765 ff. Rdnr. 32.

materielle Bürgschaftsfall noch nicht eingetreten sein kann, steht dem Gläubiger in diesem Fall aus der Bürgschaft kein Anspruch zu.[249]

Folglich bleiben die Akzessorietät und Subsidiarität materiell letztendlich erhalten, so daß weiterhin eine Bürgschaft und keine Interzessionsgarantie vorliegt.[250] Da der Gläubiger den Bürgen jedoch – vorbehaltlich eines Rechtsmißbrauchs – unbedingt in Anspruch nehmen kann und letzterem die Rückforderungslast obliegt, kann die Bürgschaft auf erstes Anfordern aber als Garantie nicht im materiellen, wohl aber formellen Sinne bezeichnet werden. Auch stellt sich das eingangs erörterte Abgrenzungsproblem zwischen Bürgschaft und Garantie[251] in besonderer Schärfe, wenn eine Bürgschaft auf erstes Anfordern in Betracht kommt und eine eindeutige Vereinbarung fehlt. Auf das Innenverhältnis zwischen Bürge und Hauptschuldner[252] wirken sich die Besonderheiten der Bürgschaft auf erstes Anfordern insbesondere hinsichtlich des Regresses nur aus, wenn die Eingehung einer derartigen Bürgschaft auch im Innenverhältnis (Auftrag, Geschäftsbesorgungsvertrag) vorgesehen war.[253]

Da die Bürgschaft auf erstes Anfordern die Bürgenschuld zumindest formell von der Hauptverbindlichkeit weitgehend löst, stellt ihre Vereinbarung in Allgemeinen Geschäftsbedingungen des Gläubigers eine unangemessene Benachteiligung i.S. des § 307 Abs. 1 Satz 1 BGB i.V. mit Abs. 2 Nr. 1 BGB dar, wenn der Bürge kein Kreditinstitut ist.[254] Auch eine individualvertraglich vereinbarte Bürgschaft auf erstes Anfordern soll nach den §§ 133, 157 BGB als „normale" Bürgschaft auszulegen sein, wenn der Gläubiger objektiv nicht erwarten durfte, daß der Bürge die juristische Tragweite einer solchen Vereinbarung versteht. Dies ist nach der Rechtsprechung immer dann anzunehmen, wenn der Bürge nicht im Bank- oder besonders kreditbezogenen Handelsverkehr (z.B. Baugewerbe) tätig ist; die bloße Kaufmannseigenschaft macht ihn noch nicht schutzunwürdig.[255] Wenn eine Bürgschaft auf erstes Anfordern nach Auslegung der individualvertraglichen Regelung nicht zustande gekommen ist, bleibt allerdings zu erwägen, die Vereinbarung an Stelle einer normalen Bürgschaft als selbstschuldnerische Bürgschaft auszulegen, die sogar in Allgemeinen Geschäftsbedingungen vereinbart werden kann.[256]

---

[249] BGH v. 12. September 2002, WM 2002, 2325.

[250] Siehe oben § 13 B III, S. 643 ff. Zum Diskussionsstand jüngst *Dieckmann* DZWIR 2003, 177 (179 f.) m.w.N. sowie BGH v. 3. April 2003, NJW 2003, 2231 (2233); BGH v. 10. April 2003, ZIP 2003, 1388 (1390).

[251] Dazu oben § 13 B III, S. 643 ff.

[252] Dazu oben § 13 F, S. 671 ff.

[253] *Esser/Weyers* BT 1, § 40 III 2, S. 349 f.

[254] BGH v. 5. Juli 1990, NJW-RR 1990, 1265; *Medicus* Rdnr. 537; *Habersack* Münch-Komm.[4] § 765 Rdnr. 100; großzügiger bei Kaufleuten *Erman/Seiler* Vor § 765 Rdnr. 12; *Larenz/Canaris* BT 2, § 64 IV 4, S. 81 f.; *Staudinger/Horn* Vorbem. zu §§ 765 ff. Rdnr. 25.

[255] BGH v. 12. März 1992, NJW 1992, 1446 (1447); BGH v. 23. Januar 1997, NJW 1997, 1435 (1437); BGH v. 2. April 1998, NJW 1998, 2280 (2281).

[256] Siehe oben § 13 D II, S. 666 ff.

II. Ausfallbürgschaft

Quasi das Gegenstück zu einer Bürgschaft auf erstes Anfordern bildet die sog. Ausfallbürgschaft. Bei dieser ist die Rechtsstellung des Bürgen insoweit gestärkt, als ihm nicht bloß die Einrede der Vorausklage nach Maßgabe der §§ 771 f. BGB zusteht, sondern seine Verpflichtung von vornherein unter der aufschiebenden Bedingung (§ 158 Abs. 1 BGB) steht, daß der Gläubiger trotz einer mit gehöriger Sorgfalt durchgeführten Zwangsvollstreckung in das gesamte Vermögen des Schuldners und Inanspruchnahme aller anderen unter Umständen vorhandenen Sicherheiten keine Befriedigung erlangt hat.[257] Die Vereinbarung einer Ausfallbürgschaft ist – auch in Allgemeinen Geschäftsbedingungen – zulässig, wird jedoch von dem Bürgen nur selten durchsetzbar sein.

III. Nachbürgschaft[258]

Die Nachbürgschaft setzt voraus, daß sich eine Person für die Erfüllung einer Hauptverbindlichkeit verbürgt (Vorbürgschaft) und eine andere Person – der Nachbürge – wiederum gemäß § 765 Abs. 1 BGB gegenüber dem Gläubiger für die Erfüllung der Vorbürgschaft einsteht.[259] Die durch die Nachbürgschaft gesicherte „Hauptverbindlichkeit" ist deshalb nicht der Anspruch gegen den Hauptschuldner, sondern derjenige gegen den Vorbürgen. Der Nachbürge kann bei einer Inanspruchnahme dem Gläubiger nach § 767 BGB alle den Bestand der Vorbürgschaft betreffenden Einwendungen entgegenhalten, wobei die Vorbürgschaft über den Akzessorietätsgrundsatz auch dann wegfällt, wenn die durch sie gesicherte Hauptverbindlichkeit nicht oder nicht mehr besteht. Gemäß § 768 BGB kann der Nachbürge ferner alle Einreden des Vorbürgen gegen den Gläubiger geltend machen, wozu die Einreden aus der Vorbürgschaft und – wiederum über § 768 BGB – alle Einreden gegen die mit der Vorbürgschaft gesicherte Hauptschuld gehören. Über § 768 Abs. 1 Satz 1 BGB i.V. mit § 771 BGB kann der Nachbürge verlangen, daß der Gläubiger zunächst den Hauptschuldner in Anspruch nimmt. Daß er den Gläubiger auch auf eine vorrangige Zwangsvollstreckung gegen den Vorbürgen verweisen kann, ergibt sich aus einer direkten Anwendung des § 771 BGB.

Befriedigt der Hauptschuldner den Gläubiger, so erlischt gemäß § 767 Abs. 1 Satz 1 BGB die Vorbürgschaft und in deren Folge ihrerseits nach § 767 Abs. 1 Satz 1 BGB die Nachbürgschaft. Zahlt der Vorbürge, erwirbt dieser gemäß § 774 Abs. 1 Satz 1 BGB die Hauptforderung; die Nachbürgschaft erlischt gemäß § 767 Abs. 1 Satz 1 BGB, weil die gesicherte Vorbürgschaft nach § 362 Abs. 1 BGB untergegangen ist. Problematischer ist die Lage, wenn der Nachbürge an den Gläu-

[257] BGH v. 2. Februar 1989, NJW 1989, 1484 (1485); BGH v. 19. März 1998, NJW 1998, 2138 (2141); *Erman/Seiler* Vor § 765 Rdnr. 11; *Habersack* MünchKomm.⁴ § 765 Rdnr. 106; *Staudinger/Horn* § 771 Rdnr. 11.
[258] Die folgenden Ausführungen zu Nachbürgschaft und Rückbürgschaft sind zum Teil sehr komplex. Sie stellen keinen „Lernstoff" dar, sondern ergeben sich ganz überwiegend aus einer präzisen Anwendung des Gesetzes. Der studentische Leser sollte sich daher bemühen, die erläuterten Rechtsverhältnisse anhand der jeweils angeführten gesetzlichen Bestimmungen nachzuvollziehen.
[259] *Staudinger/Horn* Vorbem. zu §§ 765 ff. Rdnr. 57 m.w.N.

biger leistet. Nach § 774 Abs. 1 Satz 1 BGB erwirbt er die Vorbürgschaft;[260] der Vorbürge kann dem Nachbürgen alle gegenüber dem Gläubiger begründeten Einwendungen entgegenhalten (§§ 412, 404 BGB, d.h. gemäß § 768 BGB auch solche gegen die Hauptschuld) sowie gemäß § 774 Abs. 1 Satz 3 BGB alle Einwendungen aus dem Innenverhältnis zum Nachbürgen. Da die Bürgschaft und die gesicherte Hauptverbindlichkeit nicht getrennt werden dürfen,[261] erwirbt der Nachbürge mit der Vorbürgschaft auch die Hauptverbindlichkeit.[262] Der Hauptschuldner kann dann gemäß den §§ 412, 404 BGB dem Nachbürgen alle Einwendungen entgegenhalten, die ihm gegenüber dem Gläubiger zustanden. Umstritten ist, ob ihm gegenüber dem Nachbürgen analog § 774 Abs. 1 Satz 3 BGB auch die Einwendungen aus dem Innenverhältnis zu dem Vorbürgen zustehen. Nach richtiger Ansicht ist dies zu verneinen, weil dem Hauptschuldner diese Einreden auch nicht gegenüber dem ursprünglichen Gläubiger zustanden und der Nachbürge in dessen Rechtsstellung eingerückt ist, ohne dem Hauptschuldner für die Verpflichtungen des Vorbürgen verantwortlich zu sein.[263]

IV. Rückbürgschaft

Während die Nachbürgschaft ebenso wie die Vorbürgschaft den Gläubiger der Hauptverbindlichkeit begünstigt, wird die sog. Rückbürgschaft zugunsten des Bürgen (Hauptbürgen) erklärt. Sie bezieht sich nach § 765 Abs. 1 und 2 BGB auf den – aufschiebend bedingten – Rückgriffsanspruch des Hauptbürgen gegen den Hauptschuldner aus der Legalzession (§ 774 Abs. 1 Satz 1 BGB) sowie gegebenenfalls aus § 670 BGB[264] und sichert den Hauptbürgen für den Fall, daß der Hauptschuldner diese Rückgriffsverbindlichkeiten gegenüber dem Hauptbürgen nicht erfüllt.[265] Die Verpflichtung des Rückbürgen entsteht nur, wenn der Haupt-

---

[260] Vor- und Nachbürge sind keine Mitbürgen i.S. des § 769 BGB, da sie sich für verschiedene Verbindlichkeiten verbürgt haben.

[261] Siehe oben § 13 D I 4, S. 666.

[262] Im Ergebnis ebenso BGH v. 13. Dezember 1978, BGHZ 73, 94 (96 f.); *Erman/Seiler* Vor § 765 Rdnr. 15; *Habersack* MünchKomm.[4] § 765 Rdnr. 117; *Larenz/Canaris* BT 2, § 60 V 3, S. 20; *Medicus* Rdnr. 535. Entgegen der dort geäußerten Ansicht erwirbt der Nachbürge jedoch nicht gemäß § 774 Abs. 1 Satz 1 BGB (analog) die durch die Vorbürgschaft gesicherte Hauptschuld und mit dieser nach den §§ 412, 401 Abs. 1 BGB auch die Vorbürgschaft. Vielmehr ist für den Nachbürgen „Hauptschuldner" i.S. des § 774 Abs. 1 Satz 1 BGB der *Vorbürge*, so daß die Legalzession die Vorbürgschaft umfaßt. Die durch diese gesicherte Hauptverbindlichkeit geht nur aufgrund des Akzessorietätsprinzips mit auf den Nachbürgen über; so auch zutreffend *Staudinger/Horn* Vorbem. zu §§ 765 ff. Rdnr. 58 m.w.N. Befriedigt dann der Vorbürge den Nachbürgen als neuen Gläubiger der Hauptverbindlichkeit, geht in direkter Anwendung des § 774 Abs. 1 Satz 1 BGB die Hauptverbindlichkeit auf ihn über.

[263] *Habersack* MünchKomm.[4] § 765 Rdnr. 117; *Larenz/Canaris* BT 2, § 60 V 3, S. 20 f.; a.A. *Erman/Seiler* Vor § 765 Rdnr. 15; *Esser/Weyers* BT 1, § 40 V 1, S. 358; *Staudinger/Horn* Vorbem. zu §§ 765 ff. Rdnr. 59.

[264] Siehe oben § 13 F II 1, S. 673 f.

[265] *Staudinger/Horn* Vorbem. zu §§ 765 ff. Rdnr. 60 m.w.N. Zu einer Kombination von Nach- und Rückbürgschaft siehe BGH v. 13. Dezember 1978, BGHZ 73, 94 ff.; für die

bürge tatsächlich einen Rückgriffsanspruch gegen den Hauptschuldner gemäß § 774 Abs. 1 Satz 1 BGB und/oder aus § 670 BGB erlangt (§ 767 Abs. 1 Satz 1 BGB). Nach § 768 BGB kann der Rückbürge alle Einreden des Hauptschuldners gegen den gesicherten Rückgriffsanspruch geltend machen, d.h. solche aus dem Verhältnis zum ursprünglichen Gläubiger (die gemäß den §§ 774 Abs. 1 Satz 1, 412, 404 BGB fortbestehen) und solche aus dem Innenverhältnis des Hauptbürgen zum Hauptschuldner (§ 774 Abs. 1 Satz 3 BGB). Zudem stehen ihm nach § 774 Abs. 1 Satz 3 BGB alle Einwendungen aus seinem Innenverhältnis zum Hauptbürgen zu. Nach § 771 BGB kann der Rückbürge verlangen, daß der Hauptbürge in bezug auf seinen Rückgriffsanspruch einen Vollstreckungsversuch bei dem Hauptschuldner unternimmt.

Erfüllt der Hauptschuldner seine Verbindlichkeit, erlischt diese gemäß § 362 BGB und nach § 767 Abs. 1 Satz 1 BGB die Hauptbürgschaft. Damit kann kein Rückgriffsanspruch gegen den Hauptschuldner mehr entstehen, so daß die Rückbürgschaft ihrerseits gemäß § 767 Abs. 1 Satz 1 BGB untergeht. Befriedigt der Hauptbürge den Gläubiger und bleibt sein Regreß bei dem Hauptschuldner erfolglos, tritt wie dargelegt für den Rückbürgen der Bürgschaftsfall ein. Leistet dieser an den Hauptbürgen, erwirbt er gemäß § 774 Abs. 1 Satz 1 BGB die Rückgriffsansprüche gegen den Hauptschuldner.[266] Soweit dies die nach § 774 Abs. 1 Satz 1 BGB zunächst auf den Hauptbürgen übergegangene Hauptverbindlichkeit ist, kann der Hauptschuldner dem Rückbürgen gemäß den §§ 412, 404 BGB alle Einwendungen entgegensetzen, die gegenüber dem Gläubiger begründet waren. Gemäß den §§ 412, 404, 774 Abs. 1 Satz 3 BGB bleiben ihm auch die Einreden aus dem Innenverhältnis zum Hauptbürgen erhalten. Soweit der Rückbürge infolge seiner Leistung an den Hauptbürgen gemäß § 774 Abs. 1 Satz 1 BGB auch einen etwaigen Rückgriffsanspruch desselben aus § 670 BGB erwirbt, kann der Hauptschuldner dem Rückbürgen gegen diesen Anspruch alle Einwendungen aus dem Innenverhältnis zum Hauptbürgen entgegenhalten (§§ 412, 404 BGB).

I. Anhang: Der Kreditauftrag

Nach § 778 BGB haftet derjenige, der einen anderen beauftragt, im eigenen Namen und auf eigene Rechnung einem Dritten ein Gelddarlehen (§ 488 BGB)[267] oder eine Finanzierungshilfe (§ 499 BGB) zu gewähren, dem Beauftragten für die daraus entstehende Verbindlichkeit des Dritten „als Bürge".

„Hintereinanderschaltung" mehrerer Rückbürgschaften vgl. RG v. 3. Dezember 1934, RGZ 146, 67 ff.

[266] *Esser/Weyers* BT 1, § 40 V 1, S. 357; *Fikentscher* Rdnr. 1006; *Habersack* Münch-Komm.⁴ § 765 Rdnr. 122; *Larenz/Canaris* BT 2, § 60 VI 4, S. 21; *Medicus* Rdnr. 536; *Staudinger/Horn* Vorbem. zu §§ 765 ff. Rdnr. 61; a.A. RG v. 3. Dezember 1934, RGZ 146, 67 (70), jedoch ohne nachvollziehbare Begründung.

[267] Aus der Gegenüberstellung von (Geld-)Darlehen und Sachdarlehen in den §§ 488, 607 BGB ergibt sich, daß § 778 BGB mit „Darlehen" nur das erstere meint (vgl. BT-Drucks. 14/6040, S. 270). Der Auftrag zur Erteilung eines Sachdarlehens unterliegt daher nur den §§ 662 ff. BGB.

Tatbestandlich muß ein Auftrags- oder Geschäftsbesorgungsvertrag (§§ 662 ff., 675 Abs. 1 BGB) vorliegen, nach dessen gemäß den §§ 133, 157 BGB zu ermittelndem Inhalt der Beauftragte zwar im eigenen Namen und – abweichend von § 667 BGB – auch auf eigene Rechnung, aber *auf Risiko des Auftraggebers* einem Dritten ein Darlehen oder eine Finanzierungshilfe zu gewähren verpflichtet ist.[268] Das für den Auftrag typische Moment des Handelns für fremde Rechnung muß also nach dem Parteiwillen durch ein Handeln des Beauftragten auf fremdes (d.h. des Auftraggebers) Risiko ersetzt worden sein.[269] Für diesen Haftungswillen des Kreditauftraggebers kann im Zweifel insbesondere ein wirtschaftliches Interesse desselben an der Kreditgewährung sprechen.[270] Fehlt es daran oder an einem anderen Erfordernis des Kreditauftrags (z.B. kein Rechtsbindungswille auf Seiten des „Beauftragten"), dann findet § 778 BGB keine Anwendung.

Als *Rechtsfolge* sieht § 778 BGB vor, daß der Auftraggeber wie ein Bürge haftet. Der Tatbestand des im vorstehenden Sinne konkretisierten Auftrags- oder Geschäftsbesorgungsvertrages wird also mit den Rechtsfolgen einer Bürgschaft des Auftraggebers gegenüber dem Beauftragten versehen.[271] Der Auftraggeber trägt aufgrund seiner Bürgenhaftung somit das Risiko des Kreditgeschäftes zwischen dem Beauftragten und dem Dritten, während eine aus diesem resultierende Gewinnchance entgegen § 667 BGB bei dem Beauftragten verbleibt, da er auf eigene Rechnung handelt.[272] Legitimieren läßt sich diese Rechtsfolge dadurch, daß der Beauftragte sich gegenüber dem Auftraggeber *verpflichtet* hat, das gegebenenfalls risikoreiche Kreditgeschäft mit dem Dritten vorzunehmen und nicht mit Sicherheit davon ausgehen kann, daß entweder der Dritte oder der Auftraggeber aufgrund seiner Bürgenhaftung seine Ansprüche erfüllen werden.

Anders als die Bürgschaft (§ 766 BGB) kann der Kreditauftrag formfrei abgeschlossen werden, obwohl er für den Auftraggeber die Bürgenhaftung nach sich zieht. Dies stellt keinen Widerspruch dar, weil der Kreditauftraggeber im Gegensatz zum Bürgen i.S. des § 765 BGB gegen den Beauftragten einen *Anspruch* auf

---

[268]   Am klarsten: *Larenz/Canaris* BT 2, § 60 VI 1b, S. 22; sachlich auch BGH v. 23. Februar 1956, WM 1956, 463 (465); BGH v. 23. März 1960, WM 1960, 879 (880); *Habersack* MünchKomm.[4] § 778 Rdnr. 5; RGRK/*Mormann* § 778 Rdnr. 1; *Staudinger/Horn* § 778 Rdnr. 4.

[269]   A.A. *Erman/Seiler* § 778 Rdnr. 2.

[270]   BGH v. 28. März 1956, WM 1956, 1211 (1212); *Habersack* MünchKomm.[4] § 778 Rdnr. 4; *Staudinger/Horn* § 778 Rdnr. 4.

[271]   Daß das Rechtsverhältnis trotz des Handelns des Beauftragten auf eigene Rechnung dem oben § 11 B II 1 (S. 557 ff.) entwickelten Begriff der Besorgung eines übertragenen, d.h. der Sphäre des Auftraggebers zugehörigen Geschäfts genügt, ergibt sich daraus, daß der Auftraggeber die Kreditgewährung an den Dritten schon vor der Beauftragung zu „seiner Angelegenheit" gemacht hat (siehe oben § 11 B II 1, S. 593 ff.).

[272]   *Habersack* MünchKomm.[4] § 778 Rdnr. 3.

die Gewährung des Kredits an den Dritten erlangt,[273] an der er regelmäßig wirtschaftlich interessiert ist.

Das Rechtsverhältnis zwischen Kreditauftraggeber und Kreditbeauftragtem bestimmt sich im Grundsatz nach den §§ 662 ff. BGB[274] mit folgenden Modifizierungen: Der Beauftragte ist nicht gemäß § 667 BGB zur Herausgabe von Gewinnen aus dem Kreditgeschäft verpflichtet, da er auf eigene Rechnung handelt; die Pflichten des Auftraggebers zu Vorschuß und Aufwendungsersatz sind durch die Bürgenhaftung nach den §§ 767 ff. BGB substituiert.[275]

---

[273] *Esser/Weyers* BT 1, § 40 V 2, S. 358 f.; *Habersack* MünchKomm.[4] § 778 Rdnr. 8; *Larenz/Canaris* BT 2, § 60 VI 2a, S. 22 f.; RGRK/*Mormann* § 778 Rdnr. 2; *Staudinger/Horn* § 778 Rdnr. 8. Aus diesem Grunde spricht vieles dafür, § 766 BGB mit *Larenz/Canaris* BT 2, § 60 VI 2b, S. 23 f. auf solche, dem Kreditauftrag ähnliche Bürgschaften nicht anzuwenden, bei denen sich der Gläubiger zur Gewährung eines Darlehens an Dritte gegenüber dem Bürgen verpflichtet hat (siehe bereits oben Fn. 137).

[274] Siehe oben § 11 B IV bis VI, S. 602 ff.

[275] *Erman/Seiler* § 778 Rdnr. 6; *Habersack* MünchKomm.[4] § 778 Rdnr. 7, 9; *Staudinger/Horn* § 778 Rdnr. 11 ff. Unrichtig *Brox/Walker* § 32 Rdnr. 5; *Schlechtriem* Rdnr. 447: § 670 BGB neben Bürgenhaftung. Dies kann schon deshalb nicht überzeugen, weil dann die Einrede des Kreditauftraggebers nach § 771 BGB umgangen würde.

§ 14 Der Vergleich

A. Überblick

Nach § 779 Abs. 1 BGB ist ein Vertrag, durch den die Parteien einen Streit oder eine Ungewißheit im Wege gegenseitigen Nachgebens beseitigen, unwirksam, wenn der dabei als feststehend zugrunde gelegte Sachverhalt nicht zutraf und diese Fehlvorstellung für den Streit oder die Ungewißheit kausal war. Aus der Rechtsfolgenperspektive betrifft § 779 Abs. 1 BGB einen Sonderfall des Fehlens der Geschäftsgrundlage,[1] den § 313 Abs. 2 BGB in allgemeiner Form aufgreift. Auf der Tatbestandsseite definiert § 779 Abs. 1 BGB aber zugleich einen eigenen Vertragstyp: den Vergleich. Sein charakteristischer Inhalt besteht in der Ausräumung einer subjektiven Unsicherheit über bestehende Rechtsverhältnisse im Wege des gegenseitigen Nachgebens.

Die verbreitete Charakterisierung des Vergleichs als Feststellungsvertrag[2] ist mißverständlich: Soweit dies zum Ausdruck bringen soll, daß der Vergleich das Rechtsverhältnis fixiert, das zukünftig für die Parteien maßgeblich ist, wird ein „Feststellungscharakter" angesprochen, der jedem Vertragsschluß innewohnt. Auch ein Kaufvertrag stellt in diesem Sinne die zukünftigen Rechte und Pflichten der Parteien fest. Soweit mit der gewählten Formulierung eine Feststellung über das bisherige, streitige oder ungewisse Rechtsverhältnis gemeint ist, erweckt dies ebenfalls Bedenken. Die privatautonome Vereinbarung bestimmt lediglich, was nunmehr gelten soll, besagt aber nichts darüber, was zwischen den Beteiligten objektiv rechtens war.[3] Deshalb ist es mit dem Begriff des Vergleichs nicht unvereinbar, wenn den Parteien sogar bewußt ist, daß dessen Inhalt nicht einmal teilweise

---

[1]   BGH v. 18. November 1993, NJW-RR 1994, 434 (435); *Esser/Weyers* BT 1, § 42 III 2a, S. 374; *Larenz* SchR AT, § 7 IV, S. 96; *Schlechtriem* Rdnr. 654; *Staudinger/Marburger* (2002) § 779 Rdnr. 69; a.A. *Stötter* JZ 1963, 123 (125 ff.).

[2]   *Esser/Weyers* BT 1, § 42 I, S. 372; *Larenz* SchR AT, § 7 IV, S. 94; *Habersack* MünchKomm.[4] § 779 Rdnr. 31; *Staudinger/Marburger* (2002) § 779 Rdnr. 37.

[3]   *Bork* Der Vergleich, 1988, S. 155 ff.; *Habersack* MünchKomm.[4] § 779 Rdnr. 31.

mit dem Inhalt des umstrittenen Rechtsverhältnisses identisch sein kann, d.h. das Nachgeben zumindest einer Partei sich nicht auf das streitige Rechtsverhältnis bezieht.[4] So liegt ein Vergleich z.B. auch vor, wenn der Streit, ob A dem B 100 Kisten Orangen zu liefern hat, dadurch beseitigt wird, daß A sich verpflichtet, B 50 Kisten Zitronen zu liefern (hier hat A nicht in bezug auf seine streitige Pflicht zur Lieferung von Orangen nachgegeben). Aus diesen Gründen ist der Vergleich kein Feststellungs-, sondern ein *Bereinigungsvertrag*, dessen Zweck es ist, Rechtsgewißheit herzustellen.[5]

Eine besondere Bedeutung hat der Vergleich im Rahmen gerichtlicher Streitigkeiten. Die Verfahrensbeteiligten können den Prozeß nicht nur durch die Herbeiführung eines Urteils, sondern auch durch eine gütliche Einigung beenden. In diesem Fall handelt es sich um einen Prozeßvergleich (vgl. die §§ 160 Abs. 3 Nr. 1, 794 Abs. 1 Nr. 1 ZPO). Diesem kommt nach h.M. in aller Regel eine „Doppelnatur" zu; er ist einerseits prozessuale Handlung und andererseits materiellrechtlicher Vergleich i.S. des § 779 BGB.[6] Daraus folgt, daß *anfängliche* Mängel des materiellen Rechtsgeschäfts grundsätzlich auch auf die prozessuale Seite des Vergleichs durchschlagen, das gerichtliche Verfahren also nicht beenden. Umgekehrt beeinflußt die Unwirksamkeit des prozessualen Teils (z.B. wegen unterlassener Protokollierung nach § 160 Abs. 3 Nr. 1 ZPO) die Wirksamkeit des materiellrechtlichen Vertrages i.S. des § 779 BGB nur, wenn dieser nach dem Parteiwillen *inhaltlich* auch die prozeßbeendigende Wirkung umfassen sollte.

B. Begriff des Vergleichs

Ein Vergleichsvertrag liegt nur vor, wenn die Vereinbarung die in der Legaldefinition des § 779 Abs. 1 BGB genannten Voraussetzungen erfüllt. Danach muß

– ein Rechtsverhältnis in Rede stehen,
– über das Streit oder Ungewißheit herrscht,
– den der Vertrag im Wege gegenseitigen Nachgebens beseitigt.

I. Vergleichsfähiges Rechtsverhältnis

Ein Rechtsverhältnis i.S. des § 779 Abs. 1 BGB ist jede rechtliche Beziehung im weitesten Sinne.[7] Hierbei kann es sich um materiellrechtliche oder prozessuale

---

[4] RG v. 12. Februar 1927, RGZ 116, 143 (146); BGH v. 22. Juni 1983, BGHZ 88, 28 (29); *Habersack* MünchKomm.[4] § 779 Rdnr. 26; *Staudinger/Marburger* (2002) § 779 Rdnr. 27.

[5] *Bork* Der Vergleich, 1988, S. 158.

[6] BGH v. 22. Dezember 1982, BGHZ 86, 184 (186); *Esser/Weyers* BT 1, § 42 III 3, S. 376; *Schlechtriem* Rdnr. 658; *Staudinger/Marburger* (2002) § 779 Rdnr. 91; siehe zum Sonderfall des sog. abstrakten Prozeßvergleichs *Habersack* MünchKomm.[4] § 779 Rdnr. 76. A.A. die Lehre vom „Doppeltatbestand": *Wolfsteiner* MünchKomm. ZPO § 794 Rdnr. 34 ff.

[7] BGH v. 28. Mai 1979, NJW 1980, 889 (890); *Habersack* MünchKomm.[4] § 779 Rdnr. 3; *Staudinger/Marburger* (2002) § 779 Rdnr. 2.

Rechtsbeziehungen handeln. § 779 Abs. 2 BGB stellt dem Rechtsverhältnis ausdrücklich die Verwirklichung eines Anspruchs gleich. Rein faktische Verhältnisse genügen indes nicht. Eine Vereinbarung über das Vorliegen bzw. Nichtvorliegen gewisser Tatsachen kann aber insoweit einen Vergleich darstellen, als die Parteien dadurch festlegen, sich *rechtlich* so behandeln lassen zu wollen, *als ob* die Tatsachen vorlägen bzw. nicht vorlägen (sog. Tatsachenvergleich).[8] Nicht erforderlich ist, daß das Rechtsverhältnis tatsächlich existiert; es genügt, wenn zumindest eine Partei das Bestehen eines Rechtsverhältnisses behauptet.[9] So bietet z.B. die Frage, ob ein bestimmter Vertrag abgeschlossen wurde, häufig Anlaß zu Streit, den ein Vergleich ausräumen soll.

Weitere Anforderungen an das für einen Vergleich notwendige (vermeintliche) Rechtsverhältnis folgen aus dem Umstand, daß der Vergleich über dieses durch gegenseitiges Nachgeben verfügt. Das Rechtsverhältnis muß daher der Dispositionsbefugnis der Parteien unterliegen.[10] Deshalb müssen sie mit denjenigen des Rechtsverhältnisses identisch sein, das Gegenstand des Vergleichs ist.[11] Eine Rechtsfolge zugunsten eines Dritten kann der Vergleich trotzdem festgelegen; der Vergleich ist dann ein Vertrag zugunsten Dritter i.S. der §§ 328 ff. BGB. Weiterhin kann ein Vergleich nicht im Widerspruch zu zwingenden Normen auf ein Rechtsverhältnis einwirken.[12] So ist über das Bestehen oder die Auflösung einer Ehe kein Vergleich möglich, da hierfür die zwingenden Eheschließungs- und Scheidungsvorschriften gelten.[13] Wegen der §§ 1614 Abs. 1, 1360a Abs. 3 BGB kann auf (vermeintliche) Unterhaltsansprüche für die Zukunft auch durch einen Vergleich nicht verzichtet werden. Schließlich können Vergleiche über Rechtsverhältnisse, die möglicherweise nach den §§ 134, 138 BGB oder anderen Vorschriften nichtig sind, nur dann wirksam abgeschlossen werden, wenn ein verständiger Streit über oder ein ernsthafter Zweifel an der Nichtigkeit besteht.[14] Anderenfalls würden die betreffenden Nichtigkeitsvorschriften umgangen.

---

[8] RG v. 9. Januar 1937, RGZ 153, 329 (331 f.); *Erman/Terlau* § 779 Rdnr. 6; *Habersack* MünchKomm.[4] § 779 Rdnr. 32.

[9] BGH v. 6. November 1991, NJW-RR 1993, 363; *Habersack* MünchKomm.[4] § 779 Rdnr. 4; *Staudinger/Marburger* (2002) § 779 Rdnr. 4.

[10] BGH v. 5. Oktober 1954, BGHZ 14, 381 (387 f.); *Esser/Weyers* BT 1, § 42 II 1, S. 372; *Staudinger/Marburger* (2002) § 779 Rdnr. 5.

[11] RG v. 27. Januar 1930, RGZ 127, 126 (128); *Habersack* MünchKomm.[4] § 779 Rdnr. 5.

[12] *Erman/Terlau* § 779 Rdnr. 4; *Palandt/Sprau* § 779 Rdnr. 6; *Staudinger/Marburger* (2002) § 779 Rdnr. 5.

[13] BGH v. 6. März 1952, BGHZ 5, 251 (258); BGH v. 18. November 1954, BGHZ 15, 190 (193).

[14] BGH v. 15. Februar 1955, BGHZ 16, 296 (303); BGH v. 12. Mai 1975, BGHZ 65, 147 (151 f.); *Habersack* MünchKomm.[4] § 779 Rdnr. 58; *Staudinger/Marburger* (2002) § 779 Rdnr. 78.

II. Streit oder Ungewißheit über das Rechtsverhältnis

Über das Rechtsverhältnis muß zudem Streit oder Ungewißheit herrschen. Dem steht nach § 779 Abs. 2 BGB wiederum die Unsicherheit über die Verwirklichung eines Anspruchs gleich, beispielsweise über die Erzielbarkeit eines Vollstreckungserfolges. Ein Rechtskonflikt i.S. des § 779 BGB kann erst entstehen, wenn das Rechtsverhältnis (vermeintlich) schon besteht; rein vorsorgliche Rechtsgestaltungen erfüllen niemals die Voraussetzungen eines Vergleichs.[15]

Wegen der „Bereinigungsfunktion" des Vergleichs[16] ist für das Vorliegen eines Streites oder einer Ungewißheit nicht eine objektive Würdigung, sondern die Sichtweise der Parteien im Zeitpunkt des Vertragsschlusses maßgebend (vgl. § 779 Abs. 1 BGB). Als Streit sind dabei ernstlich entgegengesetzte Vorstellungen der Parteien zu begreifen, während sich die Ungewißheit auf eine Unsicherheit bezieht, die nicht auf entgegengesetzten Vorstellungen aufbaut (z.B. Unklarheit über die zukünftige Rechtsentwicklung, welche für das Rechtsverhältnis relevant ist).[17] Die Ungewißheit bloß bei einer Partei reicht nur dann aus, wenn sie der anderen bekannt ist.[18] Obwohl sich der Streit oder die Ungewißheit nach der Sicht der Parteien bestimmen, müssen sie dennoch wirklich bestehen und nicht nur vorgetäuscht sein. Anderenfalls sind die Voraussetzungen für einen Vergleich nicht gegeben.[19] Inhaltlich können sich der Streit oder die Ungewißheit auf alle das jeweilige Rechtsverhältnis betreffenden Fragen beziehen, z.B. die Existenz, die Rechtswirksamkeit oder den Inhalt desselben.

III. Beseitigung im Wege gegenseitigen Nachgebens

Schließlich setzt ein Vergleich inhaltlich voraus, daß er den betreffenden Konflikt im Wege eines gegenseitigen Nachgebens beseitigt.[20] Wenn nur eine Seite Zugeständnisse macht, ist § 779 BGB nicht anwendbar. Dabei hängt die Wirksamkeit des Vergleichs bis zur Grenze des § 138 Abs. 1 BGB aber nicht davon ab, daß die Konzessionen objektiv gleichwertig sind. Der Begriff des Nachgebens ist i.S. des allgemeinen Sprachgebrauchs weit zu verstehen und umfaßt jedes gänzliche oder teilweise Aufgeben eines zuvor eingenommenen Standpunktes zugunsten der anderen Partei, selbst wenn das „Opfer" nur geringfügig ist.[21] Ein Nachgeben des Gläubigers einer Forderung liegt daher z.B. schon dann vor, wenn er dem Schuldner eine kurzfristige Stundung gewährt.

---

[15] BGH v. 8. Juni 1972, BGHZ 59, 69 (71 f.); *Habersack* MünchKomm.⁴ § 779 Rdnr. 4; *Staudinger/Marburger* (2002) § 779 Rdnr. 4.

[16] Siehe oben § 14 A, S. 687 f.

[17] BGH v. 24. März 1976, BGHZ 66, 250 (255); *Erman/Terlau* § 779 Rdnr. 12 ff.; *Staudinger/Marburger* (2002) § 779 Rdnr. 22 ff.

[18] *Palandt/Sprau* § 779 Rdnr. 4; *Habersack* MünchKomm.⁴ § 779 Rdnr. 24.

[19] *Bork* Der Vergleich, 1988, S. 233 ff.; *Staudinger/Marburger* (2002) § 779 Rdnr. 25.

[20] Zu der Frage, inwieweit hierdurch ein Synallagma i.S. der §§ 320 ff. BGB begründet wird, siehe unten § 14 D, S. 695 ff.

[21] Prot. II, S. 524 f.; RG v. 21. Januar 1938, RGZ 158, 210 (213); BGH v. 31. Januar 1963, BGHZ 39, 60 (62 ff.); *Erman/Terlau* § 779 Rdnr. 17; kritisch *Esser/Weyers* BT 1, § 42 II 3, S. 373.

In bezug auf das Nachgeben ist wiederum die subjektive Sichtweise der Parteien maßgeblich. Auch der Verzicht auf einen nur vermeintlich, nicht aber wirklich bestehenden Anspruch stellt deshalb einen Vergleich dar.[22] Dagegen liegt z.B. bei der Abwicklung von Haftpflichtschäden kein Nachgeben seitens der Versicherung vor, wenn sie dem Geschädigten einen geringeren als den geforderten Betrag anbietet, ohne vorher wirklich den Standpunkt vertreten zu haben, noch weniger oder überhaupt nichts zu schulden, selbst wenn sie dieses nach außen vorgibt.[23]

Das Nachgeben muß sich nicht zwingend auf das kontroverse Rechtsverhältnis beziehen. Es genügt, wenn das Entgegenkommen zur Beilegung des Streites oder der Ungewißheit beiträgt. So gibt auch im obigen Beispiel des Disputs um die Pflicht zur Lieferung von Orangen derjenige i.S. des § 779 BGB nach, der sich statt dessen zur Lieferung von Zitronen bereit erklärt, obwohl er in bezug auf die Lieferung der Orangen keine Zugeständnisse gemacht hat.[24]

Schließlich muß das gegenseitige Nachgeben den Streit oder die Ungewißheit „beseitigen". Hierfür genügt eine teilweise Beilegung des Konflikts, ein Vergleich liegt dann aber nur bezüglich dieses Teils vor.[25]

C. Abschluß und Wirksamkeit des Vergleichsvertrages

I. Allgemeines

Für den Abschluß des Vergleichs gelten die allgemeinen Regelungen in den §§ 104 ff., 145 ff. BGB. Der Vormund, der in Vertretung seines Mündels einen Vergleich abschließen will, bedarf hierfür nach Maßgabe des § 1822 Nr. 12 BGB der Genehmigung des Vormundschaftsgerichts; für die Eltern, die als gesetzliche Vertreter ihres Kindes den Vergleich abschließen, gilt dies nicht, da § 1643 Abs. 1 BGB das Erfordernis einer Genehmigung durch das Familiengericht nicht auf den Katalogtatbestand in § 1822 Nr. 12 BGB erstreckt.

Problematisch ist das Vorliegen einer Einigung, wenn ein Schuldner dem Gläubiger einen Scheck über einen Teilbetrag des Geforderten mit der Erklärung übersendet, dieser dürfe nur eingelöst werden, wenn damit seine Schuld insgesamt als getilgt gelte. Löst der Gläubiger in diesem Fall den Scheck ein, dann könnte hierdurch ein Vergleich zustande gekommen sein. Soweit der Schuldner indes zu keinem Zeitpunkt subjektiv wirklich den Standpunkt vertreten hat, auch diesen Teilbetrag nicht zu schulden, fehlt es bereits an einem Nachgeben von seiner Seite, so daß kein Vergleich, sondern allenfalls ein Teilerlaßvertrag i.S. des § 397 Abs. 1

---

[22] RG v. 21. Januar 1938, RGZ 158, 210 (213); *Schlechtriem* Rdnr. 655; *Staudinger/ Marburger* (2002) § 779 Rdnr. 27.

[23] BGH v. 13. April 1970, NJW 1970, 1122 (1124); *Habersack* MünchKomm.[4] § 779 Rdnr. 26; *Staudinger/Marburger* (2002) § 779 Rdnr. 29.

[24] Siehe oben § 14 A, S. 687 f.

[25] BGH v. 14. Oktober 1971, NJW 1972, 157; *Staudinger/Marburger* (2002) § 779 Rdnr. 30; teilweise enger *Erman/Terlau* § 779 Rdnr. 17.

BGB in Betracht kommt.[26] Aber auch im übrigen ist eine Annahme des Angebots i.S. des § 151 BGB nur zu bejahen, wenn ein objektiver Dritter aus der Einlösung des Schecks unter Berücksichtigung aller Umstände des Einzelfalles auf einen Annahmewillen des Gläubigers (§ 133 BGB) schließen würde (eine Auslegung nach dem Empfängerhorizont gemäß § 157 BGB erfolgt mangels Empfangsbedürftigkeit der Annahmeerklärung nach § 151 BGB nicht).[27] Selbst in diesem Fall ist aber noch eine Anfechtung seitens des Gläubigers nach § 119 Abs. 1 BGB analog in Betracht zu ziehen, wenn dieser keinen wirklichen Annahmewillen hatte (fehlendes Erklärungsbewußtsein).

Falls für das durch den Vergleich zu bereinigende Rechtsverhältnis eine Nichtigkeit in Betracht kommt, kann ein Vergleich über dieses nur geschlossen werden, wenn verständige Zweifel an der Unwirksamkeit bestehen.[28] Bei der Prüfung, ob der Vergleich *selbst* wegen eines Mißverhältnisses von Leistung und Gegenleistung nach § 138 Abs. 1 oder 2 BGB nichtig ist, darf aufgrund des Bereinigungszweckes des Vergleichs[29] nicht auf das Verhältnis der dort festgehaltenen Verpflichtungen, sondern nur auf das *subjektive* Maß des gegenseitigen Nachgebens abgestellt werden.[30] Deshalb weist z.B. ein Vergleich, der A zur Zahlung von 100 000 Euro verpflichtet und daraus resultiert, daß B unter Bestreiten seitens des A 200 000 Euro zu fordern können glaubte, nicht deshalb ein grobes Mißverhältnis auf, weil sich später herausstellt, daß A tatsächlich nichts schuldete.

Einer bestimmten Form muß der Vergleich als solcher grundsätzlich nicht genügen.[31] Anders ist dies lediglich, wenn er Verpflichtungen enthält, deren Begründung einem Formerfordernis unterliegt.[32] So bedarf z.B. ein Vergleich, der zur Übereignung eines Grundstücks verpflichtet, nach § 311b Abs. 1 Satz 1 BGB einer notariellen Beurkundung.

II. Unwirksamkeit wegen Fehlens der Vergleichsgrundlage gemäß § 779 Abs. 1 BGB

§ 779 Abs. 1 BGB bestimmt, daß der Vergleich wegen Fehlens der Geschäftsgrundlage[33] unwirksam ist, wenn der nach dem Vertragsinhalt als feststehend zu-

---

[26] Siehe oben § 14 B III, S. 690 f.

[27] Vgl. BGH v. 18. Dezember 1985, NJW-RR 1986, 415; BGH v. 28. März 1990, BGHZ 111, 97 (101 f.); BGH v. 10. Mai 2001, NJW 2001, 2324 f.

[28] Näher oben § 14 B I, S. 688 ff.

[29] Siehe oben § 14 A, S. 687 f.

[30] BGH v. 24. Oktober 1968, BGHZ 51, 141 (143); BGH v. 11. Dezember 1980, BGHZ 79, 131 (139); *Habersack* MünchKomm.[4] § 779 Rdnr. 57; RGRK/*Steffen* § 779 Rdnr. 48; a.A. noch RG v. 14. Dezember 1937, RGZ 156, 265 (267): Vergleich zwischen den objektiven Verpflichtungen vor und nach Abschluß des Vergleichs.

[31] Anders für den Prozeßvergleich, dessen prozessuale Wirksamkeit von der Protokollierung gemäß § 160 Abs. 3 Nr. 1 ZPO abhängt (siehe oben § 14 A, S. 688), die nach § 127a BGB allerdings auch eine ausnahmsweise erforderliche notarielle Beurkundung des materiellrechtlichen Vergleichs (dazu sogleich) ersetzt.

[32] RG v. 13. November 1918, RGZ 94, 147 (152 f.); *Brox/Walker* § 33 Rdnr. 6; *Esser/Weyers* BT 1, § 42 II 4, S. 373; *Staudinger/Marburger* (2002) § 779 Rdnr. 34.

[33] Siehe oben § 14 A, S. 687 f.

grunde gelegte Sachverhalt nicht der Wirklichkeit entspricht und die Kontroverse bei Kenntnis der wahren Sachlage nicht entstanden sein würde. Wegen der Bezugnahme der Norm auf den Vertragsinhalt muß es sich um einen beiderseitigen Irrtum handeln, der die vertraglichen Erklärungen erkennbar beeinflußt hat.[34] Allerdings muß die irrtümliche Annahme *selbst* nicht Inhalt der vertraglichen Vereinbarung geworden sein, da es sich lediglich um eine Geschäftsgrundlage handelt.[35] Als „feststehend" zugrunde gelegt werden kann zudem nur ein Sachverhalt, der bereits bei Vertragsschluß vermeintlich vorliegt. Fehlvorstellungen über spätere Entwicklungen regelt nicht § 779 Abs. 1 BGB, sondern diese unterfallen der allgemeinen Vorschrift in § 313 Abs. 1 BGB.[36] Rechtsfolge ist danach aber niemals eine ex lege eintretende Unwirksamkeit des Vergleichs, sondern lediglich ein Anpassungs- bzw. Rücktrittsrecht (vgl. § 313 Abs. 1 und 3 BGB).

§ 779 Abs. 1 BGB knüpft die Unwirksamkeitsfolge mit dem von den Parteien als feststehend zugrunde gelegten Sachverhalt an die sog. *Vergleichsgrundlage.* Davon zu unterscheiden ist einmal die durch den Vergleich getroffene Regelung selbst als *Vergleichsinhalt* und zum anderen der Sachverhalt, der den Gegenstand des Streites oder der Ungewißheit bildet als sog. *Vergleichsgegenstand.* Ein – sei es auch beiderseitiger – Irrtum über letzteren kann nicht zur Unwirksamkeit des Vergleichs führen, da dessen Sinn gerade darin besteht, die diesbezüglichen Unklarheiten endgültig und unabhängig davon zu regeln, ob sie sich später noch aufklären lassen.[37] Die Abgrenzung zwischen Vergleichsgrundlage und Vergleichsgegenstand richtet sich nach dem Inhalt des Vergleichsvertrages. Wenn A und B z.B. davon ausgehen, daß letzterer den ersteren im Gedränge zu Fall gebracht hat, aber zweifelhaft ist, ob B hierbei sorgfaltswidrig gehandelt hat (§ 276 Abs. 2 BGB) und beide daraufhin einen Vergleich schließen, nach dem A die Hälfte seines Schadens ersetzt bekommt, so gehört die Annahme der kausalen Verletzungshandlung zur Vergleichsgrundlage. Der Vertrag ist folglich gemäß § 779 Abs. 1 BGB unwirksam, wenn in Wirklichkeit nicht B, sondern C den Sturz des A bewirkt hat. Hingegen berührt es die Rechtswirksamkeit des Vertrages nicht, wenn B tatsächlich nicht fahrlässig gehandelt hat und daher dem A nach § 823 Abs. 1 BGB keinen Schadensersatz geschuldet hätte (Vergleichsgegenstand). Das Vorhandensein später gefundener Beweismittel in bezug auf einen streitigen Vergleichsgegenstand berührt die Vergleichsgrundlage nur, wenn das Nichtvorhandensein derartiger Beweismittel in diese einbezogen wurde, wovon aber nur ausgegangen werden kann, wenn besondere Umstände vorliegen.[38]

Umstritten ist, ob auch Rechtsfragen den als feststehend zugrunde gelegten Sachverhalt, d.h. die Vergleichsgrundlage bilden können. Die Rechtsprechung ver-

---

[34] *Erman/Terlau* § 779 Rdnr. 23; *Staudinger/Marburger* (2002) § 779 Rdnr. 70.

[35] RG v. 13. November 1918, RGZ 147, 280 (286); *Staudinger/Marburger* (2002) § 779 Rdnr. 70; a.A. *Habersack* MünchKomm.[4] § 779 Rdnr. 62.

[36] BGH v. 24. April 1985, NJW 1985, 1835 (1836); BGH v. 4. Oktober 1988, BGHZ 105, 243 (245 ff.); *Erman/Terlau* § 779 Rdnr. 24; *Palandt/Sprau* § 779 Rdnr. 16.

[37] BGH v. 18. Juni 1986, NJW-RR 1986, 1258 (1259); *Habersack* MünchKomm.[4] § 779 Rdnr. 62; *Staudinger/Marburger* (2002) § 779 Rdnr. 70.

[38] BGH v. 17. März 1975, WM 1975, 566 (567); *Esser/Weyers* BT 1, § 42 III 2a, S. 374.

tritt eine restriktive Auffassung. Danach kann ein gemeinsamer Rechtsirrtum die Unwirksamkeitsfolge des § 779 Abs. 1 BGB nur dann auslösen, wenn er nicht „lediglich" Rechtsfragen, sondern auch Tatsachen umschließt, die von erheblichem Einfluß auf den Abschluß des Vergleichs gewesen sind.[39] Deshalb könnte bei dem Streit über das Bestehen eines wirksamen Kaufvertrages etwa die gemeinsame irrige Auffassung die Grundlage eines Vergleichs bilden, daß eine der Parteien ein wirksames Kaufangebot abgegeben hat. Nicht unter § 779 Abs. 1 BGB würde dagegen die Annahme fallen, daß ein bestimmter Irrtum einer Partei die rechtlichen Voraussetzungen eines Anfechtungsgrundes nach § 119 Abs. 2 BGB erfüllt. Dieser Beschränkung der Beachtlichkeit gemeinsamer Rechtsirrtümer ist jedoch mit der h.L. zu widersprechen:[40] Ebenso, wie eine reine Rechtsfrage unstrittig einen tauglichen Vergleichsgegenstand bilden kann, muß sie bei einer übereinstimmenden beiderseitigen Annahme auch als Vergleichsgrundlage in Betracht kommen können. Der Wortlaut des § 779 Abs. 1 BGB liefert kein tragfähiges Gegenargument, da zum „Sachverhalt" des Vergleichs auch *im Vorfeld* gelegene Rechtsfragen gehören. Was im obigen Beispiel in bezug auf den streitigen Kaufvertrag eine reine Rechtsfrage darstellt (Unterfällt der Irrtum § 119 Abs. 2 BGB?), ist für den Vergleich folglich eine Sachverhaltsfrage.

Voraussetzung für den Eintritt der Unwirksamkeitsfolge ist weiterhin, daß der Streit oder die Ungewißheit nicht entstanden wäre, wenn die Parteien den wahren, auf die Vergleichsgrundlage bezogenen Sachverhalt gekannt hätten. Die Rechtsfolge des § 779 Abs. 1 BGB wird hingegen nicht dadurch ausgeschlossen, daß bei Kenntnis der Sachlage ein *anderer* Streit oder eine *andere* Ungewißheit aufgetreten wäre, selbst wenn dies letztendlich zu einem Vergleich mit ähnlichem Inhalt geführt hätte.[41]

III. Anfechtbarkeit des Vergleichs

Die Unterscheidung zwischen Vergleichsinhalt, Vergleichsgegenstand und Vergleichsgrundlage strahlt auch auf eine mögliche Anfechtbarkeit des Vergleichs wegen eines Irrtums aus (§ 119 BGB). Ein *Inhalts- oder Erklärungsirrtum* i.S. des § 119 Abs. 1 BGB kann sich definitionsgemäß nur auf das im Vergleichsvertrag Erklärte, d.h. den Vergleichsinhalt beziehen (Beispiel: eine Partei versteht die Verpflichtungen, die sie durch den Vergleich übernimmt, falsch). Eine Anfechtung ist insoweit nach § 119 Abs. 1 BGB uneingeschränkt möglich.

Bei einem *Eigenschaftsirrtum* (§ 119 Abs. 2 BGB) ist zu differenzieren: Eine irrtümliche Vorstellung in bezug auf den Vergleichsgegenstand berechtigt nicht zur Anfechtung, da dieser als streitig oder ungewiß feststeht und der Vergleichsvertrag diesen unabhängig davon abschließend regeln soll, ob sich später die wirk-

---

[39] RG v. 12. April 1938, RGZ 157, 266 (269 ff.); BGH v. 23. Oktober 1957, BGHZ 25, 390 (394).

[40] *Habersack* MünchKomm.[4] § 779 Rdnr. 64; *Schlechtriem* Rdnr. 652; *Soergel/Lorentz* § 779 Rdnr. 20; *Staudinger/Marburger* (2002) § 779 Rdnr. 71.

[41] RG v. 1. November 1935, RGZ 149, 140 (142); *Habersack* MünchKomm.[4] § 779 Rdnr. 65.

liche Sach- oder Rechtslage herausstellt.[42] Insoweit fehlt es stets an der nach dem jeweiligen Vertragszweck zu bestimmenden Verkehrswesentlichkeit des Irrtums i.S. des § 119 Abs. 2 BGB.[43] Problematisch ist die Behandlung solcher Eigenschaftsirrtümer, die sich nicht auf den beiderseits als streitig oder ungewiß erkannten Sachverhalt (Vergleichsgegenstand) beziehen, sondern Annahmen betreffen, die deshalb nicht zur Vergleichsgrundlage gehören, weil nur eine Partei sie als feststehend betrachtet. Beispiel: Zwischen A und B ist streitig, ob letzterer dem ersteren nach § 823 Abs. 1 BGB zum Ersatz des aus einem Sturz des A entstandenen Schadens verpflichtet ist. Sie schließen einen Vergleich, bei dem B fest davon ausgeht, daß er zumindest die kausale Verletzungshandlung vollzogen hat, während A – ohne Wissen des B – die Möglichkeit in Betracht zieht, daß ihm C den Stoß versetzt haben könnte, was auch tatsächlich zutrifft. Aus § 779 Abs. 1 BGB, nach dem nur die konsentierte Vergleichsgrundlage beachtlich ist, wird man schließen müssen, daß auch Sachverhaltselemente, die nur von einer Seite als feststehend unterstellt werden, für den Vergleich nicht verkehrswesentlich i.S. des § 119 Abs. 2 BGB sind (argumentum e contrario).[44] Es handelt sich insoweit wie bei Fehlvorstellungen in bezug auf den Vergleichsgegenstand um unbeachtliche Motivirrtümer.

Eine Anfechtung wegen *arglistiger Täuschung* oder *widerrechtlicher Drohung* ist nach Maßgabe des § 123 BGB möglich. Dies gilt hinsichtlich einer Täuschung auch dann, wenn sie sich auf den Vergleichsgegenstand bezieht.[45]

D. Die Rechtswirkungen des Vergleichs

Nach Abschluß des Vergleichs können sich die Parteien in Ansehung des streitigen oder ungewissen Rechtsverhältnisses nicht mehr auf die vorherige Rechtslage berufen. Wie weit die Wirkung des Vertrages dabei reicht, d.h. in welchem Umfang er den Streit oder die Ungewißheit beilegt, ist durch Auslegung gemäß den §§ 133, 157 BGB zu ermitteln.[46] Wie sich die Umgestaltung des „bereinigten" tatsächlichen oder vermeintlichen Rechtsverhältnisses genau vollzieht, ist allerdings umstritten:

---

42   RG v. 2. Dezember 1939, RGZ 162, 198 (201 f.); BGH v. 12. Januar 1951, BGHZ 1, 57 (61); *Habersack* MünchKomm.⁴ § 779 Rdnr. 60; *Soergel/Lorentz* § 779 Rdnr. 24.

43   Zur Konkretisierung des Begriffs der Verkehrswesentlichkeit nach Maßgabe des jeweiligen Vertragszwecks allgemein *Flume* AT 2, § 24/2a-d, S. 476 ff.; *Larenz/Wolf* § 36 Rdnr. 57 f.

44   *Habersack* MünchKomm.⁴ § 779 Rdnr. 60; RGRK/*Steffen* § 779 Rdnr. 50; für Beurteilung im Einzelfall: *Erman/Terlau* § 779 Rdnr. 28; *Staudinger/Marburger* (2002) § 779 Rdnr. 80.

45   Statt aller *Palandt/Sprau* § 779 Rdnr. 27.

46   Siehe zu der praktisch wichtigen Frage, ob der Vergleich eines Geschädigten mit einem Versicherungsunternehmen auch unvorhersehbare Spätschäden umfaßt BGH v. 19. Juni 1990, NJW 1991, 1535; *Staudinger/Marburger* (2002) § 779 Rdnr. 59 jeweils m.w.N.

Nach früher h.M. stellt der Vergleich ein reines Verpflichtungsgeschäft dar, das auf das strittige oder ungewisse Rechtsverhältnis nicht unmittelbar, d.h. verfügend einwirkt.[47] Vielmehr müssen danach die Parteien des Vergleichs die Umgestaltung des Ausgangsrechtsverhältnisses (oder die Neubegründung eines Rechtsverhältnisses für den Fall, daß in Wirklichkeit zuvor gar kein solches bestand) durch von dem Vergleich zu unterscheidende Rechtsgeschäfte als Erfüllung des Vergleichs vornehmen (Erlaßverträge gemäß § 397 Abs. 1 BGB, abstrakte Schuldanerkenntnisse gemäß § 781 BGB etc.). Diese Aufspaltung entspricht zwar dem Willen des historischen Gesetzgebers,[48] verkompliziert die Rechtslage aber unnötig. Mit einer neueren Auffassung ist deshalb vielmehr davon auszugehen, daß die Rechtsakte, die das Ausgangsrechtsverhältnis umgestalten, bereits Bestandteil des Vergleichsinhaltes sind, in dem sie daneben zugleich auch ihren Rechtsgrund i.S. des § 812 BGB finden.[49] Wenn der Vergleich eine Forderung (teilweise) beseitigt, so enthält der Vergleich deshalb bereits selbst die betreffende Erlaßvereinbarung (an Stelle einer auf den Abschluß eines Erlaßvertrages gerichteten Verpflichtung); soll eine Forderung neu begründet oder erweitert werden, so gehört ein dahingehendes kausales Schuldanerkenntnis zum Vergleichsinhalt (an Stelle einer Verpflichtung zur Abgabe eines abstrakten Schuldanerkenntnisses nach der Gegenauffassung). Daraus ergibt sich, daß im Fall der Unwirksamkeit des Vergleichs (z.B. nach § 779 Abs. 1 BGB) auch diese Änderungen des Ausgangsrechtsverhältnisses eo ipso nichtig sind und nicht gemäß § 812 Abs. 1 Satz 1 Alt. 1 BGB kondiziert werden müssen. Entsprechend lebt bei einem vertraglich vorbehaltenen Rücktritt vom Vergleich die alte Rechtslage automatisch wieder auf und muß nicht durch gegenläufige Rechtsgeschäfte gemäß § 346 Abs. 1 BGB wiederhergestellt werden.[50]

Mit dieser Einordnung ist auch die Beantwortung der Frage verknüpft, inwieweit es sich bei dem Vergleich um einen gegenseitigen Vertrag i.S. der §§ 320 ff. BGB handelt. Nach der früher h.M., die den Vergleich als reines Verpflichtungsgeschäft auffaßt, ist dies aufgrund der durch gegenseitiges Nachgeben begründeten jeweiligen Verpflichtungen (zum Abschluß eines Erlaßvertrages, zur Erteilung eines Schuldanerkenntnisses etc.) stets zu bejahen.[51] Jedoch muß ganz unabhängig von der Frage, ob der Vergleich bereits unmittelbar das Ausgangsrechtsverhältnis ändert, das „gegenseitige" Nachgeben i.S. des § 779 Abs. 1 BGB nicht notwendig im rechtstechnischen Sinne, d.h. nach Art eines „do ut des" erfolgen, sondern es genügt jedes beiderseitige Nachgeben (z.B. auch, wenn beide Parteien nicht um

---

[47] BGH v. 10. März 1955, BGHZ 16, 388 (392 f.); *Enneccerus/Lehmann* § 198 II, S. 811, *Erman/Terlau* § 779 Rdnr. 22; RGRK/*Steffen* § 779 Rdnr. 20, 35.

[48] Mot. II, S. 650; Prot. II, S. 2624 f.

[49] *Fikentscher* Rdnr. 304; *Larenz* SchR AT, § 7 IV, S. 94 f.; *Habersack* MünchKomm.⁴ § 779 Rdnr. 35; *Schlechtriem* Rdnr. 656; *Staudinger/Marburger* (2002) § 779 Rdnr. 41 ff.

[50] *Habersack* MünchKomm.⁴ § 779 Rdnr. 36; *Schlechtriem* Rdnr. 656; *Staudinger/Marburger* (2002) § 779 Rdnr. 52; a.A. BGH v. 10. März 1955, BGHZ 16, 388 (392 f.).

[51] *Enneccerus/Lehmann* § 198 II, S. 811; *Erman/Terlau* § 779 Rdnr. 22; RGRK/*Steffen* § 779 Rdnr. 22; offengelassen in BGH v. 12. Dezember 1991, BGHZ 116, 319 (330).

des Zugeständnisses des anderen willen nachgeben, sondern um „ihre Ruhe" zu haben).[52] Nach der hier vertretenen Auffassung ist in bezug auf das Synallagma zu unterscheiden:[53] Soweit der Vergleich auf das Ausgangsrechtsverhältnis *verfügend* einwirkt, kommt eine Anwendung der §§ 320 ff. BGB nicht in Betracht. Die Verknüpfung wechselseitiger Verfügungen (z.B. eines beiderseitigen Schulderlasses) erfolgt vielmehr über § 139 BGB. Wenn der Vergleich eine Verpflichtung begründet, muß im Einzelfall ermittelt werden, ob dies im Gegenseitigkeitsverhältnis mit einer Verpflichtung der anderen Partei erfolgt. Beispiel: Die §§ 320 ff. BGB sind auf das neu begründete Rechtsverhältnis anwendbar, wenn der Streit darüber, ob zwischen A und B ein Kaufvertrag über die Lieferung von 100 Kisten Orangen zum Preis von 1000 Euro besteht, dadurch beigelegt wird, daß sich A verpflichtet, B 50 Kisten Zitronen für 500 Euro zu liefern.

Soweit der Vergleich bereits bestehende Verpflichtungen inhaltlich ganz oder teilweise aufrechterhält, handelt es sich mangels einer besonderen Vereinbarung nicht um eine Novation (sog. Schuldumschaffung), sondern eine bloße Schuldänderung.[54] Die Verpflichtung behält daher ihre ursprüngliche Rechtsnatur (aus Kaufvertrag etc.) und für sie bestellte akzessorische Sicherungsrechte (z.B. eine Bürgschaft) sowie Einreden bzw. Einwendungen bleiben bestehen.[55] Wenn durch den Vergleich eine neue Verpflichtung zur Übertragung von Sachen oder Rechten im Gegenseitigkeitsverhältnis übernommen wird, finden hierauf die Vorschriften über die Mängelhaftung nach den §§ 434 ff. BGB Anwendung.

---

[52]   Prot. II, S. 524 f.; *Bork* Der Vergleich, 1988, S. 270; *Larenz* SchR AT, § 7 IV, S. 95 f.; *Staudinger/Marburger* (2002) § 779 Rdnr. 27; a.A. RG v. 21. Januar 1938, RGZ 158, 210 (213).

[53]   *Esser/Weyers* BT 1, § 42 III 2c, S. 375 f.; *Habersack* MünchKomm.[4] § 779 Rdnr. 36 f.; *Schlechtriem* Rdnr. 656; *Staudinger/Marburger* (2002) § 779 Rdnr. 49 ff.

[54]   Dazu allgemein *Larenz* SchR AT, § 7 II bis III, S. 88 ff.

[55]   RG v. 11. Juni 1940, RGZ 164, 212 (216 f.); BGH v. 27. März 1969, BGHZ 52, 39 (46); *Brox/Walker* § 33 Rdnr. 9; RGRK/*Steffen* § 779 Rdnr. 36; *Schlechtriem* Rdnr. 657.

§ 15 Schuldversprechen und Schuldanerkenntnis

A. Überblick

In den §§ 780 bis 782 BGB stellt das Bürgerliche Gesetzbuch Formvorschriften für bestimmte Arten von Rechtsgeschäften auf. Ähnlich wie beim Vergleich (§ 779 BGB),[1] beinhalten diese Normen zugleich eine Legaldefinition der betreffenden Vertragstypen und erkennen sie damit gesetzlich an. Es handelt sich einmal um den Vertrag, durch den eine Leistung derart versprochen wird, daß das Versprechen eine selbständige Verpflichtung begründet (Schuldversprechen, § 780 BGB) und zum anderen um den Vertrag, durch den das Bestehen eines Schuldverhältnisses anerkannt wird (Schuldanerkenntnis, § 781 BGB). Die Bedeutung dieser Vertragstypen erschließt sich erst durch einen Blick auf die Funktion von Schuldverträgen:

Wenn zwei Parteien einen Vertrag schließen, verfolgen sie hiermit bestimmte Zwecke. Diese können in einer unterschiedlichen Beziehung zu dem abgeschlossenen Rechtsgeschäft stehen: So kann es sich um unverbindliche Vorstellungen (z.B. die Annahme, den erworbenen Gegenstand sinnvoll nutzen zu können) oder eine Geschäftsgrundlage i.S. des § 313 BGB handeln. Regelmäßig wird aber zumindest ein Teil der Zweckverfolgung zum Inhalt des Vertrages selbst gemacht: Der Zweck der unentgeltlichen Zuwendung gehört zum Inhalt eines Schenkungsvertrages, bei gegenseitigen Verträgen wird der Austauschzweck in den Vertrag aufge-

---

[1]   Siehe oben § 14, S. 687 ff.

nommen (z.B. die entgeltliche Übereignung einer Sache beim Kauf). Durch diese Zweckvereinbarung enthalten die entsprechenden Verträge den Rechtsgrund (causa) für die durch sie begründeten Rechte und Pflichten in sich selbst.[2] Deshalb bedürfen Schenkungsverträge, Kaufverträge etc. keines außerhalb ihrer selbst gelegenen Rechtsgrundes i.S. des § 812 BGB, um rechtsbeständig zu sein. Aus diesem Grunde spricht man in solchen Fällen von *kausalen Schuldverträgen*.[3]

Im Rechtsverkehr kann jedoch auch ein Bedürfnis bestehen, vertragliche Verbindlichkeiten zu begründen, die zunächst unabhängig von der Einbeziehung einer causa im dargelegten Sinne in den Vertrag (Zweckvereinbarung) existieren. Um derartige Verträge handelt es sich bei dem Schuldversprechen und dem Schuldanerkenntnis i.S. der §§ 780, 781 BGB. Diese Verträge bedürfen dann notwendigerweise eines außerhalb ihrer selbst gelegenen Rechtsgrundes i.S. des § 812 BGB, um kondiktionsfest zu sein, den regelmäßig wiederum ein kausaler Schuldvertrag bildet. Ihre Existenz ist aber anders als bei kausalen Schuldverträgen nicht *unmittelbar* von dem Vorliegen einer solchen wirksamen Zweckvereinbarung abhängig, was z.B. in der Formulierung des § 780 BGB zum Ausdruck kommt, nach der das Versprechen die Verpflichtung *selbständig* begründet. Rechtsgeschäfte i.S. der §§ 780, 781 BGB werden demgemäß als *abstrakte Schuldverträge* bezeichnet.[4] Wenn es an einem rechtfertigenden Grund für diese fehlt, sind die aus ihnen resultierenden Ansprüche Gegenstand einer Kondiktion gemäß § 812 Abs. 1 Satz 1 Alt. 1 BGB.

Insoweit gleichen die abstrakten Schuldverträge anderen abstrakten (scil.: in ihrer Wirksamkeit von einer Zweckvereinbarung losgelösten) Verträgen, deren bedeutendstes Beispiel die Übereignung einer Sache nach den §§ 873 ff., 929 ff. BGB ist. Auch bei ihnen berührt das Fehlen einer Zweckvereinbarung (z.B. Übereignung infolge Kaufs etc.) nicht deren Wirksamkeit, sondern die Zweckvereinbarung fungiert lediglich als Rechtsgrund i.S. des § 812 BGB, bei dessen Fehlen das Eigentum kondiziert werden kann. Bei den abstrakten Schuldverträgen tritt an die Stelle der Eigentumsübertragung im Fall der Übereignung die Begründung einer obligatorischen Verbindlichkeit. Daraus folgt auch, daß die Rechtsstellung des Verpflichteten schwächer als bei kausalen Schuldverträgen ist: Wer aus einem Kaufvertrag Rechte geltend macht, muß dessen Existenz und damit beispielsweise eine wirksame Einigung über die nach dem Austauschzweck erforderlichen essentialia negotii (Kaufgegenstand, Kaufpreis) beweisen. Wer aus einem abstrakten Schuldvertrag vorgeht, muß zwar auch die Existenz dieses Vertrages beweisen, nicht aber, daß zugleich eine wirksame Zweckvereinbarung in bezug auf sein Forderungsrecht vorliegt. Es bleibt dem Verpflichteten überlassen, über die Einrede der ungerechtfertigten Bereicherung (vgl. § 821 BGB) seine Inanspruchnahme durch den Beweis abzuwenden, daß es an einer kausalen Verbindlichkeit fehlt oder

---

[2] Vgl. *Flume* AT 2, § 12 II 4b, S. 170: „Bezogen auf das schuldrechtliche Kausalgeschäft selbst ist die causa nichts anderes als der Inhalt des Schuldvertrages [...]."

[3] Statt aller *Gernhuber* Das Schuldverhältnis, 1989, § 18 I 2, S. 432.

[4] *Brox/Walker* § 33 Rdnr. 13; *Hüffer* MünchKomm.[4] § 780 Rdnr. 2; *Staudinger/Marburger* (2002) Vorbem. zu §§ 780-782 Rdnr. 2.

diese ihrerseits mit einer Einrede behaftet ist.[5] In prozessualer Hinsicht kommt hinzu, daß abstrakte Verbindlichkeiten in einem Urkundenprozeß nach den §§ 592 ff. ZPO eingeklagt werden können, der dem Beklagten eine schwächere Stellung einräumt als im normalen Zivilprozeß. Insbesondere ermöglicht er es dem Kläger, ein Urteil zu erlangen, das ohne Sicherheitsleistung vorläufig vollstreckbar ist (§ 708 Nr. 4 ZPO).

Der Abschluß eines abstrakten Schuldvertrages kommt daher den Bedürfnissen des Gläubigers nach Rechtsklarheit und Verkehrsfähigkeit seines Anspruchs entgegen. So kann sich z.B. der Verkäufer einer Sache neben seinem Anspruch aus § 433 Abs. 2 BGB dieselbe Summe zusätzlich nach den §§ 780, 781 BGB versprechen lassen. Der Geltendmachung dieses Anspruchs stehen dann etwaige Mängel des Kaufvertrages oder Einreden aus demselben nur unter den Voraussetzungen der Einrede einer ungerechtfertigten Bereicherung entgegen, welche die Erlangung der abstrakten Forderung erfaßt. Aus der Nichteinbeziehung einer Zweckvereinbarung in den abstrakten Schuldvertrag ergibt sich auch, daß es sich bei diesem niemals um einen gegenseitigen, sondern stets um einen einseitig verpflichtenden Vertrag handelt.[6] Dies schließt allerdings nicht aus, daß derartige Verpflichtungen im Einzelfall über eine Bedingung i.S. der §§ 158 ff. BGB mit anderen Rechtsgeschäften verknüpft werden.[7]

Das Gesetz unterscheidet danach, ob eine Leistung „versprochen" (§ 780 BGB) oder das Bestehen eines Schuldverhältnisses „anerkannt" (§ 781 BGB) wird. Der Begriff des Schuldverhältnisses umfaßt dabei nicht eine umfassende obligatorische Rechtsbeziehung (Schuldverhältnis im weiteren Sinne, z.B. Verträge), sondern ein Forderungsrecht i.S. des § 241 Abs. 1 Satz 1 BGB (Schuldverhältnis im engeren Sinne).[8] Dementsprechend liegt eher ein Schuldanerkenntnis gemäß § 781 BGB vor, wenn durch den Vertrag ein (gegebenenfalls nur vermeintlicher) anderer, regelmäßig aus einem kausalen Vertrag resultierender Anspruch durch Hinzufügung einer abstrakten Forderung ergänzt werden soll (wie im soeben angeführten Beispiel des Kaufs). Das Schuldversprechen nach § 780 BGB deutet demgegenüber auf eine gänzliche Neubegründung ohne Ergänzung einer vorhergehenden kausalen Rechtsbeziehung hin, wie es z.B. bei der schenkweisen Einräumung einer Forderung in Betracht kommt (A schenkt seiner Enkelin B kein Bargeld, sondern eine Forderung gegen sich in bestimmter Höhe). Es ist jedoch allgemein anerkannt, daß diese Unterschiede rein terminologischer Natur sind und sich Schuldversprechen und Schuldanerkenntnis im übrigen in Tatbestand und Rechtsfolgen gleichen.[9] Soweit daher im folgenden einheitlich von einem abstrakten

---

5   Siehe näher unten § 15 D II 2, S. 710 f.

6   RG v. 29. September 1924, RGZ 108, 410 (412); *Erman/Heckelmann* Vor § 780 Rdnr. 3; RGRK/*Steffen* § 780 Rdnr. 4; *Soergel/Häuser* §§ 780, 781 Rdnr. 4.

7   BGH v. 30. November 1993, BGHZ 124, 263 (269); *Hüffer* MünchKomm.[4] § 780 Rdnr. 14; *Staudinger/Marburger* (2002) § 780 Rdnr. 3.

8   *Staudinger/Marburger* § 781 Rdnr. 1 ff.

9   Prot. II, S. 499 ff.; *Esser/Weyers* BT 1, § 41 I, S. 366; *Hüffer* MünchKomm.[4] § 780 Rdnr. 3; *Medicus* Rdnr. 555; *Palandt/Sprau* § 780 Rdnr. 1; RGRK/*Steffen* vor § 780 Rdnr. 6.

Schuldvertrag gesprochen wird, umfaßt dies sowohl § 780 BGB als auch § 781 BGB.

Besondere Bedeutung erlangen abstrakte Schuldverträge dadurch, daß nach h.M. zahlreiche wertpapierrechtliche Verpflichtungen aus derartigen Verträgen (sog. Begebungsverträge) resultieren.[10] Dies trifft z.B. auf die Schuld des Wechselbezogenen nach Art. 28 Abs. 1 WG zu. Einen weiteren wichtigen Anwendungsfall stellt nach überwiegender Auffassung die sog. Saldofeststellung beim kaufmännischen Kontokorrent i.S. des § 355 HGB dar.[11] Im Bürgerlichen Recht wird dementsprechend die Kontogutschrift im Rahmen eines Girovertrags (§§ 676f bis g BGB)[12] als abstrakter Schuldvertrag eingeordnet.[13] Die Bank schuldet dem Kontoinhaber die betreffende Summe daher grundsätzlich auch dann, wenn die Voraussetzungen eines Herausgabeanspruchs nach den §§ 675 Abs. 1, 667 BGB nicht gegeben sind, z.B. weil sie von dem „Überweisenden" keine Deckung erhalten hat.

B. Abgrenzungsfragen

I. Abgrenzung zum einseitigen Schuldanerkenntnis

Das Vorliegen eines abstrakten Schuldvertrages i.S. der §§ 780, 781 BGB setzt bereits begrifflich eine rechtsverbindliche Einigung der Parteien gemäß den §§ 145 ff. BGB voraus. Hiervon sind Fälle zu unterscheiden, in denen eine Person einseitig erklärt, eine gewisse Verpflichtung zu haben bzw. bereit zu sein, diese zu erfüllen. Hierbei handelt es sich nicht um eine Willenserklärung, sondern eine bloße Wissenserklärung und damit nicht um ein Rechtsgeschäft.[14] Die Abgrenzung zum abstrakten Schuldvertrag bemißt sich dabei zunächst nach den allgemeinen Kriterien zur Feststellung eines Rechtsbindungswillens,[15] wobei zu berücksichtigen ist, daß es selbst beim Vorliegen eines solchen auf der Seite des Anerkennenden noch einer – gegebenenfalls konkludenten – Annahmeerklärung durch den Adressaten bedarf, um einen Schuldvertrag zu erzeugen (selbst dann kann es sich aber immer noch um ein kausales im Gegensatz zu einem abstrakten Schuldanerkenntnis i.S. des § 781 BGB handeln).[16]

---

[10]   Überblick zum Streit über den Ursprung wertpapierrechtlicher Verbindlichkeiten bei *Hueck/Canaris* Recht der Wertpapiere, 12. Aufl. 1986, § 3, S. 28 ff.

[11]   Dazu *Canaris* Handelsrecht, 23. Aufl. 2000, § 27 IV, S. 477 ff.; *Oetker* Handelsrecht, 3. Aufl. 2002, § 7 D IV 4, S. 188 ff.; *K. Schmidt* Handelsrecht, 5. Aufl. 1999, § 21 V, S. 627 ff.

[12]   Siehe oben § 11 C II, S. 619 ff.

[13]   BGH v. 25. Januar 1988, BGHZ 103, 143 (146); *Esser/Weyers* BT 1, § 41 IV, S. 372; *Palandt/Sprau* § 676f Rdnr. 10.

[14]   BGH v. 10. Oktober 1977, BGHZ 69, 328 (330); *Erman/Heckelmann* § 781 Rdnr. 1; *Hüffer* MünchKomm.[4] § 781 Rdnr. 7; *Larenz/Canaris* BT 2, § 61 II 1a/b, S. 31 f.; *Staudinger/Marburger* (2002) § 781 Rdnr. 27.

[15]   Dazu allgemein *Larenz/Wolf* § 22 Rdnr. 36 ff.

[16]   Siehe zur diesbezüglichen Abgrenzung unten § 15 B II, S. 703 ff.

Von einer bloßen einseitigen Wissenserklärung ist z.B. auszugehen, wenn nach einem Verkehrsunfall einer der Beteiligten spontan und ohne Aufforderung durch den anderen erklärt, den Unfall „verschuldet" zu haben. Der Abschluß eines (abstrakten oder kausalen) Schuldanerkenntnisses liegt demgegenüber näher, wenn die Erklärung einen bereits entstandenen Streit oder eine entstandene Ungewißheit (ohne *gegenseitiges* Nachgeben; dann läge ein Vergleich i.S. des § 779 BGB vor)[17] schlichten soll.[18] Jedoch darf das Vorliegen einer gegenwärtigen Kontroverse entgegen der h.M. nicht zur notwendigen Bedingung einer vertraglichen Einigung stilisiert werden, sondern es ist stets der Parteiwille im Einzelfall maßgeblich.[19] Bei dem Schuldner einer zur Abtretung vorgesehenen Forderung, der gegenüber dem potentiellen Zessionar deren Bestehen „bestätigt", wird es im Zweifel an einem Rechtsbindungswillen in bezug auf ein Schuldanerkenntnis fehlen, so daß bei einer Unrichtigkeit der Auskunft allenfalls eine Haftung nach den §§ 280 Abs. 1, 311 Abs. 2 Nr. 3 BGB in Betracht kommt.[20]

Mangels einer vertraglichen Einigung erzeugt ein einseitiges Schuldanerkenntnis keine eigenständige Verpflichtung des „Erklärenden" (im Beispiel etwa zum Ersatz der Unfallkosten). Es bewirkt jedoch in einem späteren Rechtsstreit – der entstehen kann, wenn die Aussage „widerrufen" wird – beweisrechtliche Nachteile, insbesondere wenn aufgrund des Anerkenntnisses eine nun nicht mehr nachholbare Beweisaufnahme unterblieben ist.[21] Darüber hinaus führt das einseitige Anerkenntnis nach § 212 Abs. 1 Nr. 1 BGB zu einem Neubeginn der Verjährung, wenn tatsächlich ein Anspruch gegen den Anerkennenden bestand. Diese nachteilige Rechtsfolge tritt jedoch nur ein, sofern das einseitige Schuldanerkenntnis wenigstens den Wirksamkeitsvoraussetzungen für rechtsgeschäftsähnliche Handlungen genügt, d.h. insbesondere die Geschäftsfähigkeit des Erklärenden nach den §§ 104 ff. BGB vorlag.[22]

II. Abgrenzung zum kausalen Schuldanerkenntnis

Treffen die Parteien eine vertragliche Regelung über die betreffende Verpflichtung, so liegt damit noch nicht automatisch ein abstrakter Schuldvertrag vor. Viel-

---

[17] Dazu oben § 14, S. 687 ff.

[18] BGH v. 24. März 1976, BGHZ 66, 250 (255); BGH v. 24. Juni 1999, NJW 1999, 2889 f.; *Hüffer* MünchKomm.⁴ § 781 Rdnr. 30 f.; *Staudinger/Marburger* (2002) § 781 Rdnr. 39; weitergehend *Larenz/Canaris* BT 2, § 61 II 2a, S. 33 f.

[19] *Larenz/Canaris* BT 2, § 61 II 1c, S. 33; *Lindacher* JuS 1973, 79 (80).

[20] *Hüffer* MünchKomm.⁴ § 781 Rdnr. 19; *Larenz/Canaris* BT 2, § 61 II 2b, S. 35; *Soergel/Häuser* §§ 780, 781 Rdnr. 194; *Staudinger/Marburger* (2002) § 781 Rdnr. 34. Für ein kausales Schuldanerkenntnis (dazu sogleich unter § 15 B II, S. 703 ff.) die früher h.M.: BGH v. 10. Oktober 1977, BGHZ 69, 328 (331); RGRK/*Steffen* § 780 Rdnr. 14. Näher zur Haftung für unrichtige Auskünfte oben § 11 B II 4, S. 597 ff.

[21] BGH v. 10. Oktober 1977, BGHZ 69, 328 (332); BGH v. 10. Januar 1984, NJW 1984, 799 f.; *Esser/Weyers* BT 1, § 41 II, S. 367; *Hüffer* MünchKomm.⁴ § 781 Rdnr. 32; RGRK/*Steffen* Rdnr. 17.

[22] Zum Begriff und zu den Wirksamkeitsvoraussetzungen geschäftsähnlicher Handlungen *Larenz/Wolf* § 22 Rdnr. 23 ff.

mehr bedarf es zusätzlich der Abgrenzung von einem sog. kausalen Schuldanerkenntnis, das gesetzlich nicht geregelt ist. Ein kausales Schuldanerkenntnis begründet anders als ein abstrakter Schuldvertrag keine *selbständige* Verpflichtung,
sondern wirkt nur insoweit auf eine tatsächlich oder vermeintlich bereits bestehende Verbindlichkeit (aus Vertrag, Delikt etc.) ein, als es dem Anerkennenden zukünftig versagt ist, sich auf das etwaige Nichtbestehen *dieser* Schuld oder Einreden gegen diese zu berufen, soweit er mit dem betreffenden Hinderungsgrund bei
Abschluß des kausalen Schuldanerkenntnisses zumindest rechnete.[23] In bezug auf
den Ausschluß dieser Einwände kann der Vertrag aber durchaus auch eine gestal-
tende Wirkung entfalten, so daß die nicht unübliche Bezeichnung des kausalen
Schuldanerkenntnisses als „deklaratorisch"[24] mißverständlich ist.[25] Bei präziser
Betrachtung werden etwaige Einwände gegen die Verpflichtung durch das kausale
Schuldanerkenntnis aber nicht in jedem Fall beseitigt (denn möglicherweise bestanden sie bei unklarer Sach- oder Rechtslage gar nicht), sondern für unerheblich
erklärt (sog. potentiell konstitutive Wirkung).[26]

Ob einer Person lediglich Einwände gegenüber einer tatsächlich oder vermeintlich bereits bestehenden Verbindlichkeit abgeschnitten werden sollen (kausales
Schuldanerkenntnis) oder ob eine neue, selbständige Verpflichtung mit demselben
Inhalt begründet wird (abstraktes Schuldanerkenntnis i.S. des § 781 BGB), ist
durch Auslegung gemäß den §§ 133, 157 BGB zu ermitteln, wobei dem Zweck des
Rechtsgeschäfts besondere Bedeutung zukommt.[27] Besteht dieser ausschließlich
darin, einen Streit oder eine Ungewißheit auszuräumen, so ist regelmäßig von einem lediglich kausalen Schuldanerkenntnis auszugehen, das diese Bereinigungsfunktion vollständig erfüllt.[28] Gibt z.B. nach einem Verkehrsunfall ein Beteiligter
nicht bloß ein einseitiges Schuldanerkenntnis ab, sondern gesteht vertraglich seine
Ersatzpflicht zu, dann liegt nur in bezug auf eine Verpflichtung aus § 7 Abs. 1
StVG ein kausales Schuldanerkenntnis vor. Der Betreffende kann sich dann z.B.
später nicht mehr darauf berufen, daß der Unfall auf höherer Gewalt i.S. des § 7
Abs. 2 StVG beruhte. Wohl aber kann er ein Mitverschulden des Geschädigten
gemäß § 9 StVG geltend machen, wenn er mit dessen Vorliegen bei Abschluß des
Anerkenntnisvertrages nicht rechnete, weil Grund seiner Haftung nach dem kausa-

---

[23] BGH v. 24. März 1976, BGHZ 66, 250 (254); BGH v. 11. Juni 1986, NJW-RR 1987,
      43 (44); *Esser/Weyers* BT 1, § 42 III 1a, S. 368; RGRK/*Steffen* § 781 Rdnr. 9; *Soer-
      gel/Häuser* §§ 780, 781 Rdnr. 165; *Staudinger/Marburger* (2002) § 781 Rdnr. 11.
      Umstände, die außerhalb des Erkenntnishorizontes lagen, können hingegen weiter
      vorgetragen werden: *Larenz/Canaris* BT 2, § 61 II 2a, S. 34.
[24] So BGH v. 16. März 1988, BGHZ 104, 18 (24); *Erman/Heckelmann* § 781 Rdnr. 1.
[25] *Esser/Weyers* BT 1, § 41 II, S. 367; *Hüffer* MünchKomm.⁴ § 781 Rdnr. 3; *Larenz/Ca-
      naris* BT 2, § 61 II 1c, S. 32 f.; *Soergel/Häuser* §§ 780, 781 Rdnr. 171.
[26] *Larenz/Canaris* BT 2, § 61 II 1c, S. 32 f.; *Staudinger/Marburger* (2002) § 781 Rdnr.
      11.
[27] BGH v. 24. März 1976, BGHZ 66, 250 (255); *Erman/Heckelmann* § 781 Rdnr. 1; *Hüf-
      fer* MünchKomm.⁴ § 781 Rdnr. 4; *Staudinger/Marburger* (2002) § 781 Rdnr. 24.
[28] RGRK/*Steffen* § 781 Rdnr. 19; *Staudinger/Marburger* (2002) § 781 Rdnr. 36.

len Anerkenntnis ausschließlich § 7 Abs. 1 StVG und nicht eine selbständige Verbindlichkeit i.S. der §§ 780, 781 BGB ist.

Verfolgt das kausale Schuldanerkenntnis eine Bereinigungsfunktion, dann ähnelt es bis auf das Fehlen eines gegenseitigen Nachgebens dem Vergleich i.S. des § 779 BGB. Daher ist in diesem Fall die Unwirksamkeitsvorschrift des § 779 Abs. 1 BGB bei einem beiderseitigen Irrtum über die als feststehend angenommene Sachverhaltsgrundlage des Vertrages analog anzuwenden.[29] Im Beispiel wäre das Anerkenntnis z.B. nichtig, wenn die Vertragschließenden davon ausgingen, daß nur einer von ihnen den Unfall verursacht haben kann, in Wirklichkeit aber ein Dritter dafür verantwortlich war. Dem Vertragszweck entsprechend kann derjenige, der das kausale Anerkenntnis abgibt, seine Willenserklärung aber nicht gemäß § 119 Abs. 2 BGB wegen eines Irrtums über diejenigen Einwände gegen seine Verpflichtung anfechten, deren Vorbringen das kausale Schuldanerkenntnis gerade ausschließen soll.[30] Es fehlt insoweit an der nach dem Sinn des Rechtsgeschäftes zu bestimmenden Verkehrswesentlichkeit des Irrtums.

Nach h.M. bedarf das kausale Schuldanerkenntnis mangels Begründung einer selbständigen abstrakten Verbindlichkeit *nicht* analog den §§ 780, 781 BGB der Schriftform.[31] Wie bei einem Vergleich i.S. des § 779 BGB ist aber eine Form einzuhalten, wenn diese gesetzlich für die Begründung der Verpflichtung vorgesehen ist, die durch das kausale Schuldanerkenntnis potentiell gestaltet wird (z.B. § 311b Abs. 1 Satz 1 BGB).[32]

III. Abgrenzung zum negativen Schuldanerkenntnis

Anders als abstrakte Schuldverträge i.S. der §§ 780, 781 BGB ist das formlos wirksame sog. negative Schuldanerkenntnis nach § 397 Abs. 2 BGB nicht auf die Begründung, sondern die Aufhebung einer Verpflichtung gerichtet. Auch bei diesem bedarf es wiederum der Abgrenzung von lediglich einseitigen bzw. kausalen negativen Schuldanerkenntnissen.[33]

C. Abschluß und Wirksamkeit des abstrakten Schuldvertrages

I. Allgemeines

Für den Abschluß abstrakter Schuldverträge gelten die allgemeinen Vorschriften der §§ 104 ff. BGB. Ein Irrtum über den Bestand oder den Inhalt des dem Vertrag

---

[29]   *Staudinger/Marburger* (2002) § 781 Rdnr. 18 m.w.N. Zu weiteren Einzelheiten siehe oben § 14 C II, S. 692 f.

[30]   BGH v. 19. September 1963, NJW 1963, 2316 (2317); RGRK/*Steffen* § 781 Rdnr. 14. Auch insoweit liegt eine Parallele zum Vergleich vor; näher oben § 14 C III, S. 694 f.

[31]   *Erman/Heckelmann* § 781 Rdnr. 9; *Hüffer* MünchKomm.[4] § 781 Rdnr. 3; *Larenz/Canaris* § 61 II 1c, S. 32; *Soergel/Häuser* §§ 780, 781 Rdnr. 170; a.A. *Medicus* Rdnr. 775.

[32]   Siehe oben § 14 C I, S. 691 ff.

[33]   Siehe im einzelnen *Schlüter* MünchKomm.[4] § 397 Rdnr. 14 m.w.N.

zugrundeliegenden Kausalverhältnisses[34] begründet aufgrund der Abstraktheit jedoch nicht die Anfechtbarkeit nach § 119 BGB.[35]

Wird ein abstrakter Schuldvertrag mittels Allgemeiner Geschäftsbedingungen des durch ihn Begünstigten abgeschlossen, so verstößt dies nicht gegen § 309 Nr. 12 BGB.[36] Zwar obliegt es dem Verpflichteten, das Fehlen eines mangelfreien Kausalverhältnisses zu beweisen, um seine Inanspruchnahme aus dem abstrakten Schuldvertrag zu verhindern. § 309 Nr. 12 BGB verbietet aber nur eine Beweislastveränderung zugunsten des Verwenders der Allgemeinen Geschäftsbedingungen *innerhalb eines Rechtsverhältnisses*. In den hier in Rede stehenden Konstellationen erfolgt jedoch eine Kombination zweier Rechtsverhältnisse (Kausalverhältnis und abstrakter Schuldvertrag), ohne daß jeweils im Rahmen eines der Rechtsverhältnisse die Beweislast entgegen dem gesetzlichen Regelfall verändert würde. Die Rechtsprechung nimmt allerdings eine Unwirksamkeit gemäß § 307 Abs. 1 Satz 1 i.V. mit Abs. 2 Nr. 1 BGB an, wenn dem Besteller einer Sicherheit (z.B. einer Hypothek) für eine fremde Verbindlichkeit in dem Sicherungsvertrag formularmäßig zugleich auch noch eine mit der fremden Schuld inhaltlich identische persönliche Haftung aus einem abstrakten Schuldvertrag auferlegt wird.[37]

II. Formerfordernisse der §§ 780 bis 782 BGB

1. Grundsätze

Gemäß den §§ 780 Satz 1, 781 Satz 1 BGB bedarf es grundsätzlich einer schriftlichen Erteilung der Erklärung des sich in dem abstrakten Schuldvertrag *Verpflichtenden*. Wie bei § 766 BGB ist die Erklärung des *Begünstigten* nicht formbedürftig.[38] Sie kann daher gegebenenfalls konkludent durch die Entgegennahme einer von dem Verpflichteten ausgestellten Urkunde erfolgen.

Der Zweck des Formerfordernisses ist umstritten. Nach einer Meinung soll dieses lediglich Beweissicherheit herstellen.[39] Demgegenüber ist mit einer abweichenden Ansicht anzunehmen, daß es zugleich und sogar in erster Linie einen Übereilungsschutz für den Schuldner bezweckt, um der Gefährlichkeit Rechnung zu tragen, die in der Begründung einer eigenständigen abstrakten Verbindlichkeit

---

[34] Siehe oben § 15 A, S. 699 ff.

[35] *Esser/Weyers* BT 1, § 41 III 1b, S. 369; *Hüffer* MünchKomm.[4] § 780 Rdnr. 50; *Staudinger/Marburger* (2002) § 780 Rdnr. 18.

[36] BGH v. 18. Dezember 1986, BGHZ 99, 274 (284 f.); BGH v. 5. März 1991, BGHZ 114, 9 (12); *Erman/Heckelmann* § 780 Rdnr. 3; *Hüffer* MünchKomm.[4] § 780 Rdnr. 23; *Soergel/Häuser* §§ 780, 781 Rdnr. 38; a.A. *Stürner* JZ 1971, 431 f.

[37] BGH v. 5. März 1991, BGHZ 114, 9 (14 f.); *Braunert* NJW 1991, 805 (808); *Staudinger/Marburger* (2002) § 780 Rdnr. 20.

[38] Vgl. oben § 13 C I 3a, S. 650 f.

[39] BGH v. 8. Dezember 1992, BGHZ 121, 1 (4 ff.); *Hüffer* MünchKomm.[4] § 780 Rdnr. 21; *Staudinger/Marburger* (2002) § 780 Rdnr. 7.

liegt.[40] Hierfür spricht, daß nur die Erklärung des sich Verpflichtenden formbedürftig ist. Des weiteren schließt § 350 HGB das Formerfordernis für Kaufleute
wie bei der Bürgschaft aus, was sich nur aus einem mangelnden Bedürfnis nach
Warnung erklären läßt, da die beweisrechtliche Klarheit im kaufmännischen Verkehr nicht von geringerem Interesse ist als im allgemeinen Privatrechtsverkehr. In
dieselbe Richtung weist auch der Ausschluß der elektronischen Form i.S. der
§§ 126 Abs. 3, 126a BGB durch die §§ 780 Satz 2, 781 Satz 2 BGB, die zwar die
Beweisfunktion, nicht aber den Übereilungsschutz hinreichend gewährleisten
könnte.

Das Formerfordernis der §§ 780 Satz 1, 781 Satz 1 BGB besteht aus zwei Elementen, die beide erfüllt sein müssen, damit eine rechtswirksame Willenserklärung
des sich Verpflichtenden vorliegt: Erstens der Schriftform und zweitens der „Erteilung". Fehlt auch nur eines von diesen, so ist die Willenserklärung nach § 125
Satz 1 BGB nichtig. Im einzelnen gelten die Ausführungen zu der identisch struk-
turierten Formvorschrift des § 766 Satz 1 BGB bei der Bürgschaft entsprechend.[41]

2. Ausnahmen

Von dem Grundsatz des Schriftformgebots für abstrakte Schuldverträge existieren
in verschiedener Hinsicht Ausnahmen:

Zum einen kann ein solcher Vertrag nach § 350 HGB formfrei abgeschlossen
werden, wenn der Schuldner ein Kaufmann i.S. der §§ 1 ff. HGB und der abstrakte
Schuldvertrag für ihn ein Handelsgeschäft i.S. des § 343 Abs. 1 HGB ist. Dabei ist
die Zugehörigkeit der Schuldvereinbarung zum Betrieb des Handelsgewerbes des
Kaufmannes nach § 344 Abs. 1 HGB zu vermuten. Nach der hier bereits im Rahmen des § 766 Satz 1 BGB vertretenen Auffassung findet die Ausnahmevorschrift
des § 350 HGB allerdings keine Anwendung auf solche abstrakten Schuldverträge,
die Gesellschafter in bezug auf die Geschäftstätigkeit der Gesellschaft abschließen.[42]

Zudem entfällt das Formerfordernis der §§ 780 Satz 1, 781 Satz 1 BGB nach
§ 782 BGB, wenn die abstrakte Verbindlichkeit aufgrund einer Abrechnung oder
im Wege eines Vergleichs eingegangen wird. In diesen Fällen ist den Beteiligten
typischerweise die Tragweite ihres Handelns klar, so daß es einer besonderen Warnung nicht mehr bedarf. Als Abrechnung ist dabei die vertragliche Feststellung
einer Endsumme aus mehreren Rechnungsposten zu begreifen;[43] Hauptbeispiel ist
das Kontokorrent i.S. des § 355 HGB. Inwieweit die Formfreiheit abstrakter
Schuldvereinbarungen, die im Wege eines Vergleichs erfolgen, praktische Relevanz erlangt, hängt von der oben erörterten Frage ab, ob dem Vergleich lediglich

---

[40]   *Brox/Walker* § 33 Rdnr. 16; *Esser/Weyers* BT 1, § 41 III 2b, S. 370; *Fikentscher* Rdnr.
       1023; *Larenz/Canaris* BT 2, § 61 I 1b, S. 26; *Medicus* Rdnr. 556; *Schlechtriem* Rdnr.
       659.
[41]   Siehe oben § 13 C I 3a bis d, S. 650 ff.
[42]   Siehe oben § 13 C I 3f, S. 654.
[43]   RG v. 17. Februar 1919, RGZ 95, 18 (20); *Hüffer* MünchKomm.[4] § 782 Rdnr. 3;
       RGRK/*Steffen* § 782 Rdnr. 13; *Soergel/Häuser* § 782 Rdnr. 3.

eine verpflichtende Wirkung beizumessen ist, die eine Erfüllung durch Rechtsgeschäfte i.S. der §§ 780, 781 BGB erforderlich macht.[44]

Nach den §§ 780 Satz 1 a.E., 781 Satz 3 BGB bleiben jedoch gesetzlich angeordnete strengere Formerfordernisse ausdrücklich unberührt. Gemäß den §§ 518 Abs. 1 Satz 2, 2301 Abs. 1 Satz 2 BGB bedarf die Erklärung desjenigen, der eine abstrakte Verpflichtung schenkweise (donandi causa) eingeht, der notariellen Beurkundung (§ 518 Abs. 1 Satz 2 BGB) bzw. der testamentarischen Form (§ 2301 Abs. 1 Satz 2 BGB). Diese Formvorschriften sollen verhindern, daß mit dem Abschluß des schenkungsweise versprochenen abstrakten Schuldvertrages eine Heilung formnichtiger Schenkungsversprechen gemäß den §§ 518 Abs. 2, 2301 Abs. 2 BGB durch Bewirkung der versprochenen Leistung eintritt, da die Eingehung einer abstrakten Verbindlichkeit noch nicht die von den Heilungsvorschriften vorausgesetzte faktische Vermögensminderung hervorruft.[45] Dementsprechend genügt in diesen Fällen wiederum die einfache Schriftform gemäß den §§ 780 Satz 1, 781 Satz 1 BGB, wenn das *Schenkungsversprechen* selbst bereits formgültig i.S. der §§ 518 Abs. 1 Satz 1, 2301 Abs. 1 Satz 1 BGB abgegeben wurde.[46] Anders ist die Rechtslage bei Formvorschriften, die gerade an den Inhalt der Verpflichtung anknüpfen: Wird in einem abstrakten Schuldvertrag die Übereignung eines Grundstücks versprochen, so muß dieser auch dann gemäß § 311b Abs. 1 Satz 1 BGB notariell beurkundet werden, wenn daneben bereits ein formgültiger Kausalvertrag (z.B. Kaufvertrag) vorliegt.[47]

D. Der Zusammenhang des abstrakten Schuldvertrages mit dem Kausalverhältnis

I. Allgemeines

Wie dargelegt begründet der abstrakte Schuldvertrag eine selbständige Verbindlichkeit einer Partei.[48] Diese kann inhaltlich identisch mit einer Forderung sein, die bereits aus dem zugrundeliegenden Kausalvertrag resultiert. So kann sich der Verkäufer einer Sache neben seinem Kaufpreisanspruch aus § 433 Abs. 2 BGB auch noch ein abstraktes Schuldversprechen über dieselbe Summe gemäß § 780 BGB erteilen lassen. Nach der Auslegungsregel des § 364 Abs. 2 BGB ersetzt die abstrakte Verbindlichkeit dabei im Zweifel nicht die kausale Forderung (hier: aus

---

[44] Näher oben § 14 D, S. 695 ff.
[45] Siehe oben § 4 C III, S. 282 ff.
[46] RG v. 16. Juni 1909, RGZ 71, 289 (291); *Erman/Heckelmann* § 780 Rdnr. 6; *Hüffer* MünchKomm.[4] § 782 Rdnr. 5; RGRK/*Steffen* § 780 Rdnr. 31; a.A. *Staudinger/Marburger* (2002) § 780 Rdnr. 11.
[47] *Hüffer* MünchKomm.[4] § 782 Rdnr. 5; *Staudinger/Marburger* (2002) § 780 Rdnr. 11; offengelassen von BGH v. 10. Juli 1987, NJW 1988, 130 (131); a.A. *Erman/Heckelmann* § 780 Rdnr. 6.
[48] Siehe § 15 A, S. 699 ff.

§ 433 Abs. 2 BGB), sondern tritt neben diese (sog. Schuldverstärkung).[49] Die Parteien können jedoch auch vereinbaren, daß die Begründung der abstrakten Forderung die kausale Verbindlichkeit zum Erlöschen bringen lassen soll (Novation).[50] Wenn dies wie regelmäßig nicht der Fall ist, bewirkt die Erfüllung der abstrakten Schuld jedoch zugleich auch das Erlöschen des kausalen Anspruchs.[51]

II. Auswirkungen von Mängeln des Kausalverhältnisses

1. Ausnahmsweise unmittelbare Beachtlichkeit für den abstrakten Schuldvertrag

Die Abstraktheit der gemäß den §§ 780, 781 BGB begründeten Forderung führt grundsätzlich dazu, daß rechtliche Mängel des Kausalverhältnisses die selbständige Verpflichtung nicht unmittelbar berühren. Dieser Grundsatz gilt allerdings nicht uneingeschränkt:

Gemäß den §§ 656 Abs. 1, 762 Abs. 1 BGB begründen eine entgeltliche Heiratsvermittlung sowie Spiel und Wette keine klagbaren Verbindlichkeiten, sondern lediglich einen Behaltensgrund i.S. des § 812 BGB für bereits geleistete Zahlungen (sog. Naturalobligation).[52] Die §§ 656 Abs. 2, 762 Abs. 2 BGB schränken die Wirkung derartiger Rechtsverhältnisse als Rechtsgrund dahingehend ein, daß abstrakte Schuldverträge, die zur Erfüllung der jeweiligen Naturalobligation eingegangen worden sind, ebenfalls keine klagbare Verbindlichkeit begründen. Denn in diesem Fall liegt lediglich eine formale Leistungsbewirkung in Form der Eingehung einer neuen (abstrakten) Verbindlichkeit vor, während der Rückforderungsausschluß gemäß den §§ 656 Abs. 1 Satz 2, 762 Abs. 1 Satz 2 BGB nur gerechtfertigt ist, wenn eine effektive Zahlung erfolgt ist.

Umstritten ist, ob die Nichtigkeit des Kausalgeschäftes nach den §§ 134, 138 BGB automatisch auch einen zur Schuldverstärkung abgeschlossenen abstrakten Schuldvertrag erfaßt, wenn dieser bei isolierter Betrachtung nicht mit dem entsprechenden Nichtigkeitsgrund behaftet ist. Beispiel: Ist ein Kaufvertrag nach § 138 Abs. 2 BGB wegen eines wucherischen Verhaltens des Verkäufers nichtig, so kann § 138 Abs. 2 BGB für ein zugleich erteiltes abstraktes Schuldversprechen des Käufers in Höhe des Kaufpreises nicht direkt eingreifen, da der Wuchertatbestand einen gegenseitigen Vertrag voraussetzt.[53] Mit der wohl h.M. erfaßt in derartigen Fällen der Nichtigkeitsgrund gemäß den §§ 134, 138 BGB den abstrakten Schuldvertrag nicht.[54] Hierfür spricht neben dem Gedanken der Abstraktion[55] in systema-

---

[49] *Hüffer* MünchKomm.[4] § 780 Rdnr. 46; *Larenz/Canaris* BT 2, § 61 I 6, S. 31; *Staudinger/Marburger* (2002) § 780 Rdnr. 15.

[50] Siehe beispielhaft den Fall BGH v. 12. Juli 1995, BGHZ 130, 288 (292). Für das Saldoanerkenntnis im Rahmen des Kontokorrents i.S. des § 355 HGB ist die novierende Wirkung umstritten; siehe *Oetker* Handelsrecht, 3. Aufl. 2002, § 7 D IV 4, S. 188 ff.

[51] *Staudinger/Marburger* (2002) § 780 Rdnr. 16. Zur Auswirkung der Erfüllung der kausalen Verbindlichkeit auf die abstrakte Forderung sogleich unter § 15 D II 2a, S. 710.

[52] Näher zu § 656 BGB oben § 10 C II, S. 584 ff.

[53] Vgl. *Mayer-Maly/Armbrüster* MünchKomm.[4] § 138 Rdnr. 143.

[54] RG v. 6. März 1915, RGZ 86, 301 (303); BGH v. 10. Mai 1976, WM 1976, 907 (909); *Larenz/Canaris* BT 2, § 61 I 4b, S. 29 f.; RGRK/*Steffen* § 780 Rdnr. 41; *Soergel/Häu-*

tischer Hinsicht insbesondere die Vorschrift des § 817 Satz 2 BGB. Diese gestattet bei einem Gesetzes- oder Sittenverstoß in bezug auf das Kausalverhältnis die Kondiktion der abstrakten Forderung und setzt damit implizit deren wirksame Begründung voraus. Das Gesetz hat somit selbst den Weg vorgezeichnet, daß auch in diesem Fall der Mangel des Kausalverhältnisses über das Bereicherungsrecht berücksichtigt werden soll.[56]

2. Bereicherungsrechtliche Relevanz

Obwohl rechtliche Mängel des Kausalverhältnisses den abstrakten Schuldvertrag in aller Regel nicht unmittelbar erfassen, sind diese für letzteren nicht bedeutungslos, weil das Kausalverhältnis und der abstrakte Schuldvertrag nach dem Parteiwillen zumindest mittelbar verknüpft sind. Daher stellen die §§ 812 ff. BGB den dogmatischen Anknüpfungspunkt für die Geltendmachung der Mängel gegenüber der abstrakten Verpflichtung dar. Hierbei kann danach unterschieden werden, ob die Kausalverbindlichkeit nicht (mehr) besteht oder ob sie einredebehaftet ist.

a) Nichtbestehen der Kausalverbindlichkeit

Wenn es an einem Rechtsgrund für die abstrakte Verbindlichkeit fehlt, kann diese gemäß § 812 Abs. 1 BGB kondiziert werden, was § 812 Abs. 2 BGB ausdrücklich klarstellt. Soweit also z.B. der Käufer für seine Kaufpreisverbindlichkeit schuldbestärkend ein abstraktes Schuldversprechen erteilt, kann er dieses gemäß § 812 Abs. 1 Satz 1 Alt. 1 bzw. Satz 2 Alt. 1 BGB kondizieren, wenn die Kaufpreisschuld nicht entstanden oder später weggefallen ist (z.B. durch Erfüllung gemäß § 362 BGB).[57] Die Kondiktion ist allerdings gemäß § 814 BGB ausgeschlossen, wenn dem Schuldner bei Abschluß des abstrakten Schuldvertrages positiv bekannt war, daß die Kausalverbindlichkeit nicht besteht.

Problematisch ist die Rechtslage, wenn der Verpflichtete diesen Kondiktionsanspruch noch nicht durchgesetzt hat und zur Zahlung aufgrund der abstrakten Verbindlichkeit aufgefordert wird. In diesem Fall kann er aufgrund des Nichtbestehens der Kausalverbindlichkeit die aus dem Rechtsgedanken des § 821 BGB abgeleitete Einrede der ungerechtfertigten Bereicherung erheben:[58] Sofern der Verpflichtete die Forderung aus dem abstrakten Schuldvertrag aufgrund des Nichtbestehens der Kausalforderung kondiziert, würde mit dem abstrakten Schuldvertrag zugleich der Rechtsgrund für seine Zahlung wegfallen; dies kann er einredeweise

---

ser §§ 780, 781 Rdnr. 157; a.A. *Esser/Weyers* BT 1, § 41 III 1b, S. 369; *Hüffer* MünchKomm.[4] § 780 Rdnr. 53; *Staudinger/Marburger* (2002) § 780 Rdnr. 22.

[55] Umgekehrt erfaßt der Verstoß des Grundverhältnisses gegen die §§ 134, 138 BGB ein *kausales* Schuldanerkenntnis (siehe oben § 15 B II, S. 703 ff.) unstrittig automatisch: BGH v. 16. März 1988, BGHZ 104, 18 (24 f.).

[56] Dazu sogleich näher unter § 15 D II 2, S. 710 f.

[57] RG v. 27. April 1936, RGZ 151, 123 (128); BGH v. 30. November 1998, NJW-RR 1999, 573 (574); *Erman/Heckelmann* § 780 Rdnr. 13; *Hüffer* MünchKomm.[4] § 780 Rdnr. 47; *Staudinger/Marburger* (2002) § 780 Rdnr. 25.

[58] *Brox/Walker* § 33 Rdnr. 21; *Larenz/Canaris* BT 2, § 61 I 5, S. 30; *Medicus* Rdnr. 556; *Staudinger/Marburger* (2002) § 780 Rdnr. 28.

dem Anspruch aus den §§ 780, 781 BGB schon zuvor entgegenhalten. Gemäß § 404 BGB wirkt diese Einrede der ungerechtfertigten Bereicherung auch gegenüber einem Zessionar, an den der Anspruch aus dem abstrakten Schuldvertrag abgetreten wurde. Hat der Verpflichtete die Zahlung bereits geleistet, kann er sie folgerichtig gemäß § 813 Abs. 1 Satz 1 BGB zurückfordern.

b) Behaftung der Kausalverbindlichkeit mit einer Einrede

Wenn die Kausalverbindlichkeit zwar besteht, aber mit einer Einrede behaftet ist, kann die abstrakte Verbindlichkeit unter den Voraussetzungen des § 813 Abs. 1 BGB kondiziert werden. Hierfür bedarf es jedoch einer dauerhaften (peremptorischen) Einrede, während ein bloß vorübergehendes (dilatorisches) Gegenrecht – wie z.B. die Einrede des nichterfüllten Vertrages gemäß § 320 BGB in bezug auf den zugrundeliegenden Kaufvertrag – die Rechtsgrundhaftigkeit des abstrakten Schuldvertrages nicht berührt. Gemäß § 813 Abs. 1 Satz 2 BGB berechtigt auch die Verjährung der Kausalforderung nicht zu einer Kondiktion der schuldbestärkend eingeräumten abstrakten Verbindlichkeit i.S. der §§ 780, 781 BGB. Insoweit kommt es einzig auf die eigenständige Verjährung der abstrakten Schuld nach den §§ 195, 199 BGB an.

Nur wenn der Schuldner die abstrakte Forderung nach Maßgabe des Gesagten gemäß § 813 Abs. 1 Satz 1 BGB kondizieren könnte, kann er seiner Inanspruchnahme aus den §§ 780, 781 BGB präventiv die Einrede der ungerechtfertigten Bereicherung entgegenhalten, die gemäß § 404 BGB wiederum auch gegenüber einem Zessionar wirkt. Hingegen verbietet es die Abstraktheit des Schuldversprechens bzw. -anerkenntnisses, dem Zessionar nicht unter § 813 Abs. 1 BGB fallende Einreden aus dem Kausalverhältnis entgegenzuhalten.[59]

---

[59]   *Larenz/Canaris* BT 2, § 61 I 5, S. 30 f.; *Zöllner* ZHR 148 (1984), 313 (326 ff.); teilweise a.A. für abstrakte Wertpapierverbindlichkeiten BGH v. 8. November 1982, BGHZ 85, 346 (348).

A. Allgemeine Grundsätze der rechtlichen Erfassung

I. Das Verhältnis gesetzlicher Regelungen zur Vertragsfreiheit als Ausgangspunkt der Problematik

Die bislang behandelten vertraglichen Schuldverhältnisse zeichnen sich dadurch aus, daß das Bürgerliche Gesetzbuch für sie ein Ordnungsmodell zur Verfügung stellt, welches im Grundsatz aus zwei Komponenten besteht: aus zwingenden und dispositiven Vorschriften.[1]

Das zwingende Gesetzesrecht gibt den Vertragsparteien für ihre Gestaltungs-hoheit (Privatautonomie) zur Erreichung unterschiedlicher Zwecke eine nicht über-schreitbare Grenze vor. Diese folgt zum Teil aus allgemeinen, d.h. für alle Verträge anwendbaren Vorschriften (z.B. §§ 134, 138 BGB), gilt teilweise aber – was an dieser Stelle von besonderem Interesse ist – auch nur für einzelne Vertragstypen. Ein Beispiel ist das Schriftformerfordernis in § 766 Satz 1 BGB für die Erteilung einer Bürgschaft.[2]

Davon sind die dispositiven Vorschriften des Vertragsrechts zu unterscheiden. Deren Eingreifen für einen bestimmten Vertragstyp steht quasi unter einer „Bedin-gung": Sie sind nur maßgeblich, wenn die Vertragsparteien in bezug auf den jewei-ligen Aspekt, z.B. die Haftung für Mängel einer verkauften Sache, keine indivi-duelle Vereinbarung getroffen haben. Für diese „Vertragslücken" stellt das Bürger-liche Gesetzbuch mit seinen Vorschriften einen Lösungsmechanismus bereit. Die Parteien haben es jedoch in der Hand, durch eine detaillierte Ausformulierung ihres Vertragsverhältnisses das Entstehen derartiger „Lücken" zu verhindern. In den Schranken des zwingenden Gesetzesrechts gilt als Teilbereich des umfassen-deren Prinzips der Privatautonomie der Grundsatz der Vertragsfreiheit (vgl. § 311 Abs. 1 BGB).[3] Danach fungiert der gemeinsame Wille der Parteien als Geltungs-grund für die in ihrem relativen Rechtsverhältnis verbindlichen Regelungen. Des-halb ist im Konfliktfall auch bei den gesetzlich geregelten Vertragstypen zunächst das vertragliche Regelungsprogramm als Problemlösungsinstrument heranzuzie-hen. Erst wenn der Vertrag nach seiner Auslegung noch lückenhaft ist, kommt der Rückgriff auf das dispositive Ordnungsmodell des Bürgerlichen Gesetzbuches in Betracht.[4]

Der Grundsatz der Vertragsfreiheit schränkt aber nicht nur den Anwendungs-bereich „an sich" einschlägiger dispositiver Normen ein, sondern kann auch zu Vereinbarungen führen, die sich nicht ohne weiteres einem der gesetzlich geregel-

---

[1] Allgemein zu dispositivem und zwingendem Gesetzesrecht *Larenz/Wolf* § 34 Rdnr. 38 ff.

[2] Siehe dazu im einzelnen oben § 13 C I 3, S. 650 ff.

[3] Grundlegend *Flume* AT 2, § 1, S. 1 ff., insbesondere S. 12 ff.

[4] Hierbei ist allerdings in bezug auf die ergänzende Vertragsauslegung zu beachten, daß diese nicht auf einen wirklichen, sondern objektiv-normativierten hypothetischen Wil-len der Parteien abstellt. Daher kann sie vor den dispositiven Gesetzesregelungen, die selbst schon auf einen typischerweise gerechten Ausgleich abzielen, nur bei einer aty-pischen Interessenlage den Vorrang beanspruchen. Siehe im einzelnen *Flume* AT 2, § 16/4, S. 321 ff.; *Larenz/Wolf* § 28 Rdnr. 109 ff.

ten Vertragstypen zuordnen lassen. Das ist der Fall, wenn die Vertragschließenden ihre Rechte und Pflichten gegenüber einem gesetzlichen Grundmodell (z.B. des Kaufvertrages) nicht bloß modifizieren (auch der Verkauf einer Sache unter Ausschluß der Mängelhaftung bleibt ein Kaufvertrag), sondern wesensmäßig anders ausgestalten. Dabei ergibt sich das Wesen eines Vertrages – sein Typus – in der Regel aus dem Inhalt der jeweiligen Hauptpflichten der Parteien (den essentialia), wenn auch die Grenze zwischen bloßen Modifikationen im Rahmen eines Vertragstyps und einer wesensmäßigen Abweichung fließend ist.[5] Anders als das Sachenrecht kennt das Vertragsrecht somit keinen sog. Typenzwang.[6]

Dispositive Vorschriften hat der Gesetzgeber nicht für alle denkbaren Inhalte eines Vertragsverhältnisses geschaffen. Er beschränkt sich vielmehr darauf, für die am häufigsten auftretenden Verträge eine Regelungshilfe zur Verfügung zu stellen. Hierzu zählen vornehmlich die klassischen Verträge wie z.B. Kauf, Schenkung, Miete, Pacht, Darlehen, Dienstvertrag, Werkvertrag und Auftrag. Spätere Änderungen des Bürgerlichen Gesetzbuches tragen neueren Entwicklungen des Wirtschaftslebens teilweise Rechnung, so z.B. die Regelung des Reisevertrages, des Teilzeit-Wohnrechtevertrages oder des Verbraucherdarlehens. Ergänzt werden diese Bestimmungen durch Sonderregelungen für bestimmte Vertragstypen im Handelsgesetzbuch (z.B. Kommissionsgeschäft gemäß den §§ 383 ff. HGB) oder in anderen Spezialgesetzen (vgl. z.B. zum Versicherungsvertrag im VVG[7]). Mit der Anerkennung der Vertragsfreiheit durch das Bürgerliche Gesetzbuch ist jedoch nahezu zwingend die Konsequenz verbunden, daß sich die gestalterische Phantasie der Parteien nicht stets paßgenau in die Schablone der dispositiven Vertragsordnung einfügt, sondern eigene Wege beschreitet. Dabei können sich gesetzlich nicht eigens geregelte Vertragsmuster durch ein häufiges Auftreten im Wirtschaftsverkehr wiederum zu – außergesetzlichen – Vertragstypen entwickeln, was z.B. für das Factoring, das Franchising und das Leasing zutrifft.[8]

Aus dem Vorstehenden folgt, daß eine Vertragsgestaltung, die keinem der gesetzlichen Typen unterfällt, keine besonderen Fragen aufwirft, wenn die Parteien den streitigen Aspekt selbst *rechtswirksam* geregelt haben.[9] Die maßgeblichen

---

[5] So werden z.B. Energielieferungsverträge von der Rechtsprechung trotz ihrer Besonderheiten als Kaufverträge behandelt; BGH v. 2. Juli 1969, NJW 1969, 1903 (1905). Siehe allgemein zu den Voraussetzungen der Zuordnung eines Sachverhaltes zu einem Rechtstypus *Larenz*, Methodenlehre der Rechtswissenschaft, 6. Aufl. 1991, S. 461 ff.

[6] *Fikentscher* Rdnr. 648; *Larenz/Canaris* BT 2, § 63 I 1a, S. 41. Zum Typenzwang im Sachenrecht, der in der absoluten Wirkung dinglicher Rechte wurzelt, *Baur/Stürner* § 1 Rdnr. 7.

[7] Gesetz über den Versicherungsvertrag v. 30. Mai 1908, RGBl. S. 263.

[8] *Staudinger/Löwisch* (2001) § 305 Rdnr. 26. *Thode* MünchKomm.[4] § 305 Rdnr. 58 spricht in diesem Fall von verkehrstypischen Vertragsgestaltungen. Die Bezeichnung dieser Kategorie als typische Verträge „kraft Gewohnheitsrechts" (etwa *Erman/Battes* Einl. § 305 Rdnr. 14) ist jedoch abzulehnen, da die auf die betreffenden Verträge anwendbaren Normen nicht einem eigenständigen Gewohnheitsrecht, sondern dem Gesetzesrecht in direkter oder analoger Anwendung entnommen werden; näher dazu im folgenden.

[9] Statt aller *Gernhuber* Das Schuldverhältnis, 1989, § 7 IV 6, S. 156.

Rechtsfolgen ergeben sich in diesem Fall aus dem ausgelegten Vertrag selbst. Es verbleiben jedoch zwei Probleme:[10] Erstens gestaltet sich die rechtliche Behandlung kompliziert, wenn derartige Verträge hinsichtlich bestimmter Punkte keine Regelung treffen und somit ein Bedürfnis nach der Anwendung dispositiver Gesetzesnormen besteht. Zweitens unterliegt die Privatautonomie den Schranken des zwingenden Gesetzesrechts, die nicht ausschließlich in den allgemeinen Vorschriften (z.B. §§ 134, 138 BGB) enthalten sind, sondern z.T. nur für bestimmte Vertragstypen gelten (z.B. das Schriftformerfordernis in § 766 Satz 1 BGB für die Erteilung einer Bürgschaft). In diesem Fall stellt sich die Frage, ob eine derartige Vorschrift auch auf einen Vertrag anzuwenden ist, der dem jeweiligen gesetzlichen Vertragstyp zwar nicht unmittelbar entspricht, mit diesem aber doch in gewisser Weise „verwandt" ist. Insofern kann bei gesetzlich nicht geregelten Verträgen zudem die Kontrolle Allgemeiner Geschäftsbedingungen Schwierigkeiten bereiten, da die Generalklausel des § 307 Abs. 2 Nr. 1 BGB auf das Leitbild des dispositiven Gesetzesrechts abstellt, was denknotwendig die Existenz eines derartigen Leitbildes voraussetzt.[11] Es ist daher zu beantworten, nach welchen Regeln gesetzlich nicht typisierte Verträge einerseits „auszufüllen" sind, wenn die Parteien für eine Frage keine Regelung getroffen haben und an welchen Maßstäben die Rechtswirksamkeit vorliegender Parteivereinbarungen über die für alle Verträge geltenden Schranken der Privatautonomie hinaus zu prüfen ist.

Obwohl sich bei der Lösung dieser Problematik jedes schematische Vorgehen verbietet, haben sich einige allgemeine Grundsätze zur rechtlichen Behandlung von Verträgen herausgebildet, die sich nicht eindeutig einem der gesetzlichen Vertragstypen zuordnen lassen. Hierfür wird verbreitet zwischen sog. atypischen Verträgen einerseits und sog. gemischten Verträgen andererseits unterschieden.[12]

II. Atypische Verträge

Die unter dem Begriff der atypischen Verträge zusammengefaßten Vereinbarungen zeichnen sich dadurch aus, daß die von den Parteien geschuldeten Hauptleistungen

---

[10]   *Larenz/Canaris* BT 2, § 63 I 2, S. 43; *Medicus* Rdnr. 585; *Soergel/Wolf* § 305 Rdnr. 26; *Staudinger/Löwisch* (2001) § 305 Rdnr. 29; *Stoffels* Gesetzlich nicht geregelte Schuldverträge, 2001, S. 103 ff.

[11]   Daß nach § 307 Abs. 2 Nr. 1 BGB vertragliche Vereinbarungen am Leitbild des dispositiven Gesetzesrechts zu messen sind, widerspricht nicht der oben dargelegten Subsidiarität des dispositiven Gesetzesrechts. Denn diese gilt uneingeschränkt nur gegenüber *individualvertraglich* ausgehandelten Vereinbarungen. Durch die Verwendung vorformulierter Geschäftsbedingungen besteht jedoch typischerweise ein Ungleichgewicht zwischen den Vertragspartnern, das es rechtfertigt, den Inhalt der Allgemeinen Geschäftsbedingungen gemäß § 307 Abs. 2 Satz 1 BGB zumindest an den wesentlichen Grundentscheidungen des dispositiven Gesetzesrechts zu messen (vgl. *Larenz/ Wolf* § 42 Rdnr. 29 ff. sowie § 43 Rdnr. 94).

[12]   Die Terminologie ist uneinheitlich: Die hiesige Unterteilung erfolgt im Anschluß an *Fikentscher* Rdnr. 648 ff.; *Staudinger/Löwisch* (2001) § 305 Rdnr. 24 ff. sowie *Emmerich* MünchKomm.[4] § 311 Rdnr. 39 ff. Demgegenüber bezeichnen *Larenz/Canaris* BT 2, § 63, S. 41 ff. und *Medicus* Rdnr. 585 ff. die hier „atypisch" genannten Verträge als „typenfremd".

ganz oder teilweise weder einem noch verschiedenen der gesetzlich geregelten Vertragstypen zugeordnet werden können.[13] Sie markieren somit quasi die weiteste Entfernung von dem gesetzlich geschaffenen Ordnungsrahmen. Die Beispiele für derartige Typenneuschaffungen sind allerdings nicht sehr zahlreich, da die in der Praxis denkbaren Leistungen der Vertragspartner zumindest die Voraussetzungen verschiedener, gesetzlich geregelter Vertragstypen erfüllen.[14] Vielzitiertes Beispiel eines reinen atypischen Vertrages ist der Garantievertrag, insbesondere die sog. Interzessionsgarantie.[15] Deren Inhalt begründet eine umfassende Einstandspflicht des Schuldners für die Erfüllung einer fremden Verbindlichkeit, die im Gegensatz zur Bürgschaft nicht den Prinzipien der Akzessorietät und der Subsidiarität folgt, so daß für eine analoge Anwendung der §§ 765 ff. BGB grundsätzlich die teleologische Vergleichbarkeit fehlt.[16] Vielmehr weist die Verpflichtung des Garanten einen anderen Wesenskern auf als diejenige des Bürgen, so daß ein atypischer Vertrag vorliegt. Wegen dieser Selbständigkeit des Inhalts atypischer Verträge kann hinsichtlich des mangels besonderer Parteivereinbarung anzuwendenden Rechts generell nur auf die Bestimmungen des allgemeinen Schuldrechts verwiesen werden. So bemißt sich z.B. der Umfang der Einstandspflicht bei der Interzessionsgarantie nach den §§ 249 ff. BGB.[17] Im übrigen ist anhand der Umstände des Einzelfalls zu ermitteln, ob zu Bestimmungen gesetzlich geregelter Vertragstypen eine punktuelle Analogie in Betracht kommt oder der Parteiwillen mittels einer ergänzenden Vertragsauslegung gemäß den §§ 157, 242 BGB zu vervollständigen ist.[18]

III. Gemischte Verträge

Gemischten Verträgen ist gemeinsam, daß die von den Parteien übernommenen Leistungspflichten die Charakteristika verschiedener Vertragstypen aufweisen.[19] In diesem Fall gewinnt die Ermittlung der anwendbaren Normen sowohl in bezug auf zwingende Vorschriften als auch das im Fall einer „Vertragslücke" eingreifende dispositive Recht besondere Bedeutung. So z.B., wenn für die in Betracht kommenden Vertragstypen unterschiedliche Formvorschriften gelten oder unterschiedliche Kündigungsfristen eingreifen. Bevor auf die Methoden für die Ermittlung des auf gemischte Verträge anwendbaren Rechts eingegangen werden kann, bedarf es jedoch einer weiteren Unterteilung derartiger Verträge.

---

[13]   *Erman/Battes* Einl. § 305 Rdnr. 14; *Larenz/Canaris* BT 2, § 63 IV 1a, S. 60; *Medicus* Rdnr. 586.

[14]   Dann liegt ein sog. gemischter Vertrag vor; dazu sogleich unter § 16 A III, S. 717 ff.

[15]   Statt aller *Staudinger/Löwisch* (2001) § 305 Rdnr. 28.

[16]   Siehe im einzelnen oben § 13 B III, S. 643 ff.

[17]   Näher oben § 13 B III, S. 643 ff.

[18]   *Erman/Battes* Einl. § 305 Rdnr. 15; *Medicus* Rdnr. 585.

[19]   *Fikentscher* Rdnr. 650; *Staudinger/Löwisch* (2001) § 305 Rdnr. 25; *Emmerich* Münch-Komm.[4] § 311 Rdnr. 45.

1. Typenkombinationsverträge

Wählen die Vertragsparteien den Weg, daß die Gesamtheit der geschuldeten Leistungen verschiedenen Vertragstypen unterfällt, die Leistungen aber quasi gegenständlich so in einzelne Elemente aufgespalten werden können, daß letztere jeweils nur einem Vertragstyp zuzuordnen sind, so spricht man von einer Typenkombination. Als solche treten grundsätzlich zwei verschiedene Arten auf.

a) Typenkombinationsvertrag im engeren Sinne

Sehr verbreitet sind Typenkombinationsverträge, bei denen sich die vertragstypische Hauptleistung aus Elementen verschiedener Vertragsarten zusammensetzt und der Gläubiger für die Erbringung dieses Leistungsbündels eine einheitliche Gegenleistung verspricht (Typenkombinationsvertrag im engeren Sinne).[20] Als Beispiel ist die Übernachtung in einem Hotel anzuführen. Wird neben der Benutzung des Zimmers auch ein Frühstück geschuldet, so enthält der von dem Gast abgeschlossene Vertrag eine Vielzahl unterschiedlicher Leistungen für einen einheitlichen Gesamtpreis. Neben mietvertraglichen Elementen (Wohnraumüberlassung) treten Dienstleistungen (Bedienung), aber auch Elemente des Kaufs (Frühstücksbrötchen) oder gar eventuell der Schenkung (Schokoladenstück auf dem Kopfkissen) hinzu. Treten bei den einzelnen „Teilleistungen" Mängel auf und fehlt eine autonome vertragliche Problemlösung, dann ist klärungsbedürftig, welches der verschiedenen dispositiven Modelle zur Anwendung gelangen soll.

Voraussetzung für diese Form des Typenkombinationsvertrages ist jedoch stets ein einheitlicher Vertrag. Davon abzugrenzen ist der Abschluß mehrerer Verträge, deren rechtlicher Bestand gegebenenfalls i.S. des § 139 BGB analog miteinander verknüpft ist (sog. zusammengesetzte Verträge).[21] Wird z.B. beim Kauf eines Anzugs für einen Änderungswunsch ein separates Entgelt berechnet, handelt es sich um einen Kaufvertrag und einen Werkvertrag. Hierbei folgt jeder der Verträge im Ausgangspunkt seinen eigenen Regelungen. Wenn wie im Beispiel die Verträge jedoch nach dem Parteiwillen miteinander „stehen und fallen sollen", strahlt die Unwirksamkeit oder die Auflösung des einen Vertrages auch auf den anderen aus. Nach h.M. soll sich dabei das für einen der zusammengesetzten Verträge geltende Formerfordernis (z.B. § 311b Abs. 1 Satz 1 BGB) auch auf den anderen Vertrag erstrecken.[22] Dogmatisch ist dies allerdings zweifelhaft, da die Verträge lediglich in ihrer Unwirksamkeits*folge* über § 139 BGB analog miteinander verknüpft sind, das Formerfordernis aber eine Wirksamkeits*voraussetzung* betrifft.

Für die Abgrenzung zusammengesetzter Verträge von Typenkombinationsverträgen gelten folgende Grundsätze: Ein einzelner Vertrag und damit ein Typenkombinationsvertrag kommt von vornherein nicht bei Vereinbarungen mit ver-

---

[20]   *Medicus* Rdnr. 588; *Staudinger/Löwisch* (2001) § 305 Rdnr. 34. *Larenz/Canaris* BT 2, § 63 I 1b, S. 42 sprechen insoweit von Verträgen mit mehrfachtypischer Leistung; nach *Fikentscher* Rdnr. 652 handelt es sich um Typenverbindungsverträge.

[21]   *Erman/Battes* Einl. § 305 Rdnr. 19; *Larenz/Canaris* BT 2, § 63 I, 1c, S. 43; *Staudinger/Löwisch* (2001) § 305 Rdnr. 45.

[22]   BGH v. 16. März 1988, BGHZ 104, 18 (22 f.); *Erman/Battes* § 313 Rdnr. 46; *Fikentscher* Rdnr. 649; *Staudinger/Löwisch* (2001) § 305 Rdnr. 45.

schiedenen Personen in Betracht. Exemplarisch zeigt dies der drittfinanzierte Kauf, bei dem jedoch unter den Voraussetzungen eines verbundenen Vertrages i.S. des § 358 Abs. 3 BGB der Widerruf eines Vertrages auch den anderen erfaßt (§ 358 Abs. 1 und 2 BGB) und § 359 BGB zudem einen Einwendungsdurchgriff ermöglicht. Wurden die Vereinbarungen von denselben Parteien getroffen, so muß sich die Abgrenzung zwischen dem Vorliegen eines Vertrages oder mehrerer zusammengesetzter Verträge an dem Parteiwillen orientieren:[23] Soll für die Gesamtheit der „gemischten" Leistung einer Partei nur eine Gegenleistung geschuldet sein, liegt ein Typenkombinationsvertrag vor. Bei einseitig verpflichtenden Verträgen kommt es darauf an, in welchem Maß die Leistungselemente nach der Interessenlage der Parteien trennbar sind.

b) Verträge mit anderstypischer Gegenleistung

Eine andere Form des Typenkombinationsvertrages liegt vor, wenn sich die Art der synallagmatisch verknüpften Hauptleistungen ganz oder teilweise jeweils verschiedenen Vertragstypen zuordnen läßt (sog. Vertrag mit anderstypischer Gegenleistung).[24] Das zeigt z.B. die Erbringung von Hausmeisterdiensten gegen Überlassung einer kostenlosen Wohnung. In diesem Fall wird für die Dienstleistung des Hausmeisters ein Entgelt geschuldet (die Überlassung der Wohnung zur Nutzung),[25] so daß aus dieser Perspektive ein Dienstvertrag i.S. der §§ 611 ff. BGB, gegebenenfalls in der Form eines Arbeitsvertrages vorliegt. Betrachtet man das Rechtsverhältnis jedoch von der anderen Seite, so handelt es sich um einen Mietvertrag in bezug auf die Wohnung gemäß den §§ 535 ff. BGB, bei dem als Miete i.S. des § 535 Abs. 2 BGB die Dienstleistung geschuldet wird.[26] Hier kann insbesondere in bezug auf die Beendigung des Vertrages eine Kollision zwischen den dienst- bzw. arbeitsvertraglichen Kündigungsvorschriften auf der einen und den mietvertraglichen Kündigungsbestimmungen auf der anderen Seite eintreten. Das Gesetz regelt insoweit in § 576b BGB nur einen Teilbereich, indem es für den Fall der Beendigung des Dienstverhältnisses die Mietkomponente vorbehaltlich der mietrechtlichen Kündigungsvorschriften fortbestehen läßt.

Denkbar ist auch eine Gestaltung, bei der die Gegenleistung für eine gesetzlich typisierte Leistung ihrerseits eine Typenkombination beinhaltet, wie z.B. bei der Arbeit auf einem Bauernhof zur Erntezeit. Während der Erntehelfer eine Dienst- bzw. Arbeitsleistung erbringt, verspricht der Bauer nicht nur eine Geldsumme, sondern wegen der erbrachten Dienste auch freie Kost und Logis als Entgelt i.S. des § 611 Abs. 1 BGB bzw. der §§ 105, 107 f. GewO. Damit liegt zwar eine typische Leistung vor, die geschuldete Gegenleistung ist aber gemischt, da die Geld-

---

[23]   *Erman/Battes* Einl. § 305 Rdnr. 20; *Medicus* Rdnr. 588; *Staudinger/Löwisch* § 305 Rdnr. 45.

[24]   *Larenz/Canaris* BT 2, § 63 I 1b, S. 42; *Medicus* Rdnr. 595. Von einem Vertrag mit atypischer Gegenleistung sprechen *Erman/Battes* Einl. § 305 Rdnr. 22; *Thode* MünchKomm.⁴ § 305 Rdnr. 64.

[25]   Dazu, daß das Entgelt i.S. des § 611 Abs. 1 BGB nicht in einer Geldzahlung bestehen muß, siehe oben § 7 E I 1, S. 417.

[26]   Auch die Miete besteht nicht notwendig in Geld: § 5 B VI 1a, aa, S. 300.

zahlungskomponente um diejenigen der Bewirtung und der Vermietung ergänzt wird. Auch hier stellt sich z.B. in bezug auf Pflichtverletzungen oder die vorzeitige Beendigung des Vertragsverhältnisses die Frage, welchem Vertragstyp die anzuwendenden Vorschriften zu entnehmen sind.

2. Typenverschmelzungsverträge

Neben Typenkombinationsverträgen zählen die sog. Typenverschmelzungsverträge zu den gemischten Vertragsverhältnissen. Bei ihnen trägt die vertragstypische Hauptleistung Züge verschiedener Vertragsarten, ohne daß sie wie beim Typenkombinationsvertrag im engeren Sinne[27] gegenständlich in entsprechende Elemente aufgespalten werden könnte.[28] Das klassische Beispiel liefert die gemischte Schenkung.[29] Bei ihr wird eine Sache zu einem deutlich unter dem Marktwert liegenden Preis mit der Vereinbarung „verkauft", daß die Wertdifferenz unentgeltlich zugewendet werden soll. Daher weist die Zuwendung der betreffenden Sache Elemente der Schenkung und Elemente des Verkaufs auf, ohne daß die Leistung – sofern die Sache selbst nicht in natura teilbar ist – gegenständlich in zwei entsprechende Teile aufgespalten werden könnte. Als weiteres Beispiel für eine Typenverschmelzung gelten die sog. partiarischen Rechtsgeschäfte, bei denen eine Partei für ihre Leistung (z.B. ein Darlehen) keine fixe Gegenleistung erhält, sondern an dem Gewinn des Empfängers aus der Leistung beteiligt wird, wodurch der jeweilige Vertrag gesellschaftsrechtliche Züge erhält.[30] Während sich also beim Typenkombinationsvertrag im engeren Sinne die Einheitlichkeit des Vertrages „nur" aus der Vertragsgestaltung ergibt und eine Aufspaltung in mehrere Teilverträge möglich wäre, ergibt sie sich beim Typenverschmelzungsvertrag aus der Natur der Sache.

3. Methoden für die rechtliche Behandlung gemischter Verträge

Bei sämtlichen Erscheinungsformen gemischter Verträge kann sich folglich die Frage stellen, aus welchem der berührten gesetzlichen Vertragstypen die maßgeblichen Rechtsnormen zu entnehmen sind. Nach den obigen Ausführungen[31] tritt die Problematik jedoch nur in zwei Konstellationen auf:

- Erstens kann die Anwendbarkeit der auf einen spezifischen Vertragstyp bezogenen zwingenden Gesetzesvorschrift fraglich sein. Beispielsweise ist für die gemischte Schenkung zu beantworten, inwieweit der Vertrag der Formvorschrift des § 518 BGB unterfällt.
- Zweitens ist das anwendbare Recht zweifelhaft, wenn der (gegebenenfalls auch ergänzend[32]) auszulegende Vertrag in Bezug auf einen Streitpunkt keine Rege-

---

[27] Dazu oben § 16 A III 1a, S. 718 f.

[28] *Erman/Battes* Einl. § 305 Rdnr. 24; *Fikentscher* Rdnr. 654; *Larenz/Canaris* BT 2, § 63 I 1b, S. 42; *Medicus* Rdnr. 591; *Staudinger/Löwisch* (2001) § 305 Rdnr. 41.

[29] Siehe näher auch oben § 4 B IV, S. 279 ff.

[30] Siehe dazu näher *Larenz/Canaris* BT 2, § 63 III 2, S. 56 ff.

[31] § 16 A I, S. 714 ff.

[32] Vgl. aber oben in Fn. 4.

lung trifft *und* die dispositiven Vorschriften der berührten Vertragsarten zu einem unterschiedlichen Ergebnis führen. Aus diesem Grund hat sich die rechtliche Behandlung gemischter Verträge z.B. durch die zum 1.1.2002 erfolgte Harmonisierung der Mängelhaftung für verschiedene Vertragsarten vereinfacht. Wurde z.B. ein Anzug mit der Vereinbarung einer Änderung des Jacketts verkauft und diese mangelhaft ausgeführt, so sind Erwägungen darüber entbehrlich, ob auch auf die Änderungsvereinbarung die §§ 433 ff. BGB oder vielmehr die §§ 631 ff. BGB anwendbar sind, wenn sowohl die §§ 434 ff. BGB als auch die §§ 633 ff. BGB das Begehren des „Käufers" (Nachbesserung, Minderung etc.) tragen.

Ist nach Maßgabe dessen über die Anwendbarkeit von Vorschriften eines bestimmten Vertragstyps zu entscheiden, so kommen hierfür im Grundsatz zwei Methoden in Betracht:[33]

Die erste Möglichkeit ist die sog. *Absorptionsmethode*.[34] Sie ist von dem Bestreben geleitet, die Vertragsbeziehung einem einzigen Vertragstyp unterzuordnen. Hierfür soll das dominierende Element der Vertragsbeziehung herausgefiltert werden, das dem Rechtsverhältnis seinen Charakter verleiht, und die für dieses Element vorgesehene Vertragsrechtsordnung auf den gesamten Vertrag zur Anwendung gelangen. Die untergeordneten Elemente der Vertragsbeziehung werden von dem dominierenden Element absorbiert. Danach wäre z.B. für die gemischte Schenkung zu ermitteln, ob der unentgeltliche Teil den Gesamtvertrag prägt und für diesen Fall auf den Vertrag einheitlich Schenkungsrecht anzuwenden (z.B. die Formvorschrift des § 518 BGB). Die Schwächen dieser Methode liegen auf der Hand. Erstens kann es bereits Schwierigkeiten bereiten, das dominierende Element einer Vertragsbeziehung zu ermitteln, was insbesondere bei den Verträgen mit anderstypischer Gegenleistung der Fall ist.[35] Bei diesen gehören die sich gegenüberstehenden Hauptleistungspflichten verschiedenen Vertragstypen an, so daß die Ermittlung einer charakteristischen Leistung kaum möglich erscheint. Zweitens kann die Unterordnung einzelner Elemente dazu führen, daß für sie wenig sachgerechte Vorschriften eines fremden Vertragstyps anzuwenden sind.[36] Exemplarisch lassen sich diese Probleme an einem Bewirtungsvertrag aufzeigen. Er enthält nicht nur Elemente eines gemäß § 651 BGB nach Kaufrecht zu beurteilenden Werkvertrages (Verzehr der dargebotenen Speisen), sondern auch des Dienstvertrages (Bedienung) sowie des Mietvertrages (Nutzung von Raum, Stuhl und Geschirr). Selbst wenn hierbei das kaufvertragliche Element in den Vordergrund gerückt wird, ist es nicht sachgerecht, auch die Dienstleistung sowie die Gebrauchsüberlassung nach den Bestimmungen des Kaufrechts zu behandeln.[37] Ebenso wäre es bei der gemischten Schenkung zweifelhaft, für den Fall eines Mangels der betreffenden Sa-

---

33 Dazu zuletzt ausführlich *Stoffels* Gesetzlich nicht geregelte Schuldverträge, 2001, S. 153 ff.
34 Grundlegend *Lotmar* Der Arbeitsvertrag, Band 1, 1902, S. 176 ff.
35 Siehe oben § 16 A III 1b, S. 719 f.
36 *Erman/Battes* Einl. § 305 Rdnr. 21; *Larenz/Canaris* BT 2, § 63 I 3b, S. 44 f.; *Staudinger/Löwisch* (2001) § 305 Rdnr. 31.
37 Weiterführend *Ramrath* AcP 189 (1989), 559 ff.

che den milden Haftungsmaßstab des § 524 BGB an Stelle der §§ 434 ff. BGB auch auf den (ideellen) Teil anzuwenden, dem ein Entgelt gegenübersteht.

Die Starrheit der Absorptionsmethode vermeidet die sogenannte *Kombinationsmethode*.[38] Sie trägt den Besonderheiten eines gemischten Vertrages dadurch Rechnung, daß sie auch die für die Problemlösung heranzuziehenden Gesetzesbestimmungen miteinander kombiniert. Hierfür ordnet sie die unterschiedlichen Leistungsteile den jeweils einschlägigen Vertragstypen zu und wendet die dafür vorgesehenen Gesetzesbestimmungen an. In dem angeführten Beispiel des Bewirtungsvertrages bedeutet dies, daß hinsichtlich der dargebotenen Speisen das Kaufrecht, bezüglich der Bedienung das Dienstvertragsrecht und für die Gebrauchsüberlassung das Mietrecht zur Anwendung gelangt und damit die Friktionen der Absorptionsmethode vermieden werden. Allerdings führt auch die Kombinationsmethode insbesondere bei Typenverschmelzungsverträgen zu Schwierigkeiten, bei denen sich die vertragstypische Leistung nicht wie von der Kombinationsmethode im Ausgangspunkt vorausgesetzt gegenständlich aufteilen läßt. So müßte bei der gemischten Schenkung eines nicht teilbaren Gegenstandes die gesamte Vertragsbeziehung in fiktive Wertteile zerlegt werden.[39] Des weiteren sind die Konsequenzen der Kombinationsmethode problematisch, wenn die Wirksamkeit oder der Fortbestand des Vertrages als solche zu beurteilen ist und die Normen der verschiedenen Vertragstypen insoweit zu unterschiedlichen Ergebnissen führen (z.B. Formvorschriften, unterschiedliche Kündigungsfristen etc.).[40] Der von den Parteien gewollten Einheitlichkeit des Schicksals der verschiedenen Vertragsteile kann die Kombinationsmethode dann nur über eine – gegebenenfalls analoge – Anwendung des § 139 BGB Rechnung tragen. Da dies jedoch ein Charakteristikum zusammengesetzter Verträge ist,[41] verlöre die Unterscheidung dieser Kategorie von den gemischten Verträgen an Konturen, obwohl bei den gemischten Verträgen nach dem Vertragsinhalt eine engere Verbindung der einzelnen Teile vorgesehen ist.

Eine sachgerechte Problemlösung läßt sich deshalb nicht aus dem schematischen Dualismus zweier Methoden gewinnen, die nicht durch das Gesetz vorgegeben sind. Vielmehr ist die anwendbare gesetzliche Regelung individuell nach dem Zweck des Vertrages und den in Frage kommenden Rechtsnormen zu ermitteln.[42] Dies wird in manchen Fällen auf die Anwendung entweder der Absorptions- oder der Kombinationsmethode hinauslaufen, kann gegebenenfalls aber auch zu „Zwischenlösungen" führen. Unter dem Vorbehalt, daß die Umstände des Einzelfalles eine abweichende Würdigung gebieten, können folgende Verallgemeinerungen getroffen werden:

---

[38] Grundlegend *Rümelin* Dienstvertrag und Werkvertrag, 1905, S. 320 ff. sowie *Hoeniger* Die gemischten Verträge in ihren Grundformen, 1910.

[39] So in der Tat die Auffassung des Reichsgerichts; siehe oben § 4 B IV, S. 279 f.

[40] *Larenz/Canaris* BT 2, § 63 I 3b, S. 44 f.; *Staudinger/Löwisch* (2001) § 305 Rdnr. 32.

[41] Siehe oben § 16 A III 1a, S. 718 f.

[42] *Enneccerus/Lehmann* § 100 B, S. 395 f.; *Erman/Battes* Einl. § 305 Rdnr. 21; *Larenz/ Canaris* BT 2, § 63 I 3, S. 44 ff.; *Soergel/Wolf* § 305 Rdnr. 31 ff.; *Staudinger/Löwisch* (2001) § 305 Rdnr. 33; *Emmerich* MünchKomm.[4] § 311 Rdnr. 46.

Bei den Typenkombinationsverträgen im engeren Sinne, bei denen sich die vertragstypische Hauptleistung aus Elementen verschiedener Vertragsarten zusammensetzt,[43] ist auf einer ersten Stufe danach zu fragen, ob eines der Leistungselemente eine stark untergeordnete Rolle spielt. In diesem Fall ist es aus Gründen der Praktikabilität gerechtfertigt, das Absorptionsprinzip anzuwenden.[44] Dies trifft z.B. auf die Vermietung eines Studentenapartments mit dem Service gelegentlicher Reinigung zu; das Reinigungsmoment tritt hier so stark zurück, daß ausschließlich Mietrecht und nicht daneben auch Werkvertragsrecht anwendbar ist. Sofern die Reinigung nicht korrekt ausgeführt wird, handelt es sich dementsprechend um einen Mangel der Mietsache i.S. des § 536 BGB und nicht um ein mangelhaftes Werk i.S. des § 633 BGB. Wenn ein Teil der Leistung derart untergeordnet ist, spricht sogar vieles dafür, diesen nicht zur Hauptleistungspflicht zu rechnen, sondern als Nebenleistungspflicht einzuordnen. Dann sind zwar die Voraussetzungen eines gemischten Vertrages im eigentlichen Sinne nicht erfüllt, der von einer inhomogenen Hauptleistung ausgeht. Die Frage, ob auf diese Nebenleistung das Recht eines anderen Vertragstyps anzuwenden ist, kann dann aber genauso gestellt (und sinnvollerweise i.S. des Absorptionsprinzips beantwortet) werden:[45] Sachliche juristische Probleme lösen sich nicht durch eine andere begriffliche Zuordnung auf.

Wenn die Hauptleistungspflicht einer Partei eine Typenkombination aufweist, ohne daß eines der Elemente nach dem Willen der Parteien deutlich dominiert, ist im Grundsatz die Kombinationsmethode angemessen.[46] Eine gesetzliche Stütze findet diese Auffassung in § 675 Abs. 1 BGB für Geschäftsbesorgungsverträge, nach der auf die einzelnen Leistungselemente neben Dienst- und Werkvertragsrecht verschiedene Auftragsvorschriften Anwendung finden.[47] Für den beispielhaft zu nennenden Bewirtungsvertrag bedeutet dies, daß Fragen der Minderung und des Schadensersatzes nach dem für die „Teilleistung" einschlägigen Vertragstyp zu beantworten sind. Insoweit läßt sich allerdings auch zeigen, daß stets der Normzweck der betreffenden Vorschrift Berücksichtigung finden muß: So ist die verschuldensunabhängige Haftung des § 536a Abs. 1 Alt. 1 BGB für anfängliche Mängel im Fall des Bewirtungsvertrages auch auf das mietrechtliche Element nicht anwendbar (der Stuhl bricht aufgrund eines unerkennbaren Defekts zusammen), da diese Vorschrift auf dem Gedanken eines besonders intensiven Kontaktes des Mieters mit der Mietsache beruht, der bei einem flüchtigen Restaurantbesuch fehlt.[48] Sind in einem als Druckwerk vertriebenen hochpreisigen Börseninformationsdienst falsche Angaben enthalten, so bezieht sich die Pflichtverletzung nicht auf die Be-

---

[43] Oben § 16 A III 1a, S. 718 f.
[44] *Fikentscher* Rdnr. 652; *Staudinger/Löwisch* (2001) § 305 Rdnr. 39; *Emmerich* Münch-Komm.⁴ § 311 Rdnr. 46; kritisch *Erman/Battes* Einl. § 305 Rdnr. 23.
[45] Vgl. *Enneccerus/Lehmann* § 100 B I, S. 396.
[46] *Enneccerus/Lehmann* § 100 B II, S. 400; *Fikentscher* Rdnr. 652; *Larenz/Canaris* BT 2, § 63 II 2a, S. 47 f.; *Medicus* Rdnr. 589; *Staudinger/Löwisch* (2001) § 305 Rdnr. 35.
[47] Näher oben § 11 C I, S. 615 ff.
[48] *Larenz/Canaris* BT 2, § 63 II 2d, S. 49 f. Demgegenüber begründet RG v. 11. Dezember 1906, RGZ 65, 11 (13) dieses Ergebnis damit, daß das mietvertragliche Element beim Bewirtungsvertrag eine ganz untergeordnete Bedeutung habe.

schaffenheit der Kaufsache i.S. der §§ 434 ff. BGB, sondern ein nicht typisiertes Beratungselement des Vertrages, weshalb die Haftung direkt nach den §§ 280 ff. BGB zu bemessen ist.[49]

Die Kombinationsmethode führt jedoch bei typenkombinierten Leistungen in der Regel nur zu sachgerechten Ergebnissen, wenn sich der Streitpunkt lediglich auf einen isolierbaren Leistungsteil bezieht. Sofern jedoch die Wirksamkeit oder der Fortbestand des Vertrages zu beurteilen ist (Formvorschriften, Kündigung etc.), muß die insoweit anzuwendende Rechtsnorm den ganzen Vertrag erfassen, wenn die einzelnen Leistungselemente eine wirtschaftliche Einheit bilden.[50] In diesem Fall ist die Frage, auf das Recht welchen Vertragstyps zurückzugreifen ist, nach dem primären Vertragszweck zu beantworten (Schwerpunkt der Vertragsbeziehung).[51] Es würde regelmäßig nicht dem Parteiwillen entsprechen, wenn untergeordnete Leistungselemente in der Lage wären, das gesamte Vertragsgefüge in Frage zu stellen. So kann ein Altenheimvertrag, der sich insbesondere aus miet- und dienstvertraglichen Elementen zusammensetzt, nur einheitlich nach den Vorschriften über die Wohnraummiete gekündigt werden, die nach ihrem Schutzzweck und der vertraglichen Gestaltung das dienstvertragliche Kündigungsrecht verdrängen.[52] Ebenso ist dem Gast in dem vielzitierten Fall der „Schnecke im Salat" des Restaurantmenüs ein sofortiges Rücktrittsrecht von dem gesamten Vertrag nach § 323 Abs. 1 und Abs. 2 Nr. 3 BGB i.V. mit den §§ 437 Nr. 2, 434, 651 BGB zuzubilligen.[53] Der Verweis auf eine Nachbesserung oder die Fortsetzung des übrigen Menüs wäre hier unzumutbar. Gemäß § 346 Abs. 2 Satz 1 Nr. 2 und Satz 2 BGB muß der Gast jedoch den Teil des Menüpreises entrichten, der auf die bereits verzehrten Speisen entfällt.

Für die rechtliche Behandlung der Verträge mit anderstypischer Gegenleistung gibt die Vorschrift des § 480 BGB einen Anhalt, nach der auf den Tausch für beide Leistungsseiten die Vorschriften über den Kauf entsprechende Anwendung finden. Dementsprechend ist für jede der Hauptleistungen das Recht des ihr entsprechenden Vertragstyps anwendbar.[54] Im Fall des Hausmeisters, dem als Gegenleistung eine kostenlose Wohnung zur Verfügung gestellt wird, sind somit für die Leistung der Hausmeisterdienste die §§ 611 ff. BGB gegebenenfalls i.V. mit den Normen des Arbeitsrechts einschlägig, während sich die Wohnungsüberlassung nach den §§ 535 ff. BGB bemißt. Probleme bereitet auch hier die Frage, nach welchem Vertragstyp sich die Beendigung des Vertragsverhältnisses, insbesondere eine Kündigung richtet. Da die Typenkombination hier nicht in bezug auf eine Lei-

---

[49] BGH v. 8. Februar 1978, BGHZ 70, 356 (358 ff.).

[50] *Fikentscher* Rdnr. 652; *Larenz/Canaris* BT 2, § 63 II 2c, S. 48 f.; *Medicus* Rdnr. 590; *Staudinger/Löwisch* (2001) § 305 Rdnr. 37.

[51] BGH v. 29. Oktober 1980, NJW 1981, 341 (342); BGH v. 22. März 1989, NJW 1989, 1673 (1674); *Medicus* Rdnr. 590; *Emmerich* MünchKomm.[4] § 311 Rdnr. 47.

[52] BGH v. 21. Februar 1979, NJW 1979, 1288.

[53] Vgl. AG Burgswedel v. 10. April 1986, NJW 1986, 2647; *Larenz/Canaris* BT 2, § 63 II 3b, S. 52; weiterführend *Ramrath* AcP 189 (1989), 559 ff.

[54] *Erman/Battes* Einl. § 305 Rdnr. 22; *Fikentscher* Rdnr. 653; *Medicus* Rdnr. 595; *Emmerich* MünchKomm.[4] § 311 Rdnr. 43; *Staudinger/Löwisch* (2001) § 305 Rdnr. 44.

stung, sondern im Verhältnis der synallagmatisch verknüpften Leistungen zueinander vorliegt und diese nach dem Parteiwillen per definitionem gleichbedeutend sind, läßt sich ein Schwerpunkt, der auf einen der enthaltenen Vertragstypen bezogen ist, nicht ausmachen. Aus diesem Grund ist die Lösung darin zu suchen, daß jede der beiden „Vertragsseiten" nach den für sie geltenden Bestimmungen separat beendet werden kann, ohne daß dies die andere Seite berührt, wenn die für diese geltenden Beendigungsgründe nicht erfüllt sind.[55] Eine Auflösung des gesamten Rechtsverhältnisses würde in diesen Fällen dem Schutzzweck der nicht erfüllten Beendigungsvorschriften nicht gerecht. Vielmehr tritt an die Stelle der entfallenen Leistungspflicht im Wege der ergänzenden Vertragsauslegung eine Geldzahlungspflicht.[56] Sofern also im angeführten Beispiel der mietrechtliche Teil wirksam gekündigt wird, beseitigt dies das Dienstverhältnis des Hausmeisters nicht, wenn dem z.B. arbeitsrechtliche Kündigungsvorschriften entgegenstehen. Der Dienstberechtigte muß den Hausmeister dann in Geld entlohnen, wofür mangels abweichender Anhaltspunkte der Maßstab des § 612 Abs. 2 BGB analog eingreift.[57] Für den umgekehrten Fall der Kündigung des Dienstverhältnisses legt § 576b BGB ausdrücklich fest, daß unter den dort genannten Voraussetzungen das Mietverhältnis nur nach Maßgabe der mietrechtlichen Kündigungsvorschriften gelöst werden kann. Sind diese nicht erfüllt, schuldet der Mieter nach der Aufhebung seiner Dienstleistungspflicht wie dargelegt aus ergänzender Vertragsauslegung eine angemessene Miete in Geld. Anderes (d.h. eine Auflösung des gesamten Rechtsverhältnisses, wenn ein Vertragteil wirksam gekündigt wurde) kann nur gelten, wenn die Parteien ausdrücklich festgelegt hatten, daß sie für die Leistung des anderen unter keinen Umständen eine Gegenleistung in Geld entrichten wollen.

Auch bei den Typenverschmelzungsverträgen können weder die Absorptionsnoch die Kombinationsmethode generell zur Anwendung gelangen. Vielmehr ist das anwendbare Recht im jeweiligen Einzelfall nach dem Parteiwillen und dem Zweck der in Betracht kommenden Vorschriften zu ermitteln.[58] Dies wurde für die gemischte Schenkung als Hauptbeispiel der Typenverschmelzungsverträge oben bereits konkretisierend dargelegt.[59]

---

[55] *Larenz/Canaris* BT 2, § 63 II 2b, S. 48; für Beendigung des gesamten Rechtsverhältnisses bei wirksamer Auflösung einer Seite hingegen *Erman/Battes* Einl. § 305 Rdnr. 22; für Abwägung im Einzelfall *Enneccerus/Lehmann* § 100 B III, S. 401; *Staudinger/Löwisch* (2001) § 305 Rdnr. 44.
[56] *Larenz/Canaris* BT 2, § 63 II 3c, S. 52 f. bevorzugen einen bereicherungsrechtlichen Ausgleich.
[57] Dazu oben § 7 C III, S. 405 ff.
[58] BGH v. 23. Mai 1959, BGHZ 30, 120 (122 f.); *Enneccerus/Lehmann* § 100 B IV, S. 402; *Larenz/Canaris* BT 2, § 63 III 1, S. 54 ff.
[59] Siehe oben § 4 B IV, S. 275 ff.

B. Das Factoring

I. Begriff und Arten

Das Factoring dient der Verwertung bzw. Verwaltung der Forderungen eines Unternehmens, wobei zunächst ein sog. *Factor* – zumeist ein Kreditinstitut – und das Unternehmen als *Kunde* einen *Rahmenvertrag* abschließen. Dieser verpflichtet den Kunden, dem Factor alle oder nach bestimmten Kriterien festgelegte Forderungen zum Erwerb anzubieten, welche das Unternehmen im Rahmen seiner Geschäftstätigkeit erlangt. Der Factor verpflichtet sich seinerseits, die ihm angebotenen Forderungen unter bestimmten Voraussetzungen zu übernehmen und dem Kunden den Wert derselben abzüglich eines Diskonts, d.h. eines bestimmten prozentualen Anteils der nominalen Forderungshöhe gutzuschreiben. Aufgrund dieser Konstruktion hat das Factoringgeschäft stets eine *Finanzierungsfunktion*, weil der Kunde seine Forderungen durch dieses liquide macht, ohne sie im einzelnen bei den Schuldnern durchzusetzen, was aufgrund einer hinausgeschobenen Fälligkeit unter Umständen noch gar nicht möglich wäre.[60] Trotz dieser Gemeinsamkeit sind bei Factoringverträgen zwei Grundformen zu unterscheiden, deren rechtliche Beurteilung sich aufgrund ihrer jeweiligen Konstruktion unterscheidet:

1. Das „echte" Factoring

Beim echten Factoring ist der Rahmenvertrag darauf gerichtet, daß der Factor die Forderungen des Kunden unbedingt und endgültig übernimmt. Es werden daher zur Ausführung des Rahmenvertrages über die einzelnen Forderungen *Forderungskäufe* i.S. des § 453 Abs. 1 Alt. 1 BGB abgeschlossen, die der Kunde als Verkäufer durch eine Abtretung der Forderungen an den Factor erfüllt.[61] Der Factor zahlt dem Kunden als Gegenleistung jeweils den Nennbetrag der Forderung abzüglich eines bestimmten Diskont, dessen Höhe sich nach verschiedenen Parametern richtet, insbesondere dem Risiko der Nichtdurchsetzbarkeit der Forderung bei dem Schuldner (Bonitätsrisiko) und den für die Forderung geltenden Zahlungsbedingungen (Fälligkeit etc.). Da der Kunde bei einem echten Factoring somit nur gemäß § 326 Abs. 1 BGB das Risiko des Bestehens der Forderung (sog. Verität) trägt, sich das Bonitätsrisiko aber auf den Factor verlagert, wird diesem Geschäftstyp eine sog. *Delkrederefunktion* beigemessen.[62] Das bedeutet, daß der Factor dem Kunden das Risiko der Durchsetzbarkeit abnimmt. Jedoch geht diese Funktion nicht über die Risikoverlagerung hinaus, die in jedem Forderungskauf enthalten ist.[63] Der Ausgleich für diese Risikoverlagerung erfolgt wie allgemein beim Kaufvertrag über die Höhe des Kaufpreises, d.h. den jeweils von dem Factor einbehal-

---

[60]   *Esser/Weyers* BT 1, § 4 IV 4, S. 28; *Larenz/Canaris* BT 2, § 65 I 1, S. 85; *Staudinger/ Martinek* § 675 Rdnr. B 121.

[61]   BGH v. 15. April 1987, BGHZ 100, 353 (358); *Staudinger/Martinek* § 675 Rdnr. B 146 ff.; für darlehensrechtliche Deutung hingegen *Larenz/Canaris* BT 2, § 65 II 2b, S. 88 ff.

[62]   *Esser/Weyers* BT 1, § 4 IV 4, S. 28 f.; *Larenz/Canaris* BT 2, § 65 I 1, S. 85; *H. P. Westermann* MünchKomm. Vor § 433 Rdnr. 37.

[63]   Siehe oben § 2 D I 2a, aa, S. 60.

tenen Diskont. Die bedeutsamste Abweichung des echten Factorings von einem „schlichten" Forderungskauf besteht somit darin, daß die Ankäufe der Forderungen planmäßig und umfassend aufgrund eines Rahmenvertrages erfolgen.

2. Das „unechte" Factoring

Während das echte Factoring dem Geschäftstyp Kauf zuzuordnen ist, stellt das unechte Factoring einen gemischten Vertrag im engeren Sinne dar.[64] Bei ihm ist der Rahmenvertrag darauf gerichtet, daß der Factor die Forderungen des Kunden nicht „unbedingt" übernimmt, sondern die Übernahme der jeweiligen Forderung wird „rückabgewickelt", wenn sich diese als nicht durchsetzbar erweist, was insbesondere bei einer Insolvenz des Schuldners in Betracht kommt. Im Gegenzug wird der von dem Factor einbehaltene Diskont in der Regel erheblich niedriger sein als bei einem echten Factoring. Für die Vorläufigkeit des Geschäftes über die einzelnen Forderungen kommen verschiedene rechtliche Konstruktionen in Betracht, so z.B. die Vereinbarung einer Übernahme der Forderung unter der aufschiebenden Bedingung der Durchsetzbarkeit (§ 158 Abs. 1 BGB) oder auch ein Rücktrittsvorbehalt zugunsten des Factors, wenn sich die Forderung als nicht durchsetzbar erweist.[65]

Da das Bonitätsrisiko beim unechten Factoring somit auf der Seite des Kunden verbleibt, entspricht ein derartiges Geschäft nicht dem Leitbild des klassischen Forderungskaufs. Vielmehr hat sich die Auffassung durchgesetzt, daß es sich einerseits um ein *Darlehensgeschäft* handelt, bei dem der Factor als Darlehensgeber auftritt und der Kunde als Darlehensnehmer in bezug auf seine Rückzahlungsschuld aus § 488 Abs. 1 Satz 2 BGB erfüllungshalber die Forderungen gegen Dritte abtritt.[66] Sind diese nicht durchsetzbar, „lebt" der Rückzahlungsanspruch des Factors wieder auf. Die Entgeltlichkeit des Darlehens ergibt sich aus dem von dem Factor einbehaltenen Diskont, d.h. der Differenz zwischen dem Betrag der übernommenen Forderung und dem Betrag, der dem Kunden hierfür erstattet wird und somit das ausgezahlte Darlehenskapital bildet. Der Diskont übernimmt daher die Funktion des Disagios bei einem reinen Darlehensvertrag.[67] Die oben erwähnte Finanzierungsfunktion ist beim unechten Factoring somit besonders stark ausgeprägt.

Der Diskont enthält bei dieser Geschäftsart zudem eine Gegenleistung für die von dem Factor übernommene Debitoren-Buchhaltung und die Durchsetzung der Forderungen als *Verwaltungsfunktion*.[68] Anders als beim echten Factoring werden die Forderungen an den Factor nicht endgültig veräußert, sondern erfüllungshalber und somit nur vorläufig übertragen, so daß ihre Durchsetzung zumindest auch dem

---

[64] *Staudinger/Martinek* § 675 Rdnr. B 150 ff.; *H. P. Westermann* MünchKomm. Vor § 433 Rdnr. 37.

[65] Näheres bei *Staudinger/Martinek* § 675 Rdnr. B 133.

[66] BGH v. 15. April 1987, BGHZ 100, 353 (358); *Esser/Weyers* BT 1, § 4 IV 4, S. 29; *Staudinger/Martinek* § 675 Rdnr. B 153 ff.; *H. P. Westermann* MünchKomm. Vor § 433 Rdnr. 37; für kaufrechtliche Deutung hingegen *Blaurock* ZHR 142 (1978), 325 (341).

[67] Vgl. dazu oben § 3 B IV 1b, S. 241 f.

[68] *Larenz/Canaris* BT 2, § 65 I 1, S. 85; *Staudinger/Martinek* § 675 Rdnr. B 122.

Geschäftskreis des Kunden zuzurechnen ist. Insoweit enthält das unechte Factoring ein Element der *entgeltlichen Geschäftsbesorgung* i.S. des § 675 Abs. 1 BGB.[69] Hieraus folgt der Interessenwahrungscharakter dieses Vertragstyps,[70] der in den Pflichten der §§ 665 ff. BGB i.V. mit § 675 Abs. 1 BGB seinen Ausdruck findet und z.B. dazu führt, daß der Factor über seine Bemühungen zur Einziehung der Forderungen nach § 666 BGB auskunfts- und rechenschaftspflichtig ist und nicht durchsetzbare Forderungen auf den Kunden zurückübertragen muß (§ 667 BGB). Das unechte Factoring stellt somit einen aus Elementen des Darlehens und der Geschäftsbesorgung gemischten Vertrag dar.

II. Kollision des Factoring mit einem verlängerten Eigentumsvorbehalt

1. Grundsatz

Aufgrund des Rahmenvertrages läßt sich der Factor von dem Kunden regelmäßig alle unter die jeweilige Vereinbarung fallenden Forderungen desselben – gegebenenfalls unter der aufschiebenden Bedingung seiner Billigung – im voraus abtreten (Globalzession).[71] Zum verlängerten Eigentumsvorbehaltes wurde darauf hingewiesen, daß eine Globalzession mit dem Sicherungsinteresse eines Warenlieferanten in Konflikt geraten kann, der dem Kunden Waren oder Rohmaterial unter Eigentumsvorbehalt geliefert, den Kunden aber zur Weiterveräußerung bzw. Verarbeitung desselben ermächtigt und sich im Gegenzug die Forderungen aus einer Weiterveräußerung der betreffenden Sachen im voraus hat abtreten lassen.[72]

Die h.M. entscheidet diesen Konflikt nicht nach dem Prioritätsprinzip (= Wirksamkeit der zeitlich vorangehenden Abtretung), sondern nimmt an, daß eine Globalzession zugunsten eines Geldkreditgebers gemäß § 138 Abs. 1 BGB nichtig ist, wenn sie auch solche Forderungen erfaßt, die Gegenstand eines verlängerten Eigentumsvorbehaltes werden sollen.[73] Die Globalzession verleite den Darlehensnehmer in diesem Fall zu einem Vertragsbruch gegenüber seinem Lieferanten, der die Weiterveräußerung der unter Eigentumsvorbehalt stehenden Ware nur gestattet, wenn ihm die daraus resultierende Forderung gegen den Abnehmer zufällt. Für die Beantwortung der Frage, inwieweit diese Grundsätze auf das Factoringgeschäft übertragen werden können, ist zwischen dem echten und dem unechten Factoring zu unterscheiden:[74]

2. Echtes Factoring

Das echte Factoring stellt kein Kreditgeschäft, sondern einen Forderungskauf dar.[75] Der Factor zahlt dem Kunden für jede Forderung endgültig einen Kaufpreis,

---

[69]   *Larenz/Canaris* BT 2, § 65 II 2a, S. 88; *Soergel/Huber* vor § 433 Rdnr. 300; *H. P. Westermann* MünchKomm. Vor § 433 Rdnr. 37.
[70]   Siehe oben § 11 C I 1, S. 615 ff.
[71]   Näher *Larenz/Canaris* BT 2, § 65 III 3, S. 90.
[72]   Siehe oben § 2 H I 4a, S. 178.
[73]   Näher *Baur/Stürner* § 59 Rdnr. 49 ff. m.w.N.
[74]   Ausführlich zum ganzen Problemkreis *Canaris* NJW 1981, 249 ff.
[75]   Näher oben § 16 B I 1, S. 726 f.

unabhängig davon, ob die Forderung durchgesetzt werden kann. Aus diesem Grund nimmt die Rechtsprechung an, daß eine Globalzession im Rahmen des echten Factoring mit einem verlängerten Eigentumsvorbehalt des Lieferanten nicht in Konflikt geraten kann:[76] Der Kunde erhält von dem Factor ein Entgelt für die Forderung und kann dieses an den Warenlieferanten weitergeben. Ein echtes Factoring sei deshalb auch dann nicht sittenwidrig, wenn es Forderungen umfasse, die zugleich Gegenstand eines später vereinbarten verlängerten Eigentumsvorbehaltes sind. Noch weitergehend soll sogar eine Einzugsermächtigung, die der Waren- oder Materiallieferant seinem Vertragspartner (= Kunde im Rahmen des Factoring) in bezug auf die im voraus an ihn abgetretene Forderung aus der Weiterveräußerung erteilt, im Zweifel auch zu einem *späteren* Verkauf dieser Forderung im Zuge eines echten Factoring-Geschäfts berechtigen.[77]

Dieser Lösung des Konkurrenzproblems zugunsten des echten Factorings läßt sich nicht entgegenhalten, daß der von dem Factor für die Forderung gezahlte Betrag einen Risikoabschlag enthalte und dieser Diskont die Befriedigung des Warenkreditgebers durch den Kunden gefährde. Denn regelmäßig wird sich die aus der Waren- bzw. Materiallieferung an den Kunden resultierende Forderung auf einen niedrigeren Betrag belaufen als der Nennwert der Forderung (Gewinnspanne etc.), welche der Kunde aus der Weiterveräußerung erzielt. Dieser „Puffer" kann den Diskont des Factors auffangen und eine unbillige Belastung des Warenkreditgebers verhindern.[78]

3. Unechtes Factoring

Wesentlich anders gestaltet sich die Rechtslage nach Auffassung der h.M. beim unechten Factoring, da dieses kein Kauf-, sondern ein Kreditgeschäft darstellt.[79] Aufgrund der Rückbelastung der von dem Factor an den Kunden gezahlten Beträge, wenn sich die jeweiligen Forderungen als nicht durchsetzbar erweisen, bestehe das typische Kollisionsproblem zwischen einem Geld- und einem Warenkreditgeber, so daß die vorangehende Globalzession im Rahmen eines unechten Factorings als sittenwidrig und damit gemäß § 138 Abs. 1 BGB nichtig bertrachtet werden müsse, wenn sie auch Forderungen umfaßt, die Gegenstand eines verlängerten Eigentumsvorbehaltes sind.[80] Dementsprechend soll auch eine von dem Lieferanten

---

[76] BGH v. 19. September 1977, BGHZ 69, 254 (258); BGH v. 15. April 1987, BGHZ 100, 353 (358 f.); zustimmend *Esser/Weyers* BT 1, § 4 IV 4, S. 30; *Larenz/Canaris* BT 2, § 65 III 1, S. 91; *Roth* MünchKomm.[4] § 398 Rdnr. 170 f.; *K. Schmidt* Handelsrecht, 5. Aufl. 1999, § 35 III 4c, S. 1022.

[77] BGH v. 7. Juni 1978, BGHZ 72, 15 (20 f.); *Larenz/Canaris* BT 2, § 65 III 3, S. 96; *Roth/Fitz* JuS 1985, 188 (191).

[78] *Medicus* Rdnr. 607; *Esser/Weyers* BT 1, § 4 IV 4, S. 30.

[79] Siehe oben § 16 B I 2, S. 727 f.

[80] BGH v. 14. Oktober 1981, BGHZ 82, 50 (61); BGH v. 15. April 1987, BGHZ 100, 353 (358); *Esser/Weyers* BT 1, § 4 IV 4, S. 30; *K. Schmidt* Handelsrecht, 5. Aufl. 1999, § 35 III 4c, S. 1022.

erteilte Einzugsermächtigung den Kunden nicht dazu berechtigen, über die Forderungen später ein unechtes Factoringgeschäft abzuschließen.[81]

Diese Auffassung ist jedoch erheblichen Einwänden ausgesetzt. Wenn sich die jeweilige Forderung als durchsetzbar erweist, wird dem Kunden der Betrag endgültig gutgeschrieben und er kann mit diesem den Warenkreditgeber befriedigen. Das Risiko, daß der Kunde den Factoringerlös nicht zur Befriedigung der Forderung des Warenkreditgebers verwendet, besteht beim unechten ebenso wie beim echten Factoring und rechtfertigt keine unterschiedliche Beurteilung beider Geschäftstypen.[82] Falls die Forderung nicht durchsetzbar ist, wird der dem Kunden gezahlte Betrag zwar beim unechten Factoring von dem Factor rückbelastet, doch hätte die Forderung in diesem Fall auch dem Warenkreditgeber keine werthaltige Sicherheit geboten. Der Unterschied einer Globalzession im Rahmen eines unechten Factorings zu derjenigen im Rahmen einer gewöhnlichen Darlehensaufnahme besteht in bezug auf die Konkurrenz zu einem verlängerten Eigentumsvorbehalt somit darin, daß durch letztere dem Warenkreditgeber gegebenenfalls *werthaltige* Forderungen als Sicherungsmittel entzogen werden, um einen anderen Betriebsmittelkredit abzusichern, während das unechte Factoring für den Kunden einen Vorschuß auf die Forderungen bewirkt, der nur dann versagt, wenn diese auch für den Warenkreditgeber kein taugliches Sicherungsmittel gewesen wären (Nichtdurchsetzbarkeit).[83]

Es sind daher keine stichhaltigen Gründe erkennbar, das unechte Factoring in bezug auf das Kollisionsproblem anders zu behandeln als das echte Factoring. Eine dem verlängerten Eigentumsvorbehalt für die betreffende Forderung vorangehende Factoringzession ist deshalb nicht sittenwidrig und eine dem Kunden von dem Warenkreditgeber erteilte Einzugsermächtigung berechtigt im Zweifel auch zu einer Verwertung der Forderung im Rahmen eines späteren unechten Factoringgeschäfts.[84]

C. Das Franchising

I. Begriff und Abgrenzungen

Der Begriff des Franchising faßt verschiedenartige Vertragsverhältnisse zusammen, die besondere Vertriebskonzepte für Leistungen (Waren, Dienstleistungen etc.) betreffen.[85] Dabei sind dem Kernbereich des Franchising Rechtsbeziehungen zuzuordnen, die ein „vertikal-kooperativ organisiertes Absatzsystem rechtlich selbständiger Unternehmer auf der Basis eines vertraglichen Dauerschuldverhältnis-

---

[81]   BGH v. 14. Oktober 1981, BGHZ 82, 50 (61 f.); *Erman/H. P. Westermann* § 398 Rdnr. 25; *Serick* BB 1979, 845 (850).

[82]   *Roth* MünchKomm.⁴ § 398 Rdnr. 177.

[83]   *Fikentscher* Rdnr. 611; *Larenz/Canaris* BT 2, § 65 III 2, S. 92 ff.; *Roth* MünchKomm.⁴ § 398 Rdnr. 174 ff.

[84]   Siehe oben § 16 B II 2, S. 728.

[85]   Einteilung in verschiedene Strukturtypen bei *Martinek* Franchising, 1987, S. 231 ff.; im Überblick *K. Schmidt* Handelsrecht, 5. Aufl. 1999, § 28 II 3b, S. 764 ff.

ses" zum Gegenstand haben.[86] Bei ihnen überläßt der Franchisegeber sein Produkt (Ware, Dienstleistung) dem Franchisenehmer zum Vertrieb unter Verwendung einer einheitlichen Ausstattung, einer einheitlichen Marke bzw. eines einheitlichen Symbols und einer einheitlichen Vertriebsstruktur.[87] Weite Verbreitung hat dieses Konzept im Hotel- und Restaurantgewerbe sowie im Einzelhandel gefunden (z.B. Holiday Inn, McDonald's), ist aber auch bei juristischen Repetitorien anzutreffen.

Wegen des dargestellten Inhaltes ist der Franchisevertrag nach überwiegender Auffassung als Typenkombinationsvertrag zu qualifizieren, der in der Leistungspflicht des Franchisegebers lizenzvertragliche Elemente mit Momenten der know-how-Überlassung und gegebenenfalls des Kaufs, der Pacht und der Miete verbindet. Demgegenüber hat die Leistung des Franchisenehmers neben vorgesehenen Geldzahlungen vornehmlich die Natur einer Dienstleistung in Form einer Geschäftsbesorgung (§ 675 Abs. 1 BGB).[88] Während der Franchisenehmer den Absatz der Produkte des Franchisegebers unter dessen „Identität" (Marke, Symbole etc.) fördert, gewährt dieser dem Franchisenehmer die Teilhabe an dem einheitlichen Vertriebs- und Marketingsystem mit einem entsprechenden Bekanntheitsgrad am Markt.

Der Franchisevertrag ist in verschiedener Richtung von anderen Vertriebsformen abzugrenzen. Von einem *Handelsvertreter* i.S. der §§ 84 ff. HGB unterscheidet sich der Franchisenehmer dadurch, daß er nicht für einen Unternehmer Geschäfte vermittelt oder in dessen Namen abschließt, sondern im eigenen Namen am Markt tätig wird.[89] Dieses Auftreten wird jedoch durch die Verwendung der Corporate Identity des Franchisegebers (Marke, Symbole etc.) nahezu vollständig „verdeckt", was den Franchisenehmer von einem *Vertragshändler* unterscheidet.[90] Dieser schneidet seinen Absatz zwar auf eine bestimmte Marke zu (wozu er sich aufgrund des Vertragshändlervertrages auch verpflichtet), tritt aber aufgrund seiner weniger starken Einbindung in das Vertriebssystem seines Vertragspartners daneben mit seiner eigenen Identität am Markt in Erscheinung (Beispiel: VW-Autohaus Müller).

II. Hauptprobleme des Franchising

Die unterschiedlichen Erscheinungsformen der Franchiseverträge ziehen eine entsprechend differenzierte rechtliche Beurteilung nach sich. Zumeist enthalten die Vertragswerke umfangreiche Regelungen für möglicherweise auftretende Streitfra-

---

[86] Definition des Deutschen Franchise-Verbandes; zitiert nach *Skaupy* NJW 1992, 1785 (1786).

[87] *K. Schmidt* Handelsrecht, 5. Aufl. 1999, § 28 II 3a, S. 762 f.; *Staudinger/Martinek* § 675 Rdnr. D 15 ff.

[88] BGH v. 3. Oktober 1984, NJW 1985, 1894 (1895); *K. Schmidt* Handelsrecht, 5. Aufl. 1999, § 28 II 3c, S. 766; *Staudinger/Martinek* § 675 Rdnr. D 21 ff.; *Voelskow* Münch-Komm. Vor § 581 Rdnr. 13 sowie jüngst auch *C. Möller* AcP 203 (2003), 319 (325 ff.).

[89] Näher zum Recht des Handelsvertreters *Oetker* Handelsrecht, 3. Aufl. 2002, § 6 B, S. 131 ff.; *K. Schmidt* Handelsrecht, 5. Aufl. 1999, § 27, S. 719 ff.

[90] *K. Schmidt* Handelsrecht, 5. Aufl. 1999, § 28 II 3a, S. 762 f.

gen. Bei verbleibenden Lücken ist das anwendbare Recht nach den allgemeinen Grundsätzen anhand des Zwecks des Vertrages und der in Betracht kommenden Gesetzesvorschriften zu ermitteln.[91] Darüber hinaus haben folgende Problemkreise bei Franchiseverträgen besondere Bedeutung:

- Unter dem Blickwinkel des Kartellrechts kann sich die Frage stellen, inwieweit die mit dem Franchisevertrag eingegangene vertikale Bindung gegen die §§ 14 ff. GWB verstößt oder mit dem Kartellverbot nach Art. 81 EG in Konflikt gerät. Die Rechtsprechung des Europäischen Gerichtshofes legt insoweit großzügige Maßstäbe an;[92] insbesondere existiert eine Gruppenfreistellungsverordnung für vertikale Vereinbarungen,[93] welche i.V. mit Art. 81 Abs. 3 EG den Rahmen zulässiger Wettbewerbsbeschränkungen regelt.

- Häufig sehen Franchiseverträge eine enge Bindung des Franchisenehmers vor, die bezüglich einer eventuell unangemessenen „Knebelung" eine Inhaltskontrolle anhand der §§ 138, 242, 307 BGB erfordert.[94] Stellt der Franchisevertrag für den Franchisenehmer ein Existenzgründungsgeschäft dar und enthält der Vertrag die Verpflichtung zum dauerhaften Bezug von Produkten des Franchisegebers, so kann auch die Schutzvorschrift des § 505 BGB über Ratenlieferungsverträge Anwendung finden.[95]

- Erreicht die Einbeziehung des Franchisenehmers in das Vertriebs- und Organisationssystem des Franchisegebers eine besondere Intensität (sog. Subordinationsfranchising), insbesondere bei einer umfassenden Weisungskompetenz des letzteren, so tritt das Problem auf, ob der Franchisenehmer den Status eines *Arbeitnehmers* erlangt – was in der Regel zu verneinen ist – oder aufgrund der wirtschaftlichen Abhängigkeit von seinem Vertragspartner zumindest als *arbeitnehmerähnliche Person* zu qualifizieren ist, was zur Anwendbarkeit einzelner arbeitsrechtlicher Vorschriften führt.[96]

- Schließlich stellt sich die Frage, inwieweit Vorschriften des Handelsvertreterrechts (insbesondere das Recht zur außerordentlichen Kündigung nach § 89a HGB und der Ausgleichsanspruch im Fall einer Vertragsbeendigung gemäß § 89b HGB) bei Franchiseverträgen analoge Anwendung finden. Die Erörterung dieses Problems ist Gegenstand des Handelsrechts.[97]

---

[91] Näher oben § 16 A III 3, S. 720 ff.

[92] EuGH v. 28. Januar 1986, NJW 1986, 1415 ff.

[93] Verordnung (EG) Nr. 2790/1999 der Kommission vom 22. Dezember 1999 über die Anwendung von Artikel 81 Absatz 3 des Vertrages auf Gruppen von vertikalen Vereinbarungen und aufeinander abgestimmten Verhaltensweisen, ABl. EG Nr. L 336 v. 29. Dezember 1999, S. 21 ff.

[94] Vgl. BGH v. 3. Oktober 1984, NJW 1985, 1894 f.; *K. Schmidt* Handelsrecht, 5. Aufl. 1999, § 28 II 3d, S. 767.

[95] Vgl. BGH v. 14. Dezember 1994, NJW 1995, 722 ff.; näher zu § 505 BGB oben § 3 E, S. 267.

[96] Siehe BGH v. 4. November 1998, BGHZ 140, 11 ff.; allgemein zum Begriff des Arbeitnehmers und der arbeitnehmerähnlichen Person oben § 7 B IV, S. 401 ff.

[97] Ausführlich *K. Schmidt* Handelsrecht, 5. Aufl. 1999, § 28 III, S. 769 ff.; ablehnend jüngst *C. Möller* AcP 203 (2003), 319 (331 f., 337 ff.), die alternativ für die analoge Anwendung pachtrechtlicher Vorschriften plädiert.

D. Das Leasing

I. Begriff und Formen

Leasingverträge haben im Wirtschaftsverkehr eine sehr große Bedeutung. Sie können nicht nur über bewegliche Sachen abgeschlossen werden, wobei das bekannteste Beispiel das Leasing von Kraftfahrzeugen darstellt, sondern auch über Immobilien und unkörperliche Gegenstände wie Software. Im Grundsatz sind alle Leasingverträge auf eine vorübergehende entgeltliche Gebrauchsüberlassung an den Leasingnehmer durch den Leasinggeber gerichtet.[98]

Eine grundsätzliche Unterscheidung ergibt sich aus dem Umstand, welche der Vertragsparteien das Risiko dafür trägt, ob sich der angeschaffte Leasinggegenstand amortisiert. Liegt das Investitionsrisiko bei dem Leasinggeber und beschränkt sich dieser darauf, seine Investitionskosten über die Kalkulation des für die Gebrauchsüberlassung geschuldeten Entgelts an den Leasingnehmer „weiterzugeben", liegt ein sog. *Operatingleasing* vor. Dieses stellt nach ganz überwiegender Auffassung einen klassischen Mietvertrag i.S. der §§ 535 ff. BGB dar[99] und wird deshalb nachfolgend nicht näher behandelt.

Demgegenüber richtet sich der Vertrag beim sog. *Finanzierungsleasing* nach seinem Inhalt gerade darauf, daß sich die Aufwendungen des Leasinggebers für die Beschaffung des Leasinggegenstandes (Investitionskosten) über die von dem Leasingnehmer geschuldeten Leasingraten während der festgelegten Vertragslaufzeit vollständig oder doch überwiegend amortisieren.[100] Dabei befindet sich der Leasinggegenstand bei Abschluß des Vertrages typischerweise noch nicht im Vermögen des Leasinggebers, sondern dessen genaue Gestalt wird erst in dem Leasingvertrag vereinbart (z.B. Modell und Ausstattung eines PKW), woraufhin der Leasinggeber den Gegenstand bei einem Dritten, dem sog. Lieferanten, beschafft. Nicht selten besteht zwischen dem Leasinggeber und dem Lieferanten eine rechtliche oder wirtschaftliche Verbindung, z.B. bieten spezielle Tochterbanken von Autoherstellern das Leasing von PKW dieses Unternehmens an (sog. indirektes Hersteller- oder Händlerleasing).[101] Der Leasingnehmer entscheidet sich für das Leasing im Gegensatz zu einem finanzierten Kauf des Gegenstandes von dem Lieferanten häufig aus steuerrechtlichen Gründen, da die von ihm geschuldeten Leasingraten in der Regel eine effektivere Verlustzuweisung begründen als ein Kauf-

---

[98]   *Habersack* MünchKomm. Leasing Rdnr. 1; *Larenz/Canaris* BT 2, § 66 I 1a, S. 100; *K. Schmidt* Handelsrecht, 5. Aufl. 1999, § 35 II 2, S. 995.

[99]   *Esser/Weyers* BT 1, § 24 II 1, S. 200; *Fikentscher* Rdnr. 833; *Habersack* MünchKomm. Leasing Rdnr. 4; *Larenz/Canaris* BT 2, § 66 I 1a, S. 100; *Staudinger/Martinek* § 675 Rdnr. B 195; einschränkend BGH v. 28. März 1990, BGHZ 111, 84 (95 f.).

[100] BGH v. 11. Januar 1995, NJW 1995, 1019 (1021); *Erman/Jendrek* Anh. § 536 Rdnr. 10; *Habersack* MünchKomm. Leasing Rdnr. 4; *Staudinger/Martinek* § 675 Rdnr. B 173 f.; zur Unterscheidung zwischen Voll- und Teilamortisationsleasing *Larenz/Canaris* BT 2, § 66 I 1b, S. 100 f.

[101] Zur Anwendbarkeit des § 359 BGB i.V. mit § 500 BGB in diesen Fällen noch unten § 16 D IV, S. 741 ff. Allgemein zum Hersteller- und Händlerleasing *Staudinger/Martinek* § 675 Rdnr. B 183 ff.

preis.[102] Gegebenenfalls enthält der Leasingvertrag zugunsten des Leasingnehmers zusätzlich auch eine nach Abschluß der Vertragslaufzeit auszuübende Kaufoption. Die besondere rechtliche Problematik des Finanzierungsleasings ergibt sich aus der Dreiecksbeziehung zwischen Lieferant, Leasinggeber und Leasingnehmer.

II. Natur der Rechtsbeziehungen unter den Parteien

Bei der Durchführung des Finanzierungsleasings sind drei Rechtsbeziehungen auseinander zu halten: das Verhältnis des Lieferanten zu dem Leasinggeber, die Rechtsbeziehung zwischen Leasinggeber und Leasingnehmer (d.h. der Leasingvertrag als solcher) sowie das Verhältnis zwischen Leasingnehmer und Lieferanten.

1. Rechtsverhältnis Lieferant-Leasinggeber

Die Beschaffung des Leasinggegenstandes, der in der Regel in dem Leasingvertrag zuvor spezifiziert worden ist (Ausstattung etc.), erfolgt typischerweise aufgrund eines Kaufvertrages zwischen dem Lieferanten als Verkäufer und dem Leasinggeber als Käufer. Während der Leasinggeber somit zur Entrichtung des Kaufpreises verpflichtet ist (§ 433 Abs. 2 BGB), geschieht die Erfüllung der Übereignungs- und Übergabepflicht des Lieferanten (§ 433 Abs. 1 Satz 1 BGB) regelmäßig in der Weise, daß sich der Lieferant mit dem Leasinggeber über den Eigentumsübergang i.S. des § 929 Satz 1 BGB einigt und der Lieferant den Gegenstand auf Geheiß des Leasinggebers direkt dem Leasingnehmer übergibt (sog. Geheißerwerb).[103] Gegebenenfalls kann der Leasingnehmer auch im Rahmen der dinglichen Einigung als Stellvertreter des Leasinggebers i.S. der §§ 164 ff. BGB auftreten.

2. Rechtsverhältnis Leasinggeber-Leasingnehmer (Leasingvertrag)

Über die Rechtsnatur des Leasingvertrages besteht keine Einigkeit. Allerdings verliert das Einordnungsproblem regelmäßig an Gewicht, da das Vertragswerk der Parteien die beiderseitigen Rechte und Pflichten detailliert regelt, so daß die maßgeblichen Rechtsfolgen diesem unmittelbar entnommen werden können. Soweit dies nicht möglich ist, was insbesondere in bezug auf die Folgen von Leistungsstörungen der Fall sein kann, oder zwingendes Gesetzesrecht in Betracht kommt (z.B. der Maßstab für eine Kontrolle Allgemeiner Geschäftsbedingungen gemäß § 307 Abs. 2 Nr. 1 BGB), stellt sich jedoch die Frage der Zuordnung des Leasingverhältnisses zu den Vertragstypen des Bürgerlichen Gesetzbuches.

a) Deutung als atypischer Mietvertrag

Die h.M. bewertet den Finanzierungsleasingvertrag als einen atypischen Mietvertrag, der in erster Linie den §§ 535 ff. BGB unterliegt.[104] Danach schuldet der Lea-

---

[102]   Näher *Habersack* MünchKomm. Leasing Rdnr. 14 ff.
[103]   Allgemein zum Geheißerwerb *Baur/Stürner* § 51 Rdnr. 15, 17.
[104]   BGH v. 23. Februar 1977, BGHZ 68, 118 (123); BGH v. 19. Februar 1986, BGHZ 97, 135 (139); *Emmerich* JuS 1990, 1 (4); *Erman/Jendrek* Anh. § 536 Rdnr. 15; *J. Hager* AcP 190 (1990), 335 ff.; grundlegend *Flume* DB 1972, 1 (4 ff.).

singgeber die Gewährung des Gebrauchs der Leasingsache für die Laufzeit des Vertrages (vgl. § 535 Abs. 1 Satz 1 BGB) gegen die Zahlung der vereinbarten Leasingraten durch den Leasingnehmer (vgl. § 535 Abs. 2 BGB). Das atypische Element des Vertrages, das diesen von einem „reinen" Mietvertrag (und damit auch dem Operatingleasing) unterscheidet, wird in seiner *Finanzierungsfunktion* gesehen.[105] Da der Leasinggeber den Gegenstand nach den Wünschen und Bedürfnissen des Leasingnehmers anschafft, soll dieser nach dem Zweck des Vertrages über seine Leasingraten den Investitionsaufwand des Leasinggebers (d.h. den von diesem an den Lieferanten entrichteten Kaufpreis zuzüglich etwaiger Finanzierungskosten) grundsätzlich auch dann amortisieren, wenn in bezug auf den Leasinggegenstand Leistungsstörungen eintreten (sog. *Amortisationsprinzip*). Somit trägt der Leasingnehmer das Investitionsrisiko.[106]

Dies kommt unter anderem darin zum Ausdruck, daß der Leasinggeber in dem Vertrag regelmäßig seine Haftung für Mängel des Leasinggegenstandes, die ihn nach der Auffassung der h.M. grundsätzlich nach Maßgabe der §§ 535 Abs. 1 Satz 2, 536 ff. BGB trifft, abbedingt. Im Gegenzug tritt er seine kaufrechtlichen Mängelrechte gegenüber dem Lieferanten aus den §§ 437 ff. BGB an den Leasingnehmer ab (sog. *Abtretungskonstruktion*).[107] Diese beschränkt sich jedoch auf die *Ausübung* der Mängelrechte, während sich eine etwaige *Abwicklung* der Rechtsbeziehungen infolge der Mangelhaftigkeit (z.B. nach einem Rücktritt von dem Kaufvertrag gemäß § 323 BGB i.V. mit § 437 Nr. 2 Alt. 1 BGB) separat in den Rechtsverhältnissen Lieferant-Leasinggeber und Leasinggeber-Leasingnehmer vollziehen soll.[108]

Dieses Vorgehen billigt die Rechtsprechung auch bei einer Vereinbarung in Allgemeinen Geschäftsbedingungen des Leasinggebers. Ein Verstoß gegen § 309 Nr. 8 lit. b, aa BGB liegt nicht vor, da diese Vorschrift nur für Kauf- und Werkverträge, nicht aber für Mietverträge gilt.[109] Darüber hinaus soll die Abtretungskonstruktion aber, anders als bei einem „reinen" Mietvertrag, auch nicht gegen das Verbot einer unangemessenen Benachteiligung i.S. des § 307 BGB (insbesondere § 307 Abs. 2 Nr. 1 und 2 BGB) verstoßen. Dies wird damit begründet, daß der leasingtypische Beschaffungsvorgang, der im Interesse des Leasingnehmers erfolgt, eine Verlagerung der Auseinandersetzung über Mängel des Leasinggegenstandes in das Rechtsverhältnis des Leasingnehmers zu dem Lieferanten rechtfertige.[110] Damit werde der Konflikt sinnvollerweise zwischen dem für die Leistungsstörung

---

[105] BGH v. 16. September 1981, BGHZ 81, 298 (303); BGH v. 4. Juli 1990, BGHZ 112, 65 (72); *Habersack* MünchKomm. Leasing Rdnr. 23 ff.

[106] BGH v. 11. Januar 1995, BGHZ 128, 255 (262 f.).

[107] BGH v. 13. März 1991, BGHZ 114, 57 (61); *Habersack* MünchKomm. Leasing Rdnr. 70 ff.; *Reiner/Kaune* WM 2002, 2315 (2316 ff.).

[108] Näher unten § 16 D III 3, S. 739 ff.

[109] BT-Drucks. 14/6040, S. 157; vgl. bereits BGH v. 24. April 1985, BGHZ 94, 180 (189).

[110] BGH v. 16. September 1981, BGHZ 81, 298 (301 ff.); BGH v. 25. Januar 1989, BGHZ 106, 304 (313); *Erman/Jendrek* Anh. § 536 Rdnr. 28; *Habersack* MünchKomm. Leasing Rdnr. 68; *Medicus* Rdnr. 602.

Verantwortlichen (dem Lieferanten) und dem an einer mangelfreien Leistung unmittelbar Interessierten (dem Leasingnehmer) ausgetragen. Voraussetzung für die Zulässigkeit der Abtretungskonstruktion ist aber, daß der Leasinggeber die Ausübung der Rechte aus § 437 BGB „unbedingt und vorbehaltlos" dem Leasingnehmer überträgt, woran es insbesondere fehlt, wenn sich der Leasinggeber in dem Vertrag einen Widerruf der Abtretung vorbehält.[111]

b) Annahme eines kredit- und geschäftsbesorgungsvertraglichen Verhältnisses

Eine insbesondere auf *Canaris*[112] zurückgehende Auffassung bestreitet hingegen, daß es sich bei Finanzierungsleasingverträgen um (wenn auch atypische) Mietverträge handele. Dabei wird die Finanzierungsfunktion des Vertrages stärker in den Vordergrund gerückt, während die h.M. diese lediglich veranlaßt, das mietrechtliche Regelungsgefüge zu modifizieren. Nach der Gegenauffassung schuldet der Leasinggeber dem Leasingnehmer nicht einmal die Gebrauchsüberlassung des Gegenstandes für die Dauer der Vertragslaufzeit i.S. des § 535 Abs. 1 BGB. Vielmehr sieht sie die charakteristische Leistung des Leasinggebers in der Beschaffung und Finanzierung des Gegenstandes als solcher, was dem Finanzierungsleasing das Gepräge eines aus Elementen des Kredit- und Geschäftsbesorgungsrechts gemischten Vertrages verleihe.[113] Zwar ist der Leasinggeber auch nach dieser Auffassung verpflichtet, den Gegenstand für die Vertragslaufzeit bei dem Leasingnehmer zu belassen, d.h. darf diesen nicht nach § 985 BGB herausverlangen; diese Pflicht hat aber lediglich den Nichtentzug zum Gegenstand, was wesentlich weniger als eine positive Gebrauchsüberlassungspflicht bedeutet. Die Leasingraten stellen danach keine Gegenleistung für die (nicht geschuldete) Gebrauchsüberlassung, sondern zunächst einen Aufwendungsersatz für die Beschaffungskosten gemäß § 670 BGB i.V. mit § 675 Abs. 1 BGB dar.[114] Dieser Amortisationsanspruch besteht folglich auch, wenn der Lieferant den Leasinggegenstand mangelhaft liefert oder die Sache während der Vertragslaufzeit untergeht.[115] Im Synallagma steht danach nur die in den Leasingraten enthaltene Gewinnmarge des Leasinggebers, die über die bloße Amortisierung der Investitionskosten hinausgeht und eine Gegenleistung für die Beschaffungstätigkeit des Leasinggebers und die Kreditierung des Investitionsaufwandes durch die Ratenzahlung darstellt.[116]

Für diese Auffassung sprechen gute Gründe, zumal auch die Rechtsprechung aufgrund der „Besonderheiten des Vertrages" vertragliche Gestaltungen akzeptiert, die bei Mietverträgen in Allgemeinen Geschäftsbedingungen an sich unwirksam wären. Der geschäftsbesorgungsrechtlichen Deutung steht auch nicht entgegen,

---

[111] BGH v. 27. April 1988, NJW 1988, 2465 (2467).
[112] NJW 1982, 305 ff.; AcP 190 (1990), 410 ff.; *Larenz/Canaris* BT 2, § 66 II 2, S. 106 ff.; ähnlich *Lieb* JZ 1982, 561 ff.; vermittelnd zur h.M. i.S. eines Vertrages sui generis *Esser/Weyers* BT 1, § 24 II 2a, S. 203; *Schlechtriem* Rdnr. 304; *Staudinger/Martinek* § 675 Rdnr. B 226 ff. m.w.N.
[113] *Canaris* AcP 190 (1990), 410 (450 ff.); *Larenz/Canaris* BT 2, § 66 II 2, S. 106.
[114] *Larenz/Canaris* BT 2, § 66 III 1c, S. 110 f.
[115] Näher unten § 16 D III 1, S. 737 f.
[116] *Larenz/Canaris* BT 2, § 66 III 2a, S. 106 f.

daß der Leasinggeber vorwiegend im eigenen Erwerbsinteresse und nicht im Interesse des Leasingnehmers tätig wird.[117] Denn anders als ein Auftrag gemäß den §§ 662 ff. BGB enthält eine *entgeltliche* Geschäftsbesorgung i.S. des § 675 Abs. 1 BGB immer auch gewichtige Eigeninteressen des Tätigwerdenden. Gleichwohl geht die folgende Darstellung grundsätzlich von der Konzeption der gefestigten h.M. aus, zeigt aber an den entsprechenden Stellen auch die Konsequenzen der abweichenden Auffassung auf.

3. Rechtsverhältnis Lieferant-Leasingnehmer

Zwischen dem Lieferanten und dem Leasingnehmer besteht regelmäßig kein eigenständiges Vertragsverhältnis. Wenn sich jedoch der Leasingnehmer vor Abschluß des Leasingvertrages direkt an den Lieferanten wendet, kommen Schutzpflichten des letzteren gemäß § 311 Abs. 2 und 3 BGB i.V. mit § 241 Abs. 2 BGB und in besonderen Fällen auch ein besonderer Beratungsvertrag in Betracht.[118] Nach der in der Vertragspraxis gängigen Abtretungskonstruktion kann der Leasingnehmer darüber hinaus die ihm von dem Leasinggeber übertragenen kaufvertraglichen Mängelrechte gegenüber dem Lieferanten geltend machen.[119]

III. Leistungsstörungen

Die Dreiecksbeziehung und die umstrittene Rechtsnatur des Leasingvertrages werfen insbesondere bei Leistungsstörungen in bezug auf den Leasinggegenstand komplizierte Rechtsprobleme auf.

1. Nichtlieferung des Leasinggegenstandes

Wird der Leasinggegenstand dem Leasingnehmer nicht übergeben, so hat der Leasinggeber nach der Konzeption der h.M. seine Pflicht zur Gebrauchsüberlassung aus § 535 Abs. 1 Satz 1 BGB nicht erfüllt.[120] Der Leasingnehmer kann folgerichtig die Zahlung der Leasingraten gemäß § 320 BGB zurückhalten, was auch gelten soll, wenn die unterbliebene Überlassung darauf beruht, daß der Lieferant den Gegenstand nicht zur Verfügung gestellt hat. Dieser wird sogar als Erfüllungsgehilfe des Leasinggebers in bezug auf dessen Überlassungspflicht aus § 535 Abs. 1 Satz 1 BGB angesehen, so daß letzterem ein Verschulden des Lieferanten über § 278 BGB zuzurechnen ist, wenn ein Schadensersatzanspruch des Leasingnehmers aufgrund der Nichtleistung aus den §§ 281, 283 BGB in Rede steht.[121] Darüber hinaus kann der Leasingnehmer den Vertrag nach der mietvertraglichen Konstruktion bei einer Nichtlieferung des Gegenstandes gemäß § 543 Abs. 1 i.V. mit Abs. 2 Nr. 1 und Abs. 3 BGB kündigen.[122] Abweichende Klauseln in Allgemeinen Geschäftsbe-

---

[117] *Canaris* AcP 190 (1990), 410 (450 ff.); *Larenz/Canaris* BT 2, § 66 II 2b, S. 107.
[118] Siehe *Schlechtriem* Rdnr. 307. Zur Auskunftshaftung bereits § 11 B II 4, S. 597 ff.
[119] Näher unten § 16 D III 3a, S. 739 f.
[120] Statt aller *Habersack* MünchKomm. Leasing Rdnr. 26.
[121] BGH v. 30. September 1987, NJW 1988, 198 (199); *Emmerich* JuS 1990, 1 (5); *Schlechtriem* Rdnr. 308.
[122] BGH v. 7. Oktober 1992, NJW 1993, 122 (123 f.).

dingungen des Leasinggebers sollen gemäß den §§ 309 Nr. 2 lit. a, 307 BGB unwirksam sein.[123]

Anders ist die Rechtslage bei Annahme eines Geschäftsbesorgungsvertrages:
Danach muß der Leasinggeber gemäß § 667 BGB i.V. mit § 675 Abs. 1 BGB dem
Leasingnehmer den Leasinggegenstand nur dann übergeben, wenn er diesen von
dem Lieferanten tatsächlich erhalten hat. Letzterer ist danach auch nicht sein Erfüllungsgehilfe.[124] War dem Leasinggeber die Nichtleistung des Lieferanten jedoch
bekannt, so kann er allerdings bei einer trotzdem erfolgenden Entrichtung des
Kaufpreises an den Lieferanten nicht die Leasingraten verlangen, soweit sie der
Amortisierung des Kaufpreises dienen, da es insoweit an einer Aufwendung fehlt,
die der Leasinggeber für erforderlich halten durfte (§ 670 BGB).[125] War die Nichtlieferung für den Leasinggeber hingegen nicht ersichtlich, weil ihn der Leasingnehmer z.B. nicht darüber informiert hat, daß der Lieferant den Gegenstand nicht wie
vorgesehen direkt an ihn ausgeliefert hat, und zahlt der Leasinggeber deshalb den
Kaufpreis, so kann dieser nach der vorstehenden Auffassung gemäß § 670 BGB
Ersatz für den aufgewendeten Kaufpreis nach Maßgabe der vereinbarten Leasingraten verlangen. Allerdings ist er dann gemäß § 667 BGB verpflichtet, dem Leasingnehmer seinen Anspruch aus dem Kaufvertrag gegen den Lieferanten auf
Übergabe des Leasinggegenstandes abzutreten, damit der Leasingnehmer direkt
gegen diesen vorgehen kann.

2. Untergang bzw. Verschlechterung des Leasinggegenstandes während der Vertragslaufzeit

Wenn der Leasinggegenstand während der Dauer des Vertrages zufällig untergeht
oder verschlechtert wird, wäre der Leasingnehmer bei Anwendung des Mietrechts
gemäß § 326 Abs. 1 Satz 1 BGB i.V. mit § 535 Abs. 1 BGB für die Zukunft von
seiner Pflicht zur Zahlung der Leasingraten befreit bzw. seine Zahlungspflicht
gemäß § 536 Abs. 1 BGB gemindert. Für diese Fälle nimmt aber auch die h.M.
beim Finanzierungsleasing eine Risikoverlagerung auf den Leasingnehmer an, da
der Leasinggegenstand in dessen Interesse erworben wurde und er daher auch die
Gegenleistungsgefahr tragen müsse.[126]

Dem stimmt die geschäftsbesorgungsrechtliche Theorie im Ergebnis zu, obwohl sie den Untergang bzw. die Verschlechterung nicht als ein Gefahrtragungsproblem bewertet, da der Leasinggeber nach diesem Verständnis nur die Beschaffung und Finanzierung des Gegenstandes schuldet.[127] Dieser sei er nachgekommen,
so daß der spätere Untergang seinen Aufwendungsersatzanspruch aus § 670 BGB
und seine Gewinnmarge nicht berührt. Allerdings soll ein vollständiger Untergang

---

[123]   Vgl. BGH v. 9. Oktober 1985, BGHZ 96, 103 (108 ff.); *Habersack* MünchKomm.
        Leasing Rdnr. 59.
[124]   *Canaris* AcP 190 (1990), 410 (432 f.); *Larenz/Canaris* § 66 IV 5a, S. 121.
[125]   *Larenz/Canaris* BT 2, § 66 IV 5b, S. 121 f.
[126]   BGH v. 30. September 1987, NJW 1988, 198 (199 f.); BGH v. 22. Januar 1986,
        BGHZ 97, 65 (76); *Erman/Jendrek* Anh. § 536 Rdnr. 23; *Habersack* MünchKomm.
        Leasing Rdnr. 61.
[127]   *Larenz/Canaris* BT 2, § 66 IV 1a, S. 112.

des Leasinggegenstandes beiden Parteien gemäß § 314 BGB ein Recht zur außerordentlichen Kündigung aus wichtigem Grund geben.[128] Dessen Ausübung führt jedoch nicht dazu, daß der Leasingnehmer für die Zukunft gänzlich von seiner Pflicht zur Zahlung der Leasingraten befreit wäre. Vielmehr entfällt für die Zukunft nur die Gewinnmarge des Leasinggebers, während der Anspruch auf Ersatz des Investitionsaufwandes (Amortisationsanspruch) nach der dargelegten Risikoverteilung bestehen bleibt.[129] Beispiel: Enthält eine monatliche Leasingrate von 150 Euro einen Gewinnanteil von 25 Euro, so muß der Leasingnehmer nach einer außerordentlichen Kündigung wegen Untergangs des Leasinggegenstandes bis zum Ende der vereinbarten Vertragslaufzeit monatlich noch 125 Euro entrichten. Allerdings kann der Vertrag für den Kündigungsfall auch eine einheitliche Schlußzahlung vorsehen, die jedoch aufgrund der vorzeitigen Zahlung eine Abzinsung enthalten muß.[130]

3. Lieferung eines mangelhaften Leasinggegenstandes

a) Allgemeines

Stellt der Lieferant dem Leasingnehmer einen mangelhaften Gegenstand zur Verfügung, so stehen diesem nach der oben dargestellten Abtretungskonstruktion keine Rechte gegen den Leasinggeber aus den §§ 535 Abs. 1, 536 ff. BGB zu.[131] Dies gilt auch für das Zurückbehaltungsrecht aus § 320 BGB i.V. mit § 535 Abs. 1 BGB.[132] Vielmehr kann der Leasingnehmer die Mängelrechte aus § 437 BGB gegenüber dem Lieferanten geltend machen, die ihm der Leasinggeber in dem Vertrag als Ausgleich für seine eigene Haftungsfreistellung übertragen hat.[133] Allerdings steht dem Leasingnehmer nur die *Ausübung* dieser Rechte zu, während sich

---

[128] Vgl. BGH v. 15. Juli 1998, ZIP 1998, 1535 (1537).

[129] BGH v. 30. September 1987, NJW 1988, 198 (200); *Larenz/Canaris* BT 2, § 66 IV 1b, S. 112 f.

[130] Näher zur Berechnung *Habersack* MünchKomm. Leasing Rdnr. 96 ff.

[131] Siehe oben § 16 D II 2a, S. 734 f.

[132] Nach *Graf von Westphalen* ZIP 2002, 2258 f.; *ders.* DB 2001, 1291 (1292 f.) begründet jedoch nach neuem Kaufrecht der Erfüllungsanspruch aus den §§ 433 Abs. 1 Satz 2, 439 BGB, der zugunsten des Leasingnehmers gegenüber dem „durch den Lieferanten handelnden" Leasinggeber bestehe, ein Zurückbehaltungsrecht aus § 320 BGB, das Allgemeine Geschäftsbedingungen gemäß § 309 Nr. 2 lit. a BGB bzw. § 307 Abs. 1 und 2 BGB nicht rechtswirksam ausschließen können. Jedoch besteht der Erfüllungsanspruch aus den §§ 433 Abs. 1 Satz 2, 439 BGB, den der Leasinggeber an den Leasingnehmer abtritt, nur gegenüber dem *Lieferanten* und nicht dem Leasinggeber. Gegenüber letzterem käme auch nach neuem Recht nur ein Leistungsverweigerungsrecht aus den §§ 535 Abs. 1, 320 BGB in Betracht, dessen Abbedingung die allgemeine Ansicht aufgrund der Besonderheiten des Leasingvertrages aber im Rahmen der Abtretungskonstruktion zuläßt.

[133] Auch die Gestaltungsrechte des Rücktritts und der Minderung i.S. des § 437 Nr. 2 BGB können gemäß den §§ 398, 413 BGB abgetreten werden; vgl. *Roth* MünchKomm.[4] § 398 Rdnr. 99; zweifelnd *Graf von Westphalen* ZIP 2002, 2258 (2263).

die *Abwicklung* derselben in dem Rechtsverhältnis Lieferant-Leasinggeber vollzieht.[134]

Der Leasingnehmer kann daher z.B. gemäß § 439 Abs. 1 Alt. 2 BGB i.V. mit § 437 Nr. 1 BGB nur Nachlieferung eines neuen Leasinggegenstandes an den Leasinggeber verlangen. Diesem und nicht dem Leasingnehmer ist der neue Gegenstand zu übereignen, da letzterer nach dem Inhalt des Leasingvertrages kein Eigentum erlangen sollte. Der Leasingnehmer kann lediglich den Besitz an dem nachgelieferten Gegenstand für die Restdauer des Leasingvertrages beanspruchen. Umgekehrt trifft die Pflicht zur Herausgabe des mangelhaften Gegenstandes aus § 439 Abs. 4 BGB den Leasinggeber, dem allerdings aus dem Leasingvertrag ein Anspruch gegen den Leasingnehmer auf Mitwirkung an der Herausgabe zusteht. Gleiches gilt in bezug auf die Rückgewährpflicht aus § 346 Abs. 1 BGB, wenn der Leasingnehmer ein Rücktrittsrecht nach § 323 BGB i.V. mit § 437 Nr. 2 Alt. 1 BGB ausübt. Umgekehrt steht in diesem Fall der Anspruch aus § 346 Abs. 1 BGB auf Rückzahlung des Kaufpreises dem Leasinggeber und nicht dem Leasingnehmer zu. Bei Schadensersatzansprüchen nach den §§ 280 ff. BGB i.V. mit § 437 Nr. 3 BGB ist zu unterscheiden: Sofern diese das kaufvertragliche Erfüllungsinteresse betreffen (§§ 281, 283 BGB) kann der Leasinggeber den Ersatz beanspruchen, d.h. er kann von dem Lieferanten nur Zahlung an den Leasinggeber verlangen. Bezüglich des Ersatzes von Integritätsschäden nach § 280 Abs. 1 BGB kann der Leasingnehmer jedoch auch einen eigenen Schaden geltend machen (Beispiel: Körperverletzung durch mangelhaften PKW).[135]

b) Rechtsfolgen einer Rückabwicklung des Kaufvertrages

Umstritten ist wiederum, welche Auswirkungen eine Rückabwicklung des Kaufvertrages infolge einer Ausübung der Mängelrechte durch den Leasingnehmer (Rücktritt, großer Schadensersatz gemäß § 281 Abs. 1 Satz 3 und Abs. 5 BGB) auf den Leasingvertrag hat.[136] Die Rechtsprechung nimmt in einem solchen Fall an, daß die *Geschäftsgrundlage* des Leasingvertrages durch die Rückabwicklung des Kaufvertrages *ex tunc* gemäß § 313 BGB *entfällt*, so daß der Leasingnehmer nicht nur seine Zahlungen einstellen, sondern nach Ausübung des Rücktritts- bzw. Kündigungsrechts (§ 313 Abs. 3 BGB) nach Maßgabe der §§ 346 ff. BGB auch bereits gezahlte Leasingraten abzüglich einer Entschädigung für die erfolgte Nutzung des

---

[134] BGH v. 25. Januar 1989, BGHZ 106, 304 (309); BGH v. 13. März 1991, BGHZ 114, 57 (61); *Habersack* MünchKomm. Leasing Rdnr. 70 ff. Zu der Streitfrage, inwieweit zugunsten des Lieferanten die Rügeobliegenheit des § 377 HGB eingreift, wenn zwar der Leasinggeber, nicht aber der Leasingnehmer Kaufmann ist, bejahend BGH v. 24. Januar 1990, BGHZ 110, 130 (138 ff.); verneinend *Canaris* AcP 190 (1990) 410 (428 ff.).

[135] *Canaris* NJW 1982, 305 (307); *Habersack* MüchKomm. Leasing Rdnr. 88.

[136] *Graf von Westphalen* ZIP 2002, 2258 (2259 f.) rechnet zu den Rückabwicklungsfällen auch die Nachlieferung eines mangelfreien Gegenstandes gemäß § 439 Abs. 1 Alt. 2 und Abs. 4 BGB. Dies beruht jedoch auf einem Mißverständnis: In diesem Fall wird nur die mangelhafte Lieferung und gerade nicht der Kaufvertrag rückabgewickelt.

Leasinggegenstandes zurückfordern kann.[137] Eine abweichende Klausel in Allgemeinen Geschäftsbedinungen des Leasinggebers soll nach § 307 Abs. 1 Satz 1 i.V. mit Abs. 2 Nr. 1 BGB unwirksam sein.[138]

Die geschäftsbesorgungsrechtliche Leasingtheorie hält dem entgegen, daß die Risikoverteilung zwischen Leasinggeber und Leasingnehmer bei Lieferung eines mangelhaften Gegenstandes nicht anders ausfallen könne als bei einer nachträglichen Verschlechterung oder einem nachträglichen Untergang der Sache.[139] Folgerichtig gebe auch die Rückabwicklung des Kaufvertrages dem Leasingnehmer das Recht zur fristlosen Kündigung des Leasingvertrages gemäß § 314 BGB, dessen Ausübung die Gewinnmarge des Leasinggebers für die Zukunft entfallen lasse, nicht aber den Amortisationsanspruch aus § 670 BGB i.V. mit § 675 Abs. 1 BGB beseitige.[140] Auf diesen Anspruch muß sich der Leasinggeber jedoch dasjenige anrechnen lassen, was er von dem Lieferanten aus der Rückabwicklung des Kaufvertrages erhält (z.B. Rückerstattung des Kaufpreises). Ein Unterschied zur Rechtsprechung ergibt sich somit im Ergebnis insbesondere in den Fällen, in denen der Lieferant insolvent ist. Während die Rechtsprechung dieses Risiko dem Leasinggeber zuweist, trägt es nach der geschäftsbesorgungsrechtlichen Sicht der Leasingnehmer als Geschäftsherr.[141]

4. Nichtbegleichung der Leasingraten durch den Leasingnehmer

Wenn der Leasingnehmer die geschuldeten Leasingraten nicht fristgemäß begleicht, so verletzt er nach der h.M. seine Pflicht aus § 535 Abs. 2 BGB mit den allgemeinen Rechtsfolgen der §§ 280 Abs. 2, 286 ff. BGB und einer Kündigungsmöglichkeit des Leasinggebers gemäß § 543 Abs. 1 i.V. mit Abs. 2 Nr. 3 BGB. Nach einer Kündigung kann er zusätzlich (vgl. § 325 BGB) auch gemäß § 283 BGB sein Erfüllungsinteresse liquidieren. Bei einer Vorenthaltung des Leasinggegenstandes soll ferner § 546a BGB eingreifen.[142] Wird der Leasingvertrag als gemischter Kredit- und Geschäftsbesorgungsvertrag eingeordnet, so gilt im wesentlichen dasselbe, jedoch mit dem Unterschied, daß sich das Kündigungsrecht des Leasinggebers aus § 314 BGB ergibt und § 546a BGB keine Anwendung finden kann.[143]

IV. Anwendbarkeit des Einwendungsdurchgriffs gemäß § 359 BGB

Nach § 500 BGB finden auf Finanzierungsleasingverträge zwischen einem Unternehmer i.S. des § 14 BGB als Leasinggeber und einem Verbraucher i.S. des § 13

---

[137] Siehe auch *Reiner/Kaune* WM 2002, 2315 (2321 f.) sowie zur früher maßgeblichen bereicherungsrechtlichen Rückabwicklung BGH v. 23. Februar 1977, BGHZ 68, 118 (126); BGH v. 13. März 1991, BGHZ 114, 57 (61); *Schlechtriem* Rdnr. 319.

[138] BGH v. 13. März 1991, BGHZ 114, 57 (65).

[139] *Larenz/Canaris* BT 2, § 66 II 2, S. 113 ff.; kritisch auch *Medicus* Rdnr. 602.

[140] Siehe oben § 16 D III 2, S. 738 f.

[141] *Canaris* AcP 190 (1990), 410 (422 ff.).

[142] BGH v. 22. März 1989, BGHZ 107, 123 (126); *Habersack* MünchKomm. Leasing Rdnr. 27. Näher zu § 546a oben § 5 B VIII 1b, S. 346.

[143] *Larenz/Canaris* BT 2, § 66 V, S. 123 ff.

BGB als Leasingnehmer neben verschiedenen Vorschriften zum Verbraucherdarlehen auch die §§ 358, 359 BGB entsprechende Anwendung.[144] Hieraus resultiert die Frage, welche Bedeutung dies für den Einwendungsdurchgriff nach § 359 BGB hat. Nach § 359 Satz 1 BGB kann der Verbraucher – vorbehaltlich gewisser Ausnahmen in § 359 Satz 2 und 3 BGB – die Rückzahlung des Darlehens (an dessen Stelle im Rahmen der von § 500 BGB angeordneten entsprechenden Anwendung die Zahlung der Leasingraten tritt) verweigern, soweit ihm aus dem verbundenen Vertrag i.S. des § 358 Abs. 3 BGB Einwendungen gegenüber dem Unternehmer zustehen, mit dem er den verbundenen Vertrag geschlossen hat, und die ihn zur Verweigerung der Leistung berechtigen würden.

Beim Finanzierungsleasing besteht allerdings die Besonderheit, daß der Leasingnehmer nicht zwei Verträge, sondern ausschließlich den Leasingvertrag abschließt. Der Gesetzgeber hat dies bei der Anordnung einer entsprechenden Anwendung des § 359 BGB auf Finanzierungsleasingverträge offensichtlich nicht bedacht.[145] Gleichwohl ist die Erwähnung des § 359 BGB in § 500 BGB kein Redaktionsversehen,[146] sondern führt zur Anwendung des Einwendungsdurchgriffs, wenn der von dem *Leasinggeber* mit dem Lieferanten abgeschlossene Kaufvertrag die *sachlichen* Kriterien des § 358 Abs. 3 BGB erfüllt.[147] Danach muß das Darlehen (scil.: der Finanzierungsleasingvertrag) ganz oder teilweise der Finanzierung des anderen Vertrages (d.h. des Kaufvertrages) dienen und beide Verträge eine wirtschaftliche Einheit bilden.

Auch das Merkmal der Finanzierung des Kaufpreises durch den Leasingvertrag erscheint problematisch, da die in dem Leasingvertrag enthaltene Kreditierung des Investitionsaufwandes gerade durch die Partei erfolgt, welche gegenüber dem Lieferanten den Kaufpreis schuldet, nämlich den Leasinggeber. Dies kann jedoch wiederum einer entsprechende Anwendung des § 358 Abs. 3 BGB nicht kategorisch entgegenstehen, weil sonst die Verweisung auf die §§ 358, 359 BGB durch § 500 BGB stets ins Leere gehen würde. Vielmehr ist dieses Erfordernis bei Leasingverträgen so zu lesen, daß der Leasinggeber durch seinen aus dem Leasingvertrag folgenden Amortisationsanspruch den Kauf des Leasinggegenstandes finanziert.[148] Folglich besteht der Einwendungsdurchgriff des § 359 Satz 1 BGB immer dann, wenn Kaufvertrag und Leasingvertrag eine wirtschaftliche Einheit i.S. des § 358 Abs. 3 BGB bilden.[149] Dies erscheint auch sachgerecht, weil dem Leasinggeber eine auf den Lieferanten zurückgehende Leistungsstörung im Verhältnis zu dem Leasingnehmer zuzurechnen ist und auf den Leasingvertrag durchschlagen

---

[144] Siehe bereits oben § 3 D II 1, S. 265.
[145] Vgl. BT-Drucks. 14/6040, S. 257.
[146] Im Ergebnis a.A. *Erman/Jendrek* Anh. § 536 Rdnr. 16; *Habersack* MünchKomm. Leasing Rdnr. 32.
[147] *Canaris* ZIP 1993, 406 ff.; *Larenz/Canaris* BT 2, § 66 IV 3, S. 116 ff.
[148] *Larenz/Canaris* BT 2, § 66 IV 3a, S. 116.
[149] Näher dazu oben § 3 C V 2, S. 257 f.

muß.[150] Nach den Kriterien des § 358 Abs. 3 Satz 2 BGB ist eine solche wirtschaftliche Einheit insbesondere anzunehmen, wenn zwischen dem Lieferanten (= Unternehmer i.S. des § 358 Abs. 3 BGB) und dem Leasinggeber (= Darlehensgeber i.S. des § 358 Abs. 3 BGB) eine Verflechtung besteht, z.B. der Leasinggeber eine Tochterfirma des Lieferanten ist (sog. indirektes Hersteller- oder Händlerleasing).[151]

Unter den obigen Voraussetzungen kann der Leasingnehmer gemäß § 359 Satz 1 BGB die Zahlung der Leasingraten insoweit verweigern, als ihn Einwendungen und Einreden aus dem Kaufvertrag zur Verweigerung der Zahlung des Kaufpreises gegenüber dem Lieferanten berechtigen *würden*, d.h. wenn er auch dessen Vertragspartner wäre.[152] Daraus ergibt sich z.B., daß der Leasingnehmer unter den Voraussetzungen des § 359 Satz 1 BGB das Risiko einer Nichtleistung des Lieferanten auch dann auf den Leasinggeber überwälzen kann, wenn man nicht der mietrechtlichen Leasingtheorie folgt.[153] Gleiches gilt bei Mängeln der Leasingsache i.S. der §§ 434, 435 BGB. Dies ist insbesondere auf Basis der geschäftsbesorgungsrechtlichen Theorie bedeutsam, da diese das Risiko im Ausgangspunkt dem Leasingnehmer auferlegt.[154] Die h.M. entlastet diesen hiervon zumeist schon aufgrund des angenommenen Wegfalls der Geschäftsgrundlage bei einer Rückabwicklung des Kaufvertrages. Zu der Frage, ob der Einwendungsdurchgriff gemäß § 359 Satz 1 BGB nur dazu berechtigt, präventiv die Zahlung der Leasingraten zu verweigern, oder aber auch die Rückforderung bereits gezahlter Raten ermöglicht, gelten die allgemeinen Ausführungen zu verbundenen Verträgen.[155]

---

[150] Vgl. *K. Schmidt* Handelsrecht, 5. Aufl. 1999, § 35 II 2c, S. 1001: Das formale Dreiecksgeschäft erweist sich als funktionelle Zweierbeziehung. Ähnlich *Esser/Weyers* BT 1, § 24 II 1, S. 201.

[151] *Esser/Weyers* BT 1, § 24 II 2c, S. 204 f.; *Larenz/Canaris* BT 2, § 66 IV 3b, S. 117.

[152] *Larenz/Canaris* BT 2, § 66 IV 3a, S. 116.

[153] Siehe oben § 16 D III 1, S. 737 f.

[154] Näher oben § 16 D III 3b, S. 740 f.

[155] Dazu § 3 C V 3b, aa, S. 261.

Sachregister

(Die Zahlen bezeichnen die Seitenangaben)

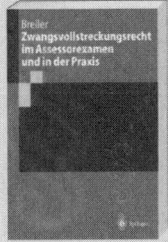